O CORAÇÃO DO MUNDO

PETER FRANKOPAN

O CORAÇÃO DO MUNDO

UMA NOVA HISTÓRIA UNIVERSAL A PARTIR DA **ROTA DA SEDA,** O ENCONTRO DO ORIENTE COM O OCIDENTE

Tradução:
Luis Reyes Gil

CRÍTICA

Copyright © Peter Frankopan, 2015
Copyright © Editora Planeta do Brasil, 2019
Todos os direitos reservados.
Título original: *The Silk Roads*

Coordenação editorial: Sandra Espilotro
Preparação: Tiago Ferro
Revisão: Carmen T.S. Costa e Ana Maria Barbosa
Diagramação: A2
Imagem de capa: Shutterstock
Capa: Emma Ewbank
Adaptação de capa: Fabio Oliveira

CIP-BRASIL. CATALOGAÇÃO NA PUBLICAÇÃO
SINDICATO NACIONAL DOS EDITORES DE LIVROS, RJ

Frankopan, Peter
  O coração do mundo: Uma nova história universal a partir da Rota da Seda, o encontro do Oriente com o Ocidente / Peter Frankopan. -- São Paulo: Planeta, 2019.
  688 p.

ISBN: 978-85-422-1749-0

1. Não ficção 2. História universal 3. Rotas comerciais - História I. Título

19-2245 CDD 909

Ao escolher este livro, você está apoiando o manejo responsável das florestas do mundo

2024
Todos os direitos desta edição reservados à
EDITORA PLANETA DO BRASIL LTDA.
Rua Bela Cintra, 986 – 4º andar
01415-002 – Consolação – São Paulo-SP
www.planetadelivros.com.br
faleconosco@editoraplaneta.com.br

Para Katarina, Flora, Francis e Luke.

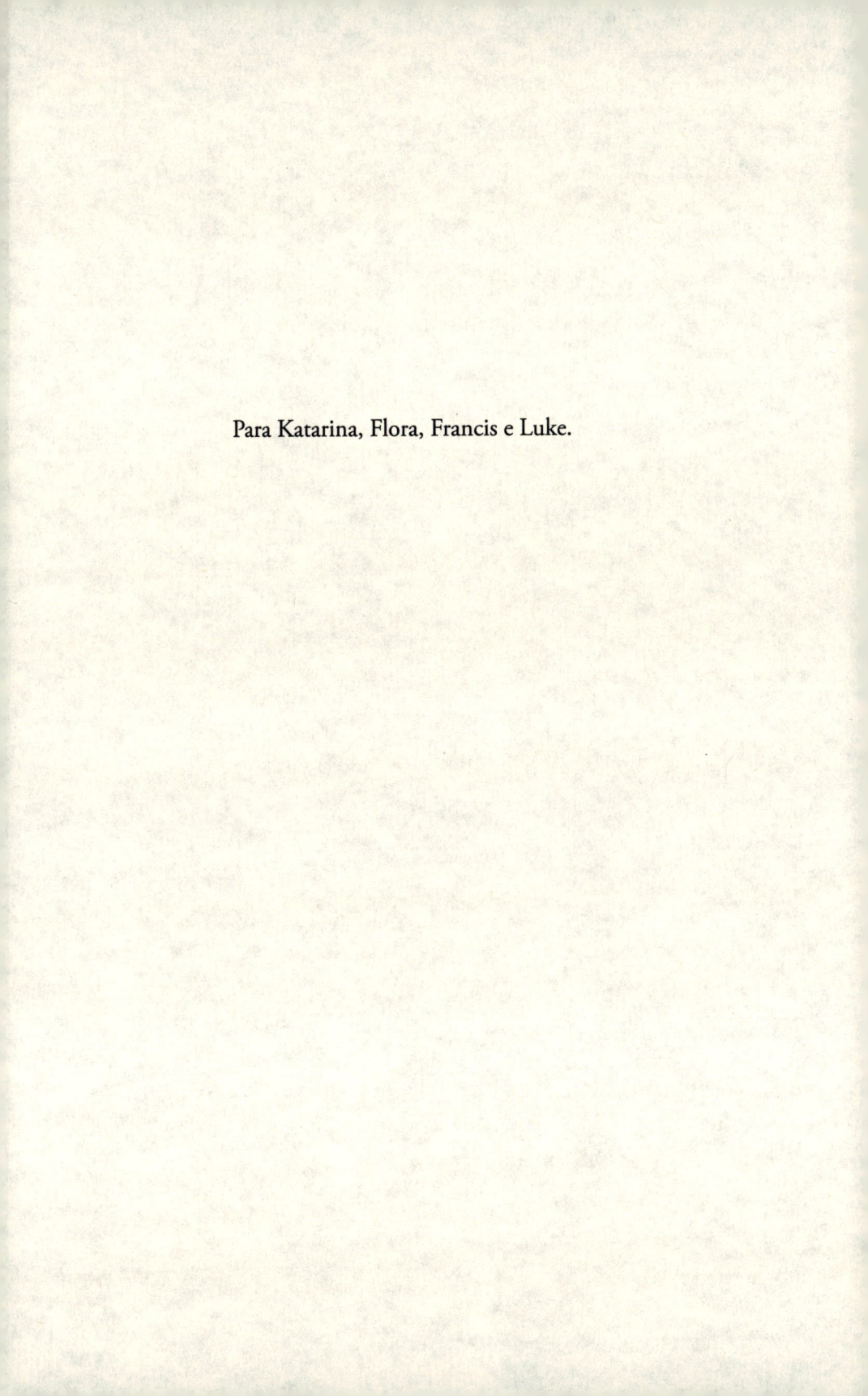

Paramos nas terras de uma tribo de túrquicos [...] vimos um grupo que adorava serpentes, um grupo que adorava peixes, e um grupo que adorava grous.

> Ibn Fadlān, *Viagem aos búlgaros do Volga*

Eu, Preste João, sou o senhor dos senhores, e supero todos os reis do mundo inteiro em riqueza, virtude e poder. [...] Leite e mel correm livremente em nossas terras; veneno nenhum nos faz dano, nem nos perturba nenhum coaxar de sapos barulhentos. Não há escorpiões, nem serpentes arrastando-se pela relva.

> Suposta carta de Preste João a Roma e Constantinopla, século XII

Ele tem um palácio imenso, todo coberto de puro ouro.

> Anotações de investigação de Cristóvão Colombo sobre o Grande Khan do Oriente, final do século XV

Se não fizermos sacrifícios relativamente pequenos, e alterarmos nossa política na Pérsia agora, iremos não só pôr em risco nossa amizade com a Rússia, como deparar num futuro comparativamente próximo [...] com uma situação em que nossa própria existência enquanto império estará em jogo.

> Sir George Clerk a sir Edward Grey, ministro britânico do Exterior, 21 de julho de 1914

O presidente venceria mesmo que ficássemos todos sentados sem fazer nada.

> Chefe do gabinete de Nursultan Nazarbayev, presidente do Cazaquistão, pouco antes das eleições de 2005

Sumário

Nota sobre a transliteração............................ 11
Prefácio 13

1. A criação da Rota da Seda........................... 21
2. A rota dos credos religiosos........................ 49
3. A rota para um Oriente cristão..................... 67
4. A rota da revolução................................. 85
5. A rota da concórdia................................ 101
6. A rota das peles................................... 125
7. A rota dos escravos................................ 141
8. A rota para o céu.................................. 161
9. A rota para o inferno.............................. 185
10. A rota da morte e da destruição................... 203
11. A rota do ouro.................................... 231
12. A rota da prata................................... 249
13. A rota para o norte da Europa.................... 273
14. A rota para o império............................. 295
15. A rota para a crise............................... 313
16. A rota da guerra.................................. 327
17. A rota do ouro negro.............................. 357
18. A rota da conciliação............................. 377
19. A rota do trigo................................... 395
20. A rota do genocídio............................... 415

21. A rota da Guerra Fria 437
22. A Rota da Seda americana .459
23. A rota da rivalidade entre as superpotências 479
24. A rota da catástrofe 501
25. A rota da tragédia 535
Conclusão: a nova Rota da Seda 557

Notas 573
Agradecimentos 659
Índice remissivo 663

Nota sobre a transliteração*

Os historiadores tendem a ficar ansiosos em relação à questão da transliteração. Num livro como este, baseado em fontes primárias escritas em diversas línguas, não é possível ter uma regra consistente a respeito de nomes próprios. Em vários casos, preferi deixá-los em sua forma original, em vez de usar certas formas adaptadas à nossa língua. Por preferência pessoal, usei Gengis Khan, Trótski, Kadafi e Teerá, mesmo que outras escritas possam ser mais precisas; por outro lado, evitei formas alternativas para Beijing (Pequim) e Guangzhou (Cantão). Lugares cujos nomes mudam ao longo do tempo são particularmente difíceis. Faço referência à grande cidade do Bósforo como Constantinopla até o final da Primeira Guerra Mundial, e a partir daí passo para Istambul; refiro-me à Pérsia até a mudança formal do nome do país para Irã em 1935. Peço tolerância aos leitores que forem mais exigentes em termos de consistência.

---

* Procuramos respeitar as preferências do autor, mantendo, porém, as transliterações consagradas em língua portuguesa, em favor da clareza (por exemplo, Pequim, em lugar de Beijing – mesmo contrariando neste caso a escolha do autor). Em nomes muito infrequentes, acrescentamos uma alternativa entre colchetes – como em Yazdagird I [Isdigerdes I]. [N. T.]

Prefácio

Quando era criança, uma das minhas posses mais queridas era um grande mapa-múndi. Ele ficava dependurado na parede ao lado da minha cama, e eu o observava toda noite antes de dormir. Em pouco tempo, sabia de cor os nomes e a localização de cada país, suas capitais, oceanos e mares, e os rios que corriam por eles; e também os nomes das grandes cadeias de montanhas e desertos, escritos num imponente itálico, vibrando de aventura e perigos.

Já adolescente, sentia um desconforto com o foco geográfico sempre muito estreito das minhas aulas na escola, que se resumiam apenas à Europa Ocidental e aos Estados Unidos e deixavam a maior parte do resto do mundo intocada. Ensinava-se algo a respeito dos romanos na Bretanha; da conquista normanda de 1066; Henrique VIII e os Tudor; a Guerra de Independência Norte-Americana; a industrialização da era vitoriana; a batalha do Somme; e a ascensão e queda da Alemanha nazista. Olhava meu mapa e via que tínhamos passado em silêncio por imensas regiões do mundo.

Quando completei catorze anos, meus pais me deram um livro do antropólogo Eric Wolf, que acendeu o estopim. A história preguiçosa e aceita da civilização, escreve Wolf, é aquela em que "a Grécia Antiga gerou Roma, Roma gerou a Europa cristã, a Europa cristã gerou o Renascimento, o Renascimento o Iluminismo, o Iluminismo a democracia política e a Revolução Industrial. A indústria, por sua vez, cruzou com a democracia e produziu os Estados Unidos, que incorporaram os direitos à vida, à liberdade e à busca da felicidade".[1] Reconheci de imediato que era exatamente essa a história que haviam me contado: o mantra do triunfo político, cultural e moral do Ocidente. Mas era um relato falho; havia maneiras alternativas de olhar para a história, que não envolviam tratar o passado sob o enfoque dos vencedores da história recente.

Fui fisgado. De repente ficou óbvio que as regiões que não nos eram ensinadas haviam se perdido, sufocadas pela insistente história da ascensão da Europa. Pedi que meu pai me levasse para ver o Mapa-Múndi Hereford, que colocava Jerusalém como seu foco e ponto médio, com a Inglaterra e demais países ocidentais deslocados para o lado, absolutamente irrelevantes. Quando li sobre geógrafos árabes, cujas obras eram acompanhadas por mapas que pareciam de cabeça para baixo e que colocavam o mar Cáspio no centro, fiquei atônito – como também fiquei ao descobrir um importante mapa medieval turco em Istambul, que tinha no centro uma cidade chamada Balāsāghūn, da qual eu nem sequer ouvira falar, que não aparecia em nenhum mapa, cuja localização era incerta até recentemente e que, no entanto, já havia sido considerada o centro do mundo.[2]

Queria saber mais sobre a Rússia e a Ásia Central, sobre a Pérsia e a Mesopotâmia. Queria entender as origens do cristianismo quando visto a partir da Ásia; e também como os cruzados viam as pessoas que viviam nas grandes cidades da Idade Média – Constantinopla, Jerusalém, Bagdá e Cairo, por exemplo; queria aprender sobre os grandes impérios do Leste, sobre os mongóis e suas conquistas; e compreender de que modo as duas guerras mundiais eram entendidas quando olhadas não a partir de Flandres ou do front oriental, mas do Afeganistão e da Índia. Assim, foi muito auspicioso ter a oportunidade de aprender russo na escola, onde fui ensinado por Dick Haddon, um homem brilhante, que trabalhou nos serviços de inteligência da Marinha e acreditava que a maneira de compreender a língua russa e a *dusha*, ou alma do país, era por meio de sua cintilante literatura e música folclórica. Me senti mais afortunado ainda quando ele se ofereceu para dar aulas de árabe a quem tivesse interesse, apresentando a uma meia dúzia de alunos a cultura e a história islâmica, e mergulhando-nos na beleza do árabe clássico. Essas línguas ajudaram a desvendar um mundo que estava à espera de ser descoberto, ou, como logo compreendi, ser redescoberto por alguns de nós no Ocidente.

Hoje, dá-se muita atenção a avaliar o provável impacto do rápido crescimento econômico da China, onde se prevê que a demanda por bens de luxo irá quadruplicar na próxima década, ou acompanhar a mudança social na Índia, onde as pessoas que têm acesso a celular superam em número as que dispõem de privada com descarga.[3] Mas nenhum desses dois países oferece um ponto de vista privilegiado para enxergar o passado do mundo e seu presente. Na realidade, durante milênios, a região entre o Oriente e o Ocidente, ligando a Europa ao oceano Pacífico, foi a que constituiu o eixo em torno do qual girava o globo.

O ponto médio entre Leste e Oeste, que em linhas gerais estende-se das praias orientais do Mediterrâneo e do mar Negro até o Himalaia, pode parecer uma posição pouco promissora para se avaliar o mundo a partir dela. A região hoje abriga Estados que evocam o exótico e o periférico, como o Cazaquistão e o Uzbequistão, o Quirguistão e o Turcomenistão, o Tadjiquistão e os países do Cáucaso; é uma região associada a regimes instáveis, violentos e que representam uma ameaça à segurança internacional, como Afeganistão, Irã, Iraque e Síria, ou malversados nas melhores práticas da democracia, como Rússia e Azerbaidjão. No conjunto, parece ser uma região de estados falidos ou em vias de falir, conduzidos por ditadores que conseguem maiorias inconcebivelmente altas em eleições nacionais e cujas famílias e amigos controlam vastos interesses comerciais, são donos de imensos ativos e exercem grande poder político. São lugares com índices baixos em direitos humanos, onde a liberdade de expressão em questões de fé, consciência e sexualidade é limitada, e onde a mídia é controlada.[4]

Embora tais países possam parecer desertos para nós, não são áreas desconectadas, ou locais obscuros, devastados. Na realidade, a ponte entre Oriente e Ocidente constitui a própria encruzilhada da civilização. Longe de estarem à margem dos assuntos globais, esses países estão bem no seu centro – como têm estado desde o início da história. Foi aqui que a civilização nasceu, e onde muitos acreditam que a humanidade foi criada – no Jardim do Éden, "plantado pelo Senhor Deus" com "toda sorte de árvores agradáveis à vista e boas para alimento", que acreditava-se estar localizado nos ricos campos entre o Tigre e o Eufrates.[5]

Foi nessa ponte entre Oriente e Ocidente que grandes metrópoles se estabeleceram há cerca de 5 mil anos, onde as cidades de Harapa e Mohenjo-daro no vale do Indo eram maravilhas do mundo antigo, com populações que chegavam a dezenas de milhares e ruas ligadas a um sofisticado sistema de esgotos que não teria rival na Europa por milhares de anos.[6] Outros grandes centros da civilização, como Babilônia, Nínive, Uruk e Acad na Mesopotâmia, eram famosos por sua grandiosidade e inovação arquitetônica. Um geógrafo chinês, escrevendo há mais de dois milênios, observou que os habitantes da Báctria, centrada no rio Oxus e hoje localizada no norte do Afeganistão, eram legendários negociadores e comerciantes; sua capital abrigava um mercado onde uma imensa gama de produtos era comprada e vendida, proveniente de vários locais distantes.[7]

Essa região é onde as grandes religiões do mundo ganharam vida, onde judaísmo, cristianismo, islamismo, budismo e hinduísmo abriram caminho aos empurrões. É o caldeirão onde grupos linguísticos competiam, onde línguas indo-europeias, semíticas e sino-tibetanas insinuavam-se entre aqueles que falavam altaico, túrquico e caucasiano. É onde grandes impérios surgiram e entraram em colapso, onde os efeitos dos choques entre culturas e rivais eram sentidos a milhares de quilômetros de distância. A partir dessa posição, abriram-se novas maneiras de enxergar o passado e descortinou-se um mundo profundamente interconectado, onde o que ocorria num continente tinha impacto em outro, onde as repercussões do que acontecia nas estepes da Ásia Central podiam ser sentidas no Norte da África, onde eventos em Bagdá ressoavam na Escandinávia, onde descobertas nas Américas alteravam os preços de produtos na China e criavam um surto na demanda dos mercados de cavalos no norte da Índia.

Esses abalos eram transmitidos ao longo de uma rede que se abre em todas as direções, em rotas por onde peregrinos e guerreiros, nômades e mercadores viajaram, bens e produtos foram comprados e vendidos, e ideias foram intercambiadas, adaptadas e refinadas. Tais rotas levaram não só prosperidade, mas também morte e violência, doenças e desastres. No final do século XIX, essa ampla rede de conexões recebeu um nome, dado por um eminente geólogo alemão, Ferdinand von Richthofen (tio do exímio piloto da Primeira Guerra Mundial, o "Barão Vermelho"), que desde então se firmou: "Seidenstraßen" – Rotas da Seda.[8]

Essas trilhas são como o sistema nervoso central do mundo, ligando povos e lugares, mas ficam sob a pele, invisíveis a olho nu. Assim como a anatomia explica de que forma o corpo funciona, compreender essas conexões nos permite entender como o mundo opera. No entanto, apesar da importância dessa parte do mundo, ela tem sido esquecida pela corrente principal da história. Em parte, isso se deve ao que tem sido chamado de "orientalismo" – a visão estridente, predominantemente negativa do Oriente, como subdesenvolvido e inferior ao Ocidente e, portanto, não merecedor de um estudo sério.[9] Mas também decorre do fato de que a narrativa do passado tornou-se tão dominante e bem estabelecida que não há lugar para uma região que há muito tempo é vista como periférica em relação à história da ascensão da Europa e da sociedade ocidental.

Hoje, Jalalabad e Herat no Afeganistão, Faluja e Mosul no Iraque ou Homs e Alepo na Síria parecem sinônimos de fundamentalismo religioso e violência sectária. O presente varreu o passado: vão longe os dias em que o nome Cabul despertava imagens de jardins plantados e cuidados pelo grande Bābur, fundador do Império mogol na Índia. O Bagh-i-Wafa ("Jardim da Fidelidade") incluía um tanque rodeado de laranjeiras e romãzeiras e uma campina de trevos – dos quais Bābur era extremamente orgulhoso: "Esta é a melhor parte do jardim, uma visão belíssima quando as laranjas ganham cor. Sem dúvida, este jardim tem uma localização admirável!".[10]

Do mesmo modo, as impressões modernas a respeito do Irã têm obscurecido as glórias de sua história mais distante, quando seus predecessores persas eram sinônimo de bom gosto em tudo, desde as frutas servidas no jantar aos impressionantes retratos em miniatura produzidos por seus legendários artistas, ou ao papel sobre o qual os eruditos escreviam. Uma obra de belíssima confecção, escrita por Simi Nīshāpūrī, um bibliotecário de Mashad no leste do Irã por volta de 1400, registra em meticulosos detalhes o conselho de um amante dos livros que compartilhava sua paixão. Qualquer um que pense em escrever, recomendava ele de modo solene, deve ser informado de que o melhor papel para caligrafia é produzido em Damasco, Bagdá ou Samarcanda. Papel de outros lugares "em geral é tosco, mancha e é impermanente". Tenha em mente, adverte ele, que vale a pena dar ao papel um leve matiz antes de aplicar-lhe a tinta, "porque o branco ofusca os olhos e os melhores exemplos caligráficos que temos observado são feitos todos sobre papel matizado".[11]

Lugares cujos nomes estão quase esquecidos eram antes proeminentes, como Merv, descrita por um geógrafo do século X como uma "cidade encantadora, refinada, elegante, brilhante, ampla e agradável" e como "a mãe do mundo"; ou Rayy, não distante da moderna Teerã, que para outro escritor mais ou menos da mesma época era tão gloriosa que merecia ser considerada "a noiva da Terra" e "a mais bela criação do mundo".[12] Pontuando a espinha da Ásia, essas cidades eram ligadas como pérolas, conectando o Pacífico ao Mediterrâneo.

Centros urbanos incentivavam-se mutuamente, com as rivalidades entre governantes e elites dando lugar a arquiteturas cada vez mais ambiciosas e a monumentos espetaculares. Bibliotecas, locais de culto, igrejas e observatórios de escala imensa, assim como influências culturais diversas pontuavam a região, ligando Constantinopla a Damasco, Isfahan, Samarcanda, Cabul e Kashgar. Cidades como essas tornaram-se sede de eruditos brilhantes, que fizeram avançar as fronteiras de suas disciplinas. Conhecemos hoje apenas um punhado deles – homens como Ibn Sīnā, mais conhecido como Avicena, al-Bīrūnī e al-Khwārizmi – gigantes nas áreas de astronomia e medicina; mas havia muitos outros. Durante séculos antes dos primórdios da era moderna, os centros intelectuais de excelência do mundo, as Oxford e Cambridge, as Harvard e Yale, não ficavam na Europa ou no Ocidente, mas em Bagdá e Balkh [Bactro], Bucara e Samarcanda.

Havia boas razões para que as culturas, cidades e povos que viviam ao longo das Rotas da Seda se desenvolvessem e avançassem: à medida que comerciavam e trocavam ideias, aprendiam e emprestavam umas das outras, estimulando mais avanços em filosofia, ciência, idiomas e na religião. O progresso era essencial, como sabia muito bem há mais de 2 mil anos um dos governantes do reino de Zhao, no nordeste da China. "Talento para seguir os caminhos de ontem", declarou o rei Wu-ling em 307 a.C., "não é suficiente para melhorar o mundo de hoje."[13] Líderes do passado entendiam o quanto era importante ficar em dia com a própria época.

Mas o manto do progresso deslocou-se no início do período moderno como resultado de duas grandes expedições marítimas no final do século XV. No decorrer de seis anos, na década de 1490, foram lançadas as bases de uma grande ruptura no ritmo de sistemas de intercâmbio consagrados. Primeiro, Cristóvão Colombo cruzou o Atlântico, abrindo caminho para duas enormes massas de terra até então intocadas e ligando-as à Europa e a locais além dela; depois, poucos anos mais tarde, Vasco da Gama conseguiu contornar a ponta sul da África, continuando dali até a Índia, abrindo com isso novas rotas marítimas. As descobertas alteraram padrões de interação e comércio e efetuaram uma notável mudança no centro de gravidade político e econômico do mundo. Repentinamente, a Europa Ocidental foi transformada e deixou sua posição de região periférica para se tornar o fulcro de uma onda de comunicação, transporte e de um sistema de comércio abrangentes: num único golpe, tornou-se o novo ponto médio entre Oriente e Ocidente.

A ascensão da Europa disparou uma feroz batalha por poder – e pelo controle do passado. À medida que os rivais se posicionavam um em relação ao outro, a história foi sendo remodelada para enfatizar eventos, temas e ideias que pudessem ser usados nos confrontos ideológicos travados com furor, ao lado da luta para obter recursos e controlar as rotas marítimas. Foram erguidos bustos de políticos e generais destacados vestindo togas, para fazê-los parecer heróis romanos do passado; novos edifícios magníficos construídos em grandioso estilo clássico apropriaram-se das glórias do mundo antigo como se fossem seus antecedentes diretos. A história foi distorcida e manipulada para criar uma insistente narrativa, na qual a ascensão do Ocidente era não só natural e inevitável, mas uma continuação do que havia ocorrido antes.

Muitas histórias me fizeram olhar para o passado sob uma ótica diferente. Mas uma delas se destaca. Segundo a mitologia grega, Zeus, o pai dos deuses, soltou duas águias, uma em cada canto da Terra, e ordenou que voassem para se encontrar. Uma pedra sagrada, o ônfalo [omphalos] – o umbigo do mundo –, foi colocada no ponto em que se encontraram, para permitir a comunicação com o divino. Aprendi mais tarde que o conceito dessa pedra tem sido há muito tempo uma fonte de fascínio para filósofos e psicanalistas.[14]

Lembro que fiquei olhando para o meu mapa da primeira vez que ouvi essa história, tentando imaginar onde as águias teriam se encontrado. Imaginei que uma teria partido das praias do Atlântico ocidental e a outra da costa do Pacífico na China, indo para o interior. O local preciso mudava, dependendo de onde eu colocasse meus dedos para começar a medir distâncias iguais de leste a oeste. Mas sempre terminava em algum ponto entre o mar Negro e as montanhas do Himalaia. Eu ficava acordado à noite ponderando a respeito do mapa na parede do meu quarto, das águias de Zeus e da história de uma região que nunca era mencionada nos livros que eu lia – e que não tinha nome.

Não faz muito tempo, os europeus dividiram a Ásia em três grandes zonas – o Oriente Próximo, o Oriente Médio e o Extremo Oriente. Mas sempre que eu ouvia falar ou lia sobre problemas contemporâneos enquanto crescia, parecia que a segunda dessas zonas, o Oriente Médio, havia mudado de sentido e até de lugar, sendo usado para se referir a Israel, Palestina e à área em volta, e ocasionalmente ao Golfo Pérsico. E eu não conseguia entender por que continuavam me falando da importância do Mediterrâneo como berço da civilização, quando parecia tão óbvio que não era ali que a civilização havia de fato sido forjada. O verdadeiro cadinho, o "Mediterrâneo" no sentido literal – o centro do mundo –, não era um mar separando a Europa do Norte da África, mas ficava bem no centro da Ásia.

Minha esperança é que eu possa encorajar outras pessoas a estudar os povos e lugares que têm sido ignorados durante gerações, ao colocar novas questões e abrir novas áreas de pesquisa. Espero estimular que novas questões sejam levantadas a respeito do passado e que os truísmos sejam desafiados e investigados detidamente. Acima de tudo, espero inspirar aqueles que lerem este livro a olhar a história de uma nova maneira.

Worcester College, Oxford
Abril de 2015

I
A criação da Rota da Seda

Desde os primórdios dos tempos, o centro da Ásia é onde os impérios foram criados. As terras baixas de aluvião da Mesopotâmia, alimentadas pelos rios Tigre e Eufrates, forneceram a base da própria civilização – pois foi nessa região que as primeiras aldeias e cidades se formaram. A agricultura sistematizada desenvolveu-se na Mesopotâmia e por todo o "Crescente Fértil", uma faixa de terras altamente produtivas com acesso a água em abundância, estendendo-se do Golfo Pérsico ao litoral do Mediterrâneo. Foi aqui que algumas das primeiras leis codificadas foram disseminadas há cerca de 4 mil anos por Hamurábi, rei da Babilônia, que detalhou as obrigações de seus súditos e definiu pesadas punições pelas transgressões.[1]

Embora muitos reinos e impérios tenham surgido desse cadinho, o maior de todos foi o dos persas. Expandindo-se rapidamente no século VI a.C., a partir de uma terra situada no atual sul do Irã, os persas dominaram seus vizinhos, alcançaram as praias do Egeu, conquistaram o Egito e expandiram-se para leste até o Himalaia. Seu sucesso deveu-se muito à sua abertura, a julgar pelo relato do historiador grego Heródoto: "Os persas são muito propensos a adotar costumes estrangeiros". Os persas se dispunham a abandonar o próprio estilo de vestimenta quando concluíam que a moda do inimigo vencido era superior, o que os levou a tomar emprestado o estilo dos medos e dos egípcios.[2]

A disposição de adotar novas ideias e práticas foi um fator importante para que os persas construíssem um sistema de administração que lhes permitiu a condução fluente de um império do qual faziam parte muitos povos. Uma burocracia com alta instrução supervisionava a eficiente administração da vida cotidiana do império, registrando tudo, desde os pagamentos aos trabalhadores que serviam a casa real à validação da qualidade e quantidade de bens comprados e vendidos em mercados; eles também cuidavam da manutenção e reparos do sistema de estradas que cruzava o império e era invejado por todo o mundo antigo.³

Uma rede de estradas ligando o litoral da Ásia Menor à Babilônia, a Susa e Persépolis permitia que uma distância de mais de 2.500 quilômetros fosse coberta em uma semana, um feito visto com assombro por Heródoto, que observou que nem neve, chuva, calor ou escuridão podiam retardar a rápida transmissão de mensagens.⁴ O investimento na agricultura e no desenvolvimento de técnicas pioneiras de irrigação para melhorar a produção dos cultivos ajudou a nutrir o crescimento das cidades, possibilitando que populações cada vez maiores fossem sustentadas pelos campos da região – não apenas nas ricas terras agrícolas de ambos os lados do Tigre e Eufrates, mas também em vales servidos pelos poderosos rios Oxus [Oxo] e Iaxartes (hoje conhecidos como Amy Darya e Syr Darya), assim como no delta do Nilo, depois de tomado pelos exércitos persas em 525 a.C. O Império Persa era uma terra de abundância que ligava o Mediterrâneo ao coração da Ásia.

A Pérsia apresentava-se como um exemplo de estabilidade e equanimidade, como demonstra uma inscrição trilíngue entalhada na face de uma rocha em Behistun. Escrita em persa, elamita e acadiano, ela registra como Dario, o Grande, um dos governantes mais famosos da Pérsia, controlava revoltas e levantes, expulsava invasores estrangeiros e não prejudicava nem os pobres nem os poderosos. Mantenha o país seguro, ordenava a inscrição, e cuide do povo de maneira justa, pois a justiça é a base do reino.⁵ A tolerância com as minorias era lendária: um dos governantes persas foi chamado de "Messias" e outro foi abençoado pelo "Senhor, o Deus dos céus", em razão de suas políticas, que incluíram a libertação dos judeus de seu exílio babilônico.⁶

O comércio floresceu na antiga Pérsia, gerando proventos que permitiram aos governantes patrocinarem expedições militares a locais que trouxeram ainda mais recursos para o império. Também propiciou que se entregassem a gostos notoriamente extravagantes. Edifícios espetaculares foram erguidos nas imensas cidades de Babilônia, Persépolis, Pasárgada e Susa, onde o rei Dario construiu um magnífico palácio com ébano e prata da mais alta qualidade do Egito e com cedro do Líbano, ouro refinado da Báctria, lápis-lazúli e cinabre da Sogdiana, turquesa de Khwarezm [Corásmia] e marfim da Índia.⁷ Os persas eram famosos por seu amor ao prazer e, segundo Heródoto, bastava que ouvissem falar de um novo luxo para terem o desejo de possuí-lo.⁸

Sustentando a comunidade comercial havia um agressivo exército, que ajudou a ampliar fronteiras, mas que se tornou também necessário para defendê-las. A Pérsia enfrentou persistentes problemas provenientes do norte, um mundo dominado por nômades que viviam com seus animais de criação em faixas semiáridas de savanas, conhecidas como estepes, que se estendiam do mar Negro pela Ásia Central até a Mongólia. Esses nômades eram famosos por sua ferocidade – dizia-se que bebiam o sangue de seus inimigos e faziam roupas com seus escalpos, e em alguns casos comiam a carne dos próprios pais. Mas a interação com os nômades era complexa, pois, apesar de serem descritos normalmente como caóticos e imprevisíveis, eram parceiros importantes para fornecer animais, sobretudo ótimos cavalos. No entanto, os nômades podiam ser a causa de desastres, como quando Ciro, o Grande, o arquiteto do Império Persa no século VI a.C., foi morto tentando subjugar os citas; sua cabeça foi então carregada dentro de uma pele preenchida com sangue, afirmou um escritor, para que a sede de poder que o havia inspirado pudesse ser então saciada.[9] Não obstante, esse foi um raro revés, que não deteve a expansão da Pérsia. Os comandantes gregos olhavam para leste com uma mistura de medo e respeito, buscando aprender com as táticas persas no campo de batalha e adotar sua tecnologia. Autores como Ésquilo usavam os sucessos contra os persas como uma maneira de celebrar a destreza militar e de demonstrar o favor dos deuses, comemorando a resistência heroica às tentativas de invasão da Grécia em seus épicos teatrais e literários.[10]

"À terra de Tebas venho", diz Dionísio na abertura da peça *As bacantes*, do "fabulosamente rico Oriente", lugar onde as planícies da Pérsia são banhadas pela luz do sol, onde as cidades da Báctria são protegidas por muros e onde torres de bela construção vigiam as regiões do litoral. A Ásia e o Oriente eram terras que Dionísio "fez dançar" com os mistérios divinos, muito antes das terras gregas.[11]

Ninguém estudou com tanto afinco tais obras quanto Alexandre da Macedônia. Quando assumiu o trono em 336 a.C., após o assassinato de seu pai, o brilhante rei Filipe, não havia dúvida quanto à direção que o jovem general iria tomar em sua busca por glórias. Em nenhum momento voltou os olhos para a Europa, que não oferecia nada: nem cidades, nem cultura, nem prestígio, nem recompensas. Para Alexandre, como para todos os antigos gregos, cultura, ideias e oportunidades – assim como ameaças – vinham do Leste.

Não foi nenhuma surpresa que seu olhar se dirigisse para a maior potência da Antiguidade: a Pérsia.

Após expulsar os governantes persas do Egito em um ataque-relâmpago em 331 a.C., Alexandre partiu para um assalto geral às terras centrais do império. O confronto decisivo teve lugar mais tarde, em 331, nas poeirentas planícies de Gaugamela, perto da moderna cidade de Erbil, no Curdistão iraquiano, onde infligiu uma espetacular derrota ao exército persa bastante superior sob o comando de Dario III – talvez porque estivesse totalmente revigorado após uma boa noite de sono: segundo Plutarco, Alexandre insistia em descansar antes de enfrentar o inimigo, dormindo tão profundamente que seus comandantes, preocupados, tinham que sacudi-lo para que acordasse. Vestindo suas roupas favoritas, colocou um refinado elmo, tão polido que "reluzia como a mais fina prata", segurou uma confiável espada em sua mão direita e liderou seus soldados para uma esmagadora vitória que abriu as portas de um império.[12]

Tendo Aristóteles como tutor, Alexandre foi criado com altas expectativas sobre si. E não desapontou. Depois que os exércitos persas foram esmagados em Gaugamela, Alexandre avançou para leste. As cidades rendiam-se a ele, uma após a outra, e seu exército foi tomando territórios controlados por seus rivais derrotados. Lugares de porte, riqueza e beleza lendários caíram diante do jovem herói. A Babilônia rendeu-se, com seus habitantes cobrindo de flores e guirlandas a estrada que levava à grande cidade, enquanto altares de prata queimando incenso de olíbano e perfumes eram colocados de ambos os lados. Jaulas com leões e leopardos foram trazidas e entregues como presentes.[13] Em pouco tempo, todos os pontos da Estrada Real que ligava as principais cidades da Pérsia e a rede de comunicações que conectava o litoral da Ásia Menor à Ásia Central haviam sido tomados por Alexandre e seus homens.

Embora alguns estudiosos modernos o tenham menosprezado como um "bandido juvenil embriagado", Alexandre parece ter tido um tato surpreendentemente sensível ao tratar com territórios e povos recém-conquistados.[14] Costumava ser brando ao lidar com as crenças e práticas locais, mostrando tolerância e também respeito: conta-se, por exemplo, que ficou indignado ao ver o modo com que o túmulo de Ciro, o Grande, havia sido profanado, e não só o restaurou como puniu aqueles que haviam conspurcado o santuário.[15] Alexandre fez questão de que fosse dado a Dario III um funeral adequado à sua posição hierárquica e enterrou ao lado dele outros governantes persas quando seu corpo foi encontrado jogado numa carroça, depois de assassinado por um de seus tenentes.[16]

Alexandre também foi capaz de colocar cada vez mais território sob seu poder porque se dispôs a confiar nas elites locais. Teria dito que, "se queremos não só passar pela Ásia, mas ocupá-la, devemos mostrar clemência por essas pessoas; é a lealdade delas que irá tornar nosso império estável e permanente".[17] Autoridades locais e as velhas elites foram mantidas em seus postos para administrar cidades e territórios conquistados. O próprio Alexandre passou a adotar títulos tradicionais e a usar vestes persas para salientar sua aceitação dos costumes locais. Gostava de retratar a si mesmo não tanto como um conquistador invasor, mas como o último herdeiro de um reino antigo – apesar das manifestações de escárnio daqueles que diziam a quem quisesse ouvir que ele trouxera sofrimento e mergulhara a terra em sangue.[18]

É importante lembrar que muito da nossa informação a respeito das campanhas de Alexandre, seus sucessos e suas políticas, vem de historiadores posteriores, cujos relatos muitas vezes são altamente idealizados e cheios de entusiasmo emocionado na cobertura das aventuras do jovem general.[19] Não obstante, embora seja bom ter cautela a respeito da maneira como o colapso da Pérsia foi descrito pelas fontes, a velocidade com que Alexandre continuou estendendo as fronteiras mais a leste fala por si. Era um enérgico fundador de novas cidades, que geralmente ganhavam seu nome e que hoje quase sempre são conhecidas por outros nomes, como Herat (Alexandria na Satrapia de Ária), Kandahar (Alexandria em Aracósia) e Bagram (Alexandria ad Caucasum). A construção desses postos temporários – e o reforço de outros mais ao norte, entendendo-se até o vale do Fergana – criou novos pontos que corriam pela espinha dorsal da Ásia.

Novas cidades com poderosas defesas, assim como fortalezas e fortes autossuficientes, foram construídas com foco na defesa contra a ameaça colocada pelas tribos das estepes, especializadas em desferir ataques devastadores às comunidades rurais. O programa de fortificações de Alexandre tinha o intuito de proteger novas áreas recém-conquistadas. Preocupações similares foram enfrentadas com reações similares mais a leste, nessa mesma época. Os chineses já haviam desenvolvido o conceito de *huaxia*, o mundo civilizado, em contraposição aos desafios representados pelos povos das estepes. Um programa intensivo de construções expandiu uma rede de fortificações naquilo que ficou conhecido como a Grande Muralha da China, e foi movido pelo mesmo princípio adotado por Alexandre: expansão sem defesa é inútil.[20]

No século IV a.C., o próprio Alexandre continuou sua campanha incansável, dando a volta pelo Indocuche e marchando pelo vale do Indo, fundando mais fortalezas e guarnições – embora a essa altura enfrentasse protestos regulares de seus homens, fatigados e com saudades de casa. Da perspectiva militar, suas realizações à época de sua morte aos 32 anos na Babilônia, em 323 a.C., em circunstâncias que continuam envoltas em mistério, eram nada menos do que sensacionais.[21] A velocidade e a extensão de suas conquistas foram impressionantes. E não menos impressionantes – apesar de ignorados com muita frequência – são a escala do legado que deixou e o grau em que a influência da Grécia Antiga se fundiu com as culturas da Pérsia, Índia, Ásia Central e até mesmo com a da China.

Embora a morte repentina de Alexandre tenha sido seguida por um período de turbulência e lutas internas entre seus principais comandantes, logo emergiu um líder para a parte oriental dos novos territórios: um oficial nascido no norte da Macedônia chamado Seleuco, que participara de todas as grandes expedições do rei. Poucos anos após a morte de seu chefe, Seleuco viu-se governador de terras que se estendiam do Tigre ao Indo; os territórios eram tão vastos que pareciam não um reino, mas um império por direito próprio. Ele fundou uma dinastia, a dos selêucidas, que iria governar por quase três séculos.[22] As vitórias de Alexandre costumam ser facilmente subestimadas como uma série brilhante de ganhos de curto prazo, e seu legado é quase sempre encarado como efêmero e temporário. Mas não foram realizações transitórias; foram, sim, o início de um novo capítulo para a região que vai do Mediterrâneo às montanhas do Himalaia.

As décadas posteriores à morte de Alexandre viram um programa gradual e inconfundível de helenização, conforme as ideias, temas e símbolos da Grécia Antiga eram introduzidos no Oriente. Os descendentes de seus generais lembravam de suas raízes gregas e buscavam ativamente enfatizá-las, por exemplo nas cunhagens feitas nas casas da moeda das principais cidades, que ficavam localizadas em pontos estrategicamente importantes ao longo das rotas comerciais ou em centros agrícolas de intensa movimentação. A forma dessas moedas ficou padronizada: uma imagem do governante atual com cachos presos por um diadema, invariavelmente olhando para a direita, como Alexandre havia feito, com uma imagem de Apolo no verso, identificado por letras gregas.[23]

A língua grega podia ser ouvida – e vista – por toda a Ásia Central e pelo vale do Indo. Em Ai Khanoum, norte do Afeganistão – uma nova cidade, fundada por Seleuco –, máximas de Delfos foram esculpidas em um monumento. Entre elas:

> Quando criança, comporte-se bem.
> Quando jovem, tenha autocontrole.
> Quando adulto, seja justo.
> Quando idoso, seja sábio.
> Quando moribundo, evite a dor.[24]

O grego era usado no dia a dia por oficiais, mais de um século após a morte de Alexandre, como mostram os recibos de impostos e documentos relacionados ao pagamento de soldados da Báctria, datados de cerca de 200 a.C.[25] De fato, o idioma penetrou profundamente no subcontinente indiano. Alguns dos éditos expedidos pelo governante máuria Asoka, o maior dos antigos governantes indianos, eram acompanhados de traduções para o grego, evidentemente tendo em vista a população local.[26]

A vitalidade do intercâmbio cultural à medida que Europa e Ásia colidiam era impressionante. Estátuas de Buda começaram a aparecer apenas depois que o culto de Apolo se firmou no vale do Gundara e no oeste da Índia. Os budistas sentiram-se ameaçados pelo sucesso das novas práticas religiosas e começaram a criar suas próprias imagens. Na realidade, há uma correlação não apenas na data das primeiras estátuas de Buda, mas também em seu aspecto e desenho: parece que Apolo serviu como modelo, tal o impacto das influências gregas. Até então, os budistas haviam ativamente evitado representações visuais; agora a competição obrigava-os a reagir, a tomar emprestado e a inovar.[27]

No atual sul do Tadjiquistão, altares de pedra adornados com inscrições gregas, imagens de Apolo e refinadas miniaturas em marfim retratando Alexandre revelam o quanto as influências ocidentais penetraram.[28] O mesmo pode ser dito das impressões sobre aquela cultura superior trazida do Mediterrâneo. Os gregos na Ásia tinham amplo prestígio na Índia, por exemplo, por seu talento nas ciências: "Eles são bárbaros", diz o texto conhecido como *Gārgī Samhitā*, "mas a ciência da astronomia originou-se com eles e por isso merecem ser reverenciados como deuses".[29]

Segundo Plutarco, Alexandre fez questão de que a teologia grega fosse ensinada até mesmo na distante Índia, e o resultado foi que os deuses do Olimpo passaram a ser reverenciados por toda a Ásia. Jovens da Pérsia e além dela foram levados a ler Homero e a "cantar as tragédias de Sófocles e Eurípides", e a língua grega era estudada no vale do Indo.³⁰ Talvez por isso seja possível detectar empréstimos entre grandes obras da literatura. Foi sugerido, por exemplo, que o *Rāmāyana*, o poema épico sânscrito, deve algo à *Ilíada* e à *Odisseia*, e que o tema da abdução de Lady Sita por Rāvana seria um eco direto da fuga de Helena com Páris de Troia. Influência e inspiração fluíam também na direção oposta, e alguns estudiosos defendem que a *Eneida* foi por sua vez influenciada por textos indianos, como o *Mahābhārata*.³¹ Ideias, temas e histórias percorreram as estradas, difundidos por viajantes, mercadores e peregrinos: as conquistas de Alexandre abriram caminho para ampliar a mente das populações das terras que capturou, bem como daqueles na periferia e além dela que entraram em contato com novas ideias, novas imagens e novas concepções de mundo.

Mesmo as culturas nas estepes ermas foram influenciadas, como fica claro pelos refinados objetos funerários enterrados com figuras de alto escalão, encontrados nos túmulos de Tilya Tepe no norte do Afeganistão, que mostram influências artísticas extraídas da Grécia – assim como da Sibéria, da Índia e de outras terras. Objetos de luxo eram comerciados no mundo nômade, em troca de animais de criação e cavalos, e às vezes como tributo pago em troca da paz.³²

O vínculo das estepes com um mundo mais integrado e interconectado foi acelerado pelas crescentes ambições da China. Sob a dinastia Han (206 a.C.- -220 d.C.), ondas de expansão haviam estendido ainda mais as fronteiras, que acabaram chegando a uma província então chamada Xiyu (ou "regiões a oeste"), hoje conhecida como Xinjiang ("nova terra de fronteira"). Ela ficava depois do corredor Gansu, uma rota de 965 quilômetros ligando o interior chinês à cidade-oásis de Dunhuang, um entroncamento à beira do deserto de Taklamakan. Nesse ponto, havia a opção de uma rota para o norte e outra para o sul, e ambas podiam ser traiçoeiras, convergindo em Kashgar, localizada no ponto de junção das montanhas do Himalaia com as montanhas Pamir, a serra de Tien Shan e o Indocuche.³³

A expansão dos horizontes da China uniu a Ásia. Essas redes haviam até então sido bloqueadas pelos *yuezhi* e acima de tudo pelos *xiongnu*, tribos nômades que, como os citas na Ásia Central, eram uma constante fonte de preocupação, mas eram também importantes parceiros comerciais para animais de criação: autores Han escreveram no século II a.C. sobre dezenas de milhares de cabeças de gado sendo compradas de povos das estepes.[34] Mas era a demanda chinesa por cavalos que se mostrava quase insaciável, alimentada pela necessidade de manter uma força militar efetiva de prontidão, que conservasse a ordem interna na China e pudesse reagir a ataques e incursões dos *xiongnu* ou de outras tribos. Os cavalos da região ocidental de Xinjiang eram muito apreciados, e podiam fazer a fortuna de chefes tribais. Em certa ocasião, um líder *yuezhi* trocou cavalos por uma grande partida de bens, que depois revendeu, ganhando dez vezes o que havia investido.[35]

As montarias mais famosas e valiosas eram criadas no vale do Fergana, no lado mais distante das espetaculares montanhas Pamir, que se estendem entre o que é hoje o leste do Tadjiquistão e o nordeste do Afeganistão. Esses animais, muito admirados por sua força, são descritos por escritores chineses como tendo sido procriados por dragões e chamados de *hanxue ma*, isto é, "sangue suado" – resultado de sua característica transpiração avermelhada causada por um parasita local e pelo fato de terem uma pele fina demais, que com o esforço a que eram submetidos causava o rompimento de vasos sanguíneos. Alguns cavalos particularmente destacados tornaram-se célebres por direito próprio, tema de poemas, esculturas e retratos, e com frequência eram chamados de *tianma* – cavalos divinos ou celestiais.[36] Alguns chegavam a ser levados com seus donos para a próxima vida: um imperador foi enterrado com oitenta de seus cavalos favoritos – e seu local de descanso era guardado por estátuas de dois garanhões e um guerreiro de terracota.[37]

As relações com os *xiongnu*, que dominavam as estepes da Mongólia e os pastos do norte da China, nem sempre eram fáceis. Historiadores contemporâneos descrevem a tribo como bárbara, dada a comer carne crua e beber sangue; na realidade, segundo um cronista, são um povo "abandonado pelos céus".[38] Os chineses mostravam-se inclinados a pagar tributos para não correr o risco de ter suas cidades atacadas. Despachavam regularmente enviados para visitar os nômades (que eram treinados desde a infância a caçar ratos e aves, e depois raposas e lebres) e perguntavam em nome do imperador a respeito da saúde de seu líder supremo.[39] Foi desenvolvido um sistema formal de tributo, e por meio dele os nômades recebiam artigos de luxo, como arroz, vinho e tecidos, em troca de paz. O item mais importante era a seda, um tecido muito valorizado pelos nômades por sua textura e leveza, seja como lençol ou para roupas. Era também um símbolo de poder político e social: estar envolvido em volumosa quantidade de preciosa seda era uma maneira importante pela qual o *chanyu* (o supremo líder da tribo) enfatizava o próprio status e recompensava os que estavam à sua volta.[40]

As somas pagas em troca de paz eram vultosas. Em 1 a.C., por exemplo, os *xiongnu* receberam 30 mil rolos de seda e uma quantia similar de matéria-prima, além de 370 peças de roupa.[41] Alguns funcionários públicos acreditavam que o amor ao luxo por parte das tribos acabaria levando-as à desagregação. "Agora [temos] esse gosto pelas coisas chinesas", um enviado comentou de modo insolente com um líder tribal. Os costumes dos *xiongnu* estavam mudando, disse ele. A China, predisse confiante, "no final conseguirá dominar a nação *xiongnu* inteira".[42]

Porém, era iludir-se com o próprio desejo. Na realidade, a diplomacia que mantinha a paz e as boas relações cobrava um preço não só financeiro, mas político: pagar tributo era um alto custo e um sinal de fraqueza política. Portanto, a certa altura os governantes Han da China decidiram lidar com os *xiongnu* buscando resolver as coisas de vez. Primeiro, foi feito um esforço conjunto para assumir o controle das regiões ocidentais de Xiyu, ricas em termos agrícolas; os nômades foram sendo expulsos à medida que os chineses assumiam o controle do corredor Gansu com uma série de campanhas que durou uma década, encerrada em 119 a.C. A oeste ficavam as montanhas Pamir e, depois delas, um novo mundo. A China havia aberto uma porta que levava a uma rede transcontinental; foi então que nasceram as Rotas da Seda.

A expansão da China despertou grande interesse pelo que estava além. Funcionários públicos receberam a missão de investigar e escrever relatórios sobre as regiões além das montanhas. Um desses relatos sobrevive como o *Shi Ji* ("Registros Históricos"), escrito por Sima Qian, filho do Grande Historiador (*Taishi*) da corte imperial, que continuou trabalhando nesse relato mesmo depois de ter caído em desgraça e sido castrado por ousar defender um impetuoso jovem general que havia levado seus soldados à derrota.[43] Ele registrou cuidadosamente o que havia sido capaz de descobrir a respeito das histórias, economia e exércitos dos povos do vale do Indo, da Pérsia e da Ásia Central. Os reinos da Ásia Central eram fracos, observou ele, em virtude da pressão dos nômades deslocados pelas forças chinesas, que agora voltavam suas atenções para outros locais. Os habitantes desses reinos eram "precários no uso das armas", escreveu, "mas hábeis no comércio", com mercados florescentes na capital Bactra, "onde são comprados e vendidos bens de todo tipo".[44]

O comércio entre a China e o mundo mais distante desenvolveu-se lentamente. Encontrar as melhores rotas ao longo da orla do deserto de Gobi não era fácil, especialmente a partir do Portão de Jade, o posto de fronteira depois do qual as caravanas de comerciantes seguiam seu caminho para oeste. Era difícil passar de um oásis a outro por terreno traiçoeiro, quer pelo deserto de Taklamakan, quer pelas passagens das montanhas Tian Shan ou pelas montanhas Pamir. Era preciso aguentar extremos de temperatura – uma das razões pelas quais o camelo bactriano era tão valorizado. Com resistência suficiente para enfrentar as duras condições do deserto, esses animais conseguem antecipar as mortais tempestades de areia, observou um escritor, e "imediatamente param e resmungam todos juntos" – um sinal para que os comerciantes e os guias da caravana "cubram seus narizes e bocas enrolando-os com feltro". O camelo, porém, era claramente um catavento passível de falhas; fontes comentam ter passado por grande número de animais mortos e esqueletos ao longo das rotas.[45] Nessas circunstâncias difíceis, as recompensas tinham que ser altas para contrabalançar os riscos. Embora bambu e roupas feitas em Sichuan pudessem ser encontrados à venda a milhares de quilômetros nos mercados da Báctria, o que se transportava por longas distâncias eram basicamente produtos raros de alto valor.[46]

O principal era o comércio da seda. A seda desempenhava uma série de papéis importantes no mundo antigo, além de ter valor para as tribos nômades. Sob a dinastia Han, a seda, juntamente com moedas e grãos, servia para pagar soldados. Sob certos aspectos constituía a moeda mais confiável: era problemático produzir dinheiro em quantidade suficiente, e além disso nem toda a China estava totalmente monetizada; isso colocava um obstáculo particular quando se tratava do pagamento militar, já que os locais de operações costumavam ficar em regiões remotas, onde as moedas eram inúteis. Os grãos, por sua vez, apodreciam após um tempo. Como resultado, rolos de seda bruta eram regularmente usados como moeda, seja como pagamento, seja, conforme ocorreu num mosteiro budista da Ásia Central, como multa para monges que quebrassem as regras da instituição.[47] A seda virou moeda internacional, e não apenas um produto de luxo.

Os chineses também regulamentavam o comércio por meio de uma estrutura formal, para controlar mercadores que vinham de territórios estrangeiros. Uma notável coleção de 35 mil textos da cidade-guarnição de Xuanquan, não longe de Dunhuang, traça um claro retrato das atividades cotidianas numa cidade situada na parte estreita do corredor Gansu.

A partir desses textos escritos em bambu e tabuletas de madeira, ficamos sabendo que os visitantes que passavam pela China tinham que seguir pelas rotas designadas, eram despachados com passes escritos, e regularmente contados por funcionários do governo, para assegurar que todos que haviam entrado no país também a certa altura voltariam para casa. Como num livro de hóspedes de um hotel moderno, registrava-se cada visitante, anotando-se o quanto havia gasto em comida, qual seu local de origem, seu título e para onde se dirigia.[48]

Essas medidas devem ser entendidas não como uma forma de vigilância suspeitosa, mas como um meio de saber com precisão quem estava entrando e saindo da China, assim como o que faziam ali, e acima de tudo registrar o valor dos bens comprados e vendidos, para fins alfandegários. A sofisticação das técnicas e sua implementação precoce revelam como as cortes imperiais na capital em Chang'an (atual Xi'an) e, a partir do século I d.C., em Luoyang, lidavam com um mundo que parecia estar encolhendo diante de seus olhos.[49] Vemos a globalização como um fenômeno exclusivo da modernidade; mas há 2 mil anos já era um fato, e oferecia oportunidades, criava problemas e estimulava avanços tecnológicos.

O que ocorreu foi que desenvolvimentos a milhares de quilômetros de distância estimularam a demanda por artigos de luxo – e a capacidade de pagar por eles. Na Pérsia, os descendentes de Seleuco foram depostos por volta de 247 a.C. por um certo Ársaces, um homem de histórico obscuro. Seus descendentes, os arsácidas, consolidaram seu poder e depois partiram para ampliá-lo, fazendo uma hábil expropriação da história para fundir ideias gregas e persas numa nova identidade, cada vez mais coerente e sólida. O resultado foi um tempo de estabilidade e prosperidade.[50]

Mas foi aquilo que ocorreu no Mediterrâneo que forneceu o maior estímulo. Uma pequena cidade numa localização pouco promissora, na metade da costa ocidental da Itália, aos poucos conseguira se transformar de província periférica em poder regional. Depois de tomar uma por uma as cidades-Estados litorâneas, Roma passou a dominar o Mediterrâneo ocidental. Em meados do século I a.C., suas ambições expandiam-se com vigor. E a atenção estava focada no Oriente.

Roma evoluíra e se transformara num Estado intensamente competitivo, que glorificava o aspecto militar e exaltava a violência e a matança. Jogos de gladiadores eram a base do entretenimento público, e neles celebrava-se de modo brutal o domínio sobre povos estrangeiros e sobre a natureza. Arcos triunfais por toda a cidade faziam sua agitada população lembrar diariamente das vitórias militares. Militarismo, destemor e amor à glória eram cultivados como características cruciais de uma cidade ambiciosa, cujo alcance não parava de crescer.[51]

A espinha dorsal do poder romano era o exército, treinado e condicionado para atender a padrões exigentes. Esperava-se dos soldados que fossem capazes de marchar mais de 32 quilômetros em cinco horas, carregando mais de vinte quilos de equipamento. O casamento era não só malvisto, mas especificamente proibido, a fim de manter os recrutados com um vínculo mútuo. Batalhões de homens jovens, intensos, altamente treinados e aptos, que haviam sido criados com confiança em sua capacidade e com certeza sobre seu destino: esta era a rocha sobre a qual Roma foi construída.[52]

A conquista da Gália (grosso modo, a área da moderna França, Países Baixos e parte da Alemanha ocidental) em 52 a.C. trouxe espólios substanciais, suficientes para provocar uma correção no preço do ouro no Império Romano.[53] Mas embora houvesse muitos lugares a serem tomados na Europa, poucos pareciam promissores. O que tornava os impérios grandiosos era contar com um grande número de cidades produtoras de rendas tributáveis; o que os tornava culturalmente espetaculares eram os artesãos e especialistas que desenvolviam novas ideias quando clientes ricos competiam entre si para obter seus serviços, recompensando-os por suas habilidades. Era improvável que lugares como a Bretanha oferecessem acréscimos lucrativos aos territórios de Roma: como atestam as cartas em ardósia enviadas para casa por soldados estacionados na Bretanha, essa província era sinônimo de um isolamento severo e infrutífero.[54]

Mas a transição de Roma para um império tinha pouco a ver com a Europa ou com o controle de um continente que oferecia um suprimento pobre do tipo de recursos e cidades que atraíam consumidores e pagadores de impostos. O que impulsionou Roma para uma nova era foi sua reorientação para o Mediterrâneo oriental e terras além dele. O sucesso e a glória derivaram num primeiro momento de sua tomada do Egito, e depois de ter colocado sua âncora no Oriente – na Ásia.

O Egito, governado por quase trezentos anos pelos descendentes de Ptolomeu, um dos guarda-costas de Alexandre, o Grande, acumulara uma fabulosa riqueza baseada no Nilo, cujas terras de inundação produziam prodigiosas colheitas de grãos. Estas eram suficientes não apenas para sustentar a população local, mas proviam um belo excedente que permitiu a Alexandria, na foz do rio, desenvolver-se a ponto de virar a maior cidade do mundo, de acordo com um autor da época, que estimou sua população no século I a.C. em cerca de 300 mil.[55] Os carregamentos de grãos eram meticulosamente monitorados, com os capitães tendo que prestar um juramento real a cada vez que enchiam suas barcaças, após o que eram despachados com um recibo por um representante do escriba real. Só então o grão era liberado para ser transportado.[56]

Roma há muito tempo olhava com ambição para o Egito. Ela aproveitou sua chance quando a rainha Cleópatra envolveu-se numa confusa batalha por controle político, após o assassinato de Júlio César. Depois de fatidicamente apostar suas fichas com Marco Antônio na batalha de Áccio em 30 a.C., a governante egípcia viu-se confrontada com um exército romano liderado por Otaviano, um mestre da astúcia política, que avançou sobre Alexandria. Após uma série de decisões defensivas que combinaram uma profunda negligência com flagrante incompetência, Cleópatra cometeu suicídio, talvez por meio da picada de uma cobra venenosa, talvez pela autoadministração de uma substância tóxica. O Egito caiu como uma fruta madura.[57] Otaviano partira de Roma como general e voltava como seu supremo governante, com um novo título que em breve lhe seria conferido por um Senado agradecido: Augusto. Roma havia se tornado um império.

A tomada do Egito transformou a sorte de Roma. Com o controle romano das vastas colheitas do vale do Nilo, o preço dos grãos despencou, o que proporcionou um grande aumento no poder aquisitivo doméstico. As taxas de juros desabaram, de cerca de 12% para 4%; isso, por sua vez, alimentou a conhecida explosão que acompanha uma inundação de capital barato: o aumento nos preços das propriedades.[58] A renda disponível cresceu tanto que Augusto foi capaz de aumentar em 40% o patamar financeiro que qualificava alguém a fazer parte do Senado.[59] Como o próprio Augusto gostava de vangloriar-se, ele recebeu Roma como uma cidade erguida com tijolos, e deixou-a revestida de mármore.[60]

Esse surto de riqueza foi resultado da implacável expropriação por parte de Roma dos tributos cobrados do Egito e de seus imensos recursos. Equipes de inspetores de impostos espalharam-se pelo Egito e impuseram um novo imposto comunitário, pagável por todos os homens com idade entre dezesseis e sessenta anos. As isenções eram concedidas apenas em casos especiais – por exemplo, aos sacerdotes, que se livravam do pagamento, mas somente depois de seus nomes serem cuidadosamente anotados nos registros dos templos.[61] Isso era parte de um sistema que um estudioso chamou de "antigo *apartheid*"; seu objetivo era maximizar o fluxo de dinheiro para Roma.[62]

O processo de apropriação de rendimentos foi repetido em outras partes, à medida que os tentáculos da expansão econômica e militar de Roma se estendiam. Pouco depois da anexação do Egito, foram enviados assessores à Judeia para realizar um censo, de novo para assegurar que os impostos pudessem ser calculados com precisão. Supondo que tenha sido com o mesmo modelo empregado no Egito, que exigia que todos os nascimentos e mortes fossem registrados, assim como os nomes de todos os adultos homens, a chegada ao mundo de Jesus Cristo teria sido registrada por algum funcionário, cujo interesse certamente se concentraria menos em quem eram a criança e seus pais, e mais no que o nascimento representava em termos de força de trabalho adicional e de um futuro pagador de impostos para o império.[63]

Roma então abriu os olhos para o mundo que encontrou no Oriente. A Ásia já ganhara reputação pelo luxo ocioso e pelo modo de vida refinado. Era indescritivelmente rica, escreveu Cícero, com colheitas lendárias, uma variedade incrível de produtos, e rebanhos e manadas de porte simplesmente impressionante. Suas exportações eram colossais.[64] Tal era a riqueza da Ásia que os romanos opinavam que seus habitantes podiam dedicar a vida a prazeres ociosos. Não admira que é no Oriente que os soldados romanos atingem a maioridade, escreveu o poeta Salústio: era ali onde os soldados romanos aprendiam a fazer amor, a beber, a apreciar estátuas, pinturas e arte. Dificilmente isso poderia ser considerado uma boa coisa, pelo menos no entender de Salústio. A Ásia podia ser "voluptuosa e permissiva", mas "seus prazeres logo suavizaram o espírito guerreiro dos soldados".[65] Apresentado desse modo, o Oriente era a antítese de tudo o que era defendido pela séria e marcial Roma.

O próprio Augusto fez um grande esforço para compreender o que havia além das novas fronteiras do Oriente. Forças expedicionárias foram enviadas ao reino de Axum, na atual Etiópia, e ao reino sabeu do Iêmen, enquanto o golfo de Aqaba era explorado ainda durante o tempo em que o domínio romano no Egito se consolidava.[66] Mais tarde, em 1 a.C., Augusto ordenou uma detalhada inspeção em ambos os lados do Golfo Pérsico, para um relatório sobre o comércio naquela região e sobre como as rotas marítimas se vinculavam ao mar Vermelho. Ele também supervisionou a investigação das rotas terrestres que avançavam para o interior da Ásia Central através da Pérsia. Um texto conhecido como *Stathmoi Parthikoi* ("Estações Partas") foi produzido nessa época e registrou as distâncias entre pontos-chave no Oriente, definindo com precisão as localidades mais importantes, desde o Eufrates até Alexandrópolis, atual Kandahar, no Afeganistão, a leste.[67]

Os horizontes dos comerciantes expandiram-se bastante. Segundo o historiador Estrabão, poucos anos após a ocupação do Egito, 120 barcos romanos partiam para a Índia a cada ano do porto de Myos Hormos, no mar Vermelho. O intercâmbio comercial com a Índia teve uma explosão – como fica claro a partir do registro arqueológico extraordinariamente rico do subcontinente. Ânforas romanas, luminárias, espelhos e estátuas de deuses têm sido recuperados de uma ampla gama de sítios, como Pattanam, Kolhapur e Coimbatore.[68] Há tamanha abundância de achados de moedas datadas do reinado de Augusto e seus sucessores na costa ocidental da Índia e das ilhas Lacadivas que alguns historiadores têm defendido que os governantes locais no Oriente usavam moedas romanas de ouro e prata como moeda própria, ou que fundiam esses metais para reutilizá-los.[69]

A literatura tâmil do período conta uma história similar, registrando com excitação a chegada de comerciantes romanos. Um poema fala do "vinho refrescante e fragrante" que era trazido em "bons navios" pelos romanos, e outro, em tom rapsódico, afirma: "Os grandes e belos navios [...] chegam trazendo ouro, espalhando a espuma branca pelas águas do [rio] Periyar, e voltam em seguida carregados de pimenta. Aqui a música do mar ondeante nunca para, e o grande rei presenteia seus visitantes com raros produtos do mar e da montanha".[70] Outra fonte oferece um relato lírico dos comerciantes europeus que se instalaram na Índia: "O sol brilhava sobre os terraços abertos, sobre os armazéns próximos ao porto e sobre as torres com janelas qual olhos de cervo. Em diferentes lugares [...] a atenção de quem olhava era captada pela visão das moradas [dos ocidentais], cuja prosperidade nunca decrescia".[71] O *Stathmoi Parthikoi* revela quais os bens que os romanos queriam do oeste da Índia, indicando onde os mercadores podiam adquirir minerais de valor, como estanho, cobre e chumbo, assim como topázio, e onde o marfim, pedras preciosas e especiarias estavam prontamente disponíveis.[72]

Mas o comércio com os portos da Índia não se restringia a produtos originados do subcontinente. Como mostram as escavações no porto egípcio de Berenike, no mar Vermelho, uma série de bens de locais distantes como Vietnã e Java também achava sua via até o Mediterrâneo.[73] Portos do litoral ocidental e oriental da Índia serviam como empórios para bens trazidos de todo o leste e sudeste da Ásia, prontos para serem despachados para o Ocidente.[74] E havia ainda os bens e produtos do mar Vermelho, uma zona comercial dinâmica por si, além de ligar o Mediterrâneo ao oceano Índico e a terras mais distantes.[75]

Os cidadãos mais abastados de Roma podiam agora se permitir os gostos mais exóticos e extravagantes. Cronistas próximos queixavam-se de que os gastos beiravam o obsceno e lamentavam a ostentação de excessos que estavam na moda.[76] Isso é muito bem captado pelo *Satyricon*, de Petrônio, cuja cena mais famosa é o banquete de Trimálquio, um ex-escravo que ganhara a liberdade e amealhara fortuna. A sátira é mordaz em seu retrato dos gostos dos novos super-ricos. Trimálquio queria apenas o melhor que o dinheiro é capaz de comprar: faisões trazidos especialmente da costa leste do mar Negro; galinhas-d'angola; peixes raros e caros; pavões emplumados, e muito mais, sempre apresentados com espalhafato. O teatro grotesco de servir pratos e mais pratos – pássaros vivos costurados dentro de um porco inteiro, que voavam na hora em que este era cortado, ou palitos de dente de prata oferecidos aos convidados – era uma paródia implacável da vulgaridade e dos excessos dos novos-ricos de Roma. Uma das maiores explosões de prosperidade da Antiguidade produziu uma das grandes expressões literárias da amarga inveja dedicada a essa nova faixa da sociedade.[77]

A nova riqueza colocou Roma e seus habitantes em contato com novos mundos e gostos. O poeta Marcial traduz o internacionalismo e a expansão do conhecimento desse período em um poema sobre uma jovem escrava, comparando-a a um lírio intocado, ao marfim indiano polido, a uma pérola do mar Vermelho, a cabelos mais finos que a lã espanhola ou aos cachos loiros do Reno.[78] Antes, os casais que queriam conceber belos filhos faziam sexo rodeados por imagens eróticas; "agora", relatava um escritor judeu horrorizado, "eles trazem escravos israelitas e os amarram ao pé da cama" como inspiração e porque podem se permitir isso.[79] Nem todos se impressionavam com os novos gostos: o Tibre havia sido sobrepujado pelas águas do Orontes, o rio que corre pela Síria e sul da Turquia, queixava-se Juvenal mais tarde em suas

Sátiras – em outras palavras, a decadência asiática havia destruído as virtudes romanas, agora fora de moda; "fuja", escreveu ele, "se você se encantar por uma adornada prostituta usando um chapéu bárbaro".⁸⁰

Para alguns cronistas conservadores, o que mais atemorizava era o aspecto de uma *commodity* em particular: a seda chinesa.⁸¹ O crescente volume disponível desse tecido no Mediterrâneo causava apreensão nos tradicionalistas. Sêneca, por exemplo, horrorizava-se com a popularidade daquele material fino e fluido, declarando que as vestes de seda mal podiam ser chamadas de roupas, já que não escondiam nem as curvas nem a decência das senhoras de Roma. As próprias bases das relações matrimoniais estavam sendo minadas, dizia ele, já que os homens podiam ver através do leve tecido que aderia às formas femininas e deixava pouco para a imaginação. Para Sêneca, a seda era simplesmente um código para exotismo e erotismo. Uma mulher não podia honestamente dizer que não estava nua ao usar seda.⁸² Outros também sentiam dessa forma, pois houve repetidos esforços para proibir que os homens usassem o tecido, incluindo éditos transformados em lei. Alguns expressavam-no de maneira mais simples: era deplorável, concordavam dois destacados cidadãos, que os homens romanos achassem aceitável ostentar roupas do Oriente.⁸³

Outros, no entanto, preocupavam-se com a prevalência da seda por razões diferentes. Escrevendo na segunda metade do século I d.C., Plínio, o Velho, reclamava do alto custo do material de luxo, simplesmente para "permitir que a senhora romana brilhasse em público".⁸⁴ Os preços inflacionados eram um escândalo, queixava-se ele, equivalendo a cem vezes o valor real.⁸⁵ Imensas quantias de dinheiro eram gastas todo ano, continuava ele, em luxos da Ásia "para nós e nossas mulheres", com nada menos do que 100 milhões de sestércios sendo bombeados anualmente para fora da economia romana, para alimentar os mercados comerciais além-fronteiras.⁸⁶

Essa soma impressionante representava quase metade da produção anual de moedas do império e mais de 10% do orçamento de cada ano. Mas, fato notável, não parece ter sido muito exagerada. Um contrato em papiro recém-descoberto, registrando os termos de um despacho de bens de Muziris na Índia para um porto romano do mar Vermelho, é um testemunho do quanto os negócios de grande porte haviam se tornado comuns por volta do século II d.C. Tal contrato definia uma série de obrigações mútuas, explicando claramente a partir de que momento os bens deviam ser considerados como estando nas mãos do proprietário ou do transportador, e fazendo constar as sanções se o pagamento não fosse efetuado na data estipulada.[87] Negócios envolvendo grandes distâncias exigiam rigor e sofisticação.

Os mercadores romanos, porém, não pagavam apenas com moedas. Também recorriam a vidro, ouro e prata, finamente trabalhados, assim como a coral e topázio do mar Vermelho e ao incenso olíbano da Arábia, para trocá-los por tecidos, especiarias e corantes, como o índigo ou anil.[88] Qualquer que fosse a forma que assumisse, o fluxo de capital nessa escala tinhas consequências de amplo alcance. Uma delas foi fortalecer as economias locais ao longo das rotas comerciais. Vilas viravam aldeias e aldeias viravam cidades, conforme os negócios floresciam e as redes de comunicação e comércio se estendiam e ficavam mais interligadas. Erguiam-se monumentos arquitetônicos impressionantes em lugares como Palmira, à beira do deserto da Síria, que prosperou como centro comercial, ligando Oriente e Ocidente. Não sem razão, Palmira foi apelidada de Veneza das areias.[89] Cidades no eixo norte-sul foram igualmente transformadas, e o exemplo mais impressionante é o de Petra, que se tornou uma das maravilhas da Antiguidade graças à sua posição na rota entre as cidades da Arábia e do Mediterrâneo. Além disso, havia feiras frequentadas por comerciantes, que percorriam centenas ou milhares de quilômetros para chegar a determinados cruzamentos de estradas. Todo setembro, em Batnae, perto do Eufrates, "a cidade ficava cheia de ricos mercadores, quando grande multidão se reunia para a feira, para comprar e vender coisas enviadas da Índia e da China, além de todo tipo de produtos que ali chegavam por terra e por mar".[90]

Tamanho era o poder financeiro de Roma que chegou a determinar o design da cunhagem até mesmo no extremo leste da Ásia. Depois de serem empurrados da bacia do Tarim pelos chineses, os nômades *yuezhi* haviam garantido uma posição dominante no leste da Pérsia, tomando domínios antes governados pelos descendentes dos generais de Alexandre. Com o tempo, formou-se um próspero império, com o nome de um dos grupos líderes da tribo – os *guishang* ou cuchana – que empreenderam a cunhagem de grandes quantidades de moedas, segundo o modelo das moedas romanas.[91]

A moeda romana entrou no território cuchana pelos portos do norte da Índia, como Barbaricum e principalmente Barygaza, onde a abordagem e a ancoragem eram tão perigosas que se costumava enviar pilotos para guiar os navios até o porto. Negociar a aproximação a esses dois portos era muito perigoso para quem estivesse pouco familiarizado com as correntes.⁹² Ao aportarem, os comerciantes encontravam pimenta e especiarias, assim como marfim e tecidos, entre eles seda pronta e em fios. Eram empórios que reuniam produtos de toda a Índia, da Ásia Central e da China – e que traziam extraordinária riqueza para os cuchana, que controlavam as cidades-oásis e as rotas de caravanas que faziam sua interligação.⁹³

A posição dominante que os cuchana conseguiram alcançar significava que, embora os bens fossem importados e exportados do Mediterrâneo para a China em quantidade crescente, os próprios chineses desempenhavam um papel modesto no comércio com Roma via oceano Índico. Somente quando o grande general Ban Chao liderou uma série de expedições que levaram soldados até locais tão distantes quanto o mar Cáspio no final do século I d.C. é que foi despachado um enviado para trazer de volta mais informações sobre a população "alta e de feições regulares" do poderoso império do Oeste. Da Qin – ou Grande Qin –, como o Império Romano era chamado, foi retratado como possuidor de abundantes suprimentos de ouro, prata e finas joias: uma fonte de muitos objetos maravilhosos e raros.⁹⁴

Os contatos da China com a Pérsia tornaram-se regulares e intensivos. Missões diplomáticas eram enviadas várias vezes por ano, observa uma fonte chinesa, com ao menos dez delas rumando para a Pérsia, e, mesmo em períodos mais tranquilos, cerca de cinco ou seis eram enviadas ao Ocidente.⁹⁵ Os diplomatas quase sempre acompanhavam grandes caravanas levando bens para comerciar, e voltavam com produtos que tinham demanda em casa – como pérolas do mar Vermelho, jade, lápis-lazúli e produtos alimentícios, como cebolas, pepinos, coentro, romãs, pistache e damascos.⁹⁶ Os muito procurados olíbano e mirra, que na realidade provinham do Iêmen e da Etiópia, eram conhecidos na China como *Po-ssu* – isto é, produtos persas.⁹⁷ Como sabemos a partir de uma fonte posterior, os pêssegos de Samarcanda eram considerados imensamente valiosos: "grandes como ovos de ganso" e, por sua cor rica que os tornou famosos, eram conhecidos na China como "pêssegos dourados".⁹⁸

Assim como os chineses tinham pouco trato direto com Roma, o conhecimento que a região do Mediterrâneo possuía a respeito do mundo além das montanhas do Himalaia e do oceano Índico era limitado, e atesta-se que houve uma única missão romana que chegou até o imperador Huan por volta de 166 d.C. O interesse e o conhecimento de Roma sobre o Extremo Oriente eram efêmeros; seus olhos estavam focados na Pérsia.⁹⁹ Esta era não apenas um rival, mas um possível alvo. Mesmo quando o controle sobre o Egito ainda estava sendo consolidado, autores como Virgílio e Propércio falavam com entusiasmo da influência romana cada vez maior. Num poema elegíaco dedicado a Augusto e suas realizações, Horácio escreveu não a respeito da dominação romana sobre o Mediterrâneo, mas sobre o mundo inteiro – incluindo a conquista dos indianos e dos chineses.¹⁰⁰ Isso envolvia enfrentar a Pérsia, e se tornou uma preocupação comum de uma sucessão de governantes. Foram desenvolvidos planos grandiosos para empurrar a fronteira do império para além da passagem nas montanhas conhecida como Portas do Cáspio, já dentro do território persa: Roma precisava controlar o coração do mundo.¹⁰¹

Foram feitos de fato esforços para transformar esses sonhos em realidade. Em 113, o imperador Trajano liderou pessoalmente uma enorme expedição ao Oriente. Avançando com rapidez pelo Cáucaso antes de desviar-se para o sul para seguir o curso do Eufrates, conquistou Nisibis e Batnae, e cunhou moedas que proclamavam que a Mesopotâmia havia sido "submetida ao poder do povo de Roma". Com a resistência se desfazendo, o imperador seguiu adiante, dividindo suas forças em dois grupos. As grandes cidades do Império Persa foram tomadas em rápida sucessão, com Adenistra, Babilônia, Selêucia e Ctesifonte caindo em mãos romanas após uma brilhante campanha que durou poucos meses. Moedas foram cunhadas imediatamente, ostentando a irredutível legenda "PERSIA CAPTA" – A Pérsia foi conquistada.¹⁰² Trajano então seguiu rumo a Charax, a atual Basra, na foz do Golfo Pérsico, chegando bem na hora em que um navio mercante partia para a Índia. Olhou para o barco com melancolia e murmurou: se fosse tão jovem quanto Alexandre, o Grande, teria ido até o Indo.¹⁰³

Com planos traçados para estabelecer as novas províncias da Assíria e da Babilônia, Roma parecia disposta a iniciar um novo capítulo, no qual a expansão de suas fronteiras a levasse até o vale do Indo e depois até as portas da China. Mas o sucesso de Trajano teve vida curta: um feroz revide já estava a caminho nas cidades da Mesopotâmia antes que o imperador sofresse um fatal edema cerebral, ao mesmo tempo que uma revolta iniciada na Judeia se espalhava rapidamente, exigindo urgente atenção. Mesmo assim, sucessivos governantes mantiveram o foco na Pérsia: era onde as despesas militares se concentravam e onde a fronteira, e o que havia além dela, era reportada com intenso interesse em Roma.

Em agudo contraste com a atitude em relação às províncias europeias do império, os imperadores faziam campanhas regulares na Ásia – nem todas bem-sucedidas. Em 260 d.C., por exemplo, o imperador Valeriano foi humilhado depois de ser feito prisioneiro e mantido "na abjeta forma de escravidão": usado como banquinho humano pelo governante persa, tendo que "curvar as costas para erguer o rei quando este montava seu cavalo", teve seu corpo esfolado "e sua pele, arrancada da carne, foi tingida com vermelhão, e colocada no templo dos deuses dos bárbaros, para que a memória de uma vitória tão extraordinária pudesse se perpetuar e aquele espetáculo fosse sempre exibido por nossos embaixadores".[104] Ele foi empalhado para que todos pudessem ver a estupidez e a vergonha de Roma.

Por ironia, foi justamente a crescente ambição de Roma que ajudou a fortalecer a Pérsia. Em primeiro lugar, ela se beneficiou muito do tráfego de longa distância entre Oriente e Ocidente, que também serviu para deslocar do norte o centro de gravidade político e econômico do império. Antes, a prioridade era ficar perto das estepes, a fim de negociar com tribos nômades e obter animais de criação e cavalos, bem como supervisionar os contatos diplomáticos necessários para evitar a indesejada atenção e demandas dos temíveis povos das estepes. Foi por isso que cidades-oásis como Nisa, Abivard e Dara ganharam importância e passaram a abrigar magníficos palácios reais.[105]

Com os cofres centrais alimentados por impostos e taxas de trânsito extraídos do crescente comércio, tanto local quanto de longa distância, começaram a ser implantados grandes projetos de infraestrutura. Entre eles estava a transformação de Ctesifonte, na margem oriental do Tigre, na Mesopotâmia central, em uma importante nova capital, e também a realização de grandes investimentos em portos como Caracena, no golfo, para lidar com o crescente volume de tráfego marítimo, que não era todo ele destinado a Roma – durante os séculos I e II houve um próspero comércio de cerâmica vitrificada da Pérsia para a Índia e Sri Lanka.[106]

Mas o efeito mais significativo da atenção militar de Roma foi desencadear uma revolução política. Ao deparar com a intensa pressão de seu vizinho, a Pérsia sofreu uma grande transformação. Uma nova dinastia governante, os sassânidas, emergiu por volta de 220 d.C., com uma nova visão discordante, que exigia a remoção da autoridade dos governadores provinciais, agora independentes em tudo, exceto nominalmente, e a consequente concentração de poder no centro. Uma série de reformas administrativas levou a um controle mais rígido de quase todos os aspectos do Estado: a prestação de contas foi priorizada, e os funcionários persas eram despachados com selos para registrar suas decisões e para que as responsabilidades pudessem ser rastreadas e se garantisse um relato preciso das informações. Milhares desses selos sobreviveram, mostrando o quanto essa reorganização foi levada a sério.[107]

Mercadores e mercados foram regulamentados, e uma fonte registra que os produtores e comerciantes – muitos deles integrando corporações – tinham alocadas áreas específicas em bazares. Isso facilitava o trabalho dos inspetores de assegurar que os padrões de qualidade e quantidade fossem atendidos e, acima de tudo, tornava mais eficiente a coleta de impostos.[108] O foco no ambiente urbano, que era o local da maioria dos intercâmbios comerciais, foi intensificado, e promoveram-se melhorias nos sistemas de suprimento de água, que em alguns casos foram ampliados em vários quilômetros para aumentar os recursos disponíveis e prover condições para maior crescimento urbano. Foram criadas inúmeras cidades, e um texto persa posterior, baseado em material da época, atesta uma explosão no desenvolvimento urbano em toda a Ásia Central, no planalto iraniano, na Mesopotâmia e no Oriente Próximo.[109]

Foram empreendidos programas de irrigação em larga escala no Khuzistão e no Iraque, como parte de uma tentativa deliberada de impulsionar a produção agrícola, e devem ter produzido efeitos na redução dos preços dos alimentos.[110] Achados arqueológicos mostram que havia uma inspeção dos pacotes antes da exportação, e textos confirmam que cópias de contratos eram seladas e armazenadas em escritórios de registro.[111] A incorporação de cidades e territórios que haviam estado submetidos aos cuchana por quase dois séculos dentro da própria Pérsia também permitiu intensificar o comércio com o Oriente.[112]

À medida que a Pérsia se fortalecia, Roma vacilava. Os sassânidas não eram o único problema, pois por volta de 300 d.C. toda a extensão da fronteira leste do império, que ia do mar do Norte ao mar Negro, do Cáucaso ao extremo sul do Iêmen, estava sob pressão. O império havia sido construído por meio de expansões e estava protegido por um exército bem treinado. Quando o crescimento territorial cessou – ao alcançar os limites naturais do Reno e do Danúbio e as cadeias Taurus e Anti-Taurus no leste da Ásia Menor –, Roma tornou-se uma vítima clássica do próprio sucesso: agora era alvo daqueles que viviam além de suas fronteiras.

Medidas desesperadas foram tomadas para tentar corrigir o preocupante desequilíbrio gerado pela diminuição do rendimento de impostos e pelos explosivos custos de defender as fronteiras – o que levou a inevitáveis protestos. Um comentarista lamentava que o imperador Deocleciano, que tentou lidar com o déficit fiscal de modo agressivo, tivesse criado mais problemas do que resolvido e que, "com sua ambição e ansiedade, tenha virado o mundo todo de ponta-cabeça".[113] Foi feita uma revisão completa dos ativos do império, como prelúdio de uma reformulação do sistema de impostos. Enviaram-se funcionários a todos os cantos, com assessores que apareciam sem aviso para contar cada vinha e árvore frutífera, a fim de aumentar as rendas imperiais.[114] Foi expedido um édito com abrangência em todo o império definindo os preços dos bens básicos, assim como das importações de luxo – sementes de gergelim, cominho, raiz-forte, canela. Um fragmento dessa ordem, recém-descoberto em Bodrum, mostra a que extremos o Estado pretendia chegar: nada menos do que 26 tipos de calçados, de sandálias femininas douradas a sapatos "baixos de cor púrpura no estilo babilônico" tiveram estipulado um preço máximo pelos inspetores de impostos romanos.[115]

Não à toa, o estresse de tentar restabelecer o império deixou Diocleciano esgotado, e ele se retirou para o litoral da Croácia, a fim de voltar sua atenção para assuntos mais amenos do que os negócios de Estado. "Gostaria que você viesse até Salona", escreveu ele a um de seus ex-colegas, "e visse os repolhos que eu mesmo plantei"; eram tão impressionantes, prosseguia ele, que "você nunca mais seria tentado pelas seduções do poder".[116] Enquanto Augusto retratava a si mesmo como um soldado numa famosa e magnífica estátua da Prima Porta, na periferia de Roma, Diocleciano preferia apresentar-se como agricultor. Isso resumia bem de que modo as ambições de Roma haviam mudado no decorrer de trezentos anos: de pensar em expandir o império até a Índia a contemplar o cultivo de legumes ganhadores de prêmios.

Enquanto os romanos observavam os eventos com inquietação, uma poderosa nuvem de tempestade se acumulava. Foi o imperador Constantino que partiu para a ação. Filho de um dos homens mais destacados do império, era ambicioso e capaz, e tinha o dom de estar no lugar certo na hora certa. Teve uma visão do que Roma precisava, e foi uma imagem não só muito nítida como perturbadora. O império precisava de uma liderança forte – até aí, algo óbvio a todos. Mas ele tinha um plano mais radical do que simplesmente concentrar poder nas próprias mãos: construir uma nova cidade, uma nova pérola naquele colar que ligava o Mediterrâneo ao Oriente. A localização que ele escolheu, muito adequada, foi o ponto onde a Europa e a Ásia se encontravam.

Há muito tempo corriam rumores de que alguns governantes romanos pretendiam mudar a sede do poder imperial. Segundo um autor romano, Júlio César ponderou fundar uma nova capital em Alexandria, ou no local da antiga Troia, na Ásia Menor, já que estavam mais bem localizadas para governar as regiões onde residiam os interesses de Roma.[117] No início do século IV, isso finalmente aconteceu, com a criação de uma magnífica cidade no ponto de encontro da Europa e da Ásia, o que equivalia a uma declaração de onde o império colocava seu foco.

Uma esplêndida nova metrópole foi construída no local da antiga cidade de Bizâncio, às margens do Bósforo, que com o tempo não apenas rivalizou com Roma, mas sobrepujou-a. Imensos palácios foram erguidos, assim como um hipódromo para corridas de bigas. No centro da cidade, construiu-se uma enorme coluna, esculpida a partir de um único grande bloco de pórfiro, com uma estátua do imperador no alto, olhando para a cidade. A então capital foi chamada de Nova Roma, mas logo ficou conhecida como a cidade de Constantino, seu fundador – Constantinopla. Instituições paralelas foram criadas para espelhar as da cidade-matriz, entre elas um Senado, cujos membros eram vistos por alguns com desprezo como sendo novos-ricos – filhos de artesãos de cobre, de atendentes das termas, de fabricantes de linguiças e assemelhados.[118]

Constantinopla iria tornar-se a principal e a maior cidade do Mediterrâneo, eclipsando de longe as demais em tamanho, influência e importância. Embora muitos estudiosos modernos rejeitem fortemente a ideia de que Constantino tencionava fazer da cidade a nova capital imperial, os pródigos recursos gastos em sua construção falam por si.[119] Constantinopla ocupava uma posição dominante em relação a outras rotas cruciais, especialmente o tráfego marítimo que entrava e saía pelo mar Negro, e também como ponto de escuta para os desenvolvimentos a leste e também ao norte – em direção aos Bálcãs e às planícies da Panônia, onde havia problemas em fermentação.

A grande maioria da população da Antiguidade nutria horizontes decididamente locais – o comércio e a interação entre as pessoas davam-se no âmbito de curtas distâncias. Mesmo assim, as redes de comunidades entrelaçavam-se e criavam um mundo complexo, onde gostos e ideias eram moldados por produtos, princípios artísticos e influências originados a milhares de quilômetros.

Dois milênios atrás, as sedas feitas à mão na China eram usadas pelos ricos e poderosos em Cartago e outras cidades do Mediterrâneo, e a cerâmica manufaturada no sul da França podia ser encontrada na Inglaterra e no Golfo Pérsico. Especiarias e condimentos cultivados na Índia eram usados nas cozinhas de Xinjiang e nas de Roma. Edifícios no norte do Afeganistão ostentavam inscrições em grego, e cavalos da Ásia Central eram montados orgulhosamente milhares de quilômetros a leste.

Podemos imaginar a vida de uma moeda de ouro há dois milênios, estampada talvez numa casa de moeda provincial e usada por um jovem soldado como parte de seu pagamento para comprar bens na fronteira norte na Inglaterra, e reencontrando seu caminho para Roma nos cofres de um oficial imperial, enviado para coletar impostos, antes de passar às mãos de um comerciante que se dirigia ao Oriente, quando seria usada para pagar por produtos comprados de comerciantes que tinham vindo vender suas provisões em Barygaza. Ali seria admirada e apresentada a líderes no Indocuche, que ficariam maravilhados com seus desenhos, formato e tamanho, e então a moeda passaria às mãos de um gravador para ser copiada – um gravador talvez oriundo de Roma, ou da Pérsia, ou da Índia ou da China, ou quem sabe até alguém local, que tivesse sido treinado nas artes da cunhagem. Tratava-se de um mundo conectado, complexo e ávido de intercâmbio.

É fácil moldar o passado num formato que nos pareça conveniente e acessível. Mas o mundo antigo era muito mais sofisticado e interligado do que costumamos às vezes imaginar. Encarar Roma como a progenitora da Europa Ocidental omite o fato de que ela em muitos aspectos era moldada por influências do Oriente. O mundo da Antiguidade foi em muitos sentidos um precursor do mundo como o vemos hoje – vibrante, competitivo, eficiente e dinâmico. Um cinturão de cidades formava uma cadeia que abrangia a Ásia. O Ocidente havia começado a olhar para o Oriente e vice-versa. Junto com o crescente tráfego que ligava a Índia ao Golfo Pérsico e ao mar Vermelho, as antigas Rotas da Seda da Antiguidade fluíam com vida.

Os olhos de Roma fixaram-se na Ásia a partir do momento em que ela passou de república a império. E o mesmo ocorreu, como se veria em seguida, com a sua alma. Pois Constantino – e o Império Romano – havia encontrado

Deus; e a nova fé também provinha do Oriente. Surpreendentemente, não veio da Pérsia ou da Índia, mas de uma pouco promissora província, onde três séculos antes Pôncio Pilatos deparara com a infâmia como governador. O cristianismo estava prestes a se espalhar em todas as direções.

2
A rota dos credos religiosos

Não eram apenas bens que fluíam pelas artérias que ligavam o Pacífico, a Ásia Central, a Índia e o Golfo Pérsico ao Mediterrâneo, durante a Antiguidade; também fluíam ideias. E entre as mais poderosas estavam as que diziam respeito ao divino. O intercâmbio intelectual e religioso sempre foi intenso nessa região; agora tornava-se mais complexo e competitivo. Cultos e sistemas de crenças locais entraram em contato com cosmologias bem estabelecidas. Isso compôs um rico cadinho onde ideias eram emprestadas, refinadas e reembaladas.

Depois que as campanhas de Alexandre, o Grande, arrastaram as ideias gregas para o leste, não demorou para que fluíssem outras na direção oposta. Conceitos budistas avançaram rapidamente pela Ásia, ainda mais depois de serem defendidas pelo imperador Asoka, que teria se convertido ao refletir sobre o horrível custo das campanhas militares responsáveis pela criação de um grande império na Índia no século III a.C. Inscrições dessa época dão testemunho das muitas pessoas que seguiam agora os princípios e práticas budistas em locais tão distantes como a Síria e talvez mais longe ainda. As crenças de uma seita conhecida como os *therapeutai* ["terapeutas"], que floresceu em Alexandria no Egito por vários séculos, tem similaridades inequívocas com o budismo, entre elas o uso de escrituras alegóricas, a busca da iluminação por meio da oração e o desapego da noção de eu, a fim de encontrar a paz interior.[1]

As ambiguidades do material-fonte tornam difícil traçar com precisão a difusão do budismo. Não obstante, é impressionante a extensa literatura contemporânea que descreve de que modo a religião foi levada do subcontinente indiano e introduzida em novas regiões. Governantes locais tinham que decidir se toleravam seu surgimento, se o suprimiam ou se o adotavam e apoiavam. Um que escolheu a última opção foi Menandro, rei bactriano do século

II a.C., descendente de um dos homens de Alexandre, o Grande. De acordo com um texto conhecido como *Milindapañhā*, o governante foi convencido a seguir um novo caminho espiritual pela intercessão de um monge inspirador, cuja inteligência, compaixão e humildade contrastavam com a superficialidade do mundo da época. Ao que parece, isso foi suficiente para convencer o governante a buscar iluminação por meio dos ensinamentos budistas.[2]

Os espaços intelectuais e teológicos das Rotas da Seda estavam abarrotados com divindades e cultos, sacerdotes e governantes locais disputando espaço. Havia muito em jogo. As sociedades da época eram bastante receptivas a explicações para tudo, de assuntos mundanos ao sobrenatural, e a fé oferecia soluções a uma multiplicidade de problemas. As lutas entre diferentes fés eram marcadamente políticas. Em todas essas religiões – fossem elas índicas em origem, como o hinduísmo, o jainismo e o budismo, ou tivessem raízes na Pérsia, como o zoroastrismo e o maniqueísmo, ou mesmo aquelas mais a oeste, como o judaísmo e o cristianismo, e, no devido momento, o islamismo –, o triunfo no campo de batalha ou na mesa de negociações ia de mãos dadas com a demonstração de supremacia cultural e de contar com a bênção divina. A equação era tão simples quanto poderosa: uma sociedade protegida e favorecida pelo deus certo, ou pelos deuses certos, prosperaria; as que cultuavam falsos ídolos e faziam promessas vãs, sofriam.

Portanto, havia forte incentivo para que os governantes investissem na infraestrutura espiritual certa, por exemplo, construindo suntuosos locais de culto. Isso era um meio de obter controle interno, permitindo que os líderes mantivessem um relacionamento mutuamente fortalecedor com a classe sacerdotal, que, em todas as principais religiões, detinha substancial autoridade moral e poder político. Isso não quer dizer que os governantes fossem passivos e aceitassem doutrinas estabelecidas por uma classe independente (ou por uma casta, em alguns casos). Ao contrário, certos governantes reforçavam sua autoridade e domínio pela introdução de novas religiões e práticas.

O Império cuchana, que se estendia pelo norte da Índia e abrangia a maior parte da Ásia Central nos primeiros séculos d.C., é um bom exemplo. Ali, os reis apoiavam o budismo, mas também forçaram sua evolução. Era importante para uma dinastia governante não nativa da região criar uma justificativa para a sua preeminência. Para isso, as ideias budistas foram combinadas com uma gama de fontes para formar um denominador comum que tivesse apelo ao maior número possível de pessoas. Os cuchana patrocinaram então a construção de templos – os *devakula*, ou "templos da divina família" –, o que ampliou o conceito que já se estabelecera nessa região de que os governantes uniam o céu e a terra.[3]

Menandro já anunciara em sua cunhagem que não era apenas um governante temporal, mas um salvador – algo tão importante que foi expresso tanto em grego (*soteros*) quanto em índico (*tratasa*), nas legendas bilíngues de suas moedas.[4] Os cuchana definiram um culto à liderança que invocava uma relação direta com o divino e criava distância entre o governante e o súdito. Uma inscrição encontrada em Taxila, no Punjab, registra isso com perfeição. O governante, diz essa inscrição, era "Grande rei, rei dos reis e Filho de Deus".[5] Uma frase com óbvios ecos do Antigo e do Novo Testamentos – assim como o conceito do governante como salvador e como porta para a próxima vida.[6]

No que equivalia a uma revolução no budismo, por volta do século I d.C., teve lugar uma transformação na maneira pela qual essa fé moldou a vida cotidiana de seus adeptos. Na sua forma mais básica e tradicional, os ensinamentos de Buda eram diretos e propunham encontrar um caminho para sair do sofrimento (em sânscrito: *duhkha*) e entrar num estado de paz (*nirvāna*), por meio da adesão às oito "nobres verdades". O caminho para a iluminação não envolvia um terceiro elemento, nem o mundo material e físico de nenhuma forma significativa. Tratava-se de uma jornada espiritual, metafísica e individual.

Isso mudou radicalmente com o surgimento de novas formas de alcançar um estado mais elevado de consciência. Aquilo que havia sido uma jornada interior intensa, desprovida de armadilhas e influências externas, era agora complementado por orientação, ajuda e locais adequados para tornar mais atraente o caminho para a iluminação e o budismo. Estupas e santuários ostensivamente ligados a Buda foram construídos e se tornaram pontos de peregrinação; ao mesmo tempo, textos que definiam como se comportar em tais locais tornavam os ideais por trás do budismo mais reais e tangíveis. Trazer flores ou perfumes como oferenda a um santuário ajudaria a alcançar a salvação, aconselhava o *Saddharmapundarika*, conhecido também como o *Sutra do lótus*, que data desse período. Ou então contratar músicos para "tocar tambores, soprar cornetas e conchas, tocar flautas, alaúdes e harpas, gongos, instrumentos de corda e chocalhos": isso permitiria ao devoto alcançar o "estado de Buda".[7] Eram esforços deliberados para tornar o budismo mais visível – e audível – e permitir que competisse melhor com um ambiente religioso cada vez mais ruidoso.

Outra ideia nova era a doação – especificamente doações concedidas aos novos mosteiros que surgiam ao longo das rotas que se espalhavam a partir da Índia pela Ásia Central. Doar dinheiro, joias e outros presentes tornou-se prática comum, e com ela a noção de que os doadores seriam "retirados dos oceanos do sofrimento" como recompensa por sua generosidade.[8] Na realidade, o *Sutra do lótus* e outros textos do período chegavam a listar os objetos de valor mais adequados como presentes; pérolas, cristal, ouro, prata, lápis-lazúli, coral, diamantes e esmeraldas eram todos considerados altamente aceitáveis.[9]

Projetos de irrigação em larga escala nos vales que correspondem hoje ao Tadjiquistão e ao sul do Uzbequistão, construídos por volta da virada das eras, mostram que esse período foi de crescente afluência e prosperidade, assim como de intercâmbios culturais e comerciais cada vez mais vibrantes.[10] Com elites locais ricas a quem recorrer, não demorou para que os centros monásticos se tornassem núcleos de atividade e sedes de estudiosos que se ocupavam em reunir textos budistas, copiá-los e traduzi-los para línguas locais, tornando-os assim acessíveis a públicos mais amplos. Isso também era parte do programa de difundir a religião e torná-la mais acessível. O comércio abriu as portas para que a fé circulasse.[11]

Por volta do primeiro século d.C., a difusão do budismo a partir do norte da Índia pelas rotas comerciais usadas pelos mercadores, monges e viajantes ganhou força. Ao sul, no planalto do Decão, foram construídos inúmeros templos em cavernas, com estupas pontuando a paisagem até o interior do subcontinente indiano.[12] Para o norte e leste, o budismo foi transmitido com crescente energia pelos mercadores sogdianos, que tiveram um papel vital em ligar a China ao vale do Indo. Eram mercadores itinerantes do coração da Ásia Central, os clássicos intermediários, que com suas redes coesas e uso eficiente do crédito estavam em posição ideal para dominar o comércio de longa distância.[13]

A chave para o seu sucesso comercial era contar com uma cadeia confiável de pontos de parada. À medida que mais sogdianos viravam budistas, foram sendo construídas estupas ao longo de suas rotas principais, como pode ser visto no vale do Hunza, no norte do Paquistão: levas de sogdianos de passagem gravavam seus nomes nas pedras ao lado de imagens de Buda, na esperança de que sua longa jornada fosse frutífera e segura – lembretes tocantes da necessidade desses viajantes de conforto espiritual quando longe de casa.[14]

Mas não eram só esses rabiscos em pequena escala que testemunhavam a vigorosa difusão do budismo nesse período. Cabul era rodeada por quarenta mosteiros, e um deles foi descrito com assombro por um visitante posterior. Sua beleza era comparável à da primavera, escreveu ele. "O piso da entrada era de ônix, as paredes, de puro mármore; a porta era de ouro moldado, e o chão, de prata sólida; havia estrelas representadas por toda parte que se olhasse [...] no corredor, havia uma imagem de ouro tão bela quanto a lua, sentada num trono magnificamente ornado de joias."[15]

Logo as ideias e práticas budistas se espalharam para o Leste, atravessando as montanhas Pamir e adentrando a China. Por volta do início do século IV d.C., havia locais budistas sagrados por toda a província de Xinjiang no noroeste da China – como o espetacular complexo de cavernas em Qyzyl, na bacia do Tarim, com salas de culto, locais para meditação e vastas acomodações para hospedagem. Em pouco tempo, o oeste da China ficou cheio de locais transformados em espaços sagrados, em Kashgar, Kucha e Turfan, por exemplo.[16] Na década de 460, os pensamentos e as práticas, a arte e as imagens budistas haviam se tornado parte da corrente principal da China, competindo fortemente com o confucionismo tradicional – uma ampla cosmologia que tratava tanto da ética pessoal quanto das crenças espirituais, mas cujas raízes haviam sido lançadas um milênio antes. Isso foi auxiliado por uma agressiva promoção por parte de uma nova dinastia governante que, por sua origem das estepes, era formada por conquistadores intrusos. Como ocorreu com os cuchana antes deles, os Wei do norte tinham muito a ganhar ao promover o novo à custa do velho, e ao defender conceitos que destacassem sua legitimidade. Imensas estátuas de Buda foram erguidas em Pincheng e Luoyang, no extremo leste do país, junto com mosteiros e santuários de suntuosa decoração. Não havia como não captar a mensagem: os Wei do norte haviam triunfado e conseguido isso por ser parte de um ciclo divino, não como meros vencedores brutais no campo de batalha.[17]

O budismo fez avanços substanciais a oeste, ao longo das principais artérias. Havia grupos de cavernas pontuando o litoral do Golfo Pérsico, assim como temos grande número de achados em volta de Merv, no atual Turcomenistão, e séries de inscrições pelo interior da Pérsia; tudo isso atesta a capacidade do budismo de iniciar uma competição com as crenças locais.[18] O volume de palavras emprestadas do budismo na língua parta também testemunha a intensificação do intercâmbio de ideias nesse período.[19]

A diferença, porém, é que o aprofundamento do intercâmbio comercial impulsionou a Pérsia em outra direção, conforme ela experimentava um renascimento que abrangia a economia, a política e a cultura. À medida que uma identidade persa distinta foi se firmando, os budistas viram-se perseguidos em vez de imitados. A ferocidade dos ataques fez com que os santuários no golfo fossem abandonados e as estupas erguidas ao longo das rotas terrestres no território persa, destruídas.[20]

As religiões surgiam e desapareciam em sua difusão pela Eurásia, disputando entre si as plateias, a lealdade e a autoridade moral. A comunicação com o divino ia além de procurar intervir na vida cotidiana: tornou-se uma questão de salvação ou danação. A luta ficou violenta. Os primeiros quatro séculos do primeiro milênio, que assistiram à explosão do cristianismo a partir de uma pequena base na Palestina até tomar o Mediterrâneo e a Ásia, foram um turbilhão de guerras de fé.

O momento decisivo veio com a tomada do poder pela dinastia sassânida, que desbancou o regime governante na Pérsia ao fomentar uma rebelião, assassinar rivais e explorar a confusão que se seguiu a derrotas militares na fronteira com Roma – principalmente no Cáucaso.[21] Após tomar o poder em 224 d.C., Ardashir I [Artaxes I] e seus sucessores embarcaram numa transformação radical do Estado. Ela envolveu a afirmação de uma forte identidade, que traçava uma linha de demarcação da história recente e buscava acentuar os vínculos com o grande Império Persa da Antiguidade.[22]

Isso foi conseguido fundindo a paisagem física e simbólica contemporânea àquela do passado. Locais importantes do antigo Irã, como Persépolis, a capital do Império aquemênida, e a necrópole de Naksh-i Rustām, associados a grandes reis persas como Dario e Ciro, foram apropriados para a propaganda cultural; acrescentaram-se novas inscrições, arquitetura monumental e relevos em pedra, a fim de cobrir o regime presente com memórias gloriosas do passado.[23] A cunhagem foi reformulada: a escrita e os bustos gregos no estilo de Alexandre, o Grande, usados havia séculos, foram substituídos por um novo e distinto perfil real no anverso – voltado para o lado oposto – e por um altar de fogo no verso.[24] Este último aspecto era deliberadamente provocador, uma declaração de intenções sobre uma nova identidade e uma nova atitude diante da religião. Até onde a limitada fonte de material do período nos permite compreender, governantes dessa região haviam durante séculos demonstrado tolerância em questões de fé, permitindo um considerável grau de coexistência.²⁵

A ascensão de uma nova dinastia logo trouxe rigidez de atitudes, e os ensinamentos de Zardusht (ou Zaratustra) foram promovidos de modo inequívoco em detrimento de outras ideias. Conhecido pelos antigos gregos como Zoroastro – o grande profeta persa que viveu por volta de 1000 a.C., se não antes ainda –, Zaratustra pregou que o universo estava dividido em dois princípios, Ahura Mazda (Sabedoria Iluminadora) e sua antítese, Angra Mainyu (Espírito Hostil), que viviam em constante conflito. Assim, era importante cultuar o primeiro, responsável pela boa ordem. A divisão do mundo em forças benevolentes e malévolas estendia-se a todos os aspectos da vida e afetava até áreas como a categorização dos animais.²⁶ A purificação ritual era um elemento vital do culto do zoroastrismo e feita principalmente por meio do fogo. Ahura Mazda, conforme estabelecia o credo, podia criar "bondade a partir do mal, luz a partir das trevas" e salvar as pessoas dos demônios.²⁷

Essa cosmologia deu aos governantes sassânidas a oportunidade de ligar seu poder ao dos dias áureos da antiga Pérsia, quando os grandes reis professavam sua devoção a Ahura Mazda.²⁸ Mas também oferecia uma poderosa referência moral para um período de expansão militar e econômica: a ênfase numa luta constante fortalecia as mentes para a batalha, enquanto o foco na ordem e na disciplina ressaltava as reformas administrativas que se tornaram a assinatura de um Estado cada vez mais vigoroso e ressurgente. O zoroastrismo tinha um robusto conjunto de crenças totalmente alinhadas com uma cultura militarista de renovação imperial.²⁹

Os sassânidas expandiram-se agressivamente sob Ardashīr I e seu filho Shāpūr I, colocando sob controle direto cidades-oásis, rotas de comunicação e regiões inteiras, ou impondo-lhes o status de clientes. Cidades importantes como Sistan, Merv e Balkh foram tomadas em uma série de campanhas iniciadas na década de 220, enquanto porções significativas dos territórios cuchana tornavam-se estados vassalos, administrados por oficiais sassânidas que assumiram o título de *kushānshāh* (governadores dos cuchana).³⁰ Uma inscrição triunfal em Naksh-i Rustām mostra bem a escala da realização, notando o quanto do reino de Shāpūr havia se estendido profundamente para leste, até Peshawar e "até as fronteiras" de Kashgar e Tashkent.³¹

Adeptos do zoroastrismo ganharam posições perto do centro do poder quando os sassânidas chegaram ao trono, e esforçavam-se para concentrar em suas mãos o controle administrativo, à custa das minorias religiosas.³² Isso se refletia agora nas novas regiões controladas pelos governantes persas. Inscrições encomendadas pelo sacerdote-chefe, Kirdīr, em meados do século III d.C., celebravam a expansão do zoroastrismo. A religião e seus sacerdotes conseguiram se fazer estimar e honrar em toda parte, ao mesmo tempo que "muitos fogos e colégios sacerdotais" floresciam em terras que haviam sido tomadas dos romanos. Uma boa dose de trabalho árduo era exigida para espalhar a fé, destaca a inscrição, mas como Kirdīr modestamente coloca: "Passei por muitas agruras e dificuldades para o bem das *yazads* [potências divinas] e dos governantes, e para o bem de minha própria alma".³³

A promoção do zoroastrismo foi acompanhada pela supressão de cultos locais e cosmologias rivais, rejeitadas como doutrinas malignas. Judeus, budistas, hinduístas, maniqueus e outros eram perseguidos; locais de culto foram saqueados, com seus "ídolos destruídos, os santuários e demônios demolidos e transformados em templos para os deuses".³⁴ A expansão do Estado persa foi acompanhada por uma dura imposição de valores e crenças, apresentados como tradicionais e essenciais para o sucesso político e militar. Aqueles que ofereciam diferentes explicações e valores concorrentes eram perseguidos e em muitas ocasiões, mortos — caso de Mani, um carismático profeta do século III, cuja mistura de ideias, extraídas de uma miscelânea de fontes do Oriente e do Ocidente, havia antes sido defendida por Shāpūr I; seus ensinamentos agora eram condenados como subversivos, tóxicos e perigosos, e seus seguidores foram perseguidos.³⁵ Entre os selecionados para um tratamento cruel, e explicitamente mencionados por Kirdīr em sua lista dos visados, estavam os *nasraye* e os *kristyone* — isto é, os "nazarenos" e os "cristãos". Apesar de todo o debate acadêmico a respeito de que grupos são indicados por esses dois termos, aceita-se hoje que o primeiro diz respeito à população nativa do Império sassânida que se convertera ao cristianismo, ao passo que o segundo, aos cristãos que haviam sido deportados para o Oriente em grande número por Shāpūr I, após a ocupação da Síria romana, que pegou as autoridades locais e centrais de surpresa.³⁶ Uma das razões pelas quais o zoroastrismo ficou tão incrustado na consciência e identidade da Pérsia do século III foi a reação às incursões do cristianismo, que começara a se difundir de modo alarmante ao longo das rotas comerciais — assim como o budismo fizera no Leste. A dramática radicalização da filosofia do zoroastrismo justamente por essa época foi acelerada por uma reação hostil ao pensamento e às ideias cristãs trazidas pelos mercadores e pelos prisioneiros reinstalados no território persa após sua deportação da Síria.[37]

O cristianismo é há muito tempo associado ao Mediterrâneo e à Europa Ocidental. Em parte, isso se deve à localização da liderança da Igreja, com as figuras mais importantes das denominações católica, anglicana e ortodoxa sediadas respectivamente em Roma, Canterbury e Constantinopla (atual Istambul). Mas, na realidade, o primeiro cristianismo era asiático em todos os aspectos. Seu ponto focal geográfico era, obviamente, Jerusalém, ao lado dos demais locais ligados ao nascimento de Jesus, à sua vida e crucifixão; sua língua original era o aramaico, do grupo semítico de línguas nativas do Oriente Próximo; seu fundo teológico e cenário espiritual era o judaísmo, formado em Israel e durante o exílio no Egito e na Babilônia; suas histórias eram moldadas por desertos, inundações, secas e ondas de fome, pouco familiares na Europa.[38]

Os relatos históricos sobre a expansão do cristianismo pela região do Mediterrâneo estão bem estabelecidos, mas seu primeiro progresso foi muito mais espetacular e promissor no Leste do que na bacia do Mediterrâneo, onde se espalhou por rotas marítimas.[39] No início, autoridades romanas não deram importância aos cristãos, e mais do que qualquer coisa achavam divertida a paixão de seus primeiros adeptos. Plínio, o Jovem, por exemplo, escreveu ao imperador Trajano no século II para pedir conselho sobre o que fazer com os cristãos que eram trazidos à sua presença na Ásia Menor. "Nunca participei de julgamentos de cristãos", escreveu ele. "Portanto, não sei que tipo de punição é apropriado, nem o quanto devo investigar suas atividades." Ele mandou executar alguns deles, "pois não tinha dúvida de que, qualquer que fosse sua crença, sua teimosia e obstinação inflexível deveriam com certeza ser punidas".[40] Em sua resposta, o imperador aconselhava tolerância: não procure cristãos, disse ele, mas se forem denunciados, lide com eles caso a caso, "pois não é possível definir uma regra aplicável independentemente das circunstâncias". Mas nunca aja a partir de boatos ou acusações anônimas; fazer de outro modo, escreveu ele altivo, seria estar "fora de sintonia com o espírito de nossa época.[41]

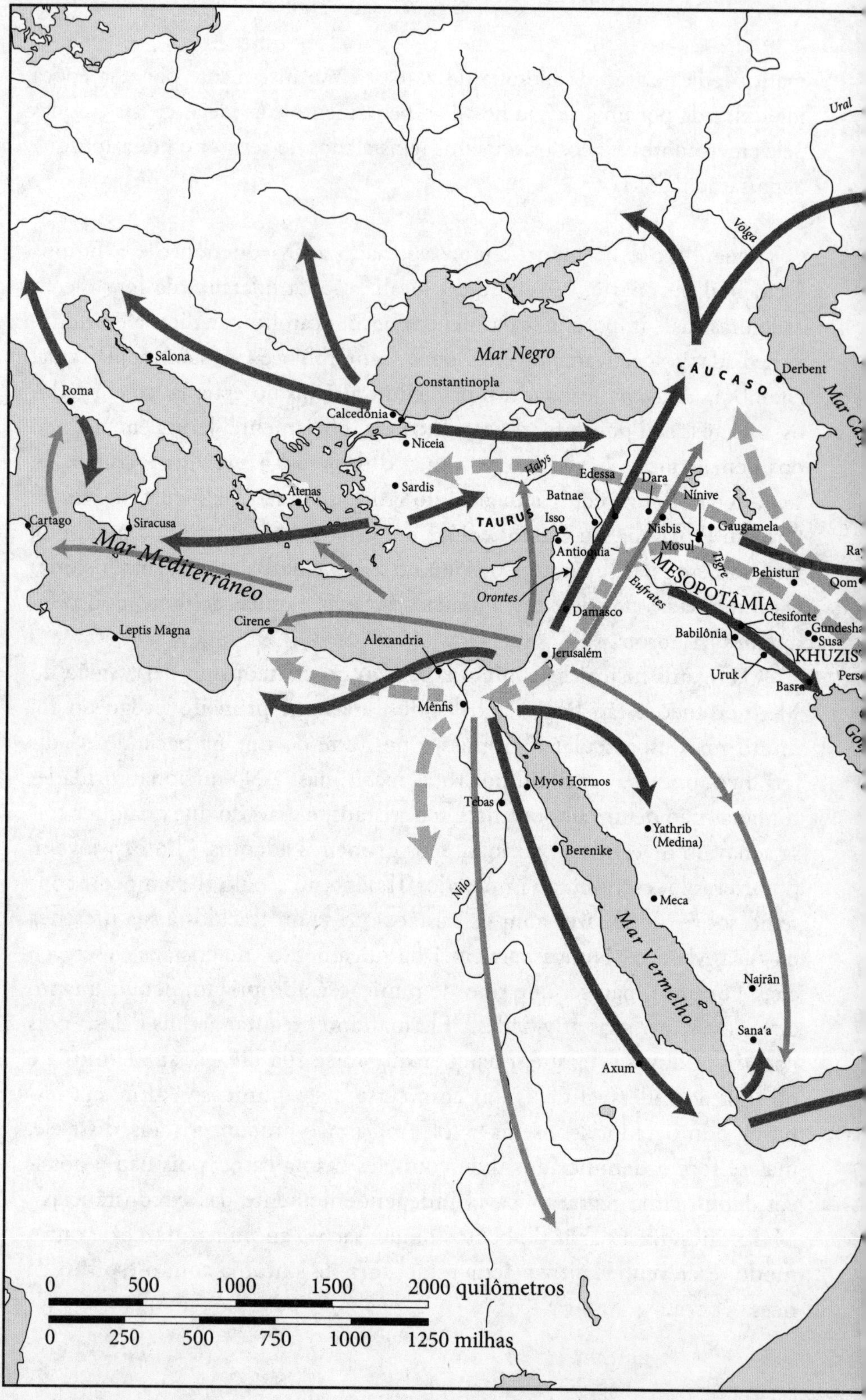

Ural
Volga
Mar Negro
CÁUCASO
Derbent
Salona
Roma
Constantinopla
Calcedônia
Niceia
Halys
Edessa
Dara
Nínive
Sardis
Atenas
Batnae
Isso
Nisbis
Gaugamela
TAURUS
Cartago
Siracusa
Mar Mediterrâneo
Mosul
Tigre
Antioquia
MESOPOTÂMIA
Behistun
Qom
Eufrates
Orontes
Damasco
Ctesifonte
Susa
Babilônia
Leptis Magna
Cirene
Alexandria
Jerusalém
Uruk
Basra
Mênfis
Myos Hormos
Tebas
Yathrib (Medina)
Berenike
Nilo
Meca
Mar Vermelho
Najrān
Sana'a
Axum
0 500 1000 1500 2000 quilômetros
0 250 500 750 1000 1250 milhas

DIFUSÃO DAS RELIGIÕES PELAS ROTAS DA SEDA ANTES DE *c.* 600 d.C.

- Difusão do zoroastrismo
- Difusão do judaísmo
- Difusão do cristianismo
- Difusão do budismo

Não muito depois dessa troca de cartas, porém, as atitudes endureceram, refletindo o aprofundamento da penetração do cristianismo por toda a sociedade romana. O exército imperial em particular começou a encarar a nova religião, com suas subversivas atitudes em relação a pecado, sexo, morte e vida em geral, como uma ameaça aos tradicionais valores marciais.42 A partir do século II, rodadas de brutal perseguição levaram à morte de milhares de cristãos, muitas vezes como parte dos entretenimentos públicos. Como resultado, criou-se um rico corpo de textos celebrando os mártires que perderam a vida em razão de sua fé.43 Os primeiros cristãos tiveram que lutar contra o preconceito, despertando gritos angustiados de escritores como Tertuliano (*c.* 160-225 d.C.), cujos apelos foram comparados por um importante estudioso aos de Shylock [personagem de *O mercador de Veneza*], de Shakespeare: nós cristãos "vivemos ao seu lado, partilhamos sua comida, seus trajes, seus costumes, as mesmas necessidades da vida que as suas", ele implora.44 O simples fato de não participarmos das mesmas cerimônias religiosas dos romanos, diz ele, não significa que não sejamos seres humanos. "Temos dentes diferentes, ou órgãos de incestuosa luxúria?"45

O cristianismo difundiu-se primeiro no Leste, por meio das comunidades judaicas que haviam vivido na Mesopotâmia desde o exílio babilônico.46 Elas conheciam os relatos da vida e da morte de Jesus não pelas traduções gregas, como quase todos os convertidos no Ocidente, mas em aramaico, a língua dos discípulos diretos de Jesus. Assim como no Mediterrâneo, os comerciantes foram decisivos no processo de evangelização do Leste – e a cidade de Edessa, atual Urfa no sudeste da Turquia, tornou-se particularmente proeminente em virtude de sua posição no cruzamento de rotas que corriam de norte a sul e de leste a oeste.47

Os evangelistas em seguida chegaram ao Cáucaso, onde as práticas funerais e inscrições na Geórgia revelam a existência de uma substancial população de judeus que se converteu.48 Não muito depois, comunidades cristãs pontuavam o Golfo Pérsico. Sessenta túmulos perto do Bahrein, cortados em bancos de coral, mostram o quanto a religião havia ido longe por volta do início do século III.49 Um texto conhecido como *O livro das leis dos países*, escrito na mesma época, relata que os cristãos podiam ser encontrados por toda a Pérsia e para o leste em territórios controlados pelos cuchana – ou seja, até o atual Afeganistão.50

A disseminação da religião foi encorajada pelas deportações em larga escala de cristãos da Pérsia durante o reinado de Shāpūr I no século III. Entre os exilados havia figuras de alto nível, como Demétrio, bispo de Antioquia, que foi levado a Beth Lapat, atual Gundeshāpūr, no sudoeste do Irã, onde reuniu seus companheiros cristãos e fundou um novo bispado.[51] Havia alguns cristãos de alto status na Pérsia, como uma romana chamada Candida, concubina protegida na corte até recusar-se a abrir mão de sua fé, quando foi martirizada, segundo um relato cristão que advertia sobre a sede de sangue do xá e dos que o rodeavam.[52]

Essas histórias comovedoras fazem parte daquela categoria de literatura voltada para estabelecer a superioridade dos costumes e crenças cristãos sobre as práticas tradicionais. As fontes são escassas, mas podemos ter uma ideia das batalhas de propaganda travadas na época. Ao contrário de outros habitantes da Pérsia, escreve um autor, os "discípulos de Cristo" na Ásia "não praticam os condenáveis hábitos daqueles povos pagãos". Isso deveria ser recebido, observa outro escritor, como sinal de que os cristãos melhoraram os padrões da Pérsia e de outras partes do Leste: "Os persas que se tornaram seus discípulos não se casam mais com as próprias mães", e aqueles das estepes não mais se "alimentam de carne humana, porque a palavra de Cristo chegou até eles". Tais desenvolvimentos devem ser vivamente celebrados, escreveu.[53]

Foi a crescente penetração e visibilidade dos cristãos na Pérsia em meados do século III que levou a classe sacerdotal zoroastriana a reagir com violência cada vez maior, fazendo eco à reação no Império Romano.[54] Mas como a inscrição de Kirdīr testemunha, as atitudes na Pérsia começaram a endurecer não apenas com o cristianismo, mas também com outras fés. Erradicar cosmologias alternativas andava de mãos dadas com o ardoroso zoroastrismo que marcou o ressurgimento da Pérsia. Uma religião de Estado começava a emergir, colocando os valores do zoroastrismo como sinônimos dos persas e provendo o que tem sido chamado de "um pilar de sustentação do reinado sassânida".[55]

Uma série de reações em cadeia foi posta em movimento, e por meio dela a competição por recursos e confrontos militares levou ao desenvolvimento de um sofisticado sistema de crenças que não só davam sentido a vitórias e sucessos, como minavam diretamente os sistemas de crenças dos rivais vizinhos. No caso da Pérsia, isso consolidou uma classe sacerdotal cada vez mais ativa e autoconfiante, cujo papel adentrou profundamente a esfera política – como as inscrições deixam claro.

As consequências foram inevitáveis, especialmente quando essa ação chegou às regiões de fronteira ou aos territórios recém-conquistados. Estabelecer templos de fogo, dos quais Kirdīr tanto se orgulhava, não só criava o risco de antagonizar as populações, como impunha a doutrina e a fé pela força. O zoroastrismo tornou-se sinônimo de Pérsia. Não demorou muito para que essa religião fosse vista como uma ferramenta de ocupação, mais do que como uma forma de libertação espiritual. Portanto, não foi por acaso que alguns começaram a olhar o cristianismo justamente como um antídoto à promoção agressiva de crenças pelos persas.

As circunstâncias precisas sobre como e quando os governantes no Cáucaso adotaram o cristianismo não são claras. Relatos sobre a conversão do rei armênio Tirídates III no início do século IV foram escritos algum tempo depois – e devem algo ao desejo de contar uma boa história, assim como ao viés cristão de seus autores.[56] Mas, de acordo com a tradição, Tirídates converteu-se depois de ser transformado num javali e vagar nu pelos campos, antes de ser curado por são Gregório, que havia sido atirado a um poço infestado de cobras por ter se recusado a adorar uma deusa armênia. Gregório curou Tirídates fazendo cair seu focinho, suas presas e sua pele, para depois batizar o agradecido monarca no Eufrates.[57]

Tirídates não foi a única figura política importante a abraçar o cristianismo nesse período, já que no início do século IV Constantino também se converteu. O momento decisivo foi durante uma conturbada guerra civil, quando Constantino enfrentou seu rival Maxêncio na ponte Mílvia, no centro da Itália, em 312 d.C. Pouco antes da batalha, o primeiro teria olhado para o céu e visto "um clarão em forma de cruz" acima do sol, junto com palavras em grego que diziam "por esse sinal, conquistarás". O sentido pleno disso ficou claro para ele depois que teve um sonho em que uma aparição de Jesus Cristo explicou-lhe que o sinal da cruz iria ajudá-lo a derrotar todos os seus rivais. Seja como for, foi assim que alguns descreveram o ocorrido.[58]

Relatos cristãos deixam pouca dúvida sobre o entusiasmo ilimitado com que o imperador supervisionou pessoalmente a imposição do cristianismo à custa de todas as demais religiões. Ficamos sabendo por um autor da época, por exemplo, que a nova cidade de Constantinopla não era "poluída por altares, templos gregos ou sacrifícios pagãos", mas enriquecida por "esplêndidas casas de oração, nas quais Deus prometia abençoar os esforços do imperador".[59] Outro ainda declara que alguns centros de culto famosos foram fechados pelo imperador, proibindo-se oráculos e divinações, aspectos básicos da teologia romana. Os habituais sacrifícios feitos antes da realização dos negócios oficiais também foram proscritos, derrubaram-se as estátuas pagãs e expediu-se legislação contra elas.⁶⁰ Há pouca margem de variação na história contada por autores que tinham interesse em mostrar Constantino como um promotor determinado de suas novas crenças.

Na realidade, as motivações de Constantino para a conversão certamente eram mais complexas do que sugerem os relatos escritos durante seu tempo de vida ou pouco depois. Em primeiro lugar, assumir a fé cristã adotada por muitos no exército era uma política perspicaz; em segundo, monumentos, moedas e inscrições por todo o império, que retratavam Constantino como firme defensor do culto do Sol Invicto (ou *Sol Invictus*), sugerem que sua epifania talvez tenha sido mais tênue do que os inflamados panegíricos fazem crer. Além do mais, apesar das afirmativas em contrário, o império não mudou de cara da noite para o dia, pois figuras destacadas em Roma, Constantinopla e outras partes mantiveram suas crenças tradicionais muito tempo depois da revelação do imperador e da maneira entusiástica com que passou a apoiar a nova fé.⁶¹

Não obstante, a aceitação do cristianismo por Constantino claramente trouxe uma maré de mudanças no Império Romano. As perseguições que haviam tido seu auge durante o reinado de Deocleciano apenas uma década antes foram encerradas. Os combates de gladiadores, uma das bases do entretenimento romano, foram abolidos em razão da repulsa cristã a exibições que davam tão pouco valor à sacralidade da vida. "Espetáculos sangrentos nos desagradam", lê-se num trecho de uma lei aprovada em 325 e registrada numa compilação posterior da legislação imperial. "Nós [portanto] proibimos totalmente a existência de gladiadores." Aqueles que antes haviam sido enviados para a arena como punição por crimes cometidos ou por crenças que se recusassem a abandonar foram a partir de então enviados para "trabalhar nas minas, para que assumam as punições por seus crimes sem derramamento de seu sangue".⁶²

Conforme esbanjavam-se recursos por todo o império em apoio ao cristianismo, Jerusalém foi escolhida para grandes obras de construção, complementadas por extravagantes dotações. Se Roma e Constantinopla eram os centros administrativos do império, Jerusalém seria seu núcleo espiritual. Partes da cidade foram aplanadas, e o solo escavado de debaixo de templos pagãos foi despejado o mais longe possível, "manchado como estava pela adoração ao demônio". As escavações atuais revelam que inúmeros locais sagrados, incluindo a caverna onde Jesus foi colocado para descansar, passaram por reformas e, "como o nosso Salvador, foram restaurados à vida".63

Constantino encarregou-se pessoalmente dessas obras, dando orientações sobre os materiais que deveriam ser usados na construção de uma igreja no local do Santo Sepulcro. O imperador pretendia delegar a escolha de tecidos e adornos das paredes a alguém por ele designado, mas quis participar da escolha do tipo de mármore e da seleção das colunas. "Gostaria de saber sua opinião", escreveu ele a Macário, bispo de Jerusalém, "se o teto deve ser com painéis ou ter outro estilo de decoração. Se for com painéis, poderia também ser decorado com ouro." Essas escolhas, continuou ele, exigiam sua aprovação pessoal.64

A celebrada conversão de Constantino marcou o início de um novo capítulo na história do Império Romano. Embora o cristianismo não fosse consagrado como religião de Estado, o alívio das restrições e punições abriu as comportas para a nova fé. Foi uma boa notícia para os cristãos e o cristianismo no Ocidente, mas um desastre para o cristianismo no Oriente. Embora Constantino, para começar, fosse um convertido com tato para agir, emitindo moedas com imagens inconfundivelmente pagãs e erguendo uma estátua dele como Hélios-Apolo em sua nova cidade, logo se tornou mais enfático.65 Não demorou para que passasse a se retratar como o protetor dos cristãos onde quer que estes estivessem – até mesmo fora do Império Romano.

Na década de 330, espalhou-se o boato de que Constantino preparava um ataque à Pérsia, aproveitando uma oportunidade criada quando um irmão desafeto do xá buscou refúgio na corte romana. Os nervos dos persas devem ter retinido quando receberam uma carta de Constantino anunciando que estava muito feliz em saber que "as melhores províncias da Pérsia estão cheias daqueles homens em nome dos quais apenas estou falando no momento; refiro-me aos cristãos". Ele tinha uma mensagem específica ao governante persa Shāpūr II: "Entrego essas pessoas às suas mãos para que as proteja [...] trate-as com sua costumeira humanidade e bondade; porque por meio dessa prova de fé irá garantir incomensuráveis benefícios a si mesmo e a nós todos".66 Talvez isso tenha tido a intenção de ser um conselho afável, mas soou como uma ameaça: não muito antes, Roma avançara sua fronteira oriental pelo território persa, e imediatamente implantara um programa de fortificações e construção de estradas para assegurar esses ganhos.67

Quando o governante da Geórgia, outro reino caucasiano de valor comercial e estratégico, teve uma epifania, apenas um pouco menos vívida que a de Constantino (o rei literalmente viu a luz depois de ser envolvido pela escuridão durante uma caçada), a ansiedade transformou-se em pânico.[68] Com Constantino ausente na fronteira do Danúbio, Shāpūr II lançou um ataque surpresa ao Cáucaso, depondo um dos governantes locais e colocando um nomeado seu. Constantino reagiu imediatamente e de maneira drástica: reuniu um enorme exército e, ordenando que seus bispos acompanhassem a expedição, providenciou uma réplica do Tabernáculo, a estrutura usada para abrigar a Arca da Aliança. Anunciou então que desejava empreender um ataque punitivo à Pérsia e aproveitar para ser batizado no rio Jordão.[69]

A escala da ambição de Constantino era ilimitada. Cunhou moedas com antecipação, e deu a seu meio-sobrinho um novo título real: governante da Pérsia.[70] Rapidamente espalhou-se uma grande excitação entre os cristãos no Oriente, bem captada numa carta escrita por Afraates, diretor de um mosteiro perto de Mosul: "A bondade chegou para o povo de Deus". Era esse o momento pelo qual vinha esperando: o reino de Cristo na terra estava prestes a ser estabelecido de uma vez por todas. "Esteja certo", concluiu ele, "a besta será aniquilada e na hora determinada."[71]

Os persas preparavam-se para montar uma feroz resistência, quando tiveram um grande auxílio da sorte: antes que a expedição pudesse ser posta em marcha, Constantino adoeceu e morreu. Shāpūr II seguiu adiante e lançou o inferno sobre a população cristã da Pérsia, como represália pela agressão de Constantino. Incitado pelas autoridades ligadas ao zoroastrismo, o xá "ansiava pelo sangue dos santos".[72] Foram feitos mártires às dezenas: um manuscrito de Edessa no início do século V registra a execução nesse período de nada menos que dezesseis bispos, assim como cinquenta sacerdotes.[73] Cristãos passaram a ser vistos como uma guarda avançada, uma quinta-coluna que iria abrir a Pérsia ao Império Romano no Ocidente. Bispos destacados foram acusados de fazer os "seguidores do xá se rebelarem contra [sua] majestade e virarem escravos do imperador que compartilha a fé deles".[74]

Esse banho de sangue foi resultado direto da adoção entusiástica do cristianismo em Roma. As perseguições desencadeadas pelo xá decorreram do fato de Constantino elidir a promoção do Império Romano sob a capa do cristianismo. As grandes declarações do imperador podem ter impressionado e inspirado homens como Afraates, mas foram imensamente provocadoras para a liderança da Pérsia. A identidade romana havia sido muito nítida antes da conversão de Constantino. Mas agora o imperador – e seus sucessores

– dispunha-se a falar em proteger não apenas Roma e seus cidadãos, mas também os cristãos em geral. Era uma cartada conveniente também no plano doméstico, onde a retórica com certeza teria boa repercussão entre bispos e fiéis. Mas para aqueles que viviam além das fronteiras do império, era algo potencialmente desastroso – como as vítimas de Shāpūr descobriram.

É irônico, portanto, que, embora Constantino tenha a fama de ser o imperador que lançou as bases da cristianização da Europa, nunca se mencione que houve um preço a pagar por sua adoção da nova fé: ela comprometeu de forma espetacular o futuro do cristianismo no Oriente. A questão era se os ensinamentos de Jesus Cristo que haviam se firmado profundamente na Ásia seriam capazes de sobreviver a esse grande desafio.

3
A rota para um Oriente cristão

No devido tempo, as tensões entre Roma e Pérsia diminuíram, e com isso as atitudes perante a religião se acalmaram. Isso ocorreu porque Roma foi de tal forma obrigada a recuar no século IV que se viu tendo que lutar por sua sobrevivência. Em uma série de campanhas que duraram até a morte de Shāpūr II em 379, a Pérsia conseguiu tomar núcleos-chave ao longo das rotas de comércio e comunicação que corriam para o Mediterrâneo. Nisibis e Sinagra foram recuperadas, e metade da Armênia foi anexada. Embora esse reequilíbrio territorial ajudasse a atenuar as animosidades, as relações só melhoraram de fato quando tanto Roma quanto Pérsia depararam com novos desafios: o desastre estava à espreita nas estepes.

O mundo entrava num período de mudança ambiental. Na Europa, isso ficou evidente com a subida do nível dos mares e a emergência da malária na região do mar do Norte, enquanto na Ásia, a partir do início do século IV, a forte redução da salinidade no mar de Aral, o aparecimento de uma vegetação marcadamente diferente nas estepes (detectada a partir das análises de alta resolução do pólen) e novos padrões de avanços glaciares na cadeia de Tian Shan mostram todos eles alterações fundamentais em termos de mudança climática global.[1]

Os resultados foram devastadores, o que é atestado por uma notável carta escrita por um comerciante sogdiano no início do século IV e encontrada não longe de Dunhuang, no oeste da China. O mercador recontava a seus amigos comerciantes que a escassez de comida e a consequente onda de fome haviam cobrado um alto preço, que essa catástrofe se abatera sobre a China e que mal conseguia descrevê-la. O imperador fugira da capital, ateando fogo ao palácio ao sair, e as comunidades mercantis sogdianas haviam desaparecido, eliminadas pela fome e pela morte. Não se dê ao trabalho de comerciar ali, o autor aconselhava: "Você não irá auferir nenhum lucro disso". Ele contou que as cidades eram saqueadas uma após a outra. A situação era apocalíptica.[2]

O caos criou as condições perfeitas para que o mosaico de tribos das estepes se consolidasse. Esses povos habitavam as faixas de terra que ligavam a Mongólia às planícies da Europa Central, onde o controle dos melhores pastos e dos suprimentos confiáveis de água garantia um considerável poder político. Uma tribo agora se estabelecera como dona das estepes, esmagando todas as anteriores. O mercador sogdiano referia-se aos arquitetos do apocalipse em sua carta como os *xwn*. Tratava-se dos *xiongnu* – mais conhecidos no Ocidente como hunos.[3]

Entre 350 e 360 houve uma grande leva de migração, com tribos sendo expulsas de suas terras e empurradas para oeste. É provável que isso tenha sido causado por uma mudança climática, que tornou a vida nas estepes excepcionalmente dura e desencadeou intensa competição por recursos. O impacto foi sentido desde a Báctria, no norte do Afeganistão, até a fronteira romana no Danúbio, onde refugiados começaram a aparecer em grandes levas, implorando permissão para se reassentarem em território imperial depois de terem sido expulsos de suas terras ao norte do mar Negro pelo avanço dos hunos. A situação logo ficou instável. Um grande exército romano enviado para restaurar a ordem sofreu fragorosa derrota nas planícies da Trácia em 378, com o imperador Valente entre suas baixas.[4] As defesas ficaram abertas, e várias tribos invadiram as províncias ocidentais do império, ameaçando Roma. Previamente, a margem norte do mar Negro e as estepes que se estendiam para o interior da Ásia eram vistas como implacavelmente bárbaras, cheias de ferozes guerreiros e desprovidas de civilização ou recursos. Não passara pela mente de Roma que essas regiões pudessem servir como artérias, como haviam servido as rotas que ligavam Ocidente e Oriente pela Pérsia e Egito. Essas mesmas regiões estavam agora prestes a liberar a morte e a destruição no coração da Europa.

A Pérsia também tremia diante do cataclismo que se anunciava das estepes. Suas províncias no Leste sucumbiram ao assalto e entraram em colapso: cidades foram despovoadas; redes de irrigação cruciais sofreram danos e acabaram inutilizadas pelos estragos dos ataques.[5] As incursões pelo Cáucaso eram arrasadoras, com saques e tomada de prisioneiros nas cidades da Mesopotâmia, Síria e Ásia Menor. Depois, em 395, um grande e abrangente ataque devastou as cidades do Tigre e Eufrates, chegando até Ctesifonte, a capital, antes de ser rechaçado.[6]

Unidas por um interesse comum em repelir as hordas bárbaras, Pérsia e Roma agora formavam uma notável aliança. Para evitar que os nômades viessem pelo Cáucaso, um massivo muro fortificado foi erguido, estendendo-se por quase duzentos quilômetros entre o mar Cáspio e o Negro, protegendo o interior persa de ataques e servindo como barreira física entre o mundo ordenado ao sul e o caos ao norte. Reforçado com trinta fortes espaçados ao longo de sua extensão, o muro foi também protegido por um canal com cinco metros de profundidade. Era uma maravilha de planejamento arquitetônico e engenharia, construído com tijolos padronizados feitos em uma série de fornos instalados no local. A fortificação era defendida por cerca de 30 mil soldados, alojados em guarnições afastadas do muro.[7] A barreira era apenas uma das várias medidas inovadoras dos sassânidas para defender a longa fronteira norte da Pérsia com as estepes e proteger postos comerciais vulneráveis como Merv, a primeira localidade que seria atacada pelas hordas que vinham pelo deserto de Karakum (no atual Turcomenistão).[8]

Roma não só concordou em fazer contribuições financeiras regulares para a manutenção desse muro persa, como também, segundo várias fontes da época, forneceu soldados para ajudar a defendê-lo.[9] Como sinal do quanto as antigas rivalidades haviam sido postas de lado, em 402 o imperador Arcádio em Constantinopla nomeou ninguém menos que o xá como guardião de seu filho e herdeiro.[10]

Mas era tarde demais – no que se refere a Roma. Os deslocamentos pelas estepes ao norte do mar Negro criaram uma perfeita tempestade, que devastou as fronteiras do império no Reno. Uma série de ataques no final do século IV deixou as fronteiras das províncias ocidentais de Roma totalmente abertas, com líderes tribais obtendo glórias pessoais por seus sucessos militares, além de ganhos materiais que atraíram mais seguidores e deram impulso a novos ataques. Enquanto o exército imperial tentava defender-se das hordas agressoras, uma onda atrás da outra invadia as defesas do império, levando à devastação da província da Gália. As coisas iam de mal a pior quando Alarico, um líder particularmente efetivo e ambicioso, marchou com sua tribo de visigodos pela Itália e acampou perto de Roma, para intimidar a cidade e fazê-la pagar para que fossem embora. Enquanto o Senado tentava desesperadamente providenciar uma solução, ele se cansou do impasse e em 410 atacou e saqueou a cidade.[11]

A onda de choque repercutiu pelo Mediterrâneo. Em Jerusalém, a notícia foi recebida com incredulidade. "A voz do orador fraquejou, e soluços interromperam sua fala", escreveu são Jerônimo, "a cidade que havia conquistado o mundo inteiro estava sendo agora conquistada [...] quem poderia acreditar nisso? Quem acreditaria que Roma, construída através das eras por meio da conquista do mundo, havia caído, que a mãe das nações se tornara o túmulo delas?"[12] Pelo menos a cidade não havia sido incendiada, escreveu o historiador Jordanes com a cansada resignação de quem via os fatos em retrospecto, um século mais tarde.[13]

Incendiado ou não, agora o Império Romano no Ocidente se esfacelava. Logo a Espanha estava sendo devastada, atacada por tribos como os alanos, cuja terra natal ficava distante, entre os mares Cáspio e Negro, e cujo comércio de peles de zibelina fora descrito por cronistas que haviam escrito da China, quase dois séculos antes.[14] Outro grupo tribal, os vândalos, desalojados pelos hunos, chegaram ao Norte da África romano na década de 420, assumindo o controle da principal cidade, Cartago, assim como das dinâmicas e lucrativas províncias ao redor, que supriam de milho a maior parte da metade ocidental do império.[15]

Como se isso já não fosse suficientemente ruim, em meados do século V, depois de terem deslocado uma miscelânea de tribos – godos tervíngios, alanos, vândalos, suevos, gépidas, neurianos, bastarnas e outros –, os próprios hunos apareceram na Europa, liderados pela mais famosa figura da Antiguidade tardia: Átila.[16] Os hunos causavam puro terror. São "a sementeira do mal", escreveu um autor romano, e "exageradamente selvagens". Treinados desde a infância para lidar com extremos de frio, fome e sede, vestiam-se com peles de ratos do campo costuradas; comiam raízes e carne crua – aquecida em parte ao ser colocada entre suas coxas.[17] Não tinham interesse por agricultura, observou outro autor, e queriam apenas roubar seus vizinhos, escravizando-os no processo: eram como lobos.[18] Os hunos marcavam o rosto dos bebês meninos ao nascer produzindo cicatrizes, a fim de evitar que crescesse a barba mais tarde, e passavam tanto tempo montados a cavalo que seus corpos eram grotescamente deformados; pareciam animais apoiados nas patas traseiras.[19]

Embora seja tentador descartar esses comentários como sinais de intolerância, os exames de vestígios esqueletais mostram que os hunos praticavam uma deformação craniana artificial em seus jovens, enfaixando o crânio para achatar por pressão os ossos frontal e occipital. Isso fazia a cabeça crescer com um formato distintamente pontudo. Não era só o comportamento fora do comum dos hunos que aterrorizava; a sua aparência também.[20]

A chegada dos hunos representou um sério perigo para a metade oriental do Império Romano, que até então havia sido relativamente poupada das sublevações que devastaram boa parte da Europa. As províncias da Ásia Menor, Síria, Palestina e Egito estavam ainda intactas, assim como a magnífica cidade de Constantinopla. Para não correr riscos, o imperador Teodósio II cercou a cidade com defesas formidáveis, como o imenso conjunto de muros, as Muralhas de Teodósio, para protegê-la de ataques.

Esses muros e a estreita faixa de água que separava a Europa da Ásia mostraram-se cruciais. Depois de se instalar ao norte do Danúbio, Átila assolou os Bálcãs durante quinze anos, extraindo pesados tributos do governo de Constantinopla em troca de não avançar mais e acumulando enormes quantias de ouro. Tendo achacado tudo o que podia das autoridades imperiais em termos de resgates e subornos, avançou para oeste; a certa altura, foi detido, não por exércitos de Roma, mas por uma coalizão formada por vários inimigos de longa data dos hunos. Na batalha dos Campos Cataláunicos, na região do atual centro da França, em 451, Átila foi derrotado por uma grande força que incluía uma impressionante diversidade de povos, originários dos habitantes das estepes. O líder huno morreu pouco tempo depois de sua noite de núpcias – que não era a primeira. Ao celebrar em excesso, diz um contemporâneo, "deitou de costas encharcado de vinho e de sono", sofreu uma hemorragia cerebral e morreu dormindo. "Assim, uma bebedeira pôs um fim vexaminoso a um rei que havia conquistado a glória na guerra."[21]

Atualmente, é moda falar da era que sobreveio ao saque de Roma como um período de transformação e continuidades – em vez de a "Era das Trevas". No entanto, como um moderno estudioso argumenta com ênfase, o impacto do estupro, pilhagem e anarquia que marcaram o século V, conforme godos, alanos, vândalos e hunos desencadeavam sua fúria pela Europa e pelo Norte da África, dificilmente pode ser exagerado. Os níveis de alfabetização despencaram; as construções em pedra praticamente cessaram, num claro sinal do colapso da riqueza e da ambição; o comércio de longa distância, que antes levara a cerâmica de fábricas na Tunísia até Iona na Escócia, acabou, substituído por mercados locais, que lidavam apenas com trocas de bens de baixo valor; e, segundo medições a partir da poluição nas camadas de gelo polar na Groenlândia, houve grande contração nos trabalhos de fundição, com seus níveis caindo aos dos tempos pré-históricos.[22]

Os contemporâneos esforçavam-se para compreender o que, para eles, era o colapso total da ordem mundial. "Por que [Deus] nos permite ser mais fracos e miseráveis" do que todos esses povos tribais, lamentava-se Salviano, escritor cristão do século V; "por que permitiu que fôssemos conquistados pelos bárbaros? Por que permite que sejamos submetidos ao domínio por nossos inimigos?". A resposta, concluiu ele, era simples: os homens haviam pecado e Deus os punia.[23] Outros chegavam à conclusão oposta. Roma havia sido dona do mundo quando se mantivera fiel às suas raízes pagãs, argumentava Zózimo, historiador bizantino (ele próprio pagão); ao abandoná-las e voltar-se para a nova fé, engendrara a própria morte. Isso, segundo ele, não era uma opinião; era um fato.[24]

O colapso de Roma aliviou a situação do cristianismo na Ásia. As relações com a Pérsia melhoraram em razão do mútuo interesse em resistir aos povos das estepes, e com o império muito enfraquecido, o cristianismo deixou de parecer tão ameaçador – ou talvez até tão convincente – como um século antes, quando Constantino tencionava atacar a Pérsia e libertar sua população cristã. Em 410, portanto, teve lugar o primeiro de vários encontros, por iniciativa do xá Yazdagird I [Isdigerdes], para formalizar a posição da Igreja cristã na Pérsia e padronizar suas crenças.

Assim como no Ocidente, existiam ali muitas visões diferentes sobre o que significava exatamente seguir Jesus, e como os fiéis deveriam viver, manifestar-se e praticar sua fé. Como observado antes, mesmo a inscrição de Kirdīr do século III falava de dois tipos de cristãos, os *nasraye* e os *kristyone* – o que era normalmente entendido como uma distinção entre os moradores locais evangelizados e cristãos que haviam sido deportados de território romano. A variação das práticas e da doutrina era fonte constante de problemas, o que talvez não deva surpreender, já que em lugares como Rev-Ardashīr, em Fars, no sul do Irã, havia duas igrejas, uma com missas em grego e a outra em siríaco. A rivalidade às vezes descambava para a violência, como em Susiana (no que corresponde hoje ao sudoeste do Irã), onde bispos rivais tiveram que acalmar uma multidão que brigava a socos.[25] Esforços do bispo de Selêucia-Ctesifonte, uma das cidades mais importantes do Império Persa, para trazer ordem e unidade a todas as comunidades cristãs, mostraram-se frustrantes e ineficazes.[26]

Como a possibilidade de salvação dependia de ajustar questões de fé, era importante aplainar as diferenças de uma vez por todas – algo que os pais da

Igreja não se cansavam de enfatizar desde o princípio.[27] "Assim, como já dissemos", lembra são Paulo aos gálatas; "se alguém vos prega Evangelho que vá além daquele que recebestes, que seja anátema!" (Gal. 1:9). Era esse o contexto em que eram escritos os textos para evangelizar – literalmente, "dar a boa-nova" –, com o objetivo de explicar quem era o Filho de Deus e qual havia sido a sua mensagem precisa, e com isso sistematizar as crenças.[28]

Para pôr fim ao debate que tanto atrapalhava a antiga Igreja cristã no Ocidente, o imperador Constantino convocara um concílio em Niceia em 325, reunindo bispos de todo o império para discutir interpretações rivais a respeito da relação entre Deus Pai e Deus Filho, um dos tópicos que causavam maior atrito, e debater uma série de outras teorias concorrentes. O concílio lidou com isso buscando alcançar um acordo para a estrutura da Igreja, resolver o problema do cálculo da data da Páscoa e elaborar uma declaração de fé, que ainda é vigente na Igreja cristã: o Credo de Niceia. Constantino estava determinado a colocar um fim à divisão e reforçar a importância da unidade.[29]

Bispos da Pérsia e de locais além dos limites do Império Romano não haviam sido convidados a comparecer em Niceia. Os concílios realizados na Pérsia em 410, e de novo em 420 e 424, foram, portanto, organizados para permitir que os bispos resolvessem as mesmas questões que haviam sido discutidas por seus pares no Ocidente. A decisão de se reunir e discutir foi apoiada pelo xá, descrito por uma fonte como o "vitorioso rei dos reis, em quem as Igrejas confiam para a paz", que assim como Constantino estava mais animado com a perspectiva de se beneficiar do apoio às comunidades cristãs do que em intervir em suas rixas.[30]

O relato do que foi acertado nas reuniões não é totalmente confiável, e reflete disputas de poder posteriores entre as principais sés e clérigos. Não obstante, fica claro que foram tomadas decisões importantes quanto à organização da Igreja. Ao que parece, acertou-se que o arcebispado de Selêucia--Ctesifonte agiria como "líder e dirigente sobre nós e todos os bispos-irmãos de todo o Império [Persa]" (mesmo que contra um pano de fundo de consideráveis discussões e ressentimentos).[31] Discutiu-se a importante questão da mecânica pela qual eram feitas as nomeações clericais, a fim de eliminar hierarquias paralelas em locais que tivessem grupos cristãos concorrentes com direito a voto. Examinou-se a questão das datas de festas religiosas importantes, e também decidiu-se acabar com a prática comum de apelar a "bispos ocidentais" para orientação e intervenção, já que isso minava a liderança da Igreja no Oriente.³² Por fim, o credo e os cânones do Concílio de Niceia foram aceitos, e também os acordos que haviam sido alcançados em subsequentes sínodos ocidentais no período interveniente.³³

Esse deve ter sido um momento fundador, o ponto em que o cérebro e os músculos da religião cristã engrenaram de modo adequado, criando uma instituição que ligava o Atlântico às fraldas do Himalaia, com dois braços em pleno funcionamento – centrados em Roma e na Pérsia, os dois grandes impérios da Antiguidade tardia –, operando com acordo entre ambos. Com patrocínio imperial do primeiro e crescente aceitação por parte do governante do segundo, havia sido montada uma invejável plataforma que poderia ter visto o cristianismo tornar-se a religião dominante não apenas na Europa, mas também na Ásia. Em vez disso, porém, irrompeu uma feroz luta interna.

Alguns bispos que haviam se sentido sabotados pelas tentativas de harmonizar a Igreja acusaram figuras destacadas não só de não serem corretamente instruídas, mas de nem sequer terem sido ordenadas da maneira devida. Havia também problemas causados por um surto de militância cristã, que resultou na vandalização de vários templos zoroastristas – o que por sua vez colocou o xá na posição de conciliador, obrigando-o a se desviar de sua atitude de tolerância religiosa e defender o sistema de crenças de sua aristocracia. Foi um grande revés. Em vez de dar as boas-vindas a uma fase áurea, a Igreja viu-se confrontada com uma nova onda de perseguições.³⁴

Ferozes disputas clericais eram endêmicas nos primórdios da Igreja. Gregório de Nazianzo, arcebispo de Constantinopla no século IV e um dos maiores entre os primeiros eruditos cristãos, registra que foi calado aos berros por detratores. Rivais gritaram com ele como se fossem um grande bando de corvos, escreveu. Quando o atacaram, a sensação foi a de estar no meio de uma imensa tempestade de areia, ou de ser agredido por animais selvagens: "Eram como um enxame de vespas voando de repente sobre o rosto de alguém".³⁵

De qualquer modo, essa ruptura em particular, em meados do século V, foi inoportuna e infeliz. Uma rixa encarniçada vinha fermentando havia algum tempo entre dois clérigos rivais no Ocidente, Nestório, patriarca de Constantinopla, e Cirilo, patriarca de Alexandria, sobre a questão da natureza divina e humana de Jesus. Debates como esse não eram resolvidos necessariamente por meios justos. Cirilo era um político nato, rude em seus métodos de ganhar apoio, como mostra uma extensa lista de subornados seus: figuras influentes e suas esposas eram tratadas com bens de luxo, como finos tapetes, cadeiras de marfim, toalhas de mesa caras e dinheiro vivo.[36]

Alguns clérigos no Oriente achavam essa discussão – e o caráter de sua deliberação – desconcertante. O problema, em sua visão, estava na canhestra tradução para o grego do termo siríaco que descreve a encarnação – embora a discussão envolvesse também uma disputa de poder entre dois luminares da hierarquia da Igreja e a perspectiva dos louvores que adviriam de ter as próprias posições doutrinárias aceitas e adotadas. O confronto atingiu o clímax quando se tratou do status da Virgem, que na opinião de Nestório não devia ser chamada de *Theotokos* ("quem dá à luz Deus"), e sim *Christotokos* ("quem dá à luz Cristo") – em outras palavras, a que traz ao mundo apenas a natureza humana de Jesus.[37]

Superado pela tática e esperteza de Cirilo, Nestório foi deposto, e esse movimento desestabilizou a Igreja, à medida que os bispos corriam para mudar suas posições teológicas, primeiro para um lado, depois para o outro. As decisões tomadas num concílio podiam ser desafiadas em outro, a partir da forte pressão exercida por facções rivais nos bastidores. Muito da discussão girava em torno da questão de Jesus Cristo ter duas naturezas – divina e humana –, inviolavelmente unidas em uma pessoa, e do caráter da vinculação entre ambas. O relacionamento preciso entre Jesus e Deus era também matéria de intenso debate, para se definir se o primeiro era criação do último, e, portanto, a ele subordinado, ou uma manifestação do Todo-Poderoso, e, portanto, coigual e coeterno. Respostas a essas questões foram apresentadas no Concílio da Calcedônia em 451, com a articulação de uma nova definição de fé, que se esperava fosse aceita por todo o mundo cristão – e que era acompanhada pela ameaça explícita de expulsão da Igreja a quem não concordasse com ela.[38] A Igreja no Oriente reagiu com fúria.

Esse novo ensinamento da Igreja do Ocidente era não só equivocado, argumentavam os bispos do Oriente, como beirava a heresia. Foi emitido então um credo reformulado, que estipulava as naturezas distintas e separadas de Jesus e ameaçava a danação a qualquer um que "considere e ensine a outros que o sofrimento e a mudança estão ligados à divindade de nosso Senhor".[39] O imperador acabou envolvido na discussão. Ele fechou a escola em Edessa, que se tornara o ponto focal do Oriente cristão com a produção de textos, vidas de santos e conselhos, não só em siríaco, o dialeto do aramaico usado em Edessa, mas em uma gama de outras línguas também, como o persa e o sogdiano.⁴⁰ Ao contrário do que ocorria no Mediterrâneo, onde o grego era a língua do cristianismo, no Oriente havia desde o princípio o reconhecimento de que para atrair novas audiências era preciso dispor de material que pudesse ser entendido pelo maior número possível de grupos.

O fechamento da escola de Edessa aprofundou a cisão entre as igrejas do Ocidente e do Oriente, mesmo porque muitos estudiosos foram expulsos do território imperial e tiveram que buscar refúgio na Pérsia. Com o tempo, isso se tornou mais problemático, pois a expectativa era que os imperadores sediados em Constantinopla defendessem a doutrina "ortodoxa" – e fossem intransigentes com os ensinamentos julgados aberrantes e heréticos. Em 532, quando foi acertado um tratado de paz com a Pérsia após um período de instabilidade e conflitos no Cáucaso, uma das principais cláusulas do acordo era que os funcionários persas deveriam ajudar a localizar e prender bispos e sacerdotes cujas visões não estivessem alinhadas com as do Concílio de Calcedônia, e cujas atividades fossem consideradas perigosas pelas autoridades romanas.⁴¹

Tentar aplacar as paixões entre facções religiosas rivais era uma tarefa ingrata, como fica bem claro no caso do imperador Justiniano. Ele tentou várias vezes fazer os lados opostos reconciliarem suas visões, convocando um grande Concílio Ecumênico em 553, na tentativa de traçar uma linha de demarcação após um período de crescentes recriminações, mas ao mesmo tempo comparecia a reuniões mais reservadas de clérigos importantes, a fim de encontrar alguma solução para o problema.⁴² Um relato escrito após sua morte mostra o quanto seus esforços para achar um terreno comum eram vistos por alguns: "Depois de espalhar confusão e tumulto absolutamente por toda parte e colher as compensações disso, ao final de sua vida, [ele] passou para os mais baixos lugares de punição" – ou seja, para o inferno.⁴³ Outros imperadores mudaram a abordagem e, na tentativa de silenciar a cacofonia e as recriminações, simplesmente proibiram discussões de assuntos religiosos.⁴⁴

Enquanto a Igreja do Ocidente obcecava-se em erradicar visões divergentes, a do Oriente partia para um dos programas missionários mais ambiciosos e abrangentes da história, comparável em termos de escala à posterior evangelização das Américas e da África: o cristianismo expandiu-se rapidamente para novas regiões sem o punho de ferro do poder político por trás dele. Um surto de mártires no extremo sul da península Arábica mostra até onde se estendiam os tentáculos da religião, e o fato de o rei do Iêmen ter se tornado cristão aponta na mesma direção.⁴⁵ Perto de 550, um visitante de fala grega do Sri Lanka encontrou ali uma robusta comunidade de cristãos, supervisionada por um clérigo nomeado "da Pérsia".⁴⁶

O cristianismo chegou até aos povos nômades das estepes, para surpresa de funcionários do governo em Constantinopla que, ao receberem a oferta de reféns como parte de um acordo de paz, descobriram que alguns deles ostentavam "o símbolo da cruz tatuado em preto na testa". Quando perguntados como isso era possível, a resposta foi que havia ocorrido uma praga "e que alguns cristãos entre eles tinham dado essa sugestão [para trazer proteção divina], e a partir de então seu país se livrara da praga".⁴⁷ Em meados do século VI, podiam ser encontrados arcebispados no interior da Ásia. Cidades como Basra, Mosul e Tikrit tinham florescentes populações cristãs. A escala da evangelização era tamanha que Kokhe, perto de Ctesifonte, era atendida por nada menos que cinco bispados.⁴⁸ Cidades como Merv, Gundeshāpūr e até Kashgar, a cidade-oásis na porta de entrada da China, tiveram arcebispados bem antes de Canterbury. Eram grandes centros cristãos, muitos séculos antes da chegada dos primeiros missionários à Polônia ou à Escandinávia. Samarcanda e Bukhara (no atual Uzbequistão) também abrigavam florescentes comunidades cristãs mil anos antes de o cristianismo ser trazido para as Américas.⁴⁹ Na realidade, mesmo na Idade Média havia muito mais cristãos na Ásia que na Europa.⁵⁰ Afinal, Bagdá fica mais perto de Jerusalém do que de Atenas, e Teerã é mais próxima da Terra Santa do que de Roma, e Samarcanda mais próxima dela do que Paris e Londres. O sucesso do cristianismo no Oriente há muito tempo foi esquecido.

Sua expansão deve muito à tolerância e à habilidade dos governantes sassânidas da Pérsia, capazes de favorecer políticas inclusivas nas épocas em que a aristocracia e os sacerdotes do zoroastrismo estavam pacificados. Khusraw I [Cosroes I] (531-79) lidou de maneira tão conciliadora com eruditos estrangeiros que ficou conhecido na Constantinopla da época como um "amante da literatura e um profundo estudioso da filosofia", algo que fez um escritor em Constantinopla balbuciar em tom cético: achei muito impossível imaginar, protestou o historiador Agathias [Agátias], não muito tempo depois, que ele seja de fato tão brilhante. Falava numa língua tosca e incivilizada; como seria possível que entendesse as sutilezas da filosofia?⁵¹

Por volta do final do século VI, os encontros da Igreja do Oriente eram iniciados até com ardentes orações pela saúde do governante persa. E, não muito depois, via-se o xá organizando a eleição de um novo patriarca, convocando todos os bispos de seu reino a "comparecerem rapidamente [...] para eleger um líder e governador [...] sob cuja administração e liderança fica todo altar e toda Igreja de nosso Senhor Jesus Cristo no império dos persas".[52] O governante sassânida deixara de ser perseguidor dos cristãos na Ásia e passara a ser seu defensor.

Isso era, pelo menos em parte, resultado de uma Pérsia com uma autoconfiança cada vez maior, alimentada por pagamentos regulares em dinheiro das autoridades de Constantinopla, cujas prioridades militares e políticas haviam passado para a resolução de problemas em outras partes. Com as estepes serenadas e a atenção de Roma frequentemente focada em estabilizar e recuperar as províncias mediterrâneas que haviam caído, os séculos V e VI foram uma época de crescente prosperidade na Pérsia: a tolerância religiosa andava de mãos dadas com o crescimento econômico. Muitas novas cidades eram fundadas pela Pérsia, à medida que o governo central gastava os crescentes rendimentos de impostos em infraestrutura.[53] Grandes programas de irrigação, principalmente no Khuzistão e no Iraque, impulsionaram a produção agrícola, ao mesmo tempo que novos sistemas de suprimento de água eram construídos ou, em alguns casos, ampliados em vários quilômetros. Uma robusta máquina burocrática assegurava uma administração fluente desde o Levante até a Ásia Central.[54] Foi um período de grande centralização do Estado sassânida.[55]

O grau de controle ia a ponto de definir a disposição das bancas individuais nos mercados e bazares persas. Um texto registra que as atividades comerciais eram organizadas em corporações e observa que havia inspetores disponíveis para assegurar controles de qualidade e avaliar as participações devidas ao Tesouro.[56] Conforme a riqueza crescia, aumentava também o comércio de longa distância de bens de luxo, de alto valor: sobrevivem milhares de selos usados para marcar pacotes como aprovados para venda ou exportação, assim como um considerável corpo de material escrito, atestando a existência nesse período de contratos selados e mantidos em escritórios de registro.[57] Bens eram trazidos do Golfo Pérsico para o mar Cáspio, e iam e voltavam da Índia, por mar e por terra. Os níveis de intercâmbio com o Sri Lanka e a China cresceram rapidamente, e também com o Mediterrâneo oriental.[58] O tempo todo, autoridades sassânidas mantiveram um vivo interesse pelo que acontecia dentro de suas fronteiras e além delas.

Uma considerável parte desse comércio de longa distância era feita por mercadores sogdianos, famosos por suas caravanas, pela sagacidade financeira e pelos íntimos laços familiares que lhes permitiam comerciar bens pelas principais artérias da Ásia Central até Xinjiang e o oeste da China. No início do século XX, Auriel Stein descobriu uma notável coleção de cartas numa torre de vigia perto de Dunhuang, que atestam os padrões de comércio e as sofisticadas facilidades de crédito existentes, assim como bens e produtos transportados e vendidos pelos sogdianos. Entre os muitos itens que comerciavam, havia ornamentos de ouro e prata, como presilhas de cabelo, vasos refinados, cânhamo, linho, roupas de lã, açafrão, pimenta e cânfora; mas sua especialidade era o comércio da seda.[59] Os sogdianos eram o vínculo que unia cidades, oásis e regiões. Desempenharam um papel importante para que a seda chinesa chegasse ao Mediterrâneo oriental, onde era muito apreciada pelos imperadores e pela elite romanos. Também traziam bens na direção oposta: moedas cunhadas em Constantinopla vêm sendo encontradas por toda a Ásia Central, até mesmo no interior da China – assim como objetos de prestígio, como uma jarra de prata retratando cenas da Guerra de Troia, enterrada em meados do século VI junto com seu poderoso dono, Li Xian.[60]

Conforme as religiões entraram em contato, inevitavelmente fizeram empréstimos de elementos entre elas. Embora seja difícil traçar isso com precisão, é curioso como o halo se tornou um símbolo visual comum à arte hindu, budista, zoroastriana e cristã, como elo entre o terreno e o divino e como indicador de radiância e iluminação, algo importante em todas essas fés. Um monumento magnífico em Tāq-i Bustān, no atual Irã, retrata um governante a cavalo, rodeado por anjos alados e com um halo de luz em volta da cabeça, numa cena que seria reconhecível por fiéis de qualquer uma das grandes fés da região. Do mesmo modo, certos gestos – como o *vitarka mudra* budista, formado com a junção do polegar e indicador direitos, em geral com os demais dedos estendidos – foram adotados para ilustrar conexões com o divino, algo favorecido particularmente por artistas cristãos.[61]

O cristianismo fluiu por rotas comerciais, mas sua evolução não deixou de ser desafiada. O centro do mundo sempre fora conturbado, um lugar onde credos, ideias e religiões emprestavam aspectos entre si – mas também entravam em atrito. A competição para obter autoridade espiritual foi se intensificando. Essa tensão vinha marcando havia muito tempo a relação entre cristianismo e judaísmo, e os líderes religiosos de ambos esforçavam-se para traçar linhas de demarcação entre as religiões: no caso dos cristãos, havia restrição a casamentos entre pessoas de outras religiões, e a data da Páscoa foi mudada para não coincidir com a Páscoa judaica.⁶² Isso não foi suficiente para alguns. João Crisóstomo, arcebispo de Constantinopla na virada para o quarto século, defendia que a liturgia devia ser mais estimulante, queixando-se de que era difícil para os cristãos competirem com a teatralidade da sinagoga, onde tambores, liras, harpas e outros instrumentos musicais propiciavam entretenimento durante o culto – assim como atores e dançarinas, que participavam e davam vida às cerimônias.⁶³

Figuras importantes do judaísmo, por sua vez, não se mostravam muito entusiasmadas em receber novos convertidos. "Não acredite num prosélito", declarou um famoso rabino, Hiyya, o Grande, "até que tenham se passado 24 gerações, porque o mal inerente ainda estará com ele." Convertidos são tão irritantes e difíceis quanto a sarna, observou Helbo, outro influente rabino.⁶⁴ As atitudes dos judeus em relação ao cristianismo endureceram na Pérsia como resultado das incursões feitas pelos últimos. Isso pode ser visto com clareza no Talmude babilônico, coleção de textos centrada na interpretação rabínica da lei judaica. Diferentemente do Talmude palestino, que se refere a Jesus superficialmente e de passagem, a edição babilônica assume posição violenta e desdenhosa em relação ao cristianismo, atacando doutrinas, eventos específicos e figuras dos Evangelhos. O nascimento a partir de uma Virgem, por exemplo, é alvo de sátiras e zombarias, sendo igualado ao de uma mula parindo, enquanto a história da Ressurreição é impiedosamente ridicularizada. Contranarrativas detalhadas e sofisticadas da vida de Jesus, incluindo paródias de cenas do Novo Testamento e acima de tudo do Evangelho de São João, mostram o quanto os avanços cristãos passaram a ser vistos como ameaça. Havia um esforço sistemático para afirmar que Jesus era um falso profeta e que sua crucifixão fora justificada – em outras palavras, buscava-se rechaçar a culpa e a responsabilidade dos judeus. Essas reações violentas eram uma tentativa de conter os constantes ganhos que eram alcançados à custa do judaísmo.⁶⁵

Era importante, portanto, que o próprio judaísmo avançasse em algumas localidades. No reino de Himyar, no sudoeste da península Arábica, correspondente hoje à Arábia Saudita e ao Iêmen, comunidades judaicas ganhavam cada vez maior proeminência, conforme mostram recentes descobertas de sinagogas, como a construção de século IV em Qana'.⁶⁶ De fato, Himyar adotou o judaísmo como religião de Estado – e o fez de modo entusiástico. No final do século V, cristãos eram regularmente martirizados em razão de suas crenças, inclusive sacerdotes, monges e bispos, depois de condenados por um conselho de rabinos.[67]

Uma malsucedida expedição militar etíope pelo mar Vermelho no início do século V, para substituir o governante judeu por um títere cristão, resultou em perversas represálias, com medidas para remover todos os traços de cristianismo do reino. Igrejas foram demolidas e transformadas em sinagogas. Centenas de cristãos foram presos e executados; em uma ocasião, duzentos refugiados numa igreja foram queimados vivos. Tudo isso foi relatado com júbilo pelo rei, que enviou cartas pela Arábia regozijando-se com o sofrimento que havia infligido.[68]

A classe sacerdotal zoroastrista também reagiu ao progresso do cristianismo no Império sassânida, especialmente depois de várias conversões de membros da elite governante. Isso também gerou uma série de ataques às comunidades cristãs, incluindo vários martírios.[69] Por sua vez, cristãos começaram a produzir histórias morais intransigentes, a mais famosa das quais foi a narrativa épica de Qardagh, um jovem brilhante que caçava como um rei persa e argumentava como um filósofo grego, mas que abrira mão de uma promissora carreira como governante provincial para se converter. Sentenciado à morte, fugiu do cativeiro e teve então um sonho no qual lhe foi dito que era melhor morrer por sua fé do que lutar. Sua execução, quando o próprio pai atirou a primeira pedra, foi celebrada com um longo e belo relato, que visava evidentemente estimular outros a ganharem confiança e se tornarem cristãos.[70]

Parte do segredo do sucesso do cristianismo residia no comprometimento e energia de sua missão evangélica. Era útil, sem dúvida, que o entusiasmo fosse infundido com uma saudável dose de realismo: textos do início do século VII registram clérigos trabalhando arduamente para conciliar suas ideias com as do budismo, se não como um atalho, no mínimo como uma maneira de simplificar algumas questões. O Espírito Santo, escreveu um missionário que chegou à China, era inteiramente consistente com aquilo em que a população local já acreditava: "Todos os Budas fluem e se fundem em virtude desse próprio sopro [isto é, o Espírito Santo], e neste mundo não há lugar que esse sopro não alcance". Do mesmo modo, prosseguia ele, Deus tem sido responsável pela imortalidade e pela infinita felicidade desde a criação do mundo. Assim, "o homem [...] sempre irá honrar o nome de Buda".[71] O cristianismo não era só compatível com o budismo, dizia ele; num sentido amplo, ele *era* budismo.

Outras tentativas foram feitas de codificar a fusão de ideias do cristianismo e do budismo, produzindo um conjunto híbrido de "evangelhos" que efetivamente simplificava a complexa mensagem e história do primeiro, com elementos familiares e acessíveis às populações no Oriente, a fim de acelerar o progresso do cristianismo pela Ásia. Havia uma lógica teológica nessa abordagem dualista, em geral chamada de gnosticismo, segundo a qual pregar em termos que tivessem pontos de referência cultural compreensíveis e usassem uma linguagem acessível era uma maneira óbvia de difundir a mensagem.72 Não admira, portanto, que o cristianismo tivesse o apoio de ampla faixa da população: eram ideias propositalmente formuladas para soarem familiares e fáceis de entender.

Outros cultos, fés e seitas se beneficiaram do mesmo processo. Os ensinamentos de Mazdak, um pregador carismático, revelaram-se extremamente populares no final do século V e início do VI — como podemos ver pelas críticas furiosas e pitorescas que choveram sobre os seguidores do pregador, lançadas por cronistas zoroastrianos e cristãos. As atitudes e práticas dos discípulos de Mazdak, que abrangiam desde o que comer ao seu suposto interesse por sexo grupal, eram vilipendiadas de maneira eletrizante. Na realidade, até o ponto em que o material de fonte altamente parcial nos permite compreender, Mazdak defendia um estilo de vida ascético, que tinha óbvios ecos das atitudes budistas em relação à riqueza material, das suspeitas zoroastrianas em relação ao mundo físico e do bem estabelecido ascetismo cristão.73

Nesse ambiente espiritual competitivo, era importante defender o território intelectual — e físico. Um viajante chinês de passagem por Samarcanda no século VI notou que a população local se opunha violentamente à lei de Buda e expulsava com "fogo vivo" qualquer budista que tentasse buscar abrigo ali.74 Nessa ocasião, a hostil recepção teve final feliz: o visitante acabou tendo permissão de promover uma reunião e, ao que parece, conseguiu persuadir muitos a se converterem ao budismo, graças à força de seu caráter e argumentos.75

Poucos entenderam melhor que os budistas a importância de tornar públicos e visíveis certos objetos que apoiassem as declarações de fé. Outro peregrino chinês, em andanças pela Ásia Central à procura de textos sânscritos para estudo, viu com admiração as relíquias sagradas veneradas pela população local em Balkh. Entre elas, um dos dentes de Buda, a bacia que ele usava para se lavar e uma escova com a qual varria, feita da planta *kasha*, decorada com joias.76

Havia, porém, expressões mais visíveis e impactantes, destinadas a conquistar corações e mentes. Templos em cavernas haviam se tornado uma maneira bem estabelecida de evocar e introduzir uma mensagem espiritual ao longo de rotas comerciais, combinando a ideia de santuário e do divino, de um lado, com a de comércio e viagens, de outro. O complexo em Elefanta, junto ao litoral de Mumbai, e as cavernas de Ellora no norte da Índia são exemplos espetaculares. Cheios de majestosos e elaborados entalhes de divindades, visavam mostrar superioridade moral e teológica – nesse caso, a superioridade do hinduísmo.[77]

Isso tinha um paralelo óbvio com Bamiyan (no atual Afeganistão). Situada no cruzamento de rotas que ligavam a Índia ao sul, Báctria ao norte e a Pérsia a oeste, Bamiyan tinha um complexo de 751 cavernas, complementado por imensas figuras do Buda.[78] Duas estátuas, uma com 55 metros de altura, a outra, um pouco anterior, com dois terços do tamanho, foram esculpidas em grandes nichos nas rochas e resistiram quase 1.500 anos – até serem explodidas e destruídas pelo Talibã em 2001, num ato de filistinismo e selvageria cultural comparável à destruição de artefatos religiosos na Bretanha e no norte da Europa durante a Reforma.[79]

Quando pensamos nas Rotas da Seda, é tentador vê-las tendo um sentido de circulação sempre de leste para oeste. Na realidade, havia considerável interesse em transitar na outra direção, como deixa claro um admirável texto chinês do século VII. A Síria, escreve o autor, era um lugar que "produz roupas à prova de fogo, incenso restaurador da vida, brilhantes pérolas-da-lua e pedras preciosas com fulgor noturno. Bandidos e ladrões são desconhecidos, e o povo desfruta de felicidade e paz. Prevalecem apenas leis louváveis; somente são alçados ao poder soberanos virtuosos. A terra é ampla e vasta, e suas produções literárias são bem formuladas e claras".[80]

E, de fato, apesar da feroz competição e do coro de religiões em luta para fazer ouvir sua voz, era o cristianismo que continuava a arrancar nacos das crenças, práticas e valores tradicionais. Em 635, missionários na China foram capazes de convencer o imperador a retirar a oposição à fé e reconhecê-la como uma religião legítima, cuja mensagem não só não comprometia a identidade imperial, como tinha potencial de reforçá-la.[81]

Em meados do século VII, parecia fácil prever o futuro. O cristianismo marchava pela Ásia, fazendo incursões à custa do zoroastrismo, do judaísmo e do budismo.[82] As religiões sempre haviam se confrontado nessa região e aprendido que precisavam disputar a atenção. A mais competitiva e bem-sucedida, no entanto, acabou sendo uma religião nascida na pequena cidade de Belém.[83] Considerando o progresso feito ao longo dos séculos que se seguiram à crucifixão de Jesus, seria apenas uma questão de tempo para que os tentáculos do cristianismo chegassem ao Pacífico, ligando o grande oceano ao Atlântico no Ocidente.

E, no entanto, no momento do triunfo do cristianismo, o acaso interveio. Havia sido montada uma plataforma para uma conquista espiritual que ligaria não só cidades e regiões, mas iria abranger continentes. Nessa hora, porém, eclodiu uma debilitante guerra que minou as potências existentes e abriu oportunidades para novos participantes. Foi como se uma internet tivesse sido lançada no final da Antiguidade: de repente, uma nova rajada de ideias, teorias e tendências ameaçava minar a ordem existente e tirar partido das redes que haviam sido estabelecidas ao longo de séculos. O nome dessa nova cosmologia não refletia o quanto era revolucionária. Intimamente relacionado às palavras para segurança e paz, o termo "islã" dava pouca indicação do quanto o mundo estava prestes a mudar. A revolução havia chegado.

4
A rota da revolução

A ascensão do islamismo teve lugar num mundo que havia visto cem anos de tumulto, discórdia e catástrofes. Em 541, um século antes que o profeta Muhammad [Maomé] começasse a receber uma série de revelações divinas, o que se espalhou pelo Mediterrâneo foi a notícia de uma ameaça diferente. Ela se moveu como um raio, tão rápido que, quando o pânico se instalou, era tarde demais. Ninguém foi poupado. A escala da morte mal pode ser imaginada. Segundo um contemporâneo que perdera a maior parte da família, uma cidade na fronteira com o Egito foi varrida: sete homens e um menino de dez anos foram os únicos que restaram de uma população antes florescente; as portas das casas haviam sido deixadas abertas, sem ninguém para guardar o ouro, a prata e objetos de valor dentro delas.[1] As cidades sofreram o impacto dos selvagens ataques, com 10 mil pessoas sendo mortas por dia em Constantinopla, a certa altura de meados da década de 540.[2] Não foi apenas o Império Romano que sofreu. Não demorou para que cidades do Leste fossem também arrasadas, conforme o desastre se espalhava ao longo das redes de comunicações e comércio, devastando cidades na Mesopotâmia persa e chegando em seguida à China.[3] A peste bubônica trouxe catástrofe, desespero e morte.

Trouxe também uma depressão econômica crônica: campos desprovidos de agricultores, cidades despojadas de consumidores e uma geração ceifada de sua juventude naturalmente alteraram a demografia da Antiguidade tardia e causaram uma grave contração da economia.[4] No devido tempo, isso teria um impacto na maneira pela qual os imperadores em Constantinopla buscavam conduzir sua política externa. Durante a primeira parte do reinado de Justiniano (527-65), o império havia sido capaz de conquistar uma série de impressionantes sucessos, que permitiram recuperar as províncias do Norte da África e promoveram significativo progresso na Itália. O uso criterioso da força foi aliado a esforços deliberados de manter a flexibilidade necessária para lidar com problemas que podiam eclodir a qualquer momento em suas fronteiras expandidas, incluindo as do Leste. Alcançar esse equilíbrio tornou-se cada vez mais difícil em seguida, durante o reinado de Justiniano, já que a escassez de força de trabalho, campanhas militares inconclusivas e elevação dos custos drenaram um tesouro que já vinha depauperado antes que a praga atacasse.[5]

A estagnação ganhou corpo e a disposição de ânimo da população em relação a Justiniano piorou. Críticas particularmente ferozes eram reservadas à maneira com que ele parecia disposto a comprar a amizade dos vizinhos do império, com pagamentos em dinheiro e concessão de favores de modo desordenado. Justiniano mostrava-se tolo o suficiente para achar que era "um golpe de boa sorte distribuir a riqueza dos romanos e atirá-la aos bárbaros", escreveu Procópio, o mordaz e mais destacado historiador do período. O imperador, prossegue Procópio sem aliviar, "não perde oportunidade de esbanjar vastas somas de dinheiro com todos os bárbaros", ao norte, sul, leste e oeste; dinheiro vivo era despachado, continua o autor, até mesmo para povos dos quais nunca se ouvira falar.[6]

Os sucessores de Justiniano abandonaram essa abordagem e assumiram uma linha vociferante e sem concessões com os vizinhos de Roma. Quando embaixadores dos ávaros, uma das grandes tribos das estepes, chegaram a Constantinopla logo após a morte de Justiniano em 565, para requerer seu habitual pagamento de tributo, depararam com pouquíssima atenção do novo imperador, Justino II: "Nunca mais vocês deverão ser abastecidos às expensas deste império e continuarão sem prestar-nos qualquer serviço; pois de mim não irão receber nada". Quando ameaçaram dizendo que isso teria consequências, o imperador explodiu: "Como ousam vocês, cachorros mortos, ameaçar o reino romano? Saibam que irei rapar essas suas melenas e depois cortar fora suas cabeças".[7]

Uma postura similarmente agressiva foi adotada em relação à Pérsia, especialmente depois do relato de que uma poderosa constelação de nômades túrquicos havia tomado o lugar dos hunos nas estepes da Ásia Central e exercia pressão em suas fronteiras a leste. Os túrquicos desempenhavam um papel cada vez maior no comércio, para incômodo dos chineses, que os retratavam como difíceis e não confiáveis – sinal inequívoco do seu crescente sucesso comercial.[8] Eram liderados pela magnífica figura de Sizabul, que recebia dignitários em sua elaborada tenda, reclinado numa cama de ouro sustentada por quatro pavões também de ouro e com um grande carrinho abarrotado de prata ostensivamente posicionado perto dele.⁹

Os túrquicos tinham grandes ambições e mandaram enviados a Constantinopla para propor uma aliança militar de longo alcance. Um ataque conjunto, disseram seus embaixadores a Justino II, destruiria a Pérsia.¹⁰ Ansioso para conquistar glórias à custa do tradicional rival de Constantinopla, e animado pelas perspectivas, o imperador concordou com o plano e adotou uma atitude cada vez mais grandiloquente, com ameaças ao xá e exigindo a devolução de cidades e territórios cedidos em acordos anteriores. Depois do fracasso de um ataque muito mal executado pelos romanos, os persas desferiram um contra-ataque em Dara (atual sul da Turquia), a pedra de toque das defesas da fronteira. Depois de um terrível cerco que durou seis meses, os persas conseguiram tomar a cidade em 574, após o que o imperador teve um colapso mental e físico.¹¹

O fiasco convenceu os túrquicos de que Constantinopla era um aliado sem valor e indigno de confiança, algo que o embaixador túrquico deixou muito claro em 576, rejeitando raivosamente qualquer possibilidade de outro ataque à Pérsia. Depois de enfiar os dez dedos da mão na boca, disse furioso: "Assim como há agora dez dedos na minha boca, vocês romanos usaram várias línguas". Roma havia iludido os túrquicos ao prometer fazer seu melhor contra a Pérsia; os resultados haviam sido pífios.¹²

De qualquer modo, a retomada de hostilidades contra a Pérsia marcou o início de um período tumultuado, com consequências extraordinárias. Seguiram-se duas décadas de lutas, com momentos dramáticos, como quando um exército persa penetrou fundo na Ásia Menor e ao voltar para casa foi emboscado, com a rainha sendo aprisionada, juntamente com a carruagem real dourada e decorada com pedras preciosas e pérolas. O fogo sagrado que o governante persa levava com ele em campanha, tido como "o maior de todos os fogos", foi capturado e atirado num rio, e o alto sacerdote do zoroastrismo e "muitas outras das pessoas mais idosas" foram afogados. A extinção do fogo sagrado era um ato agressivo e provocador, que visava diminuir a pedra de toque religiosa da identidade persa. A notícia foi celebrada com grande entusiasmo pelos romanos e seus aliados.¹³

Conforme as hostilidades prosseguiam, a religião tornava-se cada vez mais importante. Quando os soldados, por exemplo, se revoltaram diante de uma proposta de redução em seu pagamento, o oficial no comando fez desfilar uma imagem sagrada de Jesus diante da tropa para gravar neles a impressão de que servir ao imperador era servir a Deus. Quando o xá Khusraw I morreu em 579, alguns afirmaram, sem qualquer base, "que a luz da palavra divina brilhou esplendidamente em volta dele, pois acreditava em Cristo".[14] Atitudes mais severas levaram o zoroastrismo a ser denunciado de modo eloquente em Constantinopla, sendo tachado de baixo, falso e depravado: os persas, escreveu Agátias, adquiriram "hábitos aberrantes e degenerados desde que caíram sob o feitiço dos ensinamentos de Zoroastro".[15]

Infundir o militarismo com pesadas doses de religiosidade tinha implicações para aqueles na periferia do império que haviam sido cortejados e convertidos ao cristianismo como parte de uma deliberada política de conquistar seu apoio e lealdade.[16] Esforço particular havia sido feito para conquistar as tribos do sul e do oeste da Arábia, com a promessa de recompensas materiais. A concessão de títulos reais, que introduziu novos conceitos de parentesco (e de linhagem real), bastante explorados localmente, também ajudou a convencer muitos a se alinharem a Constantinopla.[17]

Portanto, o retesamento das sensibilidades religiosas durante o confronto com a Pérsia teve consequências – pois o cristianismo adotado por algumas das tribos não era o da fórmula acordada na Calcedônia em 451, mas versões que sustentavam visões diferentes a respeito da unidade de Cristo. As relações com os gassânidas, aliados de longa data de Roma na Arábia, deterioraram-se em razão das clamorosas mensagens que emanavam da capital imperial.[18] Em parte por suspeitas religiosas mútuas, os laços foram rompidos naquele momento delicado – o que deu aos persas uma oportunidade perfeita a ser explorada. Ganharam o controle dos portos e mercados do sul e do oeste da Arábia, à medida que uma nova rota comercial terrestre era aberta conectando a Pérsia a Meca e Ukāz. Segundo a tradição islâmica, essa alteração permitiu que uma figura destacada de Meca se aproximasse de Constantinopla solicitando ser nomeado filarca ou guardião da cidade, como representante de Roma, com um título real posterior de reinado em Meca sendo conferido pelo imperador a um certo Uthmān. Um processo paralelo resultou na nomeação de um indicado para assumir um papel similar em Yathrib – em nome da Pérsia.[19]

Enquanto essas tensões se cristalizavam na península Arábica, fazia-se pouco progresso na arrastada guerra em seu principal teatro ao norte. O ponto de virada veio não no campo de batalha, mas na corte persa, no final da década de 580, quando Vahrām, um general popular que havia estabilizado a fronteira leste com os túrquicos, tomou a questão nas próprias mãos e rebelou-se contra o xá, Khusraw II. Este fugiu para Constantinopla, onde prometeu ao imperador Maurício grandes concessões no Cáucaso e na Mesopotâmia – incluindo a devolução de Dara –, em troca do apoio imperial. Depois que Khusraw voltou para casa em 591, lidando com seu rival com surpreendente facilidade, decidiu honrar seu acordo. Foi, como um importante estudioso colocou, um momento Versalhes: grande número de cidades, fortalezas e localidades importantes foi entregue aos romanos, deixando fragilizado o núcleo econômico e administrativo persa; a humilhação foi tamanha que estava fadada a provocar uma reação vigorosa.[20]

O pêndulo havia oscilado para ambos os lados durante as lutas intensas das duas décadas anteriores. Parecia sob todos os ângulos que Roma havia feito uma grande jogada diplomática e política. Agora de posse das bases avançadas que antes lhe faltavam, finalmente tinha a chance de estabelecer uma presença permanente no Oriente Próximo. Como o historiador Procópio reconheceu, as planícies da Mesopotâmia que se abriam pela imensa bacia do Tigre e Eufrates proviam poucos pontos óbvios de fronteira na forma de rios, lagos ou montanhas.[21] Isso significava que quaisquer ganhos feitos seriam vulneráveis, a não ser que uma grande extensão de território pudesse ser anexada e mantida. Khusraw II recuperara o trono, mas por um alto preço.

E, no entanto, apenas uma década mais tarde, o jogo virou espetacularmente. Quando o imperador Maurício foi assassinado por Fokas, um de seus generais, num golpe palaciano em 602, Khusraw II aproveitou a oportunidade para atacar e forçar uma renegociação. Ganhou confiança depois que um feroz ataque a Dara derrubou um ponto vital do sistema de defesa romano no norte da Mesopotâmia, e mais ainda a partir da dificuldade de Fokas para impor autoridade em casa. Quando chegaram as notícias de que uma nova onda de ataques de nômades estava devastando os Bálcãs, o xá aumentou suas ambições. O tradicional sistema de administração de clientes, usado para governar os povos súditos do norte da Arábia, foi rapidamente desmantelado, já prevendo a grande reorganização da fronteira que se seguiria à expansão persa.[22]

A população cristã foi tratada com tato. Os bispos haviam aprendido por experiência própria a temer as perspectivas de guerra, já que as hostilidades com os romanos costumavam ser acompanhadas por acusações de colaboracionismo.

O xá presidiu pessoalmente a eleição de um novo patriarca em 605, convidando o alto clero a se reunir e escolher um novo dirigente. Esse era um gesto deliberado para tranquilizar e mostrar à população minoritária que seu governante era simpático aos assuntos dela. Foi uma manobra eficaz, interpretada pela comunidade cristã como sinal de proteção benevolente: Khusraw recebeu os agradecimentos efusivos de bispos, que se reuniram para exaltar "o poderoso, generoso, bondoso e beneficente Rei dos Reis".[23]

Com o Império Romano cedendo sob o peso de sucessivas revoltas internas, as forças persas apertaram a pressão: cidades da Mesopotâmia caíram como peças de dominó; Edessa foi a última a capitular, em 609. A atenção então voltou-se para a Síria. Antioquia, a grande cidade no Orontes, primeira Sé de São Pedro e a grande metrópole da Síria romana, caiu em 610, seguida por Emesa no oeste da Síria, no ano seguinte. Com a queda de Damasco em 613, outro grande centro regional foi perdido.

As coisas só pioravam. Em Constantinopla, o impopular e soberbo Fokas foi assassinado, e os restos de seu corpo nu e desmembrado foram exibidos pelas ruas da cidade. Mas o novo imperador, Heráclio, não se mostrou mais eficaz em deter os persas, cujos avanços a essa altura ganhavam impulso devastador. Após derrotarem um contra-ataque romano na Ásia Menor, exércitos do xá foram para o sul, até Jerusalém. O objetivo era óbvio: capturar a cidade mais sagrada da cristandade e, com isso, afirmar o triunfo cultural e religioso da Pérsia.

Quando a cidade caiu, após um breve cerco, em maio de 614, a reação no mundo romano beirou a histeria. Judeus foram acusados não só de colaborar com os persas, mas de dar-lhes apoio ativo. Segundo uma fonte, eles eram "iguais a animais maus", ajudando o exército invasor – estes comparáveis a animais ferozes e serpentes sibilantes. Foram acusados de ter papel ativo no massacre da população local, que piedosamente regozijava-se enquanto era morta, "pois estavam sendo mortos por Cristo e derramavam seu sangue pelo sangue dele". Espalharam-se histórias sobre igrejas derrubadas, cruzes pisoteadas e imagens cuspidas. A verdadeira cruz em que Jesus havia sido crucificado foi capturada e enviada para a capital da Pérsia como troféu de guerra *par excellence* para Khusraw. Essa foi, sem dúvida, uma desastrosa guinada nos acontecimentos para Roma, para a qual os propagandistas do imperador voltaram imediatamente sua atenção na tentativa de minimizar seus danos.[24]

Diante desses reveses, Heráclio pensou em abdicar, mas antes decidiu tomar medidas desesperadas: enviou embaixadores a Khusraw para obter a paz nos termos que fosse. Por meio de seus enviados, Heráclio implorou perdão e culpou seu predecessor, Fokas, pelos recentes atos de agressão de Roma. Apresentando-se como inferior e submisso, o governante romano saudou o xá como "supremo imperador". Khusraw ouviu com atenção o que os enviados tinham a dizer; então, mandou executá-los.[25]

Quando a notícia chegou a Constantinopla, o pânico tomou conta da cidade, o que permitiu realizar reformas radicais com o mínimo de oposição. Salários dos funcionários do império foram reduzidos à metade, assim como a paga dos militares. A distribuição gratuita de pão, velha ferramenta política para conquistar a boa vontade dos habitantes da capital, foi interrompida.[26] Metais preciosos foram tomados das igrejas num esforço frenético de suprir o erário. A fim de destacar a escala da batalha que se tinha pela frente e expiar os pecados que haviam levado Deus a castigar e punir os romanos, Heráclio modificou o desenho das moedas. Embora o busto do imperador na face da moeda continuasse o mesmo, no verso das novas moedas, cunhadas em grande quantidade e com novos valores, estava a imagem de uma cruz sobre degraus: a luta contra os persas era nada menos que a luta pela fé cristã.[27]

No curto prazo, essas medidas conseguiram pouco. Depois de tomar a Palestina, os persas voltaram-se para o delta do Nilo, tomando Alexandria em 619.[28] Em menos de dois anos, o Egito – celeiro do Mediterrâneo e base da economia agrária romana por seis séculos – caiu. Depois foi a Ásia Menor, atacada em 622. Embora o avanço fosse detido durante um tempo, em 626 o exército persa acampou às vistas dos muros de Constantinopla. Como se não fosse ruim o suficiente para os romanos, o xá fez uma aliança com os nômades ávaros que haviam invadido os Bálcãs e marchado sobre a cidade, vindo do norte. Tudo o que ainda separava o que restara da Roma imperial de sua completa aniquilação era a espessura das muralhas da cidade do grande Constantino – Constantinopla, a Nova Roma. O fim estava próximo e parecia absolutamente inevitável.

A sorte, porém, estava do lado de Heráclio. Os esforços iniciais para tomar a cidade fracassaram, e os assaltos subsequentes foram rechaçados com facilidade. O comprometimento dos inimigos começou a declinar, primeiro entre os ávaros. Com dificuldades para encontrar pasto para os cavalos, os nômades retiraram-se quando as diferenças tribais ameaçaram minar a autoridade de seu líder. Os persas também recuaram logo depois, em parte pelos relatos de ataques dos túrquicos no Cáucaso, que exigiam atenção: a sua impressionante expansão territorial havia forçado demais os recursos, deixando as terras recém-conquistadas perigosamente expostas – e os túrquicos sabiam disso. Constantinopla foi poupada por um triz.[29]

Num impressionante contra-ataque, Heráclio, que estava ausente da capital durante o cerco, liderando o exército imperial na Ásia Menor, partiu agora atrás do inimigo em retirada. O imperador foi primeiro ao Cáucaso, onde se encontrou com o *khagan* túrquico e acertou com ele uma aliança – cobrindo-o de honrarias e presentes e oferecendo-lhe sua filha, Eudokia, como noiva, para formalizar laços de amizade.[30] O imperador então decidiu correr riscos e foi para o sul, esmagando um grande exército persa perto de Nínive (atual norte do Iraque), no outono de 627, para depois avançar até Ctesifonte à medida que a resistência se dissolvia.

A liderança persa se fragmentou sob essa pressão. Khusraw foi assassinado, e seu filho e sucessor, Kavad, apelou a Heráclio para um acordo imediato.[31] O imperador ficou satisfeito com a promessa de território e louvores, e retirou-se para Constantinopla, deixando seu embaixador para acertar os termos, entre eles a devolução de território romano que havia sido tomado durante as guerras – e a devolução também de partes da verdadeira cruz, levadas de Jerusalém em 614.[32] Isso marcou uma vitória espetacular para os romanos.

Mas não foi o final, pois havia uma tempestade em formação que levaria a Pérsia à beira do colapso. O principal general de campo, Shahrbarãz, que concebera o recente assalto-relâmpago ao Egito, reagiu à reversão da sorte e arquitetou tomar o trono. Com a fortuna persa em baixa e a fronteira no leste vulnerável a ataques oportunistas dos túrquicos, a situação pareceu irresistível a um homem de ação como ele. O golpe foi ganhando corpo, e o general negociou diretamente com Heráclio para obter o apoio romano ao levante, retirando-se do Egito e seguindo para Ctesifonte com o apoio do imperador.

Com a Pérsia em desagregação, Heráclio celebrou com gosto a impressionante reversão na sorte dos acontecimentos para firmar sua popularidade. Tinha jogado pesado com a religião para obter apoio e robustecer os ânimos durante as horas sombrias do império. O ataque de Khusraw fora explicado como um ataque direto ao cristianismo, algo enfatizado numa peça de teatro encenada diante das tropas imperiais, na qual foi lida uma carta que parecia ter sido escrita pela própria mão do xá: nela, não só se ridicularizava pessoalmente

Heráclio, como zombava-se da impotência do Deus dos cristãos.[33] Os romanos haviam sido desafiados a lutar por aquilo que acreditavam: essa havia sido uma guerra de religião.

Talvez não surpreenda, portanto, que o triunfalismo romano tenha produzido cenas terríveis. Depois de liderar uma entrada cerimonial em Jerusalém em março de 630, Heráclio restaurou os fragmentos da verdadeira cruz à Igreja do Santo Sepulcro e, ao que parece, batizou judeus à força, como punição pelo papel que teriam tido na queda da cidade dezesseis anos antes; aqueles que fugiram foram proibidos de chegar a menos de cinco quilômetros de Jerusalém.[34] Cristãos orientais cujas crenças fossem julgadas desviantes foram alvo também de agentes imperiais, obrigados a abandonar posições doutrinárias assumidas muito tempo antes e coagidos a aceitar os ensinamentos simplificados do cristianismo ortodoxo, para os quais afirmava-se agora haver poderosas evidências de que apenas eles desfrutavam verdadeiramente da bênção de Deus.[35]

Isso era problemático para a Igreja na Pérsia, que não se defrontava, olho no olho, com sua parceira ocidental havia mais de um século, e cujo alto clero cada vez mais via a si mesmo como o transmissor da verdadeira fé – em contraste com a Igreja ocidental, sistematicamente corrompida por ensinamentos divergentes. Como os bispos da Pérsia expressaram ao se reunirem em 612, todas as grandes heresias haviam surgido no Império Romano – ao contrário do que ocorrera na Pérsia, onde "nenhuma heresia jamais surgiu".[36] Assim, quando Heráclio "restaurou a Igreja à ortodoxia" em Edessa e deu instruções para expulsar os cristãos orientais que haviam exercido culto ali no passado, parecia que seu plano era converter a Pérsia inteira – uma ideia que Heráclio provavelmente ponderou ativamente desde a dramática reversão da sorte. E de fato a Pérsia seria convertida ao cristianismo romano, ocidental.[37]

A religião ressurgente, dominante, defendida por Constantinopla, varreu tudo antes dela. A extraordinária sequência de eventos deixara uma série de velhas ideias em farrapos. Quando a peste irrompeu em Ctesifonte, levando o xá Kavad como uma de suas vítimas, parecia óbvio que o zoroastrismo era pouco mais do que um pensamento ilusório: o cristianismo era a verdadeira fé, e seus seguidores haviam sido recompensados.[38] Nessa atmosfera altamente carregada, um novo rumor podia ser ouvido. Vinha do sul, das profundezas da península Arábica. A região permanecera praticamente intocada pela recente luta entre romanos e persas, mas isso não significava que não tivesse sido afetada pelos monumentais choques que tinham lugar a centenas de quilômetros. Na realidade, o sudoeste do calcanhar da Arábia havia tempos era um cadinho para confrontos entre dois impérios, onde menos de um século antes o reino de Himyar e as cidades de Meca e Medina haviam apostado suas fichas na Pérsia contra uma coalizão cristã de forças de Constantinopla e do inimigo mortal de Himyar no mar Vermelho, a Etiópia.[39]

Essa era uma região onde as crenças haviam mudado, adaptando-se e competindo entre si durante boa parte do século. O anterior mundo politeísta, de múltiplas divindades, ídolos e crenças, dera lugar ao monoteísmo e a ideias sobre uma divindade única, todo-poderosa. Santuários dedicados a várias divindades estavam sendo tão marginalizados que um historiador declarou, às vésperas da ascensão do islã, que o politeísmo tradicional "estava morrendo". Em seu lugar vieram conceitos judaicos e cristãos de um Deus único – assim como anjos, paraíso, orações e doações de esmolas, encontrados em inscrições que começaram a proliferar por toda a península Arábica no final do século VI e início do VII.[40] Foi nessa região, enquanto a guerra seguia ao norte, que um comerciante chamado Muhammad [Maomé], membro do clã Banū Hāshim da tribo *quraysh* [coraixitas], retirou-se para uma caverna não longe da cidade da Meca para meditar. Segundo a tradição islâmica, em 610 ele começou a receber uma série de revelações de Deus. Maomé ouviu uma voz que lhe ordenava recitar versos "em nome do seu Senhor!".[41] Em pânico e confuso, deixou a caverna, mas viu um homem com "os pés abrangendo o horizonte" e uma voz que retumbou: "Oh Maomé, tu és o profeta de Deus e eu sou Jibrīl".[42] Uma série de recitações se seguiu ao longo dos próximos anos, que foram registradas por escrito primeiro por volta do século VII em um texto único – conhecido como o Qur'ān [Corão].[43]

Deus manda apóstolos, Maomé foi informado pelo anjo Jibrīl (ou Gabriel), para que deem boas notícias ou façam advertências.[44] Maomé fora escolhido como mensageiro pelo Todo-Poderoso. Havia muitas trevas no mundo, muitas coisas a temer, e o perigo do apocalipse rondava a cada esquina. Recite as mensagens divinas, foi-lhe pedido, pois ao fazer isso você "obtém refúgio [em Alá] do maldito Satã: ele não tem nenhum poder sobre aqueles que acreditam e confiam em seu Senhor".[45] Deus é compassivo e misericordioso, Maomé era informado repetidas vezes, mas Ele é também severo em suas punições àqueles que se recusam obedecer-Lhe.[46]

As fontes relacionadas aos primórdios do período islâmico são complexas e colocam sérios problemas de interpretação.[47] Definir de que modo motivações contemporâneas e políticas posteriores moldaram a história de Maomé e as mensagens que recebeu não é tarefa fácil – e, além disso, é questão intensamente debatida entre estudiosos modernos. É difícil, por exemplo, compreender com clareza qual o papel que a crença desempenhou em moldar atitudes e eventos, ainda mais porque havia distinções, já em meados do século VII, entre crentes (*mu'minūn*) e aqueles que se juntavam a eles e se submetiam à sua autoridade (*muslimūn*). Escritores posteriores concentraram-se no papel da religião e enfatizaram não apenas o poder da revelação espiritual, mas o da solidariedade aos árabes que fizeram a revolução – o que torna tão insatisfatório falar das conquistas do período como "muçulmanas" [muslim] quanto referir-se a elas como "árabes". Além disso, as identidades mudaram não só após esse período, mas também durante – e é claro que em relação a esses rótulos confiamos antes de mais nada nos olhos dos observadores.

Não obstante, embora seja problemático até mesmo estabelecer com certeza uma sequência de eventos, é amplamente aceito que Maomé não era a única figura na península Arábica no início do século VII que falava sobre um único Deus, pois havia outros "profetas imitadores" que ganharam destaque justamente no período das guerras romano-persas. Os mais notáveis ofereciam visões messiânicas e proféticas muito similares às de Maomé – prometendo revelações do arcanjo Gabriel, indicando caminhos para a salvação e em alguns casos oferecendo escritos sagrados para apoiar suas afirmações.[48] Era um tempo em que igrejas e santuários cristãos começavam a aparecer em Meca e arredores, como fica claro pelo registro arqueológico, que também dá testemunho de imagens e cemitérios das novas populações convertidas. A competição pelos corações, mentes e almas era feroz na região nesse período.[49]

Também há um crescente consenso de que Maomé pregava a uma sociedade que vivia uma aguda contração econômica em razão das guerras romano-persas.[50] O confronto e a efetiva militarização de Roma e da Pérsia tiveram importante impacto sobre o comércio que se originava em Hijāz ou passava por ela. Com os gastos do governo canalizados para o exército, e a crônica pressão na economia doméstica para apoiar o esforço de guerra, a demanda por bens de luxo caíra consideravelmente. O fato de os mercados tradicionais, acima de tudo as cidades no Levante e na Pérsia, terem sido envolvidos na luta só pode ter deprimido ainda mais a economia do sul da Arábia.[51]

Poucos devem ter sentido mais essa contração do que os *quraysh* de Meca, cujas caravanas carregando ouro e outros valores para a Síria haviam se tornado lendárias. Eles tinham perdido também seu lucrativo contrato para fornecer ao exército romano o couro necessário para selas, tiras de botas e escudos, cintos e outros apetrechos.[52] Sua subsistência também pode ter sido ameaçada pelo declínio no número de peregrinos em visita ao *haram*, um importante santuário dedicado a deuses pagãos, em Meca. O local era centrado numa série de ídolos – conta-se que um deles era "Abraão como um velho homem" –, porém o mais importante era a estátua de ágata vermelha de um homem com uma mão direita de ouro e sete setas divinatórias em volta dela.[53] Como guardiões de Meca, os *quraysh* ganhavam com a venda de comida e água aos visitantes e realizando rituais para peregrinos. Com distúrbios na Síria e Mesopotâmia repercutindo à distância, e perturbações em tantos aspectos diferentes da vida diária, não surpreende que as advertências de Maomé de um iminente apocalipse tivessem ampla receptividade.

As pregações de Maomé sem dúvida caíram em terreno fértil. Ele oferecia uma explicação ousada e coerente para aqueles níveis de conturbação traumáticos, com imensa paixão e convicção. Não eram só as epifanias que havia recebido que se mostravam poderosas, mas também as advertências que fazia. Aqueles que seguiam seu ensinamento iriam ver suas terras férteis, explodindo de grãos; quem não o seguisse veria seu cultivo fracassar.[54] A salvação espiritual traria recompensas econômicas. Havia muito a ganhar: os fiéis iriam contemplar nada menos do que o paraíso, com jardins regados por água fresca e pura, por "rios de vinho delicioso para quem o provasse, e rios de mel purificado". Os fiéis seriam compensados com todo tipo de frutas e ganhariam ainda o perdão do Senhor.[55]

Aqueles que rejeitassem as doutrinas divinas iriam enfrentar não só a maldição e o desastre, mas a danação: quem travasse guerra contra seus seguidores sofreria terrivelmente, sem misericórdia. Seriam executados ou crucificados, perderiam membros ou seriam exilados: os inimigos de Maomé eram os inimigos de Deus; teriam de fato um destino terrível.[56] Isso incluía ter a pele queimada por fogo, substituída por pele nova que iria sofrer o mesmo destino, de modo que a dor e a tortura nunca mais cessariam.[57] Aqueles que não acreditassem, iriam "morar no Inferno para sempre, e beber água escaldante, que faria seus intestinos em pedaços".[58] Essa mensagem radical e apaixonada encontrou feroz oposição da elite conservadora de Meca, furiosa com as críticas às práticas e crenças politeístas tradicionais.[59] Maomé foi obrigado a fugir para Yathrib (mais tarde nomeada Medina) em 622, para escapar da perseguição; essa fuga, conhecida como a *hijra* [hégira], tornou-se o momento fundador da história islâmica, o ano zero do calendário muçulmano. Como papiros recém-descobertos deixam claro, foi o ponto em que a pregação de Maomé deu origem a uma nova religião e uma nova identidade.[60]

Era central para essa nova identidade ter uma ideia forte de unidade. Maomé tentou ativamente fundir as muitas tribos do sul da Arábia num bloco único. Os bizantinos e persas haviam por muito tempo manipulado as rivalidades locais e colocado seus líderes uns contra os outros. Proteção e financiamento ajudaram a criar uma série de clientes e elites dependentes que eram regulados e recompensados por pagamentos de Roma e Ctesifonte. A guerra intensa deixou esse sistema em frangalhos. As prolongadas hostilidades significavam que algumas das tribos foram privadas das "trinta libras de ouro que normalmente recebiam por meio do ganho propiciado pelo comércio com o Império Romano". Para piorar, suas solicitações de que as obrigações fossem cumpridas eram tratadas de modo muito inábil. "O imperador mal consegue pagar os salários de seus soldados", um agente declarou, "quanto mais pagar os cães [vocês]." Quando outro enviado veio informar os homens das tribos que as perspectivas futuras de comércio eram agora limitadas, ele foi morto, enfiado dentro de um camelo e costurado. Não demorou para que as tribos tomassem a questão nas próprias mãos. A resposta foi "levar a devastação às terras romanas", como vingança.[61]

Não sem razão, portanto, a nova fé era pregada na língua local. Vede, diz um dos versos do Corão; aqui estão as palavras que vêm do alto – em árabe.[62] Os árabes estavam sendo apresentados à sua própria religião, que criava uma nova identidade. Essa era uma fé designada para as populações locais, nômades ou urbanas, não importava de que tribo fossem, e independentemente de seus antecedentes étnicos ou linguísticos. As muitas palavras tomadas de empréstimo do grego, aramaico, siríaco, hebreu e persa no Corão, o texto que registra as revelações transmitidas a Maomé, indicam um meio poliglota, onde era importante enfatizar as similaridades, e não as diferenças.[63] A unidade era um princípio nuclear e uma razão principal para o iminente sucesso do islã. "Que não haja duas religiões na Arábia" teriam sido as últimas palavras de Maomé, segundo a pesquisa de um respeitado estudioso islamita no século VIII.[64]

As perspectivas de Maomé não pareciam muito promissoras quando ele se escondeu em Yathrib, com seu pequeno grupo de primeiros seguidores. Esforços para evangelizar e ampliar a *umma* – a comunidade de fiéis – produziam resultados lentamente, e a situação era precária, com as forças fechando cerco a Meca para atacar o renegado pregador. Maomé e seguidores partiram para a resistência armada, tendo como alvo as caravanas, numa série de ataques cada vez mais ambiciosos. Ganharam impulso rapidamente. O sucesso contra adversários em número superior e contra todas as expectativas, como ocorreu na batalha de Badr, em 624, forneceu convincentes evidências de que eles desfrutavam de proteção divina; os espólios vultosos também chamaram a atenção. Uma intensa rodada de negociações com membros destacados da tribo *quraysh* de Meca finalmente permitiu chegar a um entendimento, conhecido desde então como o tratado de al-Hudaybiya, que deu lugar a uma trégua de dez anos entre Meca e Yathrib e eliminou as restrições antes impostas aos apoiadores de Maomé. O número de convertidos agora começava a aumentar.

Conforme o grupo de seguidores cresceu, cresceram também aspirações e ambições. Para isso foi crucial designar um centro religioso. Os fiéis haviam sido orientados previamente a voltar-se para Jerusalém ao orar. Em 628, porém, a partir de outra revelação, ao que parece anunciou-se que essa instrução havia sido um teste e deveria ser agora corrigida: a direção ou *qibla* para a qual deviam se voltar ao rezar era Meca, e nenhum outro lugar.[65]

Não apenas isso, mas a Kaaba, o antigo ponto focal da religião pagã e politeísta da Arábia, foi identificada como a pedra de toque para a oração e peregrinação na cidade. Isso foi informado como tendo sido revelado por Ismael, filho de Abraão, considerado o ancestral das doze tribos árabes. Quem vinha visitar a cidade era orientado a seguir em procissão em volta do local sagrado, entoando o nome de Deus. Ao fazer isso, cumpriria a ordem dada a Ismael para que orientasse os homens a virem da Arábia e de terras distantes, a camelo ou a pé, para uma peregrinação ao local onde uma pedra preta no interior de um monumento havia sido trazida dos céus por um anjo.[66] Ao confirmar a Kaaba como sagrada, afirmava-se a continuidade com o passado, gerando um profundo sentido de familiaridade cultural. Além dos benefícios espirituais oferecidos pela nova fé, havia óbvias vantagens em estabelecer Meca como um centro religioso por excelência – nos aspectos político, econômico e cultural. Isso desarmou o antagonismo com os *quraysh* a ponto de altos membros da tribo afirmarem sua lealdade a Maomé – e ao islã.

A genialidade de Maomé como líder não parava por aí. Com as barreiras e a oposição dissolvendo-se na Arábia, despacharam-se forças expedicionárias para explorar as oportunidades que se abriam em outras partes e que eram boas demais para ser desperdiçadas. E não poderiam ter chegado em melhor hora: entre 628 e 632, o dramático colapso da Pérsia agravou-se à medida que a anarquia se instalava. Durante esse breve período, houve nada menos do que seis reis afirmando sua autoridade real; um historiador árabe bem informado, escrevendo mais tarde, colocou esse número em oito – acrescentou duas rainhas.[67]

O sucesso atraiu novos apoiadores, cujo número crescia conforme cidades, aldeias e vilas na fronteira do sul da Pérsia eram encampadas. Eram locais não habituados a se defender e que se entregavam ao primeiro sinal de pressão. Caso típico foi o da cidade de al-Hīra (atual centro-sul do Iraque), que capitulou imediatamente, concordando em pagar os agressores em troca da garantia de paz.[68] Totalmente desmoralizados, altos comandantes persas também aconselhavam dar dinheiro à coluna árabe em seu avanço, "com a condição de que partissem".[69]

Assegurar a posse de maiores recursos era importante, pois as recompensas espirituais oferecidas nem sempre eram o suficiente para que as pessoas aceitassem a fé islâmica. Desde o aparecimento de Maomé, segundo o que um general teria comentado com sua contrapartida sassânida, "não estamos mais procurando apenas ganhos mundanos"; as expedições tratavam agora de difundir a palavra de Deus.[70] Claramente, o zelo evangélico foi vital para o sucesso do islã em seu início. Mas o mesmo vale para a maneira inovadora com que o saque e as finanças eram partilhados. Disposto a sancionar o ganho material em troca de lealdade e obediência, Maomé declarou que os bens tomados de não fiéis deviam ficar com os fiéis.[71] Isso promoveu um íntimo alinhamento entre interesses econômicos e religiosos.[72]

Aqueles que haviam se convertido primeiro ao islã eram compensados com uma parte proporcionalmente maior dos prêmios, pois tratava-se na verdade de um sistema de pirâmide. Isso foi formalizado no início da década de 630 com a criação do *dīwān*, um escritório formal para supervisionar a distribuição do butim. Uma fração de 20% era dada ao líder dos fiéis, o califa, mas a maior parte era distribuída entre seus apoiadores e aqueles que haviam participado dos ataques bem-sucedidos.[73] Os primeiros adeptos eram os que mais se beneficiavam das novas conquistas, enquanto os novos fiéis ficavam ansiosos para desfrutar dos frutos do sucesso. O resultado foi a criação de um motor altamente eficiente para conduzir a expansão.

À medida que exércitos recém-formados continuavam estabelecendo autoridade política e religiosa sobre membros de tribos nômades, conhecidos coletivamente como "povos do deserto" ou beduínos, eles prosseguiram com suas vastas incursões, colocando imensos trechos de território rapidamente sob seu controle. Embora seja difícil restabelecer com precisão a cronologia dos eventos, pesquisas recentes têm mostrado de modo convincente que a expansão para a Pérsia teve lugar vários anos antes do que se imaginava – isto é, no momento em que a sociedade sassânida implodia, entre 628 e 632, e não depois disso.[74] Essa alteração da data é importante, pois ajuda a contextualizar os rápidos ganhos feitos na Palestina, onde todas as cidades se submeteram em meados da década de 630 – incluindo Jerusalém, havia pouco recuperada pelos romanos.[75]

Tanto Roma quanto a Pérsia reagiram tarde demais à ameaça. No caso da última, uma esmagadora vitória muçulmana em Qādisiyyah em 636 deu imenso impulso para os nascentes exércitos árabes e para a autoconfiança islâmica. O fato de uma boa parte dos nobres persas ter caído no decorrer da batalha comprometeu seriamente a futura resistência e serviu para colocar um Estado já cambaleante na lona.[76] A reação romana não foi mais efetiva. Um exército sob o comando de Teodoro, irmão do imperador, sofreu pesada derrota em 636 no rio Yarmuk, ao sul do mar da Galileia, depois que ele subestimou o porte, a capacidade e a determinação da força árabe.[77]

O coração do mundo estava agora aberto. Uma cidade após a outra se rendeu, até as forças atacantes chegarem à própria Ctesifonte. Após um longo cerco, a capital acabou caindo, e seu tesouro foi capturado pelos árabes. A Pérsia, depois de ter sido fraturada pela espetacular ação de retaguarda dos romanos, era agora engolida pelos seguidores de Maomé. A força avolumava-se rapidamente naquele disparatado grupo de fiéis que haviam aceitado os ensinamentos de seu profeta e se aliado a oportunistas e aventureiros que os seguiam na esperança de futuras recompensas. Com interesses alinhados e numa sequência de vitórias, a única questão era até onde o islã seria capaz de se difundir.

5
A rota da concórdia

Genialidade estratégica e astúcia tática no campo de batalha permitiram a Maomé e seus seguidores alcançarem uma série de sucessos impressionantes. O apoio da tribo *quraysh* e da elite política dominante em Meca também havia sido crucial, provendo uma plataforma para persuadir as tribos do sul da Arábia a ouvirem e aceitarem a mensagem da nova fé. As oportunidades que se abriram com o colapso da Pérsia também vieram na hora certa. Mas duas outras razões importantes ajudam a explicar o triunfo do islã no início do século VII: o apoio recebido dos cristãos e acima de tudo o que lhes foi dado pelos judeus.

Em um mundo onde a religião parece ser a causa dos conflitos e do derramamento de sangue, é fácil deixar de ver as maneiras pelas quais as grandes fés aprendem e tomam emprestados elementos umas das outras. Para o olhar moderno, o cristianismo e o islã parecem diametralmente opostos, mas, nos primeiros anos de sua coexistência, as relações eram não só pacíficas como de um caloroso incentivo. Na verdade, o relacionamento entre o islã e o judaísmo era ainda mais notável por sua mútua compatibilidade. O apoio dos judeus no Oriente Médio foi vital para a propagação e a difusão da palavra de Maomé.

Embora o material referente aos primórdios da história islâmica seja complexo, um tema inconfundível e de impacto pode ser encontrado de modo consistente na literatura desse período – seja árabe, armênia, siríaca, grega ou hebraica – e também na evidência arqueológica: Maomé e seus seguidores faziam o possível para tranquilizar os medos de judeus e cristãos à medida que o controle muçulmano se expandia.

Quando Maomé foi encurralado em Yathrib no sul da Arábia na década de 620, solicitar a ajuda dos judeus foi uma de suas principais estratégias. Era uma cidade – e uma região – impregnada de judaísmo e de história judaica.

Apenas um século antes, um judeu fanático, governante de Himyar, havia comandado uma sistemática perseguição à minoria cristã, o que cristalizou um amplo padrão de alianças que ainda resistia firmemente: a Pérsia passara a apoiar os habitantes da cidade contra a aliança de Roma e Etiópia. Maomé estava ansioso pela conciliação com os judeus do sul da Arábia – a começar pelos mais velhos de Yathrib.

Judeus importantes da cidade, mais tarde nomeada Medina, comprometeram-se a apoiar Maomé em troca de garantias de defesa mútua. Estas foram registradas num documento formal que declarava que sua fé e suas posses seriam respeitadas agora e no futuro pelos muçulmanos. Também estabeleceu um entendimento entre o judaísmo e o islã: seguidores de ambas as religiões prometeram defender-se mutuamente na eventualidade de que alguma delas fosse atacada por qualquer terceira parte; nenhum dano afetaria os judeus e nenhuma ajuda seria dada aos seus inimigos. Muçulmanos e judeus iriam cooperar entre si, concedendo "orientações e conselhos sinceros".[1] Era propício então que as revelações de Maomé parecessem não apenas conciliatórias, mas também familiares: havia, por exemplo, muito em comum com o Antigo Testamento, como a veneração dos profetas e de Abraão em particular, e existia um óbvio terreno comum para aqueles que repudiavam o status de Jesus como o messias. Não se tratava só de evitar que o islã constituísse uma ameaça ao judaísmo; havia elementos que pareciam andar de mãos dadas com ele.[2]

Logo começou a se espalhar entre as comunidades judaicas que Maomé e seus seguidores eram seus aliados. Um texto extraordinário escrito no Norte da África no final da década de 630 registra que a notícia dos avanços árabes era bem recebida pelos judeus na Palestina, pois significava um afrouxamento do poder dos romanos – e dos cristãos – na região. Especulava-se que o que estava acontecendo era o cumprimento de antigas profecias: "Eles estão dizendo que o profeta apareceu, vindo com os sarracenos, e que proclama o advento do ungido, o cristo que vem chegando".[3] Isso, concluíram alguns judeus, era a vinda do messias – em hora oportuna para mostrar que Jesus era uma fraude e que os últimos dias do homem haviam chegado.[4] Nem todos, porém, se convenceram disso. Como um erudito rabino colocou, Maomé era um falso profeta, "pois profetas não vêm armados de espada".[5]

O fato de existirem outros textos afirmando que os árabes eram bem acolhidos pelos judeus como libertadores do jugo romano fornece uma importante evidência, corroborando que havia reações locais positivas ao perfil ascendente do islã. Um relato sobre o período, escrito um século mais tarde, conta que um anjo veio até o rabino Shim'on b. Yohai depois que este se sentiu abalado pelo sofrimento infligido por Heráclio após a retomada de Jerusalém e o batismo forçado e a perseguição aos judeus que se seguiram. "Como podemos saber que [os muçulmanos] são nossa salvação?", ele teria perguntado. "Não tenham medo", o anjo tranquilizou-o, pois Deus está "trazendo o reino [dos árabes] com o único propósito de libertá-los deste reino iníquo [Roma]. De acordo com a Sua vontade, Ele deve fazer surgir um profeta entre eles. Para que conquistem a terra, para que a restaurem à grandiosidade". Maomé era visto como o meio de cumprir as expectativas messiânicas dos judeus. Estas eram terras pertencentes aos descendentes de Abraão – o que significava solidariedade entre árabes e judeus.[6]

Havia outras razões, táticas, para cooperar com os exércitos que avançavam. Em Hebron, por exemplo, judeus ofereceram um acordo com os comandantes árabes: "Garantam-nos segurança para que possamos ter status similar ao seu" e permitam-nos "o direito de construir uma sinagoga diante da entrada da caverna de Machpelah", onde Abraão está enterrado; em troca, afirmaram os líderes judeus, "iremos mostrar-lhes onde fica a saída", para que pudessem atravessar as formidáveis defesas da cidade.[7]

O apoio da população local foi um fator crucial para o sucesso dos árabes na Palestina e na Síria no início da década de 630, como temos visto. Pesquisas recentes em fontes gregas, sírias e árabes têm mostrado que, nos primeiros relatos, a chegada dos invasores era bem-vinda pelos judeus. Isso não surpreende: quando revemos os vívidos acréscimos posteriores e as maliciosas interpretações (como as afirmações de que os muçulmanos eram culpados de "hipocrisia satânica"), lemos que o comandante militar que conduziu o exército a Jerusalém entrou na Cidade Santa vestido humildemente como um peregrino, disposto a rezar junto com aqueles cujas visões religiosas eram em princípio encaradas se não como compatíveis, pelo menos como não totalmente divergentes.[8]

Havia outros grupos no Oriente Médio que não se sentiam desiludidos com a ascensão do islã. A região como um todo era cheia de inconformistas religiosos. Existia uma multiplicidade de seitas cristãs que questionavam as decisões tomadas nos concílios da Igreja ou faziam objeção a doutrinas que julgavam heréticas. Isso valia particularmente para a Palestina e o Sinai, onde muitas comunidades cristãs se opunham frontalmente às conclusões do Concílio da Calcedônia em 451, sobre o sentido preciso da natureza divina de Jesus Cristo, e que resultara em perseguições formais.[9] Esses grupos cristãos não se viam em melhor condição após a espetacular reabilitação de Heráclio contra os persas, em razão da assertiva postura religiosa ortodoxa que acompanhou as reconquistas do imperador.

Com isso, alguns viram os sucessos como um meio voltado para um fim, mas também como eventos favoráveis no aspecto religioso. João de Dasen, cidadão de Nisibis, ouviu de um astuto comandante árabe interessado em se estabelecer na cidade que, se o apoiasse, em troca ele não só ajudaria o clérigo a depor a principal figura da Igreja cristã no Leste, mas o colocaria em seu lugar.[10] Uma carta enviada na década de 640 por um destacado clérigo relata que os novos governantes não só não fizeram nada para combater os cristãos, "mas até elogiam nossa religião, mostram respeito por nossos sacerdotes e mosteiros e pelos santos do nosso Senhor" e fazem doações a instituições religiosas.[11]

Nesse contexto, as mensagens de Maomé e seus seguidores ganharam a solidariedade das populações cristãs locais. Em primeiro lugar, as severas advertências do islã em relação ao politeísmo e à adoração de ídolos tinham óbvia ressonância junto aos cristãos. O sentimento de camaradagem também era reforçado por um elenco familiar de personagens, como Moisés, Noé, Jó e Zacarias, que aparecem no Corão junto com afirmações explícitas de que o Deus que deu a Moisés as escrituras, e que enviou outros apóstolos depois dele, estava agora enviando um novo profeta para difundir a palavra.[12]

A consciência de um terreno comum entre cristãos e judeus era reforçada ainda pelo uso de pontos de referência familiares e pela ênfase nas similaridades em questões de costumes e doutrina religiosa. Deus não decidira revelar mensagens apenas a Maomé: "Ele já revelou a Torá e o Evangelho para guiar a humanidade", lê-se num dos versos do Corão.[13] Lembrem-se das palavras que o anjo disse a Maria, mãe de Jesus, diz outro verso. Como na Ave-Maria, o livro sagrado do islã ensina as palavras "Deus a escolheu [Maria]. Ele a fez pura e exaltou-a acima de todas as mulheres. Maria, seja obediente a seu Senhor; reverencie-O e ore com os fiéis".[14]

Para cristãos às voltas com os argumentos sobre a natureza de Jesus e com a Trindade, o mais notável talvez fosse o fato de que as revelações de Maomé contivessem uma mensagem essencial, ao mesmo tempo poderosa e simples: existe um só Deus; e Maomé é seu mensageiro.[15] Era fácil de compreender e batia com as bases da fé cristã de que Deus era todo-poderoso e que de tempos em tempos enviava apóstolos para transmitir as mensagens do alto.

Cristãos e judeus que ficam discutindo sobre religião são loucos, registra outro verso do Corão: "Perderam o juízo?".[16] A divisão era obra de Satã, adverte o texto de Maomé; nunca permitam que as dissensões ganhem corpo – ao contrário, juntem-se a Deus e não se separem nunca.[17] A mensagem de Maomé era de concórdia. Fiéis que seguem a fé judaica ou cristãos que vivem uma vida correta "não têm nada a temer ou do que se arrepender", diz o Corão em mais de uma ocasião.[18] Aqueles que acreditam em um Deus único devem ser honrados e respeitados.

Havia também costumes e regras que mais tarde foram associados ao islã, e que são anteriores a Maomé, mas que eram então adotados, ao que parece pelo próprio profeta. Por exemplo, a amputação como punição por roubo e a emissão de uma sentença de morte para quem renunciasse à sua fé eram práticas comuns, que foram acatadas pelos muçulmanos. Aspectos como doação de esmolas, jejuns, peregrinações e orações tornaram-se componentes centrais do islã, criando a sensação de continuidade e familiaridade.[19] As semelhanças com o cristianismo e o judaísmo tornaram-se mais tarde uma questão delicada, com a qual se lidava em parte por meio do dogma de que Maomé era iletrado. Isso blindou-o das alegações de que estava familiarizado com os ensinamentos da Torá e da Bíblia – apesar de alguns quase contemporâneos comentarem que era "instruído" e que conhecia tanto o Antigo quanto o Novo Testamentos.[20] Alguns foram além e quiseram demonstrar que o Corão teve por base um lecionário cristão escrito num derivado do aramaico, que foi então adaptado e remodelado. Essa alegação – como muitas que desafiam ou menosprezam a tradição islâmica – ganhou notoriedade, embora tenha limitado apoio entre historiadores modernos.[21]

O fato de cristãos e judeus terem sido grupos essenciais de apoio durante a primeira fase da expansão islâmica explica por que um dos poucos versos no Corão que faz referência a eventos contemporâneos durante o tempo de vida de Maomé fala em termos positivos sobre os romanos. Os romanos têm sido derrotados, diz o Corão, referindo-se a algum dos muitos reveses crônicos durante as guerras com a Pérsia antes do final da década de 620. "Mas dentro de alguns anos devem alcançar a vitória: e isso corresponde à vontade de Deus, antes e depois."[22] Era algo assegurado: Deus não falha em suas promessas.[23] A mensagem era inclusiva e familiar e pareceu tirar pressão das discussões acaloradas que haviam deixado os cristãos inquietos. Da perspectiva deles, o islã parecia inclusivo e conciliador e dava esperança de acalmar as tensões.

Na realidade, as fontes são cheias de exemplos de cristãos admirando aquilo que viam nos muçulmanos. Um texto do século VIII registra que um asceta cristão fora enviado para observar o inimigo e voltara impressionado com a experiência. "Venho a vocês retornando de um povo que passou a noite toda em oração", teria contado a seus pares, "e que permaneceu abstinente o dia todo, prescrevendo o certo e proibindo o errado, monges à noite, leões de dia." Isso parecia totalmente louvável – e servia para apagar as linhas que separavam o cristianismo do islã. O fato de outros relatos do período falarem em monges cristãos adotando os ensinamentos de Maomé é outro sinal de que as diferenças de doutrina não eram muito nítidas.[24] O ascetismo desposado pelos primeiros muçulmanos era também reconhecível e elogiável e constituía uma referência cultural familiar ao mundo greco-romano.[25]

Os esforços para uma concórdia com os cristãos eram complementados por uma política de proteção e respeito pelos Povos do Livro – ou seja, judeus e cristãos. O Corão deixa claro que os primeiros muçulmanos viam a si mesmos não como rivais daquelas duas fés, mas como herdeiros da mesma tradição: as revelações de Maomé haviam sido previamente "reveladas a Abraão e Ismael, a Isaac e Jacó e às tribos"; Deus também havia confiado as mesmas mensagens a Moisés e Jesus. "Não discriminamos nenhum deles", diz o Corão. Em outras palavras, os profetas do judaísmo e do cristianismo eram os mesmos do islã.[26]

Portanto, não é coincidência que o Corão faça mais de sessenta referências à palavra *umma*, usada não apenas como rótulo étnico, mas no sentido de uma comunidade de fiéis. Em várias ocasiões, o texto lamenta o fato de a humanidade, antes uma única *umma*, apresentar-se agora com as pessoas afastadas umas das outras por suas diferenças.[27] A mensagem implícita é que, pela vontade de Deus, as diferenças deveriam ser postas de lado. As similaridades entre as grandes fés monoteístas são destacadas no Corão e nas *hadīth* – coleções de comentários, frases e feitos do profeta –, sendo as diferenças sistematicamente subestimadas. A ênfase em tratar tanto judeus quanto cristãos com respeito e tolerância é inequívoca.

As fontes desse período são muito complexas, difíceis de interpretar e contraditórias, principalmente porque muitas delas foram escritas bastante tempo depois dos acontecimentos narrados. No entanto, recentes avanços em paleografia, a descoberta de fragmentos de textos que eram desconhecidos e as maneiras cada vez mais sofisticadas de entender o material escrito, estão transformando o senso comum a respeito desse período épico da história. Assim, embora a tradição islâmica tenha defendido por muito tempo que Maomé morreu em 632, estudos recentes sugerem que o profeta talvez estivesse ainda vivo tempos depois. Diversas fontes dos séculos VII e VIII atestam a existência da figura de um carismático pregador – que recentemente foi sugerido tratar-se do próprio Maomé – comandando as forças árabes e fazendo-as avançar em direção às portas de Jerusalém.[28]

O extraordinário progresso dos seguidores de Maomé na Palestina deparou-se com a reação impotente e inepta das autoridades. Alguns membros do clero cristão travaram uma luta desesperada de bastidores, pintando os árabes da pior maneira possível, numa tentativa inútil de convencer a população local a não ser enganada e evitar apoiar uma mensagem que soava ao mesmo tempo simples e familiar. Os "sarracenos" são vingativos e odeiam Deus, advertia o patriarca de Jerusalém, logo após a conquista da cidade. Eles saqueiam cidades, devastam os campos na zona rural, ateiam fogo às igrejas e destroem mosteiros. É aterrador o mal que cometem contra Jesus e a Igreja, assim como as "grosseiras blasfêmias que pronunciam a respeito de Deus".[29]

Na realidade, parece que as conquistas árabes não eram nem tão brutais nem tão chocantes quanto os cronistas querem fazer crer. Por toda a Síria e Palestina, por exemplo, há pouca evidência de conquistas violentas em registros arqueológicos.[30] Damasco, a cidade mais importante do norte da Síria, rendeu-se rapidamente depois que foram acertados os termos entre o bispo local e o comandante árabe invasor. Mesmo dando margem a alguma licença poética, o acerto foi não só razoável como realista: em troca de permitir que as igrejas continuassem abertas e intocadas para que a população cristã permanecesse sem ser molestada, os habitantes concordaram em reconhecer a soberania dos novos senhores. Na prática, isso significava pagar impostos não a Constantinopla e às autoridades imperiais, mas a representantes do "profeta, dos califas e dos fiéis".[31]

Tratava-se de um processo que foi replicado seguidamente conforme os árabes começaram a se espalhar em todas as direções, pelas rotas comerciais e de comunicação. Exércitos se agruparam no sudoeste do Irã, antes que a atenção se voltasse para perseguir Yazdagird III, o último rei sassânida que havia fugido para leste. Forças expedicionárias que partiram para atacar o Egito provocaram o caos ao agirem em conjunto, o que resultou em resistência militar restrita e ineficaz – algo agravado pelas lutas entre as populações locais ou por sua disposição de negociar termos, ditada pelo medo e pela incerteza. Alexandria, uma joia do Mediterrâneo oriental, foi desmilitarizada e obrigada a prometer pagar um alto tributo em troca da garantia de que as igrejas seriam preservadas e a população cristã deixada por sua própria conta. A notícia desse acordo foi recebida com choros e lamentações em Alexandria, e até por clamores de que o homem que havia intermediado o acordo, o patriarca Ciro, deveria ser apedrejado por sua traição. "Fiz esse acordo", declarou em sua defesa, "a fim de salvar vocês e seus filhos." E com isso, registra um autor que escreveu cerca de um século mais tarde, "os muçulmanos assumiram o controle de todo o Egito, o sul e o norte, e assim triplicaram sua renda de impostos".[32] Deus estava punindo os cristãos por seus pecados, escreveu outro autor do período.[33]

Num modelo quase perfeito de expansão, a ameaça de uso da força militar levou a acertos negociados, e as províncias foram sendo submetidas uma após a outra às novas autoridades. De início, a soberania sobre os territórios conquistados era leve e até discreta. Em geral, populações majoritárias existentes tinham permissão de seguir com seus afazeres sem serem incomodadas pelos novos senhores, que montavam guarnições e alojamentos longe dos centros urbanos.[34] Em alguns casos, novas cidades foram fundadas pelos muçulmanos, como Fustāt no Egito, Kūfa no Eufrates, Ramla na Palestina e Ayla na atual Jordânia, onde os locais para mesquitas e para os palácios dos governantes podiam ser escolhidos ao bel-prazer.[35]

O fato de novas igrejas estarem sendo construídas ao mesmo tempo no Norte da África, Egito e Palestina sugere que um *modus vivendi* estabeleceu-se rapidamente, no qual a tolerância religiosa era a norma.[36] Isso parece ter se repetido em terras tomadas dos sassânidas, nas quais pelo menos no início os zoroastrianos foram ignorados ou deixados em paz.[37] No caso de judeus e cristãos, não é impossível que isso fosse até formalizado. Um texto complexo e controverso conhecido como o Pacto de Umar tem por objetivo definir os direitos que os chamados Povos do Livro teriam com seus novos senhores e inversamente definir as bases de sua interação com o islã: não deveriam ser inscritas cruzes nas mesquitas; o Corão não deveria ser ensinado a crianças não muçulmanas, mas ninguém deveria ser impedido de se converter ao islá; muçulmanos deveriam ser respeitados sempre e informados a respeito de direções, caso pedissem ajuda. A coabitação dessas diferentes formas de fé foi uma marca dos primórdios da expansão islâmica – e parte importante de seu sucesso.[38]

Como reação, alguns restringiram suas apostas, como os fornos de cerâmica de Jerash, no norte da Jordânia. As lâmpadas no século VII eram produzidas com uma inscrição cristã em latim, de um lado, e uma invocação islâmica em árabe, do outro.[39] Isso era em parte uma reação pragmática às experiências recentes, já que a ocupação persa dessa região havia durado apenas 25 anos. Tampouco havia garantia de que os senhores árabes fossem necessariamente perdurar, como um texto grego do século VII deixa muito claro: "O corpo irá renovar a si mesmo", assegura o autor a seus leitores; havia a esperança de que as conquistas muçulmanas fossem apenas um brilho fugaz.[40]

A mão leve do novo regime também se refletiu nas questões administrativas. A cunhagem romana foi usada por várias décadas após as conquistas, junto com recém-cunhadas moedas, com imagens familiares e as mesmas denominações consolidadas de longa data; os sistemas legais existentes também foram em geral mantidos em sua forma. Normas constantes numa série de práticas sociais continuaram a ser adotadas pelos conquistadores, entre elas várias que diziam respeito a herança, dotes, juramentos e casamento, assim como as relativas ao jejum. Em muitos casos, governantes e burocratas foram mantidos em seus cargos nos antigos territórios sassânidas e romanos.[41] O motivo era uma matemática simples. Os conquistadores, árabes ou não árabes, fiéis verdadeiros (*mu'minūn*) ou pessoas que haviam se juntado a eles e se submetido à sua autoridade (*muslimūn*), constituíam uma minoria crônica, o que significava que operar por meio da comunidade local não era tanto uma escolha como uma necessidade.

Essa opção também teve a ver com o grande esquema daquilo que precisava ser feito, pois havia batalhas maiores a ser travadas após os sucessos na Pérsia, Palestina, Síria e no Egito. Uma delas era a contínua luta com os restos fragmentários do Império Romano. A própria Constantinopla vivia em constante pressão à medida que a liderança árabe buscava acabar com os romanos de uma vez. Porém mais importante do que isso era a batalha do islá pelas almas.

Num paralelo com as disputas internas dos primórdios do cristianismo, definir com precisão o que havia sido dito a Maomé e como deveria ser registrado e difundido – e para quem –, tudo isso se tornou uma grande fonte de preocupação após sua morte. As batalhas eram ferozes: dos primeiros quatro homens apontados para suceder o profeta como seu representante, sucessor ou "califa", três foram assassinados. Havia acaloradas discussões sobre como interpretar os ensinamentos de Maomé e esforços desesperados para deturpar ou se apropriar de seu legado. Na tentativa de padronizar com exatidão qual havia sido a mensagem recebida por ele, foi dada a ordem, provavelmente no último quarto do século VII, para que se escrevesse um texto único – o Corão.[42]

O antagonismo entre facções rivais serviu para endurecer as atitudes em relação aos não muçulmanos. Como cada grupo alegava ser o principal guardião das palavras do profeta e, portanto, da vontade de Deus, talvez não seja surpresa que a atenção logo tenha se voltado para os *kāfir*, os não fiéis.

Líderes muçulmanos haviam sido tolerantes e até generosos com os cristãos, reconstruindo a igreja de Edessa depois que ela sofreu danos por causa de um terremoto em 679.[43] Mas no final do século VII as coisas começaram a mudar. As atenções voltaram-se para o proselitismo, a evangelização e a conversão ao islã das populações locais – junto com uma atitude cada vez mais hostil em relação a elas.

Uma manifestação disso ocorreu durante o que cronistas modernos às vezes chamam de "guerra das moedas", já que por meio delas eram aplicadas ações de propaganda. Depois que o califa começou a emitir moedas com a legenda "Não há Deus exceto o único Deus; Maomé é o mensageiro de Deus" no início da década de 690, Constantinopla revidou. Foram cunhadas moedas que não tinham mais a figura do imperador na face (o anverso), e sim no verso. No lugar do imperador, na face da moeda, via-se uma nova imagem: Jesus Cristo. A intenção era reforçar a identidade cristã e demonstrar que o império contava com a proteção divina.[44]

Num desdobramento extraordinário, o mundo islâmico agora equiparava-se ao cristão, ponto por ponto. A resposta inicial à emissão de moedas com Jesus e o imperador foi retrucar com uma imagem, em moedas cunhadas durante alguns anos, de um homem desempenhando papel paralelo ao de Jesus – o de protetor das terras e dos fiéis. Embora se suponha que essa imagem seja de Abd al-Malik, é perfeitamente possível que se trate de ninguém menos que o próprio Maomé. Ele aparece numa túnica esvoaçante, com barba lustrosa e segurando uma espada embainhada. Se esse é o profeta, então trata-se da mais antiga imagem que se conhece dele, e, fato notável, uma imagem que aqueles que o conheceram em seu tempo de vida estavam habituados a ver com os próprios olhos. Al-Balādhurī, escrevendo mais de um século depois, relata que alguns dos companheiros sobreviventes de Maomé em Medina haviam visto essas moedas. Outro escritor, mais tarde, que teve acesso a material islâmico primordial, afirma mais ou menos a mesma coisa, observando que os próprios amigos do profeta sentiam-se desconfortáveis com tal uso de sua imagem. As moedas não ficaram muito tempo em circulação, pois ao final da década de 690 a moeda circulante no mundo islâmico havia sido totalmente redesenhada: todas as imagens foram removidas e substituídas por versos do Corão em ambos os lados.[45]

Converter cristãos, porém, não era a meta mais importante no final do século VII: a batalha principal era entre facções muçulmanas rivais. Um feroz debate irrompeu entre aqueles que afirmavam ser os legítimos herdeiros de Maomé, e nesse sentido o melhor trunfo era saber o máximo sobre a vida pregressa do profeta. A competição ficou tão ferrenha que houve esforços sérios e concertados para relocar o centro da religião longe de Meca e estabelecê-lo em Jerusalém, depois que uma poderosa facção emergiu no Oriente Médio e voltou-se contra os tradicionalistas do sul da Arábia. A Mesquita da Cúpula da Rocha, primeiro grande edifício islâmico sagrado, foi construída no início da década de 690, em parte para desviar a atenção de Meca.[46] Como um cronista moderno expressou, edifícios e cultura material estavam sendo usados "como uma arma para o confronto ideológico" durante o volátil período da guerra civil – um tempo em que o califa pegou em armas contra os descendentes diretos do próprio profeta Maomé.[47]

A rixa no interior do mundo muçulmano explica as inscrições colocadas em mosaicos, tanto nas faces externas quanto internas da mesquita da Cúpula da Rocha, destinadas a tranquilizar os cristãos. Adore a Deus, o compassivo e misericordioso, e honre e abençoe Seu profeta Maomé, diziam as inscrições. Mas também proclamavam que Jesus era o messias. "Por isso, creia em Deus e em seus enviados [...] abençoe seu enviado e servo Jesus filho de Maria, e que a paz esteja com ele no dia do seu nascimento e no dia de sua morte e no dia em que se ergue dos mortos."[48] Em outras palavras, mesmo na década de 690 havia uma indefinição nos limites religiosos. Na realidade, o islã parecia tão próximo que alguns eruditos cristãos achavam que seus ensinamentos eram não tanto os de uma nova fé como uma interpretação divergente do cristianismo. Para João de Damasco, um dos principais cronistas da época, o islã era uma heresia cristã, mais do que uma religião à parte. Maomé, escreveu ele, tinha surgido com ideias baseadas em sua leitura do Antigo e do Novo Testamentos – e em uma conversa com um monge cristão itinerante.[49]

Apesar da incessante luta por posição e autoridade que ocorria no centro do mundo muçulmano, ou talvez por causa dela, as periferias continuavam a se expandir de modo impressionante. Comandantes que se sentiam mais à vontade no campo de batalha do que travando lutas políticas e teológicas lideravam exércitos cada vez mais para o interior da Ásia Central, do Cáucaso e do Norte da África. No caso desta última região, o avanço parecia incansável. Depois de cruzarem o estreito de Gibraltar, exércitos inundaram a Espanha e a França, onde encontraram resistência em 732 em algum ponto entre Poitiers e Tours, a apenas 320 quilômetros de Paris. Em uma batalha que em seguida adquiriu um status quase mítico, como momento em que a onda islâmica foi detida, Carlos Martel liderou a força que infligiu uma derrota crucial. O destino da Europa cristã ficara pendendo por um fio, afirmaram historiadores mais tarde, e, não fosse o heroísmo e a capacidade dos defensores, o continente por certo teria se tornado muçulmano.[50] A verdade é que, embora a derrota sem dúvida tenha sido um revés, não evitou que novos ataques fossem desferidos no futuro – ou seja, desde que houvesse troféus que valesse a pena arrebatar. E no que diz respeito à Europa Ocidental nesse período, esses troféus eram poucos e bem espaçados: a riqueza e as recompensas estavam em outra parte.

As conquistas muçulmanas aceleraram o mergulho da Europa nas sombras, que se iniciara com as invasões dos godos, hunos e outros, dois séculos antes. O que restava do Império Romano – agora pouco mais que Constantinopla e seu interior – havia encolhido e oscilava à beira do colapso total. O comércio no Mediterrâneo cristão, já minguando às vésperas das guerras com a Pérsia, foi a pique. Cidades antes prósperas como Atenas e Corinto contraíram-se agudamente, com suas populações reduzidas e seus centros praticamente abandonados. Os naufrágios a partir do século VII, um bom indicador do volume de tráfego comercial em curso, despareceram quase de vez. O comércio que não fosse local simplesmente foi encerrado.[51]

O contraste com o mundo muçulmano não poderia ser maior. Os centros econômicos do Império Romano e da Pérsia haviam sido não apenas conquistados, mas unificados. Egito e Mesopotâmia estavam ligados e formavam o núcleo de um novo colosso econômico e político, que se estendia do Himalaia ao Atlântico. Apesar das brigas ideológicas, rivalidades e ocasionais paroxismos de instabilidade no mundo islâmico – como a derrubada do califado existente em 750 pela dinastia abássida –, o novo império fluía com ideias, bens e dinheiro. Na realidade, era isso justamente o que estava por trás da revolução abássida: foram as cidades da Ásia Central que abriram caminho para a mudança de regime. Eram as estufas onde as discussões intelectuais se refinavam e onde se financiavam as rebeliões. Era onde as decisões cruciais estavam sendo tomadas na batalha do islã pelas almas.[52]

Muçulmanos haviam tomado um mundo que era bem ordenado e salpicado por centenas de cidades de consumidores – em outras palavras, cidadãos tributáveis. À medida que cada uma delas caía nas mãos do califado, mais recursos e ativos vinham para o controle do centro. Rotas comerciais, oásis, cidades e recursos naturais eram visados e incorporados. Portos que ligavam o comércio entre o Golfo Pérsico e a China foram anexados, assim como as rotas comerciais transaarianas que haviam se expandido, transformando Fez (no atual Marrocos) numa cidade "imensamente próspera", abrigando um comércio que nas palavras de um observador contemporâneo gerava "imensos lucros". Subjugar novas regiões e povos canalizou impressionantes somas de dinheiro para o Império muçulmano: um historiador árabe estimou que a conquista de Sindh (no atual Paquistão) rendeu 60 milhões de dirhams, sem falar das futuras riquezas a serem extraídas de impostos, tributos e outras taxas.[53] Em termos atuais, seria o equivalente a bilhões de dólares.

Conforme as forças seguiam para leste, o processo de extração de tributos mostrou-se tão lucrativo e bem-sucedido quanto havia sido na Palestina, Egito e em outras partes. As cidades da Ásia Central foram conquistadas uma por uma, com o frágil elo entre elas selando sua queda: sem uma estrutura organizacional para coordenar as defesas, cada uma apenas esperava chegar sua vez de se render ao destino.[54] Os habitantes de Samarcanda foram pressionados a pagar uma imensa soma em dinheiro ao comandante muçulmano para que este se retirasse, embora depois acabassem tendo que se render de qualquer modo. Pelo menos o governante da cidade foi poupado do destino de Dewashtich, governante de Panjikent (no atual Tadjiquistão), que se apresentava como rei da Sogdia; foi ludibriado, preso e crucificado diante de seu povo. O governante de Balkh (no atual norte do Afeganistão) teve destino similar.[55]

O avanço pela Ásia Central foi muito facilitado pelo caos que começara a envolver a região das estepes na mesma época em que a Pérsia desmoronou. Um inverno devastador em 627-8 resultou numa onda de fome e na morte de grande número de animais de criação, precipitando uma forte mudança no poder. No processo de avançar para leste, forças muçulmanas enfrentavam tribos nômades que haviam também se beneficiado do colapso da Pérsia. Na década de 730, uma esmagadora derrota foi infligida aos nômades túrquicos, cujas ramificações haviam se tornado mais fortes quando Sulu, a figura dominante nas estepes, foi assassinado após um jogo de gamão disputado com os contendores de péssimo humor.[56]

À medida que essa zona-tampão se desintegrava, muçulmanos seguiam para leste, devagar, mas seguros, tomando cidades, cidades-oásis e cruzamentos de rotas de comunicação, e chegando às extensões ocidentais da China por volta do início do século VIII.[57] Em 751, conquistadores árabes foram confrontados pelos chineses, derrotando-os junto ao rio Talas, na Ásia Central. Isso colocou os muçulmanos diante de uma fronteira natural, depois da qual havia pouca chance de expansão – pelo menos a curto prazo. Na China, enquanto isso, a derrota teve repercussões e iniciou uma rebelião, que desencadeou uma grande revolta liderada pelo general sogdiano Na Lushan contra a dinastia Tang no poder, inaugurando um longo período de intranquilidade e instabilidade, que criou um vácuo para outros explorarem.[58]

Quem aproveitou isso rapidamente foram os uigures, povo tribal que havia apoiado os Tang e que se beneficiou da situação, já que seus antigos senhores se retiraram para a segurança da China, a fim de lamber suas feridas. Para melhor controlar seus crescentes territórios, os uigures construíram assentamentos permanentes, e o mais importante deles, Balāsāghūn ou Quz Ordu (no atual Quirguistão), tornou-se a sede do governante, ou *khagan*. Era uma curiosa mistura de cidade e acampamento, com o líder tendo uma tenda com uma cúpula dourada e um trono em seu interior. A cidade tinha doze portões de entrada e era protegida por muros e torres. A julgar por relatos posteriores, era apenas uma das muitas cidades uigures que se espalharam a partir do século VIII.[59]

Os uigures logo se tornaram a força mais destacada na fronteira leste do islá. Com isso, primeiro incorporaram e depois substituíram os sogdianos como figuras dominantes no comércio de longa distância, especialmente da seda. A sequência de complexos palacianos impressionantes atesta as riquezas geradas nesse período.⁶⁰ Khukh Ordung, por exemplo, era uma cidade fortificada que abrigava acampamentos de tendas e também construções permanentes, como um pavilhão que o *khagan* usava para receber visitantes importantes e para cerimônias religiosas.⁶¹ Defrontados com a rivalidade dos muçulmanos, os uigures tentaram manter a própria identidade – converteram-se ao maniqueísmo, talvez buscando um meio-termo entre o mundo islâmico a oeste e a China a leste.

As conquistas muçulmanas haviam colocado uma vasta rede de rotas de comércio e comunicação sob seu controle, com os oásis do Afeganistão e do vale do Fergana ligados ao Norte da África e ao oceano Atlântico sob sua autoridade. A riqueza que se concentrava no centro da Ásia era impressionante. Escavações em Panjikent e em Balalyk-tepe e outros locais do atual Uzbequistão dão testemunho de um intenso e caro patrocínio das artes. Cenas da vida na corte, assim como da literatura épica persa, foram lindamente retratadas nas paredes de residências particulares. Um conjunto de imagens de um palácio em Samarcanda mostra o mundo cosmopolita que os muçulmanos habitavam agora: o governante local é retratado recebendo presentes de dignitários estrangeiros, que vêm da China, Pérsia, Índia e talvez até da Coreia. Cidades, províncias e palácios como esses caíram nas mãos de exércitos muçulmanos, que chegavam como enxames pelas rotas comerciais.⁶²

Com essa nova riqueza inundando os cofres centrais, começaram a ser feitos investimentos em lugares como a Síria, onde praças de mercado e lojas no século VIII foram construídas em grande escala nas cidades de Jerash [Gérasa], Citópolis e Palmira.⁶³ O mais impressionante de tudo, porém, foi a construção de uma imensa nova cidade. Ela iria se tornar a mais rica e populosa do mundo, e assim permaneceria por séculos – mesmo que algumas estimativas feitas no século X sejam exageradas. Com base nos cálculos que fez do número de casas de banho, do número de atendentes exigidos para mantê-las e da provável distribuição de banheiros em domicílios, um autor estimou a população da cidade em quase 100 milhões.⁶⁴ Era conhecida como Madīnat al-Salām, ou cidade da paz. Nós a conhecemos como Bagdá.

Era o símbolo perfeito da afluência do mundo islâmico, o coração do poder real, do patronato e do prestígio. Ela marcou um novo centro de gravidade para os sucessores de Maomé, o eixo político e econômico que ligava as terras muçulmanas em todas as direções. Propiciou um cenário para pompa e ostentação em uma escala descomunal, como por ocasião do casamento de Hārūn al-Rashīd, filho do califa, em 781. Além de apresentar sua noiva com um arranjo de pérolas de tamanho sem precedentes, com túnicas decoradas com rubis e um banquete "como nunca antes se havia visto preparar para nenhuma mulher", o noivo distribuiu benesses ao povo por todo o país. Tigelas de ouro cheias de prata e tigelas de prata cheias de ouro circulavam e eram partilhadas, assim como perfumes caros em frascos de vidro. As mulheres presentes receberam bolsas com moedas de ouro e prata "e uma grande travessa de prata com fragrâncias e uma túnica de gala, com ricas cores e incrustações, foi presenteada a cada uma delas. Nada comparável jamais fora visto antes" – pelo menos não nos tempos islâmicos.[65]

Tudo isso foi possível graças ao extraordinário rendimento de impostos extraído de um império vasto, produtivo e monetizado. Quando Hārūn al--Rashīd morreu em 809, seu tesouro continha 4 mil turbantes, mil preciosos vasos de porcelana, muitos tipos de perfumes, vastas quantidades de joias, prata e ouro, 150 mil lanças e o mesmo número de escudos, e milhares de pares de botas – muitas delas forradas de pele de zibelina, marta e outras.[66] "O pior de meus territórios governado pelo pior dos meus súditos proporciona um rendimento maior que todo o seu domínio", foi o que o califa supostamente escreveu ao imperador em Constantinopla em meados do século IX.[67] A riqueza alimentou um período de incrível prosperidade e uma revolução intelectual.

Houve grande aumento nos negócios privados, conforme os níveis de renda disponível aumentaram drasticamente. Basra, no Golfo Pérsico, ganhou fama como mercado onde qualquer coisa podia ser encontrada, desde seda e linho, pérolas e pedras preciosas, a hena e água de rosas. O mercado em Mosul, cidade com magníficas casas e maravilhosos banhos públicos, era um excelente lugar para encontrar flechas, estribos ou selas, segundo um cronista do século X. Por outro lado, observou ele, se você quisesse os melhores pistaches, óleo de gergelim, romãs ou tâmaras, o lugar ideal era Nīshāpūr.[68]

Havia procura pelos ingredientes mais saborosos, o artesanato mais refinado e os melhores produtos. Conforme os gostos ficavam mais sofisticados, aumentava o apetite por informação. Apesar do exagero romântico da história tradicional, segundo a qual foram os prisioneiros chineses capturados na batalha de Talas em 751 que introduziram a arte de confecção do papel no mundo islâmico, não há dúvida de que a partir do final do século VIII a disponibilidade de papel ampliou o registro do conhecimento, seu compartilhamento e difusão, tornando-os mais fáceis e rápidos. A consequente explosão de literatura cobriu todas as áreas da ciência, matemática, geografia e viagens.[69]

Escritores registraram que as melhores marmeladas eram de Jerusalém e os melhores doces, do Egito; os figos sírios explodiam de sabor, enquanto as ameixas umari de Shiraz eram de morrer por elas. Como agora era possível discriminar mais gostos, as críticas severas também ganharam importância. As frutas de Damasco deviam ser evitadas, advertia o mesmo escritor, já que eram insossas (e, além disso, as pessoas da cidade discutiam por qualquer coisa). Pelo menos a cidade não era tão ruim quanto Jerusalém, uma "bacia de ouro cheia de escorpiões", onde os banhos públicos eram sujos, as provisões caras e o custo de vida desestimulava até mesmo uma visita curta.[70] Comerciantes e viajantes traziam histórias sobre os lugares que visitavam – o que os mercados ali tinham a oferecer e como eram as pessoas das terras além do islã. Chineses de todas as idades "vestem seda tanto no inverno quanto no verão", observou um escritor que recolhia relatos do exterior, e acrescentou que algumas eram da melhor qualidade que se podia imaginar. Essa elegância não se estendia aos hábitos: "Os chineses não são higiênicos e não lavam seu traseiro depois de defecar, apenas limpam-se com papel chinês".[71]

Pelo menos, gostam de entretenimento musical – ao contrário do povo indiano, que encara esses espetáculos como "vergonhosos". Governantes da Índia abstinham-se de bebida alcoólica também. Não era por razões religiosas, mas por sua visão inteiramente razoável de que, embriagado, "como pode alguém conduzir um reino adequadamente?". Embora a Índia seja "a terra da medicina e dos filósofos", conclui o escritor, a China "é um país saudável, com poucas doenças e um ar melhor". Era raro ver "cegos, caolhos e deformados", enquanto "a Índia é cheia deles".[72]

Artigos de luxo chegavam em grande quantidade do exterior. Peças de porcelana e de pedra da China eram importadas em considerável volume e moldavam as tendências, o desenho e as técnicas da cerâmica local – como o verniz branco característico das tigelas Tang, que se tornou muito popular. Avanços na tecnologia dos fornos cerâmicos ajudaram a produção a atender à demanda, assim como a aumentar seu volume: estima-se que os maiores fornos chineses eram capazes de queimar entre 12 mil e 15 mil peças por vez. Os crescentes níveis de intercâmbio alcançados por aquilo que um destacado estudioso chama de "o maior sistema comercial marítimo do mundo" podem ser demonstrados pela carga de um único navio, naufragado junto ao litoral indonésio no século IX, que transportava 70 mil peças de cerâmica ao afundar, além de caixas ornamentais, objetos de prata e lingotes de ouro e de chumbo.[73] Esse é apenas um exemplo da profusão de peças de cerâmica, seda, madeiras nobres e animais exóticos que, segundo as fontes, eram importados para o mundo abássida nesse período.[74] Era tamanha a quantidade de mercadorias que entrava nos portos do Golfo Pérsico que mergulhadores profissionais eram destacados para resgatar em volta dos portos as que haviam sido descartadas ou caído dos navios de carga.[75]

Era possível fazer imensas fortunas com o suprimento de bens cobiçados. O porto de Sīrāf, que lidava com boa parte do tráfego marítimo do Leste, abrigava residências palacianas vendidas por altíssimo preço. "Não tenho visto no reino do islã construções mais notáveis, ou mais bonitas, escreveu um autor no século X."[76] Uma série de fontes atesta o comércio em larga escala que entrava e saía pelo golfo, assim como pelas rotas terrestres que entrecruzavam a Ásia Central.[77] A crescente demanda servia para inspirar e dar impulso à produção local de cerâmica e porcelana, cujos compradores eram presumivelmente aqueles que não tinham condições de arcar com as peças de melhor nível (e mais caras) da China. Portanto, não admira que os ceramistas da Mesopotâmia e do Golfo Pérsico imitassem o verniz branco dos importados, experimentando com álcalis, estanho e eventualmente com quartzo, para criar o aspecto da porcelana translúcida (e de melhor qualidade) feita na China. Em Basra e Samarra, foram desenvolvidas técnicas usando cobalto para criar as características "peças azuis e brancas", que séculos mais tarde iriam não só se tornar populares no Extremo Oriente, mas seriam a marca da cerâmica chinesa do início do período moderno.[78]

Nos séculos VIII e IX, porém, não podia haver dúvida sobre quais eram os principais mercados. Um chinês que visitou o Império árabe nesse período maravilhou-se com a riqueza: "Tudo o que é produzido na Terra está aqui. Carroças carregam incontáveis bens para os mercados, onde tudo é disponível e barato: brocados, sedas bordadas, pérolas e pedras preciosas estão expostas em todos os mercados e lojas de rua".[79]

Junto com gostos cada vez mais sofisticados vinham ideias também mais refinadas sobre ocupações e passatempos. Textos como *O livro da Coroa*, escrito no século X, definiam a etiqueta correta para interação entre governante e membros da corte, e recomendavam aos nobres que deviam caçar, praticar arco e flecha, jogar xadrez e envolver-se em "outras atividades similares".[80] Tudo isso era emprestado diretamente dos ideais sassânidas, mas a extensão de sua influência pode ser vista na moda da época para decoração de interiores, com cenas de caça em particular desfrutando de grande popularidade nos palácios da elite.[81]

Patronos ricos também passaram a bancar um dos mais impressionantes períodos de erudição da história. Figuras brilhantes – muitas delas não muçulmanas – foram atraídas para a corte de Bagdá e para centros de excelência acadêmica da Ásia Central, como Bukhara, Merv, Gundishapur e Ghazni, e também mais longe, na Espanha islâmica e no Egito, para trabalhar numa gama de temas, como matemática, filosofia, física e geografia.

Muitos textos foram recolhidos e traduzidos do grego, persa e siríaco para o árabe, desde manuais sobre medicina de cavalos e veterinária a obras de antigos filósofos gregos.[82] Eram devoradas por eruditos que depois as usavam como base de futuras pesquisas. Instrução e conhecimento tornaram-se um ideal cultural. Algumas famílias, como os Barmakids, originalmente uma família budista de Balkh, ganharam influência e poder no século IX em Bagdá e defenderam energicamente a tradução de uma ampla gama de textos do sânscrito para o árabe, chegando a montar uma fábrica de papel para ajudar a produzir cópias para uma melhor difusão.[83]

Ou então a família Bukhtīshū, cristãos de Gundeshāpūr, na Pérsia, que produziu gerações de intelectuais, autores de tratados sobre medicina e até mesmo sobre os males do amor – ao mesmo tempo que atuavam como médicos, alguns deles servindo o califa pessoalmente.[84] Textos médicos escritos nesse período formaram a base da medicina islâmica por séculos. "Como é o pulso de alguém que sofre de ansiedade?" era a questão 16 de um texto de perguntas e respostas escrito no Egito medieval; a resposta ("leve, fraco e irregular"), observa o autor, podia ser encontrada numa enciclopédia escrita no século X.[85]

A farmacopeia – textos sobre combinações e criação de remédios – listava experimentos feitos com substâncias como citronela, sementes de murta, cominho e vinagre de vinho, sementes de aipo e nardo.[86] Outros trabalharam com óptica, com Ibn al-Haytham, um estudioso que viveu no Egito e escreveu um tratado pioneiro, com conclusões não só sobre como a visão e o cérebro estão interligados, mas também sobre diferenças entre percepção e conhecimento.[87]

Ou então Abū Rayhān al-Bīrūnī, que estabeleceu que o mundo gira em torno do Sol e que tem uma rotação sobre um eixo. Ou polímatas como Abū Alī Husayn ibn Sīnā, conhecido no Ocidente como Avicena, que escreveu sobre lógica, teologia, matemática, medicina e filosofia, tratando cada uma dessas áreas com assombrosa inteligência, lucidez e honestidade. "Li a *Metafísica* de Aristóteles", escreveu ele, "mas não consegui compreender seu conteúdo [...] mesmo depois de relê-la quarenta vezes, e chegar a ponto de memorizá-la." Este é um livro, acrescentou ele numa observação que irá consolar os estudiosos desse texto complexo, "que não há maneira de compreendê-lo". Um dia, porém, na banca de um livreiro, ele comprou um exemplar com uma análise da obra de Aristóteles a cargo de Abū Nasr al-Fārābī, outro grande pensador da época. De repente, tudo fez sentido. "Fiquei muito feliz com isso", escreveu Ibn Sīnā, "e no dia seguinte dei muitas esmolas aos pobres como gratidão a Deus, que seja louvado."[88]

Havia ainda material trazido da Índia, com textos sobre ciências, matemática e astrologia escritos em sânscrito, dissecados por homens brilhantes como Muhammad ibn Mūsā al-Khwārizmī, que observou encantado a simplicidade do sistema numérico que introduzia o conceito matemático do zero. Isso serviu de base a grandes avanços em álgebra, matemática aplicada, trigonometria e astronomia – esta última estimulada, em parte, pela necessidade prática de saber em que direção ficava Meca, para que as orações pudessem ser dedicadas corretamente.

Eruditos orgulhavam-se não só de recolher material de todos os cantos do mundo e estudá-los, mas também de traduzi-los. "As obras dos indianos são transpostas [para o árabe], a sabedoria dos gregos é traduzida, e a literatura dos persas tem sido transferida [para nós também]", escreveu um autor; "como resultado, algumas obras ganharam em beleza." Que pena, opinou ele, que o árabe seja uma língua tão elegante que se torne quase impossível traduzi-la.[89]

Essa foi uma fase áurea, um tempo em que homens brilhantes como al-Kindī ampliaram as fronteiras de filosofia e da ciência. Mulheres brilhantes também se destacaram, como a poetisa do século X mais conhecida como Rabia Balkhī, no atual Afeganistão, e que hoje dá nome à maternidade de Cabul; ou Mahsatī Ganjavī, que também escreveu com eloquência no perfeitamente formado – e muito enérgico – idioma persa.[90]

Enquanto o mundo muçulmano deleitava-se com inovações, progresso e novas ideias, boa parte da Europa cristã atrofiava-se na melancolia, incapacitada pela escassez de recursos e falta de curiosidade. Santo Agostinho mostrara-se francamente hostil à investigação e à pesquisa. "Os homens querem saber por saber", escreveu com desdém, "embora o conhecimento não lhes sirva de nada." A curiosidade, no seu entender, nada mais era do que uma doença.[91]

Esse desdém pela ciência e pela erudição desconcertava os cronistas muçulmanos, que nutriam grande respeito por Ptolomeu e Euclides, por Homero e Aristóteles. Alguns tinham pouca dúvida em relação à causa disso. Segundo escreveu o historiador al-Masūdī, os antigos gregos e os romanos haviam permitido que as ciências florescessem; mas, então, adotaram o cristianismo. Ao fazerem isso, "apagaram os sinais do [conhecimento], eliminaram seus vestígios e destruíram seus caminhos".[92] A ciência havia sido derrotada pela fé. É praticamente o oposto do mundo da maneira que o vemos hoje: os fundamentalistas não eram os muçulmanos, mas os cristãos; os detentores de uma mente aberta, curiosa e generosa estavam baseados no Oriente – e com certeza não na Europa. Como um autor expressou, quando se trata de escrever a respeito de terras não islâmicas, "nós não as introduzimos [no nosso livro] porque não vemos nenhum sentido em descrevê-las". Eles estavam estagnados intelectualmente.[93]

O esclarecimento e a sofisticação cultural também podiam ser vistos na maneira pela qual as religiões e culturas minoritárias eram tratadas. Na Espanha muçulmana, as influências dos visigodos foram incorporadas a um estilo arquitetônico que podia ser lido pela população submetida como uma continuação do passado imediato – e que, portanto, não soava agressivo nem triunfalista.[94] Podemos também ler as cartas enviadas por Timóteo, o chefe da Igreja do Oriente sediada em Bagdá no final do século VIII e início do IX, que descreve um mundo onde altos clérigos cristãos desfrutavam de relações pessoais receptivas e positivas com o califa, e onde o cristianismo era capaz de manter uma base a partir da qual conseguia despachar missões evangélicas para a Índia, China e Tibete e para as estepes – evidentemente com considerável sucesso.[95] Era um padrão similar ao do Norte da África, onde comunidades cristãs e judaicas sobreviveram e talvez tenham até florescido bem depois das conquistas muçulmanas.[96]

Mas também é fácil cair no exagero. Em primeiro lugar, apesar da aparente unidade conferida pelo manto da religião, ainda havia grandes divisões dentro do mundo islâmico. Por volta do início da década de 900, três grandes centros políticos haviam se firmado: um deles sediado em Córdoba e na Espanha; outro no Egito e no Alto Nilo; e um terceiro na Mesopotâmia e (na maior parte da) península Arábica, e lutavam entre si em questões de teologia e também por influência e autoridade. Sérias divisões dentro do islã surgiram uma geração após a morte de Maomé, com posições rivais bem definidas para justificar a correta sucessão do profeta. Elas logo se cristalizaram em dois argumentos concorrentes, defendidos pelas interpretações Sunnī e Shīa [sunitas e xiitas], com esta última argumentando com veemência que apenas os descendentes de Ali, primo e genro do profeta, deveriam governar como califas, e a primeira defendendo um entendimento mais amplo.

Portanto, embora houvesse em tese uma unidade religiosa abrangente que ligava o Indocuche aos Pireneus, passando pela Mesopotâmia e pelo Norte da África, encontrar um consenso era outra questão. Do mesmo modo, atitudes mais tolerantes em relação a outras crenças não eram uniformes ou consistentes. Embora houvesse períodos de aceitação de outras fés, havia também fases de perseguições e de forte proselitismo. Embora os primeiros cem anos após a morte de Maomé tivessem visto esforços limitados de conversão das populações locais, logo foram feitas tentativas mais articuladas de incentivar aqueles que viviam sob a soberania muçulmana a adotarem o islã. Elas não se restringiram ao ensino religioso e à evangelização: no caso de Bukhara no século VIII, por exemplo, o governante anunciou que todos aqueles que comparecessem à oração da sexta-feira receberiam a principesca soma de dois dirhams – um incentivo que atraiu os pobres e persuadiu-os a aceitarem a nova fé, mesmo que fosse em termos básicos: eles não eram capazes de ler o Corão em árabe e tinham que ser orientados sobre o que fazer enquanto as orações eram proferidas.[97]

A cadeia de eventos que se iniciou com a intensa rivalidade entre o Império Romano e a Pérsia teve consequências extraordinárias. Enquanto as duas grandes potências da Antiguidade tardia aqueciam seus músculos e preparavam-se para um duelo final, poucos poderiam ter previsto que uma facção dos recônditos da península Arábica iria ascender e suplantá-las. Aqueles que foram inspirados por Maomé de fato herdaram a terra, estabeleceram talvez o maior império que o mundo já viu e que iria introduzir técnicas de irrigação e novos cultivos do Tigre e Eufrates na península Ibérica, além de desencadear nada menos do que uma revolução agrária abrangendo milhares de quilômetros.[98]

As conquistas islâmicas criaram uma nova ordem mundial, resultaram num gigante econômico, fortalecido pela autoconfiança, por uma abertura mental e por um zelo arrebatado por progresso. Com sua imensa riqueza e poucos rivais naturais no aspecto político e mesmo no religioso, era um império onde a ordem prevalecia, mercadores podiam enriquecer, intelectuais eram respeitados e visões divergentes podiam ser examinadas e debatidas. Aquele início nada promissor numa caverna perto de Meca havia originado uma espécie de utopia cosmopolita.

Ela não passou despercebida. Homens ambiciosos na periferia da *umma* muçulmana, ou mesmo de locais mais distantes, foram atraídos como abelhas para o mel. As perspectivas nos pântanos da Itália, na Europa Central e na Escandinávia não pareciam muito promissoras para homens jovens que quisessem deixar sua marca (e ganhar algum dinheiro). No século XIX, era para oeste e para os Estados Unidos que esses indivíduos voltaram os olhos em busca de fama e fortuna; um milênio antes, haviam olhado para leste. Para completar, havia um produto com suprimento abundante e um mercado pronto para quem se dispusesse a trabalhar duro e rápido.

6
A rota das peles

Em seu auge, Bagdá era uma cidade magnífica de se contemplar. Com seus parques, mercados, mesquitas e casas de banho – assim como escolas, hospitais e instituições de caridade –, abrigava mansões "com muito dourado e rica decoração, e belas tapeçarias nas paredes e cortinas de brocado e seda", salas de estar "mobiliadas de maneira discreta e de bom gosto, com luxuosos divãs, mesas caras, excepcionais vasos chineses e inúmeros objetos de ouro e prata". Ao longo do Tigre ficavam os palácios, quiosques e jardins que serviam a elite: "A cena no rio era animada por milhares de gôndolas, enfeitadas com bandeirolas, dançando como raios de sol sobre a água, e carregando os habitantes da cidade em busca de prazeres de uma parte a outra de Bagdá".[1]

A agitação dos mercados e o poder aquisitivo da corte, a riqueza e a população em geral produziam uma vibração magnética. O impacto dessa explosão se estendeu além das fronteiras do mundo islâmico, onde as conquistas muçulmanas criaram novas rotas que serpenteavam em todas as direções, reunindo bens, ideias e pessoas. Para alguns, essa extensão causava alguma ansiedade. Na década de 840, o califa al-Wāthiq enviou uma expedição para investigar seu sonho de que canibais haviam franqueado um muro lendário, que o consenso popular dizia ter sido erguido pelo Todo-Poderoso para deter selvagens ferozes. Demorou cerca de um ano e meio para que um grupo de reconhecimento, liderado por um confiável conselheiro chamado Sallām, voltasse com um relato sobre a condição daquele muro. Ele explicou de que modo a fortificação era mantida. A vigilância era tratada com seriedade, com uma família responsável por inspeções de rotina. Duas vezes por semana, davam-se três marteladas contra o muro para checar se estava seguro. A cada vez, inspetores prestavam atenção para ouvir algum possível desvio da norma: "Se alguém encosta o ouvido na porta, ouve um som abafado como um ninho de vespas", diz um dos relatos; "então, tudo volta ao silêncio". O propósito era fazer com que os selvagens que poderiam trazer o apocalipse soubessem que o muro estava bem guardado e que não conseguiriam passar.²

O relato dessa checagem do muro é tão vívido e convincente que alguns historiadores acreditam que se refere a uma expedição verdadeira a um muro real – talvez o Portão de Jade, que marca a entrada na China a oeste de Dunhuang.³ Na realidade, o medo da existência de destruidores do mundo atrás das montanhas do leste era um tema que ligava o mundo antigo ao Velho e Novo Testamentos, assim como ao Corão.⁴ Quer essa jornada de Sallām tenha ocorrido de fato ou não, o terror do que poderia haver além das fronteiras era muito real. O mundo dividia-se em dois: um reino do *Iran*, onde a ordem e a civilização predominavam; e um reino de *Turan*, caótico, anárquico e perigoso. Como fica claro a partir de muitos relatos de viajantes e geógrafos que visitaram as terras das estepes ao norte, aqueles que viviam fora do mundo muçulmano eram estranhos, e, apesar de serem em alguns aspectos bizarros e maravilhosos, a maioria era aterradora.

Um dos correspondentes mais famosos foi Ibn Fadlān, enviado às estepes no início do século X em resposta a uma solicitação do líder dos *bulghārs* [búlgaros] do Volga, para que fossem enviados estudiosos versados que explicassem os ensinamentos do islã. Como o relato de Ibn Fadlān deixa claro, a liderança dessa tribo – cujas terras estendiam-se pelo Volga ao norte do mar Cáspio, onde o grande rio cruza com o Kama – já se tornara muçulmana, mas seu conhecimento dos artigos de fé era rudimentar. Embora o líder dos búlgaros do Volga pedisse ajuda para construir uma mesquita e aprender mais sobre as revelações feitas a Maomé, logo ficou claro que o que ele realmente queria era obter apoio para fazer frente à competição representada por outras tribos da estepe. Ibn Fadlān, por sua vez, ficou perplexo, impressionado e horrorizado ao fazer sua viagem ao norte. A vida dos nômades, em constante deslocamento, contrastava muito com a cultura metropolitana urbana, assentada e sofisticada de Bagdá e de outras cidades. A tribo ghuzz foi um dos primeiros povos que Ibn Fadlān conheceu. "Eles vivem em tendas de feltro", escreveu, "fincando-as primeiro num lugar e depois em outro." "Vivem na pobreza, como asnos itinerantes. Não adoram Deus e tampouco recorrem de modo algum à razão." Ele prosseguiu: "Não se lavam depois de se sujarem com excremento ou urina [...] [e na realidade] não têm contato com água, especialmente no inverno". Que as mulheres não usassem um véu era o de menos. Uma noite, eles sentaram com um homem cuja esposa estava presente. "No momento em que conversávamos, ela desnudou suas partes íntimas para se coçar, enquanto olhávamos assustados. Cobrimos o rosto com as mãos e cada um disse: 'Peço perdão a Deus'." O marido simplesmente deu risada da pudicícia dos visitantes.[5]

Práticas e crenças de outros povos das estepes não eram menos surpreendentes. Havia tribos que adoravam serpentes, outras que adoravam peixes e outras ainda que rezavam aos pássaros depois de terem se convencido de que haviam triunfado em batalha graças à intervenção de um bando de grous. E havia ainda aqueles que vestiam um falo de madeira dependurado no pescoço, o qual beijavam para ter boa sorte antes de partir para alguma jornada. Eram membros da tribo bashgird – um povo de lendária selvageria, que carregava a cabeça de seus inimigos como troféus. Tinham hábitos horrendos, como comer piolhos e pulgas: Ibn Fadlān viu um homem catar uma pulga em suas roupas, "e depois de esmagá-la com a unha, devorou-a; ao ver meu espanto, disse: Uma delícia!".[6]

Embora a vida nas estepes fosse difícil de entender para visitantes como Ibn Fadlān, havia bastante interação entre os nômades e o mundo sedentário ao sul. Um sinal disso era a difusão do islã entre as tribos – mesmo que de modo um pouco errático. Os ghuzz, por exemplo, diziam-se muçulmanos e eram capazes de pronunciar frases devotas adequadas "para causar boa impressão nos muçulmanos que estivessem com eles", afirma Ibn Fadlān. Mas havia pouca substância em sua fé, observou, pois "se um deles sofre alguma injustiça ou algo lhe acontece, ergue a cabeça para o céu e diz '*bir tengri*'" – em outras palavras, invocando não Alá, mas Tengri, a suprema divindade celestial nômade.[7]

Na realidade, as crenças religiosas nas estepes eram complexas, raramente uniformes, com influências do cristianismo, islamismo, judaísmo, zoroastrismo e paganismo disputando espaço e se misturando para criar visões de mundo compostas, difíceis de destrinchar.[8] Parte da difusão dessas visões espirituais mutáveis, adaptativas, era decorrência de um novo tipo de santo muçulmano, agindo como uma espécie de missionário; esses místicos, conhecidos como *sufis*, vagavam pelas estepes – às vezes nus, exceto por um par de chifres de animal que usavam para assustar animais e impressionar com seu comportamento excêntrico quem os visse – e falavam de devoção e piedade. Ao que parece, tiveram um papel crucial em conquistar convertidos, fundindo as crenças de xamãs e do animismo, muito disseminadas na Ásia Central, com princípios do islã.[9]

Não foram só os *sufis* que causaram impacto. Outros visitantes fizeram intervenções decisivas na disseminação de ideias sobre religião. Um relato posterior sobre a conversão dos búlgaros do Volga registra que um mercador muçulmano de passagem curou o chefe de uma tribo e sua esposa de uma doença grave, depois que todas as demais tentativas haviam falhado. Ele os fez prometer que adotariam sua fé se os curasse, e então deu-lhes remédios "e curou-os, e eles e todos do seu povo adotaram o islã".[10] Era uma história clássica de conversão: a aceitação de uma nova fé pelo líder, ou por gente próxima a ele, era o momento decisivo para a adoção em larga escala de um conjunto de práticas e crenças.[11]

Sem dúvida, a expansão da fé para novas regiões tornou-se um sinal de prestígio para governantes e dinastias locais, ajudando-os a ganhar a atenção do califa e também a receber elogios das próprias comunidades. Os sāmānidas, baseados em Bukhara, por exemplo, eram ferrenhos defensores do islã. Uma maneira de expandir a fé era a introdução de um sistema de madraças ou escolas, conceito emprestado de mosteiros budistas, para ensinar adequadamente o Corão, patrocinando também pesquisas da tradição *hadīth* – coleções de frases e ações atribuídas a Maomé. Dar dinheiro com liberalidade a todos os presentes também assegurava que as mesquitas ficassem lotadas.[12]

No entanto, as estepes eram muito mais do que um Norte bárbaro, mais do que uma mera zona de fronteira cheia de povos selvagens com estranhos costumes, um vazio para onde o islã podia se expandir e onde populações intocadas seriam civilizadas. Porque embora os relatos de visitantes como Ibn Fadlān pintem um retrato de barbarismo, o estilo de vida nômade era na realidade regulamentado e ordenado. Deslocar-se de um lugar para outro não era vagar a esmo, mas um reflexo de realidades da pecuária: com grandes rebanhos e manadas de animais de criação para cuidar e arrumar bons pastos como condição de vida, isso exigia uma ação estruturada, crucial não só para o sucesso da tribo, mas para a própria sobrevivência. O que parecia caótico visto de fora não o era de dentro.

Esse aspecto é muito bem captado num notável texto compilado em Constantinopla, no século X, sobre como um dos principais grupos que vivia ao norte do mar Negro estruturava-se para ter as melhores chances de sucesso. Os pechenegues subdividiam-se em oito tribos, por sua vez divididas num total de quarenta unidades menores, cada uma com uma zona claramente demarcada para explorar. Deslocar-se de um lugar a outro estava longe de significar que a vida em sociedades tribais era desordenada.[13]

Embora os cronistas, viajantes, geógrafos e historiadores contemporâneos interessados pelo mundo das estepes ficassem fascinados pelos estilos de vida e hábitos que observavam, sua atenção concentrava-se também nas contribuições econômicas feitas pelos nômades – especialmente no que se refere à produção agrícola. As estepes supriam as sociedades sedentárias com preciosos serviços e produtos. Alguns membros da tribo ghuzz, segundo a avaliação de Ibn Fadlān, possuíam 10 mil cavalos e dez vezes mais carneiros. Mesmo que não se deva dar muito crédito a números específicos, a escala de operações era claramente substancial.[14]

Cavalos eram uma parte vital da economia, e isso fica claro nas referências encontradas numa gama de fontes sobre o grande porte da cavalaria que algumas das principais tribos das estepes tinham capacidade de colocar em ação. Conclui-se que eram criados comercialmente, a julgar pelo relato da destruição de substanciais haras por uma força invasora árabe no século VIII e a partir de ossos encontrados por arqueólogos ao norte do mar Negro.[15] A agricultura também se tornou cada vez mais uma parte importante da economia das estepes, com cultivos sendo plantados pela região do Baixo Volga, que abrigava "muitos campos arados e pomares".[16] Evidência arqueológica da Crimeia desse período atesta o cultivo de trigo, painço e centeio em uma escala importante.[17] Avelãs, falcões e espadas eram alguns dos outros produtos vendidos aos mercados do sul.[18] E também cera e mel – pois acreditava-se que este último proporcionava resistência ao frio.[19] O âmbar também era trazido aos mercados, e em tamanho volume, não só através das estepes mas da Europa Ocidental, que um destacado historiador cunhou o termo "a trilha do âmbar" para descrever as rotas que transportavam essa resina endurecida para ávidos compradores no Oriente.[20]

Acima de tudo, porém, estava o comércio de peles de animais. Elas eram muito apreciadas pelo calor e pelo status que propiciavam.[21] Um califa no século VIII chegou a realizar uma série de experimentos, congelando várias peles diferentes para ver qual oferecia a melhor proteção em condições extremas. Encheu uma série de recipientes com água e os deixou a noite toda numa temperatura congelante, segundo relato de um escritor árabe. "De manhã, mandou que [os odres] fossem trazidos. Todos estavam congelados, exceto o de pele de raposa preta. Ele então concluiu que essa pele era a mais quente e mais seca."[22]

Mercadores muçulmanos faziam distinção entre peles de animais, estipulando preços de acordo. Um escritor no século X menciona que eram importadas das estepes peles de zibelina, esquilo cinza, arminho, vison, raposa, marta, castor e lebre malhada, entre outras variedades então à venda pelos comerciantes, que ganhavam um bom dinheiro ao elevar seu preço.[23] Na realidade, em algumas partes das estepes, as peles eram usadas como moeda de troca – com taxas de câmbio definidas. Peles de esquilo de dezoito anos valiam uma moeda de prata, enquanto uma pele inteira tinha o preço de "um grande filão de magnífico pão, suficiente para sustentar um homem grande". Isso pareceu incompreensível a um observador: "Em qualquer outro país, mil filões de pão não comprariam um feijão".[24] E, no entanto, havia uma lógica óbvia nesse modelos que era efetivamente um sistema de moeda: ter um meio de troca era importante para sociedades que interagiam entre si mas não possuíam um tesouro central capaz de supervisionar a cunhagem de moedas em larga escala. Couros, peliças e peles, portanto, atendiam a um propósito central numa economia não monetizada. Segundo um historiador, meio milhão de peles eram exportadas das estepes todo ano. A emergência de um império islâmico extenso criou novos canais de comunicação e rotas comerciais. O surgimento de uma "rota de peles" nas estepes e nas faixas de florestas ao norte foi resultado direto de um surto de riqueza disponível nos séculos que se seguiram às grandes conquistas dos séculos VII e VIII.[25]

A proximidade, como seria de esperar, contava para tudo: ser capaz de trazer com facilidade animais, peles e outros produtos ao mercado era decisivo. Tribos nômades mais ricas eram sempre aquelas que estavam mais bem localizadas e mostravam-se capazes de comerciar de modo ativo e confiável com o mundo sedentário. Da mesma forma, cidades que ficavam perto das estepes tiveram forte aumento em suas fortunas. Merv foi uma das mais beneficiadas, expandindo-se a ponto de ser descrita por um contemporâneo como "a mãe do mundo". Situada na ponta sul da estepe, tinha localização perfeita para lidar com o mundo nômade e ao mesmo tempo servia como ponto crucial para o eixo leste-oeste que corria pela espinha da Eurásia. Nas palavras de um escritor, era "uma cidade encantadora, fina, elegante, brilhante, grande e agradável".[26] Rayy, localizada a oeste, era conhecida como um "portal de comércio", a "noiva da terra" e a "mais bela criação" do mundo.[27] E havia Balkh, que rivalizava com qualquer coisa no mundo muçulmano; ostentava ruas esplêndidas, construções magníficas, água corrente limpa – assim como baixos preços para bens de consumo, graças ao dinâmico comércio e à competição na cidade.[28]

Como ondas geradas por uma pedra lançada num lago, quem estava mais perto desses mercados sentia melhor os efeitos. Inevitavelmente havia um prêmio para quem fosse capaz de ganhar acesso a mercados e se beneficiar deles. Era tamanha a escala das riquezas em jogo que começou a haver pressões entre grupos tribais rivais das estepes. A competição pelas melhores terras de pasto e fontes de água ficou mais intensificada pela competição para o acesso às cidades e aos melhores empórios comerciais. Isso estava fadado a produzir uma de duas reações: ou as tensões ficavam maiores, resultando em uma violenta fragmentação, ou haveria uma consolidação no interior e entre as tribos. A opção era lutar ou cooperar.

Com o tempo, desenvolveu-se um status quo muito equilibrado, que deu estabilidade e considerável prosperidade à estepe ocidental. Sua peça-chave foi uma facção do grupo tribal túrquico que havia dominado a área ao norte dos mares Negro e Cáspio. Os cazares, como eram conhecidos, controlavam as estepes ao norte do mar Negro e ganharam crescente proeminência devido à resistência militar que opuseram durante o período das grandes conquistas, nas décadas que sucederam a morte de Maomé.[29] Sua eficácia contra os exércitos muçulmanos valeu-lhes o apoio de uma constelação de outras tribos, que se uniram sob sua liderança. Isso também chamou a atenção dos imperadores romanos em Constantinopla, que previram benefícios mútuos de uma aliança com a força dominante nas estepes. Tal era a importância dos cazares como aliados que no início do século VIII foram arranjados dois casamentos entre as casas governantes de Cazária e Bizâncio – o nome que se dava normalmente ao que havia restado do Império Romano nesse período.[30]

Em Constantinopla, capital de Bizâncio, eram raros os casamentos imperiais com estrangeiros; alianças com nômades das estepes eram quase inéditas.[31] Esse desdobramento é uma clara indicação da importância que os cazares haviam alcançado no pensamento diplomático e militar bizantino, numa época em que a pressão sobre a fronteira leste do império na Ásia Menor por parte dos muçulmanos era crítica. As recompensas e o prestígio concedidos ao líder cazar, o *khagan*, tiveram forte impacto na sociedade cazar, fortalecendo a posição do supremo governante e abrindo caminho para uma estratificação da tribo, à medida que eram dados presentes e status a elites escolhidas da tribo. Ainda tiveram o efeito de estimular outras tribos a se tornarem tributárias, pagando em troca de proteção e recompensas. Segundo Ibn Fadlān, o *khagan* tinha 25 esposas, e cada uma era de uma tribo diferente e filha de seu chefe.³² Uma fonte escrita em hebreu no século IX também fala de tribos submetidas pelos cazares, e seu autor não tem certeza se os tributários eram 25 ou 28.³³ Povos como os polianos, radmichi e severlianos estavam entre os que reconheciam a soberania dos cazares, permitindo que estes fortalecessem sua posição e se tornassem uma força dominante nas estepes ocidentais, no que corresponde hoje à Ucrânia e ao sul da Rússia.³⁴

Os crescentes níveis de comércio e os longos períodos de estabilidade levaram a uma profunda transformação na sociedade cazar. A maneira como a liderança da tribo funcionava passou por uma mudança, com o papel do *khagan* tornando-se cada vez mais afastado dos afazeres do dia a dia e sua posição evoluindo para uma soberania sagrada.³⁵ Os estilos de vida também mudaram. Com forte demanda nas regiões vizinhas pelos produtos cultivados, geridos e produzidos pelos cazares e seus tributários, assim como pelos frutos do comércio de longa distância, os assentamentos começaram a surgir e acabaram crescendo e virando cidades.³⁶

Por volta do início do século X, a movimentada cidade de Atil tornou-se a capital e residência fixa do *khagan*. Estendendo-se por ambas as margens do Baixo Volga, abrigava um conjunto cosmopolita de habitantes. Tão sofisticada era a cidade que havia tribunais separados para resolver diferentes questões, conforme as diversas leis do direito consuetudinário, presididas por juízes que decidiam divergências entre muçulmanos, entre cristãos ou mesmo entre pagãos – e havia também um mecanismo estabelecido para resolver caso o juiz não fosse capaz de chegar a um veredito.³⁷

Atil, com suas moradias de feltro, armazéns e palácio real, foi apenas um dos assentamentos que mudaram a maneira como os nômades viviam.³⁸ Outras cidades se formaram no território cazar como resultado da crescente atividade comercial, como Samandar, que tinha edifícios de madeira caracterizados por seus telhados em cúpula, presumivelmente seguindo o modelo dos tradicionais *yurts*. Por volta do início do século IX, havia número suficiente de cristãos na Cazaria para merecer a nomeação não só de um bispo, mas de um metropolitano – na prática, um arcebispo –, a fim de cuidar dos fiéis.³⁹ Evidentemente, havia também uma substancial população muçulmana em Samandar e Atil, assim como em outras partes, algo que fica claro a partir dos relatos em fontes árabes sobre as muitas mesquitas construídas na região.[40]

Os próprios cazares não aderiram ao islã, mas não deixavam de adotar novas crenças religiosas: em meados do século IX, decidiram tornar-se judeus. Enviados de Cazaria chegaram a Constantinopla por volta de 860 e pediram o envio de sacerdotes para explicar os fundamentos do cristianismo. "Desde tempos imemoriais", disseram, "temos conhecido apenas um deus [isto é, Tengri], que reina sobre todas as coisas. [...] Agora, os judeus insistem para que aceitemos suas religiões e costumes, enquanto, por outro lado, os árabes nos atraem para a fé deles, prometendo-nos paz e muitas dádivas."[41]

Uma delegação foi então despachada com o fim de converter os cazares. Ela foi liderada por Constantino, mais conhecido por seu nome eslavônico Cirilo e pela criação de um alfabeto epônimo, que ele concebeu para os eslavos – o cirílico. Constantino, um erudito formidável como seu irmão Metódio, parou a caminho do Leste e passou o inverno aprendendo hebraico e familiarizando-se com a Torá, para poder debater com eruditos judeus que também se dirigiam à corte do *khagan*.[42] Quando chegaram à capital cazar, os enviados participaram de uma série de debates muito acalorados contra rivais que haviam sido convidados para apresentar o islã e o judaísmo. A erudição de Constantino encantou a todos – ou pelo menos é o que parece, a partir do relato de sua vida que se apoia muito em seus próprios escritos.[43] Na realidade, apesar do brilho de Constantino – o *khagan* observou que seus comentários sobre a escritura eram "doces como o mel" –, a embaixada não teve o efeito desejado, pois o líder cazar decidiu que o judaísmo era a religião certa para o seu povo.[44]

Uma versão similar dessa história era contada um século mais tarde. A notícia da conversão do Cazar havia sido recebida com espanto pelas comunidades judaicas milhares de quilômetros a oeste, ansiosas para descobrir mais a respeito de quem eram os cazares e como haviam se tornado judeus. Especulava-se que poderiam ser uma das tribos perdidas da antiga Israel. O polímata Hasdai b. Shaprūt, sediado em Córdoba em al-Andalus – isto é, na Espanha muçulmana –, finalmente conseguiu entrar em contato com a tribo. Até então, seus esforços para descobrir se os cazares eram de fato judeus ou se aquilo era só uma história inventada por aqueles que queriam conquistar os favores dele não haviam dado em nada. Quando teve finalmente confirmação de que os

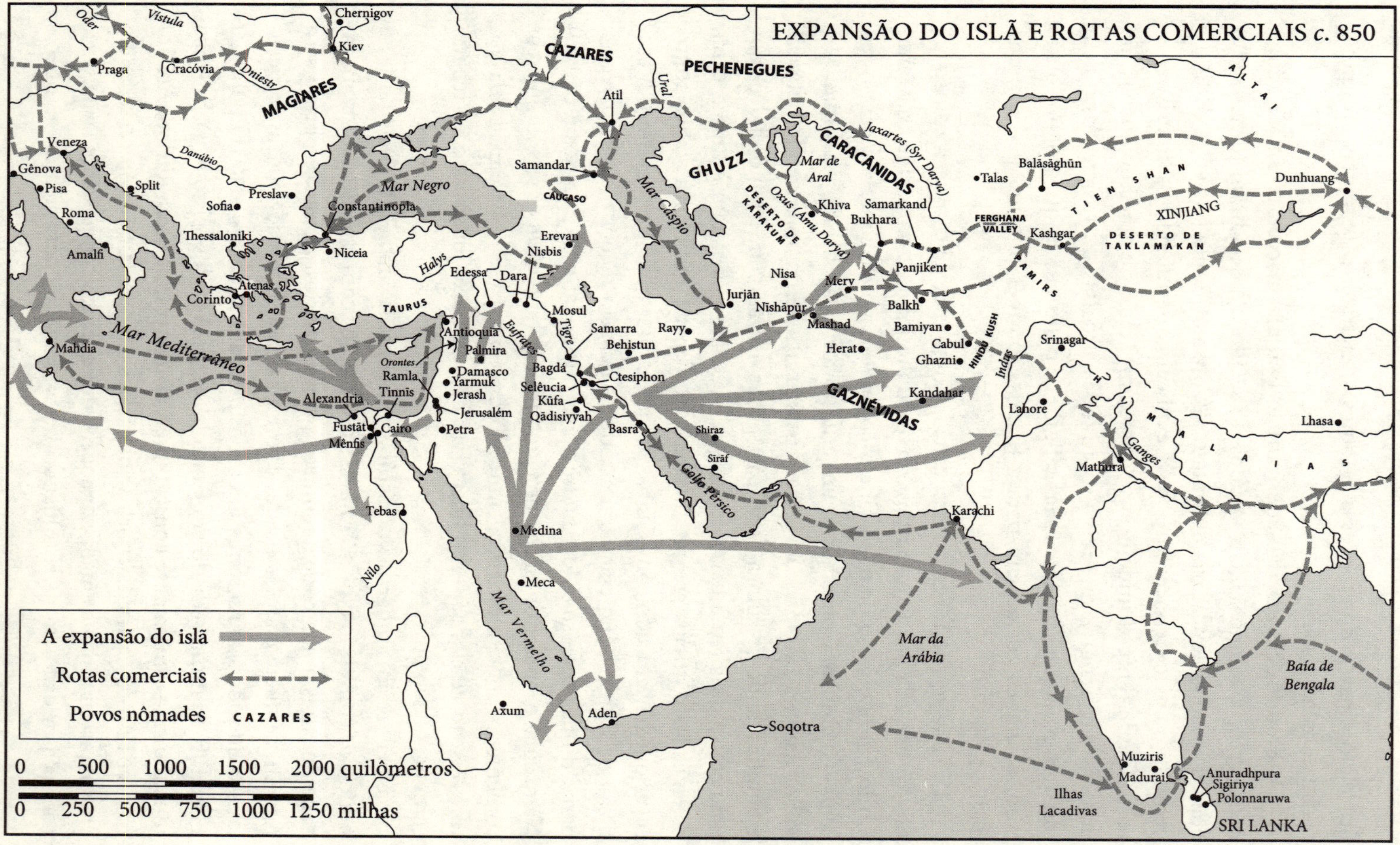
EXPANSÃO DO ISLÃ E ROTAS COMERCIAIS c. 850
CAZARES
PECHENEGUES
MAGIARES
GHUZZ
CARACÂNIDAS
GAZNÉVIDAS
Chernigov
Kiev
Oder
Vistula
Praga
Cracóvia
Dniestr
Danúbio
Veneza
Gênova
Pisa
Split
Roma
Amalfi
Preslav
Sofia
Thessaloniki
Constantinopla
Niceia
Mar Negro
Atenas
Corinto
Mahdia
Mar Mediterrâneo
TAURUS
Halys
Edessa
Dara
Nisbis
Erevan
CAUCASO
Samandar
Atil
Ural
Mar Cáspio
Antioquia
Palmira
Orontes
Ramla
Damasco
Yarmuk
Jerash
Tinnīs
Jerusalém
Alexandria
Fustāt
Cairo
Mênfis
Petra
Tebas
Nilo
Eufrates
Tigre
Mosul
Samarra
Behistun
Bagdá
Selêucia
Ctesiphon
Kūfa
Qādisiyyah
Basra
Shiraz
Sīrāf
Golfo Pérsico
Medina
Meca
Mar Vermelho
Axum
Aden
Soqotra
Rayy
Jurjān
Nīshāpūr
Mashad
Herat
Nisa
DESERTO DE KARAKUM
Oxus (Amu Darya)
Mar de Aral
Khiva
Bukhara
Samarkand
Jaxartes (Syr Darya)
Panjikent
Merv
Balkh
Bamiyan
Cabul
Ghazni
Kandahar
HINDU KUSH
FERGHANA VALLEY
Talas
Balāsāghūn
Kashgar
PAMIRS
TIEN SHAN
XINJIANG
DESERTO DE TAKLAMAKAN
Dunhuang
ALTAI
Srinagar
Indus
Lahore
Karachi
HIMALAIAS
Ganges
Mathura
Lhasa
Mar da Arábia
Baía de Bengala
Ilhas Lacadivas
Muziris
Madurai
Anuradhpura
Sigiriya
Polonnaruwa
SRI LANKA
A expansão do islã
Rotas comerciais
Povos nômades
CAZARES
0 500 1000 1500 2000 quilômetros
0 250 500 750 1000 1250 milhas

cazares eram judeus e, além disso, ricos e "muito poderosos e mantinham numerosos exércitos", sentiu-se compelido a curvar-se a adorar o Deus dos céus. "Rezo pela saúde do senhor meu, o rei", escreveu ele ao *khagan*, "de sua família e de sua casa, e que seu trono possa continuar para sempre. Que seus dias e os de seus filhos sejam prolongados no seio de Israel!"[45]

Fato notável, uma cópia da resposta do *khagan* a essa carta sobrevive, com o governante cazar explicando a conversão de sua tribo ao judaísmo. A decisão de se converter, escreveu o *khagan*, resultou da grande sabedoria de um de seus predecessores, que havia trazido delegações representando diferentes fés para explicar cada uma delas. Depois de ponderar sobre a melhor maneira de entender os fatos, o governante havia perguntado aos cristãos qual das fés era melhor, o islã ou o judaísmo; quando eles responderam que a primeira era pior que a última, ele perguntou aos muçulmanos qual seria preferível, o cristianismo ou o judaísmo. Quando estes condenaram o cristianismo e também responderam que o judaísmo era a menos ruim das duas, o cazar anunciou ter chegado a uma conclusão: ambos haviam admitido que "a religião dos israelitas era melhor", ele declarou; portanto, "confiando na misericórdia de Deus e no poder do Todo-Poderoso, escolho a religião de Israel, isto é, a religião de Abraão". Ele então enviou as delegações de volta para casa, circuncidou-se e depois ordenou que seus servos, criados e todo o seu povo fizessem o mesmo.[46]

O judaísmo fizera consideráveis progressos na sociedade cazar em meados do século IX. Além das referências em fontes arábicas de um proselitismo da parte de judeus nas décadas que antecederam a chegada das delegações à corte do *khagan*, e do fato de as práticas fúnebres também terem sofrido uma transformação durante esse período, a recente descoberta de uma série de moedas cunhadas em Cazaria fornece forte evidência de que o judaísmo havia sido formalmente adotado como religião de Estado na década de 830. Essas moedas trazem uma legenda que constitui um ótimo exemplo de como a fé podia ser apresentada para exercer apelo a populações díspares. As moedas exaltavam o maior dos profetas do Antigo Testamento com a frase *Mūsā rasūl allāh*: Moisés é o mensageiro de Deus.[47]

Isso talvez fosse menos provocativo do que soa, já que o Corão afinal ensina explicitamente que não deve haver distinção entre os profetas e que se deve seguir a mensagem trazida por todos eles.[48] Moisés era aceito e reverenciado no ensinamento islâmico, portanto louvá-lo era de certo modo algo incontroverso. Por outro lado, porém, a evocação do status especial de Maomé como mensageiro de Deus era um elemento central no *adhān*, o chamado à oração feito das mesquitas cinco vezes por dia. Assim, colocar o nome de Moisés na moeda corrente era uma afirmação desafiadora de que os cazares tinham uma identidade própria, independente do mundo islâmico. Assim como ocorreu com a confrontação entre o Império Romano e o mundo muçulmano no final do século VII, as batalhas travadas não eram apenas entre exércitos, mas também a respeito de ideologia, língua e até mesmo das imagens nas moedas.

Na realidade, a exposição dos cazares ao judaísmo deu-se por meio de duas fontes. Primeiro, havia velhas comunidades judaicas que tinham se instalado no Cáucaso na Antiguidade e que devem ter sido atraídas pelo desenvolvimento econômico das estepes.[49] De acordo com um escritor do século X, muitas outras foram incentivadas a emigrar para Cazaria "vindo de cidades muçulmanas e cristãs", depois que souberam que sua religião era não só tolerada e oficialmente sancionada, mas praticada por boa parte da elite.[50] A correspondência entre o governante cazar e Hasdai em Córdoba no século X relata que os rabinos estavam sendo ativamente recrutados, e que havia escolas e sinagogas sendo construídas para assegurar que o judaísmo fosse ensinado corretamente – e muitos cronistas observaram a existência de edifícios religiosos pontuando as cidades da Cazaria, assim como tribunais nos quais as decisões eram tomadas após uma consulta à Torá.[51]

O segundo disparador desse aumento de interesse pelo judaísmo veio de comerciantes trazidos de mais longe, atraídos pela emergência de Cazaria como importante empório de comércio internacional – não apenas entre a estepe e o mundo islâmico, mas entre Oriente e Ocidente. Como numerosas fontes atestam, mercadores judeus eram muito ativos no comércio de longa distância, tendo em boa parte o mesmo papel que os sogdianos tiveram ao conectar a China e a Pérsia na época da ascensão do islã.

Mercadores judeus eram muito fluentes em línguas, no "árabe, persa, latim, franco, andaluz e eslavo", segundo uma fonte da época.[52] Baseados no Mediterrâneo, ao que parece iam regularmente à Índia e à China, voltando com almíscar, madeira de aloe, cânfora, canela "e outros produtos do Oriente" que comerciavam pela cadeia de portos e cidades que atendiam mercados em Meca, Medina e Constantinopla, assim como cidades no Tigre e Eufrates.[53] Também utilizavam rotas terrestres, seguindo pela Ásia Central até a China, seja via Bagdá e Pérsia ou passando pelo território cazar em seu caminho para

Balkh, e para o leste do rio Oxus.[54] Um dos pontos mais importantes nesse eixo era Rayy, logo ao sul do Cáspio (atual Irã), uma cidade que lidava com bens provenientes do Cáucaso, do Oriente, Cazaria e outras localidades das estepes. Ao que parece, esses bens eram liberados primeiro na cidade de Jurjān (Gorgan, norte do Irã), presumivelmente onde as taxas alfandegárias eram recolhidas, e depois levados a Rayy. "A coisa mais impressionante", escreveu um autor árabe no século X, "é que este é o empório do mundo."[55]

Mercadores da Escandinávia também eram atraídos pelas oportunidades em oferta. Quando pensamos nos vikings, quase sempre nos vêm à mente imagens de ataques pelo mar do Norte à Grã-Bretanha e à Irlanda, ou dos seus longos navios com proas em forma de dragões, surgindo da névoa, cheios de homens armados prontos para estuprar e pilhar. Ou talvez pensemos na questão de se os vikings conseguiram chegar à América do Norte antes das expedições de Cristóvão Colombo e outros. Mas na era viking, os homens mais corajosos e briosos não foram para o oeste; foram para o leste e para o sul. Muitos fizeram fortuna e ganharam fama não só em sua terra natal, mas nas novas terras que conquistaram. Além disso, a marca que deixaram não foi pequena nem transitória, como na América do Norte. No Leste, fundaram um novo Estado, que recebeu o nome dos comerciantes, viajantes e saqueadores que enveredaram pelos grandes sistemas aquáticos ligando o mar Báltico aos mares Cáspio e Negro. Esses homens eram conhecidos como rus', ou *rhos*, talvez pela cor vermelha característica de seu cabelo, ou mais provavelmente por sua grande habilidade com os remos. Eles foram os pais da Rússia.[56]

Foi a atração pelo comércio e riquezas do mundo islâmico que estimulou de início os vikings a partirem para a jornada rumo ao sul. Desde o começo do século IX, homens da Escandinávia começaram a entrar em contato com o mundo das estepes e também com o califado de Bagdá. Começaram a se difundir assentamentos pelos rios Oder, Neva, Volga e Dnieper, e novas bases surgiram, como mercados por direito próprio e como estações de comércio para mercadores que traziam bens do sul e para o sul. Staraya Ladoga, Rurikovo Gorodische, Beloozero e Novgorod (literalmente, "nova cidade") eram pontos novos que estenderam as grandes rotas comerciais eurasianas para áreas mais amplas no norte da Europa.[57]

Os longos navios, tão exaltados na imaginação popular, foram adaptados e reduzidos em tamanho pelos vikings rus' para propiciar a navegação em distâncias curtas de um rio ou lago a outro. Esses barcos de casco único partiam em comboio para uma jornada longa e perigosa. Um texto compilado em Constantinopla em meados do século X, e baseado em informações colhidas por agentes bizantinos, registra as condições traiçoeiras que precisavam ser negociadas na jornada ao sul. Havia um conjunto de corredeiras no Dniester particularmente perigoso: era uma barragem estreita com um grupo letal de rochas no meio, "que se projetavam como ilhas. Contra elas, então, vem a água e jorra e é atirada para o outro lado, com um estrondo poderoso e terrível". Esse obstáculo havia sido apelidado com ironia de "Não Durma".[58]

Como o mesmo texto observa, os rus' eram muito vulneráveis a ataques daqueles que viam uma oportunidade de obter recompensas rápidas quando viajantes exaustos passavam pelas corredeiras. Os nômades pachenegues ficavam à espreita quando os barcos eram levados para fora d'água e então atacavam, levavam embora as mercadorias e desapareciam. Os guardas tinham ordens de ficar no mais completo alerta contra assaltos repentinos. Tão aliviados ficavam os escandinavos quando conseguiam passar por esses perigos que se reuniam em alguma ilha e sacrificavam galos ou prendiam flechas em árvores sagradas como forma de agradecer aos deuses pagãos.[59]

Os homens que conseguiam chegar em segurança aos mercados em volta dos mares Cáspio e Negro precisavam ser bem robustos, para dizer o mínimo. "Tinham muita energia e resistência", observou um cronista muçulmano com admiração.[60] Os rus', escreveu Ibn Fadlān, eram altos "como palmeiras", porém, mais importante do que isso, estavam sempre armados e eram perigosos. "Cada um carrega um machado, uma espada e uma faca."[61]

Eles se comportavam como gangues de criminosos calejados. Em primeiro lugar, embora lutassem juntos contra seus inimigos, eram profundamente desconfiados uns dos outros. "Nunca saíam sozinhos para fazer suas necessidades", observou um escritor, "mas sempre [iam] com três companheiros para guardá-los, de espada na mão, pois confiavam pouco nos demais." Nenhum deles hesitava em roubar um colega, mesmo que isso implicasse matá-lo.[62] Participavam regularmente de orgias, fazendo sexo na frente dos demais com total desinibição. Se algum caísse doente, era abandonado. Sua aparência também era compatível: "Da ponta dos pés ao pescoço, todo homem é tatuado em verde-escuro, com desenhos e assim por diante".[63] Tratava-se de homens duros para tempos duros.

Os vikings estavam envolvidos no comércio de cera, âmbar e mel, assim como no de espadas refinadas, muito admiradas no mundo árabe. No entanto, era outra linha de negócios a mais lucrativa, fonte de vastas quantias de dinheiro que iam para o norte, voltando dos sistemas de rios da Rússia em direção à Escandinávia. Isso é demonstrado por muitas finas sedas da Síria, Bizâncio e até da China, que têm sido encontradas em túmulos da Suécia, Dinamarca, Finlândia e Noruega. Elas devem equivaler a apenas uma minúscula fração dos tecidos que eram trazidos de volta e que não sobreviveram.[64]

Mas é o registro de moedas que fala mais alto a respeito da escala de negócios realizados com regiões distantes. Achados de moedas de impressionante riqueza alinham-se pelos grandes rios que levam para o norte, e têm sido recuperadas por todo o norte da Rússia, Finlândia, Suécia e principalmente em Gotland (a maior ilha da Suécia), o que mostra que os vikings rus' ganharam enormes somas no comércio com os muçulmanos e os arredores do califado de Bagdá.[65] Um destacado especialista em história do dinheiro estima que o montante de moedas de prata trazidas do comércio com as terras do islã chega a dezenas e talvez a centenas de milhões – em termos modernos, era um setor que movimentava bilhões de dólares.[66]

As recompensas precisavam ser substanciais para justificar a distância e os perigos envolvidos em viajar tão longe quanto da Escandinávia até o mar Cáspio – uma jornada de quase 5 mil quilômetros. Portanto, talvez não seja surpresa que os bens tivessem que ser vendidos em grandes volumes, a fim de gerar lucros importantes. Muitas *commodities* eram despachadas para o sul, mas a mais importante eram os escravos. Podia-se ganhar muito dinheiro com o tráfico humano.

7
A rota dos escravos

Os rus' eram implacáveis quando se tratava de escravizar populações locais e transportá-las para o sul. Renomados por "seu tamanho, seu físico e sua bravura", os vikings rus' "não tinham campos cultivados e viviam do saque", segundo um escritor árabe.[1] Eram tantos os capturados que o próprio nome dos escravizados – *slavs* ou "eslavos" – passou a ser usado para indicar aqueles que tinham sua liberdade suprimida: *slaves* ou "escravos".

Os rus' eram cuidadosos com seus prisioneiros: "Eles tratam bem os escravos, vestindo-os de modo adequado, pois para eles são um artigo de comércio", observou um contemporâneo.[2] Os escravos eram transportados pelos rios – e permaneciam acorrentados enquanto as corredeiras eram vencidas.[3] Mulheres consideradas belas eram particularmente valorizadas, vendidas para mercadores na Cazaria e na Bulgária do Volga, que então as levavam mais ao sul – embora não sem antes seus captores abusarem sexualmente delas uma última vez.[4]

A escravidão era parte vital da sociedade viking e um aspecto importante de sua economia – e não apenas no Leste. Considerável evidência literária e material das Ilhas Britânicas mostra que um dos propósitos mais comuns dos ataques de navios longos não era o estupro e saque indiscriminados que povoam a imaginação popular, mas levar cativos vivos.[5] "Salve-nos, ó Senhor", implorava uma oração da França do século IX, "dos selvagens povos do norte que destroem nosso país; eles levam embora [...] nossos meninos jovens, virgens. Suplicamos que nos salve desse mal."[6] Foram encontradas correntes, algemas e ferrolhos ao longo das rotas de escravos, especialmente no norte e leste da Europa, e novas pesquisas sugerem que áreas de confinamento, que antes acreditava-se que fossem destinadas a animais de criação, serviam na verdade para encurralar pessoas a serem vendidas em lugares como Novgorod, onde o mercado se situava na intersecção entre a rua Principal e a rua dos Escravos.[7]

Tão disseminado era o desejo de lucro por meio da escravização que, embora alguns escandinavos obtivessem licenças de governantes locais para saquear novas regiões e fazer prisioneiros, outros preferiam colocar uns aos outros em servidão – o que faziam "assim que um deles consegue pegar o outro", como registrou um clérigo bem informado escrevendo no norte da Europa no século XI. Ele tinha poucas dúvidas sobre o que era feito em seguida: na primeira oportunidade, "eles iriam impiedosamente vendê-los como escravos, quer a algum de seus companheiros, quer a um bárbaro".[8]

Muitos escravos tinham como destino a Escandinávia. Como diz um antigo poema norueguês, "A balada de Rigr" ("Rígsþula"), a sociedade dividia-se em três amplas categorias: aristocracia (*jarlar*), homens livres (*karlar*) e escravos (*ðrælar*).[9] Mas muitos outros eram enviados aonde se pagasse um bom dinheiro pelos melhores espécimes, e em nenhum lugar havia maior demanda ou tinha maior poder aquisitivo do que os animados e ricos mercados de Atil, que em última instância supriam Bagdá e outras cidades da Ásia, assim como partes do mundo muçulmano, como o Norte da África e a Espanha.

A capacidade e a disposição de pagar um alto preço traziam ricas recompensas e lançaram as bases para estimular a economia no norte da Europa. A julgar pelos achados de moedas, houve um surto de expansão no comércio no final do século IX, época de grande crescimento no Báltico, no sul da Suécia e na Dinamarca, com cidades como Hedeby, Birka, Wolin e Lund expandindo-se rapidamente. Locais dos achados, espalhados por uma área cada vez mais ampla ao longo dos rios da Rússia, mostram forte intensificação nos níveis de intercâmbio, com acentuado aumento no número de moedas encontradas que foram cunhadas na Ásia Central – principalmente em Samarcanda, Tashkent (al-Shāsh), Balkh e outras partes ao longo das rotas tradicionais de comércio, transporte e comunicações do atual Afeganistão.[10]

A demanda por escravos nessas localidades ricas em dinheiro era grande, e não apenas pelos que vinham do norte. Um número imenso era importado da África Subsaariana: um único comerciante gabava-se de ter vendido mais de 12 mil escravos negros em mercados na Pérsia.[11] Escravos também eram levados das tribos túrquicas da Ásia Central, os quais, como observa um autor desse período, eram muito valorizados por sua coragem e habilidades. Quando se trata de escolher "os escravos de mais alto valor", observou outro cronista, os melhores são os "da terra dos turcos. Não há nada igual aos escravos turcos entre todos os escravos da Terra".[12]

Uma ideia da provável escala do comércio escravo pode ser deduzida de uma comparação com a escravidão no Império Romano, uma área que tem sido estudada detalhadamente. Pesquisas recentes sugerem que, no auge de seu poder, o Império Romano requeria de 250 mil a 400 mil novos escravos por ano para manter sua população escrava.[13] O tamanho do mercado nas terras de fala árabe era consideravelmente maior – levando em conta que a demanda por escravos fosse análoga –, estendendo-se da Espanha até o Afeganistão, o que sugeriria que o número de escravos vendidos pode ter sido bem maior até que o de Roma. Embora as limitações das fontes sejam frustrantes, uma ideia da provável escala é dada por um relato segundo o qual um califa e sua esposa eram donos de mil escravos cada um, enquanto outro afirmava que tinha nada menos do que 4 mil. Escravos no mundo muçulmano eram tão ubíquos – e silenciosos – como em Roma.[14]

Roma também oferece uma útil comparação sobre a maneira pela qual escravos eram comprados e vendidos. No mundo romano, havia forte competição entre os ricos por cativos especiais, trazidos de fora das fronteiras do império – curiosidades valorizadas por sua aparência incomum e como tema de discussão. Preferências pessoais também tinham seu papel, e havia um aristocrata bem equipado nesse sentido que insistia em ter escravos que combinassem entre eles, todos igualmente atraentes e da mesma idade.[15] Ideias similares prevaleciam entre os muçulmanos ricos, como deixam claro guias posteriores de orientação para o processo de compra de escravos. "De todos os negros [escravos]", escreveu um autor do século XI, "as mulheres núbias são as mais agradáveis, carinhosas e educadas. Seus corpos são esbeltos, com a pele lisa, firmes e bem-proporcionados [...] elas respeitam seu senhor como se tivessem sido criadas para servir." Mulheres do povo beja, cuja terra natal corresponde ao atual Sudão, Eritreia e Egito, "têm uma tez dourada, rosto lindo, corpo delicado e pele macia; são agradáveis como companheiras de cama quando tiradas de seu país ainda jovens". Há mil anos, o dinheiro não comprava o amor, mas ajudava você a conseguir o que queria.[16]

Outros guias ofereciam indicações igualmente úteis. "Quando for comprar escravos, tenha cautela", escreveu um autor persa do século XI, mais conhecido como o *Qābūs-nāma*. "A compra de homens é uma arte difícil, porque muitos escravos parecem ser bons", mas isso acaba se revelando o oposto. "A maioria das pessoas imagina que comprar escravos é como qualquer outra forma de comércio", o autor acrescentava; na realidade, a habilidade de comprar escravos "é um ramo da filosofia".[17] Cuidado com a tez amarelada – sinal seguro de hemorroidas; cuidado também com homens agraciados com boa aparência, cabelo e pálpebras caídos – "um homem com essas características ou é excessivamente afeiçoado a mulheres ou inclinado a agir como intermediário". Assegure-se de fazer com que uma possível aquisição fique deitada no chão; então você deve "fazer pressão em ambos os lados e observar de perto" à procura de quaisquer sinais de inflamação ou dor; e conferir muito bem para ver se não encontra "defeitos ocultos", como má respiração, surdez, gagueira ou endurecimento na base dos dentes. Siga todas essas instruções (e muitas outras), recomendava o autor, e não ficará desapontado.[18]

Mercados de escravos prosperavam na Europa Central, abastecidos de adultos e crianças aguardando para ser traficados para o Oriente – e também para a corte em Córdoba, onde havia mais de 13 mil escravos eslavos em 961.[19] Em meados do século X, Praga se tornara um grande centro comercial, atraindo vikings rus' e mercadores muçulmanos que vinham comprar e vender estanho, peles e pessoas. Outras cidades da Boêmia também eram bons lugares para comprar farinha, cevada e frangos – e escravos, tudo a preços bem razoáveis, segundo um viajante judeu.[20]

Era comum mandar escravos de presente a governantes muçulmanos. No início do século X, por exemplo, uma missão diplomática da Toscana a Bagdá levou ao califa abássida al-Muktafi uma seleção de presentes de alto valor, entre eles espadas, escudos, cães de caça e aves de rapina. Outros presentes foram oferecidos como sinal de amizade: vinte eunucos eslavos e vinte jovens eslavas particularmente bonitas. A flor da juventude numa parte do mundo era exportada para satisfazer os desejos em outra.[21]

O envolvimento com o comércio de longa distância era difundido em tal grau que quando Ibrāhīm ibn Yaqūb passou por Mainz, ficou impressionado com o que viu nos mercados: "É extraordinário que alguém seja capaz de encontrar, em regiões tão ocidentais, essências aromáticas e especiarias que crescem apenas no Extremo Oriente, como pimenta, gengibre, cravo, nardo e galanga. Essas plantas são todas importadas da Índia, onde crescem em abundância". Outra coisa que o surpreendeu foi que dirhams de prata estivessem sendo usados como moeda corrente, inclusive moedas cunhadas em Samarcanda.[22]

Na realidade, o impacto e a influência das moedas do mundo muçulmano foram sentidos bem mais longe – e continuaria assim por algum tempo.

Por volta de 800, o rei Offa de Mércia, na Inglaterra, construtor do famoso dique para proteger suas terras contra incursões dos galeses, copiou o desenho de moedas de ouro islâmicas para uso como sua moeda corrente. Emitiu moedas com a legenda "Offa rex" (Rei Offa), de um lado, e uma cópia imperfeita de um texto árabe, do outro, mesmo que isso tivesse pouco sentido para aqueles que lidavam com elas no seu reino.[23] Um grande lote encontrado em Cuerdale, Lancashire, e hoje guardado no museu em Oxford, contém várias moedas abássidas cunhadas no século IX. Que as moedas tivessem alcançado locais tão distantes como eram as Ilhas Britânicas naquela época é uma indicação do quanto os mercados do mundo islâmico haviam se difundido.

Foi a venda de escravos que pagou as importações que abarrotaram a Europa no século IX. Especiarias e drogas, cada vez mais presentes nas fontes consultadas como bens de luxo altamente cobiçados ou como necessidades médicas, eram bancadas principalmente pelo tráfico humano em larga escala.[24] E não eram apenas os vikings rus' que lucravam com a quase insaciável demanda por escravos: mercadores de Verdun atingiam imensos lucros vendendo eunucos, geralmente para compradores muçulmanos na Espanha; comerciantes judeus que lidavam com comércio de longa distância também estavam envolvidos na venda de "garotas e garotos jovens", assim como de eunucos, como sugerem fontes árabes do período.[25]

Outros documentos também registram o papel de mercadores judeus em trazer "escravos [e] garotos e garotas" da Europa e realizar operações de castração em homens jovens na chegada – presumivelmente como uma espécie de horripilante procedimento de certificação.[26] O comércio de escravos prometia bons retornos, e essa era uma das razões pelas quais não eram só escravos europeus que eram levados para o Leste: pelo que se relata, empresários muçulmanos também entravam no negócio, atacando terras eslavas a partir do leste do Irã – embora cativos escravizados em princípio "tivessem sua masculinidade deixada intacta, seus corpos preservados".[27]

Tais cativos também eram transformados em eunucos e tinham alta valorização. Se você pegasse gêmeos escravos, escreveu um autor árabe desse período, e castrasse um dos dois, ele certamente se tornaria mais habilidoso e "mais vivo em inteligência e conversa" que seu irmão – que permaneceria ignorante, tolo e exibindo a mesma estreiteza mental inata dos escravos. Acreditava-se que a castração purificava e melhorava a mente eslava.[28] Melhor ainda, ela funcionava, escreve o mesmo autor, embora não "para os negros", cujas "aptidões naturais" eram afetadas negativamente pela intervenção.²⁹ Era tão grande a escala do tráfico de escravos eslavos que ela impactou a língua árabe: a palavra para eunuco (*siqlabī*) vem do rótulo étnico referente a eslavos (*saqālibī*).

Comerciantes muçulmanos eram muito ativos no Mediterrâneo. Homens, mulheres e crianças eram comprados desde o norte da Europa até Marselha, onde havia um movimentado mercado de compra e venda de escravos – muitas vezes passando por mercados subsidiários como Rouen, onde escravos irlandeses e flamengos eram vendidos a terceiros.³⁰ Roma era outro centro importante de comércio escravo – embora alguns achassem isso repugnante. Em 776, o papa Adriano I criticou a venda de humanos como animais, condenando a prática à "repulsiva raça dos sarracenos". Alguns, afirmou ele, haviam embarcado por vontade própria em navios que iam ao Oriente, "já que não tinham outra opção para continuar vivos", em razão da recente onda de fome e extrema pobreza. Não obstante, "nunca descemos tão baixo a ponto de aceitar esse ato deplorável" de vender semelhantes cristãos, escreveu ele, "e Deus proibiu que o fizéssemos".³¹ Tão disseminada estava a escravidão no Mediterrâneo e no mundo árabe que mesmo hoje os cumprimentos habituais fazem referência ao tráfico humano. Por toda a Itália, quando se encontram, as pessoas dizem "*schiavo*", o que vem de um dialeto veneziano. "*Ciao*", como costuma ser pronunciado, não significa "olá"; significa "Sou seu escravo".³²

Outros viam também a colocação de cristãos no cativeiro e sua venda a senhores muçulmanos como algo indefensável. Um deles era Rimbert, bispo de Brêmen, que costumava percorrer os mercados em Hedeby (na fronteira entre as atuais Alemanha e Dinamarca) no final do século IX, pagando resgate apenas por adeptos da fé cristã.³³ Essa sensibilidade não era compartilhada por todos. Entre aqueles que não se compungiam com o tráfico humano estavam os habitantes de uma pouco promissora laguna localizada no extremo norte do Adriático. A riqueza que ela acumulou a partir do comércio de escravos e do sofrimento humano iria lançar as bases de sua transformação em uma das joias da Coroa do Mediterrâneo medieval: Veneza.

Os venezianos revelaram-se singularmente bem-sucedidos nos negócios. Surgiu daqueles pântanos uma cidade deslumbrante, enfeitada com igrejas gloriosas e lindos *palazzi*, construídos com base nos lucros de um fértil comércio com o Oriente. Embora ela se erga hoje como uma gloriosa visão do passado, a centelha para o crescimento de Veneza veio de sua disposição em vender gerações futuras para o cativeiro. Os mercadores envolveram-se no comércio escravo já na segunda metade do século VIII, assim que surgiu o novo assentamento de Veneza, embora levasse tempo para que os benefícios e os lucros fluíssem em abundância. Eles acabaram ocorrendo, como é indicado por uma série de tratados assinados um século mais tarde, nos quais os venezianos concordavam em respeitar restrições na venda de escravos, o que incluía devolver a outras cidades da Itália indivíduos que tivessem sido levados ilegalmente para venda em Veneza. Esses acordos eram em parte uma reação ao crescente sucesso da cidade, uma tentativa de cortar as asas de Veneza por iniciativa daqueles que se sentiam ameaçados por sua afluência.[34]

No curto prazo, as restrições eram burladas por grupos de assalto que capturavam não cristãos da Boêmia e Dalmácia e os vendiam para obter lucro.[35] No longo prazo, porém, os negócios foram retomados normalmente. Tratados do final do século IX sugerem que Veneza apenas escondia o jogo dos governantes locais, que ficavam preocupados ao ver que não eram só escravos que estavam sendo comercializados, mas homens livres também. Venezianos eram acusados de vender de bom grado súditos de terras vizinhas, fossem cristãos ou não.[36]

Depois de certo tempo, o comércio escravo começou a declinar – pelo menos na Europa Central e do Leste. Uma das razões foi que os vikings rus' desviaram seu foco do tráfico de longa distância para o negócio de venda de proteção. A atenção passou a se concentrar nos ganhos que os cazares faziam com o comércio que passava por cidades como Atil, graças às taxas cobradas de todas as mercadorias que transitavam pelo território cazar. O famoso tratado persa de geografia *Hudūd al-Ālam* afirma que a verdadeira base da economia cazar era o rendimento das taxas: "O bem-estar e a riqueza do rei dos cazares vêm principalmente das tarifas marítimas".[37] Outros cronistas muçulmanos referem-se repetidamente às vultosas receitas de taxas coletadas pelas autoridades cazares das atividades comerciais – incluindo os tributos cobrados dos habitantes da capital.[38]

Inevitavelmente, isso chamou a atenção dos vikings rus', assim como o tributo pago ao *khagan* pelas várias tribos submetidas. Uma por uma, elas foram assediadas, e suas lealdades (e pagamentos) redirecionados a agressivos novos senhores. Na segunda metade do século IX, as tribos eslavas do centro e do sul da Rússia estavam não só pagando tributo aos escandinavos, mas eram proibidas de fazer quaisquer pagamentos "aos cazares, com a justificativa de que não havia razão para que eles pagassem". O pagamento, ao contrário, devia ser feito ao líder rus'.³⁹ Isso refletia práticas de outros lugares – como a Irlanda, onde o dinheiro de proteção foi aos poucos substituindo o tráfico humano: depois de serem atacados ano após ano, registra os anais de São Bertin, irlandeses concordaram em fazer contribuições anuais, em troca da paz.⁴⁰

No Leste, não demorou muito para que a crescente pressão dos rus' resultasse em confrontos abertos com os cazares. Depois de uma série de ataques às comunidades comerciais muçulmanas no mar Cáspio, que "derramaram rios de sangue" e continuaram até que os vikings rus' "empanturraram-se de saques e se cansaram de atacar", os próprios cazares foram atacados.⁴¹ Atil foi saqueada e totalmente destruída em 965. "Se uma folha tivesse sido deixada num ramo, um rus' vinha e a arrancava", escreveu um cronista; "nem uma uva, nem uma uva-passa sequer restou [em Cazaria]."⁴² Os cazares foram efetivamente removidos da equação, e os lucros do comércio com o mundo muçulmano fluíram em volumes ainda maiores para o norte da Europa – como mostram as quantidades de reservas de moedas encontradas ao longo dos cursos d'água da Rússia.⁴³

Por volta do final do século X, os rus' haviam se tornado a força dominante na estepe ocidental, controlando terras que se estendiam do mar Cáspio ao norte do mar Negro, chegando até o Danúbio. Um documento fala dos vibrantes mercados que eles agora controlavam, onde era possível comprar "ouro, sedas, vinho e várias frutas da Grécia, prata e cavalos da Hungria e da Boêmia, e peles, cera, mel e escravos dos rus'".⁴⁴ No entanto, a autoridade que eles exerciam sobre essas terras não era absoluta. As relações com os povos nômades eram muitas vezes tensas, em razão da competição por recursos, como exemplificado pela execução ritual de um destacado líder rus' nesse período pelos nômades pechenegue das estepes: a captura do príncipe foi celebrada de forma divertida, e seu crânio foi ornado com ouro e mantido como um troféu da vitória, a ser usado em cerimônias de celebração.⁴⁵

Mesmo assim, no decorrer do século X, o controle dos cursos d'água e das estepes pelos rus' continuou a se fortalecer, e as rotas de comunicação que corriam para o sul tornaram-se cada vez mais seguras. Esse processo foi acompanhado por uma gradual transformação da orientação comercial, religiosa e política. Uma razão disso é que, depois de quase trezentos anos de estabilidade e afluência, o califado de Bagdá sofreu uma série de perturbações. A prosperidade fizera afrouxar os laços entre o centro e as regiões mais afastadas, e isso por sua vez abriu a possibilidade de atritos à medida que os potentados locais aumentavam seu poder e entravam em conflito entre si. Os perigos que isso trazia ficaram evidentes quando Basra foi saqueada em 923 por insurgentes Shī'a, antes que Meca fosse atacada sete anos mais tarde e a sagrada Pedra Preta roubada da Kaaba.⁴⁶

Uma sequência de invernos de rigor incomum entre a década de 920 e a de 960 piorou as coisas. As condições eram tão ruins que a escassez de comida se tornou cada vez mais frequente. Não era incomum que as pessoas fossem obrigadas a "catar os grãos de cevada do esterco dos cavalos e burros para comê-los", escreveu um autor; era frequente a eclosão de tumultos e desordens civis.⁴⁷ Como um cronista armênio descreveu, após sete anos sucessivos de colheitas fracassadas na década de 950, "muitos enlouqueceram" e passaram a atacar uns aos outros de modo insensato.⁴⁸

A intranquilidade interna permitiu que uma nova dinastia, os būyidas, assumisse o controle político da maior parte do território nuclear do califado no Irã e no Iraque, mantendo o califa como autoridade simbólica, com poderes reduzidos. Já no Egito, o regime foi totalmente derrubado. Numa versão século X da Primavera Árabe dos nossos tempos, os muçulmanos xiitas, que antes haviam conseguido estabelecer um emirado no Norte da África mais ou menos independente dos califados sunitas da corrente principal de Bagdá e Córdoba, mudaram-se para Fustāt, capital egípcia. Em 969, tirando partido da catastrófica falha nas inundações anuais do Nilo, que deixou muitos mortos e muita gente em estado de inanição, a revolução se espalhou pelo Norte da África.⁴⁹ Os novos senhores eram conhecidos como fatímidas – que, assim como os muçulmanos xiitas, tinham visões muito diferentes sobre legitimidade e autoridade e sobre o verdadeiro legado deixado por Maomé. Sua ascensão teve sérias implicações para a unidade do mundo muçulmano: as divisões se acentuaram, com questões fundamentais sendo levantadas a respeito do passado, presente e futuro do islã.

A reviravolta e o resultante declínio das oportunidades comerciais foram duas das razões pelas quais os vikings rus' voltaram suas atenções cada vez mais para os rios Dnieper e Dniester, que desembocam no mar Negro, em vez de se deslocarem pelo Volga e em direção ao mar Cáspio. Sua atenção começou a se afastar do mundo muçulmano e a dirigir-se para o Império Bizantino e para a grande cidade de Constantinopla, que nas fábulas do folclore escandinavo é conhecida como "Mikli-garðr" (ou Miklegarth) – isto é, "a grande cidade". Os bizantinos preocupavam-se com esse interesse por parte dos rus', ainda mais desde que um ousado ataque em 860 havia apanhado os habitantes da cidade – e suas defesas – totalmente de surpresa. Quem são esses guerreiros "ferozes e selvagens", "devastando os bairros, destruindo tudo", lamentava o patriarca de Constantinopla, "enfiando suas espadas em tudo, sem piedade de nada, sem poupar ninguém"? Quem morreu primeiro teve mais sorte, prosseguiu ele; pelo menos foi poupado de saber das calamidades que se seguiram.[50]

O acesso dos rus' aos mercados de Constantinopla era rigidamente regulamentado pelas autoridades. Um tratado do século X observa que eram permitidos na cidade no máximo cinquenta rus' em qualquer época, e eles só podiam entrar por determinado portão; seus nomes tinham que ser registrados e suas atividades na cidade, monitoradas; havia controle sobre o que eles podiam comprar ou não.[51] Eram considerados homens perigosos, que precisavam ser tratados com cautela. Mesmo assim, as relações acabaram se normalizando à medida que cidades como Novgorod, Chernigov e principalmente Kiev passaram de postos comerciais a fortalezas e residências permanentes.[52] A adoção do cristianismo pelo governante rus' Vladimir em 988 também foi importante, não só por levar à criação de uma rede eclesiástica gerida desde o princípio por clérigos enviados de Constantinopla, mas em razão dos inevitáveis empréstimos culturais que fluíam para o norte a partir da capital imperial. Essas influências acabaram afetando tudo, de imagens e artefatos religiosos à decoração das igrejas e à maneira de se vestir dos rus'.[53] Conforme a economia rus' se tornava mais mercantil, a sociedade guerreira tornou-se crescentemente urbana e cosmopolita.[54] Itens de luxo como vinho, azeite e seda eram exportados de Bizâncio e vendidos, com os comerciantes registrando os pedidos e recibos em cortiças de bétulas.[55]

O redirecionamento do olhar dos rus', do mundo muçulmano em direção a Constantinopla, resultou de uma grande mudança na Ásia ocidental. Em primeiro lugar, sucessivos imperadores haviam tirado partido da efervescência e incerteza do califado abássida. Muitas das províncias a leste de Bizâncio haviam sido perdidas durante as conquistas muçulmanas, e isso levou a uma reorganização fundamental da administração provincial do império. Na primeira metade do século X, a maré começou a virar. Uma por uma, bases que haviam sido usadas para lançar ataques ao território imperial na Anatólia foram atacadas e recuperadas. Creta e Chipre foram retomadas, o que devolveu a estabilidade ao Mediterrâneo oriental e ao Egeu, que estavam à mercê dos ataques de piratas árabes havia décadas. Depois, em 969, a grande cidade de Antioquia, um importante empório comercial e centro de produção têxtil, também foi tomada.[56]

Essa reversão da sorte estimulou um sentido de renascimento no mundo cristão. Também representou um redirecionamento dos ativos e das receitas, que saíram de Bagdá e foram para Constantinopla: rendimentos de taxas e tarifas que previamente fluíam em direção ao califado agora enchiam os cofres imperiais. Isto anunciou o início de uma fase áurea para Bizâncio, um período de revigoração artística e intelectual entre filósofos, eruditos e historiadores, de construção em larga escala de igrejas e mosteiros, e de fundação de instituições, como uma escola de direito para treinar juízes que fossem capazes de supervisionar a condução de um império expandido. Bizâncio foi também a primeira beneficiária da ruptura de relações entre Bagdá e o Egito nos últimos anos do século X. No final da década de 980, o imperador Basílio II entrou em acordo com o califa fatímida, criando vínculos comerciais formais e prometendo que faria proclamar o nome dele nas orações diárias da mesquita de Constantinopla, em vez do nome do seu rival abássida de Bagdá.[57]

Mercados dinâmicos na capital imperial, alimentados por crescimento econômico e demográfico, tinham como contrapartida no califado abássida a introspecção e a incerteza. O resultado foi a reorientação das rotas comerciais do Oriente, com um claro afastamento das terras interiores continentais por Cazária e pelo Cáucaso para chegar ao mar Vermelho. As rotas terrestres que haviam feito florescer Merv, Rayy e Bagdá foram suplantadas por despachos por rotas marítimas. Era inequívoco o impulso adquirido por Fustāt, Cairo e principalmente por Alexandria, com um crescimento acelerado das classes médias à medida que as cidades prosperavam.[58] Bizâncio estava bem localizada e logo começou a colher os frutos de suas novas relações com os fatímidas: a partir do final do século X, como fica claro pelos relatos árabes e judeus, durante o dia inteiro havia navios mercantes entrando e saindo dos portos egípcios rumo a Constantinopla.[59]

Os tecidos egípcios passaram a ser muito valorizados no Mediterrâneo oriental. A produção de linho em Tinnīs tinha tanta procura que Nāsir-i Khusraw, um dos grandes escritores e viajantes persas do período, relatou: "Soube que o governante de Bizâncio mandou uma mensagem ao sultão do Egito dizendo que trocaria uma centena de cidades de seu reino por Tinnīs".[60]

O surgimento de mercadores amalfitanos e venezianos no Egito a partir da década de 1030, e de Gênova três décadas mais tarde, revela que havia mais gente, de lugares mais distantes do que Constantinopla, de olho na abertura de novas fontes de bens.⁶¹

Do ponto de vista dos rus' e das novas redes de comércio do norte, as mudanças nas principais rotas comerciais de especiarias, seda, pimenta, madeiras nobres e outros itens trazidos do Oriente tiveram pouco impacto: não havia necessidade de escolher entre a Constantinopla cristã e a muçulmana Bagdá. Ao contrário, ter duas fontes potenciais para comprar e vender bens era melhor do que uma. A seda chegou à Escandinávia em considerável quantidade – como testemunhado pela recuperação de mais de uma centena de fragmentos do tecido de uma notável escavação em Oseberg, na Noruega, e também por túmulos vikings onde sedas do mundo bizantino e da Pérsia estavam enterradas como objetos de valor junto com seus proprietários.⁶²

Ainda havia em meados do século XI quem achasse que poderia fazer fortuna nas terras islâmicas do Oriente, como seus antecessores haviam feito. Um bom exemplo é uma pedra rúnica encontrada no lago Mälar perto de Estocolmo, na Suécia, elaborada em algum momento do século XI por uma mulher chamada Tóla, com o intuito de celebrar seu filho Haraldr e seus irmãos de armas. "Como homens, eles trilharam um longo caminho em busca de ouro", está escrito na pedra; tiveram seus sucessos, mas depois morreram "no sul, em Serkland", isto é, na terra dos sarracenos – os muçulmanos.⁶³ E há também a pedra elaborada por Gudleif em memória de seu filho, Slagve, que "encontrou seu fim no Leste em Khwarezm".⁶⁴ Textos como a saga de Yngvar, o "Que Viajou Longe", irmão de Haraldr, celebram igualmente ambiciosas incursões que levaram os escandinavos a aventuras no mar Cáspio e além. Na realidade, pesquisas recentes sugerem que uma colônia viking permanente pode também ter sido estabelecida no Golfo Pérsico nesse período.⁶⁵

Mas a atenção concentrava-se cada vez mais no Oriente cristão e em Bizâncio. Conforme os horizontes da Europa Ocidental se expandiam, houve um crescente interesse em visitar a terra em que Jesus Cristo havia vivido, morrido e se erguido da morte. A peregrinação a Jerusalém tornou-se uma fonte de compreensível prestígio.⁶⁶ O contato com a Terra Santa também destacava a escassez da herança cristã da Europa Ocidental – particularmente em comparação com a do Império Bizantino. Helena, mãe do imperador Constantino, iniciara o processo de trazer relíquias para Constantinopla no século IV.

Por volta do século XI, as impressionantes coleções da cidade foram ampliadas para incluir relíquias, como os pregos usados para crucificar Jesus; a coroa de espinhos; as vestes sobre as quais foram lançadas sortes; e partes da verdadeira cruz, assim como cabelos da Virgem Maria, a cabeça de João Batista e muito mais.[67] Em contraste com isso, havia pouca coisa digna de nota nos relicários da Europa: embora reis, cidades e fundações da Igreja estivessem enriquecendo, tinham pouca conexão física com a história de Jesus Cristo e seus discípulos.

Jerusalém e Constantinopla, como sede e guardiã do cristianismo, atraíam um número crescente de homens para o Leste cristão, e para a capital imperial em particular – a fim de comerciar, prestar serviços ou simplesmente passar por ali a caminho da Terra Santa. Homens da Escandinávia e das Ilhas Britânicas eram bem-vindos à Guarda Varangiana, um corpo de elite a quem era confiada a proteção do imperador. Tornou-se um rito de passagem servir nessa brigada, e homens como Haraldr Sigurðarson, mais tarde rei da Noruega (mais conhecido como Harald Hardrada), serviram na brigada antes de voltar para casa.[68] O chamado de Constantinopla ecoava fortemente por toda a Europa no século XI. Documentos registram que no século XI a capital abrigava homens da Bretanha, Itália, França e Alemanha – assim como de Kiev, da Escandinávia e da Islândia. Comerciantes de Veneza, Pisa, Amalfi e Gênova formaram colônias na cidade, a fim de comprar bens e exportá-los para casa.[69]

Os lugares que importavam não estavam em Paris ou Londres, na Alemanha ou na Itália – mas no Leste. As cidades que conectavam com o Leste eram importantes – como Kherson na Crimeia ou Novgorod, cidades conectadas às Rotas da Seda que corriam pela espinha da Ásia. Kiev tornou-se um fulcro para o mundo medieval, o que é evidenciado pelos laços matrimoniais da casa no poder, na segunda metade do século XI. Filhas de Iaroslav, o Sábio, que reinou como grande príncipe de Kiev até 1054, casaram-se com o rei da Noruega, o rei da Hungria, o rei da Suécia e o rei da França. Um filho casou com a filha do rei da Polônia, e outro tomou por esposa uma mulher da família imperial de Constantinopla. Os casamentos da geração seguinte foram ainda mais impressionantes. Princesas rus' casaram-se com o rei da Hungria, o rei da Polônia e o poderoso imperador alemão, Henrique IV. Outra união ilustre foi a de

Gytha, esposa de Vladimir II Monomakh, o grande príncipe de Kiev: ela era filha de Haroldo II, rei da Inglaterra, morto na batalha de Hastings, em 1066. A família governante de Kiev era a dinastia com melhores conexões na Europa.

Um número sempre crescente de cidades e assentamentos espalhou-se em todas a direções pela Rússia, cada um como uma nova pérola acrescentada ao colar. Cidades como Lyubech, Smolensk, Minsk e Polotsk surgiram do mesmo modo que Kiev, Chernigov e Novgorod haviam feito antes. Era exatamente o mesmo processo que já havia visto Veneza, Gênova, Pisa e Amalfi crescerem em riqueza e poder: a chave eram os negócios com o Oriente.

O mesmo valia para o Sul da Itália. Num dos maiores feitos do início da Idade Média, mercenários normandos, que eram atacados pela Apúlia e pela Calábria no início do século XI, conseguiram se tornar uma potência marítima no Mediterrâneo. No espaço de uma geração, destronaram seus patrões bizantinos e em seguida voltaram a atenção para subjugar a Sicília muçulmana – um posto lucrativo e estrategicamente vital que ligava o Norte da África à Europa e controlava o Mediterrâneo.[70]

O que dava impulso à ascensão ao poder em cada caso era o comércio e o acesso a bens de muita procura. E nesse sentido importava pouco, em última instância, onde ficava a linha divisória entre o cristianismo e o islã, ou se os melhores mercados estavam em Constantinopla, Atil, Bagdá ou Bukhara – ou, por volta do século XI, em Mahdia, Alexandria ou Cairo. Apesar da insistência de várias fontes em que a alta política e a religião eram fatores importantes, para a maior parte dos mercadores e comerciantes tais questões eram complicações que preferiam evitar. Na realidade, o problema não era onde comerciavam ou com quem, mas como pagar por objetos de luxo que pudessem ser vendidos para gerar um bom lucro. Nos séculos VIII a X, a *commodity* de base para venda havia sido os escravos. Mas conforme as economias da Europa Ocidental e Oriental ficavam mais robustas, passando a atrair imenso influxo de moedas de prata do mundo islâmico, as cidades cresceram e suas populações aumentaram. Com isso, os níveis de interação se intensificaram, o que por sua vez criou a necessidade de monetarização, ou seja, de um comércio baseado em cunhagem – e não em peles, por exemplo. À medida que essa transição ocorria e as sociedades locais se tornavam mais complexas e sofisticadas, a estratificação se estruturou e emergiram classes médias urbanas. O dinheiro, mais do que os homens, começou a ser usado como moeda corrente para o comércio com o Oriente.

Numa nítida imagem em espelho, as forças magnéticas que atraíam homens da Europa começaram também a ser sentidas no Oriente. As fronteiras estabelecidas pelas conquistas muçulmanas e pela expansão para a Ásia Central começaram a se dissolver no século XI. As diversas dinastias muçulmanas da Ásia Central havia tempos empregavam homens das estepes em seus exércitos, como fizera o califado de Bagdá – assim como os imperadores em Constantinopla vinham fazendo na mesma época com homens do norte e do oeste da Europa. Dinastias como a dos samânidas haviam recrutado ativamente soldados das tribos túrquicas, em geral como *ghulām*, isto é, soldados escravos. Mas como estes começaram a se mostrar cada vez mais confiáveis, não só em posições subalternas mas também em postos de comando, não demorou para que altos oficiais passassem a enxergar a perspectiva de tomar o poder eles mesmos. A suposição era que o serviço militar abria oportunidades aos ambiciosos; a suposição que faltou fazer era que isso poderia levar também a entregar as chaves do reino.

Os resultados foram impactantes. No início do século XI, um novo império centrado em Ghazna (hoje leste do Afeganistão) havia sido fundado por descendentes de generais-escravos túrquicos, capazes de colocar em campo um exército tão grande que um contemporâneo comparou seu número a uma miríade de "gafanhotos ou formigas, inumeráveis e imensuráveis como a areia do deserto".[71] Os gaznévidas conquistaram terras que se estendiam do leste do Irã ao norte da Índia, tornando-se grandes patronos das artes visuais e da literatura. Apoiavam a obra de escritores destacados, como Firdawsī, autor do glorioso *Shāhnāma*, uma das joias da poesia persa dos primórdios medievais – mesmo que pesquisa recente sugira que o grande poeta provavelmente não viajou à corte no Afeganistão para apresentar pessoalmente sua obra, como havia muito tempo se acreditava.[72]

Os turcos caracânidas foram outros beneficiários do enfraquecimento do centro em Bagdá, ganhando controle da Transoxiana ao criarem um reino ao norte do Amu Darya (o grande rio Oxus, na fronteira dos atuais Uzbequistão e Turcomenistão), acertando com os gaznévidas que o rio deveria marcar o limite entre seus respectivos territórios.[73] Como seus vizinhos, os caracânidas apoiaram uma florescente escola de eruditos. Talvez o mais famoso texto sobrevivente seja o *Dīwān lughāt al-turk* [A coleção de dialetos túrquicos], de Mahmūd al-Kāshgharī, para quem o centro do mundo é a capital dos caracânidas, Balāsāghūn, na Ásia Central, representada num belo mapa que nos conta muito sobre como esse brilhante polímata via o mundo à sua volta.⁷⁴

Foram produzidos muitos outros relatos fabulosamente ricos, obras que nos dão uma indicação do refinamento – e das preocupações – de uma sociedade vibrante. Um texto que se destaca é o *Kutadgu Bilig* [O livro da sabedoria que traz felicidade eterna], escrito no final do século XI em túrquico caracânida por Yūsuf Khāss Hājib. É cheio de conselhos que vão de enfatizar o quanto é muito mais sensato um líder reagir aos problemas com serenidade e não com raiva, a recomendações sobre como um magnata deve oferecer um bom banquete. Enquanto livros modernos a respeito de etiqueta irritam com suas declarações banais sobre o óbvio, é difícil não se encantar com esse autor, escrevendo mil anos atrás, instando governantes a se prepararem bem para um bom jantar festivo. "Mande limpar os copos e os guardanapos. Purifique a casa e a sala, e posicione bem a mobília. Escolha comidas e bebidas saudáveis, saborosas e limpas, para que seus convidados possam comer e ficar saciados." Procure deixar os copos voltados para cima, prosseguem as recomendações, e receba eventuais retardatários de modo afável e generoso: ninguém nunca deve sair de um banquete com fome ou xingando.⁷⁵

Potentados arrivistas precisavam mesmo desses conselhos – pois ficavam tão desconfortáveis em sua nova posição como ficam os novos-ricos de hoje, em dúvida quanto ao design de interiores correto e a comida e bebida apropriadas para servir aos convidados (você não tem como errar, garante o autor do *Kutadgu Bilig*, se servir água com aroma de rosas). Alguns mais determinados, porém, evitavam a ideia de montar a própria corte e servir comida requintada, e em vez disso colocavam a mente no maior troféu de todos: Bagdá. A partir do final do século X, os seljúcidas, descendentes de um líder originário da constelação tribal ghuzz (baseada principalmente no atual Cazaquistão), começaram a ganhar corpo. Eles se mostraram hábeis em mudar de lado nos momentos oportunos, oferecendo seus serviços a governantes locais em troca de recompensas apropriadas. Não demorou para que isso começasse a se traduzir em poder efetivo. Entre o final da década de 1020 e o final da de 1030, os seljúcidas, com muita habilidade, assumiram o controle de uma cidade atrás da outra, com Merv, Nīshāpūr e Balkh sendo submetidas em sequência. Depois, em 1040, derrotaram os gaznévidas, infligindo uma esmagadora derrota ao inimigo numericamente superior em Dandanakan.⁷⁶

A meteórica ascensão dos seljúcidas, de soldados escravos a detentores de poder extraordinário, foi confirmada em 1055, quando entraram em Bagdá a convite do califa, expulsando a impopular e ineficiente dinastia dos būyidas. Foram cunhadas moedas em nome do líder, Tughrıl Beg, e ordenado que a *hutba* fosse dita em seu nome – isto é, invocando bênçãos ao seu governo nas preces diárias. Numa demonstração adicional da importância de sua posição em Bagdá, e junto ao califado, Tughrıl foi agraciado com dois novos títulos: *al-Sultān Rukn al-Dawla* e *Yamīn Amīr al-Muminīn* – pilar do Estado e mão direita do comandante dos fiéis.[77]

Isso não deixava de ser irônico. Os nomes dos filhos do epônimo fundador da dinastia sugere que os seljúcidas eram originalmente cristãos, talvez até judeus. Com nomes como Miguel, Israel, Moisés e Jonas, é provável que estivessem entre aqueles que haviam sido evangelizados nas estepes, seja pelos missionários mencionados pelo patriarca Timóteo, seja pelos mercadores que haviam levado o judaísmo aos cazares.[78] Embora o momento e as circunstâncias de sua conversão ao islã não sejam claros, teria sido evidentemente difícil aderir a crenças religiosas minoritárias em meio às massas muçulmanas sem que isso fizesse perder a legitimidade, dada a velocidade de seu avanço. Se seus sucessos tivessem vindo de forma mais lenta, o mundo teria parecido muito diferente, com o surgimento de um Estado a leste liderado por governantes cristãos ou judeus. Da maneira que ocorreu, os seljúcidas escolheram se converter. Mas foram esses novatos não muçulmanos das fronteiras do califado que viraram os guardiões do legado de Maomé, defensores do islã e senhores de um dos impérios mais poderosos da história.

Mesmo antes de se tornarem o poder na capital abássida, os bizantinos mostravam-se preocupados com a ascensão dos seljúcidas. Essa sua ascensão inexorável estimulara outros nômades da periferia a desferir ataques cada vez mais ousados no interior dos Bálcãs, no Cáucaso e na Ásia Menor, impressionando as populações locais com a rapidez de seus ataques. Seus cavalos, notou um cronista, eram "rápidos como águias, com cascos sólidos como rocha". Eles arremetiam contra as cidades "de modo tão insaciável quanto lobos famintos devorando sua comida".[79]

Numa tentativa equivocada de reforçar as defesas no Leste, o imperador romano Diógenes partiu de Constantinopla com um grande exército, ao encontro do desastre em 1071, em Manzikert, onde as forças bizantinas foram pegas de surpresa e humilhadas. Numa famosa batalha ainda celebrada hoje como o momento fundacional do Estado da Turquia, o exército imperial foi cercado e esmagado e o imperador, aprisionado. O governante seljúcida, Alp Arslan, fez o líder bizantino deitar no chão e colocou o pé no seu pescoço.[80] Na realidade, os seljúcidas e o regime em Bagdá estavam muito menos preocupados com o Império Bizantino do que com o califado fatímida no Egito xiita. As duas forças logo mediram forças, lutando pelo controle de Jerusalém. Enquanto isso, foram estabelecidas relações com Constantinopla que eram não só muito cordiais como de apoio decisivo, graças à sobreposição de seus interesses mútuos em conter os bandos que vagavam pela Ásia Menor e usavam a clássica estratégia das estepes de atacar e depois exigir pagamentos em troca da paz. Para os bizantinos, isso ameaçava desestruturar a frágil economia provincial; para os seljúcidas, representava um desafio à autoridade do líder, conforme chefes guerreiros emergiam com ideias que estavam acima de sua posição. Pela maior parte das duas décadas, o imperador e o sultão cooperaram, com debates de alto nível que iam a ponto de se discutir um possível laço matrimonial para unir os dois governantes. Na década de 1090, porém, o equilíbrio colapsou à medida que o mundo seljúcida caía numa sucessão de crises, deixando os líderes novatos na Ásia Menor encarregados de aumentar as apostas criando seus próprios feudos, o que os tornava praticamente independentes de Bagdá – e cravando incômodos espinhos nos costados de Bizâncio.[81]

Com uma calamidade atrás da outra, o Império Bizantino cristão foi rapidamente posto de joelhos. Tendo poucas cartas na mão, o imperador tomou uma medida drástica: enviou apelos a grandes magnatas de toda a Europa, incluindo o papa Urbano II. Apelar ao papa era uma tentativa desesperada de evitar que a cambaleante Bizâncio caísse no abismo, e não era isenta de riscos: quarenta anos antes, uma escalada de tensão entre as igrejas de Roma e Constantinopla resultara num cisma que viu patriarcas e imperadores excomungados e sacerdotes ameaçando uns aos outros com o fogo do inferno. Embora parte da discussão girasse em torno de doutrina, e particularmente se o Espírito Santo procede do Filho assim como do Pai, no cerne da questão estava uma competição mais ampla pelo controle dos fiéis cristãos. Recorrer ao papa significava passar ao largo da divisão e procurar refazer as relações – algo mais fácil de dizer do que de fazer.[82]

Os enviados do imperador encontraram-se com o papa Urbano II em Piacenza, em março de 1095, e "imploraram à sua alteza e aos fiéis de Cristo que dessem assistência contra os pagãos pela defesa de sua santa Igreja, que havia agora sido quase aniquilada naquela região pelos infiéis, que já a haviam conquistado até os muros de Constantinopla".[83] O papa imediatamente entendeu o que estava em jogo e partiu para a ação. Dirigindo-se ao norte dos Alpes, realizou um concílio eclesiástico em Clérmont, onde anunciou que era o dever da cavalaria cristã marchar em ajuda de seus irmãos do Leste. Urbano iniciou então uma exaustiva viagem para reunir apoio de grandes magnatas, principalmente na França, lisonjeando-os e persuadindo-os a participar de uma grande expedição que iria terminar na Terra Santa de Jerusalém. O momento de necessidade no Leste parecia ter condições de propiciar unidade à Igreja.[84]

O chamado às armas acendeu o estopim. Um número crescente de peregrinos cristãos havia visitado lugares sagrados nas décadas que antecederam o apelo de ajuda do papa. As notícias correram rápido num mundo em que havia extensas ligações entre a Europa Ocidental e Constantinopla. Com as rotas de peregrinos todas fechadas em razão dos transtornos na Ásia Menor e no Oriente Médio, e relatos alarmantes circulando sobre os avanços feitos pelos turcos na Anatólia, que forneciam descrições vívidas dos sofrimentos de cristãos no Leste, muitos ficaram convencidos de que o apocalipse estava próximo. O chamado de Urbano às armas teve uma receptividade massiva: em 1096, dezenas de milhares de homens partiram para Jerusalém.[85]

Como as copiosas fontes mostram, a maioria daqueles que partiram para o Leste era motivada pela fé e pelos relatos dos horrores e atrocidades, que para eles tinham substância. Mas embora a Cruzada seja relembrada principalmente como uma guerra de religião, suas implicações mais importantes eram mundanas. A primeira grande luta entre as potências da Europa por posição, riqueza e prestígio em terras distantes estava prestes a começar, desencadeada pela expectativa das recompensas em jogo. As coisas haviam mudado de tal modo que, de uma hora para outra, o Ocidente estava prestes a se arrastar para mais perto do coração do mundo.

8
A rota para o céu

Em 15 de julho de 1099, Jerusalém caiu para os cavaleiros da Primeira Cruzada. A jornada para o Leste havia sido quase insuportavelmente difícil. Muitos dos que partiram não conseguiram chegar à Terra Santa, mortos em batalhas, ou de doença ou fome, ou levados para o cativeiro. Ao chegarem finalmente a Jerusalém, cavaleiros derramavam lágrimas de alegria e alívio ao se aproximarem dos muros da cidade.[1] Quando estes foram por fim franqueados após um cerco de seis semanas, os atacantes estavam ansiosos para derramar sangue. Como expressou uma testemunha da carnificina que se seguiu, Jerusalém logo ficou cheia de cadáveres empilhados "em montes do tamanho de casas, do lado de fora dos portões da cidade. Ninguém havia visto tamanho massacre".[2] "Se você estivesse ali", escreveu outro autor alguns anos mais tarde, "seus pés teriam ficado manchados até os tornozelos com o sangue dos sacrificados. O que devo dizer? Nenhum deles foi deixado vivo. Nem as mulheres ou as crianças foram poupadas."[3]

A notícia da captura da Terra Santa espalhou-se como fogo na floresta. Os líderes da expedição tornaram-se nomes conhecidos da noite para o dia. Um deles, em especial, capturou a imaginação pública: Boemundo, filho de um lendário normando que gravara seu nome no Sul da Itália e na Sicília, era o astro dos relatos iniciais da Primeira Cruzada. Bonito, olhos azuis, queixo forte e ostentando um corte de cabelo curto peculiar, Boemundo exibiu coragem e perspicácia muito comentadas na Europa Ocidental. Ao voltar do Leste no início do século XII, foi festejado como herói, acompanhado por uma pequena multidão onde quer que fosse, com candidatas a noiva colocadas à sua frente para que escolhesse.[4]

Boemundo era sinônimo de tudo o que se referia àquele novo mundo emergente. Da perspectiva dos cronistas latinos da época, era o perfeito talismã para uma decisiva transferência de poder do Oriente para o Ocidente. A cristandade havia sido salva pelos bravos cavaleiros que marcharam milhares de quilômetros até Jerusalém. A Terra Santa fora libertada pelos cristãos – não pelos cristãos gregos ortodoxos do Império Bizantino, mas por aqueles da Normandia, França e Flandres, que compunham a esmagadora maioria da expedição. Muçulmanos haviam sido expulsos de uma cidade que controlavam havia séculos. Sombrias previsões de um apocalipse iminente haviam circulado por toda parte às vésperas da Cruzada; agora, porém, eram substituídas por otimismo, por uma ruidosa autoconfiança e ambição. Em questão de cinco anos, as expectativas foram do temor pelo fim do mundo às boas-vindas ao início de uma nova era – uma era dominada pela Europa Ocidental.[5]

Novas colônias foram fundadas em Outremer – literalmente "além-mar" –, governadas por novos senhores cristãos. Foi uma expansão ilustrativa do poder europeu: Jerusalém, Trípoli, Tiro e Antioquia estavam todas sob controle de europeus e governadas por leis consuetudinárias importadas do Ocidente feudal, que afetavam tudo, desde os direitos de propriedade dos recém-chegados e a coleta de impostos, até os poderes do rei de Jerusalém. O Oriente Médio estava sendo refundado para operar como a Europa Ocidental.

Ao longo dos dois séculos seguintes, foi feito um esforço enorme para manter os territórios conquistados na Primeira Cruzada e na esteira do evento. O papado insistia em imprimir na cavalaria da Europa a obrigação de defender a Terra Santa. Servir ao rei de Jerusalém era servir a Deus. Essa mensagem foi articulada com intensidade e feita circular de maneira ampla, resultando em grande número de homens partindo para o Oriente, alguns dos quais se tornaram cavaleiros templários – uma nova ordem particularmente popular, cuja ardente combinação de serviço militar, devoção e piedade mostrou representar um glamour inebriante.

A estrada para Jerusalém tornou-se a estrada para o próprio céu. Bem no início da Primeira Cruzada, em 1095, o papa Urbano II declarou que quem adotasse a cruz e se juntasse à expedição à Terra Santa receberia a absolvição de seus pecados. Isso evoluiu no decorrer da campanha, quando a ideia foi aprimorada, e todos os que caíssem em batalha contra o infiel passaram a ser considerados como encaminhados à salvação. A jornada para o Oriente era uma jornada nesta vida, mas também era a via para o céu na próxima.

Enquanto os relatos do triunfo do cristianismo, do papado e da cavalaria ressoavam de púlpito em púlpito e de taverna em taverna, em sermões, canções e versos no Ocidente cristão, no mundo muçulmano a reação foi principalmente de apatia. Embora tivesse havido esforços conjuntos para lidar com os cruzados antes da captura de Jerusalém e imediatamente após, a resistência foi local e limitada. Alguns ficaram perplexos com essa atitude de *laissez-faire*. Um juiz em Bagdá teria entrado aos brados na corte do califa para lamentar a falta de reação à chegada dos exércitos da Europa: "Como ousam vocês repousarem à sombra de uma segurança complacente", disse ele aos presentes, "levando vidas tão frívolas quanto as das flores no jardim, enquanto seus irmãos na Síria não têm lugar para morar, exceto as selas dos camelos e os ventres dos abutres?". Havia uma aquiescência silenciosa em Bagdá e no Cairo, baseada no sentimento de que talvez a ocupação cristã fosse melhor do que se a cidade fosse controlada pelos xiitas ou pelos rivais sunitas. Embora a fala tivesse levado às lágrimas alguns dos que rodeavam o califa, a maioria permaneceu indiferente – e nada fez.[6]

O sucesso da Primeira Cruzada não veio como consolo para os judeus da Europa ou da Palestina, que haviam testemunhado uma chocante violência nas mãos dos supostamente nobres cruzados. Na Renânia, mulheres, crianças e idosos haviam sido chacinados numa repentina escalada de antissemitismo na Europa. Os judeus estavam pagando o preço da refocalização da força de trabalho da Europa Ocidental e da atenção voltada para o Oriente.[7] A sede de sangue estava diretamente ligada à ideia de que os judeus eram responsáveis pela crucifixão de Jesus e que as terras de Israel deviam ser tomadas pelos cristãos da Europa. Nada seria obstáculo para abrir novas conexões para o interior do Levante. A Cruzada tampouco foi, nem de longe, uma história triunfal no que se refere aos bizantinos. Por trás do sucesso militar da Cruzada e de seu garoto-propaganda, Boemundo, havia uma história menos heroica – não de feitos gloriosos e sucesso espetacular, mas de uma fraudulenta traição ao império. Todos os líderes da expedição haviam se encontrado pessoalmente com o imperador Aleixo I ao passarem pela capital imperial em 1096-7 e feito um juramento, sobre relíquias da Santa Cruz, de que iriam entregar todas as cidades e territórios conquistados que tivessem antes pertencido a Bizâncio.[8] Conforme a expedição se arrastava em seu avanço, Boemundo ficou obcecado em se livrar desses compromissos e tomar os troféus para si – e o principal deles era a grande cidade de Antioquia.

Ele aproveitou a oportunidade quando a cidade foi capturada após um debilitante cerco. Num dos mais dramáticos impasses da época, foi confrontado, na basílica de São Pedro em Antioquia, e desafiado a defender sua recusa em entregar a cidade ao imperador bizantino, como prometido. Raimundo de Toulouse, o mais poderoso de todos os líderes cruzados, relembrou em tom solene: "Juramos sobre a cruz do Senhor, sobre a coroa de espinhos e muitas outras relíquias sagradas que não ficaríamos sem o consentimento do imperador com nenhuma cidade ou castelo de seus domínios". Boemundo declarou apenas que os votos eram nulos e sem efeito, pois Aleixo não cumprira sua parte na barganha; e com isso simplesmente se recusou a continuar acompanhando a expedição.[9]

Uma marca do brilho da campanha de propaganda montada no início do século XII, que colocou Boemundo no centro do triunfo da Cruzada, é que não havia nenhuma menção ao fato de que esse seu suposto herói não estava nem perto da Terra Santa quando esta caiu. Depois de um atraso de quase um ano, enquanto Boemundo tentava resolver o impasse a respeito de Antioquia, o exército cruzado acabou partindo sem ele. No momento em que os cavaleiros cercavam Jerusalém, agradecendo a Deus antes de começar a sitiar a cidade, alguns deles descalços para demonstrar sua humildade, Boemundo estava a centenas de quilômetros, reinando sobre seu novo trunfo, que havia garantido por meio de pura obstinação e brutalidade.[10]

A parada que Boemundo fez em Antioquia e na região em volta surgia da percepção das oportunidades excepcionais que existiam no leste do Mediterrâneo. A sua tomada da cidade foi, portanto, o passo natural no magnético processo que havia décadas e séculos vinha atraindo homens ambiciosos e capazes, do norte e do oeste da Europa. A Cruzada talvez seja mais lembrada como uma guerra de religião, mas foi também um trampolim para a aquisição de grande riqueza e poder.

Não eram só os bizantinos que viam com relativa indiferença a recusa de Boemundo em entregar Antioquia e seu comportamento agressivo e mal-intencionado, que fez circular pela Europa histórias maliciosas sobre Aleixo, espalhadas por seus apoiadores. Outros também não demonstraram o menor entusiasmo pela Cruzada – principalmente Rogério da Sicília, que fazia parte de uma geração mais velha, cuja fortuna dependera do próprio esforço e que não queria ver sua posição comprometida. Segundo um historiador árabe, Rogério não apoiava os planos de atacar Jerusalém e tentou refrear o entusiasmo daqueles que se animavam com a perspectiva de novas colônias cristãs no Mediterrâneo. Ao saber dos planos de tomar Jerusalém, "Rogério levantou a perna e soltou um sonoro peido. 'Segundo a verdade da minha religião', disse ele, 'há mais utilidade nisso do que no que vocês têm a dizer'". Qualquer avanço contra os muçulmanos iria comprometer suas relações com figuras destacadas do Norte da África muçulmano – isso sem falar dos problemas que iria criar na própria Sicília, onde havia uma importante população muçulmana –, causando atritos e interrompendo o comércio. Segundo ele, as perdas de rendimento resultantes seriam agravadas pelo declínio inevitável nas receitas de exportação das terras agrícolas. "Se vocês estão decididos a travar uma guerra santa contra os muçulmanos", disse ele, então façam isso. Mas deixem a Sicília de fora.¹¹

Havia razões para a inquietação expressa por homens como Rogério da Sicília. Os mercados do Mediterrâneo experimentaram volatilidade nas décadas que antecederam a Cruzada. O poder de gasto de Constantinopla declinara rapidamente em razão de uma grande crise financeira. O preço da tintura índigo vendida em Alexandria, por exemplo, caiu mais de 30% apenas em 1094, e é razoável supor que houve impacto similar no comércio de pimenta, canela e gengibre – embora as fontes não digam isso explicitamente.¹² O lucrativo comércio entre o Norte da África e a Europa via Palestina, que viu o pau-brasil vendido com lucro de 150% em 1085, deve também ter experimentado contração.¹³ Um suprimento repentino e choques na demanda podiam criar fortes oscilações nos preços – como a elevação no custo do trigo que se seguiu à conquista normanda da Sicília, ou a redução quase à metade do valor do linho no Mediterrâneo pelo excesso de suprimento em meados do século XI.¹⁴

Tais flutuações nos preços e na riqueza não são nada quando comparadas à transformação do Mediterrâneo desencadeada pelo impacto da Cruzada. Nos séculos X e XI, escreveu o historiador do Norte da África Ibn Khaldūn, as frotas muçulmanas tinham um controle tão absoluto dos mares, que os cristãos não eram capazes nem de fazer flutuar uma tábua neles.¹⁵ Mas embora os muçulmanos viessem dominando havia tempos o Mediterrâneo, estavam prestes a perder o controle das ondas para um novo grupo de rivais: as cidades-Estados da Itália eram o mais recente acréscimo às grandes redes de comércio do Leste.

Na realidade, Amalfi, Gênova, Pisa e Veneza haviam começado a exercitar seus músculos bem antes da década de 1090. No caso desta última, o comércio de escravos e de outras *commodities* permitiu construir fortes laços com cidades da costa da Dalmácia, como Zara, Trogir, Split e Dubrovnik, que serviram como trampolim para o Adriático e além. Esses postos comerciais representavam mercados locais e constituíam lugares seguros, nos quais as longas viagens podiam ser escalonadas. O fato de as comunas italianas terem colônias permanentes de mercadores em Constantinopla, assim como em outras cidades de Bizâncio, revela seu crescente interesse em comerciar com o Mediterrâneo oriental.[16] Isso alimentou o crescimento econômico na Itália, onde grandes riquezas estavam sendo geradas, a tal ponto que em Pisa, no final do século XI, o bispo e os cidadãos impuseram limites à altura das torres construídas por nobres para ostentação de sua riqueza.[17]

As cidades-Estados italianas logo compreenderam que a tomada de Jerusalém abriria possibilidades comerciais estimulantes. Mesmo antes da chegada dos cruzados à Terra Santa, Gênova, Pisa e Veneza já tinham frotas no mar, indo para a Síria e a Palestina. Em cada caso, a iniciativa de ir ao mar era tanto o resultado direto de apelos do papado para que participassem do empreendimento, como fruto do impulso de defender os cristãos das horríveis atrocidades que eram relatadas por testemunhas oculares e emissários de Bizâncio.[18] Mas embora as motivações espirituais fossem um fator importante, logo ficou evidente que havia também significativas recompensas materiais em jogo. Os cruzados estavam precariamente instalados após a captura de Jerusalém, precisando de provisões e desesperados para estabelecer vínculos com a Europa. As frotas das cidades-Estados colocavam-nas numa posição de negociação muito poderosa para lidar como os novos senhores da Terra Santa. Essa posição ficou ainda mais fortalecida pela necessidade dos cruzados de assegurar o litoral e portos como Haifa, Jaffa, Acre e Trípoli, onde o poder marítimo era essencial para montar um cerco bem-sucedido.

Foram fechados termos que ofereciam fabulosos ganhos potenciais em troca de ajuda. Como recompensa por tomar parte no cerco de Acre em 1100, por exemplo, os recém-chegados venezianos tiveram a promessa de uma igreja e uma praça de mercado em cada cidade capturada pelos cruzados, assim como um terço de todo o butim tirado do inimigo, afora a isenção de todos os tributos. Era o exemplo perfeito do que um estudioso chamou de combinação veneziana clássica entre "religiosidade e cobiça".[19]

Quando Cesareia foi sitiada em 1101, eram os genoveses que estavam em localização ideal para assegurar um impressionante butim, além de termos comerciais favoráveis. Sua posição melhorou ainda mais três anos depois, quando

Balduíno I, rei de Jerusalém, premiou os genoveses com um abrangente conjunto de isenções de impostos e com outros direitos legais e comerciais – como o de ficar livre da jurisdição real em casos envolvendo pena capital. Eles também foram agraciados com um terço da cidade de Cesareia, de Arsuf e de Acre – além de uma generosa proporção da receita de impostos desta última. O rei também se comprometeu a pagar um adiantamento anual a Gênova e garantir uma terça parte das futuras conquistas, com a condição de que dessem em troca suporte militar adequado.[20] Acordos como esse indicavam a fragilidade da posição dos cruzados no Leste; mas para as cidades-Estados eram a base de fortunas que as transformaram de centros regionais em potências internacionais.[21]

Como seria de esperar, recompensas tão estonteantes despertaram intensa competição entre Pisa, Gênova e Veneza. Amalfi, que havia sido mais lenta em levar navios até o Leste, foi incapaz de competir, excluída do grande jogo que agora começava, com os outros rivais disputando acesso, concessões e termos comerciais vantajosos. Já em 1099, pisanos e venezianos entraram em confronto, com os últimos afundando 28 navios de uma esquadra pisana de cinquenta, perto de Rodes. Reféns e navios capturados foram depois libertados, numa demonstração de magnanimidade, pois, segundo fonte posterior, os venezianos carregavam a cruz do Senhor não apenas costurada em suas túnicas (como os cruzados haviam sido instruídos a fazer pelo papa), mas também gravada em suas almas.[22]

Os antecedentes dessa briga particular remontam a 1092, quando Veneza foi premiada com extensas concessões de comércio ao longo do Império Bizantino, parte de uma grande estratégia do imperador Aleixo para estimular a economia. Com isso, os venezianos ganharam pontes flutuantes para atracar em portos de Constantinopla e foram isentados de taxas, tanto de importação quanto de exportação.[23] Portanto, a motivação principal dos venezianos sete anos mais tarde foi manter Pisa fora desse mercado e com isso preservar os termos altamente atraentes que haviam negociado com o imperador. Como parte do trato com Veneza, os pisanos foram obrigados a concordar que nunca mais entrariam em Bizâncio "com o propósito de comerciar, nem de lutar contra cristãos seja de que maneira fosse, exceto em virtude de devoção ao Santo Sepulcro". Isso, pelo menos, foi o relato dos venezianos.[24]

A imposição desses acordos mostrava uma diferença entre falar e fazer, e, na realidade, por volta do início do século XII, o imperador bizantino havia concedido a Pisa privilégios próprios, que não eram muito diferentes dos assegurados antes a Veneza, e talvez igualmente generosos. Embora também estivessem assegurados um cais e ancoragem na capital imperial, foram oferecidos aos mercadores pisanos apenas descontos nas taxas alfandegárias, e não isenção total.[25] Tratava-se de tentar diluir um monopólio que ameaçava dar aos venezianos uma excessiva vantagem sobre seus concorrentes.[26]

A disputa entre as cidades-Estados da Itália pelo domínio comercial no Mediterrâneo oriental era frenética e implacável. Mas não demorou para que Veneza emergisse como a vencedora indiscutível. Isso se devia muito à posição geográfica da cidade no Adriático, que lhe propiciava um tempo de navegação até Veneza mais curto do que a viagem até Pisa ou Gênova; também contribuiu o fato de as ancoragens nessa rota serem melhores, tornando a viagem mais segura, pelo menos depois que o traiçoeiro Peloponeso era transposto. Ajudava ainda o fato de a economia de Veneza ser mais forte e mais desenvolvida, e a cidade não ter um concorrente local para atrapalhá-la – ao contrário de Pisa e Gênova, cuja intensa rivalidade tirou ambas do Levante em momentos cruciais, enquanto competiam pelo controle de seus litorais e acima de tudo pela costa da Córsega.[27]

Isso deu uma vantagem a Veneza quando um grande exército de cavaleiros ocidentais foi direcionado em peso para o que ficou conhecido como a batalha do Campo de Sangue, em 1119, já que essa derrota desferiu um golpe esmagador à viabilidade de Antioquia como Estado cruzado independente.[28] Com Pisa e Gênova presas em suas próprias rixas, Antioquia enviou apelos desesperados ao doge em Veneza, implorando ajuda em nome de Jesus Cristo. Foi reunida uma força poderosa, já que, como um generoso cronista contemporâneo afirmou, os venezianos queriam, "com a ajuda de Deus, ampliar Jerusalém e a área adjacente, tudo para a vantagem e glória da cristandade".[29] Fato significativo, porém, os pedidos de ajuda do rei Balduíno II foram acompanhados pela promessa de novos privilégios.[30]

Os venezianos usaram essa abertura para dar aos bizantinos uma lição. O novo imperador, João II, que sucedeu seu pai Aleixo em 1118, chegara à conclusão de que a economia doméstica havia se recuperado o suficiente para justificar uma recusa a renovar as concessões dadas aos venezianos havia mais de duas décadas. Como resultado, quando a frota veneziana foi para leste em direção a Antioquia, cercou Corfu e ameaçou ações adicionais se o imperador não renovasse a concessão. Instalou-se um impasse, até que o imperador recuou e reconfirmou os privilégios antes garantidos por seu pai.[31]

Esse sucesso foi sobrepujado pelos ganhos feitos quando os navios do doge finalmente chegaram à Terra Santa. Avaliando a situação com perspicácia, os venezianos fizeram um empréstimo aos líderes ocidentais em Jerusalém para que pudessem bancar suas próprias forças e desferir um ataque aos portos em posse dos muçulmanos. Em troca, extraíram um prêmio substancial. Veneza iria receber uma igreja, uma rua e uma praça de bom tamanho em cada cidade real e baronal no reino de Jerusalém. Seria paga uma taxa anual aos venezianos, assegurada pelas substanciais rendas futuras de impostos de Tiro, o principal empório comercial da região. Quando essa cidade caiu após um cerco em 1124, o status de Veneza na região foi transformado, com a garantia de extensas concessões que iriam vigorar em todo o reino de Jerusalém. Partindo de uma mera cabeça de ponte, a cidade italiana havia articulado uma posição de tamanha força que, na percepção de alguns, ameaçaria comprometer a autoridade da Coroa, o que fez com que imediatamente se tentasse atenuar alguns dos termos.[32]

Era uma época de fé ostensiva e intensa convicção religiosa, um período marcado pelo autossacrifício em nome do cristianismo. Mas a religião tinha que abrir caminho pela *realpolitik* e pelas preocupações financeiras – a hierarquia da Igreja sabia disso. Quando o imperador bizantino João II tentou fazer prevalecer seu domínio sobre Antioquia, o papa expediu uma declaração a todos os fiéis, dizendo que quem ajudasse os bizantinos enfrentaria a danação eterna.[33] Isso tinha tudo a ver com a intenção de manter os aliados de Roma satisfeitos, e quase nada com teologia ou doutrina.

Mas o melhor exemplo da fusão entre espiritual e material veio após a perda de Edessa para os muçulmanos em 1144 – outro grande revés para os cruzados. Foram feitas conclamações por toda a Europa pedindo reforços para participar de uma expedição, que iria se tornar a Segunda Cruzada. Sua principal figura foi o carismático e energético Bernardo de Clairvaux, realista o suficiente para compreender que a remissão dos pecados e a possibilidade de salvação por meio do martírio talvez não persuadissem todos a ir para o Leste. "Para aqueles entre vocês que são mercadores, homens rápidos para achar uma barganha", escreveu ele numa carta que circulou amplamente, "permitam-me enfatizar as vantagens dessa grande oportunidade. Não deixem de aproveitá-las!"[34]

Em meados do século XII, as cidades-Estados italianas exploravam lucrativamente as invejáveis posições que haviam conseguido de modo tão brilhante no Leste. Com acesso preferencial a Constantinopla assim como às principais cidades do litoral do Império Bizantino e da Palestina, os pontos de apoio de Veneza estendiam-se agora até o Mediterrâneo oriental, não só até o Levante, mas em pouco tempo também até o Egito. Alguns viam isso com ciúmes, como Caffaro, o mais famoso historiador genovês da Idade Média. Gênova "estava adormecida e padecendo de indiferença", escreveu ele lamentando a década de 1150; era "como um navio navegando sem um comandante".[35]

Havia um pouco de exagero nisso e revela uma dose de desaprovação do autor em relação às poderosas famílias que dominavam a política genovesa. Na realidade, Gênova também prosperava nessa época. Além de certificar-se de que seus privilégios nos estados cruzados fossem regularmente reafirmados, a cidade construiu vínculos no Mediterrâneo ocidental. Em 1161, foi acertada uma trégua com o califa almóada do Marrocos, o que permitiu acesso a mercados e proteção contra ataques. Na década de 1180, o comércio com o Norte da África respondia por mais de um terço da atividade comercial genovesa, e uma extensa infraestrutura de armazéns e hospedagens havia sido montada ao longo do litoral para apoiar mercadores e permitir que os negócios fossem feitos com eficácia.[36]

Gênova, Pisa e Veneza estimularam o crescimento de uma série de outras cidades em volta delas – assim como Kiev fizera na Rússia. Cidades como Nápoles, Perúgia, Pádua e Verona expandiram-se rapidamente, com novos subúrbios que cresciam com tamanha velocidade que os muros das cidades tinham que ser reconstruídos de tempos em tempos, cada vez mais afastados do centro. Embora seja difícil avaliar o porte das populações na ausência de dados claros, não há dúvida de que o século XII assistiu a um grande surto de urbanização na Itália, conforme os mercados se expandiam, as classes médias se formavam e os rendimentos aumentavam.[37]

Ironicamente, a base para esse crescimento na era das Cruzadas apoiava-se na estabilidade e nas boas relações entre muçulmanos e cristãos, tanto na própria Terra Santa quanto em outras partes. Embora houvesse confrontos regulares nas décadas que se seguiram à captura de Jerusalém em 1099, foi só no final da década de 1170 que ocorreu uma dramática escalada de tensão. No geral, os cruzados aprenderam como lidar com as populações muçulmanas majoritárias que ficaram sob seu domínio e com as que estavam mais no interior. Na realidade, o rei de Jerusalém regularmente trazia seus próprios senhores para a obediência, evitando que lançassem ataques imprudentes às caravanas de passagem ou a cidades vizinhas, o que poderia colocar em conflito entre si os líderes locais ou exigir uma reação mais dura de Bagdá ou do Cairo.

Alguns recém-chegados à Terra Santa achavam isso difícil de compreender, o que fez com que se tornassem uma fonte constante de problemas, como observadores locais reconheciam. Os recém-chegados ficavam incrédulos ao ver que o comércio com os "infiéis" acontecia em bases cotidianas, e levavam um tempo até perceber que na prática as coisas não eram tão "preto no branco" como haviam sido pintadas na Europa. A certa altura, os preconceitos perderam força: ocidentais que já estavam no Oriente havia algum tempo "são muito melhores do que aqueles que acabam de chegar", escreveu um autor árabe, que ficou espantado com os hábitos rudes e grosseiros dos recém-chegados – assim como com suas atitudes em relação a quem não fosse cristão.[38]

Havia também paralelos muçulmanos a essa maneira de pensar. Uma *fatwa*, ou declaração, emitida na década de 1140, insistia para que os muçulmanos não viajassem para o Ocidente nem comerciassem com cristãos. "Se viajarmos para o país deles, os preços das *commodities* irão aumentar, e eles obterão de nós imensas somas de dinheiro, que irão usar para combater muçulmanos e atacar suas terras."[39] Em larga medida, porém, apesar de toda a furiosa retórica de ambos os lados, as relações eram notavelmente serenas e ponderadas. Na realidade, na Europa Ocidental, havia bastante curiosidade a respeito do islã. Mesmo na época da Primeira Cruzada, não demorou para que se formassem opiniões positivas sobre os turcos muçulmanos. "Se pelo menos os turcos tivessem se mantido firmes na fé de Cristo e da cristandade", escreveu com pesar o autor de uma das histórias mais populares da expedição a Jerusalém – talvez até insinuando o histórico religioso dos seljúcidas, antes de se tornarem muçulmanos; "você não encontraria soldados mais fortes ou corajosos ou mais habilidosos."[40]

Tampouco demorou para que as realizações científicas e intelectuais do mundo muçulmano fossem ativamente procuradas e devoradas por eruditos no Ocidente, como Adelardo de Bath.[41] Foi Adelardo que vasculhou as bibliotecas de Antioquia e Damasco e trouxe exemplares de tabelas de algoritmos, que formaram as bases do estudo da matemática no mundo cristão. Viajar por toda essa região era abrir a mente. Quando ele voltou para casa, "passou a achar os príncipes bárbaros, os bispos beberrões, os juízes subornáveis, os patronos não confiáveis, os clientes sicofantas, os que faziam promessas mentirosos, os amigos invejosos e quase todo mundo cheio de cobiça".[42] Essas visões foram formadas a partir do corajoso reconhecimento da sofisticação do Oriente em comparação com as limitações culturais do Ocidente cristão. A visão de Adelardo era partilhada por outros – como Daniel de Morley, que se mudou da Inglaterra para estudar em Paris na última parte do século XII. Os austeros pretensos intelectuais dessa cidade lisonjeavam para enganar, simplesmente sentavam-se "imóveis como estátuas, fingindo ostentar sabedoria ao permanecer em silêncio". Percebendo que não teria o que aprender com aqueles homens, Daniel mudou-se para a muçulmana Toledo, "o mais rápido que [ele] pôde, para ouvir os mais sábios filósofos do mundo".[43]

Ideias que vinham do Oriente eram absorvidas com entusiasmo, mas de modo irregular. Pedro, o Venerável, abade de Cluny, que foi a usina geradora do pensamento teológico e intelectual da França medieval, providenciou a tradução do Corão, para que ele e outros eruditos cristãos pudessem melhor compreendê-lo – e, confessadamente, usá-lo para reforçar visões preexistentes sobre o islã como algo aberrante, vexaminoso e perigoso.[44] E não foi só para as terras muçulmanas que os europeus ocidentais se voltaram em busca de inspiração. Textos produzidos em Constantinopla foram também traduzidos para o latim, como os comentários sobre a *Ética a Nicômano,* de Aristóteles, por Ana Comnena, filha de Aleixo I, e acabaram encontrando seu caminho até Tomás de Aquino – e daí para a corrente principal da filosofia cristã.[45]

Do mesmo modo, não foi apenas o comércio com os muçulmanos que constituiu o núcleo do florescimento econômico e social da Europa no século XII, pois Constantinopla e o Império Bizantino eram um grande motor no comércio do Mediterrâneo cristão – responsáveis por metade da transação internacional de Veneza, a julgar por documentos desse período.[46] Mesmo assim, e embora vidro, artefatos de metal, óleo, vinho e sal de Bizâncio fossem exportados para mercados na Itália, Alemanha e França, os produtos trazidos de mais longe é que eram mais valorizados, procurados e lucrativos.

A demanda por seda, algodão, linho e tecidos produzidos no Mediterrâneo oriental, no meio da Ásia ou na China, era enorme, como deixam claro os inventários, listas de vendas e tesouros de igrejas na Europa Ocidental.[47] Cidades no Levante tiraram proveito dos mercados emergentes – com Antioquia, que se firmou como centro comercial onde os materiais podiam ser despachados para o Ocidente, mas também como um centro de produção. Tecidos da cidade, como a "fazenda de Antioquia", eram comercializados com muito sucesso e se tornaram tão cobiçados que o rei Henrique III da Inglaterra (governou de 1216 a 1272) tinha "câmaras de Antioquia" em cada uma de suas principais residências: a Torre de Londres, Clarendon e os palácios de Winchester e Westminster.[48]

As especiarias também começaram a fluir do Oriente para a Europa em volumes cada vez maiores. Chegavam a três centros principais – Constantinopla, Jerusalém e Alexandria – e eram então despachadas para as cidades italianas e mercados da Alemanha, França, Flandres e Bretanha, onde eram gerados gordos lucros com a venda de bens exóticos. Em alguns aspectos, o desejo de comprar luxos caros do Oriente era um processo similar ao da demanda dos nômades das estepes por rolos de seda da corte chinesa: no mundo medieval, assim como hoje, os ricos precisavam se diferenciar ostentando seu status. Embora o comércio de objetos e produtos caros envolvesse apenas uma pequena porção da população, era importante porque ensejava a diferenciação – e, portanto, revelava mobilidade social e aspirações de ascensão.

Ainda que Jerusalém tivesse um papel totêmico como ponto central da cristandade, também atuava por si só como empório, embora a cidade de Acre a suplantasse como centro comercial. Uma lista dos tributos a serem coletados no reino no posterior século XII nos dá uma visão detalhada daquilo que podia ser comprado ali na época, além de revelar a grande atenção por parte de uma sofisticada chancelaria, que visava não perder receitas valiosas. Aplicavam-se taxas sobre a venda de pimenta, canela, alume, verniz, noz-moscada, linho, cravo, madeira de aloé, açúcar, peixe salgado, incenso, cardamomo, amônia, marfim e muitos outros produtos.[49] A grande maioria deles não era originária da Terra Santa e chegava ali pelas rotas comerciais controladas pelos muçulmanos – incluindo os que chegavam pelos portos do Egito, que exportavam um impressionante catálogo de especiarias, tecidos e objetos de luxo, segundo consta em um tratado de impostos árabe do período.[50]

Por ironia, portanto, as Cruzadas serviram não só para estimular economias e sociedades na Europa Ocidental; também enriqueceram os intermediários muçulmanos, que perceberam que os novos mercados podiam trazer ricas recompensas. Um dos mais sagazes foi Rāmisht de Sīrāf, no Golfo Pérsico, que fez fortuna no início do século XII. Sua genialidade manifestou-se em atender à crescente demanda agindo como intermediário de bens da China e da Índia, com um de seus agentes tendo despachado artigos no valor de meio milhão de dinares em um ano apenas. Sua riqueza era lendária – assim como sua generosidade. Pagou um tubo de água de ouro, para substituir o de prata na Kaaba em Meca, e pessoalmente financiou novos tecidos – panos chineses cujo "valor não podia ser estimado", segundo um relato desse período – que foram colocados sobre a Kaaba depois que os originais sofreram danos. Seus bons feitos o levaram a ter a rara distinção de ser enterrado em Meca, conforme se lê no texto em sua lápide: "Aqui jaz o armador Abul-Qāsim Rāmisht; 'Que Deus tenha misericórdia dele e de quem quer que peça que lhe seja concedida misericórdia'".[51]

As riquezas em jogo inevitavelmente levaram a uma intensificação das rivalidades e a um novo capítulo no grande jogo medieval: a busca de primazia no Mediterrâneo oriental a qualquer custo. Por volta de 1160, a competição entre as cidades-Estados italianas era tão forte que havia batalhas entre venezianos, genoveses e pisanos nas ruas de Constantinopla. Apesar das tentativas do imperador bizantino de intervir, surtos de violência iriam virar ocorrências regulares. Isso era presumivelmente o resultado da crescente concorrência comercial e da queda nos preços: as posições comerciais tinham que ser protegidas, se necessário pela força.

O autointeresse das cidades-Estados despertou o antagonismo dos habitantes da capital, não só em razão dos danos causados às propriedades na cidade, mas porque aquele exercitar de músculos das potências ocidentais estava cada vez mais evidente em outras partes. Em 1171, o imperador bizantino reagiu ao crescente descontentamento prendendo milhares de venezianos e ignorando os pedidos de reparação, e mais ainda os de desculpas por suas ações unilaterais, perpetradas sem aviso. Quando o doge Vitale Michiel foi incapaz de resolver as questões mesmo tendo ido até Constantinopla pessoalmente, a situação em Veneza ficou febril. Com as multidões se reunindo na expectativa de ouvir boas notícias, a decepção se transformou em raiva, que então deu lugar à violência. Tentando fugir de seu próprio povo, o doge refugiou-se no convento veneziano de San Zaccaria; mas, antes que pudesse chegar ali, um bando conseguiu interceptá-lo e linchá-lo.[52]

Os bizantinos não eram mais aliados e benfeitores de Veneza, mas sim rivais e competidores. Em 1182, habitantes de Constantinopla atacaram cidadãos das cidades-Estados italianas que viviam na capital imperial. Muitos foram mortos, entre eles o representante da Igreja latina, cuja cabeça foi arrastada pelas ruas da cidade, puxada por um cão.[53] Esse foi apenas o começo das crescentes animosidades entre os cristãos das duas metades da Europa. Em 1185, Tessalônica, uma das cidades mais importantes do Império Bizantino, foi saqueada por uma força ocidental do Sul da Itália. O Ocidente havia enfiado um arpão no Mediterrâneo oriental com a Primeira Cruzada; agora estava revirando sua presa.

Para alguns, porém, as tensões constituíram uma oportunidade. A estrela de um brilhante general chamado Salāh al-Dīn al-Ayyubī (Saladino) vinha ascendendo no Egito havia algum tempo. Com boas conexões, uma mente astuta e não pouco charme, o homem, mais conhecido como Saladino, percebeu que o conflito em Constantinopla poderia reverter em seu favor. Ele agiu rapidamente para conciliar os bizantinos, fazendo questão de convidar o patriarca grego de Jerusalém para visitar Damasco, tratando-o com extrema generosidade para demonstrar que ele, e não os cristãos do Ocidente, era o aliado natural do império.[54]

Ao final da década de 1180, o imperador bizantino Isaac II estava com suficiente boa disposição para escrever "ao [meu] irmão, o sultão do Egito, Saladino", e compartilhar relatórios de inteligência com ele, advertindo que os boatos sobre as intenções do império, plantados por seus inimigos, não tinham fundamento e pedindo que Saladino considerasse mandar apoio militar contra os ocidentais.[55] O sentimento antiocidental vinha fermentando em Constantinopla havia décadas. Um escritor, em meados do século XII, declarou que homens da Europa Ocidental eram não confiáveis, predadores e capazes até de vender membros da família por dinheiro. Embora muitos peregrinos afirmassem ser devotos, escreveu a filha de um imperador, eles na realidade eram motivados apenas pela cobiça. Viviam planejando capturar a cidade imperial e causavam danos à reputação do império ou aos seus companheiros cristãos.[56] Essa história iria se espalhar e se firmar na consciência bizantina no final do século XII e principalmente depois de 1204.

Era uma visão que encontrava eco na própria Terra Santa, onde os cavaleiros agiam com tamanha violência e irresponsabilidade que era quase como se tivessem um desejo de morte. Volta e meia, no final do século XII, figuras de destaque tomavam decisões estúpidas, arrumavam brigas bobas entre eles e acabaram falhando em se preparar para a grande onda que se aproximava, apesar dos óbvios sinais de alerta. Suas atitudes divertiram um visitante muçulmano da Espanha nesse período. É impressionante ver, escreveu Ibn Jubayr, que "o fogo da discórdia arde" entre cristãos e muçulmanos quando se trata de política e de luta; mas, quando se trata de comércio, os viajantes "podem ir e vir sem interferência".57

Mercadores podiam contar com segurança onde quer que fossem, não importava sua fé ou se eram tempos de guerra ou paz. Isso resultava, escreveu o autor, de um bom relacionamento de trabalho, por meio do qual os tratados mútuos de tarifas garantiam a cooperação, bem como a aplicação de severas punições. Comerciantes latinos que não respeitavam os acordos ou cruzavam os limites estabelecidos, mesmo que fosse apenas pelo "comprimento de um braço", tinham sua garganta cortada por outros cristãos, preocupados em não perturbar os muçulmanos e não pôr a perder laços comerciais bem estabelecidos. Ibn Jubayr achou divertido e preocupante. Trata-se de "uma das mais curiosas e singulares convenções dos [ocidentais]".58

À medida que a corte em Jerusalém passou a se voltar para os próprios problemas, as lutas entre facções rivais tornaram-se endêmicas e criaram as condições ideais para o surgimento de figuras obstinadas e ambiciosas, que faziam promessas exageradas de sucesso e causaram danos tremendos às relações entre cristãos e muçulmanos. A principal delas foi Reinaldo de Châtillon, cuja temeridade quase derrubou o reino de Jerusalém.

Veterano da Terra Santa, Reinaldo percebeu que a pressão aumentava conforme a posição de Saladino no Egito se fortalecia – especialmente depois que este último colocou grandes partes da Síria sob seu controle, cercando o reino cristão. As tentativas de Reinaldo de mitigar a ameaças foram um fracasso espetacular. Sua decisão afobada de atacar o porto de Aqaba no mar Vermelho provocou reações quase histéricas entre os cronistas árabes, que clamavam que Medina e Meca estavam sob ameaça e que o apocalipse e o fim dos tempos eram iminentes.59

Tais ações, além de criar hostilidade, aumentavam as perspectivas de prestígio e popularidade de Saladino, caso desferisse um golpe esmagador contra o Estado cruzado. De todos os cristãos no Leste, escreveu um escritor muçulmano da época, Reinaldo era "o mais pérfido e malvado [...] o mais disposto a causar danos e fazer o mal, a quebrar promessas e votos solenes, a descumprir sua palavra e perjurar a si mesmo". Saladino jurou "que iria acabar com a vida dele".60

E logo teve essa chance. Em julho de 1187, cavaleiros do reino cruzado de Jerusalém foram confrontados nos Chifres de Hattin, superados em estratégia, inteligência e capacidade de combate por Saladino numa batalha arrasadora, na qual praticamente todos os combatentes ocidentais foram mortos ou capturados. Membros das ordens militares que haviam sido aprisionados, especialmente hospitalários e templários – homens resolutos e ardorosos que não se dispunham a ceder ao lidar com comunidades de não cristãos –, foram sumariamente executados. Saladino foi em pessoa atrás de Reinaldo de Châtillon e decapitou-o. Se Reinaldo foi ou não o principal arquiteto da morte dos cruzados é algo aberto, mas foi um bode expiatório conveniente tanto para os latinos derrotados quanto para os muçulmanos vitoriosos. Seja qual for a verdade, apenas dois meses após a batalha, Jerusalém rendeu-se pacificamente aos muçulmanos, e seus portões foram abertos depois de um acordo para que os habitantes da cidade fossem poupados.[61]

A queda da cidade foi um golpe humilhante para o mundo cristão e um grande revés para as conexões da Europa com o Leste. O papado recebeu muito mal a notícia – Urbano III, ao que consta, caiu morto ao saber da derrota em Hattin. Seu sucessor, Gregório VIII, conduziu o exame de consciência. A Terra Santa havia caído, anunciou ele aos fiéis, não só em razão "dos pecados de seus habitantes, mas também [em razão] dos nossos e dos daqueles de todo o povo cristão". O poder dos muçulmanos estava em ascensão, advertiu ele, e iria avançar a não ser que fosse detido. Conclamou os reis, príncipes, barões e cidades que estavam em litígio entre si para deixarem de lado suas diferenças e reagirem ao que havia acontecido. Era uma franca admissão de que, apesar de toda a retórica da cavalaria ser motivada por fé e devoção, a realidade era que o interesse próprio, as rivalidades e rixas locais estavam na ordem do dia. Jerusalém caíra, disse o papa, pelo fracasso dos cristãos em defender aquilo em que acreditavam. Haviam sido vencidos pelo pecado e pelo mal.[62]

Essa mensagem provocativa e forte teve efeito imediato, e não demorou para que os três homens mais poderosos do Ocidente iniciassem os preparativos para lançar uma expedição de retaliação. Ricardo I da Inglaterra, Filipe II da França e o poderoso Frederico Barbarossa, imperador do Sacro Império Romano-Germânico, prometeram retomar a Terra Santa, e parecia razoável supor que havia uma chance não só de recuperar Jerusalém, mas de reposicionar os cristãos no Oriente Médio. No entanto, os esforços de 1189-92 foram um fiasco. Frederico afogou-se ao cruzar um rio na Ásia Menor, a quilômetros do proposto teatro de operações. Havia ferozes discussões entre a liderança a respeito dos objetivos estratégicos, e as divergências acabaram levando os exércitos a um impasse. Isso foi bem exemplificado pela tentativa de Ricardo "Coração de Leão" de desviar a expedição de Jerusalém e colocar o foco na ocupação do Egito – um troféu mais rico e suculento. Do jeito que aconteceu, a campanha teve poucos ganhos permanentes e falhou em colocar pressão em Jerusalém. Na realidade, um fato marcante é que antes que os líderes voltassem para casa, sua atenção se virou para Acre, principal empório do Levante – sem qualquer valor do ponto de vista bíblico ou religioso.[63] Apenas uma década mais tarde houve outra tentativa de recuperar a Terra Santa. Veneza seria dessa vez a pedra de toque do ataque, transportando homens para o Leste de navio. O doge, de início relutante em ajudar, foi persuadido a apoiar a iniciativa depois com o compromisso de que os custos da construção da frota exigida para transportar o massivo número de soldados necessários para a expedição seriam bancados pelos próprios participantes. Os venezianos também insistiram em definir a direção da campanha, exigindo que a frota fosse para o Egito, e não para os portos que serviam Jerusalém. Essa decisão, segundo alguém diretamente envolvido no planejamento, "foi mantida como segredo muito bem guardado; para o público em geral, anunciou-se que iríamos para além-mar".[64]

A expedição proposta assentava-se num par perfeito: salvação espiritual e promessa de ricas recompensas para quem participasse. As riquezas do Egito eram legendárias. As pessoas ali eram "devotadas a uma vida de luxos", escreveu um autor desse período, e fabulosamente ricas, em razão dos "impostos das cidades tanto do litoral quanto do interior". Estes, notou ele com um suspiro, produziam uma "vasta quantia de rendimento anual".[65]

Os venezianos sabiam muito bem o que estava em jogo, porque as artérias tradicionais da cidade em direção ao leste estavam submetidas a transtornos e incertezas. Com a turbulência que se seguiu aos eventos de Saladino, combinada com um período de instabilidade em Bizâncio, Veneza precisava com urgência ter maior presença em Alexandria e nos portos na foz do Nilo, locais onde tradicionalmente seu poder havia se reduzido: antes de 1200, talvez apenas 10% do comércio veneziano era com o Egito.[66] A cidade previamente perdera terreno para Pisa e Gênova, ambas com nítidas vantagens sobre sua rival italiana em volume de intercâmbio e nas conexões que haviam estabelecido com o comércio que vinha do mar Vermelho – em vez de chegar por terra até Constantinopla e Jerusalém.[67] Os troféus em oferta justificavam os riscos que Veneza assumiu ao concordar em construir uma imensa frota, o que envolvia suspender todos os demais trabalhos pela maior parte dos dois anos seguintes.

Logo ficou claro, porém, que o número daqueles que se predispunham a participar era bem menor do que o esperado – deixando Veneza perigosamente com pouco dinheiro. Os eventos agora se sobrepunham aos cruzados, e a política foi sendo improvisada à medida que avançavam. Em 1202, a frota chegou a Zara, na costa da Dalmácia, uma cidade que estivera no centro de uma longa disputa entre Veneza e Hungria. Conforme ficava clara a iminência de um ataque, os cidadãos, confusos, hastearam estandartes marcados com cruzes nos muros da cidade, supondo que tivesse havido algum mal-entendido e recusando-se a acreditar que uma força cristã iria atacar uma cidade cristã sem qualquer provocação – e contrariando ordens expressas do papa Inocêncio III. A cidade não foi poupada; Veneza cobrava agora sua dívida dos cavaleiros.[68]

Enquanto os cruzados ponderavam como iriam justificar tais ações e discutiam o que fazer em seguida, uma oportunidade de ouro se apresentou quando um dos que reivindicavam o trono de Bizâncio ofereceu recompensas generosas ao exército se eles o ajudassem a tomar o poder em Constantinopla. As forças que originalmente haviam partido para o Egito sob a aparência de estarem indo para Jerusalém viram-se junto aos muros da capital bizantina pesando suas opções. Conforme as negociações com as facções se arrastavam na cidade, a discussão entre os cruzados era sobre como tomar a cidade e, principalmente, como dividir entre eles a cidade e o resto do império.[69]

Veneza já aprendera a cuidar com zelo de seus interesses no Adriático e no Mediterrâneo; fortalecera sua posição ao assumir controle direto de Zara. Agora tinha a oportunidade de ganhar o controle do maior de todos os troféus, e com isso garantir o acesso direto ao Leste. No final de março de 1204, homens começaram a tomar posição para sitiar a Nova Roma. O assalto total começou na segunda semana de abril. Escadas, aríetes e catapultas, que haviam sido feitos para ajudar a arrancar o controle de cidades dos muçulmanos, estavam agora sendo usados contra aquela que ainda era de longe a maior cidade cristã do mundo. Navios que haviam sido projetados e construídos para bloquear portos no Egito e no Levante eram agora usados para cortar o acesso marítimo ao famoso Chifre de Ouro, bem à vista da grande catedral Hagia Sofia. Às vésperas da batalha, bispos asseguraram aos ocidentais que o confronto "era uma guerra justa e que eles com certeza deviam atacar os [bizantinos]". Com referência às discussões sobre doutrina que vinham à tona com conveniente regularidade quando havia outras questões mais materiais em jogo, os sacerdotes disseram que os habitantes de Constantinopla podiam ser atacados com base no fato de terem declarado que "a lei de Roma não valia para nada e chamado de cães a todos aqueles que acreditavam nela". Os bizantinos, segundo os cruzados haviam sido informados, eram piores que os judeus; "eles são os inimigos de Deus".[70] Quando os muros foram rompidos, seguiram-se cenas caóticas dos ocidentais despejando sua violência pela cidade. Atiçados ao frenesi religioso pelas venenosas palavras que haviam sido gotejadas em seus ouvidos, saquearam e profanaram as igrejas da cidade com particular esmero. Assaltaram os tesouros de Hagia Sofia, roubando os vasos incrustados de joias que continham relíquias de santos e brincando com a lança que havia perfurado os costados de Jesus na cruz. Objetos de prata e metais preciosos, usados para celebrar a Eucaristia, foram profanados. Cavalos e mulas foram levados para dentro da igreja e carregados com o butim, e alguns deles escorregavam no piso de mármore polido, cheio de "sangue e sujeira". Para acrescentar insulto à injúria, uma vulgar prostituta sentou no assento do patriarca e entoou canções obscenas. Para uma testemunha ocular bizantina, os cruzados nada mais eram do que os precursores do anticristo.[71]

Existe material de fonte mais do que suficiente para indicar que esses relatos não são exagerados. Um abade ocidental foi direto à igreja do Pantokrator (Cristo, o Todo-Poderoso), fundada no século XII pela família imperial. "Mostre-me as relíquias mais poderosas que vocês têm", ordenou a um padre, "ou irá morrer imediatamente." Ele então descobriu uma arca cheia de tesouros da igreja, na qual "avidamente enfiou as duas mãos". Quando lhe perguntaram onde havia ido e se havia roubado algo, tudo o que disse, assentindo e com um sorriso, foi "fizemos a coisa certa".[72]

Não admira, portanto, que um habitante bizantino, assim que saiu da cidade, tenha se atirado ao chão chorando e repreendido os muros, porque "só eles não haviam se comovido, nem derramado lágrimas, nem caído destruídos no chão; continuavam em pé, bem eretos". Era como se zombassem dele: por que não protegeram a cidade? A própria alma da cidade havia sido arrancada pela violência dos soldados em 1204.[73]

As riquezas de Constantinopla foram levadas secretamente para igrejas, catedrais, mosteiros e coleções privadas de toda a Europa Ocidental. Esculturas de cavalos que se erguiam orgulhosamente no hipódromo foram carregadas nos navios e transportadas para Veneza, e montadas acima da entrada da catedral de São Marcos; inúmeras relíquias e objetos preciosos foram igualmente transportados para a cidade, onde permanecem, hoje, admirados por turistas como exemplos da habilidade dos artesãos cristãos, e não como butim de guerra.[74]

Como se tudo isso não bastasse, quando o velho doge cego, Enrico Dandolo, que viera de Veneza testemunhar o ataque a Constantinopla, morreu no ano seguinte, decidiu-se enterrá-lo na Hagia Sofia. Foi a primeira pessoa na história a ser enterrada na grande catedral.[75] Um gesto altamente simbólico, que dizia muito sobre a ascensão da Europa. Durante séculos, homens haviam se voltado para o Leste para fazer fortuna e realizar suas ambições – fossem espirituais ou materiais. O saque e a tomada da maior e mais importante cidade da cristandade mostraram que os europeus não seriam detidos por nada para tomar o que queriam – e que precisavam – para se aproximar do centro onde residia a riqueza e o poder do mundo.

Apesar de parecerem homens, os ocidentais portavam-se como animais, escreveu um destacado clérigo grego com pesar, acrescentando que os bizantinos haviam sido tratados com crueldade abismal, com virgens sendo estupradas e vítimas inocentes empaladas. O saque da cidade foi tão brutal que um estudioso moderno escreveu sobre uma "geração perdida" nos anos que se seguiram à Quarta Cruzada, já que o aparato imperial bizantino havia sido forçado a se reagrupar em Niceia, na Ásia Menor.[76]

Enquanto isso, os ocidentais passaram a dividir o império entre si. Após a consulta aos registros de impostos de Constantinopla, foi produzido um novo documento intitulado *Partitio terrarum imperii Romaniae* – Divisão das terras do Império Romano –, definindo quem ficaria com o quê. Não se tratou de um processo acidental ou fortuito, mas de um desmembramento calculado com frieza.[77] Desde o início, homens como Boemundo haviam mostrado que os cruzados – que prometiam defender a cristandade, realizar a obra do Senhor e trazer a salvação àqueles que adotassem a cruz – podiam ser levados a outros propósitos. O saque de Constantinopla foi a óbvia culminação do desejo da Europa de se conectar e se incrustar no Leste.

À medida que o Império Bizantino era desmantelado, europeus liderados pelas cidades-Estados italianas de Pisa, Gênova e Veneza correram para tomar regiões, cidades e ilhas importantes no aspecto estratégico e econômico, às custas umas das outras. As frotas entravam em choque regularmente junto a Creta e Corfu, enquanto se esforçavam para ganhar o controle das melhores bases e obter o melhor acesso aos mercados.[78] Por terra também havia uma disputa por território e status, particularmente feroz nas planícies férteis da Trácia, o celeiro de Constantinopla.[79]

A atenção logo se voltou mais uma vez para o Egito, que em 1218 tornou-se o foco de outra expedição em larga escala, cujo objetivo era partir lutando do delta do Nilo até Jerusalém. Francisco de Assis se juntou aos exércitos que navegavam para o sul na esperança de persuadir o sultão al-Kāmil a renunciar ao islã e se tornar cristão — algo que até o carismático Francisco não foi capaz de conseguir, apesar de lhe ser dada a oportunidade de fazer isso pessoalmente.[80] Depois de tomar Damietta em 1219, os cruzados tentaram marchar sobre o Cairo, o que terminou numa desastrosa derrota nas mãos do não convertido al-Kāmil, que levou a expedição a uma ignominiosa interrupção. Enquanto os líderes examinavam os termos para um acordo e discutiam entre eles sobre o curso correto de ação a tomar diante da pesada derrota, receberam relatos do que parecia ser nada menos que um milagre.

Chegou a notícia de que um grande exército estava marchando do interior profundo da Ásia para ajudar os cavaleiros ocidentais contra o Egito. Esmagando todos os oponentes em seu avanço, eles vinham para auxiliar os cruzados. A identidade da força de auxílio ficou imediatamente óbvia: tratava-se dos homens do Preste João, governante de um reino vasto, de fabulosa riqueza, cujos habitantes incluíam amazonas, brâmanes, Tribos Perdidas de Israel e uma série de criaturas míticas e semimíticas. O Preste João governava ostensivamente um reino que era não apenas cristão, mas o mais próximo possível de um paraíso na terra. Cartas que começaram a aparecer no século XII deixam pouca dúvida quanto à sua magnificência ou à glória de seu reino: "Eu, Preste João, sou o soberano dos soberanos, e supero todos os reis do mundo em riqueza, virtude e poder [...]. Leite e mel correm livremente em nossas terras; venenos não conseguem produzir danos, e não há sapos barulhentos coaxando. Não há escorpiões, nem serpentes rastejando na relva". Era rico em esmeraldas, diamantes, ametistas e outras pedras preciosas, assim como a pimenta e elixires que preveniam todas as doenças.[81] Os rumores de sua chegada foram suficientes para afetar as decisões que haviam sido tomadas no Egito: os cruzados só tinham que manter a fibra, e a vitória estaria assegurada.[82]

Isso mostrou ser uma das primeiras lições para a experiência europeia na Ásia. Sem familiaridade com aquilo em que se podia dar crédito, os cruzados davam muita importância a rumores que tivessem alguma relação com relatos que haviam circulado por décadas após a derrota do sultão Ahmad Sanjar na Ásia Central, em 1140. Esse incidente havia dado origem a ideias extremamente intricadas e otimistas sobre o que haveria além do Império seljúcida. Depois que correram pelo Cáucaso notícias sobre forças avançando como o vento, o boato passou a ser encarado como fato: dizia-se que "reis magos" estavam vindo para o Ocidente trazendo cruzes e tendas portáteis, que podiam ser erguidas e formar igrejas. A libertação da cristandade parecia estar próxima.[83] Um destacado clérigo em Damietta expressou isso em termos inequívocos, pregando que: "David, rei das duas Índias, vinha célere em ajuda aos cristãos, trazendo com ele os povos mais ferozes que iriam devorar os sacrílegos sarracenos como animais".[84]

Logo ficou claro o quanto esses relatos eram infundados. O rumor que podia ser ouvido vindo do Leste não era Preste João, seu filho o "Rei Davi" ou um exército cristão marchando para ajudar seus irmãos. Era o ruído que precedia a chegada de algo totalmente diferente. O que vinha em direção aos cruzados – e em direção à Europa – não era a rota para o céu, mas um caminho que parecia levar direto ao inferno. Galopando vinham os mongóis.[85]

9
A rota para o inferno

Os tremores sentidos no Egito vinham do outro lado do mundo. No final do século XI, os mongóis eram uma entre as várias tribos que viviam na faixa norte da fronteira da China com o mundo das estepes, e que, segundo a descrição de um contemporâneo: "Vivem como animais, sem ser guiados pela fé nem pela lei, simplesmente vagando de um lugar a outro, como bichos selvagens pastando".[1] Segundo outro autor: "Eles encaravam o roubo e a violência, a imoralidade e a devassidão como atos de masculinidade e excelência". Sua aparência também era similarmente vista com repulsa: assim como os hunos do século IV, usavam "peles de cães e de ratos".[2] Essas eram descrições habituais do comportamento e dos modos dos nômades por observadores externos.

Embora os mongóis parecessem caóticos, sanguinários e não confiáveis, sua ascensão não foi o resultado de falta de ordem, mas justamente o oposto: planejamento implacável, organização simplificada e um conjunto definido de objetivos estratégicos foram a chave para o estabelecimento do maior império terrestre da história. A inspiração por trás da transformação mongol foi um líder chamado Temüjin, ou ferreiro. Nós o conhecemos por seu título e apelido de "governante universal", ou, talvez, "feroz governante": Činggis, ou Gengis Khan.[3]

Gengis Khan vinha de uma família importante dentro da união tribal, e seu destino já havia sido previsto desde o momento em que nasceu, "segurando na mão direita um coágulo de sangue do tamanho de um nó dos dedos"; isso foi interpretado como um sinal propício de glórias futuras.[4] Apesar da temível reputação que adquiriu na Idade Média e que ainda persiste, Gengis Khan construiu sua posição e poder lentamente, fazendo acordos com líderes de outras tribos e escolhendo seus aliados com muita astúcia. Também selecionava bem seus inimigos e, acima de tudo, sabia definir o melhor momento de atacá-los. Dispôs seus mais devotos seguidores em torno dele como guarda pessoal e também como um círculo íntimo fechado, formado por guerreiros (*nökürs*) nos quais podia confiar de maneira inquestionável. Tratava-se de um sistema meritocrático, no qual a capacidade e a lealdade eram mais importantes do que o histórico tribal ou algum parentesco compartilhado com o líder. Em troca desse apoio irrestrito, o líder provia bens, butins e status. A genialidade de Gengis Khan foi ser capaz de suprir esses benefícios com prodigalidade suficiente para garantir a lealdade – e fazer isso com a regularidade de um metrônomo.[5]

Isso foi possível graças a um programa quase constante de conquistas. Uma após a outra, tribos foram trazidas sob o seu domínio pela força ou pela ameaça, até ele se estabelecer como o senhor indiscutível das estepes mongóis por volta de 1206. A atenção então voltou-se para o anel seguinte de povos – os quirguizes, os oirates e os uigures, situados a oeste da China na Ásia Central, que se submeteram e juraram formalmente votos de fidelidade. A incorporação dos últimos em 1211 foi particularmente importante, como fica claro pelo presente dado ao governante uigur, Barchuq, de uma noiva *činggisid* depois que ele declarou estar pronto a se tornar o "quinto filho" de Gengis Khan.[6] Isso refletia em parte a importância das terras ocupadas pelos uigures na bacia do Tarim, mas o fato é que a língua uigur, seu alfabeto e o que um historiador moderno chama de "letrados" vinham também se tornando cada vez mais importantes na Mongólia. O elevado status cultural dos uigures foi uma das razões para o recrutamento em massa dos serviços de escribas e burocratas – incluindo um certo "Tatar Tonga", que se tornou tutor dos filhos de Gengis Khan.[7]

A atenção passou para alvos mais ambiciosos. Em uma série de ataques a partir de 1211, os mongóis forçaram seu avanço pela China governada pela dinastia Jin, saqueando a capital, Zhongdu, e obrigando os governantes a sair e relocar a capital ao sul em múltiplas ocasiões, com os invasores assegurando substanciais saques. A expansão foi ainda mais impressionante em outras partes. O momento não poderia ter sido melhor. A autoridade central no mundo muçulmano enfraqueceu no decorrer do século XII, à medida que uma colcha de retalhos de estados com tamanhos, recursos e estabilidade diferentes emergiu para desafiar a primazia de Bagdá. Enquanto isso ocorria, o governante do Khwārazm [Corásmia] ocupara-se em eliminar rivais locais, com vistas a se expandir em direção à China. A fusão que agora acontecia significava simplesmente que, quando os mongóis o derrotaram, no devido tempo, expulsando-o para uma ilha no mar Cáspio onde ele morreu não muito depois, a porta para a Ásia Central ficou escancarada: o caminho já havia sido desobstruído antes deles.[8]

As fontes descrevem cenas muito vívidas da cruel selvageria que acompanhou o ataque iniciado no Khwārazm em 1219. Os invasores, escreveu um historiador, "chegaram, exauriram, queimaram, embebedaram-se, saquearam e foram embora".[9] Desejei nunca ter nascido, escreveu outro, para não ter tido que viver esses traumas. O anticristo muçulmano pelo menos irá destruir apenas seus inimigos, prosseguiu; os mongóis, por outro lado, "não pouparam ninguém. Mataram mulheres, homens, crianças, rasgaram os corpos das grávidas e mataram os não nascidos".[10]

Os mongóis tiveram o cuidado de cultivar esses medos, pois a realidade é que Gengis Khan usava a violência de modo seletivo e deliberado. O saque de uma cidade era calculado para estimular outras a se submeterem pacificamente e depressa; mortes com uma teatralidade horripilante serviam para convencer governantes que era melhor negociar que resistir. Nīshāpūr foi um dos locais que sofreu uma devastação total. Todo ser vivo – de mulheres, crianças e idosos a gado e animais domésticos – foi chacinado, pois a ordem era não deixar nada com vida, nem mesmo cães e gatos. Todos os cadáveres foram empilhados em enormes pirâmides, como assustadoras advertências das consequências de resistir aos mongóis. Era suficiente para convencer outras cidades a depor armas e negociar: a escolha era entre viver ou morrer.[11]

A notícia da brutalidade enfrentada por aqueles que demoravam um tempo para avaliar as próprias opções correu depressa. Histórias como a do alto oficial que recebeu ordens de ir à presença do recém-chegado chefe guerreiro mongol e teve então ouro derretido despejado em seus olhos e ouvidos ficaram amplamente conhecidas – assim com o fato de esse assassinato ter sido acompanhado pelo anúncio de que se tratava de uma punição adequada a um homem "cujo comportamento deplorável, atos bárbaros e crueldades pregressas mereciam a condenação de todos".[12] Era uma advertência àqueles que tivessem intenção de virar obstáculo aos mongóis. A submissão pacífica era recompensada; a resistência era punida com brutalidade.

O uso da força por Gengis Khan era tecnicamente avançado e contava com astúcia em sua estratégia. Montar um cerco prolongado a alvos fortificados era desafiador e caro, pois exigia sustentar um grande exército montado, cujas necessidades de pasto logo podiam exaurir a região em volta. Por isso, os técnicos militares capazes de obter uma vitória rápida eram muito valorizados. Em Nīshāpūr, em 1221, sabemos que 3 mil arcos gigantes foram usados, assim como 3 mil máquinas atiradoras de pedras e setecentos lançadores de material incendiário. Mais tarde, os mongóis ficaram vivamente interessados nas técnicas usadas pelos europeus ocidentais, copiando desenhos de catapultas e dispositivos para cercos, concebidos pelos cruzados na Terra Santa, usando-os contra alvos na Ásia oriental no final do século XIII. O controle das Rotas da Seda deu aos seus senhores acesso a informações e ideias que podiam ser replicadas e utilizadas a milhares de quilômetros.[13]

Curiosamente, considerando sua reputação, uma explicação para o impressionante sucesso dos mongóis no início do século XIII na China, Ásia Central e além é que não eram sempre vistos como opressores. E com razão: no caso do Khwārazm, por exemplo, a população local havia recebido ordens de pagar adiantado o valor de um ano de impostos para bancar a construção de novas fortificações em volta de Samarcanda e pagar por esquadrões de arqueiros contra um iminente ataque mongol. Exercer tal pressão na população doméstica dificilmente preservava a boa vontade. Em contraste, os mongóis investiram muito em infraestrutura em algumas das cidades que capturaram. Um monge chinês que visitou Samarcanda logo após sua queda ficou impressionado ao ver quantos artesãos da China estavam ali e quantas pessoas estavam sendo trazidas da região em volta e mais para o interior para ajudar a cuidar dos campos e pomares que antes haviam sido negligenciados.[14]

Era um padrão que se repetiu muitas vezes: investir dinheiro em cidades que eram reconstruídas e reenergizadas, com particular atenção ao incentivo das artes, do artesanato e da produção. Imagens em mantas que mostram os mongóis como destruidores bárbaros são incorretas e representam legados equivocados das histórias escritas mais tarde, que enfatizavam a ruína e a devastação acima de qualquer outra coisa. Essa visão tendenciosa do passado oferece uma notável lição sobre o quanto é útil que os líderes que têm visão da posteridade patrocinem historiadores que escrevam favoravelmente sobre a época de seu império – algo que os mongóis deixaram de fazer consistentemente.[15]

Mas também não deve haver dúvidas a respeito de como o uso da força por parte dos mongóis gelava o sangue daqueles que sabiam de um ataque iminente. Conforme eles vinham do Oeste como um enxame, abatendo aqueles que haviam resistido ou fugido na esperança de escapar, os mongóis lançaram o terror nos corações e nas mentes. Em 1221, exércitos sob o comando de dois dos filhos de Gengis Khan avançaram como um raio pelo Afeganistão e pela Pérsia, arrasando tudo o que encontravam pelo caminho. Nīshāpūr, Herat e Balkh foram tomadas, e Merv foi totalmente destruída e toda a sua população assassinada, segundo um historiador persa, exceto por um grupo de quatrocentos artesãos, levados de volta para o Leste para trabalhar na corte mongol. O chão ficou tingido de vermelho do sangue dos mortos: um pequeno grupo de sobreviventes, ao que parece, contou os cadáveres e calculou o número de mortos em mais de 1,3 milhão.[16] Relatos espantosos de taxas de mortalidade similares em outras partes têm convencido os modernos cronistas a falar em genocídio, assassinatos em massa e chacinas de 90% da população.[17]

Embora seja difícil obter precisão quanto à escala das mortes infligidas nos ataques, vale notar que muitas (embora não todas) cidades aparentemente vitimadas por ondas de ataques recuperaram-se logo – o que sugere que os historiadores persas posteriores, nos quais temos que nos basear, podem ter enfatizado demais os efeitos devastadores dos ataques mongóis. Mas, mesmo que tenham exagerado o sofrimento, não há dúvida de que os ventos de violência que sopraram do Leste fizeram isso com tremenda força.

E foram também incansáveis. Assim que as principais cidades da Ásia Central foram esmagadas, o Cáucaso foi saqueado, e em seguida os agressores chegaram ao sul da Rússia. Estavam caçando tribos rivais, os *qıpchāqs* [quipchacos] ou cumanos, para dar-lhes uma lição por terem ousado não se submeter. Gengis Khan deve ter morrido em 1227; mas seus herdeiros mostraram-se igualmente capazes – e espetacularmente bem-sucedidos.

No final da década de 1230, após sucessos extraordinários na Ásia Central planejados por Ögödei, que se tornou o Grande Khan ou supremo líder logo depois da morte do pai, os mongóis lançaram um dos mais atordoantes ataques da história da guerra, com uma campanha que superou mesmo a de Alexandre, o Grande, em termos de rapidez e escala. Forças das estepes já haviam avançado antes em território russo, surgindo "em número incontável, como gafanhotos", segundo um monge de Novgorod. "Não sabemos de onde vieram nem para onde desapareceram", escreveu ele; "só Deus sabe por que os mandou para nos punir por nossos pecados."[18] Como se seguissem um manual, os mongóis ao voltar exigiram tributos, ameaçando destruir aqueles que se recusassem a aceitar. As cidades foram atacadas uma após a outra, e Ryazan, Tver' e depois Kiev foram saqueadas amplamente. Em Vladimir, a família do príncipe, o bispo da cidade e outros dignitários refugiaram-se na igreja da Santa Mãe de Deus. Os mongóis atearam fogo à igreja, queimando seus ocupantes vivos.[19] Igrejas foram destruídas, escreveu um dos sucessores do bispo, "receptáculos sagrados profanados, objetos de culto pisoteados e os sacerdotes passados pela espada".[20] Era como se bestas selvagens tivessem sido liberadas para devorar a carne dos fortes e beber o sangue dos nobres. Não era o Preste João e a salvação vindo do Leste, mas os mongóis trazendo o apocalipse.

O terror que os mongóis despertaram reflete-se no nome pelo qual logo passaram a ser chamados: tártaros, referência ao Tártaro – o abismo dos tormentos da mitologia clássica.[21] Relatos sobre seu avanço chegaram até a Escócia, e, segundo uma fonte, o arenque deixou de ser vendido em portos na costa leste da Bretanha, pois os mercadores que vinham normalmente do Báltico comprá-lo não ousavam mais sair de casa.[22] Em 1241, os mongóis chegaram ao coração da Europa, dividindo suas forças em dois grupos, um deles dirigindo-se à Polônia e o outro às planícies da Hungria. O pânico se espalhou por todo o continente, especialmente depois que um grande exército liderado por Mieszko, o Gordo, e pelo duque da Silésia foi destruído, e fizeram desfilar a cabeça deste último na ponta de uma lança, juntamente com nove sacos cheios com "as orelhas dos mortos". As forças mongóis agora deslocavam-se para o oeste. Quando o rei Béla IV da Hungria fugiu para a Dalmácia, refugiando-se em Trogir, sacerdotes começaram a rezar missas, orar por proteção contra o mal e liderar procissões para implorar a ajuda de Deus. O papa Gregório IX tomou a medida de anunciar que quem ajudasse a defender a Hungria receberia a mesma indulgência assegurada aos cruzados. Sua oferta foi recebida com pouco entusiasmo: o imperador alemão e o doge de Veneza estavam mais do que cientes de quais seriam as consequências se tentassem ajudar e acabassem do lado perdedor. Se os mongóis agora decidissem continuar para o oeste, como um moderno estudioso comenta, "é improvável que encontrassem qualquer oposição coordenada".[23] Para a Europa, chegara a hora do ajuste de contas.

Com um atrevimento que é quase admirável, alguns historiadores contemporâneos começaram a alegar que os mongóis haviam sido detidos por uma brava resistência, ou até mesmo derrotados em batalhas imaginárias, que pareciam tornar-se mais reais conforme passava o tempo. Na realidade, os mongóis simplesmente não tinham interesse no que a Europa Ocidental tinha a oferecer – pelo menos naquele momento. A prioridade era admoestar Béla por ter oferecido refúgio aos cumanos e, talvez pior que isso, por ter ignorado repetidas exigências de entregá-los: tal resistência precisava ser punida a todo custo.[24]

"Estou ciente de que você é um monarca rico e poderoso", dizia uma carta ao rei Béla, escrita pela liderança mongol, "que tem muitos soldados sob seu comando e governa sozinho um grande reino." Em termos que seriam familiares a qualquer chantagista profissional, as coisas eram ditas claramente. "É difícil para você submeter-se a mim por livre vontade", prosseguia a carta, "e no entanto seria muito melhor para as suas perspectivas futuras se o fizesse."[25] No mundo das estepes, menosprezar um rival poderoso era quase tão ruim quanto enfrentá-lo. Béla precisava aprender uma lição. Portanto, foi caçado obstinadamente pela Dalmácia, mesmo havendo outras oportunidades propícias em outros lugares. Os mongóis devastavam tudo em seu caminho, e uma das cidades foi saqueada de modo tão espetacular que um cronista local observou que não sobrou ninguém "que urinasse contra um muro".[26]

Nesse ponto, Béla – e a Europa – foi salvo por um grande golpe de sorte: Ögödei, o Grande Khan, morreu subitamente. Para os devotos, era óbvio que suas preces haviam sido atendidas. Para os mongóis da alta hierarquia, era vital estarem presentes e participarem da escolha do homem que iria assumir o manto da liderança. Não se considerava a primogenitura. Em vez disso, a escolha de quem seria o sucessor à posição de mais alta autoridade dependia de quem apresentasse a melhor argumentação e de modo mais assertivo, em pessoa, a um conclave de figuras importantes. A decisão de quem apoiar podia determinar a vida e a carreira dos comandantes, seu sucesso ou fracasso: se um protetor chegasse ao topo, podia repartir as recompensas de maneira muito desproporcional. Não era hora de ficar caçando monarcas problemáticos pelos Bálcãs, e sim de ficar em casa, vendo a situação se desenrolar. E, com isso, os mongóis tiraram o pé da garganta da Europa cristã.

Embora seja o nome de Gengis Khan que se estabeleceu como sinônimo das grandes conquistas da Ásia e dos ataques a terras além dela, o líder mongol morreu em 1227, depois de concluída a fase inicial de construção do império na China e Ásia Central, mas antes dos impressionantes ataques à Rússia e Oriente Médio e da invasão que colocou a Europa de joelhos. Foi seu filho Ögödei o comandante da expansão que ampliou massivamente a extensão do domínio mongol, projetando campanhas que se estenderam até a península coreana, Tibete, Paquistão e norte da Índia – assim como para oeste. Ögödei é que merece a maior parte do crédito pela façanha mongol e detém igualmente parte da responsabilidade por sua temporária interrupção, pois sua morte em 1241 proporcionou um respiro crucial.

Enquanto o mundo parava para ver quem iria assumir o encargo, grupos eram enviados da Europa e do Cáucaso pela Ásia para descobrir quem eram aqueles saqueadores, de onde vinham, quais eram seus costumes – e tentar chegar a um entendimento com eles. Dois grupos de embaixadores levaram cartas aos mongóis pedindo em nome de Deus que não atacassem os cristãos e que considerassem a adoção da verdadeira fé.[27] Entre 1243 e 1253, quatro embaixadas separadas foram enviadas pelo papa Inocêncio IV, enquanto o rei Luís IX da França também despachava uma missão liderada por Guilherme de Rubruck, um monge de Flandres.[28]

Os relatos que eles produziram de suas viagens eram tão vívidos e estranhos como os produzidos pelos muçulmanos que foram às estepes nos séculos IX e X. Os visitantes europeus ficaram fascinados e assustados em igual medida. Embora com poder incomensurável, escreveu Guilherme de Rubruck, os novos senhores da Ásia não vivem em cidades, exceto na capital Karakorum, onde ele encontrou o Grande Khan numa enorme tenda "totalmente coberta por dentro com tecido de ouro".[29] Eram pessoas de comportamento e hábitos exóticos e difíceis de compreender. Não comiam legumes e verduras, tomavam leite fermentado de égua e esvaziavam os intestinos sem ligar para a presença daqueles com quem conversavam – em público e não mais longe de onde houvesse alguém a uma distância "à qual se possa atirar um feijão".[30]

O relato de outro enviado, João de Plano Carpini, ficou muito conhecido em toda a Europa nessa época; ele pintou um retrato similar de imundície, decadência e estranhamento, um mundo onde cachorros, lobos, raposas e piolhos eram tratados como comida. Também relatou rumores sobre criaturas que ficavam além das terras mongóis – onde algumas pessoas tinham cascos e outras, cabeças de cachorro.[31] João voltou com informações sinistras a respeito das cenas que acompanharam a entronização do Grande Khan seguinte, Güyüg. A lista de dignitários de regiões, tribos e reinos que reconheciam a soberania mongol expressava um pouco da impressionante escala do império: compareceram líderes da Rússia, Geórgia, Armênia, das estepes, da China e da Coreia, assim como nada menos do que dez sultões e milhares de enviados do califa.³²

João recebeu uma carta do Grande Khan para levar de volta a Roma. Dizia que todas as terras do mundo haviam sido conquistadas pelos mongóis. "Você teria que vir pessoalmente", pediu ele ao papa, "com todos os príncipes, e servir-nos." Caso contrário, advertia o Grande Khan, "deverei torná-lo meu inimigo". Havia ainda uma resposta intransigente às súplicas do papa para que o governante mongol se tornasse cristão: como você pode saber quem é que Deus absolve, e a quem ele demonstra misericórdia?, escreveu zangado o Khan. Todas as terras do nascer ao pôr do sol estão sujeitas a mim, prosseguiu, o que dizia pouco em favor do Deus do papa. A carta vinha com o selo que unia o poder do Grande Khan ao do "eterno Tengri" – a suprema divindade das crenças tradicionais dos nômades das estepes. Isso não era nada promissor.³³

Tampouco era animador que estivessem sendo elaborados planos para novos ataques à Europa Central, e que se considerasse fortemente a possibilidade de um ataque também ao norte do continente.³⁴ Os mongóis tinham uma visão de mundo muito próxima da dominação global: conquistar a Europa era apenas o próximo passo lógico no plano dos herdeiros de Gengis Khan de colocar mais territórios sob seu domínio.³⁵

O medo dos mongóis provocava agora um jogo de dominós religiosos na Europa. A Igreja armênia entrou em discussões com o patriarcado grego ortodoxo buscando aliança e proteção num eventual ataque. Os armênios também abriram negociações com Roma, sinalizando sua disposição de concordar com a interpretação do papado a respeito da precessão do Espírito Santo – um assunto que havia causado muito atrito no passado.³⁶ Os bizantinos fizeram o mesmo, enviando uma missão a Roma e propondo encerrar o cisma que havia dividido a Igreja cristã desde o século XI e que se aprofundara como resultado das Cruzadas.³⁷ Enquanto sacerdotes e príncipes na Europa tinham falhado em reunir papas e patriarcas, os mongóis haviam tido sucesso: os ataques do Leste, e a ameaça muito real de que iriam se repetir, uniram completamente a Igreja.

Bem quando a harmonia religiosa parecia certa, as areias se moveram. Após a inesperada morte do Grande Khan Güyüg em 1248, houve uma luta pela sucessão dentro da liderança mongol, que levou tempo para ser resolvida. Enquanto isso, os governantes da Armênia e de Bizâncio tiveram a garantia de que não havia nenhum ataque iminente. Seguindo Guilherme de

Rubruck, no caso de Bizâncio isso se deu porque o enviado mongol aos bizantinos recebeu um pesado suborno, que o fez intervir para evitar um ataque.³⁸ Certamente era verdade que os bizantinos estavam desesperados para esquivar a atenção dos mongóis e fizeram o possível para evitar o ataque. Na década de 1250, por exemplo, outra delegação enviada de Karakorum foi conduzida por terreno difícil pela Ásia Menor por guias bizantinos e assistiu a um desfile do exército imperial quando chegou para se encontrar com o imperador. Eram tentativas desesperadas de convencer os mongóis de que não valia a pena atacar o império – ou, caso se desse o ataque, que haveria tropas esperando por eles.³⁹

Por fim, os mongóis decidiram não atacar por outras razões: nem a Anatólia nem a Europa eram o foco de sua atenção simplesmente porque havia alvos mais gordos e melhores em outras partes. Foram enviadas expedições ao que restava da China até que ela capitulou completamente no final do século XIII, ponto em que a dinastia mongol governante adotou o título imperial de Yüan e fundou a nova cidade no local da velha Zhongdu. Ela virou então a capital mongol, projetada para coroar as realizações da tomada de controle de toda a região entre o Pacífico e o Mediterrâneo. A nova metrópole manteve sua importância desde então: Pequim.

Outras cidades importantes também receberam considerável atenção. O novo Khan, Möngke, concentrou os exércitos mongóis nas pérolas do mundo islâmico. Uma cidade após a outra foi caindo, conforme os exércitos agressores seguiam para o oeste. Em 1258, chegaram aos muros de Bagdá e, após um breve cerco, iniciaram a devastação. Varreram a cidade "como falcões famintos atacando um bando de pombas, ou como lobos furiosos atacando carneiros", descreveu um escritor não muito tempo depois. Os habitantes da cidade foram arrastados pelas ruas e ruelas como brinquedos, "cada um deles virando um joguete". O califa al-Mustasim foi capturado, embrulhado num pano e pisoteado por cavalos até a morte.⁴⁰ Foi um momento altamente simbólico, que mostrou quem tinha real poder no mundo. Butins e riquezas imensas eram expropriados nessas conquistas. Segundo um relato produzido no Cáucaso por aliados dos mongóis, os vencedores "arriavam sob o peso de ouro, prata, pedras preciosas e pérolas, tecidos e vestes de valor, pratos e vasos de ouro e prata, pois eles apenas levavam esses dois metais, as pedras preciosas, as pérolas, os tecidos e as ricas vestes". A apreensão de tecidos era particularmente significativa: como ocorreu com os *xiongnu* no auge de seu poder, seda e artigos de luxo desempenhavam um papel crucial para a demarcação das elites dentro do sistema tribal e eram, portanto, muito valorizados. Os mongóis costumavam requerer tributos específicos na forma de tecidos de ouro, gazes púrpura, vestes de alto valor ou sedas; às vezes, estipulavam que tais pagamentos fossem feitos na forma de animais de criação, que tinham que ser adornados com tecidos adamascados e de ouro e joias de valor. "Tecidos de prata e ouro e algodão" eram requisitados em quantidades e qualidades tão específicas que o principal estudioso desse campo comentou que parecia uma lista de compras detalhada – "ao mesmo tempo exigente e notavelmente bem formulada".[41]

Mal houve tempo de digerir a notícia do saque de Bagdá e os mongóis apareceram de novo na Europa. Em 1259, avançaram pela Polônia, saqueando Cracóvia, e então enviaram uma delegação a Paris para exigir a submissão da França.[42] Ao mesmo tempo, um exército separado partiu do leste de Bagdá para a Síria e adentrou pela Palestina. Isso causou pânico entre os latinos que viviam no Leste, onde a posição dos cristãos na Terra Santa havia sido reforçada pelo recente surto de energia dos cruzados em meados do século XIII. Embora as expedições em larga escala do imperador do Sacro Império Frederico II e depois de Luís IX da França tivessem restaurado Jerusalém por breve tempo às mãos cristãs, poucos tinham alguma ilusão a respeito do precário domínio sobre Antioquia, Acre e outras cidades que restavam.

Até o aparecimento dos mongóis, a ameaça parecia vir do Egito e do novo regime altamente agressivo que havia tomado o poder ali. Numa notável ironia, os novos senhores egípcios eram homens de cepa similar à dos próprios mongóis – nômades das estepes. Assim como o califado abássida de Bagdá havia sido tomado por seus soldados escravos recrutados de tribos túrquicas das estepes, o mesmo aconteceu no sultanato do Cairo em 1250. No caso do Egito, os novos senhores eram conhecidos como *mamlūk* [mamelucos], pois grande parte era descendente de escravos (*mamalik*) extraídos de constelações tribais ao norte do mar Negro e comerciados pelos portos da Crimeia e do Cáucaso para servir nas forças armadas egípcias. Entre eles havia ainda membros de tribos mongóis, capturados no tráfico de escravos ou que eram *wāfidīyah* – literalmente "recém-chegados" –, fugidos das facções dominantes opressoras nas brigas internas comuns nas estepes, e que buscavam refúgio e serviço no Cairo.[43]

A Idade Média na Europa é tradicionalmente vista como uma época de Cruzadas, cavalaria e crescente poder do papado, mas tudo isso era pouco mais que um espetáculo secundário em relação às titânicas lutas que tinham lugar mais a leste. O sistema tribal levara os mongóis à beira da dominação global, após terem conquistado quase o continente inteiro da Ásia. A Europa e o Norte da África estavam escancarados; foi notável então que a liderança mongol tivesse se concentrado não na primeira, mas no segundo. Em termos simples: a Europa não era o melhor troféu disponível. Tudo o que constituía obstáculo ao controle mongol do Nilo, da rica produção agrícola do Egito e de sua crucial posição na junção das rotas comerciais em todas as direções era um exército comandado por homens extraídos das próprias estepes: tratava-se de uma luta não só por supremacia, mas do triunfo de um sistema político, cultural e social. A batalha pelo mundo medieval estava sendo travada entre nômades da Ásia Central e do leste da Ásia.

Os cristãos da Terra Santa reagiram ao avanço mongol com um pânico cego. Primeiro Antioquia, uma das joias da Coroa sob o controle cruzado, foi rendida, enquanto outra joia, Acre, chegou a um acordo com os mongóis, encarando-os como o menor de dois males. Apelos desesperados foram lançados a governantes da Inglaterra e da França, implorando auxílio militar. Os ocidentais foram salvos pela intervenção de seu inimigo jurado, os mamelucos do Egito, que se deslocaram para o norte para enfrentar o exército que se espalhava pela Palestina.[44] Os mongóis, depois de varrer tudo o que havia pela frente na maior parte das últimas seis décadas, agora sofriam seu primeiro revés sério, derrotados em Ayn Jālūt no norte da Palestina, em setembro de 1260. Apesar do assassinato do general vitorioso, sultão Qutuz, numa disputa de poder interna, os mamelucos avançaram resolutos. Descobriram, então, que a maior parte do seu trabalho já havia sido feita: os mongóis, ao quebrarem a resistência das populações locais, haviam forjado uma entidade única de cidades e regiões. Assim como Gengis Khan se beneficiara da consolidação da Ásia Central antes da sua invasão no início do século XIII, também os mongóis inadvertidamente presentearam a Síria e as importantes cidades de Alepo e Damasco aos seus rivais. Os mamelucos foram capazes de entrar praticamente sem oposição.[45]

Cristãos na Terra Santa e na Europa estavam horrorizados sem saber o que poderia acontecer em seguida ou o que estava reservado a eles como consequência. Mas não demorou para que as atitudes dos mongóis fossem totalmente remodeladas. Começou a ficar mais claro para a Europa cristã que, apesar dos encontros traumáticos que haviam experimentado com as terríveis hordas de cavaleiros galopando pela aba norte do mar Negro em direção às planícies da Hungria, os mongóis poderiam ser justamente os salvadores com os quais tinham sido confundidos, na primeira vez que haviam surgido.

Nas décadas após 1260, várias missões foram despachadas da Europa e da Terra Santa para tentar uma aliança com os mongóis contra os mamelucos. Com frequência, missões diplomáticas viajavam também na outra direção, enviadas por Hülegü, chefe guerreiro mongol dominante na Ásia, e por seu filho Aqaba, cuja prontidão a negociar era ditada basicamente por seu interesse em usar o poder marítimo ocidental contra o Egito e contra seus recém-conquistados territórios na Palestina e na Síria. Mas o assunto complicou-se em razão dos primeiros sinais de atrito entre os mongóis.

Por volta do final do século XIII, o mundo mongol havia se tornado tão vasto – estendendo-se do Pacífico ao mar Negro, das estepes no norte da Índia ao Golfo Pérsico – que tensões e divisões começaram a aparecer. O império ficou dividido em quatro ramos principais, cada vez mais hostis entre si. A principal linha centrava-se na China; na Ásia Central, o domínio era dos herdeiros de Chaghatay (um homem descrito por um escritor persa como "um carniceiro e um tirano", um homem detestado, "cruel e que adorava sangue" – o mal em estado puro).[46] No Ocidente, os mongóis que dominavam as estepes da Rússia e além, até a Europa Central, passaram a ser conhecidos como a Horda Dourada, enquanto no Grande Irã os governantes eram conhecidos como īlkhānidas – uma referência ao título de Īl-Khān que os identificava como subordinados ao ramo principal da liderança mongol.

Os mamelucos agora manipulavam habilmente a política tribal de seu inimigo, entrando em acordo com Berke, o líder da Horda Dourada, cuja rivalidade com os īlkhānidas já descambara para um conflito aberto. Isso serviu para aumentar as chances de um acordo entre a Europa cristã e os īlkhānidas. O mais próximo que esses planos chegaram da fruição foi no final da década de 1280, quando uma embaixada liderada por Rabban Sauma, bispo de Uigúria no oeste da China, foi enviada pelo líder īlkhānida para visitar os principais líderes da Europa Ocidental e finalizar os termos da aliança militar. Rabban Sauma foi uma boa escolha – urbano, inteligente e, além disso, cristão. Apesar de sua reputação de selvageria, os mongóis eram perspicazes em sua leitura dos estrangeiros.

Ninguém ficou mais animado ao saber dos planos de ação conjunta do

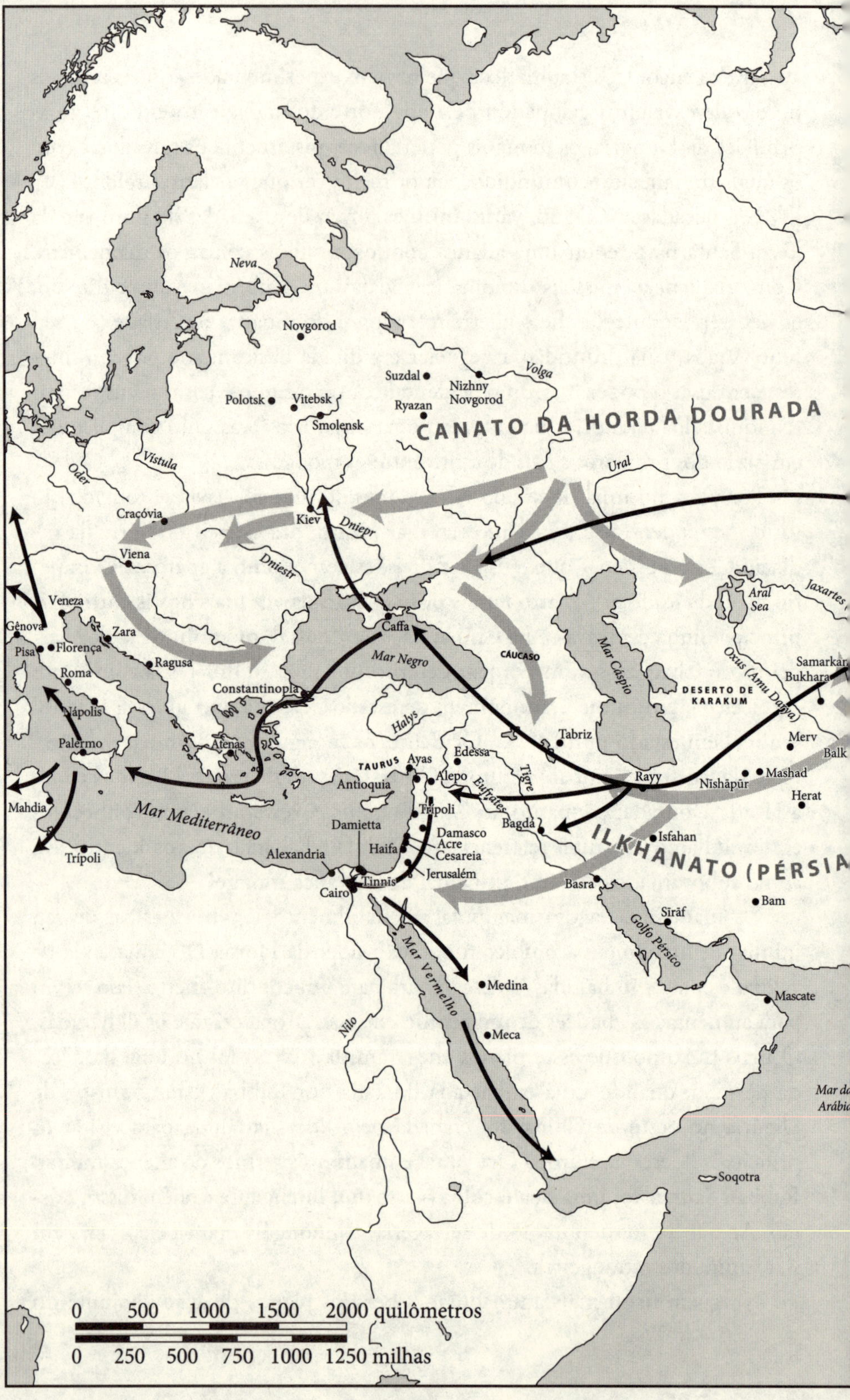

CANATO DA HORDA DOURADA
ILKHANATO (PÉRSIA
Neva
Novgorod
Suzdal
Nizhny
Novgorod
Volga
Polotsk
Vitebsk
Ryazan
Smolensk
Vistula
Oder
Ural
Cracóvia
Kiev
Dniepr
Viena
Dniestr
Aral
Sea
Jaxartes
Veneza
Gênova
Zara
Caffa
Pisa
Florença
Ragusa
Mar Negro
CÁUCASO
Mar Cáspio
Roma
Constantinopla
Samarkan
Bukhara
DESERTO DE
KARAKUM
Oxus (Amu Darya)
Nápolis
Halys
Palermo
Atenas
Tabriz
Merv
TAURUS
Ayas
Edessa
Balk
Alepo
Antioquia
Eufrates
Tigre
Rayy
Nīshāpūr
Mashad
Mahdia
Herat
Mar Mediterrâneo
Trípoli
Damietta
Bagdá
Damasco
Acre
Haifa
Isfahan
Cesareia
Alexandria
Trípoli
Jerusalém
Tinnis
Cairo
Basra
Bam
Sīrāf
Golfo Pérsico
Mar Vermelho
Medina
Mascate
Nilo
Meca
Mar da
Arábia
Soqotra
0 500 1000 1500 2000 quilômetros
0 250 500 750 1000 1250 milhas

MORTE E DESTRUIÇÃO NOS SÉCULOS XIII E XIV

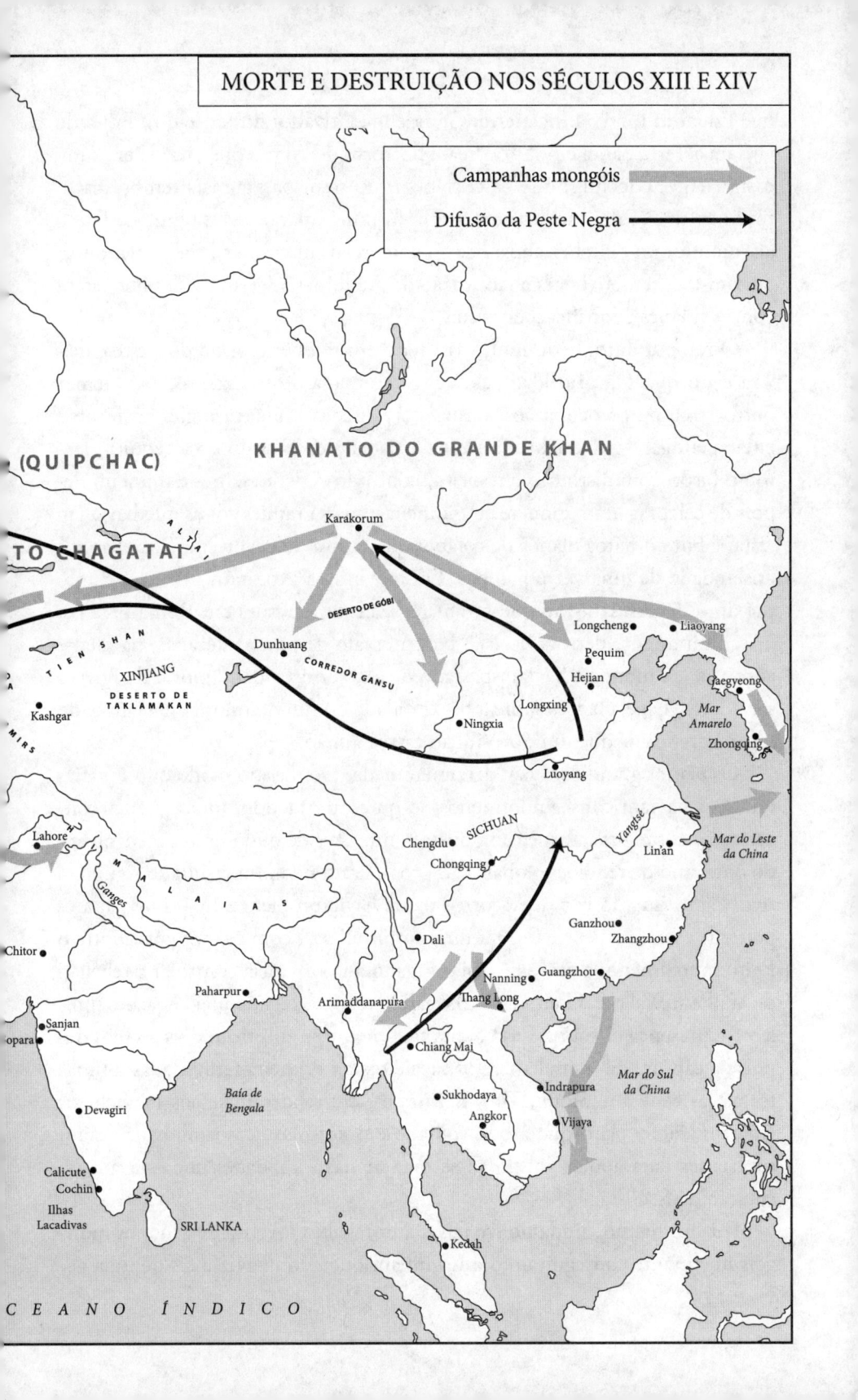

Campanhas mongóis
Difusão da Peste Negra

KHANATO DO GRANDE KHAN

(QUIPCHAC)

TO CHAGATAI

ALTAI

Karakorum

DESERTO DE GÓBI

TIEN SHAN

Dunhuang
CORREDOR GANSU

XINJIANG
DESERTO DE TAKLAMAKAN

Kashgar

PAMIRS

Longcheng • Liaoyang
Pequim
Hejian
Gaegyeong
Longxing
Mar Amarelo
Zhongqing

Ningxia

Luoyang

Lahore

HIMALAIAS

Ganges

Chengdu • SICHUAN
Chongqing

Lin'an
Yangtsé
Mar do Leste da China

Chitor

Paharpur

Sanjan
Sopara

Devagiri

Dali

Arimaddanapura

Nanning • Guangzhou
Thang Long
Zhangzhou
Ganzhou

Chiang Mai

Baía de Bengala

Sukhodaya • Indrapura
Angkor • Vijaya

Mar do Sul da China

Calicute
Cochin
Ilhas Lacadivas

SRI LANKA

Kedah

OCEANO ÍNDICO

que Eduardo I, rei da Inglaterra. Grande incentivador dos cruzados, Eduardo visitara a Terra Santa em 1271 e ficara horrorizado com o que vira. Já era ruim o suficiente, concluiu, que os cristãos parecessem passar mais tempo discutindo entre eles do que lutando contra os muçulmanos. Mas o que de fato o alarmou foram os venezianos: não só comerciavam com os infiéis, como forneciam-lhes material para a fabricação de máquinas a serem usadas nos cercos contra cidades e fortificações cristãs.[47]

O rei, portanto, ficou muito satisfeito em receber o bispo do Leste e deixou claro que sua prioridade era ver a retomada de Jerusalém. "Não temos outro tema de preocupação exceto este", disse o monarca inglês ao bispo e então pediu-lhe que celebrasse a Eucaristia para ele mesmo e seu séquito. Tratou o bispo com distinção e respeito, cobrindo-o de presentes e dinheiro depois de celebrar um banquete em homenagem às grandes coisas que havia em vista.[48] Foram feitos planos de colaboração, a fim de devolver a Terra Santa à cristandade de uma vez por todas. Era tamanha a expectativa de um triunfo próximo do cristianismo que foram realizadas procissões em Roma para celebrar a iminente derrota do Islã. No intervalo de poucas décadas, na mente europeia, os mongóis haviam passado de salvadores a demônios e de novo a salvadores. Especulações sobre a proximidade do fim do mundo haviam dado lugar à crença de que um novo início estava à mão.

Os planos grandiosos não deram em nada. Do mesmo modo que as várias cruzadas haviam conseguido menos do que o prometido, todas as altas conversações sobre uma aliança abrangendo milhares de quilômetros e envolvendo o destino de religiões globais não produziram nenhum resultado significativo. Para Eduardo I, o que ocorreu é que havia problemas mais importantes perto de casa. Em vez de formar uma ampla aliança com os mongóis contra o Egito muçulmano, o rei inglês foi obrigado a ir à Escócia controlar a rebelião de William Wallace. Com outros monarcas europeus tendo preocupações similares, a presença cristã na Terra Santa finalmente se encerrou: dois séculos depois da captura de Jerusalém pelos cavaleiros da Primeira Cruzada, as últimas fortalezas cederam. Sídon, Tiro, Beirute e Acre renderam-se aos mamelucos em 1291. Ficou claro que a boa vontade e o entusiasmo sozinhos não eram suficientes para apoiar, salvar ou se manter nas localidades que estavam no coração da fé cristã.

Por um tempo, ainda houve falsas auroras. No inverno de 1299, os mongóis finalmente conseguiram o que vinham querendo havia mais de uma geração: uma esmagadora derrota sobre o exército mameluco. Sua vitória foi tão enfática que circularam rumores pela Europa de que Jerusalém havia sido retomada pelos cristãos no Leste, que teriam lutado ao lado de seus aliados mongóis. Difundiram-se rumores de que o governante īlkhānida havia se convertido ao cristianismo e atuava como um novo protetor da Terra Santa. Algumas histórias anunciavam com euforia uma notícia ainda melhor: não contentes em expulsar os mamelucos da Síria e da Palestina, os mongóis haviam aparentemente vencido as defesas e tomado também o Egito.⁴⁹ Tudo soava bom demais para ser verdade. Uma grande vitória sem dúvida havia sido obtida pelos mongóis no campo de batalha, mas as histórias entusiásticas eram nada mais do que mal-entendidos, boatos e ilusões. A Terra Santa cristã estava definitivamente perdida.⁵⁰

Os cruzados desempenharam papel vital em moldar o Ocidente medieval. O poder do papado se transformara, com o papa tornando-se não apenas um clérigo com autoridade, mas uma figura com capacidade política e militar própria; as qualidades e o comportamento da elite haviam sido moldados por ideias de serviço, devoção e piedade cavalheiresca; e a ideia de cristianismo como denominador comum do continente europeu criara raízes. Mas numa análise final, a experiência deixara claro que, embora capturar e manter Jerusalém fosse maravilhoso em tese, na prática era difícil, caro e perigoso. E assim, depois de ter sido colocada no centro da consciência europeia por dois séculos, a Terra Santa silenciosamente saiu de cena. Como o poeta William Blake expressou no início do século XIX, seria infinitamente preferível construir Jerusalém num local mais fácil e prático – como na "verde e agradável paisagem da Inglaterra".⁵¹

Em última instância, os cruzados haviam fracassado: as tentativas de colonizar os locais mais importantes da cristandade não deram certo. O mesmo, no entanto, não podia ser dito das cidades-Estados, que tiveram sucesso naquilo que os cavaleiros cristãos falharam. Enquanto os devotos cavaleiros haviam sido expulsos, os estados marítimos simplesmente reajustaram-se e adentraram cada vez mais fundo na Ásia. Não havia como abrir mão de sua posição. Ao contrário, após a perda da Terra Santa, a questão para eles não era reduzir seu alcance. Era ampliá-lo.

10
A rota da morte e da destruição

Mesmo antes da queda das cidades e dos portos no Levante, tanto Gênova quanto Veneza haviam dado passos para encontrar novas rotas de comércio, novos pontos para comprar e vender mercadorias, novas maneiras de garantir que não ficariam para trás. Com o comércio que passava pela Terra Santa cada vez mais estrangulado no século XIII pelo aumento das tensões militares, ambas as comunas fundaram novas colônias na costa norte do mar Negro na Crimeia, na foz do mar de Azov e na Cilícia armênia, onde a cidade de Ayas se tornou uma nova porta para as *commodities* e artigos de luxo que vinham do Oriente.

Havia muito dinheiro a ser ganho. A diferença nos preços dos grãos entre os litorais norte e sul do mar Negro oferecia uma oportunidade perfeita a ser explorada pelas cidades-Estados, com seus imensos barcos de carga capazes de transportar volumes consideráveis de alimentos.[1] Esses navios também se mostraram úteis para levar outros bens – incluindo pessoas. Tanto os genoveses quanto os venezianos retomaram o comércio em larga escala de escravos, comprando cativos para revender no Egito mameluco, em desafio às tentativas do papado de proibir o tráfico de homens, mulheres e crianças para muçulmanos.[2]

As velhas rivalidades eram difíceis de serem colocadas de lado. Gênova já havia mostrado até onde estava disposta a ir para esmagar seus rivais quando destruiu quase toda a frota de Pisa em 1282, e depois se recusou a aceitar resgate por aqueles que aprisionara. Pisa nunca se recuperou totalmente do golpe infligido por sua rival. Entre os capturados estava um certo Rustichello, que passou mais de uma década na prisão antes de se unir a um colega presidiário também feito refém durante uma vitória naval genovesa – dessa vez sobre os venezianos no Adriático. Travando amizade com ele, Rustichello passou a escrever as memórias de seus companheiros de prisão, de suas vidas e jornadas notáveis: temos que agradecer à brutalidade e ao foco incansável de Gênova em sua luta medieval para obter poder, pois propiciou o registro das viagens de Marco Polo.

Implacáveis duelos por supremacia comercial eram travados toda vez que Veneza e Gênova se defrontavam: violentos choques se deram em Constantinopla, confrontos no Egeu e em Chipre, e batalhas sangrentas no Adriático. Na época em que o papa Bonifácio VIII intermediou uma trégua em 1299, ambas vinham lutando até chegar a um impasse. Mas a energia, o esforço e as despesas investidos para alcançar essa posição mostravam acima de tudo seu empenho em fazer conexões com a Ásia.

De todo modo, valera a pena. Por volta de 1301, a Sala do Grande Conselho em Veneza foi ampliada, depois da concordância unânime de que não era grande o suficiente para abrigar todos os seus poderosos membros, cujo número aumentara com a crescente riqueza da cidade.[3] No caso de Gênova, por outro lado, um poema escrito por volta do final do século XIII exalta a beleza da cidade, "preenchida da cabeça aos pés com *palazzi*", e cuja paisagem urbana era enfeitada por grande número de torres. A fonte da riqueza da cidade era o abundante suprimento de bens do Oriente – incluindo peles de arminho, esquilo e outras, comerciadas com as estepes, assim como pimenta, gengibre, almíscar, especiarias, brocados, veludos, tecidos de ouro, pérolas, joias e pedras preciosas. Gênova era rica, prossegue o autor, graças à rede que havia criado, atendida por suas galés e navios: os genoveses estão espalhados pelo mundo inteiro, gabava-se ele, criando novas Gênovas onde quer que vão. Na verdade, escreveu um autor anônimo, Deus abençoou a cidade e quis que ela florescesse.[4]

Uma razão importante do progresso de Veneza e Gênova foi a habilidade e a visão que ambas demonstraram em atender aos desejos dos seus clientes – e os dos comerciantes que vinham de outras cidades da Europa negociar os bens que haviam sido comprados ali. Com o Egito e a Terra Santa provando serem voláteis demais e economicamente arriscados, o mar Negro logo se tornou uma zona comercial de grande importância.

Mas por trás da ascensão das cidades-Estados italianas estava a sofisticação fiscal e a moderação dos mongóis quando se tratava de taxar o comércio. Uma gama de fontes indica que os impostos sobre as exportações que passavam pelos portos do mar Negro nunca excediam 3% a 5% do valor total das mercadorias; isso era altamente competitivo quando comparado com as taxas e tarifas extraídas de produtos que passavam por Alexandria, onde as fontes falam em taxas de 10%, 20% e até de 30%.[5] Como qualquer comerciante sabe, as margens afetam tudo. Havia, portanto, um forte incentivo para despachar pelo mar Negro – o que apenas serviu para transformá-la numa rota ainda mais importante para o Oriente.

Preços sensatos e uma política deliberada de manter as taxas num patamar baixo eram sintomáticos do bom senso burocrático do Império mongol, e isso se perde facilmente por trás das imagens de violência e destruição desenfreada. Na realidade, o sucesso dos mongóis não reside na brutalidade indiscriminada, mas em sua disposição de conciliar e cooperar, graças ao incansável esforço para sustentar um sistema que renovasse o controle central. Embora historiadores persas posteriores fossem enfáticos em afirmar que os mongóis estavam desconectados do processo de administrar seu império, preferindo deixar essas tarefas mundanas a outros, pesquisas recentes revelam o quanto eles se envolviam nos detalhes do dia a dia.[6] A grande realização de Gengis Khan e seus sucessores não foi o saque, sempre presente na imaginação popular, mas os meticulosos controles estabelecidos, que fizeram florescer um dos maiores impérios da história pelos séculos vindouros. Não é coincidência, portanto, que os russos tenham emprestado uma ampla gama de palavras extraídas diretamente do vocabulário da administração mongol – em particular as relacionadas com comércio e comunicação: as palavras para lucro (*barysh*), dinheiro (*dengi*) e tesouro (*kazna*) originam-se todas do contato com os novos senhores vindos do Leste. O mesmo vale para o sistema postal da Rússia, baseado no método mongol de entregar mensagens de modo rápido e eficiente de um lado a outro do império, por meio de uma rede de estações de revezamento.[7]

Na realidade, a genialidade dos mongóis foi estabelecer desde o início essa plataforma para o sucesso de longo prazo. À medida que Gengis Khan e seus sucessores expandiam seu alcance, tiveram que incorporar novos povos dentro de um sistema coerente. As tribos foram deliberadamente divididas, e as lealdades refocalizadas com vinculações a unidades militares e acima de tudo com lealdade à liderança mongol. Foram suprimidos aspectos tribais distintivos, como a maneira com que os diferentes povos arrumavam o cabelo, e impuseram-se costumes padronizados. Como seria de esperar, os que haviam sido submetidos ou conquistados foram espalhados pelo território controlado pelos mongóis, a fim de enfraquecer os laços de língua, parentesco e identidade, bem como fomentar o processo de assimilação. Novos nomes foram introduzidos em lugar dos rótulos étnicos para sublinhar a nova maneira de fazer as coisas. Tudo isso, por sua vez, foi reforçado por um sistema centralizado de recompensas, com partilha de butins e tributos: a proximidade com a dinastia governante contava muito, e por sua vez incentivava uma meritocracia ampla, às vezes brutal, pela qual os generais bem-sucedidos colhiam ricas recompensas e os que falhavam eram logo excluídos.[8]

Ao mesmo tempo que se extinguiam as identidades tribais, havia uma abertura mental consistente e notável na questão da fé. Os mongóis eram tranquilos e tolerantes em assuntos religiosos. Desde o tempo de Gengis Khan, os membros do séquito do líder tinham permissão de praticar as crenças que quisessem. O próprio Gengis "dedicava aos muçulmanos um olhar respeitoso e também tinha em alta estima os cristãos e os 'idólatras' [isto é, os budistas]", segundo um escritor persa posterior. Quanto aos descendentes dele, cada um foi deixado à vontade com seus recursos e a própria consciência para decidir que fé seguir. Alguns escolheram adotar o islã, outros o cristianismo, e "outros voltaram a aderir ao antigo cânone dos pais e antepassados e não se inclinaram em nenhuma direção específica".[9]

Havia alguma verdade nisso, como logo descobriram os missionários enviados em grande número para o Leste em missões de conversão.[10] Guilherme de Rubruck surpreendeu-se ao encontrar sacerdotes por toda a Ásia em sua jornada até a corte mongol e ficou mais surpreso ainda ao descobri-los aceitando abençoar cavalos brancos a cada primavera, quando as manadas eram reunidas perto de Karakorum; além disso, tais bênçãos eram realizadas de uma maneira mais de acordo com os rituais pagãos do que com a doutrina cristã.[11] Mas tomar alguns atalhos era evidentemente visto como algo que valia a pena ser feito – um pequeno detalhe no quadro mais amplo de conquistar conversões. À medida que os contatos entre a Europa e a Ásia Central aumentaram, surgiram novamente dioceses no Leste, mesmo no interior das estepes, e fundaram-se mosteiros no norte da Pérsia, como em Tabriz, que virou sede de uma florescente comunidade de monges franciscanos.[12] O fato de terem permissão de se expandir diz muito sobre a proteção que lhes era dada e sobre a tranquila abordagem dos mongóis em relação à religião.

Na realidade, as coisas iam bem além. No final do século XIII, João de Montecorvino foi enviado ao Grande Khan pelo papa com uma carta "convidando-o a receber a fé católica de Nosso Senhor Jesus Cristo". Embora a missão de João não tenha obtido sucesso, mesmo assim ele passou a converter o maior número possível de pessoas, pagando resgates para libertar crianças cativas às quais então ensinava latim e grego, escrevendo saltérios para eles à mão. Com o tempo, até o próprio Grande Khan vinha ouvi-los cantar durante o serviço religioso, admirado com o belo canto e o mistério da Eucaristia. Tal foi o sucesso de João que o papa Clemente V enviou uma missão no início da década de 1300 para nomeá-lo não como bispo, mas a um cargo mais elevado, que refletisse suas realizações e estimulasse a criação de uma hierarquia eclesiástica pelo Império mongol: arcebispo de Pequim. O fracasso das cruzadas não significou o fracasso do cristianismo na Ásia.[13]

De certo modo, essa tolerância religiosa era uma hábil estratégia política. Os īlkhānidas parecem ter sido particularmente inclinados a dizer às figuras religiosas o que elas queriam ouvir. Hülegü, por exemplo, disse a um padre armênio ter sido batizado quando criança; a Igreja no Ocidente quis tanto acreditar nisso que passaram a circular pela Europa ilustrações retratando Hülegü como santo cristão. A outros, porém, contavam uma história diferente. Aos budistas, por exemplo, foi assegurado que Hülegü havia seguido os ensinamentos que levam à iluminação. Havia muitos exemplos de figuras do alto escalão do mundo mongol que se tornaram cristãs e depois se converteram ao islã, ou vice-versa, mudando a religião conforme as conveniências. Esses fiéis fleumáticos eram mestres em ser qualquer coisa para qualquer pessoa.[14]

Conquistar corações e mentes era crucial para tornar mais suave a expansão do império. Isso remontava diretamente à abordagem adotada por Alexandre, o Grande, quando derrotou os persas – e teria sido aprovado por cronistas como Tácito, que era profundamente crítico da miopia de uma política de saque e devastação indiscriminada. Por instinto, os mongóis sabiam como construir um grande império: tolerância e administração cuidadosa tinham que se seguir à supremacia militar.

Decisões perspicazes tomadas ao lidar com potenciais aliados importantes tinham um retorno compensador. Na Rússia, a isenção total da Igreja de todas as taxas e do serviço militar foi recebida com júbilo – um dos exemplos de que lidar com sensibilidade podia gerar boa vontade mesmo após uma conquista brutal.[15] Do mesmo modo, devolver responsabilidades era uma maneira muito eficaz de reduzir animosidades e tensões. O exemplo da Rússia de novo é instrutivo: um governante local foi nomeado para coletar impostos e pagamentos, sendo agraciado com uma generosa fatia dos rendimentos. Não por acaso, Ivan I, grande príncipe de Moscou, ficou conhecido como "Ivan Kalita" – ou Ivan das Sacolas de Dinheiro: ele foi encarregado de cobrar tributos para encher os tesouros mongóis, e evidentemente ganhou muito para si no processo. A concentração de riqueza e poder nas mãos de figuras confiáveis como Ivan resultou no surgimento de uma dinastia preeminente, na qual se podia confiar e que prosperou sobrepondo-se às famílias rivais. Os efeitos foram profundos – e duradouros: alguns estudiosos defendem que foi o sistema de governo mongol que constituiu a base para a transformação da Rússia numa autocracia madura, por meio do empoderamento de um punhado de indivíduos que passaram a dominar a população, assim como seus pares.[16]

Com controle militar, astúcia política e tolerância teológica, a fórmula mongol do sucesso estava bem distante da nossa percepção comum. Mas, apesar de toda a sua eficácia, eles também contaram com a sorte em relação à época em que se deram os fatos. Na China, encontraram um mundo que havia visto crescimento populacional, expansão econômica e desenvolvimento tecnológico após um grande aumento da produtividade agrícola.[17] Na Ásia Central, depararam com pequenos estados fragmentados, dilacerados por rivalidades e prontos para uma fusão. No Oriente Médio e na Europa, entraram em contato com sociedades monetizadas e cada vez mais estratificadas – isto é, capazes de pagar tributos em dinheiro e cujas populações tinham poder aquisitivo e prodigioso apetite por artigos de luxo. Pela Ásia e Europa, Gengis Khan e seus sucessores haviam não só deparado com um mundo que oferecia ganhos fáceis; viram-se entrando num lugar que vivia uma fase áurea.[18]

Assim como as conquistas islâmicas do século VII tiveram profundo impacto na economia global à medida que impostos, pagamentos e dinheiro fluíam em direção ao centro vindo de todos os cantos do mundo, os sucessos mongóis do século XIII também reformularam os sistemas monetários da Eurásia. Na Índia foram introduzidos novos rituais e passatempos do mundo das estepes, como as procissões formais em que a sela ornada do governante era carregada pomposamente à sua frente.[19] Na China, enquanto isso, os hábitos culinários mudaram e incluíram sabores, ingredientes e estilos prediletos dos novos senhores das estepes. Textos como *Yinshan zhengyao*, um guia de dietas que listava "Coisas adequadas e essenciais para a comida e a bebida do imperador", descreviam pratos influenciados pela cozinha e pelos gostos nômades, com forte ênfase em ferver a comida, como meio preferido de cozinhar.[20]

Aproveitar todas as partes da carcaça de um animal – um hábito arraigado de quem tem a subsistência ligada a animais de criação – foi incluído na corrente principal. Kublai Khan era um dos adeptos das comidas de seus ancestrais, e conta-se que servia à sua corte, como iguarias, leite fermentado, carne de cavalo, corcova de camelo e sopa de carneiro engrossada com grãos.[21] Isso pelo menos soa mais palatável que pulmão de carneiro ou pasta à base de gordura do rabo do carneiro ou de sua cabeça, que constam de um manual de culinária do século XIV.[22]

A Europa também sentiu o impacto cultural das conquistas mongóis. Com a emergência do novo império, modas extravagantes foram importadas e exerceram influência. Os estilos mongóis foram bem-aceitos depois que as primeiras ondas de pânico arrefeceram. Na Inglaterra, 250 faixas de tecido azul-escuro *tatar* foram usadas para elaborar as insígnias da Ordem da Jarreteira, a mais antiga e magnificente ordem de cavalaria do país. No torneio de Cheapside de 1331, a cerimônia de abertura teve homens desfilando em finas roupas *tatar* e usando máscaras para parecer guerreiros mongóis. A influência do Leste também era visível no *hennin*, o acessório de moda mais característico da Renascença em toda a Europa. Esse chapéu cônico usado pelas damas da nobreza, e tão presente nos retratos a partir do século XIV, parece diretamente inspirado nos chapéus característicos usados pela corte mongol no mesmo período.[23]

Mas as conquistas mongóis tiveram outros efeitos, mais substanciais, pois serviram para transformar as economias da Europa. A infindável sucessão de enviados à corte dos khans logo foi acompanhada por missionários e mercadores, seguindo seus passos. De uma hora para outra, não apenas os mongóis, mas a Ásia como um todo entrou no campo de visão da Europa. As histórias trazidas pelos viajantes eram devoradas com avidez por aqueles que queriam descobrir mais a respeito do mundo exótico do Oriente.

As histórias eram vistas com assombro. Segundo Marco Polo, havia uma ilha depois da China cujo palácio do governante tinha teto de ouro e muros de ouro com vários centímetros de espessura. Na Índia, revela o mesmo autor, carne animal era atirada em ravinas profundas, cheias de diamantes – mas também infestadas de serpentes –, a fim de atrair águias, que então mergulhavam para pegar a carne e traziam junto as pedras preciosas nela incrustadas, que podiam então ser coletadas com facilidade. A pimenta, notou outro viajante desse período, vinha de pântanos infestados de crocodilos, que precisavam ser espantados dali pelo fogo. Nos relatos de viajantes da época, a riqueza do Leste era lendária – e fazia forte contraste com a da Europa.[24]

Essa conclusão não deve ter soado surpreendente, nem nova. Os temas eram familiares, presentes em textos clássicos que passaram a ser lidos novamente conforme a sociedade e a economia se desenvolviam na Europa continental, e a curiosidade intelectual teve novo alento. Os relatos trazidos por Marco Polo e outros tinham ecos óbvios dos relatos de Heródoto, Tácito, Plínio e até dos Cantares de Salomão, de morcegos que usavam as garras para guardar pântanos nos quais crescia a cássia-imperial, ou de serpentes voadoras venenosas que protegiam as árvores aromáticas na Arábia, ou de fênix construindo ninhos de canela e olíbano, que eram preenchidos então com outras especiarias.[25]

Naturalmente, a mística do Oriente – e as histórias sobre os perigos envolvidos em coletar bens que eram raros e muito valorizados – tinha íntima ligação com a expectativa de altos preços que os bens iriam alcançar quando trazidos para a Europa. Artigos, produtos e especiarias que eram perigosos de elaborar ou de colher naturalmente tinham de ser muito caros.[26] A fim de melhorar a informação, começaram a aparecer manuais e compêndios por volta de 1300 sobre como viajar e fazer comércio na Ásia – e, acima de tudo, sobre como conseguir um preço justo. "Em primeiro lugar, você precisa deixar a barba crescer bastante e não se barbear mais", escreveu Francesco Pegolotti, autor do guia mais famoso desse período; e não deixar de levar um guia na viagem – com aquilo que irá poupar, você mais do que compensará o que tiver pago por um bom manual, advertia ele. Mas a informação mais importante era sobre quais impostos deveriam ser pagos em cada localidade, as diferenças em pesos, medidas e cunhagem, a aparência das diversas especiarias – e o custo de cada uma. No mundo medieval, tanto quanto no moderno, o objetivo desses guias era evitar decepções e reduzir a chance de ser ludibriado por mercadores inescrupulosos.[27]

O fato de o próprio Pegolotti não ser de Veneza ou Gênova, as duas potências dos séculos XIII e XIV na Europa, mas de Florença, já era revelador. Havia novatos ansiosos para tomar parte das ações no Leste – como Lucca e Siena, cujos comerciantes podiam ser encontrados em Tabriz, Ayas e outros postos comerciais a leste – comprando especiarias, sedas e tecidos da China, Índia e Pérsia, bem como de outras partes. Essa noção de novos horizontes se abrindo estava muito bem expressa no mapa dependurado na grande sala do conselho do *palazzo pubblico*, em Siena: projetado para que pudesse ser girado manualmente, o mapa mostrava o mundo centrado na cidade toscana e fazia constar distâncias, redes de transporte e a própria teia de agentes, contatos e intermediários de Siena, estendendo-se pelo interior da Ásia. Mesmo cidades obscuras no centro da Itália começavam a voltar os olhos para o Leste, buscando inspiração e lucros e pensando em estabelecer as próprias conexões com as Rotas da Seda.[28]

Foi fundamental para a expansão europeia a estabilidade que os mongóis preservaram por toda a Ásia. Apesar de tensões e rivalidades entre os diferentes ramos da liderança tribal, a vigência da lei era rigorosamente observada quando se tratava de questões comerciais. O sistema de estradas da China, por exemplo, era invejado pelos visitantes, que se maravilhavam com as medidas administrativas adotadas para prover segurança aos mercadores em viagem. "A China é o país mais seguro e o melhor para o viajante", escreveu Ibn Battūta, explorador do século XIV; era um lugar com um sistema de informações que parecia dar conta de cada estrangeiro em bases diárias, o que significava que "um homem pode viajar por nove meses sozinho com grande riqueza sem nada a temer".[29]

Era uma visão partilhada também por Pegolotti, que observou que a rota do mar Negro até a China "é perfeitamente segura, tanto de dia quanto de noite". Isso era em parte resultado das crenças nômades tradicionais, que exigiam demonstrar hospitalidade a estrangeiros, mas resultava também de uma visão mais ampla de que o comércio precisava ser estimulado. Nesse sentido, as taxas competitivas cobradas sobre os bens que passavam pelo mar Negro encontravam um óbvio eco do outro lado da Ásia, onde o comércio marítimo que passava pelos portos do litoral Pacífico da China também crescia, graças a deliberados esforços de aumentar o rendimento da alfândega.[30]

Uma área em que isso se mostrou altamente eficaz foi na exportação de tecidos, cuja produção recebeu um grande impulso nos séculos XIII e XIV. Os setores têxteis em Nīshāpūr, Herat e Bagdá foram montados a propósito, enquanto a cidade de Tabriz sozinha expandiu-se quatro vezes de tamanho ao longo de apenas cem anos, para acomodar comerciantes e também trabalhadores especializados e artesãos, que foram sempre muito bem tratados na esteira das conquistas mongóis. Embora houvesse uma demanda praticamente inesgotável por roupas finas e tecidos nos mercados do Leste, quantidades cada vez maiores foram exportadas para a Europa a partir do século XIII.[31]

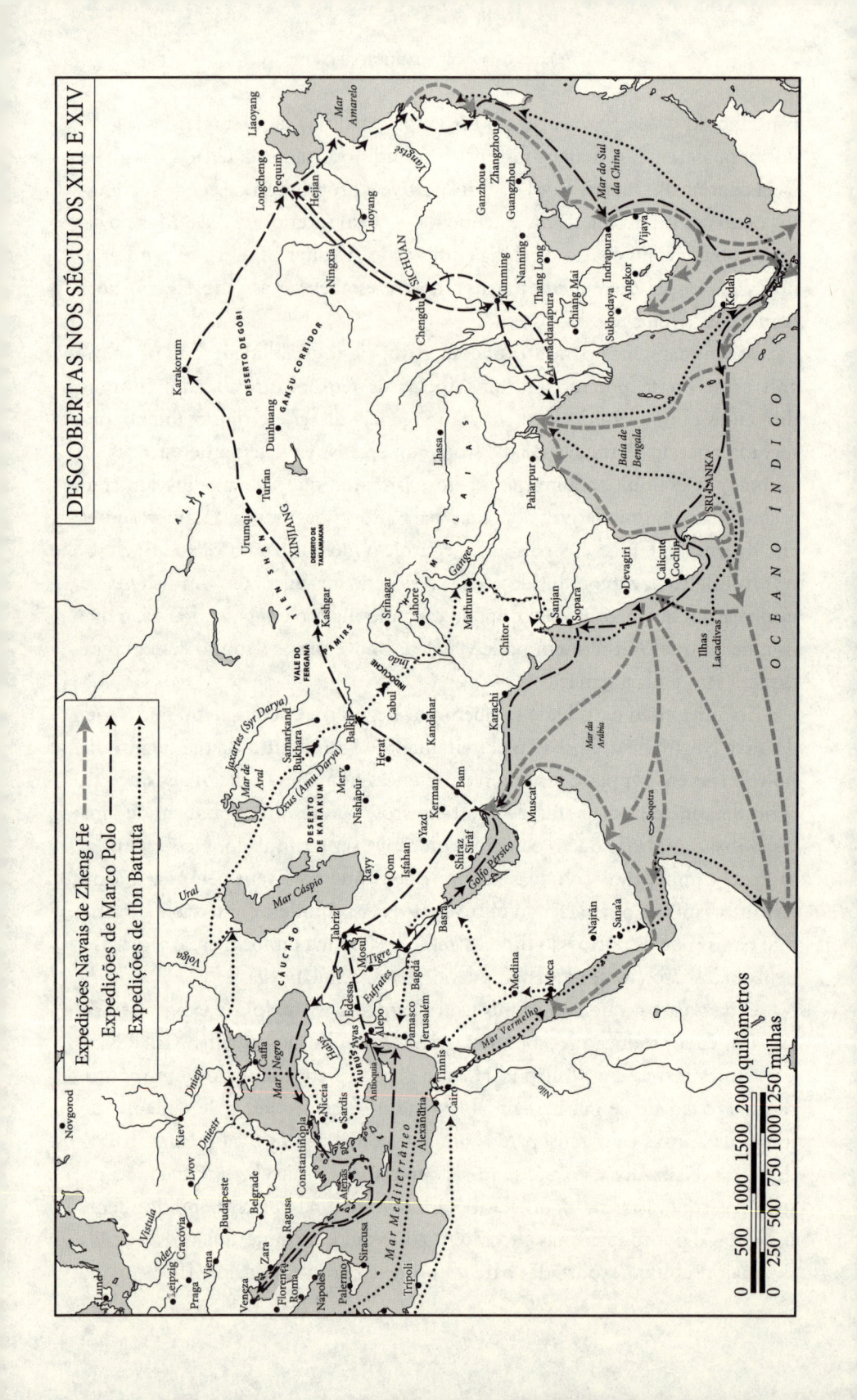

DESCOBERTAS NOS SÉCULOS XIII E XIV

Os horizontes expandiam-se por toda parte. Na China, portos como Guangzhou havia muito tempo serviam como janelas para o mundo do Ssul da Ásia. Esses grandes núcleos comerciais eram bem conhecidos por comerciantes persas, geógrafos árabes e viajantes muçulmanos, que deixaram relatos da agitada vida urbana nas cidades não só do litoral, mas também do interior, e forneceram descrições de uma dinâmica população cosmopolita. Tal era o nível de interação e intercâmbio que o persa e o árabe emprestaram muitas palavras e expressões ainda comuns no chinês moderno.[32]

Por outro lado, o conhecimento que a China tinha do mundo exterior havia sido bastante esquemático e restrito, como fica expresso num texto escrito no início da década de 1200 por um oficial imperial encarregado do comércio exterior em Guangzhou, sul da China, um lugar abençoado com um porto natural excelente no delta do rio das Pérolas. O relato, destinado a mercadores, marinheiros e viajantes, faz uma valiosa tentativa de explicar práticas de negócios ao mundo de fala árabe e além dele, listando os bens que podiam ser comprados e descrevendo o que os comerciantes chineses poderiam esperar. Mas, como muitos relatos de viajantes desse período, é cheio de imprecisões e de crenças semimísticas. Meca, por exemplo, não era a sede da casa de Buda, nem um local que os budistas vinham visitar uma vez por ano em peregrinação; não havia terra nenhuma em que as mulheres se reproduzissem ao ficar "expostas nuas à força plena do vento sul". Os melões da Espanha não mediam 1,80 metro de diâmetro, nem alimentavam mais de vinte homens; os carneiros da Europa tampouco cresciam à altura de um homem adulto, nem eram abertos toda primavera para se extrair mais de cinco quilos de gordura antes de serem costurados de novo, sem qualquer efeito posterior.[33]

No entanto, quando boa parte da Ásia foi unida pelos mongóis, houve acentuada melhoria nas rotas comerciais marítimas, em particular em pontos de importância estratégica e econômica – como o Golfo Pérsico –, sujeitos a extensiva supervisão pelas novas autoridades, interessadas em incentivar os intercâmbios comerciais de longa distância e aumentar seus ganhos.[34] Como resultado, o ambiente cultural de Guangzhou durante o século XIII tornou-se bem mais esclarecido e menos provinciano.

Por volta da década de 1270, a cidade havia se tornado o ponto central das importações e exportações marítimas da China. Para cada navio que partia de Alexandria com suprimentos de pimenta para as terras cristãs, relatou

Marco Polo no final do século XIII, mais de uma centena entrava no porto chinês – uma observação que encontra um nítido eco nos comentários de Ibn Battūta, escritos logo após, quando conta que ao chegar à cidade viu uma centena de navios entrando no golfo de Guangzhou, assim como inúmeras embarcações menores.[35] O comércio no Mediterrâneo era grande; o do Pacífico, imenso.

Não precisamos confiar apenas em fontes escritas ambíguas ou não confiáveis para definir o quanto a cidade se tornou importante como centro comercial.[36] Restos de um naufrágio na baía de Guangzhou, que data justamente desse período, revelam os bens importados de todo o sul da Ásia e com toda probabilidade também do Golfo Pérsico e do leste da África. Pimenta, olíbano, âmbar cinza, vidro e algodão compunham apenas parte de uma valiosa carga que afundou junto à costa da China em 1271 ou logo em seguida.[37] Era possível encontrar mercadores cruzando o mar do sul da China em número cada vez maior, fundando postos comerciais em Sumatra, na península Malaia e acima de tudo no litoral de Malabar, no sul da Índia, onde ficava o maior suprimento mundial de pimenta – que há muito tempo era uma *commodity* bastante procurada na China, na Europa e em outras partes da Ásia.[38] Em meados do século XIV, havia tantos navios partindo para cidades como Calicute que alguns observadores comentaram que todo o transporte marítimo e viagens nessa parte do subcontinente indiano estavam sendo empreendidos em barcos chineses. Um exemplo de seu típico design com fundo chato foi recentemente encontrado naufragado junto ao litoral de Kerala.[39]

O combustível desse comércio de longa distância era a prata, que assumiu a forma de moeda única na Eurásia. Uma razão disso era a inovação no crédito financeiro da China, promovida antes da época de Gengis Khan, que incluía a introdução de notas de câmbio e o uso de papel-moeda.[40] Adotado e melhorado pelos mongóis, teve o efeito de liberar enormes quantidades de prata no sistema monetário à medida que novas formas de crédito se estabeleciam. De repente, a disponibilidade do metal precioso disparou – causando uma grande correção em seu valor em relação ao ouro. Em partes da Europa, o valor da prata despencou, perdendo mais da metade de seu valor entre 1250 e 1338.[41] Só em Londres, o aumento no suprimento de prata permitiu que a casa da moeda real mais do que quadruplicasse a produção apenas entre 1278 e 1279. A produção também aumentou muito em toda a Ásia. Nas estepes, igualmente, a produção de moedas decolou, conforme os governantes da

Horda Dourada começaram a cunhar moeda em grande quantidade.[42] Novas regiões foram também estimuladas. O Japão, que dependia muito do escambo ou de pagamentos em produtos como o arroz como mecanismos de troca, passou para uma economia monetária e se tornou cada vez mais ativo no comércio de longa distância.[43]

No entanto, o efeito mais importante que as conquistas mongóis tiveram para a transformação da Europa não veio do comércio ou da guerra, da cultura ou da moeda. Não foram apenas guerreiros ferozes, bens, metais preciosos, ideias e modas que fluíram pelas artérias que ligavam o mundo. Na realidade, algo totalmente diverso, entrando pela corrente sanguínea, teve um impacto ainda mais radical: a doença. Um surto de peste varreu a Ásia, a Europa e a África ameaçando aniquilar milhões. Os mongóis não haviam destruído o mundo, mas parecia bem possível que a Peste Negra o fizesse.

Além de abrigar animais de criação e nômades por milhares de anos, as estepes eurasianas também formam uma das grandes bacias de pragas do mundo, com uma série de focos interligados que se estendem do mar Negro até a Manchúria. As condições ecológicas da paisagem árida e semiárida prestam-se perfeitamente à disseminação da bactéria *Yersinia pestis,* que é transmitida de um hospedeiro a outro principalmente pelas pulgas, por meio da alimentação pelo sangue. A peste era disseminada de modo mais efetivo e rápido por hospedeiros como os ratos, embora os camelos também pudessem ser infectados e ter um papel importante na transmissão – como mostraram pesquisas ligadas ao programa de guerra biológica da União Soviética no período da Guerra Fria.[44] Embora a praga possa se espalhar pelo consumo ou manipulação de tecidos do hospedeiro ou inalando material infectado, a transmissão a humanos é efetuada mais comumente por pulgas ao vomitarem bacilos na corrente sanguínea antes de se alimentarem, ou por bacilos em suas fezes ao contaminarem abrasões na pele. Os bacilos são então carregados até os linfonodos, como os que se situam nas axilas ou na virilha, multiplicando-se rapidamente e causando inchaços ou bubões, que Boccaccio, um sobrevivente da praga, descreveu que cresciam até o tamanho de uma maçã, ou do tamanho de um ovo "mais ou menos".[45] Outros órgãos são então infectados, em sequência; hemorragias causam sangramentos internos e também as características bolsas negras de pus e sangue que tornam a doença tão aterradora visualmente quanto é letal.

As investigações modernas da *Yersinia pestis* e da praga tornaram claro o papel crucial desempenhado por fatores ambientais no ciclo enzoótico, no qual mudanças aparentemente insignificantes podem fazer com que a doença se transforme de algo localizado e possível de ser contido em doença que se espalha em larga escala. Pequenas diferenças de temperatura e precipitação, por exemplo, podem alterar dramaticamente os ciclos reprodutivos das pulgas, cruciais para o ciclo de desenvolvimento da própria bactéria, assim como o comportamento dos seus hospedeiros roedores.[46] Um estudo recente, que pressupôs um aumento de apenas um grau na temperatura, sugere que isso pode levar a um aumento de 50% na prevalência da praga no grande rato-do--deserto, o principal roedor hospedeiro no ambiente da estepe.[47]

Embora não se saiba com precisão onde se situou a última origem da doença em meados do século XIV, a praga se espalhou rapidamente na década de 1340 à medida que o surto se deslocou das estepes pela Europa, Irã, Oriente Médio, Egito e península Arábica.[48] Ela se estabeleceu de fato em 1346, quando aquilo que um contemporâneo italiano descreveu como "uma misteriosa doença que trouxe a morte repentina" começou a se espalhar pela Horda Dourada junto ao mar Negro. Um exército mongol que sitiava o posto comercial genovês de Caffa, após uma disputa sobre termos de comércio, foi aniquilado pela doença, que matou "milhares e milhares todos os dias", segundo um cronista. Antes de se retirarem, porém, os mongóis "ordenaram que os cadáveres fossem colocados em catapultas e atirados para dentro da cidade, na esperança de que o fedor intolerável matasse todos os que estivessem dentro". Em vez de serem subjugados pelo cheiro, foi a doença altamente contagiosa que foi decisiva. Sem saber, os mongóis haviam adotado a guerra biológica para derrotar seu inimigo.[49]

As rotas comerciais que ligavam a Europa ao resto do mundo tornaram-se estradas letais para a transmissão da Peste Negra. Em 1347, a doença chegou a Constantinopla e depois a Gênova, Veneza e ao Mediterrâneo, trazida por comerciantes e mercadores que fugiam de casa. Quando a população de Messina, na Sicília, percebeu que havia algo errado com os genoveses, que chegavam cobertos de bolhas, vomitando sem parar e tossindo sangue antes de morrer, já era tarde demais: embora as galés genovesas fossem expulsas, a doença se instalou e devastou a população local.[50]

Ela se espalhou rapidamente em direção às cidades do norte da França e da Baviera em meados de 1348. A essa altura, navios que chegavam aos portos da Bretanha já haviam introduzido "a primeira pestilência [...] trazida por mercadores e marinheiros".⁵¹ Começou a morrer tanta gente pelas cidades e aldeias da Inglaterra que o papa, em "sua clemência, garantiu uma indulgência plenária para os pecados confessados". Segundo avaliação de um contemporâneo, apenas um décimo da população sobreviveu; várias fontes reportam que as mortes foram tantas que não restou gente suficiente para enterrar os mortos.⁵²

Em vez de trazerem bens e artigos de valor, os navios que cruzavam o Mediterrâneo traziam morte e devastação. A infecção espalhava-se não só pelo contato com as vítimas da praga ou com os ratos, sempre presentes nas viagens marítimas; até mesmo os bens transportados viraram cargas letais, já que as pulgas infestavam as peles e os alimentos destinados ao continente europeu, bem como aos portos do Egito, Levante e Chipre, onde as primeiras vítimas tendiam a ser crianças e jovens. A doença logo se transmitiu pelas rotas das caravanas que iam a Meca, matando muitos peregrinos e estudiosos e provocando um sério exame de consciência: o profeta Maomé teria prometido que a praga que devastou a Mesopotâmia no século VII nunca entraria nas cidades sagradas do islá.⁵³

Em Damasco, escreveu Ibn al-Wardī, a praga "sentou-se como um rei em seu trono e governou com poder, matando todo dia mil ou mais, e dizimando a população".⁵⁴ As estradas entre o Cairo e a Palestina ficaram cobertas de corpos de vítimas, enquanto os cães rasgavam os cadáveres empilhados contra os muros das mesquitas em Bilbais. Enquanto isso, na região de Asyut, no Alto Egito, o número de pagadores de impostos caiu de 6 mil antes da Peste Negra para apenas 116 – uma redução de 98%.⁵⁵

Embora tais contrações na população também refletissem a fuga de pessoas de suas casas, há pouca dúvida de que a mortalidade foi imensa. "Toda a sabedoria e engenhosidade do homem" era importante para evitar a disseminação da doença, escreveu Boccaccio, o erudito humanista italiano, em sua introdução ao *Decameron*; no espaço de três meses, observou ele, mais de 100 mil perderam a vida apenas em Florença.⁵⁶ Veneza ficou despovoada: relatos convergem dizendo que nada menos do que três quartos de seus cidadãos morreram durante o surto.⁵⁷

Para muitos, parecia um sinal do fim do mundo. Na Irlanda, um monge franciscano concluiu seu relato da devastação causada pela peste deixando um espaço em branco "para continuar o [meu] trabalho, caso ainda reste alguém vivo no futuro".⁵⁸ Havia a sensação de um apocalipse iminente; na França, cronistas relatavam que "choviam sapos, cobras, lagartos, escorpiões e muitos outros animais peçonhentos similares". Havia sinais no céu que tornavam clara a insatisfação de Deus: enormes pedras de granizo atingiam a Terra, matando pessoas às dezenas, e cidades e aldeias ardiam em chamas depois de serem incendiadas por raios que produziam "uma fumaça fétida".[59]

Alguns, como o rei da Inglaterra, Eduardo III, voltaram-se para o jejum e a oração, com o soberano ordenando a seus bispos que fizessem o mesmo. Manuais árabes escritos por volta de 1350 orientavam fiéis muçulmanos na mesma linha, aconselhando a dizer onze vezes uma oração específica e cantar versos relacionados com a vida de Maomé, o que ofereceria proteção contra bolhas. Em Roma, realizaram-se procissões solenes, nas quais os penitentes e os temerosos marchavam de pés descalços e com cilícios, flagelando-se para mostrar a contrição por seus pecados.[60]

Estes estavam entre os esforços menos criativos para aplacar a ira de Deus. Um padre sueco recomendava evitar o sexo e "todos os desejos carnais com mulheres", e também evitar tomar banho, e não se expor ao vento sul – pelo menos até a hora do almoço. Se isso era um exemplo de medidas otimistas, a contrapartida na Inglaterra era pelo menos bem mais direta: as mulheres deviam usar outras roupas, instava um padre inglês, para benefício delas, assim como de todos os demais. As vestes extravagantes e ousadas que haviam se habituado a usar simplesmente estavam pedindo a punição divina. O problema tivera início quando "elas começaram a usar pequenas capas, amarradas e abotoadas tão apertado na garganta que mal cobriam os ombros. E não só isso, porque, "além do mais, usavam *paltocks*, vestes extremamente curtas [...] que não escondiam seus traseiros ou partes íntimas". Além de tudo, "essas roupas disformes e apertadas não lhes permitiam ajoelhar-se a Deus ou aos outros santos".[61]

Boatos delirantes circulavam na Alemanha dizendo que a doença não era natural, mas resultava de poços e rios envenenados pelos judeus. Perversos *pogroms* foram empreendidos, e um relato afirma que "todos os judeus entre Colônia e a Áustria" haviam sido recolhidos e queimados vivos. Tão extremados eram os surtos de antissemitismo que o papa interveio e expediu proclamações proibindo quaisquer ações violentas contra as populações judaicas em qualquer país cristão, e pedindo que seus bens e ativos fossem deixados intactos.[62] Se isso teve efeito ou não é outra questão. Afinal, não era a primeira vez que o medo do desastre, as provações ou efusões religiosas excessivas resultavam numa disseminada chacina das minorias judaicas na Alemanha: houve sofrimentos terríveis na Renânia na época da Primeira Cruzada, em circunstâncias que não eram muito diversas. Era perigoso ter crenças diferentes em tempos de crise.

A Europa perdeu pelo menos um terço de sua população para a praga, e talvez muito mais, com as estimativas conservadoras do número de mortos apontando algo em torno de 25 milhões numa população total de talvez 75 milhões.[63] Trabalhos mais recentes sobre epidemias demonstraram que durante os grandes surtos as pequenas vilas e as áreas rurais reportam níveis de mortos mais altos do que as cidades. Parece que o mais determinante na disseminação de uma praga não é a densidade da população humana (como se costuma pensar), mas a das colônias de ratos. A doença não se espalha mais depressa num ambiente urbano abarrotado, onde há mais famílias por colônia de roedores infectados do que na área rural. Fugir das cidades para o campo na realidade não aumenta as chances de a pessoa ludibriar a morte.[64] Do campo para a fazenda e da cidade para a vila, a Peste Negra criou o inferno na terra: corpos pútridos, em putrefação, esvaindo-se em pus, contra um cenário de medo, ansiedade e descrença, conforme a escala do sofrimento.

Os efeitos foram arrasadores. "Nossas esperanças de futuro foram enterradas junto com nossos amigos", escreveu o poeta italiano Petrarca. Os planos e as ambições de chegar a maiores descobertas no Oriente e a possíveis fortunas foram ofuscados por pensamentos mais sombrios. O único consolo, prossegue Petrarca, era saber "que iremos seguir aqueles que foram antes. Não sei quanto tempo teremos que esperar, mas sei que não pode ser muito". Todas as riquezas do oceano Índico, do mar Cáspio ou do mar Negro, escreveu, não podem compensar o que foi levado embora.[65]

E mesmo assim, apesar do horror que causou, a praga acabou sendo o catalisador de uma mudança social e econômica tão profunda que, em vez de marcar a morte da Europa, serviu para a sua construção. A transformação forneceu um pilar importante na ascensão – e triunfo – do Ocidente. Fez isso em várias fases. Primeiro, foi a reconfiguração de alto a baixo do funcionamento das estruturas sociais. O crônico despovoamento na esteira da Peste Negra teve o efeito de aumentar agudamente os soldos em razão do maior valor do trabalho. Morreu tanta gente antes que a peste finalmente se extinguisse, no início da década de 1350, que uma fonte registrou uma "escassez de servos, artesãos e trabalhadores, e de agricultores e lavradores". Isso deu considerável poder de negociação àqueles que antes ocupavam a parte mais baixa do espectro social e econômico. Alguns simplesmente "torceram o nariz para o emprego e raramente eram persuadidos a servir os eminentes, a não ser pelo triplo do salário".[66] Dificilmente isso seria exagero: dados empíricos mostram que os salários urbanos aumentaram de forma drástica nas décadas que se seguiram à Peste Negra.[67]

O empoderamento do campesinato, dos trabalhadores e das mulheres foi acompanhado por um enfraquecimento das classes proprietárias, já que os senhores de terras foram obrigados a aceitar o pagamento de aluguéis menores por suas posses – e acabavam decidindo que era melhor receber alguma renda do que nada. Aluguéis mais baixos, menos obrigações e prazos mais longos tiveram o efeito de inclinar o poder e os benefícios para o campesinato e para os locatários urbanos. Isso foi acentuado pela queda nas taxas de juros, que declinaram sensivelmente por toda a Europa durante os séculos XIV e XV.[68]

Os resultados foram notáveis. Com a riqueza agora distribuída de modo mais uniforme pela sociedade, a demanda por bens de luxo – importados ou não – elevou-se, pois mais grupos eram capazes agora de comprar itens antes inacessíveis.[69] Os padrões de gasto foram afetados por outras mudanças demográficas produzidas pela peste, em especial a mudança em favor dos jovens trabalhadores, que estavam agora em melhor posição para tirar partido das oportunidades que se abriam. A nova e promissora geração, menos disposta a poupar depois de ter evitado por pouco a morte, mais bem paga que seus pais e com melhores perspectivas de futuro, passou a gastar sua riqueza nas coisas de seu interesse – e não poucas delas estavam relacionadas com a moda.[70] Isso por seu turno estimulou o investimento e o rápido desenvolvimento de uma indústria têxtil europeia, que começou a produzir tecidos em tal volume a ponto de criar grande impacto no comércio em Alexandria, já que as importações caíram sensivelmente. A Europa começou até a exportar na direção oposta, inundando o mercado do Oriente Médio e causando uma dolorosa contração, que contrastou diretamente com a revigorada economia do Ocidente.[71]

Como demonstra uma pesquisa recente baseada em restos esqueletais de cemitérios londrinos, o aumento de riqueza levou a dietas melhores e a uma melhora na saúde geral. De fato, modelos estatísticos baseados nesses resultados sugerem até que um dos efeitos da peste foi uma melhora substancial na expectativa de vida. A população pós-praga de Londres era consideravelmente mais saudável do que havia sido antes da eclosão da Peste Negra – aumentando muito a expectativa de vida.[72]

O desenvolvimento econômico e social não ocorreu de modo uniforme em toda a Europa. A mudança foi mais rápida no norte e noroeste do continente, em parte porque essas regiões vinham de um ponto econômico mais baixo do que o sul mais desenvolvido. Isso significou que os interesses dos senhores de terra e dos arrendatários ficaram mais próximos e, portanto, mais inclinados a terminar em colaboração e em soluções adequadas a ambas as partes.[73] Também foi significativo, porém, o fato de as cidades do Norte não carregarem a mesma bagagem ideológica e política de muitas das cidades do Mediterrâneo. Séculos de comércio regional e de longo prazo haviam criado instituições como as guildas, que controlavam a competição e eram projetadas para conceder posições monopolistas a certos grupos de indivíduos. O norte da Europa, ao contrário, começou a ganhar impulso justamente porque a competição não era restringida – o que deu à urbanização e ao crescimento econômico um ritmo bem mais rápido do que no sul.[74]

Também emergiram diferentes perfis comportamentais nas diversas partes da Europa. Na Itália, por exemplo, as mulheres eram ou menos tentadas a entrar no mercado de trabalho ou então menos capazes, e continuaram casando-se com a mesma idade e tendo o mesmo número de filhos do que antes da praga. Isso contrastava muito com a situação nos países do norte, nos quais a contração demográfica deu às mulheres a oportunidade de se tornarem assalariadas. Um efeito disso foi elevar a idade em que as mulheres se casavam – o que por sua vez teve implicações de longo prazo no tamanho das famílias. "Não se lance no casamento cedo demais", aconselhava Anna Bijns num poema escrito nos Países Baixos, pois "quem ganha o próprio sustento e suas roupas não deve ter pressa em sofrer o controle de um homem. [...] Embora eu não reprove os laços do matrimônio, sem o jugo é melhor! Feliz a mulher sem um homem!".[75]

As transformações desencadeadas pela Peste Negra lançaram as bases que se revelariam cruciais para a ascensão do noroeste da Europa. Embora os efeitos das divergências entre partes da Europa demorassem um tempo para evoluir, a flexibilidade sistêmica, a abertura à competição e, talvez o mais importante, a consciência no norte de que a geografia contava contra eles e que era necessária uma forte ética do trabalho a fim de gerar lucro, tudo isso lançou os alicerces da posterior transformação das economias europeias no início do período moderno. Como a atual pesquisa torna cada vez mais claro, as raízes da Revolução Industrial do século XVII estão na industriosa revolução do mundo pós-praga: conforme a produtividade aumentou, as aspirações se elevaram e os níveis de riqueza disponível cresceram, junto com as oportunidades de gastá-la.[76]

À medida que os corpos foram finalmente enterrados e a Peste Negra amainou e se tornou uma memória horrível (periodicamente revivida pelos surtos secundários cíclicos), o sul da Europa também passou por mudanças. Na década de 1370, genoveses tentaram tirar partido do terrível efeito que a praga tivera em Veneza, onde o sofrimento fora particularmente intenso, e tentaram tomar o controle do Adriático. A aposta foi um espetacular tiro pela culatra: incapaz de desferir um golpe decisivo, Gênova viu-se de repente solicitada demais e vulnerável. Um por um, os apêndices que a cidade-Estado acrescentara ao longo de gerações, ligando a cidade ao Oriente Médio, mar Negro e Norte da África, foram sendo tomados por seus rivais. A perda de Gênova era o ganho de Veneza.

Libertada das atenções de sua concorrente de longa data, Veneza agora decolava à medida que a vida voltava ao normal, exercendo um controle rígido do comércio de especiarias. Pimenta, gengibre, noz-moscada e cravo eram importados em quantidades cada vez maiores, principalmente via Alexandria. Na média, os navios venezianos traziam mais de quatrocentas toneladas de pimenta por ano do Egito e despachavam consideráveis volumes também do Levante. Por volta do final do século XV, cerca de 2,2 milhões de quilos de especiarias passavam por Veneza todo ano, para serem vendidas com um bom lucro em outras partes, onde eram usadas em comida, remédios e cosméticos.[77]

Veneza parece ter sido também o principal ponto de entrada de pigmentos usados em pinturas. Com frequência mencionados coletivamente como "*oltremare de Venecia*" (bens venezianos de além-mar), incluíam o verdete ou azinhavre (também conhecido como verde da Grécia), o vermelhão, o feno-grego, o amarelo de estanho, o preto de marfim e um substituto do ouro conhecido como *purpurinus* ou ouro-mosaico. Mas o pigmento mais famoso e característico era o rico azul que vinha do lápis-lazúli, extraído de minas na Ásia Central. A fase áurea da arte europeia – de Fra Angelico e Piero della Francesca, no século XV, e depois de artistas como Michelângelo, Leonardo da Vinci, Rafael e Ticiano – deve muito à habilidade deles no uso de cores extraídas de pigmentos que eram parte, de um lado, dos extensivos contatos com a Ásia e, de outro, dos crescentes níveis de riqueza disponível para pagar por eles.[78]

As missões comerciais para o Leste eram tão lucrativas que a república leiloava-as antecipadamente, garantindo pagamentos e transferindo os riscos de mercado, de transporte e também políticos a quem fizesse o melhor o lance. Como um veneziano expressou com orgulho, as galés partiam da cidade em todas as direções – para a costa da África, Beirute e Alexandria, para as terras gregas, para o sul da França e Flandres. Era tamanha a riqueza que entrava na cidade que o valor dos *palazzi* disparou, especialmente nas melhores localizações, perto de Rialto e da catedral de São Marcos. Com os terrenos raros e de alto preço, novas técnicas foram empregadas na construção de edifícios, como a substituição das espetaculares mas indulgentes escadarias duplas nos pátios por poços de escadas menores, que exigiam menos espaço. De qualquer modo, disse outro orgulhoso veneziano, mesmo as casas normais de mercadores tinham um acabamento luxuoso, com tetos dourados, escadarias de mármore e sacadas e janelas com o mais refinado vidro da vizinha Murano. Veneza era o ponto de distribuição do comércio europeu, africano e asiático por excelência – e tinha os paramentos para ostentar isso.[79]

Não foi apenas Veneza que floresceu. O mesmo se deu com as cidades no litoral da Dalmácia, que serviam como pontos de parada nas viagens de ida e volta. Ragusa, atual Dubrovnik, teve um nível extraordinário de prosperidade nos séculos XIV e XV. A riqueza disponível quadruplicou entre 1300 e 1450, crescendo tão rápido que foi preciso estabelecer um teto nos dotes para conter o rápido aumento no valor dos pagamentos; a cidade tinha tanto dinheiro que até foram dados alguns passos parciais para abolir a escravidão: em tempos de tanta abundância, parecia errado manter humanos em cativeiro em vez de pagar por seu trabalho.[80] Como Veneza, Ragusa também estava ocupada em construir sua própria rede comercial, estabelecendo extensos contatos com Espanha, Itália, Bulgária e até com a Índia, onde foi fundada uma colônia em Goa, centrada na igreja de São Brás, padroeiro de Ragusa.[81]

Muitas partes da Ásia tiveram um surto similar de crescimento e ambição. Os negócios ganharam grande impulso no sul da Índia, à medida que o comércio com a China aumentou, juntamente com o do Golfo Pérsico e de lugares mais distantes. Foram fundadas guildas para garantir segurança e controle de qualidade, mas também para criar um monopólio, que constituía um obstáculo à concorrência local. Essas guildas concentravam dinheiro e influência nas mãos de um grupo selecionado, que mantinha uma posição dominante na costa Malabar e no Sri Lanka.[82] Esse sistema formalizava as relações comerciais, assegurando que as transações ocorressem de modo eficiente e justo. Segundo relato escrito pelo viajante chinês Ma Huan no início do século XV, os preços entre comprador e vendedor eram definidos por um intermediário; todas as taxas e tarifas eram calculadas e tinham que ser pagas adiantadas, antes da liberação e despacho dos bens. Isso permitiu boas perspectivas comerciais de longo prazo: "As pessoas ali são muito honestas e confiáveis", acrescentou Ma Huan.[83]

De qualquer modo, isso era apenas a teoria. Na prática, as cidades no litoral sul da Índia não operavam no vácuo e competiam entre si ferozmente. Cochin emergiu como rival de Calicute no século XV, depois que um regime de tarifas agressivamente competitivo conseguiu atrair considerável comércio. Isso se tornou uma espécie de ciclo virtuoso, pois atraiu as atenções dos chineses. Houve uma série de grandes expedições lideradas pelo poderoso almirante Zheng He, um eunuco muçulmano, visando demonstrar o poderio naval da China, reforçar sua influência e ganhar acesso a rotas comerciais de longa distância pelo oceano Índico, Golfo Pérsico e mar Vermelho, e foi dada especial atenção a construir laços com o governante de Cochin.[84]

Essas missões eram parte de um conjunto de medidas cada vez mais ambiciosas tomadas pela dinastia Ming, que substituiu os governantes mongóis Yuan em meados do século XIV. Foram aplicados muitos fundos em Pequim, na construção de uma infraestrutura para suprir e defender a cidade. Foram investidos consideráveis recursos para tentar tornar mais segura a fronteira com as estepes ao norte e competir com uma ressurgente Coreia na Manchúria, ao mesmo tempo que a presença militar no sul foi reforçada; o resultado foi que missões tributárias regulares começaram a chegar do Cambodja e do Sião trazendo especialidades locais e artigos de luxo em consideráveis quantidades, em troca da promessa de paz. Em 1387, por exemplo, o reino do Sião enviou 7 mil quilos de pimenta e madeira de sândalo, e dois anos mais tarde dez vezes essa quantidade de pimenta, madeira de sândalo e incenso.[85]

Ampliar horizontes dessa maneira tinha, porém, seu custo. A primeira expedição de Zheng He envolveu cerca de sessenta grandes navios, várias centenas de barcos menores e perto de 30 mil marinheiros, com um desembolso substancial em termos de pagamentos, equipamentos e muitos presentes levados pelo almirante para usar como ferramentas de diplomacia. Essa e outras iniciativas foram pagas pelo grande aumento da produção de papel-moeda, mas também pelas crescentes cotas de mineração – que levaram a triplicar os rendimentos desse setor em pouco mais de uma década depois de 1390.[86] Melhorias na economia agrícola e na coleta de impostos também produziram forte aumento em ganhos para o governo central e estimularam o que um cronista moderno tem descrito como a criação de uma economia planificada.[87]

A boa sorte da China foi auxiliada por desenvolvimentos na Ásia Central, onde um chefe guerreiro de obscuras origens surgiu e se tornou a figura mais famosa do final da Idade Média: as realizações de Timur – ou Tamerlão – ficaram célebres em peças teatrais escritas na Inglaterra, e sua selvagem agressão virou parte da moderna consciência indiana. Forjando um grande império pelas terras mongóis que se estendem da Ásia Menor ao Himalaia, a partir da década de 1360 Tamerlão embarcou num ambicioso programa de construção de mesquitas e edifícios reais por todo o seu reino, em cidades como Samarcanda, Herat e Mashad. Carpinteiros, pintores, tecelões, alfaiates, lapidadores de pedras preciosas, "em resumo, artesãos de todos os tipos", segundo um contemporâneo, foram deportados de Damasco quando esta foi saqueada, a fim de embelezar as cidades mais a leste. Um relato de um enviado do rei da Espanha à corte de Tamerlão fornece um retrato ilustrativo da escala da construção e da exuberante ornamentação desses novos edifícios. No palácio Aq Saray, perto de Samarcanda, o portão era "lindamente ornado com refinado trabalho em ouro e azulejos azuis", enquanto a principal sala de recepção era "revestida de ouro e azulejos azuis, com o teto todo trabalhado em ouro". Nem os afamados artesãos de Paris teriam sido capazes de produzir um trabalho tão refinado.[88] Isso não era nada em comparação com a própria Samarcanda e a corte de Tamerlão, decorada com árvores douradas "com troncos da grossura da perna de um homem". Entre as folhas douradas havia "frutos" que numa inspeção mais detida mostravam ser rubis, esmeraldas, turquesas e safiras, junto com pérolas grandes, perfeitamente redondas.[89]

Tamerlão não tinha medo de gastar o dinheiro que extraía dos povos subjugados. Comprava sedas da China, "as melhores do mundo inteiro", assim como almíscar, rubis, diamantes, ruibarbo e outras especiarias. Caravanas de oitocentos camelos traziam mercadorias a Samarcanda. Ao contrário de alguns povos – como os habitantes de Délhi, 100 mil dos quais foram executados quando da tomada da cidade –, os chineses tinham boas relações com Tamerlão.[90]

A impressão, porém, era de que eles seriam as próximas vítimas. Segundo um relato, Tamerlão passou um tempo refletindo sobre sua vida pregressa e concluiu que precisava expiar "atos como pilhagem, tomada de cativos e massacres". Decidiu que a melhor maneira de fazê-lo era "travando uma guerra santa contra os infiéis, para que, de acordo com o dito que 'Boas ações eliminam más ações', aqueles pecados e crimes pudessem ser perdoados". Tamerlão suspendeu relações com a corte Ming e estava prestes a atacar a China quando morreu em 1405.[91]

Os problemas não demoraram a se materializar. Fragmentação e rebelião eclodiram nas províncias persas enquanto os herdeiros de Tamerlão brigavam pelo controle de seu império. Outras dificuldades estruturais foram desencadeadas por uma crise financeira global no século XV, que afetou a Europa e a Ásia. A crise foi causada por uma série de fatores que soam familiares seiscentos anos mais tarde: mercados supersaturados, desvalorizações monetárias e um balanço de pagamentos desequilibrado que entrou em colapso. Mesmo com a crescente demanda por sedas e outros artigos de luxo, simplesmente havia coisa demais para absorver. Não que os apetites estivessem saciados ou os gostos tivessem mudado; é que o mecanismo de intercâmbio havia dado errado: a Europa em particular tinha pouco a oferecer em troca dos tecidos, cerâmicas e especiarias, de valor muito alto. Com a China efetivamente produzindo mais do que era capaz de vender no exterior, houve consequências previsíveis quando a capacidade de comprar bens secou. O resultado tem sido descrito com frequência como uma "escassez de lingotes de ouro".[92] Hoje, nós a chamaríamos de escassez de crédito.

Na China, funcionários do Estado eram mal remunerados, o que levou a escândalos de corrupção e ineficiência geral. Pior, mesmo quando as tributações eram corretas e justas, os pagadores de impostos não conseguiam atender à irracional exuberância de um governo que se dedicava a gastar em esquemas grandiosos na suposição de que a receita iria sempre crescer. Isso não aconteceu. Por volta da década de 1420, algumas das partes mais ricas da China lutavam para conseguir honrar seus compromissos.[93] A bolha tinha que acabar estourando, e estourou no primeiro quarto do século XV. Os imperadores Ming apressaram-se a cortar custos, a concluir as melhorias em Pequim e a suspender expedições navais caras e projetos como o esquema do Grande Canal, que no seu auge empregou dezenas, se não centenas, de milhares na construção de uma rede aquática para ligar a capital a Hangzhou.[94] Na Europa, onde há maior abundância de dados, foram feitos esforços deliberados para lidar com a contração por meio da redução da cunhagem – embora a relação entre a escassez de metal precioso, acúmulo e política fiscal seja complexa.[95]

O que fica claro, no entanto, é que os suprimentos globais de dinheiro estavam escassos, da Coreia ao Japão, do Vietnã a Java, da Índia ao Império Otomano, do Norte da África à Europa continental. Mercadores na península Malaia assumiram o problema nas próprias mãos e cunharam uma nova moeda tosca a partir do estanho, do qual havia localmente um suprimento abundante. Mas, em resumo, o suprimento de metal precioso que havia proporcionado uma moeda corrente comum ligando um lado do mundo conhecido a outro – embora nem sempre com um padrão de unidade, peso ou excelência – entrou em colapso: não havia dinheiro suficiente em circulação.[96]

É possível que essas dificuldades tenham sido agravadas por um período de mudança climática. Ondas de fome, períodos incomuns de seca combinados com episódios de inundações destrutivas na China constituem uma narrativa poderosa do impacto que fatores ambientais tiveram sobre o crescimento econômico. Evidência de picos de sulfato em núcleos de gelo dos hemisférios Norte e Sul sugere que o século XV foi um período de atividade vulcânica disseminada. Isso promoveu um resfriamento global, com efeitos indiretos em todo o mundo das estepes, no qual a intensificação da competição por suprimentos de alimento e água anunciou um período de transtornos, especialmente na década de 1440. Em resumo, a história desse período é marcada por estagnação, tempos difíceis e uma luta brutal pela sobrevivência.[97]

Os efeitos e ramificações foram sentidos do Mediterrâneo ao Pacífico, alimentando um crescente sentimento de intranquilidade a respeito do que estava acontecendo no mundo. Embora a ascensão do império de Tamerlão não tivesse provocado um medo disseminado na Europa, a ascensão dos otomanos com certeza deixou muita gente com crescente ansiedade. Os otomanos haviam chegado em grande número pelo Bósforo no final do século XIV, impondo esmagadoras derrotas aos bizantinos, búlgaros e sérvios e estabelecendo-se na Trácia e nos Bálcãs. Constantinopla ficou pendendo por um fio, como uma ilha cristã cercada por um mar de muçulmanos. Apelos desesperados por ajuda militar às cortes reais da Europa não foram atendidos, deixando a cidade perigosamente exposta. Por fim, em 1453, a capital imperial caiu, e a captura de uma das maiores cidades da cristandade constituiu um triunfo do islã, que de novo ascendia. Em Roma, havia relatos de homens chorando e batendo a mão no peito, quando chegou a notícia de que Constantinopla havia caído, e de orações sendo oferecidas pelo papa por aqueles que haviam ficado presos na cidade. Mas a Europa havia feito muito pouco quando importava; agora era tarde.

O destino de Constantinopla despertou muita preocupação na Rússia, onde foi visto não tanto como o anúncio do ressurgimento muçulmano quanto como indicação do iminente fim do mundo. Havia antigas profecias ortodoxas de que Jesus voltaria no início do oitavo milênio e presidiria o Juízo Final, e isso parecia estar a ponto de se cumprir. As forças do mal haviam sido liberadas e aplicavam um golpe devastador no mundo cristão. Altos clérigos tinham tal convicção de que o apocalipse estava próximo que um padre foi mandado à Europa Ocidental para obter informações mais precisas a respeito do dia em que ocorreria. Alguns decidiram que não fazia sentido calcular as datas em que a Páscoa e outras festas iriam cair no futuro, tendo em conta que o fim dos tempos estava próximo. Com base no calendário bizantino em uso na Rússia, o dia parecia definido com clareza. Usando a data da criação do mundo como 5.508 anos antes de Cristo, o mundo iria acabar em 1º de setembro de 1492.[98]

Do outro lado da Europa, havia outros que compartilhavam essa convicção de que o Armagedom aproximava-se rapidamente. Na Espanha, a atenção concentrava-se nos muçulmanos e judeus, numa época de crescente intolerância cultural e religiosa. Muçulmanos foram expulsos da Andaluzia pela força; judeus, pressionados pela expedição de uma ordem inflexível que lhes dava como opções a conversão ao cristianismo, sair da Espanha ou ser executados. Com os judeus desesperados para vender seus ativos, seguiu-se uma grande liquidação, com as propriedades sendo arrebatadas por investidores que levavam vinhedos em troca de peças de roupa, enquanto terrenos e finas residências eram vendidos por uma ninharia.[99] O que agravou isso tudo foi que no prazo de uma década o valor dessas pechinchas iria disparar.

Muitos judeus escolheram ir para Constantinopla. Lá foram recebidos pelos novos governantes muçulmanos da cidade. "Vocês dizem que Fernando é um governante sábio", conta-se que Bāyezīd II teria exclamado, ao dar as boas-vindas aos judeus na cidade em 1492, e no entanto "ele empobrece o próprio país para enriquecer o meu".[100] Não se tratava simplesmente de marcar pontos: em cenas que hoje iriam causar perplexidade em muita gente, mas que evocam os antigos dias do islã, judeus foram não só tratados com respeito, mas bem-vindos. Os recém-chegados ganharam proteção legal e direitos e, em muitos casos, auxílio para iniciar vida nova num país estrangeiro. A tolerância era um aspecto primordial de uma sociedade que se sentia confiante na própria identidade – o que era muito mais do que se poderia dizer do mundo cristão, no qual o fanatismo e o fundamentalismo religioso estavam rapidamente se tornando seus aspectos definidores.

Exemplo de homem que se inquietava com o futuro da fé foi Cristóvão Colombo. Embora por seus cálculos ainda houvesse 155 anos antes do segundo advento, Colombo ficava indignado com os "fiéis", que pouco mais faziam do que falar a respeito de questões religiosas, e sentia-se particularmente chocado com a falta de preocupação da Europa por Jerusalém. Com um fervor que beirava a obsessão, traçou planos de lançar uma nova campanha para libertar a Terra Santa, enquanto desenvolvia ao mesmo tempo uma segunda fixação a respeito de metais preciosos, especiarias e pedras preciosas, que eram muito abundantes e baratas na Ásia.[101] Se fosse possível obter melhor acesso a isso, concluiu, eles poderiam então bancar facilmente uma grande expedição para libertar Jerusalém.[102] O problema era estar baseado na península Ibérica, no extremo errado do Mediterrâneo, e isso tornava sua grande ideia pouco mais do que um castelo no ar.[103]

Talvez, apenas talvez, houvesse esperança. Afinal, contava com as opiniões de astrólogos e cartógrafos como Paolo Toscanelli em Florença, que defendera ser possível encontrar uma rota para a Ásia navegando para o oeste a partir da ponta da Europa. Após uma titânica batalha para convencer os outros a compartilhar uma visão que beirava a temeridade e a insensatez, o esquema de Cristóvão Colombo finalmente começou a se concretizar. Cartas de saudação foram preparadas para o Grande Khan – com um espaço em branco a ser preenchido quando concluíssem qual era seu nome exato; ele seria um aliado na retomada de Jerusalém. Foram recrutados intérpretes para tornar possível dialogar com o líder mongol e seus representantes. Foram contratados especialistas que conheciam o hebreu, o caldeu (relacionado ao aramaico que era falado por Jesus e seus discípulos) e o árabe, a língua que se imaginava ser a mais útil para lidar com o Khan e sua corte. Como observou um estudioso, o crescente sentimento antimuçulmano na Europa significava que o árabe era não só malvisto e proibido pela lei no Velho Mundo, como era também considerado a melhor maneira de se comunicar quando a Europa Ocidental finalmente se ligasse ao Extremo Oriente.[104]

Três navios partiram de Palos de la Frontera, no sul da Espanha, em 3 de agosto de 1492, menos de um mês antes do fim do mundo previsto na Rússia. Ao enfurnar suas velas e rumar para o desconhecido, Colombo mal sabia que faria algo notável: estava prestes a mudar o centro de gravidade da Europa do Oriente para o Ocidente.

Quando outra pequena frota sob o comando de Vasco da Gama partiu de Lisboa cinco anos depois em outra longa viagem de descoberta, dando a volta da ponta sul da África para alcançar o oceano Índico, as peças finais necessárias para a transformação da Europa se encaixaram. De repente, o continente não era mais o terminal, a última estação de uma série de Rotas da Seda; estava prestes a se tornar o centro do mundo.

11
A rota do ouro

O mundo mudou no final do século XV. Não houve apocalipse, nem o final dos tempos, como Colombo e outros temiam – pelo menos não no que tange à Europa. Uma série de expedições de longa distância partindo da Espanha e de Portugal ligou as Américas à África e à Europa e, em última instância, à Ásia pela primeira vez. No processo, novas rotas comerciais foram estabelecidas, em alguns casos estendendo redes existentes, em outros substituindo-as. Ideias, bens e pessoas começaram a se mover mais rapidamente do que em qualquer outra época na história humana – e também em número maior.

A nova aurora levou a Europa ao centro do palco, envolvendo-a em luz dourada e abençoando-a com uma série de fases áureas. Sua ascensão, porém, trouxe terrível sofrimento aos lugares recém-descobertos. As magníficas catedrais, a gloriosa arte e a elevação dos padrões de vida que floresceram a partir do século XVI tiveram um preço. Ele foi pago pelas populações que viviam do outro lado dos oceanos: os europeus foram capazes não só de explorar o mundo, mas de dominá-lo. Fizeram isso graças aos contínuos avanços em tecnologia militar e naval que proporcionaram uma vantagem insuperável sobre as populações com as quais entraram em contato. A Era dos Impérios e a ascensão do Ocidente foram construídas com base na capacidade de infligir violência em grande escala. O Iluminismo e a Era da Razão, a progressão para a democracia, para a liberdade civil e os direitos humanos, não foram resultado de uma cadeia invisível remontando a Atenas na Antiguidade ou a um estado de coisas natural na Europa; foram fruto do sucesso político, militar e econômico em continentes distantes.

Isso parecia improvável quando Colombo navegou rumo ao desconhecido em 1492. Ao ler seu diário de bordo hoje, ainda transbordam dele excitação e medo, otimismo e ansiedade. Apesar de sua certeza de encontrar o Grande Khan – e do papel que ele desempenharia na libertação de Jerusalém –, Colombo também sabia que era muito possível que a viagem terminasse em morte e desastre. Estava indo para o Oriente, escreveu, não pelo "caminho que era costumeiro ir, mas pela rota pelo Ocidente, pela qual não sabemos ao certo se alguém antes já passou".[1]

Havia, porém, algum precedente para essa ambiciosa expedição. Colombo e suas tripulações eram parte de um longo e bem-sucedido período de exploração, que havia visto novas partes do mundo se abrirem na África e no Atlântico oriental para as potências cristãs na península Ibérica. Isso havia sido impulsionado em parte pelas tentativas de acessar os mercados de ouro da África ocidental. As riquezas minerais dessa região eram lendárias, e ela era conhecida pelos antigos escritores muçulmanos simplesmente como "a terra do ouro". Alguns sustentavam que "o ouro cresce na areia como cenouras e é colhido ao nascer do sol". Outros diziam que a água tinha propriedades mágicas que faziam lingotes de ouro crescer no escuro.[2] A produção de ouro era prodigiosa e seus efeitos econômicos, imensos: análises químicas mostram que a famosa e refinada cunhagem do Egito muçulmano era feita a partir de ouro da África ocidental, transportado por rotas comerciais transaarianas.[3]

Muito desse intercâmbio comercial foi controlado a partir do final da Antiguidade por comerciantes wangara.[4] De origem malinesa, os membros dessa tribo desempenharam mais ou menos o mesmo papel que os mercadores sogdianos tiveram na Ásia, cruzando terreno difícil e estabelecendo pontos ao longo de rotas perigosas pelo deserto, para tornar possível o comércio de grandes distâncias. Esse tráfego comercial levou ao surgimento de uma rede de oásis e bases comerciais, e com o tempo ao desenvolvimento de cidades prósperas como Djenné, Gao e Timbuktu, que se tornou sede de palácios reais e de esplêndidas mesquitas, protegidas por magníficos muros de tijolos assados.[5]

No início do século XIV, Timbuktu era um importante centro comercial e também um núcleo de estudiosos, músicos, artistas e estudantes, que se reuniam em volta das mesquitas de Sankoré, Djinguereber e Sīdī Yahyā, núcleos de discurso intelectual e sede de incontáveis manuscritos recolhidos de toda a África.[6]

Como seria de esperar, a região atraiu atenção a milhares de quilômetros dali. Houve suspiros de admiração no Cairo quando Mansa Musa – ou Musa, "Rei dos Reis" do Império malinês –, "um homem devoto e justo" como não se havia visto antes, passou pela cidade no século XIV em sua viagem de peregrinação a Meca, acompanhado de enorme séquito e carregando imensas quantidades de ouro para oferecer de presente. Gastou-se tanto nos mercados durante sua visita à cidade que se supõe ter sido desencadeada uma pequena depressão pela bacia do Mediterrâneo e Oriente Médio, conforme o preço do lingote de ouro ao que parece despencou sob a pressão do imenso influxo de novo capital.[7]

Escritores e viajantes de países muito distantes assumiram o encargo de registrar cuidadosamente as linhagens reais dos reis malineses e descrever as cerimônias da corte de Timbuktu. O famoso viajante norte-africano Ibn Battūta, por exemplo, atravessou o Saara para ver pessoalmente a cidade e seu majestoso Mansa Musa. O governante saiu do palácio com a cabeça coberta por um solidéu de ouro e vestindo uma túnica feita do mais fino tecido vermelho, antecedido por músicos tocando instrumentos de corda de ouro e prata. Sentou-se então num pavilhão suntuosamente decorado – tendo no alto um pássaro dourado do tamanho de um falcão – para ouvir as notícias do dia de seu império. Com impressionante riqueza à disposição do rei, Ibn Battūta teve dificuldade em esconder sua decepção por Mansa Musa não ter sido mais pródigo em seus presentes – pelo menos em relação a ele. "É um rei mesquinho", escreveu Battūta, "não é um homem de quem se possa esperar um rico presente."[8]

O interesse da Europa cristã também havia sido estimulado por histórias de riquezas que acompanhavam o ouro comerciado no Egito e ao longo do litoral do Norte da África, em cidades como Túnis, Ceuta e Bougie, que havia séculos abrigavam colônias de mercadores de Pisa, Amalfi e principalmente Gênova, o mais importante canal do ouro africano no Mediterrâneo.[9] Apesar desses contatos mercantis, havia pouco conhecimento ou entendimento na Europa a respeito de como o ouro chegava às cidades do litoral, ou das complexas redes que traziam marfim, cristal de rocha, peles e cascos de tartaruga de lugares tão remotos quanto Limpopo no litoral suaíli e o interior da África, assim como o mar Vermelho, o Golfo Pérsico e o oceano Índico. Do ponto de vista da Europa, o Saara era um manto que cobria o resto do continente em mistério: não havia como saber o que ocorria além daquela faixa estreita e fértil do litoral do Norte da África.[10]

Por outro lado, certamente havia conhecimento de que a terra além do deserto guardava grandes riquezas. Isso é algo captado com nitidez pelo famoso Atlas Catalão, um mapa encomendado por Pedro IV de Aragão no final do século XIV, que retrata um governante de pele escura, que normalmente se supõe ser Mansa Musa, em trajes ocidentais e segurando uma imensa pepita de ouro, juntamente com uma nota sobre a dimensão de sua riqueza: "Tão abundante é o ouro encontrado em seu país", diz a nota, "que ele é o rei mais rico e nobre daquela terra".[11]

Por longo tempo, no entanto, a busca de acesso direto ao ouro e aos tesouros da África ocidental continuou infrutífera; a árida costa dos atuais sul do Marrocos e Mauritânia dava pouco incentivo e menos recompensas ainda, e parecia não fazer muito sentido navegar centenas de quilômetros para o sul por um deserto inóspito e desabitado em direção ao desconhecido. No século XV, porém, aos poucos, o mundo começou a se abrir.

Expedições no Atlântico oriental e descendo a costa africana haviam levado à descoberta de uma série de arquipélagos, entre eles as ilhas Canárias, da Madeira e dos Açores. Além de aumentarem a possibilidade de outras descobertas, elas também se tornaram oásis lucrativos, graças ao seu clima e rico solo, perfeitamente adequados para cultivos como a cana-de-açúcar, que logo passou a ser exportada não só para Bristol e Flandres, mas até locais distantes como o mar Negro. Na época em que Colombo zarpou, a ilha da Madeira sozinha produzia quase 1,5 tonelada de açúcar por ano – embora fosse ao custo do que um estudioso descreveu como um "ecocídio" dos primórdios da modernidade, já que florestas foram desmatadas e espécies animais não nativas, como coelhos e ratos, multiplicaram-se em tal número que eram vistas como uma forma de punição divina.[12]

Embora os ambiciosos governantes de Castela, que aos poucos haviam consolidado poder na maior parte da península Ibérica, tivessem intenção de se expandir nesse Novo Mundo, foram os portugueses que tomaram a iniciativa.[13] A partir do século XIII, Portugal vinha construindo laços comerciais para ligar o norte e o sul da Europa aos mercados da África. Já no reinado do rei dom Diniz (governou de 1279 a 1325), grandes navios de carga eram regularmente enviados para "Flandres, Inglaterra, Normandia, Bretanha e La Rochelle", assim como para "Sevilha e outras partes" do Mediterrâneo, lotados de bens do Norte da África muçulmano e de outras partes.[14]

Agora, à medida que cresciam suas ambições, Portugal aumentava seu poder. Primeiro, Gênova foi excluída do comércio de ouro; depois, em 1415, após anos de planejamento, Ceuta, cidade muçulmana no Norte da África, foi capturada. Isso significou pouco mais que uma declaração de intenções, pois ela tinha valor baixo em termos estratégicos e econômicos. Na realidade, foi contraproducente, pois teve um custo considerável, perturbou laços comerciais antigos e criou antagonismo com a população local, graças a gestos prepotentes como a celebração de uma missa na grande mesquita da cidade, que foi convertida em igreja cristã.[15]

Essa postura beligerante era parte de uma hostilidade geral em relação ao islã que vinha crescendo em toda a península Ibérica na época. Quando Henrique, o Navegador, filho do rei de Portugal, escreveu ao papa em 1454 requerendo o monopólio da navegação pelo Atlântico, afirmou que sua motivação era chegar "aos indianos, que, segundo dizem, adoram o nome de Cristo, para que possamos [...] persuadi-los a ajudar os cristãos contra os sarracenos".[16]

Tais ambições não contavam a história inteira, pois o pedido para legitimar a expansão portuguesa visava igualmente anular os rivais europeus, e não só liderar uma carga contra o mundo islâmico. E, na realidade, a boa sorte de Portugal não decorreu de provocar discórdia com comerciantes muçulmanos e causar transtorno aos mercados tradicionais, mas de descobrir novos mercados. Os arquipélagos do Atlântico oriental foram de crucial importância, pois facilitaram a exploração, proveram portos e enseadas que serviram como bases para se abastecer de provisões e água potável e permitiram que os navios chegassem mais longe de casa com maior segurança.

A partir de meados do século XV, foram criadas colônias como parte de um esforço deliberado de estender os tentáculos de Portugal e controlar as rotas marítimas mais importantes. Arguim, junto à costa ocidental da atual Mauritânia, e depois São Jorge da Mina, no litoral atlântico da atual Gana, foram construídas como fortalezas, mas tinham grandes instalações de armazenagem.[17] Estas foram concebidas para permitir uma catalogação precisa das importações, algo importante para a Coroa portuguesa, que insistia que o comércio da África a partir de meados do século XV era monopólio real.[18] Desde o início foi criada uma estrutura administrativa, que definia formalmente como cada um dos recentes pontos da rede marítima portuguesa em expansão deveria ser dirigido. Quando foram feitas novas descobertas, como as ilhas Cabo Verde na década de 1450, já havia um modelo testado a ser aplicado.[19]

Os castelhanos não ficaram assistindo passivos enquanto isso acontecia; tentaram afrouxar o controle português nos recém-fundados pontos ao longo da cadeia que corria para o sul, usando a força direta contra navios que ostentavam a bandeira de seu rival. As tensões foram aliviadas pelo Tratado de Alcáçovas em 1479, que deu a Castela o controle das ilhas Canárias, por um lado, enquanto, por outro, concedia a Portugal autoridade sobre os outros arquipélagos, além do controle do comércio com a África ocidental.[20]

Não foram, porém, a alta política, as garantias papais ou a competição real sobre possessões territoriais que abriram a África e transformaram a sorte da Europa Ocidental. O verdadeiro avanço veio quando capitães de navio empreendedores perceberam que, além de comerciar azeite e peles e procurar oportunidades para comprar ouro, havia oportunidades mais fáceis e melhores em oferta. Como demonstrado muitas vezes na história da Europa, o dinheiro mais fácil de ganhar era com o tráfico de pessoas.

O tráfico de escravos africanos teve seu grande surto no século XV: ele se mostrou altamente lucrativo desde o início. Havia considerável demanda por mão de obra para trabalhar em granjas e fazendas em Portugal – e os escravos eram trazidos em tamanha quantidade que o príncipe herdeiro que patrocinou as primeiras expedições foi comparado a ninguém menos que Alexandre, o Grande, por ter forjado uma nova era do império. Não demorou para que as casas dos ricos fossem descritas como "transbordando de escravos homens e mulheres", permitindo a seus proprietários usarem esse seu capital em outras partes e se tornarem ainda mais ricos.[21]

Poucos demonstravam alguma repugnância moral em escravizar pessoas capturadas na África ocidental, embora algumas fontes sugiram certo grau de empatia. Um cronista português registra os grunhidos, gemidos e choros de um grupo de africanos que haviam sido capturados numa incursão na costa ocidental e trazidos de Lagos em 1444. Quando os cativos percebiam que seria necessário "separar pais de filhos, maridos de esposas, irmãos de irmãs", o sofrimento era ainda maior – mesmo para aqueles que observavam: "Que coração, por mais duro que fosse, não seria tomado por sentimentos de compaixão ao ver aquele bando?", notou um observador.[22]

Tais reações eram raras, pois nem compradores nem vendedores nutriam alguma consideração por aqueles que eram vendidos. A própria Coroa tampouco, pois via os escravos não apenas como mão de obra adicional, mas também como fonte de renda por meio do quinto – a taxa de um quinto sobre o lucro auferido no comércio com a África; para ela, portanto, quanto maior o número de escravos trazidos e vendidos, melhor.²³ E até o cronista que afirmava ter se comovido com o que havia visto no cais em Lagos não teve escrúpulos quando, dois anos mais tarde, fez parte de uma incursão para coleta de escravos, na qual uma mulher e seu filho de dois anos, avistados colhendo conchas numa praia, foram capturados junto com uma menina de catorze anos, cuja resistência furiosa exigiu três homens para colocá-la à força no barco. Pelo menos, diz o cronista, com toda a naturalidade, ela "tinha uma presença muito agradável para uma guineana".²⁴ Era uma rotina arrebanhar homens, mulheres e crianças em incursões que pareciam caçadas a animais. Alguns pediam ao príncipe herdeiro permissão para equipar vários barcos e partir em comboio. Ele não só aprovou, como "imediatamente ordenou [...] que estandartes fossem feitos, com a Cruz da Ordem de Jesus Cristo" – para cada um dos navios. O tráfico humano estava, portanto, associado à Coroa e a Deus.²⁵

Mas nem todos em casa ficavam impressionados com o quadro criado por esse dinheiro novo. Um visitante da Polônia, no final do século XV, admirou-se com a falta de graça, elegância e sofisticação dos habitantes do país. Os homens de Portugal, escreveu, eram "grosseiros, pobres, desprovidos de bons modos e ignorantes, apesar de fingirem sabedoria". Quanto às mulheres, "poucas são bonitas; quase todas têm a aparência de homens, embora em geral tenham lindos olhos negros". Elas tinham também magníficos traseiros, acrescentou, "tão cheios que posso dizer com toda certeza que nada de melhor pode ser visto no mundo inteiro". Não obstante, seria apenas justo acrescentar que as mulheres eram também ignorantes, gananciosas, volúveis, más e libertinas.²⁶

Embora o comércio de escravos tivesse considerável impacto na economia doméstica de Portugal, muito mais importante foi seu papel na exploração e na descoberta do extenso litoral africano no século XV. Navios portugueses continuaram navegando cada vez mais ao sul para buscar suas presas, descobrindo a toda hora que quanto mais longe iam, menos bem defendidos eram os assentamentos. Idosos e chefes tribais mais curiosos que vinham receber aqueles que chegavam da Europa eram quase sempre assassinados na hora, com seus escudos e lanças levados como troféus para o rei ou o príncipe herdeiro.²⁷

Incentivados a avançar em busca de riquezas fartas e fáceis, os exploradores seguiram adiante pela costa africana no último quarto do século XV.

Além das expedições para captura de escravos, barcos trazendo emissários foram despachados pelo rei João II de Portugal, interessado em construir relações com governantes locais poderosos a fim de proteger a posição de seu país das investidas da Espanha. Um desses representantes era ninguém menos que Cristóvão Colombo, que logo iria aproveitar sua experiência para calcular o que poderia ser exigido para suprir, equipar e manter outras viagens de longa distância. Ele também tentou usar essa nova informação obtida na extensão da costa africana para estimar qual seria o tamanho do planeta, já com vistas a uma ambiciosa viagem futura.[28]

Outros exploradores viviam o presente. Na década de 1480, Diogo Cão descobriu a foz do rio Congo, abrindo caminho para um intercâmbio formal de embaixadas com o poderoso rei da região, que concordou em ser batizado. Isso deixou muito satisfeitos os portugueses, que costumavam fazer brilhar suas credenciais com o papado em Roma, especialmente quando o rei do Congo foi à guerra contra seus inimigos carregando um estandarte papal com o símbolo da cruz.[29] Em 1488, a ponta sul do continente foi alcançada pelo explorador Bartolomeu Dias, que a batizou como Cabo das Tormentas, conseguindo retornar após uma viagem cheia de riscos.

Portugal tratava com muito zelo sua expansão, a tal ponto que, quando Colombo abordou João II, por volta do final de 1484, para que este bancasse uma expedição que o levaria ao Ocidente cruzando o Atlântico, a proposta caiu em ouvidos surdos. Mesmo que o interesse do rei português tivesse sido suficientemente atiçado para que "mandasse uma caravela em segredo para tentar o que [Colombo] havia oferecido fazer", o fato de as notáveis descobertas de Dias não terem sequência sugere que a principal preocupação de Portugal era consolidar sua expansão nas regiões com as quais acabara de travar contato, em vez de tentar ir ainda mais longe.[30]

As coisas mudaram quando Colombo finalmente obteve o patrocínio que procurava junto a Fernando e Isabel, os governantes de Castela e Aragão, e zarpou em 1492. A notícia de suas descobertas do outro lado do Atlântico produziu muita excitação na Europa. Novas terras e ilhas que eram parte da "Índia além do Ganges haviam sido descobertas", anunciou ele confiante numa carta dirigida a Fernando e Isabel ao voltar para a Espanha. Esses novos territórios eram "férteis num grau ilimitado [...] além de qualquer comparação com outros"; as especiarias cresciam ali em quantidades tão grandes que eram incalculáveis; havia "grandes minas de ouro e outros metais" esperando para serem exploradas, além de extensivo comércio a ser feito "com o continente pertencente ao Grande Khan". Algodão, mástique, madeira de aloé, ruibarbo, especiarias, escravos e "mil outras coisas de valor" podiam ser encontrados em abundância.[31]

A realidade é que Colombo ficou confuso e perplexo com o que havia descoberto. Em vez das pessoas aculturadas que esperava encontrar, deparou com populações locais que andavam nuas e pareciam, aos seus olhos, surpreendentemente primitivas. Apesar de serem "muito bem formadas, com belos corpos e bons rostos", observou, eram também pessoas crédulas, que se deleitavam ao receber como presente chapéus vermelhos, contas e até cacos de vidro e de cerâmica. Não tinham ideias sobre armas, pegavam as espadas pela lâmina quando lhes eram mostradas e se cortavam por "pura ignorância".[32]

Sob certos aspectos, isso parecia uma boa notícia: aqueles que encontrara "são muito dóceis e não sabem o que é o mal", observou; têm noção de que "existe um Deus no céu e estão convencidos de que é de lá que viemos; e rapidamente aprendem qualquer oração que lhes ensinemos e fazem o sinal da cruz". Era uma questão de tempo para que "uma multiplicidade de povos" fosse convertida "à nossa Santa Fé".[33]

Na verdade, a carta que contava com jactância suas descobertas extraordinárias – cujas cópias foram disseminadas tão rapidamente que circulavam versões dela na Basileia, em Paris, Antuérpia e Roma quase antes que Colombo e seus marinheiros alcançassem as águas de casa – era uma obra-prima de artes obscuras, nada além daquilo que alguns historiadores têm chamado de "uma tapeçaria de exageros, concepções equivocadas e rematadas mentiras".[34] Ele não encontrara minas de ouro, e as plantas identificadas como canela, ruibarbo e aloé não eram nada disso. Tampouco havia o mais remoto sinal do Grande Khan. A afirmação de que eram tantos os tesouros a serem tomados que em sete anos haveria fundos suficientes para pagar 5 mil cavalarianos e 50 mil soldados de infantaria e realizar a conquista de Jerusalém não era nada mais do que um descarado engodo.[35]

Foi um padrão mantido nas outras viagens que Colombo fez cruzando o Atlântico. Mais uma vez ele garantiu aos patronos Fernando e Isabel ter encontrado minas de ouro, culpando doenças e problemas logísticos por não poder trazer melhores provas, enviando papagaios, canibais e machos castrados para tentar ocultar a verdade. Assim como tivera certeza de estar perto do

Japão em sua primeira expedição, também relatava com total convicção estar perto das minas de Ophir, que haviam fornecido o ouro para a construção do Templo de Salomão, depois de ter encontrado algumas pepitas de tamanho impressionante na ilha de Hispaniola. Mais tarde, afirmou ter descoberto os portões do próprio paraíso ao chegar ao que era na realidade a foz do Orinoco.[36]

Alguns dos homens de Colombo, enfurecidos pela sua maneira obsessiva de lidar com cada detalhe de suas expedições, por sua mesquinhez ao racionar provisões e pela facilidade com que perdia as estribeiras quando alguém divergia dele, voltaram à Europa com informações que jogaram um balde de água fria nos relatos do almirante, que de qualquer modo estava se tornando francamente cansativo em seu otimismo implausível. A travessia do Atlântico era uma farsa: foi o que afirmaram Pedro Margarit, um explorador espanhol, e Bernardo Buyl, um monge missionário, aos governantes da Espanha. Não havia ouro, e eles não encontraram nada para trazer de volta a não ser índios nus, aves muito bonitas e algumas outras quinquilharias; os custos das expedições jamais seriam compensados.[37] Esse total fracasso em descobrir tesouros foi talvez a razão pela qual a atenção se desviou da riqueza material para o erótico nesses novos territórios. Relatos das terras recém-descobertas escritos no final do século XV e início do XVI concentravam-se cada vez mais em práticas sexuais incomuns, intercurso em público e sodomia.[38]

Mas a sorte mudou. Em 1498, enquanto explorava a península Paria, no que hoje corresponde ao norte da Venezuela, Colombo deparou com habitantes locais usando colares de pérolas, e pouco depois descobriu um grupo de ilhas com jazidas de ostras de riqueza impressionante. Os exploradores correram para encher seus navios com os troféus. Relatos contemporâneos registram que enchiam sacos de pérolas até a boca, "algumas delas grandes como avelãs, muito claras e belíssimas", que eram despachados para a Espanha, gerando fortunas para os capitães e tripulações que os levavam para casa.[39] A sensação de excitação era aumentada por histórias sobre as quantidades de pérolas à espera de serem recolhidas, seus tamanhos enormes e acima de tudo o registro dos preços pelos quais eram vendidas pela população local – que logo foram exagerados, conforme os boatos percorriam a Europa. Uma dessas histórias, aparentemente escrita por Américo Vespúcio, mas que havia sido ou muito enfeitada ou mais provavelmente inventada, dizia que o explorador italiano fora capaz de adquirir "119 *marks* de pérolas" (cerca de trinta quilos) em troca de "nada mais do que sininhos, espelhos, contas de vidro e folhas de metal. Um [dos nativos] trocou todas as pérolas que tinha por um sino".[40]

Algumas pérolas eram tão grandes que ficaram famosas – como "La Peregrina", que continua sendo uma das maiores já encontradas, e outra de nome similar, "La Pelegrina", famosa por sua qualidade inigualável. Ambas ocuparam lugar de honra em tesouros reais e imperiais pela Europa por séculos, registradas em retratos de soberanos pintados por Velázquez, e mais recentemente como peças destacadas de coleções modernas lendárias, como a de Elizabeth Taylor.

Essa bonança de pérolas foi seguida pela descoberta de ouro e prata à medida que as explorações espanholas pela América Central e do Sul entraram em contato com sociedades sofisticadas e complexas, como a dos astecas e, logo depois, a dos incas. Inevitavelmente, a exploração se tornou conquista. Colombo havia observado em sua primeira expedição que os europeus desfrutavam de uma grande vantagem tecnológica sobre os povos com os quais tinham contato. "Os indianos", como ele equivocadamente os chamava, "não têm armas e andam todos nus, e são tão desprovidos de habilidade em luta e tão covardes que mil deles não resistiriam a três de nós."[41] Os nativos haviam se maravilhado durante um banquete ao ver Colombo mostrando-lhes a precisão de um arco turco, e depois a potência de um pequeno canhão lombardo e de uma espingarda – uma arma pesada, capaz de perfurar uma armadura. Os recém-chegados devem ter admirado as características idílicas e inocentes dos povos que encontraram, mas também sentiam orgulho de seus instrumentos mortíferos, que haviam evoluído durante séculos de luta quase incessante contra muçulmanos e reinos cristãos vizinhos na Europa.[42]

Colombo já mencionara a passividade e inocência daqueles que conhecera na primeira travessia. "Prestam-se a ser comandados e postos a trabalhar, plantar e fazer tudo mais que seja necessário, e construir aldeias e ser ensinados nos nossos costumes", escreveu.[43] Desde o início, populações locais foram vistas como potenciais escravos. A violência logo se tornou o padrão. Na ilha de Cuba, em 1513, aldeões que chegaram para presentear os espanhóis com comida, peixes e pão "no limite do que tinham na despensa" foram massacrados "sem a mais leve provocação", nas palavras de um observador consternado. Essa foi apenas uma das muitas atrocidades. "Eu vi [...] a crueldade numa escala que nenhum ser vivo jamais viu ou poderia esperar ver", escreveu o frade espanhol Bartolomé de las Casas sobre suas experiências nos primeiros dias do assentamento europeu, num relato horrorizado, com o intuito de informar quem estava em casa sobre o que estava acontecendo no Novo Mundo.[44] O que ele viu foi só o começo, como narrou em seu coruscante relato sobre o tratamento dos "indianos" em sua *Historia de las Indias*.

As populações nativas no Caribe e nas Américas foram devastadas. Em poucas décadas após a primeira viagem de Colombo, o número de indígenas do povo taíno caiu de meio milhão a pouco mais de 2 mil. Isso se deveu em parte ao feroz tratamento nas mãos daqueles que começaram a qualificar a si mesmos como "*conquistadores*" – como Hernán Cortés, cuja sanguinária expedição para explorar e tomar a América Central resultou na morte do governante asteca Moctezuma e no colapso do Império Asteca. Cortés não se deteve diante de nada em sua busca por riquezas. "Eu e meus companheiros", disse ele aos astecas, "sofremos de uma doença do coração que só pode ser curada com ouro."[45] Fique tranquilo, conta-se que teria prometido a Moctezuma, "não tenha medo. Nós amamos muito vocês. Hoje nossos corações estão em paz".[46]

Cortés explorou a situação com perfeição – e as histórias de que seus sucessos derivavam da crença dos astecas de que ele era uma manifestação do deus Quetzalcoatl foram invenções posteriores.[47] Depois de uma aliança com Xicoténcatl, líder dos tlaxcalan, que estava ansioso para tirar proveito da morte dos astecas, os espanhóis passaram a desmantelar um Estado altamente sofisticado.[48] Como se tornou padrão em outras partes das Américas, os habitantes locais foram tratados com desprezo. Membros da população nativa, escreveu um comentarista em meados do século XVI, "são tão covardes e tão medrosos que a mera visão de nossos homens os paralisa de medo [...] fazendo com que fujam como mulheres à simples visão de um pequeno número de espanhóis". Em discernimento, sabedoria e virtude, escreveu ele, "são tão inferiores quanto as crianças em relação aos adultos". Na realidade, prosseguiu, são mais como macacos que como homens – ou seja, mal podiam ser considerados humanos.[49]

Por meio de uma combinação de brutalidade comparável à das grandes invasões mongóis da Ásia, Cortés e seus homens tomaram os tesouros astecas, pilharam "como se fossem pequenas bestas [...] cada um dos homens totalmente possuído pela cobiça", segundo um relato compilado no século XVI a partir de testemunhas oculares. Itens exóticos foram roubados, como "colares com pesadas pedras preciosas, tornozeleiras de bela confecção artesanal, pulseiras, aros de tornozelo com pequenos sinos de ouro, e a diadema de turquesa, que é a insígnia do governante, reservada para seu uso exclusivo". O ouro era arrancado dos escudos e suportes e derretido em barras; esmeraldas e jade eram roubados. "Eles pegavam tudo."[50]

Isso não foi suficiente. Numa das grandes atrocidades do início do período moderno, a nobreza e a classe sacerdotal de Tenochtitlán, a capital asteca, foram massacradas durante uma festa religiosa. A pequena força espanhola entrou em fúria descontrolada, cortando as mãos dos tocadores de tambor antes de atacar a multidão com espadas e lanças. "O sangue [...] correu como água, como água viscosa; o fedor de sangue enchia o ar", enquanto os europeus iam de porta em porta procurando novas vítimas.[51]

Não foram apenas o uso da força e as alianças bem-sucedidas que arrasaram as populações indígenas. Também as doenças trazidas da Europa.[52] Os habitantes de Tenochtitlán morreram em grande número por surtos altamente contagiosos de varíola, para a qual não tinham resistência e que surgiu pela primeira vez por volta de 1520.[53] A fome veio em seguida. Com as taxas de mortalidade particularmente altas entre as mulheres, a produção agrícola, pela qual elas eram em grande medida responsáveis, entrou em colapso. As coisas pioraram à medida que as pessoas fugiam para escapar da doença e sobrava menos gente ainda para plantar e colher; portanto, não demorou para que a cadeia de suprimento se rompesse totalmente. Mortes por doença e fome eram catastróficas.[54]

Um surto calamitoso, talvez de gripe, porém mais provavelmente de novo de varíola, abateu grande parte da população maia cakchiquel da Guatemala, na década de 1520, fazendo o fedor de corpos em decomposição preencher pesadamente o ar, enquanto eram devorados por cães e abutres. E então, poucos anos mais tarde, houve outra pandemia, dessa vez de sarampo. As velhas populações do Novo Mundo não tinham a menor chance.[55]

As rotas marítimas para a Europa estavam agora cheias de navios com pesadas cargas provenientes das Américas. Essa era uma nova rede que rivalizava com as que cruzavam a Ásia, tanto em distância quanto em escala, e logo as superou em valor: quantidades que mal podem ser imaginadas de prata, ouro, pedras preciosas e tesouros foram carregadas pelo Atlântico. As histórias sobre as riquezas do Novo Mundo eram muito embelezadas. Um relato popular do início do século XVI falava em grandes pepitas de ouro sendo lavradas das encostas das montanhas e caindo em rios, onde eram colhidas com redes pelos habitantes locais.[56]

Contrariando os primeiros relatos bajuladores e enganosos de Colombo, agora os metais preciosos de fato fluíam para casa. Albrecht Dürer ficou impressionado com a qualidade artesanal dos tesouros astecas que viu expostos em 1520. "Nada do que eu tenha visto em todos os meus dias alegrou tanto meu coração quanto aquelas coisas", escreveu a respeito dos objetos, como "um sol inteiramente de ouro" e uma lua de prata, ambos de 1,80 metro de largura. Ficou atônito com "os incríveis objetos artísticos", maravilhado "com a sutil engenhosidade dos homens daquelas terras distantes" que os haviam criado.[57] Garotos como Pedro Cieza de León – que ao crescer virou um conquistador no Peru – plantavam-se no cais em Sevilha, assombrados ao ver um navio atrás do outro sendo descarregados e os tesouros levados em carroças, em grande quantidade.[58]

Homens ambiciosos correram a cruzar o Atlântico para aproveitar as oportunidades que o Novo Mundo oferecia. Armados com contratos e concessões da Coroa espanhola, figuras calejadas como Diego de Ordás, que acompanhou Cortés no México e mais tarde liderou expedições para explorar a América Central e a atual Venezuela, fizeram grandes fortunas, extraindo tributos da população local. Isso por sua vez criou um grande enriquecimento dos cofres reais na Espanha, já que a Coroa pegava sua parte.[59]

Não demorou para que abordagens sistemáticas à coleta de informações fossem formuladas em casa, resultando na elaboração de mapas confiáveis, no mapeamento de novos achados, treinamento de pilotos e, é claro, na catalogação e correta taxação das importações trazidas para casa.[60] Era como se um motor muito bem ajustado tivesse sido ligado, bombeando as riquezas das Américas Central e do Sul diretamente para a Europa.

Além disso, felizes acasos no que se refere ao *timing*, laços matrimoniais, gravidezes fracassadas e noivados rompidos haviam produzido um único herdeiro para os reinos de Nápoles, Sicília e Sardenha, assim como para territórios que se estendiam pela Borgonha e pelos Países Baixos – e também Espanha. Com fundos aparentemente ilimitados trazidos de volta pelo Atlântico, o rei espanhol Carlos V era não só o dono de um novo império nas Américas como a figura dominante na política europeia. As ambições foram recalibradas: em 1519, Carlos agiu para fortalecer ainda mais sua posição, usando sua extraordinária musculatura financeira para assegurar sua eleição como imperador do Sacro Império.[61]

A boa sorte de Carlos foi perturbadora para outros líderes europeus, sobrepujados em armas, astúcia e combatividade por um governante determinado a expandir seu poder sempre mais. Sua riqueza e influência contrastavam muito com as de figuras como Henrique VIII da Inglaterra, cujos rendimentos eram positivamente embaraçosos em comparação com os da Igreja de seu próprio país – para não falar daqueles de seu colega espanhol. Henrique – um homem altamente competitivo, que nas palavras de um enviado veneziano a Londres "tinha as panturrilhas extremamente finas", cortava o cabelo curto e reto "no estilo francês" e tinha um rosto redondo "tão belo que daria uma linda mulher" – não poderia ter escolhido um momento pior para tentar resolver seus arranjos domésticos.[62]

Numa época em que Carlos V havia se tornado o manipulador de fantoches de boa parte da Europa e do papado, a insistência de Henrique em querer seu casamento anulado para que pudesse unir-se a Ana Bolena – uma mulher que, segundo um contemporâneo, "não era uma das mais bonitas do mundo", mas era abençoada com olhos "negros e belos" – foi imprudente ao extremo, já que a esposa que estava abandonando era ninguém menos que a própria tia de Carlos V, Catarina de Aragão.[63] No tumulto que se seguiu à recusa do papa em sancionar a anulação, o rei da Inglaterra passou a enfrentar não apenas o papado, mas a arrumar briga com o homem mais rico do mundo, dono de continentes.

A crescente importância da Espanha na Europa e sua rápida expansão nas Américas Central e do Sul eram quase um milagre. Uma notável mudança em riqueza, poder e oportunidade havia feito a Espanha se transformar de província secundária, no lado errado do Mediterrâneo, numa potência global. Para um cronista espanhol, isso era nada menos que "o maior acontecimento desde a criação do mundo – além da encarnação e morte daquele que o havia criado".[64] Para outro, era claramente o próprio Deus que havia revelado "as províncias do Peru, onde tal imenso tesouro de ouro e prata ficara escondido"; as futuras gerações, opinava Pedro Mexía, não iriam acreditar nas quantidades que haviam sido encontradas.[65]

A descoberta das Américas foi logo seguida pela importação de escravos, comprados nos mercados de Portugal. Como os portugueses bem sabiam, a partir de suas experiências nos arquipélagos do Atlântico e na África ocidental, o assentamento europeu era caro, nem sempre economicamente compensador e algo mais fácil de propor do que de fazer: persuadir as famílias a deixarem seus entes queridos era difícil o suficiente, mas as altas taxas de mortalidade e as condições locais desafiadoras complicavam isso ainda mais. Uma solução havia sido enviar órfãos e condenados à força para lugares como São Tomé, em conjunção com um sistema de benefícios e incentivos, tais como fornecer "um escravo ou escrava para serviço pessoal", a fim de criar uma base populacional sobre a qual um sistema administrativo sustentável pudesse ser construído.[66]

Três décadas após a travessia de Colombo, a Coroa espanhola já regulamentava formalmente a exportação e o transporte de escravos da África para o Novo Mundo, concedendo licenças a comerciantes portugueses, cujos corações e mentes haviam sido endurecidos por gerações de tráfico humano.[67] A demanda era quase insaciável, numa região onde a violência e a doença reduziam a expectativa de vida. Como aconteceu quando o mundo islâmico se expandiu rapidamente no século VIII, um surto na concentração de riqueza em uma parte do mundo representou um aumento de demanda de escravos em outra. Riqueza e cativeiro andavam de mãos dadas.

Não demorou para que governantes africanos começassem a protestar. O rei do Congo fez uma série de apelos ao de Portugal, condenando o impacto da escravatura. Protestou contra o fato de homens e mulheres jovens – incluindo os de famílias nobres – serem raptados em plena luz do dia para serem vendidos a comerciantes europeus que então os marcavam a ferro quente.[68] Ele deveria parar de reclamar, respondeu o soberano português. O Congo era uma terra imensa que podia se dar ao luxo de ter alguns de seus habitantes despachados; de qualquer modo, prosseguiu, o país se beneficiava muito do comércio, incluindo o de escravos.[69]

Alguns europeus, pelo menos, angustiavam-se com o drama dos escravos e com o foco aparentemente incansável em extrair recompensas de terras recém-descobertas. Embora a perspectiva de retomar Jerusalém tivesse ficado obscurecida, a ideia de evangelização como dever cristão rapidamente tomou seu lugar.[70] Colonos europeus na América do Sul, segundo escreveu irado um jesuíta importante em 1559, "falharam em compreender" que o propósito da colonização "não era tanto obter ouro ou prata, ou povoar a terra ou construir engenhos, ou [...] trazer riqueza [para casa] [...] como era glorificar a fé católica e salvar almas".[71] O ponto era difundir a palavra de Deus em vez de ganhar dinheiro. Era uma clara repetição dos protestos de missionários cristãos viajando pelas agitadas rotas comerciais e assentamentos das estepes do sul da Rússia e da Ásia Central alguns séculos antes, que igualmente se queixavam da fixação no comércio, que tirava o foco de assuntos de maior importância.

No caso do Novo Mundo, havia bons motivos de queixa com a falta de atenção aos benefícios das recompensas espirituais. O ouro voltava para a Espanha em tal volume que, em meados do século XVI, alguns descreviam a era como superior à de Salomão. Tantos tesouros estavam sendo despachados, disseram a Carlos V em 1551, que "esse período deveria ficar conhecido com maior propriedade como *una era dorada*" – uma fase áurea.[72]

Nem todas as riquezas extraídas das Américas voltavam para a Espanha. Assim que as frotas começaram a trazer tesouros para casa, aventureiros de olhar aguçado e piratas baseados em portos da França e do Norte da África podiam ser vistos tentando interceptá-las e tomar seus espólios – seja ficando à espera na abordagem final das frotas ao continente, seja, com o passar do tempo, aventurando-se a avançar até o Caribe para interceptar alvos parrudos.[73]

Os relatos sobre os troféus em oferta atraíram oportunistas de todos os cantos. "Os relatos das grandes riquezas e glórias" que podiam ser obtidos pelas bordas do Atlântico no Norte da África, escreveu um contemporâneo em desespero, atraíam homens para lá "com a mesma excitação que estimulavam os espanhóis às minas das Índias".[74] Entre eles estavam piratas muçulmanos, que, além de capturar navios que chegavam carregados de produtos, também voltavam sua atenção para atacar portos e cidades na costa da Espanha, levando milhares de prisioneiros no processo, que eram devolvidos com pagamento de resgate ou vendidos como escravos.

Os ataques eram disfarçados como tendo motivações religiosas, mesmo tratando-se de uma maneira francamente idealizada de encarar as coisas. Mas no caso da pirataria europeia havia questões políticas envolvidas. Ataques às embarcações ibéricas tornaram-se uma atividade regulamentada, com licenças conhecidas como *lettres de marque* sendo emitidas por rivais cristãos do rei da Espanha. Este, por sua vez, prontamente expediu contratos com forte incentivo à caça de piratas – contratos apelidados de *contra-corsarios* – para trazer os piores responsáveis a julgamento. Quem era bem-sucedido tinha ricas recompensas da Coroa e também adquiria considerável fama – caso de Pedro Menéndez de Avilés, que listava suas presas do jeito que um piloto de caça de guerra contabiliza suas mortes.[75]

Um Novo Mundo havia sido descoberto além-mar, mas um novo mundo estava também sendo criado em casa, no qual ideias novas e vibrantes eram incentivadas e onde intelectuais e cientistas disputavam espaço e competiam por patronos e verbas. O aumento da renda disponível para os diretamente envolvidos na exploração dos continentes e a riqueza que traziam bancaram uma transfusão cultural que transformou a Europa. Uma onda de patronos ricos emergiu em questão de décadas, ávidos para gastar em luxos. Havia um crescente desejo pelo que era raro e exótico.

A nova riqueza da Europa deu-lhe prepotência e confiança e também reforçou a fé, da maneira que se esperava que a retomada de Jerusalém pudesse fazer. Para muitos, revelava-se totalmente óbvio que a fortuna aparentemente ilimitada que as Américas rendiam era uma afirmação das bênçãos de Deus e que havia sido "ordenada pelo Senhor nas alturas, que tanto dá quanto retira reinos de quem ele quer e da maneira que deseja".[76] O alvorecer de uma nova era, uma verdadeira Era de Ouro, fez com que a queda de Constantinopla para os turcos em 1453, que fizera gente gemer, bater no peito e derramar lágrimas nas ruas de Roma, fosse esquecida.

A tarefa agora era reinventar o passado. O fim da velha capital imperial constituiu uma oportunidade inequívoca para que o legado da Grécia Antiga e de Roma fosse reclamado por novos herdeiros adotivos – algo feito com entusiasmo. Na realidade, França, Alemanha, Áustria, Espanha, Portugal e Inglaterra nada tinham a ver com Atenas e com o mundo dos antigos gregos, e haviam sido em grande medida periféricos na história de Roma desde seus primeiros dias até seu ocaso. Isso foi encoberto à medida que pintores, escritores e arquitetos puseram mãos à obra, tomando emprestados temas, ideias e textos da Antiguidade para nutrir uma narrativa que fazia escolhas seletivas do passado para criar uma história que com o tempo se tornou não só crescentemente plausível, mas padrão. Portanto, embora estudiosos tenham há muito tempo chamado esse período de Renascimento, não houve renascimento algum. Ao contrário, foi um nascimento. Pela primeira vez na história, a Europa ocupava o coração do mundo.

12
A rota da prata

Mesmo antes da descoberta das Américas, os padrões de comércio haviam começado a melhorar depois dos choques econômicos do século XV. Alguns estudiosos defendem que isso foi causado pela melhora do acesso aos mercados do ouro na África ocidental, combinada com a crescente produção em minas nos Bálcãs e em outras partes da Europa, talvez possibilitada por avanços tecnológicos que ajudaram a liberar novos suprimentos de metais preciosos. Parece, por exemplo, que a produção de prata quintuplicou nas décadas após 1460 na Saxônia, Boêmia e Hungria, assim como na Suécia.[1] Outros estudiosos apontam que a coleta de impostos se tornou mais eficiente na segunda metade do século XV. A contração econômica trouxe lições, e uma delas foi sem dúvida a necessidade de controlar com maior cuidado a base de taxação – algo que por sua vez levou ao que tem sido chamado de "*revival* da monarquia", em que a centralização era tão crucial do ponto de vista monetário quanto social e politicamente.[2]

A julgar pelo relato de um viajante coreano, a velocidade do comércio parece ter aumentado no final do século XV. No porto de Suzhou, a cerca de 110 quilômetros de Xangai, os navios se juntavam "como nuvens", escreveu Ch'oe P'u, aguardando para levar seus carregamentos de "finas sedas, tecidos de gaze, ouro, prata, joias, artesanato" a novos mercados. A cidade era cheia de ricos mercadores e ostentava padrões de vida impressionantes. "As pessoas vivem luxuosamente", escreveu ele com inveja, observando que "quadras de mercados espalham-se como estrelas" nessa região rica e fértil.[3] Embora isso fosse promissor, o segredo não estava nos portos do litoral Pacífico da China, mas a milhares de quilômetros dali, na península Ibérica.

A solução veio em duas partes. A gradual recuperação econômica da Europa na última parte do século XV já havia estimulado a demanda de consumo para produtos de luxo. Um imenso reservatório de recursos foi acumulado conforme as riquezas do Novo Mundo eram despachadas para a Espanha. Em Sevilha, ouro e prata eram "armazenados como se fossem trigo" nas casas da alfândega, exigindo a construção de um novo edifício que fosse capaz de abrigar o impressionante volume de bens que entravam, para que pudessem ser devidamente taxados.⁴ Um observador escreveu de sua admiração diante de uma frota sendo descarregada: num só dia, viu 332 "carroças cheias de prata, ouro e pérolas preciosas" serem trazidas para uma contabilização formal; seis semanas mais tarde, viu outras 686 cargas de metais preciosos entrando no porto. Era tanta coisa, escreveu, que a "Casa [de Contratación] não conseguiu abrigar tudo e ficou muita coisa transbordando no pátio".⁵

A grande sorte inesperada trazida com a travessia de Colombo do Atlântico coincidiu com o espetacular sucesso de outra expedição marítima não menos ambiciosa. Bem quando na Espanha começava a crescer o medo de que as tentativas de Colombo de encontrar uma rota para a Ásia tivessem sido um custoso erro, outra frota foi equipada e aprontava-se para sair. Colocada sob o comando de Vasco da Gama, a tripulação foi recebida pelo rei de Portugal, Manuel I, antes de partir. Deixando explicitamente de mencionar as recentes descobertas do outro lado do Atlântico, o soberano destacou o objetivo de Gama: encontrar um "novo caminho para as Índias e os países que ficam perto delas". Fazendo isso, prosseguiu, "a fé em Nosso Senhor Jesus Cristo" seria proclamada à medida que "novos reinos e domínios" fossem sendo arrancados dos infiéis – ou seja, os muçulmanos. Mas ele tinha também em vista outras recompensas mais imediatas. Não seria maravilhoso, ponderou, adquirir "as riquezas do Oriente que são tão cantadas pelos autores antigos"? Basta olhar, continuou, para Veneza, Gênova e Florença e as outras grandes cidades italianas e como se beneficiaram do comércio com o Oriente. Os portugueses eram dolorosamente cientes de que estavam não só do lado errado do mundo, mas do lado errado da Europa.⁶

Tudo isso mudou com a expedição especulativa de Vasco da Gama. As coisas não pareciam promissoras quando seus navios chegaram ao sul da África. O desapontamento não foi tanto com os habitantes, que se vestiam com peles e proteções sobre os genitais, nem com a comida – carne de focas e gazelas e raízes de ervas, que eles mascavam. É que, quando os portugueses lhes exibiram amostras de canela, cravo, pérolas, ouro "e muitas outras coisas", "ficou claro que não tinham nenhuma ideia daquilo".⁷

Assim que rodeou o Cabo da Boa Esperança e rumou para o norte, a sorte de Vasco da Gama mudou. Em Malindi, além de tomar conhecimento da passagem para o Oriente, ele encontrou um experiente piloto disposto a ajudá-lo a lidar com os ventos das monções e chegar à Índia. Após uma jornada de dez meses, ancorou no porto de Calicute.[8] Vasco teve sucesso onde Colombo havia falhado; encontrara uma rota marítima para a Ásia.

Já estavam estabelecidas ali em Calicute comunidades de comerciantes de lugares próximos de casa; entre as primeiras vozes que ouviu estavam as que falavam uma língua familiar. "Que o Diabo o carregue!", gritou um dos dois mercadores muçulmanos de Túnis que sabia falar espanhol e genovês; "o que o trouxe aqui?!" Depois da troca de cumprimentos, o que disseram em seguida foi música para seus ouvidos: "Mas que sorte você teve, que grande sorte! Há muitos rubis aqui, muitas esmeraldas! Você deve dar muitas graças a Deus por trazê-lo a uma terra onde há tantas riquezas!".[9]

Mesmo assim, os portugueses ainda tinham que se esforçar para entender o que viam — assim como ocorreu com Colombo. Templos cheios de estátuas de deuses hindus usando coroas foram vistos como se fossem igrejas adornadas com imagens de santos cristãos, enquanto a água despejada em rituais de purificação era interpretada como água benta sendo dispensada por sacerdotes cristãos.[10] Histórias sobre como São Tomé, um dos discípulos de Jesus, havia chegado à Índia e convertido muitos ao cristianismo circulavam havia tempos na Europa, reforçando conclusões errôneas que foram trazidas de volta por Vasco da Gama — entre elas a de que havia grande número de reinos cristãos no Oriente prontos para lutar contra o islã. Muito do que se reportou a respeito do que havia sido visto no Oriente revelou-se enganoso ou absolutamente equivocado.[11]

Negociações com Zamorin, o governante de Calicute, foram outro teste para Vasco da Gama, que se viu obrigado a explicar por que — se o rei de Portugal realmente possuía incrível riqueza, muito maior que a de "qualquer rei dessas partes", como o almirante havia lhe dito — ele não conseguia oferecer nenhuma prova disso. De fato, quando Vasco mostrou uma porção de chapéus e de bacias de lavar o rosto, junto com algumas peças de coral, mais açúcar e mel, os cortesãos de Zamorin deram muitas risadas: nem o mais pobre mercador de Meca iria insultar seu governante com uma seleção de presentes tão patética, disseram eles.[12]

A tensão aumentou. Portugueses viram que seus movimentos estavam sendo restringidos, já que eram mantidos sob estrita vigilância por um gran-

NOVA ESPANHA
NOVA FRANÇA
NOVA INGLATERRA
FLÓRIDA
DOMÍNIO ESPANHOL
Cidade do México
Cuba
Hispaniola
Jamaica
Mar do Caribe
Cartagena
Oceano Pacífico
Oceano Atlântico
PERU
Lima
Potosí
BRASIL
Bahia
Rio de Janeiro
AMÉRICA DO SUL
ARGENTINA
Cabo Horn
PORTUGAL
Lisboa
Sevilha
Londres
SACRO I
ROMANO-G
Açores
Madeira
Ilhas Canárias
Arguim
Cabo Verde
IMPÉRIO MALINÊS
COSTA
São Jorge da Min

ROTAS COMERCIAIS GLOBAIS, c. 1650

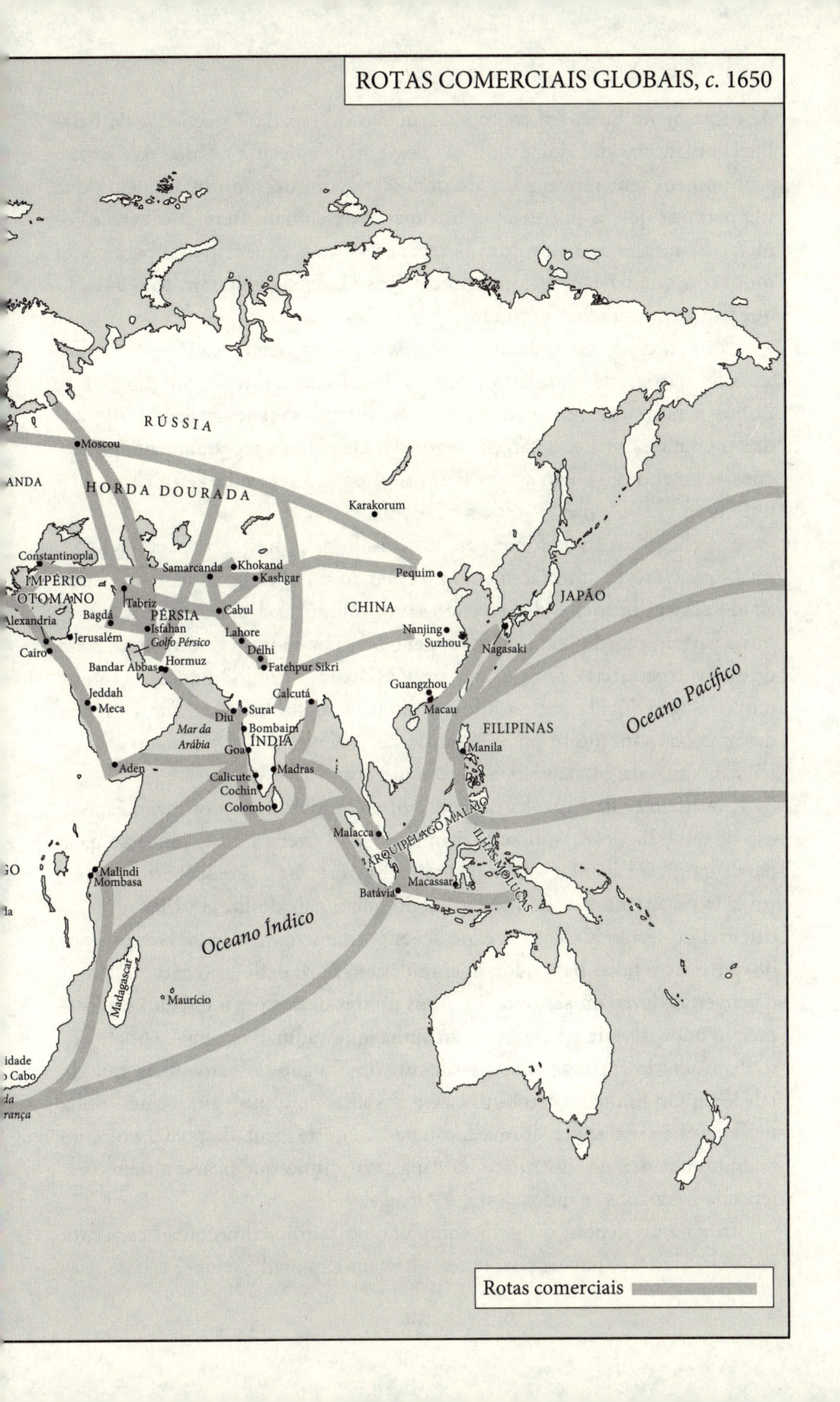

Rotas comerciais

de contingente de guardas, "todos armados de espadas, machados de batalha com lâminas dos dois lados, escudos e arcos e flechas". Vasco da Gama e seus homens temeram o pior, até que, sem aviso, o Zamorin anunciou que iria permitir que os portugueses finalmente desembarcassem seus bens e comerciassem. Eles correram para carregar especiarias e mercadorias para poder mostrar o que haviam encontrado em suas viagens e voltaram para casa. O que trouxeram mudou o mundo.

O retorno do comandante português depois de sua épica viagem de dois anos foi motivo de entusiástica celebração. Numa cerimônia na catedral de Lisboa para marcar seu sucesso, Vasco foi ostensivamente igualado a Alexandre, o Grande, uma comparação logo adotada e usada repetidamente por escritores da época – e não só em Portugal – para descrever a façanha de abrir um mundo novo e não familiar no Oriente.[13]

Sua chegada à Índia foi um grande triunfo de propaganda para o rei Manuel, que escreveu imediatamente a Fernando e Isabel (seus sogros) fazendo alarde das realizações e descrevendo com indisfarçável deleite que seus homens haviam trazido "canela, cravo, gengibre, noz-moscada e pimenta", além de outras especiarias e flora, e "muitas finas pedras de todo tipo, como rubis e outras". "Sem dúvida", acrescentou jubiloso, "suas altezas irão ouvir a respeito dessas coisas com muito prazer e satisfação."[14] Colombo havia falado em potencial; Vasco da Gama voltara com resultados.

Governantes da Espanha tinham algum consolo. Após a primeira expedição de travessia do Atlântico, Fernando e Isabel fizeram *lobby* junto ao papa para garantir à Espanha soberania em todos os territórios descobertos do outro lado do Atlântico – do mesmo modo que o papado fizera várias vezes no decorrer do século XV com as expedições portuguesas na África. Nada menos do que quatro bulas papais foram emitidas em 1493, definindo como as novas descobertas deveriam ser tratadas. Após muitas discussões a respeito do local preciso onde deveria ser traçada uma linha longitudinal, chegou-se finalmente a um acordo em 1494 com a assinatura do Tratado de Tordesilhas, que estabeleceu um limite de 370 léguas além das ilhas de Cabo Verde. Uma "linha reta" deveria ser traçada, afirmava o tratado, "norte e sul, de polo a polo, no referido mar oceano, do Ártico ao Antártico". Tudo que ficasse a oeste pertenceria à Espanha, e tudo a leste, a Portugal.[15]

Trinta anos depois, o significado pleno do acordo começou a ficar claro. Por volta de 1520, navios portugueses haviam explorado sempre a leste, viajando além da Índia e chegando a Malaca, às ilhas Molucas e a Guangzhou. Os espanhóis, enquanto isso, não só perceberam que haviam descoberto dois continentes nas Américas, mas – com a impressionante expedição de um marinheiro que conseguiu cruzar o Pacífico e chegar às Filipinas e às Molucas – haviam conseguido uma inédita circunavegação do globo. Era uma ironia que o homem que havia liderado essa missão fosse português e estivesse a serviço de uma Espanha que se dispunha a bancar esforços de chegar às Molucas vindo de Ocidente – e assegurá-las não para o seu país de nascimento, mas para o seu vizinho e rival.[16] Quando Fernão de Magalhães embarcou em sua épica expedição em 1519-20, Portugal e Espanha voltaram à mesa de negociações para definir uma linha no Pacífico que correspondesse à que havia sido traçada no Atlântico. Os dois vizinhos ibéricos dividiram o globo entre si; tinham a bênção do papa – e, portanto, de Deus.[17]

O resto da Europa agora precisava se ajustar ao crescente sucesso da Espanha e de Portugal. A notícia do retorno de Vasco da Gama a Portugal em 1499 foi recebida com um misto de choque, pesar e histeria em Veneza: uma voz se ergueu para dizer a quem quisesse ouvir que a descoberta de uma rota marítima para a Índia pelo sul da África significava nada menos do que o fim da cidade.[18] Era inevitável, disse Girolamo Priuli, que Lisboa tomasse o título de Veneza como centro comercial da Europa: "Não há dúvida", escreveu, "de que húngaros, alemães, flamengos e franceses, e todos os povos além das montanhas que costumavam vir a Veneza comprar especiarias com seu dinheiro, irão agora a Lisboa". Para Priuli, as razões eram óbvias. Todos sabiam, declarou em seu diário, que os bens que chegam a Veneza por terra passavam por infindáveis postos de controle, nos quais eram cobradas taxas e tarifas; ao transportarem bens por mar, os portugueses seriam capazes de oferecer bens por preços com os quais Veneza não poderia competir. Os números é que contam a história: Veneza estava condenada.[19] Outros chegaram a conclusões similares. Guido Detti, mercador florentino baseado em Portugal no início da década de 1500, acreditava firmemente que os venezianos iriam perder o controle do tráfego comercial porque não seriam capazes de competir com os preços dos bens trazidos por mar até Lisboa. O povo de Veneza, observou com ironia, teria que voltar a pescar; a cidade cairia de volta nas lagunas das quais emergira.[20]

Os rumores sobre o fim de Veneza foram descabidos, pelo menos a curto prazo. Como vozes mais sóbrias ressaltaram, a abertura de uma rota marítima para o Oriente não era isenta de riscos. Muitos navios portugueses nunca voltaram. Menos da metade dos 114 navios que haviam passado pela ponta sul da África retornou em segurança, declarou ao Senado o estadista veneziano Vicenzo Querini em 1506. "Dezenove se perderam com certeza, quase todos eles carregados de especiarias, e de outros quarenta navios, nada se sabe."[21]

Não obstante, Veneza despachou enviados ao Egito muçulmano para discutir uma maneira de unir forças contra os portugueses, com sugestões de operações militares conjuntas e até mesmo prevendo a construção do Canal de Suez alguns séculos mais tarde, ponderando se seria cabível ou possível cavar uma via aquática até o mar Vermelho para permitir a passagem "de quantos navios e galés quiséssemos".[22]

Embora os portugueses estivessem convencidos de que as operações voltadas contra eles no mar Vermelho e no litoral da Índia no início do século XVI eram o resultado de uma grande aliança orquestrada por Veneza, na verdade os egípcios precisavam de pouco incentivo para tentar impor controle sobre as próprias rotas marítimas. A visão do aumento do número de navios portugueses fora mal recebida, entre outras coisas porque os recém-chegados eram muito agressivos. Em certa ocasião, o próprio Vasco da Gama capturou um navio com centenas de muçulmanos voltando para a Índia após a peregrinação a Meca. Ignorando as desesperadas e generosas ofertas daqueles a bordo de pagar um resgate, ordenou que o navio fosse incendiado, num ato tão grotesco que um observador admitiu: "Vou lembrar do que aconteceu todo santo dia da minha vida". As mulheres mostravam suas joias para implorar misericórdia, em meio às chamas ou na água, enquanto outras erguiam seus filhos para tentar salvá-los. Vasco da Gama observou impassível, "cruelmente, sem nenhuma piedade", até o último passageiro e membro da tripulação se afogar diante de seus olhos.[23]

Ataques a portos e a pontos estrategicamente sensíveis eram um desdobramento preocupante para o Egito. Jeddah, o porto de Meca, foi atacado em 1505, e logo depois Mascate e Qalhāt, pontos-chave no Golfo Pérsico, foram atacados e suas mesquitas destruídas.[24] Também era preocupante que os portugueses tivessem começado a pensar em estabelecer uma rede de bases encadeadas, ligando-as a Lisboa. Não poderia haver nada mais importante, afirmou o comandante e explorador Francisco de Almeida em 1505, "do que ter um castelo na boca do mar Vermelho, ou muito perto dali", já que isso significaria que "todos aqueles na Índia iriam se livrar da ideia estúpida de que poderiam comerciar com alguém que não fôssemos nós".[25]

Diante de toda essa violência e prepotência, foram despachadas esquadras sob o comando do sultão do Cairo com ordens de patrulhar o mar Vermelho e seus acessos e, quando apropriado, entrar em confronto direto.[26] Alguns comandantes portugueses concluíram que era preciso mudar de tática. Seus navios estavam sendo desnecessariamente expostos a perigos, alguém alertou o rei de Portugal. Seria melhor abandonar os fortes que haviam sido construídos em localizações provocativas, como na ilha de Soqotra, na entrada do mar Vermelho, e em vez disso fomentar relações cordiais com o Egito muçulmano.[27]

O surto inicial de exploração portuguesa foi acompanhado por uma violência prepotente e por uma intolerância brutal. Não demorou, porém, para as coisas se assentarem e a fanfarronice da retórica inicial sobre o triunfo do cristianismo e a morte do islã darem lugar a uma abordagem mais confiante e realista. Com a abundância de oportunidades comerciais, a atitude em relação ao islã, ao hinduísmo e ao budismo logo foi suavizada – como ocorreu nos estados cruzados, à medida que a petulância foi substituída pelo reconhecimento de que uma minoria em número muito inferior precisava estabelecer uma relação operacional que assegurasse sua sobrevivência.

Isso valia para os dois lados, pois os governantes rivais na Índia e em lugares como Macau e a península Malaia estavam mais do que dispostos a competir entre si para conceder termos de comércio mais atraentes aos mercadores europeus e assegurar que o influxo adicional de dinheiro chegasse até eles, e não aos rivais.[28] Nesse contexto, era do interesse de todos atenuar o quanto possível as diferenças de fé. Mesmo assim, alguns ainda alimentavam esquemas grandiosos. Afonso de Albuquerque achava que a captura de Malaca significava que "Cairo e Meca serão arruinadas, e Veneza não será capaz de obter especiarias, exceto as que os mercadores forem capazes de comprar em Portugal"; ele então decidiu chacinar a população muçulmana da cidade, o que só serviu para comprometer o comércio e gerar hostilidade e profunda desconfiança.[29] A família governante retirou-se, fundando novos sultanatos em Perak e Johor, que propiciaram liderança diante da contínua competição entre as potências europeias.[30] No entanto, em grande parte, e ao contrário do que se deu nas Américas, a descoberta da rota para o Oriente tornou-se no geral uma história de cooperação mais do que de conquista. O resultado foi um enorme aumento no comércio do Oriente para o Ocidente.

Com a Europa praticamente vergada sob o peso das riquezas que eram extraídas das Américas, a capacidade de pagar por bens de luxo da Ásia aumentou muito. Em pouco tempo, as lojas de Lisboa, Antuérpia e outros empórios na Europa transbordavam de porcelana chinesa e sedas Ming.[31] Mas as importações mais importantes em termos de quantidade e procura eram de longe as especiarias. Pimenta, noz-moscada, cravo, olíbano, gengibre, madeira de sândalo, cardamomo e açafrão eram muito apreciados no preparo de alimentos desde os tempos romanos, seja como ingredientes para mudar o sabor de alimentos insípidos, seja por seu efeito medicinal.

A canela, por exemplo, era considerada benéfica para o coração, o estômago e a cabeça, e também para a cura da epilepsia e da paralisia. O óleo de noz-moscada era usado no tratamento da diarreia e vômitos e para combater o resfriado comum. O óleo de cardamomo era bom para os intestinos e ajudava a reduzir flatulências.[32] Num manual árabe escrito nessa mesma época no Mediterrâneo, um capítulo intitulado "Prescrições para aumentar as dimensões de membros pequenos e para torná-los esplêndidos" sugeria esfregar uma mistura de mel e gengibre nas partes íntimas; o efeito seria tão poderoso e produziria tal prazer que a parceira sexual de um homem iria "objetar que ele saísse de dentro dela".[33]

A competição para suprir esses mercados recém-abertos era feroz. Apesar do alarme em Veneza após a notícia da primeira expedição de Vasco da Gama, as rotas comerciais tradicionais não foram substituídas da noite para o dia. Continuaram a prosperar graças à crescente demanda na Europa: então como agora, os consumidores não estavam interessados em como os bens haviam chegado ao mercado; a única coisa que importava era o preço.

Comerciantes ficavam de olho uns nos outros, registrando o que estava sendo comprado e por quanto. Portugueses recrutaram mercadores como Mathew Becudo no Levante para espionar o tamanho das caravanas e comboios que vinham do Egito e de Damasco, por terra e por mar, e relatar as quantidades de bens que carregavam. Boatos de más colheitas, de navios perdidos com suas cargas e instabilidades políticas podiam afetar os preços repentinamente – o que tornava as especulações um assunto delicado. Podia haver grandes flutuações de suprimento, dependendo do dia exato em que a frota de especiarias partia, inclinando o mercado fortemente em favor de comerciantes do Mediterrâneo oriental que tivessem melhor acesso a informações consistentes e dependessem de rotas menos arriscadas para comerciar do que as que davam a volta pelo continente africano.[34]

Nesse meio-tempo, escolher no que investir era um assunto que mexia com os nervos. Em 1560, Alessandro Magno, jovem mercador de Veneza, viu com ansiedade o preço da pimenta em Alexandria subir 10% em questão de dias, o que o levou a cancelar os pedidos feitos e transferir seu investimento para cravo e gengibre. Era essencial evitar ser pego numa bolha que poderia custar não só suas margens de lucro, mas fazê-lo perder o capital. Para o intermediário, a subsistência dependia de ser capaz de comprar os bens certos a preços que seus clientes se dispusessem a pagar.[35]

Com milhões de quilos em especiarias, principalmente pimenta, chegando à Europa todo ano, aquilo que havia sido um negócio para o luxo da elite logo se tornou parte da corrente principal cultural e comercial, movido pela oferta e procura de um mercado de massa. O potencial de lucro explica por que os portugueses se lançaram à construção de uma Rota da Seda própria, para criar uma cadeia de portos e cais ligando Lisboa à costa de Angola, Moçambique, leste da África e além, numa extensa rede de postos comerciais com colônias permanentes desde a Índia até o estreito de Malaca e as Molucas. Tiveram considerável sucesso ao fazer isso – a tal ponto que, algumas décadas após a expedição de Vasco da Gama à Índia, uma parte substancial da renda estatal portuguesa era gerada pelo comércio de especiarias.[36]

Mesmo assim, portugueses enfrentaram grandes desafios, mesmo porque havia outros atores decididos a não perder uma fatia desse mercado. Os otomanos, ao assumirem o controle do Egito em 1517, após um período de turbulência no Oriente Próximo e no Oriente Médio, emergiram como força dominante no Mediterrâneo oriental – e como grande ameaça à Europa. "Agora que os atrozes turcos capturaram o Egito e Alexandria e todo o Império Romano Oriental", escreveu o papa Leão X, "eles irão cobiçar não só a Sicília e a Itália, mas o mundo inteiro."[37]

A sensação de ameaça foi intensificada pelos sucessos militares otomanos nos Bálcãs e pelo mau agouro simbolizado por seu avanço mais profundo no centro da Europa. Havia a expectativa de um confronto, escreveu o grande filósofo Erasmo em carta a um amigo na primeira metade do século XVI, que decidiria o destino do mundo, "pois o mundo não mais suporta ter dois sóis no céu". O futuro, previu ele, iria pertencer ou aos muçulmanos ou aos cristãos; não podia pertencer a ambos.[38]

Erasmo estava equivocado – assim como seus pares no mundo otomano, não menos diretos em suas previsões de que "assim como há apenas um Deus no céu [também, portanto] deve haver apenas um império na Terra".[39] Não houve esse confronto de vida ou morte, embora o grande exército que avançou pela Hungria e pela Europa Central em 1526 tivesse criado ondas de pânico após o sucesso turco contra uma força ocidental reunida às pressas em Mohács, no sul da Hungria. O que, sim, emergiu foi uma intensa e duradoura rivalidade, que se espalhou pelo Índico, mar Vermelho e Golfo Pérsico.

Cheios de confiança, os otomanos investiram pesado para fortalecer sua posição comercial pela Ásia. Foi estabelecida uma rede de agentes compradores, e vários castelos foram restaurados e melhorados para proteger as rotas marítimas no Mediterrâneo, mar Vermelho e Golfo Pérsico. A modernização das estradas para o interior a partir do Golfo Pérsico, passando por Basra até o Levante, tornou essa rota tão confiável, segura e rápida, que após um tempo até os portugueses passaram a usá-la para sua comunicação com Lisboa.[40]

Isso era ainda mais surpreendente dado o uso regular da força pelos otomanos contra os portugueses. Os otomanos lançaram um grande ataque ao forte português em Diu no noroeste da Índia, em 1538, e fizeram várias investidas contra cargas portuguesas.[41] Um capitão de navio, Sefer, desfrutou de uma série de sucessos em meados do século XVI, tão espetaculares que sua cabeça foi colocada a prêmio. Os otomanos estão se tornando "cada vez mais ricos com os espólios que tomam dos portugueses", queixou-se um capitão europeu, notando que a frota de Sefer estava cada vez maior; vendo o quanto vinha sendo bem-sucedido com um pequeno número de navios à sua disposição, comentou: "quantos problemas mais não irá criar [para nós], e quantas riquezas mais não irá enviar [para casa], quando um dia tiver trinta navios?".[42] Os otomanos estavam se revelando rivais formidáveis: outro observador português escreveu, em 1560, que a cada ano milhões de quilos de especiarias chegavam a Alexandria (o empório mais importante do Mediterrâneo oriental para bens do Oriente); "não admira", lamentou, "que tão pouco chegue a Lisboa".[43]

A essa altura, a lucratividade com o comércio de especiarias já começava a decrescer perceptivelmente, levando alguns portugueses a desistir das especiarias e investir em outros bens e produtos asiáticos, principalmente algodão e seda. Essa mudança acentuou-se por volta do final do século XVI, quando aumentou o volume de tecidos despachados para a Europa.[44] Alguns cronistas contemporâneos sugerem (e alguns estudiosos modernos concordam) que isso resultou dos altos níveis de corrupção entre funcionários portugueses envolvidos no comércio de especiarias e do efeito de más decisões por parte da

Coroa, tanto ao cobrar impostos excessivamente altos das importações quanto por montar uma rede de distribuição ineficiente na Europa. A concorrência otomana conseguira colocar intensa pressão nos portugueses – e em suas margens de lucro.[45]

No centro dessa rivalidade no oceano Índico e em outras partes estava a competição para extrair o máximo rendimento dos impostos cobrados sobre bens que se destinavam a compradores endinheirados na Europa. O sucesso otomano rendeu ótimos dividendos. Os cofres centrais em Constantinopla incharam com o crescente volume de tráfego passando pelos portos do mar Vermelho, Golfo Pérsico e Mediterrâneo, se bem que a crescente demanda doméstica também tivesse um papel em aumentar os rendimentos do governo.[46] Os pagamentos anuais cresceram significativamente no decorrer do século XVI, o que por sua vez estimulou mudanças sociais e econômicas não só nas cidades, mas também na área rural.[47]

Assim, não foi só na Europa que a fase áurea despontou. Grandes programas de construções foram empreendidos pelo mundo otomano, dos Bálcãs ao Norte da África, bancados por receitas de impostos cada vez maiores. Muitos dos projetos mais espetaculares foram concebidos por Sinān, arquiteto-chefe do sultão Suleiman, o Magnífico (governou de 1520 a 1566), cujo apelido por si só capta o espírito e a afluência dessa época. Sinān construiu mais de oitenta grandes mesquitas, sessenta madraças, 32 palácios, dezessete casas de repouso e três hospitais, além de várias pontes, aquedutos, casas de banho e armazéns, durante os reinados de Suleiman e seu filho Selim II. A mesquita de Selimiye, construída em Edirne (no noroeste da atual Turquia), entre 1564 e 1575, foi um marco de ousadia arquitetônica e brilhantismo de engenharia, sendo "merecedora da admiração da humanidade", segundo um relato da época. Mas era também uma declaração de ambição religiosa: "povos do mundo" haviam dito que não seria possível construir um domo tão grande quanto o de Hagia Sofia em Constantinopla "nas terras do islã". A mesquita de Edirne mostrou que estavam equivocados.[48]

Na Pérsia, houve um surto similar de gastos em exuberantes edifícios e nas artes visuais, à altura do florescimento cultural na Europa. Um novo império emergiu sob a dinastia safávida, a partir dos cacos do reino timúrida, fragmentado após a morte de Tamerlão no início do século XV. Seu ponto alto foi no reinado do xá Abas I (governou de 1588 a 1629), que supervisionou uma reconstrução incrivelmente ambiciosa de Isfahan (no atual centro do Irã), onde velhos mercados e ruas sombrias foram derrubados e substituídos por lojas, casas de banho e mesquitas construídas de acordo com um plano diretor cuidadosamente elaborado. Obras importantes de irrigação asseguraram à nova Isfahan abundante suprimento de água – algo essencial para o Bāgh-i Naqsh-i Jahān, o "jardim que enfeitava o mundo", uma obra-prima de projeto de horticultura, localizada no centro da cidade. A gloriosa mesquita de Masjid-i Shāh também foi construída, para que fosse – como a de Edirne havia sido – uma joia à altura das melhores do mundo islâmico. Como um contemporâneo observou, o xá transformou Isfahan em "um paraíso com elegantes edifícios, parques nos quais o perfume das flores elevava o espírito, e riachos e jardins".⁴⁹

Livros, caligrafia e artes visuais – especialmente pinturas em miniatura – floresceram numa cultura autoconfiante, intelectualmente curiosa e cada vez mais internacional. Tratados explicavam como criar boa arte, como o *Qānūn al-Suvar*, por exemplo, que fazia isso com muito estilo em espirituosas quadras rimadas. Tenha em mente, o autor dessa obra advertia o leitor, que está certo querer dominar a arte da pintura, mas "você deve saber que, para alcançar a maestria nesse terreno, o talento natural é um ponto importante".⁵⁰

A prosperidade ajudou a abrir novos horizontes: monges carmelitas em Isfahan foram capazes de presentear o xá com uma tradução para o persa do Livro dos Salmos, presente aceito com gratidão; e o papa Paulo V enviou um conjunto de ilustrações medievais da Bíblia, que deixou o xá tão contente que ele encomendou comentários em persa explicando o que as cenas retratavam. Era uma época em que os judeus na região faziam cópias da Torá em persa, mas usando caracteres hebraicos – um sinal de tolerância religiosa, mas também da autoconfiança cultural da Pérsia nesse período de crescimento.⁵¹

Os impérios Otomano e Persa prosperaram com o sensível aumento nas tarifas de tráfego e nas taxas de importação sobre bens provenientes do Oriente mais distante e, é claro, também dos bens e produtos domésticos, que desfrutavam de muita procura pelos novos-ricos na Europa, pelas casas reais e pelas famílias de mercadores, favoritos da corte e fazendeiros prósperos. Mas embora o Oriente Próximo tirasse bom proveito da cascata de ouro, prata e de outros tesouros que fluíam pelo Atlântico vindo das Américas, os principais beneficiários foram os lugares de onde a maioria das exportações se originava: Índia, China e Ásia Central.

A Europa tornou-se uma câmara de compensação para lingotes de metais preciosos que vinham de fontes espetacularmente ricas, como a mina de Potosí, nos Andes, na atual Bolívia, que mostrou ser a maior descoberta de jazida de prata da história, respondendo por mais da metade da produção global por mais de um século.⁵² Foram desenvolvidas novas técnicas para a extração do metal, usando um processo baseado em amálgama de mercúrio, que baratearam a mineração e também a deixaram mais rápida e lucrativa.⁵³ A descoberta permitiu uma extraordinária aceleração na redistribuição de recursos da América do Sul pela península Ibérica e pela Ásia.

O metal precioso era derretido, cunhado e depois despachado para o Oriente em quantidades impressionantes. A partir de meados do século XVI, centenas de toneladas eram exportadas para a Ásia todo ano para pagar pelos bens e especiarias orientais mais procurados.⁵⁴ Uma lista de compras elaborada em Florença na década de 1580 mostra a dimensão desse apetite. O grão-duque Francesco de Medici forneceu generosos fundos a Filippo Sassetti, um mercador florentino de partida para a Índia, junto com instruções sobre a compra de uma gama de produtos exóticos. Ele recebeu pontualmente capas, tecidos, especiarias, sementes e modelos em cera de plantas, um interesse particular do grão-duque e de seu irmão, cardeal Fernando, assim como uma série de medicamentos, incluindo um remédio contra picadas de cobras venenosas.⁵⁵ Tal curiosidade por aquisições era típica dos homens poderosos e cultos da época.

A Europa e o Oriente Próximo tinham vivo interesse por novidades que vinham das Américas e que eram decorrentes da abertura de rotas marítimas ao longo da costa da África. Mas nada superava seu interesse pelo que chegava da Índia. O período posterior à travessia do Atlântico por Colombo foi contemporâneo da fusão ocorrida no reino que se fragmentou após a morte de Tamerlão. Em 1494, Bābur, um descendente seu, herdou terras no vale do Fergana na Ásia Central e decidiu expandi-las, pondo foco em Samarcanda – com sucesso efêmero. Após ser finalmente expulso da cidade por rivais uzbeques, foi para o sul e, após anos de lutas com poucos avanços, voltou a atenção para outra parte. Primeiro, tornou-se senhor de Cabul, depois assumiu o controle de Délhi, expulsando a tirânica dinastia Lodi, cujos membros eram muito impopulares por suas constantes e selvagens perseguições à população hindu.⁵⁶

Bābur já demonstrara ser um bom construtor e teve grande prazer em montar o magnífico jardim do Bāgh-i Wafa em Cabul, com impressionantes fontes, romãzeiras, campinas de cravos, laranjais e canteiros de plantas trazidas de muito longe. Quando as laranjas ficam amarelas, escreveu com orgulho: "É uma linda visão – realmente foram muito bem plantadas".[57] À medida que se estabeleceu na Índia, continuou com seus gloriosos projetos de jardins – apesar de reclamar das dificuldades do terreno. Lamentou que o suprimento de água fosse problemático no norte do subcontinente indiano; "para onde quer que olhasse", escreveu horrorizado, "tudo era tão desagradável e desolado" que mal valia o esforço de tentar criar algo especial. Acabou encontrando ânimo e instalou-se numa localidade perto de Agra: "Embora não houvesse um lugar realmente adequado [perto da cidade], não havia nada a fazer, a não ser trabalhar com o espaço disponível". No final, após considerável esforço e grandes despesas, na "desagradável e pouco harmoniosa Índia", foram criados jardins esplêndidos.[58]

Apesar das dificuldades iniciais de Bābur, a hora de sua ida para o sul não poderia ter sido melhor. Não demorou para que o novo domínio se tornasse um poderoso império. A abertura de novas rotas comerciais e a entusiástica capacidade de compra da Europa significaram um repentino influxo de moeda forte na Índia. Uma proporção considerável disso foi gasta na compra de cavalos. Mesmo no século XIV, há relatos de milhares de cavalos sendo vendidos todo ano por negociantes na Ásia Central.[59] Os cavalos criados nas estepes eram populares, entre outras coisas por serem maiores – e mais bem alimentados – que os criados no próprio subcontinente, que eram "por natureza tão pequenos que, quando um homem monta neles, seus pés quase encostam no chão".[60] Com prata europeia entrando em quantidade para comprar bens do Oriente, boa parte dela foi gasta nos melhores cavalos, por razões de prestígio, diferenciação social e para eventos cerimoniais – mais ou menos como o dinheiro que mais recentemente entra em Estados ricos em petróleo e tem sido gasto nas melhores opções para passear: ferraris, lamborghinis e outros carros de luxo.

Havia grandes lucros à vista no comércio de cavalos. Foi uma das primeiras coisas a atrair a atenção dos portugueses quando chegaram ao Golfo Pérsico e ao oceano Índico. Relatos entusiásticos foram enviados para casa no início do século XVI, falando da demanda por puros-sangues árabes e cavalos persas e dos altos preços que os príncipes indianos se dispunham a pagar por eles. Os portugueses envolveram-se a tal ponto no lucrativo negócio de despachar cavalos que isso estimulou uma mudança tecnológica, com embarcações como a *Nau Taforeia* sendo construídas tendo em mente o transporte de cavalos.[61]

A maioria dos cavalos, no entanto, vinha da Ásia Central. Com dinheiro entrando na Índia, um cronista contemporâneo falou das altíssimas margens à medida que se manifestaram as pressões inflacionárias provocadas por um surto na demanda superior à oferta.[62] Rendimentos crescentes levaram a investir na construção de pontes, melhorias em caravançarás e em garantir a segurança das principais rotas para o norte. O resultado foi que as cidades da Ásia Central viveram outro período de vitalidade e esplendor.[63]

A infraestrutura necessária para sustentar o comércio de cavalos também gerava lucros. Um especulador esperto investiu em pontos de descanso ao longo das principais rotas, criando mais de 1.500 no espaço de quinze anos, em meados do século XVI. O crescente fluxo de dinheiro para essa região é reconhecido até nos escritos do Guru Granth Saheb, o grande texto sagrado do sikhismo, onde o mundano e o comercial andam juntos com o espiritual: compre bens que irão durar, o guru aconselhava aos seus seguidores; e mantenha sempre registros precisos, pois esses são meios de santificar a verdade.[64]

Houve grande crescimento em cidades de passagem que tinham boa localização para abrigar um mercado de cavalos, entre elas Cabul. A mais importante que floresceu, porém, foi a cidade de Délhi, que cresceu rapidamente graças à sua posição perto do Indocuche. A importância comercial da cidade cresceu, e com ela também a posição de seus governantes.[65] Uma próspera indústria têxtil logo se desenvolveu, produzindo materiais muito valorizados em toda a Ásia e além, bem supervisionados por autoridades mogóis.[66]

Não demorou para que um poderoso reino se espalhasse usando sua musculatura financeira para se impor a uma região atrás da outra e uni-las numa entidade única. No decorrer do século XVI, Bābur, seguido por seu filho Humāyūn e por seu neto Akbar I, comandou a grande expansão territorial do Império mogol, que por volta de 1600 estendia-se de Gujarat, no litoral oeste da Índia, até a baía de Bengala, e de Lahore, no Punjab, até o centro da Índia. Não se tratava de conquistar por conquistar. A questão era aproveitar um conjunto único de circunstâncias para assumir o controle de cidades e regiões que ofereciam fluxos de renda atraentes e em rápido crescimento, que fortaleceram o nascente império. Como um jesuíta português observou em carta à sua ordem em casa, a conquista de Gujarat e Bengala, ambas cheias de dinâmicas cidades e sólidas bases de taxação, tornaram Akbar o mestre da "joia da Índia".[67] Cada novo acréscimo provia maior poder ao centro, permitindo que o impulso se intensificasse.

Os mogóis introduziram novas ideias, gostos e estilos. Pinturas em miniatura, desde sempre apreciadas por eles e pelos timúridas, eram agora prestigiadas pelos novos governantes, que trouxeram mestres artesãos de muito longe para criar uma dinâmica escola de artes visuais. Assistir a lutas tornou-se um passatempo popular, assim como corridas de pombos, ambos muito disseminados na Ásia Central.[68]

A inovação na arquitetura e no paisagismo foi ainda mais pronunciada, e a influência dos edifícios e jardins criados e aprimorados em Samarcanda logo se tornou evidente em todo o império. Os resultados podem ser vistos hoje. O magnífico túmulo de Humāyūn em Délhi constitui não só uma obra-prima de desenho timúrida, construído por um arquiteto de Bukhara, mas testemunho de uma nova era na história indiana.[69] Novos estilos de paisagem foram também introduzidos, transformando ainda mais o ambiente construído e suas relações com o entorno, com grande influência de práticas e ideais da Ásia Central.[70] Lahore floresceu com majestosos monumentos novos e espaços abertos muito bem planejados.[71] Com imensos recursos à disposição e vento a favor em suas velas, mogóis transformaram o império à sua própria imagem. E fizeram isso numa escala extraordinária.

A impressionante cidade de Fatehpur Sikri, construída na segunda metade do século XVI como nova capital, fornece um quadro inequívoco dos recursos aparentemente ilimitados e das aspirações imperiais da dinâmica casa governante. Uma série de pátios e edifícios de desenho refinado, construídos com arenito vermelho, misturava estilos e desenhos da Pérsia e da Ásia Central com os da Índia, e criaram uma esplêndida corte, onde o governante podia receber visitas e deixá-las sem nenhuma dúvida quanto ao seu poder.[72]

O monumento mais famoso que testemunha a imensa riqueza que resultou do dinheiro proveniente da Europa foi o mausoléu construído pelo xá Jahān no início do século XVII para sua esposa, Mumtāz. Para marcar a morte dela, o xá distribuiu imensas quantidades de comida e dinheiro aos pobres. Depois de selecionar um terreno adequado para o enterro, uma fortuna foi gasta na construção de um edifício encimado por um domo, e mais outra acrescentando uma tela de ouro e cúpulas decoradas com obras em esmalte da mais refinada qualidade e muito ouro. Pavilhões "rodeados por soberbas abóbadas" foram acrescentados de ambos os lados do mausoléu, que depois foi ornado por jardins em toda a sua volta. A fundação foi agraciada com contribuições dos mercados vizinhos para assegurar que seria adequadamente mantida no futuro.[73]

Para muitos, o Taj Mahal é o monumento mais romântico do mundo, uma extraordinária demonstração do amor de um marido por sua esposa. Mas ele também representa algo mais: o comércio internacional globalizado, que trouxe tamanha riqueza ao governante mogol que lhe permitiu dedicar esse gesto notável à sua amada esposa. O fato de ser capaz de concluí-lo decorre das profundas mudanças no eixo do mundo, pois a glória da Europa e da Índia deu-se às custas das Américas.

A exuberante expressão de pesar do xá Jahān em relação à morte de sua esposa encontra um paralelo claro com o que havia sido articulado do outro lado do globo não muito tempo antes. O Império maia também vinha florescendo antes da chegada dos europeus. "Então não havia doença; eles não tinham ossos doloridos, não tinham febre alta, nem varíola; o peito não queimava, não tinham tuberculose. Naquele tempo o curso da humanidade estava ordenado. Os estrangeiros mudaram isso com sua chegada. Trouxeram coisas vergonhosas", foi como expressou um escritor pouco tempo depois dos fatos.[74] O ouro e a prata tirados das Américas chegaram à Ásia; foi essa redistribuição de riqueza que permitiu a construção do Taj Mahal. Não sem alguma ironia, uma das glórias da Índia foi resultado do sofrimento dos "indianos" do outro lado do mundo.

Os continentes estavam agora conectados entre si, ligados por fluxos de prata. Isso levou muitos a procurar fortuna em novos lugares: no final do século XVI, um inglês em visita a Hormuz no Golfo Pérsico registrou que a cidade estava cheia de "franceses, flamengos, alemães, húngaros, italianos, gregos, armênios, nazarenos, turcos e mouros, judeus e gentios, persas [e] moscovitas".[75] O chamado do Oriente era poderoso. O que atraía homens da Europa em número cada vez maior não era apenas a expectativa de ganhos comerciais, mas também a de empregos bem pagos. Havia muitas oportunidades para artilheiros, pilotos, navegadores, comandantes de galés ou construtores, na Pérsia, Índia e na península Malaia, e até no Japão. Havia oportunidades para quem quisesse começar vida nova: desertores, criminosos e indesejáveis, cujas habilidades e experiências eram valiosas para os governantes locais. Quem se saía bem conseguia se estabelecer como um pequeno príncipe independente, como foi o caso na baía de Bengala e no mar das Molucas, onde um afortunado holandês descobriu que era capaz de rolar na cama "com quantas mulheres quisesse" e cantar e dançar "o dia inteiro, quase nu" e totalmente embriagado.[76]

Em 1571, a fundação de Manila pelos espanhóis mudou o ritmo do comércio global; para começar, seguiu um programa de colonização cujo caráter era acentuadamente menos destrutivo para as populações locais em comparação com o que havia acontecido após as primeiras travessias do Atlântico.[77] Originalmente estabelecido como base para a aquisição de especiarias, o assentamento logo se tornou uma metrópole e um importante ponto de conexão entre a Ásia e as Américas. Os bens agora começavam a se mover pelo Pacífico sem passar primeiro pela Europa, assim como a prata que pagava por eles. Manila tornou-se um empório onde era possível comprar uma rica gama de produtos. Muitos tipos de seda podiam ser adquiridos ali, segundo um alto oficial da cidade por volta de 1600, assim como veludo, cetim, damasco e outros tecidos. E também "muitos ornamentos de cama, cortinados, colchas e tapeçarias", bem como toalhas de mesa, almofadas e tapetes, bacias de metal, chaleiras de cobre e panelas de ferro fundido. Estanho, chumbo, salitre e pólvora da China também estavam disponíveis – além de "conservas de laranja, pêssego, pera, noz-moscada e gengibre", castanhas, nozes, cavalos, gansos que pareciam cisnes, aves falantes e muitas outras raridades. Se tentasse listar tudo o que havia à venda, continua o autor, "não iria terminar nunca, nem teria papel suficiente".[78] Manila foi, nas palavras de um cronista moderno, "a primeira grande cidade global do mundo".[79]

Isso teve naturalmente importantes implicações para outras rotas comerciais. Não por acaso instalou-se uma crônica contração no Império Otomano, não muito tempo depois que a rota por Manila foi estabelecida. Embora isso tivesse algo a ver com pressões fiscais domésticas e com gastos excessivos nas dispendiosas campanhas militares contra os Habsburgo e a Pérsia, a emergência de um novo núcleo de intercâmbios comerciais transcontinentais a milhares de quilômetros de distância foi também um fator no declínio do rendimento do Império Otomano.[80] A quantidade de prata que vinha das Américas, passava pelas Filipinas e ia para o resto da Ásia era impressionante: no final do século XVI e início do XVII passava por aqui pelo menos o mesmo que pela Europa, e causou alarme em algumas partes da Espanha quando as remessas do Novo Mundo para a Europa começaram a declinar.[81]

A rota da prata estendia-se pelo mundo como uma faixa. O precioso metal acabava em um lugar em particular: a China. Fazia isso por duas razões. Primeiro, porque a China, por seu tamanho e sofisticação, era um grande produtor de artigos de luxo, entre eles a cerâmica e a porcelana, tão desejadas na Europa que logo cresceu um imenso mercado pirata de produtos. Os chineses, escreveu Matteo Ricci ao visitar Nanjing [Nanquim], "são muito dados a forjar objetos antigos, com muita arte e engenhosidade" e gerando grandes lucros graças à sua habilidade.[82] Na China, escreviam-se livros ensinando a identificar falsificações, e Liu Dong explicava como determinar a autenticidade de obras de bronze Xuande ou porcelanas Yongle.[83]

A China foi capaz de suprir o mercado de exportação em termos de volume e de aumentar a produção de acordo. Dehua, na província de Fujian, por exemplo, tornou-se um centro dedicado a produzir porcelana segundo o gosto europeu. A manufatura da seda igualmente recebeu investimento para que o apetite ocidental pudesse ser atendido. Era uma prática de negócios perspicaz e ajudou a elevar drasticamente as receitas das autoridades Ming; segundo alguns estudiosos, seu rendimento nada menos do que quadruplicou entre 1600 e 1643.[84]

A segunda razão pela qual tanto dinheiro fluía para a China era o desequilíbrio na relação entre os metais preciosos. Na China, o valor da prata flutuava numa proporção de cerca de seis para um em relação ao ouro, bem mais alta do que na Índia, na Pérsia ou no Império Otomano; no início do século XVI, valia quase o dobro de seu preço na Europa. Na prática, isso significava que o dinheiro europeu tinha maior capacidade de compra nos mercados chineses e de comerciantes chineses – o que dava um forte impulso à compra de produtos da China. As oportunidades para comerciar moedas e tirar partido desses desequilíbrios, naquilo que os banqueiros modernos chamam de arbitragem, foram logo captadas pelos recém-chegados ao Extremo Oriente – especialmente pelos que perceberam lucro fácil no valor desigual do ouro na China e no Japão. Os comerciantes competiam para comprar e vender moedas e metais preciosos. Mercadores que operavam a partir de Macau levavam cargas de bens cuidadosamente escolhidos ao Japão, segundo relato de uma testemunha, e seu interesse era comerciá-los apenas por prata.[85] Alguns mal escondiam sua excitação diante dessa oportunidade. O valor da prata em relação ao ouro era tão alto que tornava este último impressionantemente barato, notou Pedro Baeza: "Um lucro de 70% a 75% era possível", escreveu, se um metal precioso trocado por outro no Oriente fosse trazido para territórios espanhóis nas Américas ou para a própria Espanha.[86]

Os efeitos dos influxos de prata na China são complexos e difíceis de avaliar plenamente. Não obstante, o fluxo de metal precioso teve um efeito óbvio na cultura chinesa, nas artes e no conhecimento, nos séculos XVI e XVII. Pintores como Shen Zhou e os outros que formavam os Quatro Mestres (grandes artistas contemporâneos da dinastia Ming) conseguiram patronos e compensações financeiras por seu trabalho. Artistas como Lu Zhi encontraram demanda para seu talento em encomendas privadas de uma classe média em crescimento, interessada em desenvolver seus passatempos e prazeres.[87]

Foi uma era de experimentação e descoberta, com textos como o *Jin Ping Mei*, uma novela erótica conhecida como *O lótus de ouro*, em menção a um de seus personagens principais, que desafiava os preceitos não apenas em relação às formas literárias, mas ao próprio sexo.[88] A riqueza recente ajudou a sustentar estudiosos como Song Yingxing, autor de uma enciclopédia com tópicos que iam de mergulho com snorkel ao uso da hidráulica na irrigação, e cuja obra foi muito valorizada e amplamente apreciada.[89] O crescente interesse pelo confucionismo e a estima dedicada a especialistas como Wang Yangming testemunham o desejo de explicações e respostas em um período de considerável mudança.[90]

Mapas como o de Selden, recentemente redescoberto na Biblioteca Bodleiana de Oxford, mostram também o interesse cada vez maior em comércio e viagens nesse período e oferecem uma visão ampla do Sudeste Asiático, incluindo até mesmo rotas marítimas. No entanto, é uma espécie de exceção: nessa época, como antes, mapas chineses quase sempre transmitiam uma visão enclausurada do mundo, com as representações visuais limitando-se ao norte com a Grande Muralha e a leste com o mar. Isso era sintomático da disposição da China em desempenhar um papel passivo, num tempo em que o mundo se abria; mas também refletia a superioridade naval europeia no leste da Ásia, onde navios holandeses, espanhóis e portugueses tinham uns aos outros como alvo – mas também regularmente tomavam juncos chineses e suas cargas.[91] A China não se inclinava a participar dessas batalhas entre rivais agressivos e menos ainda a sofrer como resultado delas; nas circunstâncias, a tendência a ser cada vez mais introspectiva, mas ao mesmo tempo colher os benefícios do fato de comerciantes virem até ela, parecia inteiramente lógica.

Muito da prata que inundava a China foi gasta numa sequência de grandes reformas, como a monetização da economia, o incentivo aos mercados de trabalho livre e um programa deliberado de estímulo ao comércio exterior. Ironicamente, o amor da China pela prata e o valor que dava a esse metal precioso em particular acabaram se tornando seu calcanhar de aquiles. Com quantidades tão grandes chegando à China, principalmente através de Manila, era inevitável que o valor da prata começasse a cair, o que com o tempo causou uma inflação nos preços. O resultado líquido foi que o valor da prata, e acima de tudo seu valor em relação ao ouro, foi forçado a se alinhar com o de outras regiões e continentes. Diferentemente do que ocorreu na Índia, onde o impacto da abertura do mundo produziu novas maravilhas, na China ele levou a uma grave crise econômica e política no século XVII.[92] A globalização não foi menos problemática há cinco séculos do que é hoje.

Como Adam Smith observou mais tarde em seu famoso livro sobre a riqueza das nações: "A descoberta da América e a de uma passagem para as Índias Orientais pelo Cabo da Boa Esperança são os maiores e mais importantes eventos registrados na história da humanidade".[93] O mundo de fato foi transformado pelas rotas do ouro e da prata abertas após a primeira expedição de Colombo e a bem-sucedida viagem de Vasco da Gama à Índia e de volta para casa. O que Adam Smith não disse em 1776, porém, é como a Inglaterra se encaixou nessa equação. Pois se o século que se seguiu às descobertas da década de 1490 pertenceu a Espanha e Portugal, com os frutos espalhados pelos impérios do Oriente, então os duzentos anos seguintes iriam pertencer a países no norte da Europa. Contra todas as expectativas, o centro de gravidade do mundo estava prestes a se mover uma vez mais. Iria então pertencer a uma Bretanha que estava a ponto de se tornar Grã.

13
A rota para o norte da Europa

O mundo foi transformado pelas descobertas da década de 1490. A Europa, agora não mais à margem dos assuntos globais, tornava-se o motor do mundo. Decisões tomadas em Madri e Lisboa então ecoavam e repercutiam a milhares de quilômetros, como antes ocorria com a dinastia abássida de Bagdá, com Luoyang na dinastia Tang na China, com a capital mongol, Karakorum, ou com a Samarcanda de Tamerlão. Todas os caminhos agora levavam à Europa.

Isso deixou alguns profundamente frustrados. E ninguém ficou mais ressentido que os ingleses. Já era ruim o suficiente ver os tesouros dos rivais da Inglaterra multiplicarem-se da noite para o dia; o que tornava isso pior era a história triunfal e cansativa de que o ouro e a prata que choviam sobre a Coroa espanhola eram parte do desígnio de Deus. Isso era particularmente doloroso, após a ruptura da Inglaterra com Roma. "Como é grande o poder que a Majestade Divina colocou nas mãos dos reis da Espanha", escreveu um padre jesuíta no século XVI; a riqueza da Espanha foi "ordenada pelo Senhor nas alturas, que tanto dá quanto retira reinos de quem ele quer e da maneira que deseja".[1]

A mensagem era que os governantes protestantes deveriam esperar punição por terem abandonado a verdadeira fé. Com a Reforma a pleno vapor, a violência e a opressão irromperam por toda a Europa entre católicos e protestantes. Correram boatos de uma iminente ação militar contra a Inglaterra, especialmente após a falsa retomada que se seguiu à morte de Maria I, sob cujo reinado parecia que o país iria voltar a aderir a Roma e aceitar a autoridade papal. Quando sua meia-irmã, Elizabeth I, assumiu o trono em 1558, ela teve que caminhar por uma precária corda bamba entre as demandas das religiões em litígio, tanto de um grupo de pressão reivindicante e poderoso, quanto da insurreição daqueles que se sentiam insatisfeitos, postos de lado ou vitimizados pela atmosfera de intolerância. Ser todas as coisas para todos os homens era mais difícil ainda em razão do relativo isolamento da Inglaterra, na orla da Europa. Quando o papa Pio V emitiu uma bula em 1570, intitulada *Regnans in Excelsis*, declarando que Elizabeth era "a pretensa rainha da Inglaterra e serva do crime" e ameaçando excomungar qualquer de seus súditos que obedecesse às suas leis, a preocupação passou a ser encontrar uma maneira de se defender de uma esperada invasão, quando viesse – e pouco se duvidava que não fosse acontecer.[2]

Pesado investimento foi feito na Marinha Real para criar uma primeira linha de defesa formidável e eficiente. Foram construídos estaleiros de concepção bem avançada, como em Deptford e Woolwich no Tâmisa, com navios de guerra projetados e mantidos sempre com crescente eficiência, o que ajudou a revolucionar a construção de embarcações comerciais. Começaram a ser construídos navios capazes de abrigar mais carga, viajar mais rápido, ficar no mar mais tempo e carregar mais tripulantes e canhões mais poderosos.[3]

O decano dos construtores navais era Matthew Baker, filho de um mestre construtor. Ele adotou princípios matemáticos e geométricos – definidos num texto seminal intitulado "Fragmentos da antiga técnica inglesa de construção naval" – e criou uma nova geração de navios para a rainha Elizabeth.[4] Esses projetos foram logo adotados para uso comercial, triplicando o número de navios ingleses de cem ou mais toneladas nas duas décadas após 1560. A nova geração de navios logo ganhou reputação por sua velocidade, facilidade de manejo e pela formidável ameaça que representava nos confrontos no mar.[5]

O fruto desses ganhos nas forças navais da Inglaterra ficou evidente quando a Espanha tentou enviar uma imensa frota para recolher soldados da Holanda no verão de 1588 e promover uma invasão em larga escala da Inglaterra. Superados nas manobras e nos combates pelos ingleses, os membros sobreviventes da Armada espanhola voltaram para casa envergonhados. Embora a maioria dos navios tivesse ido a pique em recifes e vítima de tempestades de severidade incomum, mais do que nas mãos dos ingleses, poucos duvidavam que o investimento naval fora muito compensador.[6]

A captura quatro anos mais tarde da *Madre de Deus*, uma caravela portuguesa, junto aos Açores, quando voltava das Índias Orientais carregada de pimenta, cravo, noz-moscada, ébano, tapeçarias, sedas, tecidos, pérolas e metais preciosos, destacou ainda mais a importância do poder marítimo. A carga desse único navio capturado, rebocado para o porto de Dartmouth no litoral sul, equivalia à metade das importações anuais da Inglaterra. Houve acaloradas discussões sobre como o butim deveria ser dividido entre a Coroa e os responsáveis pelo sucesso da captura – algo dificultado ainda mais quando logo se deu pela falta de itens portáteis de alto valor.[7]

Sucessos como esse reforçaram a confiança e estimularam um comportamento cada vez mais transgressivo no Atlântico e em outras partes. A Inglaterra começou a criar laços com quem quer que fosse inimigo dos governantes católicos da Europa. Na década de 1590, por exemplo, a rainha Elizabeth fez questão de libertar muçulmanos do Norte da África, que haviam servido como "escravos das galés" em navios espanhóis capturados, provendo-lhes roupas, dinheiro "e outras necessidades", antes de mandá-los para casa em segurança.[8] Além disso, os ingleses foram apoiados pelos muçulmanos do Norte da África num ataque a Cádiz em 1596 – um incidente referido no início de *O mercador de Veneza* de Shakespeare. Era tal o alinhamento de interesses nesse período que um cronista moderno fala dos ingleses e dos mouros participando de uma *jihad* contra a Espanha católica.[9]

Como parte da tentativa da Inglaterra de desafiar as novas rotas espanholas e portuguesas para as Américas e para a Ásia, houve considerável esforço em forjar relações próximas com os turcos otomanos. Numa época em que a maioria da Europa olhava com horror as forças turcas batendo às portas de Viena, os ingleses fizeram uma aposta diferente. Ausentaram-se quando outros estados cristãos se reuniram para formar a chamada Santa Aliança, uma coalizão destinada a atacar a frota otomana em Lepanto, no golfo de Corinto, em 1571. A vitória da aliança gerou cenas de júbilo por toda a Europa, e criaram-se poesias, quadros e monumentos para celebrar o triunfo. Na Inglaterra, a notícia foi recebida com silêncio.[10]

Mesmo depois disso, o sultão de Constantinopla foi assiduamente cortejado com cartas calorosas, ofertas de amizade e a entrega de presentes pela corte da rainha Elizabeth – o que resultou em "sinceros cumprimentos e abundantes saudações, com perfume de rosas, que emanam da pura confiança mútua e de abundante amizade", enviados de volta a Londres.[11] Entre os presentes despachados da Inglaterra estava um órgão projetado por Thomas Dallam e enviado a Constantinopla em 1599. Dallam ficou horrorizado quando, por causa do calor e da umidade, "todo o mecanismo musical falhou", além de os tubos terem sofrido danos no transporte. O embaixador inglês deu uma olhada "e disse que aquilo não valia mais de dois tostões". O órgão foi ressuscitado depois de Dallam ter virado a noite consertando-o – e ter deixado o sultão, Mehmet III, tão impressionado ao tocar o órgão que este o cobriu de ouro e ofereceu-lhe "duas esposas, ou duas de suas concubinas, ou então duas virgens das melhores que ele pudesse escolher".[12]

As abordagens de Elizabeth ao sultão tinham por base a perspectiva das oportunidades que se abriam após o avanço turco pela Europa. O papa havia muito pedia que os governantes cristãos se unissem para evitar mais perdas, advertindo com severidade que "se a Hungria for conquistada, a Alemanha será a próxima, e se a Dalmácia e a Ilíria forem subjugadas, a Itália será invadida".[13] Com a Inglaterra decidida a abrir um caminho próprio, desenvolver boas relações com Constantinopla parecia uma política externa sensata – além de oferecer a possibilidade de criar laços comerciais.

Nesse sentido, é notável que tenha sido feito um acordo formal de comércio dando a mercadores ingleses no Império Otomano privilégios mais generosos que os concedidos a qualquer outra nação.[14] Não menos notável foi o uso de uma linguagem comum na comunicação entre protestantes e muçulmanos. Não por acaso, por exemplo, a rainha Elizabeth escreveu ao sultão otomano que ela própria era "pela graça do Todo-poderoso Deus [...] a mais invencível e mais poderosa defensora da fé cristã contra todo tipo de idolatrias, de todos os que vivem entre os cristãos e falsamente pronunciam o nome de Cristo".[15] Governantes otomanos estavam igualmente alertados para as oportunidades de chegar àqueles que haviam se separado da Igreja Católica e destacavam as similaridades no modo pelo qual também interpretavam sua fé – em especial no que dizia respeito às imagens visuais: um dos muitos erros "do homem sem fé que eles chamam de papa", escreveu o sultão Murad a "membros da seita luterana em Flandres e na Espanha", era que incentivava a adoração de ídolos. Dizia muito a seu favor que os seguidores de Martinho Lutero, um dos arquitetos da Reforma, tivesse "banido os ídolos e retratos e sinos de suas igrejas".[16] Contrariando as expectativas, o protestantismo na Inglaterra parecia contribuir mais para abrir portas do que para fechá-las.[17]

Visões positivas dos otomanos e do mundo muçulmano difundiram-se pela corrente principal da cultura na Inglaterra. "Não desgostem de mim pela cor de minha pele", diz o príncipe do Marrocos a Portia, em *O mercador de Veneza*, de Shakespeare, quando tenta obter sua mão em casamento. O soberano era um homem, a plateia é informada, que lutara bravamente pelo sultão em muitas ocasiões e constituía um ótimo par para a herdeira (que de forma cifrada faz as vezes da própria rainha Elizabeth) – e um homem sagaz o suficiente para perceber que "nem tudo o que reluz é ouro". E temos *Otelo*, com a trágica nobreza do protagonista, um "mouro" (e, portanto, presumivelmente, um muçulmano) a serviço de Veneza, contrastando fortemente com os padrões dúplices, a hipocrisia e a fraude dos cristãos à volta dele. "O mouro tem uma natureza constante, amorosa e nobre", a plateia fica sabendo a certa altura – uma referência à crença de que os muçulmanos podiam ser considerados confiáveis e determinados quando se tratava de promessas e que eram, portanto, firmes aliados.[18] Na realidade, a era elisabetana também viu emergir a Pérsia como referência cultural comum e positiva na literatura inglesa.[19]

Junto com retratos positivos dos muçulmanos e de seus reinos que circulavam pela Inglaterra, havia atitudes mordazes em relação aos espanhóis. A publicação do relato de Bartolomé de las Casas sobre a conquista do Novo Mundo foi algo que caiu do céu, especialmente no contexto da revolução pioneira de Johannes Gutenberg cem anos antes, que permitiu a impressão de textos em grande quantidade, o que até então era inimaginável.[20] Isso permitiu que relatos como o de Las Casas, um frade dominicano, se difundissem com rapidez e a um custo relativamente baixo. Assim como os avanços tecnológicos do início do século XXI, foi o repentino aumento na velocidade de compartilhamento da informação que fez a diferença.

O relato de Las Casas era importante porque o frade ficara muito decepcionado ao ver o sofrimento das populações nativas das Américas, que ele testemunhara. O texto, que descreve em detalhes as horríveis atrocidades, foi apoderado pela Inglaterra e traduzido como *A Short Account of the Destruction of the Indies* [Breve relato da destruição das Índias]. Circulou amplamente na década de 1580, tanto na forma integral quanto resumida, que reunia as passagens mais incriminatórias e oferecia um retrato inequívoco dos espanhóis como assassinos em massa e da Espanha como um reino cruel e sanguinário. O tradutor do texto, James Aligrodo, escreveu em sua introdução que "12, 15 ou 20 milhões de pobres criaturas razoáveis" haviam sido chacinadas.[21]

As histórias espalharam-se rapidamente pela Europa protestante, registrando o medonho tratamento que os espanhóis dispensavam àqueles que julgavam inferiores a eles. A analogia era óbvia: espanhóis eram opressores natos, que se comportavam com os outros com uma crueldade sinistra; se tivessem oportunidade, perseguiriam aqueles mais perto de casa exatamente da mesma maneira.[22] Tal conclusão despertou medo nos povos dos Países Baixos, envolvidos numa luta cada vez mais cruel com a Espanha no final do século XVI, à medida que esta procurava afirmar sua autoridade em regiões onde a Reforma atraíra forte apoio. Richard Hakluyt, o famoso cronista e defensor do assentamento britânico nas Américas, afirmou que a Espanha "governa nas Índias com toda prepotência e tirania" e coloca inocentes como escravos, que tristemente "gritam a uma só voz", implorando liberdade.[23] Era o retrato do modelo espanhol de império, em outras palavras, um modelo de intolerância, violência e perseguição. A Inglaterra, é claro, nunca iria se comportar dessa maneira tão vexatória.[24]

Essa era a tese. Na realidade, as atitudes de escravização e violência eram mais compartilhadas do que sugerem essas elevadas promessas. Na década de 1560, marinheiros ingleses tentaram obter uma fatia do lucrativo comércio de escravos na África ocidental, com sir John Hawkins recebendo investimento da própria rainha Elizabeth para ajudar a gerar altos lucros despachando homens pelo Atlântico. Depois de concluir que "negros são uma mercadoria muito boa em Hispaniola e essa partida de negros talvez seja fácil de arrumar na costa da Guiné", Hawkins e seus apoiadores estavam mais do que desejosos de entrar em ação. Longe de se recusar a lidar com "tiranos" espanhóis no Novo Mundo, aqueles que estavam nos níveis mais altos da sociedade inglesa tiraram bom partido deles.[25]

Em última instância, a postura da Inglaterra era ditada por uma aguda consciência de estar em posição frágil para explorar as impressionantes oportunidades que haviam sido criadas pelas grandes mudanças do início do século XVI. A disputa religiosa e um *timing* infeliz haviam transformado o país num inimigo jurado daquela potência global em ascensão em que a Espanha havia se tornado, deixando-o em posição pouco propícia para se beneficiar da torrente de riquezas que vinham das Américas, ou do comércio que entrava em Veneza pelo mar Vermelho e pelas rotas terrestres que vinham do Oriente. A crítica aos espanhóis era justificada, mas pouco ajudou a esconder o fato de que os ingleses agiam como abutres, que deviam ser gratos pelas migalhas que pudessem encontrar. A Inglaterra tinha "abundância de jovens valorosos naqueles dias", notou o escritor Richard Hakluyt, e devido a uma crônica "falta de emprego" sofria com uma posição econômica lastimável. Não seria maravilhoso, perguntava ele, colocar homens jovens para trabalhar na criação de uma Marinha capaz de tornar "este reino [...] senhor de todos os mares [do mundo]"?[26] A ideia de governar os mares era ambiciosa; mas não havia nada de errado em sonhar.

Os ingleses não ficaram sentados esperando enquanto o sul da Europa crescia. Foram despachadas expedições em todas as direções para tentar abrir rotas comerciais e construir novas redes de comércio, transporte e comunicação. Poucas renderam resultados animadores. As missões lideradas por Martin Frobisher para explorar a Passagem Noroeste na década de 1570 voltaram para casa sem encontrar a esperada rota para a Ásia – e o que já era bem desfavorável ficou positivamente embaraçoso quando se descobriu que grandes quantidades de ouro trazidas de volta do atual Canadá, e anunciadas como descobertas à altura das feitas em outros pontos das Américas, revelaram não ser nada disso. O cintilante metal era marquesita, ou pirita de ferro branca – o chamado ouro de tolo.[27]

Houve outros desastres. A tentativa de chegar à China pelo mar de Barents terminou em tragédia. Sir Hugh Willoughby e seus homens encalharam seu navio no gelo perto de Murmansk, quando o inverno chegou. Morreram todos congelados, e seus corpos foram descobertos no ano seguinte. Segundo o embaixador veneziano em Londres, ficaram congelados "em várias posturas, como estátuas", alguns "sentados no ato de escrever, a pena ainda na mão, colher na boca, outros abrindo um armário".[28]

Outros esforços para estabelecer vínculos comerciais com a Rússia, a fim de ter acesso a bens do Oriente, foram emperrados primeiro pelo fato de que os ingleses chegaram justo quando Ivã IV estava em seu momento mais terrível, e em segundo lugar pelas limitações do comércio russo na Ásia no século XVI. Em seguida este se expandiu muito, mas as rotas pelo Cáspio e além dele ainda eram inseguras para que os mercadores pudessem passar com tranquilidade; mesmo caravanas fortemente protegidas corriam o risco de ser atacadas por bandidos.[29]

Também foram enviados mercadores à Pérsia em várias ocasiões na década de 1560, na tentativa desesperada de estabelecer vínculos comerciais ali. Os enviados, geralmente trazendo documentos da rainha Elizabeth com promessas de amizade e aliança, requisitavam privilégios do xá "a partir da intenção honesta de estabelecer comércio de mercadorias com seus súditos e com outros estrangeiros com tráfego por seus domínios".[30] Os ingleses estavam tão ávidos para obter concessões que os comerciantes recebiam instruções estritas de não discutir religião se apanhados em posição embaraçosa em suas respostas e desafiados a falar sobre as virtudes relativas do islã e do cristianismo por seus devotos anfitriões muçulmanos. Se alguém perguntar a respeito da situação da fé em casa, alertavam-se os viajantes, é melhor "deixar o assunto correr em silêncio, sem qualquer declaração a respeito".[31] Na Europa, as posturas religiosas contavam para tudo, já que católicos e protestantes lutavam ferozmente entre si; em outros lugares, podia ser conveniente deixar a questão de lado.

No início do século XVII, pouco resultou das tentativas de emular o sucesso dos espanhóis e portugueses. Novas entidades de comércio haviam sido montadas para tentar levantar dinheiro de fundos privados, a começar pela Companhia dos Mercadores Aventureiros para a Descoberta de Regiões, Domínios e Lugares Desconhecidos, fundada em 1551. Um grupo de novas companhias separadas, com diferentes ambições geográficas, espalhou-se rapidamente em torno dela. A Companhia Espanhola, a Companhia das Terras do Oriente, a Companhia do Levante, a Companhia da Rússia, a Companhia Turca e a Companhia das Índias Orientais foram fundadas com alvarás reais que garantiram monopólios no comércio com certa região ou país designado, tendo por base que os negócios de além-mar eram arriscados e exigiam investimento substancial. Nesse sentido, incentivar mercadores protegendo seu sucesso futuro era uma maneira inovadora de tentar aumentar o comércio da Inglaterra – e com isso estender os tentáculos políticos do país.

Apesar de seus nomes sonoros, do apoio real e das grandes expectativas, os resultados foram escassos no início. A Inglaterra continuou ainda na periferia dos assuntos mundiais, enquanto a posição da Espanha parecia se fortalecer cada vez mais. Os metais preciosos reunidos ao longo de séculos pelos astecas, incas e outros foram recolhidos e despachados para a Espanha no decorrer de algumas décadas, junto com as riquezas de minas que não haviam sido descobertas ainda ou tinham sido pouco exploradas – como Potosí, que segundo se dizia produzia 1 milhão de pesos por ano somente para a Coroa espanhola.[32]

No entanto, por imensos que fossem os achados da Espanha, ainda havia muitos tesouros que podiam ser arrancados do Novo Mundo. Os recursos, afinal, uma hora iriam se exaurir – como aconteceu com aquelas jazidas de ostras junto à costa da Venezuela, devastadas após a coleta de 10 bilhões de ostras em apenas trinta anos no início do século XVI.[33] Não obstante, espanhóis tratavam seu grande achado como um poço sem fundo, usando a riqueza recém-encontrada para bancar uma série de esquemas grandiosos, como a construção do enorme palácio de El Escorial, assim como para financiar infindáveis ações militares contra rivais por toda a Europa. Havia uma forte sensação no interior da corte espanhola de que era preciso agir como a polícia do Todo-poderoso, cumprindo sua vontade na Terra – pela força se necessário. A Espanha achava praticamente impossível não partir para confrontos militares, seja com protestantes, seja com muçulmanos. Tratava-se de um novo capítulo da guerra santa.

Como as antigas cruzadas haviam demonstrado, o apetite das guerras santas por homens e dinheiro podia ser dispendioso, a ponto de levar à ruína tesouros reais. A situação era agravada pela disposição da Coroa espanhola de usar a dívida para financiar seus projetos, o que estimulava decisões de curto prazo, ambiciosas, e ao mesmo tempo ocultava as consequências, que só ficavam claras mais adiante – especialmente quando as coisas davam errado. Má administração e incompetência fiscal faziam parte do quadro; mas, em última instância, foi a incapacidade da Espanha em controlar os gastos militares que se revelou catastrófica. Por incrível que pareça, o país se tornou um devedor incorrigível na segunda metade do século XVI, falhando em cumprir seus compromissos nada menos que quatro vezes.[34] Era como um ganhador da loteria que tivesse saído da miséria para a riqueza – apenas para torrar o dinheiro do prêmio em luxos que não tinha como bancar.

Os efeitos dessa inundação de riqueza foram sentidos em outras partes. O que ocorreu foi uma revolução nos preços por toda a Europa, à medida que a inflação se instalou, puxada pelo fluxo de dinheiro das Américas, que naturalmente levou a aumentar o número de consumidores atrás de uma quantidade finita de bens. A crescente urbanização exacerbou o problema, elevando ainda mais os preços. Na Espanha, o preço dos grãos quintuplicou no século que se seguiu às descobertas de Colombo.[35]

Isso tudo acabou se refletindo nas províncias e cidades dos Países Baixos, que faziam parte dos domínios espanhóis, onde a raiva se disseminava em razão do modo como a Espanha buscava resolver suas agruras financeiras por meio de pesados impostos. O norte da Europa era uma colmeia de centros urbanos produtivos, com Antuérpia, Bruges, Gant e Amsterdã emergindo nos séculos XIV e XV como importantes empórios para bens que vinham e partiam para o Mediterrâneo, Escandinávia, Báltico e Rússia, assim como para as ilhas Britânicas. Naturalmente, eles floresceram ainda mais a partir da abertura do comércio com a Índia e as Américas.[36]

Essas cidades se tornaram ímãs para mercadores de lugares distantes, que por sua vez contribuíram para dar-lhes uma vida social e econômica dinâmica e fortes identidades civis. As populações em crescimento exigiam que a terra em volta fosse usada de modo eficiente, o que levou a rápidos avanços não só na gestão da produtividade dos cultivos no território circundante, mas ao uso de técnicas de irrigação, como a construção de diques e anteparos marítimos para permitir que todo pedaço disponível de terra pudesse ser usado com proveito. O porte e a produtividade crescentes das cidades dos Países Baixos e de suas áreas do interior fizeram delas lugares atraentes em termos de lucro – centros que geravam receita de impostos, algo que não passou despercebido aos governantes espanhóis, que pela sorte de casamentos dinásticos e de heranças controlavam a maior parte dessa região.[37]

Não demorou para que províncias e cidades reclamassem da introdução de níveis altos e punitivos de taxação, aliados a atitudes brutais em questões de fé. As ideias de Martinho Lutero, João Calvino e outros, que enfatizavam a corrupção institucional de governantes políticos distantes e a importância espiritual da fé individual, caíram em terreno fértil nessas regiões densamente urbanizadas e ajudaram o protestantismo a criar raízes profundas. A perseguição econômica e religiosa demonstrou ser um poderoso coquetel para fomentar a revolta e acabou levando à União de Utrecht de 1581 – uma declaração de independência do que ficou conhecido como a União das Sete Províncias, efetivamente a República Holandesa. Espanhóis reagiram com uma demonstração de força, junto com um embargo do comércio nos Países Baixos, que começou em 1585. O objetivo era deixar as províncias e cidades rebeldes sem oxigênio e forçá-las a se submeter. Como costuma ocorrer quando se impõem sanções, o resultado foi oposto: vendo-se sem opções, os separatistas partiram para a ofensiva. A única maneira de sobreviver era usar cada pequena porção de conhecimento, habilidade e expertise que eles tinham em proveito próprio; era hora de virar a mesa.[38]

Nos últimos anos do século XVI, foram reunidas as circunstâncias que criaram o contexto para um milagre nos Países Baixos. A tentativa da Espanha de sufocar a região causou emigração em larga escala, à medida que a população se mudava para o norte, fazendo com que cidades como Gant,

Bruges e Antuérpia sofressem o que um estudioso tem chamado de "uma catastrófica hemorragia de habitantes". O *timing* foi fortuito. A proibição de comerciar assegurou imensos estoques de grãos e arenques, e com isso os suprimentos de comida ficaram não só abundantes como baratos. Embora os aluguéis tivessem subido rapidamente, o crescimento da população também produziu um surto na construção de casas e reuniu um grupo eficaz de mercadores experientes e outros profissionais que estavam tentando escapar da pressão exercida pelos espanhóis.[39]

Quando o bloqueio foi por fim suspenso em 1590, holandeses se mobilizaram rapidamente e forçaram a expulsão de soldados espanhóis que haviam sido enviados para manter a ordem, aproveitando o fato de Filipe II da Espanha ter se envolvido num conflito militar em outra parte da Europa. De repente livres da pressão militar e com uma janela de oportunidades à frente, holandeses lançaram-se no comércio internacional, buscando estabelecer conexões com as Américas, a África e a Ásia.

Havia uma lógica comercial clara no plano de estabelecer as próprias rotas comerciais. Trazer bens diretamente para a república holandesa evitaria duas rodadas de taxação: em primeiro lugar, os bens chegariam sem que tivessem sido cobradas tarifas nos portos de Portugal e da Espanha, onde as cargas eram taxadas antes de ser enviadas para o norte. Em segundo, o fato de as autoridades holandesas agora coletarem elas mesmas os rendimentos em vez de repassá-los aos senhores ibéricos significava que o dinheiro produzido pelo próspero comércio nos Países Baixos não seria parasitado para bancar ambições imperiais e gastos temerários em outras partes. Isso traria benefícios imediatos e criaria um ciclo virtuoso à medida que lucros maiores fossem reinvestidos, gerando fluxos de caixa ainda mais intensos – tanto para mercadores individuais quanto para a nascente república.[40]

O ambicioso programa rendeu dividendos desde o início. Uma expedição que partiu para o Oriente em 1597 voltou para casa no ano seguinte em triunfo, trazendo cargas que produziram lucros de 400%. As frotas agora começaram a se distribuir por todas as direções, bancadas por investidores fortalecidos por esses ótimos retornos sobre seu capital.[41] Apenas em 1601, catorze expedições partiram para a Ásia, e em pouco tempo nada menos do que uma centena de embarcações por ano estava cruzando o Atlântico para adquirir sal da península de Araya, vital para o comércio doméstico de arenque.[42]

Espanhóis se sentiram ultrajados; renovaram sua ação militar e impuseram outro bloqueio. Segundo o brilhante filósofo e advogado Hugo Grotius, isso simplesmente reforçou a ideia de que os holandeses tinham que assumir seu próprio destino. Em vez de recuar diante das ameaças e da pressão, a única alternativa era investir ainda mais em empreendimentos comerciais e construir uma rede de comércio o mais rápido possível, para fortalecer o poder de fogo e consolidar a independência. Era uma questão de tudo ou nada.[43]

Crucial para o sucesso holandês foi sua excelente construção naval e acima de tudo as inovações nos desenhos clássicos, que havia muito tempo tinham permitido às frotas de arenques operarem com sucesso no mar do Norte e em portos rasos, graças aos seus baixos calados. A partir da década de 1550, enquanto os ingleses construíam navios de guerra mais velozes e fortes, holandeses concentravam esforços em desenvolver embarcações que tivessem melhor manejo, arcassem com cargas maiores, exigissem tripulações menores para operar – e fossem, portanto, mais baratas de gerir. Esses navios, chamados *fluyts*, instituíram um novo padrão para embarcações comerciais.[44]

Os holandeses haviam feito sua lição de casa e estavam bem preparados quando partiam. Seus predecessores europeus haviam cruzado o Atlântico e dado a volta pelo Cabo da Boa Esperança viajando para o desconhecido, mas os holandeses não. Sabiam o que procuravam e onde encontrar. Autores como Jan Huyghen van Linschoten, secretário do arcebispo de Goa, que realizou pesquisas aprofundadas de rotas comerciais, portos, mercados e condições locais por toda a Ásia, produziu textos como o *Itinerario*, com planos abrangentes que serviam quase como manuais de instruções para aqueles que partiam para o Oriente.[45]

Havia também outras obras úteis para preparar comerciantes para as suas viagens. Os holandeses eram líderes mundiais em cartografia. Os mapas e cartas marítimas preparadas pelo gravador Lucas Janszoon Waghenaer na década de 1580 eram considerados indispensáveis em toda a Europa por seus detalhes e exatidão. Dava-se atenção a coletar informações precisas e produzir atlas atualizados e detalhados das Índias Orientais, assim como do Caribe; esses definiram o padrão para os modernos auxílios de navegação no início do século XVII.[46]

Havia ainda textos que ajudavam a explicar o vocabulário e a gramática das estranhas línguas que os comerciantes holandeses podiam esperar encontrar em suas viagens. Um dos primeiros entre esses novos linguistas foi Fredrik de Houtman, cujo dicionário e gramática holandês-malaio foi publicado em 1603, depois de ter sido libertado da prisão em Aceh pelo sultão de Sumatra, onde ele se aplicara em aprender a língua de seus captores.[47] Essas listas de vocabulário eram avidamente estudadas pelos mercadores que se dirigiam à Ásia no século XVI; traziam palavras e frases úteis traduzidas do holandês para o malaiala, malaio, cebuano, tagalo, tâmil e outras línguas.[48]

O segredo por trás do sucesso holandês no século XVII era: senso comum aliado a trabalho árduo. Para os holandeses, a maneira correta de trabalhar era não seguir o exemplo da Inglaterra, onde as companhias autorizadas usavam práticas rígidas para limitar os beneficiários a um pequeno círculo de íntimos, todos cuidando dos interesses do grupo e usando práticas de monopólio para proteger suas posições. Na Holanda, ao contrário, o capital e os riscos eram compartilhados entre um número de investidores o mais amplo possível. No devido tempo, chegou-se à conclusão de que, apesar das ambições concorrentes e das rivalidades entre as províncias, cidades e mercadores individuais, a maneira mais eficiente e poderosa de fortalecer o comércio era combinando recursos.[49]

Em 1602, portanto, o governo das Províncias Unidas criou uma entidade única para conduzir o comércio com a Ásia, partindo do princípio de que isso seria mais sólido e poderoso do que a soma de suas partes. Foi um movimento ousado, entre outras coisas porque implicava atenuar rivalidades locais e convencer todos os envolvidos de que os interesses estariam alinhados e mais bem atendidos dessa maneira. A criação da Verenigde Oost-Indische Compagnie (VOC) – a Companhia das Índias Orientais – e não muito tempo depois da corporação irmã para as Américas, a West-Indische Compagnie (WIC) – a Companhia das Índias Ocidentais –, foi um exemplo de como montar uma corporação multinacional de alto nível.[50]

O modelo holandês revelou-se impressionantemente bem-sucedido. Embora alguns, como o mercador e fundador da WIC, Willem Usselincx, defendessem que a melhor ideia era colonizar partes das Américas que ainda não tivessem assentamentos, um plano muito claro tomou forma.[51] O objetivo não era tentar competir com outros mercadores europeus como em Goa, onde comerciantes portugueses, venezianos e alemães viviam lado a lado; era desalojá-los.[52]

A abordagem agressiva mostrou resultados positivos imediatos. A atenção voltou-se primeiro para as ilhas Molucas, de onde a comunidade portuguesa isolada foi expulsa em 1605 como parte de um programa sistemático de ganhar controle sobre as Índias Orientais. Pelas décadas seguintes, holandeses continuaram consolidando sua posição, estabelecendo um quartel-general permanente em Batávia – nome que era uma menção ao apelido dado aos habitantes dos Países Baixos nos tempos do Império Romano –, na atual Jacarta.

A força militar foi usada para tomar e assegurar uma cadeia de pontos que fazia a ligação com a terra-mãe. Embora os holandeses fossem frustrados em alguns poucos locais, como Macau e Goa, os ganhos obtidos no século XVII foram de fato impressionantes. Em pouco tempo, não eram apenas os europeus no exterior que estavam rodeados pelos holandeses, mas também os governantes locais de reinos que fossem estrategicamente sensíveis ou economicamente importantes. Foi estabelecido controle sobre Malaca, Colombo, Ceilão e Cochin, antes que fosse visado o sultanato de Macassar (na atual Indonésia) em 1669. Macassar era a peça que faltava para estabelecer um monopólio sobre o comércio de especiarias com a Ásia. Rebatizada de Nova Roterdã, sua captura foi seguida pela construção de um grande forte, como havia sido feito em outras partes – uma declaração da intenção de que tais ganhos não seriam cedidos com facilidade.[53] Um mapa mantido nos arquivos estatais de Haia retrata a verdadeira teia de aranha que se espalhou à medida que os holandeses fortaleceram sua posição nas Índias Orientais.[54]

O mesmo padrão foi seguido em outras partes. Holandeses foram expulsando rivais da África ocidental à medida que dominavam o comércio de ouro, e a certa altura envolveram-se fortemente no tráfico de escravos para as Américas. Fundaram novas fortalezas, como o Forte Nassau, na atual Gana. Expulsaram os portugueses de outras bases, como Elmina, na costa ganesa, que passou às mãos holandesas em meados do século XVII. E tiveram considerável sucesso no Caribe e nas Américas também, a ponto de na década de 1640 controlarem boa parte dos despachos transatlânticos e todo o comércio de açúcar.[55]

Os Países Baixos foram transformados. Aqueles que haviam investido desde cedo no comércio de longa distância fizeram fortuna, e os beneficiários da nova riqueza também. Foram fundadas universidades em Leiden e Groningen, onde os estudiosos podiam ampliar a abrangência das disciplinas acadêmicas graças ao financiamento de patronos generosos. Pintores e arquitetos floresceram, aproveitando o súbito interesse e riqueza de uma burguesia recém-criada. Em tempos de afluência extraordinária, começaram a surgir edifícios magníficos em Amsterdã, que se ergueu das águas como Veneza havia feito séculos antes. Áreas como a do bairro Jordaan foram conquistadas do mar e as casas erguidas no canal Keizersgracht e perto dele eram façanhas de engenharia, assim como maravilhas arquitetônicas.

A influência das Rotas da Seda começou a se fazer sentir nas artes. Uma dinâmica indústria de cerâmica brotou em Haarlem, Amsterdã, e principalmente em Delft, muito influenciada pela aparência, atmosfera e design de peças importadas do Oriente. Os temas visuais chineses predominavam, e as peças características em azul e branco, desenvolvidas séculos antes por ceramistas no Golfo Pérsico e que haviam se popularizado na China e no Império Otomano, foram adotadas tão amplamente que se tornaram também o aspecto distintivo da cerâmica holandesa. A imitação era não só uma forma sincera de elogio; nesse caso, era parte de uma adesão ao sistema global de cultura material que agora ligava o mar do Norte ao oceano Índico e ao Pacífico.[56]

Com o aumento da demanda por objetos que permitissem ostentar status, as artes em geral floresceram na Holanda. Alguns sugerem que foram criados 3 milhões de quadros apenas no século XVII.[57] Era inevitável que isso estimulasse novas ideias e elevasse os padrões, criando o contexto para que pintores como Frans Hals, Rembrandt e Vermeer produzissem obras de beleza impressionante. Considerando a maneira notável com que os holandeses haviam trabalhado em conjunto para alcançar o sucesso, era bem apropriado que algumas das obras mais belas retratassem grupos, como é o caso de *O banquete da milícia de São Adriano*, de Frans Hals, ou da famosa obra de Rembrandt, *A companhia do capitão Frans Banning Cocq e do tenente Willem van Ruytenburch preparando-se para partir* – mais conhecida como *A ronda noturna*, encomendada para o salão de banquetes da guarda civil de Amsterdã.

Indivíduos também eram clientes ávidos, como o mercador Andries Bicker, que contratou Bartholomeus van der Heist para celebrar seu sucesso e a recente elevação de seu status social, ou o armador Jan Rijcksen, que pediu a Rembrandt um retrato dele com a esposa, trabalhando juntos em projetos náuticos. Era a vez de os holandeses – e da arte holandesa – conhecerem sua fase áurea.[58]

Os holandeses gostavam de fazer ostentação de seus objetos domésticos, como no caso do quadro de Vermeer, *Moça lendo carta junto à janela*, onde uma tigela azul e branca se destaca em primeiro plano.[59] Um inglês que visitasse

Amsterdã em 1640 não conseguiria esconder a forte impressão com tudo o que via. Nos Países Baixos, escreveu Peter Mundy, mesmo as casas de "qualidade indiferente" eram cheias de mobília e ornamentos "muito caros e curiosos, cheios de prazer e satisfação doméstica, como guarda-louças Ritche, gabinetes [...], estatuetas, porcelana, gaiolas refinadas e de alto custo com pássaros" e muitas outras coisas. Até mesmo açougueiros e padeiros, ferreiros e sapateiros tinham quadros e objetos refinados em suas casas.⁶⁰ "Fiquei impressionado", escreveu o escritor diarista inglês John Evelyn a respeito da feira anual em Roterdã, por volta da mesma época; era cheia de pinturas, especialmente com "paisagens e *drolleries*, que é como eles chamam essas representações cômicas". Mesmo camponeses comuns acabavam virando entusiasmados colecionadores de arte.⁶¹ Eram reações típicas do crescente número de visitantes ingleses aos Países Baixos naquela época.⁶²

A fase áurea holandesa foi resultado de um plano muito bem executado. Também contou com o benefício do *timing*, acontecendo numa época em que boa parte da Europa estava em desarranjo, envolvida em infindáveis rodadas de custosas e inconclusivas hostilidades militares, que se disseminaram pelo continente durante a Guerra dos Trinta Anos de 1618 a 1648. Essa volatilidade criava oportunidades, pois a atenção e os recursos que eram desviados para as arenas mais próximas de casa permitiram aos holandeses capturarem seus alvos em diferentes continentes um por um, sem enfrentar represálias. As sangrentas lutas do século XVII permitiram aos holandeses assumir uma posição dominante no Oriente à custa de seus rivais na Europa.

Os combates na Europa, porém, tiveram um papel ainda mais importante: impulsionaram a ascensão do Ocidente. As discussões sobre a Europa desse período enfatizam que o Iluminismo e a Era da Razão foram um amadurecimento, no qual ideias absolutistas foram substituídas por noções de liberdade e direito. Mas foi o inveterado relacionamento da Europa com a violência e o militarismo que lhe permitiu situar-se no centro do mundo após as grandes expedições da década de 1490.

Mesmo antes das descobertas quase simultâneas feitas por Colombo e Vasco da Gama, a concorrência entre os reinos na Europa era intensa. Durante séculos, o continente caracterizou-se por ferozes rivalidades entre estados, que muitas vezes irrompiam em hostilidade aberta e guerra. Isso, por sua vez, estimulou avanços em tecnologia militar. Novas armas foram desenvolvidas, introduzidas e refinadas, depois de testadas no campo de batalha. As táticas evoluíram à medida que comandantes aprendiam com a experiência. O conceito de violência era também institucionalizado: a arte e a literatura europeias havia muito tempo celebravam a vida dos cavaleiros e sua capacidade de usar a força de maneira criteriosa – como ato de amor ou de fé, mas também como expressão da justiça. Histórias sobre as cruzadas, que louvavam a nobreza e o heroísmo e ocultavam a perfídia, a traição e a quebra de votos jurados, tornaram-se poderosas e inebriantes.

A luta, a violência, o derramamento de sangue eram glorificados, desde que pudessem ser considerados justos. Essa talvez tenha sido uma das razões pelas quais a religião se tornou tão importante: não poderia haver melhor justificativa para a guerra do que estar em defesa do Todo-poderoso. Desde o início, religião e expansão estavam intimamente unidas: até as velas dos navios de Colombo estavam marcadas por grandes cruzes. Como os cronistas da época não se cansavam de ressaltar, em relação às Américas, mas também conforme os europeus começaram a abranger África, Índia e outras partes da Ásia, e depois também a Austrália, tudo isso fazia parte do plano de Deus para que o Ocidente herdasse a Terra.

Na realidade, o caráter distinto da Europa como mais agressiva, mais instável e menos orientada para a paz do que outras partes do mundo mostrava-se agora compensador. Afinal, foi isso que fez as grandes embarcações de espanhóis e portugueses terem sucesso ao cruzar os oceanos e ligar continentes. Os barcos de construção tradicional, que havia séculos navegavam pelos mares índicos e árabes com poucas mudanças em seu design, não eram páreo para os navios ocidentais, superiores em manobras e poder de fogo. As contínuas melhorias em projeto que os tornavam mais rápidos, mais fortes e mais mortíferos ampliaram essa distância ainda mais.[63]

O mesmo valia para a tecnologia militar. Era tamanha a confiabilidade e precisão das armas usadas nas Américas que um pequeno número de conquistadores foi capaz de dominar populações muito superiores numericamente – e populações que eram avançadas e bastante sofisticadas, exceto no que se refere às armas. Nas terras incas, escreveu Pedro de Cieza de Léon, a lei e a ordem eram bem mantidas, e cuidava-se muito "para que a justiça fosse atendida e ninguém se aventurasse a cometer algum crime doloso ou furto".[64] Todo ano colhiam-se dados no Império Inca para garantir que os impostos estivessem sendo calculados de modo correto e devidamente pagos, com nascimentos e mortes registrados de modo centralizado e atualizado. A elite tinha que trabalhar a terra ela mesma por determinado número de dias por ano e fazia isso "para dar um exemplo, pois todos tinham que saber que ninguém deveria ser tão rico a ponto [...] de poder desprezar ou afrontar os pobres".[65]

Não se estava lidando com os selvagens descritos pelos triunfalistas na Europa; na realidade, pareciam francamente mais esclarecidos do que as sociedades muito estratificadas que haviam emergido na maior parte do continente, nas quais a distância entre poderosos e fracos era alicerçada num patrimônio aristocrático que protegia a posição social dos mais ricos. Embora os europeus achassem que estavam descobrindo civilizações primitivas e que por isso poderiam dominá-las, a verdade era que havia sido o incansável avanço em armas, em combates e em táticas que tinha lançado as bases do sucesso do Ocidente.

Uma das razões que permitiram controlar a África, a Ásia e as Américas foram os séculos de prática europeia na construção de fortificações praticamente inexpugnáveis. A construção de castelos havia sido o principal elemento da sociedade europeia desde a Idade Média, com milhares de fortalezas espetaculares brotando por todo o continente. Seu propósito, claro, era resistir a ataques pesados e determinados; o seu extraordinário número atestava o temor desses assaltos e a sua regularidade. Os europeus eram líderes mundiais na construção de fortalezas – e em atacá-las. Chamava a atenção a insistência dos europeus em construir lugares imponentes, que pudessem ser defendidos desde o interior, e muitos estrangeiros achavam isso curioso. Nunca antes os comerciantes haviam construído fortes, notou o nababo de Bengala na década de 1700, então por que os europeus insistiam tanto em fazer isso agora?[66]

A grande ironia, portanto, era que, embora a Europa experimentasse uma gloriosa fase áurea, produzindo uma arte e uma literatura florescentes, e avançasse no esforço científico, era forjada na violência. Não só isso, mas a descoberta do Novo Mundo serviu para deixar a sociedade europeia ainda mais instável. Com muito mais para disputar militarmente e com maiores recursos disponíveis, as apostas foram aumentadas, aguçando tensões conforme a batalha por supremacia se intensificava.

Os séculos que se seguiram à emergência da Europa como potência global foram acompanhados por uma contínua fusão e aumento da cobiça. Em 1500, havia cerca de quinhentas unidades políticas na Europa; em 1900, eram

25. O mais forte devorou o mais fraco.⁶⁷ Competição e conflito militar eram endêmicos na Europa. Nesse sentido, os horrores que viriam no século XX tinham raízes no passado profundo. A luta para dominar vizinhos e rivais estimulou melhorias em tecnologia de armas, mecanização e logística, que em última instância expandiram muito as arenas de ação militar e fizeram o número de mortos subir da casa das centenas para a dos milhões. Com o tempo, a perseguição passou a ser perpetrada em escala massiva. Não foi, portanto, coincidência que a guerra mundial e o pior genocídio da história tiveram suas origens e sua execução na Europa; foram os últimos capítulos de uma longa história de brutalidade e violência.

Assim, embora o foco normalmente recaia no investimento feito na arte e no impacto da nova riqueza na cultura nos séculos XVI e XVII, talvez seja mais instrutivo olhar para os avanços paralelos na fabricação de armas nesse período. As pinturas eram produzidas em quantidades enormes para um público ávido, mas as armas também. Na década de 1690, o empresário Maximilien Titon vendeu só no centro da França cerca de 600 mil mecanismos de pederneira para armas de fogo; alguns contemporâneos achavam impossível estimar quantos trabalhadores havia no setor de fabricação de armas em Saint-Etienne, de tantos que eram. Entre 1600 e 1750, a taxa de disparos bem-sucedidos em pistolas multiplicou-se por dez. Avanços tecnológicos – incluindo as invenções de varetas para armas de fogo, cartuchos de papel e baionetas – tornaram as armas mais baratas, rápidas e mortíferas.⁶⁸

Similarmente, embora os nomes de cientistas como Galileu Galilei, Isaac Newton e Leonhard Euler tenham ficado famosos para várias gerações de estudantes, esquece-se com muita facilidade que alguns de seus trabalhos mais importantes foram sobre a trajetória de projéteis e sobre as causas dos desvios, a fim de permitir maior precisão à artilharia.⁶⁹ Esses destacados cientistas ajudaram a tornar as armas mais potentes e confiáveis; avanços militares e tecnológicos iam de mãos dadas com a Era da Razão.

Não que a agressão estivesse ausente em outras sociedades. Como mostram diversos exemplos em outros continentes, qualquer conquista podia ocasionar morte e sofrimento em larga escala. Mas os períodos de grande expansão pela Ásia e pelo Norte da África, como nas extraordinárias primeiras décadas da difusão do islã ou nas conquistas mongóis, eram seguidos por longas fases de estabilidade, paz e prosperidade. A frequência e o ritmo das ações de guerra eram diferentes na Europa em relação a outras partes do mundo: nem bem um conflito se resolvia, outro estourava. A competição era brutal e incessante. Nesse sentido, obras seminais como o *Leviatã*, de Thomas Hobbes, foram essenciais para explicar a ascensão do Ocidente. Só um autor europeu poderia ter chegado à conclusão de que a condição natural do homem era ficar em constante estado de violência; e apenas um autor europeu poderia estar com a razão.[70]

Além disso, a ânsia de confronto estava por trás de outros desenvolvimentos intimamente relacionados à ação militar, como as finanças. Os governos na Europa queriam acumular capital para bancar exércitos, o que levou ao estabelecimento de mercados de crédito, onde era possível obter dinheiro, pago com o rendimento futuro de impostos. Apostar no sucesso podia produzir bons lucros e propiciar títulos e outros benefícios sociais para investidores sagazes, cujo investimento em dívidas do governo naturalmente era revestido por uma capa de patriotismo: investir nas finanças do Estado era uma maneira de progredir, assim como de ficar rico. Londres e Amsterdã tornaram-se centros globais de finanças, especializando-se em débitos soberanos, mas também em mercados de ações cada vez mais complexos.[71]

Uma razão para o aumento da proeminência de Londres e Amsterdã foi a aceleração econômica do norte da Europa. Pesquisas recentes sugerem que a população quase duplicou na Inglaterra e nos Países Baixos entre 1500 e 1800. A maior parte desse crescimento foi sentida nas áreas densamente povoadas, onde o número de cidades grandes cresceu quase três vezes.[72] O processo foi particularmente acentuado nos Países Baixos: em meados do século XVII, acredita-se que nada menos do que metade dos residentes de Amsterdã se mudou da cidade.[73] Estados com mais centros urbanos tinham considerável vantagem sobre aqueles com grandes populações rurais. Recolher impostos nas cidades consumia menos tempo, era mais fácil e eficiente, em especial porque a velocidade do intercâmbio comercial era bem maior do que no campo. Áreas densamente povoadas também produziam fluxos de renda mais confiáveis e era menos arriscado conceder-lhes empréstimos. Inglaterra e República Holandesa podiam, portanto, solicitar mais empréstimos a taxas melhores do que seus concorrentes comerciais e políticos.[74] Na época, como ocorre hoje, para ganhar dinheiro com finanças não era suficiente ser esperto; você precisava estar no lugar certo. E cada vez mais Londres ou Amsterdã eram esses lugares.

Isso marcou o início do dobre de finados para a Itália e o Adriático. Já em desvantagem em decorrência das novas rotas do mercado, que traziam bens diretamente para os consumidores mais ricos, as cidades-Estados, com rivalidades tão arraigadas, não tinham a menor chance contra os agrupamentos de cidades capazes e dispostas a combinar seus esforços. Levantavam-se somas tão altas para bancar a expansão que se tornou praxe gastar mais da metade dos rendimentos do Estado simplesmente para pagar dívidas nacionais.[75] Era dispendioso ficar preso a uma luta constante contra os vizinhos e ter que buscar sempre obter vantagens políticas, comerciais e culturais sobre eles. A Europa passou a ser um continente que corria em duas velocidades: a Velha Europa no leste e no sul, que havia dominado por séculos, mas agora decaía e estagnava; e a Nova Europa, a noroeste, que vivia um grande impulso.[76]

Alguns viram os sinais antes que os outros. Já em 1600, o embaixador britânico em Veneza era capaz de escrever que, "em matéria de comércio, o declínio é tão manifesto que todos os homens concluem que em vinte anos" a cidade irá praticamente entrar em colapso. Veneza já havia dominado o comércio com o Oriente, mas não era mais capaz de competir. Antes, inúmeros navios poderosos "com mais de mil toneladas cada" costumavam trazer bens para casa ou partir para buscar mercadorias; agora, "não se vê nenhum".[77] Não demorou para que a cidade começasse a se reinventar, deixando de ser uma potência para se tornar um centro de vida lasciva, o paraíso dos hedonistas. Embora autoridades tentassem pôr um fim ao hábito de usar joias cada vez maiores e mais valiosas e também às festas cada vez mais faustosas e à excitada busca de prazeres, a reinvenção da cidade era sob vários aspectos compreensível: que alternativas ela teria?[78]

Em lugar do comércio internacional e da alta política, Veneza, Florença e Roma tornaram-se ponto de parada da trilha turística de novos-ricos. Essas expedições, embora só passassem a ser referidas como a Grande Viagem em 1670, tiveram início um século antes, quando viajar à Itália foi considerado pela primeira vez como uma oportunidade de comprar antiguidades de alta qualidade, ou as peças de arte mais em voga, por preços que tinham uma forte elevação à medida que o número de visitantes aumentava.[79] Tratava-se de um rito de passagem, não só para os indivíduos que tomavam parte, mas para a cultura como um todo: os frutos do sul da Europa estavam sendo devorados pelo norte. Conforme mudava o centro de gravidade do continente, mudavam também as joias da cultura antiga e contemporânea. Três das melhores coleções de esculturas antigas do mundo, mantidas no Museu Britânico, no Museu Fitzwilliam em Cambridge e no Museu Ashmolean em Oxford, foram reunidas por viajantes, movidos por curiosidade cultural e abençoados por bolsos cheios.[80]

Elas trouxeram de volta ideias sobre arquitetura, design de túmulos monumentais e esculturas; não demorou para que a poesia, a pintura, a música, o paisagismo, a medicina e a ciência da Antiguidade Clássica fossem alvo de extensos empréstimos, conforme a Inglaterra e os Países Baixos passaram a modelar a glória do presente com base na do passado.[81] Cidadãos romanos teriam ficado boquiabertos diante da ideia de que pequenos proprietários de terras e baixos oficiais daqueles lugares que haviam sido uma província de vegetação frondosa e distante do império estivessem encomendando bustos de si mesmos, não só como os herdeiros dos romanos, mas como imperadores.[82] Logo estariam fazendo ainda mais: a Bretanha estava prestes a reinar.

14
A rota para o império

O deslocamento do poder para o norte da Europa deixou alguns de fora da competição. No mundo otomano, por exemplo, o número de cidades com população superior a 10 mil continuou mais ou menos o mesmo entre 1500 e 1800. Não havia pressão para intensificar a produção agrícola a fim de atender a uma demanda crescente – o que significa que a economia continuou morosa e estática. A coleta de impostos também era ineficiente, resultado em parte do sistema de terceirizar a cobrança de particulares, o que incentivava os indivíduos a buscarem ganhos rápidos, dificultando uma renda mais a longo prazo para o Estado.[1]

Burocratas otomanos provaram ser administradores hábeis, adeptos da centralização de recursos e de gerir a distribuição da população para assegurar que as colheitas e suprimentos fossem parar onde eram mais necessários. Conforme o império foi absorvendo mais território nos séculos XV e XVI, isso havia funcionado com eficiência e sem percalços. Quando, porém, o impulso de expansão desacelerou, a fragilidade do sistema ficou aparente, sob a pressão do custo de sustentar ações militares em dois fronts – na Europa no Ocidente e com a Pérsia safávida no Oriente –, mas também como resultado de uma mudança climática que teve impacto particularmente severo no mundo otomano.[2]

As estruturas sociais no mundo muçulmano, que se desenvolveu em linhas muitos diferentes em comparação com a Europa ocidental, também se revelaram um fator importante. Sociedades islâmicas costumam distribuir a riqueza de maneira mais uniforme do que suas contrapartidas cristãs, em grande parte por causa das instruções muito detalhadas expressas nos princípios do Corão, que eram, sem dúvida, mais evoluídos pelos padrões da época no que diz respeito ao que as mulheres podiam e deviam esperar em relação às propriedades de seus pais ou maridos. Uma mulher muçulmana podia ter a esperança de ser mais bem tratada do que uma europeia; mas à custa de permitir que a riqueza em larga escala permanecesse dentro da mesma família por um longo período de tempo.³ Isso, por sua vez, significava que a distância entre ricos e pobres nunca era tão acentuada como se tornou na Europa, pois o dinheiro era redistribuído e circulava mais amplamente. Esses princípios em alguma medida inibiam o crescimento: como regra geral, os ensinamentos e as estipulações a respeito de heranças significavam que as famílias tinham dificuldades para acumular capital ao longo de sucessivas gerações, pois a herança era progressiva e igualitária; na Europa, a primogenitura concentrava recursos nas mãos de um filho e abria caminho para a concentração de grandes fortunas.⁴

Para alguns, o fato de a Europa – ou melhor, a Europa do norte ocidental – nunca ter prosperado muito era uma causa de ansiedade. Padres calvinistas nos Países Baixos pregavam com uma convicção aterradora que o dinheiro era a raiz do mal e falavam dos perigos de cultuar o luxo.⁵ Sentimentos similares podiam ser encontrados na Inglaterra, onde homens como Thomas Mun, um cronista particularmente inflamado do início do século XVII, lamentava o "malgastar o [...] tempo em ociosidade e prazeres", advertindo que a riqueza material traria pobreza de conhecimento e uma "lepra generalizada" do corpo e da alma.⁶

Claro, os benefícios do crescimento não eram repartidos de modo uniforme. O aumento dos aluguéis era bom para os proprietários, mas não para os inquilinos; a exposição a mercados maiores significava que havia uma considerável pressão nos preços à medida que a produção doméstica de lã, tecidos e outros bens ficava exposta a maior competição.⁷ A queda nos padrões morais que veio com a reviravolta econômica e social foi suficiente para estimular alguns a tomarem ações drásticas. Era chegado o tempo de procurar novos rumos, concluíram os mais conservadores, encontrar um lugar onde fosse possível praticar um estilo de vida simples que priorizasse a devoção religiosa e a pureza espiritual – um lugar para um reinício, para uma volta aos princípios básicos.

Os puritanos que se instalaram na Nova Inglaterra fizeram isso em protesto às mudanças que haviam acompanhado a ascensão da Europa e contra a afluência que se seguiu. Estavam reagindo à estranha corrente de novas ideias e bens que fazia o mundo parecer um lugar muito diferente – onde porcelana chinesa aparecia nas mesas de jantar das casas, onde pessoas com outra cor de pele casavam-se com europeus e levantavam questões a respeito de identidade e raça, e onde atitudes em relação ao corpo incentivaram o que um estudioso recentemente chamou de "primeira revolução sexual".[8]

Para fugir disso, a resposta era atravessar o Atlântico. O destino escolhido não foi o Caribe, para onde muitos tinham ido a fim de transformar aquelas terras em grandes fazendas de cana-de-açúcar sustentadas por trabalho escravo, e sim as terras virgens da Nova Inglaterra, onde os imigrantes podiam viver uma existência idealizada de devota simplicidade. A única dificuldade, é claro, era a população nativa, que se "deleita em atormentar os homens da maneira mais sanguinária possível; esfolando alguns vivos com escamas de peixes, cortando os membros e juntas de outros aos poucos e assando suas entranhas, comendo tiras de sua carne à vista deles enquanto ainda vivos, com outras crueldades horríveis de relatar".[9] Mas mesmo esse destino valia o risco; seria melhor do que o mundo que eles deixavam para trás. É comum se esquecer que a festa do Dia de Ação de Graças, comemorada pela primeira vez pelos pais peregrinos para marcar sua chegada em segurança a uma terra de abundância, foi também a celebração de uma campanha contra a globalização: saudava não só a descoberta de um novo éden, mas triunfalmente rejeitava o paraíso destruído que havia sido deixado para trás.[10]

Para aqueles de inclinações diferentes, que não estavam interessados em construir um bastião de austeridade e conservadorismo religioso, mas queriam descobrir o novo para se beneficiar dele e partilhar das atrações e tentações que estavam em oferta no mundo, havia uma alternativa: ir para o Oriente, para a Ásia. Construir uma plataforma para permitir que a Inglaterra fizesse conexões com a Ásia de maneira estruturada e organizada era um processo lento e muitas vezes frustrante. A Companhia das Índias Orientais (East India Company, EIC), a quem foi concedido em 1600 o monopólio real sobre o comércio com todas as terras a leste do Cabo da Boa Esperança, conseguiu pela força tirar os portugueses de Bandar Abbas no Golfo Pérsico e de Surat no noroeste da Índia, estabelecendo com isso bases que tinham em vista futuras oportunidades. Mesmo assim, competir com a todo-poderosa Companhia das Índias Orientais holandesa (VOC) era um desafio.[11] O volume de comércio para a Inglaterra começou a crescer; mas a supremacia dos holandeses era tamanha que em meados do século XVII eles despachavam cerca de três vezes mais que os ingleses em termos de valor.[12]

A relação entre ingleses e holandeses era complicada. Em primeiro lugar, os Países Baixos ofereciam clientes e crédito para bens ingleses, portanto, embora houvesse rivalidade comercial entre a EIC e a VOC, o sucesso de ambas não era mutuamente excludente. Em segundo lugar, espanhóis eram um inimigo comum e um terreno para cooperação militar e política entre os dois Estados, convictamente protestantes. Algumas figuras inglesas de destaque ficaram muito animadas com os grandes feitos navais holandeses contra a Espanha no Canal da Mancha em 1639, e não muito tempo depois em Itamaracá, no litoral do Brasil, o que levou o empolado Oliver St. John, líder de uma das muitas delegações enviadas a Haia para reforçar laços, a fazer a proposta radical de que os dois países deveriam "entrar em uma aliança mais íntima, próxima da união" – em outras palavras, que deveriam se fundir num só.[13]

A imprevisibilidade das potências europeias era tamanha que, apenas um ano após a proposta de uma confederação, ingleses e holandeses estavam em guerra. O *casus belli* foi a aprovação de uma lei de navegação logo após a volta para casa da delegação de St. John, quando o Parlamento exigiu que todas as cargas destinadas à Inglaterra fossem transportadas para os portos ingleses por navios ingleses. Embora houvesse inquestionavelmente uma motivação comercial por trás dessa legislação, isto é, a de criar receita para uma economia que havia sido devastada por conflitos domésticos, também pesava o fato de existir na Inglaterra um crescente *lobby*, eloquente e apocalíptico, alardeando que os holandeses eram motivados apenas por lucro, excessivamente materialistas e desprovidos de convicção religiosa.[14]

A lei de navegação era uma indicação das aspirações mais aguçadas da Inglaterra. Assim como um século antes a retórica a respeito dos espanhóis se tornara cada vez mais venenosa, o mesmo se deu com a crítica aos holandeses, especialmente quando irromperam lutas intensas no mar à medida que os holandeses buscavam manter abertas as rotas marítimas por meio de seus portos através do Canal da Mancha e do mar do Norte. Isso provocou nada menos que uma revolução marítima na Inglaterra. A marinha havia sido bem financiada durante o período Tudor; agora, porém, era sistematicamente reformulada. Ao longo da segunda metade do século XVII, foram dedicados consideráveis recursos a um programa de construção naval em larga escala. Os gastos com a marinha elevaram-se em tal grau que logo consumiam perto de 20% de todo o orçamento nacional.[15] O supervisor do processo foi Samuel Pepys, cujos diários pessoais dão pouca indicação da mudança militar e geopolítica que estava ocorrendo – ou da escala da mudança em curso nos estaleiros de todo o país.¹⁶

Pepys reuniu os manuais mais atualizados de especialistas holandeses – incluindo o de Nicolaes Witsen, mestre teórico da construção de navios – e passou a aplicar rigor e disciplina a tudo, desde criar escolas que ensinavam a "arte da navegação" a encomendar textos que estabeleciam as técnicas mais recentes para uma nova geração de projetistas, ambiciosa e bem financiada.¹⁷

A revolução marítima baseava-se em três observações distintas. A primeira defendia que embarcações especializadas, pesadas, eram mais eficazes que navios leves. O sucesso dependia de ser capaz de despejar um poder de fogo concentrado – e ao mesmo tempo resistir ao do inimigo. O projeto dos navios foi modificado de acordo, com ênfase em navios grandes, poderosos, que eram como castelos flutuantes. A segunda observação era que a experiência ensinava as melhores lições. Os embates com frotas holandesas nas décadas de 1650 e 1660 resultaram em perdas devastadoras, tanto em termos de navios destruídos ou capturados como de altos oficiais e capitães mortos em batalha: em 1666, cerca de 10% dos principais comandantes da marinha foram perdidos num único confronto. Como resultado desses contundentes embates, as táticas navais foram sistematicamente reavaliadas. Manuais de treinamento como o *Fighting Instructions* [Instruções de combate] do almirante Blake, um dos grandes líderes navais da época, foram difundidos e estudados. Compartilhar conhecimento e lições do passado foi crucial para tornar a marinha dos ingleses a melhor do mundo: entre 1660 e 1815, as baixas em combate entre capitães ingleses (britânicos) caiu nada menos que 98%.¹⁸

A terceira e não menos importante observação era sobre como a marinha funcionava como instituição. A fim de se tornar tenente, era necessário passar três anos no mar e ser aprovado num exame conduzido por oficiais superiores. As promoções subsequentes baseavam-se estritamente na capacidade, e não no patronato, o que significava não só que os mais capazes eram os que chegavam ao topo, mas que faziam isso apoiados por seus pares. O estímulo criado pela transparência desse sistema de meritocracia foi reforçado por um sistema que recompensava aqueles que tivessem servido por mais tempo nas principais atribuições. Era em termos gerais idêntico à organização estabelecida de modo tão eficaz durante as conquistas muçulmanas. Agora, também na Inglaterra, os espólios eram partilhados segundo uma alocação predeterminada, com oficiais e marinheiros recompensados em proporção ao seu grau hierárquico e tempo de serviço. Isso tornava a promoção altamente desejável e lucrativa, o que mais uma vez servia para impulsionar os mais capazes para o topo, especialmente porque o processo era supervisionado pelo conselho do almirantado, cujo objetivo era fazer uma filtragem e eliminar o favoritismo e a parcialidade. Em outras palavras, eram contratos de trabalho excelentes, voltados para recompensar e incentivar o desempenho; além disso, eram justos.[19]

As reformas não tardaram a produzir efeitos. O investimento pesado na marinha estendeu de modo substancial o alcance da Inglaterra, dando-lhe a oportunidade de tirar proveito de quaisquer rivalidades, eclosões de guerras ou outras aberturas que se apresentassem, tanto no Caribe como em outras partes.[20] Também se encaixou no longo e lento processo de tentar construir uma posição comercial mais forte na Ásia, onde os frutos do trabalho árduo finalmente ficavam maduros. Além de Surat, a Companhia das Índias Orientais estabeleceu um importante centro no sudeste do subcontinente em Madrasapatnam (atual Madras), onde na primeira metade do século XVII foi negociada uma concessão com o governante local para comerciar com isenção da alfândega. Como as corporações de hoje logo iriam concordar, isenções generosas de impostos eram uma grande vantagem, permitindo que rivais de longa distância fossem solapados – e, no devido tempo, os rivais locais também. E como as modernas corporações também iriam reconhecer, à medida que os assentamentos cresciam e eram bem-sucedidos, a companhia ganhava ótima posição para renegociar termos cada vez mais vantajosos. Ao longo de setenta anos, Madras foi transformada em uma metrópole próspera. O padrão foi replicado em outros locais, especialmente em Bombaim e Calcutá, a joia de Bengala, e o sucesso da Companhia das Índias Orientais crescia de modo consistente.[21]

Como foi o caso com a VOC na Holanda, as linhas entre o governo da Inglaterra e a EIC não eram nítidas. Ambas as companhias tinham o direito de se comportar quase como um ramo do Estado – tinham assegurado o direito de cunhar moedas, formar alianças e não só de manter Forças Armadas, mas de usá-las. Servir nessas organizações altamente comercializadas, que se beneficiavam tanto da proteção do governo como de investidores muito poderosos, constituía uma opção de carreira atraente. Homens de toda a Inglaterra foram atraídos, e na realidade também de outras partes do mundo – incluindo o bastião conservador da Nova Inglaterra. Havia ricas recompensas para ambiciosos e perspicazes que ascendiam pela hierarquia da companhia.[22]

Um caso típico foi o de um homem nascido em Massachusetts em 1649, que voltou com a família para a Inglaterra ainda garoto e depois entrou para a Companhia das Índias Orientais. Ocupando de início um cargo modesto de escriturário, foi ascendendo na hierarquia até se tornar governador de Madras. Ali se saiu bem pessoalmente – na realidade, bem demais, pois foi removido do cargo depois de cinco anos, com rumores sobre o quanto havia enriquecido. O fato de ter voltado para casa com cinco toneladas de especiarias, grande quantidade de diamantes e inúmeros objetos de valor sugere que as acusações eram bem fundamentadas – assim como seu epitáfio em Wrexham, em North Wales, onde foi enterrado: "Nascido na América, criado na Europa, viajou pela África e se casou na Ásia. [...] Fez muitas coisas boas, outras nem tanto; então espero que esteja tudo quite e que sua alma pela misericórdia vá para o céu". Ele gastou seu dinheiro com liberalidade na Inglaterra, embora não tenha esquecido de sua terra natal: já no final da vida, fez uma generosa doação à Collegiate School de Connecticut, que em reconhecimento mudou seu nome para o de um benfeitor que poderia fazer outras doações no futuro: Elihu Yale.[23]

Yale esteve no lugar certo na hora certa. Na década de 1680, a corte Qing na China suspendeu suas restrições ao comércio exterior, o que proporcionou um surto nas exportações de chá, porcelana e açúcar chinês. Como resultado, portos como Madras e Bombaim, que já eram centros de comércio importantes, tornaram-se postos de parada de uma nova e próspera rede de comércio global.[24] O final do século XVII marcou o início de uma nova era nos contatos entre Europa e China, que não se restringiram ao comércio. O matemático Gottfried Leibniz, que desenvolveu o sistema binário, foi capaz de aprimorar suas ideias graças a textos sobre as teorias aritméticas chinesas, enviados a ele por um amigo jesuíta que tinha ido morar em Pequim por volta do final do século XVII. Aqueles que estavam em posição de tirar proveito das novas conexões comerciais ou intelectuais podiam progredir muito.[25]

Na época que fez sua doação, o próprio Yale era sensível à maneira pela qual o Oriente e a Índia em particular estavam sendo vistos cada vez mais como um atalho para grandes riquezas. "Não fique impaciente em relação ao seu progresso, nem se apresse em se apropriar de riquezas", escreveu ao seu neto, Elihu Nicks; "minha fortuna custou-me quase trinta anos de paciência."[26] Como membro da primeira leva de ingleses a enriquecer, esse seu conselho sóbrio à geração seguinte era muito significativo. E, como se viu, as perspectivas de se tornar muito rico na Ásia estavam prestes a ficar ainda melhores. A fase áurea da Inglaterra começava a despontar.

O fato de que uma ilha no Atlântico Norte viesse a dominar os assuntos internacionais, a virar o coração de um império que controlou um quarto do globo e teve influência tão ampla, é algo que teria deixado perplexos historiadores e construtores de impérios do passado. A Bretanha era um lugar inóspito, escreveu um dos grandes historiadores da Antiguidade tardia, onde o ar era tão tóxico em certos lugares que podia matar se o vento mudasse de direção.[27] Era habitada pelos bretões – cujo nome, especulou um autor não muito depois, vinha do latim *brutus*, isto é, irracional ou estúpido.[28] Separado do restante da Europa pelo canal, era um lugar distante, isolado e periférico. Essas fragilidades agora se tornavam forças formidáveis – e sustentaram a ascensão de um dos maiores impérios da história.

Havia muitas razões para o sucesso da Grã-Bretanha. Estudiosos têm notado, por exemplo, que os níveis de desigualdade social e econômica eram mais baixos do que em outros países da Europa e que as camadas mais baixas da população tinham perceptivelmente níveis mais altos de consumo de calorias do que seus pares continentais.[29] Pesquisas recentes também enfatizaram que as mudanças no estilo de vida desempenharam um papel, já que as taxas de trabalho e a eficiência aumentaram bastante graças às recompensas oferecidas pelo crescimento da economia. O sucesso repentino da Grã-Bretanha também se deveu muito ao fato de ter abrigado um grande número de inovadores.[30] Os níveis de fertilidade, que ao que parece tinham sido mais baixos na Grã-Bretanha do que na maior parte do resto da Europa, também tiveram uma correlação importante com a renda per capita, já que os recursos e os ativos passavam por menos mãos do que no continente.[31]

Mas a carta de maior valor, que se mostrou imbatível, foi a da geografia. A Inglaterra – ou Grã-Bretanha, após sua união com a Escócia em 1707 – tinha uma barreira natural que a protegia de seus rivais: o mar. Isso era útil em termos de lidar com ameaças militares, mas era uma dádiva dos céus em relação a gastos governamentais. Sem fronteiras terrestres para defender, os gastos militares da Grã-Bretanha eram uma fração das despesas de seus rivais no continente. Estima-se que as Forças Armadas da Inglaterra tinham quase o mesmo porte que as da França em 1550, mas que, por volta de 1700, os franceses abrigavam quase três vezes mais homens em serviço. Estes precisavam de equipamento e soldo, o que significa que a França tinha uma despesa proporcionalmente muito maior que a Inglaterra; as receitas também eram proporcionalmente mais baixas na França, pois soldados e marinheiros – ambos potenciais geradores de renda de impostos e de taxas indiretas por meio do consumo – eram removidos dos campos, das fábricas e de outros empregos para servir o país.[32] Era como se a Grã-Bretanha estivesse vacinada contra os problemas contagiosos da Europa, que sofria com ações militares aparentemente infindáveis, já que os Estados do continente brigavam e combatiam em quase todas as permutações imagináveis nos séculos XVII e XVIII. Os britânicos aprenderam a intervir com critério, tirando partido das circunstâncias que estivessem a seu favor e ficando de fora quando as probabilidades eram contra eles.

Também ficava claro que o que acontecia na Europa podia determinar o destino de alguém do outro lado do mundo. Intensas discussões a respeito de quem iria herdar o trono da Áustria podiam ter consequências que levassem a lutas e trocas de territórios nas colônias europeias por todo o mundo: a questão da legitimidade da sucessão de Maria-Theresa na década de 1740 provocou episódios de lutas, das Américas até o subcontinente indiano, que duraram quase uma década. O resultado, quando as coisas finalmente se assentaram em 1748, foi que o Cabo Breton no Canadá e Madras na Índia trocaram de mãos entre franceses e britânicos.

Esse é apenas um exemplo de como a competição entre as potências europeias tinha efeitos do outro lado do mundo. Cidades na Índia foram transferidas aos franceses pelos holandeses no final da década de 1690 em consequência do final da Guerra dos Nove Anos na Europa; ilhas no Caribe mudaram de mãos entre a Grã-Bretanha e a França como parte de acordos de paz duas décadas mais tarde, após mais lutas intensas na Europa; enquanto isso, imensas extensões de terras na América do Norte trocaram de mãos entre os britânicos e os franceses quando as disputas sobre o trono da Espanha foram resolvidas.

Casamentos também podiam liberar vastos territórios, cabeças de ponte estratégicas ou grandes cidades – como Bombaim, entregue à Inglaterra como parte do dote de Catarina de Bragança, quando ela se casou com o rei Carlos II, na década de 1660. Foi um gesto de generosidade que, como o governador português da cidade previu com precisão, selou o fim do poder de Portugal na Índia.³³ Atividades em dormitórios na Europa, murmúrios sussurrados em corredores palacianos em suas capitais sobre possíveis noivas ou sobre supostos menosprezos da parte de governantes caprichosos e de egos suscetíveis tinham implicações e ramificações a milhares de quilômetros de distância.

Em certo nível, tais intrigas despertavam poucas preocupações naqueles que estavam no Oriente, que pouco ligavam se eram holandeses, britânicos ou franceses que estavam em vantagem. Na realidade, as rivalidades na Europa quando muito pareciam gerar benefícios cada vez mais abundantes. Ao longo do século XVII, era possível encontrar delegações rivais dirigindo-se ao imperador mogol, aos governantes da China e do Japão para pedir favores e obter novas concessões de comércio ou confirmar as já existentes. Isso aumentou a importância dos intermediários – como Muqarrab Khan, um oficial portuário de Gujarat, que lubrificava as engrenagens junto ao imperador Jahāngīr no início do século XVII –, e o resultado era que os maiores beneficiários eram os próprios intermediários.³⁴ No caso de Khan, os bens que comprou em 1610, compostos por "cavalos árabes", escravos da África e outros luxos, demoraram mais de dois meses simplesmente para serem liberados na alfândega.³⁵

Como um historiador registrou, os britânicos na Ásia operavam segundo o princípio de que "tudo e todos têm um preço".³⁶ Isso gerou uma extravagante concessão de presentes – mas também protestos de alguns que condenavam a cobiça dos que eram cortejados. O ponto fraco do imperador mogol Jahāngīr, por exemplo, era ser presenteado com "elefantes imensos" – e talvez dodôs, também –, e diziam que tinha um apetite "tão insaciável que nunca sabia quando já tinha o suficiente; era um saco sem fundo, que nunca é possível encher, pois quanto mais tinha, mais desejava".³⁷

Os enviados holandeses levaram carruagens, conjuntos de armaduras, joias, tecidos e até óculos a Pequim na década de 1660, numa aposta para obter favores, depois de terem perdido sua posição em Taiwan pouco tempo antes.³⁸ Um relato fala de outra delegação holandesa extravagante, dessa vez para Lahore em 1711, e mostra o tremendo esforço que se fazia para lisonjear e conseguir contatos valiosos, como é atestado também por gloriosas imagens feitas de sua recepção em Udaipur, quando a embaixada seguiu seu caminho para o norte. Objetos de laca do Japão, elefantes do Ceilão e cavalos da Pérsia foram levados como presentes, além de especiarias das colônias holandesas e de bens da Europa: canhões, telescópios, sextantes e microscópios. Nada foi deixado ao acaso, se bem que, dessa vez, as circunstâncias tramaram para que as solicitações do enviado para renovar as concessões comerciais não fossem atendidas.[39]

Levou um longo tempo para que todas as implicações da mudança de cenário na Europa chegassem ao Oriente. Para todos os efeitos, quanto mais mercadores viessem comerciar e quanto maiores fossem seus navios, melhor: isso significava mais presentes, mais recompensas e maior volume de comércio. De fato, imperadores mogóis como Akbar, xá Jahān e Awrangzīb (governou de 1658 a 1707) adoravam ser pesados no dia de seu aniversário, com joias, metais preciosos e outros tesouros sendo colocados aos poucos na balança até que os pesos dos pratos se igualassem – o que dificilmente seria um incentivo para manter uma cintura fina.[40]

Depois havia as propinas, pagas a intermediários que exigiam dinheiro para "escoltar" viajantes e mercadores até seu destino, o que deixava alguns deles frustrados, por acharem irritante não só o princípio, mas a quantia estipulada. Mercadores ingleses que tiveram seus bens embargados em Rajmahal, em 1654, viram que não havia outra opção a não ser subornar o governante e seus funcionários – assim como os holandeses sempre haviam sido obrigados a fazer.[41] As reclamações sobre falta de lisura podiam chegar aos imperadores mogóis, que às vezes puniam aqueles que haviam forrado demais seus bolsos: ao que parece, um juiz acusado de parcialidade foi obrigado a ficar em pé diante do governante para ser picado por uma cobra; em outra ocasião, guardas da portaria foram açoitados depois que um músico se queixou de ter sido obrigado a entregar parte do que lhe havia sido pago pelo imperador quando saía do palácio.[42]

Os fundos que chegavam à Índia continuaram alimentando o florescimento artístico, arquitetônico e cultural que acompanhava as enormes injeções de capital desde o início do século XVI. Somas cada vez maiores infiltravam-se pela Ásia Central, em parte resultantes do tributo pago por governantes como Awrangzīb para garantir relações pacíficas ao norte, mas também derivadas da compra de cavalos em grande escala por criadores cujas manadas pastavam nas estepes. Nada menos do que 100 mil cavalos por ano eram comprados nos mercados do norte da Índia – e a preços altíssimos, a julgar pelo que dizem algumas fontes.[43] Números ainda maiores de animais de criação eram também vendidos a mercadores da Índia, e também da Pérsia,

China e cada vez mais também da Rússia, o que aumentou o fluxo de riqueza para a região. Floresceram cidades como Khokand (no atual Uzbequistão), e há relatos entusiasmados sobre a qualidade do ruibarbo, do chá, da porcelana e da seda que podiam ser comprados por preços baratos e em quantidades consideráveis.44

Apesar do crescimento do comércio europeu, as redes que cruzavam a espinha da Ásia ainda estavam muito vivas e ativas. Isso é mostrado pelos registros da VOC, onde consta que dezenas de milhares de cargas de camelo com tecidos estavam sendo enviadas todo ano da Índia para a Pérsia pelas velhas rotas que cortavam a Ásia Central. Fontes inglesas, francesas, indianas e russas igualmente informam o prosseguimento do comércio por terra e dão uma ideia de sua escala nos séculos XVII e XVIII: viajantes da Ásia Central falam de modo consistente em grandes volumes de bens sendo vendidos em mercados, grande número de cavalos criados e trazidos a lugares como Cabul, um "excelente centro comercial", para onde convergiam caravanas de toda a Ásia para comprar e vender uma ampla gama de tecidos, raízes aromáticas, açúcares refinados e outros artigos de luxo.45 Eram cada vez mais importantes nesse comércio continental as minorias que ajudavam a lubrificar o intercâmbio comercial, graças a costumes comuns, laços familiares e à capacidade de criar redes de crédito compatíveis com longas distâncias. No passado, os sogdianos haviam desempenhado esse papel. Agora eram os judeus e acima de tudo os armênios que faziam isso.46

Sob a superfície, poderosas correntes se agitavam sem ser vistas. As atitudes europeias em relação à Ásia estavam endurecendo, abandonando a visão do Oriente como uma terra maravilhosa repleta de plantas exóticas e tesouros e passando a vê-lo como um lugar onde os nativos eram tão frouxos e inúteis quanto no Novo Mundo. As atitudes de Robert Orme eram típicas do século XVIII. Primeiro historiador oficial da Companhia das Índias Orientais, Orme escreveu um ensaio cujo título, "Sobre o caráter efeminado dos habitantes do Industão", revela como o pensamento da época havia enrijecido. Crescia rapidamente uma atitude prepotente de outorgar direitos a si próprio.47 A postura em relação à Ásia passou da excitação em relação aos lucros possíveis para pensamentos de exploração brutal.

Essa visão foi perfeitamente captada pelo termo "nababo", dado a oficiais da Companhia das Índias Orientais que tinham ganhos pessoais absurdos na Ásia. Eles se comportavam como gângsteres e emprestavam dinheiro localmente a taxas de juros exorbitantes, usando os recursos da companhia em benefício próprio e arrancando para si lucros ultrajantes das transações. Era uma espécie de "Farleste" – um prelúdio de cenas similares que ocorreriam um século mais tarde no chamado faroeste da América do Norte. Vá para a Índia, o pai do memorialista William Hickey dizia, "corte a cabeça de meia dúzia de companheiros ricos e volte como um nababo". Servir na EIC na Índia era uma passagem para a fortuna.[48]

O caminho não era desprovido de dificuldades e perigos, pois as condições no subcontinente não eram fáceis, e a doença podia colocar um fim rápido às ambições. O quanto as evidências nos permitem averiguar, embora os níveis de mortalidade tivessem caído graças às melhorias nas condições sanitárias e de higiene, assim como na medicina e nos cuidados com a saúde, o número daqueles que eram mandados de volta para casa ou considerados inaptos para o serviço crescia de modo constante.[49] As experiências podiam ser traumáticas, como o marinheiro mercador Thomas Bowrey e seus amigos descobriram ao pagar seis "pence" por uma caneca de "Bangha", uma infusão de *cannabis*, na Índia, no final do século XVII: um deles "sentou-se no chão e chorou amargamente a tarde toda"; outro, "aterrorizado, enfiou a cabeça numa grande jarra e permaneceu nessa postura por quatro horas ou mais"; "quatro ou cinco deitaram nos tapetes e ficaram tecendo altos elogios uns aos outros", enquanto outro "ficou briguento e bateu num dos pilares de madeira do pórtico até esfolar a pele dos nós dos dedos".[50] Levava tempo para se acostumar com outras partes do mundo.

Em contrapartida, as recompensas eram impressionantes – tanto assim que entre dramaturgos, imprensa e políticos virou lugar-comum ridicularizar os novos-ricos. Expressava-se menosprezo pela onda de contratar tutores para ensinar ocupações cavalheirescas como esgrima e dança, ou pelo nervosismo na hora de escolher o alfaiate certo, ou decidir os temas de conversa adequados para um jantar.[51]

A hipocrisia estava por toda parte. Era grotesco, comentou William Pitt, o Velho, a um colega parlamentar no final do século XVIII, que "os importadores de ouro estrangeiro tenham forçado sua entrada no Parlamento por meio de tamanha enxurrada de corrupção privada, à qual nenhuma fortuna hereditária particular consegue resistir".[52] Era desnecessário, ele achava, mencionar que seu próprio avô havia trazido uma das maiores pedras preciosas do mundo, o diamante Pitt, de sua estada na Índia, e que tivesse usado a riqueza que acumulara durante essa sua estada como governador de Madras para comprar uma propriedade rural – e o assento parlamentar que veio com ela.⁵³ Outros também se manifestaram. Era terrível, disse com fúria Edmund Burke numa inquirição na Câmara dos Comuns não muito depois, que "nababos" estivessem destruindo a sociedade – esbanjando sua riqueza, virando parlamentares e casando-se com filhas da alta sociedade.⁵⁴ No entanto, enfurecer-se com essas questões produzia pouco efeito: afinal, quem é que não iria querer um rapagão ambicioso e rico como genro ou um esposo generoso como marido?

O segredo para acessar essas grandes fortunas estava na transformação da Companhia das Índias Orientais de empresa mercantil que transportava bens por mar de um continente a outro num poder de ocupação. A transição para o tráfico de drogas e as negociatas custava apenas um passo. O ópio era cultivado em volume crescente em plantações na Índia para bancar a compra de seda, porcelana e, acima de tudo, do chá chinês. As importações desse último item tiveram forte alta, e cifras oficiais falam de um aumento de 142 mil libras [64.400 quilos] de chá compradas em 1711 para 15 milhões de libras [6,8 milhões de quilos], oitenta anos depois – cifras que não levam em conta outros carregamentos que devem ter sido contrabandeados para fugir à tributação. Numa nítida imagem em espelho, a crescente dependência do Ocidente dos bens de luxo estava na verdade sendo trocada – e logo acompanhada também – por uma crescente dependência de drogas na China.⁵⁵

Ganhar dinheiro de maneiras dúbias não era menos lucrativo. Embora fosse oferecida proteção aos governantes locais na Índia no século XVIII, em bases crescentemente regulares e em larga escala, o momento decisivo se deu em 1757, quando uma expedição liderada por Robert Clive foi enviada a Calcutá para intervir após um ataque à cidade pelo nababo de Bengala. Clive logo recebeu ofertas de enormes somas para apoiar candidatos rivais locais, dispostos a assumir o poder. Em pouquíssimo tempo foi-lhe assegurado o controle do *diwani* – o imposto da região destinado ao governo – e ele teve acesso à receita de uma das partes mais populosas e economicamente ativas da Ásia, sede de uma indústria têxtil responsável por mais da metade de todas as importações que a Grã-Bretanha comprava do Oriente. Quase da noite para o dia, tornou-se um dos homens mais ricos do mundo.⁵⁶

Uma comissão especial da Câmara dos Comuns montada em 1773 para examinar os resultados da conquista de Bengala revelou as espantosas somas retiradas do Tesouro bengali. Mais de 2 milhões de libras – dezenas de bilhões em termos de hoje – haviam sido distribuídos como "presentes", e quase tudo fora para os bolsos de empregados locais da EIC.[57] O ultraje foi agravado pelas cenas deploráveis e chocantes na própria Bengala. Por volta de 1770, o preço dos cereais havia subido demais, com resultados catastróficos à medida que uma onda de fome se instalou. O número de mortos foi estimado em milhões; o próprio governador-geral declarou que um terço da população havia morrido. Os europeus haviam pensado apenas em enriquecer a si mesmos, enquanto a população local morria de inanição.[58]

A situação até poderia ter sido evitada. Muitas pessoas haviam sofrido e sido sacrificadas em nome de ganhos pessoais. Aos que escarneciam disso, Clive simplesmente respondia – como o executivo-chefe de um banco quebrado – que sua prioridade havia sido proteger os interesses dos acionistas e não os da população local; e ele, portanto, não mereceria ser criticado por ter cumprido sua função.[59] Mas as coisas iriam piorar. A perda de mão de obra em Bengala devastou a produtividade local. À medida que as receitas desabaram, os custos subiram rapidamente, causando o pânico de que a galinha dos ovos de ouro tivesse posto o seu último ovo. Isso desencadeou uma corrida para negociar as ações da EIC e levou a companhia à beira da falência.[60] Seus diretores estavam longe de ser administradores sobre-humanos e criadores de riqueza; o que ficou claro é que as práticas e a cultura da companhia haviam colocado de joelhos o sistema financeiro intercontinental.

Depois de consultas desesperadas, o governo em Londres concluiu que a EIC era grande demais para falir e concordou com o socorro financeiro. Para isso, porém, era preciso levantar dinheiro. Os olhos voltaram-se então para as colônias da América do Norte, onde os impostos eram bem mais baixos do que na própria Grã-Bretanha. Quando o governo de lorde North aprovou a Lei do Chá em 1773, acreditou ter encontrado uma solução elegante para pagar pelo resgate da EIC, ao mesmo tempo que colocava pelo menos parte do regime tributário das colônias norte-americanas em alinhamento com as da Grã-Bretanha. Isso, porém, enfureceu os colonos do outro lado do Atlântico.

Folhetos e panfletos foram amplamente distribuídos na Pensilvânia descrevendo a Companhia das Índias Orientais como uma instituição "bem versada em tirania, pilhagem, opressão e derramamento de sangue". Era um símbolo de tudo o que havia de errado com a própria Grã-Bretanha, onde a alta classe era dominada por grupos de interesse ambiciosos, que agiam apenas em benefício próprio, enriquecendo à custa do povo.[61] Navios carregando chá foram afundados quando uma frente unida de colonos se recusou a curvar-se às exigências de um governo que não lhes permitia representação no processo político. Quando três navios entraram no porto de Boston, houve um tenso impasse entre os habitantes locais e as autoridades. Na noite de 16 de dezembro, um pequeno grupo de homens disfarçados de "índios" abordou os navios e atirou o chá nas águas do porto; preferiam que fosse para o fundo do mar a ter que pagar impostos a Londres.[62]

Visto do ponto de vista americano, a cadeia de eventos que levou à Declaração de Independência dos Estados Unidos tinha um contexto bem americano. Mas a partir de uma perspectiva mais ampla, as causas podem ser remontadas aos tentáculos do poder britânico, que se estendia ainda mais em busca de novas oportunidades, e à eficácia da Rota da Seda, que havia causado desequilíbrio ao bombear de volta muita coisa com extrema rapidez. Londres tentava equilibrar demandas concorrentes em lados opostos do mundo e usar as receitas geradas por impostos em um lugar para bancar as despesas em outro, criando decepções, insatisfações e revolta. A busca de lucro havia sido incansável, o que por sua vez estimulara uma sensação cada vez maior de autoconfiança e arrogância. A Companhia das Índias Orientais, relatou Clive aos seus inquisidores às vésperas do colapso, era um poder imperial em tudo, exceto no nome. Governava países "ricos, populosos, frutíferos", e estava "em poder [...] de 20 milhões de súditos".[63] Como aqueles nas colônias americanas reconheciam, havia em última instância pouca diferença entre ser súdito em um território controlado desde a Grã-Bretanha do que ser súdito em relação a qualquer outro. Se os bengalis haviam morrido de fome, por que isso não poderia ocorrer com aqueles que viviam nas colônias, cujos direitos não pareciam ser melhores ou maiores? Era tempo de seguir adiante de forma independente.

A Guerra de Independência norte-americana provocou muito exame de consciência na Grã-Bretanha sobre como tratar as regiões onde ela havia estabelecido posições comerciais, que eram não apenas comercialmente lucrativas, mas tinham real influência política. A efetiva conquista de Bengala marcou um momento simbólico, pois fez a Grã-Bretanha passar de país que apoiava colônias de seus próprios emigrados para se tornar um poder que governava outros povos. Foi uma curva de aprendizagem íngreme até compreender o que isso significava e equilibrar os desejos do centro do império com as necessidades de suas pontas. A Grã-Bretanha viu-se administrando povos que tinham leis e costumes próprios e tendo que definir o que tomar emprestado das novas comunidades, o que emprestar – e como construir uma plataforma que fosse operacional e sustentável. Um império estava nascendo.

Sua gênese marcou o fim de um capítulo. A passagem da maior parte da Índia para as mãos britânicas fez com que as rotas comerciais terrestres ficassem com pouco oxigênio, já que o poder de compra e gasto, os ativos e a atenção foram desviados decididamente para a Europa. O declínio da importância da cavalaria em face de melhorias adicionais na tecnologia e tática militares, relacionadas em particular com o poder de fogo e a artilharia pesada, também teve seu papel em diminuir o volume que passava pelas estradas que havia milênios entrecruzavam-se na Ásia. A Ásia Central, como o sul da Europa antes dela, começou a decair.

A perda das treze colônias da América do Norte foi um revés humilhante para a Grã-Bretanha e sublinhou o quanto era importante manter as possessões britânicas seguras. E, nesse sentido, a nomeação de lorde Cornwallis como governador-geral da Índia despertou um alerta: foi ele que desempenhou papel destacado na derrocada do outro lado do Atlântico e que rendeu Yorktown a George Washington. Talvez a ideia fosse que lições dolorosas já haviam sido aprendidas e quem as tivesse aprendido teria mais condições de evitar que o mesmo se repetisse em outra parte. A Grã-Bretanha podia ter perdido os Estados Unidos, mas jamais perderia a Índia.

15
A rota para a crise

O desastre na América foi um grande choque para a Grã-Bretanha, um revés que sugeriu que o império podia estar vulnerável. Os britânicos haviam construído uma posição dominante – diretamente e por meio da Companhia das Índias Orientais –, que trouxe prosperidade, influência e poder. Ela protegia ferozmente seus pontos de apoio – os oásis que se conectavam e levavam de volta a Londres – e vigiava com zelo quaisquer tentativas de desalojar ou de enfraquecer seu domínio dos canais de comunicação, do mar de Java ao Caribe, do Canadá ao Índico.

Embora o século XIX seja normalmente visto como uma marca-d'água elevada do império, um tempo em que a posição britânica continuava a se fortalecer, havia sinais de que era o contrário que estava ocorrendo – seu domínio começava a enfraquecer, levando a ações desesperadas de retaguarda, que costumam ter consequências estratégicas, militares e diplomáticas desastrosas. As realidades de tentar preservar territórios espalhados pelo globo levaram a perigosos jogos temerários com locais e rivais globais, com riscos cada vez mais elevados. Por volta de 1914, isso chegou a fazer com que o próprio destino do império fosse colocado em jogo no resultado da guerra na Europa: não foram os vários eventos infelizes e os crônicos mal-entendidos nos corredores do poder de Londres, Berlim, Viena, Paris e São Petersburgo que levaram os impérios a ficar de joelhos, mas as tensões quanto ao controle da Ásia, que vinham em fogo brando havia décadas. Não era só o espectro da Alemanha que estava por trás da Primeira Guerra Mundial; era também o da Rússia – e acima de tudo a sombra que ela projetava no Oriente. E foi a tentativa desesperada da Grã-Bretanha de evitar que essa sombra crescesse que desempenhou um papel importante em levar o mundo à guerra.

A ameaça que a Rússia representava para a Grã-Bretanha cresceu como um câncer no século que antecedeu o assassinato de Franz Ferdinand, à medida que a Rússia se transformava de um reino decrépito, arcaico, com uma economia agrária, em um império reformulado e ambicioso. Isso disparou os alarmes em Londres com crescente regularidade e em volume cada vez maior, conforme ficava claro que o crescimento e a expansão da Rússia haviam não só colocado seus interesses em confronto com os da Grã-Bretanha, mas estavam sobrepujando-os.

O primeiro sinal de problemas deu-se no início da década de 1800. Por várias décadas, a Rússia vinha avançando suas fronteiras para incorporar novos territórios e novas populações nas estepes da Ásia Central, compostas por um mosaico de agrupamentos tribais ao sul e a leste, como os quirguizes, os cazaques e os oirates. Em primeiro lugar, isso foi feito com um toque razoavelmente suave. Embora Marx criticasse de forma dura o processo imperialista de criar "novos russos", isso foi empreendido com bastante sensibilidade.[1] Em muitos casos, os líderes locais eram não só muito bem recompensados, mas também tinham permissão de continuar no poder; sua posição dentro dos territórios era apoiada e formalmente reconhecida por São Petersburgo. Concessões como amplas isenções de impostos, oferta de terras e dispensas do serviço militar também tornaram a soberania russa mais fácil de tolerar.[2]

A expansão territorial alimentou o crescimento econômico, que passou a se acelerar ao longo do século XIX. Para começar, houve redução nos pesados gastos anteriores para a defesa contra incursões e ataques das estepes, o que liberou fundos a serem usados em outras partes e de outra forma.[3] Além disso, extraíam-se ricas recompensas do acesso às terras maravilhosamente férteis da faixa das estepes, que se estendiam ao norte do mar Negro e para o leste.

Os russos até então haviam sido obrigados a cultivar terrenos menos atraentes, e o resultado é que sua produtividade em grãos era das mais baixas da Europa, expondo a população à ameaça da fome. Um visitante britânico no início do século XVIII observou que os kalmyk, um grupo da tribo oirate que se instalara no Baixo Volga e nas extremidades norte do Cáspio, haviam conseguido reunir 100 mil homens, bem armados e de ótima constituição. Mas com o receio praticamente constante de um ataque, a agricultura não se desenvolvera plenamente. "Umas poucas centenas de acres" da terra fértil daquela região, escreveu o mesmo viajante, "seriam de grande valia na Inglaterra, embora aqui sejam desperdiçadas e não cultivadas".[4] O comércio sofria assim como o desenvolvimento das cidades, que permaneciam modestas em tamanho – e em número de habitantes: apenas uma parte muito pequena da população era urbanizada antes de 1800.⁵

Quando isso começou a mudar, ambições e horizontes da Rússia se expandiram. No início do século XIX, tropas imperiais atacaram o Império Otomano, obtendo grandes concessões, como o controle da Bessarábia, a região limitada pelos rios Dniester e Prut, além de consideráveis territórios junto ao mar Cáspio. Isso foi logo seguido por um ataque ao sul do Cáucaso, que infligiu uma série de embaraçosas derrotas à Pérsia.

O equilíbrio de poder no Cáucaso inclinou-se decisivamente. Eram regiões, províncias e canatos que durante séculos haviam sido ou independentes ou clientes persas. Redesenhar esse mapa representava uma grande mudança na região e um sinal inequívoco da crescente ambição da Rússia ao longo de sua fronteira sul. Os britânicos não demoraram a compreender o significado disso – especialmente depois que souberam que uma missão francesa havia sido enviada à Pérsia para enfraquecer a posição da Grã-Bretanha no Leste. A revolução na França em 1789 produzira resultados similares às da Peste Negra, com sofrimento em larga escala que deu lugar a uma nova era de determinação e recuperação.

No final do século XVIII, Napoleão planejava não só conquistar o Egito, mas tirar os britânicos da Índia. Relata-se que teria escrito ao poderoso sultão Tipu, do Mysore, para contar das numerosas e invencíveis forças francesas que logo iriam "libertá-lo das algemas de ferro da Inglaterra".⁶ Com certeza a sedução da Índia ocupava bom espaço na mente dos pensadores estratégicos franceses da época.⁷ E continuou a fazê-lo, como fica claro pelo envio à Pérsia em 1807 de um dos generais de confiança de Napoleão, o Comte de Gardane, com ordens de acertar uma aliança com o xá e também de elaborar mapas detalhados com vistas a uma grande campanha francesa no subcontinente indiano.⁸

Os britânicos reagiram de imediato, enviando um alto oficial, sir Gore Ouseley, para se contrapor às sondagens francesas ao xá, junto com uma comitiva adequadamente esplêndida, para "impressionar muito os nativos com a permanência de nossa delegação".⁹ Uma boa dose de trabalho era dedicada agora a impressionar o xá e sua corte, embora, a portas fechadas, poucos se dessem ao trabalho de esconder o desdém pelos costumes locais. Particular desprezo era reservado à demanda quase incansável de presentes opulentos.

Ouseley ficou constrangido ao saber que um anel que ele dera de presente ao governante persa, junto com uma carta do rei Jorge III, fora considerado pequeno demais e sem valor suficiente. "A mesquinhez e a cobiça dessas pessoas", escreveu indignado, "são muito desagradáveis."¹⁰ Era uma atitude compartilhada por outro oficial britânico que visitou Teerã na mesma época. Os persas, escreveu, são obcecados com as formalidades na hora das doações e presentes – a ponto de ser possível escrever um longo livro sobre "as regras a respeito de quando sentar e ficar em pé".¹¹

Em público, as coisas eram muito diferentes. Ouseley – que falava persa com fluência – certificou-se quando chegou de que seria recebido bem mais longe da capital do que o embaixador francês, entendendo que isso refletiria o status mais elevado dele e da sua missão, e teve o cuidado de arranjar um encontro com o xá mais cedo do que seu rival, além de observar com satisfação que sua cadeira havia sido posicionada mais próxima do trono do que o normal.¹² O esforço para conquistar boa vontade estendeu-se ao despacho de conselheiros militares britânicos, na forma de dois oficiais da Real Artilharia, dois suboficiais e dez artilheiros, que treinaram soldados persas, orientaram em defesas de fronteiras e ainda desferiram ataques-surpresa a posições russas em Sultanabad, onde a rendição da guarnição no início de 1812 constituiu um golpe de propaganda.

As coisas mudaram quando Napoleão atacou a Rússia em junho do mesmo ano. Com os franceses avançando sobre Moscou, os britânicos enxergaram benefícios em se distanciar da Pérsia e ficar do lado dos russos – "nossos bons amigos", como Ouseley se referiu a eles num relatório enviado ao ministro do Exterior, que também mencionou as implicações mais amplas do ataque francês à Rússia. Isso foi bom, Ouseley concluiu, pois há um "traço muito perverso no caráter persa, que os torna insensíveis e ingratos em relação a todos os favores que lhes são conferidos"; as amizades que ele se empenhara tanto em conquistar podiam ser sacrificadas facilmente sem muito remorso, já que os persas eram "os egoístas mais interesseiros do mundo".¹³

A prioridade dada pela Grã-Bretanha às relações com a Rússia gerou desapontamento na Pérsia, ao ver que aliados previamente confiáveis haviam mudado de ideia inesperadamente. Isso se transformou em uma ressentida recriminação após um ataque-surpresa pelo Cáucaso desferido por forças russas, revigoradas após terem conseguido repelir Napoleão em 1812. Para muitos, o fato de Ouseley – que havia feito tantos esforços para cultivar relações com o xá – ter redigido o humilhante Tratado do Gulistão em 1813 após a Guerra Russo-Persa, que entregou a maior parte do flanco oeste do Cáspio, incluindo Daguestão, Mingrelia [Samegrelo], Abcásia, Derbent e Baku, para a Rússia, pareceu nada menos que um ato de traição.

Os termos do tratado, abertamente favoráveis à Rússia, provocaram indignação entre os persas, que interpretaram isso como profunda deslealdade e egoísmo. Estou extremamente desapontado com a conduta da Grã-Bretanha, escreveu o embaixador persa a lorde Castlereagh, ministro do Exterior. "Fiquei dependente da grande amizade com a Inglaterra", e das "amplas promessas" feitas em relação a apoiar a Pérsia. "Estou totalmente desapontado" pela maneira como as coisas se desenrolaram, prosseguiu o embaixador, advertindo que, "se as coisas ficarem do jeito como foram deixadas agora, elas de maneira nenhuma honram a Inglaterra".[14] Como consequência do ataque de Napoleão, a Rússia se tornara um aliado útil; o sacrifício dos laços com a Pérsia foi o preço a ser pago.

A crescente importância da Rússia no plano internacional não se limitava à Europa ou ao Oriente Próximo, pois seus tentáculos estendiam-se além. Em contraste com a maneira como vemos o mundo hoje, na primeira metade do século XIX a fronteira oriental da Rússia não estava de modo algum na Ásia, mas em lugar bem diferente: na América do Norte. Pela primeira vez foram estabelecidas colônias para além do mar de Bering, no atual Alasca, com comunidades fundadas no litoral oeste do Canadá e mais além, tão ao sul quanto Fort Ross, no condado de Sonoma, Califórnia, no início da década de 1800. Não se tratava de mercadores em trânsito, mas de colonos permanentes, que investiram na construção de portos, instalações para armazenagem e até escolas. Garotos locais de "origem *criolla*" no litoral Pacífico da América do Norte foram escolarizados na língua russa e pelo currículo russo, e vários foram enviados para estudar em São Petersburgo, alguns deles matriculados na prestigiosa Academia de Medicina.[15] Numa curiosa coincidência de *timing*, enviados imperiais do czar estavam chegando à baía de San Francisco para discutir aprovisionamentos com o governador espanhol quase na mesma hora em que sir Gore Ouseley proclamava os russos como aliados após a invasão de Napoleão em 1812.[16]

O problema é que, à medida que as fronteiras russas começaram a se expandir em maior ritmo, sua autoconfiança também cresceu. Suas atitudes em relação àqueles que ficavam além de suas fronteiras começaram a endurecer. Cada vez mais os povos do sul e do centro da Ásia passaram a ser vistos como bárbaros que precisavam de esclarecimento – e foram tratados de acordo. Isso teve consequências desastrosas, principalmente na Chechênia, onde uma violência chocante foi dispensada à população local na década de 1820 por Aleksei Ermolov, um general obstinado e sanguinário. Isso não só abriu caminho para a emergência de um líder carismático, o imã Shamil, que liderou um efetivo movimento de resistência; também envenenou as relações entre a região e a Rússia por gerações.[17]

As imagens do Cáucaso e do mundo das estepes como lugares de violência e sem lei acabaram se consolidando, tipificadas por poemas como *O prisioneiro do Cáucaso*, de Alexander Pushkin, e *Canção de ninar*, de Mikhail Lermontov, que retrata um sanguinário checheno esgueirando-se pela margem de um rio, armado de uma adaga, disposto a assassinar uma criança.[18] Como um destacado político radical afirmou para uma plateia em Kiev, enquanto a Rússia tinha na sua fronteira ocidental "o mais sofisticado esclarecimento", no Oriente defrontava-se com profunda ignorância. Seria, portanto, um dever "partilhar nossa visão com nossos vizinhos semibárbaros".[19]

Nem todos estavam tão seguros disso. Nas décadas que se seguiram, intelectuais russos discutiam para onde o império deveria olhar: para os *salons* e o refinamento do Ocidente; ou para o Leste, para a Sibéria e a Ásia Central. Havia uma variedade de respostas. Para o filósofo Pyotr Chaadaev, os russos não pertenciam "a nenhuma das grandes famílias da humanidade; não somos nem do Ocidente nem do Oriente".[20] Mas para outros, os territórios virgens do Leste ofereciam oportunidades, uma possibilidade de que a Rússia tivesse a sua Índia.[21] As grandes potências da Europa deixaram de ser vistas como modelos de perfeição a serem imitados e se tornaram rivais cuja ascendência devia ser desafiada.

O compositor Mikhail Glinka foi buscar inspiração na antiga história dos rus' e dos czares para sua ópera *Ruslan e Ludmila*, enquanto Alexander Borodin olhava para o Leste e compunha o poema sinfônico *Nas estepes da Ásia Central*, que evoca caravanas e comércio de longa distância pelas estepes, e *Danças polovtsianas*, inspiradas pelos ritmos do estilo de vida nômade.[22] O interesse pelo "orientalismo", fosse ele evidente no tema, na harmonia ou na instrumentação, era um aspecto constante da música erudita russa do século XIX.[23]

Dostoiévski defendia apaixonadamente a opinião de que a Rússia deveria não só se envolver com o Leste, mas abraçá-lo. Num ensaio famoso intitulado "O que é a Ásia para nós?", ele argumentou no final do século XIX que a Rússia precisava libertar-se das algemas do imperialismo europeu. Na Europa, escreveu ele, somos agregados bajuladores e escravos; na Ásia, "somos os chefes".[24]

Visões como essa eram decorrentes do contínuo sucesso no exterior. Ganhos adicionais foram feitos no Cáucaso na década de 1820, depois que um ataque persa teve resultado desastroso. Ainda ressentido com os termos do tratado do Gulistão e encorajado pela animosidade da população local em relação ao general Ermolov, cujo enforcamento de mulheres e crianças em praças públicas indignou a todos, o xá Fath Alī ordenou uma ação contra posições russas em 1826.[25] A resposta foi arrasadora: depois de Ermolov ter sido demitido de seu posto, as tropas do czar foram para o sul pelas passagens de montanha do Cáucaso, destruíram os exércitos persas e forçaram um acordo em 1828, que foi bem pior que o imposto quinze anos antes: mais território ainda foi cedido à Rússia, que exigiu também um vultoso pagamento em dinheiro. A humilhação foi tamanha que o enfraquecido xá teve que pedir ao czar formalmente que concordasse em apoiar a sucessão de seu herdeiro, príncipe Abbās Mīrzā, após sua morte, por medo de que ele não fosse capaz de subir ao trono e menos ainda de permanecer nele.

Não demorou para que violentos tumultos eclodissem em Teerã. A multidão visou à embaixada russa, tomando de assalto o edifício em fevereiro de 1829. O embaixador que estava na cidade, o dramaturgo de 36 anos Alexander Griboyedov, autor da esplêndida sátira *Woe from Wit*, que assumira uma linha intransigente no trato com a Pérsia, foi assassinado, e seu corpo, ainda trajando uniforme, arrastado pelas ruas da cidade por uma multidão.[26] O xá interveio imediatamente para evitar uma invasão enérgica. Ele despachou um de seus netos favoritos para pedir desculpas ao czar, junto com poetas que o exaltaram como "Suleiman dos nossos tempos", e, mais importante, enviou de presente uma das maiores pedras preciosas do mundo. O diamante do xá, de quase noventa quilates, antes pendia sobre o trono dos imperadores da Índia, rodeado de rubis e esmeraldas. Agora era enviado a São Petersburgo como a última oferta de paz. O estratagema deu certo: o assunto todo, declarou o czar Nicolau I, deveria agora ser esquecido.[27]

As tensões aumentaram em Londres. No início do século XIX, uma missão britânica havia sido enviada à Pérsia a fim de fazer frente à ameaça e megalomania de Napoleão. Agora a Grã-Bretanha viu-se diante do desafio de um rival diferente e inesperado: não era mais a França a ameaça, mas a Rússia – e, além disso, seu alcance parecia estender-se em todas as direções a cada dia que passava. Alguns tinham noção do que estava acontecendo. A política britânica significava que a "Pérsia fora entregue de mãos e pés amarrados à corte de São Petersburgo", observou sir Harford Jones, que havia sido embaixador em Teerã. Outros foram mais diretos. No que se refere à política na Ásia, escreveu lorde Ellenborough, uma figura veterana no gabinete do duque de Wellington na década de 1820, o papel da Grã-Bretanha era simples: "Limitar o poder da Rússia".[28]

Portanto, era de fato preocupante que os eventos na Pérsia tivessem fortalecido o poder do czar, tornando-o protetor do xá e de seu regime. Quando sérios levantes eclodiram contra o domínio russo nas estepes cazaques em 1836-7, interrompendo o comércio com a Ásia Central e a Índia, a Rússia incentivou o novo governante persa, xá Muhammad, a sitiar Herat no oeste do Afeganistão, na esperança de abrir uma nova rota comercial pelo leste. Foi fornecido também apoio militar e logístico às forças persas, para ajudá-las a alcançar seus objetivos.[29] Os britânicos foram pegos de surpresa – e entraram em pânico.

Lorde Palmerston, ministro do Exterior, ficou alarmado com essa reviravolta nos acontecimentos. "A Rússia e a Pérsia estão pregando peças no Afeganistão", escreveu ele na primavera de 1838 – embora continuasse com esperança de que as coisas logo se resolveriam satisfatoriamente.[30] Em poucas semanas, porém, ele ficou preocupado de verdade. A joia da Coroa do Império Britânico de repente pareceu vulnerável. As ações da Rússia haviam levado esse país "perto demais da nossa porta na Índia", escreveu ele a um confidente. Um mês depois, advertia os demais que a barreira entre a Europa e a Índia havia sido removida, "deixando caminho livre para uma invasão até a nossa própria porta".[31] A situação parecida realmente sombria.

O despacho em regime de emergência de uma força para ocupar a ilha de Kharg no Golfo Pérsico foi suficiente para desviar as atenções do xá e suspender o cerco a Herat. Mas os passos tomados a seguir foram desastrosos. Ansiosa para forjar um líder confiável que pudesse ajudar a reforçar a segurança de sua posição na Ásia Central, a Grã-Bretanha interveio nos complicados assuntos do Afeganistão. Depois que foi reportado que o governante do país,

Dost Muhammad, havia recebido enviados da Rússia propondo cooperação, os britânicos tomaram a decisão de apoiar seu rival, xá Shuja, com a intenção de colocá-lo no poder em seu lugar. Em contrapartida, Shuja concordou em manter uma guarnição de soldados britânicos em Cabul e aprovar a recente anexação de Peshawar pelo colaborador da Grã-Bretanha, o poderoso e influente marajá do Punjab.

No início, as coisas funcionaram como um relógio, já que Quetta, Kandahar, Ghazni e Cabul – os pontos-chave que controlavam o acesso nos eixos leste-oeste e norte-sul – foram controlados com o mínimo de confusão. Mas, não pela primeira vez e com certeza tampouco pela última, a intervenção externa criou um para-raios para os interesses disparatados e normalmente divididos dentro do próprio Afeganistão. As diferenças tribais, étnicas e linguísticas foram postas de lado à medida que o apoio local a Dost Muhammad cresceu, em detrimento do interesseiro, impopular e tolo xá Shuja – especialmente depois que foram expedidas diretivas que pareciam favorecer os britânicos à custa da população local. Mesquitas por todo o país começaram a se recusar a ler em voz alta a *hutba*, a aclamação que homenageia o governante e deveria mencionar o nome de Shuja.[32] Não demorou para que a própria Cabul se tornasse cada vez mais insegura para quem fosse britânico ou suspeito de nutrir simpatias pelos britânicos.

Em novembro de 1841, Alexander Burnes, um escocês cujas viagens extensivas pela região eram bem conhecidas na Grã-Bretanha graças às suas celebradas publicações e à sua incessante autopromoção, foi emboscado e assassinado na capital.[33] Pouco tempo depois, foi tomada a decisão de promover uma retirada para a Índia. Em janeiro de 1842, num dos episódios mais humilhantes e notórios da história militar britânica, a coluna que fazia a evacuação, sob o comando do major-general Elphinstone, foi atacada a caminho de Jalalabad nas passagens de montanha e aniquilada na neve do inverno. Diz a lenda que apenas um homem chegou à cidade vivo – o dr. William Brydon, cujo exemplar bem posicionado da revista *Blackwood* salvou-lhe a vida: ele o enrolara e pusera dentro do chapéu, para manter a cabeça mais quente; a revista assimilou a maior parte do golpe de uma espada, que de outro modo certamente o teria matado.[34]

As tentativas da Grã-Bretanha de conter o avanço em outras partes tampouco tiveram melhor sucesso. Missões para construir pontes com o emir de Bukhara e ganhar influência no norte do Afeganistão falharam de forma espetacular. O quadro peculiar e simplório dessa região, pintado por Alexander Burnes e outros, dá a falsa ideia de que os britânicos seriam recebidos de braços abertos. Nada mais distante da realidade. Os canatos ferozmente independentes da Ásia Central, como Khiva, Bukhara e Khokand, não tinham nenhum interesse em se envolver no que um pretenso figurão britânico, o típico exaltador de si próprio, chamou ingenuamente de "o grande jogo".[35] Dois oficiais britânicos, coronel Charles Stoddart e Arthur Conolly, que chegaram no início da década de 1840 para oferecer soluções a problemas nas relações anglo-russas na Ásia Central, foram decapitados diante de uma multidão de observadores entusiasmados.[36]

Uma terceira figura que chegou a Bukhara foi um indivíduo peculiar chamado Joseph Wolff. Filho de um rabino alemão, Wolff havia se convertido ao cristianismo; expulso do colégio de teologia em Roma, foi estudar teologia em Cambridge sob a orientação de um antissemita, cujas visões eram tão provocativas que era alvejado com ovos podres pelos estudantes.[37] Estabelecendo-se como missionário, Wolff de início foi para o Leste em busca das tribos perdidas de Israel. Acabou chegando a Bukhara atrás dos enviados perdidos, dos quais ninguém nunca ouvira falar. O emir deve ter adivinhado que um excêntrico estava a caminho, depois de receber uma carta antecipando sua visita e anunciando que "Eu, Joseph Wolff, sou o conhecido dervixe dos cristãos". Fique avisado, ele prosseguiu, que "estou prestes a entrar em Bokhara" para investigar relatos de que Conolly e Stoddart foram mortos, um boato no qual "eu, sabendo da hospitalidade dos habitantes de Bokhara, não acredito". Ele teve sorte de não compartilhar o mesmo destino dos dois, depois de ter sido aprisionado e instruído a aguardar sua execução. Acabou sendo libertado e teve permissão de ir embora; sobreviveu por pouco.[38]

Por ironia, Bukhara e a Ásia Central, de modo mais geral, tinham pouco interesse pela Rússia do ponto de vista estratégico. Etnografias básicas publicadas nesse período, como os escritos de Alexei Levshin sobre os cazaques que ficaram populares em São Petersburgo, revelavam uma crescente curiosidade a respeito desses povos, que não sabiam ler ou escrever, mas entre os quais "os rudimentos de música e poesia" podiam ser detectados, a despeito de sua aparente ignorância e caráter rústico.[39] Como o escrito de Burnes destacava, os objetivos da Rússia na região eram decididamente modestos: as duas prioridades eram incentivar o comércio e deter a venda de russos como escravos. O problema é que não foi essa a mensagem que se sedimentou a partir da obra de Burnes; o que realmente teve repercussão na Grã-Bretanha foi seu relato alarmista de que "a corte de São Petersburgo há muito tempo acalenta projetos para esta parte da Ásia".[40]

Isso se encaixou com a crescente ansiedade britânica em outras partes. O cônsul-geral em Bagdá, Henry Rawlinson, fez pressão incansável, advertindo a quem quisesse ouvir que, a não ser que a ascensão da Rússia fosse contida, o Império Britânico ficaria gravemente ameaçado na Índia. Havia duas opções: ou a Grã-Bretanha expandia o império até a Mesopotâmia, para construir um escudo adequado e proteger-se contra a abordagem do Ocidente; ou deveria trazer uma grande força da Índia, para atacar os russos no Cáucaso.[41] Rawlinson encarregou-se de apoiar insurgências locais anti-Rússia onde pudesse encontrá-las: forneceu armas e dinheiro ao imã Shamil, cuja base de poder na Chechênia era um espinho constante no costado da Rússia em meados do século XIX.[42] O apoio ajudou a estabelecer uma longa tradição de terrorismo checheno contra a Rússia.

Inevitavelmente, então, a Grã-Bretanha ficou aguardando a oportunidade de cortar as asinhas da Rússia. A série de rixas quanto ao tratamento dispensado aos cristãos no Império Otomano logo se intensificou de modo deliberado até que uma força britânica substancial foi despachada ao mar Negro em 1854, reforçada pelos franceses, que estavam ansiosos para proteger seus extensos interesses de negócios em Constantinopla, Alepo e Damasco. O objetivo era simples: era preciso dar uma lição à Rússia.[43]

Como lorde Palmerston expressou enquanto as hostilidades ferviam: "O principal e real objetivo da guerra era refrear as ambições agressivas da Rússia". A guerra obscura que estava sendo travada na Crimeia, no mar de Azov e com irrupções-relâmpago em outras partes – no Cáucaso e junto ao Danúbio, por exemplo – era pela disputa de um troféu bem mais importante do que parecia à primeira vista. De fato, o carismático e respeitado ministro do Exterior britânico chegou a apresentar um plano formal aos seus colegas de governo para o desmembramento da Rússia: a maneira de controlar a Rússia, e por implicação proteger os interesses britânicos na Índia, era passar o controle da Crimeia e de toda a região do Cáucaso aos otomanos.[44] Embora esse extravagante esquema não chegasse a decolar, é uma forte indicação do quanto a expansão da Rússia se tornara um grande problema na mente oficial britânica.

Alguns ficaram chocados com a invasão anglo-francesa. Karl Marx, escrevendo de maneira irada e farta sobre a guerra conforme ela evoluía, encontrou fértil material para desenvolver suas ideias sobre o ruinoso impacto do imperialismo, que ele apontara pela primeira vez no seu *Manifesto comunista*, alguns anos antes. Marx documentou com detalhes os aumentos nos gastos militares e navais e fez contínuos comentários em artigos publicados no *New York Tribune*, nos quais atacava com violência a hipocrisia daqueles que haviam arrastado o Ocidente para a guerra. Ele mal conteve sua alegria quando lorde Aberdeen foi obrigado a abandonar o cargo de primeiro-ministro diante da disseminada decepção com as pesadas baixas sofridas na Rússia. À medida que os preços se elevavam em Londres, estimulando protestos em casa, parecia óbvio a Marx que as políticas imperialistas britânicas estavam sendo ditadas por uma pequena elite e avançavam em detrimento das massas. O comunismo não brotou da Guerra da Crimeia, mas com certeza foi aguçado por ela.[45]

O mesmo vale para o movimento de unificação na Itália. Depois que se fez sangrar o nariz da Rússia – à custa de muitos soldados franceses e britânicos, incluindo aqueles que tomaram parte na tristemente famosa carga da Brigada Ligeira –, os termos do acordo foram por fim discutidos em Paris. Um dos membros da mesa de negociações era o conde Cavour, primeiro-ministro da Sardenha, que devia sua presença ali à decisão de Vittorio Emanuele, o rei da ilha, de enviar uma força auxiliar ao mar Negro em apoio à França. Ele aproveitou com astúcia seu momento sob os holofotes fazendo uma convocação para uma Itália unida, independente, um grito de união que foi visto com simpatia pelos aliados e ajudou a atrair apoiadores em casa.[46] Cinco anos mais tarde, o rei da Sardenha tornava-se rei da Itália, um novo país forjado a partir de cidades e regiões díspares. O imponente monumento *Altare della Patria*, que se ergue no centro de Roma e foi construído três décadas mais tarde, e que segundo as palavras de Primo Levi pretendia fazer Roma se sentir italiana e a Itália se sentir romana, marcou o auge dos desenvolvimentos que ganharam impulso com a luta por território e por influência milhares de quilômetros a leste.[47]

Para a Rússia, os termos impostos nas conversações de paz de Paris em 1856 foram simplesmente desastrosos. A Grã-Bretanha e a França se uniram para colocar uma corda no pescoço de sua rival: despojada dos ganhos conquistados com esforço no Cáucaso, a Rússia sofreu a ignomínia de ser privada de acesso militar ao mar Negro, que foi declarado zona neutra e vedado a todos os navios de guerra. A linha do litoral deveria também ser desmilitarizada, sem fortificações e depósitos de armamento.[48]

O objetivo foi humilhar a Rússia e sufocar suas ambições. Teve, porém, o efeito oposto – uma espécie de momento Versalhes, com um acordo contraproducente e de perigosas consequências. O acordo foi tão punitivo e restritivo que os russos imediatamente tentaram se livrar das algemas, mas afora isso ele também deu lugar a um período de mudanças e reformas. A Guerra da Crimeia revelou que o exército do czar não estava à altura das tropas aliadas, mais experientes e bem treinadas. Após alguns relatórios contundentes preparados para o czar Alexander II, que destacaram com detalhes impiedosos as deficiências do exército russo, foi promovida uma reformulação das Forças Armadas, de alto a baixo.[49]

Aplicaram-se medidas drásticas: o alistamento passou de 25 para quinze anos, baixando bruscamente a idade média das tropas, ao mesmo tempo que foram expedidos volumosos pedidos de equipamento atualizado para substituir material antiquado e ineficiente.[50] Mas a mudança de maior impacto veio de uma reforma social de longo alcance. Embora a severa crise bancária no final da década de 1850 tenha também tido o seu papel, foi a derrota na Crimeia e o vexame dos termos que se seguiram que levaram o czar a abolir a servidão, um sistema no qual uma parte significativa da população ficava presa à terra e ligada por contrato a proprietários ricos. Em cinco anos, a servidão havia sido erradicada, encerrando séculos de escravidão na Rússia.[51] Não era sem tempo, segundo alguns contemporâneos.[52] E pressagiou um surto rumo à modernização e ao liberalismo econômico que estimulou o crescimento num ritmo fenomenal na segunda metade do século XIX: a produção de ferro quintuplicou entre 1870 e 1890, ao mesmo tempo que a impressionante expansão da rede ferroviária servia, como um moderno estudioso descreveu, para "emancipar a Rússia das limitações impostas por sua geografia" – em outras palavras, unir o vasto país.[53] Longe de conter a Rússia, os britânicos esfregaram a lâmpada que libertou o gênio.

A intensificação das aspirações russas podia ser sentida mesmo enquanto a tinta da assinatura do contrato secava em Paris. Um dos delegados do czar nas conversações de paz, um adido militar chamado Nikolai Ignat'ev, estava tão furioso com o tratamento dispensado à Rússia em geral, e em particular com as restrições ao controle russo sobre o próprio litoral no mar Negro, que fez arranjos com o príncipe Gorchakov, ex-colega de classe e confidente de

Alexander Pushkin, para liderar uma missão à Ásia Central. O objetivo era inequívoco: "A investigação [dessa região] e a promoção de laços de amizade irão aumentar a influência da Rússia – e diminuir a da Grã-Bretanha".[54]

Ignat'ev pressionou muito para que fossem enviadas expedições à Pérsia e ao Afeganistão, e para que os enviados visitassem os canatos de Khiva e Bukhara. O objetivo, disse ele com franqueza, era encontrar uma rota para a Índia via qualquer um dos grandes rios que correm em direção ao mar de Aral – o Syr Darya ou o Amu Darya. Seria ideal, defendeu ele, que a Rússia pudesse fazer uma aliança com os povos da fronteira da Índia e também incentivasse a hostilidade deles em relação à Grã-Bretanha: esse seria o jeito de colocar a Rússia em vantagem – e não apenas na Ásia.[55]

As missões lideradas por Ignat'ev e outros renderam dividendos. Nos quinze anos que se seguiram ao fim da Guerra da Crimeia, a Rússia colocou centenas de milhares de quilômetros quadrados sob seu controle sem ter que recorrer à força. Expedições bem conduzidas, aliadas a uma pressão diplomática sagaz aplicada sobre a China, permitiram "dar passos imensos" no Extremo Oriente "no curto espaço de dez anos", como um veterano observador notou num relatório para o Ministério do Exterior em Londres em 1861.[56]

Não muito mais tarde, outras áreas das estepes do sul caíram no colo da Rússia, junto com as cidades-oásis que se estendiam pelo coração da Ásia. No final da década de 1860, Tashkent, Samarcanda e Bukhara, assim como boa parte do próspero Vale do Fergana, haviam se tornado "protetorados" ou vassalos de São Petersburgo, um prelúdio da anexação total e incorporação plena ao império. A Rússia construía a grande rede própria de comércio e comunicação, que agora conectava Vladivostok no leste à fronteira com a Prússia no oeste, e os portos do mar Branco, no norte, ao Cáucaso e à Ásia Central, no sul.

A história não tinha só aspectos positivos. Embora o país tivesse embarcado num programa de modernização muito necessário após o desastre da Guerra da Crimeia, os tendões da Rússia foram forçados demais conforme ela crescia. Gerar dinheiro para bancar a transformação do império era um problema constante e levou à embaraçosa decisão de se desfazer do Alasca por razões geopolíticas e financeiras.[57] Mesmo assim, conforme cresciam as preocupações a respeito daquilo que a mudança na Rússia significava para o Império Britânico, as atenções em Londres continuavam voltadas para conceber maneiras de obstruir a onda; ou, se isso falhasse, desviar a atenção da Rússia para outra parte.

16
A rota da guerra

No final do século XIX, a confiança russa e também sua agressividade cresciam rapidamente. Não demorou para que as atenções se concentrassem na revogação das cláusulas do Tratado de Paris. Uma após a outra, as chancelarias da Europa foram sondadas em busca de apoio para a revisão do tratado em geral e remoção das cláusulas relevantes em particular. A maioria mostrou pouca oposição, com uma exceção: Londres. No inverno de 1870, uma cópia da circular que resumia a proposta de remover as cláusulas, que havia sido apresentada ao Gabinete britânico, vazou à imprensa em São Petersburgo, junto com a notícia de que havia sido categoricamente rejeitada em Londres. Os esforços do príncipe Gorchakov de introduzir o assunto foram bem recebidos na Rússia e acolhidos com manifestações furiosas pela imprensa britânica.[1]

A linha adotada pelo *Spectator* refletia bem aquele choque de indignação. A tentativa da Rússia de renegociar era diabólica, declarou o jornal; um "desafio tão ousado e aberto à lei europeia, à moralidade internacional e à política britânica, que a nota russa nunca deveria ter sido expressa ao mundo".[2] A proposta de remover as cláusulas convenceu alguns de que a guerra era iminente e que a Grã-Bretanha não tinha escolha a não ser a força para manter as restrições à Rússia. Essa reação era monstruosa, escreveu John Stuart Mill em carta ao *The Times*; as ações podiam ser provocativas, mas não deveriam conduzir ao conflito militar. Até a rainha Vitória concordou, enviando um telegrama ao seu ministro do Exterior, lorde Granville: "Seria possível dar alguma indicação aos principais jornais", escreveu ela, "para que evitassem incitar o espírito de guerra entre nós?".[3]

Os altos níveis de ansiedade foram atiçados não tanto pelas preocupações a respeito do mar Negro, mas pela preocupação geral de que a Rússia desenvolvesse uma musculatura cada vez mais forte. Tendo a ação militar como uma possibilidade não realista e contando com uma mão de cartas muito fraca, a

Grã-Bretanha tinha pouca escolha, a não ser fazer concessões – o que provocou acirradas discussões entre o primeiro-ministro, William Gladstone, e o carismático Benjamin Disraeli na Câmara dos Comuns. A Rússia conseguiu o que queria, ou seja, a liberdade de agir como bem entendesse ao longo do litoral e de estacionar navios de guerra nos portos da Crimeia e em outras partes da margem norte do mar Negro. Isso foi recebido com euforia em São Petersburgo, segundo uma testemunha britânica, e apresentado como um "triunfo" da Rússia. O czar Alexander II, que "diziam ter ficado pessoalmente exultante", ordenou que fosse cantado o Te Deum na capela do Palácio de Inverno, antes de ir rezar na Catedral dos Santos Pedro e Paulo "por algum tempo, com sinais de profunda emoção".[4]

A Grã-Bretanha havia sido impotente para traduzir seu poderio econômico em sucesso diplomático e político. Abordagens novas foram logo adotadas. Um dos tópicos que surgiram para discussão foi o do título do governante britânico. Dado o porte e a distribuição dos domínios, das regiões, povos e lugares que estavam sujeitos à soberania britânica, foi proposto que o monarca deveria ter seu título elevado de real para imperial. Essa mudança cosmética despertou acalorado debate no Parlamento, com os tradicionalistas chocados com a ideia de mudar hierarquias, títulos e nomes que haviam funcionado bem por séculos. Reis têm suprema autoridade sobre governantes subordinados, afirmou lorde Granville na Câmara dos Lordes; não havia razão ou justificativa para elevar o título do soberano. "Caros lordes", declarou, "em relação à dignidade de sua majestade, nenhum nome pode ter apelo tão forte à imaginação quanto Vitória, rainha da Grã-Bretanha e Irlanda." Era assim que a monarca devia ser conhecida.[5]

O problema era a Rússia e o czar. Além de remontar à Roma imperial (a palavra "czar" é uma simples contração de "César"), o título formal do czar, usado em toda a sua glória em correspondência oficial e em ocasiões formais, fazia referência a uma elaborada e longa lista dos territórios sobre os quais ele tinha soberania. Em meados da década de 1870, Disraeli – a essa altura primeiro-ministro – enfatizou ao Parlamento que um título mais elevado que o de rainha ajudaria a dar confiança à população da Índia, que já se preocupava com o avanço russo na Ásia Central. A rainha Vitória concordou com o princípio e escreveu a Disraeli dizendo que "atacar a Rússia a partir da Índia é a maneira correta" e que um título mais elevado poderia ajudar a focalizar a lealdade dos seus súditos na Índia.[6]

Alguns parlamentares não estavam convencidos da necessidade de competir dessa forma. Com certeza, nós britânicos, "que governamos a Índia há cem anos", disse um deles, não estamos tão inseguros de nós mesmos a ponto de precisar alterar o título da rainha, simplesmente "a fim de que nossa soberana possa ser colocada em termos de igualdade com o imperador da Rússia".[7] Outros, no entanto, enfatizavam a radical mudança na situação do Leste, e proclamavam de modo desafiador que "o domínio britânico sobre o Industão pretende ser duradouro", e que, portanto, "nenhuma parte do território deve ser cedida". O fato de as fronteiras da Rússia estarem agora a apenas alguns dias de marcha dos domínios de sua majestade na Índia era motivo de alarme.[8] Após intenso debate no Parlamento, foi aprovado projeto de lei em 1876 proclamando que Vitória não era apenas uma rainha, do modo que havia sido coroada quase quatro décadas antes, mas também uma imperatriz. Ela gostou: no Natal, enviou a Disraeli um cartão assinado "Victoria, *Regina et Imperatrix*" – Vitória, rainha e imperatriz.[9]

Passos aparentemente superficiais como esse foram acompanhados por medidas mais práticas, num ambiente cada vez mais tenso, à medida que os britânicos não abandonavam a preocupação de não perder terreno para seus rivais. Tanto a Grã-Bretanha quanto a Rússia ficaram obcecadas em estabelecer redes para espionar uma à outra, conquistar a população local e cultivar boas relações com as pessoas influentes. O coronel Maclean da Cavalaria do Punjab e do Serviço Político Indiano era um desses incumbidos de monitorar eventos nas fronteiras entre Pérsia, Índia e Afeganistão na década de 1880. Ele montou grupos de mercadores e operadores de estações de telégrafo locais e incentivou-os a transmitir informações sobre o que estava acontecendo na região. Maclean se aproximou de clérigos muçulmanos, presenteando-os com xales, tapetes, charutos e até anéis, a fim de impressionar a população local sobre os benefícios de cooperar com a Grã-Bretanha. Maclean justificou esses subornos como uma maneira de canalizar apoio junto a amigos influentes. Na verdade, serviram para fortalecer a autoridade religiosa em uma região fragmentada, foco de intensa competição desde o exterior.[10]

Do ponto de vista britânico, havia real preocupação com as intenções e a capacidade da Rússia e sobre a ameaça que a sua expansão na Ásia Central constituía para as defesas da Índia. As conversas em Londres voltaram-se para o confronto militar com a Rússia, com Disraeli aconselhando a rainha a ficar pronta para autorizar o envio de soldados britânicos "ao Golfo Pérsico, e [que] a imperatriz da Índia devia ordenar que seus exércitos tirassem os moscovitas da Ásia Central e os empurrassem para dentro do mar Cáspio".[12] As autoridades estavam tão nervosas que o vice-rei, lorde Lytton, ordenou não uma, mas duas invasões do Afeganistão em 1878-80, instalando um governante fantoche no trono em Cabul. A Pérsia era cortejada com assiduidade e persuadida a assinar a Convenção de Herat, na qual se comprometia a proteger a Ásia Central contra o avanço russo. Esta não era uma tarefa fácil, já que a Pérsia tinha os próprios interesses nessa região e estava lambendo as próprias feridas, após a recente e pouco prestativa intervenção britânica, que havia favorecido o Afeganistão às suas custas.[12] Nesse meio-tempo, foram dados passos para estabelecer contatos além de Kandahar, a fim de ter melhores sistemas de detecção precoce sobre qualquer iniciativa russa, militar ou de qualquer outra ordem.[13]

Considerável energia foi gasta por altos oficiais em avaliar o melhor modo de lidar com uma possível invasão russa do Raj. A partir do final da década de 1870, vários relatórios foram preparados para examinar a questão a partir de uma visão estratégica ampla: reconheceu-se que as divergências e tensões com a Rússia em outros teatros poderiam e provavelmente iriam ter impacto no Oriente. Um dos memorandos examinou "as medidas que deveriam ser adotadas na Índia caso a Inglaterra se juntasse à Turquia numa guerra contra a Rússia" – após a invasão russa dos Bálcãs em 1877. Outro, escrito em 1883, perguntava: "Seria possível uma invasão da Índia pela Rússia?"; e outro, não muito depois desse: "Quais são os pontos vulneráveis da Rússia e como os recentes eventos têm afetado nossa política de fronteiras na Índia?". Um sinal claro do quanto essas questões foram levadas a sério foi a nomeação de seu autor, o general linha-dura sir Frederick (mais tarde lorde) Roberts, como comandante-chefe da Índia, em 1885.[14]

Nem todos compartilhavam essa visão sombria da situação na Ásia, mesmo depois que um conjunto de planos de invasão preparados pelo general Alexei Kuropatkin chegou às mãos dos britânicos em 1886.[15] Henry Brackenbury, diretor do serviço de informações militares, achava que a ameaça russa estava sendo exagerada quanto à disposição da Rússia de atacar e em termos do preparo do exército do czar para fazê-lo.[16] George Curzon, então um jovem promissor parlamentar e *prize fellow* do All Souls College de Oxford, mas que seria dentro de uma década vice-rei da Índia, mostrava-se ainda menos convicto. Não via nenhum grande plano ou estratégia por trás

O GRANDE JOGO NO SÉCULO XIX
Invasão britância do Afeganistão
Pressão da Rússia ao sul
Datas da expansão russa para o sul 1865
RÚSSIA
ÍNDIA
PÉRSIA
AFEGANISTÃO
AZERBAIJÃO
IRAQUE
SÍRIA
PALESTINA
MESOPOTÂMIA
XINJIANG
CÁUCASO
TAURUS
DESERTO DE KARAKUM
DESERTO DE TAKLAMAKAN
VALE DO FERGANA
PAMIRS
INDOCUCHE
TIEN SHAN
HIMALAIAS
Mar Negro
Mar Cáspio
Mar de Aral
Mar Mediterrâneo
Mar Vermelho
Golfo Pérsico
Mar da Arábia
Dniestr
Dniepr
Ural
Halys
Eufrates
Tigre
Jaxartes (Syr Darya)
Oxus (Amu Darya)
Indo
Ganges
Nilo
Orenburg
Odessa
Sebastopol
Batumi
Tbilisi
Derbent
Yerevan
Erzerum
Baku
Krasnovodsk
Ashgabat
Khiva
Bukhara
Tashkent
Samarkand
Khokand
Dushanbe
Bishkek
Alma Ata
Merv
Mazar-i-Sharif
Meshad
Herat
Kandahar
Quetta
Sistan
Cabul
Ghazni
Jalalabad
Peshawar
Rawalpindi
Lahore
Délhi
Tehran
Qom
Isfahan
Masjed Soleymān
Ābādān
Basra
Khushk
Shiraz
Bushihr
Kerman
Bagdá
Mosul
Alepo
Alexandretta
Damasco
Haifa
Jerusalém
Alexandria
Cairo
Medina
Meca
1873
1868
1865
1876
1884
0 500 1000 1500 2000 quilômetros
0 250 500 750 1000 1250 milhas

dos interesses da Rússia no Leste. Longe de ser "consistente ou implacável ou profunda", escreveu em 1889, "acredito que se trate de uma política precária, de aguardar o desfecho dos eventos, tirar proveito dos erros alheios, e com a mesma frequência cometê-los também".[17]

Certamente era verdade que as atitudes russas em relação ao quadro geral da Ásia Central e à Índia em particular tinham muito de petulância e desejo utópico. Havia cabeças quentes dentro das Forças Armadas que falavam em esquemas grandiosos de tomar o lugar da Grã-Bretanha como potência dominante no subcontinente, ao mesmo tempo que eram tomadas medidas que pareciam sugerir que o interesse da Rússia estava longe de ser passivo: por exemplo, foram enviados oficiais para aprender hindi, em preparação a uma iminente intervenção na Índia. Também havia atitudes de incentivo, como a do marajá Duleep Singh do Punjab, que escreveu ao czar Alexander III prometendo "libertar cerca de 250 milhões de meus conterrâneos do cruel jugo do domínio britânico" e afirmando estar falando em nome dos "mais poderosos príncipes da Índia" – o que soava como um convite aberto para que a Rússia expandisse suas fronteiras mais para o sul.[18]

Na prática, porém, as coisas não eram tão simples assim. Em primeiro lugar, a Rússia já se debatia com a espinhosa questão de como incorporar as vastas novas regiões recentemente trazidas para dentro da órbita imperial. Funcionários do governo enviados ao Turquestão ficavam às voltas com registros de terras que eram complexos e muitas vezes contraditórios, e suas tentativas de racionalizar impostos e leis locais deparavam inevitavelmente com resistências.[19] Depois havia as tristes realidades engendradas pela opinião pública, que originaram o que um conselho de ministros em São Petersburgo chamou de "estado de espírito fanático de nossas terras fronteiriças do leste", resultado da influência do islã em quase todos os aspectos da vida diária dos "novos russos", agora parte do império do czar.[20] Era tão grande a preocupação com insurreições e rebeliões nesses territórios recém-anexados que houve dispensa do serviço militar obrigatório nessas regiões, e as demandas financeiras foram mantidas num teto deliberadamente baixo. Os camponeses russos, como um destacado intelectual observou de modo incisivo, não desfrutavam de um tratamento igualmente generoso.[21]

Também surgiram complicações quanto às visões alimentadas a respeito das populações locais. Críticos russos chamaram a atenção para as atitudes profundamente preconceituosas da Grã-Bretanha, observando que os soldados britânicos tratavam os comerciantes nos bazares de Tashkent "como se fossem mais próximos de animais do que de homens"; em certa ocasião, ao que parece a esposa de um capitão britânico recusou a companhia do marajá da Cachemira num jantar afirmando que ele era um "hindu sujo". Apesar das críticas que faziam, os russos não tinham atitudes mais esclarecidas: oficiais do czar queixavam-se da maneira como os britânicos tratavam os habitantes locais, mas há pouca evidência de que eles realmente vissem as coisas de outro modo. "Todos os hindus, sem exceção", escreveu um russo que visitou a Índia no século XIX, "dedicam toda a sua habilidade e toda a sua alma à mais horrível agiotagem. Triste do infeliz nativo que se vê seduzido por suas promessas enganosas!".[22]

Mesmo assim, havia um *frisson* a respeito dos novos mundos com os quais a Rússia estava entrando em contato, expressas pelo ministro do Interior, Pyotr Valuev, em seu diário em 1865. "Tashkent foi tomada pelo general Cherniaev", escreveu ele. "Ninguém sabe por que ou com que propósito [...] [mas] há algo de erótico em tudo o que estamos fazendo nas fronteiras distantes de nosso império." A extensão de nossas fronteiras é maravilhosa, escreveu ele. Primeiro a Rússia alcançara o rio Amur, depois o Ussuri. E agora, Tashkent.[23]

E, no entanto, apesar dos problemas iniciais, a influência da Rússia e seu envolvimento no Leste continuavam a se expandir com velocidade crescente, à medida que ela foi desenvolvendo suas próprias Rotas da Seda. A construção da ferrovia Transiberiana e a conexão com a ferrovia Chinesa do Leste criaram logo um grande surto de comércio entre 1895 e 1914.[24] Isso tinha o apoio de novas entidades, como o Banco Russo-Chinês, criado para financiar a expansão econômica no Extremo Oriente.[25] Como o primeiro-ministro russo Pyotr Stolypin declarou em 1908 à Duma (o parlamento russo), o leste da Rússia era uma região prenhe de perspectivas e recursos. "Nosso distante e inóspito território de fronteira é rico em ouro, madeira, peles e imensos espaços adequados à agricultura." Esses espaços, apesar de esparsamente povoados naquele momento, não ficariam vazios por muito tempo. A Rússia precisava agarrar as oportunidades que se apresentavam.[26]

Para a Grã-Bretanha, isso estava longe de ser tranquilizador, tendo em vista o zelo com que vinha guardando sua posição no Extremo Oriente. Abrir mercados na China havia se revelado particularmente difícil. Em 1793, por exemplo, a primeira missão britânica foi recebida com soberba pela corte Qianlong quando foi solicitar o direito de estabelecer uma comunidade comercial. As conexões da China penetravam profundamente em "todos os países sob o céu".. Portanto, o pedido britânico era mais do que previsto, observou uma carta do imperador, que foi levada de volta ao rei Jorge III. "Como seu embaixador pôde ver por ele mesmo", dizia o autor da carta com desdém, "possuímos de tudo. Não dou valor a objetos estranhos ou engenhosos e não vejo utilidade nas manufaturas de seu país."[27]

Na realidade, isso era mera jactância – pois no devido tempo foram acertadas as condições. A reação agressiva baseava-se mais na aguda percepção de que os tentáculos da Grã-Bretanha estavam se estendendo ainda mais, e um ataque como esse seria a melhor forma de defesa.[28] Como ficaria claro, as suspeitas iniciais dos chineses não eram despropositadas, pois, a partir do momento em que lhe foram concedidos privilégios comerciais, a Grã-Bretanha pouco hesitou em usar a força para preservar e estender sua posição. Aspecto central para a expansão comercial foi a venda de ópio, apesar dos fortes protestos dos chineses, cujo ultraje diante dos devastadores efeitos da dependência da droga foi tratado com indiferença pelas autoridades britânicas.[29] O comércio de ópio se expandira muito após o Tratado de Nanquim em 1842, que abriu acesso aos portos onde esse comércio havia sido restringido até então e também cedeu Hong Kong aos britânicos; houve concessões adicionais depois que as forças britânicas e francesas marcharam sobre Pequim em 1860, saqueando e ateando fogo ao antigo Palácio de Verão.[30]

Alguns viram isso como um momento seminal, que marcou mais um capítulo no triunfo do Ocidente. "Assim tem sido o destino da Inglaterra", dizia uma reportagem na imprensa britânica, "romper uma trama governamental que por tanto tempo mistificou o mundo europeu e revelar aos próprios súditos sua vacuidade e suas maldades." Outro cronista foi igualmente rude. O "barbarismo misterioso e exclusivo" do Império chinês, escreveu ele, tem sido desmantelado pela "força da ativa e invasiva civilização ocidental".[31]

Em 1885, à medida que a Grã-Bretanha buscava frear a contínua ascensão da Rússia no Extremo Oriente, foi tomada a decisão de ocupar as ilhas de Komondo, no litoral sul da península coreana – "como uma base", segundo se comunicou ao Gabinete, "para bloquear a força russa no Pacífico" e também "como um posto avançado para apoiar as operações contra Vladivostock".³² A ação visou proteger a posição estratégica da Grã-Bretanha e, acima de tudo, seu comércio com a China – se necessário com um golpe preventivo. Em 1894, antes que as ferrovias tivessem aberto novas possibilidades, mais de 80% de todo o rendimento da alfândega coletado na China era pago pela Grã-Bretanha e por companhias britânicas – cujos navios também transportavam mais de quatro quintos de todo o comércio chinês. Era óbvio que a ascensão da Rússia e das novas rotas terrestres que iriam trazer produtos para a Europa viria à custa da Grã-Bretanha.

Foi nesse contexto de crescente rivalidade e tensão que surgiu a notícia, no final da década de 1890, de que a Rússia dava os primeiros passos para cortejar a Pérsia. Isso levantou a perspectiva de uma aliança, que constituiria uma ameaça ao acesso à Índia pelo noroeste. Em Londres, já se chegara à conclusão, se bem que após muita deliberação, que a pressão da Rússia no subcontinente através do Afeganistão e do Indocuche provavelmente seria restrita. Para estrategistas armados de lápis e mapas, traçar uma rota na Ásia Central por essa região geograficamente desafiadora parecia fácil; mas reconhecia-se que, embora não se pudesse descartar um ataque-surpresa em pequena escala, a realidade é que o terreno reduzia a possibilidade de um grande esforço militar pelas passagens de montanha, bem conhecidas como traiçoeiras e extremamente difíceis de transpor.

A abordagem pela Pérsia era de outra ordem. A Rússia se tornara bem mais ativa no flanco sul, ocupando Merv em 1884, numa ação que pegou de surpresa oficiais e agentes britânicos – eles souberam disso por reportagens em jornais – e agora cortejava a liderança em Teerã. Com a fronteira da Rússia pouco mais de trezentos quilômetros de Herat, a estrada para Kandahar e, portanto, para a Índia ficava escancarada. Mais preocupante ainda era o fato de que a expansão havia sido acompanhada por projetos de infraestrutura, para conectar novas regiões ao interior russo. Em 1880 teve início a construção da ferrovia Transcaspiana, e uma das suas linhas logo fez a conexão até Samarcanda e Tashkent; e, por volta de 1899, um ramal ligou Merv a Kushk, a curta distância de Herat.³³ Essas linhas férreas eram mais que simbólicas: eram artérias que permitiriam o envio de provisões, armas e soldados, que seriam entregues na porta dos fundos do Império Britânico. Como o marechal de campo lorde Roberts enfatizou pouco depois aos oficiais do Comando do Leste, era lamentável que as ferrovias tivessem sido expandidas até tão longe. Agora, porém, ficava estabelecida uma linha "que a Rússia não teria permissão de cruzar". Se o fizesse, afirmou ele, seria "considerado um *casus belli*" – isto é, razão para declarar guerra.³⁴

As linhas ferroviárias também representavam uma ameaça econômica. Em 1900, a embaixada britânica em São Petersburgo enviou a Londres um resumo de um panfleto escrito por um oficial russo defendendo a extensão de uma linha férrea até a Pérsia e o Afeganistão. Provavelmente, admitiu o oficial, os britânicos não iriam reagir bem ao novo sistema de transporte, mas isso não era surpresa: afinal, uma conexão ferroviária que se espalhasse pela Ásia iria "colocar todo o comércio da Índia e da Ásia Oriental com a Rússia, e a Europa em mãos [russas]".³⁵ Havia um pouco de exagero nisso, como um veterano diplomata observou em resposta ao relatório. "As considerações estratégicas feitas pelo autor não têm grande valor", escreveu Charles Hardinge, porque seria loucura a Rússia fazer um movimento nessa região, dado o controle britânico do Golfo Pérsico.³⁶

Não obstante, numa época em que as ansiedades britânicas já estavam altas, tais rumores sobre a extensão do alcance comercial da Rússia nessa direção eram um motivo a mais de preocupação. Na verdade, fantasmas e complôs eram vistos por toda parte e devidamente registrados por diplomatas britânico ansiosos. Levantaram-se questões esdrúxulas sobre a razão pela qual a presença de um certo dr. Paschooski em Bushihr não havia sido detectada mais prontamente, e houve informes questionando se eram de fato verdadeiras suas alegações de que estava tratando de vítimas da peste; a visita de um nobre russo, identificado como "príncipe Dabija", também foi vista com suspeita, e o fato de ele parecer "muito reticente a respeito de suas ações e intenções" foi devidamente registrado e transmitido.³⁷ Em Londres, a Rússia subiu ao topo da agenda das reuniões do Gabinete, chamou a atenção do próprio primeiro-ministro e virou uma das prioridades do Ministério do Exterior.

A curto prazo, a Pérsia era a arena onde a competição se mostrava mais intensa. Os governadores de lá haviam engordado com os empréstimos em excelentes condições daqueles que buscavam construir boas relações com uma nação abençoada pela posição estratégica invejável, como fulcro entre Oriente e Ocidente. A Grã-Bretanha tivera todo o cuidado de satisfazer os muitos caprichos e apetites financeiros dos governantes da Pérsia no final do século XIX até que, em 1898, o xá Mozaffar od-Dīn, com seus bigodes extravagantes, lançou uma bomba ao rejeitar a oferta de um novo empréstimo de 2 milhões de libras. Um alto oficial foi imediatamente despachado para colher mais informações, mas foi obstruído em seu intento. Lorde Salisbury, o primeiro-ministro britânico, acompanhou a situação pessoalmente, expedindo instruções ao Tesouro para melhorar as condições e aumentar a quantia proposta. Começaram a circular rumores a respeito do que estava ocorrendo nos bastidores: por fim, soube-se que a Rússia estava se propondo a emprestar uma quantia mais alta do que a oferecida pela Grã-Bretanha, e com condições muito melhores.[38]

Foi uma manobra esperta de São Petersburgo. O rendimento de impostos na Rússia crescia acentuadamente e o investimento estrangeiro também vinha entrando em bom volume. De forma lenta, mas segura, uma classe média começou a emergir – composta por homens como Lopakhin, da peça de Tchékhov *O jardim das cerejeiras*, que uma geração antes estariam ligados à terra e agora se beneficiavam da mudança social, dos novos mercados domésticos e das novas oportunidades de exportar, fazendo fortuna. Historiadores de economia gostam de avaliar o crescimento pela presença de grandes aumentos na urbanização, na produção de ferro-gusa e na quantidade de novas linhas férreas sendo instaladas. Mas basta olhar para a literatura, a pintura, a dança e a música desse período, para o florescimento de Tolstói, Kandinski, Diaghilev, Tchaikóvski e muitos e muitos outros, para ter uma ideia do que estava acontecendo: no plano cultural e econômico, a Rússia vivia um grande momento.

Em meio a essa animação, era inevitável que a Pérsia fosse cortejada, alimentando sua insaciável fome de dinheiro, decorrente em parte das ineficiências estruturais da sua administração e em parte dos gostos caríssimos de suas classes dominantes. Depois que sir Mortimer Durand, embaixador britânico em Teerã, reportou informações colhidas de fontes austríacas em Constantinopla no início de 1900 de que o governo do czar pretendia emprestar dinheiro e superar as ofertas britânicas, o inferno se abateu sobre Londres.[39] Foram montadas comissões para viabilizar a extensão da ferrovia de Quetta até Sistan e construir uma rede de linhas telegráficas – "para salvar o sul da Pérsia", como escreveu lorde Curzon, "de cair nas garras [da Rússia]".[40]

Sugeriram-se propostas radicais para conter o percebido avanço da Rússia, incluindo empreender grandes obras de irrigação na região de Sistan como maneira de cultivar a terra e construir laços locais. Havia até conversas sobre os britânicos arrendarem terras na província de Helmand para proteger de fato as rotas para a Índia.⁴¹ A essa altura, a questão não era mais se o ataque da Rússia seria ou não desferido, mas quando. Como lorde Curzon afirmou em 1901: "Queríamos Estados-tampão entre nós e a Rússia". Um por um, todos eles tinham sido "pressionados a deixar de existir". China, Turquestão, Afeganistão e agora a Pérsia haviam sido tirados do tabuleiro. O tampão, acrescentou, estava "reduzido à espessura de uma hóstia".⁴²

Lorde Salisbury ficou desesperado e insistiu para que seu ministro do Exterior, lorde Lansdowne, achasse uma maneira de emprestar dinheiro à Pérsia. "A situação parece [...] perdida", escreveu o primeiro-ministro em outubro de 1901. O Tesouro relutava em melhorar sua oferta, alarmado com a facilidade com que o xá e seu entorno iam aumentando o valor daquelas somas já substanciais. Restavam poucas opções. "Se não conseguirmos o dinheiro", escreveu o primeiro-ministro, "a Rússia irá estabelecer um protetorado na prática [na Pérsia], e só pela força conseguiremos evitar que os portos do golfo caiam nele."⁴³

O temor de que isso acontecesse já viera à tona no ano anterior, quando foi reportado que a Rússia se preparava para tomar o porto de Bandar Abbas, localização estrategicamente vital para controlar o estreito de Hormuz – a parte mais estreita no Golfo Pérsico. Como um membro da Câmara dos Lordes afirmou alarmado: "A presença de um arsenal naval no Golfo Pérsico nas mãos de uma grande potência seria uma ameaça não só ao nosso comércio com a Índia e a China, mas também ao da Australásia".⁴⁴ Quando navios de guerra britânicos receberam ordens de tomar contramedidas na eventualidade de qualquer ação dos russos, lorde Lansdowne foi inflexível: "Devemos encarar o estabelecimento de uma base naval ou de um porto fortificado no Golfo Pérsico por qualquer outra potência como uma ameaça gravíssima aos interesses britânicos". As consequências, disse ele, seriam graves. Ele se referia a uma guerra.⁴⁵

Os fantasmas russos estavam por toda parte. Funcionários ansiosos do Ministério do Exterior em Londres examinavam compulsivamente a grande quantidade de relatórios sobre as atividades de funcionários czaristas, engenheiros e supervisores na Pérsia.⁴⁶ As consequências de uma nova companhia de comércio apoiada pelos russos e operando entre Odessa no mar Negro e Bushihr no litoral sul da Pérsia foram seriamente discutidas no Parlamento, e os deputados se alarmavam com relatórios confidenciais sobre figuras obscuras que diziam estar investigando "pássaros, borboletas e outros animálculos", mas que na realidade poderiam ser agentes russos distribuindo rifles a tribos nas litigiosas regiões da fronteira a fim de fomentar a insatisfação.⁴⁷ A situação atraiu a atenção do rei Eduardo VII, que escreveu ao ministro do Exterior em 1901 expressando sua preocupação de que "a influência russa parece preponderar cada vez mais na Pérsia, em detrimento da Inglaterra", e incitando-o a dizer ao xá que o fracasso em resistir aos russos não seria tolerado.⁴⁸ Pouco adiantou o embaixador britânico em Teerã, sir Cecil Spring-Rice, reportar que o xá jurara de pés juntos que "não pretendia assumir uma posição na Pérsia que pudesse facilitar a invasão da Índia".⁴⁹

A ansiedade aumentava justamente numa época em que havia a forte sensação de que o império estava sendo superexigido. O confronto com os bôeres na África do Sul e o levante Yihetuan (mais conhecido como a Rebelião dos Boxers) na China criaram internamente a ideia de que a Grã-Bretanha corria risco de ser sobrepujada no além-mar – o que exacerbava os receios diante do avanço russo. Um relatório cheio de maus presságios apresentado ao Gabinete em Londres no final de 1901 declarava que os russos seriam capazes de colocar 200 mil homens na Ásia Central, e mais da metade desse número em posição desconfortavelmente próxima da fronteira indiana, assim que a linha férrea fosse estendida de Orenburg a Tashkent.⁵⁰ Isso veio logo após um relatório de Batumi na Geórgia informando que os russos estavam a ponto de transferir 20 mil homens para a Ásia Central – um alarme falso, como se constatou depois.⁵¹ O problema é que, do ponto de vista britânico, as opções pareciam limitadas: o custo de reforçar a fronteira era devastador – calculado alguns anos mais tarde como não inferior a 20 milhões de libras e mais um custo anual contínuo.⁵²

Cenas de violência nas ruas de São Petersburgo em 1905 e a catastrófica derrota da marinha do czar na Guerra Russo-Japonesa deram um pequeno conforto àqueles que achavam que era apenas uma questão de tempo para que a Rússia rompesse seus grilhões. A Grã-Bretanha mal poderia resistir ao que era abertamente referido como "o ameaçador avanço da Rússia"; eram necessárias outras soluções para evitar que uma situação ruim ficasse ainda pior. Não seria o caso, perguntava um documento preparado pela inteligência militar, de entrar em acordo com a Alemanha, para fazer as mentes russas mudarem de foco?⁵³

Em Londres, as conversas voltaram-se para a possibilidade de uma intervenção militar britânica na Mesopotâmia como parte da agora constante preocupação em aumentar a presença da Grã-Bretanha no Oriente Médio. A Comissão para Defesa Imperial reviu a possibilidade de ocupar Basra, e havia uma acalorada discussão a respeito de desmembrar a Turquia asiática para ganhar acesso aos ricos campos do Eufrates. Em seguida, em 1906, houve propostas para a construção de uma linha férrea do Golfo Pérsico até Mosul, que entre outros benefícios permitiria que os soldados britânicos fossem levados até um ponto vulnerável da Rússia no Cáucaso.[54] Uma por uma, essas opções foram descartadas com base em questões de viabilidade e custos: como advertiu sir Edward Grey, o novo ministro do Exterior, o custo de uma invasão – e de assegurar e defender novas fronteiras – seria da ordem de milhões.[55]

Grey teve outra ideia. A posição da Grã-Bretanha no Leste era precária e perigosamente exposta. Seria necessário reorientar o foco da Rússia, distanciando-o de vez da região. Numa declaração ousada dada ao *The Times* apenas um mês antes de sua nomeação no final de 1905, Grey deixara claro que haveria muito a ganhar se fosse alcançado um entendimento em relação às "nossas possessões asiáticas". Nenhum governo britânico, disse ele, iria "se intrometer e tentar impedir ou obstruir a política da Rússia na Europa". Era "urgentemente desejável", portanto, "que a posição e a influência da Rússia" fossem expandidas na Europa – e, em outras palavras, desviadas da Ásia.[56]

A hora não poderia ter sido melhor. A França estava cada vez mais inquieta com o explosivo crescimento econômico da Alemanha, sua vizinha e grande rival. Memórias da Guerra Franco-Prussiana de 1870-1, que resultara no cerco de Paris e num desfile da vitória prussiana pelo centro da cidade após a assinatura de um armistício, ainda estavam vivas na mente de todos. A velocidade dessa invasão foi um grande choque e despertou medos de que outro ataque-relâmpago pudesse pegar a França desprevenida de novo – especialmente porque um dos efeitos do ataque fora a unificação da Alemanha num império, proclamado no próprio Palácio de Versalhes.

Isso já era ruim o suficiente. Os franceses estavam alarmados com a grande ascensão da indústria alemã nas duas décadas após 1870, quando a produção de carvão dobrou e a de metal triplicou.[57] A expansão da economia levou a investimentos cada vez maiores numa máquina militar já impressionante, tanto por terra quanto por mar. Diplomatas franceses trabalhavam incansavelmente nos bastidores no início da década de 1890 para concluir um acordo militar e depois uma aliança plena com a Rússia, cujo propósito básico era a autodefesa: os dois países concordaram em atacar a Alemanha caso esta ou seus aliados mobilizassem seus exércitos – na realidade, ambas formalizaram uma ação contra a Grã-Bretanha na eventualidade de Londres atacar qualquer uma delas.[58]

O desejo britânico de reorientar a atenção russa para a sua fronteira ocidental era, portanto, música para os ouvidos franceses. A primeira fase de um realinhamento entre Londres e Paris teve lugar em 1904, quando a Entente Cordiale foi assinada, após detalhada discussão dos interesses mútuos ao redor do mundo. Como esperado, o papel da Rússia era central nessas negociações. Em 1907, o círculo de alianças foi concluído. Chegou-se a um acordo formal com a Rússia em relação ao coração do mundo, com uma linha fixa demarcando esferas de influência na Pérsia, junto com termos para restringir ao mínimo o envolvimento russo no Afeganistão.[59] A solução para aliviar a Índia "de apreensões e tensões", argumentou Edward Grey, era forjar um entendimento mais positivo com a Rússia. Isso asseguraria que a "Rússia não assumisse controle de partes da Pérsia que representem perigo para nós".[60] Como confidenciou em 1912, havia muito tempo ele alimentava receios sobre a política tradicional de tentar simultaneamente empurrar e conter a Rússia, observando que, "durante anos, sustentei que essa era uma política equivocada".[61] Buscar uma aliança, em outras palavras, era uma maneira muito mais elegante e produtiva de avançar.

No entanto, diplomatas veteranos reconheciam que a reaproximação com a Rússia teria um preço: a Alemanha. Como sir Charles Hardinge, subsecretário permanente do Ministério do Exterior em Londres, enfatizou em 1908: "É muito mais essencial termos um bom entendimento com a Rússia na Ásia e no Oriente Próximo do que bons termos com a Alemanha".[62] Era uma mensagem que ele procurou repetir, mesmo depois de ter sido colocado no cargo de vice-rei da Índia dois anos mais tarde. "Seremos praticamente impotentes", escreveu, caso a Rússia decida avançar na Pérsia. Valia a pena, portanto, fazer o possível para equilibrar a situação na Europa: "Era muito mais desvantajoso ter uma França e uma Rússia inimigas do que uma Alemanha".[63] As relações da Grã-Bretanha com a Rússia estavam "sendo submetidas a severas pressões", decorrentes das tensões na Pérsia, concordava sir Arthur Nicolson, embaixador em São Petersburgo. "Acredito", prosseguiu ele, "ser absolutamente essencial manter pleno entendimento com a Rússia."[64]

Manter a Rússia feliz a todo custo tornou-se o principal motor da política britânica após a conclusão da aliança. Em 1907, sir Edward Grey disse ao embaixador russo em Londres que a Grã-Bretanha iria pensar em ser mais flexível na questão do Bósforo – se os russos concordassem em estabelecer "boas relações permanentes".[65] Isso foi suficiente para reembaralhar o castelo de cartas europeu, com São Petersburgo embarcando numa rodada de difíceis negociações diplomáticas que incluíam ganhar o apoio da Áustria na questão do estreito de Bósforo em troca da aquiescência quanto à anexação da Bósnia – um acerto que teria consequências espetaculares.[66]

Em 1910, sir Edward Grey escreveu de novo sobre a necessidade de sacrificar relações com Berlim se necessário: "Não podemos entrar num entendimento político com a Alemanha que nos afaste da Rússia e da França".[67] A obstinação com essa abordagem foi bem percebida em São Petersburgo, que identificou a frenética disposição de cortejar dos britânicos – e as oportunidades que isso criava. "A meu ver", ponderou o ministro do Exterior russo, Sergei Sazonov, por volta do final de 1910, "o gabinete em Londres encara a Convenção Anglo-Russa de 1907 como essencial para os interesses asiáticos da Inglaterra." Nesse caso, prosseguiu, parece que a Grã-Bretanha poderia ser pressionada a fazer concessões de envergadura "a fim de manter a convenção em vigor, o que é sumamente importante para eles".[68] Foi uma observação perspicaz.

À medida que as forças russas começaram em 1910 a fazer novas incursões na Mongólia, no Tibete e no Turquestão chinês, os observadores britânicos mal conseguiam esconder seu alarme.[69] A extensão do alcance da Rússia sublinhava de modo enfático o quanto a posição britânica era fraca. As coisas dificilmente poderiam parecer piores, como ficou claro pela avaliação pessimista de Grey na primavera de 1914. A história era a mesma no Afeganistão, no Tibete, na Mongólia e na Pérsia: "Tudo segue na linha de que queremos algo, mas não temos nada a oferecer". Na Pérsia não restara "nada a conceder" à Rússia, observou ele, e tampouco havia margem de manobra no Afeganistão. Pior ainda: "Os russos estão dispostos a ocupar a Pérsia, e nós não".[70] A Grã-Bretanha estava exaurida – ao menos na Ásia. Era hora, certamente, de decidir o jogo. A questão era onde e quando isso iria acontecer.

À medida que se convenciam do peso das dificuldades com que se defrontavam, autoridades britânicas não perderam de vista o fato de que também tinham que lutar contra o pior cenário possível, um que podia facilmente tornar uma posição frágil ainda pior: isto é, uma aliança entre Rússia e Alemanha. Esses temores haviam espreitado os políticos britânicos por um tempo. Na realidade, um elemento importante da aliança anglo-russa de 1907 havia sido cooperar e encontrar um *status quo* que fosse mutuamente benéfico na Ásia. Para manter o equilíbrio ideal, sir Arthur Nicolson enfatizou a Grey que seria essencial "impedir que a Rússia se aproximasse de Berlim".[71]

A sensação de pânico aumentava e foi agravada pelo contínuo crescimento dos recursos alemães – e de suas ambições. A expansiva economia de Berlim e o aumento nos gastos militares eram fontes de preocupação. Algumas altas figuras do Ministério do Exterior britânico não tinham nenhuma dúvida de que o objetivo da Alemanha era "obter a preponderância no continente da Europa" e que isso iria levar ao confronto militar. Afinal, conforme sir Edward Grey foi lembrado, todos os impérios enfrentam desafios de seus rivais; "pessoalmente", disse Nicolson, "estou convencido de que, cedo ou tarde, teremos que repetir a mesma luta contra a Alemanha". Era vital, portanto, manter a França e a Rússia contentes.[72]

O potencial da Alemanha para desestabilizar o equilíbrio na Europa, e também além dela, significava que havia algo como uma perfeita tempestade em formação. Temores de que "a Rússia pudesse emergir ao lado da Aliança das Potências Centrais [isto é, Alemanha, Áustro-Hungria e Itália]" chegaram ao auge. Perturbar as relações entre Grã-Bretanha, Rússia e França e "destruir [...] a Tríplice Entente" era percebido como a suprema meta de Berlim.[73] "Estamos francamente com medo", admitiu Grey durante uma rodada posterior de ansiedades, com a possibilidade de que a Rússia fosse tentada a abandonar a Tríplice Entente.[74]

Os medos não eram infundados. O embaixador alemão na Pérsia, por exemplo, reconheceu que, embora houvesse "pouco a ganhar" naquele país, era possível arrancar concessões úteis de São Petersburgo em outras partes, caso se considerasse que os interesses russos na Pérsia estivessem em risco.[75] Isso era o que estava por trás de um encontro entre o kaiser e o czar Nicolau II em Potsdam no inverno de 1910, acompanhado por discussões de alto nível entre os respectivos Ministérios do Exterior, que simplesmente pareciam confirmar os medos de que os "agrupamentos europeus", como foram chamados por sir Arthur Nicolson, pudessem sofrer rearranjos – em detrimento da Grã-Bretanha.[76]

A suspeita em relação à Alemanha e suas ações (reais ou imaginadas) ficara gravada na mente dos diplomatas britânicos bem antes da aliança de 1907. Três anos atrás, sir Francis Bertie recebera uma carta de um dos auxiliares do Ministério do Exterior, pouco antes da nomeação de Bertie como embaixador em Paris, dizendo-lhe o quanto era importante que a missão na França fosse conduzida por "alguém que estivesse ali com olhos bem abertos, acima de tudo em relação às intenções alemãs". Em resposta, Bertie escreveu que era muito correto desconfiar da Alemanha: "Ela nunca fez nada por nós a não ser derramar nosso sangue. É falsa e ambiciosa, e é nosso real inimigo comercial e político".77

Ironicamente, é claro, a sensação de ameaça germânica baseava-se na própria vulnerabilidade sentida por essa nação situada no centro da Europa, que enfrentava a possibilidade de ser pega no meio de uma aliança franco-russa calcada em cooperação militar e em ataque conjunto na eventualidade de uma provocação. Não demorou para que uma paranoia virulenta a respeito de o país ficar preso entre dois flancos levasse o alto-comando alemão a ponderar as próprias opções. Na esteira da aliança franco-russa de 1904, o chefe do Estado-Maior do exército alemão, conde Alfred von Schlieffen, apresentou um plano que se apoiava muito nas experiências de 1870, quando a França havia sido arrasada, e propunha um cenário no qual o exército do kaiser pudesse neutralizar a França antes de ir para o leste e lidar com a Rússia. O plano era ambicioso nos aspectos militar e logístico: iria requerer 1 milhão de ferroviários, 30 mil locomotivas, 65 mil vagões de passageiros e 700 mil vagões de carga, que transportariam 3 milhões de soldados e 86 mil cavalos, além de montanhas de munições, durante um período de dezessete dias.78

Esse plano era espelhado na época por um planejamento similar do exército russo, que no verão de 1910 concebera o Plano 19, um conjunto de passos detalhados a serem realizados em caso de um ataque alemão e que envolvia recuar até uma cadeia de fortalezas ao longo da linha norte-sul, indo de Kovno a Brest, para preparar um contra-ataque. Foram desenvolvidas em 1912 duas variações dessa proposta, conhecidas como Planos 19A e G, este último envolvendo um rápido contra-ataque caso a Alemanha iniciasse as hostilidades e que tinha um objetivo claro: "A transferência da guerra para território [inimigo]" – ou seja, para a Alemanha e o Império Austro-Húngaro.79

O alto-comando alemão, assim como o kaiser, estavam cientes da pressão crescente do exterior e da própria sensação de estarem sendo encurralados. Os protestos públicos contra a proposta de construir uma linha férrea de Berlim a Bagdá fizeram o kaiser refletir: com certeza, pensou, estender uma ferrovia a milhares de quilômetros só seria um problema se houvesse uma guerra entre seu país e a Inglaterra. E se isso ocorresse, prosseguiu ele, seria por acaso realista pensar que nossa vontade era ter nossos soldados estacionados tão longe de casa?[80]

E houve também a reação à resposta da Alemanha ao posicionamento de soldados franceses no Marrocos em 1911, que contrariou um acordo prévio entre Berlim e Paris. Nessa ocasião, o envio de um cruzador alemão, *Panther*, a fim de atacar os franceses num assentamento, fracassou desastrosamente. A Alemanha não só recebeu uma lição pública embaraçosa, mostrando que seu alcance político era severamente limitado, mas, para piorar, Berlim assistiu a uma forte queda no seu mercado de ações: após a crise do Marrocos em setembro de 1911, as ações caíram mais de 30%, fazendo o Reichsbank perder mais de um quinto de suas reservas num único mês. Embora esse desastre financeiro não tivesse sido orquestrado pela França, como muitos acreditavam na Alemanha, com certeza os franceses haviam explorado a situação, retirando fundos de curto prazo, num ato que sem dúvida teve seu papel em criar uma crise de liquidez.[81]

Considerável esforço foi feito para abrir novos canais e construir novas conexões e alianças. Deu-se muita atenção ao Oriente Próximo e ao Oriente Médio, com os bancos alemães expandindo-se fortemente no Egito, Sudão e no Império Otomano, ao mesmo tempo que um programa de criação de cursos em árabe, persa e estudos relacionados foi não só generosamente patrocinado, mas seguido pelo próprio kaiser. Os crescentes vínculos entre os mundos de fala islâmica e germânica capturaram a imaginação dos jovens, assim como de acadêmicos, soldados, diplomatas e políticos. Um jovem nos primeiros anos do século XX escreveu em tom melancólico que ao olhar os belos edifícios de Viena e da Ringstrasse – a estrada em volta da cidade – não podia evitar de experimentar um "efeito mágico". O próprio Adolf Hitler não sentia que estava de volta ao Sacro Império Romano, ou à Antiguidade clássica, duas escolhas meramente óbvias de um passado romanceado; sentia como se estivesse numa cena de *As mil e uma noites*.[82]

Uma perigosa mentalidade de cerco vinha crescendo na Alemanha, junto com a forte sensação de que Berlim tinha inimigos poderosos e estava à mercê deles. Helmuth von Moltke, sucessor de Schlieffen como chefe do Estado-

-Maior, assim como outros altos oficiais, estava convencido de que a guerra era inevitável e que quanto mais cedo o conflito começasse, melhor; adiar o confronto, defendia ele, seria desvantajoso para a Alemanha. Era melhor iniciar a guerra e lutar contra o inimigo, disse Moltke na primavera de 1914, "enquanto ainda temos uma chance de vencer".[83]

Por que havia tanto ódio contra nós, perguntava-se o escritor Robert Musil em Berlim, em setembro de 1914; de onde vinha a inveja, sendo que "não era por culpa nossa?".[84] Ele estava certo em observar a crescente tensão na Europa, estimulada pela cultura popular. Livros sobre espiões alemães e planos alemães de tomar a Europa eram muitos populares. *A invasão de 1910*, escrito por William LeQueux, vendeu mais de 1 milhão de exemplares e foi traduzido para 27 línguas; depois veio *When William Came: A Story of London under the Hohenzollern* [Quando William chegou: uma história de Londres sob os Hohenzollern], de Saki, outro best-seller publicado às vésperas da guerra, cujo herói volta da Ásia e encontra a Grã-Bretanha derrotada e ocupada pelos alemães.[85]

Foi, portanto, quase uma profecia autorrealizável que os alemães procurassem maneiras de minimizar riscos ou de conseguir fazer-lhes frente. Era muito compreensível, por exemplo, a iniciativa de procurar garantias e acordos com a Rússia – embora o fato por si só alarmasse ainda mais a Grã-Bretanha.[86] Do mesmo modo, as recomendações ao exército alemão feitas pelo general Colmar von der Goltz, que passara mais de uma década reformando o exército otomano (onde era conhecido como "Goltz Pasha"), eram todas a respeito de prover algum poder de manobra em uma crise militar. Embora o apoio turco pudesse ser útil contra a Rússia, comentou Goltz com seus colegas, poderia ser "do mais alto valor" contra a Grã-Bretanha no Oriente Próximo.[87]

O problema era que a atenção dispensada pela Alemanha ao mundo otomano punha pressão demais nos nervos da Rússia. Autoridades em São Petersburgo eram muito sensíveis em relação ao estreito – e ficavam tensas com a perspectiva de um novo ator exercitar seu poder no que eles encaravam como sua área de influência. A conversa já se voltara para a ocupação de Constantinopla em várias ocasiões, por volta da virada do século; ao final de 1912, começaram a ser elaborados planos para o controle da cidade pelas forças russas – o que em tese seria apenas temporário, em meio a uma rodada de ações da Guerra nos Bálcãs.[88] Mesmo assim, os russos sentiam-se também antagonizados pela aparente indiferença de seus aliados, britânicos e franceses, em relação ao crescente controle que os alemães exercem sobre os militares otomanos, que incluiu o afastamento de um oficial comandante da frota otomana. Havia uma angústia particular em relação à iminente entrega aos turcos de dois couraçados construídos pelos britânicos: esses navios de guerra, de último tipo, dariam aos otomanos uma vantagem decisiva e calamitosa sobre as forças navais russas, lamentou o ministro da Marinha do czar em 1914, que resultaria numa "superioridade esmagadora, quase seis vezes maior" sobre a frota russa no mar Negro.[89]

A ameaça que isso representava era não só militar, mas econômica. Mais de um terço de todas as exportações russas passavam pelo estreito de Dardanelos antes da Primeira Guerra Mundial, entre elas cerca de 90% dos cereais carregados em portos como Odessa e Sebastopol na Crimeia. Assim, os pedidos para que Londres bloqueasse, suspendesse ou cancelasse a entrega de navios de guerra tornaram-se um gatilho inútil no jogo de blefes e contrablefes entre as grandes potências às vésperas da guerra.[90] Alguns não tinham a menor dúvida do quanto os perigos eram sérios. Segundo o embaixador russo em Constantinopla comunicou a São Petersburgo: "Toda a nossa posição no Oriente Próximo" está em jogo; "o direito inexpugnável que adquirimos por meio de séculos de sacrifício incomensuráveis e de derramamento de sangue russo" corria sério risco.[91]

Nesse contexto, o ataque da Itália à Líbia em 1911 e a Guerra dos Bálcãs de 1912-3 que veio em seguida simplesmente liberaram uma reação em cadeia, conforme as províncias mais afastadas do Império Otomano eram tomadas por oportunistas rivais locais e internacionais em momentos de fragilidade. Com o regime otomano à beira do colapso, as ambições e rivalidades na Europa se aguçaram de vez. De modo decisivo, os alemães começaram a pensar seriamente em se expandir para o leste e estabelecer um protetorado para criar um "Oriente alemão".[92] Embora isso soasse como expansionismo, havia também um importante traço defensivo nesse pensamento, ligado a sentimentos cada vez mais agressivos, muito fortes dentro do alto-comando alemão.[93] A Alemanha, como a Grã-Bretanha, começava a esperar pelo pior; e para os alemães, isso implicava impedir que os russos assumissem controle das melhores partes do Império Otomano, que a maioria julgava em decomposição, enquanto para os russos isso implicava realizar sonhos havia muito tempo alimentados e assegurar um futuro de longo prazo, cuja importância dificilmente poderia ser exagerada.

No entanto, o fato de a Grã-Bretanha representar uma ameaça para a Alemanha – e vice-versa – era de certo modo falacioso. Embora historiadores modernos insistam no desejo dos britânicos de conter os alemães, o quebra-cabeça da competição pela Europa era complexo e multifacetado. Por certo, era bem mais complexo do que a narrativa simplista de uma grande rivalidade entre duas nações, que só se manifestou à medida que a Primeira Guerra Mundial ganhou corpo e eclodiu. Em 1918, as causas reais do conflito haviam sido obscurecidas, pois se dera uma ênfase distorcida à corrida naval, que elevou muito os gastos com a construção de navios; e também às atitudes agressivas de bastidores exigindo a guerra; e a uma suposta brutal sede de sangue do kaiser e seus generais buscando provocar uma guerra na Europa continental.

A realidade era muito diferente. Embora os dias que se seguiram ao assassinato de Franz Ferdinand tenham sido marcados por uma série de mal-entendidos, discussões, ultimatos e permutações quase impossíveis de recriar, as sementes da guerra cresceram a partir de mudanças e desenvolvimentos situados a milhares de quilômetros. A ambição crescente da Rússia e o progresso que ela fazia na Pérsia, Ásia Central e no Extremo Oriente colocaram pressão nas posições britânicas de além-mar, resultando na cristalização das alianças na Europa. Tudo o que restou como obstáculo a uma erosão adicional da invejável plataforma que a Grã-Bretanha havia construído ao longo dos séculos foi uma série de mútuas garantias que visavam acima de tudo manter a Rússia, que aguardava sua vez de dominar, de braços amarrados.

Não obstante, apesar das nuvens carregadas que se acumulavam nessa potência à espera de sua vez, parecia haver poucos perigos imediatos nos primeiros meses de 1914. "Não via águas tão calmas", escreveu Arthur Nicolson em maio, "desde que entrei no Ministério do Exterior."[94] De fato, parecia um ano promissor. Empregados da Ford nos Estados Unidos celebravam em janeiro um reajuste de 100% em seus salários, resultado do aumento das vendas e de inovadoras medidas para estimular a produção. Médicos dedicavam-se a estudar as consequências das primeiras transfusões de sangue indiretas bem-sucedidas, realizadas em Bruxelas, após um trabalho pioneiro sobre o uso de citrato de sódio como anticoagulante. Em São Petersburgo, o que mais preocupava no início do verão eram os incêndios florestais, cuja densa fumaça preta deixava o ar já pesado de verão ainda mais opressivo. Na Alemanha, os habitantes do Fürth, no norte da Baviera, estavam extasiados com a equipe de futebol da cidade, que, contrariando todas as expectativas, vencera uma emocionante partida contra o poderoso VfB Leipzig com um gol na prorrogação, tornando-se campeão nacional pela primeira vez – e transformando em herói o seu treinador, o inglês William Townley. Até a natureza se mostrava compassiva, segundo a poetisa inglesa Alice Meynell: o início do verão de 1914 foi idílico, anunciando uma farta colheita; lua após lua, mostrava-se "de uma doçura celestial" enquanto "a lustrosa plantação cobria o pasto".[95]

Na Grã-Bretanha, não havia a sensação de alguma catástrofe se avizinhando, nem de confronto iminente com a Alemanha. Os acadêmicos de Oxford preparavam-se para celebrar a cultura e o intelecto alemães. Havia até um grande retrato do kaiser Guilherme II dependurado na sede das Examination Schools, que fora presenteado após a concessão de um título de doutor *honoris causa* em direito civil ao governante alemão em 1907.[96] Mas ao final de junho de 1914, apenas um mês antes da eclosão das hostilidades, os principais luminares da cidade reuniram-se para assistir a uma procissão de distintas figuras alemãs recebendo títulos honorários. Entre os aplaudidos que se dirigiam a pé ao Teatro Sheldonian em suas coloridas roupas estavam o duque de Saxe-Coburg-Gotha, o compositor Richard Strauss e Ludwig Mitteis, um especialista bem prosaico em direito romano, e doutorados honorários eram também conferidos ao duque de Württemberg e ao príncipe Lichnowsky, embaixador alemão em Londres.[97]

Três dias mais tarde, Gavrilo Princip, um jovem idealista de menos de vinte anos, disparou duas balas de uma pistola num carro que passava pelas ruas de Sarajevo. A primeira não atingiu seu alvo, alojando-se no estômago e ferindo mortalmente a arquiduquesa Sophie, que ia sentada no assento de trás com seu marido. A segunda acertou o alvo: matou Franz Ferdinand, herdeiro do trono do Império Austro-Húngaro. E com isso o mundo mudou.[98]

Historiadores modernos costumam se concentrar na "crise de julho" das semanas seguintes e nas oportunidades perdidas para se chegar à paz, ou no modo pelo qual muitos vinham temendo e prevendo a eclosão das hostilidades: trabalhos acadêmicos recentes têm enfatizado que a atmosfera quando o mundo se encaminhava para a guerra não era de bravatas exaltadas, mas de ansiedade e falta de entendimento. Foi um cenário de pesadelo. Como um destacado historiador expressou muito bem: "Os protagonistas de 1914 eram sonâmbulos, atentos mas cegos, assombrados por sonhos, mas sem enxergar a realidade do horror" que estavam a ponto de desencadear.[99] Quando sir Edward Grey percebeu que "as luzes se apagam por toda a Europa", já era tarde.[100]

Nos dias subsequentes ao assassinato, foi o medo da Rússia que levou à guerra. No caso da Alemanha, o crucial foi a apreensão disseminada a respeito de seu vizinho do Leste. Os generais diziam ao kaiser que a ameaça representada pela Rússia aumentaria à medida que a economia dela continuasse a se expandir.[101] Isso repercutiu em São Petersburgo, onde altos oficiais haviam formado a opinião de que a guerra era inevitável e que seria melhor que o confronto militar começasse logo.[102] Os franceses também estavam ansiosos, e já haviam concluído bem antes que o melhor curso que poderiam seguir era sugerir uma moderação constante e consistente em São Petersburgo, assim como em Londres. Iriam apoiar a Rússia não importava o que acontecesse.[103]

No caso da Grã-Bretanha, o que norteava sua política era o medo do que aconteceria se a Rússia lançasse sua sorte em outra parte. Na realidade, no início de 1914, já se falava no Ministério do Exterior em realinhar a Grã-Bretanha com a Alemanha a fim de deter a Rússia.[104] Com o impasse transformado em crise, diplomatas, generais e políticos agora tentavam ter ideia do que iria acontecer em seguida. Ao final de julho, o diplomata George Clerk escrevia ansioso de Constantinopla para aconselhar a Grã-Bretanha a fazer o que fosse preciso para se entender com a Rússia. Caso contrário, disse ele, iríamos sofrer consequências "nas quais nossa própria existência como império estaria em risco".[105]

Embora alguns tentassem jogar água fria nessas afirmações alarmistas, o embaixador britânico em São Petersburgo, que havia pouco tempo advertira que a Rússia era tão poderosa "que devemos preservar sua amizade praticamente a qualquer custo", agora enviava um telegrama inequívoco.[106] A posição da Grã-Bretanha, disse ele, "era perigosa", pois a hora da verdade havia chegado: a escolha agora teria que ser feita entre apoiar a Rússia "ou abrir mão de sua amizade. Se falharmos com ela agora", advertiu, "essa cooperação amistosa com a Ásia, que é de tão vital importância para nós", chegará ao fim.[107]

Não havia meio-termo, como o ministro do Exterior russo deixou claro no final de julho: embora menos de duas semanas antes ele jurasse que a Rússia "estava desprovida de quaisquer objetivos agressivos e não sonhasse de modo algum com aquisições forçadas", ele agora falava das consequências caso os aliados deixassem de ficar lado a lado na hora do ajuste de contas. Se a Grã-Bretanha ficasse neutra agora, advertiu, isso "equivaleria a um suicídio".[108] Era uma ameaça sutilmente velada em relação aos interesses britânicos na Pérsia ou na Ásia como um todo.

À medida que a "crise de julho" se agravava, as autoridades britânicas referiam-se publicamente a conferências de paz, mediação e defesa da soberania da Bélgica. Mas os dados estavam lançados. O destino da Grã-Bretanha – e o de seu império – dependia das decisões que fossem tomadas na Rússia. Ambos eram rivais disfarçados de aliados; embora nenhum dos dois buscasse excluir ou antagonizar o outro, era óbvio que o pêndulo do poder se afastara de Londres em direção a São Petersburgo. Ninguém sabia disso melhor do que o chanceler alemão, Theobald von Bethmann-Hollweg, um político de carreira com bons contatos, que vinha passando noites em claro havia algum tempo, rezando por proteção divina. Agora, sentado "no terraço sob um céu estrelado" dez dias após o assassinato em Sarajevo, à medida que as engrenagens da guerra iam lentamente se encaixando, virou para a sua secretária e disse: "O futuro pertence à Rússia".[109]

O que esse futuro envolvia não estava claro em 1914. A força da Rússia podia facilmente ser enganosa, pois ela vivia ainda as primeiras fases de uma metamorfose social, econômica e política. Um susto em 1905 quase mergulhara o país numa revolução total, à medida que demandas de reforma eram largamente ignoradas por um *establishment* bastante conservador. Depois havia a grande dependência do capital externo, pois o financiamento estrangeiro respondia por quase metade de todos os novos investimentos de capital entre 1890 e 1914 – dinheiro que entrava na suposição de que haveria paz e condições políticas estáveis.[110]

A transformação em larga escala levou tempo, e só excepcionalmente não se mostrava dolorosa. Se a Rússia tivesse permanecido tranquila e escolhido um caminho de menor confronto para apoiar seu aliado sérvio, seu destino – e com ele o da Europa e da Ásia, ou até mesmo o da América do Norte – teria sido muito diferente. Do jeito que correram as coisas, 1914 trouxe o duelo que a rainha Vitória havia previsto décadas antes: tudo o que ela disse podia ser resumido a "uma questão da supremacia russa ou britânica no mundo".[111] A Grã-Bretanha não podia se permitir desapontar a Rússia.

E assim, como num jogo de xadrez de pesadelo, em que todos os lances possíveis fossem ruins, o mundo foi à guerra. À medida que a euforia e o nacionalismo exacerbado davam lugar à tragédia e ao horror em uma escala inimaginável, desenvolveu-se uma narrativa que reformulava o passado e descrevia o confronto em termos de uma luta entre a Alemanha e os Aliados, um debate centrado na relativa culpabilidade da primeira e no heroísmo dos últimos.

A história que ficou marcada na consciência pública foi a de uma agressão alemã e de uma guerra justa movida pelos Aliados. Era necessário dar explicações sobre por que uma geração de jovens brilhantes com um futuro pela frente tinha que ser posta de lado. Eram necessárias respostas para explicar o sacrifício de figuras brilhantes como Patrick Shaw Stewart, um acadêmico cujas realizações superlativas na escola, na universidade e nos negócios impressionaram seus contemporâneos, assim como sua correspondente, lady Diana Manners, a quem ele enviava cartas ricas em citações eróticas em latim e em grego.[112] Ou explicar por que homens da classe operária que se juntaram com seus amigos para combater em unidades especialmente constituídas, os *Pals Battalions* [Batalhões de Amigos], foram triturados nas primeiras horas da catastrófica ofensiva do Somme em 1916.[113] Ou por que havia memoriais de guerra pelo país inteiro, com os nomes de homens que tinham dado a vida pelo seu país – e que registravam os nomes dos que haviam tombado, mas não o silêncio que se abateu sobre aldeias e cidades com a sua ausência.

Não era surpresa, portanto, que surgisse uma poderosa narrativa glorificando os soldados, celebrando sua bravura e pagando tributo aos sacrifícios que haviam feito. Winston Churchill escreveu após a guerra que o exército britânico era a melhor força que já havia sido reunida. Cada um de seus homens era "inspirado não só pelo amor ao país, mas pela disseminada convicção de que a liberdade humana estava sendo desafiada pela tirania militar e imperial". A luta havia sido nobre e justa. "Se duas ou dez vidas foram exigidas por seus comandantes para matar um alemão, jamais uma palavra de queixa foi ouvida dos soldados combatentes. [...] Nenhum massacre por mais desolador impediu-os de voltar à carga", declarou Churchill. Os caídos eram "mártires não menos do que soldados [e] cumpriram o alto propósito do dever do qual estavam imbuídos".[114]

Na época, porém, muitos não viam as coisas assim. Alguns, como Edwin Campion Vaughan, um jovem tenente que se alistara cheio de expectativas, não conseguiam entender a escala do sofrimento ou seu propósito. Depois de ver sua companhia dizimada e diante da perspectiva de escrever um relatório sobre as baixas, Campion Vaughan registrou: "Sentei no chão e tomei um uísque atrás do outro enquanto contemplava um futuro negro e vazio".[115] O impressionante volume de poesia produzido durante a guerra também pinta um quadro muito diferente de como o conflito era visto na época. Assim como o número de cortes marciais realizadas durante a guerra, que dificilmente indica uma unanimidade de propósitos: mais de 300 mil delitos foram tratados pelas cortes militares – para não falar das faltas menores de indisciplina, que eram tratadas de outras formas.[116]

Era notável também que o local do conflito ficasse ancorado nas trincheiras de Flandres e entre os horrores do Somme. A guerra eclodira muito longe das redes que ligavam os impérios da Europa a territórios ao longo do globo, longe dos pontos de pressão que haviam se acumulado na Pérsia e Ásia Central e nas portas que levavam à Índia e ao Extremo Oriente, que tanto preocupavam as autoridades e políticos britânicos no final do século XIX e início do XX. E, no entanto, o confronto vinha se aproximando havia décadas. A Grã-Bretanha ficou observando enquanto a Rússia se esforçava para demonstrar apoio à Sérvia, assim como Grey previra. "Um forte sentimento eslavo emergiu na Rússia", observara poucos anos antes, referindo-se ao crescente clamor nos Bálcãs para que a Rússia desempenhasse um papel mais presente na região como protetora da identidade eslava. "O derramamento de sangue entre Áustria e Sérvia certamente iria levar isso a um nível perigoso."[117] Aqui estava o estopim que poderia inflamar o mundo.

Nessas circunstâncias, portanto, à medida que a Rússia começava a se preparar para fazer uma declaração ao resto do mundo, a Grã-Bretanha teve que ficar dando total apoio ao seu aliado e rival – mesmo que muitos achassem isso desconcertante. Quando a guerra eclodiu, Rupert Brooke – que logo ficaria famoso como poeta da guerra – mal conseguia conter sua indignação. "Absolutamente tudo errado", escreveu. "Quero que a Alemanha reduza a Rússia a pó, e que depois a França derrote a Alemanha. [...] A Rússia significa o fim da Europa e de qualquer decência."[118] Ele não tinha dúvidas a respeito de quem era o real inimigo da Grã-Bretanha.

Por outro lado, o início das hostilidades aguçou as animosidades em relação à Alemanha – não só em 1914, mas pela maneira em que a guerra se desenvolveu e também quando a paz foi negociada quatro terríveis anos mais tarde. Os "sóbrios edifícios de Oxford observam/ Os despreocupados rapazes jogando", escreveu um poeta da guerra, "mas quando os clarins soaram: – Guerra!/ Eles deixaram seus jogos de lado". Os "gramados bem aparados" da universidade foram abandonados em troca de "um solo ensanguentado": "Eles abriram mão de sua alegre juventude/ Pelo país e por Deus".[119] A celebração dos laços britânicos com a Alemanha e os títulos honoríficos concedidos a seus mais ilustres filhos logo viraram uma amarga memória que era melhor esquecer.

Não admira que toda a culpa pela guerra fosse atribuída à Alemanha, tanto por princípio quanto factualmente. Inscrita no Tratado de Versalhes havia uma cláusula que era categórica em atribuir a culpa pela guerra: "Os Aliados e Governos Associados afirmam que a Alemanha aceita a responsabilidade da Alemanha e seus aliados por terem causado todas as perdas e danos aos quais os Aliados e Governos Associados e seus habitantes têm estado sujeitos como consequência da guerra imposta a eles pela agressão da Alemanha e seus aliados".[120] O objetivo era preparar o terreno para as compensações e reparações a serem pagas; isso, porém, só serviu para garantir uma reação – e forneceu terreno fértil a ser explorado por um hábil demagogo, que conseguiu unir o sentimento nacional em torno de um núcleo de uma Alemanha forte renascendo das cinzas.

Os vencedores eram vencedores apenas no nome e nas esperanças. Em quatro anos, a Grã-Bretanha passou de maior credor mundial a maior devedor; a economia da França ficou em ruínas, depois de financiar um esforço de guerra que colocou pressões demais na força de trabalho e nos recursos financeiros e naturais do país. Nas palavras de um acadêmico, a Rússia, enquanto isso, "entrou na guerra para proteger o império, [mas] terminou com a destruição imperial".[121]

O colapso das potências europeias abriu o mundo para outras potências. Para cobrir a queda na produção agrícola e pagar por armas e munições, os Aliados assumiram imensos compromissos, recorrendo a instituições como o J. P. Morgan para garantir um suprimento constante de bens e materiais.[122] O fornecimento de crédito resultou numa redistribuição da riqueza em tudo tão radical como a que viera após a descoberta das Américas quatro séculos antes: o dinheiro escoou da Europa para os Estados Unidos numa torrente de lingotes de ouro e notas promissórias. A guerra levou o Velho Mundo à falência e enriqueceu o Novo Mundo. A tentativa de recuperar as perdas à custa da Alemanha (perdas num nível altíssimo, equivalente a centenas de bilhões de dólares em valores de hoje) foi uma tentativa desesperada e fútil de evitar o inevitável: a Grande Guerra viu os tesouros dos participantes saqueados enquanto tentavam destruir um ao outro, e destruindo a si mesmos no processo.[123]

Assim que as duas balas saíram da câmara do revólver Browning de Princips, a Europa passou a ser um continente de impérios. Itália, França, Austro-Hungria, Alemanha, Rússia, Turquia Otomana, Grã-Bretanha, Portugal, Holanda, mesmo a pequena Bélgica, formada apenas em 1831, controlavam vastos territórios ao redor do mundo. No momento do impacto, iniciou-se o processo de transformar todos eles em poderes locais. Em questão de anos, não havia mais imperadores velejando nos iates uns dos outros e condecorando-se com grandes ordens de cavalaria; nem colônias e domínios de além-mar – e alguns deles começavam a progressão inexorável rumo à independência.

Em quatro anos, morreram talvez 10 milhões em combate, e metade desse número de doença e fome. Mais de 200 bilhões de dólares haviam sido gastos pelos Aliados e potências centrais lutando entre si. As economias europeias foram arrasadas por gastos sem paralelo, exacerbados pela queda da produtividade. Países envolvidos na luta enfrentaram déficits e elevaram dívidas num ritmo frenético – dívidas que não tinham como pagar.[124] Os grandes impérios que haviam dominado o mundo por quatro séculos não sumiram de repente. Mas foi o início do fim. O crepúsculo instalou-se. O véu de sombras por trás do qual a Europa Ocidental havia emergido poucos séculos antes começava a descer de novo. A experiência da guerra havia sido esmagadora; tornava o controle das Rotas da Seda e suas riquezas mais importante do que nunca.

17
A rota do ouro negro

Poucos colegas de William Knox D'Arcy na prestigiosa Westminster School de Londres poderiam imaginar que ele seguiria adiante e teria um papel destacado em remodelar o mundo – ainda mais quando ele não voltou para o início do semestre em setembro de 1866. O pai de William havia sido pego em algum negócio desafortunado em Devon, pelo qual teve sua falência declarada, e decidiu mudar com a família e começar vida nova na tranquila cidade de Rockhampton, em Queensland, Austrália.

Seu filho adolescente continuou os estudos em paz com relativo empenho, graduando-se em direito e mais tarde montando o próprio escritório. Tinha uma vida confortável e se tornou ativo membro da comunidade local, prestando serviços ao conselho do Rockhampton Jockey Club e cultivando um amor à caça sempre que o tempo permitia.

Em 1882, William acumulara fortuna. Três irmãos de sobrenome Morgan vinham explorando o que julgavam ser uma descoberta de ouro potencialmente importante na montanha Ironstone, a menos de quarenta quilômetros de Rockhampton. Em busca de investimento para fundar uma empresa de mineração, procuraram o gerente do banco local, que por sua vez indicou-lhes William Knox D'Arcy. Tendo em mente um possível retorno de capital, Knox D'Arcy formou um consórcio com o gerente do banco e outro amigo em comum, e investiram no esquema dos irmãos Morgan.

Como ocorre com todas as empresas de mineração no início, foi necessário ter a cabeça fria diante da alarmante quantidade de dinheiro que era consumida na busca da sorte grande. Os irmãos Morgan logo se apavoraram, perturbados com o ritmo com que seus fundos estavam sendo gastos, e venderam sua parte aos três sócios. Venderam na hora errada. Os depósitos de ouro no que havia sido rebatizado como monte Morgan revelaram ser dos mais ricos da história. As ações que haviam sido vendidas valorizaram-

-se 2 mil vezes, e no período de dez anos o retorno do investimento foi de 200.000%. Knox D'Arcy, que detinha o controle de mais ações do que seus sócios e era dono de um terço do negócio, passou de advogado de cidade pequena da Austrália a um dos homens mais ricos do mundo.[1]

Logo depois fez as malas na Austrália e foi para a Inglaterra em triunfo. Adquiriu uma magnífica mansão na Grosvenor Square, número 42, e uma grande propriedade rural em Stanmore Hall, nos arredores de Londres, que reformou e redecorou com os adereços mais refinados que o dinheiro consegue comprar, contratando a Morris & Co., firma montada por William Morris, para cuidar dos interiores. Encomendou um conjunto de tapeçarias de Edward Burne-Jones, que levou quatro anos para tecê-las, tal o seu requinte. De maneira muito apropriada, elas celebravam a conquista do Santo Graal – tema bem adequado à descoberta de um tesouro de valor incalculável.[2]

Knox D'Arcy sabia viver a vida. Alugou uma excelente propriedade de caça em Norfolk e adquiriu um camarote perto da reta final das corridas de cavalo de Epsom. Dois desenhos na National Portrait Gallery captam bem seu caráter. Um deles mostra-o recostado satisfeito, com sorriso jovial e generosa cintura testemunhando o quanto apreciava a boa comida e os vinhos refinados; o outro mostra-o inclinado para a frente, como quem compartilha histórias de suas aventuras de negócios com um amigo, taça de champanhe diante dele, cigarro na mão.[3]

Seu sucesso e extraordinária riqueza faziam dele alguém que obviamente seria procurado por aqueles que, como os irmãos Morgan, precisassem de investidores. Um desses era Antoine Kitabgi, funcionário bem relacionado da administração persa que foi posto em contato com Knox D'Arcy no final de 1900 por sir Henry Drummond-Wolff, ex-enviado britânico a Teerã. Embora fosse católico com ascendência na Geórgia, Kitabgi prosperara na Pérsia, tornando-se diretor-geral da alfândega do país e um homem bastante influente. Já se envolvera em várias tentativas de captar investimento do exterior para estimular a economia, negociando ou tentando negociar concessões para estrangeiros interessados em oportunidades no setor bancário e na produção e distribuição de tabaco.[4]

Esses esforços não eram inteiramente motivados por altruísmo ou patriotismo, pois homens como Kitabgi sabiam que podiam aproveitar essas suas conexões para obter compensações lucrativas quando os negócios fossem realizados. Sua linha de atuação consistia em abrir portas em troca de dinheiro. Isso era fonte de profunda irritação em Londres, Paris, São Petersburgo e Berlim, onde diplomatas, políticos e homens de negócios achavam o jeito persa de operar obscuro, quando não francamente corrupto. Esforços para modernizar o país haviam avançado pouco, e a velha tradição de confiar em estrangeiros para dirigir as Forças Armadas ou assumir postos-chave da administração produzia resultados frustrantes.⁵ Toda vez que a Pérsia dava um passo à frente, parecia dar em seguida outro para trás.

Fazia sentido criticar a elite governante, mas eles haviam sido treinados a se comportar dessa forma. O xá e os que viviam à sua volta eram como crianças mimadas, que haviam aprendido que se resistissem por tempo suficiente, seriam recompensados pelas grandes potências, já que estas temiam muito perder terreno naquela região crucial se não colaborassem com pagamentos. Quando o xá Mozaffar od-Dīn não foi condecorado com a Ordem da Jarreteira em sua visita à Inglaterra em 1902 e se recusou a aceitar qualquer honraria abaixo desta, saiu do país deixando claro que estava "muito insatisfeito"; diplomatas veteranos foram então convencer o relutante rei Eduardo VII, a quem cabia conceder a ordem, que aceitasse condecorar o xá quando este voltasse para casa. Mesmo então houve contratempos com esse "terrível assunto" quando se descobriu que o xá não possuía calções até os joelhos, tidos como essenciais para a investidura – até que um diplomata mais atento descobriu o precedente de um condecorado anterior, que recebera a honraria vestindo calças. "Que pesadelo foi aquele episódio da Jarreteira", reclamou mais tarde o ministro do Exterior, lorde Lansdowne.⁶

E, na realidade, embora o suborno que acompanhava sempre qualquer negócio que se pudesse fazer na Pérsia parecesse vulgar, sob muitos aspectos os persas que percorriam os corredores do poder e os grandes centros financeiros da Europa no final do século XIX e início do XX não eram muito diferentes dos comerciantes sogdianos da Antiguidade, que viajavam longas distâncias para fazer negócios, ou dos armênios e judeus que tinham o mesmo papel no início da era moderna. A diferença era que, enquanto os sogdianos precisavam levar consigo alguns bens para vender, seus correlatos posteriores vendiam serviços e contatos, que tinham se tornado uma *commodity* justamente porque havia belas recompensas em troca. Se não houvesse quem pagasse, sem dúvida as coisas teriam sido bem diferentes. Na realidade, a localização da Pérsia entre Ocidente e Oriente, ligando o golfo e a Índia à ponta da Arábia, ao Chifre da África e ao acesso ao Canal de Suez, significava que ela acabava sendo cortejada qualquer que fosse o custo – mesmo que a contragosto.

Quando Kitabgi abordou Drummond-Wolff e foi colocado em contato com Knox D'Arcy, que havia sido descrito a ele como "um capitalista do mais alto nível", tinha em mente não o tabaco ou o setor bancário da Pérsia, mas sua riqueza mineral. E Knox D'Arcy era a pessoa certa a contatar. Ele antes encontrara ouro na Austrália; Kitabgi ofereceu-lhe a oportunidade de fazer isso de novo; dessa vez, era ouro negro que estava em jogo.[7]

A existência de reservas substanciais de petróleo na Pérsia estava longe de ser segredo. Autores bizantinos no final da Antiguidade escreviam regularmente sobre o poder destrutivo do "fogo dos medos" [dos povos medos], uma substância derivada do petróleo, provavelmente extraída de afloramentos superficiais no norte da Pérsia, comparável ao "fogo grego" inflamável que os bizantinos obtinham a partir de derramamentos na região do mar Negro.[8]

As primeiras explorações geológicas sistemáticas na década de 1850 haviam indicado a probabilidade de reservas substanciais abaixo da superfície e levaram à entrega de uma série de concessões a investidores, atraídos pela perspectiva de fazer fortuna numa época em que o mundo parecia estar entregando seus tesouros a prospectores sortudos, da região do ouro na Califórnia à bacia Witwatersrand no sul da África.[9] O barão Paul Julius de Reuter, fundador da agência de notícias de mesmo nome, foi um dos que se mudou para a Pérsia. Em 1872, Reuter obteve "o exclusivo e definitivo privilégio" de extrair tudo o que conseguisse das "minas de carvão, ferro, cobre, chumbo e petróleo" do país inteiro, além de ter oportunidades na construção de estradas, em obras públicas e outros projetos de infraestrutura.[10]

Por uma razão ou outra, essas possibilidades não deram em nada. Havia forte oposição local à concessão de licenças, e figuras populistas como Sayyid Jamāl al-Dīn al-Afghānī deploravam o fato de "as rédeas do governo [estarem sendo] entregues a inimigos do islã". Como um dos críticos persas mais eloquentes escreveu: "Os reinos do islã logo estarão sob controle de estrangeiros, que irão governar ali da maneira que quiserem e farão o que quiserem".[11] Havia também pressão internacional contrária, que levou a declarar a concessão original de Reuter nula e sem efeito apenas um ano depois de ter sido concedida.[12]

Embora Reuter recebesse uma segunda concessão em 1889, que lhe deu direitos sobre todos os recursos minerais da Pérsia exceto os metais preciosos – em troca de fazer substanciais "doações" de dinheiro ao xá e a seus principais oficiais, e de pagar comissões sobre lucros futuros –, isso prescreveu quando os esforços para encontrar petróleo explorável em quantidades comercialmente viáveis não tiveram sucesso no prazo-limite estipulado de dez anos. A vida não era minimamente facilitada por aquilo que um destacado homem de negócios britânico descreveu como "o estado de atraso do país, e a ausência de comunicações e transporte", agravado pela "hostilidade aberta, oposição e ultrajes por parte de altos funcionários do governo persa".[13] E tampouco havia quaisquer simpatias em Londres. Era arriscado fazer negócios com essa parte do mundo, destacou um memorando interno; quem quer que tivesse a expectativa de que as coisas funcionariam como na Europa estaria sendo extremamente tolo. "Será culpa deles" se as expectativas não forem correspondidas, declarava friamente o memorando.[14]

Mesmo assim, Knox D'Arcy ficou intrigado com a proposta feita a ele por Kitabgi. Estudou as conclusões dos geólogos franceses que haviam investigado o país durante boa parte de uma década e examinou as sondagens do dr. Boverton Redwood, um dos maiores especialistas britânicos em petróleo e autor de manuais sobre produção de petróleo e segurança da armazenagem, transporte, distribuição e uso do petróleo e derivados.[15] Não havia necessidade de fazer toda essa pesquisa, Kitagbi assegurou a Drummond-Wolff, afirmando que "estamos na presença de uma fonte de riquezas [que são] incalculáveis".[16]

Knox D'Arcy ficou bastante interessado a partir daquilo que leu e ouviu e fechou negócio com aqueles cuja ajuda seria necessária para obter uma concessão do xá, isto é, Edouard Cotte, que trabalhara como agente de Reuter e era, portanto, um rosto conhecido nos círculos persas, e o próprio Kitabgi – enquanto Drummond-Wolff recebeu a promessa de uma recompensa mais adiante, caso o projeto fosse bem-sucedido. Knox D'Arcy então procurou o Ministério do Exterior para que desse seu aval ao projeto e enviou seu representante Alfred Marriott a Teerã com uma carta formal de apresentação para iniciar as negociações.

Embora a carta em si tivesse pouco valor intrínseco, simplesmente requisitando que o portador recebesse toda a assistência de que precisasse, naquele mundo em que os sinais podiam ser facilmente mal interpretados, a assinatura do ministro do Exterior era uma ferramenta poderosa, sugerindo que o governo britânico estava apoiando a iniciativa de Knox D'Arcy.[17] Marriott ficou fascinado com a corte persa. O trono, escreveu em seu diário, era "todo incrustado de diamantes, safiras e esmeraldas, e havia pássaros enfeitados de pedras preciosas (pavões não) de ambos os lados"; no mínimo, ele se permitiu reportar, o xá era um "um atirador muito bom".[18]

Na realidade, o trabalho efetivo foi feito por Kitabgi, que segundo um relato foi capaz de garantir "de maneira bem completa o apoio de todos os principais ministros e membros da corte do xá, sem esquecer dos serviçais, que trazem à sua majestade seu cachimbo e o café da manhã" – um eufemismo para "molhar" a mão de todos. As coisas estavam indo bem, Knox D'Arcy foi informado; parecia provável que uma concessão de petróleo seria "assegurada pelo governo persa".[19]

O processo de obter um acordo por escrito era tortuoso. Obstáculos invisíveis surgiam do nada e obrigavam a mandar telegramas para Londres para pedir conselhos a Knox D'Arcy – e autorização para fazer ainda mais desembolsos. "Espero que aprove isso, já que a recusa colocaria o negócio a perder", insistiu Marriott. A resposta de Knox: "Não tenha escrúpulos se tiver que propor algo que facilite os negócios para mim", foi a resposta.[20] O que Knox D'Arcy queria dizer era que não via problema em ser liberal com seu dinheiro e dispunha-se a fazer o que fosse preciso para conseguir seu intento. Era impossível descobrir quem eram os verdadeiros beneficiários quando novas exigências ou promessas eram feitas; havia rumores de que os russos já tinham ouvido falar das negociações, conduzidas supostamente em segredo, e então decidiu-se plantar pistas falsas para confundi-los.[21]

A certa altura, quase sem aviso, chegou a notícia (enquanto Marriott estava num jantar festivo em Teerã): o xá havia assinado o acordo. Em troca de 20 mil libras, com a mesma quantia em ações a ser paga na fundação da companhia, mais royalties anuais de 16% sobre os lucros líquidos, Knox D'Arcy, descrito nas formalidades como um homem "de recursos independentes residente em Londres, no número 42 da Grosvenor Square", teve garantidos amplos direitos. Foi-lhe concedido "um privilégio especial e exclusivo de procurar, obter, explorar, desenvolver, tornar apto ao comércio, levar embora e vender gás natural, petróleo, asfalto e ozocerita por toda a extensão do Império Persa, por um período de sessenta anos". Além disso, ganhou o direito exclusivo de instalar oleodutos, montar instalações de armazenamento, refinarias, estações e serviços de bombeamento.[22]

Uma proclamação real persa feita em seguida anunciou que Knox D'Arcy e "todos os seus herdeiros e designados e amigos" haviam sido agraciados com "plenos poderes e liberdade ilimitada por um período de sessenta anos para sondar, perfurar e prospectar conforme seu desejo as profundezas do solo persa", e solicitava que "todas as autoridades de seu abençoado reino" ajudassem um homem que desfrutava "dos favores de nossa esplêndida corte".[23] Ele recebera as chaves do reino; a questão era se agora seria capaz de encontrar a fechadura.

Observadores experientes em Teerã não estavam convencidos. Mesmo que "se descubra petróleo, como os agentes deles acreditam ser o caso", observou sir Arthur Hardinge, representante britânico na Pérsia, havia grandes desafios pela frente. Valia a pena lembrar, prosseguiu ele, que "o solo da Pérsia, quer contenha petróleo ou não, tem sido palco nos últimos anos de tantos fracassos de esquemas promissores de regeneração comercial e política que seria precipitado prever o futuro desse último empreendimento".[24]

Talvez o xá também estivesse apostando que pouco iria resultar do negócio e que apenas desfrutaria dos pagamentos adiantados, como fizera no passado. Certamente a situação econômica na Pérsia àquela época era terrível: o governo enfrentava uma grande queda no orçamento, com um déficit desestabilizador e preocupante, e o resultado é que valia a pena fazer qualquer coisa para obter dinheiro dos bolsos recheados de Knox D'Arcy. Também era época de grande ansiedade no Ministério do Exterior britânico, que deu bem menos atenção à concessão que acabava de ser feita do que daria às propostas feitas por Teerã tanto a Londres quanto, preocupantemente, a São Petersburgo, nos anos que antecederam a Primeira Guerra Mundial.

Os russos reagiram mal à notícia da concessão entregue a Knox. Na realidade, quase conseguiram sabotar a concessão enviando ao xá um telegrama pessoal do czar, pedindo que não levasse o negócio adiante.[25] Knox D'Arcy já se preocupara o suficiente em não ofender os russos no acordo, ao fazer questão de que as províncias do norte especificamente fossem excluídas, a fim de "não criar ressentimentos" nos poderosos vizinhos do norte da Pérsia. Do ponto de vista de Londres, a preocupação era que a Rússia viesse a supercompensar sua exclusão sendo mais condescendente ainda com as exigências do xá e seus oficiais.[26] Como o representante da Grã-Bretanha em Teerã alertou lorde Lansdowne, a entrega de uma concessão poderia ser "comprometida por consequências políticas e econômicas" caso o petróleo fosse encontrado em quantidade significativa.²⁷ Não havia como esconder a realidade de uma pressão crescente na rivalidade por influência e recursos na região do golfo.

No curto prazo as coisas se acalmaram, em grande parte porque o projeto de Knox D'Arcy parecia condenado ao fracasso. O trabalho era lento, em razão de dificuldades de clima, do grande número de feriados religiosos e das constantes e desanimadoras falhas mecânicas nos equipamentos de perfuração. Havia também uma hostilidade aberta na forma de queixas quanto ao pagamento, de práticas de trabalho e do reduzido número de habitantes iranianos empregados, além dos infindáveis problemas com tribos locais requisitando subornos.²⁸ Knox D'Arcy ficou irritado com a falta de progresso e com o volume de dinheiro que vinha sendo gasto. "Atraso grave", telegrafou à sua equipe de perfuração menos de um ano após a concessão; "peço rapidez".²⁹ Uma semana depois, enviou outro despacho: "Vocês têm acesso livre a poços?", perguntou ao seu engenheiro-chefe em desespero. Diários de bordo revelam grandes quantidades de tubos, canos, pás, aço e bigornas sendo despachadas da Grã-Bretanha, juntamente com rifles, pistolas e munição. As folhas de pagamento de 1901-2 também mostram fundos despendidos em quantias crescentes. A sensação de Knox D'Arcy deve ter sido de estar torrando dinheiro nas areias.³⁰

Se ele estava ansioso, também deviam estar seus banqueiros no Lloyds, cada vez mais inquietos a respeito do porte dos saques de um homem que supunham ter fundos ilimitados à disposição.³¹ O que piorava as coisas era o pouco resultado de tanto trabalho árduo e altos custos: Knox D'Arcy precisou convencer outros investidores a comprar ações do negócio, para tirar pressão do seu fluxo de caixa pessoal e obter capital para levar as coisas adiante. Suas equipes estavam produzindo sinais promissores de petróleo; o que ele precisava era de uma grande descoberta.

À medida que se desesperava, Knox D'Arcy passou a sondar outros potenciais investidores e até compradores para a sua concessão, e viajou a Cannes para se encontrar com o barão Alphonse de Rothschild, cuja família tinha grandes participações nos negócios de petróleo de Baku. Isso fez soar o alarme em Londres. Em particular, chamou a atenção da Marinha britânica: sir John Fisher, primeiro lorde do Almirantado, defendia ferrenhamente sua crença de que o futuro da guerra naval e o domínio dos mares estavam na transição do carvão para o óleo. "O óleo combustível", escreveu a um amigo em 1901, "irá revolucionar totalmente a estratégia naval. É o caso de dizer 'Acorde, Inglaterra!'"[32] Apesar de não ter sido anunciada nenhuma descoberta deslumbrante, todas as evidências sugeriam que a Pérsia tinha o potencial de ser uma grande fonte de petróleo. Se esta pudesse ser assegurada para uso exclusivo da Royal Navy, melhor ainda. Mas era essencial que o controle de tais recursos não fosse cedido a mãos estrangeiras.

O Almirantado intercedeu para mediar um acordo entre Knox D'Arcy e uma companhia petrolífera escocesa que tivera considerável sucesso na Birmânia. Depois que ofereceram um contrato a esse país em 1905 para suprir a Marinha com 50 mil toneladas de petróleo por ano, os diretores da Burmah Oil Company foram persuadidos a adquirir boa parte daquela que foi renomeada como Concessions Syndicate. Fizeram isso não por algum dever patriótico, mas porque era uma estratégia sensata de diversificação e seu histórico também lhes permitiria levantar mais capital. Embora isso tivesse feito Knox D'Arcy respirar aliviado e escrever que os termos que havia conseguido "eram melhores do que os que teria obtido de qualquer outra companhia", ainda não havia garantia de sucesso – como observou secamente o sempre cético representante diplomático britânico em Teerã em seu relato à sede. Encontrar petróleo era um problema; lidar com persistentes tentativas de chantagem era outro.[33]

De fato, a nova parceria pouco conseguiu com seus esforços nos três anos seguintes. Os poços perfurados não deram frutos, enquanto os gastos consumiam as finanças dos acionistas. Por volta da primavera de 1908, os diretores da Burmah Oil Company falavam abertamente em sair de vez da Pérsia. Em 14 de maio de 1908, enviaram comunicado a George Reynolds, líder de operações de campo e um homem descrito por um dos que trabalhavam com ele como obstinado, determinado e feito de "sólido carvalho britânico", e mandaram Reynolds preparar-se para abandonar as operações. Ele foi instruído a perfurar dois poços em Masjed Soleymān, já definidos para chegar a uma profundidade de quase quinhentos metros. Se não encontrasse petróleo, deveria "encerrar a operação, fechar as instalações e trazer de volta o que fosse possível", embarcando tudo para a Birmânia, onde seria mais útil.[34]

Enquanto a carta percorria os postos de correios da Europa e do Levante e seguia até a Pérsia, Reynolds continuava seu trabalho, sem saber o quanto estava perto de ser encerrado. Sua equipe seguiu perfurando, abrindo caminho por uma rocha tão dura que fez a broca de perfuração se desprender. A broca ficou perdida no buraco vários dias; enquanto o relógio prosseguia em seu tique-taque, a broca foi finalmente recuperada e acoplada de novo. Em 28 de maio, às quatro da manhã, alcançaram o veio principal. Haviam descoberto petróleo, e o ouro negro agora jorrava pelos ares. Uma jazida imensa.[35]

Arnold Wilson, um tenente do Exército britânico encarregado da segurança do local, mandou uma mensagem codificada para Londres com a notícia. Dizia apenas: "Ver Salmo 104, versículo 15, segunda frase".[36] O versículo pedia ao Senhor que fizesse brotar óleo da terra para que os rostos reluzissem de felicidade. A descoberta, disse ele ao pai, prometia fabulosas recompensas para a Grã-Bretanha – e, era essa sua expectativa, também para os engenheiros "que perseveraram por tanto tempo, apesar de seus chefes, com suas cartolas [...] nesse clima inóspito".[37]

Investidores que se reuniram na Anglo-Persian Oil Company, a empresa que controlava os direitos da concessão depois da oferta de ações feita em 1909, reconheceram que o primeiro poço de Masjed Soleymān era apenas a ponta do iceberg e que haveria grandes recompensas no futuro. Naturalmente, iria demandar tempo e dinheiro para construir a infraestrutura necessária à exportação do petróleo, assim como para perfurar novos poços e encontrar novos campos. Tampouco era fácil trabalhar de maneira fluente nas operações, e Arnold Wilson queixava-se de ter que gastar tempo tentando abreviar o lapso cultural entre os britânicos, "que não podem dizer o que pretendem fazer, e os persas, que nem sempre pretendem fazer o que dizem". Os britânicos, declarou, viam o contrato como um acordo que poderia valer num tribunal; os persas, como uma mera declaração de intenções.[38]

De qualquer modo, logo construíram um oleoduto para ligar o primeiro campo à ilha de Ābādān no rio Shatt al-Arab, escolhida como local para uma refinaria e centro de exportação. Dali o petróleo da Pérsia era levado ao golfo, onde podia ser carregado em navios, transportado para a Europa e vendido, numa época em que as necessidades de energia do continente aumentavam de modo acentuado. O próprio oleoduto era muito simbólico, pois constituía a primeira peça do que iria virar uma rede de oleodutos cruzando a Ásia, dando nova forma e vida às antigas Rotas da Seda.

Os problemas continuavam. A descoberta de petróleo transformou o pedaço de papel assinado pelo xá em 1901 num dos documentos mais importantes do século XX, pois, ao mesmo tempo que lançava as bases para o crescimento de um negócio de bilhões de dólares – a Anglo-Persian Oil Company acabou virando a British Petroleum –, também abriu caminho para conflitos políticos. O fato de os termos do acordo transferirem o controle das joias da Coroa da Pérsia para investidores estrangeiros gerou um ódio profundo e contagioso em outros países, alimentou o nacionalismo e levou, em última instância, a uma suspeita e rejeição profunda em relação ao Ocidente, cujo reflexo mais evidente é o moderno fundamentalismo islâmico. O desejo de conquistar o controle do petróleo iria causar muitos problemas no futuro.

No nível humano, a concessão entregue a Knox D'Arcy é uma história incrível, de tino comercial e triunfo sobre as adversidades; mas sua importância global está à altura da descoberta transatlântica de Colombo em 1492. Naquela época também, imensos tesouros e riquezas eram expropriados pelos conquistadores e despachados de volta para a Europa. A mesma coisa se repetia agora. Uma das razões disso foi o vivo interesse do almirante Fisher e da Royal Navy, que monitoravam de perto a situação na Pérsia. Quando a Anglo-Persian teve problemas de caixa em 1912, Fisher interveio rapidamente, preocupado com uma eventual aquisição do negócio por produtores como a Royal Dutch/Shell, que montara uma substancial rede de produção e distribuição a partir de uma base inicial nas Índias Orientais Holandesas. Fisher foi até o primeiro lorde do Almirantado, um astro político em ascensão, para convencê-lo da importância de converter os motores dos navios de guerra de carvão para óleo. O óleo é o futuro, declarou; pode ser armazenado em grande quantidade e é barato. Mais importante, porém, era que dava maior velocidade aos navios. As batalhas navais "são puro senso comum", afirmou. "A primeira de todas as necessidades é a VELOCIDADE, de modo que você possa ser capaz de lutar – *Quando* quiser, *Onde* quiser e *Como* quiser." O óleo iria permitir aos navios britânicos superar em agilidade de manobras os navios inimigos e obter uma vantagem decisiva em batalha.[39] Ouvindo Fisher, Winston Churchill compreendeu o que isso significava.

Passar para o óleo significaria que o poder e a eficiência da Royal Navy seriam elevados a "um nível nitidamente superior; navios melhores, tripulações melhores, maior economia, formas mais intensas de poder bélico". Significava, como Churchill observou, que o que estava em jogo era nada menos do que o domínio dos mares.[40] Numa época de crescente pressão nos assuntos internacionais e quando o confronto parecia cada vez mais provável, não importava de que forma, seja na Europa ou em outra parte, pensou-se muito sobre como essa vantagem poderia ser estabelecida e promovida em casa. No verão de 1913, Churchill entregou um documento ao Gabinete intitulado "Suprimento de óleo combustível para a Marinha de Sua Majestade". A solução, defendia ele, era comprar combustível adiantado de uma série de produtores, e até assumir "participações de controle em fontes confiáveis de suprimento". A discussão que se seguiu não levou a uma conclusão, a não ser a concordância de que "o Almirantado deve assegurar seus suprimentos de óleo [...] a partir da área mais ampla possível e do maior número de fontes".[41]

Menos de um mês depois, as coisas haviam mudado. O primeiro-ministro agora acreditava, junto com seus ministros, na "vital necessidade" do óleo no futuro. Ele, portanto, disse ao rei Jorge V, em seu informe regular dos principais desdobramentos, que o governo iria assumir parte do controle da Anglo-Persian a fim de garantir "fontes confiáveis de suprimento".[42]

Churchill foi eloquente ao defender sua causa. Assegurar suprimentos de óleo não dizia respeito só à Marinha; tratava-se de salvaguardar o futuro da Grã-Bretanha. Embora ele visse que o carvão sustentava o sucesso do império, era do óleo que muita coisa dependia. "Se não conseguirmos óleo", disse ao Parlamento em julho de 1913, "não teremos cereais, não teremos algodão e não teremos mil e uma *commodities* necessárias para preservar as energias econômicas da Grã-Bretanha." Era preciso acumular reservas para o caso de uma guerra; mas o mercado aberto podia também não ser confiável – porque estava se tornando um "simulacro aberto", graças às ações de especuladores.[43]

A Anglo-Persian, portanto, parecia ser a solução de vários problemas. Sua concessão era "perfeitamente sólida" e, com suficientes fundos para apoiá-la, poderia ser "desenvolvida e alcançar extensão gigantesca", segundo o almirante sir Edmond Slade, ex-diretor de inteligência naval e chefe da força-tarefa encarregada de fazer uma avaliação rigorosa da companhia. Obter o controle dela, com a garantia de suprimento de petróleo, seria uma dádiva dos céus para a Marinha. A chave, concluiu Slade, era obter uma participação majoritária "por um custo muito razoável".[44]

As negociações com a Anglo-Persian andaram rápido o suficiente para colocar o governo britânico no verão de 1914 em posição de adquirir uma participação de 51% – e, com isso, o controle operacional do negócio. A eloquência de Churchill na Câmara dos Comuns rendeu uma grande maioria de votos a favor da proposta. E foi assim que as autoridades britânicas, seus planejadores e militares puderam ter o conforto de saber que dispunham de acesso a recursos de petróleo que poderiam se mostrar vitais em qualquer conflito militar. Onze dias depois, Franz Ferdinand foi morto em Sarajevo. No surto de atividade dos eventos que escalaram até a guerra, era fácil negligenciar a importância dos passos que a Grã-Bretanha havia dado para salvaguardar suas necessidades de energia. Isso ocorreu em parte simplesmente porque poucos sabiam dos acertos feitos nos bastidores. Pois, além de comprar a participação majoritária da Anglo-Persian, o governo britânico havia também acertado em segredo termos que garantiam o fornecimento de petróleo ao Almirantado pelo prazo de vinte anos. Isso significava que os navios da Royal Navy que foram ao mar no verão de 1914 fizeram isso com a vantagem de saber que seriam reabastecidos caso o confronto com a Alemanha se prolongasse. A conversão para óleo tornou os navios britânicos mais rápidos e melhores que os de seus rivais; mas a vantagem mais importante era que podiam permanecer no mar. Não sem razão, lorde Curzon fez um discurso em Londres em novembro de 1918, menos de duas semanas após a assinatura do armistício, no qual disse aos presentes ao jantar que "a causa aliada havia flutuado para a vitória sobre uma onda de petróleo". Um destacado senador francês concordou entusiasmado. A Alemanha dera atenção excessiva ao ferro e ao carvão, disse o lorde, e pouca atenção ao óleo. Esse era o sangue da terra, afirmou, e havia sido o sangue da vitória.[45]

Havia alguma verdade nisso. Porque, embora a atenção dos historiadores militares se concentre nos campos de matança de Flandres, o que aconteceu no centro da Ásia teve grande importância para o desfecho da Grande Guerra – e mais importância ainda para o período que se seguiu. Enquanto os primeiros tiros eram disparados na Bélgica e no norte da França, otomanos ponderavam que papel iriam ter no confronto que se avolumava na Europa. Embora o sultão fosse inflexível em sua visão de que o império deveria ficar fora da guerra, outras vozes importantes defendiam que cimentar os laços tradicionais com a Alemanha numa aliança era o melhor a ser feito. Enquanto as grandes potências da Europa ocupavam-se em expedir ultimatos e declarar guerra umas contra as outras, Enver Pasha, o perspicaz ministro da Guerra otomano, contatou o comandante do quartel do exército em Bagdá para adverti-lo sobre o que poderia vir pela frente. "Uma guerra contra a Inglaterra está agora dentro das possibilidades", escreveu. Se as hostilidades eclodirem, prosseguiu, líderes árabes devem ser incitados a apoiar o esforço militar otomano numa guerra santa. A população muçulmana da Pérsia deve ser instigada a se revoltar contra o "domínio russo e inglês".[46]

Nesse contexto, não foi nenhuma surpresa ver poucas semanas após o início da guerra uma divisão britânica ser despachada de Bombaim para assegurar Ābādān, os oleodutos e os campos de petróleo. Em seguida, a estratégica cidade de Basra foi ocupada em novembro de 1914, e então os seus habitantes foram informados por Percy Cox durante uma cerimônia de hasteamento de bandeira que "não resta neste lugar nenhum vestígio da administração turca. Em seu lugar, a partir de agora, a bandeira britânica foi erguida, sob a qual vocês irão desfrutar dos benefícios da liberdade e da justiça, em relação tanto às suas religiões quanto aos seus afazeres seculares".[47] Os costumes e crenças dos locais importavam pouco; o que realmente interessava era proteger os recursos naturais da região.

Cientes de que o controle sobre a região do golfo era tênue, britânicos fizeram sondagens com figuras importantes do mundo árabe, entre elas Husayn, sharīf de Meca, a quem foi oferecido um trato tentador: se Husayn "e os árabes em geral" dessem seu apoio contra os turcos, então a Grã-Bretanha "irá garantir a independência, os direitos e os privilégios do sharifado contra qualquer agressão estrangeira externa, em particular a dos otomanos". Isso não era tudo: outro incentivo, ainda mais atraente, foi oferecido. Talvez tivesse chegado a hora de "um árabe de genuína raça assumir o califado em Meca ou Medina". Husayn, guardião da cidade sagrada de Meca e membro da *quraysh*, descendente de Hāshim, o bisavô do próprio profeta Maomé, estava recebendo a oferta de um império em troca de seu apoio.[48]

Os britânicos na realidade não pretendiam fazer isso e tampouco seriam capazes de fazê-lo. No entanto, a partir do início de 1915, à medida que as coisas pioraram, estavam preparados para ir levando Husayn em banho-maria, em parte porque um triunfo rápido na Europa não havia se materializado, mas também porque os otomanos finalmente começaram a contra-atacar a posição britânica no Golfo Pérsico – e também, de modo preocupante, o Egito, ameaçando o Canal de Suez, a artéria que permitia aos navios do Oriente chegarem à Europa muitas semanas antes do que circunavegando a África. Para desviar os recursos e a atenção dos otomanos, os britânicos decidiram desembarcar tropas no leste do Mediterrâneo e abrir um novo front. Nas circunstâncias, fazer acordos com quem quer que pudesse aliviar a pressão sobre as forças Aliadas parecia a coisa óbvia a fazer; e era fácil exagerar promessas de recompensa que talvez só pudessem ser pagas num futuro distante.

Cálculos similares estavam sendo feitos em Londres a respeito da ascensão do poder russo. Embora os horrores da guerra rapidamente ficassem visíveis, algumas figuras influentes na Grã-Bretanha estavam preocupadas com a possibilidade de a guerra terminar cedo demais. O antigo primeiro-ministro Arthur Balfour temia que uma rápida derrota da Alemanha pudesse tornar a Rússia mais perigosa ainda, fazendo-a alimentar ambições, inclusive em relação à Índia. Havia outra preocupação: Balfour ouvira também rumores de que um *lobby* com boas conexões em São Petersburgo estava tentando fazer acordo com a Alemanha; isso, na sua opinião, seria tão desastroso para a Grã-Bretanha quanto perder a guerra.[49]

As preocupações com a Rússia indicavam que garantir sua lealdade era de suprema importância. A perspectiva de controlar Constantinopla e Dardanelos era a isca perfeita para manter os vínculos que uniam os Aliados e atrair a atenção do governo czarista para um tópico ultrassensível. Por mais que a Rússia fosse poderosa, seu calcanhar de aquiles era a escassez de portos de águas quentes que não fossem os do mar Negro, ligado ao Mediterrâneo primeiro pelo Bósforo e depois por Dardanelos, os estreitos trechos de água que separavam a Europa da Ásia, situados nas duas extremidades do mar de Marmara. Esses canais eram uma linha vital, ligando os campos de grãos do sul da Rússia aos mercados exportadores do exterior. O fechamento de Dardanelos fez o trigo apodrecer nos armazéns e infligiu danos devastadores à economia durante a Guerra dos Bálcãs de 1912-3, quando se falou em declarar guerra aos otomanos que o controlavam.[50] Os russos, portanto, ficaram encantados quando os britânicos levantaram a questão do futuro de Constantinopla e de Dardanelos no final de 1914. Este seria "o troféu mais precioso de toda a guerra", anunciou o embaixador da Grã-Bretanha aos oficiais do czar. O controle seria entregue à Rússia assim que a guerra terminasse, embora Constantinopla devesse continuar como porto livre "para produtos em trânsito indo e vindo de territórios não russos", junto com a concessão de que "deverá haver liberdade de comércio para navios mercantes que passem pelos estreitos".[51]

Embora houvesse poucos sinais de uma penetração do front ocidental, com ambos os lados tendo perdas extraordinariamente pesadas e com vários anos de derramamento de sangue ainda pela frente, os Aliados já discutiam a divisão das terras e interesses de seus rivais. Não é pequena a ironia contida nisso, considerando as acusações de imperialismo que foram lançadas contra a Alemanha e seus sócios depois do armistício. Poucos meses após o início da guerra, os Aliados já estavam pensando em se banquetear com as carcaças de seus inimigos derrotados.

Nesse sentido, havia mais em jogo do que as promessas futuras de Constantinopla e Dardanelos exibidas aos russos, pois no início de 1915 foi montada uma comissão presidida por sir Maurice de Bunsen para tratar das propostas que seriam feitas ao futuro Império Otomano depois que a vitória estivesse assegurada. Parte do truque era dividir as coisas de uma maneira que fosse adequada àqueles que eram aliados no presente, mas haviam sido rivais no passado, e eram também potenciais rivais no futuro. Não se deveria fazer nada, escreveu sir Edward Grey, que levantasse suspeitas de que a Grã-Bretanha tinha projetos em relação à Síria. "Significaria romper com a França", escreveu, "se apresentássemos quaisquer reivindicações em relação à Síria e ao Líbano" – uma região que recebera substanciais investimentos de negócios franceses nos séculos XVIII e XIX.[52]

A fim, portanto, de demonstrar solidariedade em relação à Rússia e evitar confronto com a França sobre sua esfera de influência na Síria, decidiu-se desembarcar uma grande força composta de tropas da Grã-Bretanha, Austrália e Nova Zelândia, só que não como planejado originalmente, em Alexandretta (hoje no sudeste da Turquia), e sim na península de Gallipoli, na boca do estreito de Dardanelos, que guardava o acesso a Constantinopla.[53] Um lugar de desembarque que se revelou particularmente inadequado para abrigar uma grande ofensiva, e uma armadilha mortal para muitos daqueles que tentaram abrir caminho por terra, subindo as montanhas contra posições turcas bem fortificadas. A desastrosa campanha que se seguiu tinha a intenção original de lutar para estabelecer controle sobre as redes de comunicação e comércio que ligavam a Europa ao Oriente Próximo e à Ásia.[54]

O futuro de Constantinopla e de Dardanelos havia sido definido; agora era preciso resolver o do Oriente Médio. Numa série de encontros na segunda metade de 1915 e início de 1916, sir Mark Sykes, um parlamentar superconfiante que contava com o apoio de lorde Kitchener, secretário de Estado para a Guerra, e François Georges-Picot, um presunçoso diplomata francês, fizeram a partilha da região. Ambos concordaram em traçar uma linha que se estendia de Acre a nordeste (no extremo norte da atual Israel), até a fronteira da Pérsia. Os franceses seriam deixados com a Síria e o Líbano, os britânicos com seus domínios – na Mesopotâmia, na Palestina e em Suez.

Dividir os espólios dessa maneira era perigoso, não só porque enviava a outras partes mensagens conflitantes a respeito do futuro da região. Havia Husayn, a quem ainda se oferecia independência aos árabes e a restituição de um califado comandado por ele; havia os povos da "Arábia, Armênia, Mesopotâmia, Síria e Palestina", que o primeiro-ministro britânico fazia questão de declarar publicamente serem "merecedores de um reconhecimento de sua condição nacional separada", algo próximo de uma promessa de soberania e independência.[55] Depois havia os Estados Unidos, que receberam repetidas garantias dos britânicos e dos franceses de que lutavam "não por interesses egoístas, mas, acima de tudo, para salvaguardar a independência de povos, a justiça e a humanidade". Tanto a Grã-Bretanha quanto a França afirmavam enfaticamente objetivos nobres e disposição de libertar "as populações submetidas à sangrenta tirania dos turcos", segundo o *The Times* de Londres.[56] "Estava tudo errado", escreveu Edward House, consultor de política exterior do presidente Wilson, quando descobriu o acordo secreto do Ministério do Exterior britânico. Franceses e britânicos "estão transformando [o Oriente Médio] num lugar onde se cultiva uma futura guerra".[57] Não se equivocou a esse respeito.

Na raiz do problema estava o fato de que a Grã-Bretanha sabia o que estava em jogo, em razão das reservas naturais que haviam sido descobertas na Pérsia e que a Mesopotâmia também parecia possuir. Na verdade, havia sido aprovada uma concessão para o petróleo desta última (embora não formalmente ratificada), no próprio dia do assassinato de Franz Ferdinand, em 1914. Ela foi dada a um consórcio liderado pela Turkish Petroleum Company, da qual a Anglo-Persian era a principal acionista, com uma parte minoritária das ações cedida à Royal Dutch/Shell e ao Deutsche Bank e uma fatia pequena a Calouste Gulbenkian, o extraordinário homem de negócios que havia arquitetado o acordo.[58] Seja lá o que estivesse sendo prometido ou reservado aos povos e nações do Oriente Médio, a verdade é que nos bastidores a forma e o futuro da região estavam sendo sonhados por suas autoridades, políticos e homens de negócios, que tinham uma coisa em mente: garantir o controle sobre o petróleo e sobre os oleodutos que iriam bombeá-lo até os portos para ser carregado nos navios-tanque.

Os alemães entenderam o que estava acontecendo. Num resumo que acabou chegando às mãos dos britânicos, discutia-se que a Grã-Bretanha tinha duas metas estratégicas predominantes. A primeira era manter o controle do Canal de Suez, por seu singular valor estratégico e comercial; a segunda era assegurar os campos de petróleo na Pérsia e no Oriente Médio.[59] Essa era uma avaliação perspicaz. O extenso império transcontinental da Grã-Bretanha cobria quase um quarto do globo. Apesar dos diferentes climas, ecossistemas e recursos que abrangia, havia uma escassez óbvia: o petróleo.

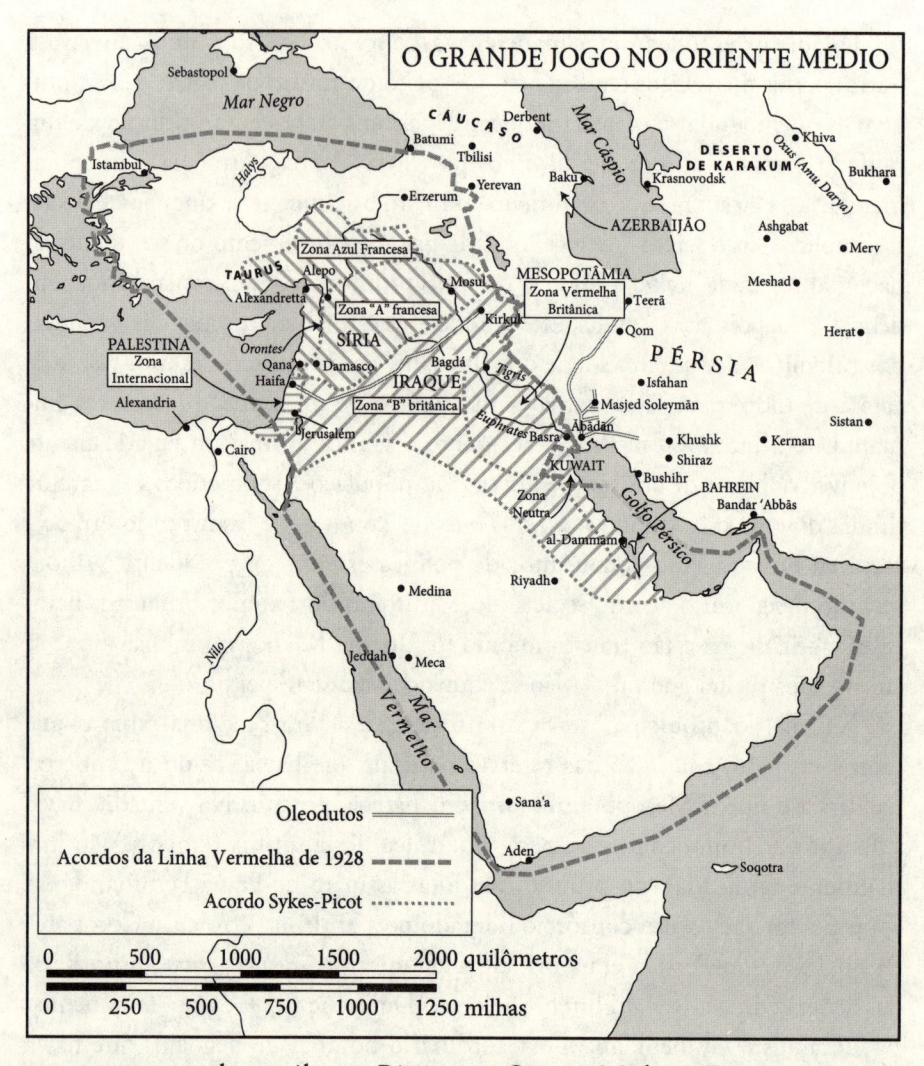

A Grã-Bretanha não tinha depósitos significativos em nenhum de seus territórios, e a guerra oferecia-lhe a oportunidade de corrigir isso. "O único grande suprimento potencial", escreveu sir Maurice Hankey, secretário do Gabinete da Guerra, "é o suprimento persa e mesopotâmico." Como resultado, obter "o controle desses suprimentos de petróleo torna-se um objetivo de guerra prioritário".[60] Não havia nada a ser conquistado nessa região do ponto de vista militar, enfatizou Hankey ao escrever no mesmo dia ao primeiro-ministro, David Lloyd George; mas a Grã-Bretanha devia atuar de modo decisivo se a ideia fosse "assegurar os valiosos poços de petróleo" na Mesopotâmia.[61]

Poucos precisavam ser convencidos disso. Antes do final da guerra, o ministro do Exterior britânico conversava em termos descompromissados a respeito de como via o futuro. Havia sem dúvida questões pendentes sobre como desmembrar seus impérios rivais. "Não me importa", disse ele a figuras importantes, "sob que sistema iremos manter o petróleo, se será por arrendamento perpétuo ou de qualquer outro jeito, mas tenho muito claro para nós que esse petróleo deve ficar disponível."[62]

Havia boas razões para tamanha determinação – e para a ansiedade que a sustentava. No início de 1915, o Almirantado vinha consumindo 80 mil toneladas de óleo por mês. Dois anos mais tarde, como resultado do maior número de navios em serviço e da proliferação de motores a óleo, a quantidade havia saltado para 190 mil toneladas. As necessidades do exército haviam disparado ainda mais, com a frota de cem veículos em uso em 1914 inchando para dezenas de milhares. Em 1916, a demanda havia praticamente exaurido as reservas de petróleo da Grã-Bretanha: os estoques de gasolina, que estavam em 36 milhões de galões em 1º de janeiro, caíram para 19 milhões de galões seis meses mais tarde, e para 12,5 milhões apenas quatro semanas depois.[63] Quando uma comissão do governo examinou os prováveis requisitos para os doze meses seguintes, as estimativas indicavam que mal restaria metade da quantia necessária para satisfazer à provável demanda.[64]

Embora a introdução do racionamento de gasolina, com efeito imediato, tivesse estabilizado um pouco os níveis de estoque, a persistente preocupação com problemas de abastecimento levou o primeiro lorde do Mar, na primavera de 1917, a ordenar que navios da Royal Navy passassem o maior tempo possível nos portos, e a velocidade de cruzeiro foi limitada a vinte nós. A precariedade da situação é ressaltada pelas projeções preparadas em junho de 1917, segundo as quais no final do ano o Almirantado teria em reserva não mais do que seis semanas de suprimento.[65]

Isso tudo foi agravado por uma eficiente guerra submarina desenvolvida pela Alemanha. A Grã-Bretanha importava petróleo em grandes quantidades dos Estados Unidos (e a preços cada vez mais altos), mas muitos dos navios-tanque não conseguiam chegar. Os alemães conseguiam afundar "tantos navios de combustível", escreveu Walter Page, embaixador dos Estados Unidos em Londres, em 1917, que "este país pode em breve ficar em condição periclitante".[66] Uma revolução na tecnologia que permitia aos motores funcionarem com maior rapidez e eficiência acompanhou a rápida mecanização das operações militares após 1914. Ambas haviam sido impulsionadas pela feroz guerra terrestre na Europa. Porém, em contrapartida, o aumento do consumo significou que a questão do acesso ao petróleo, que já era uma séria preocupação antes da eclosão das hostilidades, tornou-se um fator crucial – muitas vezes decisivo – na política externa britânica.

Algumas autoridades britânicas tinham altas expectativas em relação ao que estava por vir. Um experiente administrador, Percy Cox, que prestara serviço no leste da Pérsia e conhecia bem o país, sugeriu em 1917 que a Grã-Bretanha tinha a oportunidade de conquistar um controle tão firme do Golfo Pérsico que os russos, franceses, japoneses, alemães e turcos poderiam ficar excluídos dali definitivamente.[67] Como resultado, embora o colapso da Rússia na revolução em 1917 e o acordo de paz com a Alemanha logo após a tomada do poder pelos bolcheviques fossem preocupantes no que se referia à guerra na Europa, isso criou novas esperanças em outras partes. Segundo relato de lorde Balfour ao primeiro-ministro no verão de 1918, a Rússia, sob o governo autocrático, havia sido "um perigo para seus vizinhos; e a nenhum de seus vizinhos tanto quanto foi para nós".[68] Sua implosão foi uma boa notícia para a posição da Grã-Bretanha no Leste. Criou uma real oportunidade de consolidar o controle sobre a região inteira que se estendia do Suez à Índia, assegurando com isso o controle de ambos.

18
A rota da conciliação

Na Pérsia, os britânicos tinham intenção de instalar um homem forte confiável, que atendesse bem aos seus interesses. Uma figura de prestígio na corte logo chamou sua atenção: o príncipe Farman-Farma era conhecido por manter muitos investimentos na Bolsa de Valores de Londres e, portanto, sua considerável fortuna estava intimamente ligada à continuidade do sucesso do Império Britânico. Foi feito um intenso *lobby* para que fosse nomeado primeiro-ministro, e o representante britânico em Teerã teve uma audiência com o xá às vésperas do Natal de 1915 para deixar claro o quanto seria bem-vinda em Londres a nomeação de Farman-Farma. "Uma mudança de primeiro-ministro seria inevitável num futuro próximo", foi argumentado com o xá, ainda mais tendo em vista a presença de muitos "elementos hostis" no governo de Teerã. O xá foi convencido com facilidade: "Ele logo concordou e disse que isso deveria ser feito de uma vez. Prometeu insistir junto a FF para que aceitasse o cargo imediatamente".[1] Farman-Farma foi devidamente nomeado poucos dias depois.

Na Mesopotâmia, a falta de uma figura local que pudesse colaborar tornou as coisas mais difíceis. Os britânicos haviam assumido a questão nas próprias mãos, enviando soldados de Basra para ocupar Bagdá na primavera de 1917. Pouca atenção foi dada ao que poderia acontecer em seguida, como lorde (antes sir Charles) Hardinge escreveu de Londres a Gertrude Bell, a brilhante e versátil acadêmica e viajante que conhecia a região melhor que ninguém. "Na realidade, não faria diferença", ele sugeriu, "se escolhêssemos três dos homens mais gordos de Bagdá ou três dos homens de barbas mais longas para colocá-los como emblemas do governo árabe." Os britânicos precisavam apenas de um líder qualquer, em quem pudessem gravar de modo eficaz os benefícios de cooperar com a força de ocupação; naturalmente, isso envolveria suborná-los regiamente.[2]

Havia, porém, graves problemas a serem enfrentados – e mais importantes do que fazer conjeturas sobre o futuro desenho político da região. Vozes influentes na Grã-Bretanha já defendiam a revisão do acordo Sykes-Picot, mesmo enquanto a tinta ainda secava. Isso não tinha a ver com nenhum escrúpulo a respeito do ostensivo imperialismo desse acerto secreto, mas com um relatório preparado pelo almirante Slade, ex-diretor da divisão de inteligência do Almirantado, que fora responsável por uma avaliação dos campos petrolíferos persas em 1913 e havia sido nomeado logo depois diretor da Anglo-Persan Oil Company. Slade enfatizou que "em nenhuma circunstância possível podemos ser perturbados em nosso desfrute" dos campos petrolíferos persas e que isso valia também para outras partes da região. Havia indícios, acrescentou, da presença de significativas quantidades de petróleo na "Mesopotâmia, Kuwait, Bahrein e Arábia". Recomendou fortemente que as linhas fossem redesenhadas para garantir que a maior parte possível daqueles territórios passasse à zona controlada pelos britânicos. "É importante assegurar o controle de todos os direitos sobre o petróleo nessas áreas, de modo que nenhuma outra potência possa explorá-lo em seu [próprio] benefício."[3] O Ministério do Exterior observava inquieto e recolhia artigos de jornais europeus que defendiam a "indispensável exigência de livre navegação no Golfo Pérsico" por parte da Alemanha, o que indicava claramente que o quanto antes a Grã-Bretanha assegurasse sua posição, melhor.[4]

Ao final de 1918, poucas semanas após o final da guerra, a Grã-Bretanha conseguiu o que queria: o primeiro-ministro David Lloyd George convenceu o primeiro-ministro francês Clemenceau a aceitar emendar o acordo e ceder o controle de Mosul e da área ao redor. Isso foi conseguido em parte explorando o medo da França de que a Grã-Bretanha pudesse ser um empecilho à sua intenção de estabelecer um protetorado na Síria, mas também indicando que o apoio britânico à questão da Alsácia-Lorena nas negociações do acordo, que iriam começar em breve, não era de modo algum seguro. "O que você quer?", Clemenceau perguntou a Lloyd George sem meias-palavras em Londres. "Eu quero Mosul", o primeiro-ministro britânico replicou. "Você terá. Algo mais?" "Sim", veio a resposta, "quero também Jerusalém." A resposta foi a mesma: "Você terá". Clemenceau era "corretíssimo e nunca voltava atrás no que dizia", lembrou um velho funcionário público muito respeitado por Lloyd George.[5]

Os britânicos também haviam colocado a Palestina como alvo por sua localização, como anteparo contra qualquer ameaça ao Canal de Suez, uma das principais artérias do império e sobre o qual havia estabelecido controle em 1888. Assim, depois que se deslocaram para Bagdá, soldados britânicos avançaram até a Palestina a partir do sul e, de modo improvável, a partir do leste, com T. E. Lawrence emergindo do deserto para tomar Aqaba no verão de 1917. Poucos meses depois, Jerusalém também caiu, apesar dos ferozes contra-ataques do 7º e 8º exércitos otomanos, liderados pelo general Erich von Falkenhayn, que no início da guerra servira como chefe do Estado-Maior do exército alemão. O general britânico Edmund Allenby entrou na cidade a pé em sinal de respeito, depois de capturar a cidade no que o primeiro-ministro britânico chamou de "um presente de Natal para o povo britânico".[6]

A Palestina era importante por outra razão. Havia preocupação cada vez maior com os crescentes níveis de imigração de judeus para a Grã-Bretanha – o número de judeus que vinha da Rússia, por exemplo, havia quintuplicado entre 1880 e 1920. Na virada para o século XX, houve discussões a respeito de se oferecer terras no leste da África para incentivar emigrados judeus a se instalarem ali, mas na época da guerra a atenção havia se deslocado para a Palestina. Em 1917, uma carta do ministro do Exterior, Arthur Balfour, a lorde Rothschild, que vazou para o *The Times,* falava do "governo de sua majestade [vendo de forma] favorável o estabelecimento na Palestina de um lar nacional para o povo judeu".[7] Conhecida como Declaração de Balfour, a ideia de designar territórios para que os judeus se estabelecessem era o que Balfour mais tarde descreveu para a Câmara dos Lordes como "uma solução parcial para o grande e permanente problema judeu".[8]

Embora a luta para arrumar um lar para os judeus da Europa tivesse atraído compreensivelmente a atenção, a Grã-Bretanha também estava de olho na Palestina, por sua posição em relação aos campos petrolíferos e como um terminal para um oleoduto que faria a ligação com o Mediterrâneo. Isso iria poupar uma viagem de 1.600 quilômetros, como planejadores mais tarde observaram, e daria à Grã-Bretanha "virtual controle sobre a produção do que poderia muito bem se revelar um dos campos de petróleo mais ricos do mundo".[9] Era imperativo, portanto, que a Grã-Bretanha tivesse forte presença na Palestina, que controlasse Haifa, com seu porto muito bem protegido, que o tornava o lugar ideal para carregar óleo nos navios-tanque britânicos, e fizesse o oleoduto chegar a esse porto – em vez de ir para o norte, para a Síria, controlada pelos franceses.

Para o pensamento estratégico britânico dessa época, Haifa seria um terminal perfeito para o petróleo bombeado da Mesopotâmia. E assim se revelou. Em 1940, mais de 4 milhões de toneladas de petróleo fluíam pelo oleoduto construído após a guerra, suficientes para suprir toda a frota do Mediterrâneo. Era, como foi chamado pela revista *Time*, a "carótida do Império Britânico".[10] O maior império do mundo recebia transfusões massivas do sangue negro de petróleo, bombeado diretamente do coração do mundo.

No início de 1918, portanto, já havia se pensado bastante sobre o formato do mundo pós-guerra e sobre a maneira pela qual os espólios da vitória seriam divididos. O problema era que havia uma diferença entre os acordos fechados entre políticos de um mesmo clube, entre diplomatas irascíveis e planejadores armados de mapas e lápis nas capitais europeias, e a realidade no terreno. Não havia problema em fragmentar territórios onde os interesses da Grã-Bretanha e da França seriam expandidos e protegidos, mas as coisas ficavam bem mais complicadas quando as questões práticas se intrometiam.

Por exemplo, no verão de 1918, o general britânico Lionel Dunsterville teve ordens de avançar pelo noroeste da Pérsia até o mar Cáspio, enquanto outros altos oficiais eram enviados para monitorar o Cáucaso, com o objetivo de assegurar que os turcos não assumissem o controle dos campos de petróleo do Azerbaidjão, tomassem a região ao sul do mar Cáspio ou ganhassem controle da ferrovia Transcaspiana, que levava até a fronteira afegã. Era um exemplo clássico de exigir demais das forças militares, uma missão praticamente impossível – e que com toda certeza iria terminar em desastre. Forças turcas avançaram e cercaram Baku, onde Dunsterville ficou retido por seis semanas até ter permissão de se retirar. Seguiram-se então cenas horríveis de derramamento de sangue, com a população local fazendo seu ajuste de contas depois que a cidade se rendeu.[11]

O pânico tomou conta dos funcionários do Ministério da Índia em Londres, que em tom frenético pediram autorização para mandar agentes à Ásia Central colher informações sobre o que estava ocorrendo ali na esteira da reação turca e do tumulto na Rússia, onde distúrbios e manifestações no distrito de Samarcanda, no vale do Fergana e em Tashkent, contribuíram para a eclosão da revolução por todo o império.[12] "O controle efetivo sobre a população nativa do Turquestão foi removido de vez", escreveu o secretário de Estado ao vice-rei, lorde Chelmsford, no início de 1918, "devido ao colapso do governo central na Rússia e ao total desmoronamento da disciplina dentro do exército russo."[13]

Em reação às advertências quanto ao crescente sentimento antibritânico em meio à população muçulmana da região, foram despachados enviados para monitorar a situação e promover a difusão de propaganda anglófila. Enviaram-se oficiais a Kashgar e Meshed para avaliar o sentimento local, e seguiram-se tortuosas discussões para decidir se era melhor enviar tropas ao Afeganistão e Tashkent ou aprovar esquemas mais grandiosos, como incentivar o emir do Afeganistão a se expandir para o oeste e ocupar o vale do Murghab até Merv.[14] Novas ideias, novas identidades e novas aspirações brotavam pela Ucrânia, Cáucaso e Ásia Central após a Revolução Russa, conforme cresciam as demandas por autoexpressão ou mesmo autodeterminação.

Surgiram complicações quando aqueles que haviam tomado o poder na Rússia viram seus sonhos de uma revolução internacional frustrados na Europa e voltaram então as atenções para a Ásia. Trótski, transbordando de energia como sempre, adotou com entusiasmo o tema de cultivar o projeto revolucionário no Leste. "O caminho para a Índia pode muito bem ser mais fácil de percorrer nas atuais circunstâncias e, além disso, mais rápido do que aquele que leva a um Soviete na Hungria", escreveu num memorando que circulou entre seus pares em 1919. "A rota para Paris e Londres passa pelas cidades do Afeganistão, Punjab e Bengala."[15]

Delegados das "massas populares escravizadas da Pérsia, Armênia e Turquia", assim como da Mesopotâmia, Síria, Arábia e além, foram convocados para uma conferência em Baku em 1920, onde um dos principais demagogos bolcheviques não economizou palavras. "Estamos agora defrontados com a tarefa de incitar uma verdadeira guerra santa" contra o Ocidente, disse ele aos seus ouvintes. É chegada a hora, disse, de "educar as massas do Leste para odiar e para que lutem contra os ricos". Isso significava lutar contra os ricos "russos, judeus, alemães, franceses [...] e organizar uma verdadeira guerra santa do povo, em primeiro lugar contra o imperialismo britânico".[16] Chegara a hora, portanto, de um duelo entre Oriente e Ocidente.

A mensagem foi bem assimilada. Além dos eufóricos delegados, havia os que partiam para a ação – intelectuais, como Muhammad Barakatullāh, que escreveu sobre a fusão entre o "bolchevismo e as nações islâmicas", encorajavam o avanço do socialismo por toda a Ásia muçulmana. Jornais, universidades e escolas militares foram montadas pela Ásia Central para prover e radicalizar ainda mais as populações locais.[17]

Demonstrando surpreendente grau de flexibilidade, os sovietes dispunham-se a buscar consenso com quem quer que pudesse auxiliar sua causa. A liderança bolchevique teve, por exemplo, poucos escrúpulos em sondar o governante do Afeganistão, rei Amanullah, depois que ele se distanciou da influência britânica e lançou um ataque aos britânicos na Índia, a oeste do Khyber. Embora o confronto militar tivesse sido um fiasco, o regime bolchevique ficou feliz em encontrar um aliado no Leste e enviou uma oferta de assistência, juntamente com a garantia de que libertar o Oriente do imperialismo era parte fundamental do programa revolucionário – garantia que dificilmente seria muito tranquilizadora para um monarca no poder.

A audácia e o oportunismo russos provocavam manifestações estridentes de alarme na Grã-Bretanha, com *The Times* reportando uma "ameaça bolchevista à Índia: o primeiro passo é o Afeganistão". Soldados britânicos foram deslocados para o norte do Afeganistão, entre eles um jovem cabo chamado Charles Kavanagh, cujo diário recém-descoberto pinta um retrato vívido do que ele viu – e encontra paralelos nas experiências mais recentes de soldados ocidentais na mesma região. Emboscadas e ataques por insurgentes eram uma ocorrência diária, escreveu ele. Homens afegãos não viam problema em se vestir como mulheres, com trajes que escondiam seus rostos e também fuzis. Evite estender sua mão para cumprimentar um habitante local que você não conhece, escreveu ele: "Ele irá agarrá-la com a mão esquerda e apunhalá-lo com a direita".[18]

Diferentes visões do futuro estavam sendo oferecidas após a Grande Guerra. De um lado, havia o impulso para a autodeterminação, defendido pelo menos no início pelos bolcheviques. "Organizem suas vidas como quiserem, e sem quaisquer obstáculos", declarou Lênin. "Vocês têm esse direito. Saibam que seus direitos, assim como os de todos os povos da Rússia, estão protegidos pelo pleno poder da revolução e de suas agências."[19] Isso incluía visões progressistas sobre igualdade entre os gêneros: foi concedido às mulheres o direito de votar nas repúblicas soviéticas do Quirguistão, Turcomenistão, Ucrânia e Azerbaidjão – antes que elas tivessem direito a voto no Reino Unido. Pôsteres em Tashkent em 1920, escritos em uzbeque, ostentavam uma figura diante de outras quatro figuras fantasmagóricas com véus, defendendo a emancipação das mulheres muçulmanas: "Mulheres! Participem das eleições para o Soviete!".[20]

Essas primeiras visões progressistas pós-revolucionárias contrastavam muito com as atitudes imperialistas das potências ocidentais e com sua resolução de manter o controle dos ativos e dos recursos considerados vitais para os interesses nacionais. Nesse sentido, ninguém se mostrou tão ativo ou agressivo quanto os britânicos, que estavam determinados em primeiro lugar a preservar o controle dos suprimentos de petróleo. Se contasse com soldados no local, a Grã-Bretanha aproveitava essa vantagem inicial, permitindo que a paisagem fosse moldada de maneira a atender aos seus interesses. No caso da Mesopotâmia, isso foi feito forjando um novo país ao qual foi dado o nome de Iraque. Era uma miscelânea de três antigas províncias otomanas profundamente diferentes em história, religião e geografia: Basra olhava para o sul em direção à Índia e ao golfo; Bagdá era ligada de perto à Pérsia; Mosul tinha uma conexão natural com a Turquia e a Síria.[21] Era um amálgama que não satisfazia ninguém, exceto Londres.

O país era na melhor das hipóteses uma construção precária. Britânicos ajudaram a instalar como soberano o outrora aliado Faiçal – o herdeiro do sharīf de Meca –, em parte como recompensa por sua cooperação durante a guerra, em parte por consideração pelo fato de ele ter sido expulso da Síria, onde originalmente lhe havia sido prometido o trono, e em parte também pela falta de outro candidato óbvio. O fato de ele ser muçulmano sunita enquanto a população era predominantemente xiita foi encarado como algo que poderia ser ocultado pela introdução dos novos parâmetros de uma nação, como as cerimônias de troca de guarda, uma nova bandeira (desenhada por Gertrude Bell) e um tratado que reconhecia a "soberana nacional" iraquiana, mas obrigava o rei e seu governo a serem dirigidos pela Grã-Bretanha "em todas as questões importantes", entre elas as relações exteriores e a defesa. Anexos subsequentes deram à Grã-Bretanha o direito de fazer nomeações ao Judiciário e de impor consultores financeiros para administrar a economia do país.[22] Esse governo imperial por delegação era mais barato do ponto de vista financeiro do que a plena ocupação colonial, numa época em que a própria Grã-Bretanha se defrontava com imensas dívidas nacionais acumuladas durante a guerra – mas era mais barato também no aspecto político. Mais de 2 mil soldados britânicos haviam sido mortos em distúrbios e agitações civis na Mesopotâmia em 1920.[23]

Foram feitos esforços articulados para impor um domínio similar à Pérsia. Em 1919 foi assinado um acordo permitindo instalar consultores britânicos para dirigir tanto o Tesouro quanto as Forças Armadas, além de supervisionar projetos de infraestrutura. Isso funcionou mal na Pérsia e em outras partes. Com a Grã-Bretanha tendo participação no controle da Anglo-Persian Oil Company, russos e franceses já receavam que o controle britânico sobre a Pérsia ficasse forte demais. Ao mesmo tempo, os subornos (ou "comissões") pagos para ter o acordo assinado produziram protestos na Pérsia – e não apenas contra o próprio xá. "Que Deus condene ao perpétuo vexame/ Ele que traiu a terra de Sasano", escreveu um conhecido poeta da época, citando o extenso e glorioso passado da Pérsia; "Diga ao zeloso Artaxerxes do Braço Forte/ O inimigo anexou seu reino à Inglaterra".[24] Tais críticos acabaram na prisão.[25]

O comissário do Exterior da recém-criada União Soviética também reagiu com fúria: a Grã-Bretanha "está tentando envolver o povo persa na total escravidão". Era vergonhoso, fez constar numa declaração, que os governantes "tivessem vendido o país aos ladrões ingleses".[26] A reação em Paris foi um pouco diferente. Pegos despreparados para a batalha por petróleo, e tendo cedido Mosul aparentemente em troca de nada, os franceses pressionavam para ter os próprios consultores ocupando também posições em Teerã para promover seus interesses nacionais. Isso recebeu pouquíssima atenção de lorde Curzon, que mal pôde esconder seu ultraje ao ser perguntado se poderia sancionar uma nomeação como essa. A Pérsia, disse ele a Paul Cambon, embaixador francês em Londres, só foi "salva da completa insolvência pela ajuda da Grã-Bretanha". A França deveria cuidar dos próprios assuntos.[27]

A reação da França foi furiosa e ressentida. Ela forneceu fundos para plantar propaganda antibritânica na imprensa da Pérsia, enquanto na França foram publicados artigos demolidores sobre o acordo anglo-persa – e o xá. Esse anão de meio centímetro de altura, disse *Le Figaro* num artigo amplamente citado em Teerã, "vendeu seu país por um centavo".[28] Os franceses também estavam no lado vencedor da guerra, mas foram superados pelas manobras de seu aliado.

Na realidade, os britânicos ficavam desconcertados com as exigências de dinheiro do xá, tão regulares quanto antes do início da guerra. Isso também fora um problema com o príncipe Farman-Farma, cujo mandato como primeiro-ministro não se revelara tão bem-sucedido quanto os britânicos haviam esperado. Os relatos que chegavam a Londres falavam de sua "falta de inclinação para trabalhar de forma honesta" e de sua "rapacidade"; isso estava "rapidamente tornando sua continuação no cargo impossível".[29] Era preciso uma figura mais confiável.

O homem certo, na hora certa. Reza Khan era "um homem de constituição sólida, bem-apessoado, de ossos grandes, altura bem superior à média", relatou com aprovação sir Percy Loraine, representante da Grã-Bretanha em Teerã, em 1922. Khan vai direto ao ponto, prosseguia o relato, "e não desperdiça tempo intercambiando cumprimentos de delicado fraseado, mas totalmente fúteis, tão caros aos costumes persas". Embora o visse claramente como "ignorante e carente de instrução", Loraine ficou bem impressionado: "Conversando com ele, tive a forte sensação de um cérebro não utilizado, mais do que de um cérebro vazio". Isso era música aos ouvidos do Ministério do Exterior. "A avaliação de sir P. Loraine a respeito de Reza Khan é decididamente animadora", observou um oficial em Londres a respeito do relato. "Embora ele [não] esteja isento dos vícios de seus compatriotas, seu coração parece estar no lugar certo." Suas origens raciais também tiveram acolhida positiva: "O fato de ser em parte caucasiano [pelo lado materno] também conta a seu favor", dizia outro memorando. Em resumo, era exatamente o tipo de homem com o qual os britânicos imaginavam ser possível negociar.[30]

Ele parecia "um homem forte e destemido, que tinha seu país no coração", segundo sir Edmund Ironside, comandante de uma força britânica enviada para tomar o norte da Pérsia em meio a crescentes preocupações a respeito dos planos da Rússia na área em volta do mar Cáspio. Exatamente quanto apoio os britânicos deram a Reza Khan e que papel desempenharam em permitir que se tornasse o poder por trás do trono – e acabasse em 1925 sendo instalado como xá – é algo que tem sido debatido. Na época, porém, muitos dos que acompanhavam de perto os eventos tinham poucas dúvidas a respeito do papel da Grã-Bretanha em fazê-lo rei.[31] O representante americano em Teerã, John Caldwell, ressaltou que Reza estava tão próximo dos britânicos que era "na prática um espião".[32]

Não era nenhuma surpresa que os americanos estivessem também atentos a essa parte do mundo. Um relatório da Seção de Planejamento das Forças Navais dos Estados Unidos, que circulou pela Europa em 1918, dizia que eles precisavam se preparar para uma rivalidade comercial com a Grã-Bretanha. "Quatro grandes potências surgiram no mundo para competir com a Grã-

-Bretanha pela supremacia comercial", opinava o documento. Espanha, Holanda, França e Alemanha haviam todas sido superadas pela Grã-Bretanha. Os Estados Unidos eram a "quinta potência comercial, a maior no momento. [...] Precedentes históricos nos alertam para acompanhar de perto" o que a Grã-Bretanha pretende.[33] A importância dos campos de petróleo indicava que se devia prestar muita atenção a essa parte do mundo.

Isso era especialmente verdadeiro considerando a crescente preocupação norte-americana com seu suprimento de petróleo. Assim como a Grã-Bretanha temia a falta de recursos antes da guerra, havia cada vez mais ansiedade na América com uma possível escassez tão logo a guerra terminou. Padrões ascendentes de consumo causavam alarme, bem como as estimativas sobre as reservas de petróleo comprovadas. Estas iriam se esgotar em nove anos e três meses, segundo o diretor da US Geological Survey. A falta do "necessário suprimento no país e no exterior" constituía um grave problema, admitiu o presidente Wilson.[34]

Por essa razão, o Departamento de Estado incentivou a Standard Oil, uma das maiores produtoras americanas, a examinar o que ele chamou de "a possibilidade de entrar em acordo com o governo da Pérsia para o desenvolvimento de recursos petrolíferos no norte do país", na região não coberta pela concessão da Anglo-Persian.[35] O interesse dos Estados Unidos despertou empolgação em Teerã: a Grã-Bretanha e a Rússia já haviam interferido tempo suficiente na Pérsia, diziam reportagens na imprensa local, e comprometeram muitas vezes a independência do país. Os Estados Unidos, novo império emergente, era o perfeito cavaleiro branco. "Se os americanos, com sua florescente riqueza, estabelecerem relações comerciais com nosso país", declarava de modo otimista um artigo num jornal persa, "temos certeza de que nossos recursos não irão permanecer estéreis e não seremos mais tão afetados pela pobreza."[36] Essas grandes expectativas eram amplamente compartilhadas por todo o país: muitos telegramas chegaram à capital dando as boas-vindas à perspectiva de investimento dos Estados Unidos. A perplexa missão americana em Teerã observou que essas mensagens eram assinadas pelos "mais destacados mulás, notáveis, algumas autoridades do governo e por mercadores".[37]

Os britânicos reagiram com indignação, comunicando ao Departamento de Estado americano em termos bem claros que o interesse americano no petróleo da Pérsia era não apenas malvisto, mas ilegal. Embora a região em questão não tivesse sido concedida à Anglo-Persian, os britânicos afirmaram que ela estava sujeita a um acordo separado, previamente assinado entre Pérsia e Rússia, que não havia sido devidamente encerrado. Assim, os direitos de exploração não poderiam ser vendidos aos americanos – ou a qualquer outro. Eram declarações evasivas e acabaram revelando-se infrutíferas, já que os persas foram em frente apesar de tudo e acertaram com a Standard Oil uma concessão por cinquenta anos.[38]

Não foi a primeira vez que a experiência americana se revelou uma falsa retomada. A expectativa na Pérsia era que o envolvimento e o investimento dos Estados Unidos ofereceriam uma real alternativa à influência britânica na região. No entanto, questões práticas determinavam que qualquer operador precisava entrar em acordo com a Anglo-Persian para ter acesso à sua infraestrutura de oleodutos. Além disso, assim que as discussões se iniciaram, a expectativa dos persas deu lugar a mais decepções. Os americanos eram "mais britânicos que os próprios britânicos", observou o representante persa em Washington – o que não teve a intenção de ser um elogio. Acontece, disparou um editorial num jornal de Teerã, que os Estados Unidos e a Grã-Bretanha são uma única e mesma coisa: ambos são "adoradores de ouro e estranguladores dos fracos", obcecados em promover os próprios interesses e "empenhados em dividir [a] joia preciosa" dos recursos petrolíferos nacionais, e tirá-los das "mãos dos imaturos políticos da Pérsia".[39]

A história tinha paralelos familiares com a descoberta das Américas quatrocentos anos antes. Embora as populações locais não tivessem sido dizimadas da mesma maneira que as encontradas pelos espanhóis, o processo era efetivamente o mesmo: a expropriação dos tesouros pelas nações do Ocidente significava que as riquezas saíam de um continente para o outro, com o mínimo benefício para os habitantes locais. Havia outros paralelos com o que aconteceu depois que Colombo cruzou o Atlântico. Assim como Espanha e Portugal haviam dividido o mundo entre si com os tratados de Tordesilhas em 1494 e o de Zaragoza três décadas mais tarde, também as potências ocidentais agora dividiam os recursos do mundo estendidos entre o Mediterrâneo e a Ásia Central.

Territórios circulados nos mapas a lápis vermelho formavam a base de um pacto entre britânicos e franceses, conhecido como o "Acordo da Linha Vermelha", que dividia os ativos de petróleo da região entre, de um lado, a Anglo-Persian e, de outro, a Turkish Petroleum Company (da qual a Anglo-Persian – e, portanto, o governo britânico – era grande acionista), e existia um acordo formal para que uma não competisse nos territórios da outra. Isso era importante para a França, que pretendia assegurar uma forte posição no Levante em razão da longa história de laços comerciais e dos substanciais investimentos comerciais que os franceses vinham fazendo havia décadas. Como ocorreu com as potências ibéricas, França e Grã-Bretanha dividiam agora o controle de ativos valiosos, como espólios que tivessem o direito de reivindicar. A sensação era de uma nova era imperial.

O problema é que essa nova era imperial foi quase imediatamente abalada pela traumática percepção de que o mundo estava mudando – e rápido. Com certeza cabia elaborar planos e tentar afirmar o controle britânico sobre o petróleo e as redes de oleodutos, mas isso tinha um preço. Com a dívida nacional da Grã-Bretanha nas alturas, travaram-se dolorosas e difíceis discussões sobre o custo de manter soldados no número exigido para conduzir um império efetivamente. Esse custo opressivo, escreveu lorde Curzon, "não pode mais ser sustentado". Foi uma conclusão devidamente assimilada por Winston Churchill, a essa altura ministro das Colônias, que reconheceu que "tudo o que acontece no Oriente Médio é secundário em relação à redução das despesas".[40]

Esse descompasso entre ambição e capacidade era uma receita para o desastre – uma dificuldade agravada pela obstinação de diplomatas de alto escalão. O embaixador britânico em Teerã, por exemplo, assumia uma posição superior em relação aos persas, que ele descrevia com desdém como "fedidos" e "brutos ardilosos". Em Bagdá, enquanto isso, o representante de Londres mandara derrubar as casas "a fim de ampliar os jardins da embaixada britânica" – algo que um observador comentou com ironia que "sem dúvida melhorou uma residência já muito bonita", mas que não foi "universalmente bem-aceito pelos iraquianos".[41] Tudo isso traduzia uma atitude arrogante de sentir-se com direitos adquiridos, como se o presente e o futuro desses países estivessem inexoravelmente nas mãos dos britânicos. O governo do país estava em poder de autoridades em Londres, que pouco ligavam para os interesses das populações locais e se concentravam nas prioridades estratégicas e econômicas da Grã-Bretanha. Só na década de 1920, os britânicos foram ou diretamente responsáveis ou tiveram algum papel em apoiar a instalação e deposição de governantes no Iraque, na Pérsia e no Afeganistão, além de se envolverem na questão do título usado pelo rei do Egito após a independência em 1922.[42]

Inevitavelmente, isso alimentou problemas exasperantes que com o tempo se tornaram tóxicos. Gertrude Bell esteve certa ao prever, já em 1919, que o

Oriente Próximo estava sendo transformado numa "terrível barafunda", e que o cenário era como "um pesadelo no qual você antevê todas as coisas horríveis que irão acontecer e não consegue estender a mão para evitá-las".[43] A Grã-Bretanha jogava um jogo perigoso de escolher quem apoiar e quando – e onde – intervir.

Promessas quebradas e povos desapontados espalhavam-se pela região, do Levante ao leste. Compromissos de apoiar, ajudar e proteger os interesses de populações locais deram lugar à promoção e proteção dos interesses comerciais e estratégicos da Grã-Bretanha – mesmo que isso significasse fragmentar territórios segundo novos limites artificiais ou abandonar comunidades como os cristãos assírios do Iraque, que de repente viram-se numa posição singularmente vulnerável depois que o Oriente Médio foi repartido ao final da Primeira Guerra Mundial.[44]

Em termos amplos, os resultados no Iraque foram um desastre. Um novo feudalismo criou raízes quando magnatas locais receberam grandes trechos de terras do antigo Estado otomano em troca de seu apoio ao domínio britânico – tolhendo a mobilidade social, ampliando as desigualdades e espalhando a insatisfação à medida que as comunidades rurais perderam o direito à terra e aos seus meios de sustento. Na província de Kut, leste do Iraque, duas famílias conseguiram, no decorrer de três décadas, acumular mais de 2 mil quilômetros quadrados de terras.[45] O cenário era mais ou menos o mesmo na Pérsia, onde a riqueza gerada pela receita do petróleo concentrou-se nas mãos do xá e daqueles em torno dele. Nesse sentido, foi justamente o conhecimento de que o governo britânico era o principal acionista da Anglo-Persian – que na década de 1920 era responsável por quase metade da receita do país – que desencadeou sentimentos anti-Grã-Bretanha cada vez mais determinados e a ascensão do nacionalismo.

Isso era também um sinal dos tempos, já que as reações contra o colonialismo ganhavam um impulso praticamente irreversível por todo o império. Em 1929, na Índia, a sessão do Congresso Nacional Indiano realizada em Lahore expediu uma "Declaração de Independência" (Purna Swaraj). "O governo britânico na Índia não só privou o povo indiano de sua liberdade, mas baseou-se na exploração das massas", dizia a declaração. A Índia tem sido arruinada e "deve a partir de agora cortar sua conexão com a Grã-Bretanha e alcançar [...] completa independência". Chegara a hora da desobediência civil.[46]

Era praticamente inevitável que esse coquetel de desencanto, reprovação e privação de direitos se espalhasse por toda parte. Mas a crescente frustração no Oriente Médio também decorria em parte da percepção de que os benefícios prometidos pela descoberta de petróleo tivessem se mostrado tão evanescentes. Companhias petrolíferas ocidentais que controlavam concessões eram hábeis e altamente criativas quando se tratava de fazer o pagamento dos *royalties*. Assim como no mundo moderno, foi montada uma rede de companhias subsidiárias a fim de realizar empréstimos entre si para criar perdas que pudessem ser abatidas e com isso reduzir ou mesmo eliminar de vez os lucros comerciais evidentes das companhias operadoras — manipulando e diminuindo o valor dos *royalties* devidos, estipulados no contrato da concessão. Isso era pôr lenha na fogueira. Os jornais publicavam reportagens que falavam de estrangeiros tendo permissão de "drenar o país de seus recursos petrolíferos e reduzir propositalmente a receita da Pérsia, ao garantir uma isenção ilegal e desnecessária das tarifas alfandegárias". As coisas pelo menos não eram tão ruins na Pérsia quanto no vizinho Iraque, em tudo uma colônia, exceto no nome.[47]

Para tentar deter a onda crescente de raiva local, os diretores da Anglo-Persian adotaram uma ofensiva sedutora: prometeram uma série de novos benefícios, que iam de oportunidades educacionais a assistência para atualizar as ferrovias e até a considerar o pagamento de *royalties* mais generosos. Era claramente errado, queixavam-se persas do alto escalão, que o governo do país não tivesse participação acionária no negócio. "Os persas", registrou um observador, "sentem que está se desenvolvendo em seu solo uma indústria na qual não têm nenhuma participação real"; insistiam que não se tratava de uma questão de dinheiro, já que "nenhuma compensação financeira irá dissipar esse sentimento" de alienação.[48] O presidente da Anglo-Persian, o afável sir John Cadman, pediu calma, sugerindo a seus opositores na mesa de negociação que não era do interesse de ninguém que a imprensa criasse a "impressão errônea e penosa" de que o negócio não era justo e equitativo.[49] Quanto a isso, não havia problema, lhe foi dito; o que era do interesse de todos é que deveria haver uma parceria. Do jeito que as coisas eram, tratava-se de pouco mais que uma descarada exploração.[50]

As prolongadas discussões a respeito da possibilidade de renegociar a concessão de Knox D'Arcy e de como fazê-lo não deram em nada. Os persas acabaram desistindo. Mesmo antes de 1929, a descoberta de petróleo no México e na Venezuela (o trabalho nesta última foi liderado por George

Reynolds, descobridor do importante poço em Masjed Soleymān) levaram a uma forte desvalorização do preço do petróleo. Depois do Crash de Wall Street, que acarretou uma queda radical da demanda, os persas assumiram a questão nas próprias mãos. Por fim, em novembro de 1932, depois de um acentuado declínio no pagamento de *royalties* e do prosseguimento da chicana financeira por meio da qual as cifras precisas eram deliberadamente omitidas de Teerã, o xá declarou que a concessão de Knox D'Arcy estava cancelada, com efeito imediato.

Isso era deplorável, queixaram-se diplomatas britânicos. "Se não tomarmos uma posição agora", aconselhou um alto oficial, "teremos complicações bem piores com os persas no futuro."[51] A declaração era uma "flagrante" ofensa, disse outro.[52] Aos olhos dos britânicos, o contrato acertado três décadas atrás deveria perdurar a qualquer custo. Sem dúvida, haviam sido assumidos riscos financeiros consideráveis para iniciar o negócio de petróleo, e isso exigira também substanciais investimentos para criar uma infraestrutura que permitisse a exploração dos recursos. Mesmo assim, as riquezas que haviam sido descobertas eram imensas. O clamor para que fossem partilhadas de maneira mais equânime tinha sido ignorado; como ocorreu com os grandes escândalos bancários do início do século XX, a Anglo-Persian e os interesses que estavam por trás dela eram grandes demais para que se aceitasse sua derrocada.

Nesse caso, porém, o processo de equilibrar a situação e ajustar as coisas foi rápido – em grande parte porque a Pérsia tinha uma poderosa ferramenta de negociação: ser capaz de interferir, impedir e estorvar a produção para forçar a renegociação. Na primavera de 1933, foi selado novo acordo. A delegação persa reuniu-se com os executivos do petróleo no hotel Beau Rivage, em Genebra, e explicou que tinha conhecimento dos termos de um recente acordo sobre petróleo no Iraque, exigindo que pelo menos esses termos fossem atendidos. A proposta inicial – pela qual a Anglo-Persian cedia 25% das ações, garantia um rendimento anual, participação nos lucros e representação no conselho – foi recusada por sir John Cadman como afrontosa e impossível.[53]

Embora as discussões que se seguiram fossem muito cordiais, logo ficou claro que os esforços para evitar uma grande renegociação seriam inúteis. Assim, em abril de 1933, um novo acordo foi fechado. Seria dada mais atenção à "persianização" do negócio de petróleo – ou seja, contratar e treinar mais locais para se envolverem no negócio em todos os níveis, da administração até as posições mais subalternas. A região coberta pela concessão foi radicalmente reduzida a um quarto de seu tamanho original, que de todo modo era a cereja do bolo; uma taxa fixa de *royalties* foi estipulada para remover o anteparo das oscilações de moeda e dos preços do petróleo; foi garantido um pagamento mínimo anual, quaisquer que fossem os níveis de produção ou os preços de mercado conseguidos; o governo persa também iria participar dos amplos benefícios da Anglo-Persian, recebendo parte dos lucros que a companhia tivesse em outras jurisdições. Cadman não fez comentários quando os negociadores persas lhe disseram para ver o novo acordo como um "triunfo pessoal e de seus colegas". Suas anotações revelam sua reação: "Senti que havíamos sido muito bem depenados".54

Os persas e outros que acompanhavam os eventos viram uma moral diferente na história. A lição foi que, apesar de toda a petulância, a posição de negociação do Ocidente era fraca. Os detentores dos recursos podiam em última instância pressionar aqueles que detinham a concessão e levá-los à mesa de negociação. O Ocidente podia se queixar o quanto quisesse, mas ficava claro como a posse é um fator determinante.

Isso se tornou um dos temas principais da segunda metade do século XX. Surgiam novas conexões que se estendiam pela espinha dorsal da Ásia. Estava sendo tecida uma rede que não era mais de cidades e oásis, mas de oleodutos que ligavam poços de petróleo ao Golfo Pérsico e, na década de 1930, ao Mediterrâneo. Recursos e riqueza eram bombeados por essas linhas até portos como Haifa e Ābādān – local que se tornou sede daquela que por mais de cinquenta anos foi a maior refinaria do mundo.

Controlar essa rede era tudo, como os britânicos reconheceram mesmo antes do início da Primeira Guerra Mundial. Para os otimistas, as coisas ainda pareciam cor-de-rosa. Afinal, apesar da renegociação das concessões em 1933, haviam sido construídos fortes vínculos com essa parte do mundo, e ainda se poderia ganhar muito cooperando com aqueles que detinham recursos de imensa importância; e a Grã-Bretanha, com certeza, estava em melhor posição do que ninguém.

A realidade, porém, era que a maré já havia mudado. O poder e a influência do Ocidente estavam em declínio – e parecia certo que continuariam diminuindo. Havia um preço a pagar pela constante interferência nos assuntos locais; um preço a pagar por remodelar os jardins da embaixada; e um preço a pagar por nem sempre jogar um jogo franco e aberto. Esse preço era o clima de prevenção, receio e desconfiança.

Essas duas visões bem diferentes foram muito bem captadas num jantar em Bagdá em 1920, quando o desenho do Oriente Próximo e do Oriente Médio começava a ficar mais claro. Um dos presentes era a dinâmica e muito inteligente Gertrude Bell, que havia sido recrutada no estágio inicial da Primeira Guerra Mundial para trabalhar no serviço secreto britânico, e era uma sagaz observadora da política árabe. Fique tranquilo, ela disse a Jaffar al-Askarī, que logo seria nomeado primeiro-ministro do recém-fundado Iraque, pois "o que nós [britânicos] queremos dar em última instância é a completa independência". "Minha senhora", ele respondeu, "a completa independência nunca é concedida – ela é sempre conquistada."[55] O desafio de países como o Iraque e a Pérsia era livrarem-se da interferência externa e serem capazes de decidir o próprio futuro. O desafio da Grã-Bretanha era evitar que fizessem isso. Um conflito cedo ou tarde ocorreria. Primeiro, porém, havia outro desastre prestes a ocorrer, de novo motivado pelo controle de recursos. Dessa vez, em lugar do petróleo, era o trigo que ocupava o cerne da catástrofe iminente.

19
A rota do trigo

A revista britânica *Homes & Gardens* sempre se orgulhou de estar na linha de frente do design de interiores. "Combinar belos cenários com magníficas casas e jardins de verdade, com orientação especializada e informações práticas", declara a revista em sua recente chamada de marketing, constitui "a melhor fonte de inspiração para decoração". Sua edição de novembro de 1938 era pródiga em elogios a um refúgio de montanha rico em elegância alpina. "O esquema de cores em todo esse chalé iluminado, arejado, é de um verde-jade-claro", escreveu o correspondente, e ganha vida com a paixão por flores exibida pelo seu proprietário – que por acaso também havia sido o "decorador, projetista, assim como o arquiteto" da propriedade. Seus esboços em aquarela enfeitam os quartos de hóspedes, ao lado de antigas gravuras. Um "divertido contador de casos", o proprietário adorava se cercar de uma gama de "estrangeiros brilhantes, especialmente pintores, músicos e cantores", e com frequência trazia "talentos locais" para tocar peças de Mozart ou Brahms como diversão pós-jantar. O autor do artigo estava muito impressionado com Adolf Hitler.[1]

Nove meses mais tarde, em 21 de agosto de 1939, uma ligação ansiosamente aguardada chegou à pequena central telefônica que a *Homes & Gardens* relatou ficar perto de seu moderno escritório e que permitia "ao Führer" ter contato com "seus amigos ou ministros". Durante o jantar, uma mensagem foi entregue a Hitler. Segundo um dos presentes, "ele leu, ficou um tempo olhando para o nada, enrubesceu intensamente, e então bateu na mesa, tão forte que os copos tilintaram". Voltou-se então para os seus convidados e disse excitado: "Peguei-os! Peguei-os!".[2] Voltou a sentar para comer, com certeza diante da usual "imponente fileira de pratos vegetarianos, saborosos e apetitosos, agradáveis aos olhos e ao paladar", admirados pelo jornalista da *Homes & Garden* um ano antes, e preparados pelo chef pessoal de Hitler, Arthur Kannenberg – que com frequência saía da cozinha ao anoitecer para tocar seu acordeão.³

Após a refeição, Hitler reuniu seus convidados e contou-lhes que o papel que estava segurando continha o texto de uma resposta que ele vinha aguardando de Moscou. Stálin, o incontestável senhor da União Soviética, havia concordado em assinar um pacto de não agressão com a Alemanha. "Espero", dizia o teletipo, "que [isto] irá promover uma decidida virada para melhor nas relações entre os nossos dois países."⁴ Duas noites mais tarde, quando a notícia já havia sido anunciada, Hitler e sua *entourage* estavam em pé no terraço, olhando para o vale embaixo. "O último ato de *Götterdämmerung* [*O crepúsculo dos deuses*] não poderia ter sido mais efetivamente encenado", observou o destacado nazista Albert Speer.⁵

Por ironia, esse extraordinário acordo foi estimulado pela política externa de britânicos e franceses. Os dois países haviam tentado desesperadamente encontrar maneiras de conter o chanceler alemão depois de ficarem alarmados com seu pôquer político de altas apostas na década de 1930 – com pouco sucesso, porém. Tão pouco, na verdade, que Mussolini confidenciou a seu ministro do Exterior, conde Ciano, que os políticos e diplomatas britânicos não eram feitos do mesmo estofo que "os Francis Drake" e os outros "magníficos aventureiros que criaram o império"; na realidade, são "os filhos cansados de uma longa linhagem de homens ricos e irão perder seu império".⁶

Após a ocupação da Tchecoslováquia pela Alemanha, uma linha mais dura foi adotada. Na tarde de 31 de março de 1939, o primeiro-ministro Neville Chamberlain tomou a palavra na Câmara dos Comuns. "Na eventualidade de qualquer ação que claramente ameace a independência polonesa", disse ele em tom solene, "o governo de sua majestade irá se sentir de imediato obrigado a emprestar ao governo polonês todo o apoio que estiver a seu alcance. Foi dada uma garantia ao governo polonês nesse sentido. Posso acrescentar que o governo francês me autorizou a deixar explícito que eles assumem nessa questão a mesma posição que o governo de sua majestade".⁷

Em vez de garantir segurança à Polônia, isso selou seu destino. Embora o primeiro-ministro dissesse à Câmara dos Comuns que o ministro do Exterior havia se encontrado naquela mesma manhã com o embaixador soviético, Ivan Maiskii, para tentar atenuar as coisas, as garantias oferecidas à Polônia desencadearam uma série de eventos que levaram diretamente aos campos de trigo da Ucrânia e ao sul da Rússia. A luta redundaria na morte de milhões.⁸

O objetivo das garantias havia sido colocar a Alemanha num beco sem saída, usando a ameaça de guerra para dissuadi-la de qualquer ação contra seu vizinho a leste. Na realidade, como Hitler logo compreendeu, ele recebera um ás – embora um ás que exigia uma coragem impressionante para colocá-lo na mesa: uma oportunidade de fechar um acordo com a potência comunista. Apesar de a União Soviética ter sido um ferrenho rival da Alemanha nazista em muitos aspectos, de repente havia um terreno comum, no qual a interferência da Grã-Bretanha e outros havia criado uma abertura. Stálin também percebeu como as cartas haviam sido distribuídas. Também fora dada uma oportunidade a ele – que exigia igualmente uma coragem impressionante para poder aproveitá-la: fechar um acordo com Hitler.

A ideia de uma aliança entre os dois Estados parecia fora da esfera do plausível ou da realidade. Desde que Hitler chegara ao poder por meio de eleições em 1933, as relações entre a Alemanha e a União Soviética haviam se deteriorado muito, com campanhas cáusticas na mídia de ambos os países retratando o outro líder como demoníaco, cruel e perigoso. O comércio praticamente entrara em colapso: enquanto em 1932 cerca de 50% de todas as importações da União Soviética vinham da Alemanha, seis anos depois essa cifra havia caído a menos de 5%.[9] Mas com a extensão da garantia à Polônia, os dois países finalmente tinham algo em comum: o desejo de destruir o Estado que estava emparedado entre eles.[10]

Na primavera de 1939, houve um surto de atividade diplomática. O *chargé d'affaires* soviético em Berlim encontrou-se com o principal especialista alemão em Leste Europeu, a fim de definir terreno comum para melhorar as relações e procurar áreas de possível cooperação, entre elas a retomada do comércio. Essas conversas avançaram rapidamente e foram aceleradas em Moscou por discussões entre o embaixador alemão e Vyacheslav Molotov, o novo comissário de Relações Exteriores, cujo predecessor, Maxim Litvinov, havia sido demitido devido à sua origem judaica – um obstáculo para lidar com o regime alemão antissemita. Litvinov, "o eminente judeu", escreveu Winston Churchill, "o alvo do antagonismo alemão, foi posto de lado como uma ferramenta quebrada [...] retirado do palco mundial para a obscuridade, com um pagamento insignificante e sob vigilância policial".[11]

Por volta do verão, as coisas haviam avançado a ponto de Joachim von Ribbentrop, ministro do Exterior alemão, enviar mensagens a Moscou explicando que o simples fato de o nacional-socialismo e o comunismo serem muito diferentes não seria "razão para inimizade entre os dois países". Se houvesse disposição para discutir assuntos, sugeriu ele, então seria possível maior reaproximação. No centro do assunto estava a Polônia: seria possível fazer um acordo no qual ela fosse desmembrada e dividida entre eles?[12]

A questão foi assumida pessoalmente por Stálin. A Polônia havia sido uma *bête noire* desde a revolução. Em primeiro lugar, nos acordos de paz de Versalhes foi concedida aos poloneses uma extensão de território que antes de 1914 era russo; além disso, a Polônia realizara ações militares que tinham ameaçado o próprio sucesso da tomada do poder bolchevique nos anos que precederam 1917. O medo de espiões poloneses era um aspecto regular e comum nos expurgos soviéticos na década de 1930, nos quais milhões foram presos e muitas centenas de milhares executados. Apenas dois anos antes de negociar com a Alemanha, Stálin havia dado pessoalmente ordens solicitando a "liquidação da rede de espiões da Organização Militar Polonesa", que levou à prisão de outras dezenas de milhares de poloneses, dos quais mais de quatro quintos foram mais tarde executados.[13] Sua reação à pergunta alemã sobre cooperação, não menos do que em relação à Polônia, foi positiva e encorajadora.

E teve continuidade imediata. Dois dias após a resposta de Stálin, dois aviões Focke-Wulf Condor aterrissaram em Moscou e foram recebidos por uma guarda de honra soviética e dois conjuntos de bandeiras tremulando ao vento. Metade ostentava a imagem da foice e do martelo, as ferramentas do proletariado urbano e do campesinato, inconfundível símbolo do comunismo; as outras eram bandeiras do Terceiro Reich, desenhadas pelo próprio Hitler – como ele explicou no *Mein Kampf*: "No vermelho, podemos ver a ideia social do movimento [nacional-socialista], no branco, a ideia nacionalista, e na suástica a missão da luta pelo triunfo do homem ariano".[14] Numa das visões mais extraordinárias e inesperadas do século XX, as bandeiras representando o comunismo e o fascismo ondulavam lado a lado enquanto os alemães desembarcavam dos aviões. A delegação era chefiada por Ribbentrop, ministro do Exterior alemão, descrito por um antigo professor como "o mais estúpido da classe, cheio de vaidade e muito impositivo", agora com a missão de intermediar um acordo entre encarniçados rivais.[15]

Levado ao Kremlin para encontrar-se com Stálin e Molotov, Ribbentrop expressou sua expectativa de boas relações. "A Alemanha não pede nada à

Rússia – apenas paz e comércio", afirmou. Stálin deu uma resposta direta, característica. "Por muitos anos até agora, temos despejado baldes de merda na cabeça um do outro, e nossos homens de propaganda sempre achavam que não haviam feito o suficiente nesse sentido. Agora, de repente, vamos querer que nossos povos acreditem que está tudo esquecido e perdoado? As coisas não funcionam com essa rapidez."[16]

Na verdade, funcionaram. Em poucas horas, o esboço de um acordo já estava pronto, com um texto consensual a ser divulgado e mais um anexo secreto que delineava esferas de influência no Báltico e na Polônia, e na prática dava a cada um dos lados carta branca para entrar e fazer o que desejasse até a linha acordada. Satisfeito, Stálin pediu vodca já madrugada adentro para celebrar. "Sei o quanto o *Volk* alemão ama seu Führer", disse ele usando a palavra alemã. "Gostaria de beber à sua saúde." Outros brindes se seguiram, com Molotov mal conseguindo conter sua alegria. "Foi nosso grande camarada Stálin que iniciou essa rodada de relações políticas", disse radiante. "Eu bebo à saúde dele."[17]

A euforia de Stálin continuou em sua dacha nos arredores de Moscou no dia seguinte, onde se juntou a altos membros do Politburo para caçar patos. Claro que é tudo um jogo de blefes, disse ele, "um jogo para ver quem engana quem. Eu sei o que o Hitler quer. Ele imagina que é mais esperto que eu, mas na realidade eu é que o enganei".[18] Hitler, é claro, pensou exatamente a mesma coisa. Quando um bilhete lhe foi passado por volta da meia-noite em seu paraíso alpino, reportando que o acordo final havia sido assinado, sua reação – como a de Stálin – foi a de um jogador convencido de estar num momento de sorte: "Ganhamos", declarou em tom triunfante.[19]

O líder soviético fez acordo com a Alemanha para ganhar tempo. Stálin não tinha ilusões a respeito de Hitler ou sobre a ameaça de longo prazo que ele representava. Na realidade, no 17º Congresso do Partido Comunista em 1934, trechos do *Mein Kampf* foram lidos para ilustrar os perigos representados pela Alemanha e seu chanceler. O próprio Stálin havia lido a tristemente famosa obra de Hitler, sublinhando passagens que destacavam a necessidade de a Alemanha expandir seu território ao leste.[20] A União Soviética, porém, precisava se recuperar após um período de crônica desordem. No início da década de 1930, uma onda de fome catastrófica, resultado de uma política míope e cruel, levara milhões de pessoas à morte por inanição e doenças. O sofrimento foi horrível e em escala colossal. Um garoto que na época tinha oito anos lembrou mais tarde de um dia em que olhou para uma menina de sua classe na escola em Khar'kov, que havia encostado a cabeça na carteira e fechado os olhos no meio da aula e parecia dormir profundamente; na verdade, havia morrido de inanição. Eles iriam enterrá-la, ele sabia, "do mesmo jeito que haviam enterrado pessoas no dia anterior e dois dias antes, e que enterravam todo dia".[21]

Nos anos que se seguiram, a sociedade soviética devorou a si mesma. O status dentro do Partido Comunista não oferecia proteção, pois Stálin atacava seus rivais mais próximos e antigos colegas. Numa série espetacular de julgamentos fictícios realizados em Moscou, homens que haviam se tornado nomes familiares, não só na União Soviética, mas em nível internacional, foram acusados com grande alarde como contrarrevolucionários, julgados e sentenciados à morte. Homens como Grigorii Zinoviev, Lev Kamenev, Nikolai Bukharin e Karl Radek, heróis da Revolução de 1917, estavam entre os muitos que foram executados, denunciados com linguagem venenosa como cães fascistas, terroristas, degenerados e vermes pelo promotor-chefe Andrei Vyshinskii. Num arremedo de história intelectual e cultural, Vyshinskii foi então homenageado por seus ataques tóxicos quando o Instituto de Governo e Leis da Academia Soviética de Ciências foi renomeado e passou a ostentar seu nome.[22]

A atenção então voltou-se para o exército. O alto-comando foi aniquilado, devastado por uma lógica pervertida e implacável: considerava-se evidente que se oficiais subalternos fossem culpados de sublevação, então seus oficiais superiores deveriam ser culpados de cumplicidade ou negligência. Com isso, uma confissão extraída à força de um homem alquebrado servia para liberar uma cascata de prisões. O objetivo, como testemunhou mais tarde um oficial da polícia secreta, era provar a existência de uma "conspiração militar dentro do Exército Vermelho que implicasse o maior número possível de participantes".[23]

Dos 101 membros da mais alta liderança militar, apenas dez não foram presos; dos 91 detidos, apenas nove não foram executados. Entre eles estavam três dos cinco marechais da União Soviética e dois de seus almirantes, assim como todo o pessoal de alto escalão da força aérea, todos os chefes de todos os distritos militares, e quase todos os comandantes de divisão. O Exército Vermelho foi colocado de joelhos.[24] Nessas circunstâncias, Stálin precisava de um respiro para reconstruí-lo. A aproximação com a Alemanha foi uma dádiva dos céus.

Hitler, por outro lado, jogava aumentando as apostas. Estava desesperado para ter acesso a recursos que eram essenciais para que a Alemanha construísse uma posição de força e poder a longo prazo. O problema era que a Alemanha tinha uma localização geográfica ruim para ganhar acesso ao Atlântico e comerciar com as Américas, África e Ásia; Hitler, portanto, voltou os olhos para o leste. Por trás de sua decisão de se reconciliar com a União Soviética estava a ideia de que isso lhe daria acesso à sua própria Rota da Seda.

Após a assinatura do pacto, Hitler reuniu seus generais em seu chalé alpino para expor-lhes o que havia sido acertado e o que planejava. Encostado no grande piano de cauda, falou extensamente sobre si mesmo. O povo alemão tinha sorte de contar com ele, declarou, um homem em quem depositavam total confiança. Mas agora, prosseguiu, era hora de aproveitar o momento. "Não temos nada a perder", disse aos seus altos oficiais; a Alemanha só conseguirá sobreviver poucos anos nessa atual situação econômica; "não temos outra escolha", disse aos generais.[25]

Uma aliança com a União Soviética iria permitir não só recuperar terras tomadas pelo Tratado de Versalhes; garantiria o futuro da Alemanha. Tudo girava em torno do sucesso da Alemanha – e era vital lembrar isso o tempo todo. "Fechem seus corações para a piedade", disse ele. "Ajam com brutalidade. Oitenta milhões de pessoas devem ter o que lhes é de direito. Sua existência deve ser assegurada."[26] Ele se referia a invadir a Polônia, mas também a um novo ressurgimento que seria possível a partir da reaproximação com a União Soviética. Para Hitler, entrar em acordo com Stálin era mais do que uma oportunidade de elevar as apostas em seu jogo de política temerária; oferecia a perspectiva de recursos. Embora viesse falando com frequência sobre o *Lebensraum*, o "espaço vital", para o povo alemão o que estava em jogo, disse ele aos generais, eram troféus concretos: cereais, gado, carvão, chumbo e zinco. A Alemanha, finalmente, poderia ser livre.[27]

Nem todos os que o ouviam estavam convencidos. Hitler afirmara que a guerra iria durar seis semanas; a impressão era que fosse levar seis anos, murmurou o general Von Reichenau.[28] O general Liebmann tampouco ficou impressionado. A fala, disse ele, era prepotente, presunçosa e "simplesmente repulsiva". Hitler era um homem que perdera todo o senso de responsabilidade. No entanto – como uma das principais autoridades atuais sobre Alemanha nazista observa –, ninguém se manifestava contra ele.[29]

Hitler estava convencido de ter encontrado uma maneira de proteger o futuro da Alemanha. Uma área particularmente frágil do país era a inadequação da agricultura doméstica. Como pesquisa recente sugere, esse setor padeceu durante a década de 1930, à medida que a máquina de guerra alemã começou a ser montada e a consumir recursos, tempo e dinheiro. Na realidade, uma nova legislação na prática acabou reduzindo o investimento na agricultura no período.[30] A Alemanha continuou muito dependente de importações, pois a produção doméstica não garantia a autossuficiência.[31] Conversando com um veterano diplomata em Danzig em agosto de 1939, Hitler trouxe à tona o tópico da impossível pressão colocada sobre a Alemanha durante a Primeira Guerra Mundial – um de seus temas mais recorrentes. Agora, porém, afirmava ter a resposta. Precisamos da Ucrânia, "para que ninguém nos faça passar fome como fizeram na última guerra".[32]

A Ucrânia, ou melhor, os frutos de seu rico solo, foi liberada para ele a partir da assinatura do pacto de não agressão em 1939. Nos meses após a visita de Ribbentrop à capital russa, oficiais nazistas e soviéticos iam e voltavam entre Moscou e Berlim. Os alemães esperavam que a abertura se traduzisse num acordo, especialmente em relação a "todos os problemas territoriais, do mar Negro ao Báltico", como Ribbentrop disse a Molotov em agosto de 1939.[33] Discussões mais delicadas eram centradas nos termos do comércio e acima de tudo nos volumes e preços do trigo soviético, do petróleo e outros materiais necessários para sustentar a invasão da Polônia pela Alemanha e sua continuidade. Stálin estava fornecendo combustível para a guerra de Hitler.[34]

A aliança deu a Hitler a confiança e a promessa de recursos que lhe permitiram atacar a Polônia, com a certeza de que sua posição no Leste estaria segura após seu acordo com Stálin ("Posso garantir com minha palavra de honra que a União Soviética não irá trair seu parceiro", disse o líder russo quando o acordo foi assinado).[35] Mas como um dos mais astutos altos oficiais percebeu, o desmembramento da Polônia deixava a Alemanha mais vulnerável – não menos –, pois arrastava a fronteira soviética muito mais para oeste; teria sido melhor, observou Franz Halder, manter bons termos com a Rússia e colocar foco nas posições britânicas no Oriente Médio e no Mediterrâneo.[36]

Em 1º de setembro de 1939, apenas uma semana após o histórico acordo, soldados alemães atravessaram a fronteira, ceifando seu caminho pelas defesas polonesas. Além da tomada de território conforme o avanço se aproximava de

Varsóvia, tinham também o objetivo de decapitar a elite polonesa. Na visão de Hitler, "somente uma nação cujos níveis superiores são destruídos pode ser empurrada para as fileiras da escravidão". Portanto, autoridades e figuras destacadas foram visadas – e por homens que sabiam o que estavam procurando: quinze dos 25 comandantes de esquadrão instruídos para localizar e aniquilar "os estratos superiores da sociedade" tinham doutorado, a maioria em direito e filosofia.[37]

O realinhamento da Alemanha e da União Soviética e o ataque à Polônia pegaram Grã-Bretanha e França desprevenidas. Embora a guerra tivesse sido declarada, nenhum país fornecera muito apoio militar ou logístico aos poloneses. É verdade que a Royal Air Force empreendeu algumas limitadas operações de bombardeio, mas as cargas mais comuns a bordo das aeronaves que sobrevoavam território alemão não eram dispositivos incendiários, e sim panfletos cujo foco era otimista em excesso, quando não claramente ingênuo. "Há boas razões para acreditar que as autoridades alemãs temeram o efeito de nossa propaganda", lê-se na ata do primeiro item da agenda da reunião do Gabinete britânico no início de setembro de 1939. O fato de "nossas aeronaves serem capazes de sobrevoar com impunidade todo o noroeste da Alemanha" certamente teria "um efeito de deprimir o moral do povo alemão". O consenso era que lançar mais panfletos no futuro poderia ser muito efetivo.[38]

Enquanto isso, avaliações tingidas de pânico chegavam a Londres em quantidade, da Índia e da Ásia Central – pois o acordo assinado por Molotov e Ribbentrop não só abriu um canal de suprimentos essenciais para a Alemanha e acelerou a guerra na Europa. O embaixador em Cabul, sir Kerr Fraser-Tytler, advertiu que a especulação que corria ali era se a Grã-Bretanha daria apoio militar no caso de uma invasão soviética do Afeganistão.[39] Essas preocupações eram compartilhadas pelo Ministério da Índia, cujo secretário de Estado emitiu um documento alarmista ao Gabinete da Guerra em Londres, pintando um quadro quase desolador das defesas indianas, em especial de seus recursos antiaéreos, que aparentemente se resumiam a nada mais do que uma única bateria de oito canhões de três polegadas.[40]

Embora Londres fosse cética a respeito do perigo na Ásia Central no curto prazo, reconhecia que a aliança da Alemanha com a União Soviética era uma real ameaça aos interesses britânicos no Leste. Na primavera de 1940, foi examinado com cuidado o que parecia ser um confronto inevitável. Segundo um relatório ao Gabinete da Guerra, elaborado pelos chefes de Estado-Maior e intitulado "As implicações militares das hostilidades com a Rússia em 1940", era "improvável que o governo soviético demorasse algum tempo para realizar ações contra a Índia e o Afeganistão", um desdobramento que iria criar "máxima dispersão do poderio aliado".[41] Como outro relatório apontou com lucidez aterradora, havia muitas maneiras pelas quais a cooperação alemã com Moscou poderia ser profundamente prejudicial aos Aliados: os interesses de petróleo da Grã-Bretanha no Irã e no Iraque eram potencialmente vulneráveis e podiam ser perdidos e, pior que isso, passar às mãos do inimigo.[42]

Havia fundamento nessas preocupações. Os alemães eram muito ativos no Oriente Médio e na Ásia Central na década de 1930, com a Lufthansa criando uma extensa rede de voos comerciais pela região e companhias como a Siemens e a organização Todt fazendo incursões importantes nos setores industriais do Iraque, Irã e Afeganistão. Havia inúmeras estradas e pontes projetadas por engenheiros alemães e construídas por técnicos alemães ou com sua supervisão. A infraestrutura de telecomunicações havia sido instalada por companhias como a Telefunken, que tinha grande procura por sua expertise.[43] Esses vínculos faziam a Alemanha ser bem-vista na região – algo reforçado pelas percepções a respeito de Hitler no mundo islâmico como um líder decidido e que defendia com vigor as coisas em que acreditava. Essa mensagem foi corroborada pelo núcleo de agentes controlados pela Abwehr, a inteligência militar alemã, que era ativa em fazer contatos e granjear apoio pela região do leste do Mediterrâneo até o Himalaia.[44]

De fato, em janeiro de 1940, havia intensas discussões no alto-comando alemão sobre incentivar os soviéticos a intervirem na Ásia Central e na Índia. Foram distribuídos planos pelo general Jodl, um dos oficiais mais respeitados da Wehrmacht, sobre uma ação germano-soviética no Oriente Médio. Isso exigiria um esforço "relativamente pequeno", mas iria ao mesmo tempo "criar uma área de conflitos ameaçadora para a Inglaterra".[45] Também foi desenvolvido em detalhes um plano separado, audacioso, de recolocar no trono afegão o rei Amanullah, que depois de deposto passara a morar em Berlim.[46] Em seguida, realizaram-se ações para criar problemas em regiões estrategicamente sensíveis. O Faqīr de Ipi, uma versão década de 1930 de Osama bin Laden – um pregador asceta, místico mas sanguinário, conservador no aspecto religioso, mas revolucionário no social –, foi identificado como o parceiro perfeito para desestabilizar a fronteira norte-oeste e desviar a atenção e os recursos dos britânicos. Um dos problemas era encontrá-lo: muito esquivo, já conseguira escapar inúmeras vezes dos britânicos. Outro problema era encontrá-lo com discrição: uma missão terminou em desastre quando dois agentes alemães que a Abwehr disfarçou de especialistas em lepra para que chamassem menos a atenção foram emboscados pelo exército afegão – um deles foi morto e o outro ferido. Quando por fim se fez contato com Faqīr, as exigências dele em troca de ajuda contra os britânicos beiravam o absurdo.[47]

A construção de pontes alemãs em outras partes da região não foi menos ativa. Muita gente no Irã e no Iraque ficou bem impressionada pelo dinamismo de Hitler e sua retórica. Havia, por exemplo, uma sobreposição natural entre o forte antissemitismo do regime nazista e o de alguns destacados estudiosos islâmicos. O grande mufti de Jerusalém, Muhammad al-Husaynī, exaltara a ascensão de um homem ao qual ele mais tarde se referiu como "al--hajj Muhammad Hitler". As visões antissemitas do líder alemão eram como sopa no mel para esse homem, que se sentia feliz em invocar a morte dos judeus, que chamava de "escória e germes".[48]

A admiração pela Alemanha na região ia mais longe ainda. Alguns estudiosos têm apontado semelhanças entre a ideologia que Hitler impôs à Alemanha na década de 1930 e um programa similar adotado na Pérsia de "purificação" da língua e dos costumes persas, bem como um esforço consciente de remontar – como os nazistas – a uma semimítica idade de ouro. Na realidade, a decisão de mudar o nome da Pérsia formalmente para Irã resultou, ao que parece, da ação dos diplomatas de Teerã em Berlim, que inculcaram no xá a importância da ideia de "arianismo" – e a herança etimológica e pseudo-histórica compartilhada, à qual a nova identidade do Irã podia facilmente aludir.[49]

A fundação do partido Baath ("Renascimento") no Iraque também deveu muito à propaganda nazista e à ideia de renascimento.[50] E depois houve o revelador intercâmbio entre Hitler e o enviado do rei saudita. "Vemos os árabes com calorosa simpatia por três razões", disse Hitler ao enviado em 1939. "Primeiro, porque não temos nenhuma aspiração territorial nas terras árabes. Segundo, porque temos os mesmos inimigos. E terceiro, porque ambos lutamos contra os judeus. Não descansarei enquanto o último deles não tiver saído da Alemanha."[51]

Não surpreende, portanto, que Londres e Paris concebessem um plano atrás do outro para tentar conter os alemães e os soviéticos. O chefe do Estado-Maior francês, Claude Gamelin, pediu que fossem elaborados planos para construir uma fortaleza, idealmente nos Bálcãs, que pudesse pressionar a

Alemanha pela retaguarda, caso fosse preciso.[52] A ideia foi levada a sério, com apoio do primeiro-ministro francês, Edouard Daladier, mas acabou perdendo força. Foi substituída por um plano audacioso de lançar um ataque à Escandinávia, a fim de cortar os suprimentos alemães de minério de ferro sueco – que teve apoio entusiasmado de Winston Churchill, agora primeiro lorde do Almirantado. "Nada seria mais mortal [...] do que parar por três ou mesmo seis meses essa importação", escreveu Churchill. A Grã-Bretanha "deveria violar a neutralidade norueguesa" e minar as águas costeiras da Noruega. Tomar essas medidas contra a Alemanha iria ameaçar "a capacidade de guerrear e [...] a vida do país".[53]

Incapacitar a cadeia de suprimentos da Alemanha ocupava o centro de todas as discussões. Na primavera de 1940, a atenção acabou se voltando para Baku. O chefe da força aérea francesa, general Vuillemin, defendia um plano em que as forças aliadas usariam bases no Oriente Médio para atacar instalações, basicamente no Azerbaidjão soviético. Esquadrilhas operando de bases britânicas no Iraque e de bases francesas na Síria poderiam, era o que se alegava, reduzir a produção de petróleo no Cáucaso à metade em dois ou três meses. De acordo com o primeiro esboço do plano, isso teria "repercussão decisiva na Rússia e na Alemanha". Versões subsequentes faziam projeções ainda mais animadoras: com menos grupos de ataque, seria possível produzir ganhos similares, mas em tempo bem menor.[54]

Os estrategistas britânicos concordaram que os resultados de um bombardeio do Cáucaso seriam dramáticos: haveria uma imediata perturbação das "economias industrial e agrícola da Rússia, que seria paralisada aos poucos e impedida de funcionar. Eliminaria as esperanças que a Alemanha tinha de organizar racionalmente a produção russa em seu benefício e teria, a partir desse ponto de vista, uma influência decisiva no resultado da guerra". Os planejadores franceses e britânicos ficaram convencidos de que destruir as instalações de petróleo russas era a melhor maneira de eliminar a ameaça imposta pela Alemanha.[55]

Tais planos de ação conjunta foram descartados quando Hitler lançou um ataque-relâmpago à França. Para muitos, o ataque parecia obra de um gênio tático, pegando os defensores de surpresa por meio de uma série de operações desconcertantes, meticulosamente planejadas com antecedência e muito bem executadas por um exército calejado por batalhas e muito experiente em ocupar terras estrangeiras. Na realidade, como recentes pesquisas mostram, o sucesso na França teve muito de sorte. Mais de uma vez, Hitler perdeu a serenidade ao instruir tropas a manter posições e descobrir que as ordens só tinham chegado aos comandantes de grupo depois que haviam se deslocado quilômetros à frente de onde deveriam ter parado. Heinz Guderian, um dinâmico comandante de tanques de origem prussiana, foi destituído de seu cargo por insubordinação depois de continuar avançando – embora a ordem de manter sua posição provavelmente nunca tivesse chegado até ele. Nesse período, o próprio Hitler ficou tão receoso de que suas forças fossem pegas em alguma armadilha que quase teve um colapso nervoso.[56] O rápido avanço foi o imerecido prêmio a um apostador que teve a sorte de superar as adversidades.

A Era dos Impérios para a Europa Ocidental terminara com a Primeira Guerra Mundial. Agora, em vez de definhar aos poucos, a Alemanha estava prestes a lançar um pesado golpe. Enquanto a Royal Air Force se preparava para tomar os céus para a batalha da Grã-Bretanha, vozes sonoras alardeavam o fim de uma era. O embaixador alemão em Cabul se mantinha ocupado, na expectativa de que no final do verão Hitler estivesse em Londres. Como preparação para o colapso final do Império Britânico, foram apresentadas propostas concretas a figuras importantes do governo afegão: se o país abandonasse a posição neutra adotada no início da guerra, a Alemanha prometia ceder grande parte do noroeste da Índia, assim como o porto de Karachi, quando este caísse em seu colo. Era uma proposta tentadora. Até o enviado britânico a Cabul reconhecia que o navio britânico "parecia estar afundando" e que apostar que "poderia continuar flutuando" exigia coragem e fé. Medidas como eliminar os custos do frete para as colheitas de algodão afegão, a fim de garantir que a economia local não entrasse em colapso, foram um sinal meramente simbólico – e uma indicação do quanto eram limitadas as opções da Grã-Bretanha. Nesse momento crucial, os afegãos resistiram firme – ou pelo menos só hesitaram, sem colocar suas apostas de vez na Alemanha.[57]

No verão de 1940, a Grã-Bretanha e seu império tinham a vida por um fio. Uma canetada a altas horas da madrugada em Moscou no verão anterior, que selara um acordo entre a Alemanha nazista e a União Soviética comunista, fez o mundo assumir um aspecto muito diferente e rapidamente. O futuro estava numa série de conexões que iriam ligar Berlim por meio da União Soviética ao interior da Ásia e ao subcontinente indiano, uma rede que iria redirecionar o comércio e os recursos afastando-os da Europa Ocidental em direção ao seu centro.

ROTAS DA SEDA NA SEGUNDA GUERRA MUNDIAL

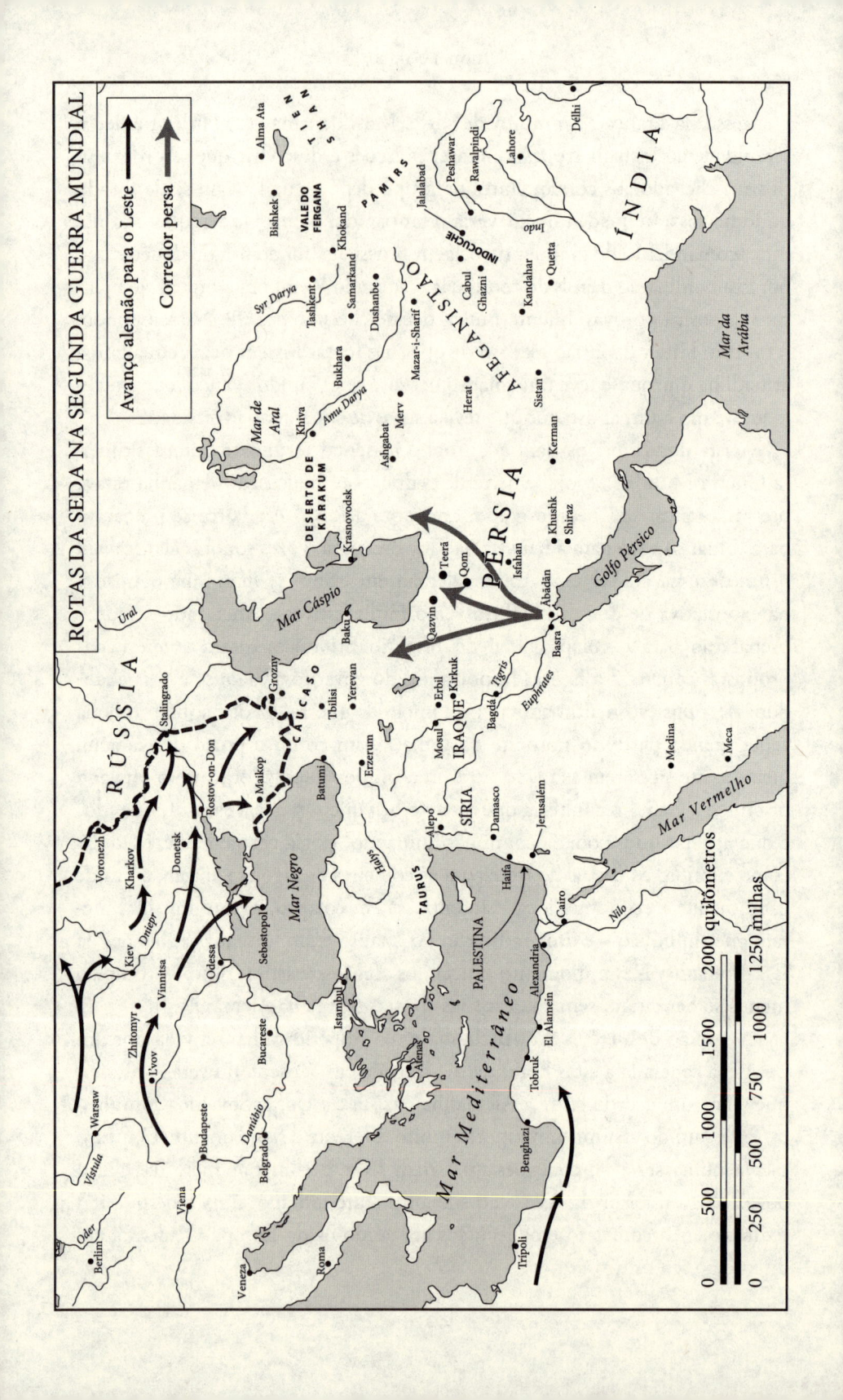

Avanço alemão para o Leste
Corredor persa

Essa reorientação, porém, dependia de um apoio continuado e consistente da União Soviética. Embora bens e materiais fluíssem até a Alemanha nos meses que se seguiram à invasão da Polônia, nem sempre isso ocorria de modo regular e uniforme. As negociações eram tensas, em particular quando se tratava de trigo ou petróleo – dois recursos com alta demanda. Stálin supervisionava as questões pessoalmente, decidindo se os alemães deveriam ter permissão de receber uma partida solicitada de 800 mil toneladas de petróleo ou apenas um volume bem menor, e sob quais condições. Discutir despachos individuais era fatigante e consumia tempo, além de ser uma fonte de ansiedade quase constante para os planejadores alemães.[58]

Como esperado, o Ministério do Exterior alemão reconheceu a fragilidade desse estado de coisas e produziu relatórios destacando os perigos da dependência excessiva de Moscou. Se por alguma razão algo desse errado – mudança de liderança, teimosia ou simples divergência comercial –, a Alemanha ficaria exposta. Essa era a única grande ameaça à impressionante sequência de sucessos militares de Hitler na Europa.[59]

Foi essa sensação de desconforto e incerteza que levou à decisão que custou a vida de milhões de soldados alemães, milhões de russos – e milhões de judeus –, a invasão da União Soviética. Em seu estilo característico, ao anunciar sua última aventura no final de julho de 1940, Hitler vestiu-a como uma batalha ideológica. Era hora de agarrar aquela oportunidade, disse ao general Jodl, de eliminar o bolchevismo.[60] Na realidade, o que estava em jogo eram matérias-primas e, acima de tudo, comida.

Ao longo da segunda metade de 1940 e início de 1941, não eram só os militares que haviam sido postos para trabalhar na logística de uma invasão, mas os planejadores da economia também. Eram liderados por Herbert Backe, um especialista em agricultura, que ingressou no Partido Nazista no início da década de 1920 e subiu passo a passo pela hierarquia, até se tornar um protegido de Darré, Reichsminister de Alimentos e Agricultura. A devoção servil de Backe à causa nazista, associada à sua competência em agricultura, fez dele uma figura cada vez mais influente nas reformas da década de 1930 que regulamentaram os preços e impuseram limites aos mercados de importação e exportação.[61]

Backe tinha obsessão pela ideia de que a Rússia poderia ser a solução para os problemas da Alemanha. À medida que o Império russo se expandiu, as estepes haviam aos poucos se transformado de lar de nômades pastoralistas num perfeito celeiro de alimentos, com campos e mais campos estendendo-se pelas planícies até onde a vista alcançava. O solo tinha uma fertilidade extraordinária, especialmente nas áreas em que a terra ficava escura por causa da riqueza de seus minerais. Expedições científicas enviadas pela Academia de Ciências russa para explorar a região referiram-se com lirismo àquele cinturão que se estendia do mar Negro até as entranhas da Ásia Central, e relataram com entusiasmo haver condições ideais para agricultura arável altamente produtiva em larga escala.[62]

A agricultura no sul da Rússia e na Ucrânia crescera com velocidade espantosa antes da Revolução de 1917, impulsionada por uma demanda interna crescente, pelo aumento das exportações e pela pesquisa científica para obter trigo de melhor qualidade e maximizar o rendimento de terras que haviam servido de pasto por milênios para nômades e seus rebanhos.[63] Ninguém conhecia melhor o potencial das estepes, que haviam expandido a produção tão rapidamente no final do século XIX e início do XX, do que Herbert Backe: o cereal russo era sua área de especialidade e foi o tema de sua dissertação de doutorado.[64] Um baixinho, magro e vigoroso, que usava óculos e se vestia com elegância, Backe liderou equipes que produziram sucessivos esboços a respeito de quais deveriam ser as metas e os objetivos de uma invasão. Como enfatizou Hitler, a Ucrânia era a chave: o controle das ricas planícies agrícolas que corriam pelo norte do mar Negro e adiante, passando pelo mar Cáspio, iria "livrar-nos de qualquer pressão econômica".[65] A Alemanha seria "invencível" se pudesse tomar as partes da União Soviética que abrigavam "imensas riquezas".[66] Ficaria eliminada a dependência da boa vontade da União Soviética e de sua caprichosa liderança; os efeitos do bloqueio britânico do Mediterrâneo e do mar do Norte seriam imensamente reduzidos. Era a oportunidade de prover a Alemanha com o acesso a todos os recursos de que precisava.

Foi exatamente nesses termos que Hitler passou a falar a respeito do que estava em jogo, depois de iniciado o ataque no verão de 1941. À medida que as tropas germânicas se deslocavam para o Leste a uma velocidade impressionante nos primeiros dias da invasão, o Führer mal conseguia conter sua excitação. A Alemanha nunca mais sairia daquelas terras recém-conquistadas, afirmou em júbilo; elas seriam a "nossa Índia", "nosso próprio jardim do éden".[67]

Joseph Goebbels, Reichsminister da Propaganda, também tinha poucas dúvidas de que o ataque era movido por recursos, especialmente trigo e outros cereais. Num artigo escrito em 1942, declarou, com seu característico estilo seco e sem emoção, que havia começado a guerra para obter "cereais e pão, para um café da manhã reforçado, uma boa mesa de almoço e jantar". Essa, e nenhuma outra, era a meta da guerra para a Alemanha, prosseguiu ele: a captura de "vastos campos do Leste [que] ondulam com o trigo dourado, suficientes – mais que suficientes – para nutrir nosso povo e toda a Europa".[68]

Havia uma realidade urgente por trás de comentários como esse, pois a Alemanha via-se defrontada com uma crescente escassez de comida e suprimentos – e as entregas de cereais soviéticos não conseguiam reduzir os problemas crônicos de suprimento. Em fevereiro de 1941, por exemplo, a rádio alemã notificava escassez de alimentos por toda a Europa, resultado de bloqueios comerciais impostos pelos britânicos – uma medida que previamente havia sido descrita como nada menos do que "um desarranjo mental", ou "*dementia Britannica*", como os locutores se referiam a ela.[69] No verão de 1941, Goebbels registrou em seu diário que as lojas em Berlim estavam com as prateleiras vazias; é raro encontrar verduras à venda. Isso gerou instabilidade nos preços e alimentou um ativo mercado negro, aumentando a ansiedade de uma população que, embora não estivesse inquieta, começava a perguntar que benefícios exatamente a expansão alemã havia trazido – um desdobramento que deixou o chefe da propaganda de Hitler decididamente nervoso.[70] Como um funcionário local comentou, "os sobrecarregados e exaustos homens e mulheres" daquela sua parte da Alemanha "não veem por que a guerra deve ser levada mais adiante, para a Ásia e a África". Os dias felizes eram agora uma memória distante.[71]

A solução havia sido dada por Backe e seu séquito de analistas. O próprio Backe tivera o trabalho de registrar a deterioração da situação dos alimentos na Alemanha em seu relatório anual sobre suprimentos no final de 1940. De fato, numa reunião realizada pelos ministros de Estado em janeiro de 1941, com Hermann Göring na condição de coordenador de um plano quadrienal, Backe chegou a advertir que não demoraria para que a carne tivesse que ser racionada, um passo que havia sido vetado várias vezes por medo de se perder o apoio não só à guerra, mas aos nazistas.[72]

A proposta de Backe era radical. Apesar de a União Soviética ser vasta e variada em termos de geografia e clima, ela podia ser dividida por uma linha bruta. Ao sul, compreendendo a Ucrânia, o sul da Rússia e o Cáucaso, havia campos e recursos que formavam uma zona de "superávit". Ao norte, isto é, o centro e norte da Rússia, a Bielorrússia e a região do Báltico, havia uma zona de "déficit". Na visão de Backe, os que ocupavam a parte abaixo da linha produziam comida; e os da outra parte apenas a consumiam. A resposta para os problemas da Alemanha era concentrar-se em tomar a primeira – e ignorar a outra. A zona de "superávit" devia ser tomada, e sua produção, desviada para a Alemanha. A zona de "déficit" devia ser isolada; se iria sobreviver, e como, era algo que preocupava pouco. A perda que ela sofreria seria o ganho da Alemanha.

O que isso significava na realidade foi exposto numa reunião realizada em Berlim, algumas semanas antes de se lançar a Operação Barbarossa, o codinome dado à invasão da União Soviética. Em 2 de maio, planejadores discutiam as prioridades e os resultados esperados do ataque: tropas alemãs deviam tirar o que pudessem da terra para alimentar a si mesmos conforme avançavam; isto é, esperava-se que a terra prometida começasse a produzir desde o início. A Wehrmacht deveria ser suprida pela Rússia a partir do momento em que os soldados alemães cruzassem a fronteira.

O efeito sobre aqueles que viviam na zona de "déficit" também foi comentado na reunião. Eles deveriam ser eliminados. Em um dos documentos mais escabrosos da história, as minutas simplesmente declaram: "Como resultado, x milhões de pessoas irão indubitavelmente morrer de fome, se aquilo que nos é necessário for extraído da terra".[73] Essas mortes eram o preço a pagar pela Alemanha ser capaz de alimentar a si mesma. Esses milhões eram como um dano colateral, vítimas necessárias para o sucesso e a sobrevivência da Alemanha.

A reunião prosseguiu com o exame de outras questões logísticas, a fim de garantir que as coisas corressem bem. As principais artérias que ligavam as planícies agrícolas à infraestrutura de transportes deviam ser tomadas para permitir que os materiais fossem trazidos de volta para a Alemanha. Deu-se atenta consideração à questão do que os líderes agrícolas que supervisionariam a apreensão da colheita e o futuro plantio deveriam usar: braçadeiras cinza-prata sobre suas roupas civis. Como um destacado estudioso ressaltou, a reunião foi um exemplo do mundano misturado ao homicida.[74]

Nas três semanas que se seguiram, fez-se um esforço coordenado para quantificar o número de prováveis baixas, a fim de poder colocar um valor naqueles "x milhões" de mortes previstas na zona de "déficit". Em 23 de maio, foi apresentado um relatório de vinte páginas, que era em essência uma versão atualizada das conclusões a que já haviam chegado. A região de "superávit" da União Soviética seria destacada, e seus cereais e outros produtos agrícolas, recolhidos e remetidos à Alemanha. Como conversado na reunião prévia em Berlim, a população local sofreria as consequências. Estas eram agora esclarecidas, com a definição do número estimado de mortes, antes deixado em aberto. "Várias dezenas de milhões de pessoas nesse território se tornarão supérfluas e irão morrer ou terão que emigrar para a Sibéria", lê-se no relatório. "Tentativas de resgatar a população dali para evitar sua morte de inanição implicariam o desabastecimento da Europa. Elas impediriam a possibilidade de a Alemanha resistir até o final da guerra."[75] O ataque não visava apenas a uma vitória na guerra. Era literalmente uma questão de vida ou morte.

Embora nenhuma lista dos presentes à reunião de 2 de maio tenha sobrevivido, as digitais de Backe estão por toda a agenda e também nas conclusões. Ele era muito considerado por Hitler, mais ainda do que os seus superiores, e, como a esposa de Backe escreveu no diário dela, o líder alemão procurava seu conselho mais que o de todos os outros durante as reuniões para planejar a invasão. E havia ainda a introdução revisada à sua dissertação, que foi por fim publicada no verão de 1941. Nela, escreveu que a Rússia falhara em usar adequadamente seus recursos; e que se a Alemanha os tomasse, certamente iria usá-los de modo mais eficiente.[76]

O mais revelador de tudo, porém, foi um bilhete que ele redigiu em 1º de junho de 1941, três semanas antes da invasão. Os russos, escreveu, não necessitam de compaixão por aquilo que estão prestes a experimentar. "Os russos já experimentaram pobreza, fome e frugalidade por séculos. [...] Não tentem aplicar o padrão de vida alemão [como medida] e alterar o modo de vida russo." O estômago russo, prosseguia ele, "é elástico". Portanto, ter pena daqueles que irão passar fome seria despropositado.[77] A clareza de seu pensamento impressionava os demais, como Goebbels observou em seu diário enquanto se aceleravam os preparativos para atacar a União Soviética. Backe, anotou ele, "domina seu departamento com maestria. Com ele, tudo o que é possível fazer é feito".[78]

A importância do que os aguardava não passou despercebida pelos que estavam envolvidos. Haveria escassez de alimentos no inverno de 1941, Goebbels previu em seu diário, e seria tão grave que outras ondas de fome iriam parecer insignificantes. Isso não é problema nosso, acrescentou, com a óbvia inferência de que seriam os russos, e não os alemães, que iriam sofrer.[79] Supondo que os alemães ouvissem as transmissões da rádio soviética tão atentamente quanto os britânicos, Goebbels deve ter ficado encorajado com a notícia, menos de três dias antes da invasão, de que, "no centro da Rússia, os campos parecem tapetes verdes; no sudeste, o trigo amadurece". A colheita estava apenas começando e parecia abundante.[80]

À medida que os preparativos para o ataque entravam em seus estágios finais, as fileiras mais rasas do exército, assim como os altos oficiais, começaram a sentir infiltrando-se em suas mentes o que de fato estava em jogo. Segundo Franz Halder, um soldado de carreira da Baviera que ascendera de modo inexorável pela hierarquia da Wehrmacht, Hitler era sempre direto e categórico. Esta é uma luta até as últimas consequências, disse aos seus generais em março de 1941. A força deve ser usada na Rússia "na sua forma mais brutal". Esta seria uma "guerra de extermínio". "Comandantes de tropa devem saber o que está em jogo." No que diz respeito à União Soviética, Hitler afirmou: "Severidade hoje significa leniência no futuro".[81]

Isso tudo ficou exposto em maio de 1941, quando o livreto oficial *Orientações para o comportamento dos soldados na Rússia* já havia sido preparado e circulava entre os participantes da invasão. Listava as ameaças que deviam ser esperadas de "agitadores", "*partisans*", "sabotadores" e judeus, deixando claro aos soldados alemães que não deviam confiar em ninguém, nem ter nenhum tipo de misericórdia.[82] Também foram expedidas ordens descrevendo de que modo os territórios conquistados deveriam ser controlados. Punições coletivas deviam ser aplicadas em caso de insurreição ou resistência. Os suspeitos de trabalhar contra os interesses alemães deveriam ser julgados na hora e fuzilados caso fossem considerados culpados, sem diferenciação entre soldados ou civis.[83]

Finalmente, foram expedidas várias diretrizes, entre as quais a chamada "Ordem dos comissários", que fazia advertências eloquentes sobre o que se devia esperar: o inimigo provavelmente se comportaria de uma maneira que transgredia os princípios da lei internacional e da humanidade. Comissários – uma forma abreviada de se referir à elite política soviética – lutavam de maneiras que só podiam ser descritas como "bárbaras e asiáticas". Com eles, não se deveria ter misericórdia.[84]

20
A rota do genocídio

Às vésperas da invasão alemã da União Soviética, a mensagem para os oficiais e soldados era consistente e implacável: tudo se resumia a tomar os campos de trigo do sul. Faziam-se preleções aos soldados sugerindo que imaginassem que a comida no prato dos cidadãos soviéticos havia sido arrancada da boca das crianças alemãs.[1] Comandantes do topo da hierarquia diziam aos seus homens que o futuro da Alemanha dependia de seu sucesso. Como o coronel-general Erich Hoepner declarou ao seu Panzer Group numa ordem operacional pouco antes do início da Barbarossa, a Rússia precisava ser esmagada – e com "severidade sem precedentes. Toda ação militar, na concepção e na execução, deve ser conduzida com vontade férrea de aniquilar o inimigo sem misericórdia e totalmente".[2] O desprezo pelos eslavos, o ódio ao bolchevismo e o antissemitismo corriam pelas veias do corpo de oficiais. Esses elementos se fundiam, segundo expressou um destacado historiador, "como levedura ideológica, cuja fermentação agora convertia facilmente os generais em instrumentos de homicídio em massa".[3]

Hitler, ao mesmo tempo que instigava a implementação do horror, devaneava sobre o futuro: a Crimeia equivaleria à Riviera para os alemães, refletia ele; que maravilhoso seria ligar a península do mar Negro à terra-mãe com uma rodovia, para que todo alemão pudesse visitá-la em seu Volkswagen ("Carro do Povo"). Expressava seu desejo fantasioso de ser mais jovem, pois isso lhe permitiria ver como tudo se transformaria; era uma pena, pensava ele, que não pudesse presenciar o tempo de intensa excitação que se instalaria nas décadas seguintes.[4] Himmler igualmente alimentava uma visão rósea, na qual via "pérolas de assentamentos" (*Siedlungsperlen*), povoadas por colonizadores e rodeadas de vilas que abrigariam agricultores alemães, colhendo os frutos da fértil terra preta.[5]

Hitler e seu círculo próximo tinham dois modelos para expandir a base de recursos da Alemanha. O primeiro era o Império Britânico. A Alemanha iria marcar presença nos novos e imensos territórios do Leste, assim como a Grã-Bretanha havia feito no subcontinente indiano. Uma pequena população de colonizadores alemães iria governar a Rússia, assim como um punhado de britânicos governava o Raj. A civilização europeia iria triunfar sobre uma cultura que era simplesmente inferior. A liderança nazista costumava citar os britânicos na Índia como modelo de dominação em larga escala conseguida com poucas pessoas.[6]

Mas havia outro modelo ao qual Hitler também se referia regularmente, no qual via paralelos e buscava inspiração: os Estados Unidos. A Alemanha precisava fazer o que os colonizadores europeus no Novo Mundo haviam feito com os nativos norte-americanos, disse Hitler a Alfred Rosenberg, o recém-nomeado Reichsminister para os Territórios Ocupados do Leste: a população local tinha que ser expulsa – ou exterminada. O Volga, proclamou, seria o Mississippi da Alemanha, isto é, uma fronteira entre o mundo civilizado e o caos. Os povos que haviam colonizado as grandes planícies da América no século XIX, dizia ele, certamente iriam afluir para se instalar no Leste. Alemães, holandeses, escandinavos e também, predisse confiante, os próprios americanos procurariam encontrar seus frutos e suas recompensas em uma nova terra de oportunidades.[7] Uma nova ordem mundial estava prestes a emergir graças aos campos da Ucrânia e do sul da Rússia, que se estendiam ao leste. Era o fim do sonho americano, declarou Hitler: "A Europa – e não mais a América – é que será a terra das possibilidades ilimitadas".[8]

Sua excitação se baseava não apenas nas perspectivas que via na faixa de terra acima do mar Negro e do Cáspio, pois havia por todo lado sinais de uma radical mudança em favor da Alemanha. Uma parte da pinça alemã partia em direção ao coração do mundo a partir do norte, enquanto a outra vinha do sul, pelo Norte da África e o Oriente Médio. Uma sucessão de vitórias-relâmpago nos desertos do Norte da África em 1941 trouxera Rommel e seu Afrika Korps a uma distância próxima do Egito e, portanto, a um passo de assumir o controle do crucial Canal de Suez, isso enquanto a Barbarossa era preparada. Ao mesmo tempo, o colapso da França abria para a Luftwaffe a possibilidade de usar as bases aéreas que os franceses haviam estabelecido na Síria e no Levante depois dos acordos da Primeira Guerra Mundial, estendendo ainda mais o alcance da Alemanha.

O destino do mundo pendia por um tênue fio. A impressão era que a questão-chave girava em torno do melhor momento para a invasão da União

Soviética e se isso pegaria Stálin de surpresa. Era crucial lançar o ataque depois que os plantios tivessem sido semeados e antes que fossem colhidos, para que os soldados alemães se beneficiassem deles enquanto avançavam pela Rússia. As negociações com Moscou em 1940 já haviam levado a União Soviética a despachar para a Alemanha 1 milhão de toneladas de grãos, quase o mesmo volume de petróleo e consideráveis quantidades de minério de ferro e manganês. Depois da entrega de outra enorme partida de produtos em maio de 1941, a hora estava próxima.[9]

O acúmulo de soldados alemães no Leste, no início do verão de 1941, deixou alarmados o marechal Timoshenko, comissário de Defesa, e o general Georgi Zhukov, que foram apresentar a Stálin uma proposta de desferir um ataque preventivo, seguido por um avanço e um ataque a Varsóvia, no norte da Polônia, e a uma parte da Prússia. Segundo dois relatos que convergem, Stálin descartou o plano peremptoriamente. "Vocês enlouqueceram?", perguntou irado. "Estão querendo provocar os alemães?" Então virou-se para Timoshenko: "Olhem todos [...] Timoshenko é saudável e tem uma cabeça grande; mas seu cérebro evidentemente é minúsculo". Então ameaçou: "Se vocês provocarem os alemães na fronteira, se deslocarem forças sem nossa permissão, então tenham em mente que cabeças irão rolar". Dito isso, virou-se e saiu da sala batendo a porta com força.[10]

Stálin acreditava que Hitler fosse atacar, mas simplesmente achava que ele não ousaria fazê-lo de imediato. Na realidade, a razão de Stálin ter supervisionado pessoalmente o comércio com a administração nazista havia sido vigiar de perto os alemães, enquanto o exército soviético era rapidamente reconstruído e modernizado. Era tamanha a sua confiança de que tinha todas as cartas na mão, que mesmo quando chegaram relatos da inteligência vindo de agentes de Berlim, Roma e até de Tóquio – além das advertências e sinais de embaixadas em Moscou –, todos eles informando a iminência de um ataque, ele simplesmente não lhes deu atenção.[11] Sua atitude de desdém foi resumida com perfeição em sua reação a um relato de um espião infiltrado no quartel da força aérea alemã, apenas cinco dias antes da invasão. "Pode dizer à sua 'fonte' [...] que vá foder a mãe dele", praguejou. "Isso não é uma 'fonte'", escreveu, "é alguém espalhando desinformação."[12]

Nem todos em volta de Stálin eram tão *blasés* quanto ele. Movimentos de tropas alemãs no início de junho levaram alguns a defender que o Exército

Vermelho deveria ser deslocado para posições defensivas. "Temos um pacto de não agressão com a Alemanha", Stálin replicou incrédulo. "A Alemanha está amarrada à guerra no Ocidente e tenho certeza de que Hitler não ousaria criar um segundo front atacando a União Soviética. Hitler não é estúpido a esse ponto e sabe que a União Soviética não é a Polônia ou a França, nem mesmo a Inglaterra."[13]

Por volta de 21 de junho, era óbvio que algo grave estava em andamento. O embaixador da Suécia em Moscou, Vilhelm Assarsson, via duas opções: ou estava prestes a assistir na primeira fila a um épico confronto entre o "Terceiro Reich e o Império Soviético", com consequências de amplitude extraordinária, ou os alemães estavam prestes a fazer uma série de exigências em relação "à Ucrânia e aos poços de petróleo de Baku". Nesse último caso, ele ponderou, talvez fosse testemunhar "a maior ocorrência de chantagem da história mundial".[14]

Horas mais tarde, ficou claro que não se tratava de um blefe. Às 3h45 da madrugada de 22 de junho de 1941, Stálin foi acordado por um telefonema do general Zhukov relatando que as fronteiras haviam sido violadas em todos os setores e que a União Soviética estava sob ataque. De início, Stálin se recusou a acreditar no que estava acontecendo e achou que era uma artimanha de Hitler, com o fim de fortalecer sua posição para algum tipo de acordo, provavelmente relacionado a comércio. Só aos poucos é que foi entendendo que se tratava de uma luta mortal. Entorpecido com o choque, caiu num estado catatônico e encarregou Molotov de fazer os anúncios públicos. "Um ato de traição sem precedentes na história das nações civilizadas teve lugar", Molotov anunciou em tom grave, pelas ondas do rádio. Mas não deixava dúvidas: "O inimigo será esmagado e a vitória será nossa". Não houve menção ao fato de que a União Soviética vinha dançando com o diabo e que agora chegara a hora de pagar o preço.[15]

O avanço alemão era inexorável e devastador – embora a força invasora não fosse tão bem preparada nem tão bem equipada como muitas vezes se presumia.[16] Em questão de dias, Minsk havia caído, com 400 mil soldados soviéticos cercados e aprisionados. Brest-Litovsk foi isolada, e seus defensores logo se viram privados de suprimentos, mas nem sempre de esperança: como um jovem soldado rabiscou num muro em 20 de julho de 1941: "Estou morrendo, mas não me rendo. Adeus, pátria-mãe".[17]

A essa altura, Stálin começava a se dar conta da magnitude do que estava ocorrendo. Em 3 de julho, fez um discurso pelo rádio que falava da invasão alemá como uma questão de "vida ou morte para os povos da União Soviética". Disse aos ouvintes que os invasores queriam restaurar o "czarismo" e o "governo dos patrões". Mais próxima da realidade era sua proclamação de que os invasores pretendiam obter "escravos" para os príncipes e barões alemães.[18] Nisso ele mais ou menos acertou – desde que se entenda como príncipes e barões os oficiais do Partido Nazista e os industriais alemães: de fato, não demoraria para que o trabalho forçado se tornasse lugar-comum para soldados soviéticos capturados e a população local. No devido tempo, mais de 13 milhões de pessoas passaram a ser usadas para abrir estradas, cultivar campos ou trabalhar nas fábricas, tanto para o regime nazista diretamente quanto para companhias alemãs privadas – muitas das quais continuam ativas até hoje. A escravidão voltara à Europa.[19]

Ao longo do verão de 1941, os alemães pareciam imbatíveis. Por volta de setembro, Kiev caiu após um cerco que teve mais de meio milhão de soldados soviéticos capturados. Semanas mais tarde, os três grupos de combate que agiam como pontas de lança introduzindo-se no coração da Rússia tinham chegado a Kalinin, Tula e Borodino – onde a invasão de Napoleão fracassara em 1812. Os alemães continuaram a penetrar nas defesas. Por volta de outubro, Moscou corria perigo. Tamanha era a ansiedade que foram feitos planos de evacuar a liderança para Kuibyshev, antiga Samara, quase mil quilômetros a leste de Moscou, numa curva do Volga, em seu caminho rumo ao mar Cáspio. O corpo de Lênin foi removido da Praça Vermelha e guardado num depósito. Foram feitos preparativos para Stálin abandonar a cidade, mas o líder russo mudou de ideia no último instante e decidiu ficar: segundo alguns relatos, o motor de seu trem já estava ligado e seus guarda-costas esperavam na plataforma, prontos para partir.[20]

Em novembro, caiu Rostov-on-Don, o último ponto antes do Cáucaso. No final do mês, o 3º e o 4º Panzergruppe estavam a menos de quarenta quilômetros de Moscou. Em 1º de dezembro, uma unidade de reconhecimento de motociclistas chegou a apenas oito quilômetros da capital.[21] Hitler estava eufórico. O plano de decapitar a União Soviética e tirar de cena Leningrado e Moscou no norte era central para garantir a zona de "superávit" no sul no longo prazo, e o plano parecia nos trilhos. Dois meses depois de iniciado o ataque, conforme as linhas russas eram empurradas para trás, ele falou com entusiasmo sobre o futuro. "A Ucrânia e depois a bacia do Volga serão um dia os celeiros da Europa. Iremos colher muito mais do que cresce hoje no solo", disse ele em agosto de 1941. "Se um dia a Suécia se negar a nos fornecer mais ferro", prosseguiu, "não será problema. Iremos obtê-lo da Rússia."²²

Nesse meio-tempo, equipes de construção e técnicos deslocavam-se para leste, atrás do exército. Em setembro de 1941, um comboio do recém-criado Sonderkommando R (Comando Especial Rússia) partiu de Berlim para a Ucrânia a fim de montar uma infraestrutura operacional nos recém-conquistados territórios. Eram mais de cem veículos, com cozinhas de campo, escritórios móveis, oficinas de reparos e retransmissores de polícia, e sua tarefa era permitir o que um historiador tem chamado de "a mais radical campanha de colonização na história europeia de conquistas e construção de impérios".²³

Quando chegaram a Odessa, no mar Negro, os oficiais encarregados – uma coleção variadíssima de fracassados, gente que escapara do serviço militar e mal adaptados – puseram-se a ocupar as melhores residências para instalar seus quartéis-generais, e dedicaram-se a montar o tipo de instituições que indicavam de maneira inequívoca que o plano era ficar por longo tempo: bibliotecas, discotecas, salas de leitura e cinemas, que exibiam filmes alemães de cunho triunfalista.²⁴

A invasão parecia um sucesso absoluto. Quase toda a área demarcada para enviar recursos para a Alemanha havia sido conquistada em menos de seis meses. Leningrado e Moscou ainda não haviam caído, mas ao que tudo indicava era questão de tempo para que se rendessem. Em outras partes os sinais também pareciam promissores. Apesar de um levante no Iraque, sufocado por uma força britânica reunida às pressas, que requisitara ônibus das ruas de Haifa para ir para leste suprimir a revolta, parecia haver razões para pensar que as coisas logo iriam se ajustar com os novos amigos da Alemanha nas terras ricas de petróleo ao sul do mar Cáspio.²⁵

Na época da invasão da União Soviética, Hitler já dera sua bênção formal à ideia da independência árabe e escrevera ao grande mufti de Jerusalém expressando solidariedade e elogiando os árabes por sua civilização antiga, que tinha inimigos em comum com a Alemanha – os britânicos e os judeus.²⁶ O cultivo de laços com o mundo muçulmano chegou ao ponto de um acadêmico alemão redigir um panegírico bajulador, que entre outras coisas exaltava a Arábia Saudita como "O Terceiro Reich em estilo *wahhabi*".²⁷

Para a Grã-Bretanha, portanto, o cenário era desesperador. O desastre fora evitado no Iraque por um triz, observou o general Wavell, comandante-chefe na Índia, e era vital tomar medidas para proteger o Irã, onde faltava muito pouco para que a influência alemã chegasse. "É essencial para a defesa da Índia", escreveu ele ao primeiro-ministro Winston Churchill no verão de 1941, "que os alemães sejam expulsos do Irã agora. Se isso falhar, irá levar à repetição dos eventos no Iraque, que só conseguiram ser contidos no último instante."[28]

Wavell estava certo em se preocupar com o Irã, onde a propaganda alemã havia sido contínua desde o início da guerra. No verão de 1941, relatou um correspondente americano, as lojas de livros em Teerã estavam cheias de exemplares da revista *Signal*, uma das porta-vozes de Goebbels, e os cinemas que exibiam filmes épicos como *Sieg im Westen* [Vitória no Ocidente], que mostravam as vitórias alemãs na França e na Europa Ocidental, viviam lotados.[29]

O ataque de Hitler à União Soviética também teve acolhida entusiástica no Irã. Segundo relatos, multidões se reuniam na praça Sepah no centro de Teerã para comemorar a queda de uma cidade soviética atrás da outra nas mãos da Wehrmacht.[30] A questão era que "os iranianos costumam se deleitar com os ataques alemães ao seu velho inimigo, a Rússia", como sir Reader Bullard, embaixador britânico, informou Londres nos dias que se seguiram à invasão.[31]

As simpatias pró-Alemanha eram bem disseminadas no exército iraniano e no *bazaar*, declarou a prestigiosa estudiosa de assuntos persas Ann Lambton, ao ser perguntada sobre o que achava da situação. Os sentimentos são particularmente fortes entre os "oficiais mais jovens [que] tendem a ser pró-Alemanha e a esperar por uma vitória alemã".[32] O adido militar britânico sustentava mais ou menos a mesma opinião e considerava que a impressão local positiva em relação à Alemanha era uma reação à visão negativa que se tinha da Grã-Bretanha. "Existe no momento apenas um pequeno número [de pessoas] que teria alguma probabilidade de apoiar a causa dos britânicos se os alemães chegassem à Pérsia, ao passo que é possível prever que os alemães teriam considerável apoio."[33] Essa visão era partilhada pelo embaixador alemão em Teerã, Erwin Ettel, que relatou a Berlim que um ataque britânico enfrentaria "decidida resistência militar" e faria o xá pedir formalmente ajuda militar à Alemanha.[34]

O receio de que o Irã pudesse apostar suas fichas em Hitler era exacerbado pelo fato de o avanço dos alemães para o Leste encontrar cada vez menos resistência. Tal era seu progresso que o general britânico Auchinleck, até então comandante-chefe na Índia e em seguida nomeado chefe do Comando do Oriente Médio, recebeu informações de que as tropas de Hitler alcançariam o Cáucaso em meados de agosto de 1941.³⁵ Do ponto de vista da Grã-Bretanha, era um desastre. Os alemães precisavam desesperadamente de petróleo. Se assumissem o controle dos suprimentos em Baku e no Cáucaso, isso já seria muito ruim. O pior, porém, observou Leopold Amery, secretário de Estado para a Índia, é que então ficariam "muito perto" dos campos de petróleo do Irã e do Iraque, e sem dúvida iriam promover "todo tipo de maldades".³⁶ Em outras palavras, a ameaça era que a Alemanha não só encontraria a solução para o seu calcanhar de aquiles – não ter acesso confiável a combustível para os seus navios, aviões, tanques e outros veículos –, como poderia comprometer a capacidade da Grã-Bretanha de sustentar o esforço de guerra. Era vital, concluiu o general Auchinleck, desenvolver um plano – batizado como Operação Countenance – para defender o cinturão que se estendia da Palestina a Basra e aos campos de petróleo iranianos.³⁷

A importância do Irã era aumentada por sua localização estratégica. Embora Stálin tivesse feito um acordo com Hitler em 1939, a invasão alemã da União Soviética dois anos mais tarde tornou o Irã um improvável aliado dos britânicos e seus amigos. Foi anunciado em Washington, portanto, que "o governo dos Estados Unidos decidiu dar total assistência econômica ao propósito de fortalecer a União Soviética em sua luta contra a agressão armada".³⁸ Isso combinou-se com garantias privadas dadas a Stálin pelo embaixador americano em Moscou de que os Estados Unidos estavam determinados "'totalmente' a derrotar Hitler" e dispostos a fazer o que fosse preciso para que isso acontecesse.³⁹

O problema era como levar armamentos e equipamento militar à União Soviética. Despachá-los para portos no Círculo Ártico era logisticamente difícil e, no meio do inverno, muito arriscado. Ao mesmo tempo, a ausência de portos adequados no Leste, à exceção de Vladivostok, não era menos problemática, em especial pelo domínio japonês nessa parte do Pacífico. A solução era óbvia: assumir o controle do Irã. Isso impediria que agentes alemães locais e simpatizantes ganhassem uma cabeça de ponte num momento crucial, permitiria proteger melhor os recursos naturais que os Aliados não podiam se dar o luxo de perder e constituiria a melhor oportunidade de coordenar esforços para estorvar e deter o contínuo avanço da Wehrmacht.

Tratava-se de algo adequado aos objetivos de guerra dos Aliados, e além disso prometia recompensas a longo prazo tanto para britânicos quanto para soviéticos; ocupar o país daria a ambos o que vinham cobiçando havia muito tempo em termos de influência política, recursos econômicos e valor estratégico. A decisão de Hitler de se voltar contra seu antigo aliado em Moscou criara oportunidades estimulantes.

Em agosto de 1941, Teerã foi ocupada por tropas britânicas, às quais logo se juntaram soldados soviéticos. As diferenças foram postas de lado a fim de promover os interesses mútuos numa região de imensa importância estratégica e econômica. Houve muita celebração quando soldados britânicos e soviéticos se encontraram em Qazvin, no norte do país, onde trocaram histórias e cigarros. Os correspondentes estrangeiros que entraram em contato com o exército soviético foram recebidos com vodca e brindes à aliança, bebendo à saúde de Stálin, depois de Churchill, Molotov, Roosevelt. "Após trinta brindes com vodca pura", escreveu um jornalista americano presente, "metade dos correspondentes estava derrubada no chão. E os russos continuavam bebendo."[40]

Quando viram que o xá hesitava em expedir um ultimato com vigência imediata para expulsar cidadãos alemães, os britânicos começaram a transmitir boletins de rádio pelo novo Serviço de Rádio Persa da BBC, acusando (falsamente) o xá de ter removido joias da Coroa da capital, de usar trabalho forçado em seus próprios negócios e de aproveitar o suprimento de água de Teerã para irrigar seus jardins privados – críticas que já circulavam amplamente, segundo afirma Reader Bullard em suas memórias.[41]

O xá prevaricou diante das exigências britânicas, queixando-se ao presidente Roosevelt de "atos de agressão" e condenando a ameaça ao "direito internacional e ao direito dos povos à liberdade". Tudo isso estava muito bem, disse o presidente, mas o xá devia levar em conta que "certamente os movimentos de conquista por parte da Alemanha irão continuar e se estender além da Europa, até a Ásia, África e mesmo às Américas". A Pérsia, em outras palavras, estava jogando dados com o desastre ao manter boas relações com Hitler.[42] No final, os britânicos assumiram a questão nas próprias mãos e forçaram a abdicação de Reza Khan, a essa altura já considerado um fardo, substituindo-o pelo seu filho, Mohammed Reza, um elegante playboy que adorava romances *noir* franceses, carros velozes e mulheres fáceis.[43]

Para muitos iranianos, essa interferência externa era intolerável. Em novembro de 1941, multidões se reuniram para gritar "Longa vida a Hitler!" e "Abaixo russos e britânicos!", demonstrando seu descontentamento ao ver o destino do país decidido por soldados que eram vistos como forças de ocupação.⁴⁴ Essa não era uma guerra do Irã; as disputas e o conflito militar da Segunda Guerra Mundial nada tinham a ver com os habitantes de cidades como Teerã e Isfahan, que viam com ansiedade seu país sendo envolvido na luta entre potências europeias. Mas essas visões não alteraram em nada a situação.

Com o Irã sob controle pelo uso da força, foram também tomadas medidas para neutralizar as instalações francesas na Síria após a queda da França, por receio de que pudessem ser usadas contra a Grã-Bretanha e seus aliados no Oriente Médio. Um esquadrão de Hurricanes arregimentado às pressas foi enviado do aeródromo Habbaniyah da RAF – um dos campos de aviação que os britânicos mantinham no Iraque após o fim da Primeira Guerra Mundial – para bombardear as bases da França de Vichy. Entre os que voavam nos ataques na segunda metade de 1941 estava um jovem piloto que mais tarde relembrou ter voado baixo e flagrado o auge de uma festa, num domingo de manhã, reunindo aviadores franceses e "um punhado de moças em vestidos coloridos". Copos, garrafas e sapatos de salto alto voaram para todos os lados enquanto as pessoas buscavam abrigo do ataque dos caças britânicos. Foi algo "maravilhosamente cômico", escreveu o piloto de um dos Hurricanes – um certo Roald Dahl.⁴⁵

As notícias que chegavam a Berlim por volta dessa época pareciam sempre boas. Com a União Soviética em situação precária, e com invasões aparentemente iminentes da Pérsia, Iraque e Síria, havia todas as razões para pensar que a Alemanha estava à beira de uma série de conquistas, comparáveis às dos grandes exércitos do islã no século VII ou às das forças mongóis de Gengis Khan e seus herdeiros. O sucesso estava ao alcance da mão.

A realidade, no entanto, era bem distinta. Por mais expressivos que parecessem os avanços alemães, tanto na União Soviética quanto em outras partes, eram repletos de problemas. Em primeiro lugar, as perdas em campo de batalha durante o avanço para o Leste excederam muito o número de substitutos enviados para repor as baixas. Embora essas vitórias espetaculares fizessem um número imenso de prisioneiros, eram muitas vezes obtidas a um custo muito alto. Segundo estimativas do próprio general Halder, a Wehrmacht perdeu mais de 10% de seus homens nos primeiros dois meses de luta após o início da invasão – isto é, mais de 400 mil soldados. Em meados de setembro, esse número havia aumentado para mais de 500 mil homens, entre mortos ou feridos.[46]

Esse avanço galopante também colocou uma pressão quase insuportável nas linhas de suprimento. A falta de água potável foi um problema praticamente desde o início e levou a surtos de cólera e disenteria. Mesmo antes do final de agosto, os mais astutos perceberam claramente que o quadro não era tão róseo quanto parecia: a escassez dos materiais básicos como lâminas de barbear, pasta e escova de dentes, papel para escrever, agulha e linha, era notória desde os primeiros dias da invasão.[47] Chuvas intermináveis no final do verão deixavam tanto homens quanto equipamentos encharcados. "Não há a menor chance de secar direito cobertores, botas e roupas", escreveu um soldado em carta para casa.[48] Informações sobre essas condições chegaram a Goebbels, que observou em seu diário que era preciso ter nervos de aço para superar as dificuldades. No devido tempo, escreveu, as atuais dificuldades "parecerão boas memórias".[49]

As perspectivas no Oriente Médio e na Ásia Central também só eram promissoras na aparência. Apesar de todo o otimismo no início daquele ano, a Alemanha tinha pouco a exibir em apoio ao entusiasmo popular de que seria possível fazer a ligação do Norte da África à Síria, e do Iraque ao Afeganistão.

Assim, apesar dos extraordinários ganhos territoriais, o alto-comando alemão viu-se empenhado em elevar o moral na hora em que Moscou estava à beira de ser tomada. No início de outubro de 1941, o marechal de campo Von Reichenau, comandante de parte do Grupo do Exército Sul que avançara pela zona de "superávit", expediu uma ordem no sentido de tentar injetar garra em seus soldados. Cada um, declarou ele solenemente, era um "porta-estandarte de um ideal nacional e o vingador de todas as bestialidades perpetradas contra os povos alemães".[50] Isso estava muito bem; mas, à medida que os homens viam-se obrigados a forrar as botas com jornal para se proteger do frio, era difícil acreditar que essas palavras fortes pudessem ter algum efeito numa força cujos feridos congelavam até a morte e cuja pele grudava nas coronhas congeladas de seus rifles.[51] Quando o inverno se instalou com força máxima, a ponto de ser preciso fatiar o pão com um machado, Hitler disse ao ministro do Exterior dinamarquês com desdém: "Se o povo alemão deixou de ser forte o suficiente e não se dispõe a sacrificar o próprio sangue, então deve perecer".[52] Estimulantes químicos – como o Pervitin, uma metanfetamina distribuída em grandes quantidades aos soldados que prestavam serviço no frio rigorosíssimo do front leste – eram mais úteis do que discursos de encorajamento.[53]

A invasão também foi caracterizada por graves problemas de suprimentos. A estimativa era que o grupo de batalha que cercava Moscou exigiria 27 entregas diárias de combustível, feitas por trem; em novembro, foram apenas três – ao longo do mês inteiro.[54] Economistas americanos que monitoravam a guerra concentraram-se justamente nessa questão nos relatórios intitulados "A posição militar e econômica alemã" e "O problema de suprimento alemão no front leste". Eles calcularam que cada duzentos quilômetros de avanço exigiriam 35 mil vagões de carga adicionais, ou uma redução de 10 mil toneladas nas entregas diárias para a linha do front. A velocidade do avanço revelava-se um grande problema.[55]

Ter que manter a linha do front suprida a partir da retaguarda era muito difícil. Mas havia outra questão mais premente. O princípio-guia por trás da invasão havia sido a amputação das ricas terras da Ucrânia e do sul da Rússia – a chamada zona de "superávit". Mesmo na época dos despachos de cereais feitos pela União Soviética, antes do início da invasão, os efeitos da guerra nos suprimentos de comida e nas dietas na Alemanha eram bem mais acentuados do que haviam sido, por exemplo, na Grã-Bretanha. E o consumo diário de calorias, já reduzido no final de 1940, em vez de ser aumentado pelos ganhos no Leste, começou a cair ainda mais.[56] Na realidade, a quantidade de cereais despachados para a Alemanha após a instauração da Operação Barbarossa era bem menor do que no período em que eram enviados pela União Soviética, em 1939-41.[57]

As transmissões de rádio alemãs tentaram elevar o moral – e prover certezas. Um noticiário divulgou em novembro de 1941 que a Alemanha costumava ter abundantes reservas de cereais: "Agora, em tempos de guerra, temos que nos haver sem esse tipo de luxo". Mas havia uma boa notícia, o boletim prosseguia. Não há motivo para temer a escassez e os problemas da Primeira Guerra Mundial. Diferentemente do que ocorreu no período de 1914 a 1918, "o povo alemão pode agora confiar em suas autoridades de controle de alimentos".[58]

Era pura tergiversação, pois na realidade ficava claro que a ideia de assumir o controle de um conjunto aparentemente inesgotável de recursos no

Leste havia sido uma ilusão. O exército, instruído a se alimentar dos frutos da terra, foi incapaz de fazer isso e mal sobrevivia, tendo que recorrer a furtar animais de criação. Ao mesmo tempo, em vez de melhorar a situação agrícola em casa, as terras prometidas nas quais Hitler e seu círculo haviam depositado suas esperanças revelaram-se um dreno. As práticas de queimada das terras, aplicadas pelos soviéticos, haviam tirado da terra muito de sua riqueza. Por outro lado, as prioridades militares confusas e contraditórias da Wehrmacht – havia constante tensão na hora de decidir se homens, tanques, recursos e combustível deveriam ser desviados para o centro, para o norte ou para o sul – plantaram sementes que iriam se revelar fatais. As estimativas americanas na primavera de 1942 a respeito do provável rendimento das safras nos territórios conquistados ao sul da União Soviética pintavam um quadro pessimista da provável colheita na Ucrânia e no sul da Rússia. No máximo, sugeria o relatório, seria possível obter dois terços da produtividade pré-invasão. E isso já seria otimista.[59]

Portanto, apesar de todos os ganhos territoriais, a campanha no Leste havia falhado em oferecer não só o que havia sido prometido, mas o que seria necessário. Apenas dois dias após a invasão da União Soviética, Backe apresentou suas projeções relativas aos requisitos de trigo como parte de um plano econômico quadrienal. A Alemanha enfrentava um déficit de 2,5 milhões de toneladas por ano. A Wehrmacht precisava resolver isso – e garantir milhões de toneladas de oleaginosas e milhões de cabeças de gado e porcos – para que a Alemanha pudesse se alimentar.[60] Essa foi uma das razões pelas quais Hitler instruiu seus generais a "arrasar Moscou e Leningrado totalmente": ele queria "impedir que ali sobrassem pessoas que tivéssemos depois que alimentar no inverno".[61]

Tendo previsto que milhões iriam morrer por escassez de alimentos e inanição, os alemães agora começavam a identificar quem seriam aqueles que deveriam sofrer esse destino. Os primeiros da fila eram os prisioneiros russos. Não há necessidade de alimentá-los, escreveu Göring com desdém; não é como se estivéssemos obrigados a fazê-lo por quaisquer imposições internacionais.[62] Em 16 de setembro de 1941, deu ordens para retirar os suprimentos de comida dos prisioneiros de guerra "não operacionais", isto é, aqueles que por estarem fracos demais ou feridos não eram capazes de realizar trabalho forçado. Um mês mais tarde, depois que as rações para cativos "operacionais" já haviam sido reduzidas, foram diminuídas de novo.⁶³ O efeito foi devastador: por volta de fevereiro de 1942, cerca de 2 milhões (de um total de 3,3 milhões) de prisioneiros soviéticos estavam mortos, a maioria de fome.⁶⁴

Para acelerar ainda mais o processo, foram concebidas novas técnicas para eliminar o número de bocas que precisavam ser alimentadas. Prisioneiros de guerra foram reunidos às centenas para que os efeitos de pesticidas usados para fumigar os quartéis do exército polonês pudessem ser testados. Também foram realizados experimentos sobre o impacto da intoxicação por monóxido de carbono, usando furgões que tinham tubos conectados ao próprio escapamento. Esses testes – realizados no outono de 1941 – foram feitos em locais que logo iriam ganhar notoriedade pelo uso das mesmas técnicas em escala massiva: Auschwitz e Sachsenhausen.⁶⁵

Os assassinatos em massa, que começaram apenas algumas semanas após o início da invasão, foram uma reação horripilante ao fracasso do ataque alemão e às abjetas inadequações dos planos econômicos e estratégicos. Os grandes celeiros da Ucrânia e do sul da Rússia não haviam gerado o que se esperava deles. E havia um preço imediato a ser pago: não era a deportação ou emigração da população local, como Hitler mencionara em conversas. Com pessoas demais e comida insuficiente, havia dois alvos óbvios, que tinham sido demonizados em todas as esferas da vida alemã, na mídia e na consciência popular: os russos e os judeus.

O retrato que se fazia dos eslavos como seres de raça inferior, instáveis, com uma capacidade maior de resistir ao sofrimento e à violência, havia sido propagado de modo consistente antes da guerra. Embora o tom cáustico tivesse amainado um pouco após a assinatura do acordo Molotov-Ribbentrop em 1939, ele voltou com força após a invasão. Como tem sido argumentado de maneira convincente, isso desempenhou um papel decisivo no genocídio de russos, iniciado no final do verão de 1941.⁶⁶

O antissemitismo era ainda mais entranhado na Alemanha antes da guerra. Segundo o Kaiser deposto, a República de Weimar havia sido "preparada pelos judeus, construída pelos judeus e mantida por pagamentos de judeus". Judeus eram como mosquitos, escreveu ele em 1925, "um incômodo do qual a humanidade precisa se livrar de um jeito ou de outro. [...] Acho que a melhor coisa seria gás!".⁶⁷ Atitudes como essa não eram incomuns. Eventos como a Kristallnacht, uma violência coordenada contra os judeus na noite de 9-10 de novembro de 1938, foram o ápice das retóricas tóxicas que rotineiramente desprezavam a população judaica como "um parasita [que] se alimenta da carne e da produtividade e do trabalho de outras nações".[68]

Um medo cada vez maior daquilo que esse tipo de fala – e de ação – poderia trazer já havia levado alguns a considerarem a realização de novas alianças. Em meados da década de 1930, David Ben-Gurion, mais tarde primeiro-ministro de Israel, tentou fechar um acordo com figuras árabes de destaque na Palestina para viabilizar maiores níveis de emigração de judeus. A ideia não deu em nada, e em contrapartida uma missão liderada por um suposto moderado árabe foi enviada a Berlim para acertar termos a respeito de como o regime nazista iria apoiar planos árabes de minar os interesses britânicos no Oriente Médio.[69]

Antes do final do primeiro mês da guerra, em setembro de 1939, foi acertado um plano de reinstalar todos os judeus na Polônia. De início, pelo menos, o plano parecia consistir em reunir a população em massa para facilitar sua remoção do território alemão por meio de uma emigração forçada. Chegaram a ser feitos planos elaborados no final da década de 1930 para deportar judeus alemães para Madagascar, um esquema temerário, baseado aparentemente na convicção difundida (mas equivocada), defendida por muitos geógrafos e antropólogos do final do século XIX e início do XX, que a população malgaxe nativa dessa ilha do sudoeste do oceano Índico tinha origens judaicas.[70]

Houve discussões na Alemanha sobre deportar judeus para outras partes também. Na realidade, de modo perverso, Hitler vinha defendendo a criação de um Estado judeu na Palestina havia quase duas décadas. Na primavera de 1938, defendeu uma política de emigração dos judeus alemães para o Oriente Médio e a formação de um novo Estado que se tornaria o lar deles.[71] De fato, no final da década de 1930, uma missão de alto nível liderada por Adolf Eichmann chegou a ser enviada para se encontrar com agentes sionistas na Palestina e discutir como se poderia chegar a um acordo que resolvesse de uma vez por todas o que com frequência era chamado de "a questão judaica". Com considerável ironia, Eichmann – mais tarde executado em Israel por crimes contra a humanidade – viu-se discutindo como impulsionar a emigração de judeus da Alemanha para a Palestina, algo que parecia ser de interesse tanto da liderança nazista antissemita quanto da liderança da comunidade judaica de Jerusalém e arredores.[72]

Embora as discussões não resultassem num acordo, os alemães continuaram a ser vistos como parceiros potencialmente úteis – mesmo após o início da guerra. No outono de 1940, Avraham Stern, criador do movimento Lehi, que as autoridades da Palestina conheciam como Bando Stern, e que contava entre seus membros com o futuro primeiro-ministro Yitzhak Shamir, além de outros pais fundadores do moderno Estado de Israel, enviou uma mensagem a um alto diplomata alemão em Beirute com uma proposta radical. "Talvez existissem pontos comuns", começava a mensagem, entre a Alemanha e as "verdadeiras aspirações nacionais do povo judeu", que Stern (e outros) alegavam representar. Se "as aspirações do movimento de libertação israelita forem reconhecidas", prosseguia Stern, ele oferecia "tomar parte ativa na guerra do lado alemão". Se os judeus pudessem ser libertados por meio da criação de um Estado, Hitler com certeza se beneficiaria: além de "fortalecer a futura posição de poder alemã no Oriente Médio", iria também "fortalecer extraordinariamente a base moral" do Terceiro Reich "aos olhos de toda a humanidade".[73]

Isso era bravata. Na realidade, Stern estava sendo pragmático – mesmo que as expectativas que ele colocava de se aliar à Alemanha não fossem unanimidade em sua própria organização. "Tudo o que queremos dos alemães", disse logo depois para explicar sua posição, é trazer recrutas judeus para a Palestina. Com isso, "a guerra contra os britânicos para libertar a terra natal irá começar aqui. Os judeus terão seu Estado, e os alemães irão, incidentalmente, livrar-se de uma importante base britânica no Oriente Médio e também resolver a questão judaica na Europa [...]". Parecia lógico – e também assustador: figuras judias de destaque estavam propondo colaborar ativamente com o maior antissemita de todos os tempos, negociando com os perpetradores do Holocausto, doze meses antes do início do genocídio.[74]

Para Hitler, era indiferente para onde os judeus seriam deportados, tal a intensidade de seu antissemitismo. A Palestina era apenas um local entre muitos dos que vinham sendo sugeridos, e houve até locais em áreas remotas da Rússia que foram considerados. "Não importa para onde os judeus sejam mandados", Hitler disse ao comandante militar croata Slavko Kvaternik em 1941. Tanto Sibéria quanto Madagascar serviam.[75]

Diante dos problemas crônicos na Rússia, essa atitude indiferente agora se cristalizava em algo mais formal e cruel, à medida que os planejadores nazistas tomavam consciência de que reunir judeus em campos significava que o assassinato em massa poderia ser consumado com maior facilidade.[76] Com os recursos já escassos se exaurindo, faltava apenas um passo para que um regime sistematicamente antissemita começasse a pensar no assassinato em grande escala. Os judeus já estavam em campos na Polônia; eram um alvo pronto e fácil numa época em que a liderança nazista percebia que aqueles milhões eram bocas demais para alimentar.

"Existe um perigo neste inverno", escreveu Adolf Eichmann ainda em meados de julho, "de que os judeus não possam mais ser alimentados. Deve-se considerar seriamente se a solução mais humana não seria acabar com aqueles judeus incapazes de trabalhar, por meio de algum tipo de preparo de ação rápida."[77] Os idosos, os doentes, as mulheres, as crianças e os "incapazes de trabalhar" foram vistos como dispensáveis: era o primeiro passo na definição dos "x milhões", cujas mortes haviam sido tão cuidadosamente previstas antes da invasão da União Soviética.

Começou assim uma cadeia de eventos de escala e horror sem precedentes: o despacho de seres humanos como gado até currais onde podiam ser classificados entre os capazes de realizar trabalho forçado e aqueles cujas vidas eram vistas como o preço a pagar pela sobrevivência de outras pessoas: sul da Rússia, Ucrânia e a estepe ocidental tornaram-se a causa do genocídio. O fracasso da terra em gerar trigo nas quantidades previstas foi uma causa direta do Holocausto.

Em Paris, onde a polícia vinha realizando registros secretos de estrangeiros judeus e não judeus desde o final da década de 1930, o processo de deportação foi simplesmente uma questão de perpassar os índices em fichários que haviam sido entregues aos ocupantes alemães e depois mandar guardas deterem famílias inteiras e transportá-las aos campos no Leste, principalmente na Polônia.[78] O registro de judeus em outros países ocupados, como a Holanda, era parte do programa amplo de antissemitismo nazista institucionalizado, e também facilitou de modo angustiante o processo de deportação daqueles agora identificados como excedentes em relação aos requisitos.[79] Após o ataque à União Soviética com vistas ao excedente das zonas de superávit, os pensamentos agora giravam em torno das populações excedentes – e de como lidar com elas.

À medida que se frustravam as expectativas quanto ao que a invasão poderia trazer, a elite nazista concluiu que havia outra solução para os problemas da Alemanha. Num paralelo grotesco com o encontro realizado em Berlim em 2 de maio de 1941, teve lugar outra reunião menos de oito meses depois em Wannsee, um arborizado subúrbio de Berlim. De novo, o tema era a questão da morte de milhões. O nome dado às conclusões daquela gélida manhã de 20 de janeiro de 1942 é de dar calafrios na espinha. Aos olhos de seus autores, o genocídio dos judeus era simplesmente uma resposta a um problema. O Holocausto era a "Solução Final".[80]

Não demorou para que tanques, aviões, armamentos e suprimentos estivessem a caminho de Moscou, vindos de Londres e Washington, à medida que a luta contra a Alemanha começava a ganhar corpo. Iam por meio de redes, rotas comerciais e canais de comunicação que haviam funcionado desde a Antiguidade ao longo do chamado Corredor Persa, estendendo-se para o interior a partir dos portos do golfo de Ābādān, Basra, Bushihr e outros, e seguindo até Teerã via Arak e Qom, e depois através do Cáucaso, até a União Soviética. Também foram abertas rotas pelo extremo oriente russo até a Ásia Central.[81]

As velhas conexões comerciais da Rússia com a Grã-Bretanha foram reativadas, apesar dos desafios envolvidos: os comboios pelo Ártico levando provisões e recursos para Murmansk e o norte da Rússia já haviam se mostrado suficientemente traiçoeiros nos séculos XVIII e XIX. Fazer isso agora ao alcance de submarinos e navios de combate encouraçados como o *Tirpitz* e o *Bismarck*, que tinham o litoral do mar do Norte da Noruega como seu local habitual, exigia tremenda resiliência e ousadia. Às vezes, só metade dos navios que partiam conseguia chegar ao destino e voltar – e mesmo assim muitos dos homens que prestavam serviço nessa rota receberam medalhas apenas por sua ação ou bravura décadas após o fim da guerra.[82]

De maneira lenta mas segura, a maré foi virando à medida que as forças alemãs eram expulsas do centro do mundo. Por um momento, a aposta de Hitler pareceu que iria dar certo: já senhor da Europa em tudo menos no nome, seu esforço de franquear a Ásia Central a partir do norte e do sul deu a impressão de estar funcionando quando suas tropas chegaram às margens do Volga. Mas, um por um, os ganhos escaparam das mãos conforme o exército alemão era pressionado de volta a Berlim de maneira contínua e brutal.

Hitler entrou em desespero quando se deu conta do que estava acontecendo. Um relatório britânico confidencial revelou que num discurso de 26 de abril de 1942, apesar dos aparentes sucessos no Leste, o líder alemão deixara transparecer claros sinais de paranoia e fatalismo, junto com a crescente evidência daquilo que foi chamado de "complexo de messias".[83] Do ponto de vista psicológico, Hitler tinha uma impressionante inclinação a correr riscos, encaixando-se no perfil de um jogador compulsivo.⁸⁴ Mas a sorte começava finalmente a abandoná-lo.

A maré começou a virar no verão de 1942. Rommel havia sido detido em El Alamein, frustrando os planos de Al-Husayni, que instruíra os habitantes do Cairo a preparar listas de casas e locais de trabalho de residentes judeus para que pudessem ser recolhidos e exterminados em furgões de gás, preparados por um fanático oficial alemão que havia sido enviado para lá.⁸⁵

A entrada dos Estados Unidos na guerra também demorou a fazer diferença. Iniciando suas ações após o choque do ataque japonês a Pearl Harbor, os americanos foram para a guerra em dois fronts. Em meados de 1942, a vitória na épica batalha de Midway levou os norte-americanos a adotar a ofensiva no Pacífico, e os grandes deslocamentos de soldados desde o início do ano seguinte no Norte da África, Sicília e Sul da Itália, e mais tarde em outras partes da Europa, também prometiam mudar o curso da guerra.⁸⁶

Depois, havia a situação em Stalingrado. Na primavera de 1942, Hitler aprovara uma proposta com o codinome de Operação Azul, para deslocar as forças alemãs pelo sul da Rússia e tomar os campos de petróleo no Cáucaso, que haviam se tornado centrais para o planejamento de guerra do Terceiro Reich. A ofensiva era ambiciosa e arriscada – e a vitória dependia dela, como altos generais e o próprio Hitler compreenderam: "Se eu não conseguir chegar ao petróleo de Maikop e Grozny", declarou o líder alemão, "então deverei encerrar a guerra".⁸⁷

Stalingrado representou um grande problema. Não era essencial capturar a cidade, apesar do prestígio associado ao seu nome. Embora fosse um núcleo industrial de peso, sua importância residia em sua localização estratégica, numa curva do Volga: neutralizar Stalingrado era vital para proteger os ganhos que os alemães pretendiam fazer no Cáucaso. No outono de 1942, era claro que as coisas haviam dado errado. A ofensiva alemã tivera início com atraso e logo deparou com dificuldades. Soldados, material bélico e combustível, cada vez mais precioso – recursos que Berlim não podia se dar ao luxo de desperdiçar –, foram gastos prodigamente em Stalingrado, e isso já era ruim o suficiente. Pior, porém, foi terem desviado a atenção do objetivo estratégico principal da campanha: o petróleo. Alguns do círculo íntimo de Hitler, como Albert Speer, compreenderam bem o que os atrasos significavam. A Alemanha precisava vencer a guerra "por volta do final de outubro, antes que o inverno russo comece, ou teremos perdido de vez".⁸⁸

Embora ainda tivessem muito trabalho pela frente, em termos de planejar como tirar os soldados alemães do Oriente e do Ocidente e coordenar as pinças que iriam se fechar sobre Berlim, ao final de 1942 os pensamentos dos novos Aliados – Grã-Bretanha, Estados Unidos e União Soviética – voltavam-se para o futuro. Quando os líderes dos três países se reuniram em Teerã em 1943, em Yalta, na primavera de 1945, e finalmente em Potsdam, alguns meses mais tarde, ficou claro que o esforço, os gastos e o trauma de outro confronto massivo haviam exaurido a Europa Ocidental.

Já havia ficado óbvio que os velhos impérios se encaminhavam para o fim; era uma simples questão de encontrar a melhor maneira de gerir esse processo. Num sinal da disseminada fadiga moral, a questão em pauta era como tomar a decisão menos ruim – e mesmo isso não foi feito com sucesso. Em outubro de 1944, Churchill voltou para casa de uma visita a Moscou "revigorado e fortalecido", disse a Stálin, graças à "hospitalidade russa, que é famosa, mas excedeu a si mesma". As atas registram uma apresentação do Concerto para piano nº 3, de Rachmaninoff, a oportunidade de fazer algumas "compras descompromissadas", junto com uma série de conclusões alcançadas durante os encontros. Não há menção às discussões sobre o destino da Europa pós-guerra, que foram suprimidas dos relatórios oficiais.[89]

Abriu-se mão de preservar a integridade territorial da Polônia, embora a Câmara dos Comuns tivesse jurado protegê-la em 1939, e suas fronteiras foram brutalmente alteradas quando Churchill decidiu que o momento era "adequado para negócios" e usou uma caneta azul para marcar no mapa a passagem de um terço do país para território alemão e a entrega de outro terço de presente à União Soviética; também propôs divisões de muitos outros países na Europa Central e do Leste que fossem mutuamente satisfatórias – como uma divisão 90:10 da Romênia em favor da influência da União Soviética em relação à da Grã-Bretanha, e o oposto no caso da Grécia; na Bulgária, Hungria e Iugoslávia, aplicou-se uma divisão 50:50. O próprio Churchill reconheceu que a "maneira improvisada" pela qual o destino de "milhões de pessoas" havia sido decidido poderia ser considerada "muito cínica". O preço de manter Stálin contente envolveu sacrificar a liberdade de metade do continente europeu. "Vamos queimar o papel", Churchill disse ao supremo líder soviético; "Não", respondeu Stálin, "fique com ele."[90]

Churchill percebeu a real situação tarde demais. Em seu famoso discurso em Fulton, Missouri, em 1946, quando advertiu a respeito de uma Cortina de

Ferro descendo sobre a Europa, observou que "todas as capitais dos antigos estados da Europa Central e do Leste, Varsóvia, Berlim, Praga, Viena, Budapeste, Belgrado, Bucareste e Sofia", estavam agora dentro da esfera da União Soviética.[91] Todas, exceto Viena e metade de Berlim, ficariam ali. A Segunda Guerra Mundial havia sido travada para deter a sombra escura da tirania que se abatia pela Europa; no final, nada podia ser feito ou seria feito para impedir a descida da Cortina de Ferro.

E com isso a Europa ficou dividida em duas no final da Segunda Guerra Mundial. A parte ocidental lutara bravamente e com heroísmo; e nas décadas seguintes congratulou a si mesma por sua façanha de erradicar o mal do nazismo, mas sem pagar o preço de reconhecer o papel que tivera em sua gênese. E tampouco dedicou muita reflexão à parte do continente que havia sido entregue por meio de uma nova série de acordos pós-guerra. A derrota da Alemanha havia resultado numa crônica fadiga de guerra, no exaurimento das economias da Grã-Bretanha e da França e no colapso das economias da Holanda, Bélgica, Itália e países escandinavos. E além desses problemas havia o medo não só de uma corrida armamentista, que provavelmente envolveria extensa pesquisa em armas nucleares, mas de um confronto direto. Com as tropas soviéticas na Europa desfrutando de uma superioridade numérica de quatro para um em relação aos outros Aliados, apoiada por vantagens na disponibilidade de tanques, havia o receio concreto de que pudessem irromper hostilidades adicionais após a rendição da Alemanha. Assim, Churchill ordenou a preparação de planos contingenciais, baseados na hipótese de que a derrota de Hitler fosse apenas o final de um capítulo, e não um ponto final. O nome dado a esses planos ocultava principalmente a razão pela qual haviam sido preparados: a Operação Impensável na realidade tinha foco em algo eminentemente pensável nas mentes dos planejadores britânicos.[92]

A necessidade de se preparar para contingências tinha firme apoio na realidade de uma situação que mudava com muita rapidez, conforme a Alemanha desmoronava. Stálin assumira uma posição cada vez mais intransigente, sem dúvida movido pela aura de traição que envolvia sua catastrófica aliança com Hitler em 1939, mas também como resultado do altíssimo preço que a União Soviética tivera que pagar – acima de tudo em Stalingrado e Leningrado – para sobreviver à chacina alemã.[93] Do ponto de vista de Moscou, tornou-se importante construir um sistema de zonas-tampão e estados satélites, assim como criar e reforçar o medo de que a União Soviética pudesse partir para uma ação direta caso se sentisse ameaçada. Nas circunstâncias, um passo lógico a ser dado seria mutilar os países a oeste atacando e até eliminando suas bases industriais – assim como prover apoio financeiro e logístico para nascentes partidos comunistas. Como a história mostra, o ataque costuma ser a melhor forma de defesa.[94]

Um dos resultados disso é que a opressão de Hitler foi considerada pior que a de Stálin. A narrativa da guerra como um triunfo sobre a tirania era uma visão seletiva, e apontava um único inimigo político, ao mesmo tempo que disfarçava os erros e os fracassos de amigos recentes. Muitos na Europa Central e do Leste não hesitariam em divergir dessa história do triunfo da democracia, destacando o preço que foi pago ao longo das décadas seguintes por aqueles que acabaram vendo-se do lado errado de uma linha arbitrária. A Europa Ocidental tinha, no entanto, que proteger sua história, e isso significava dar ênfase aos sucessos – e calar-se sobre os erros e sobre as decisões que poderiam ser explicadas como *realpolitik*.

Isso ficou bem caracterizado em 2012, ao se outorgar o Prêmio Nobel da Paz à União Europeia: que maravilha, não? Afinal a Europa, responsável durante séculos por guerras quase contínuas não só no próprio continente, mas ao redor do mundo, havia conseguido evitar conflitos por várias décadas. Na Antiguidade tardia, o equivalente teria sido conceder o prêmio a Roma um século depois de ela ter sido saqueada pelos godos, ou talvez aos cruzados após a perda de Acre, por terem feito baixar o tom da retórica antimuçulmana no mundo cristão. O silêncio dos canhões talvez se devesse mais ao fato de não ter sobrado nada para disputar senão a amplitude de visão de uma sucessão de pacificadores supostamente brilhantes no final do século XX e início do XXI, ou às maravilhas de uma desajeitada organização internacional de Estados europeus, cujas contas há anos não conseguem ser aprovadas por seus próprios auditores.

Um novo mundo começara a emergir em 1914, à medida que o sol se punha na Europa Ocidental. O processo se acelerou com as hostilidades de 1939-45 e continuou depois que foram finalmente encerradas. A questão agora era quem iria controlar as grandes redes de comércio da Eurásia. E não faltavam boas razões para refletir cuidadosamente sobre isso, pois havia mais do que terra fértil e areias douradas no coração do mundo e nas águas do mar Cáspio do que a vista podia alcançar.

21
A rota da Guerra Fria

Antes do término da Segunda Guerra Mundial, a luta pelo controle do coração da Ásia já vinha ocorrendo. Segundo o Acordo Tripartite, um pacto de nome pomposo assinado em janeiro de 1942, a Grã-Bretanha e a União Soviética comprometeram-se solenemente a "salvaguardar o povo iraniano contra as privações e as dificuldades que surgem em decorrência da presente guerra" e assegurar que recebesse suficiente comida e roupas. Na realidade, como a sequência do texto do tratado deixava claro, a questão tinha pouco a ver com a segurança do Irã – e tudo a ver com confiscar sua infraestrutura: o tratado declarava, portanto, que Grã-Bretanha e União Soviética teriam o aval para usar estradas, rios, oleodutos, campos de aviação e estações de telégrafo do país como achassem conveniente.[1] Não se tratava de uma ocupação, dizia o tratado, mas sim de prestação de ajuda a um aliado. Belas palavras – mas também muito fantasiosas.

Ostensivamente, o tratado destinava-se a evitar a expansão alemã para o Irã e a permitir trazer recursos pelo golfo, para ajudar os Aliados. Alguns, porém, perceberam que os britânicos tinham a intenção de ficar por longo tempo. O embaixador americano em Teerã, Louis G. Dreyfus, por exemplo, enviava mensagens regulares a Washington comentando as exigências cada vez mais agressivas feitas ao xá e as acusações de que havia uma quinta-coluna no Irã trabalhando contra os interesses britânicos. "Estou convencido", escreveu em agosto de 1941, "de que os britânicos estão usando [a situação] como pretexto para a eventual ocupação do Irã e deliberadamente exagerando [a] gravidade" das atuais circunstâncias.[2]

O objetivo da Grã-Bretanha, de manter – e fortalecer – sua posição no Irã, não era favorecido pela maneira como seus funcionários e soldados tratavam a população local. Durante toda uma década antes da guerra, um jornalista escrevera críticas contundentes ao comportamento da Grã-Bretanha, dizendo que os iranianos eram tratados tão mal "quanto se dizia que a Companhia das Índias Orientais havia tratado os indianos duzentos anos atrás".[3] As animosidades eram intensificadas pelo fato de os oficiais britânicos insistirem em que os oficiais iranianos deviam saudá-los ao passar por eles – sem que isso tivesse a recíproca. Havia amplas queixas de que os britânicos se comportavam como "os *sahibs*, os homens brancos, e tratavam-nos [os iranianos] como um povo colonizado". Isso contrastava muito com os oficiais soviéticos, que se mantinham reservados, raramente saíam e não exigiam cumprimentos – pelo menos segundo um oficial de inteligência alemão instalado na região.[4]

As atitudes de sir Reader Bullard, embaixador britânico durante essa época delicada, eram típicas. A escassez de comida e a inflação durante a última parte da guerra nada tinham a ver com falhas das forças de ocupação, ou com as dificuldades logísticas de manter o Corredor Persa para levar armas e outros produtos do golfo para o Norte. As falhas, escreveu Bullard, eram dos próprios iranianos: "Os persas agora têm o dobro do prazer em roubar, elevar os preços ao nível dos períodos de fome, e assim por diante; eles sempre culpam os britânicos".[5] Ressaltando "o baixo conceito que formei dos iranianos", ele acrescentou com arrogância em uma de suas cartas a Londres que a "maioria dos persas com certeza irá virar besouro na próxima encarnação".[6] Despachos como esses chamaram a atenção de Winston Churchill. "Embora seja natural o desdém de sir Reader Bullard por todos os persas", escreveu o primeiro-ministro, isso "é prejudicial à sua eficiência e aos nossos interesses".[7]

O que piorava as coisas é que essas visões muito entranhadas de quem se sente superior e com direito a tudo estavam fora de sintonia com a realidade da situação – na qual ficava cada vez mais claro que a posição dominante dos britânicos corria risco. Cenas horríveis tiveram lugar em Teerã em 1944, quando os russos descobriram que havia negociações em curso para ceder concessões no norte do Irã a um consórcio americano de produtores de petróleo. A fogueira foi alimentada pelo partido Tudeh, uma organização de militantes de esquerda cuja mensagem de reforma, redistribuição de riqueza e modernização tinha considerável apoio de Moscou. Era tal o empenho da União Soviética em sabotar as discussões, que no auge dessas tensões alguns soldados russos tomaram as ruas junto com milhares de manifestantes, sob a falsa alegação de dar proteção aos que protestavam. Para muitos essa atitude soou desconfortável, como se os soviéticos estivessem usando a força para ampliar sua posição e conseguir o cancelamento do acordo. Isso era enfatizado pelo estilo brutamontes de Sergei Kavtaradze, assistente do comissário do Exterior, que Stálin enviara a Teerã para advertir que haveria consequências caso fizessem a União Soviética ficar enraivecida.[8]

Num desfecho carregado de dramaticidade, a solução foi deixada a cargo de Mohammed Mossadegh, um político sagaz, articulado e experiente, que tinha boa intuição para captar o clima do momento. Era um homem, escreveu um oficial britânico, que "parece mais um cavalo de tração e é levemente surdo, de modo que ouve com uma expressão no rosto tensa mas inexpressiva. Ele conversa a uma distância de uns quinze centímetros da outra pessoa e exala um leve fedor de ópio. Suas observações tendem a ser prolixas e ele dá a impressão de ser impermeável a qualquer argumento".[9] Mossadegh era "um persa da velha escola", segundo um perfil traçado pelo *Observer* que foi juntado aos arquivos do Ministério do Exterior, "educado, pródigo em reverências e apertos de mão".[10] Na realidade, como ficou demonstrado, os britânicos o subestimaram.

Mossadegh começou a expor uma posição depois de tê-la apresentado ao Parlamento no final de 1944, segundo a qual o Irã não poderia e não deveria ser manipulado e aterrorizado por potências estrangeiras. A concessão de Knox D'Arcy e a maneira com que a Anglo-Iranian (antes Anglo-Persian) se portara haviam sido lições objetivas sobre o que acontecia quando a liderança não mostrava suficiente força. Repetidas vezes, disse ele, interesses rivais haviam se aproveitado do Irã e usado o país como um peão, com poucos benefícios para o povo do país. Estava simplesmente errado que o Irã tivesse que escolher com quem deveria negociar: "Vamos negociar com todos os Estados", declarou, que "desejem comprar petróleo, e passar a trabalhar para libertar nosso país".[11]

Mossadegh dizia o que muitas pessoas sentiam havia bastante tempo – que era odioso que os frutos sob o solo do país trouxessem benefícios limitados para o Irã. Era difícil argumentar contra essa lógica. Em 1942, por exemplo, o governo britânico recebeu 6,6 milhões de libras em impostos das atividades da Anglo-Iranian; o Irã recebeu apenas 60% dessa cifra como pagamento de *royalties*. Em 1945, a diferença era ainda maior. Enquanto o Tesouro em Londres se beneficiava de um valor de 16 milhões de libras em impostos do negócio, Teerã ficava com 6 milhões – em outras palavras, com pouco mais de um terço.[12] Não se tratava apenas de dinheiro; como um bem informado observador britânico destacou, o problema era que "não havia benefícios materiais que pudessem compensar a degradação pessoal e a perda da dignidade".¹³

Essa visão era incomum, como o próprio autor da citação admitia. Laurence Elwell-Sutton havia estudado árabe na Escola de Estudos Orientais e Africanos quando foi trabalhar na Anglo-Iranian no Irã, antes da Segunda Guerra Mundial. Linguista talentoso, apaixonado pela cultura persa, Elwell-Sutton ficava perplexo com a maneira tosca com que os funcionários da Anglo-Iranian tratavam a população local. "Eram pouquíssimos os europeus que se davam ao trabalho de descobrir" algo a respeito dos persas, achando mais fácil "olhar os 'nativos' [...] como selvagens sujos, de hábitos peculiares, que não despertavam interesse em ninguém, exceto talvez nos antropólogos." Essa "antipatia racial" estava fadada a terminar em desastre; "e se ela não for eliminada", ele concluiu, "a companhia o será".¹⁴

Em tais circunstâncias, reformadores como Mossadegh costumavam ganhar apoio. A era do império europeu já sofria erosão havia muito tempo – como ficara evidente no Iraque quando Gertrude Bell foi lembrada de que a independência não era algo que coubesse à Grã-Bretanha conceder. Era inevitável que no Irã e em outras partes houvesse crescente demanda para que países que sofriam dominação e forte influência do exterior assumissem o controle do próprio destino – e isso fez emergir um padrão que se acelerou rapidamente com a evolução da guerra. A Grã-Bretanha tornava-se um império literalmente em retirada à medida que suas Rotas da Seda entravam em colapso.

Ondas recorrentes de pressão militar na Ásia haviam causado uma série de Dunquerques no Leste – episódios de retiradas desordenadas, que eram indicações pungentes do fim da fase áurea da Grã-Bretanha. Centenas de milhares fugiram da Birmânia conforme as forças japonesas se espalhavam pelo Sudeste Asiático, a fim de aproveitar que britânicos e franceses estavam ocupados com problemas mais próximos de casa para se expandirem em regiões que havia muito tempo eram do interesse estratégico e econômico de Tóquio. Aliados da Alemanha no Leste logo perceberam a oportunidade que se oferecia ao Japão de apresentar as próprias credenciais imperiais numa vasta região. Muitos sofreram as consequências desse avanço das forças japonesas. Cerca de 80 mil morreram de fome e doenças. As cenas na península Malaia eram igualmente dramáticas, com milhares retirando-se para Penang e Cingapura – de onde os mais sortudos conseguiram sair antes que esta última cidade-Estado caísse. Uma mulher solteira, que foi evacuada a tempo, escreveu poucas semanas mais tarde que o caos da retirada britânica foi "uma coisa que eu tenho certeza que nunca será esquecida ou perdoada" por aqueles que a testemunharam ou participaram dela.[15]

A retirada continuou enquanto as hostilidades na Europa e no Pacífico se encaminhavam para o fim. A decisão de sair de vez da Índia foi tomada após três décadas de concessões e de promessas, que foram criando expectativas de autogoverno, autonomia e finalmente independência. Ao final da guerra, a autoridade britânica vinha enfraquecendo e ameaçava perder o controle, enfrentando meses de distúrbios, manifestações anti-império e greves, que se sucediam e levaram as cidades do norte do subcontinente à paralisia. Planos iniciais de promover uma "retirada em etapas" da Índia, e que pretendiam também dar proteção às minorias muçulmanas, foram rejeitados por Londres como muito custosos e lentos.[16] Em vez disso, foi feito o anúncio no início de 1947 de que a Grã-Bretanha iria se retirar em dezesseis meses, o que criou pânico. Foi uma decisão desastrosa, como Winston Churchill, deposto do cargo de primeiro-ministro por votação após a guerra, declarou na Câmara dos Comuns. "Por acaso não seria uma terrível desonra ao nosso nome e histórico se [...] permitíssemos que um quinto da população do globo [...] descambasse para o caos e a carnificina?"[17]

Essas advertências não foram levadas em conta, e o pandemônio se instalou no subcontinente. Comunidades que haviam sido estáveis por muito tempo irromperam em violência quando suas famílias, depois de séculos vivendo em cidades e vilas, tiveram que embarcar em uma das maiores migrações em massa da história humana. Pelo menos 11 milhões de pessoas cruzaram as novas fronteiras do Punjab e de Bengala.[18] Enquanto isso, os britânicos elaboraram planos detalhados de evacuação, tentando reduzir o número de seus compatriotas que poderiam ficar presos no meio do conflito.[19] Uma preocupação que não se estendeu às populações locais.

A história foi similar em outras partes, conforme a Grã-Bretanha tropeçava de crise em crise. Numa tentativa de preservar o equilíbrio da delicada situação na Palestina, com vistas a preservar o controle da refinaria e do porto de Haifa, assegurar o Canal de Suez e manter relações amistosas com as figuras de projeção do mundo árabe, foram tomadas medidas para conter a emigração de judeus da Europa. Depois que a inteligência britânica elaborou planos para sabotar navios que traziam refugiados para a Palestina — e colocar a culpa numa supostamente poderosa mas inexistente organização terrorista árabe –, os britânicos passaram a ações mais diretas.[20]

O pior momento foi no verão de 1947, quando navios que iam carregar emigrados judeus em portos franceses foram fustigados. Um deles, que transportava mais de 4 mil judeus, entre eles mulheres grávidas, crianças e muitos idosos, foi abalroado por destróieres britânicos quando se dirigia para o Leste – embora já estivesse tomada a decisão de recusar a entrada dos passageiros quando chegassem à Palestina.[21] Tratar dessa maneira gente que havia sobrevivido a campos de concentração ou perdido suas famílias no Holocausto era um desastre de relações públicas: ficava claro que a Grã-Bretanha não iria parar diante de nada para manter seus interesses no exterior – e não iria se importar com ninguém no processo.

A torpeza ficou visível nas tratativas com Abdullāh, o governante da Transjordânia, agora coberto de atenções e com a promessa britânica de apoio militar ao seu regime, acertada por acordos secretos, depois que o país se tornasse independente em 1946. Aproveitou essa promessa para embarcar num plano de estender suas fronteiras para incluir toda a Palestina, assim que os britânicos se retirassem – obtendo sinal verde de Londres para isso, embora com restrições.[22] "Parece a coisa óbvia a fazer", teria dito Ernest Bevin, ministro do Exterior ao primeiro-ministro do país; "mas não vá invadir as áreas alocadas aos judeus."[23] Qualquer que fosse a manobra, o caos que se instalara em mais uma parte do mundo de onde a Grã-Bretanha agora se retirava era uma forte evidência dos efeitos malignos do poder imperial europeu. A guerra árabe-israelense de 1948 talvez não tenha sido resultado de uma condução política feita mediante assentimentos de cabeça, empurrõezinhos e piscadas de olhos, mas sem dúvida indica um vácuo aberto como resultado da mudança de guarda.[24]

As coisas iam um pouco melhor no Iraque, onde houve tumultos depois que o primeiro-ministro Sālih Jabr acertou termos com a Grã-Bretanha em 1948, para que esta usasse as bases aéreas do país por mais 25 anos. A notícia do acordo gerou greves, distúrbios e acabou levando à renúncia de Jabr, que abandonou o cargo perseguido por uma multidão furiosa.[25] A animosidade em relação à Grã-Bretanha havia sido atiçada por uma série de problemas, entre eles a ocupação de Bagdá durante a Segunda Guerra Mundial e a percepção de que os britânicos não haviam feito nada para apoiar os árabes na Palestina, especialmente quando se comparava essa postura com o esforço de Londres para manter uma presença militar permanente no Iraque. Tudo isso foi agravado por uma inflação galopante e por períodos de escassez de comida depois de colheitas fracas – o que fez um astuto observador reconhecer que a "situação interna do Iraque era perigosa".[26] A Grã-Bretanha, portanto, adotou medidas para ajudar o "primeiro-ministro iraquiano [...] a resistir à agitação popular fazendo concessões". Entre elas, a oferta de compartilhar a base aérea de Habbaniyah; os iraquianos deveriam ficar felizes com esse "exemplo de cooperação de primeira classe", afirmaram os políticos em Londres. Afinal, a Grã-Bretanha "não se disporia a fazer [essa oferta] a nenhum outro Estado" – e os iraquianos deveriam ser muito gratos por terem a permissão de se sentir "superiores a outros Estados no Oriente Médio".[27]

Somado a tudo isso havia o fato de que o Iraque, assim como outros países, não tinha muito a exibir por conta do petróleo que era bombeado de seu solo. Em 1950, cerca de 90% de sua população ainda era analfabeta. Pior, colocava a Grã-Bretanha como responsável por isso, por exercer um controle rigoroso demais do país: quando a Grã-Bretanha, por exemplo, emprestou fundos para que o país construísse uma extensão da rede ferroviária, pediu como garantia as reservas do Iraque. Isso abria a possibilidade de os campos de petróleo serem tomados na eventualidade do calote – mais ou menos como acontecera com Suez no século XIX, quando o controle daquele canal de importância vital e de suas finanças foi assumido pelos britânicos.[28] A Grã-Bretanha viu-se numa situação do tipo perde-perde: gastara todo o seu capital político e ninguém mais confiava nela. As suspeitas eram tamanhas que até órgãos como a Unidade Antigafanhotos do Oriente Médio (Mealu, na sigla em inglês), que tivera considerável sucesso desde que fora criada durante a guerra, foram fechados – privando o país de uma expertise técnica que havia sido útil tanto para lidar com enxames deletérios como para proteger suprimentos de comida.[29] Os Estados do Oriente Médio começavam a mostrar sua força e a se voltar contra o Ocidente.

Nesse meio-tempo, a União Soviética também ressurgia. Uma nova narrativa emergira entre os soviéticos após a derrota da Alemanha – na qual ocultava-se o papel de Stálin na gênese da guerra como aliado de Hitler, a fim de destacar uma história de triunfo e de cumprimento do destino.[30] A Revolução de 1917 havia falhado em promover a transformação global prevista por Marx e seus discípulos; trinta anos mais tarde, porém, parecia ter chegado a hora de o comunismo se espalhar pelo mundo e dominar a

Ásia, como o islã havia feito no século VII. O comunismo começara a se difundir pela China, onde as promessas de igualdade, justiça e, acima de tudo, de reforma agrária fizeram o Partido Comunista ganhar apoio e lhe permitiram fazer recuar as forças do governo, acabando por expulsá-las de vez do continente.

Padrões similares emergiram em outras partes, à medida que partidos de esquerda começavam a ganhar crescente apoio na Europa e nos Estados Unidos. Muitos eram persuadidos por um ideal que prometia harmonia, em forte contraste com os horrores de uma guerra que culminara em duas bombas atômicas lançadas em Hiroshima e Nagasaki – entre eles algumas pessoas que haviam trabalhado no programa nuclear – e sentiam-se desiludidos ao ver que aquelas duas titânicas lutas entre nações europeias, em pouco mais de três décadas, haviam produzido resultados tão devastadores no mundo todo.

Stálin espalhou essas chamas com astúcia num discurso que teve grande repercussão no mundo todo, na primavera de 1946. A Segunda Guerra Mundial havia sido inevitável, declarou ele, "em razão da emergência de fatores globais econômicos e políticos implícitos no conceito do moderno capitalismo monopolista".[31] O discurso era uma declaração de intenções: o capitalismo dominara o mundo por tempo demais e fora responsável por sofrimento, assassinato em massa e pelos horrores das guerras do século XX. O comunismo era uma reação lógica a um sistema político que se revelara falho e perigoso. Era um novo sistema que enfatizava as similaridades em vez das diferenças, que substituía as hierarquias pela igualdade. Era, em outras palavras, não apenas uma visão atraente, como uma alternativa viável.

Não muito antes, Churchill havia jogado com o futuro dos países a oeste das fronteiras da União Soviética. "O pobre Neville Chamberlain achou que podia confiar em Hitler", comentou Churchill com um jovem membro de sua equipe, logo após as negociações de Yalta a respeito de como iria ficar o mundo pós-guerra. "Ele estava equivocado. Mas não acho que eu esteja equivocado em relação a Stálin."[32] Chamberlain de fato havia se equivocado; mas Churchill também – como logo reconheceu. Ninguém sabe, disse ele em 5 de março de 1946 em seu discurso em Fulton, Missouri, "o que a Rússia soviética [...] pretende fazer no futuro imediato". No entanto, o fato de sua filosofia ser expansiva e evangelizadora, observou ele, significava que era uma ameaça ao Ocidente. "De Stettin no Báltico a Trieste no Adriático, uma Cortina de Ferro desceu sobre o continente."[33]

O destino do centro do mundo pendia em equilíbrio. O Irã era o fiel da balança. Estrategistas dos Estados Unidos estavam convencidos de que os soviéticos queriam dominar totalmente o Irã por causa do seu petróleo, mas também por suas bases navais e sua localização no meio de uma rede de rotas aéreas internacionais. O governo iraniano entregara a concessão de petróleo no norte do país aos Estados Unidos, em troca apenas da garantia dada pelo embaixador americano de que eles, se necessário, dariam apoio militar caso forças soviéticas entrassem no país após a forte oposição de Moscou ao acordo.[34]

No verão de 1946, a tensão aumentou e eclodiram greves por todo o Irã. Com rumores e desmentidos circulando pelas ruas de Teerã, parecia que o futuro imediato do país estava em jogo. Era dolorosamente claro que a Grã-Bretanha, apesar do forte desejo de manter controle de seus ativos, pouco poderia fazer para influenciar os eventos naquilo que de fato importava. Relatórios da inteligência pintavam um quadro sombrio a respeito de uma iminente ação militar por parte de Moscou contra o Irã e o Iraque, reportando planos detalhados de uma invasão, que incluíam até informações sobre o provável ponto focal da "poderosa cavalaria soviética e das forças motorizadas" na eventualidade de um ataque. Diziam ainda que o Estado-Maior soviético havia chegado a conclusões otimistas a respeito de ocupar Mosul e estava pronto para instalar um "governo iraniano popular" assim que o xá fosse deposto. Ainda segundo os britânicos, seriam aplicadas represálias contra o regime anterior, e as principais figuras seriam tachadas de "traidores e colaboracionistas". Paraquedistas soviéticos estariam prontos para ser lançados perto de Teerã para liderar um assalto que teria desfecho rápido.[35]

Uma sensação de verdadeiro alarme tomou Washington. Os americanos vinham acompanhando o Irã de perto desde dezembro de 1942, quando os primeiros 20 mil soldados dos Estados Unidos chegaram a Khoramshahr, no golfo, e começaram a trabalhar para melhorar o sistema de transportes do Irã. A fim de supervisionar a logística, foi construído um grande acampamento americano na própria Teerã, que virou o quartel-general do Comando do Golfo Pérsico dos Estados Unidos.[36] Britânicos e soviéticos colocavam seus interesses acima de tudo no Irã, e com isso minavam constantemente o esforço de guerra e também o Estado do Irã. O Irã estava sendo puxado perigosamente em todas as direções, reportou o general Patrick Hurley ao presidente Roosevelt.[37]

Os americanos enviados ao país para apoiar e monitorar as linhas de suprimento durante a guerra experimentaram de início uma espécie de choque cultural. O exército iraniano, na visão do major-general Clarence Ridley, era mal treinado, tinha poucos recursos e mostrava-se essencialmente inútil. Para que pudesse fazer frente a vizinhos hostis, seria necessário grande investimento para treinar uma nova geração de oficiais e comprar bons equipamentos. Isso era música para os ouvidos do novo xá, que ansiava deixar sua marca no Irã por meio de um programa de modernização. O problema, conforme seu consultor (americano) sobre orçamento declarou a ele com franqueza, era que não seria possível montar um exército na linha dos ocidentais: se fossem encaminhados fundos para gastos militares, disse o consultor, "sobraria pouco ou nada para a agricultura, a educação e a saúde pública".[38]

Mal preparado, desorganizado e fraco, o Irã parecia ter pouca chance de rechaçar a União Soviética num momento em que a postura e o comportamento de Stálin despertavam profunda preocupação nos Estados Unidos. Alguns dos que ouviram o discurso de Stálin concluíram que se tratava de nada menos do que a "declaração da Terceira Guerra Mundial".[39] George Kennan, *chargé d'affaires* na embaixada dos Estados Unidos em Moscou, que testemunhara os expurgos pessoalmente, chegou a uma conclusão similar, advertindo no início de 1946 sobre uma possível grande luta global. "No fundo da neurótica visão do Kremlin sobre os assuntos mundiais", escreveu, reside a "tradicional e instintiva sensação russa de insegurança". A União Soviética, concluiu ele, era "uma força política comprometida fanaticamente" em se envolver numa competição com os Estados Unidos, a ponto de ter como objetivo assegurar que "a harmonia interna de nosso Estado seja perturbada, nosso modo de vida tradicional seja destruído [e] a autoridade internacional de nosso Estado seja rompida".[40]

A importância política e estratégica do Irã agora impulsionava o país para o primeiro plano da política externa dos Estados Unidos. Foram feitos esforços sistemáticos para ajudar a fortalecer o Irã. Em 1949, a estação de rádio A Voz da América começou a transmitir em farsi para a população local, e o primeiro programa trouxe o presidente Truman comentando "o histórico vínculo de amizade" entre o Irã e os Estados Unidos e prometendo assistência para ajudar a criar um "mundo próspero e [...] pacífico", que fosse livre de opressão.[41] Quando eclodiu a guerra na península da Coreia um ano mais tarde, foi oferecida mais ajuda direta. Como expresso num resumo do Departamento de Estado, embora o declínio da economia "não tivesse ainda alcançado condições catastróficas", se não fosse dado apoio agora havia o risco de "uma completa desintegração do país e sua absorção de maneira imediata ou eventual pelo bloco soviético".⁴² O próprio Truman não precisava ser convencido. "Se ficarmos apenas aguardando", observou, "[os soviéticos irão] entrar no Irã e acabarão tomando o Oriente Médio inteiro."⁴³

As mensagens de rádio tornaram-se cada vez mais diretas, e os iranianos ouviam que "nações livres devem permanecer unidas", que "a segurança dos Estados Unidos está ligada à segurança de outras nações", e que a "força do mundo livre" continuava crescendo. Isso era acompanhado por reportagens que enfatizavam a ameaça da União Soviética à paz mundial, afirmando que "o objetivo dos líderes comunistas é a supressão universal da liberdade humana" e que chegavam a ponto de dizer que "os professores soviéticos moravam em vagões de carga quebrados, que haviam sido considerados impróprios para o transporte de gado" e que não dispunham de aquecimento, nem de instalações sanitárias básicas ou água potável.⁴⁴

O país começou a receber auxílio financeiro, que aumentou quase cinco vezes ao longo de três anos, passando de 11,8 milhões de dólares em 1950 para 52,5 milhões em 1953. O objetivo era estimular o desenvolvimento econômico no Irã, estabilizar sua política e lançar as bases para a reforma, além de prover assistência militar e técnica para sua autodefesa. Esses foram os primeiros estágios na construção de um Estado-cliente americano no Oriente Médio.⁴⁵

A motivação para agir assim baseou-se em parte na percepção de que a Grã-Bretanha não era mais capaz de sustentar regimes da maneira que fizera no passado, e em parte no franco reconhecimento de que o expansionismo soviético exigia uma resposta. Mas essa não foi a única razão de se dar atenção especial ao Irã. Em 1943, por exemplo, durante a grande conferência realizada pelos líderes aliados em Teerã, nem Winston Churchill nem o presidente Roosevelt se deram ao trabalho de se reunir com o xá. Ambos acharam que teria sido simplesmente perda de tempo.⁴⁶ Do mesmo modo, no ano seguinte, a Arábia Saudita foi desconsiderada pelos Estados Unidos como um país de escassa relevância, cujos pedidos de ajuda econômica podiam facilmente ser ignorados pelo presidente Roosevelt como estando "um pouco fora de nossa alçada"; Roosevelt acrescentou que seria melhor que as preocupações e pedidos sauditas fossem encaminhados à Grã-Bretanha do que aos Estados Unidos.⁴⁷

Quando a guerra terminou, as coisas estavam muito diferentes, com a Arábia Saudita sendo considerada "mais importante para a diplomacia americana do que praticamente qualquer outra nação pequena".⁴⁸ A razão era o petróleo.

Durante a guerra, um americano chamado Everette Lee DeGolyer, que fizera fortuna no setor petrolífero dos Estados Unidos depois de estudar geologia em Oklahoma, visitou o Oriente Médio para avaliar os campos de petróleo da área e prestar assessoria sobre o potencial e a importância a longo prazo dos recursos da região, tanto por si como em relação aos do Golfo do México, da Venezuela e dos próprios Estados Unidos. Seu relatório, embora urdido com estimativas e advertências conservadoras, era impressionante. "O centro de gravidade da produção de petróleo mundial está mudando da área do Golfo-Caribe para o Oriente Médio – para o Golfo Pérsico – e é provável que continue a se deslocar até ficar bem estabelecido na área."⁴⁹ Um dos que viajaram com ele expressou as coisas de modo mais direto ao se reportar ao Departamento de Estado: "O petróleo nessa região é o maior primeiro prêmio de toda a história".⁵⁰

Isso não passou despercebido pelos britânicos, que tiveram uma reação ciumenta ao fato de os Estados Unidos estarem dando maior atenção à região. Um destacado industrial inglês comentou com Churchill que os americanos deveriam ficar fora do Oriente Médio e da forte posição que a Grã-Bretanha havia construído; "o petróleo é o único grande ativo do pós-guerra que nos restou. Deveríamos recusar dividir nosso último ativo com os americanos".⁵¹ Isso foi defendido energicamente por lorde Halifax, embaixador britânico em Washington, que estava ressentido com a maneira pela qual as autoridades do Departamento de Estado tentavam evitá-lo. Políticos e autoridades britânicas estavam também preocupados com o que vinha acontecendo, e seu receio era que "os Estados Unidos estão tentando despojar-nos de nossos ativos de petróleo no Oriente Médio".⁵² O próprio primeiro-ministro envolveu-se diretamente e enviou telegrama ao presidente Roosevelt dizendo: "Tenho acompanhado com alguma apreensão" o andar das negociações; "pode ter certeza de que meu único desejo é chegar ao que for satisfatório e justo para os nossos dois países".⁵³

Isso significava chegar a um acordo sobre como dividir essa parte crucial do mundo entre a Grã-Bretanha e os Estados Unidos. Uma reunião entre Halifax e o presidente Roosevelt resolveu a questão: quanto aos Estados Unidos, o "petróleo da Pérsia era [britânico e] [...] ambos temos uma parte no Iraque e no Kuwait e [...] Bahrein e Arábia Saudita eram americanos".[54] Foi como nos acordos acertados entre Espanha e Portugal no final do século XV e início do XVI, ou como as discussões entre os líderes aliados durante e logo após a Segunda Guerra Mundial, que dividiram o mundo nitidamente em dois.

Americanos e britânicos passaram a lidar com essa divisão de maneiras bem diferentes. Do ponto de vista dos Estados Unidos, a principal questão era que o preço do petróleo dobrara entre 1945 e 1948 – enquanto o número de veículos nos Estados Unidos crescera mais de 50% e o valor das vendas da indústria automobilística subira sete vezes.[55] Em resposta a isso, os Estados Unidos inicialmente adotaram uma abordagem da situação que era sensata e quase progressista: julgavam inevitável que os países abençoados com recursos naturais estivessem sendo cortejados por todos os lados e procurassem tirar o máximo proveito de sua posição. Assim, fazia sentido renegociar os termos das concessões de petróleo – e de modo respeitoso, sem usar coação.

Já havia rumores e ameaças de nacionalização que refletiam a nova ordem mundial. Para começar, os novos acertos feitos com países ricos em petróleo eram cada vez mais generosos e competitivos – como o acertado com J. Paul Getty para uma concessão na Zona Neutra entre a Arábia Saudita e o Kuwait, que pagou quase o dobro de *royalties* por barril em comparação com o valor vigente em outras partes do Oriente Médio, criando rivalidade e antagonismo em países que haviam ficado presos a acordos feitos em estágios anteriores. Isso tornou-os focos de divergência em relação à maneira pela qual os recursos estavam sendo expropriados e despertou reivindicações de nacionalização; além disso, deixava-os vulneráveis à retórica comunista e a uma aproximação com Moscou.

Seguiu-se, então, uma notável mudança nas receitas desses países, à medida que os Estados Unidos abrandaram suas posições comerciais e passaram a renegociar uma série de acordos. Em 1949, por exemplo, o Tesouro dos Estados Unidos recolheu 43 milhões de dólares em impostos da Aramco, um consórcio de companhias petrolíferas ocidentais, enquanto a Arábia Saudita recebia 39 milhões de dólares em receitas. Dois anos mais tarde, depois de mudar o sistema de créditos fiscais por meio do qual as empresas podiam compensar seus custos, o negócio pagava 6 milhões de dólares aos americanos, mas 110 milhões de dólares aos sauditas.[56] Havia um efeito dominó, à medida que outras concessões na Arábia Saudita, e também no Kuwait, Iraque e em outras partes, refaziam seus termos em favor de governantes e governos locais.

Alguns historiadores consideram esse momento de reformulação dos fluxos de moeda tão importantes quanto a transferência de poder de Londres para a Índia e o Paquistão.[57] Seu impacto, no entanto, foi mais similar à descoberta das Américas e à consequente redistribuição da riqueza global. As corporações ocidentais que controlavam concessões e que se concentravam principalmente na Europa e nos Estados Unidos começaram a canalizar dinheiro para o Oriente Médio e, com isso, desencadearam uma mudança no centro de gravidade do mundo. A teia de oleodutos que cruzava a região e ligava o Oriente ao Ocidente marcou um novo capítulo na história da região. Dessa vez, não eram as especiarias ou a seda que atravessavam o globo, e sim o petróleo.

Os britânicos, no entanto, que não haviam feito uma leitura tão clara dos sinais quanto os americanos, tinham outras ideias. No Irã, a Anglo-Iranian era um para-raios para as críticas. Não era difícil entender por quê, dada a imensa discrepância entre as quantias pagas ao Tesouro britânico e os *royalties* pagos ao Irã.[58] Embora outros países na região pudessem também se queixar da escassez de benefícios em troca de seu ouro negro, a escala da disparidade no Irã fazia a situação parecer particularmente ruim. Em 1950, embora Ābādān abrigasse uma refinaria que naquele momento era a maior do mundo, a cidade em si tinha tanta eletricidade quanto uma única rua de Londres. Apenas um décimo das 25 mil crianças ia às aulas, tal a carência de escolas.[59]

Como em outras partes, a Grã-Bretanha estava presa ali a um dilema do qual não tinha como sair: renegociar os termos da concessão de petróleo seria praticamente impossível, como observou o perspicaz e bem relacionado secretário de Estado americano, Dean Acheson. A Anglo-Iranian, com participação majoritária do governo britânico, era vista como extensão direta da Grã-Bretanha e de sua política externa – não sem razão. Como a Companhia das Índias Orientais, os limites entre os interesses privados e os do governo britânico eram nebulosos; e como ocorria com a Companhia das Índias, a Anglo-Iranian era tão poderosa que também constituía na prática um "Estado dentro do Estado", e seu poder "era no final das contas o da Grã-Bretanha".[60] Se a Anglo-Iranian cedesse e propiciasse um acordo melhor ao Irã, concluiu Acheson, iria "destruir o último vestígio de confiança no poder britânico e na libra". Em alguns meses, previu, a Grã-Bretanha não teria mais nenhum ativo.[61]

A forte dependência que Londres tinha das receitas da Anglo-Iranian tornava a situação perigosa, como Acheson reconheceu. "A Grã-Bretanha está à beira da falência", escreveu num cabograma; sem seus "importantes interesses no exterior e os itens invisíveis em seu balanço de pagamentos [...] ela não pode sobreviver". Era por isso que os britânicos estavam usando todos os truques de diplomacia, expedindo relatórios alarmados que enfatizavam sempre a iminente ameaça de uma invasão soviética. Acheson, por seu lado, não acreditava em nada disso. "O propósito cardinal da política britânica não é impedir que o Irã se torne comunista", por mais que a Grã-Bretanha dissesse o contrário; "o ponto cardinal é preservar o que acreditam ser o último bastião para garantir sua solvência".[62]

As coisas se complicaram ainda mais em 1950, quando foram oferecidos novos termos ao Iraque, embora tivessem sido ostensivamente recusados ao Irã. O fato de a Iraqi Oil Company ser proprietária de parte da Anglo-Iranian colocou ainda mais sal na ferida e provocou reação furiosa no Irã. Políticos nacionalistas levantaram-se para proclamar a iniquidade do virtual monopólio da Anglo-Iranian, apimentando suas críticas com comentários destinados a acirrar ainda mais os ânimos. Por exemplo, o de que toda a corrupção no Irã era resultado direto da Anglo-Iranian, como declarou um membro do Majlis [Parlamento iraniano].[63] Se nada fosse feito, logo "os xadores das mulheres seriam arrancados de suas cabeças", proclamou um demagogo.[64] Seria melhor, disse outro, que o setor petrolífero inteiro do Irã fosse destruído por uma bomba atômica do que permitir que a Anglo-Iranian explorasse o povo e o país.[65] Mossadegh colocou isso de maneira menos direta. Se fosse nomeado primeiro-ministro, conta-se que teria dito, "não teria intenção de fazer acordo com os britânicos". Em vez disso, prosseguiu, preferiria "vedar os poços de petróleo com lama".[66]

A retórica antibritânica borbulhava havia uma geração; agora, entrava na corrente principal de consciência: a Grã-Bretanha era a arquiteta de todos os problemas do Irã e não se podia confiar nela. O país pensava apenas nos próprios interesses e era imperialista no pior sentido da palavra. A fusão da identidade iraniana com o sentimento antiocidental criou raízes. E teria profundas implicações a longo prazo.

Mossadegh agarrou a oportunidade com as duas mãos. E declarou um "Basta!". Chegara a hora de assegurar a prosperidade da nação iraniana e "garantir a paz mundial". No final de 1950, foi apresentada a proposta radical de que os rendimentos não deviam ser compartilhados com a Anglo-Iranian nem com ninguém mais; em vez disso, "o setor petrolífero do Irã será declarado nacionalizado em todas as regiões do país, sem exceção".[67] O aiatolá Kashani, um clérigo popular que retornara havia pouco do exílio e já se tornara um crítico conhecido e eloquente do Ocidente, deu seu apoio entusiasmado a esse chamado à ação, estimulando seus apoiadores a usarem todos os métodos possíveis para promover a mudança. Dias mais tarde, o primeiro-ministro, Alī Razmārā, foi assassinado; em seguida, o ministro da Educação teve o mesmo fim. O Irã flertava com a anarquia.

Os piores temores da Grã-Bretanha se materializaram quando o próprio Mossadegh foi nomeado novo primeiro-ministro pelo Majlis, na primavera de 1951. Ele imediatamente aprovou uma lei nacionalizando a Anglo-Iranian, com vigência imediata. Isso foi um desastre, como destacado tanto pela imprensa de Londres quanto pelo Gabinete britânico. Era importante, declarou o ministro da Defesa, "mostrar que não podem ficar com provocações indefinidamente". Se o Irã tivesse "permissão de continuar com isso", prosseguiu ele, "o próximo passo poderia ser uma tentativa de nacionalizar o Canal de Suez".[68] Foram feitos planos de lançar paraquedistas no Irã para assegurar a refinaria de Ābādān, caso fosse necessário. Eram os últimos espasmos de um grande império em retirada, debatendo-se em desespero para não perder as antigas glórias.

Mossadegh pressionou ainda mais, dando aos empregados britânicos da Anglo-Iranian uma semana para arrumarem as malas e saírem do Irã em setembro de 1951. Coroando tudo isso, o aiatolá Kashani declarou um dia nacional de "ódio ao governo britânico". A Grã-Bretanha havia virado sinônimo de tudo o que estava errado no Irã e reunia contra ela um amplo espectro de crenças políticas. "Você não sabe o quanto são ardilosos [os britânicos]", disse Mossadegh a um enviado americano de alto escalão. "Não sabe o quanto são maus. Não sabe o quanto maculam tudo aquilo que tocam."[69] Esse tipo de retórica tornou Mossadegh extremamente impopular em Londres; e também tornou-o famoso no exterior: em 1952, foi capa da revista *Time* como "Homem do Ano".[70]

A tentativa canhestra da Grã-Bretanha de resolver a situação usando a força não ajudou em nada. Diante da possibilidade de perder o controle não só da Anglo-Iranian, mas da receita que ela trazia, o governo britânico entrou no modo crise e organizou um embargo a todo o petróleo iraniano. O principal objetivo era atingir Mossadegh e forçá-lo a capitular. Deixar o Irã sem fundos logo iria produzir o efeito desejado, opinou sir William Fraser, embaixador britânico em Teerã: "Quando [os iranianos] precisarem de dinheiro, virão rastejando até nós, de barriga colada no chão". Comentários como esse que apareciam na grande imprensa dificilmente favoreciam a posição da Grã-Bretanha diante da opinião pública.[71] Ao contrário, serviam apenas para reforçar a resolução do Irã, a tal ponto que, por volta do final de 1952, os britânicos já não estavam mais tão confiantes de que a tática de usar sanções poderia dar resultado. Foi feita então uma abordagem à recém-criada Central Intelligence Agency, a CIA, para que apoiasse um plano "de ação política conjunta para remover o primeiro-ministro Mossadegh" – em outras palavras, dar um golpe. Não seria a última vez que uma mudança de regime nessa parte do mundo seria vista como a resposta para tentar solucionar o problema.

Funcionários nos Estados Unidos responderam positivamente às sondagens britânicas. Agentes estacionados no Oriente Médio já estavam liberados para explorar soluções criativas para problemas com governantes locais que não mostrassem suficiente disposição favorável aos Estados Unidos ou parecessem ansiosos para flertar com a União Soviética. Um grupo de jovens agentes muito ativos, originários de famílias ricas da Costa Leste, já estivera envolvido num golpe que acabou removendo a liderança na Síria em 1949 e também na retirada do trono do corpulento, corrupto e nada confiável rei Faruk do Egito, numa operação que extraoficialmente ficou conhecida como "Projeto FF" (Project Fat Fucker, ou "Projeto Gordo Fodedor") três anos mais tarde.[72]

O empenho de homens como Miles Copeland e de dois netos do presidente Theodore Roosevelt – Archie e Kermit (Kim) – lembrava o de agentes britânicos na Ásia Central um século antes, que imaginavam poder moldar o mundo, ou então versões mais modernas, que achavam que passar segredos para a União Soviética poderia ter igualmente efeitos positivos. Após a queda do governo na Síria, por exemplo, os jovens americanos partiram em viagem para visitar "castelos dos cruzados e lugares fora das rotas mais convencionais" e aproveitaram para admirar a arquitetura e a atmosfera de Alepo.[73] As decisões eram tomadas na hora. "Qual a diferença", Copeland perguntou ao austero polímata Archie Roosevelt, "entre eu inventar relatórios e você deixar que seus agentes façam isso? Pelo menos, os meus fazem sentido."[74] A maneira com que esses homens da linha de frente atuavam de forma independente e temerária foi percebida nos Estados Unidos, e um alto oficial de inteligência advertiu-os dizendo que "ações irresponsáveis e sem restrições não serão toleradas no futuro".⁷⁵ Não obstante, quando se tratava do Irã, suas opiniões eram muito solicitadas.

As coisas começaram a andar depois de uma reunião de rotina em Washington, no final de 1952, quando autoridades britânicas, expondo suas ansiedades em relação ao impacto econômico da nacionalização, vibraram em sintonia com as preocupações americanas sobre o caminho que o Irã poderia tomar no futuro. A estação da CIA em Teerã estava inquieta em relação a Mossadegh e advertiu Washington em separado, no sentido de que os Estados Unidos deveriam "preferir o governo de algum sucessor" no Irã. Os estrategistas logo concluíram que o xá deveria ser incluído no complô para dar unidade e tranquilidade, a fim de possibilitar que a remoção do primeiro-ministro "parecesse legal ou quase legal".⁷⁶

Persuadir o xá era mais fácil em teoria que na prática. Homem irritadiço e vão, entrou em pânico assim que lhe contaram do plano, apelidado de Operação Ajax. O envolvimento dos britânicos foi o que o deixou particularmente preocupado, disse um dos americanos que arquitetou o plano, e revelou ainda que o xá tinha "medo patológico da 'mão oculta' dos britânicos" e receava que a operação fosse uma armadilha. Precisou ser bajulado, intimidado e advertido: programas da BBC irradiados desde Londres lançaram palavras-chave a fim de tranquilizá-lo de que a operação tinha amparo dos mais altos níveis; um discurso de rádio no qual o presidente Eisenhower prometia explicitamente apoio dos Estados Unidos ao Irã também ajudou a convencê-lo; ao mesmo tempo, foi-lhe comunicado pessoalmente que, se não desse seu apoio, o Irã se tornaria comunista – "uma segunda Coreia", nas palavras de Kim Roosevelt.⁷⁷

A fim de assegurar que a "opinião pública [...] fosse posta em estado de extrema agitação", como prelúdio para a deposição de Mossadegh, foram enviados fundos de Washington para incentivar indivíduos-chave e colocá-los contra o primeiro-ministro. Roosevelt incentivou membros destacados do Majlis, quase com certeza subornando-os (o objetivo, escreveu ele eufemisticamente, era "persuadi-los" a retirar seu apoio a Mossadegh).⁷⁸

Também se gastou muito dinheiro em outras partes. Segundo uma testemunha ocular, a injeção de dinheiro americano em Teerã foi tão grande que o valor do dólar em relação ao rial caiu cerca de 40% no verão de 1953. Alguns desses fundos foram gastos pagando multidões para que marchassem pelas ruas da capital, o que foi organizado pelos dois principais agentes da CIA locais.

Havia outros receptores notáveis também – principalmente mulás como o aiatolá Kashani, cujos interesses foram julgados compatíveis com os objetivos dos conspiradores.[79] Estudiosos muçulmanos têm concluído que os preceitos e a antirreligiosidade do comunismo tornaram a doutrina um anátema para os ensinamentos do islã. Assim, houve uma óbvia sobreposição para que a CIA fechasse acordos com os clérigos, que foram enfaticamente advertidos sobre os perigos de um Irã comunista.[80]

Depois que estrategistas britânicos e americanos se reuniram em Beirute em junho de 1953, foi concebido um plano, aprovado pessoalmente por Winston Churchill, primeiro-ministro britânico, no início de julho, e depois pelo presidente Eisenhower, poucos dias mais tarde. As ideias foram refinadas pelos agentes de inteligência quanto à melhor forma de dizer aos persas – considerados "muito prolixos e com frequência ilógicos" – que a mudança de regime era desejada pelo Ocidente e deveria ocorrer de maneira natural e sem contratempos.[81]

Na realidade, as coisas correram mal – e de modo espetacular. As precauções de acobertamento caíram por terra e os *timings* revelaram-se equivocados à medida que a situação descambava para o caos. Assustado, o xá fugiu do país às pressas. Ao parar em Bagdá a caminho de Roma, encontrou o embaixador dos Estados Unidos no Iraque, que aproveitou a ocasião para fazer-lhe uma proposta: "Sugeri em nome de seu prestígio no Irã [que] ele nunca mencionasse que algum estrangeiro houvesse tido participação nos eventos recentes". Isso nada tinha a ver com o prestígio do xá e tudo a ver com deixar as opções em aberto e, acima de tudo, preservar a boa reputação dos Estados Unidos. O xá, "exaurido depois de três noites sem dormir [e] transtornado pelos acontecimentos", mal conseguia pensar. Mesmo assim, relatou o aliviado embaixador a Washington, "ele concordou".[82]

Enquanto o xá seguia seu caminho para o exílio na Itália, transmissões da rádio iraniana divulgavam reportagens maldosas, ao mesmo tempo que a imprensa o denunciava como devasso, saqueador e ladrão.[83] O trauma ficou gravado em sua jovem esposa Soraya (muitos comentavam que era mais jovem do que os dezenove anos que dizia ter ao se casar): ela mais tarde lembrava de passear pela Via Veneto num vestido vermelho e branco estampado de bolinhas, discutindo a desprezível política de Teerã e ouvindo o marido ponderar com tristeza que talvez comprasse um pequeno terreno para começar nova vida – talvez nos Estados Unidos.[84]

Equívocos e contratempos dignos de uma farsa teatral se sucederam após a fuga do xá. Havia muitos boatos pelas ruas dizendo que Mossadegh reivindicava o trono para si e que a maré havia virado. E então, em questão de dias – e contra todos os prognósticos – o xá estava a caminho de casa, parando por breve tempo em Bagdá para vestir o uniforme de comandante-chefe da Força Aérea. Em esplendor e glória, apresentou-se não como o covarde que fugira morrendo de medo, mas como um herói voltando para assumir o controle da situação. Mossadegh foi preso, julgado e sentenciado a confinamento em solitária; isso foi seguido por um longo período de exílio até sua morte em 1967.[85]

Mossadegh pagou um alto preço por articular uma visão para o Oriente Médio na qual a influência do Ocidente era não apenas atenuada, mas removida de vez. Suas preocupações em relação à Anglo-Iranian haviam se cristalizado numa visão do Ocidente como um todo, que era não só negativa como nociva. Isso tornou-o um criador de casos de primeira ordem no Irã, o suficiente para que pessoas de poder tanto britânicas quanto americanas formulassem planos de tirá-lo de cena de vez. Seus protestos veementes vieram numa hora em que outras vozes também se manifestavam com fúria contra o controle ocidental das redes que ligavam o Oriente e o Ocidente; no Egito, havia crescente animosidade antibritânica, com distúrbios e pedidos de evacuação dos soldados britânicos baseados em Suez. Um relatório aos chefes conjuntos de Estado-Maior, elaborado por um funcionário do Departamento de Estado americano em visita ao Cairo, era inequívoco a respeito da situação. "Os britânicos são detestados", escreveu. "O ódio contra eles é geral e intenso. É compartilhado por todos no país." Uma solução urgente era necessária.[86]

Os tempos estavam mudando. E nesse sentido Mossadegh era o mais articulado daqueles que propunham a visão de uma nova era, que implicava que o Ocidente se retirasse do Centro da Ásia. Embora as circunstâncias precisas de sua destituição fossem mantidas ocultas durante décadas pelas agências de inteligência, preocupadas com as "consequências danosas" que a revelação de material poderiam trazer, poucos tinham qualquer ilusão de que a remoção de Mossadegh havia sido orquestrada por potências ocidentais visando a seus próprios fins.[87] Nesse sentido, Mossadegh foi o pai espiritual de muitos herdeiros por toda essa região. Pois, embora os métodos, objetivos e ambições de um grupo tão diverso quanto aiatolá Khomeini, Saddam Hussein, Osama bin Laden e o Talibã variassem amplamente, todos estavam unidos por um princípio nuclear de que o Ocidente era hipócrita e maligno e que a libertação das populações locais significava a libertação das influências externas. Havia diferentes modos de tentar conseguir isso; mas, como o exemplo de Mossadegh mostrara, quem representasse um problema para o Ocidente estava sujeito a sofrer as consequências.

Psicologicamente, portanto, o golpe foi um momento de virada. O xá extraiu as conclusões erradas e ficou convencido de que o povo do Irã o adorava. Na realidade, na melhor das hipóteses o que havia era ambivalência em relação ao xá, cujo pai, oficial de cavalaria, havia assumido o trono apenas trinta anos antes. Sua fuga para Roma demonstrara uma preocupante falta de determinação. Estava convencido de ser o homem que iria modernizar o país, mas isso dependeria de sua capacidade de fazer uma boa leitura dos ventos políticos predominantes e de se posicionar de modo independente em relação à intervenção do Ocidente, principalmente dos americanos. Era pedir muito de um homem vão, cujos olhar lascivo e amor aos luxos da vida davam munição a seus rivais e deixavam pouco espaço para um julgamento favorável.

Mais do que qualquer coisa, porém, o golpe de 1953 bancado pela CIA marcou um divisor de águas no papel da América no Oriente Médio. Era uma "segunda chance" de salvar o Irã, ponderou John Foster Dulles, o novo secretário de Estado, uma chance de garantir que ele não iria escapar da órbita do Ocidente.[88] Dado que "um Irã democrático independente [não parecia] ser possível nas circunstâncias", disse o embaixador dos Estados Unidos em Teerã ao xá, havia duas opções: um "Irã livre, não democrático e independente" ou um "Irã permanentemente [...] não democrático e independente atrás da Cortina de Ferro".[89] Era a antítese direta da mensagem insistente e pública que o Ocidente defendia em sua luta contra o comunismo por liberdade e democracia.

Foi nesse ponto que os Estados Unidos ocuparam a brecha; foi nesse ponto que os Estados Unidos entraram de vez em contato com a região por tantos séculos atravessada pelas Rotas da Seda – e que decidiram tentar controlá-la. Mas havia perigos à frente. A postura de defesa da democracia, por um lado, e a disposição de sancionar e até orquestrar mudanças de regime, por outro, formavam um par que não combinava. Poderia ser perigoso atuar em ambas as frentes – mesmo porque no devido tempo haveria uma inevitável perda de confiança e um colapso na credibilidade. Como a estrela da Grã-Bretanha continuava a perder brilho, muita coisa iria depender das lições que a América tiraria do que havia acontecido em 1953.

22
A Rota da Seda americana

Ao assumirem a liderança no Oriente Médio, os Estados Unidos entraram num novo mundo – onde havia óbvias tensões entre, de um lado, a meta de promover os interesses nacionais e, de outro, o apoio a regimes e governantes impalatáveis. Semanas após a derrubada de Mossadegh, o Departamento de Estado passou a definir as companhias de petróleo americanas que iriam assumir os poços e a infraestrutura da Anglo-Iranian. Poucas dispunham-se a fazer isso, preferindo ficar bem longe das indefinições que pareciam muito prováveis após a volta do xá: o fato de este último ter declarado a intenção de executar seu primeiro-ministro como um meio de acalmar a situação era um sinal nada promissor.

O fato de a produção de petróleo estar aumentando em outras partes não parecia ajudar a fazê-las mudar de ideia, nem mesmo as novas oportunidades que prometiam ser o alicerce de grandes fortunas, que de fato se revelariam bem maiores que aquela feita por Knox D'Arcy. Semanas antes da queda de Mossadegh, uma companhia controlada por J. Paul Getty fez uma grande descoberta – descrita como "em algum ponto entre colossal e histórica" – na Zona Neutra entre Arábia Saudita e Kuwait. Comparativamente, envolver-se na política tóxica de Teerã mostrava-se pouco atraente para uma corporação. Por outro lado, para o governo dos Estados Unidos, tratava-se não apenas de uma prioridade, mas de uma necessidade: o Irã havia praticamente parado de exportar petróleo durante a crise do início da década de 1950. Se não retomasse a produção logo, a economia do país podia desmoronar, o que provavelmente abriria as portas para facções subversivas que poderiam inclinar o país para o lado da União Soviética. A escassez de suprimento e a elevação de preços também teriam um impacto prejudicial na Europa, que tentava se reerguer no período pós-guerra. O Departamento de Estado, portanto, deu início a uma forte campanha para encorajar os principais produtores dos Estados Unidos a formar um consórcio e assumir os interesses da Anglo-Iranian, por meio de uma sombria postura de intimidação, insinuando que as concessões no Kuwait, no Iraque e na Arábia Saudita correriam risco caso nenhuma ação nesse sentido fosse empreendida.

O governo norte-americano agora fazia o papel de mestre de cerimônias, persuadindo as corporações de seu país a cooperar. Como um alto executivo de uma petrolífera expressou: "De um ponto de vista estritamente comercial, nossa companhia não tinha nenhum interesse particular" em se envolver no setor de petróleo iraniano; "mas estamos muito conscientes dos grandes interesses de segurança nacional envolvidos. Portanto, nos dispomos a fazer todos os esforços razoáveis" para ajudar. Nunca teríamos nos envolvido no Irã, disse outro executivo de petrolífera, se o governo "não nos tivesse dado um piparote na cabeça".[1]

Os esforços para ocupar a posição da Anglo-Iranian e manter o Irã estável foram dificultados pelo fato de as próprias companhias de petróleo solicitadas a atuar como ferramentas da política externa dos Estados Unidos estarem sendo processadas pelo Departamento de Justiça por desrespeito às leis antitruste. Do mesmo modo que a mensagem que pregava a democracia revelara ser flexível, o mesmo se deu com a sujeição às leis americanas: foram dadas instruções formais pelo procurador-geral dos Estados Unidos, a pedido do Conselho de Segurança Nacional, para que "a aplicação das leis antitruste dos Estados Unidos contra [as companhias petrolíferas que formavam o consórcio] pudesse ser considerada secundária em relação ao interesse da segurança nacional". Assim, na primavera de 1954, as companhias petrolíferas receberam garantias formais de imunidade à instauração de processos. Tão importante era o controle sobre o Irã que o governo norte-americano aceitava pôr de lado o próprio código legal.[2]

Estimular a participação das companhias petrolíferas americanas era apenas parte de um plano mais amplo de apoiar o Irã e mantê-lo fora do alcance da União Soviética. Articularam-se esforços para implantar projetos de desenvolvimento social, particularmente no campo. Cerca de três quartos da população eram de camponeses, sem terras e renda mínima. Viviam aprisionados num mundo de opções limitadas, em que os proprietários de terras se opunham à reforma agrária: em geral, a taxa de juros para o crédito oferecido a pequenos agricultores ia de 30% a 75% – nível que garantia o estrangulamento da mobilidade social.[3]

Investiram-se fundos substanciais para lidar com alguns desses problemas. Esquemas de microfinanças para pequenos proprietários de terras foram implantados pela Fundação Ford, a maior organização filantrópica da América. O apoio à criação de cooperativas permitiu-lhes passar ao largo da comercialização ineficaz de suas colheitas de algodão nos mercados locais e vendê-las por preços bem melhores a intermediários na Europa. O xá e seus ministros foram pressionados a se envolver com o conceito de desenvolvimento rural, se bem que isso teve reduzido efeito, para desconsolo daqueles que tentavam convencer políticos de que a falta de atenção ao analfabetismo e à desigualdade no campo teria consequências a longo prazo.[4]

A ajuda direta do governo dos Estados Unidos também aumentou muito, passando de uma média anual de 27 milhões de dólares nos anos anteriores à deposição de Mossadegh a uma cifra quase cinco vezes maior nos anos seguintes.[5] Os Estados Unidos também fizeram doações e empréstimos para ajudar a financiar uma grande represa no rio Karaj, 65 quilômetros a nordeste de Teerã, a fim de aumentar o suprimento de eletricidade e água para a capital – e também como um símbolo da modernização e do progresso do Irã.[6]

Esforços desse tipo eram aspectos de uma abordagem sistemática, dedicada a fortalecer também outras partes da região. Embora as riquezas de petróleo do Irã o tornassem muito importante para o Ocidente, os países vizinhos também cresciam em importância por sua posição ao longo do flanco sul da União Soviética, numa época em que a Guerra Fria começava a esquentar.

O resultado foi a formação de um cinturão de Estados, entre o Mediterrâneo e as montanhas do Himalaia, com governos pró-Ocidente, que recebiam considerável ajuda econômica, política e militar dos Estados Unidos. Essa placa de países – batizada como Balcão Norte pelo austero secretário de Estado John Foster Dulles – atendia a três objetivos: agir como anteparo contra a expansão dos interesses soviéticos; manter seguro o golfo com suas riquezas de recursos e seu contínuo bombeamento de petróleo para o Ocidente a fim de estimular a recuperação da Europa e ao mesmo tempo prover receitas essenciais para a estabilidade local; e também criar uma rede de postos de escuta e bases militares, para o caso de as tensões com o bloco soviético descambarem para o conflito aberto.

Em 1949, por exemplo, um relatório preparado para a Junta de Chefes do Estado-Maior da Ásia Sul observou que o Paquistão "poderia ser requisitado como base para operações aéreas contra [a] União Soviética central e como área de estacionamento de forças envolvidas na defesa ou recaptura de áreas de petróleo do Oriente Médio", destacando também que se tratava de um posto avançado óbvio a partir do qual poderiam ser realizadas operações veladas contra a União Soviética.[7] Era vital, portanto, dar assistência ao Paquistão, bem como aos demais países do Balcão Norte, diante da possibilidade de que a região toda assumisse uma postura neutra em relação ao Ocidente, "ou, no pior dos cenários [...] pudesse cair na órbita soviética".[8]

Essas preocupações moldaram a política dos Estados Unidos e do Ocidente para boa parte da Ásia na década que se seguiu à Segunda Guerra Mundial. Em 1955, os países dessa faixa, que ia da Turquia no Ocidente, passando pelo Iraque e Irã, até o Paquistão no Oriente, estavam ligados por um único acordo, que substituiu uma rede de alianças entre eles ou com a Grã-Bretanha – e se tornaram signatários do que logo ficou conhecido como o Pacto de Bagdá. Embora o objetivo declarado do tratado fosse "a manutenção da paz e da segurança no Oriente Médio", sob a qual mútuas garantias eram intercambiadas, a realidade era que havia sido concebido para permitir ao Ocidente influenciar a região, de vital importância estratégica e econômica.[9]

Apesar da cuidadosa atenção dada a assegurar que os governos locais agissem favoravelmente, erros cometidos em Washington criaram oportunidades para os soviéticos. No final de 1954, por exemplo, uma discreta abordagem da liderança do Afeganistão aos Estados Unidos requerendo assistência e armas foi desconsiderada pelo Departamento de Estado. Em vez de pedir armas, disseram ao príncipe Naim, irmão do primeiro-ministro, o Afeganistão deveria se concentrar em temas mais próximos de casa – como resolver as disputas de fronteira com o Paquistão. Essa resposta inábil, que tinha a intenção de declarar apoio a um regime em Karachi descrito recentemente por um adido militar como de "importância estratégica mundial", teve péssimas consequências imediatas.[10]

A notícia mal chegou a Cabul e os soviéticos já haviam intercedido para dizer que se dispunham a fornecer equipamento militar e fundos de desenvolvimento – oferta rapidamente aceita. Uma doação inicial de 100 milhões de dólares foi seguida por outras recompensas que permitiram a construção de pontes, a modernização das telecomunicações e a expansão do sistema de estradas, como a rodovia entre Kandahar e Herat. Dinheiro e expertise de Moscou foram responsáveis também pela construção do túnel Salang, de 2,7 quilômetros, numa estrada principal no sentido norte, para fazer a conexão com a Ásia Central soviética. Essa rota, símbolo da amizade soviético-afegã, foi a principal artéria de suprimentos durante a década de 1980, após a invasão do Afeganistão. Ironicamente, também revelou-se parte vital da rota de suprimentos que trouxe comboios dos Estados Unidos e seus aliados para o país no início do século XXI: uma rodovia construída para fortalecer o Afeganistão contra o Ocidente tornou-se crucial para os esforços deste último em moldar o primeiro à sua maneira.[11]

Ser superado de modo tão enfático foi um choque de realidade – especialmente depois que a mesma coisa se repetiu meses mais tarde e com resultados mais dramáticos. No final de 1955, o revolucionário Gamal Abdel Nasser, que desempenhara papel crucial três anos antes no golpe que derrubou o rei Faruk do Egito com apoio da CIA, também abordou Moscou interessado em armas. Pegos de surpresa, os Estados Unidos reagiram oferecendo ajuda para financiar um projeto para a construção de uma imensa represa em Assuã, em conjunto com a Grã-Bretanha e o Banco Mundial – um projeto que era espelho da obra da represa Karaj no Irã. Discussões de alto nível entre Londres e Washington sobre como aplacar Nasser resultaram na promessa de fornecer armas e de pressionar Israel para que aceitasse um acordo com o Egito, na esperança de melhorar as relações cada vez mais tensas entre eles.[12]

Nasser se irritara com o Pacto de Bagdá, que para ele era um impedimento à unidade árabe e uma ferramenta ocidental para preservar influência no coração da Ásia. Se dinheiro e apoio tivessem estado disponíveis, ele talvez tivesse sido pacificado – pelo menos a curto prazo. Mas as promessas de ajuda financeira foram retiradas em razão das preocupações dos congressistas norte-americanos de que a construção de uma represa levasse a um surto na produção de algodão e à consequente queda nos preços, que afetariam agricultores do país.[13] Esse autointeresse revelou-se fatal; foi a gota d'água.

Especialista em atitudes políticas temerárias, Nasser – descrito pelo primeiro-ministro britânico Anthony Eden como alguém determinado "a se tornar o Napoleão dos árabes" – decidiu radicalizar.[14] Deu uma resposta incisiva ao empolado comentário do ministro do Exterior britânico, feito na primavera de 1956, de que o Canal de Suez era "parte integral do complexo petrolífero do Oriente Médio" e vital para os interesses da Grã-Bretanha, retorquindo que, se fosse assim, então o Egito deveria ter parte nos lucros do canal – do mesmo jeito que os Estados produtores de petróleo participavam das receitas do petróleo.¹⁵ Nasser percebeu perfeitamente que o Ocidente não hesitaria diante de nada para preservar seus ativos, mas calculou que a nacionalização do canal lhe daria um poder que a longo prazo seria vantajoso para o Egito.

Enquanto planejadores americanos começavam a calcular o possível impacto do fechamento do canal para os preços do petróleo, figuras importantes na Grã-Bretanha mergulharam numa névoa de pessimismo. "A verdade é que estamos presos a um terrível dilema", escreveu o muito respeitado e bem relacionado ministro da Fazenda, Harold Macmillan. "Se tomarmos medidas extremas contra o Egito e como resultado o canal for fechado, os oleodutos para o Levante serão cortados, o Golfo Pérsico irá se rebelar e a produção de petróleo será interrompida – e então o Reino Unido e a Europa Ocidental ficarão 'contra a parede'."¹⁶ Por outro lado, se nada fosse feito, Nasser ganharia sem mexer um dedo, e haveria consequências catastróficas em outras partes: todos os países do Oriente Médio simplesmente seguiriam seu exemplo e nacionalizariam seus setores de petróleo.

Nasser assumia a questão no ponto em que Mossadegh a havia deixado. Diplomatas, políticos e agentes de inteligência começaram a pensar em aplicar uma solução similar diante de um líder cuja política era oposta aos interesses ocidentais. Não demorou para que os britânicos procurassem "maneiras e meios de derrubar o regime".¹⁷ Como um veterano diplomata em Londres expressou: "Talvez tenhamos que nos livrar de Nasser"; o primeiro-ministro, Anthony Eden, queria não só removê-lo: queria Nasser morto.¹⁸ Depois que as idas e vindas diplomáticas não deram em nada, a Grã-Bretanha e a França concluíram que era necessária uma demonstração de poder sustentada, para impressionar os líderes do Oriente Médio que haveria ações diretas contra quem ousasse se opor aos objetivos ocidentais.

No final de outubro de 1956, começaram as ações militares contra o Egito, com forças britânicas e francesas sendo deslocadas para assegurar a zona do canal, enquanto os aliados israelenses lançavam um ataque na península do Sinai para ajudar a assegurar Suez e maximizar a pressão sobre Nasser. A invasão logo se revelou um fiasco. O Canal de Suez foi fechado depois que os egípcios furaram o casco de navios, balsas e barcos de manutenção no canal e em acessos próximos, ao mesmo tempo que a ponte móvel de El Fridan ao norte de Ismaila era lançada à água. O efeito das estimadas 49 obstruções foi além do fechamento do canal; produziu o que uma reportagem da época chamou de "um grave transtorno nos movimentos normais de *commodities*". Os carregamentos de petróleo para a Europa Ocidental sofreram acentuada redução.

Outras consequências deviam ser esperadas, concluiu a CIA: os preços de "muitas *commodities* básicas no mundo do comércio" estavam condenados a sofrer aumentos, e era provável que houvesse "considerável desemprego nos países do mundo livre" cujas economias dependessem de carregamentos vindo por meio de Suez. O impacto também seria sentido na União Soviética, cujos navios que comerciavam com o Extremo Oriente enfrentavam um desvio de 11 mil quilômetros, sendo obrigados a dar a volta pela África para chegar aos portos do mar Negro, devido ao fechamento de Suez. Os americanos observavam de forma atenta como Moscou desviava cargas essenciais para transportá-las pelas rotas da ferrovia Transasiática, cuja importância aumentou rapidamente.[19]

Embora ciente das crescentes tensões com o Egito, a administração Eisenhower foi pega de surpresa pela eclosão de ações militares, já que não foi consultada sobre os planos de invasão. O presidente ficou enfurecido e repreendeu o primeiro-ministro britânico pessoalmente. O uso da força na zona do canal era um desastre em termos de propaganda para os autoproclamados guardiões do "mundo livre", que haviam entrado do mesmo jeito que os tanques soviéticos rolaram pelas ruas de Budapeste para sufocar um levante popular na Hungria. Em última instância, porém, a ação no canal de Suez forçou o desfecho de outra questão: marcou o momento em que os Estados Unidos tiveram que fazer uma escolha entre, de um lado, as potências ocidentais, cuja proteção os americanos haviam herdado no século XX, e, de outro lado, o mundo rico em petróleo do Oriente Médio. Optaram por este último.

Era essencial, ponderou o presidente Eisenhower, que "os árabes [não ficassem] ressentidos com todos nós". Se ficassem, o suprimento de petróleo do Oriente Médio poderia ser suspenso de vez, quer pelo fechamento do canal, quer pela interrupção da produção ou pela introdução de embargos em países de uma região naturalmente simpática ao Egito, num momento em que este era tão abertamente intimidado. Como um destacado diplomata britânico já admitira, qualquer redução no suprimento teria consequências devastadoras. "Se o petróleo do Oriente Médio for negado [à Grã-Bretanha] por um ano ou dois, nossas reservas de ouro irão desaparecer. Se nossas reservas de ouro desaparecerem, a área da esterlina se desintegra. Se a área da esterlina se desintegra e não temos reservas [...]. Duvido que possamos ser capazes de pagar mesmo pelo mínimo necessário à nossa defesa. E um país que não consegue prover a própria defesa está acabado."[20] Era um cenário decididamente pessimista e descrito como fatal. Mesmo assim, como o próprio Eisenhower reconheceu reservadamente, era difícil ficar "indiferente ao drama de combustíveis e finanças da Europa Ocidental". De todo modo, como ele escreveu a lorde Ismay, primeiro secretário-geral da aliança mútua de defesa da Organização do Tratado do Atlântico Norte (OTAN), era vital não "se antagonizar com o mundo árabe".[21]

Na prática, isso significava encostar a Grã-Bretanha e a França num canto. Embora Washington tivesse traçado um plano para despachar petróleo dos Estados Unidos para a Europa Ocidental, ele não foi posto em prática de propósito, a fim de forçar uma definição na questão do Egito. Com a confiança na economia britânica em baixa e o valor da libra esterlina despencando, Londres foi obrigada a recorrer ao Fundo Monetário Internacional para auxílio financeiro. Em apenas quatro décadas, a Grã-Bretanha passara de dona do mundo a um país que estendia o chapéu implorando ajuda. Se ter seu apelo ao FMI simplesmente recusado já era ruim, pior foi ter que retirar as tropas enviadas ao Egito para lutar por uma das mais preciosas joias da Europa Ocidental sem que tivessem cumprido sua missão: foi positivamente humilhante. Trazê-los de volta para casa, sob os holofotes da mídia mundial, era um sinal revelador do quanto o mundo havia mudado: a Índia havia sido abandonada; os campos de petróleo do Irã arrancados das mãos da Grã-Bretanha; e agora o mesmo se dava com o Canal de Suez. A renúncia do primeiro-ministro Anthony Eden, no início de 1957, foi simplesmente mais um parágrafo do capítulo final da morte de um império.[22]

Os Estados Unidos, por outro lado, estavam muito cientes de suas recém-descobertas responsabilidades como superpotência no que dizia respeito aos países ao longo da espinha dorsal da Ásia. Tinham que pisar com muito cuidado – como os efeitos de Suez haviam demonstrado com clareza. O prestígio e a influência britânicos haviam desmoronado de modo espetacular, abrindo a possibilidade de que o flanco sul, que atuava como um anteparo em relação à União Soviética, pudesse "desabar completamente diante da penetração comunista e de seu sucesso no Oriente Médio", nas palavras do presidente Eisenhower ao final de 1956.[23]

Além disso, o fiasco da ação militar abortada serviu para despertar o sentimento antiocidente em todo o Oriente Médio, com demagogos nacionalistas sentindo-se encorajados vendo o sucesso de Nasser em manter a serenidade e superar a pressão militar europeia. À medida que o prestígio do líder egípcio crescia exponencialmente pela região, ideias de nacionalismo árabe começaram a ganhar corpo, acompanhadas por um crescente sentimento de que a unificação de todos os árabes numa única entidade criaria uma voz que contrabalançaria a do Ocidente de um lado e a do bloco soviético de outro.

Observadores astutos já haviam previsto uma eventualidade como essa, mesmo antes da aula magna de Nasser em ações políticas radicais. O embaixador dos Estados Unidos em Teerã, Loy Henderson, que tinha uma compreensão melhor da região do que qualquer outro americano, concluíra que as vozes nacionalistas iriam subir de tom e ganhar maior poder. "Parece praticamente inevitável", escreveu em 1953, "que em algum momento no futuro [...] os países do Oriente Médio [...] irão se unir e decidir a partir de políticas unificadas."[24] Nasser era a figura que esse movimento vinha aguardando.

Isso acarretou uma significativa mudança de postura dos Estados Unidos, articulada no que ficou conhecido como doutrina Eisenhower. Agudamente ciente de que a União Soviética olhava de modo oportunista para o Oriente Médio, o presidente declarou ao Congresso que considerava essencial que "o vácuo existente" no Oriente Médio deveria "ser preenchido pelos Estados Unidos antes que fosse preenchido pela Rússia". Isso era importante não só para os interesses dos Estados Unidos, prosseguiu; era vital "para a paz do mundo".[25] O Congresso foi, portanto, solicitado a aprovar um ambicioso orçamento para bancar ajuda econômica e militar a toda a região, além de autorizar a defesa de qualquer país ameaçado de agressão armada. Embora um dos propósitos principais fosse prevenir ações da União Soviética, também havia a intenção de funcionar como uma alternativa à visão de Nasser – e era uma alternativa atraente para países que vissem com bons olhos receber desembolsos substanciais de dinheiro de Washington.[26]

Essa tentativa de se reposicionar não convenceu a todos. Os israelenses não se impressionaram com os impulsos americanos de melhorar as relações com os árabes e davam pouco crédito às garantias de que Israel também iria sentir os benefícios da maior presença e do papel desempenhado pelos Estados Unidos.[27] Esses receios eram compreensíveis, levando em conta a raiva nutrida em relação a Israel, especialmente na Arábia Saudita e no Iraque, após a fracassada intervenção em Suez. Obviamente, a participação de soldados israelenses ao lado dos britânicos e franceses tampouco ajudou; porém o mais importante era que o país estava rapidamente se tornando um símbolo totêmico da intervenção externa do Ocidente nos assuntos da região – e o principal beneficiário disso. Como resultado, ficou mais agressiva a reação à ajuda dos Estados Unidos a Israel, considerada incompatível com a ajuda oferecida aos árabes.

Israel passou a ser um ponto focal, em torno do qual os nacionalistas árabes se reuniam. Do mesmo modo que os cruzados haviam descoberto na Terra Santa centenas de anos antes, a mera existência de um Estado formado em tese por intrusos justificava pôr de lado a divergência de interesses entre os árabes. E como os cruzados também haviam descoberto, os israelenses assumiram o papel ambíguo e nada invejável de alvo que juntava vários inimigos num só.

A retórica anti-Israel ganhou força à medida que políticos na Síria aderiram a Nasser e à visão que ele articulava de um mundo árabe unido. No início de 1958, uma fusão formal com o Egito criou um novo Estado, a República Árabe Unida, como prelúdio à sua futura consolidação. Washington olhava com ansiedade o desenrolar da situação. O embaixador Henderson havia advertido que a emergência de uma voz unida poderia criar dificuldades – "efeitos desastrosos", como ele os chamou. Os Estados Unidos ficavam às voltas com as implicações e o Departamento de Estado vivia em intensos debates, a maior parte deles pessimista. Um documento produzido pelo Escritório de Assuntos do Oriente Próximo, Sul-Asiáticos e Africanos observou com preocupação que o nacionalismo radical de Nasser ameaçava tomar a região, destacando que os "ativos" americanos no Oriente Médio haviam sido reduzidos ou neutralizados como resultado do sucesso do líder egípcio em Suez e de seu passo adiante com a Síria.[28] O progresso de Nasser inevitavelmente abriria caminho para o comunismo, concluiu John Foster Dulles, secretário de Estado e irmão mais velho de Allen Dulles, chefe da CIA. Era hora de ações decisivas e de colocar "sacos de areia em torno das posições que devemos proteger".[29]

O clima piorou quando aquilo que parecia de modo inequívoco o início de uma reação em cadeia espalhou-se a leste pela Ásia. O primeiro foi o Iraque. A unificação de Egito e Síria despertou muita discussão em meio à elite mais instruída de Bagdá, a quem as seduções do pan-arabismo pareciam cada vez mais tentadoras como uma terceira via entre as atenções de Washington e de Moscou. Mas o cenário ficou tenso na capital no verão de 1958, com o perigoso crescimento das simpatias pró-Nasser e o aumento dos sentimentos antiocidente, juntamente com uma agressiva retórica a respeito de Israel. Em 14 de julho, um grupo de altos oficiais do exército iraquiano liderado por Abdul Karim Qasim – um homem apelidado de "O Encantador de Serpentes" por colegas seus de um curso militar na Grã-Bretanha duas década antes – protagonizou um golpe.[30]

Marchando para o palácio na hora do café da manhã, os golpistas cercaram membros importantes da família real no pátio do palácio, entre eles o rei Faiçal II, e os executaram. O corpo do príncipe herdeiro Abd al-Ilha, um homem ponderado e sério, foi arrastado "pelas ruas como [...] um cão", despedaçado e então queimado por uma multidão enfurecida. No dia seguinte, o primeiro-ministro iraquiano, Nuri al-Said, um político veterano que testemunhara em primeira mão a transformação do Oriente Médio, foi perseguido enquanto tentava fugir vestido de mulher, sendo morto a tiros. Seu corpo foi mutilado e exibido em júbilo pelas ruas de Bagdá.[31]

Tais eventos pareciam anunciar uma quase certa expansão dos interesses da União Soviética. O Irã, afirmou o supremo mandatário russo Nikita Khrushchev ao presidente John F. Kennedy num encontro de cúpula em 1961, iria logo cair como uma fruta podre nas mãos dos soviéticos – uma perspectiva que parecia provável, já que havia informações de que até mesmo o chefe da polícia secreta iraniana estava tramando contra o xá. Depois que o Comitê de Segurança Estatal de Moscou (mais conhecido como KGB) falhou em uma tentativa de assassinato, a atenção se voltou para a preparação de locais de aterrissagem e depósitos de munição ao longo do Irã – presumivelmente prevendo a decisão de aumentar os esforços para fomentar um levante popular e derrubar a monarquia.[32]

As coisas não pareciam melhores no Iraque, onde uma autoridade dos Estados Unidos escreveu que o país "quase com certeza será levado a algo que equivale a um controle comunista".[33] Um resultado disso foi o realinhamento ocidental com Nasser, que agora era visto como "o menor de dois males". Os Estados Unidos faziam grande esforço para se aproximar do perspicaz líder egípcio, que reconhecia que o nacionalismo árabe podia ser comprometido pelo que ele próprio chamava de crescente "penetração comunista no Oriente

Médio".³⁴ O fato de Washington e Cairo terem uma causa comum foi sublinhado pela decisão da nova liderança do Iraque de adotar um curso próprio e se afastar do pan-arabismo e de Nasser; isso só serviu para aumentar as preocupações com o espectro da União Soviética.³⁵

Foram traçados planos para lidar com Bagdá, e foi nomeada nos Estados Unidos uma comissão para procurar "meios explícitos ou velados" de evitar uma "aquisição comunista no Iraque". As limitações do material da fonte tornam difícil saber o quanto a CIA esteve envolvida, se é que esteve, numa tentativa de golpe no final de 1959 para remover Qasim, o primeiro-ministro nacionalista que havia deposto a monarquia iraquiana. Um dos envolvidos, que sofrera um arranhão na canela durante a confusão, mais tarde usou sua participação dando-lhe uma aura quase mítica a fim de ressaltar sua suposta determinação e bravura pessoal. Seu nome era Saddam Hussein.³⁶

Não é certo que os golpistas tenham tido apoio dos Estados Unidos nessa ocasião, embora alguns registros deem conta de que a comunidade de inteligência americana estava ciente do golpe antes que ocorresse.³⁷ O fato de terem sido feitos planos para remover figuras-chave de sua posição de autoridade – como um coronel iraquiano de nome não citado a quem seria enviado um lenço com monograma contaminado com uma substância incapacitante – também mostra que eram tomadas medidas ativas para tentar garantir que Bagdá não caísse na órbita de Moscou.³⁸ Talvez não seja coincidência que, quando Qasim foi finalmente deposto em 1963, sua derrubada não tenha causado surpresa a observadores americanos, que declararam mais tarde que isso havia sido "previsto com detalhes precisos por agentes da CIA".³⁹

Esse profundo envolvimento com a situação no Iraque era movido basicamente pelo desejo de manter a União Soviética fora de países ao sul de seu território. Construir conexões ao longo da faixa que se estendia pelas Rotas da Seda era em parte uma questão de prestígio político, já que os Estados Unidos não podiam se dar ao luxo de perder para um rival que oferecia uma visão de mundo totalmente contrastante. Mas havia outras razões para a intensidade desse interesse contínuo.

Em 1955, Moscou decidiu montar um grande local para testes de mísseis de longa distância em Tyuratam, no atual Cazaquistão, depois de concluir que as estepes eram o ambiente perfeito para instalar uma cadeia de antenas de orientação para monitorar os lançamentos sem qualquer obstrução durante seu voo, e eram também suficientemente isoladas, não constituindo ameaça a áreas urbanas. Esse centro, mais tarde batizado como Cosmódromo de Baikonur, tornou-se o principal local para desenvolvimento e teste de mísseis balísticos.[40] Mesmo antes que o centro fosse estabelecido, os soviéticos já haviam lançado o R5, com alcance de mais de 960 quilômetros e capaz de transportar uma ogiva nuclear. Em 1957, seu sucessor – o R7, mais conhecido por seu codinome na OTAN, SS6 "Sapwood" – entrou em produção, com alcance de 8 mil quilômetros, aumentando drasticamente a ameaça representada pela União Soviética ao Ocidente.[41]

O lançamento no ano seguinte do Sputnik, o primeiro satélite do mundo, e a introdução de uma frota de bombardeiros estratégicos de longo alcance, Tupolev Tu-95 "Urso" e Myasishchev 3M "Bisão", alertaram ainda mais os planejadores militares americanos: era vital que os Estados Unidos fossem capazes de monitorar os testes de mísseis e ficassem de olho nos desenvolvimentos das capacidades balísticas, assim como em possíveis lançamentos hostis.[42] A Guerra Fria desperta imagens do Muro de Berlim e da Europa do Leste como principais arenas de confronto entre as superpotências. Mas era na faixa de território do baixo-ventre da União Soviética onde o verdadeiro jogo de xadrez da Guerra Fria estava sendo disputado.

O valor estratégico para os Estados Unidos dos países ao longo do flanco sul da União Soviética era reconhecido havia muito tempo. Agora, eles adquiriam importância vital. Bases aéreas, estações de escuta e redes de comunicações no Paquistão tornaram-se parte crucial da estratégia de defesa dos Estados Unidos. Na época em que a capacidade dos mísseis soviéticos alcançou o estágio intercontinental, a base aérea de Peshawar no Norte do país realizava serviços vitais de coleta de informações. Serviu como ponto de partida para as operações dos aviões-espiões U-2, que empreendiam missões de reconhecimento sobre Baikonur e outras importantes instalações militares, como a planta de processamento de plutônio de Chelyabinsk. Foi de Peshawar que Gary Powers decolou na fatídica missão em que seu avião foi abatido no espaço aéreo soviético, perto de Sverdlovsk, em 1960, num dos incidentes de maior comoção da Guerra Fria.[43]

Não deixava de ser muito irônico que os objetivos políticos e militares americanos, centrais para a defesa do mundo livre e do estilo de vida democrático, produzissem resultados muito diferentes. A posição dos Estados Unidos nessa parte do mundo havia sido construída com base numa série de homens fortes, com instintos pouco democráticos e métodos impalatáveis de se manter no poder. No caso do Paquistão, os americanos lidavam muito bem com o general Ayub Khan, depois de ele ter liderado um golpe em 1958 que espertamente chamou de "revolução para afastar o comunismo", num esforço para angariar o apoio americano. Foi capaz de impor a lei marcial sem que isso fosse visto como algo desonroso por seus apoiadores ocidentais, e justificava suas ações dizendo que eram "duras apenas com aqueles que têm destruído a fibra moral do Paquistão".44 Falava-se da boca para fora em restaurar um "governo constitucional viável", mas poucos tinham alguma dúvida de que a ditadura militar seria duradoura – especialmente depois de Ayub ter declarado que ainda iriam se passar "algumas décadas" antes que os padrões educacionais melhorassem o suficiente para produzir uma população capaz de eleger seus líderes.45 Os Estados Unidos estavam mais do que felizes em fornecer armas em grande quantidade a esse aliado questionável: mísseis Sidewinder, caças a jato e bombardeiros táticos B-57 eram apenas alguns dos equipamentos vendidos com a aprovação do presidente Eisenhower.46

Isso teve o efeito de consolidar ainda mais o status e o poder das Forças Armadas no Paquistão, onde até 65% do orçamento nacional era gasto na área militar. Parecia ser o preço a pagar para manter amigos no poder nessa parte do mundo. Lançar as bases de uma reforma social era arriscado e levaria tempo, em comparação com os ganhos imediatos obtidos confiando em homens fortes e nas elites à sua volta. O resultado, porém, era sufocar a democracia e criar problemas com raízes profundas, que iriam se agravar com o tempo.

A liderança do Afeganistão também era assiduamente cortejada, e o primeiro-ministro, Daoud Khan, por exemplo, foi convidado para uma visita de duas semanas aos Estados Unidos, no final da década de 1950. Era tamanho o desejo de causar impressão que quando ele aterrissou, foi recebido na pista pelo vice-presidente Nixon e pelo secretário de Estado John Foster Dulles, e depois cordialmente recepcionado pelo presidente Eisenhower, que fez o possível para advertir o primeiro-ministro afegão sobre a ameaça que o comunismo representava para os países muçulmanos da Ásia. Os Estados Unidos já haviam iniciado uma série de ambiciosos projetos de desenvolvimento no Afeganistão, como um grande esquema de irrigação no vale Helmand e um consistente esforço para melhorar o sistema educacional. E agora assumiam mais compromissos a fim de contrabalançar substanciais investimentos, empréstimos e os projetos de infraestrutura soviéticos já em andamento.47

***

O problema, obviamente, é que não demorou para que os líderes dos países envolvidos percebessem que podiam jogar as superpotências uma contra a outra – e extrair disso benefícios ainda maiores de ambas. De fato, quando o presidente Eisenhower visitou Cabul no final da década de 1950, foi solicitado a elevar sua ajuda ao país ao nível da que vinha sendo oferecida por Moscou.[48] A recusa teria consequências, mas a concordância também.

Enquanto isso, os planejadores americanos estavam muito inquietos com o que viam como um novo estremecimento no Irã no final da década de 1950, quando o xá Reza Pahlavi demonstrou disposição de melhorar suas relações com Moscou após uma danosa campanha de propaganda pelo rádio apoiada pela União Soviética, que não se cansava de fomentar a imagem do governante iraniano como um fantoche do Ocidente e convocava os trabalhadores a se insurgirem para derrubar o despótico regime.[49] Foi o que bastou para que o xá considerasse encerrar o que chamou de relações "totalmente antagônicas" do Irã com a União Soviética e abrisse canais de comunicação e cooperação mais conciliadores.[50]

Isso acionou os alarmes em Washington, cujos estrategistas tinham uma visão rígida da importância crucial do Irã no flanco sul da União Soviética. No início da década de 1960, como expresso num relatório, a "localização estratégica do país entre a União Soviética e o Golfo Pérsico e suas grandes reservas de petróleo tornavam criticamente importante que os Estados Unidos mantivessem a amizade com o Irã, sua independência e integridade territorial".[51] Um volume considerável de energia e recursos foi aplicado para apoiar a economia e as Forças Armadas do Irã e fortalecer o controle do xá sobre o país.

Considerava-se tão importante manter o xá satisfeito que se fazia vista grossa à intolerância, à corrupção em larga escala e à inevitável estagnação econômica que isso ajudava a causar. Nada foi dito ou feito a respeito da perseguição às minorias religiosas, como a dos Baha'i, alvo de tratamento brutal na década de 1950.[52] Ao mesmo tempo, havia muito pouco a exibir como contrapartida para o grande aumento nas receitas do petróleo do Irã, que tinham se multiplicado mais de sete vezes entre 1954 e 1960. Os parentes do xá e o grupo informalmente chamado no Irã de "as mil famílias" exerciam um controle férreo das importações, aumentando suas fortunas pessoais. Os empréstimos em excelentes condições concedidos por Washington serviam apenas para encher os bolsos de poucos, à custa dos pobres, que tinham dificuldades para enfrentar o aumento do custo de vida – especialmente após a má colheita de 1959-60.⁵³

Tampouco ajudou o fato de alguns projetos dos Estados Unidos concebidos para estimular a economia agrária terem fracassado de modo espetacular. As tentativas de substituir as sementes tradicionais por híbridos foram um desastre – pela inadequação das novas cepas ao terreno e sua falta de resistência a pragas e à devastação por insetos. Também teve efeitos calamitosos um esquema destinado a ajudar granjeiros tanto iranianos quanto americanos pela introdução de frangos dos Estados Unidos no Irã, e a falta de alimento adequado e de vacinação desses animais teve consequências que na verdade eram previsíveis. A embaraçosa falha em compreender como o lençol freático funcionava no Irã levou à abertura de poços que drenaram os reservatórios subterrâneos e destruíram a viabilidade de muitas fazendas por todo o país.⁵⁴

Exemplos contraproducentes como esses dificilmente poderiam ser uma amostra positiva dos benefícios de uma cooperação mais próxima com o Ocidente e com os Estados Unidos em particular. Também ofereciam terreno fértil, explorado pelos críticos. Nesse sentido, nenhum deles foi mais exímio do que o erudito xiita Ruhollah Moosavi Khomeini, que captou o espírito de uma população cada vez mais irritada pelos baixos salários, pela falta de progresso econômico e pela evidente ausência de justiça social. "Sua excelência, senhor xá, deixe-me dar-lhe um conselho", declarou o aiatolá num discurso particularmente inflamado no início da década de 1960. "Seu miserável desgraçado, será que já não está na hora de pensar e refletir um pouco, e ponderar aonde tudo isso o está levando? [...] Senhor xá, quer que eu diga que o senhor não acredita no islã e que o expulse do Irã?"⁵⁵ Foi o que bastou para que fosse preso, o que desencadeou tumultos no centro de Teerã, com a multidão gritando "Khomeini ou morte". Como os relatórios da CIA observaram, até funcionários do governo se juntaram às manifestações contra o regime.⁵⁶

Em vez de dar ouvidos às advertências, o xá reagiu antagonizando-se ainda mais com seus críticos. O clero do Irã, anunciou o xá com impressionante falta de tato numa visita à cidade sagrada de Qom, era composto por homens "ignorantes e atrofiados, cujas mentes não eram estimuladas havia séculos".⁵⁷ Em vez de fazer concessões ou estimular reformas bem-intencionadas, a energia foi concentrada em fortalecer os controles. Khomeini foi forçado a se exilar, instalando-se por mais de uma década em Najaf, no vizinho Iraque, onde suas eloquentes denúncias do xá e de seu regime eram não só bem-vindas, mas positivamente incentivadas.⁵⁸

Também foram gastos substanciais recursos em fortalecer a Savak, a polícia secreta iraniana, que logo adquiriu uma reputação terrível. Prisões sem julgamento, tortura e execuções eram usadas em larga escala para lidar com os que criticavam o xá e seu círculo; em pouquíssimos casos, os afortunados oponentes cujo alto perfil os tornava muito visíveis – como Khomeini – eram colocados em prisão domiciliar e exilados, para que saíssem de cena.⁵⁹ O uso dessas táticas na União Soviética era alvo de duras críticas por parte dos Estados Unidos, denunciadas como a antítese da democracia e como ferramenta do totalitarismo; no Irã, isso era tolerado em silêncio.

Para sustentar o apoio ao xá e firmar sua posição, Washington continuou a despejar fundos no Irã; implantou um sistema de rodovias com 2.400 quilômetros de extensão ligando o Golfo Pérsico ao mar Cáspio, ajudou a construir um grande porto de águas profundas em Bandar Abbas, possibilitou a expansão e a melhoria da rede de energia elétrica, e até forneceu capital para projetos de prestígio, como a criação de uma empresa aérea nacional. Ao longo de todo esse processo, a maioria das autoridades políticas ocidentais ignorou as realidades locais, preferindo ver apenas o que lhe interessava. Para muitos observadores dos Estados Unidos, o Irã parecia um triunfo indiscutível. A economia de um dos mais leais "amigos dos Estados Unidos no Oriente Médio vivia um grande avanço", declarava um relatório preparado para o presidente Johnson em 1968. O PIB do Irã estava crescendo tão rapidamente que constituía "uma das notáveis histórias de sucesso" dos tempos recentes. Chegou-se à mesma conclusão, de maneira ainda mais enfática, quatro anos mais tarde. Após o fim da Segunda Guerra Mundial, observou a embaixada americana em Teerã, os Estados Unidos foram obrigados a fazer uma aposta no Irã e moldar o país à sua própria imagem. "Essa aposta rendeu admiravelmente – talvez mais do que em qualquer outro país em desenvolvimento que tenha se beneficiado de um investimento similar dos Estados Unidos." O Irã estava a caminho, previa o relatório de modo otimista, de se tornar "o país mais próspero da Ásia depois do Japão" – no nível de muitos países da Europa.⁶⁰

Os mais céticos estavam em nítida minoria. Um deles era o jovem acadêmico William Polk, convocado pela administração Kennedy para aconselhar sobre relações exteriores. Haveria violência e até uma revolução se o xá não fizesse uma reforma no processo político, advertiu; quando os distúrbios eclodissem, seria só questão de tempo para que as forças de segurança se recusassem a disparar nos manifestantes. A oposição ao xá agora se reunia sob "a poderosa instituição islâmica do Irã".[61]

Polk estava absolutamente certo. Na época, porém, parecia mais importante continuar dando apoio a um aliado contra o comunismo do que pressioná-lo a afrouxar as rédeas de seu poder. E o xá alimentava planos cada vez mais grandiosos, o que piorava as coisas. Grandes fundos foram investidos nas Forças Armadas, e os gastos militares do Irã subiram de 293 milhões de dólares em 1963 para 7,3 bilhões de dólares, menos de quinze anos mais tarde. Com isso, a força aérea e o exército do país passaram a figurar entre os maiores do mundo.[62] O Irã bancou esse extraordinário aumento graças em parte à assistência militar e aos empréstimos com juros baixos dos Estados Unidos (que por sua vez também lucravam, pois muito do equipamento era comprado de fornecedores das Forças Armadas americanas). O Irã, porém, igualmente se beneficiava do contínuo aumento na receita do petróleo – e do mecanismo que havia sido criado pelos maiores produtores de petróleo do mundo, que lhes permitia atuar como um cartel, maximizando seu retorno.

A criação da Organização dos Países Exportadores de Petróleo (OPEP) em 1960 tinha o objetivo de coordenar o fornecimento de petróleo no mercado aberto. A ideia era permitir que os Estados fundadores – Iraque, Irã, Arábia Saudita, Kuwait e Venezuela – combinassem seus interesses e incrementassem seus rendimentos por meio do controle do suprimento e do consequente controle dos preços.[63] Era o próximo passo lógico para que os países ricos em recursos tirassem poder das corporações ocidentais e ao mesmo tempo continuassem recebendo apoio político e financeiro dos governos do Ocidente.

A OPEP na realidade foi uma tentativa deliberada de conter a influência do Ocidente, cujos interesses em fornecer abundância de combustível barato para seus mercados domésticos eram nitidamente diferentes dos interesses dos países ricos em depósitos de petróleo e gás, que queriam avidamente obter receitas mais altas. Por improvável que pareça, portanto, a OPEP era herdeira espiritual de um também improvável elenco de personagens, formado por líderes insolentes como Mossadegh, o demagogo populista Nasser, o linha-dura Qasim e as figuras cada vez mais antiocidente do Irã, como o aiatolá Khomeini. Todos tinham em comum as tentativas coordenadas de livrar seus Estados da opressiva atenção do exterior. A OPEP não era um movimento político; mas alinhar uma série de países e permitir que falassem e agissem como uma só voz era um passo crucial no processo de tirar o poder político da Europa e dos Estados Unidos e transferi-lo aos governos locais.

A rica abundância de petróleo no Irã, Iraque, Kuwait e Arábia Saudita, combinada com a crescente demanda global, fez com que os meados do século XX ficassem marcados por um fundamental reequilíbrio de poder. A extensão disso começou a ficar clara em 1967, quando Nasser lançou um ataque surpresa a Israel. A Arábia Saudita, o Iraque e o Kuwait, com apoio de Argélia e Líbia, dois países do Norte da África onde a produção decolava, suspenderam os envios para a Grã-Bretanha e os Estados Unidos em razão da evidente amizade desses países com Israel. Com o fechamento de refinarias e oleodutos, criou-se um cenário de pesadelo, com a perspectiva de escassez, grande elevação de preços e ameaça à economia global.

Como se viu, o impacto foi mínimo – porque o ataque de Nasser falhou no campo de batalha, mas também, acima de tudo, porque falhou muito depressa: a "Guerra dos Seis Dias" terminou nem bem havia começado, e Nasser e os sonhos de nacionalismo árabe sofreram um choque de realidade. As Forças Armadas israelenses, com tecnologia e apoio político do Ocidente, revelaram-se um adversário formidável. Nem o Ocidente nem seu suposto Estado fantoche no Oriente Médio estavam prontos ainda para sofrer um golpe decisivo tão cedo.[64]

Durante dois séculos, as grandes potências da Europa haviam se esforçado e lutado entre si pelo controle da região e dos mercados que ligavam o Mediterrâneo à Índia e à China. O século XX assistiu ao recuo da posição da Europa Ocidental e à passagem do bastão para os Estados Unidos. Sob certos aspectos, era inteiramente adequado que o papel de tentar manter o controle sobre o coração do mundo fosse assumido por uma nação forjada a partir da competição entre Grã-Bretanha, França e Espanha. Isso iria se revelar um duro desafio – ainda mais porque um novo "grande jogo" estava prestes a começar.

23
A rota da rivalidade entre as superpotências

A guerra de 1967 foi um tiro de advertência, um aquecimento dos músculos e um sinal do que estava por vir. Manter poder no coração do mundo seria cada vez mais difícil para o Ocidente. Para a Grã-Bretanha, tornara-se impossível. Em 1968, o primeiro-ministro, Harold Wilson, anunciou que a Grã-Bretanha se retirava de todos os seus compromissos de defesa a leste de Suez, inclusive do Golfo Pérsico.[1] Cabia agora aos Estados Unidos, eles próprios frutos e herdeiros da grande era do Império europeu, assumirem a liderança em manter influência no Oriente Médio.

Um histórico complicado de pressões intensas por todos os lados indicava que isso não seria fácil de alcançar. No Iraque, em 1961, por exemplo, grandes áreas da concessão acertada três décadas antes para o consórcio de produtores ocidentais reunidos na Iraq Petroleum Company foram nacionalizadas com base no fato de não estarem sendo exploradas. As atitudes em Bagdá endureceram ainda mais depois que o primeiro-ministro Qasim foi destituído e mais tarde executado diante das câmeras de tevê, "para que o mundo inteiro visse". O novo regime linha-dura declarou liderar "a mais ampla batalha para libertar a nação árabe da dominação do imperialismo ocidental e da exploração por monopólios do petróleo", e da noite para o dia elevou as tarifas pelo uso do oleoduto de Banias.[2]

Os soviéticos observavam com extrema satisfação. As mudanças no Oriente Médio e a crescente onda de sentimento antiocidente eram acompanhadas de perto em Moscou. Desde a guerra árabe-israelense de 1967, segundo um relatório da CIA, a União Soviética "tem seguido uma linha consistente [...] buscando, conforme surgem as oportunidades, estender sua influência política e militar numa região de tradicional preocupação russa".[3] A União Soviética agora procurava explorar com entusiasmo as brechas, dedicando-se a montar a própria rede de relações que se estendia do Mediterrâneo ao Indocuche, do mar Cáspio ao Golfo Pérsico.

Isso era em parte o resultado do temerário jogo político entre as duas superpotências. Pequenos sucessos eram amplificados e viravam grandes vitórias na propaganda oficial, como ficou claro no caso do financiamento e suporte técnico dos soviéticos ao campo petrolífero de Rumaila, no Iraque. O jornal *Izvestiya* demonstrava êxtase em sua cobertura, proclamando um novo marco na cooperação positiva entre "árabes e nações socialistas", e destacava o grande interesse da União Soviética em desenvolver "um setor petrolífero nacional para os árabes". Em contraste com isso, prosseguia o jornal, os "planos ocidentais de controlar o petróleo dos árabes estão degringolando".[4]

A década de 1960 foi um período de nítida ampliação dos horizontes das duas superpotências – e não apenas no centro da Ásia. No início da década de 1960, o apoio da União Soviética à Cuba revolucionária, que incluiu um programa detalhado de instalação de ogivas nucleares na ilha, quase resultou em guerra. Após um tenso confronto no mar, os navios soviéticos foram finalmente trazidos de volta, abrindo mão de invadir um perímetro demarcado por navios da Marinha dos Estados Unidos. O conflito que eclodiu no Extremo Oriente, na península coreana, ao final da Segunda Guerra Mundial, irrompeu de novo, dessa vez no Vietnã, com efeitos difundindo-se pelo Cambodja e Laos, e envolvendo os Estados Unidos numa guerra terrível e custosa, que a muitos americanos parecia uma batalha entre as forças do mundo livre e as do comunismo totalitário. Outros, porém, não concordaram com o envio massivo de tropas terrestres, e a crescente desilusão com o Vietnã criou um ponto de convergência para o surgimento do movimento da contracultura.

Conforme a situação no Sudeste Asiático se agravava, um surto de atividade em Moscou buscava tirar partido do crescente desencanto com os Estados Unidos, tão forte que o aiatolá Khomeini foi capaz de declarar, em 1964, "que o presidente americano fique sabendo que aos olhos do povo iraniano ele é o mais repulsivo membro da raça humana".[5] Esse desencanto não afetou apenas figuras da oposição, clérigos e demagogos populistas. O presidente do vizinho Iraque referia-se aos britânicos e americanos donos de petrolíferas como "sanguessugas", e os principais jornais de Bagdá começaram a descrever o Ocidente como imperialista, sionista, ou até mesmo como imperialista-sionista.[6]

Apesar da hostilidade dessas declarações e do campo fértil em que caíam, nem todas as atitudes em relação ao Ocidente eram negativas. Na verdade, a questão não se resumia ao vilipêndio a que os Estados Unidos e em menor grau a Grã-Bretanha eram submetidos por sua ingerência nos assuntos dos países que se estendiam pelo Mediterrâneo sentido leste e por se disporem a forrar os bolsos de uma elite corrupta. A retórica no fundo mascarava os imperativos de uma nova realidade, na qual uma região que se tornara periférica ao longo de vários séculos reemergia em consequência dos recursos de seu solo, do abundante suprimento de clientes que se dispunham a pagar por eles e da crescente demanda. Isso alimentou ambições e particularmente fez com que a demanda não ficasse circunscrita apenas aos interesses e influências externos. Era irônico, portanto, ver surgir um novo campo de batalha, no qual as superpotências lutavam para firmar sua posição como parte de um novo grande jogo, procurando explorar as fraquezas uma da outra.

Iraque, Síria e Afeganistão estavam encantados com a oferta de empréstimos a juros baixos para comprar armas soviéticas e por contar com conselheiros militares e técnicos altamente qualificados, enviados de Moscou para construir instalações que poderiam se revelar úteis para as suas ambições estratégicas mais amplas – entre elas o porto de águas profundas de Umm Qasr no Golfo Pérsico e seis bases aéreas militares no Iraque, que a inteligência dos Estados Unidos logo percebeu que poderiam ser usadas "para apoiar uma presença naval soviética no oceano Índico".[7]

Isso era parte da tentativa de Moscou de construir seus próprios contatos e alianças para tentar rivalizar com os americanos. Não surpreendia, portanto, que as políticas soviéticas fossem idênticas às seguidas por Washington desde a Segunda Guerra Mundial, por meio das quais os Estados Unidos se estabeleceram em várias localidades, de onde podiam manter um olho na segurança do Golfo Pérsico e do oceano Índico e o outro tanto em monitorar as atividades soviéticas quanto em criar bases avançadas de ataque. Isso era agora replicado pela União Soviética. Navios de guerra soviéticos foram reposicionados no oceano Índico no final da década de 1960 para apoiar os novos regimes revolucionários que haviam tomado o poder no Sudão, Iêmen e na Somália, depois de anos de cuidadosas ingerências de Moscou. Isso deu aos soviéticos um invejável conjunto de cabeças de ponte em Aden, Mogadíscio e Berbera.[8] A União Soviética adquiria, portanto, a capacidade de estrangular o acesso ao Canal de Suez, algo que os planejadores dos Estados Unidos temiam havia anos.[9]

A CIA observava com atenção o auxílio sistemático que os soviéticos davam à pesca, agricultura e a outros setores na área do oceano Índico, incluindo a África oriental e o golfo. Fazia parte disso treinar pescadores, desenvolver as instalações do porto e vender ou alugar barcos pesqueiros por preços altamente competitivos. Tais gestos de boa vontade tinham como recíproca o livre acesso a portos no Iraque, Maurício e Somália, e também em Aden e Sanaa.[10] Os soviéticos também dedicaram consideráveis esforços a cultivar relações com o Iraque e a Índia. No caso desta última, a União Soviética forneceu armamentos que equivaliam a três quartos de todas as importações militares de Nova Délhi na década de 1960 – em quantidades que cresceram ao longo da década seguinte.[11] Faziam parte das vendas algumas das armas mais sofisticadas de Moscou, como os mísseis Atoll e Styx, caças MiG-27 e MiG-29 e destróieres de alto nível, além de beneficiar a Índia com uma licença para produzir aeronaves militares, que havia sido negada aos chineses.[12]

Voltar-se tanto à esquerda quanto à direita era algo natural para os povos dessa parte do mundo e continuou se mostrando compensador. No Afeganistão foi cunhada uma palavra para a prática de procurar apoio de ambas as superpotências: o *bi-tarafi*, significando literalmente "sem lados", tornou-se um princípio de política externa que procurava equilibrar as contribuições feitas pela União Soviética com as dos Estados Unidos. Como um observador perspicaz expressou num relato clássico publicado em 1973, os oficiais do exército afegão enviados a programas de treinamento formal na União Soviética e nos Estados Unidos, destinados a criar vínculos e desenvolver contatos com futuros líderes, ao voltar ao seu país comparavam suas impressões. Uma coisa em particular chamava a atenção daqueles oficiais escolhidos por seu talento destacado: "Nem os Estados Unidos nem a União Soviética revelaram ser os paraísos pintados por suas respectivas propagandas". Portanto, os enviados ao exterior, em sua grande maioria, não voltavam evangelizados como novos convertidos, e sim convencidos de que o Afeganistão deveria continuar independente.[13]

Algo similar ocorria no Irã, onde o xá dizia a quem quisesse ouvir que era o salvador de seu país. "Minhas visões foram milagres que salvaram o país", disse a um entrevistador. "Meu reinado salvou o país, e isso aconteceu porque Deus estava do meu lado." Quando lhe perguntaram por que ninguém ousava nem sequer mencionar seu nome nas ruas de Teerã, não pareceu considerar que isso se devia ao aterrador aparato da polícia do Estado que o mantinha no poder. "Devo supor", disse ele, que não falam a respeito do xá, "por excesso de respeito".[14]

Se isso era um caso de autoengano, então o mesmo devia se aplicar à sua postura em relação aos comunistas. "O comunismo é contra a lei", disse o xá ao seu entrevistador em tom de provocação. "Disso se depreende que um comunista não é um prisioneiro político, mas um criminoso comum, isto é, são pessoas que devemos eliminar." Quase na frase seguinte, porém, declarou com orgulho que o Irã mantinha "boas relações diplomáticas e comerciais com a União Soviética".[15] Isso resumia bem o delicado equilíbrio que precisava ser buscado ao longo da espinha dorsal da Ásia durante a Guerra Fria. O xá aprendera na prática que o antagonismo com seu poderoso vizinho do norte podia ter graves repercussões. Era de seu interesse, portanto, contar com o apoio dos Estados Unidos e do Ocidente, e ao mesmo tempo suavizar as relações com Moscou. Assim, ficava muito feliz em poder fazer uma série de acordos com a União Soviética para a compra de lançadores de granadas propelidos por foguetes, metralhadoras antiaéreas e artefatos de artilharia pesada e em permitir que técnicos soviéticos ajudassem a expandir a grande instalação siderúrgica de Isfahan.

Mas embora isso fosse uma política pragmática totalmente compreensível, demonstrava a difícil posição em que os países da região se encontravam. Qualquer alinhamento com uma das superpotências provocava uma reação da outra; qualquer tentativa de se manter à distância podia ter consequências desastrosas e abrir facilmente uma brecha para figuras da oposição. Em 1968, outro golpe no Iraque deu à União Soviética a oportunidade de fortalecer laços que ela se esforçara muito para desenvolver na década anterior. Agora eles rendiam frutos com um Tratado de Amizade e Cooperação de quinze anos de duração, assinado em 1972, que foi visto em Londres como equivalente a uma "aliança formal com a União Soviética".[16]

A preocupação de Washington de que os tentáculos da União Soviética estivessem se estendendo ainda mais foi reforçada por eventos em outro ponto da Ásia. Em 1971, Moscou assinou com a Índia um tratado de paz, amizade e cooperação, com duração de 25 anos, e concordou em fornecer apoio econômico, tecnológico e militar. As coisas pareciam sinistras no Afeganistão, onde um golpe levou Muhammad Dāwud ao poder em 1973, juntamente com um grupo de apoiadores de esquerda. Vários líderes islamitas de alto nível fugiram ou foram expulsos pelo novo regime. Encontraram boa acolhida no Paquistão, em especial nas chamadas regiões tribais em torno de Quetta, onde foram ativamente apoiados pelo governo de Zulfiqar Ali Bhutto, que via neles uma ferramenta para ajudar a desestabilizar o novo governo afegão – e uma maneira fácil de realçar suas credenciais religiosas no âmbito doméstico.

Era palpável a sensação de turbulência e de que uma nova ordem mundial emergia à medida que os povos do cinturão entre o Mediterrâneo e o Himalaia lutavam para assumir seu destino nas próprias mãos. O verdadeiro momento em que o Iraque se tornou independente, Saddam Hussein costumava dizer mais tarde, foi quando nacionalizou seu setor do petróleo – assumindo o controle de seu futuro em 1972. Iam longe os dias em que os ocidentais mandavam na população local. O tempo da "dominação estrangeira e da exploração do exterior", declarou, "chegara ao fim".[17]

O petróleo era o combustível por trás de boa parte desse movimento para fugir da autoritária influência de potências externas, e que pôs em marcha uma reação em cadeia com profundas implicações a longo prazo. O catalisador de uma nova rodada de mudanças foi um golpe liderado por um ambicioso jovem oficial do exército líbio, que era descrito como "alegre, trabalhador e consciencioso" pelo instrutor de cursos do exército britânico que supervisionou seu treinamento no Reino Unido.[18] Muammar Kadafi certamente era capacitado. No início de 1970, logo após tomar o poder, exigiu um forte aumento na receita do petróleo líbio – que na época era responsável por 30% do suprimento total da Europa. "Irmãos", proclamou a seus compatriotas, "a revolução não pode deixar o povo líbio pobre enquanto eles ficam com uma colossal riqueza em petróleo. Há pessoas morando em tendas e cabanas enquanto os estrangeiros vivem em palácios." Outros países colocam homens na Lua, prosseguiu Kadafi; e os líbios são explorados a ponto de não terem eletricidade ou água.[19]

As companhias petrolíferas reagiram com indignação à insistência do novo regime em receber um pagamento justo pelo petróleo; mas logo concordaram, depois que foi deixado claro que a nacionalização não era uma opção – mas poderia ser. O fato de o líder líbio ter conseguido forçar uma renegociação não passou despercebido aos outros: semanas mais tarde, a OPEP fazia pressão para que fosse elevada a contribuição aos seus membros pelas companhias petrolíferas, ameaçando reduzir a produção para forçar o acordo. Foi, nas palavras de um executivo da Shell, o momento em que "a avalanche" começou.[20]

Os resultados foram espetaculares. O preço do petróleo quadruplicou no decorrer de três anos, colocando imensa pressão nas economias da Europa e dos Estados Unidos, onde a demanda e os níveis de consumo eram galopantes. Nesse meio-tempo, os países produtores de petróleo foram inundados por um fluxo inédito de dinheiro. Os países do centro da Ásia e do Golfo Pérsico vinham tendo retornos melhores desde que a concessão de Knox D'Arcy descobrira petróleo, pois os acordos foram sendo renegociados, de maneira lenta mas segura nas décadas que se seguiram, em termos cada vez melhores. Porém o que aconteceu na década de 1970 foi uma mudança de proporções sísmicas. Só no período 1972-3, a receita de petróleo do Irã foi multiplicada por oito. No espaço de uma década, a receita do governo passou a ser trinta vezes superior.[21] No vizinho Iraque, o aumento não foi menos espetacular, e entre 1972 e 1980 passou de 575 milhões de dólares para 26 bilhões de dólares, isto é, cinquenta vezes mais.[22]

Era natural queixar-se do "grau de dependência que os países ocidentais industrializados tinham do petróleo como fonte de energia", como disse uma autoridade importante americana num relatório preparado para o Departamento de Estado em 1973.[23] Mas havia um aspecto inevitável na transferência de poder – e de dinheiro – para os países que ocupavam a espinha dorsal da Ásia; e um aspecto inevitável também no fortalecimento do mundo islâmico, que acompanhou o aumento de suas ambições.

A mais dramática expressão disso foi o renovado esforço para desalojar o símbolo totêmico da influência externa no Oriente Médio como um todo: Israel. Em outubro de 1973, forças sírias e egípcias lançaram a Operação Badr, batizada com o nome da batalha que abriu caminho para ganhar o controle da cidade santa de Meca na época do profeta Maomé.[24] O ataque pegou não só as defesas israelenses de surpresa, mas as superpotências também. Horas antes do início do ataque, um relatório da CIA declarava confidencialmente que "vemos baixa probabilidade de um eventual início de operação militar contra Israel pelos dois exércitos" – apesar de saber que tropas egípcias e sírias se reuniam perto da fronteira; faziam isso como parte de um exercício de treinamento, concluiu o relatório, ou "por receio [de] medidas ofensivas [que poderiam ser tomadas] por Israel".[25] Embora alguns tenham argumentado que a KGB parecia mais bem informada a respeito dos planos, a expulsão em massa de observadores soviéticos do Egito um ano antes mostra como era forte o desejo de ajustar as contas localmente – mais do que o de tomar parte de uma luta mais ampla por supremacia no cenário da Guerra Fria.[26] Na realidade, a União Soviética vinha ativamente tentando acalmar as tensões no Oriente Médio e buscando uma "distensão militar" na região.²⁷

O impacto do conflito abalou o mundo. Nos Estados Unidos, o nível do alerta militar foi elevado para DEFCON 3, indicando que o risco de ataque nuclear era considerado iminente – e era mais alto do que em qualquer outro momento, desde a crise dos mísseis de Cuba em 1962. Na União Soviética, o foco estava em controlar a situação. Foi feita pressão sobre o presidente egípcio Sadat nos bastidores para que aceitasse um cessar-fogo, enquanto o ministro soviético do Exterior, Andrei Gromyko – um consumado sobrevivente político –, pressionava pessoalmente o presidente Nixon e seu recém-nomeado secretário de Estado, Henry Kissinger, para que agissem em conjunto no sentido de evitar "uma real conflagração", que poderia facilmente levar a guerra a se disseminar.²⁸

A real importância da Guerra do Yom Kippur, assim chamada porque o ataque teve início durante o feriado judaico, podia ser vista não nas tentativas de Washington e Moscou de trabalhar em conjunto, nem no seu espetacular desfecho, que produziu uma das maiores reviravoltas militares da história, com Israel depois de estar a poucas horas da extinção conseguindo esmagar as forças invasoras e avançar sobre Damasco e Cairo. Na realidade, o notável foi a maneira com que o mundo de fala árabe agiu em conjunto – como um califado, em tudo menos no nome. Os chefes foram os sauditas, os donos de Meca, que não só falaram abertamente em usar o petróleo como arma, mas de fato fizeram isso. A produção foi interrompida, o que, combinado com a incerteza política, provocou forte aumento nos preços: o custo por barril triplicou quase da noite para o dia.

Enquanto nos Estados Unidos se formavam filas nos postos de combustível, o secretário de Estado Henry Kissinger queixava-se da "chantagem política" que ameaçava a estabilidade do mundo desenvolvido. O choque foi suficiente para provocar conversas sobre criar novas estratégias capazes de reduzir ou mesmo acabar de vez com a dependência do petróleo do Oriente Médio. Em 7 de novembro de 1973, o presidente Nixon fez um pronunciamento nacional no horário nobre da TV anunciando uma série de medidas para lidar com o desconfortável fato de que, "nos últimos anos, nossas demandas de energia começaram a superar os suprimentos disponíveis". Como resultado, opinou solenemente o presidente, as usinas de energia elétrica deveriam ser convertidas de óleo para carvão, "nosso recurso mais abundante". O combustível para aeronaves seria restringido imediatamente; todos os veículos do governo federal seriam impedidos de rodar a mais de oitenta quilômetros por hora, "exceto em emergências". "Para garantir que haja petróleo suficiente para atravessar todo o inverno", prosseguiu Nixon, "será essencial que todos nós passemos a viver e trabalhar em temperaturas mais baixas. Temos que pedir a todos na nossa casa que abaixem o termostato pelo menos seis graus [cerca de três graus Celsius] para que possamos alcançar uma média nacional durante o dia de 68 graus [vinte graus Celsius]." Se isso pode ser algum consolo, acrescentou o presidente, "meu médico disse que na verdade é mais saudável" viver sob essa temperatura.[29]

"Sim, alguns de vocês podem achar", prosseguiu, "que estamos fazendo o relógio do tempo voltar atrás para outra época. Racionamento de gasolina, escassez de óleo, limites de velocidade reduzidos – tudo isso tem a cara de um modo de vida que deixamos para trás com Glenn Miller e a guerra da década de [19]40. Bem, na realidade, parte de nossos atuais problemas também deriva da guerra – da guerra no Oriente Médio." Era preciso, além disso, anunciou Nixon, definir "uma meta nacional", um plano ambicioso de permitir que os Estados Unidos atendessem as "próprias necessidades energéticas sem depender de uma fonte de energia externa". Batizada de "Projeto Independência", a proposta seria inspirada no "espírito da Apollo" (referência ao programa especial) e no Projeto Manhattan, que dera ao Ocidente as armas nucleares – e também a capacidade de destruir o mundo. Os Estados Unidos eram uma superpotência; mas estavam muito cientes de suas fragilidades. Era hora de encontrar alternativas e, portanto, de diminuir a dependência – e a importância – do petróleo do Oriente Médio.[30]

Essa guinada produziu alguns efeitos colaterais inesperados. A redução geral dos limites de velocidade nas estradas para oitenta quilômetros por hora, medida voltada para reduzir o consumo, levou não só a uma queda no consumo da ordem de mais de 150 mil barris de petróleo por dia, mas também a uma grande diminuição do número de acidentes de trânsito no país. Só em dezembro de 1973, segundo estatísticas da Administração Nacional de Segurança de Trânsito nas Estradas, houve uma queda nos níveis de mortes de mais de 15%, resultado direto da diminuição no limite de velocidade.[31] Estudos realizados em Utah, Illinois, Kentucky, Califórnia e em outras partes mostraram claramente o efeito positivo da redução da velocidade para salvar vidas.[32]

A importância de reduzir o consumo de energia fez os arquitetos americanos começarem a projetar edifícios que dessem maior ênfase às fontes renováveis de energia.[33] Isso marcou um divisor de águas também no desenvolvimento do carro elétrico, estimulando extensa pesquisa sobre a estabilidade e a eficiência de uma série de sistemas concorrentes, como baterias de eletrólito aquoso, de estado sólido e de sal fundido, que lançaram as bases dos carros híbridos que chegariam ao mercado décadas mais tarde.[34] A energia tornou-se uma questão política prioritária, com o governador da Geórgia – que logo seria candidato à presidência – Jimmy Carter fazendo chamados eloquentes para uma "política nacional de energia abrangente e de longo alcance".[35] O Congresso concordou em investir pesadamente na energia solar, ao mesmo tempo que surgiam atitudes cada vez mais receptivas ao setor nuclear, visto como tecnologicamente confiável e como a solução óbvia para os problemas energéticos.[36]

O aumento dos preços agora justificava prospectar petróleo em áreas onde a produção fora antes considerada comercialmente inviável ou de custo proibitivo – como o mar do Norte e o Golfo do México. As plataformas marítimas levaram a um rápido avanço na tecnologia de prospecção em águas profundas e a investir em infraestrutura, oleodutos, plataformas e mão de obra.

Mas nenhuma dessas medidas era uma solução imediata. Todas exigiam pesquisa e investimento e, acima de tudo, tempo. Desligar o ar-condicionado em edifícios federais, permitindo "adequado relaxamento dos padrões de vestuário dos funcionários [do governo]", e incentivar o uso de viagens com compartilhamento do veículo, como o presidente Nixon ordenara num memorando em junho de 1973, eram medidas positivas, mas não resolveriam os problemas.[37] Enquanto isso, produtores de petróleo no Oriente Médio aproveitavam a oportunidade. Com o mercado intimidado pela incerteza de fornecimento e as nações muçulmanas da OPEP usando o petróleo como "arma de batalha", na expressão do rei da Arábia Saudita, os preços subiram quase fora de controle. Nos últimos seis meses de 1973, o preço médio do barril passou de 2,90 dólares para 11,65.[38]

Mesmo quando a Guerra do Yom Kippur terminou, depois de três semanas de ferozes combates, as coisas nunca mais voltaram ao normal. Na realidade, a redistribuição do capital originário do Ocidente simplesmente se acelerou: as receitas coletivas dos países produtores de petróleo subiram de 23 bilhões de dólares em 1972 para 140 bilhões de dólares apenas cinco anos mais tarde.³⁹ As cidades tiveram grande surto de crescimento, transformadas pelo dinheiro, que bancava a construção de estradas, escolas, hospitais e, no caso de Bagdá, até de um novo aeroporto, de obras de arquitetura monumental e mesmo de um estádio, projetado por Le Corbusier. Tão grande foi a mudança que uma revista de arquitetura do Japão comparou a transformação da capital iraquiana com a de Paris no final do século XIX, comandada pelo barão Haussmann.⁴⁰ Naturalmente, isso deu àqueles que estavam no poder um capital político valioso: regimes por todo o Golfo Pérsico puderam fazer grandiosas realizações que vinculavam a nova riqueza ao seu poder pessoal.

Não foi coincidência, portanto, que, à medida que o fluxo de dinheiro entrava no coração do mundo de maneira torrencial, as classes dominantes se tornassem mais demagógicas. Os fundos à sua disposição eram tão grandes que, embora pudessem ter sido usados para dar pão e circo, segundo o tradicional método de controle autocrático, simplesmente eram retidos, pois havia muito a perder dando aos outros uma fatia do poder. Houve uma acentuada desaceleração no desenvolvimento de uma democracia pluralista; em vez disso, ficou reforçado o controle por pequenos grupos de indivíduos – relacionados por laços de sangue com o governante e a família no poder, como na península Arábica e no Irã, ou por abraçarem causas políticas comuns, como no Iraque e na Síria. O governo dinástico virou a norma numa época em que o mundo industrializado ativamente rompia barreiras para aprimorar a mobilidade social e alardeava os méritos da democracia liberal.

A redistribuição de capital para os países ricos em petróleo – a maioria deles localizados no Golfo Pérsico ou em volta – foi feita à custa de um crônico declínio nas economias do mundo desenvolvido, que acabou vergado sob o peso da depressão e da estagnação, enquanto os cofres dos estados da OPEP ficavam abarrotados. O Oriente Médio nadava em dinheiro, assim como ocorrera com a Grã-Bretanha em seu auge no século XVIII, quando nababos gastavam dinheiro à vontade. Os anos 1970 foram uma década de opulência, em que a Irã Air fazia pedidos de Concordes e na qual a importação de artigos de luxo, como aparelhos de som estéreo e televisores, teve grande impulso, com o número de espectadores passando de pouco mais de 2 milhões em 1970 para 15 milhões apenas quatro anos mais tarde.⁴¹ Gastos pródigos, que não conheciam limites.

Como ocorrera com a Europa no início da Idade Média, com sua fome por tecidos finos, especiarias e luxos do Oriente, a questão era se havia outras maneiras de pagar por necessidades altamente valorizadas. Um milênio antes, foram despachados escravos para os países muçulmanos, a fim de ajudar a bancar as compras que vinham no sentido oposto. Agora também havia um comércio obscuro para permitir bancar o ouro negro: a venda de armas e tecnologia nuclear.

Governos nacionais fizeram um *lobby* agressivo para vender armas por meio de empresas estatais, ou então apoiando corporações que fossem grandes empregadoras e pagadoras de impostos. Em meados da década de 1970, o Oriente Médio como um todo respondia por mais de 50% das importações globais de armas. Só no Irã, os gastos com defesa multiplicaram-se quase dez vezes em seis anos até 1978, com empresas dos Estados Unidos recebendo pedidos no valor de quase 20 bilhões de dólares no mesmo período; a despesa militar nesse período foi estimada em mais de 54 bilhões de dólares – chegando às vezes a quase 16% do PIB.[42]

O xá não precisava de muito trabalho de convencimento quando se tratava de comprar armas. Era tão obcecado por aviões, mísseis e equipamentos de artilharia que certa vez se virou para o embaixador britânico no Irã e perguntou: "Quantos cavalos de potência tem a roda denteada de um tanque Chieftain?" – uma pergunta que o diplomata penou para responder.[43] Todos correram para pegar uma fatia desse bolo, da União Soviética aos franceses, dos alemães ocidentais aos britânicos. Com recursos aparentemente ilimitados, a questão era que sistemas de mísseis terra-ar seriam comprados, que equipamentos antitanque iriam vender melhor, que caças seriam adquiridos – e quais seriam os intermediários confiáveis para fechar negócios num mundo em que pessoas de fora tinham dificuldade em circular com sucesso.

No Iraque, gastos com equipamento militar chegaram perto de 40% do orçamento nacional, crescendo mais de seis vezes entre 1975 e 1980. Poucos se preocupavam com as consequências do que acabou se tornando uma corrida de armas regional entre Irã e Iraque, ou com o fato de os crescentes recursos gastos em armas promoverem perigosamente o perfil das Forças Armadas em ambos os países. Ao contrário, desde que houvesse demanda – e capacidade de pagar –, nenhum obstáculo era colocado no caminho dos países do Oriente Médio e do Golfo Pérsico para a aquisição de grandes quantidades de armas. Quanto mais tanques Chieftain fossem pedidos pelo Irã, ou jatos Mirage por Israel, ou caças MiG-21 e MiG-23 pela Síria, tanques soviéticos T-72 pelo Iraque e jatos F-5 americanos pela Arábia Saudita, melhor para as economias da Grã--Bretanha, França, União Soviética e Estados Unidos.⁴⁴

A mesma abordagem foi assumida em relação à questão do poder nuclear. No início do século XXI, a mera ideia de Estados como o Irã desenvolverem qualquer forma de potencial nuclear era motivo de condenação internacional e desconfiança. A questão do poder nuclear ficara ligada de modo indissociável à proliferação de armas de destruição em massa. O potencial nuclear do Iraque e o veto à entrada no país dos inspetores da Agência Internacional de Energia Atômica para examinarem instalações, laboratórios e centrífugas, a partir de suspeitas, relatos ou conhecimento de que tais armas existissem no país, foram uma parte fundamental da justificativa para a invasão do Iraque em 2003 que derrubou Saddam Hussein.

Interrogações análogas sobre a visível determinação do Irã em desenvolver potencial nuclear e sua capacidade de processar materiais radiativos animaram impulsos similares. "Não podemos deixar que a política e a mitologia obscureçam a realidade", declarou o secretário de Estado John Kerry no inverno de 2013. "[O presidente Obama] tem mostrado disposição e tem deixado claro estar preparado para usar a força em relação às armas do Irã, e mantém de prontidão os recursos necessários para alcançar essa meta se for necessário."⁴⁵ A própria ideia de querer desenvolver a energia nuclear tem sido encarada como um risco à segurança regional e global. Os iranianos, disse o vice-presidente Dick Cheney em 2005, "já estão sentados sobre um imenso volume de petróleo e gás. Ninguém consegue entender por que precisam também de poder nuclear para gerar energia". "Para um grande produtor de petróleo como o Irã", concordou Henry Kissinger, "a energia nuclear é um desperdício de recursos."⁴⁶

Décadas atrás, esses dois homens viam as coisas de modo bem diferente – assim como os sucessivos administradores da Casa Branca no período pós--guerra. Na realidade, a aquisição de recursos nucleares tem sido ativamente incentivada pelos Estados Unidos num programa cujo nome e objetivos hoje parecem quase cômicos: "Átomos pela Paz". Concebido pela administração Eisenhower, era um plano destinado a fazer os Estados Unidos participarem de "um grupo atômico internacional" e em última instância envolveu governos amigos, aos quais se deu acesso a quarenta toneladas de Urânio-235 para pesquisas sem fins militares.⁴⁷

Durante três décadas, o compartilhamento de tecnologia nuclear e de seus componentes e materiais foi parte fundamental da política externa dos

Estados Unidos – um incentivo direto à cooperação e apoio contra o bloco comunista. Com a União Soviética virando uma força com a qual se tinha que lidar na Ásia e no Golfo Pérsico, os americanos sentiram uma aguda necessidade de reforçar seu apoio ao xá, que parecia ser o único líder confiável na região – embora outros não pensassem do mesmo modo: um saudita de destaque advertiu o embaixador americano em Riad que o xá era "um megalomaníaco [e] altamente instável". Se Washington não compreendesse isso, acrescentou, "algo de errado havia com os poderes de observação [americanos]".[48]

Embora alguns céticos advertissem para não dar ao governador iraniano "tudo o que ele quer", a extensão do poder soviético na região convencia outros – notadamente Kissinger – de que o apoio ao xá deveria ser reforçado. Portanto, quando esse último visitou Washington em meados da década de 1970, o memorando que Kissinger preparou para o presidente chamou atenção para a importância de um apoio ostensivo dos Estados Unidos ao xá, referindo-se a ele como "homem de extraordinária capacidade e conhecimento", embora tal elogio encobrisse os crônicos níveis de corrupção e ineficiência alcançados no Irã.[49]

Os Estados Unidos estavam tão ansiosos para apoiar os planos de desestabilização do vizinho Iraque que ajudaram a fomentar problemas com os curdos. Isso resultou em tragédia, pois a rebelião teve desfecho muito ruim e houve fortes represálias contra a minoria curda no norte do país. Depois de ter estimulado a revolta, os Estados Unidos agora recuavam e ficavam observando o Irã entrar em cena e chegar rapidamente a um acordo com o Iraque sobre antigas questões de limites de território, sacrificando os curdos nesse processo.[50] "Mesmo no contexto de uma ação acobertada, nossa intervenção foi cínica", concluiu a Comissão Pike que examinou a diplomacia americana clandestina na década de 1970.[51] Talvez não deva surpreender que, depois de ter declarado que não havia espaço suficiente no primeiro volume de suas memórias para discutir esse evento, Kissinger não tenha cumprido a promessa de lidar com ele no segundo.[52]

Em outras áreas, o xá também tinha planos para o futuro. Percebeu que a bonança do petróleo do início da década de 1970 não iria durar para sempre e que as reservas acabariam um dia se esgotando – o que colocaria em risco as necessidades de energia do próprio Irã. Mesmo com os termostatos ajustados para baixo nos Estados Unidos, a demanda por petróleo continuou crescendo, o que deixava o Irã – e outros países ricos em petróleo – com bastante dinheiro para se preparar para o longo prazo. O poder nuclear, concluiu um relatório especialmente encomendado pelo xá, era "a fonte de energia mais econômica" que poderia garantir as necessidades do Irã. Com base na suposição dupla de que os preços do petróleo continuariam subindo e os custos de construir e manter o poder nuclear se reduziriam, o desenvolvimento do setor nuclear parecia o passo óbvio a ser dado – especialmente porque esse projeto de prestígio iria mostrar o quanto o Irã se modernizara.[53] O xá decidiu cuidar disso pessoalmente, instruindo o dr. Akbar Etemad da nova Organização de Energia Atômica do Irã a se reportar a ele diretamente.[54]

A primeira etapa do caminho eram os americanos. Em 1974, foi alcançado um acordo pelo qual os Estados Unidos concordavam em vender dois reatores, assim como urânio enriquecido, ao Irã. O âmbito desse arranjo foi expandido em 1975, quando se acertou um negócio de 15 bilhões de dólares entre os dois países, que previa a compra pelo Irã de oito reatores dos Estados Unidos a um preço fixo de 6,4 bilhões de dólares.[55] No ano seguinte, o presidente Ford aprovou um negócio que permitia ao Irã comprar e operar um sistema construído nos Estados Unidos, do qual fazia parte uma instalação de reprocessamento capaz de extrair plutônio de combustível de reator nuclear, e que, portanto, dava a Teerã condições de operar um "ciclo de combustível nuclear". O chefe de Gabinete do presidente Ford não hesitou em aprovar essa venda: na década de 1970, Dick Cheney não precisou pensar muito para "captar" quais eram as motivações do Irã.

As aquisições do xá nos Estados Unidos eram parte de um plano bem mais amplo e ambicioso, que se apoiava em tecnologia, expertise e matéria-prima de outros países ocidentais. O trabalho começou com dois reatores de água pressurizada perto de Bushihr no golfo, em 1975, depois de contratos assinados com a Kraftwerk Union AG, da Alemanha Ocidental, que se comprometeu também a fornecer uma carga inicial de combustível e as necessárias reposições durante dez anos. Outras cartas de intenções foram assinadas com a Kraftwerk, assim como com a Brown Boveri e a Framatome da França para outros oito reatores, e entre os termos acertados estava o fornecimento ao Irã de urânio enriquecido. Acordos em separado foram feitos também para que o urânio fosse reprocessado na França, retornasse a Teerã para enriquecimento e então pudesse ser reutilizado domesticamente – ou revendido a terceiros que o Irã escolhesse.[56]

Embora o Irã fosse signatário do Tratado de Não Proliferação de Armas Nucleares de 1968, havia constante falatório na comunidade de informações sobre o desenvolvimento de um programa de armas nucleares clandestinas – nenhuma surpresa, já que certa vez o xá declarara que o Irã iria desenvolver a capacidade de seu armamento "sem nenhuma dúvida, e mais cedo do que se podia imaginar".[57] Um relatório da CIA, de 1974, que avaliava a proliferação, chegou à conclusão geral de que, embora o Irã estivesse num estágio inicial de desenvolvimento, era provável que o xá alcançasse essa meta em meados da década de 1980 – "se ainda estiver vivo".[58]

Outros países também estavam procurando investir em instalações nucleares para usos civis e ao mesmo tempo desenvolviam armamento nuclear. Na década de 1970, o Iraque fez gastos agressivos sob a direção de Saddam Hussein, com o objetivo específico de construir uma bomba nuclear.[59] Saddam era ambicioso e definiu uma "meta de produção de seis bombas por ano", segundo o dr. Khidir Hamza, encarregado do programa na década de 1980. Um desenvolvimento nessa escala teria dado ao Iraque um arsenal maior que o da China em duas décadas. Não foram poupados gastos. Cientistas e engenheiros iraquianos foram enviados ao exterior em número elevado para treinamento, principalmente à França e à Itália, enquanto internamente fazia-se o possível para usar o programa civil na obtenção das tecnologias, competências e infraestrutura exigidas para criar um arsenal nuclear.[60]

Os iraquianos estavam determinados em sua abordagem. Tendo adquirido um reator de pesquisa de dois megawatts da União Soviética, que alcançou estado crítico em 1967, a atenção voltou-se para obter um reator de gás-grafite e uma instalação de reprocessamento para o plutônio resultante. Quando as solicitações à França foram recusadas, o Canadá foi sondado para a aquisição de um reator similar ao que permitiria à Índia testar um dispositivo nuclear em 1974. Isso animou os franceses a retomar as negociações, e disso resultou um acordo para a construção de um reator de pesquisa Osiris e outro reator de pesquisa menor, ambos alimentados por urânio de uso militar. Outros materiais essenciais para uso dual foram adquiridos na Itália, como células quentes, assim como uma instalação de separação e manipulação, capaz de extrair plutônio do urânio irradiado, com capacidade de produzir oito quilos por ano.[61]

Poucos tinham dúvidas de que havia mais coisa nisso do que os olhos conseguiam ver e que a energia não era a única motivação. Israelenses em particular monitoravam os desdobramentos com bastante preocupação, colhendo informações detalhadas por meio de seus serviços de inteligência sobre a militarização de seus vizinhos – com foco no reator Tammuz, em al-Tuwaitha, perto de Bagdá, mais conhecido como instalação Osirak. Israel também investiu pesado em seu programa de armamento nuclear, assim como num sistema de mísseis modificado a partir de projeto francês, capaz de disparar ogivas nucleares com um alcance de apenas 320 quilômetros.[62] Na época da Guerra do Yom Kippur, em 1973, acreditava-se que Israel dispunha em seu arsenal de treze dispositivos nucleares.[63]

O Ocidente fazia vista grossa sempre que era do seu interesse. No Iraque, por exemplo, os britânicos concluíram no início da década de 1970 que, "apesar de ser repressor e singularmente desprovido de atrativos, o presente governo parece estar bem no controle". Tratava-se de um regime estável e, como tal, permitiria à Grã-Bretanha fazer negócios.[64] Tampouco se fez controle da atividade no Paquistão – que construiu instalações subterrâneas profundas na década de 1970 para realizar testes secretos e, em última instância, uma detonação bem-sucedida. Cinco túneis horizontais foram cavados a boa profundidade numa montanha na serra de Ras Koh, no Baluquistão, cada um projetado para resistir a uma detonação de vinte quilotons.[65] Como cientistas paquistaneses observaram com pesar, "o mundo ocidental estava certo de que um país subdesenvolvido como o Paquistão nunca conseguiria dominar essa tecnologia", mas mesmo assim os países do Ocidente fizeram "esforços febris e persistentes para vender-nos de tudo [...] eles literalmente imploravam que comprássemos seu equipamento".[66] Num cenário como esse, não é difícil compreender por que as advertências sérias a respeito de proliferação feitas por países como Estados Unidos, Grã-Bretanha e França, que recusavam submeter-se a inspeções e às regras da Agência Internacional de Energia Atômica, irritavam tanto aqueles que tinham que aceitar isso e eram obrigados a conduzir suas pesquisas em segredo; mas a maior hipocrisia, exposta friamente à vista de todos, residia no entusiasmo com que o mundo desenvolvido se apressava em ganhar dinheiro vivo ou acesso a petróleo barato.

Houve tímidas tentativas de conter a difusão de material nuclear. Em 1976, Kissinger sugeriu que o Paquistão deveria desacelerar seu projeto de reprocessamento e em vez disso deixá-lo por conta de uma instalação suprida pelos Estados Unidos, que estava sendo construída no Irã e era parte de um esquema concebido por ninguém menos que Dick Cheney, para que a planta no Irã atendesse às necessidades de energia de toda a região. Quando o presidente do Paquistão rejeitou essa oferta, os Estados Unidos ameaçaram cortar o pacote de ajuda ao país.⁶⁷

O próprio Kissinger começou a reconsiderar se era sensato permitir que governos estrangeiros tivessem acesso a tecnologias e projetos que eram a base do poder nuclear. "Francamente, começo a ficar cansado do negócio do Irã [de construir reatores nucleares]", disse ele numa reunião do Departamento de Estado em 1976, apesar do papel central que tivera em intermediá-lo. "Tenho endossado esse projeto, mas para qualquer região que você olhe, é uma fraude que sejamos o único país que se mostra fanático e não realista o suficiente para fazer coisas que são contrárias aos nossos interesses nacionais."⁶⁸

Esse tipo de comentário indicava que havia uma crescente sensação em Washington de que os Estados Unidos estavam encurralados e com limitadas opções. Isso foi articulado com clareza por membros do Conselho de Segurança Nacional no final da década de 1970, que mais tarde declararam: "Os Estados Unidos não tinham uma alternativa estratégica visível a um relacionamento próximo com o Irã", tendo queimado pontes políticas em outras partes.⁶⁹ Embora aumentassem na mídia ocidental as críticas ao regime do xá, e particularmente aos métodos brutais da Savak, o governo dos Estados Unidos continuou a dar-lhe apoio consistente e ostensivo. O presidente Carter viajou a Teerã na véspera de Ano-Novo em 1977 e foi o convidado de honra de um jantar de fim de ano. "O Irã", disse o presidente, "é uma ilha de estabilidade numa das áreas de maior turbulência do mundo." Isso era resultado da "grande liderança do xá". O sucesso do país devia muito à "sua majestade e à sua liderança e ao respeito e admiração e amor que seu povo lhe dedica".⁷⁰

Isso ia além de ver o mundo com lentes cor-de-rosa e constituía uma negação da realidade, pois nuvens de tempestade se acumulavam à vista de todos. No Irã, o crescimento demográfico, a rápida urbanização e os gastos excessivos de um regime repressor produziam um coquetel tóxico. A corrupção endêmica agravava o quadro – com centenas de milhões de dólares levados como "comissão" pela família real e pelos mais próximos do regime governante, apenas em cada um dos reatores.⁷¹ Ao final da década de 1970, a situação em Teerã era delicada, com multidões tomando as ruas e cada vez mais protestos contra a falta de justiça social – e contra a elevação do custo de vida, por causa da forte queda nos preços do petróleo, puxada pelo fato de os suprimentos globais começarem a exceder a demanda.

O crescente descontentamento jogou a favor do aiatolá Khomeini, então exilado em Paris, depois de ter sido removido do Iraque como parte do acordo selado com o xá em 1975. Khomeini – cujo filho mais velho provavelmente foi morto pela Savak em 1977 – assumiu o controle da situação, defendendo uma visão que ao mesmo tempo diagnosticava as doenças do Irã e prometia sua cura. Era um comunicador brilhante, capaz de captar o sentimento geral, como Mossadegh havia feito décadas antes. Num gesto que despertou o apoio de revolucionários de esquerda, de islâmicos linha-dura e de quase todos aqueles que estavam fora do círculo dourado de fartas recompensas, Khomeini declarou que era chegada a hora de o xá desembarcar. Os beneficiários de uma boa liderança deveriam ser os iranianos e o islã – e não o xá.

Para afastar o receio de que o Irã se tornasse um Estado religioso, Khomeini prometeu que os clérigos, pregadores e zelotas não iriam governar o país diretamente, mas iriam dar orientações. Definiu quatro princípios para alicerçar o futuro: o uso da lei islâmica; a erradicação da corrupção; a revogação de leis injustas; e o fim da intervenção estrangeira nos assuntos do Irã. Não era um manifesto que tivesse muito apelo – mas era efetivo, falava a vários públicos e resumia os problemas e dificuldades não apenas do Irã, mas de todo o mundo islâmico. O argumento de que a riqueza estava sendo desviada para as mãos de alguns poucos à custa da maioria era não só poderoso, mas incontroverso. Na década de 1970, mais de 40% da população do país era subnutrida, segundo as metas da Organização Mundial da Saúde; a desigualdade era disseminada, com os ricos ficando cada vez mais ricos e a posição dos pobres mostrando escassa melhora, se é que havia alguma.[72] Era a vez de o povo iraniano se manifestar, declarou Khomeini; apelem aos soldados "mesmo que atirem em você e o matem". Que dezenas de milhares de nós morram como irmãos; mas vamos mostrar "que o sangue é mais poderoso que a espada".[73]

Conforme a situação foi ficando mais tensa, o xá – em quem muita esperança havia sido depositada pelos Estados Unidos – foi para o aeroporto de Teerã, onde fez uma pequena declaração: "Sinto-me exausto e preciso de uma pausa", e então saiu do país pela última vez.[74] Se teria sido capaz de evitar o que aconteceu depois é tema de especulação. O que ficou claro foi a maneira pela qual alguns líderes europeus reagiram à situação. Naquilo que o presidente Carter chamou de "um dos piores dias da minha vida diplomática", o chanceler alemão Schmidt mostrou-se "pessoalmente grosseiro" durante discussões sobre o Oriente Médio, alegando que "a interferência americana [nessa região] [...] havia causado problemas com petróleo no mundo inteiro".⁷⁵

Os Estados Unidos haviam seguido uma política de completa negação dos fatos e só tiveram uma visão das consequências quando era tarde demais. No início de 1979, Washington enviou a Teerã o general Robert Huyser, chefe do Comando Europeu dos Estados Unidos, para reafirmar o apoio americano ao xá e especificamente para deixar claro ao exército que os americanos continuavam apoiando o regime. Huyser não demorou a perceber que os sinais eram claríssimos – e que sua vida estava em risco. Viu o suficiente para entender que os dias do xá haviam terminado e que Khomeini era impossível de ser detido.⁷⁶

A política americana estava em frangalhos. Tempo, esforço e recursos haviam sido investidos no Irã, assim como nos países vizinhos, desde a Segunda Guerra Mundial. Líderes haviam sido cortejados e tolerados, enquanto aqueles que se recusavam a fazer o jogo dos Estados Unidos eram depostos ou substituídos. Os métodos empregados para interligar partes da Ásia haviam sido um fracasso espetacular. As nações ocidentais, para citar sir Anthony Parsons, embaixador britânico em Teerã na época, "olhavam pelo telescópio certo [...] mas [estávamos] focando o alvo errado".⁷⁷ Pior: a retórica antiamericana agora unia quase todos os países da região. Síria e Iraque voltaram-se para a União Soviética; a Índia estava mais próxima de Moscou do que de Washington, e o Paquistão se dispunha a aceitar o apoio dos Estados Unidos apenas quando lhe convinha. O Irã era uma peça fundamental do quebra-cabeça, e agora também parecia correr o risco de cair. Parecia o final de uma era, como Khomeini observou num discurso posterior em 1979: "Todos os problemas do Leste decorrem de estrangeiros do Ocidente e, no momento, dos americanos", afirmou. "Todos os nossos problemas vêm da América."⁷⁸

A queda do xá gerou pânico em Washington – e esperança em Moscou. O colapso do Irã parecia ser um ponto de virada, que criava oportunidades. Era quase cômico o quanto o Ocidente havia avaliado mal a situação, não só do Irã, mas de outras partes também – como o Afeganistão, onde a embaixada dos Estados Unidos em Cabul reportou em 1978 que as relações eram excelentes.⁷⁹ De fato, para os otimistas olhos americanos, o Afeganistão parecia uma grande história de sucesso, igual à do Irã: o número de escolas havia se multiplicado dez vezes desde 1950, com um total bem maior de estudantes voltando-se para disciplinas técnicas como medicina, direito e ciência; a instrução entre as mulheres também florescia, à medida que crescia muito o número de meninas que recebiam instrução básica. Havia rumores de que o presidente Dāwud, que tomara o poder em 1973, fora recrutado pela CIA e que as agendas progressistas que ele seguia eram ideias plantadas pelos americanos. Embora o boato fosse infundado, o fato de que isso chegasse a requerer investigação por diplomatas em Washington e em Moscou mostra o quanto eram intensas as pressões para que as duas superpotências competissem – e dessem seu último lance no grande jogo na Ásia.[80]

O crucial agora era como as coisas iriam se assentar após um curto período de turbulência. Sob todos os ângulos, parecia que os Estados Unidos estavam em péssima posição. A aposta que haviam feito no xá e no Irã parecia perdida; havia outros atores ao longo das velhas Rotas da Seda, abertos a receber ofertas. Com o Irã atravessando uma revolução e o Iraque aparentemente comprometido com seu pretendente soviético, os Estados Unidos tiveram que pensar com muito cuidado em qual seria seu próximo lance. E ele se revelou desastroso.

24
A rota da catástrofe

A revolução no Irã derrubou todo o castelo de cartas americano na região. Os sinais que apontavam para a instabilidade já estavam ali havia algum tempo. A corrupção do regime do xá, juntamente com a estagnação econômica, a paralisia política e a brutalidade policial, formavam uma combinação venenosa – que jogou a favor de críticos eloquentes, cujas promessas de reforma caíram em terreno fértil.

Aqueles que estavam preocupados com o andamento das coisas no Irã ficaram ainda mais inquietos diante dos sinais de que a União Soviética estava tramando ativamente tirar partido da situação. A atividade soviética continuou mesmo depois que a KGB perdeu seu principal quadro no Irã, o general Ahmad Mogharebi, tido em Moscou como "o melhor agente da Rússia", com contatos por todas as seções da elite iraniana. Foi preso em setembro de 1977 pela Savak, que suspeitara de encontros regulares que ele mantinha com seus agentes da KGB.[1] Isso fez os soviéticos intensificarem sua atividade.

Especulava-se que os grandes volumes de transações comerciais feitas com base no rial iraniano nos mercados de moedas suíços, no início de 1978, resultassem de agentes soviéticos recebendo ordens de financiar apoiadores no Irã; a alta qualidade evidente da *Navid*, a newsletter distribuída pelo partido de esquerda Tudeh, convenceu alguns de que era impressa não só com ajuda soviética, mas na própria embaixada soviética em Teerã. Novos campos montados fora do país para treinar dissidentes iranianos (entre outros) em táticas de guerrilha e em marxismo eram um sinal agourento de que Moscou se preparava para preencher qualquer vácuo em caso de queda do xá.[2] Isso era parte de um envolvimento mais amplo com aquela região, que dava sinais de que passaria por um período de mudança. Portanto, foi dado também apoio adicional ao presidente Assad na Síria, mesmo que a KGB o considerasse "um pequeno-burguês chauvinista e ególatra".[3]

Alguns dos que acompanhavam de perto o andamento da situação ficaram convencidos de que a catástrofe estava logo virando a esquina. Ao final de 1978, William Sullivan, embaixador dos Estados Unidos em Teerã, despachou um cabograma para Washington com o título "Pensando no impensável", onde insistia para que fossem aplicados planos contingenciais imediatamente. Isso foi ignorado – e também a recomendação de Sullivan de "tentar estruturar um *modus vivendi* entre as Forças Armadas e os religiosos [líderes]", assim que fosse possível. O que ele quis dizer é que os Estados Unidos deveriam tentar abrir canais de comunicação com Khomeini, antes que ele tomasse o poder, e não depois.[4] Vozes importantes na Casa Branca, porém, continuaram acreditando que os Estados Unidos iriam controlar a situação e mantiveram apoio ao xá, defendendo uma proposta feita no final de janeiro de 1979 pelo primeiro-ministro, Shapur Bakhtiar, de prender o aiatolá Khomeini se ele voltasse ao Irã.[5]

A míope futilidade desse pensamento ficou aparente em questão de dias. Em 1º de fevereiro de 1979, o aiatolá Khomeini aterrissou em Teerã catorze anos depois de ter sido exilado. Uma multidão foi recebê-lo no aeroporto e o acompanhou quando ele se dirigiu primeiro ao Cemitério dos Mártires, vinte quilômetros ao sul de Teerã, onde cerca de 250 mil apoiadores o aguardavam. "Vou acertar com meus punhos as bocas desse governo", bradou desafiador. "A partir de agora, eu é que vou nomear o governo." Ao reportar esse discurso, a BBC estimou que cerca de 5 milhões de pessoas estavam alinhadas nas ruas enquanto ele fazia o trajeto rumo à capital.[6]

As coisas transcorreram com rapidez, e os apoiadores de Khomeini assumiram o controle do país. Em 11 de fevereiro, a embaixada dos Estados Unidos fechou as portas em *lockdown*, e o embaixador Sullivan mandou um cabograma a Washington: "O exército se rende. Khomeini vence. Destruindo todas as informações confidenciais". Material sensível continuava sendo destruído três dias mais tarde, quando militantes tomaram de assalto o complexo da embaixada – embora a ordem fosse logo restabelecida pelos lugares-tenentes de Khomeini.[7] Em 16 de fevereiro, o embaixador Sullivan encontrou-se com Mahdī Bāzargān, o recém-nomeado primeiro-ministro, e comunicou-lhe que os Estados Unidos não tinham interesse em intervir nos assuntos domésticos do Irã.[8] Menos de uma semana depois, os Estados Unidos reconheceram formalmente o novo governo – que, após um referendo nacional, declarou em 1º de abril que o país passava a se chamar República Islâmica do

Irã. Um segundo referendo no final do ano sancionou uma nova Constituição, que declarou que a partir de então "todas as leis e regulamentações do país nos âmbitos civil, penal, financeiro, econômico, administrativo, cultural, militar, político e outros [devem] basear-se em critérios 'islâmicos'".[9]

Durante décadas, os Estados Unidos haviam apostado muitas fichas no Irã e no xá. Agora tinham que pagar um alto preço pelo mau desfecho da sua aposta. A revolução emitiu ondas de choque pelo mundo inteiro, praticamente triplicando o preço do petróleo. O efeito nas economias do mundo desenvolvido foi desastroso, com a inflação ameaçando fugir do controle. À medida que o pânico se estendia, instalou-se o medo de que a crise transbordasse: ao final de junho, um número alarmante de postos de combustível nos Estados Unidos continuava fechado por falta de fornecimento. Os índices de aprovação do presidente Carter caíram ao nível praticamente desconhecido no país de 28% – mais ou menos o de Nixon no auge do escândalo Watergate.[10] Com a campanha de reeleição do presidente pronta para decolar, parecia que a mudança de regime em Teerã seria um fator importante na próxima disputa presidencial.

Não era só a alta dos preços do petróleo que ameaçava solapar a economia ocidental. Houve também o cancelamento em massa de pedidos e a nacionalização imediata do setor. A British Petroleum (BP), herdeira da concessão original entregue a Knox D'Arcy, foi obrigada a fazer uma grande reestruturação (e a vender participações), depois que os campos de petróleo que respondiam por 40% de sua produção global foram embora com uma canetada. E havia os contratos para construir siderúrgicas, reformar terminais de aeroportos e desenvolver portos, todos inutilizados de uma hora para outra, além dos contratos relativos a armas, que foram anulados e rasgados. Em 1979, Khomeini cancelou 9 bilhões de dólares em compras dos Estados Unidos, o que deixou os fabricantes com um doloroso rombo em suas contas e consideráveis volumes de estoque para tentar vender em outros mercados, menos inclinados a se militarizar do que o do xá.[11]

A economia descompensada do Irã já causara uma desaceleração no programa nuclear antes da revolução; depois dela, foi cancelado de vez. O custo de perder negócios para companhias como a Creusot-Loire, Westinghouse Electric Corporation e Kraftwerk Union – com sedes na França, Estados Unidos e Alemanha Ocidental, respectivamente – alcançou a casa dos 330 bilhões de dólares.[12] Alguns se mostraram admiravelmente estoicos diante da adversidade. "Nunca devemos esquecer o quanto nos saímos bem no regime do xá", escreveu o diplomata sir Anthony Parsons, veterano do Oriente Médio e embaixador britânico em Teerã na época do retorno de Khomeini. "Os negócios e a indústria da Grã-Bretanha ganharam muito dinheiro no Irã."[13] Ele não disse quanto, mas o que era óbvio é que os bons tempos haviam terminado; melhor celebrar o que o passado rendera do que lamentar o que o futuro se recusaria a dar.

Para os Estados Unidos, no entanto, o que estava em jogo ia além do tumulto econômico e político doméstico. Havia algum consolo no fato de Khomeini e seu círculo de clérigos darem pouca atenção à política ateísta da União Soviética e terem pouca simpatia – ou afinidade – pelos grupos de esquerda do Irã.[14] Mas, embora a queda do xá não tivesse feito a União Soviética ganhar terreno, os Estados Unidos mesmo assim foram colocados na defensiva; uma série de cabeças de ponte que haviam sido montadas tornou-se precária ou foi perdida de vez.

Logo que assumiu o poder, Khomeini fechou as instalações da inteligência americana no Irã, que constituíam sistemas de detecção precoce de eventuais ataques nucleares soviéticos e postos de escuta para monitorar testes de lançamento de mísseis na Ásia Central. Isso privou os Estados Unidos de um meio vital de colher informações sobre seu rival, numa época em que fazer isso havia adquirido importância adicional, após as intensivas conversações entre os Estados Unidos e a União Soviética sobre limitar o número de mísseis balísticos estratégicos ao nível existente. O fechamento de estações que tinham um papel crucial no processo de verificação ameaçou, portanto, comprometer a série de acordos de armas estratégicas que havia demandado anos de negociações, além de tumultuar as discussões altamente sensíveis em curso.

Iria demorar pelo menos cinco anos, disse o diretor da CIA, almirante Stansfield Turner, à comissão de inteligência do Senado no início de 1979, para restaurar a capacidade de monitorar os testes de mísseis soviéticos e os desenvolvimentos da área.[15] Uma "lacuna real" havia sido criada na coleta de informações dos Estados Unidos em função dos eventos no Irã, observou Robert Gates, a autoridade da CIA para a União Soviética (e mais tarde diretor da agência e também secretário da Defesa). Portanto, foram feitos esforços "excepcionalmente sensíveis" para construir novas alianças em outras partes, capazes de preencher esse vácuo. Isso incluiu discussões de alto nível com a liderança chinesa sobre a construção de instalações substitutivas no oeste da China, o que levou a uma visita secreta feita pelo almirante Turner e por Gates a Pequim, no inverno de 1980-1 – uma viagem cuja existência só foi revelada muitos anos mais tarde (se bem que com pequenos detalhes preciosos).[16] Foram construídos locais em Qitai e Korla, em Xinjiang, pelo Escritório de Operações Sigint (Signals Intelligence [Inteligência de Sinais]), e as novas instalações passaram a ser operadas pelo Departamento Técnico do Estado-Maior do Exército de Libertação do Povo, da China, trabalhando em estreito vínculo com consultores e técnicos dos Estados Unidos.[17] A íntima cooperação entre Forças Armadas e a inteligência dos Estados Unidos e da China foi um efeito colateral da queda do xá.

A Revolução Iraniana pode não ter ajudado a União Soviética em termos políticos, mas com certeza fez isso militarmente. Apesar dos esforços da embaixada americana em Teerã de picar documentos importantes, a velocidade e a profundidade da onda de mudança que transformou o país produziram algumas perdas muito danosas. O xá havia comprado uma frota de caças F-14 Tomcat, junto com um sofisticado Sistema Phoenix de mísseis ar-ar, mísseis Hawk terra-ar e uma gama de armas antitanque de alta tecnologia. Os soviéticos conseguiram adquirir valiosas imagens em close-up, e em alguns casos até manuais de instruções para esses equipamentos militares. Essa foi uma perda não só embaraçosa; poderia ter sérias implicações para a segurança nacional dos Estados Unidos, assim como para a dos aliados da América.[18]

A sensação de que um mundo familiar entrava rapidamente em colapso tomava então conta de Washington – pois não era só no Irã que as coisas de repente pareciam muito diferentes. Os Estados Unidos vinham observando de perto a situação no Afeganistão, cuja importância estratégica aumentou ainda mais após a revolução de Khomeini. Na primavera de 1979, por exemplo, uma equipe da CIA realizou uma investigação para avaliar o país como possível substituto para os postos de inteligência perdidos no Irã.[19] O problema era que a situação no Afeganistão estava mudando rapidamente, e cada vez parecia mais provável que se repetissem ali os eventos do Irã.

A turbulência começou quando o rei Zahir Shah, um aficionado do xadrez, foi deposto por seu sobrinho Muhammad Dāwud, que se instalou como presidente em 1973. Cinco anos mais tarde, o próprio Dāwud foi deposto. Sua queda não foi uma surpresa, considerando a crescente brutalidade do seu regime, no qual presos políticos eram rotineiramente executados sem julgamento, de cara ao chão, na notória e cronicamente lotada prisão de Pul-i Charkhi, periferia de Cabul.[20]

Os comunistas linha-dura que ocuparam o lugar de Dāwud revelaram-se igualmente brutais – e progressistas incansáveis, com uma agenda ambiciosa de modernização do país. Era hora, declararam, de melhorar os níveis de alfabetização radicalmente, romper a estrutura "feudal" do sistema tribal, acabar com a discriminação étnica, e dar direitos às mulheres, igualdade na educação, segurança no emprego e acesso a assistência médica.[21] Esses esforços para introduzir mudanças abrangentes provocaram reações furiosas, especialmente entre os clérigos muçulmanos; assim como ocorreu no início do século XXI, as tentativas de reforma serviram apenas para unir tradicionalistas, senhores de terras, líderes tribais e mulás, que tinham a causa comum de proteger seus próprios interesses.

A oposição logo se tornou mais presente e perigosa. O primeiro grande levante ocorreu em março de 1979, em Herat, no oeste do país, onde aqueles que proclamavam independência nacional, uma volta à tradição e a rejeição da influência externa sentiram-se encorajados pelos eventos no Irã. Os rebeldes voltaram-se contra todo e qualquer alvo – incluindo os residentes soviéticos da cidade, chacinados por uma multidão enlouquecida.[22] A agitação logo se espalhou para outras cidades, entre elas Jalalabad, onde as unidades militares afegãs não opuseram resistência – ao contrário, rebelaram-se e mataram seus assessores soviéticos.[23]

A União Soviética reagiu aos eventos com cautela, com o envelhecido Politburo concluindo que deveriam continuar apoiando aquela problemática liderança afegã – criadora de confusão, que acionava o gatilho por nada e com vários de seus membros com conexões pessoais com a União Soviética –, para ajudá-la a aplacar a agitação que se espalhara também até Cabul. Foram tomadas várias medidas para reforçar o regime, lideradas pelo presidente Nur Muhammad Taraki, bem-visto por Moscou e tido por alguns como o "Máximo Górki do Afeganistão" por seus escritos sobre "temas do socialismo científico" – sem dúvida, um alto elogio.[24] Generosos carregamentos de cereais e outros alimentos foram despachados pela fronteira, e o pagamento de juros sobre empréstimos vultosos foi perdoado. Para ajudar a encher os cofres do governo, os soviéticos também ofereceram pagar mais que o dobro do que haviam feito pelo gás afegão na década anterior.[25] Embora tivesse recusado atender aos pedidos de armas químicas e gás venenoso, Moscou forneceu apoio militar, despachando 140 peças de artilharia, 48 mil armas e cerca de mil lançadores de granadas.[26]

Tudo isso era acompanhado por Washington, onde as implicações do "gradual, mas inequívoco" aumento do envolvimento soviético no Afeganistão era avaliado com atenção. Se a União Soviética fornecesse assistência militar direta a Taraki e enviasse soldados, observava um relatório de alto nível, isso teria consequências não só no Afeganistão, mas pela espinha dorsal da Ásia, no Irã, Paquistão e na China – na realidade, mais longe ainda.[27] A incerteza sobre o que poderia acontecer em seguida se desfez com o assassinato do embaixador dos Estados Unidos em Cabul, em fevereiro de 1979. Poucos dias após a volta de Khomeini ao Irã, o veículo blindado do embaixador Adolph Dubs foi sequestrado em plena luz do dia nas ruas da capital afegã, pelo que parecia ser um comando policial. Foi levado ao Kabul Hotel (hoje o luxuoso Kabul Serena Hotel), mantido como refém por algumas horas e depois morto durante uma fracassada operação de resgate.[28]

Embora não ficasse claro quem estava por trás do sequestro do embaixador, ou quais haviam sido os motivos, foi suficiente para encorajar os Estados Unidos a se envolver mais diretamente com o que estava acontecendo no país. A ajuda ao Afeganistão foi suspensa de imediato, e forneceu-se apoio aos anticomunistas e a outros que se opunham ao novo governo.[29] Isso marcou o início de um longo período durante o qual os Estados Unidos se dispuseram a cooperar ativamente com os islamitas, cujos interesses em resistir à agenda de esquerda alinhavam-se naturalmente com os dos Estados Unidos. Levou décadas para que o preço desse acordo se tornasse evidente.

Por trás dessa nova abordagem havia o medo de que o Afeganistão pudesse cair nas mãos dos soviéticos, que na segunda metade de 1979 pareciam preparar uma intervenção militar. A questão das intenções da União Soviética passou a ocupar o topo da agenda nos resumos de inteligência dos Estados Unidos e se tornou tema de uma série de documentos de posicionamento que descreviam os últimos desdobramentos – embora isso não significasse que havia algum vislumbre do que estava acontecendo.[30] Um relatório apresentado ao Conselho de Segurança Nacional com o título "O que os soviéticos estão fazendo no Afeganistão?" forneceu uma resposta que não poderia ser mais sincera: "Simplesmente, não sabemos".[31] Embora fosse difícil desvendar o que Moscou pensava, era óbvio que a queda do xá significava que os Estados Unidos haviam perdido seu principal aliado na região; era preocupante ver que talvez um efeito dominó estivesse prestes a tornar sua posição ainda pior.

Os soviéticos tinham a mesma preocupação. Os eventos no Irã não haviam produzido nenhum benefício, tendo na realidade sido avaliados por Moscou como prejudiciais aos interesses da União Soviética, já que a tomada do poder por Khomeini reduzira as oportunidades, em vez de ampliá-las. Assim, as Forças Armadas soviéticas traçaram planos contingenciais para uma grande ação, caso fosse preciso reforçar o que o secretário-geral Leonid Brezhnev chamou de "o governo da nação amiga do Afeganistão". Os Estados Unidos monitoravam movimentos de tropas ao norte da fronteira tanto iraniana quanto afegã, registrando o envio de uma unidade de forças especiais Spetsnaz a Cabul, juntamente com um batalhão de paraquedistas, que a CIA concluiu que havia sido posicionado para assegurar a base aérea de Bagram, o principal ponto de entrada dos suprimentos soviéticos.[32]

Nesse estágio crítico, porém, o futuro do Afeganistão de repente ficou indefinido. Em setembro de 1979, uma luta de poder redundou na remoção de Nur Muhammad Taraki por Hafizullah Amin, um homem tão ambicioso quanto difícil de entender. Ele havia sido explicitamente descartado como um líder viável em editoriais publicados no *Pravda*, que refletia o pensamento do Politburo na União Soviética.[33] Agora era anunciado como inimigo da revolução, um homem que buscava manipular rivalidades tribais para seus próprios fins, e "um espião do imperialismo americano".[34] Os soviéticos estavam também preocupados com os rumores de que Amin tivesse sido recrutado pela CIA – uma fofoca ativamente espalhada também por seus inimigos no Afeganistão.[35] Registros de reuniões no Politburo mostram que a liderança em Moscou estava muito preocupada com a reorientação de Amin em direção aos Estados Unidos e com a ânsia dos americanos em apoiar um governo amigo em Cabul.[36]

Os soviéticos estavam cada vez mais temerosos com a situação. Os frequentes encontros de Amin com o chefe interino da missão dos Estados Unidos no Afeganistão antes que ele desse o golpe pareciam indicar que Washington estava se reposicionando após o catastrófico fracasso de suas políticas no Irã. Quando Amin foi ficando mais agressivo em suas tratativas com os soviéticos em Cabul, ao mesmo tempo que fazia uma série de sondagens aos Estados Unidos imediatamente após tomar o poder, decidiu-se que era hora de agir.[37]

A lógica parecia dizer que, se a União Soviética não resistisse de modo firme e apoiasse seus aliados agora, iria perder não só o Afeganistão, mas a região toda. O general Valentin Varennikov lembrou mais tarde que a alta oficialidade "estava preocupada, achando que, se os Estados Unidos fossem colocados para fora do Irã, iriam realocar suas bases no Paquistão e tomar o Afeganistão".[38] Desdobramentos em outras partes também eram motivo de preocupação para a liderança soviética e davam a impressão de que a União Soviética estava sendo firmemente empurrada para uma posição defensiva. O Politburo discutia a maneira pela qual Washington e Pequim vinham melhorando suas relações no final da década de 1970, destacando que nisso também Moscou estava ficando para trás.[39]

Os Estados Unidos estavam tentando criar um "novo Grande Império Otomano" que se estendesse pela Ásia Central, disseram a Brezhnev quadros do partido comunista em dezembro de 1979; esses temores eram agravados pela ausência de um sistema abrangente de defesa aérea ao longo da fronteira sul da União Soviética. O que queria dizer que os Estados Unidos poderiam apontar uma adaga no coração da União Soviética.[40] Como declarou Brezhnev numa entrevista ao *Pravda*, a instabilidade do Afeganistão constituía uma "imensa ameaça à segurança do Estado soviético".[41] Era palpável a sensação de que alguma coisa precisava ser feita.

Dois dias após o encontro entre Brezhnev e autoridades, foi dada a ordem de conceder um plano de invasão com a mobilização inicial de 75 mil a 80 mil soldados. O chefe do Estado-Maior, general Nikolai Ogarkov, um obstinado oficial da velha escola, ficou furioso. Engenheiro por formação, Ogarkov defendia que essa força seria pequena demais para manter as rotas de comunicação e tomar pontos-chave pelo país.[42] Foi desmentido pelo ministro da Defesa, Dmitri Ustinov, um típico sobrevivente político inclinado a fazer declarações pomposas sobre o brilhantismo das Forças Armadas soviéticas, cuja capacidade de luta, disse ele, significava que eram capazes de "cumprir quaisquer tarefas determinadas pelo partido e pelo povo".[43]

Se ele de fato acreditava nisso é outra história; o que importava agora é que ele e sua geração de veteranos da Segunda Guerra Mundial, cuja compreensão do mundo em transformação à sua volta rapidamente definhava, tinham certeza de que os americanos planejavam suplantar a União Soviética. Conta-se que Ustinov teria perguntado mais tarde, em 1979: "Se [eles] fazem todos esses preparativos debaixo do nosso nariz, por que devemos nos entrincheirar, ter cautela e perder o Afeganistão?".⁴⁴ Numa reunião no Politburo em 12 de dezembro, Ustinov, com um grupo de idosos grisalhos, como Leonid Brezhnev, Andrei Gromyko, Yuri Andropov e Konstantin Chernenko, deu o sinal verde para uma mobilização geral de soldados para o Afeganistão.⁴⁵ Não foi fácil tomar aquela decisão, teria comentado Brezhnev, segundo registrou o *Pravda* algumas semanas mais tarde.⁴⁶

Quinze dias após a reunião, na véspera do Natal de 1979, forças soviéticas começaram a cruzar a fronteira como parte da Operação Tempestade 333. Não era uma invasão, declarou Ustinov aos comandantes do exército que lideravam os soldados pela fronteira, e essa afirmação seria repetida sempre por diplomatas e políticos soviéticos no decorrer da década seguinte; tratava-se, diziam, de uma tentativa de restaurar a estabilidade numa época em que a "situação política e militar no Oriente Médio" estava tumultuada, atendendo a pedidos do governo de Cabul de "fornecer ajuda internacional ao povo afegão amigo".⁴⁷

Do ponto de vista de Washington, a hora não poderia ter sido pior. Apesar de todos os receios soviéticos de uma expansão dos Estados Unidos no Afeganistão, o alto grau da fragilidade americana na região ficava dolorosamente evidente. Depois de fugir de Teerã no início de 1979, o xá mudou de um país a outro à procura de um lar permanente. No outono, o presidente Carter foi encorajado por membros da administração a permitir que um homem em estado terminal, que havia sido um amigo leal dos Estados Unidos, entrasse no país para receber tratamento médico. Enquanto se discutia isso, o novo ministro do Exterior de Khomeini disse aos assessores do presidente sem rodeios: "Vocês estão abrindo a caixa de Pandora com isso".⁴⁸ Os registros da Casa Branca mostram que Carter sabia do alto risco de permitir a entrada do xá nos Estados Unidos. "O que vocês, rapazes, irão me aconselhar a fazer se [os iranianos] assaltarem nossa embaixada e levarem nosso pessoal como refém?", o presidente perguntou. Não obteve resposta.⁴⁹

Em 4 de novembro, duas semanas depois de o xá ter dado entrada no Cornell Medical Center em Nova York, estudantes iranianos militantes dominaram os seguranças na embaixada dos Estados Unidos em Teerã e assumiram o controle do complexo da embaixada, tomando como reféns cerca de sessenta membros do corpo diplomático. Embora o objetivo inicial tivesse sido, ao que parece, fazer um protesto curto e incisivo contra a decisão de aceitar a entrada do xá nos Estados Unidos, as coisas se agravaram rapidamente.⁵⁰ Em 5 de novembro, o aiatolá Khomeini comentou a situação da embaixada. Não poupou palavras, e menos ainda fez qualquer apelo para acalmar. As embaixadas de Teerã, declarou, eram um terreno fértil para "complôs secretos [que estão] sendo urdidos" para derrubar a República Islâmica do Irã. O grande articulador desses complôs, prosseguiu ele, era "o grande Satã América". Com isso, conclamou os Estados Unidos a entregar o "traidor" para que encarasse a justiça.⁵¹

Os esforços iniciais dos Estados Unidos para aliviar a situação iam da inépcia ao rocambolesco. Um enviado, levando um apelo pessoal do presidente americano a Khomeini, teve a audiência com o aiatolá categoricamente negada e não conseguiu entregar sua carta; vazou que outro enviado havia sido autorizado a abrir discussões com a Organização para a Libertação da Palestina (OLP), cujos membros estiveram por trás de ataques terroristas, como o massacre nos Jogos Olímpicos de Munique, e cujo objetivo principal era o estabelecimento de um Estado palestino à custa de Israel. Mais vexaminoso ainda do que a descoberta que os Estados Unidos estavam tentando usar a OLP como canal para chegar aos iranianos foi a notícia de que os próprios iranianos haviam recusado aceitar que a OLP tivesse um papel de mediadora da crise.⁵²

O presidente Carter então optou por uma ação mais decisiva, achando que não só iria resolver a situação dos reféns, mas serviria como declaração de intenções de que, embora o xá tivesse caído, os Estados Unidos ainda eram uma força a ser considerada no centro da Ásia. Em 12 de novembro de 1979, numa tentativa de colocar pressão financeira sobre o regime de Khomeini, anunciou um embargo ao petróleo iraniano. "Ninguém", declarou ele ao anunciar a proibição de importação, "deve subestimar a determinação do governo americano e do povo americano."⁵³ Dois dias depois, o presidente foi além e expediu uma ordem executiva de congelar 12 bilhões de dólares de ativos do Irã. Essa ação decisiva repercutiu bem internamente, com Carter experimentando o que foi descrito como o maior aumento em popularidade presidencial desde que as pesquisas da Gallup haviam sido inventadas.⁵⁴

Esse tilintar de sabres, porém, teve pouco efeito. O embargo do petróleo foi desdenhado por Teerã como irrelevante. "O mundo precisa de petróleo", disse o aiatolá Khomeini num discurso uma semana depois do anúncio de Carter. "O mundo não precisa da América. Outros países virão recorrer a nós, que temos petróleo, não a vocês."⁵⁵ O embargo, de qualquer modo, não era fácil de impor do ponto de vista logístico, pois o petróleo iraniano costumava passar por terceiros e conseguia ainda assim chegar aos Estados Unidos. O fato de o boicote colocar pressão no fornecimento ameaçava inevitavelmente elevar ainda mais os preços do petróleo – o que favorecia o regime iraniano, pois aumentava seus ganhos.⁵⁶

O sequestro de ativos assustou muitos no mundo de fala árabe, que ficaram preocupados com o precedente aberto pela ação dos Estados Unidos. O impasse exacerbou as divergências políticas com países como a Arábia Saudita, que não concordava com a política de Washington no Oriente Médio, particularmente em relação a Israel.⁵⁷ Como concluiu um relatório da CIA preparado algumas semanas após a introdução do embargo: "Nossas presentes pressões econômicas dificilmente terão algum efeito positivo; [na realidade] seu impacto talvez seja negativo".⁵⁸

Além disso, muitos países ocidentais relutavam em ser incluídos na escalada da crise com Teerã. "Logo ficou evidente", escreveu Carter, "que mesmo nossos aliados mais próximos na Europa não iriam se expor a potenciais boicotes de petróleo ou colocar em risco seus arranjos diplomáticos por causa dos reféns americanos." A única maneira de fazer convergir as mentes era lançar "a ameaça direta de mais ações por parte dos Estados Unidos".⁵⁹ O secretário de Defesa de Carter, Cyrus Vance, foi enviado para um giro pela Europa Ocidental, com a mensagem de que, se não fossem impostas sanções ao Irã, os Estados Unidos iriam partir para ações unilaterais, entre elas minar o Golfo Pérsico caso necessário.⁶⁰ Isso naturalmente teria um impacto no preço do petróleo – e portanto nas economias desenvolvidas. A fim de colocar pressão em Teerã, Washington estava tendo que ameaçar seus próprios apoiadores.

Foi contra esse cenário tenso de medidas desesperadas, contraproducentes e muito mal ponderadas, voltadas a forçar um acordo no Irã, que os americanos receberam a notícia de que colunas soviéticas marchavam para o sul pelo Afeganistão. As autoridades dos Estados Unidos haviam sido tomadas completamente de surpresa. Quatro dias antes da invasão, o presidente Carter e seus conselheiros estudavam planos de tomar as ilhas litorâneas do Irã, avaliando a realização de operações militares e outras alternativas para derrubar Khomeini. Uma situação desfavorável havia se tornado crítica.⁶¹

Já enfrentando uma desastrosa situação com os reféns, os Estados Unidos eram obrigados agora a considerar o que fazer diante de uma grande ampliação do poder soviético na região. Além disso, a visão de Washington espelhava a de Moscou – isto é, que uma ação no Afeganistão talvez se revelasse o prelúdio de uma maior expansão de uma das superpotências em detrimento da outra. A atenção dos soviéticos provavelmente iria se voltar em seguida para o Irã, onde era fatal que surgissem problemas promovidos por agitadores, como sugeria um relatório de inteligência no início de 1980. O presidente, portanto, deveria começar a considerar sob quais circunstâncias "estaríamos preparados a colocar forças dos Estados Unidos no Irã".[62]

Carter elevou o tom da retórica em seu "Discurso sobre o estado da União", de 23 de janeiro de 1980. A invasão do Afeganistão pelos soviéticos significava que uma região de "grande importância estratégica" estava agora sob ameaça, disse ele; a ação de Moscou eliminou um anteparo e trouxe a União Soviética para dentro de uma distância de ataque não só uma área que "contém mais de dois terços do petróleo exportável do mundo", mas também o crucial estreito de Hormuz, "por onde a maior parte do petróleo do mundo tem que passar". Ele, portanto, articulou uma ameaça redigida com muito cuidado. "Vamos deixar nossa posição absolutamente clara", disse; "uma tentativa de qualquer força externa de ganhar o controle da região do Golfo Pérsico será vista como um ataque aos interesses vitais dos Estados Unidos da América, e um ataque desse tipo será repelido por quaisquer meios necessários, inclusive a força militar." Era uma declaração desafiadora que traduzia com perfeição atitudes em relação ao petróleo do Oriente Médio e a posição construída primeiro pela Grã-Bretanha e depois herdada pelos Estados Unidos: qualquer tentativa de mudar o *status quo* teria um feroz revide. Tratava-se em tudo, exceto no nome, de uma política imperialista.[63]

O discurso bombástico de Carter, no entanto, contrastava com o que estava acontecendo na prática. As discussões com os iranianos sobre a libertação dos reféns prosseguiam nos bastidores, mas tornavam-se cada vez mais farsescas. Conversas entre os representantes de Teerã e o assessor presidencial, por exemplo, eram realizadas com este último usando em algumas reuniões uma peruca, óculos e bigode postiços; não só isso: enquanto essas discussões prosseguiam, o aiatolá Khomeini continuava fazendo discursos sobre "os Estados Unidos, devorador do mundo", e sobre o quanto o "grande Satã" merecia uma lição.[64]

Em abril de 1980, o presidente Carter resolveu encaminhar o assunto para uma conclusão e autorizou a Operação Garra da Águia, uma missão secreta para resgatar os reféns de Teerã. O resultado foi um fiasco de fazer corar garotos de escola. Oito helicópteros despachados do porta-aviões nuclear USS *Nimitz* tinham a missão de encontrar uma equipe em terra numa localidade perto de Tabas, no centro do Irã, de onde seriam conduzidos pelo coronel Charlie Beckwith e por uma nova unidade de soldados de elite, batizada de Delta Force. A operação revelou-se natimorta: um helicóptero teve que voltar por causa das condições do tempo; outro apresentou rachadura no rotor e foi abandonado intacto, enquanto um terceiro teve danos no sistema hidráulico. Beckwith concluiu que a missão era inviável e obteve permissão do presidente para abortá-la. Quando os helicópteros voltavam ao *Nimitz*, um deles voou perto demais de uma aeronave C-130 de reabastecimento, provocando uma explosão que derrubou ambos – e matou oito soldados americanos.[65]

Foi um desastre em termos de propaganda. Khomeini, como se poderia esperar, interpretou o evento como um ato de intervenção divina.[66] Outros ficaram perplexos com a inépcia da missão fracassada. O fato de os Estados Unidos terem se mostrado incapazes de garantir a libertação dos reféns por meio de negociação ou pela força dizia muito sobre como o mundo estava mudando. Mesmo antes do fracasso da missão de resgate, alguns assessores do presidente haviam sentido que era preciso agir com decisão, de modo a não dar a impressão de impotência. "Precisamos fazer algo", disse Zbigniew Brzezinski – o assessor de segurança nacional do presidente –, "para tranquilizar os egípcios, sauditas e outros na península Arábica mostrando que os Estados Unidos estão preparados para afirmar seu poder." E isso significava estabelecer "uma presença militar visível na área agora".[67]

No entanto, os Estados Unidos não estavam sozinhos na tentativa de dar uma resposta aos turbulentos eventos que fosse capaz de proteger seus interesses e sua reputação. Em 22 de setembro, o Iraque deu início a um ataque surpresa ao Irã, bombardeando campos de aviação iranianos e lançando uma invasão terrestre em três frentes, tendo como alvos a província de Khūzestān e as cidades de Ābādān e Khurramshahr. Não havia dúvida entre os iranianos sobre quem estava por trás desses ataques. "As mãos da América", bradou Khomeini, haviam "emergido pelas mangas de Saddam".[68] O ataque, proclamou o presidente Bani-Sadr, era o resultado de um plano-mestre americano-iraquiano-israelense, cujos objetivos foram descritos de maneira variada, como tentativas de depor o governo islâmico, reinstalar o xá ou forçar a desintegração do Irã em cinco repúblicas. De qualquer modo, argumentou, era Washington que havia fornecido aos iraquianos o plano para a invasão.[69]

Embora a ideia de que os Estados Unidos estivessem por trás do ataque seja defendida por alguns cronistas e repetida por muitos outros, há poucas evidências concretas de que tenha sido assim. Ao contrário, as fontes – entre elas milhões de páginas de documentos, gravações de áudio e transcrições recuperadas do palácio presidencial em Bagdá em 2003 – apontam para o fato de Saddam ter agido sozinho, escolhendo um momento oportuno para atacar um vizinho volátil, com quem tinha contas a acertar, depois de ter ficado do lado errado nos acordos territoriais cinco anos antes.[70] Tais documentos mostram uma escalada agressiva na coleta de informações por parte da inteligência iraquiana nos meses que antecederam o ataque, à medida que as intenções de Bagdá se inclinavam para uma invasão de surpresa.[71]

Saddam também era movido por uma dose de insegurança e por um traço forte de megalomania. Sua obsessão era Israel e a impotência dos árabes para derrotar um país que era "uma extensão dos Estados Unidos da América e dos ingleses", ao mesmo tempo que se queixava de que qualquer ação agressiva contra Israel da parte dos árabes desencadearia retaliações do Ocidente contra o Iraque. Se atacarmos Israel, advertiu seus oficiais, os americanos irão "jogar uma bomba atômica em cima de nós". O "primeiro alvo" da ação ocidental, observou, "será Bagdá, e não Damasco ou Amã".[72] De algum modo, na mente de Saddam, isso parecia fazer sentido: atacar Israel significaria para o Iraque a aniquilação; portanto, um ataque ao Irã deveria ter precedência.

O emparelhamento de Israel e Irã podia ser encontrado na retórica grandiloquente usada tanto por Saddam como por altas figuras da liderança iraquiana, que falavam excitadamente sobre o Iraque assumir a liderança dos árabes por toda a região. O ataque ao Irã em 1980 foi apresentado como reivindicação do território que havia sido "extorquido" durante o acordo territorial de 1975. Isso encorajaria outros, declarou Saddam aos seus oficiais de alto escalão, e iria impelir "todos os povos" cujas terras lhes tivessem sido tiradas a se erguerem também e reclamarem o que era deles por direito – uma mensagem dirigida principalmente aos palestinos.[73] Saddam estava convencido de que invadir o Irã ajudaria a causa árabe como um todo. Diante dessa lógica perversa que o movia, não admira que o primeiro-ministro israelense, Menachem Begin, descrevesse o Iraque como "o mais irresponsável de todos os regimes árabes, com a possível exceção do regime de Kaddafi".[74]

Saddam também se irritara com a revolução no Irã e resmungou que a remoção do xá e a ascensão do aiatolá Khomeini haviam sido "uma decisão inteiramente americana". A agitação era o início de um plano-mestre, declarou ele, que iria usar os clérigos muçulmanos "para assustar os povos do golfo, de modo que [os americanos] possam ter uma presença e arranjar a situação da região" da maneira que acharem adequado.[75] Essa paranoia fundia-se com momentos de um vislumbre genuíno, como quando o líder iraquiano compreendeu imediatamente o sentido da ação soviética no Afeganistão – e o que isso significava para o Iraque. Será que a União Soviética iria fazer a mesma coisa no futuro para entrar em Bagdá?, perguntou; seriam também montados governos fantoches no Iraque, sob o disfarce de se estar oferecendo ajuda? "É assim, Moscou", perguntava, que você irá tratar seus outros "amigos no futuro?".[76]

Seus receios aumentaram ainda mais à medida que a União Soviética agia para capitalizar o sentimento antiamericano no Irã e passava a cortejar Khomeini e seu círculo próximo.[77] Saddam percebeu que isso também era potencialmente danoso e que o Iraque poderia ser lançado ao mar por Moscou em favor de seu vizinho. "A penetração soviética na região deveria ser avaliada", disse a diplomatas da Jordânia em 1980.[78] Sentindo-se cada vez mais isolado, estava preparado para dar as costas a seus apoiadores soviéticos, que o haviam amparado lealmente em sua ascensão ao poder na década de 1970. Sua desilusão foi uma das razões pelas quais os soviéticos só ficaram sabendo do ataque um dia antes de seu lançamento – o que despertou uma reação gélida de Moscou.[79] A essa altura, segundo relatos da inteligência iraquiana, o fato de o Irã estar vivendo uma "crise econômica sufocante" e não se achar apto a erguer uma "defesa [de si mesmo] em larga escala constituía uma oportunidade boa demais para ser desperdiçada".[80]

A queda do xá desencadeara uma extraordinária cadeia de eventos. No final de 1980, todo o centro da Ásia vivia uma transição. O futuro do Irã, Iraque e Afeganistão estava em jogo, dependendo das escolhas que seus líderes fizessem e de intervenções de forças externas. Prever de que modo as coisas iriam ocorrer em cada um desses países, e menos ainda na região, era praticamente impossível. Para os Estados Unidos, a resposta era tentar arrumar um jeito de avançar naquele caos jogando em todas as frentes. Os resultados foram desastrosos: embora fosse verdade que as sementes do sentimento antiamericano haviam sido plantadas bem antes no século XX, não teria sido de modo algum inevitável que isso crescesse e virasse um ódio aberto. Mas as decisões políticas dos Estados Unidos ao longo das últimas duas décadas do século iriam servir para envenenar as atitudes em relação a eles por toda a região entre o Mediterrâneo e o Himalaia.

Com certeza, os Estados Unidos tinham uma cartada difícil no início da década de 1980. Num primeiro momento, o ataque iraquiano pareceu uma bênção às autoridades dos Estados Unidos, que viram na agressão de Saddam Hussein uma oportunidade para abrir discussões com Teerã. O assessor de segurança nacional do presidente Carter, Brzezinski, "não escondeu o fato de que o ataque iraquiano era um desdobramento potencialmente positivo, que colocaria pressão para que o Irã libertasse os reféns", segundo um importante conselheiro envolvido nas reuniões de crise que tiveram lugar nesse período.[81] A pressão sobre o regime de Khomeini aumentou quando se soube que, a fim de reagir ao ataque, ele precisava desesperadamente de peças de reposição para o equipamento militar que havia sido comprado dos Estados Unidos. Os iranianos foram comunicados de que Washington poderia pensar em fornecer os materiais relevantes – cujo valor era de centenas de milhões de dólares – se os reféns fossem soltos. Teerã simplesmente ignorou a abordagem, que tivera a aprovação pessoal do presidente dos Estados Unidos.[82] Não pela primeira vez, no entanto, o Irã estava um passo à frente: seus agentes, muito astuciosos, já haviam comprado boa parte das peças de reposição necessárias em outras partes, incluindo o Vietnã, que guardava um bom estoque de equipamento dos Estados Unidos capturado durante a guerra.[83]

O Irã também era suprido em grande volume por Israel, que aderiu à visão de que Saddam Hussein deveria ser detido a qualquer custo. A disposição de iranianos e israelenses em fazer negócios era algo em vários aspectos surpreendente, ainda mais considerando a maneira depreciativa com que Khomeini em particular falava dos judeus e de Israel. "O islã e o povo islâmico têm seu principal sabotador no povo judeu, que está na raiz de todos os ataques e intrigas anti-islâmicos", escreveu em 1970.[84] Irã e Israel, contra todos os prognósticos, viam-se agora associados graças à intervenção de Saddam Hussein no golfo.

Essa foi uma das razões pelas quais a retórica de Khomeini em relação às minorias e a outras religiões ficou mais suave no início da década de 1980, quando ele passou a se referir ao judaísmo como "uma religião que merecia respeito e que havia surgido entre pessoas comuns" – embora ele a distinguisse do sionismo, que pelo menos a seus olhos era um movimento político (e explorador) que em sua essência se opunha à religião. Essa mudança de postura em relação às religiões foi tão extensa que a República Islâmica do Irã chegou a emitir selos de correio com uma silhueta de Jesus Cristo e um verso do Corão escrito em armênio.[85]

Não foi só na questão de venda de armas que Israel e Irã cooperaram, mas também em operações militares. Um alvo específico de interesse de ambos era o reator nuclear iraquiano Osirak. Segundo um agente de inteligência, representantes iranianos e israelenses haviam discutido uma missão para atacar a instalação durante conversas clandestinas em Paris, antes que a agressão de Saddam tivesse início.[86] Pouco mais de uma semana após o ataque ao Irã, o reator foi alvo de um ousado ataque por quatro jatos iranianos F-4 Phantom, que visaram os laboratórios de pesquisa e o edifício de controle. Oito meses mais tarde, em junho de 1981, pilotos de caças israelenses fizeram melhor e causaram sérios danos ao reator numa época em que havia temores generalizados de que estivesse a ponto de entrar em estágio crítico.[87]

O ataque iraquiano ao Irã pretendia ser uma vitória fácil e rápida. Para começar, mesmo apesar do ataque ao Osirak, as coisas pareciam promissoras do ponto de vista de Bagdá. No entanto, conforme o tempo foi passando, começaram a se complicar para o Iraque. A União Soviética puniu Saddam por sua ação unilateral, retendo o fornecimento de suprimentos para armamento e suspendendo o envio de novas armas, o que deixou o líder iraquiano frustrado e com poucas opções. Numa franca admissão de que a guerra não ia tão bem quanto se esperava, ele reunia regularmente seus confidentes à sua volta para se queixar, alegando inconvincentes conspirações internacionais para explicar os reveses. Mas a verdade é que os iraquianos viam-se cada vez mais superados em capacidade de combate e armamento. Numa das ocasiões, em meados de 1981, Saddam perguntou a seus generais quase em desespero: "Vamos tentar comprar armas agora no mercado negro. Será que podemos conseguir isso do mesmo jeito que os iranianos?".[88]

O Irã revelava-se de fato competente, ressurgente – e cada vez mais ambicioso. Por volta do verão de 1982, soldados iranianos haviam conseguido não só expulsar os iraquianos de territórios que estes haviam capturado, mas já atravessavam as fronteiras. Um relatório especial de inteligência preparado pela Agência Nacional de Segurança dos Estados Unidos em junho daquele ano traçou um quadro inequívoco: "O Iraque essencialmente perdeu a guerra com o Irã. [...] Há pouca coisa que os iraquianos possam fazer sozinhos ou em combinação com outros árabes para reverter a situação militar".[89] Com vento a favor, os iranianos agora procuravam difundir a ideia da revolução islâmica em outros países. Fundos e apoio logístico foram dados às forças xiitas radicais no Líbano e a organizações como a Hezbolá [Partido de Deus], e foram feitos esforços para fomentar distúrbios em Meca e patrocinar um golpe no Bahrein. "Penso que os iranianos representam uma grande ameaça, sem dúvida, aos países do Oriente Médio", teria afirmado o secretário de Defesa, Caspar Weinberger, em julho 1982; "é um país dirigido por um bando de loucos".[90]

Ironicamente, portanto, as crescentes dificuldades enfrentadas pelo Iraque de Saddam Hussein eram uma dádiva dos céus para os Estados Unidos. Embora os reféns da embaixada de Teerã tivessem sido finalmente libertados, depois de mais de um ano e de um acordo acertado nos bastidores, o final do impasse não marcou uma melhora nas relações dos Estados Unidos com o Irã. Em contraste com isso, os soviéticos continuaram a cortejar Khomeini – como a CIA observou com alarme. O momento parecia ser da União Soviética, especialmente considerando seu aparente sucesso no Afeganistão, onde seus soldados haviam ocupado cidades e tomado as principais rotas de comunicação, e pareciam, pelo menos vendo de fora, no controle da situação. A pressão diplomática sobre a União Soviética, que incluiu um boicote às Olimpíadas de Moscou de 1980, não produziu resultados tangíveis. Do ponto de vista de Washington, havia poucas razões para ficar esperançoso – até que as autoridades americanas se deram conta de que havia um movimento óbvio a ser feito: apoiar Saddam.

Como expressou mais tarde o secretário de Estado George Shultz, se o Iraque continuasse a recuar, o país facilmente iria desmoronar – o que teria sido "um desastre estratégico para os Estados Unidos".[91] Além de causar distúrbios por todo o Golfo Pérsico e no Oriente Médio, isso resultaria no fortalecimento de Teerã na questão dos mercados de petróleo internacionais. Aos poucos, mas de modo seguro, uma nova política emergiu. Os Estados Unidos decidiram aumentar a aposta no Iraque; esta era a casa do tabuleiro onde eram maiores as chances de Washington poder influenciar o que estava ocorrendo no centro da Ásia. Ajudar Saddam era uma maneira de continuar no jogo e de contrabalançar o avanço tanto do Irã quanto da União Soviética.

O apoio assumiu várias formas. Depois de tirar o Iraque da lista de Estados que apoiavam o terrorismo, os Estados Unidos passaram a ajudar a reerguer a economia do país, oferecendo crédito para apoiar o setor agrícola e permitir que Saddam comprasse equipamento não militar e tecnologia de "uso dual", como caminhões pesados que podiam ser usados para transportar equipamento até as linhas do front. Os governos ocidentais na Europa foram incentivados a vender armas a Bagdá, enquanto diplomatas dos Estados Unidos trabalhavam abertamente para convencer outras potências regionais, como o Kuwait e a Arábia Saudita, a ajudar a financiar os gastos militares do Iraque. Informações colhidas por agentes do Estados Unidos começaram a ser transmitidas a Bagdá, em geral por meio do rei Hussein da Jordânia, um intermediário confiável.[92] A administração do país sob o presidente Reagan também ajudou a impulsionar as exportações de petróleo do Iraque – e com isso suas receitas –, incentivando e facilitando a expansão dos oleodutos para a Arábia Saudita e Jordânia, a fim de contrabalançar os problemas de transporte no Golfo Pérsico causados pela guerra com o Irã. Isso tinha a intenção de "corrigir o desequilíbrio nas exportações de petróleo entre o Irã e o Iraque" – em outras palavras, nivelar o campo de jogo.[93]

Além disso, passos ativos foram dados a partir do final de 1983 para sustar as vendas de armas e suprimentos para o Irã, na tentativa de deter os avanços no campo de batalha por meio de uma iniciativa batizada de Operação Staunch [Estancar]. Diplomatas dos Estados Unidos foram instruídos a requisitar de nações anfitriãs que "considerassem interromper qualquer tráfico de equipamento militar de qualquer origem que pudesse existir entre seu país e o Irã", até que fosse acertado um cessar-fogo no golfo. Diplomatas deveriam enfatizar que os combates estavam "ameaçando todos os nossos interesses"; era imperativo, dizia a ordem, "diminuir a capacidade do Irã de prolongar a guerra".[94]

Essa medida teve também a intenção de ganhar a confiança dos iraquianos e de Saddam, que continuavam com profundas suspeitas em relação aos Estados Unidos e seus motivos, mesmo depois que todas essas medidas haviam sido tomadas.[95] Assim, quando o presidente Reagan enviou seu embaixador itinerante, Donald Rumsfeld, a Bagdá no final de 1983, um dos objetivos explícitos deste último era "iniciar um diálogo e estabelecer uma relação pessoal" com Saddam Hussein. Como consta das anotações resumidas de Rumsfeld, ele deveria garantir ao líder iraquiano que os Estados Unidos "iriam encarar qualquer grande revés na sorte do Iraque como uma derrota estratégica do Ocidente".[96] A missão de Rumsfeld foi avaliada como tendo sido um notável sucesso, tanto pelos americanos quanto pelos iraquianos. Além disso, foi vista como "um desdobramento muito bom" pelos sauditas, que estavam igualmente preocupados com a exportação para todo o Oriente Médio das teses do Islã xiita defendidas por Khomeini.[97]

O alinhamento com o Iraque era tão importante que Washington dispunha-se a fazer vista grossa diante do uso de armas químicas por Saddam, que era, conforme atestou um relatório, uma ocorrência "quase diária".[98] Deveriam ser feitos esforços para que os iraquianos interrompessem isso – mas reservadamente, para "evitar surpreender o Iraque de modo desagradável com exposição pública".[99] Foi observado também que quaisquer críticas ao uso de armas químicas (estritamente proibidas pelo Protocolo de Genebra de 1925) seriam uma vitória de propaganda para o Irã e não ajudariam a acalmar as tensões. Os Estados Unidos procuraram evitar fornecer as substâncias químicas usadas para manufaturar o gás mostarda e fizeram um forte *lobby* para pressionar os iraquianos a não usarem armas químicas nas batalhas – especialmente depois que o Irã levou o assunto às Nações Unidas em outubro de 1983.[100]

No entanto, mesmo quando ficou evidente que havia sido usado gás venenoso contra o Irã no decorrer da ofensiva de Badr de 1985, nenhuma crítica foi feita em público – exceto declarações brandas de que os Estados Unidos opunham-se fortemente ao uso de armas químicas.[101] Em relação a isso, porém, gerava muito embaraço que a capacidade de produção do Iraque, como um alto oficial americano apontou, fosse "basicamente [derivada] de empresas ocidentais, incluindo possivelmente uma subsidiária estrangeira dos Estados Unidos". Não custava muito perceber que isso levantava questões desconfortáveis a respeito da cumplicidade na aquisição e uso por Saddam de armas químicas.[102]

Com o tempo, até mesmo os comentários públicos mais discretos e as tratativas privadas com altos oficiais iraquianos a respeito de armas químicas foram abandonados. Em meados da década de 1980, quando relatórios das Nações Unidas concluíram que o Iraque estava usando armas químicas contra os próprios civis, a única reação dos Estados Unidos foi o silêncio. A condenação pelas ações brutais e sustentadas de Saddam contra a população curda do Iraque era conspícua por sua ausência. Foi meramente observado por relatórios militares americanos que "agentes químicos" estavam sendo extensivamente usados contra alvos civis. O Iraque era mais importante para os Estados Unidos que os princípios da lei internacional – e mais importante que as vítimas.[103]

Similarmente, pouco se disse ou se fez para deter o programa nuclear no Paquistão, em virtude do aumento do valor estratégico do país após a invasão soviética do Afeganistão. Por todo o globo, os direitos humanos eram relegados a um distante segundo plano, atrás dos interesses dos Estados Unidos. As lições do Irã pré-revolucionário não haviam sido aprendidas: os Estados Unidos certamente não buscavam endossar maus comportamentos, mas era inevitável que houvesse dano à reputação e que seria pago um preço por apoiar ditadores e aqueles que se dispunham a destratar as próprias populações ou a provocar seus vizinhos.[104]

Um exemplo disso foi a ajuda dada aos insurgentes no Afeganistão que se opunham à invasão soviética e ficaram conhecidos coletivamente na imprensa ocidental como "mujahidin" – literalmente, "engajados na jihad". Na realidade, eram um grupo heterogêneo, composto por nacionalistas, ex-oficiais do exército, fanáticos religiosos, líderes tribais, oportunistas e mercenários. Eram também, ocasionalmente, rivais que competiam entre si por recrutas e por dinheiro e armas, como os milhares de fuzis semiautomáticos e RPG-7 (lançadores de granadas propelidos por foguetes), fornecidos pela CIA desde o início de 1980, principalmente via Paquistão.

Apesar de sua incoerência organizacional, a resistência ao esmagador poderio militar soviético revelou-se importuna, constante, e abatia o moral do oponente. Ataques terroristas tornaram-se um aspecto corriqueiro da vida nas grandes cidades e ao longo da rodovia Salang e da rota que corre ao sul, indo do Uzbequistão a Herat e Kandahar, principais artérias que traziam soldados e equipamento da União Soviética para o Afeganistão. Relatórios enviados de volta a Moscou ressaltavam o preocupante aumento do número de incidentes hostis, assim como a dificuldade em identificar seus autores: os insurgentes haviam sido instruídos, dizia um memorando, a se fundirem à população local para não serem detectados.[105]

O crescente sucesso dos rebeldes afegãos era impressionante. Em 1983, por exemplo, um ataque liderado por apenas um comandante, Jalaluddin Haqqani, conseguiu capturar dois tanques T-55 e equipamentos que incluíam canhões antiaéreos, lançadores de foguetes e obuses, que ele protegeu em um ninho de túneis perto de Khost, junto à fronteira paquistanesa. Eles passaram a ser usados em ataques a comboios que passavam por estradas expostas e propiciaram uma inestimável ferramenta de propaganda para convencer a população local de que era possível causar danos à poderosa União Soviética.[106]

Triunfos como esses desmoralizavam os soldados soviéticos, que reagiam com brutalidade. Alguns escreveram sobre a "sede de sangue" e o insaciável desejo de vingança depois de verem seus colegas mortos e feridos. As represálias eram horrorosas, com crianças sendo mortas, mulheres estupradas e todo civil transformado em alvo suspeito de ser um mujahid. Isso criou um círculo vicioso, que levou mais afegãos a se sentirem atraídos a apoiar os rebeldes.[107] Como um cronista escreveu, para os comandantes soviéticos foi uma lição perceber que a grande marreta do Exército Vermelho era incapaz de quebrar a noz de um inimigo esquivo e descoordenado.[108]

A força da insurgência impressionou os Estados Unidos, para quem o objetivo agora não era mais conter a expansão soviética. No início de 1985, a conversa já era sobre derrotar a União Soviética e expulsar os soviéticos de vez do país.[109] Em março, o presidente Reagan assinou a Decisão Normativa de Segurança Nacional 166, declarando que a "meta final da política [americana] é remover as forças soviéticas do Afeganistão"; para isso, prosseguia, era preciso "melhorar a eficácia militar da resistência afegã".[110] O que isso queria dizer ficou claro em seguida: uma radical escalada na quantidade de armas fornecidas aos insurgentes. A decisão provocou longo debate sobre a inclusão ou não de mísseis Stinger – temíveis lançadores portáteis capazes de derrubar aviões a uma distância de cinco quilômetros e com uma precisão bem maior que a das demais armas então disponíveis.[111]

Os beneficiários da nova política eram homens como Jalaluddin Haqqani, cujas realizações contra os soviéticos e cuja devoção religiosa convenceram o congressista americano Charlie Wilson – mais tarde tema do entusiástico filme de Hollywood, campeão de bilheteria, *Charlie Wilson's War* (2007) [*Jogos do poder*] – a descrevê-lo como "a bondade em pessoa". Tendo acesso a equipamento melhor e mais abundante, Jalaluddin conseguiu fortalecer sua posição no sul do Afeganistão, e suas visões linha-dura foram reforçadas pelo seu sucesso militar, possibilitado pelo grande fluxo de armas americanas depois de 1985. Isso não quer dizer que sentisse alguma lealdade em relação aos Estados Unidos. Na realidade, iria se tornar um espinho para os americanos: depois do 11 de Setembro, passou a ser o terceiro homem mais procurado no Afeganistão.[112]

Os Estados Unidos apoiaram cinquenta comandantes como ele, adiantando-lhes taxas de prestação de serviços entre 20 mil e 100 mil dólares por mês, dependendo de resultados e status. Também houve um influxo de dinheiro da Arábia Saudita em apoio aos mujahidin, fruto da simpatia saudita pela retórica de militância islâmica usada pela resistência e do desejo de ajudar muçulmanos perseguidos. Sauditas que seguiam sua consciência para lutar no Afeganistão eram altamente considerados. Figuras como Osama bin Laden – bem relacionadas, articuladas e pessoalmente imponentes – tinham um posicionamento perfeito como canais para as grandes somas de dinheiro dadas pelos benfeitores sauditas; inevitavelmente, seu acesso a esses recursos tornava-os figuras importantes dentro do próprio movimento mujahidin.[113] O quanto isso também seria significativo só ficaria evidente mais tarde.

O apoio chinês à resistência também teria implicações a longo prazo. A China declarara sua oposição à invasão soviética desde o início, prevendo que a política expansionista teria consequências danosas. A ação da União Soviética em 1979 era uma "ameaça à paz e segurança na Ásia e ao mundo inteiro", segundo um jornal diário chinês da época; o Afeganistão não era a verdadeira meta dos soviéticos, que tencionavam usar o país como um mero "degrau para um avanço ao sul em direção ao Paquistão e a todo o subcontinente".[114]

Aqueles que resistiam ao exército soviético também eram ativamente cortejados por Pequim e recebiam armas em volumes que cresceram regularmente na década de 1980. De fato, quando soldados dos Estados Unidos capturaram bases do Taliban e da Al-Qaeda em Tora Bora, em 2001, encontraram grandes estoques de lançadores de granadas propelidos por foguetes e de lançadores de múltiplos mísseis, juntamente com minas e fuzis que haviam sido enviados ao Afeganistão duas décadas antes. Em medidas das quais ela mais tarde veio a se arrepender, a China também incentivou, recrutou e treinou muçulmanos uigures em Xinjiang, e depois ajudou-os a fazer contato e se juntar aos mujahidin.[115] A radicalização da China ocidental revelou-se problemática desde então.

Esse intenso patrocínio fortaleceu a resistência ao Exército Vermelho, e os soviéticos viram-se sendo dilapidados e tendo graves perdas de equipamento, soldados – e dinheiro. Em agosto de 1986, cerca de 40 mil toneladas de munição, no valor de 250 milhões de dólares aproximadamente, foram explodidas num depósito de armas nos arredores de Cabul. Depois havia o sucesso dos mísseis Stinger dos Estados Unidos, que derrubaram três helicópteros MI-24 dotados de metralhadoras perto de Jalalabad, em 1986, e se mostraram tão eficazes que mudaram a maneira como a cobertura aérea passou a ser usada no Afeganistão. Os pilotos soviéticos foram obrigados a mudar seus padrões de aterrissagem, ao mesmo tempo que as missões aéreas eram transferidas cada vez mais para o período da noite, para reduzir as chances de abate.[116]

Em meados da década de 1980, as perspectivas começaram a parecer atraentes do ponto de vista de Washington. Havia sido feito considerável esforço de aproximação com Saddam Hussein e de ganhar a confiança do Iraque; a situação no Afeganistão estava melhorando, à medida que as forças soviéticas eram colocadas na defensiva – e acabaram sendo expulsas de vez do país no início de 1989. Sob todos os aspectos, os Estados Unidos tinham conseguido não só conter as tentativas de Moscou de estender sua influência e autoridade no centro da Ásia, mas também haviam construído novas redes próprias, adaptando-se à medida que eram forçados a isso. Era uma pena, afirmava um documento de inteligência escrito na primavera de 1985, que, dado "o histórico, a importância geoestratégica do Irã", as relações entre Washington e Teerã fossem tão pobres.[117] De fato, um ano antes, o Irã havia sido considerado oficialmente um "Estado patrocinador do terrorismo", o que significava uma proibição abrangente de exportações e vendas relacionadas a armas, controle rigoroso de tecnologia e de equipamentos de uso dual, e uma série de restrições financeiras e econômicas.

Era de fato lamentável, outro relatório da mesma época observava, que os Estados Unidos não tivessem "cartas para jogar" em suas relações com o Irã; talvez valesse a pena considerar a viabilidade de uma "política mais ousada – e talvez mais arriscada", sugeria seu autor.[118] Havia muito a ganhar – de ambos os lados. Com Khomeini agora velho e doente, Washington estava ansioso para identificar a geração seguinte de líderes que iriam alcançar postos de poder. Segundo alguns relatórios, havia uma "facção moderada" na política iraniana, disposta a contatar os Estados Unidos e se reaproximar; envolver-se com esses moderados iria ajudar a construir laços que poderiam se revelar valiosos no futuro. Também havia expectativas de que o Irã pudesse ajudar a garantir a soltura de reféns ocidentais aprisionados por militantes terroristas da Hezbolá no Líbano, no início da década de 1980.[119]

Do ponto de vista do Irã, também era atraente uma abordagem mais construtiva. O desdobramento da situação no Afeganistão, onde os interesses iranianos e americanos encaixavam-se nitidamente, constituía um início promissor, um sinal de que a cooperação era não só possível, mas poderia ser frutífera. Mais que isso, o Irã tinha outros motivos para se mostrar ansioso em melhorar as relações. E um dos mais importantes era que havia mais de 2 milhões de refugiados transbordando pela fronteira desde 1980. Sua entrada no país não era fácil de assimilar, o que significava que a liderança em Teerã talvez estivesse se inclinando a cultivar amizades que pudessem reduzir a volatilidade da região.[120] Ao mesmo tempo, o Irã encontrava dificuldades para obter hardware militar numa época de lutas contínuas e intensas com o Iraque. Embora a maré tivesse se voltado a seu favor e apesar do grande volume de compra de armas no mercado negro, garantir armas e reposições dos Estados Unidos era cada vez mais atraente.[121]

Foram feitas tentativas de abrir canais de comunicação. Os primeiros encontros foram cheios de suscetibilidades, difíceis e desconfortáveis. Decididos a convencer os iranianos, os americanos apresentaram o que mais tarde revelaram ser "informações de inteligência tanto reais quanto enganosas" sobre as intenções soviéticas em relação ao Irã, focando principalmente nos supostos projetos territoriais da União Soviética em relação a partes do país, num esforço de convencer que o alinhamento do Irã aos Estados Unidos tinha benefícios óbvios.[122] Conforme as discussões avançaram, porém, o mesmo ocorreu com o fluxo de informações sobre assuntos que eram de particular interesse dos Estados Unidos – como as relativas ao valor de combate do equipamento soviético. Os americanos sempre acompanharam essas questões com muita atenção, e chegaram a pagar 5 mil dólares para comprar um fuzil de assalto AK-74 capturado no Afeganistão, logo após ele ter sido introduzido pelo exército soviético.[123] Os americanos ouviam atentamente o que os combatentes afegãos tinham a dizer em sua avaliação dos méritos, limitações e vulnerabilidades do tanque T-72 e do helicóptero de assalto MI-24 "Krokodil"; ficaram sabendo do uso extensivo de napalm e de outros gases venenosos pelos soviéticos; e também foram informados de que as forças especiais Spetsnaz em operação por todo o país eram singularmente eficazes, provavelmente em razão do melhor treinamento que recebiam, em comparação com o dos soldados regulares do Exército Vermelho.[124] Tudo isso forneceu informação privilegiada que seria valiosa duas décadas mais tarde.

Havia uma fusão natural de interesses entre Irã e Estados Unidos. As declarações de negociadores iranianos de que "a ideologia soviética é frontalmente oposta à do Irã" tinha sintonia com as atitudes americanas em relação ao comunismo, que podiam ser expressas de maneira igualmente enfática. Também era crucial o forte apoio militar que a União Soviética dava ao Iraque nessa época. "Os soviéticos", disse uma figura importante durante as discussões, "estão matando soldados iranianos."[125] No espaço de poucos anos, o Irã e os Estados Unidos não deixaram de ser piores inimigos, mas haviam se mostrado cada vez mais dispostos a pôr de lado as diferenças e trabalhar em direção a uma meta comum. A tentativa de encontrar um caminho em meio às rivalidades entre as grandes potências era uma política clássica, que teria sido instantaneamente identificada por gerações anteriores de diplomatas e líderes iranianos.

Interessado em firmar o relacionamento, os Estados Unidos começaram a despachar armas para o Irã numa contravenção ao próprio embargo e apesar de pressionar governos estrangeiros para que não vendessem armas a Teerã. Alguns se opuseram a isso, entre eles o secretário de Estado George Shultz, observando que a iniciativa poderia levar a uma vitória do Irã e "a um novo surto de energia para o antiamericanismo em toda a região".[126] Outros argumentavam que era do interesse dos Estados Unidos que Irã e Iraque exaurissem um ao outro. Richard Murphy, um dos subordinados de Shultz, declarou em uma audiência no Congresso no ano anterior que "uma vitória de qualquer um dos dois [Irã ou Iraque] não é nem militarmente viável nem estrategicamente desejável" – um sentimento presente também em comentários entre altos funcionários da Casa Branca.[127]

A primeira partida de cem sistemas de mísseis TOW (*Tube-launched, Optical-tracked, Wire-guided*, ou mísseis "de lançamento tubular, rastreamento óptico e guiados por fio) foi enviada no verão de 1985. As armas foram despachadas por um intermediário que estava ansioso para construir vínculos com Teerã: Israel.[128] Um relacionamento amigável entre ambos pode parecer surpreendente do ponto de vista do início do século XXI, quando líderes iranianos costumavam dizer que Israel deveria ser "varrido do mapa". Mas em meados da década de 1980, os laços eram tão próximos que o primeiro-ministro israelense Yitzhak Rabin chegou a declarar: "Israel é o melhor amigo do Irã, e não pretendemos mudar nossa posição".[129]

O empenho de Israel em participar do programa de armas dos Estados Unidos devia muito ao seu desejo de manter o Iraque numa posição em que fosse obrigado a focar sua atenção firmemente no seu vizinho do leste – em vez de pensar em ações em outros lugares. Mesmo assim, havia consideráveis suscetibilidades relacionadas ao arranjo com o Irã. A proposta dos Estados Unidos envolvia o despacho por Israel de material bélico e equipamento americano para Teerã, antes que Israel recebesse qualquer compensação de Washington. Como resultado, o governo israelense pediu – e recebeu – confirmação de que o esquema havia sido liberado nas altas esferas nos Estados Unidos. De fato, teve a aprovação direta e pessoal do próprio presidente Reagan.[130]

Entre o verão de 1985 e o outono de 1986, o Irã recebeu vários carregamentos substanciais dos Estados Unidos – mais de 2 mil mísseis TOW, dezoito mísseis antiaéreos Hawk e duas partidas de peças de reposição para os sistemas Hawk.[131] Nem tudo foi entregue via Israel, pois não demorou para que as entregas fossem feitas diretamente, embora nesse processo as águas tivessem ficado ainda mais turvas quando os proventos das vendas foram usados para bancar os Contras na Nicarágua. Desde a crise dos mísseis cubanos, Washington convivia com a ameaça da instalação do comunismo às portas do país e tinha todo o interesse em financiar grupos dinâmicos capazes de agir como baluartes efetivos contra a retórica e a política de esquerda – e silenciava em relação às suas atribuições. Os Contras, que na realidade eram um agrupamento pouco formalizado de rebeldes, com frequência em feroz conflito interno, beneficiaram-se muito da doutrina anticomunista americana – e da cegueira da sua política exterior. Num paralelo com a grande distância entre as ações privadas e públicas dos Estados Unidos no Oriente Médio, os americanos prestavam auxílio às forças de oposição na América Central, apesar da legislação que proibia expressamente que o governo dos Estados Unidos fizesse isso.[132]

O assunto chegou a um clímax no final de 1986, quando uma série de vazamentos revelou o que vinha acontecendo. O escândalo ameaçou derrubar o presidente. Em 13 de novembro, Reagan foi à rádio e à TV fazer um pronunciamento nacional no horário nobre a respeito de uma "questão política externa extremamente delicada e importantíssima". Foi um momento do tipo ou vai ou racha, que exigiu todo o seu considerável charme para superá-lo. O presidente quis evitar um tom de desculpas ou soar como alguém na defensiva; era necessário dar uma explicação. Seus comentários traduziam com perfeição a importância dos países dessa região – e a necessidade da América de exercer influência a todo custo.

"O Irã", disse ele a uma audiência perplexa, "abrange uma das geografias mais críticas do mundo. Fica entre a União Soviética e o acesso às águas quentes do oceano Índico. A geografia explica por que a União Soviética enviou um exército ao Afeganistão para dominar o país e, se tiverem sucesso, o Irã e o Paquistão. A geografia do Irã dá a ele uma posição crucial a partir da qual os adversários podem interferir no fluxo do petróleo dos Estados árabes que margeiam o Golfo Pérsico. Além de sua geografia, os depósitos de petróleo do Irã são importantes, a longo prazo, para a saúde da economia mundial." Isso justificava "a transferência de pequenas quantidades de armamento defensivo e peças de reposição", afirmou. Sem especificar o que havia sido enviado a Teerã, declarou que "essas modestas entregas, em seu conjunto, poderiam facilmente caber num único avião de carga". Tudo o que eles vinham tentando era conseguir "um final honroso a uma sangrenta guerra que já se estendia havia seis anos" entre Irã e Iraque, "a fim de eliminar o terrorismo patrocinado pelo Estado" e "possibilitar o retorno em segurança de todos os reféns".[133]

Essa performance teatral pouco fez para evitar as espetaculares repercussões em Washington, quando se tornou público que os Estados Unidos vinham vendendo armas ao Irã no que parecia ser uma troca direta pela liberação dos reféns americanos. As coisas ficaram ainda mais tóxicas quando se soube que aqueles que estavam intimamente envolvidos com a iniciativa Irã-Contras haviam destruído documentos que testemunhavam ações encobertas e ilegais autorizadas pelo próprio presidente. Reagan compareceu perante uma comissão designada para examinar o caso, onde alegou que sua memória não era boa o suficiente para lembrar se havia ou não autorizado a venda de armas ao Irã. Em março de 1987, fez outro pronunciamento pela TV, dessa vez para expressar sua raiva com as "atividades empreendidas sem o meu conhecimento" – uma declaração que brincava levianamente com a verdade, como o próprio Reagan agora observava. "Alguns meses atrás, disse ao povo americano que não havia trocado armas por reféns. Meu coração e minhas melhores intenções ainda me dizem que isso é verdade, mas os fatos e as evidências me dizem que não é assim."[134]

Essas revelações embaraçosas tiveram consequências que penetraram fundo pela administração Reagan, onde uma série de figuras importantes foi em seguida indiciada com acusações que iam de conspiração e perjúrio a retenção de provas. Elas atingiram Caspar Weinberger, secretário da Defesa; Robert McFarlane, assessor de Segurança Nacional, assim como seu sucessor, John Poindexter; Elliott Abrams, assistente do secretário de Estado para Assuntos Interamericanos; e uma série de altos oficiais da CIA, entre eles Clair George, vice-diretor de Operações. A ilustre lista mostrava até onde os Estados Unidos haviam se disposto a ir, a fim de assegurar sua posição no coração do mundo.[135]

O mesmo pode ser dito do fato de as acusações se revelarem apenas um jogo de cena: todas as principais figuras receberam mais tarde o perdão presidencial de George H. W. Bush, ou tiveram suas condenações anuladas na véspera do Natal de 1992. "O denominador comum de suas motivações – quer suas ações tenham sido corretas ou erradas –", dizia a sentença judicial, "foi o patriotismo." O impacto disso em suas finanças pessoais, carreiras e famílias, prosseguiu o presidente, foi "excessivamente desproporcional a quaisquer malfeitos ou erros de julgamento que eles possam ter cometido".[136] Vários dos que foram perdoados já haviam sido condenados por acusações que iam de perjúrio a retenção de informações, formalizadas pelo Congresso, e o julgamento de Weinberger havia sido marcado para dali a duas semanas. Era um caso clássico de justiça elástica e dos fins justificando os meios. As ramificações foram bem além do anel viário de Washington.

Saddam Hussein ficou apoplético ao saber das negociações dos Estados Unidos com o Irã – numa época em que o Iraque acreditava estar sendo apoiado por Washington contra seu vizinho e rival encarniçado. Numa série de encontros realizados imediatamente após o primeiro discurso televisionado de Reagan em novembro de 1986, para discutir o que o presidente havia dito, Saddam esbravejou dizendo que a venda de armas representava uma deplorável "punhalada nas costas" e que o comportamento dos Estados Unidos definia um novo patamar baixo para "comportamento maldoso e imoral".[137] Os Estados Unidos estavam decididos a "fazer correr mais sangue [iraquiano]", concluiu ele, enquanto outros diziam que o que havia sido revelado era apenas a ponta do *iceberg*. Era inevitável, comentou uma alta figura algumas semanas mais tarde, que os americanos continuassem conspirando contra o Iraque; era algo típico de potências imperialistas, concordou o vice-primeiro-ministro Tariq Aziz.[138] A raiva e a sensação de terem sido traídos eram palpáveis. "Não confiem nos americanos – os americanos são mentirosos –, não confiem nos americanos", podia-se ouvir uma voz implorando em fitas de áudio recuperadas de Bagdá mais de vinte anos depois.[139]

O escândalo Irangate custou empregos em Washington, mas desempenhou um papel decisivo no desenvolvimento de uma mentalidade de sítio no

Iraque em meados da década de 1980. Decepcionado com os Estados Unidos, Saddam e seus oficiais passaram a ver conspirações por toda parte. O líder iraquiano começou a falar em quintas-colunas e em degolá-los caso os encontrasse; outros países árabes cujas relações com o Irã ou os Estados Unidos pareciam próximas demais e geravam desconforto foram de repente vistos com profunda suspeita. Como concluiu um posterior relatório de alto nível do país, Saddam ficou convencido após o Irangate de que "não era possível confiar em Washington, que deveria ter algo contra ele pessoalmente".[140]

A crença de que os Estados Unidos estavam dispostos a fazer um jogo duplo e a enganar as partes envolvidas, quaisquer que fossem, dificilmente podia ser vista como infundada. Os americanos haviam sido amigos do xá; agora, tentavam construir laços com o regime do aiatolá Khomeini. Substancial apoio militar e econômico estava sendo dado a um impalatável grupo de personagens no Afeganistão com base apenas na antiga rivalidade entre Estados Unidos e União Soviética. O próprio Saddam havia sido tirado do ostracismo quando se mostrou adequado aos políticos e planejadores em Washington – e depois sacrificado quando não teve mais serventia. Colocar os interesses americanos em primeiro lugar não era em si o problema; a questão é que a condução de uma política exterior no estilo imperialista requer maior tato – assim como pensar melhor nas consequências a longo prazo. Em cada um dos casos, na luta do final do século XX pelo controle dos países das Rotas da Seda, os Estados Unidos fechavam negócios e faziam acordos de improviso, às pressas, resolvendo os problemas de hoje sem se preocupar com os de amanhã – e em alguns casos lançando as bases de questões muito mais difíceis. A meta de tirar os soviéticos do Afeganistão havia sido alcançada; mas pouco se pensou no que poderia acontecer em seguida.

A dura realidade do mundo que os Estados Unidos haviam criado estava mais do que óbvia no Iraque no final da década de 1980 e começo dos anos 1990. Autoridades americanas constrangidas fizeram o melhor possível depois do fiasco do Irangate para "recuperar a credibilidade com os Estados árabes", como expressou o secretário de Defesa.[141] No caso do Iraque, isso consistiu em fornecer facilidades de crédito extraordinárias, desenvolver iniciativas para fortalecer o comércio – o que incluiu afrouxar restrições sobre o uso dual e outras exportações de alta tecnologia – e financiar o titubeante setor agrícola iraquiano. Eram passos voltados para tentar recuperar a confiança de Saddam.[142] Na realidade, eram vistos de modo bem diferente em

Bagdá: embora o líder iraquiano aceitasse os negócios que lhe eram oferecidos, encarava isso como parte de outra armadilha – talvez o prelúdio de um ataque militar, talvez parte de uma tentativa de aumentar a pressão numa época em que pagar as dívidas contraídas durante a guerra Irã-Iraque estava se tornando um problema.

Os iraquianos, declarou o embaixador dos Estados Unidos em Bagdá, estavam "bem convencidos de que os Estados Unidos [...] tinham como alvo o Iraque. Queixavam-se disso o tempo todo. [...] E acho que Saddam Hussein acreditava piamente nisso".[143] No final de 1989, começaram a se difundir rumores entre a liderança iraquiana de que os Estados Unidos tramavam um golpe contra Saddam Hussein. Tariq Aziz disse abertamente ao secretário de Estado, James Baker, que o Iraque tinha provas de que eles estavam planejando derrubar Saddam.[144] A mentalidade de sítio havia virado uma paranoia tão aguda que, independentemente do passo que os americanos dessem, era passível de ser mal interpretado.

Não era difícil entender a desconfiança do Iraque – em especial quando as garantias de empréstimo que haviam sido prometidas por Washington foram subitamente canceladas em julho de 1990, depois que as tentativas da Casa Branca de canalizar apoio financeiro a Bagdá foram sustadas pelo Congresso. Pior ainda, além de retirar o empréstimo de 700 milhões de dólares, foram impostas sanções ao país como punição pelo uso passado de gás venenoso. Do ponto de vista de Saddam, era como se a história se repetisse: os Estados Unidos prometendo uma coisa e fazendo outra – e de maneira ardilosa.[145]

A essa altura, forças iraquianas estavam se reunindo no sul do país. "Normalmente isso não seria da nossa conta", disse a embaixadora dos Estados Unidos em Bagdá, April Glaspie, ao se encontrar com Saddam Hussein em 25 de julho de 1990. No que pode ser considerado um dos documentos mais incriminadores do final do século XX, uma transcrição vazada do encontro da embaixadora americana com o líder iraquiano revela que ela disse a Saddam que vinha com "instruções diretas do presidente Bush para melhorar nossas relações com o Iraque", e que notara com admiração os "extraordinários esforços de reconstrução do seu país" realizados por Saddam. Não obstante, disse Glaspie ao líder iraquiano: "Sabemos que precisa de fundos".

O Iraque passava por momentos difíceis, admitiu Saddam, que se mostrou "cordial, razoável e até caloroso durante o encontro", segundo um memorando em separado, que também foi tornado público posteriormente.[146]

A perfuração angular de gás, as longas disputas de fronteiras e a queda nos preços do petróleo causavam problemas para a economia, disse Saddam – assim como as dívidas contraídas na guerra contra o Irã. Havia uma possível solução, disse ele. Assumir o controle da região do curso d'água de Shatt al-Arab, sobre a qual o Iraque estava envolvido em uma longa disputa com o Kuwait: isso ajudaria a resolver alguns dos problemas vigentes. "Qual a opinião dos Estados Unidos a respeito disso?", ele perguntou.

"Não temos opinião a respeito de seus conflitos árabes-árabes, como a sua questão com o Kuwait", replicou a embaixadora. Ela prosseguiu para esclarecer melhor: "O secretário [de Estado James] Baker orientou-me para enfatizar a instrução, que já foi dada ao Iraque na década de 1960, de que a questão do Kuwait não tem vínculo com a América".[147] Saddam havia pedido sinal verde dos Estados Unidos e o recebera. Na semana seguinte, invadiu o Kuwait.

As consequências revelaram-se catastróficas. Pelas três décadas seguintes, os assuntos globais seriam dominados por eventos nos países que correm pela espinha dorsal da Ásia. A luta pelo controle e influência nesses países produziu guerras, insurreições e terrorismo internacional – mas também oportunidades e perspectivas, não apenas no Irã, Iraque e Afeganistão, mas também numa faixa de países estendendo-se a leste a partir do mar Negro, da Síria à Ucrânia, do Cazaquistão ao Quirguistão, do Turcomenistão ao Azerbaidjão, e da Rússia à China também. A história do mundo sempre esteve centrada nesses países. Mas desde a época da invasão do Kuwait, tudo tem se relacionado com a emergência da Nova Rota da Seda.

25
A rota da tragédia

A invasão do Kuwait em 1990 disparou uma extraordinária sequência de eventos que definiram o final do século XX e o início do XXI. Saddam já havia impressionado os britânicos como um "jovem bem-apessoado", com um "sorriso envolvente" e sem aquela "afabilidade superficial" de muitos de seus colegas; gostava de conversar "sem rodeios". Era um homem, como concluiu o embaixador britânico em Bagdá no final da década de 1960, "com quem, se você tivesse a oportunidade de conhecê-lo melhor, seria possível fazer negócios".[1] Visto pelos franceses como um "De Gaulle árabe", um homem cujo "nacionalismo e socialismo" haviam sido entusiasticamente admirados pelo presidente Jacques Chirac, Saddam era alguém em quem os Estados Unidos também se mostraram interessados em apostar no início da década de 1980, numa tentativa de melhorar o que Donald Rumsfeld chamou de "posição dos Estados Unidos na região".[2]

O ataque ao Kuwait, segundo o que Saddam Hussein disse a seus assessores mais próximos em dezembro de 1990, era uma forma de autodefesa na esteira do escândalo Irangate e das revelações de jogo duplo dos Estados Unidos.[3] Mas não era assim que o resto do mundo via as coisas. Foram aplicadas sanções econômicas após a invasão, enquanto as Nações Unidas exigiam uma retirada imediata dos iraquianos. Quando Bagdá simplesmente ignorou a crescente pressão diplomática, foram feitos planos para resolver o assunto de maneira mais decisiva. Em 15 de janeiro de 1991, o presidente George H. W. Bush autorizou o uso de ação militar "em consonância com minhas responsabilidades e autoridade sob a Constituição como presidente e comandante-chefe, e sob as leis e tratados dos Estados Unidos". A sentença de abertura da Diretiva Nacional 54, que aprovou o uso da força pelas "forças militares convencionais dos Estados Unidos por ar, mar e terra, em coordenação com as forças de nossos parceiros da coalizão", evita qualquer menção à agressão iraquiana, à violação da soberania do território do Kuwait ou à lei internacional. Em vez disso, numa declaração que dá o tom da política externa americana ao longo das três décadas seguintes, o presidente afirma: "O acesso ao petróleo do Golfo Pérsico e a segurança dos principais Estados amigos da área são vitais para a segurança nacional dos Estados Unidos".[4] A invasão do Kuwait por Saddam Hussein foi um desafio aberto ao poder e aos interesses americanos.

Seguiu-se um ambicioso assalto, com soldados recrutados de uma ampla coalizão de países, liderados pelo general Norman Schwarzkopf – cujo pai havia ajudado a tomar o Irã para os Aliados durante a Segunda Guerra Mundial e desempenhado um papel não só na Operação Ajax, que depôs Mossadegh, mas também na criação da Savak, o serviço de inteligência iraniano que aterrorizou a própria população de 1957 a 1979. Ataques aéreos aliados visaram instalações-chave de defesa, comunicação e armamentos, enquanto forças terrestres avançavam pelo sul do Iraque e pelo Kuwait na Operação Tempestade no Deserto. Foi uma expedição espetacular e muito rápida. Seis semanas após o início das operações em janeiro de 1991, o presidente Bush declarou um cessar-fogo, ressaltando num pronunciamento pela televisão em 28 de fevereiro que o "Kuwait foi libertado. O exército do Iraque foi derrotado. Nossos objetivos militares foram alcançados. O Kuwait está de novo nas mãos de seu povo, no controle do próprio destino". Esta "não é uma hora de euforia, certamente não é uma hora de se regozijar", continuou. "Devemos agora olhar além da vitória e da guerra."[5]

Os índices de aprovação de Bush dispararam, superando os níveis estratosféricos alcançados pelo presidente Truman no dia da rendição dos alemães em 1945.[6] Parte da razão disso é que os objetivos da guerra haviam sido claramente definidos e alcançados com rapidez, felizmente com poucas vidas perdidas pelas forças de coalizão. Os Estados Unidos haviam excluído a meta de derrubar o próprio Saddam, a não ser que ele usasse "armas químicas, biológicas ou nucleares", patrocinasse ataques terroristas ou destruísse campos petrolíferos do Kuwait – caso em que, segundo disse o presidente Bush, "deveria tornar-se o objetivo específico dos Estados Unidos substituir a atual liderança do Iraque".[7]

A decisão de encerrar a ação militar na primeira oportunidade teve ampla aprovação do mundo de fala árabe e além dele também – apesar de as forças iraquianas terem de fato sabotado vários poços de petróleo do Kuwait e ateado fogo neles. Isso foi ignorado, em parte por se achar que o avanço até a capital iraquiana teria sido uma inaceitável "ampliação da missão", escreveu o presidente num livro em coautoria com seu assessor de segurança nacional, Brent Scowcroft, no final da década de 1990. Além de antagonizar aliados no mundo árabe e em outras partes, reconheceu-se que estender o terreno da guerra para o Iraque e "tentar eliminar Saddam" teriam tido um preço alto demais.[8]

"Tomamos a decisão de não ir até Bagdá", concordou Dick Cheney, secretário de Defesa, num discurso no Instituto Discovery em 1992, "porque isso nunca havia sido parte de nosso objetivo. Não foi para isso que demos [os Estados Unidos] aprovação, não foi para isso que o Congresso deu aval, não foi para isso que a coalizão foi reunida." Além disso, prosseguiu ele, os Estados Unidos não querem "ficar atolados nos problemas envolvidos em tentar tomar e governar o Iraque". Remover Saddam teria sido difícil, "e a questão em mente", admitiu, era "quantas baixas americanas adicionais Saddam vale? E a resposta é que não são muitas".[9]

A posição pública era conter Saddam Hussein, mais do que derrubá-lo. Nos bastidores, porém, a história era outra. Em maio de 1991, apenas algumas semanas após o cessar-fogo, o presidente Bush aprovou um plano para "criar condições para tirar Saddam Hussein do poder". Para isso, reservou uma substancial soma para operações secretas: 100 milhões de dólares.[10] Desde a década de 1920, os Estados Unidos haviam se envolvido em apoiar regimes que se adequassem aos seus interesses estratégicos mais amplos. Washington agora mostrava de novo que estava disposto a considerar uma mudança de regime a fim de impor sua visão nessa parte do mundo.

A intensa ambição dos Estados Unidos nessa época era estimulada em parte pelas profundas mudanças geopolíticas que ocorreram no início da década de 1990. O Muro de Berlim havia caído pouco antes da invasão do Kuwait, e nos meses seguintes à derrota do Iraque a União Soviética desintegrou-se. No dia de Natal de 1991, o presidente Mikhail Gorbachev renunciou à presidência da União Soviética e anunciou a dissolução desta em quinze Estados independentes. O mundo via "mudanças de proporções quase bíblicas", declarou o presidente Bush ao Congresso semanas mais tarde. "Pela graça de Deus, a América venceu a Guerra Fria."[11]

Na própria Rússia, a transição desencadeou uma furiosa batalha pelo poder, que terminou numa crise constitucional e na deposição da velha guarda, depois que tanques do exército bombardearam a Casa Branca de Moscou, sede do governo russo, em 1993. Esse foi também um período de grande transição na China, à medida que as reformas introduzidas por Deng Xiaoping e outros após a morte de Mao Tsé-tung em 1976 começaram a surtir efeito – transformando o país de uma potência regional isolada em outra com crescentes ambições econômicas, militares e políticas.[12] A opressiva política do *apartheid* também estava finalmente perdendo vigor na África do Sul. Os tambores da liberdade, da paz e da prosperidade pareciam bater de maneira sonora e triunfal.

O mundo já estivera dividido em dois, disse o presidente Bush numa sessão conjunta do Senado e da Câmara. Agora havia apenas "uma potência, única e preeminente: os Estados Unidos da América".[13] O Ocidente havia triunfado. Ter tomado alguns atalhos morais no Iraque era perdoável, já que o propósito evangelizador prioritário era acelerar a difusão da marca registrada e do dom do Império americano: a democracia.

Ao longo da década que se seguiu à invasão do Kuwait, portanto, os Estados Unidos perseguiram uma política que era ao mesmo tempo ambígua e ambiciosa. Repetiram o mantra de libertar os países como o Iraque e incentivar o conceito e a prática da democracia; mas também com muito zelo, e às vezes com brutalidade, buscaram proteger e promover seus interesses num mundo em rápida mudança, quase sem se importar com o preço a pagar. No Iraque, a Resolução 687 da ONU, aprovada na esteira da Guerra do Golfo, continha medidas relacionadas à soberania do Kuwait, mas também aplicara sanções à "venda de suprimentos [...] de *commodities* ou produtos, exceto medicamentos e suprimentos de saúde", excluindo igualmente os "gêneros alimentícios".[14] Essas medidas tinham a intenção de forçar o desarmamento e também de acabar com programas de armas biológicas e químicas, impondo acordos para o reconhecimento da soberania do Kuwait. O impacto das restrições abrangentes sobre as exportações iraquianas e suas transações financeiras foi devastador – especialmente para os pobres. Estimativas iniciais na *Lancet* sugerem que, em cinco anos, 500 mil crianças morreram de desnutrição e doenças como resultado direto dessas políticas.[15] Em 1996, Leslie Stahl entrevistou Madeleine Albright, a embaixadora dos Estados Unidos nas Nações Unidas, no programa de TV *60 Minutes*, e afirmou que haviam morrido mais crianças no Iraque como resultado dessas sanções do que em Hiroshima em 1945. "Penso que é uma escolha muito difícil", replicou Albright; não obstante, ela prosseguiu, "achamos que o preço se justifica".[16]

As sanções não foram as únicas medidas contra o Iraque após o cessar-fogo. Foram impostas zonas de exclusão aérea ao norte do paralelo 36 e ao sul do paralelo 32 – patrulhadas por cerca de 200 mil incursões aéreas de vigilância realizadas na década de 1990 por caças dos Estados Unidos, franceses e britânicos.[17] Essas zonas de exclusão aérea, que juntas cobriam mais da metade do território iraquiano, foram ostensivamente estabelecidas para proteger a minoria curda no norte e a população xiita no sul. O fato de terem sido impostas unilateralmente, sem uma determinação do Conselho de Segurança da ONU, mostrava que o Ocidente estava decidido a interferir nos assuntos internos de outro país e tomar as questões nas próprias mãos quando lhe interessava.[18]

Isso ficou demonstrado de novo em 1998, quando o presidente Clinton assinou a Lei de Libertação do Iraque, formalizando a "política dos Estados Unidos de apoiar esforços para remover do poder o regime chefiado por Saddam Hussein no Iraque e promover a emergência de um governo democrático em substituição a esse regime".[19] Clinton anunciou também que estavam sendo disponibilizados 8 milhões de dólares para "a oposição democrática iraquiana", com o objetivo expresso de permitir que as vozes dissonantes que se opunham a Saddam "se unificassem e trabalhassem juntas de maneira mais efetiva".[20]

As tentativas dos Estados Unidos e seus aliados de conseguir o que queriam não se limitavam ao Iraque. O presidente Clinton buscou aproximação com a liderança iraniana, por exemplo, na tentativa de abrir um diálogo e melhorar as relações que haviam sofrido uma queda brusca após o escândalo do Irangate e a catastrófica derrubada de um jato iraniano de passageiros em 1988 pelo USS *Vincennes*. Embora a total extensão das represálias promovidas por Teerã não seja ainda clara, várias evidências sugerem que uma grande série de ataques terroristas foi dirigida contra alvos americanos – incluindo talvez a derrubada do avião Pan Am 103 na cidade escocesa de Lockerbie, em dezembro de 1988, e também o bombardeio de uma base dos Estados Unidos perto de Dhahran, na Arábia Saudita, em 1996.[21]

Depois que o envolvimento iraniano nessa última ação ficou fortemente sugerido por uma investigação dos Estados Unidos, o presidente Clinton protestou junto ao presidente Khatami numa carta entregue por um intermediário no final da década de 1990. Os iranianos responderam de modo agressivo, refutando as alegações americanas de cumplicidade iraniana na morte de dezenove soldados como "imprecisas e inaceitáveis". Além do mais, a resposta afirmava que era uma falsidade os Estados Unidos se dizerem ultrajados por ataques terroristas, dado que não haviam tomado nenhuma medida para "processar ou extraditar os cidadãos americanos prontamente identificáveis que haviam sido responsáveis pela derrubada do avião da empresa aérea civil iraniana" uma década antes. Mesmo assim, Teerã oferecia esperança para o futuro. O presidente podia ter certeza, afirmava a resposta, de que o Irã não nutria "nenhuma intenção hostil em relação aos americanos". Na realidade, "o povo iraniano não só não alimenta nenhuma inimizade como [também] tem respeito pelo grande povo americano".[22]

Esse passo à frente replicou-se no Afeganistão, onde foram abertos canais de comunicação com o regime linha-dura Talibã depois que o supremo líder mulá Omar fez contato por meio de um intermediário em 1996. Mais uma vez, os primeiros sinais eram promissores. "O Talibã tem grande apreço pelos Estados Unidos", disse um alto líder talibã, segundo um relatório confidencial do primeiro encontro, preparado pela embaixada norte-americana em Cabul; além disso, o apoio dado por Washington "durante a jihad contra os soviéticos" não havia sido esquecido. Acima de tudo, "o Talibã quer boas relações com os Estados Unidos".[23] Essa mensagem conciliatória gerou otimismo, assim como o fato de os Estados Unidos ter contatos e velhos amigos locais que poderiam se mostrar úteis no futuro. Um deles era o comandante militar Jalaluddin Haqqani, um antigo ativo da CIA desde a invasão soviética, cujas atitudes (relativamente) liberais em relação à política social e aos direitos das mulheres foram observadas num memorando que destacava sua crescente importância dentro do Talibã.[24]

Os Estados Unidos estavam preocupados em primeiro lugar com o papel do Afeganistão como viveiro de militantes e terroristas. O Talibã ganhara o controle de Cabul no decorrer de 1996, despertando crescente alarme nos países vizinhos sobre possíveis instabilidades regionais, crescimento do fundamentalismo religioso e a perspectiva de atrair a Rússia para uma região da qual acabara de sair, após o colapso da União Soviética.

Essas preocupações foram apresentadas em uma reunião com a cúpula do Talibã em Kandahar, em outubro de 1996. Oficiais americanos receberam garantias de que os campos de treinamento de militantes haviam sido fechados e que lhes seria concedido acesso para que inspeções confirmassem isso. Oficiais do Talibã, entre eles o mulá Ghous, ministro do Exterior afegão de fato, reagiram favoravelmente quando perguntados a respeito de Osama bin Laden, cujas atividades vinham despertando crescente preocupação à inteligência dos Estados Unidos. A CIA ligava Bin Laden ao ataque a soldados americanos na Somália em 1992, às bombas no World Trade Center de Nova York em 1993 e à criação de uma "rede de centros de recrutamento da Al--Qaeda e hospedagens no Egito, Arábia Saudita e Paquistão". Segundo um relatório de inteligência, ele era "um dos mais importantes apoiadores financeiros das atividades de extremistas islâmicos no mundo".[25]

"Seria útil", autoridades americanas disseram a representantes do Afeganistão, "se o Talibã pudesse nos revelar onde ele se localiza e garantir que não irá realizar ataques [terroristas]." Os oficiais afegãos responderam que Bin Laden estava "conosco como hóspede, como refugiado", e que por isso havia uma obrigação de "tratar um hóspede com respeito e hospitalidade", de acordo com a cultura pachto. "O Talibã", disseram eles, "não irá permitir que ninguém use [nosso] território para atividades terroristas." De qualquer modo, Bin Laden havia "prometido que não iria cometer [ataques terroristas]" enquanto morasse no Afeganistão, e além disso, quando o Talibã suspeitara que ele estaria vivendo em cavernas ao sul de Jalalabad, perto de Tora Bora, e lhe pedira para "mudar--se dali [e] ir morar numa casa comum", ele havia concordado.[26]

Embora isso fosse tranquilizador apenas superficialmente, não chegava a ser tão convincente quanto os americanos queriam, e promoveu uma mudança de orientação. "Esse homem é um veneno", disseram os oficiais dos Estados Unidos aos emissários do Talibã enfaticamente. "Todos os países, mesmo grandes e poderosos como os Estados Unidos, precisam de amigos. [E] o Afeganistão, especialmente, precisa de amigos." Isso era um tiro de advertência: a implicação é que haveria consequências caso Bin Laden estivesse envolvido em outro ataque terrorista. A resposta do mulá Rabbani, uma figura do alto escalão da liderança talibã, foi clara e repetiu o que havia sido dito antes. Ela foi citada literalmente num cabograma enviado a Washington e copiado para as missões dos Estados Unidos em Islamabad, Karachi, Lahore, Riyadh e Jeddah: "Nesta parte do mundo existe uma lei segundo a qual, quando alguém busca refúgio, deve-se conceder-lhe asilo, mas se há pessoas que desenvolvem atividades terroristas, então vocês podem anotar: teremos sensatez e não iremos permitir que ninguém desempenhe essas atividades sujas".[27]

***

Essas garantias nunca foram plenamente testadas. E tampouco foram aceitas sem reservas. Na primavera de 1998, a CIA trabalhava num plano de captura que envolvia ganhar o apoio e a cooperação dos "tribais" no Afeganistão ao que foi descrito pelos planejadores como uma "operação perfeita". Em maio, "o planejamento para a rendição [de Osama bin Laden] está indo muito bem", dizia um relatório da CIA do qual muitos trechos foram suprimidos; havia sido concebido um esquema que era "detalhado, ponderado, realista", embora não fosse isento de riscos. Se seria aprovado era outra história: como um dos envolvidos expressou, "as chances de a operação receber sinal verde [são] meio a meio". Altos oficiais do exército tinham uma visão menos otimista. O comandante da Delta Force teria dito que se sentiu "desconfortável" com os detalhes do esquema, enquanto o comandante das Operações Especiais Conjuntas achou o plano da CIA "fora do alcance [dela]". Embora fosse feito um "ensaio final para avaliação da operação" – que correu bem –, ela não foi adiante.[28]

Antes que qualquer tentativa definitiva de lidar com Bin Laden pudesse ser feita, os eventos tiveram uma reviravolta decisiva. Em 7 de agosto de 1998, a Al-Qaeda realizou atentados a bomba simultâneos às embaixadas dos Estados Unidos em Nairobi e Dar-es-Salaam, as maiores cidades respectivamente do Quênia e da Tanzânia, matando 224 pessoas e ferindo milhares de outras. As suspeitas recaíram imediatamente sobre Bin Laden.

Em duas semanas, os Estados Unidos partiram para a ação, lançando 78 mísseis de cruzeiro contra bases no Afeganistão suspeitas de pertencer à Al--Qaeda. "Nosso alvo era o terror", disse o presidente Clinton num discurso televisionado em 20 de agosto. "Nossa missão era clara: atacar a rede de grupos radicais associados e bancados por Osama bin Laden, talvez o mais destacado organizador e financiador do terrorismo internacional do mundo." Clinton – a essa altura no meio de escândalo sexual com a estagiária Monica Lewinsky, que ameaçou derrubá-lo da presidência e exigira um pronunciamento à parte pela TV três dias antes – não fez nenhuma consulta ao Talibã antes de tentar eliminar o mentor do complô. Numa tentativa de se prevenir contra críticas, disse em seu pronunciamento: "Eu quero que o mundo compreenda que nossas ações não são voltadas contra o islã". Ao contrário, continuou o acossado presidente, o islã é "uma grande religião".[29]

Já havia sido ruim o suficiente que as tentativas de lidar com Osama bin Laden tivessem se mostrado malsucedidas. Mas elas além disso também criaram antagonismo com o Talibã, que na mesma hora expressou sua indignação com o ataque em território afegão e contra um hóspede que não havia sido provado culpado de envolvimento nos ataques da África oriental. O mulá Omar declarou que o Talibã "jamais entregará Bin Laden a ninguém e irá protegê-lo com nosso sangue a todo custo".[30] Como uma avaliação da inteligência americana explicou, havia considerável simpatia por Bin Laden e seu extremismo no mundo árabe, onde a mensagem de "injustiça e vitimização" dos povos muçulmanos ia de mãos dadas com a crença popular de que "as políticas dos Estados Unidos sustentavam regimes corruptos [...] e são designadas a dividir, enfraquecer e explorar o mundo árabe". Poucos endossam o terrorismo de Bin Laden, concluía o relatório, mas "muitos compartilham pelo menos alguns de seus sentimentos políticos".[31]

Essas visões eram sustentadas pelo próprio mulá Omar, que em um incomum telefonema ao Departamento de Estado em Washington, três dias após o ataque com mísseis, declarou que "os ataques se mostrarão contraproducentes e despertarão sentimentos antiamericanos no mundo islâmico". Nesse telefonema, que só recentemente deixou de ser secreto, e foi o único contato direto de que se tem notícia entre o supremo líder afegão e autoridades americanas, o mulá Omar fez referência "às atuais dificuldades domésticas" experimentadas pelo presidente Clinton – alusão ao caso Lewinsky. Com isso em mente, e a fim de "reconstruir a popularidade dos Estados Unidos no mundo islâmico" após o desastroso ataque unilateral, disse o mulá Omar: "O Congresso deveria forçar o presidente Clinton a renunciar".[32]

Enquanto isso, os ataques dos Estados Unidos eram denunciados por um porta-voz do Talibã, Wakīl Ahmed Mutawakkil, como ataques a "todo o povo afegão". Grandes manifestações antiamericanas aconteceram em Kandahar e Jalalabad após a agressão, segundo Ahmed, que discutiu os ataques com oficiais dos Estados Unidos não muito tempo depois. "Se [o Talibã] tivesse como retaliar com ataques similares contra Washington", declarou, "teria feito isso."[33] Como ocorreu com Saddam Hussein quando descobriu que os Estados Unidos vendiam armas ao Irã apesar de afirmarem apoiar o Iraque, o que se apresentava como ofensivo era a sensação de ter sido traído e vítima de jogo duplo: os Estados Unidos entregavam mensagens de amizade com uma mão e agiam com brutalidade com a outra.

Wakīl Ahmed expressou sua indignação diante da fragilidade das provas apresentadas pelos americanos para justificar seus ataques militares. A liderança talibã sempre havia deixado claro que, se Bin Laden fosse descoberto em atividades terroristas a partir de solo afegão, seriam tomadas medidas contra ele.³⁴ Na realidade, o mulá Omar estava pedindo ao Departamento de Estado que apresentasse imediatamente provas substanciais.³⁵ Para alguns, as acusações haviam sido inventadas, disse o oficial talibã, enquanto outros destacavam que Bin Laden "já havia sido um guerrilheiro treinado com apoio dos Estados Unidos". O que os americanos tinham apresentado nada mais era do que "alguns papéis" que dificilmente poderiam constituir uma prova; uma fita de vídeo entregue ao Talibã que supostamente "continha algo novo" a respeito de Bin Laden era simplesmente constrangedora – não tinha o menor valor como prova.

O ataque fora infeliz, disse Ahmed, e resultara na morte de afegãos inocentes e na violação da soberania afegã. Se os americanos queriam realmente uma solução para o problema Bin Laden, concluiu, deveriam falar com os sauditas; se fizessem isso, o assunto seria resolvido em questão de "minutos, não de horas".³⁶ Ironicamente, a mesma avaliação já havia sido feita separadamente pelos Estados Unidos, como mostra uma série de telegramas diplomáticos, documentos sobre investigações e recomendações a respeito do fato de ele ser apoiado por Riad.³⁷

As repercussões dos ataques americanos foram desastrosas. Como sugere um importante estudo de inteligência dos Estados Unidos sobre a ameaça da Al-Qaeda, escrito um ano mais tarde, além de a tentativa de eliminar Bin Laden ter falhado, o ataque serviu para que firmasse uma reputação em boa parte do mundo de fala árabe, assim como em outras partes, como "um pobre-diabo que conseguira resistir com firmeza a uma intimidação e agressão". Havia perigos concretos na crescente percepção da "arrogância cultural americana"; também era problemático, advertia o relatório, que o ataque dos Estados Unidos tivesse sido "moralmente questionável" e que espelhasse aspectos dos próprios atentados terroristas de Bin Laden, nos quais vítimas inocentes sofreram por causa de uma agenda política vista como justificativa para o uso da força. Assim, "os ataques de retaliação com mísseis de cruzeiro podem em última instância revelar-se mais prejudiciais do que positivos". Os Estados Unidos também deveriam estar conscientes, o relatório acrescentava de modo profético, que os ataques aéreos provavelmente "provocariam uma nova rodada de atentados terroristas a bomba".³⁸

***

Mesmo antes que isso acontecesse, a fracassada intervenção trouxe resultados indesejados. Dentro da liderança talibã, as visões a respeito do mundo exterior endureceram à medida que se fortaleciam as suspeitas em relação à duplicidade do Ocidente. Uma mentalidade de sítio acabou se firmando e serviu para acelerar o desenvolvimento de visões religiosas cada vez mais linha-dura, assim como um crescente interesse em exportar a marca do islã radical em bases mundiais – embora um relatório contemporâneo da CIA julgasse ser muito improvável que isso pudesse ser feito de maneira efetiva.[39]

De qualquer modo, a pressão dos Estados Unidos serviu para que as vozes firmemente conservadoras se tornassem cada vez mais fundamentalistas. Figuras como o mulá Rabbani, vice-líder e chefe do Kabul Shūrā (Conselho), que temia que o fracasso em expulsar Bin Laden aprofundasse o isolamento internacional do Afeganistão, foram logo superadas pelo mulá Omar, cuja política linha-dura de não cooperar nem capitular diante de intrusos prevaleceu. Como resultado, o Talibã se aproximou das propostas agressivas de Bin Laden de libertar os muçulmanos das garras do Ocidente e reinstalar um mundo pré-medieval fantasioso.[40]

Foi esse justamente o objetivo dos ataques do 11 de Setembro. Um relatório da inteligência escrito em 1999 já observara que Bin Laden tinha "um ego enorme e inflado, e via a si mesmo como um ator num grande palco histórico muito antigo, isto é, como alguém resistindo aos últimos cruzados".[41] Era, portanto, muito revelador que cada áudio ou vídeo que ele soltava depois dos ataques às Torres Gêmeas fizesse referência às cruzadas ou aos cruzados. Revolucionários costumam evocar um passado idealizado, mas poucos remontam a mil anos em busca de inspiração e justificativa para atos terroristas.

Nos meses que precederam o 11 de Setembro, a inteligência apontava o crescimento da ameaça da Al-Qaeda. Um memorando "Apenas para o presidente", com o sinistro título "Bin Ladin [sic] determinado a atacar os Estados Unidos", datado de 6 de agosto de 2001, relatou a conclusão do FBI de que informações recolhidas de "aproximadamente setenta investigações completas de campo" em andamento pelos Estados Unidos "indicaram padrões de atividade suspeita no país, consistentes com preparativos de sequestro e de outros tipos de ataques".[42] Nesse ínterim, os Estados Unidos já estavam suficientemente apreensivos, mantendo a porta aberta ao regime em Cabul, oferecendo garantias de que "os Estados Unidos não eram contra o Talibã em si [e] não estavam empenhados em destruir o Talibã". O problema era Bin Laden. Se fosse possível lidar com ele, diziam os diplomatas dos Estados Unidos na região, "teríamos um tipo diferente de relacionamento".⁴³

Não foi possível lidar com ele. Às 8h24 de 11 de setembro de 2001 ficou claro que havia algo muito errado. O controle de tráfego aéreo estava tentando havia onze minutos contatar o voo 11 da American Airlines de Boston para Los Angeles, desde que instruíra os pilotos a subirem a 35 mil pés. A resposta quando chegou foi totalmente inesperada: "Tomamos alguns aviões. Fiquem tranquilos e nada vai acontecer. Estamos voltando para o aeroporto".⁴⁴ Às 8h46, o Boeing 767 foi arremessado na Torre Norte do World Trade Center. No mesmo momento e durante os dezessete minutos seguintes, três outros jatos de passageiros que haviam sido sequestrados caíram: o United 175 colidiu com a Torre Sul do World Trade Center; o American 77 foi atirado contra o Pentágono; e o EUA 93 espatifou-se perto de Shanksville, Pensilvânia.⁴⁵

No 11 de Setembro, 2.977 pessoas morreram, juntamente com dezenove terroristas. O impacto psicológico dos ataques, que resultaram no desabamento das Torres Gêmeas e em danos no edifício do Pentágono, foi intenso. Atos terroristas cometidos contra prédios de embaixadas ou contra soldados americanos no exterior já representavam um trauma, mas um ataque coordenado contra alvos no continente era devastador. As apavorantes e inesquecíveis cenas filmadas de aviões sendo propositalmente arremessados contra edifícios e as imagens de desastre, caos e tragédia ocorridas na sequência exigiam uma reação imediata e épica. "Está a caminho a busca dos que estão por trás desses atos perversos", disse o presidente George W. Bush em um discurso pela TV na noite dos ataques. "Dirigi todos os recursos de nossa inteligência e das forças dedicadas ao cumprimento da lei para encontrar os responsáveis e levá--los a julgamento. Não faremos distinção", advertiu, "entre os terroristas que cometeram esses atos e aqueles que lhes deram acolhida."⁴⁶

Expressões de apoio chegaram de todos os cantos do globo – até de lugares improváveis como a Líbia, a Síria e o Irã, cujo presidente expressou "profundo pesar e compaixão pelas vítimas", acrescentando que "é dever internacional tentar minar o terrorismo".⁴⁷ Ficou imediatamente óbvio que Bin Laden estava por trás dos ataques – embora o embaixador do Talibã no Paquistão afirmasse que o saudita não teria os recursos necessários para executar "um plano tão bem montado".⁴⁸ Wakīl Ahmed Muttawakil disse à emissora Al-Jazira do Qatar, um dia após os ataques, que o Talibã iria "denunciar esse ataque terrorista, quem quer que estivesse por trás dele".⁴⁹

Horas depois dos ataques, já se concebiam estratégias para lidar com Bin Laden. Um plano de ação expedido na manhã de 13 de setembro expôs a importância de envolver o Irã e contatar autoridades no Turcomenistão, Uzbequistão, Quirguistão, Cazaquistão e China – vizinhos e quase vizinhos do Afeganistão. Foi montado um plano para "[r]energizar" esses países na semana seguinte, com vistas a prepará-los para uma futura ação contra o Talibã.50 O primeiro passo da reação ao 11 de Setembro foi alinhar os países das Rotas da Seda.

Um dos vizinhos do Afeganistão recebeu atenção particular. O Paquistão tinha afinidades e laços próximos com o Talibã, que remontavam a uma ou até duas gerações. Os ataques terroristas agora exigiam uma escolha clara de Islamabad, foi informado ao chefe do Serviço de Inteligência do Paquistão, entre "preto e branco [...] sem meios-tons". O país tinha que "ficar ao lado dos Estados Unidos na luta contra o terrorismo ou então contra eles".51

Conforme as peças eram posicionadas para um ataque ao Afeganistão, o Talibã recebeu uma advertência final, fatídica – que deveria ser entregue pessoalmente pelo presidente do Paquistão ou por seu chefe de segurança. "É do seu interesse e do interesse de sua sobrevivência entregar todos os líderes da Al-Qaeda, fechar os campos de treinamento de terroristas e permitir que os Estados Unidos tenham acesso às instalações terroristas." A reação seria "devastadora" se "qualquer pessoa ou grupo, ligados de alguma maneira ao Afeganistão", estivessem envolvidos nos ataques terroristas aos Estados Unidos. "Todos os pilares do regime talibã", dizia a sucinta mensagem, "serão destruídos."52 O ultimato era enfático e claro: entregar Bin Laden ou sofrer as consequências.

Apesar de todos os esforços para capturar Bin Laden e destruir as instalações da Al-Qaeda, havia mais em jogo do que a mera caçada humana. Na realidade, a atenção de Washington logo se voltou para o quadro geral: controlar o centro da Ásia de maneira decisiva e apropriada. Vozes influentes argumentaram a necessidade de uma total remodelação dos países da região, de modo que os interesses e a segurança dos Estados Unidos tivessem uma melhora radical.

Durante décadas, os Estados Unidos haviam jogado dados com o diabo. Durante décadas, o coração da Ásia havia sido encarado como singularmente importante – tanto assim que após a Segunda Guerra Mundial era rotina referir-se de maneira explícita a essa região como diretamente relevante à segurança nacional dos Estados Unidos. Sua localização entre Oriente e Ocidente tornava-a estrategicamente crucial para a rivalidade entre as superpotências, enquanto seus recursos naturais – acima de tudo petróleo e gás – faziam com que tudo o que acontecia nos países do Golfo Pérsico e com seus vizinhos imediatos realmente importasse para a segurança nacional dos Estados Unidos.

Por volta de 30 de setembro de 2001, três semanas após as atrocidades do 11 de Setembro, o secretário de Defesa, Donald Rumsfeld, ofereceu ao presidente seus "pensamentos estratégicos" sobre o que os Estados Unidos poderiam e deveriam buscar alcançar no futuro próximo como parte de seu "objetivo de guerra". "Alguns ataques aéreos contra alvos da Al-Qaeda e do Talibã estão previstos para começar logo", observou, marcando o início do que ele chamava de uma "guerra". Era importante, escreveu, "persuadir ou obrigar os Estados Unidos a parar de apoiar o terrorismo". O que ele propôs a seguir, no entanto, era ambicioso num grau dramático e impressionante. "Se a guerra não modificar de modo significativo o mapa político do mundo, os Estados Unidos não alcançarão seu objetivo." O que ele queria dizer ficou expresso com clareza a seguir. "O [governo dos Estados Unidos] deve visualizar uma meta na seguinte linha: novos regimes no Afeganistão e em outro Estado-chave (ou dois)."[53] Ele não precisava especificar sobre quais Estados estava falando: Irã e Iraque.

Os ataques do 11 de Setembro transformaram a maneira pela qual os Estados Unidos se envolveram com o mundo como um todo. O futuro da América dependia de assegurar a espinha dorsal da Ásia, da fronteira ocidental do Iraque com a Síria e a Turquia até o Indocuche. A visão foi estabelecida de modo enfático pelo presidente Bush no final de janeiro de 2002. A essa altura, o Talibã já havia sido tratado de modo decisivo, expulso das grandes cidades, entre elas Cabul, semanas após o início da Operação Liberdade Duradoura, que envolveu intensos ataques aéreos e uma grande mobilização de forças terrestres. Embora Bin Laden ainda estivesse solto, o presidente explicou em seu discurso do Estado da União por que razão os Estados Unidos tinham que colocar os olhos em metas mais ambiciosas. Muitos regimes que haviam previamente sido hostis aos interesses americanos "têm estado muito quietos desde o 11 de Setembro, mas nós conhecemos sua verdadeira natureza". A Coreia do Norte, um Estado perigoso por excelência, era um deles. Porém o foco real estava na ameaça representada por dois outros países: Irã e Iraque. Estes, junto com o regime de Pyongyang, "constituem o eixo do mal, preparando-se para ameaçar a paz no mundo". Desmantelar esse eixo era crucial. "Nossa guerra ao terror começou bem, mas está apenas no início."[54]

A determinação de assumir o controle era claríssima. Derrubar regimes existentes considerados desestabilizadores e perigosos tornou-se essencial no pensamento estratégico dos Estados Unidos e de seus aliados. A prioridade foi dada a livrar-se dos perigos mais claros e imediatos, com pouca reflexão sobre o que iria, poderia ou deveria acontecer em seguida. Resolver problemas prementes era mais importante do que o cenário de longo prazo. Isso ficou explícito nos planos feitos contra o Afeganistão no outono de 2001. "O [governo dos Estados Unidos] não deve se atormentar quanto aos arranjos pós-Talibã", sugeriu um documento emitido depois de iniciada a campanha aérea. Derrotar a Al-Qaeda e o Talibã era crucial; o que aconteceria em seguida seria uma preocupação para mais tarde.[55]

A mesma ótica imediatista ficou evidente no caso do Iraque, onde o foco concentrado em remover Saddam Hussein do poder foi colocado num cenário de falta de planejamento a respeito de como ficaria o país no futuro. O desejo de se livrar de Saddam havia ocupado a agenda desde os primeiros dias da administração Bush, com o novo secretário de Estado, Colin Powell, pedindo clareza quanto à "política [dos Estados Unidos] em relação à mudança de regime no Iraque" menos de 72 horas após a posse de George Bush – e meses antes do 11 de Setembro.[56] Após os ataques terroristas, a atenção voltou-se de imediato para Saddam Hussein. Numa época em que as tropas dos Estados Unidos pareciam estar assumindo o controle inexorável do Afeganistão, o Departamento de Defesa trabalhava intensamente na preparação de uma grande ação no Iraque. A questão era simples, como deixam claro as anotações preliminares para um encontro entre Rumsfeld e o general Tommy Franks, chefe do Comando Central: "Como começar?".[57]

Três possíveis disparadores foram examinados – todos eles justificando uma ação militar. Quem sabe as ações de Saddam "contra os curdos no norte?", sugeriu Donald Rumsfeld em novembro de 2001; ou talvez uma "conexão com os ataques do 11 de Setembro ou com os ataques de antraz" (feitos em envelopes enviados a várias organizações de mídia e a dois senadores dos Estados Unidos em setembro de 2001); e se houvesse uma "disputa sobre inspeções de armas de destruição em massa?". Essa pareceu uma linha promissora

– como é revelado pelo comentário que se seguiu: "Vamos começar a pensar já nas exigências de inspeção".⁵⁸

Ao longo de 2002 e no início de 2003, aumentou-se a pressão sobre o Iraque, com a questão das armas químicas e biológicas e das armas de destruição em massa ocupando o centro do palco. Os Estados Unidos perseguiram isso com zelo quase evangélico. Na ausência de "evidências incontrovertidas" de vínculo entre o 11 de Setembro e Bagdá, observava um relatório, apenas Tony Blair se apresentava como apoiador da guerra, embora "com um substancial custo político", enquanto outro sublinhava o fato de que "muitos, se não a maioria, dos países aliados ou amigos dos Estados Unidos – especialmente na Europa – alimentavam sérias dúvidas sobre [...] um ataque direto ao Iraque". O trabalho então se concentrou em estabelecer uma moldura legal para uma guerra em larga escala, já prevendo a probabilidade de que as Nações Unidas não concedessem um aval claro para a ação.⁵⁹

Enfatizou-se então a tese de que o Iraque estava não só determinado a fabricar armas de destruição em massa, mas que fazia isso secretamente – ao mesmo tempo que colocava obstáculos à atuação da International Atomic Energy Agency (IAEA). Em alguns casos, isso criou problemas para os próprios monitores, que achavam que sua posição estava sendo superestimada, comprometida ou mesmo colocada totalmente em dúvida. Na primavera de 2002, por exemplo, José Bustani, o brasileiro, diretor-geral da Organização para a Proibição de Armas Químicas, foi demitido depois de uma sessão especial a portas fechadas – a primeira vez em que o chefe de uma grande organização internacional foi forçado a abandonar seu cargo.⁶⁰ Informações de fontes isoladas e com frequência não confiáveis ganharam destaque, e o que era especulação apresentou-se como fato, pela determinação obstinada de fazer com que os argumentos contra o Iraque de Saddam parecessem irrefutáveis. "Todas as afirmações que faço hoje", declarou Colin Powell na ONU em 5 de fevereiro de 2003, "estão apoiadas por fontes, sólidas fontes. Não são meras afirmações. O que estamos oferecendo a vocês são fatos e conclusões baseadas em sólidas informações."⁶¹

Não era nada disso. Apenas uma semana antes, um relatório da IAEA havia concluído que "até a data não encontramos nenhuma evidência de que o Iraque tenha reabilitado seu programa de armas nucleares a partir do programa da década de 1990" e acrescentou que "atividades adicionais de verificação seriam necessárias".⁶² A isso se juntou uma atualização divulgada no mesmo dia, 27 de janeiro de 2003, a cargo de Hans Blix, chefe da Comissão de Monitoramento, Verificação e Inspeção da Nações Unidas (UNMOVIC), que declarou que, embora os inspetores tivessem enfrentado alguns incidentes de importunação, "o Iraque no geral cooperou muito bem até o momento" com as exigências dos inspetores.[63]

Como se constatou mais tarde, não havia nenhuma ligação entre Saddam Hussein e os ataques da Al-Qaeda de 2001. De fato, as milhões de páginas recuperadas de Bagdá após a invasão que começou em 19 de março de 2003 revelaram sempre poucas referências a qualquer tipo de ação terrorista. Ao contrário, documentos relacionados ao Serviço de Inteligência iraquiano sugerem que havia muito cuidado em controlar figuras como Abu Abbas, líder da Frente Popular para a Libertação da Palestina, que empreendeu ataques espetaculares na década de 1980, e deixam claro que nenhum ataque devia ser feito a alvos americanos sob circunstância alguma – exceto no caso de um ataque dos Estados Unidos ao Iraque.[64]

Do mesmo modo, como sabemos agora, o suposto extenso e elaborado programa de armas nucleares, que era tão real na mente daqueles que viam o Iraque como ameaça à paz regional e mundial, tinha pouca base factual. Os caminhões que Colin Powell descreveu como instalações móveis de armas biológicas "ocultados em grandes plantações de palmeiras e [...] deslocados de lugar com intervalos de uma a quatro semanas para evitar ser detectados" revelaram ser balões meteorológicos – exatamente o que os iraquianos haviam informado.[65]

A determinação de se livrar de Saddam Hussein a qualquer custo ia de mãos dadas com um crônico planejamento insuficiente das consequências. Planos e livros produzidos antes, e enquanto a invasão estava em curso, projetavam um futuro idílico que estaria à espera do Iraque após sua libertação. O petróleo do Iraque, um grande estudo afirmava de modo otimista, era "um tremendo ativo". Tinha o potencial de "beneficiar até o último cidadão do país, fosse qual fosse sua etnia ou filiação religiosa".[66] A ingênua suposição de que a riqueza seria compartilhada de modo feliz e justo reflete bem as expectativas nada realistas a respeito de quais seriam as consequências da invasão. Em relação a isso, aparecia sempre o tema de uma resolução espontânea dos problemas. "O Iraque, ao contrário do Afeganistão, é um país muito rico", o porta-voz da Casa Branca, Ari Fleischer, declarou num informe em fevereiro de 2003. Tem "tremendos recursos que pertencem ao povo iraquiano. Portanto,

[...] o Iraque [deverá facilmente] ser capaz de suportar muito do fardo da própria reconstrução". Isso foi repetido quase literalmente por Paul Wolfowitz, auxiliar de Donald Rumsfeld, numa audiência do Comitê de Atribuições da Câmara dos Representantes oito dias após o início da invasão em março de 2003. Não havia por que se preocupar, insistiu ele, "estamos lidando com um país que realmente é capaz de financiar sua reconstrução e de modo relativamente rápido". A receita do petróleo, predisse levianamente, iria fazer entrar de 50 bilhões a 100 bilhões de dólares nos próximos "dois ou três anos".[67]

A ideia de que a remoção de Saddam transformaria o Iraque numa terra paradisíaca era uma fantasia de proporções épicas. Quando os soldados foram para o Afeganistão, os planejadores observaram solenemente que os Estados Unidos "não deverão se comprometer com nenhum conflito militar pós-Talibã, já que estarão muito envolvidos num esforço antiterrorista em escala mundial".[68]

As expectativas no Iraque eram similares: seriam necessários 270 mil soldados para invadir o país, segundo planos traçados pelo Comando Central dos Estados Unidos; só que, três anos e meio mais tarde, não seriam necessários mais do que 5 mil soldados em terra. Tudo isso parecia plausível quando apresentado num PowerPoint para os que viam o que queriam ver.[69] Em outras palavras, eram guerras leves, que podiam ser resolvidas rapidamente e permitir estabelecer um novo equilíbrio numa região crucial da Ásia.

Em ambos os casos, porém, as guerras se revelaram lentas e caras. O Iraque ficou envolvido numa guerra civil logo após a queda de Bagdá e em razão da grande insurgência que se instalou, enquanto no Afeganistão a reação à intervenção foi tão forte e determinada quanto havia sido contra a União Soviética na década de 1980, com o Paquistão mais uma vez provendo apoio essencial para os combatentes da resistência linha-dura. Milhares de soldados americanos perderam a vida, e mais de 150 mil veteranos dos Estados Unidos compõem a lista dos que sofreram com ferimentos e mazelas responsáveis por deixá-los com pelo menos 70% de deficiência.[70] Isso deve ser somado às centenas de milhares de civis afegãos e iraquianos mortos ou feridos em ações militares – por estarem no lugar errado, na hora errada, sob fogo cruzado, em ataques de drones ou de carros-bomba – classificados como "danos colaterais".[71]

Os custos financeiros dispararam num ritmo alucinante. Um estudo recente estima que o custo do envolvimento no Iraque e no Afeganistão chegou a 6 trilhões de dólares – ou 75 mil dólares por lar americano, quando se leva em conta os cuidados médicos de longo prazo e as indenizações por deficiência. Isso representa cerca de 20% do aumento na dívida nacional dos Estados Unidos entre 2001 e 2012.[72]

O que piora as coisas é que o efeito da intervenção foi bem mais limitado do que se esperava. Por volta de 2011, o presidente Obama havia praticamente desistido do Afeganistão, de acordo com o seu antigo secretário de Defesa, Robert Gates, que constatou o quanto a situação era sombria numa reunião na Casa Branca, em março de 2011. "Sentado ali, pensei: o presidente não confia no seu comandante [general Petraeus], não suporta [o presidente afegão] Karzai, não acredita na própria estratégia e não considera que a guerra seja sua. A vontade dele é cair fora."[73] É uma descrição que encontra um eco raivoso numa declaração do presidente Karzai, que foi fortalecido, apoiado e, no entender de muitos, enriquecido pelo Ocidente. "Como nação", disse ele ao escritor William Dalrymple, o Afeganistão sofreu imensamente com a política dos Estados Unidos; os americanos "não combateram o terrorismo onde ele estava, onde ainda está. Continuaram a promover danos ao Afeganistão e ao seu povo". Não havia outra maneira de expressá-lo, disse ele: "Isso foi uma traição".[74]

No Iraque, enquanto isso, pouca coisa restou que pudesse compensar a perda de vidas, o alto custo e a destruição das esperanças de futuro. Dez anos após a queda de Saddam Hussein, o país estava no nível mais baixo dos índices que medem a transição para uma democracia saudável. Em direitos humanos, liberdade de imprensa, direitos de minorias, corrupção e liberdade de expressão, o Iraque não pontua mais alto do que o fazia sob Saddam Hussein, e em alguns casos fica abaixo. O país está incapacitado pela incerteza e pela intranquilidade, com populações minoritárias sujeitas a levantes catastróficos e violência grotesca. As perspectivas para o futuro parecem sombrias.

Depois temos, é claro, o dano à reputação do Ocidente em geral e aos Estados Unidos em particular. "Devemos evitar o quanto possível criar imagens de americanos matando muçulmanos", aconselhou Donald Rumsfeld ao presidente Bush duas semanas após o 11 de Setembro.[75] Essa aparente sensibilidade foi logo substituída por imagens de prisioneiros retidos sem julgamento no deliberado limbo da baía de Guantánamo – um local escolhido especificamente com base no fato de que os presos podiam ter negada a proteção estipulada pela Constituição dos Estados Unidos. Investigações sobre os eventos que levaram à Guerra do Iraque nos Estados Unidos e no Reino Unido concluíram que as evidências haviam sido apresentadas de maneira inapropriada, manipuladas e moldadas de modo a apoiar decisões que já haviam sido tomadas a portas fechadas. Os esforços para controlar a mídia no Iraque pós-Saddam, onde o conceito de liberdade era alardeado por jornalistas que usavam "informações aprovadas pelo governo dos Estados Unidos" para enfatizar as "expectativas de um futuro democrático próspero", evocavam memórias dos comissários soviéticos dando aval a histórias com base não na realidade, mas num sonho.[76]

Somando-se a tudo isso havia as prisões extrajudiciais, a tortura em escala institucionalizada e os ataques por drones a figuras consideradas uma ameaça – mas sem que isso fosse necessariamente provado. Diz muito sobre a sofisticação e o pluralismo do Ocidente que seja possível discutir essas questões em público, e que muitos se sintam horrorizados com a hipocrisia da mensagem sobre o primado da democracia, por um lado, e a prática do poder imperial, por outro. Alguns ficaram tão chocados com isso que decidiram vazar informações secretas que expusessem de que modo a política era concebida: com sentido meramente pragmático, de improviso e muitas vezes com pouca consideração pela lei internacional e a justiça. Nada disso mostrava o Ocidente sob luz favorável – algo sentido agudamente pelas próprias agências de inteligência, que têm lutado para ocultar relatórios sobre a natureza e a extensão da tortura, mesmo diante de desafios diretos por parte do próprio Senado dos Estados Unidos.

Embora a atenção tenha se concentrado nos esforços para influenciar e moldar o Iraque e o Afeganistão, é importante não ignorar as tentativas de promover mudanças no Irã. Elas vêm se dando por meio de sanções, impostas energicamente por Washington, que segundo alguns são contraproducentes. Como no Iraque na década de 1990, fica claro que seu efeito mais forte e evidente recai sobre os pobres, os fracos e os privados de direitos – tornando sua situação ainda pior. Restringir as exportações iranianas de petróleo tem um claro impacto no padrão de vida não apenas dos cidadãos iranianos, mas também em pessoas que vivem do outro lado do mundo. Num mercado global de energia, o preço por unidade do gás, eletricidade e combustível afeta agricultores em Minnesota, motoristas de táxi em Madri, garotas que estudam na África subsaariana e plantadores de café no Vietnã. Somos todos diretamente afetados pela política de poder em curso, mesmo estando a milhares de quilômetros. É fácil esquecer que, no mundo em desenvolvimento, centavos podem fazer a diferença entre a vida e a morte; a imposição de embargos pode significar o silencioso sufocamento daqueles cujas vozes não podem ser ouvidas – mães nas favelas de Mumbai, tecedores de cestos nos subúrbios de Mombasa ou mulheres tentando se opor a atividades ilegais de mineração na América do Sul. E tudo para forçar o Irã a abrir mão de um programa nuclear construído com tecnologia dos Estados Unidos e vendido a um regime despótico, intolerante e corrupto na década de 1970.

Na realidade, além das pressões diplomáticas e econômicas sobre Teerã, os Estados Unidos têm deixado claro inúmeras vezes que irão considerar o uso da força contra o Irã para pôr um fim ao programa de enriquecimento de urânio. Nos estágios finais da administração Bush, Dick Cheney afirmou ter pressionado muito para a realização de ataques contra instalações nucleares iranianas, embora reatores como o Bushihr estejam agora muito bem protegidos por sofisticados sistemas de mísseis russos Tor terra-ar. "Eu provavelmente fui maior defensor da ação militar do que muitos de meus colegas", disse em 2009.[77] Outros o advertiram que ataques preventivos iriam piorar a situação, em vez de melhorá-la. Ele tem voltado à ideia repetidamente. As negociações irão fracassar, a não ser que haja uma ameaça de ação militar, disse ele em 2013, por exemplo. "Tenho dificuldades em ver como poderemos alcançar nosso objetivo sem isso", falou à ABC News.[78]

O tema de que o Ocidente precisa ameaçar com o uso da força para conseguir o que quer – e estar disposto a recorrer a ele – tornou-se um mantra em Washington. "O Irã terá que provar que seu programa é de fato pacífico", disse o secretário de Estado John Kerry em novembro de 2013. O Irã deve ter em mente, advertiu, que "o presidente disse de forma clara que não tirou da mesa a ameaça [de ação militar]". É uma mensagem que ele tem repetido. "A opção militar à disposição dos Estados Unidos está pronta", disse Kerry numa entrevista ao canal de propriedade saudita Al-Arabiya, em janeiro de 2014. Se necessário, acrescentou, os Estados Unidos "farão o que tiver que ser feito".[79] "Como tenho deixado claro várias vezes ao longo da minha presidência", destacou o presidente Obama, "não hesitarei em usar a força quando for necessário defender os Estados Unidos e seus interesses."[80]

Apesar de lançar ameaças destinadas a trazer o Irã para a mesa de negociações, os Estados Unidos ao que parece continuam realizando ações de bastidores para conseguir o que querem. Embora houvesse várias fontes potenciais para o vírus Stuxnet que atacou as centrífugas da instalação nuclear de Natanz no Irã e depois outros reatores espalhados pelo país, há múltiplas indicações de que as ciberestratégias altamente sofisticadas e agressivas que visam ao programa nuclear iraniano podem ser rastreadas e chegam aos Estados Unidos – e diretamente à Casa Branca.[81] O ciberterrorismo, ao que parece, é aceitável desde que esteja nas mãos das agências de inteligência do Ocidente. Assim como a ameaça de empregar a força contra o Irã, a proteção de uma ordem global que sirva aos interesses ocidentais é simplesmente um novo capítulo na tentativa de manter posição nessa antiga encruzilhada das civilizações. Há muita coisa em jogo para que possa ser de outra forma.

Conclusão
A nova Rota da Seda

Sob vários aspectos, o final do século XX e início do XXI representaram uma espécie de desastre para os Estados Unidos e a Europa, conforme travavam a fatídica luta para manter suas posições nos territórios vitais que ligam o Oriente ao Ocidente. O que tem impressionado nos eventos das décadas recentes é a falta de visão do Ocidente a respeito da história global – do quadro geral, dos temas mais amplos e dos padrões em ação na região. Nas mentes dos estrategistas, políticos, diplomatas e generais, os problemas do Afeganistão, Irã e Iraque parecem distintos, isolados e apenas frouxamente vinculados entre si.

E, no entanto, ao tomarmos uma perspectiva mais ampla, temos um quadro valioso de uma região em ebulição. Na Turquia, trava-se uma batalha pela alma do país, com provedores de internet e mídias sociais sendo fechados sem aviso por um governo dividido em definir para onde se encaminha o futuro. O dilema se repete na Ucrânia, onde diferentes visões nacionais vêm dilacerando o país. A Síria também passa por uma traumática experiência de profunda mudança, com forças do conservadorismo e do liberalismo travando uma batalha com custo altíssimo. O Cáucaso também atravessa um período de transição, com múltiplas questões de identidade e nacionalismo borbulhando, em especial na Chechênia e na Geórgia. Depois, é claro, temos a região mais a leste, onde a Revolução das Tulipas no Quirguistão, em 2005, foi o prelúdio de uma longa fase de instabilidade política, e Xinjiang, no oeste da China, com uma população uigure cada vez mais irrequieta e hostil, com ataques terroristas que constituem uma ameaça tão grave que as autoridades consideram que deixar a barba comprida é uma marca de intenções suspeitas e deram início a um programa formal, chamado Projeto Beleza, para impedir que as mulheres usem véu.

Há, portanto, mais coisas acontecendo do que as desajeitadas intervenções do Ocidente no Iraque e no Afeganistão e o uso de pressões na Ucrânia,

Irã e em outras partes. De leste a oeste, as Rotas da Seda estão ressurgindo. É fácil sentir-se confuso e perturbado pelos deslocamentos em massa e pela violência no mundo islâmico, pelo fundamentalismo religioso, por conflitos entre a Rússia e seus vizinhos e pela luta da China contra o extremismo nas províncias ocidentais. O que estamos testemunhando, porém, são as dores do parto de uma região que já dominou o panorama intelectual, cultural e econômico e que agora reemerge. Estamos vendo os sinais de uma mudança no centro de gravidade do mundo – que volta ao local onde esteve por milênios.

Existem razões óbvias para o que está acontecendo. A mais importante, é claro, são os recursos naturais dessa região. Monopolizar as riquezas naturais da Pérsia, da Mesopotâmia e do golfo foi uma prioridade durante a Primeira Guerra Mundial, e os esforços para garantir o maior prêmio na história têm dominado desde então as atitudes do mundo ocidental em relação à região. Há de fato agora até mais coisas em jogo do que quando a escala dos achados de Knox D'Arcy começou a ficar aparente: só o conjunto de reservas já comprovadas sob o mar Cáspio equivale a quase o dobro das reservas dos Estados Unidos.[1] Desde o Curdistão, com reservas de petróleo recém-descobertas como as do campo de Taq Taq, cuja produção subiu desde 2007 de 2 mil para 250 mil barris por dia – rendendo centenas de milhões de dólares por mês – até a imensa reserva de Karachaganak na fronteira entre Cazaquistão e Rússia, com seu estimado 1,18 trilhão de metros cúbicos de gás natural, assim como de gás liquefeito e de óleo cru, os países da região estão rugindo sobre seus recursos naturais.

Depois há a bacia do Donbass (ou do Donets), que se estende pela fronteira oriental da Ucrânia e da Rússia, há muito tempo famosa por seus depósitos de carvão, que, segundo se avalia, têm reservas extraíveis de cerca de 10 bilhões de toneladas. Essa também é uma área de crescente importância por outras riquezas minerais. Estimativas recentes, com base geológica, realizadas pelo Serviço Geológico dos Estados Unidos, sugerem a presença de 1,4 bilhão de barris de petróleo e cerca de 70 bilhões de metros cúbicos de gás natural, assim como consideráveis volumes estimados de líquidos de gás natural.[2] Ao lado disso, temos os suprimentos de gás natural do Turcomenistão. Com não menos de 20 bilhões de metros cúbicos de gás natural estimados debaixo do solo, o país controla o quarto maior suprimento do mundo. E depois vêm as minas do Uzbequistão e do Quirguistão, que fazem parte do cinturão Tian Shan, superado apenas pela bacia do Witwatersrand na África do Sul quanto ao porte de seus depósitos de ouro. Ou então berílio, disprósio e outras "terras raras" encontradas no Cazaquistão, vitais para a manufatura de celulares, laptops e baterias recarregáveis, assim como de urânio e plutônio essenciais para a energia nuclear – e para ogivas nucleares.

Até a própria terra é rica e valiosa. Tempos atrás, eram os cavalos da Ásia Central que constituíam uma *commodity* altamente valorizada na corte imperial da China e nos mercados de Délhi, tão famosos entre os cronistas de Kiev quanto entre os de Constantinopla e Pequim. Hoje, grande parte das terras de pasto das estepes foi transformada nos campos de grãos de produtividade impressionante do sul da Rússia e da Ucrânia: na realidade, a marca comercial *chernozem* (literalmente, "terra escura") é tão fértil e tem tanta procura que, segundo uma ONG, todo ano a Ucrânia escava e vende esse solo com uma renda aproximada de 1 bilhão de dólares.[3]

O impacto da instabilidade, da intranquilidade ou da guerra nessa região tem reflexos não só no preço do petróleo nas bombas de combustível do mundo inteiro; afeta o preço da tecnologia que empregamos e até o do pão que comemos. No verão de 2010, por exemplo, as más condições do tempo produziram uma colheita pobre na Rússia, com um rendimento bem abaixo da demanda doméstica. Assim que o provável déficit ficou claro, foi imposta uma proibição imediata à exportação de cereais, que entrou em vigor dez dias após seu anúncio. O impacto nos preços globais dos cereais foi instantâneo: subiram 15% em apenas dois dias.[4] Os tumultos na Ucrânia no início de 2014 tiveram impacto similar, elevando drasticamente o preço do trigo pelo temor do seu possível efeito na produção agrícola do terceiro maior exportador mundial do grão.

O cultivo de outras colheitas nessa parte do mundo segue princípios similares. Houve tempo em que a Ásia Central era famosa por suas laranjeiras de Babur e, mais tarde, pelas tulipas tão altamente valorizadas nas capitais de toda a Europa Ocidental no século XVII, a ponto de casas no canal em Amsterdã serem trocadas por bulbos. Hoje, a disputa é pelas papoulas: seu cultivo, principalmente no Afeganistão, sustenta os padrões mundiais de consumo de heroína e determina seu preço – e, é claro, impacta os custos do tratamento da dependência de drogas e dos cuidados com reabilitação, assim como o preço de policiar o crime organizado.[5]

Essa é uma parte do mundo que pode parecer estranha e pouco familiar ao Ocidente, e tão fora do comum a ponto de beirar o bizarro. No Turcomenistão, foi erguida em 1998 uma estátua dourada gigante do presidente, que gira para ficar sempre na direção do sol, e quatro anos mais tarde houve uma renomeação dos meses do ano, quando abril (antes *aprel*) mudou para *gurbansoltan*, nome da falecida mãe do então líder. Ou então o vizinho Cazaquistão, onde seu presidente, Nursultan Nazarbayev, foi reeleito em 2011 com impressionantes 96% dos votos, e o vazamento de alguns telegramas diplomáticos revelou que artistas pop como Elton John e Nelly Furtado haviam realizado concertos privados para a família do presidente, depois de receberem ofertas boas demais para serem recusadas.[6] No Tadjiquistão, depois que o país manteve por curto período o recorde do mastro de bandeira mais alto do mundo, a atenção volta-se agora para a construção do maior teatro da Ásia Central, que ficará ao lado da maior biblioteca da região, do maior museu e da casa de chá de maior porte.[7]

Enquanto isso, no Azerbaidjão, no lado ocidental do mar Cáspio, o presidente Aliyev – cuja família foi comparada por diplomatas dos Estados Unidos "aos Corleone de *O poderoso chefão*" – teve que se contentar com uma votação apenas um pouco menos convincente, de 86% nas recentes eleições. Aqui, ficamos sabendo que o filho do governante, segundo se comenta, tem um portfólio de mansões e apartamentos em Dubai no valor de singelos 45 milhões de dólares – ou 10 mil anos de renda média dos azeris; nada mau para um garoto de onze anos.[8] E temos o Irã ao sul, onde um dos mais recentes presidentes gravou declarações negando a existência do Holocausto e acusando as "potências e déspotas ocidentais" de terem criado o HIV "para poder vender seus medicamentos e equipamentos aos países pobres".[9]

É uma região caracterizada nas mentes ocidentais como atrasada, despótica e violenta. Como declarou a secretária de Estado Hillary Clinton em 2011, o centro da Ásia está há tempo demais "dilacerado por conflitos e divisões", um lugar onde o comércio e a cooperação têm sido sufocados por "entraves burocráticos e outros obstáculos ao fluxo de bens e pessoas"; a única maneira de se chegar a um "futuro melhor para as pessoas que vivem ali", concluiu, era tentar criar uma estabilidade e uma segurança duradouras. Só então seria possível "atrair maior investimento privado", que, pelo menos na sua visão, é essencial para o desenvolvimento social e econômico.[10]

Apesar de toda essa aparente "alteridade", no entanto, essas terras sempre tiveram, de alguma forma, importância crucial para a história do globo, ligando Oriente e Ocidente, constituindo um cadinho onde ideias, costumes e línguas têm lutado entre si por espaço, da Antiguidade até nossos dias. E hoje as Rotas da Seda estão em ascensão novamente – sem que muitos lhes deem atenção. Economistas ainda precisam voltar seus olhos para as riquezas guardadas em seu solo, sob as águas ou enterradas nas montanhas dos cinturões que ligam o mar Negro, a Ásia Menor e o Levante ao Himalaia. Em vez disso, têm se concentrado em grupos de países sem conexões históricas, mas com dados mensuráveis similares, como os países do BRICS (Brasil, Rússia, Índia, China e África do Sul), que agora virou moda substituí-los pelos países do MIST (Malásia, Indonésia, Coreia do Sul e Turquia).[11] Na realidade, é para o verdadeiro Mediterrâneo – o "centro do mundo" – que deveríamos estar olhando. Não se trata de nenhum "Oriente selvagem", de nenhum Novo Mundo aguardando ser descoberto – mas de uma região e de uma série de conexões reemergindo diante de nossos olhos.

Esses países, com enormes somas de dinheiro à disposição para se permitirem tais fantasias, veem suas cidades prosperarem, ganhando novos aeroportos, resorts turísticos, hotéis de luxo e edifícios de impacto. Ashgabat, no Turcomenistão, tem um novo palácio presidencial e uma arena de esportes de inverno indoor construídos ao custo de centenas de milhões de dólares, e estimativas conservadoras sugerem que na região turística de Avaza, no litoral leste do mar Cáspio, já foram investidos mais de 2 bilhões de dólares. O moderno terminal do aeroporto internacional Heydar Aliyev, em Baku, com seus gigantescos casulos de madeira e paredes de vidro côncavas, faz que aqueles que chegam ao Azerbaidjão tenham poucas dúvidas quanto às ambições desse país riquíssimo em petróleo; e a sensação é a mesma diante do Crystal Hall, uma sala de concertos construída para abrigar o Festival da Canção da Eurovision em 2012. À medida que Baku foi crescendo, aumentaram também as opções para quem visita a cidade; para se hospedar hoje na capital do Azerbaidjão, é possível escolher entre Hilton, Kempinski, Radisson, Ramada, Sheraton e Hyatt Regency, ou algum dos butique-hotéis da nova safra. E isso é só o começo: apenas em 2011, o número de quartos de hotel na cidade dobrou, e há a expectativa que esse número duplique de novo nos próximos quatro anos.[12] E temos também Erbil, desconhecida para muitos dos que não fazem parte do setor do petróleo, mas que é a principal cidade do Curdistão iraquiano. Ali, as diárias do novo hotel Erbil Rotana são mais altas do que na maioria das capitais europeias e de muitas grandes cidades dos Estados Unidos: quartos básicos custam a partir de 290 dólares a diária – com café da manhã e uso do spa (mas sem wi-fi).[13]

A NOVA ROTA DA SEDA

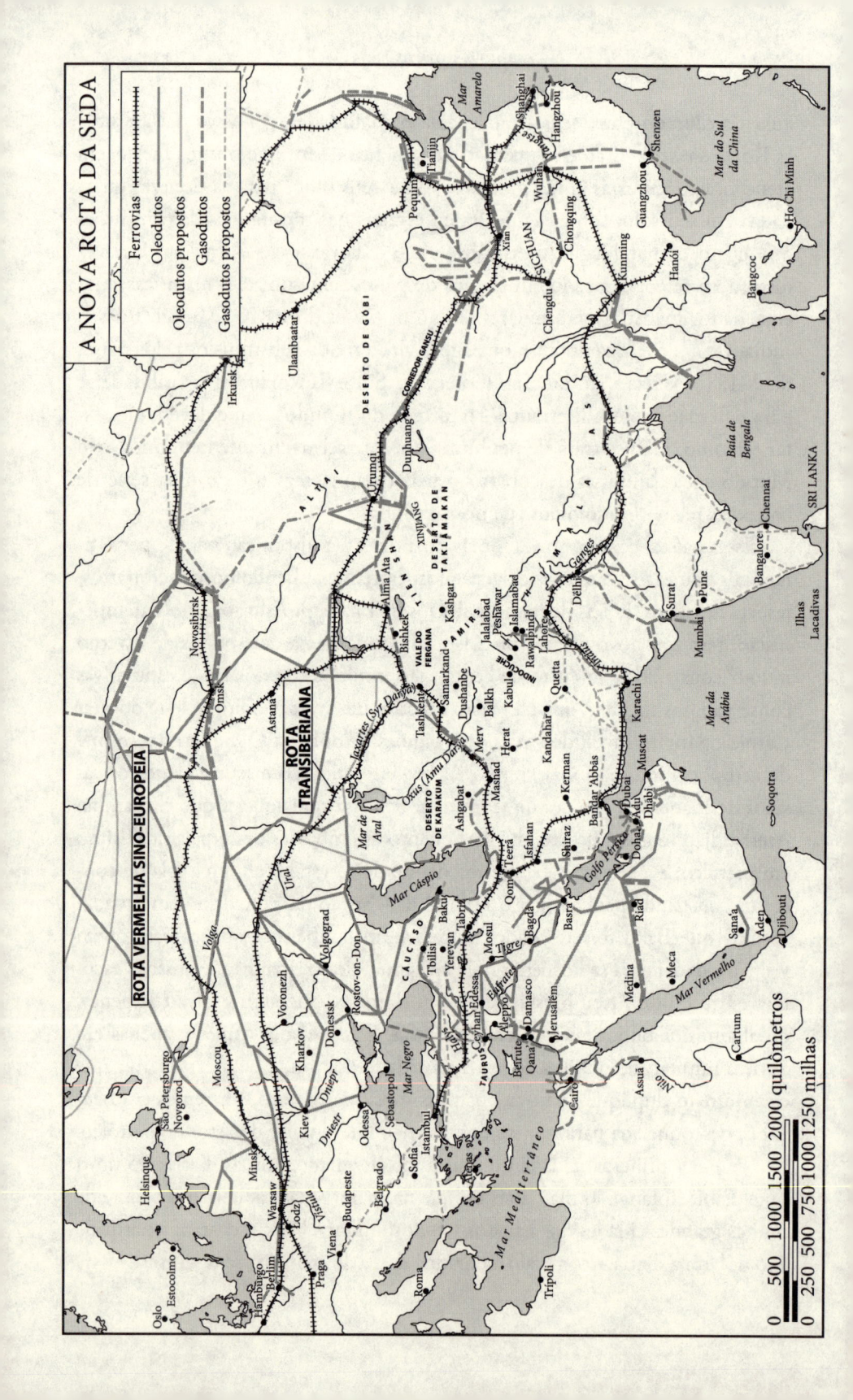

Legenda:
- Ferrovias
- Oleodutos
- Oleodutos propostos
- Gasodutos
- Gasodutos propostos

ROTA VERMELHA SINO-EUROPEIA

ROTA TRANSIBERIANA

Escala: 0 500 1000 1500 2000 quilômetros / 0 250 500 750 1000 1250 milhas

Localidades e acidentes geográficos identificados:

Oslo, Estocolmo, Helsinque, São Petersburgo, Novgorod, Moscou, Hamburgo, Berlim, Lodz, Warsaw, Minsk, Praga, Viena, Budapeste, Belgrado, Sofia, Roma, Tripoli, Cairo, Istambul, Sebastopol, Odessa, Kiev, Kharkov, Voronezh, Donetsk, Rostov-on-Don, Volgograd, Oslo, Novosibirsk, Omsk, Astana, Irkutsk, Ulaanbaatar, Pequim, Tianjin, Xian, Wuhan, Shanghai, Hangzhou, Chongqing, Chengdu, Kunming, Guangzhou, Shenzhen, Hanói, Bangcoc, Ho Chi Minh, Mumbai, Pune, Surat, Bangalore, Chennai, Déli, Islamabad, Rawalpindi, Lahore, Peshawar, Jalalabad, Kabul, Kandahar, Quetta, Karachi, Kerman, Shiraz, Isfahan, Teerã, Qom, Mashad, Herat, Balkh, Merv, Ashgabat, Dushanbe, Samarcanda, Tashkent, Bishkek, Almá Ata, Urumqi, Kashgar, Duhuang, Tbilisi, Yerevan, Baku, Tabriz, Mosul, Bagdá, Basra, Bandar Abbás, Dubai, Abu Dhabi, Doha, Muscat, Riad, Meca, Medina, Saná, Aden, Djibouti, Cartum, Assuã, Jerusalém, Damasco, Beirute, Aleppo, Edessa, Ceyhan, Qana, Sri Lanka, Ilhas Lacadivas, Soqotra

Rios, mares e regiões: Volga, Ural, Dniestr, Dnieper, Vístula, Mar Negro, Mar Cáspio, Mar de Aral, Oxus (Amu Daria), Jaxartes (Syr Daria), Nilo, Tigre, Eufrates, Ganges, Mar Vermelho, Mar Mediterrâneo, Golfo Pérsico, Mar da Arábia, Baía de Bengala, Mar Amarelo, Mar do Sul da China, Deserto de Karakum, Deserto de Taklamakan, Deserto de Gôbi, Corredor Gansu, Xinjiang, Sichuan, Vale do Fergana, Pamirs, Tien Shan, Altai, Cáucaso, Taurus, Himalaias, Hindu Kush

Novos grandes centros urbanos foram fundados, e até mesmo uma nova capital – Astana, no Cazaquistão, erguida a partir do zero em menos de vinte anos. Ela abriga agora um espetacular Palácio da Paz e da Reconciliação, projetado por Norman Foster, assim como a Bayterek, uma torre de cem metros de altura em formato de árvore – na qual se aninha um ovo de ouro, onde os visitantes são encorajados a pôr a mão numa marca feita pelo presidente do Cazaquistão e formular um desejo. Para o olho não treinado, isso parece uma nova terra estrangeira, um lugar cujos bilionários surgem do nada para comprar as mais refinadas obras de arte nas casas de leilão de Londres, Nova York e Paris, e estão felicíssimos em poder adquirir os melhores imóveis do globo a preços que parecem inacreditáveis para quem reside ali há muito tempo: no mercado imobiliário de Londres, os gastos médios de compradores das antigas repúblicas soviéticas são cerca de três vezes maiores que os de compradores dos Estados Unidos ou da China, e quatro vezes maiores que os de clientes locais.[14] Uma após a outra, mansões particulares e edifícios icônicos de Manhattan, Mayfair, Knightsbridge e do sul da França estão sendo comprados por magnatas do cobre uzbeques, por empresários que fizeram fortuna no negócio de potássio nos Urais ou por barões do petróleo do Cazaquistão, que pagam altos preços – geralmente em dinheiro vivo. Alguns esbanjam suas fortunas em futebolistas de fama mundial, como ocorreu com Samuel Eto'o, comprado por um oligarca do mar Cáspio para jogar no Anzhi Makhachkala, um time sediado no Daguestão – e que por um tempo foi o jogador de futebol mais bem pago do mundo; outros não poupam despesas para melhorar o perfil de seu país, como em Baku, por exemplo, que sediou a Copa do Mundo de futebol feminino sub-17, marcada pela apresentação de Jennifer Lopez na cerimônia de abertura – em agudo contraste com a abertura de dez minutos de duração do evento realizado dois anos antes, sediado por Trinidad Tobago, quando uma pequena companhia de dança foi assistida por umas poucas centenas de espectadores.[15]

Novas conexões surgem por toda a espinha dorsal da Ásia, ligando essa região-chave ao norte, sul, leste e oeste, por meio de várias rotas e formas – exatamente como vem acontecendo há milênios. Essas conexões são complementadas por novos tipos de artérias, como a Rede de Distribuição Norte, uma série de corredores de trânsito para a circulação de "bens não letais" para os Estados Unidos e forças de coalizão no Afeganistão, através da Rússia, Uzbequistão, Cazaquistão, Quirguistão e Tadjiquistão – com várias delas fazendo uso da infraestrutura montada pela União Soviética na década de 1980 durante a ocupação soviética.[16]

Depois, é claro, temos os oleodutos e gasodutos, que levam energia a consumidores desejosos e capazes de pagar por ela na Europa, Índia, China e outros lugares. Dutos cruzam a região em todas as direções, fazendo a ligação com o porto de Ceyhan no sudeste da Turquia ou estendendo-se pela Ásia Central para suprir a necessidade de combustíveis fósseis na China, que sustentam o crescimento de sua economia. Novos mercados também estão sendo abertos e interconectados, resultando em cooperação estreita entre Afeganistão, Paquistão e Índia, cujos interesses alinham-se intimamente quando se trata de ter acesso a energia mais abundante e barata. Exemplo disso é um novo duto, que terá uma capacidade aproximada de 27 bilhões de metros cúbicos de gás natural por ano. A rota – acompanhando a estrada que vai dos campos de gás do Turcomenistão em direção a Herat e Kandahar, e depois até Quetta e Multan – teria sido tão familiar a comerciantes sogdianos ativos há 2 mil anos como a negociantes de cavalos do século XVII, e reconhecível tanto a planejadores de ferrovias britânicos e estrategistas da era vitoriana como a poetas viajando para trabalhar na corte medieval gaznévida.

Os dutos existentes e outros ainda em projeto visam também conectar a Europa às reservas de petróleo e gás no centro do mundo – o que eleva a importância política, econômica e estratégica não só dos Estados exportadores, mas também daqueles cujos territórios são cruzados pelos dutos: como demonstrado pela Rússia, suprimentos de energia podem ser usados como arma, seja por meio da elevação de seu preço ou simplesmente interrompendo o fornecimento, como foi feito com a Ucrânia. Com muitos países na Europa fortemente dependentes do gás russo, e muitos mais de companhias das quais a Gazprom, apoiada pelo Kremlin, detém um controle acionário estratégico ou mesmo majoritário, o uso de energia, recursos e dutos como armas econômicas, diplomáticas e políticas provavelmente será um problema no século XXI. Talvez um dos sinais preocupantes seja a dissertação de doutorado do presidente Putin, que teve como tema o planejamento estratégico e os usos dos recursos minerais russos – embora alguns tenham colocado em dúvida a originalidade da tese e até mesmo se o presidente russo teve esse doutorado realmente outorgado.[17]

A leste, esses dutos levam o sangue vital do futuro, já que a China comprou suprimentos de gás por meio de um contrato de trinta anos, no valor de 400 bilhões de dólares. Essa soma gigantesca, parte dela paga adiantado, dá a Pequim a segurança que deseja em energia e ao mesmo tempo mais do que justifica o investimento de estimados 22 bilhões de dólares no novo duto, além de proporcionar a Moscou liberdade e confiança adicional sobre como lidar com seus vizinhos e seus rivais. Não surpreende, portanto, que a China tenha sido o único membro do Conselho de Segurança da ONU a não censurar as ações da Rússia durante a crise da Ucrânia de 2014; a fria realidade de um comércio mutuamente benéfico é bem mais atraente do que o arriscado jogo político do Ocidente.

As vias de transporte, assim como os dutos, expandiram-se muito nas três últimas décadas. Grandes investimentos em linhas férreas transcontinentais já abriram rotas de carga ao longo dos 11 mil quilômetros da ferrovia internacional Yuxinou, que vai da China até um grande centro de distribuição perto de Duisburg, na Alemanha – visitado pelo presidente Xi Jinping em 2014. Trens com oitocentos metros de extensão carregam milhões de laptops, calçados, roupas e outros bens não perecíveis em uma direção, e produtos eletrônicos, acessórios de automóveis e equipamento médico na direção oposta, numa jornada de dezesseis dias – bem mais rápida do que a rota marítima a partir dos portos chineses do Pacífico.

Com os já anunciados 43 bilhões de dólares em melhorias das linhas ferroviárias, alguns preveem que o número de contêineres transportados por trem a cada ano passará dos 7.500 em 2012 para 7,5 milhões por volta de 2020.[18] Isso é só o começo; estão sendo planejadas linhas de trem passando pelo Irã, Turquia, os Bálcãs e a Sibéria até Moscou, Berlim e Paris, e novas linhas ligando Pequim ao Paquistão, Cazaquistão e Índia. Fala-se até em construir um túnel com 320 quilômetros de extensão, sob o estreito de Bering, para permitir a passagem de trens da China pelo Alasca e Canadá até os Estados Unidos.[19]

O governo chinês está construindo redes com esmero e determinação para dispor de mais conexões com minérios, fontes de energia e ampliar o acesso a cidades, portos e oceanos. Quase não passa um mês sem que se anuncie mais um financiamento em escala massiva, seja para melhorar ou construir a partir do zero alguma obra de infraestrutura que possibilite um drástico aumento de volumes e velocidade de intercâmbio. A China faz isso em parceria com países cujo status em relação a ela passa de "amigos de ferro" para parceiros com relacionamento capaz de sobreviver em "quaisquer condições de tempo".[20]

Essas mudanças estão promovendo o ressurgimento das províncias ocidentais da China. Com trabalho mais barato no interior do que no litoral, muitos negócios começam a ser transferidos para cidades próximas da Passagem de Alataw – a antiga porta de entrada no oeste do país, por onde hoje passam muitos trens modernos. A Hewlett Packard mudou sua produção de Xangai para Chongqing, no sudoeste, onde produz agora 20 milhões de laptops e 15 milhões de impressoras por ano, despachando milhões de unidades por trem a mercados do Ocidente. Outras empresas, como a Ford, seguiram o mesmo caminho. A Foxconn, importante fabricante de TI e fornecedora-chave da Apple, também reforçou sua presença em Chengdu às custas de suas antigas instalações em Shenzhen.[21]

Outras redes de transporte também ganharam nova vida. Cinco voos diários levam homens de negócios e turistas da China a Almaty no Cazaquistão; Baku, no Azerbaidjão, tem 35 voos de carga para Istambul, ida e volta, e muitos outros para cidades da Rússia. Os horários de chegada e partida de aeroportos como Ashgabat, Teerã, Astana e Tashkent mostram uma vasta e crescente malha de transportes entre as cidades dessa região – ao mesmo tempo que indicam o quanto é reduzido o contato com a Europa, de onde partem poucos voos até elas, especialmente em comparação com os muitos voos para o golfo, a Índia e a China.

Novos centros de excelência intelectual também emergem numa região que tempos atrás produzia os mais destacados eruditos do mundo. Brotam universidades pelo Golfo Pérsico, fruto de doações de governantes e magnatas locais, administradas por Yale, Columbia e outras; e há ainda os institutos Confúcio, centros culturais sem fins lucrativos que promovem a língua e a cultura chinesas, estabelecidos por todos os países entre a China e o Mediterrâneo para demonstrar a generosidade e boa vontade de Pequim.

Novos centros para as artes estão igualmente sendo construídos, como o extraordinário Museu Nacional do Qatar, o Museu Guggenheim em Abu Dhabi e o Museu Baku de Arte Moderna – além de imponentes edifícios, como a Biblioteca Nacional de Tashkent ou a Catedral Sameba em Tbilisi, paga pelo magnata georgiano Bidzina Ivanishvili, que comprou a tela *Dora Maar* de Picasso por 95 milhões de dólares num leilão em 2006. Trata-se de uma região que está sendo restaurada e revive sua antiga glória.

Grandes marcas da moda ocidental, como Prada, Burberry e Louis Vuitton, estão construindo imensas lojas e alcançando cifras de vendas espetaculares por todo o Golfo Pérsico, Rússia, China e Extremo Oriente (e o resultado, com fina ironia, é que tecidos de luxo e sedas estão sendo agora vendidos no lugar de onde a seda e esses tecidos se originaram).[22] A roupa sempre foi um indicador de diferenciação social, dos chefes tribais *xiongnu* de 2 mil anos atrás aos homens e mulheres do Renascimento há cinco séculos. O atual apetite voraz pelas marcas mais exclusivas tem um rico pedigree histórico – e é um indicador óbvio da emergência de novas elites em países cuja riqueza e importância crescem a cada dia.

Para aqueles com gostos mais exóticos e mal-intencionados, há um site da internet encriptado, no qual armas, drogas e mais coisas podem ser negociadas anonimamente – e cujo nome foi escolhido de forma intencional para evocar as redes de comunicação e empórios comerciais do passado: *Silk Road*. Enquanto os órgãos da lei se envolvem em constantes jogos de gato e rato com aqueles que estão dedicados a desenvolver novas tecnologias e a tentar controlar o futuro, a batalha pelo passado também se torna cada vez mais importante na nova era em que estamos entrando.

Não é que a própria história esteja em vias de ser reexaminada e reavaliada – embora isso também vá acontecer à medida que novas universidades e campi surjam e se desenvolvam. É que o passado é um assunto muito vivo ao longo das Rotas da Seda. A batalha pela alma do islã, entre seitas, rivais e doutrinas rivais, é hoje tão intensa quanto foi no primeiro século após a morte do profeta Maomé, e muita coisa depende das interpretações que são feitas do passado; as relações entre Rússia e seus vizinhos, por um lado, e com o mundo ocidental, por outro, também têm se mostrado voláteis e intensas. Velhas rivalidades e inimizades podem ser despertadas – ou acalmadas – pela cuidadosa escolha de exemplos da história nos quais tenha havido acerto de contas ou nos quais as diferenças acabaram sendo postas de lado. Definir o quanto as velhas conexões foram úteis e importantes no passado pode ser muito profícuo para o futuro – uma das razões pelas quais a China investe tanto em criar algum vínculo com as Rotas da Seda que seguem para o Ocidente, justamente para afirmar uma herança comum de intercâmbio comercial e intelectual.

Na realidade, a China tem estado na linha de frente da revolução das telecomunicações na região, promovendo a instalação de cabos de telefonia fixa, junto com transmissores de dados que têm algumas das velocidades de download mais rápidas do mundo. Boa parte disso foi construída pela Huawei e pela ZTE, companhias com vínculos estreitos com o Exército de Libertação do Povo da China, bancado por empréstimos a juros baixos do Banco de Desenvolvimento da China ou com auxílio intergovernamental, permitindo construir instalações de alto nível no Tadjiquistão, Quirguistão, Uzbequistão e Turcomenistão – países nos quais a China tem muito interesse em desenvolver projetos de longo prazo em nome da estabilidade regional e acima de tudo da riqueza mineral. A preocupação com essas companhias de telecomunicações foi suficiente para promover audiências no Congresso dos Estados Unidos, que concluíram que a Huawei e a ZTE "não são confiáveis" por serem próximas demais da influência do Estado chinês, "e portanto constituem uma ameaça à segurança dos Estados Unidos" – algo paradoxal, levando em conta a posterior revelação de que a Agência Nacional de Segurança [NSA em inglês] americana montou um programa clandestino chamado Operação Shotgiant para se infiltrar e hackear os servidores da Huawei.[23]

A crescente preocupação do Ocidente com a China não surpreende, pois uma nova rede chinesa está em processo de construção, estendendo-se pelo globo. Até meados do século XX, ainda era possível navegar de Southampton, Londres ou Liverpool até o outro lado do mundo sem sair de território britânico, fazendo escala em Gibraltar e depois em Malta, até chegar a Port Said; e dali até Aden, Bombaim e Colombo, parando na península Malaia e chegando por fim a Hong Kong. Hoje, são os chineses que fazem algo similar. Os investimentos da China no Caribe multiplicaram-se mais de vinte vezes entre 2004 e 2009, enquanto na região do Pacífico são construídas estradas, estádios esportivos e reluzentes edifícios governamentais com a ajuda de assistência, empréstimos a juros baixos ou investimento direto chinês. A África também teve forte intensificação de atividades à medida que a China vem construindo uma série de pontos de apoio para ajudá-la a avançar numa gama de Grandes Jogos em andamento – parte da competição por energia, recursos minerais, suprimento de alimentos e influência política, numa época em que a mudança climática provavelmente terá forte impacto em cada um desses aspectos.

A era do Ocidente vive uma encruzilhada, ou talvez seu final. Na declaração de abertura de uma resenha preparada pelo Departamento de Defesa dos Estados Unidos em 2012, a primeira frase do presidente Obama expressa a percepção do futuro a longo prazo em termos inequívocos: "Nossa nação está num momento de transição". O mundo está se transformando diante dos nossos olhos, continuou o presidente, e isso é algo que "demanda nossa liderança [para que] os Estados Unidos da América possam permanecer como a maior força para a liberdade e a segurança que o mundo jamais conheceu".²⁴ Na prática, como o comunicado deixa claro, isso significa nada menos que a completa reorientação dos Estados Unidos. "Iremos, em função da necessidade", explica o documento, "promover um reequilíbrio em direção à região Ásia–Pacífico." Apesar dos cortes no orçamento de 500 bilhões de dólares nas despesas de defesa, já previstas para a próxima década e com prováveis reduções adicionais, o presidente Obama fez questão de enfatizar que eles "não serão feitos às custas dessa região crucial [Ásia–Pacífico]".²⁵ Numa paráfrase brutal do relatório, podemos dizer que por cem anos os Estados Unidos direcionaram muita atenção às suas relações especiais com países da Europa Ocidental; agora é hora de olhar para outras partes.

À mesma conclusão chegou o Ministério da Defesa em Londres, cujo recente relatório também afirma que o mundo passa por um período de turbulência e transformações. O período até 2040 "será um tempo de transição", observam os autores do estudo, com a sobriedade tão característica do serviço público britânico. Entre os desafios a serem encarados nas próximas décadas, declara o relatório, está "a realidade de uma mudança climática, de rápido crescimento populacional, escassez de recursos, ressurgimento das ideologias e deslocamentos de poder entre o Ocidente e o Oriente".²⁶

À medida que o coração do mundo assume nova feição, também estão sendo criadas instituições e organizações que formalizam relações ao longo dessa região crucial. Originalmente criada para facilitar a colaboração política e militar entre Rússia, Cazaquistão, Quirguistão, Tadjiquistão, Uzbequistão e China, a Organização de Cooperação de Xangai (OCX) tem cada vez maior influência e aos poucos transforma-se numa alternativa viável à União Europeia. Embora alguns censurem a associação como "um veículo para a violação dos direitos humanos", destacando a incapacidade dos Estados-membros de respeitarem a convenção das Nações Unidas sobre tortura, além de sua flagrante negligência em oferecer proteção às minorias, outros a veem como o futuro, e países como a Bielorrússia e o Sri Lanka tiveram permissão formal de comparecer às reuniões como observadores.²⁷ Isso não é suficiente para a Turquia, que tem manifestado seu desejo de se juntar como membro pleno – e de promover uma reorientação do país, afastando-se da Europa. A Turquia deveria desistir de suas solicitações sempre adiadas e frustradas de se juntar à União Europeia, anunciou o primeiro-ministro turco numa entrevista para a TV em 2013, e olhar para o Leste; a OCX, declarou ele, é "melhor e mais poderosa, e temos valores em comum".[28]

Esses comentários talvez não devam ser tomados ao pé da letra, pois os países e povos nessa parte do mundo desde sempre se acostumaram a colocar um lado contra o outro e a jogar com os interesses concorrentes em benefício próprio. Não obstante, não é coincidência que, à medida que os pensamentos se voltam para a nova ordem mundial emergente, as mesmas conclusões estejam sendo extraídas em Washington, Pequim, Moscou e em outras partes. É hora, disse o secretário de Estado dos Estados Unidos, em 2011, de "colocar nossos olhos em uma nova Rota da Seda" que irá ajudar a região como um todo a florescer.[29]

É um tema encampado pelo presidente chinês, Xi Jinping. Por mais de 2 mil anos, anunciou ele em Astana durante uma grande turnê pelo centro da Ásia no outono de 2013, os povos que vivem na região que liga o Oriente ao Ocidente têm sido capazes de coexistir, cooperar e florescer, apesar das "diferenças de raça, crença e bagagem cultural". Trata-se de uma "prioridade da política externa", prosseguiu, "que a China desenvolva relações cooperativas amistosas com os países da Ásia Central". Chegou a hora, segundo ele, de estreitar laços econômicos, melhorar a comunicação, incentivar o comércio e expandir a circulação monetária. Chegou a hora, disse, de construir uma "Faixa Econômica da Rota da Seda" – em outras palavras, uma Nova Rota da Seda.[30]

O mundo está mudando à nossa volta. À medida que entramos numa era em que a hegemonia política, militar e econômica do Ocidente vai sendo pressionada, a sensação de incerteza é perturbadora. A falsa aurora de uma "Primavera Árabe" que prometia uma onda de liberalização e um surto de democracia deu lugar à intolerância, ao sofrimento e ao medo ao longo de uma região e também além dela, à medida que o "Estado Islâmico no Iraque e na Síria" e seus adeptos buscam assumir o controle do território, do petróleo e das mentes de suas vítimas. Poucos duvidam que haja mais turbulência à nossa frente, ainda mais com a forte queda do preço do petróleo, que ameaça ter um impacto na estabilidade dos Estados ao longo do Golfo Pérsico, península Arábica e Ásia Central, obrigados agora a lutar para reequilibrar seus orçamentos e a introduzir medidas de austeridade depois de gerações vivendo dos ricos depósitos de petróleo e gás. Depressão econômica e volatilidade política andam de mãos dadas – e raramente a solução é rápida e fácil.

Ao norte do mar Negro, a absorção da Crimeia pela Rússia e o envolvimento dela na Ucrânia desestabilizaram as relações entre Moscou e Washington, e também com a União Europeia – em forte contraste com a trajetória do Irã, por muito tempo um Estado pária, mas agora, ao que parece, retomando seu papel tradicional de âncora a partir da qual a paz e a prosperidade podem se difundir. E depois, é claro, temos a China, que claramente entra numa fase de transição, na qual a vertiginosa velocidade de crescimento das duas últimas décadas desacelera e entra num ritmo amplamente referido como "novo normal" – consistente, mas não mais espetacular. A maneira pela qual a China irá se envolver com seus vizinhos e quase vizinhos e o papel que terá no palco global irão ajudar a moldar o século XXI.

Os imensos recursos que estão sendo colocados no enfoque "Uma faixa, uma rota", proposto por Xi Jinping em 2013, sugerem fortemente o que a China está planejando para o futuro. Em outros lugares, os traumas e as dificuldades, os desafios e os problemas, parecem dores do parto – sinais de um novo mundo emergindo diante de nossos olhos. Enquanto ficamos tentando saber de onde poderá vir a próxima ameaça, ou a melhor maneira de lidar com o extremismo religioso, ou de negociar com Estados que parecem dispostos a desrespeitar a lei internacional, ou como construir relações com povos, culturas e regiões aos quais dedicamos pouco ou nenhum tempo a tentar compreender, vão sendo urdidas em silêncio múltiplas redes e conexões ao longo da espinha dorsal da Ásia; ou melhor, elas estão sendo restauradas. São as Rotas da Seda.

Notas

PREFÁCIO
1. E. Wolf, *Europe and the People without History* (Berkeley, 1982), p. 5.
2. A. Herrman, "Die älteste türkische Weltkarte (1076 n. Chr)", *Imago Mundi* 1.1 (1935), 21-8, e também Mahmud al-Kashghari, *Dīwān lughāt al-turk: Compendium of the Turkic Dialects*, ed. e trad. R. Dankhoff e J. Kelly, 3 vols. (Cambridge, MA, 1982-5), 1, pp. 82-3. Para a localização da cidade, V. Goryacheva, *Srednevekoviye gorodskie tsentry i arkhitekturnye ansambli Kirgizii* (Frunze, 1983), esp. pp. 54-61.
3. Para a crescente demanda chinesa por artigos de luxo, ver, por exemplo, Credit Lyonnais Securities Asia, *Dipped in Gold: Luxury Lifestyles in China* (2011); para a Índia, ver Ministry of Home Affairs, *Houselisting and Housing Census Data* (Nova Délhi, 2012).
4. Ver, por exemplo, Transparency International, *Corruption Perception Index 2013* (www.transparency.org); Reporters without Borders, *World Press Freedom Index 2013-2014* (www.rsf.org); Human Rights Watch, *World Report 2014* (www.hrw.org).
5. Gênesis 2:8-9. Para percepções sobre a localização do Jardim do Éden, J. Dulumeau, *History of Paradise: The Garden of Eden in Myth and Tradition* (Nova York, 1995).
6. Para Mohenjo-daro e outros, ver J. Kenoyer, *Ancient Cities of the Indus Valley* (Oxford, 1998).
7. *Records of the Grand Historian by Sima Qian, Han Dynasty*, trad. B. Watson, 2 vols. (rev. ed., Nova York, 1971), 123, 2, pp. 234-5.
8. F. von Richthofen, "Über die zentralasiatischen Seidenstrassen bis zum 2. Jahrhundert. n. Chr.", *Verhandlungen der Gesellschaft für Erdkunde zu Berlin* 4 (1877), pp. 96-122.
9. E. Said, *Orientalism* (Nova York, 1978). Observar também a reação extremamente positiva e altamente romantizada de pensadores franceses como Foucault, Sartre e Godard em relação ao Oriente e à China em particular, R. Wolin, *French Intellectuals, the Cultural Revolution and the Legacy of the 1960s: The Wind from the East* (Princeton, 2010).
10. *Bābur-Nāma*, trad. W. Thackston, *Memoirs of Babur, Prince and Emperor* (Londres, 2006), pp. 173-4.
11. W. Thackston, "Treatise on Calligraphic Arts: A Disquisition on Paper, Colors, Inks and Pens by Simi of Nishapur", in M. Mazzaoui e V. Moreen (eds.), *Intellectual Studies on Islam: Essays Written in Honor of Martin B. Dickinson* (Salt Lake City, 1990), p. 219.
12. Al-Muqaddasī, *Ahsanu-t-taqāsīm fī ma'rifati-l-aqālīm*, trad. B. Collins, *Best Division of Knowledge* (Reading, 2001), p. 252; Ibn al-Faqīh, *Kitāb al-buldān*, trad. P. Lunde e C. Stone, "Book of Countries", in *Ibn Fadlan and the Land of Darkness: Arab Travellers in the Far North* (Londres, 2011), p. 113.
13. Citado por N. di Cosmo, *Ancient China and its Enemies: The Rise of Nomadic Power in East Asian History* (Cambridge, 2002), p. 137.
14. Por exemplo, S. Freud, *The Interpretation of Dreams*, ed. J. Strachey (Nova York, 1965), p. 564; J. Derrida, *Résistances de la psychanalyse* (Paris, 1996), pp. 8-14.

CAPÍTULO 1 – A CRIAÇÃO DA ROTA DA SEDA

1. C. Renfrew, "Inception of Agriculture and Rearing in the Middle East", *C.R. Palevol* 5 (2006), pp. 395-404; G. Algaze, *Ancient Mesopotamia at the Dawn of Civilization: The Evolution of an Urban Landscape* (Chicago, 2008).
2. Heródoto, *Historiai*, 1.135, in *Herodotus: The Histories,* ed. e trad. A. Godley, 4 vols. (Cambridge, MA, 1982), 1, pp. 174-6.
3. Ver em geral J. Curtis e St J. Simpson (eds.), *The World of Achaemenid Persia: History, Art and Society in Iran and the Ancient Near East* (Londres, 2010).
4. Heródoto, *Historiai*, 8.98, 4, p. 96; D. Graf, "The Persian Royal Road System", in H. Sancisi-Weerdenburg, A. Kuhrt e M. Root (eds.), *Continuity and Change* (Leiden, 1994), pp. 167-89.
5. H. Rawlinson, "The Persian Cuneiform Inscription at Behistun, Decyphered and Translated", *Journal of the Royal Asiatic Society* 11 (1849), pp. 1-192.
6. Ezra, 1:2. Ver também Isaías, 44:24, 45:3.
7. R. Kent, *Old Persian Grammar, Texts, Lexicon* (New Haven, 1953), pp. 142-4.
8. Heródoto, *Historiai*, 1.135, 1, pp. 174-6.
9. Ibid., 1.214, 1, p. 268.
10. Ésquilo, *Os persas*. Note também atitudes mais ambivalentes, P. Briant, "History and Ideology: The Greeks and 'Persian Decadence'", in T. Harrison (ed.), *Greeks and Barbarians* (Nova York, 2002), pp. 193-210.
11. Eurípides, *Bakhai*, in *Euripides: As Bacantes, Ifigênia em Áulide, Reso,* ed. E trad. D. Kovacs (Cambridge, MA, 2003), p. 13.
12. Plutarco, *Bioi Paralleloi: Alexandros*, 32-3, in *Plutarch's Lives*, ed. e trad. Perrin, 11 vols. (Cambridge, MA, 1914-26), 7, pp. 318-26. Ele trajava vestes esplêndidas a julgar pelo famoso mosaico que adornava a casa mais magnífica de Pompeia. A. Cohen, *Alexander Mosaic: Stories of Victory and Defeat* (Cambridge, 1996).
13. Quinto Cúrcio Rufo, *Historiae Alexandri Magni Macedonis*, 5.1, in *Quintus Curtius Rufus: History of Alexander*, ed. e trad. J. Rolfe, 2 vols. (Cambridge, MA, 1946), 1, pp. 332-4.
14. M. Beard, "Was Alexander the Great a Slav?", *Times Literary Supplement*, 3 jul. 2009.
15. Arrian, *Anabasis*, 6.29, in *Arrian: History of Alexander and Indica*, ed. e tr. P. Brunt, 2 vols. (Cambridge, MA, 1976-83), 2, pp. 192-4; Plutarco também fala da importância da abordagem pacífica e generosa de Alexandre, *Alexandros*, 59, 1, p. 392.
16. Arrian, *Anabasis*, 3.22, 1, p. 300.
17. Quinto Cúrcio Rufo, *Historiae*, 8.8, 2, p. 298.
18. A. Shahbazi, "Iranians and Alexander", *American Journal of Ancient History* 2.1 (2003), pp. 5-38. Ver também M. Olbrÿct, *Aleksander Wielki i swiat iranski* (Gdansk, 2004); M. Brosius, "Alexander and the Persians", in J. Roitman (ed.), *Alexander the Great* (Leiden, 2003), pp. 169-93.
19. Ver, principalmente, P. Briant, *Darius dans l'ombre d'Alexandre* (Paris, 2003).
20. Para Huaxia, ver C. Holcombe, *A History of East Asia: From the Origins of Civilization to the Twenty-First Century* (Cambridge, 2010); para o muro, A. Waldron, "The Problem of the Great Wall of China", *Harvard Journal of Asiatic Studies* 43.2 (1983), pp. 643-63, e principalmente di Cosmo, *Ancient China and its Enemies*.
21. Ver, mais recentemente, J. Romm, *Ghost on the Throne: The Death of Alexander the Great and the War for Crown and Empire* (Nova York, 2011). Há várias versões sobre a morte de Alexandre – febre tifoide, malária, leucemia, intoxicação alcoólica (ou doença relacionada com isso) ou infecção de um ferimento; alguns defendem que teria sido assassinado. A. Bosworth, "Alexander's Death: The Poisoning Rumors", in J. Romm (ed.), *The Landmark Arrian: The Campaigns of Alexander* (Nova York, 2010), pp. 407-11.
22. Ver R. Waterfield, *Dividing the Spoils: The War for Alexander the Great's Empire* (Oxford, 2011).
23. K. Sheedy, "Magically Back to Life: Some Thoughts on Ancient Coins and the Study of Hellenistic Royal Portraits", in K. Sheedy (ed.), *Alexander and the Hellenistic Kingdoms: Coins, Image and the Creation of Identity* (Sydney, 2007), pp. 11-6; K. Erickson e N. Wright, "The 'Royal Archer' and

Apollo in the East: Greco-Persian Iconography in the Seleukid Empire", in N. Holmes (ed.), *Proceedings of the XIVth International Numismatic Congress* (Glasgow, 2011), pp. 163-8.
24. L. Robert, "De Delphes à l'Oxus: inscriptions grecques nouvelles de la Bactriane", *Comptes Rendus de l'Académie des Inscriptions* (1968), pp. 416-57. A tradução aqui é de F. Holt, *Thundering Zeus: The Making of Hellenistic Bactria* (Londres, 1999), p. 175.
25. J. Jakobsson, "Who Founded the Indo-Greek Era of 186/5 BCE?", *Classical Quarterly* 59.2 (2009), pp. 505-10.
26. D. Sick, "When Socrates Met the Buddha: Greek and Indian Dialectic in Hellenistic Bactria and India", *Journal of the Royal Asiatic Society* 17.3 (2007), pp. 253-4.
27. J. Derrett, "Early Buddhist Use of Two Western Themes", *Journal of the Royal Asiatic Society* 12.3 (2002), pp. 343-55.
28. B. Litvinsky, "Ancient Tajikistan: Studies in History, Archaeology and Culture (1980-1991)", *Ancient Civilisations* 1.3 (1994), p. 295.
29. S. Nath Sen, *Ancient Indian History and Civilisation* (Délhi, 1988), p. 184. Ver também R. Jairazbhoy, *Foreign Influence in Ancient India* (Nova York, 1963), pp. 48-109.
30. Plutarco, *Peri tes Alexandrou tukhes he arête*, 5.4 in *Plutarch: Moralia*, ed. e trad. F. Babitt et al., 15 vols. (Cambridge, MA, 1927-76), 4, pp. 392-6; J. Derrett, "Homer in India: The Birth of the Buddha", *Journal of the Royal Asiatic Society* 2.1 (1992), pp. 47-57.
31. J. Frazer, *The Fasti of Ovid* (Londres, 1929); J. Lallemant, "Une Source de l'Enéide: le Mahabharata", *Latomus* 18 (1959), pp. 262-87; Jairazbhoy, *Foreign Influence*, p. 99.
32. C. Baumer, *The History of Central Asia: The Age of the Steppe Warriors* (Londres, 2012), pp. 290-5.
33. V. Hansen, *The Silk Road* (Oxford, 2012), pp. 9-10.
34. Sima Qian, *Records of the Grand Historian of China*, 123, 2, p. 238.
35. Ibid., 129, 2, p. 440.
36. H. Creel, "The Role of the Horse in Chinese History", *American Historical Review* 70 (1965), pp. 647-72. As cavernas Dunhuang têm vários cavalos celestiais pintados nas paredes. T. Chang, *Dunhuang Art through the Eyes of Duan Wenjie* (Nova Délhi, 1994), pp. 27-8.
37. Recentes escavações do mausoléu do imperador Wu em Xi'na, em 2011, *Xinhua*, 21 fev. 2011.
38. Huan Kuan, *Yan Tie Lun*, citado por Y. Yu, *Trade and Expansion in Han China: A Study in the Structure of Sino-Barbarian Economic Relations* (Berkeley, 1967), p. 40.
39. Por exemplo, Sima Qian, *Records of the Grand Historian of China*, 110, 2, pp. 145-6. Para alguns comentários sobre a educação, costumes e aparência dos *xiongnu*, pp. 129-30.
40. Ver Yu, *Trade and Expansion in Han China*, pp. 48-54.
41. Ibid., p. 47, n. 33; também ver R. McLaughlin, *Rome and the Distant East: Trade Routes to the Ancient Lands of Arabia, India and China* (Londres, 2010), pp. 83-5.
42. Sima Qian, *Records of the Grand Historian of China*, 110, 2, p. 143.
43. S. Durrant, *The Cloudy Mirror: Tension and Conflict in the Writings of Sima Qian* (Albany, NY, 1995), pp. 8-10.
44. Sima Qian, *Records of the Grand Historian of China*, 123, 2, p. 235.
45. E. Schafer, *The Golden Peaches of Samarkand: A Study of Tang Exotics* (Berkeley, 1963), pp. 13-4.
46. Hansen, *Silk Road*, p. 14.
47. T. Burrow, *A Translation of Kharoshthi Documents from Chinese Turkestan* (Londres, 1940), p. 95.
48. Hansen, *Silk Road*, p. 17.
49. R. de Crespigny, *Biographical Dictionary of Later Han to the Three Kingdoms (23-220 AD)* (Leiden, 2007).
50. M. R. Shayegan, *Arsacids and Sasanians: Political Ideology in Post-Hellenistic and Late Antique Persia* (Cambridge, 2011).
51. N. Rosenstein, *Imperatores victi: Military Defeat and Aristocratic Competition in the Middle and Late Republic* (Berkeley, 1990); também S. Phang, *Roman Military Service: Ideologies of Discipline in the Late Republic and Early Principate* (Cambridge, 2008).
52. P. Heather, *The Fall of the Roman Empire: A New History of Rome and the Barbarians* (Oxford, 2006),

p. 6. Sobre a proibição de casamento, ver principalmente S. Phang, *Marriage of Roman Soldiers (13 BC-AD 235): Law and Family in the Imperial Army* (Leiden, 2001).

53. C. Howgego, "The Supply and Use of Money in the Roman World 200 BC to AD 300", *Journal of Roman Studies* 82 (1992), pp. 4-5.
54. A. Bowman, *Life and Letters from the Roman Frontier: Vindolanda and its People* (Londres, 1994).
55. Diodoro Sículo, *Bibliotheke Historike*, 17.52, in *The Library of History of Diodorus of Sicily*, ed. e trad. C. Oldfather, 12 vols. (Cambridge, MA, 1933-67), 7, p. 268. Estudiosos modernos estimam a população de Alexandria em até meio milhão, por exemplo, R. Bagnall e B. Frier, *The Demography of Roman Egypt* (Cambridge, 1994), pp. 54, 104.
56. D. Thompson, "Nile Grain Transport under the Ptolemies", in P. Garnsey, K. Hopkins e C. Whittaker (eds.), *Trade in the Ancient Economy* (Berkeley, 1983), pp. 70-1.
57. Strabo [Estrabão], *Geographika*, 17.1, in *The Geography of Strabo*, ed. e trad. H. Jones, 8 vols. (Cambridge, MA, 1917-32), 8, p. 42.
58. Cassius Dio [Dião Cássio], *Historia Romana*, 51.21, in *Dio's Roman History*, ed. e trad. E. Cary, 9 vols. (Cambridge, MA, 1914-27), 6, p. 60; Suetonius, *De Vita Cesarum. Divus Augustus*, 41, in *Suetonius: Lives of the Caesars*, ed. e tr. J. Rolfe, 2 vols. (Cambridge, MA, 1997-8), 41, 1, p. 212; R. Duncan-Jones, *Money and Government in the Roman Empire* (Cambridge, 1994), p. 21; M. Fitzpatrick, "Provincializing Rome: The Indian Ocean Trade Network and Roman Imperialism", *Journal of World History* 22.1 (2011), p. 34.
59. Suetonius [Suetônio], *Divus Augustus*, 41, 1, pp. 212-4.
60. Ibid., 28, 1, p. 192; a afirmação de Augusto é apoiada pelo registro arqueológico, P. Zanker, *The Power of Images in the Age of Augustus* (Ann Arbor, 1989).
61. Sobre impostos e rotas de caravanas: J. Thorley, "The Development of Trade between the Roman Empire and the East under Augustus", *Greece and Rome* 16.2 (1969), p. 211. Jones, *History of Rome*, pp. 256-7, 259-60; R. Ritner, "Egypt under Roman Rule: The Legacy of Ancient Egypt", in *Cambridge History of Egypt*, 1, p. 10; N. Lewis, *Life in Egypt under Roman Rule* (Oxford, 1983), p. 180.
62. Ver Lewis, *Life in Egypt*, pp. 33-4; Ritner, "Egypt under Roman Rule", in *Cambridge History of Egypt*, 1, pp. 7-8; A. Bowman, *Egypt after the Pharaohs 332 BC-AD 642: From Alexander to the Arab Conquest* (Berkeley, 1986) pp. 92-3.
63. Para o registro de nascimentos e mortes no Egito romano, R. Ritner, "Poll Tax on the Dead", *Enchoria* 15 (1988), pp. 205-7. Para o censo, incluindo sua data, ver J. Rist, "Luke 2:2: Making Sense of the Date of Jesus' Birth", *Journal of Theological Studies* 56.2 (2005), pp. 489-91.
64. Cícero, *Pro lege Manilia*, 6, in *Cicero: The Speeches*, ed. e trad. H. Grose Hodge (Cambridge, MA, 1927), p. 26.
65. Sallust [Salústio], *Bellum Catilinae*, 11.5-6, in *Sallust*, ed. e trad. J. Rolfe (Cambridge, MA, 1931), p. 20; A. Dalby, *Empire of Pleasures: Luxury and Indulgence in the Roman World* (Londres, 2000), p. 162.
66. F. Hoffman, M. Minas-Nerpel e S. Pfeiffer, *Die dreisprachige Stele des C. Cornelius Gallus. Übersetzung und Kommentar* (Berlim, 2009), pp. 5ss. G. Bowersock, "A Report on Arabia Provincia", *Journal of Roman Studies* 61 (1971), p. 227.
67. W. Schoff, *Parthian Stations of Isidore of Charax: An Account of the Overland Trade between the Levant and India in the First Century BC* (Filadélfia, 1914). O texto tem sido muitas vezes visto como referindo-se a rotas de comércio; Millar mostra que isso é incorreto, "Caravan Cities", pp. 119ss. Para a identificação de Alexandropolis, ver P. Fraser, *Cities of Alexander the Great* (Oxford, 1996), pp. 132-40.
68. Strabo [Estrabão], *Geographica*, 2.5, 1, p. 454; Parker, "Ex Oriente", pp. 64-6; Fitzpatrick, "Provincializing Rome", pp. 49-50.
69. Parker, "Ex Oriente", pp. 64-6; M. Vickers, "Nabataea, India, Gaul, and Carthage: Reflections on Hellenistic and Roman Gold Vessels and Red-Gloss Pottery", *American Journal of Archaeology* 98 (1994), p. 242; E. Lo Cascio, "State and Coinage in the Late Republic and Early Empire", *Journal of Roman Studies* 81 (1981), p. 82.
70. Citado por G. Parker, *The Making of Roman India* (Cambridge, 2008), p. 173.
71. In H. Kulke e D. Rothermund, *A History of India* (Londres, 2004), pp. 107-8.

72. L. Casson (ed.), *The Periplus Maris Erythraei: Text with Introduction, Translation and Commentary* (Princeton, 1989), 48-9, p. 80; 56, p. 84.
73. W. Wendrich, R. Tomber, S. Sidebotham, J. Harrell, R. Cappers e R. Bagnall, "Berenike Crossroads: The Integration of Information", *Journal of the Economic and Social History of the Orient* 46.1 (2003), pp. 59-62.
74. V. Begley, "Arikamedu Reconsidered", *American Journal of Archaeology* 87.4 (1983), pp. 461-81; Parker, "Ex Oriente", pp. 47-8.
75. Ver T. Power, *The Red Sea from Byzantium to the Caliphate, AD 500-1000* (Cairo, 2012).
76. Tacitus [Tácito], *Annales*, ed. H. Heubner (Stuttgart, 1983), 2.33, p. 63.
77. Petronius [Petrônio], *Satyricon*, ed. K. Müller (Munique, 2003), 30-8, pp. 23-31; 55, p. 49.
78. Martial [Marcial], *Epigrams*, 5.37, in *Martial: Epigrams*, ed. e trad. D. Shackleton Bailey, 3 vols. (Cambridge, MA, 1993), 1, p. 388.
79. *Talmud Bavli*, Citado por Dalby, *Empire of Pleasures*, p. 266.
80. Juvenal, *Satire* 3, in *Juvenal and Persius*, ed. e trad. S. Braund (Cambridge, MA, 2004), pp. 172-4.
81. Casson, *Periplus Maris Erythraei*, 49, p. 80; 56, p. 84; 64, p. 90.
82. Seneca [Sêneca], *De Beneficiis*, 7.9, in *Seneca: Moral Essays*, ed. e trad. J. Basore, 3 vols. (Cambridge, MA, 1928-35), 3, p. 478.
83. Tacitus [Tácito], *Annales*, 2.33, p. 63.
84. Pliny the Elder [Plínio, o Velho], *Naturalis Historia*, 6.20, in *Pliny: The Natural History*, ed. e trad. H. Rackham, 10 vols. (Cambridge, MA, 1947-52), 2, p. 378.
85. Ibid., 6.26, p. 414.
86. Ibid., 12.49, p. 62.
87. H. Harrauer e P. Sijpesteijn, "Ein neues Dokument zu Roms Indienhandel, P. Vindob. G40822", *Anzeiger der Österreichischen Akademie der Wissenschaften, phil.-hist.Kl.122* (1985), pp. 124-55; ver também L. Casson, "New Light on Maritime Loans: P. Vindob. G 40822", *Zeitschrift für Papyrologie und Epigraphik* 84 (1990), pp. 195-206, e F. Millar, "Looking East from the Classical World", *International History Review* 20.3 (1998), pp. 507-31.
88. Casson, *Periplus Maris Erythraei*, 39, p. 74.
89. J. Teixidor, *Un Port roman du désert: Palmyre et son commerce d'Auguste à Caracalla* (Paris, 1984); E. Will, *Les Palmyréniens, la Venise des sables (Ier siècle avant–IIIème siècle après J.-C.)* (Paris, 1992).
90. Ammianus Marcellinus, *Rerum Gestarum Libri Qui Supersunt*, 14.3, in *Ammianus Marcellinus*, ed. e trad. J. Rolfe, 3 vols. (Cambridge, MA, 1935-40), 1, p. 24.
91. J. Cribb, "The Heraus Coins: Their Attribution to the Kushan King Kujula Kadphises, *c*. AD 30--80", in M. Price, A. Burnett e R. Bland (eds.), *Essays in Honour of Robert Carson and Kenneth Jenkins* (Londres, 1993), pp. 107-34.
92. Casson, *Periplus Maris Erythraei*, 43, pp. 76-8; 46, pp. 78-80.
93. Ibid., 39, p. 76; 48-9, p. 81. Para os cuchana, ver a coletânea de ensaios in V. Masson, B. Puris, C. Bosworth et al. (eds.), *History of Civilizations of Central Asia*, 6 vols. (Paris, 1992–), 2, pp. 247-396.
94. D. Leslie e K. Gardiner, *The Roman Empire in Chinese Sources* (Roma, 1996), esp. pp. 131-62; ver também R. Kauz e L. Yingsheng, "Armenia in Chinese Sources", *Iran and the Caucasus* 12 (2008), pp. 157-90.
95. Sima Qian, *Records of the Grand Historian of China*, 123, 2, p. 241.
96. Veja ainda B. Laufer, *Sino-Iranica: Chinese Contributions to the History of Civilisation in Ancient Iran* (Chicago, 1919), e R. Ghirshman, *Iran: From the Earliest Times to the Islamic Conquest* (Harmondsworth, 1954).
97. Power, *Red Sea*, p. 58.
98. Schafer, *Golden Peaches of Samarkand*, p. 1.
99. O fato de a embaixada ter trazido cascos de tartaruga, chifres de rinoceronte e marfim sugere que os enviados haviam recebido boas informações a respeito dos gostos chineses. F. Hirth, *China and the Roman Orient* (Leipzig, 1885), pp. 42, 94. Ver aqui R. McLaughlin, *Rome and the Distant East: Trade Routes to the Ancient Lands of Arabia, India and China* (Londres, 2010).

100. Fitzpatrick, "Provincializing Rome", p. 36; Horace [Horácio], *Odes*, 1.12, in *Horace: Odes and Epodes*, ed. e trad. N. Rudd (Cambridge, MA, 2004), p. 48.
101. B. Isaac, *The Limits of Empire: The Roman Army in the East* (Oxford, 1990), p. 43; S. Mattern, *Rome and the Enemy: Imperial Strategy in the Principate* (Berkeley, 1999), p. 37.
102. Cassius Dio, 68.29, 8, pp. 414-6; H. Mattingly (ed.), *A Catalogue of the Coins of the Roman Empire in the British Museum*, 6 vols. (Londres, 1940-62), 3, p. 606. Sobre a campanha de Trajano, ver J. Bennett, *Trajan: Optimus Princeps* (Londres, 1997), pp. 183-204.
103. Jordanes, *Romana*, in *Iordanis Romana et Getica*, pp. 34-5.
104. Lactantius [Lactâncio], *De Mortibus Persecutorum*, ed. e trad. J. Creed (Oxford, 1984), 5, p. 11.
105. A. Invernizzi, "Arsacid Palaces", in I. Nielsen (ed.), *The Royal Palace Institution in the First Millennium BC* (Atenas, 2001), pp. 295-312; idem, "The Culture of Nisa, between Steppe and Empire", in J. Cribb e G. Herrmann (eds.), *After Alexander: Central Asia before Islam: Themes in the History and Archaeology of Western Central Asia* (Oxford, 2007), pp. 163-77. A negligenciada Nisa abriga vários exemplos magníficos de formas de arte helenística. V. Pilipko, *Rospisi Staroi Nisy* (Tashkent, 1992); P. Bernard e F. Grenet (eds.), *Histoire des cultes de l'Asie Centrale préislamique* (Paris, 1991).
106. Sobre Caracena, L. Gregoratti, "A Parthian Port on the Persian Gulf: Characene and its Trade", *Anabasis* 2 (2011), pp. 209-29. Sobre cerâmica, ver, por exemplo, H. Schenk, "Parthian Glazed Pottery from Sri Lanka and the Indian Ocean Trade", *Zeitschrift für Archäologie Außereuropäischer Kulturen* 2 (2007), pp. 57-90.
107. F. Rahimi-Laridjani, *Die Entwicklung der Bewässerungslandwirtschaft im Iran bis in Sasanidisch--frühislamische Zeit* (Weisbaden, 1988); R. Gyselen, *La Géographie administrative de l'empire sasanide: les témoignages sigilo- graphiques* (Paris, 1989).
108. A. Taffazoli, "List of Trades and Crafts in the Sassanian Period", *Archaeologische Mitteilungen aus Iran* 7 (1974), pp. 192-6.
109. T. Daryaee, *Šahrestānīhā-ī Ērānšahr: A Middle Persian Text on Late Antique Geography, Epic, and History* (Costa Mesa, CA, 2002).
110. M. Morony, "Land Use and Settlement Patterns in Late Sasanian and Early Islamic Iraq", in A. Cameron, G. King e J. Haldon (eds.), *The Byzantine and Early Islamic Near East*, 3 vols. (Princeton, 1992-6), 2, pp. 221-9.
111. R. Frye, "Sasanian Seal Inscriptions", in R. Stiehl e H. Stier (eds.), *Beiträge zur alten Geschichte und deren Nachleben*, 2 vols. (Berlim, 1969-70), 1, pp. 77-84; J. Choksy, "Loan and Sales Contracts in Ancient and Early Medieval Iran", *Indo-Iranian Journal* 31 (1988), p. 120.
112. T. Daryaee, "The Persian Gulf Trade in Late Antiquity", *Journal of World History* 14.1 (2003), pp. 1-16.
113. Lactantius [Lactâncio], *De Mortibus Persecutorum*, 7, p. 11.
114. Ibid., 23, p. 36.
115. Bodrum Museum of Underwater Archaeology. Pelo que sei, a inscrição, descoberta em 2011, ainda será publicada.
116. Pseudo-Aurelius Victor, *Epitome de Caesaribus*, ed. M. Festy, *Pseudo-Aurelius Victor. Abrégé de Césars* (Paris, 1999), 39, p. 41.
117. Suetonius [Suetônio], *Divus Julius*, 79, in *Lives of the Caesars*, 1, p. 132.
118. Libanius [Libânio], *Antioch as a Centre of Hellenic Culture as Observed by Libanius*, trad. A. Norman (Liverpool, 2001), pp. 145-67.
119. Para uma rejeição séria do "mito da *translatio imperii*", ver L. Grig e G. Kelly (eds.), *Two Romes: Rome and Constantinople in Late Antiquity* (Cambridge, 2012).

CAPÍTULO 2 – A ROTA DOS CREDOS RELIGIOSOS

1. H. Falk, *Asókan Sites and Artefacts: A Source-book with Bibliography* (Mainz, 2006), p. 13; E. Seldeslachts, "Greece, the Final Frontier? – The Westward Spread of Buddhism", in A. Heirman e S. Bumbacher (eds.), *The Spread of Buddhism* (Leiden, 2007), esp. pp. 158-60.
2. Sick, "When Socrates Met the Buddha", p. 271; sobre a literatura páli contemporânea, T. Hinüber, *A Handbook of Pali Literature* (Berlim, 1996).

3. G. Fussman, "The Mat *Devakula*: A New Approach to its Understanding", in D. Srivasan (ed.), *Mathurā: The Cultural Heritage* (Nova Délhi, 1989), pp. 193-9.
4. Por exemplo, P. Rao Bandela, *Coin Splendour: A Journey into the Past* (Nova Délhi, 2003), pp. 32-5.
5. D. MacDowall, "Soter Megas, the King of Kings, the Kushana", *Journal of the Numismatic Society of India* (1968), pp. 28-48.
6. Note, por exemplo, a descrição no Livro dos Salmos como "o Deus dos Deuses [...] o Senhor dos Senhores" (Salmos 136:2-3), ou "Deus é o Deus dos Deuses e o Senhor dos Senhores" (Deuteronômio 10:17). O Livro do Apocalipse diz como a besta será derrotada, porque o carneiro é "o Senhor dos Senhores e o Rei dos Reis" (Apocalipse 17:14).
7. *The Lotus of the Wonderful Law or The Lotus Gospel: Saddharma Pundarīka Sūtra Miao-Fa Lin Hua Chung*, trad. W. Soothill (Londres, 1987), p. 77.
8. X. Liu, *Ancient India and Ancient China: Trade and Religious Exchanges AD 1-600* (Oxford, 1988), p. 102.
9. *Sukhāvatī-vyūha: Description of Sukhāvatī, the Land of Bliss*, trad. F. Müller (Oxford, 1883), pp. 33-4; *Lotus of the Wonderful Law*, pp. 107, 114.
10. D. Schlumberger, M. Le Berre e G. Fussman (eds.), *Surkh Kotal en Bactriane*, vol. 1: *Les Temples: architecture, sculpture, inscriptions* (Paris, 1983); V. Gaibov, "Ancient Tajikistan Studies in History, Archaeology and Culture (1980-1991)", *Ancient Civilizations from Scythia to Siberia* 1.3 (1995), pp. 289-304.
11. R. Salomon, *Ancient Buddhist Scrolls from Gandhara* (Seattle, 1999).
12. J. Harle, *The Art and Architecture of the Indian Subcontinent* (New Haven, 1994), pp. 43-57.
13. Ver principalmente E. de la Vaissière, *Sogdian Traders: A History* (Leiden, 2005).
14. K. Jettmar, "Sogdians in the Indus Valley", in P. Bertrand e F. Grenet (eds.), *Histoire des cultes de l'Asie centrale préislamique* (Paris, 1991), pp. 251-3.
15. C. Huart, *Le Livre de Gerchāsp, poème persan d'Asadī junior de Toūs*, 2 vols. (Paris, 1926-9), 2, p. 111.
16. R. Giès, G. Feugère e A. Coutin (eds.), *Painted Buddhas of Xinjiang: Hidden Treasures from the Silk Road* (Londres, 2002); T. Higuchi e G. Barnes, "Bamiyan: Buddhist Cave Temples in Afghanistan", *World Archaeology* 27.2 (1995), pp. 282ss.
17. M. Rhie, *Early Buddhist Art of China and Central Asia*, vol. 1 (Leiden, 1999); R. Wei, *Ancient Chinese Architecture: Buddhist Buildings* (Viena, 2000).
18. G. Koshelenko, "The Beginnings of Buddhism in Margiana", *Acta Antiqua Academiae Scientiarum Hungaricae* 14 (1966), pp. 175-83; R. Foltz, *Religions of the Silk Road: Premodern Patterns of Globalization* (2ª ed., Basingstoke, 2010), pp. 47-8; idem, "Buddhism in the Iranian World", *Muslim World* 100.2-3 (2010), pp. 204-14.
19. N. Sims-Williams, "Indian Elements in Parthian and Sogdian", in R. Röhrborn e W. Veenker (eds.), *Sprachen des Buddhismus in Zentralasien* (Wiesbaden, 1983), pp. 132-41; W. Sundermann, "Die Bedeutung des Parthischen für die Verbreitung buddhistischer Wörter indischer Herkunft", *Altorientalische Forschungen* 9 (1982), pp. 99-113.
20. W. Ball, "How Far Did Buddhism Spread West?", *Al-Rāfidān* 10 (1989), pp. 1-11.
21. T. Daryaee, *Sasanian Persia: The Rise and Fall of an Empire* (Londres, 2009), pp. 2-5.
22. Muitos estudiosos têm escrito sobre a questão da continuidade e mudança. Ver M. Canepa, *The Two Eyes of the Earth: Art and Ritual of Kingship between Rome and Sasanian Iran* (Berkeley, 2009).
23. M. Canepa, "Technologies of Memory in Early Sasanian Iran: Achaemenid Sites and Sasanian Identity", *American Journal of Archaeology* 114.4 (2010), pp. 563-96; U. Weber, "Wahram II: König der Könige von Eran und Aneran", *Iranica Antiqua* 44 (2009), pp. 559-643.
24. Sobre a cunhagem sassânida em geral, R. Göbl, *Sasanian Numismatics* (Brunswick, 1971).
25. M. Boyce, *Zoroastrians: Their Religious Beliefs and Practices* (Londres, 1979).
26. R. Foltz, "Zoroastrian Attitudes toward Animals", *Society and Animals* 18 (2010), pp. 367-78.
27. *The Book of the Counsel of Zartusht*, pp. 2-8, in R. Zaehner, *The Teachings of the Magi: A Compendium of Zoroastrian Beliefs* (Nova York, 1956), pp. 21-2. Ver também M. Boyce, *Textual Sources for the Study of Zoroastrianism* (Manchester, 1984).

28. Ver, por exemplo, M. Boyce, *Textual Sources for the Study of Zoroastrianism* (Manchester, 1984), pp. 104-6.
29. M. Boyce e F. Grenet, *A History of Zoroastrianism* (Leiden, 1991), pp. 30-3. Sobre as crenças do zoroastrismo, incluindo orações e credo, ver Boyce, *Textual Sources*, pp. 53-61; sobre rituais e práticas, pp. 61-70.
30. J. Harmatta, "Late Bactrian Inscriptions", *Acta Antiqua Hungaricae* 17 (1969), pp. 386-8.
31. M. Back, "Die sassanidischen Staatsinschriften", *Acta Iranica* 18 (1978), pp. 287-8.
32. S. Shaked, "Administrative Functions of Priests in the Sasanian Period", in G. Gnoli e A. Panaino (eds.), *Proceedings of the First European Conference of Iranian Studies*, 2 vols. (Roma, 1991), 1, pp. 261-73; T. Daryaee, "Memory and History: The Construction of the Past in Late Antiquity", *Name-ye Iran-e Bastan* 1.2 (2001-2), pp. 1-14.
33. Back, "Sassanidischen Staatsinschriften", 384. Sobre a inscrição completa, M.-L. Chaumont, "L'Inscription de Kartir à la Ka'bah de Zoroastre: text, traduction et commentaire", *Journal Asiatique* 248 (1960), pp. 339-80.
34. M.-L. Chaumont, *La Christianisation de l'empire iranien, des origines aux grandes persécutions du IV siècle* (Louvain, 1988), p. 111; G. Fowden, *Empire to Commonwealth: Consequences of Monotheism in Late Antiquity* (Princeton, 1993), pp. 28-9.
35. R. Merkelbach, *Mani und sein Religionssystem* (Opladen, 1986); J. Russell, "Kartir and Mani: A Shamanistic Model of their Conflict", *Iranica Varia: Papers in Honor of Professor Ehsan Yarshater* (Leiden, 1990), pp. 180-93; S. Lieu, *History of Manicheanism in the Later Roman Empire and Medieval China: A Historical Survey* (Manchester, 1985). Sobre Shāpūr e Mani, ver M. Hutter, "Manichaeism in the early Sasanian Empire", *Numen* 40 (1993), pp. 2-15.
36. P. Gigoux (ed. e trad.), *Les Quatre Inscriptions du mage Kirdir, textes et concordances* (Paris, 1991). Também C. Jullien e F. Jullien, "Aux frontières de l'iranité: 'nasraye' et 'kristyone' des inscriptions du mobad Kirdir: enquête littéraire et historique", *Numen* 49.3 (2002), pp. 282-335; F. de Blois, "*Nasrānī* (Ναζωραῖος) and *hanīf* (ἐθνικός): Studies on the Religious Vocabulary of Christianity and of Islam", *Bulletin of the School of Oriental and African Studies* 65 (2002), pp. 7-8.
37. S. Lieu, "Captives, Refugees and Exiles: A Study of Cross-Frontier Civilian Movements and Contacts between Rome and Persia from Valerian to Jovian", in P. Freeman e D. Kennedy (eds.), *The Defence of the Roman and Byzantine East* (Oxford, 1986), pp. 475-505.
38. A. Kitchen, C. Ehret, S. Assefa e C. Mulligan, "Bayesian Phylogenetic Analysis of Semitic Languages Identifies an Early Bronze Age Origin of Semitic in the Near East", *Proceedings of the Royal Society B*, 276.1668 (2009), pp. 2702-10. Alguns estudiosos sugerem uma origem norte-africana das línguas semíticas, e.g. D. McCall, "The Afroasiatic Language Phylum: African in Origin, or Asian?", *Current Anthropology* 39.1 (1998), pp. 139-44.
39. R. Stark, *The Rise of Christianity: A Sociologist Reconsiders History* (Princeton, 1996), e idem, *Cities of God: The Real Story of How Christianity Became an Urban Movement and Conquered Rome* (San Francisco, 2006). As visões e metodologias de Stark mostraram-se controversas; ver *Journal of Early Christian Studies* 6.2 (1998).
40. Pliny the Younger [Plínio, o Jovem], Letter 96, ed. e trad. B. Radice, *Letters and Panegyricus*, 2 vols. (Cambridge, MA, 1969), 2, pp. 284-6.
41. Ibid., Letter 97, 2, pp. 290-2.
42. J. Helgeland, R. Daly e P. Patout Burns (eds.), *Christians and the Military: The Early Experience* (Filadélfia, 1985).
43. M. Roberts, *Poetry and the Cult of the Martyrs* (Ann Arbor, 1993); G. de Ste Croix, *Christian Persecution, Martyrdom and Orthodoxy* (Oxford, 2006).
44. Tertullian [Tertuliano], *Apologia ad Nationes*, p. 42, in *Tertullian: Apology: De Spectaculis*, ed. e trad. T. Glover (Londres, 1931), p. 190; G. Stoumsa, *Barbarian Philosophy: The Religious Revolution of Early Christianity* (Tübingen, 1999), pp. 69-70.
45. Tertullian [Tertuliano], *Apologia*, 8, p. 44.
46. W. Baum e D. Winkler, *Die Apostolische Kirche des Ostens* (Klagenfurt, 2000), pp. 13-7.

47. S. Rose, *Roman Edessa: Politics and Culture on the Eastern Fringes of the Roman Empire, 114-242 CE* (Londres, 2001).
48. T. Mgaloblishvili e I. Gagoshidze, "The Jewish Diaspora and Early Christianity in Georgia", in T. Mgaloblishvili (ed.), *Ancient Christianity in the Caucasus* (Londres, 1998), pp. 39-48.
49. J. Bowman, "The Sassanian Church in the Kharg Island", *Acta Iranica* 1 (1974), pp. 217-20.
50. *The Book of the Laws of the Countries: Dialogue on the Fate of Bardaisan of Edessa*, trad. H. Drijvers (Assen, 1965), p. 61.
51. J. Asmussen, "Christians in Iran", in *The Cambridge History of Iran: The Seleucid, Parthian and Sasanian Periods* (Cambridge, 1983), 3.2, pp. 929-30.
52. S. Brock, "A Martyr at the Sasanid Court under Vahran II: Candida", *Analecta Bollandiana* 96.2 (1978), pp. 167-81.
53. Eusebius [Eusébio], *Evaggelike Proparaskeus*, ed. K. Mras, *Eusebius Werke: Die Praeparatio Evangelica* (Berlim, 1954), 1.4, p. 16; A. Johnson, "Eusebius' *Praeparatio Evangelica* as Literary Experiment", in S. Johnson (ed.), *Greek Literature in Late Antiquity: Dynamism, Didacticism, Classicism* (Aldershot, 2006), p. 85.
54. P. Brown, *The Body and Society: Men, Women and Sexual Renunciation in Early Christianity* (Londres, 1988); C. Wickham, *The Inheritance of Rome: A History of Europe from 400 to 1000* (Londres, 2009), pp. 55-6.
55. B. Dignas e E. Winter, *Rome and Persia in Late Antiquity* (Cambridge, 2007), pp. 210-32.
56. Ver A. Sterk, "Mission from Below: Captive Women and Conversion on the East Roman Frontiers", *Church History* 79.1 (2010), pp. 1-39.
57. Sobre a conversão, R. Thomson (ed. e trad.), *The Lives of St Gregory: The Armenian, Greek, Arabic and Syriac Versions of the History Attributed to Agathaneglos* (Ann Arbor, 2010). Sobre a data, muito debatida, W. Seibt, *Die Christianisierung des Kaukasus: The Christianisation of Caucasus (Armenia, Georgia, Albania)* (Vienna, 2002), e M.-L. Chaumont, *Recherches sur l'histoire d'Arménie, de l'avènement des Sassanides à la conversion du royaume* (Paris, 1969), pp. 131-46.
58. Eusébio de Cesareia, *Bios tou megalou Konstantinou*, ed. F. Winkelmann, *Über das Leben des Kaisers Konstantin* (Berlim, 1992), 1.28-30, pp. 29-30. Sobre a conversão de Constantino e o contexto, ver a coletânea de ensaios in N. Lenski (ed.), *The Cambridge Companion to the Age of Constantine* (ed. rev., Cambridge, 2012).
59. Sozomen, *Ekklesiastike Historia*, ed. J. Bidez, *Sozomenus: Kirchengeschichte* (Berlim, 1995), 2.3, p. 52.
60. Eusebius [Eusébio], *Bios tou megalou Konstantinou*, 2.44, p. 66.
61. A. Lee, "Traditional Religions", in Lenski, *Age of Constantine*, pp. 159-80.
62. *Codex Theodosianus*, trad. C. Pharr, *The Theodosian Code and Novels and the Simondian Constitutions* (Princeton, 1952), 15.12, p. 436.
63. Eusebius [Eusébio], *Bios tou megalou Konstantinou*, 3.27-8, p. 96.
64. Ibid., 3.31-2, p. 99.
65. P. Sarris, *Empires of Faith* (Oxford, 2012), pp. 22-3.
66. Eusebius [Eusébio], *Vita Constantini*, 4.13, p. 125; tradução in Dodgeon e Lieu (eds.), *The Roman Eastern Frontier and the Persian Wars A. D. 226-363: A Documentary History* (Londres, 1991), p. 152. Sobre a data, G. Fowden, *Empire to Commonwealth: Consequences of Monotheism in Late Antiquity* (Princeton, 1993), pp. 94-9.
67. J. Eadie, "The Transformation of the Eastern Frontier 260-305", in R. Mathisen e H. Sivan (eds.), *Shifting Frontiers in Late Antiquity* (Aldershot, 1996), pp. 72-82; M. Konrad, "Research on the Roman and Early Byzantine Frontier in North Syria", *Journal of Roman Archaeology* 12 (1999), pp. 392-410.
68. Sterk, "Mission from Below", pp. 10-1.
69. Eusebius [Eusébio], *Vita Constantini*, 5.56, p. 143; 5.62, pp. 145-6.
70. T. Barnes, "Constantine and the Christians of Persia", *Journal of Roman Studies* 75 (1985), p. 132.
71. Aphrahat [Afraate], *Demonstrations*, M.-J. Pierre, *Aphraate le sage person: les expos és* (Paris, 1988-9), n. 5.
72. J. Walker, *The Legend of Mar Qardagh: Narrative and Christian Heroism in Late Antique Iraq* (Berkeley, 2006), 6, p. 22.

73. Ver em geral J. Rist, "Die Verfolgung der Christen im spätkirchen Sasanidenreich: Ursachen, Verlauf, und Folgen", *Oriens Christianus* 80 (1996), pp. 17-42. A evidência não é desprovida de problemas de interpretação, S. Brock, "Saints in Syriac: A Little-Tapped Resource", *Journal of East Christian Studies* 16.2 (2008), esp. pp. 184-6.
74. J. Wiesehöfer, *Ancient Persia, 500 BC to 650 AD* (Londres, 2001), p. 202.

CAPÍTULO 3 – A ROTA PARA UM ORIENTE CRISTÃO

1. O. Knottnerus, "Malaria in den Nordseemarschen: Gedanken über Mensch und Umwelt", in M. Jakubowski-Tiessen e J. Lorenzen-Schmidt, *Dünger und Dynamit: Beiträge zur Umweltgeschichte Schleswig-Holsteins und Dänemarks* (Neumünster, 1999), pp. 25-39; P. Sorrel et al., "Climate Variability in the Aral Sea Basin (Central Asia) during the Late Holocene Based on Vegetation Changes", *Quaternary Research* 67.3 (2007), pp. 357-70; H. Oberhänsli et al., "Variability in Precipitation, Temperature and River Runoff in W. Central Asia during the Past ~2000 Yr", *Global and Planetary Change* 76 (2011), pp. 95-104; O. Savoskul e N. Solomina, "Late-Holocene Glacier Variations in the Frontal and Inner Ranges of the Tian Shan, Central Asia", *Holocene* 6.1 (1996), pp. 25-35.
2. N. Sims-Williams, "Sogdian Ancient Letter II", in A. Juliano e J. Lerner (eds.), *Monks and Merchants: Silk Road Treasures from Northern China: Gansu and Ningxia 4th–7th Century* (Nova York, 2001), pp. 47-9. Ver também F. Grenet e N. Sims-Williams, "The Historical Context of the Sogdian Ancient Letters", *Transition Periods in Iranian History, Studia Iranica* 5 (1987), pp. 101-22; N. Sims--Williams, "Towards a New Edition of the Sogdian Letters", in E. Trembert e E. de la Vaissière (eds.), *Les Sogdiens en Chine* (Paris, 2005), pp. 181-93.
3. E. de la Vaissière, "Huns et Xiongnu", *Central Asiatic Journal* 49.1 (2005), pp. 3-26.
4. P. Heather, *Empires and Barbarians* (Londres, 2009), pp. 151-88; A. Poulter, "Cataclysm on the Lower Danube: The Destruction of a Complex Roman Landscape", in N. Christie (ed.), *Landscapes of Change: Rural Evolutions in Late Antiquity and the Early Middle Ages* (Aldershot, 2004), pp. 223-54.
5. Ver F. Grenet, "Crise et sortie de crise en Bactriane-Sogdiane aux IVe–V^e s de n.è.: de l'héritage antique à l'adoption de modèles sassanides", in *La Persia e l'Asia Centrale da Alessandro al X secolo. Atti dei Convegni Lincei* 127 (Roma, 1996), pp. 367-90; de la Vaissière, *Sogdian Traders*, pp. 97-103.
6. G. Greatrex e S. Lieu, *The Roman Eastern Frontier and the Persian Wars, Part II, AD 363-630* (Londres, 2002), pp. 17-9; O. Maenchen-Helfen, *The World of the Huns* (Los Angeles, 1973), p. 58.
7. Embora estudiosos tenham debatido bastante a possível data dessa construção, os recentes avanços na datação por radiocarbono e na datação por luminescência opticamente estimulada colocam agora seguramente a construção dessa imensa fortaleza nesse período, J. Nokandeh et al., "Linear Barriers of Northern Iran: The Great Wall of Gorgan and the Wall of Tammishe", *Iran* 44 (2006), pp. 121-73.
8. J. Howard-Johnston, "The Two Great Powers in Late Antiquity: A Comparison", in A. Cameron, G. King e J. Haldon (eds.), *The Byzantine and Early Islamic Near East*, 3 vols. (Princeton, 1992-6), 3, pp. 190-7.
9. R. Blockley, "Subsidies and Diplomacy: Rome and Persia in Late Antiquity", *Phoenix* 39 (1985), pp. 66-7.
10. Greatrex e Lieu, *Roman Eastern Frontier*, pp. 32-3.
11. Ver Heather, *Fall of the Roman Empire*, pp. 191-250.
12. St Jerome, "Ad Principiam", *Select Letters of St Jerome*, ed. e trad. F. Wright (Cambridge, MA, 1933), 127, p. 462.
13. Jordanes, *Getica*, 30, in *Iordanis Romana et Getica*, ed. T. Mommsen (Berlim, 1882), pp. 98-9.
14. J. Hill, *Through the Jade Gate to Rome: A Study of the Silk Routes during the Late Han Dynasty, 1st to 2nd Centuries CE: An Annotated Translation of the Chronicle of the "Western Regions" from the Hou Hanshu* (Charleston, NC, 2009).
15. Sarris, *Empires of Faith*, pp. 41-3.
16. Um documento do início do século IV lista as tribos que acorreram ao Império Romano, A. Riese (ed.), *Geographi latini minores* (Hildesheim, 1964), pp. 1280-9. Para outro exemplo, Sidonius Apollinaris [Sidônio Apolinário], "Panegyric on Avitus", in *Sidonius Apollinaris: Poems and Letters*, ed. e trad. W. Anderson, 2 vols. (Cambridge, MA, 1935-56), 1, p. 146.

17. Ammianus Marcellinus, *Rerum Gestarum Libri XXX*, 31.2, 3, p. 382.
18. Priscus [Prisco], *Testimonia*, fragmento 49, ed. e trad. R. Blockley, *The Fragmentary Classicising Historians of the Later Roman Empire: Eunapius, Olympiodorus, Priscus, and Malchus*, 2 vols. (Liverpool, 1981-3), 2, p. 356.
19. Ammianus Marcellinus, *Rerum Gestarum Libri XXX*, 31.2, 3, p. 380.
20. D. Pany e K. Wiltschke-Schrotta, "Artificial Cranial Deformation in a Migration Period Burial of Schwarzenbach, Central Austria", *VIAVIAS* 2 (2008), pp. 18-23.
21. Priscus [Prisco], *Testimonia*, fragmento 24, 2, pp. 316-7. Sobre o sucesso dos hunos, Heather, *Fall of the Roman Empire*, pp. 300-48.
22. B. Ward-Perkins, *The Fall of Rome and the End of Civilization* (Oxford, 2005), pp. 91ss.
23. Salvian [Salviano], *Œuvres*, ed. e trad. C. Lagarrigue, 2 vols. (Paris, 1971-5), 2, 4.12. Tradução de E. Sanford (trad.), *The Government of God* (Nova York, 1930), p. 118.
24. Zosimus [Zózimo], *Historias Neas*, ed. e trad. F. Paschoud, *Zosime, Histoire nouvelle*, 3 vols. (Paris, 2000) 2.7, 1, pp. 77-9.
25. Asmussen, "Christians in Iran", pp. 929-30.
26. S. Brock, "The Church of the East in the Sasanian Empire up to the Sixth Century and its Absence from the Councils in the Roman Empire", *Syriac Dialogue: First Non-Official Consultation on Dialogue within the Syriac Tradition* (Viena, 1994), p. 71.
27. A. Cameron e R. Hoyland (eds.), *Doctrine and Debate in the East Christian World 300-1500* (Farnham, 2011), p. xi.
28. W. Barnstone, *The Restored New Testament: A New Translation with Commentary, Including the Gnostic Gospels of Thomas, Mary and Judas* (Nova York, 2009).
29. N. Tanner, *The Decrees of the Ecumenical Councils*, 2 vols. (Washington, DC, 1990), p. 1; A. Cameron, *The Later Roman Empire, AD 284-430* (Londres, 1993), pp. 59-70.
30. Ver P. Wood, *The Chronicle of Seert. Christian Historical Imagination in Late Antique Iraq* (Oxford, 2013), pp. 23-4.
31. S. Brock, "The Christology of the Church of the East in the Synods of the Fifth to Early Seventh Centuries: Preliminary Considerations and Materials", in G. Dagras (ed.), *A Festschrift for Archbishop Methodios of Thyateira and Great Britain* (Atenas, 1985), pp. 125-42.
32. Baum e Winkler, *Apostolische Kirche*, pp. 19-25.
33. Sínodo de Dadjesus, *Synodicon orientale, ou Recueil de synods nestoriens*, ed. J. Chabot (Paris, 1902), pp. 285-98; Brock, "Christology of the Church of the East", pp. 125-42; Brock, "Church of the East", pp. 73-4.
34. Wood, *Chronicle of Seert*, pp. 32-7.
35. Gregório de Nazianzo, *De Vita Sua*, in D. Meehan (tr.), *Saint Gregory of Nazianzus: Three Poems* (Washington, DC, 1987), pp. 133-5.
36. St Cirilo of Alexandria, Letter to Paul the Prefect, in J. McEnerney (trad.), *Letters of St Cyril of Alexandria*, 2 vols. (Washington, DC, 1985-7), 2, 96, pp. 151-3.
37. S. Brock, "From Antagonism to Assimilation: Syriac Attitudes to Greek Learning", in N. Garsoian, T. Mathews e T. Thomson (eds.), *East of Byzantium: Syria and Armenia in the Formative Period* (Washington, DC, 1982), pp. 17-34; também idem, "Christology of the Church of the East", pp. 165-73.
38. R. Norris, *The Christological Controversy* (Filadélfia, 1980), pp. 156-7.
39. Brock, "Christology of the Church of the East", pp. 125-42; ver também Baum e Winkler, *Apostolische Kirche*, pp. 31-4.
40. F.-C. Andreas, "Bruchstücke einer Pehlevi-Übersetzung der Psalmen aus der Sassanidenzeit", *Sitzungsberichte der Berliner Akademie der Wissenschaften* (1910), pp. 869-72; J. Asmussen, "The Sogdian and Uighur-Turkish Christian Literature in Central Asia before the Real Rise of Islam: A Survey", in L. Hercus, F. Kuiper, T. Rajapatirana e E. Skrzypczak (eds.), *Indological and Buddhist Studies: Volume in Honour of Professor J. W. de Jong on his Sixtieth Birthday* (Canberra, 1982), pp. 11-29.
41. Sarris, *Empires of Faith*, p. 153.

42. Sobre o Conselho de 553, R. Price, *The Acts of the Council of Constantinople of 553: Edited with an introduction and notes*, 2 vols. (Liverpool, 2009). Sobre o texto siríaco, com tradução, S. Brock, "The Conversations with the Syrian Orthodox under Justinian (532)", *Orientalia Christiana Periodica* 47 (1981), pp. 87-121, e idem, "Some New Letters of the Patriarch Severus", *Studia Patristica* 12 (1975), pp. 17-24.
43. Evagrius Scholasticus, *Ekklesiastike historia*, 5.1, *Ecclesiastical History of Evagrius Scholasticus*, trad. M. Whitby (Liverpool, 2005), p. 254.
44. Sobre a compilação do texto e sua data, ver R. Lim, *Public Disputation: Power and Social Order in Late Antiquity* (Berkeley, 1991), p. 227.
45. Sterk, "Mission from Below", pp. 10-2.
46. Sobre os trezentos mártires de Najran, I. Shahid, "The Martyrdom of Early Arab Christians: Sixth Century Najran", in G. Corey, P. Gillquist, M. Mackoul et al. (eds.), *The First One Hundred Years: A Centennial Anthology Celebrating Antiochian Orthodoxy in North America* (Englewood, NJ, 1996), pp. 177-80. Sobre a viagem de Cosmas Indicopleustes, ver S. Faller, *Taprobane im Wandel der Zeit* (Stuttgart, 2000); H. Schneider, "Kosmas Indikopleustes, Christliche Topographie: Probleme der Überlieferung und Editionsgeschichte", *Byzantinische Zeitschrift* 99.2 (2006), pp. 605-14.
47. *The History of Theophylact Simocatta: An English Translation with Introduction and Notes*, ed. e trad. M. Whitby e M. Whitby (Oxford, 1986), 5.10, p. 147.
48. Ver *Wood, Chronicle of Seert*, p. 23.
49. B. Spuler, *Iran in früh-Islamischer Zeit* (Wiesbaden, 1952), pp. 210-3; P. Jenkins, *The Lost History of Christianity* (Oxford, 2008), pp. 14, 53; ver também S. Moffett, *A History of Christianity in Asia*, 2 vols. (São Francisco, 1998); J. Asmussen, "Christians in Iran", pp. 924-48.
50. A. Atiya, *A History of Eastern Christianity* (Londres, 1968), pp. 239ss.
51. Agathias [Agátias], *Historion*, 2.28, *Agathias: Histories*, trad. J. Frendo (Berlim, 1975), p. 77.
52. Sobre as orações, Brock, "Church of the East", p. 76; sobre a eleição, Synod of Mar Gregory I, *Synodicon orientale*, p. 471.
53. T. Daryaee (ed. e trad.), *Šahrestānīhā-ī Ērānšahr: A Middle Persian Text on Late Antique Geography, Epic and History* (Costa Mesa, CA, 2002).
54. M. Morony, "Land Use and Settlement Patterns in Late Sasanian and Early Islamic Iraq", in Cameron, King e Haldon, *The Byzantine and Early Islamic Near East*, 2, pp. 221-9; F. Rahimi-Laridjani, *Die Entwicklung der Bewässerungslandwirtschaft im Iran bis Sasanidisch-frühislamische zeit* (Weisbaden, 1988); R. Gyselen, *La géographie administrative de l'empire sasanide: les témoignages sigilographiques* (Paris, 1989).
55. P. Pourshariati, *Decline and Fall of the Sasanian Empire: The Sasanian–Parthian Confederacy and the Arab Conquest of Iran* (Londres, 2009), pp. 33-60. Ver também Z. Rubin, "The Reforms of Khusro Anushirwān", in Cameron, *Islamic Near East*, 3, pp. 225-97.
56. A. Taffazoli, "List of Trades and Crafts in the Sassanian Period", *Archaeologische Mitteilungen aus Iran* 7 (1974), pp. 192-6.
57. R. Frye, "Sasanian Seal Inscriptions", in R. Stiehl e H. Stier, *Beiträge zur alten Gesichte und deren Nachleben*, 2 vols. (Berlim, 1969-70), 1, pp. 79-84; J. Choksy, "Loan and Sales Contracts in Ancient and Early Medieval Iran", *Indo-Iranian Journal* 31 (1988), p. 120.
58. Daryaee, "Persian Gulf Trade", pp. 1-16.
59. E. de la Vaissière, *Histoire des marchands sogdiens* (Paris, 2002), pp. 155-61, 179-231. N. Sims-Williams, "The Sogdian Merchants in China and India", in A. Cadonna e L. Lanciotti (eds.), *Cina e Iran: da Alessandro Magno alla dinastia Tang* (Florença, 1996), pp. 45-67; J. Rose, "The Sogdians: Prime Movers between Boundaries", *Comparative Studies of South Asia, Africa and the Middle East* 30.3 (2010), pp. 410-9.
60. F. Thierry e C. Morrisson, "Sur les monnaies Byzantines trouvés en Chine", *Revue numismatique* 36 (1994), pp. 109-45; L. Yin, "Western Turks and Byzantine Gold Coins Found in China", *Transoxiana* 6 (2003); B. Marshak e W. Anazawa, "Some Notes on the Tomb of Li Xian and his Wife under the Northern Zhou Dynasty at Guyuan, Ningxia and its Gold-Gilt Silver Ewer with Greek Mythological Scenes Unearthed There", *Cultura Antiqua* 41.4 (1989), pp. 54-7.

61. D. Shepherd, "Sasanian Art", in *Cambridge History of Iran*, 3.2, pp. 1085-6.
62. Sobre a Páscoa, Eusebius [Eusébio], *Vita Constantini*, 3.18, p. 90. Para exemplos de legislação contra intercasamentos, *Codex Theodosianus*, 16.7, p. 466; 16.8, pp. 467-8.
63. L. Feldman, "Proselytism by Jews in the Third, Fourth and Fifth Centuries", *Journal for the Study of Judaism* 24.1 (1993), pp. 9-10.
64. Ibid., p. 46.
65. P. Schäfer, *Jesus in the Talmud* (Princeton, 2007); P. Schäfer, M. Meerson e Y. Deutsch (eds.), *Toledot Yeshu ("The Life Story of Jesus") Revisited* (Tübingen, 2011).
66. G. Bowersock, "The New Greek Inscription from South Yemen", in A. Sedov e J.-F. Salles (eds.), *Qāni': le port antique du Hadramawt entre la Méditerranée, l'Afrique et l'Inde: fouilles russes 1972, 1985-89, 1991, 1993-94* (Turnhout, 2013), pp. 393-6.
67. J. Beaucamp, F. Briquel-Chatonnet e C. Robin (eds.), *Juifs et chrétiens en Arabie aux Ve et VIe siècles: regards croisés sur les sources* (Paris, 2010); C. Robin, "Joseph, dernier roi de Himyar (de 522 à 525, ou une des années suivantes)", *Jerusalem Studies in Arabic and Islam* 34 (2008), pp. 1-124.
68. G. Bowersock, *The Throne of Adulis: Red Sea Wars on the Eve of Islam* (Oxford, 2013), pp. 78-91.
69. Brock, "Church of the East", p. 73.
70. Walker, *The Legend of Mar Qardagh*; texto, pp. 19-69.
71. Y. Saeki, *The Nestorian Documents and Relics in China* (2ª ed., Tóquio, 1951), pp. 126-7; D. Scott, "Christian Responses to Buddhism in Pre-Medieval Times", *Numen* 32.1 (1985), pp. 91-2.
72. Ver E. Pagels, *The Gnostic Gospels* (Nova York, 1979); H.-J. Klimkeit, *Gnosis on the Silk Road: Gnostic Texts from Central Asia* (São Francisco, 1993); K. King, *What is Gnosticism?* (Cambridge, MA, 2003).
73. P. Crone, "Zoroastrian Communism", *Comparative Studies in Society and History* 36.4 (1994), pp. 447--62; G. Gnoli, "Nuovi studi sul Mazdakismo", in *Convegno internazionale: la Persia e Bisanzio* (Roma, 2004), pp. 439-56.
74. Hui Li, *Life of Hiuen-tsang*, trad. Samuel Beal (Westport, CT, 1973), p. 45.
75. Ibid., p. 46; R. Foltz, "When was Central Asia Zoroastrian?", *Mankind Quarterly* (1988), pp. 189-200.
76. S. Beal, *Buddhist Records of the Western World* (Nova Délhi, 1969), pp. 44-6.
77. G. Mitchell e S. Johar, "The Maratha Complex at Ellora", *Modern Asian Studies* 28.1 (2012), pp. 69-88.
78. Escavações e investigações foram conduzidas na década de 1970 por equipes conjuntas do Japão e Afeganistão. Ver T. Higuchi, *Japan–Afghanistan Joint Archaeological Survey 1974, 1976, 1978* (Quioto, 1976-80).
79. Para a datação do complexo de Bamiyan em *c.* 600, ver D. Klimburg-Salter, "Buddhist Painting in the Hindu Kush *c.* VIIth to Xth Centuries: Reflections of the Co-existence of Pre-Islamic and Islamic Artistic Cultures during the Early Centuries of the Islamic Era", in E. de la Vaissière, *Islamisation de l'Asie Centrale: processus locaux d'acculturation du VIIe au XIe siècle* (Paris, 2008), pp. 140-2; ver também F. Flood, "Between Cult and Culture: Bamiyan, Islamic Iconoclasm, and the Museum", *Art Bulletin* 84.4 (2002), pp. 641ss. Ver também L. Morgan, *The Buddhas of Bamiyan* (Londres, 2012).
80. Citado por Power, *Red Sea*, p. 58.
81. I. Gillman e H.-J. Klimkeit, *Christians in Asia before 1500* (Ann Arbor, 1999), pp. 265-305.
82. G. Stroumsa, *Barbarian Philosophy: The Religious Revolution of Early Christianity* (Tübingen, 1999), pp. 80, 274-81.
83. J. Choksy, "Hagiography and Monotheism in History: Doctrinal Encounters between Zoroastrianism, Judaism and Christianity", *Islam and Christian–Muslim Relations* 14.4 (2010), pp. 407-21.

CAPÍTULO 4 – A ROTA DA REVOLUÇÃO

1. Pseudo-Dionysius of Tel Mahre, *Chronicle (Known Also as the Chronicle of Zuqnin), Part III*, trad. W. Witakowski (Liverpool, 1996), p. 77.
2. Procopius [Procópio], *Hyper ton polemon*, 2.22-3, in *History of the Wars, Secret History, Buildings*, ed. e trad. H. Dewing, 7 vols. (Cambridge, MA), 1, pp. 450-72.
3. M. Morony, "'For Whom Does the Writer Write?': The First Bubonic Plague Pandemic According to

Syriac Sources", in K. Lester (ed.), *Plague and the End of Antiquity: The Pandemic of 541-750* (Cambridge, 2007), p. 64; D. Twitchett, "Population and Pestilence in T'ang China", in W. Bauer (ed.), *Studia Sino--Mongolica* (Wiesbaden, 1979), 42, p. 62.

4. P. Sarris, *Economy and Society in the Age of Justinian* (Cambridge, 2006); idem, "Plague in Byzantium: The Evidence of Non-Literary Sources", in Lester, *Plague and the End of Antiquity*, pp. 119-34; A. Cameron, *The Mediterranean World in Late Antiquity: AD 395-700* (Londres, 1993), pp. 113ss.; D. Stathakopoulos, *Famine and Pestilence in the Late Roman and Early Byzantine Empire: A Systematic Survey of Subsistence Crises and Epidemics* (Birmingham, 2004), pp. 110-65.
5. Sarris, *Empires of Faith*, pp. 145ss.
6. Procopius [Procópio], *The Secret History*, trad. P. Sarris (Londres, 2007), p. 80.
7. John of Ephesus [João de Éfeso], *Ecclesiastical History*, 6.24, trad. R. P. Smith (1860), p. 429.
8. M.-T. Liu, *Die chinesischen Nachrichten zur Geschichte der Ost-Türken (T'u-küe)*, 2 vols. (Wiesbaden, 2009), 1, p. 87. Também J. Banaji, "Precious-Metal Coinages and Monetary Expansion in Late Antiquity", in F. De Romanis e S. Sorda (eds.), *Dal denarius al dinar: l'oriente e la monetà romana* (Roma, 2006), pp. 265-303.
9. *The History of Menander the Guardsman*, trad. R. Blockley (Liverpool, 1985), pp. 121-3.
10. Ibid., pp. 110-7.
11. Sarris, *Empires of Faith*, pp. 230-1.
12. *Menander the Guardsman*, pp. 173-5.
13. Para as fontes aqui, Greatrex e Lieu, *Roman Eastern Frontier, Part II*, pp. 153-8.
14. R. Thomson, *The Armenian History Attributed to Sebeos. Part I: Translation and Notes* (Liverpool, 1999), 8, p. 9.
15. Agathias [Agátias], *Historion*, 2.24, p. 72.
16. G. Fisher, "From Mavia to al-Mundhir: Arab Christians and Arab Tribes in the Late Antique Roman East", in I. Toral-Niehoff e K. Dimitriev (eds.), *Religious Culture in Late Antique Arabia* (Leiden, 2012), p. x; M. Maas, "'Delivered from their Ancient Customs': Christianity and the Question of Cultural Change in Early Byzantine Ethnography", in K. Mills e A. Grafton (eds.), *Conversion in Late Antiquity and the Early Middle Ages* (Rochester, NY, 2003), pp. 152-88.
17. R. Hoyland, "Arab Kings, Arab Tribes and the Beginnings of Arab Historical Memory in Late Roman Epigraphy", in H. Cotton, R. Hoyland, J. Price e D. Wasserstein (eds.), *From Hellenism to Islam: Cultural and Linguistic Change in the Roman Near East* (Cambridge, 2009), pp. 374-400.
18. M. Whittow, "Rome and the Jafnids: Writing the History of a Sixth-Century Tribal Dynasty", in J. Humphrey (ed.), *The Roman and Byzantine Near East: Some Recent Archaeological Research* (Ann Arbor, 1999), pp. 215-33.
19. K. Atahmina, "The Tribal Kings in Pre-Islamic Arabia: A Study of the Epithet *malik* or *dhū al-tāj* in Early Arabic Traditions", *al-Qantara* 19 (1998), p. 35; M. Morony, "The Late Sasanian Economic Impact on the Arabian Peninsula", *Nāme-ye Irān-e Bāstān* 1.2 (201/2), pp. 35-6; I. Shahid, *Byzantium and the Arabs in the Sixth Century*, 2 vols. (Washington, DC, 1995-2009), 2.2, pp. 53-4.
20. Sarris, *Empires of Faith*, pp. 234-6.
21. Procopius [Procópio], *Buildings*, 3.3, 7, pp. 192-4.
22. J. Howard-Johnston, *Witnesses to a World Crisis: Historians and Histories of the Middle East in the Seventh Century* (Oxford, 2010), pp. 438-9.
23. Synod of Mar Gregory I, *Synodicon orientale*, p. 471. Ver também Walker, *Mar Qardagh*, pp. 87-9.
24. F. Conybeare, "Antiochos Strategos' Account of the Sack of Jerusalem in ad 614", *English Historical Review* 25 (1910), pp. 506-8, mas ver Howard-Johnston, *Witnesses to a World Crisis*, pp. 164-5. Sobre propaganda, J. Howard-Johnston, "Heraclius' Persian Campaigns and the Revival of the Roman Empire", *War in History* 6 (1999), pp. 36-9.
25. *Chronicon Paschale*, trad. M. Whitby e M. Whitby (Liverpool, 1989), pp. 161-2; Howard-Johnston, "Heraclius' Persian Campaigns", p. 3; Sarris, *Empires of Faith*, p. 248.
26. *Chronicon Paschale*, pp. 158, 164.
27. Howard-Johnston, "Heraclius' Persian Campaigns", p. 37.

28. A data precisa é controversa; R. Altheim-Stiehl, "Würde Alexandreia im Juni 619 n. Chr. durch die Perser Erobert?", *Tyche* 6 (1991), pp. 3-16.
29. J. Howard-Johnston, "The Siege of Constantinople in 626", in C. Mango e G. Dagron (eds.), *Constantinople and its Hinterland* (Aldershot, 1995), pp. 131-42.
30. Howard-Johnston, "Heraclius' Persian Campaigns", pp. 23-4; C. Zuckerman, "La Petite Augusta et le Turc: Epiphania-Eudocie sur les monnaies d'Héraclius", *Revue Numismatique* 150 (1995), pp. 113-26.
31. Ver N. Oikonomides, "Correspondence between Heraclius and Kavadh-Siroe in the *Paschal Chronicle* (628)", *Byzantion* 41 (1971), pp. 269-81.
32. Sebeos, *Armenian History*, 40, pp. 86-7; Theophanes, *The Chronicle of Theophanes Confessor: Byzantine and Near Eastern History, AD 284-813*, trad. C. Mango e R. Scott (Oxford, 1997), pp. 455-6.
33. *Chronicon Paschale*, pp. 166-7; Sebeos, *Armenian History*, 38, pp. 79-81.
34. G. Dagron e V. Déroche, "Juifs et chrétiens en Orient byzantine", *Travaux et Mémoires* 11 (1994), pp. 28 ss.
35. Cameron e Hoyland, *Doctrine and Debate*, pp. xxi-xxii.
36. Carta dos bispos da Pérsia, *Synodicon orientale*, pp. 584-5.
37. Theophanes [Teófanes], *Chronicle*, p. 459; Mango, "Deux études sur Byzance et la Perse sassanide", *Travaux et Mémoires* 9 (1985), p. 117.
38. B. Dols, "Plague in Early Islamic History", *Journal of the American Oriental Society* 94.3 (1974), p. 376; P. Sarris, "The Justinianic Plague: Origins and Effects", *Continuity and Change* 17.2 (2002), p. 171.
39. Bowersock, *Throne of Adulis*, pp. 106-33. Também G. Lüling, *Die Wiederentdeckung des Propheten Muhammad: eine Kritik am "christlichen" Abendland* (Erlangen, 1981).
40. C. Robin, "Arabia and Ethiopia", in S. Johnson (ed.), *Oxford Handbook of Late Antiquity* (Oxford, 2012), p. 302.
41. *Corão*, 96.1, ed. e trad. N. Dawood, *The Koran: With a Parallel Translation of the Arabic Text* (Londres, 2014).
42. Ibn Hisham, *Sīrat rasūl Allāh*, trad. A. Guillaume, *The Life of Muhammad: A Translation of Ishāq's Sīrat rasūl Allāh* (Oxford, 1955), p. 106; *Qur'ān*, 81.23, p. 586.
43. Ver H. Motzki, "The Collection of the *Qur'ān*: A Reconsideration of Western Views in Light of Recent Methodological Developments", *Der Islam* 78 (2001), pp. 1-34, e também A. Neuwirth, N. Sinai e M. Marx (eds.), *The Qur'ān in Context: Historical and Literary Investigations into the Qur'ānic Milieu* (Leiden, 2010).
44. *Corão*, 18.56, p. 299.
45. *Corão*, 16.98-9, p. 277.
46. Por exemplo, *Corão*, 2.165; 2.197; 2.211.
47. Ver, principalmente, F. Donner, *Narratives of Islamic Origins: The Beginnings of Islamic Historical Writing* (Princeton, 1998). Também, por exemplo, T. Holland, *In the Shadow of the Sword: The Battle for Global Empire and the End of the Ancient World* (Londres, 2012).
48. E. El Badawi, *The Qur'ān and the Aramaic Gospel Traditions* (Londres, 2013).
49. P. Crone, *Meccan Trade and the Rise of Islam* (Princeton, 1977); também R. Serjeant, "Meccan Trade and the Rise of Islam: Misconceptions and Flawed Polemics", *Journal of the American Oriental Society* 110.3 (1990), pp. 472-3.
50. C. Robinson, "The Rise of Islam", in M. Cook et al. (eds.), *The New Cambridge History of Islam*, 6 vols. (Cambridge, 2010), pp. 180-1; M. Kister, "The Struggle against Musaylima and the Conquest of Yamāma", *Jerusalem Studies in Arabic and Islam* 27 (2002), pp. 1-56.
51. G. Heck, "'Arabia without Spices': An Alternative Hypothesis: The Issue of 'Makkan Trade and the Rise of Islam'", *Journal of the American Oriental Society* 123.5 (2003), pp. 547-76; J. Schiettecatte e C. Robin, *L'Arabie à la veille de l'Islam: un bilan clinique* (Paris, 2009).
52. P. Crone, "Quraysh and the Roman Army: Making Sense of the Meccan Leather Trade", *Bulletin of the School of Oriental and African Studies* 70.1 (2007), pp. 63-88.

53. Ibn al-Kalbī, *Kitāb al-asnām*, trad. N. Faris, *The Book of Idols Being a Translation from the Arabic of the Kitāb al-asnām* (Princeton, 1952), pp. 23-4.
54. *Corão*, 36.33-6, p. 441; G. Reinink, "Heraclius, the New Alexander: Apocalyptic Prophecies during the Reign of Heraclius", pp. 81-94; W. E. Kaegi Jr., "New Evidence on the Early Reign of Heraclius", *Byzantinische Zeitschrift* 66 (1973), pp. 308-30.
55. *Corão*, 47.15, p. 507.
56. *Corão*, 5.33, p. 112.
57. *Corão*, 4.56, p. 86. Também W. Shepard, *Sayyid Qutb and Islamic Activism: A Translation and Critical Analysis of Social Justice in Islam* (Leiden, 2010). Note também as importantes observações sobre gênero e justiça social no antigo Islã, A. Wahud, *Qur'ān and Woman: Rereading the Sacred Text from a Woman's Perspective* (Oxford, 1999).
58. *Qur'ān*, 47.15, p. 507.
59. P. Crone, "The Religion of the Qur'ānic Pagans: God and the Lesser Deities", *Arabica* 57 (2010), pp. 151-200.
60. R. Hoyland, "New Documentary Texts and the Early Islamic State", *Bulletin of the School of Oriental and African Studies* 69.3 (2006), pp. 395-416. Sobre a data da fuga de Muhammad, A. Noth, *The Early Arabic Historical Tradition: A Source Critical Study* (Princeton, 1994), p. 40; M. Cook e P. Crone, *Hagarism: The Making of the Islamic World* (Cambridge, 1977), pp. 24, 157.
61. Nikephoros of Constantinople [Nicéforo de Constantinopla], *Chronographikon syntomon*, ed. e trad. C. Mango, *Short History* (Washington, DC, 1990), pp. 68-9; Theophylact Simokatta, *History*, 3.17. Sobre a "identidade" árabe antes da ascensão do Islã, A. Al-Azmeh, *The Emergence of Islam in Late Antiquity* (Oxford, 2014), p. 147; ver também W. Kaegi, "Reconceptualizing Byzantium's Eastern Frontiers", in Mathisen e Sivan, *Shifting Frontiers*, p. 88.
62. *Corão*, 43.3, p. 488.
63. C. Robinson, "Rise of Islam", p. 181.
64. Mālik registra duas variantes similares, que presumivelmente refletem a origem do comentário, Mālik ibn Anas, *al-Muwatta*, 45.5, trad. A. Abdarahman e Y. Johnson (Norwich, 1982), p. 429.
65. *Corão*, 2.143-4, p. 21; também al-Azmeh, *Emergence of Islam*, p. 19.
66. *Corão*, 22.27-9, pp. 334-5.
67. R. Frye, "The Political History of Iran under the Sasanians", in *Cambridge History of Iran*, 3.1, p. 178; Tabarī, *The Battle of al-Qādisiyyah and the Conquest of Syria and Palestine*, trad. Y. Friedmann (Albany, NY, 1992), pp. 45-6.
68. H. Kennedy, *The Great Arab Conquests* (Londres, 2007), pp. 103-5.
69. Tabarī, *Battle of al-Qādisiyyah*, p. 63.
70. Ibid.
71. *Corão*, 29.1-5, p. 395.
72. Crone, *Meccan Trade*, p. 245.
73. C. Robinson, *The First Islamic Empire*, in J. Arnason e K. Raaflaub (eds.), *The Roman Empire in Context: Historical and Comparative Perspectives* (Oxford, 2010), p. 239; G.-R. Puin, *Der Dīwān von Umar Ibn al-Hattab* (Bonn, 1970); F. Donner, *The Early Islamic Conquests* (Princeton, 1981), pp. 231-2, 261-3.
74. Pourshariati, *Decline and Fall of the Sasanian Empire*, pp. 161ss. Ver também Donner, *Early Islamic Conquests*, pp. 176-90; Kennedy, *Arab Conquests*, pp. 105-7.
75. Sobre a data da conquista de Jerusalém, P. Booth, *Crisis of Empire: Doctrine and Dissent at the End of Late Antiquity* (Berkeley, 2014), p. 243.
76. Sebeos, *Armenian History*, 42, p. 98.
77. Ver Howard-Johnston, *Witnesses to a World Crisis*, pp. 373-5.

CAPÍTULO 5 – A ROTA DA CONCÓRDIA

1. Para o texto, F. Donner, *Muhammad and the Believers: At the Origins of Islam* (Cambridge, MA, 2010), pp. 228-32. Também M. Lecker, *The "Constitution of Medina": Muhammad's First Legal Document* (Princeton, 2004).

2. Ver a importante coletânea de ensaios in M. Goodman, G. van Kooten e J. van Ruiten, *Abraham, the Nations and the Hagarites: Jewish, Christian and Islamic Perspectives on Kinship with Abraham* (Leiden, 2010).
3. *Doctrina Iacobi* in Dagron e Déroche, "Juifs et chrétiens", p. 209. Tradução de R. Hoyland, *Seeing Islam as Others Saw It: A Survey and Evaluation of Christian, Jewish and Zoroastrian Writings on Early Islam* (Princeton, 1997), p. 57.
4. Note, portanto, W. van Bekkum, "Jewish Messianic Expectations in the Age of Heraclius", in G. Reinink e H. Stolte (eds.), *The Reign of Heraclius (610-641): Crisis and Confrontation* (Leuven, 2002), pp. 95-112.
5. Dagron e Déroche, "Juifs et chrétiens", pp. 240-7. Para a confiabilidade de boa parte da informação do texto, Howard-Johnston, *Witnesses to a World Crisis*, pp. 155-7; sobre o provável público e o propósito do texto, D. Olster, *Roman Defeat, Christian Response and the Literary Construction of the Jew* (Filadélfia, 1994). Principalmente aqui, Hoyland, *Seeing Islam as Others Saw It*.
6. J. Reeves, *Trajectories in Near Eastern Apocalyptic: A Postrabbinic Jewish Apocalypse Reader* (Leiden, 2006), pp. 78-89; B. Lewis, "An Apocalyptic Vision of Islamic History", *Bulletin of the School of Oriental and African Studies* 13 (1950), pp. 321-30. Ver também S. Shoemaker, *The Death of a Prophet: The End of Muhammad's Life and the Beginnings of Islam* (Filadélfia, 2012), pp. 28-33.
7. *Canonici Hebronensis Tractatus de invention sanctorum patriarchum Abraham, Ysaac et Yacob*, in *Recueil des Historiens des Croisades: Historiens Occidentaux* 1, p. 309; tradução de N. Stillman, *The Jews of Arab Lands: A History and Source Book* (Philadelphia, 1979), p. 152.
8. M. Conterno, "'L'abominio della desolazione nel luogo santo': l'ingresso di Umar I a Gerusalemme nella Cronografia de Teofane Confessore e in tre cronache siriache", in *Quaderni di storia religiosa* 17 (2010), pp. 9-24.
9. J. Binns, *Ascetics and Ambassadors of Christ: The Monasteries of Palestine 314-631* (Oxford, 1994); B. Horn, *Asceticism and Christological Controversy in Fifth-Century Palestine: The Career of Peter the Iberian* (Oxford, 2006); Cameron e Hoyland, *Doctrine and Debate*, p. xxix.
10. S. Brock, "North Mesopotamia in the Late Seventh Century: Book XV of John Bar Penkaye's Rish Melle", *Jerusalem Studies in Arabic and Islam* 9 (1987), p. 65.
11. *Corpus Scriptorum Christianorum Orientalium*, Series 3, 64, pp. 248-51; Donner, *Muhammad and the Believers*, p. 114.
12. *Corão*, 2.87, p. 12.
13. *Corão*, 3.3, p. 49.
14. *Corão*, 2.42-3, p. 54.
15. Cameron e Hoyland, *Doctrine and Debate*, p. xxxii.
16. *Corão*, 3.65, p. 57
17. *Corão*, 3.103; 105, p. 62.
18. *Corão*, 2.62, p. 9, 5.69, p. 118.
19. R. Hoyland, *In God's Path: The Arab Conquests and the Creation of an Islamic Empire* (Oxford, 2015), pp. 224-9.
20. Robinson, "The Rise of Islam", p. 186.
21. C. Luxenburg, *The Syro-Aramaic Reading of the Koran: A Contribution to the Decoding of the Language of the Koran* (Berlim, 2007); ver aqui D. King, "A Christian Qurʾān? A Study in the Syriac background to the language of the Qurʾān as presented in the work of Christoph Luxenberg", *Journal for Late Antique Religion and Culture* 3 (2009), pp. 44-71.
22. *Corão*, 30.2-4, p. 403.
23. *Corão*, 30.6, p. 404.
24. T. Sizgorich, *Violence and Belief in Late Antiquity: Militant Devotion in Christianity and Islam* (Filadélfia, 2009), pp. 160-1.
25. R. Finn, *Asceticism in the Graeco-Roman World* (Cambridge, 2009).
26. *Corão*, 3.84, p. 60.
27. *Corão*, 10.19, p. 209.

28. Shoemaker, *Death of a Prophet*, pp. 18-72. Também R. Hoyland, "The Earliest Christian Writings on Muhammad: An Appraisal", in H. Motzki (ed.), *The Biography of Muhammad: The Issue of the Sources* (Leiden, 2000), esp. pp. 277-81; Cook, "Muhammad", pp. 75-6.
29. Sophronius of Jerusalem [Sofrônio de Jerusalém], "Logos eis to hagion baptisma", in A. Papadopoulos-Kermeus, "Tou en hagiois patros hemon Sophroniou archiepiskopou Hierosolymon logos eis to hagion baptisma", *Analekta Hierosolymitikes Stakhiologias* 5 (São Petersburgo, 1898), pp. 166-7.
30. G. Anvil, *The Byzantine–Islamic Transition in Palestine: An Archaeological Approach* (Oxford, 2014); R. Schick, *The Christian Communities of Palestine from Byzantine to Islamic Rule* (Princeton, 1995).
31. Al-Balādhurī, *Kitâb futûh al-buldân*, trad. P. Hitti, *The Origins of the Islamic State* (Nova York, 1916), 8, p. 187.
32. John of Nikiu [João de Niquiu], *Khronike*, trad. R. Charles, *The Chronicle of John of Nikiu* (Londres, 1916), 120.17-28, pp. 193-4.
33. G. Garitte, "'Histoires édifiantes' géorgiennes", *Byzantion* 36 (1966), pp. 414-6; Holyand, *Seeing Islam*, p. 63.
34. Robinson, *First Islamic Empire*, pp. 239ss.
35. W. Kubiak, *Al-Fustiat, Its Foundation and Early Urban Development* (Cairo, 1987); N. Luz, "The Construction of an Islamic City in Palestine: The Case of Umayyad al-Ramla", *Journal of the Royal Asiatic Society* 7.1 (1997), pp. 27-54; H. Djaït, *Al-Kûfa: naissance de la ville islamique* (Paris, 1986); D. Whitcomb, "The Misr of Ayla: New Evidence for the Early Islamic City", in G. Bisheh (ed.), *Studies in the History and Archaeology of Jordan* (Amã, 1995), pp. 277-88.
36. J. Conant, *Staying Roman: Conquest and Identity in Africa and the Mediterranean, 439-700* (Cambridge, 2012), pp. 362-70. Também P. Grossman, D. Brooks-Hedstrom e M. Abdal-Rassul, "The Excavation in the Monastery of Apa Shnute (Dayr Anba Shinuda) at Suhag", *Dumbarton Oaks Papers* 58 (2004), pp. 371-82; E. Bolman, S. Davis e G. Pyke, "Shenoute and a Recently Discovered Tomb Chapel at the White Monastery", *Journal of Early Christian Studies* 18.3 (2010), pp. 453-62; sobre a Palestina, L. di Segni, "Greek Inscriptions in Transition from the Byzantine to the Early Islamic Period", in Hoyland, *Hellenism to Islam*, pp. 352-73.
37. N. Green, "The Survival of Zoroastrianism in Yazd", *Iran* 28 (2000), pp. 115-22.
38. A. Tritton, *The Caliphs and their Non-Muslim Subjects: A Critical Study of the Covenant of Umar* (Londres, 1970); Hoyland, *God's Path*, esp. pp. 207-31.
39. N. Khairy e A.-J. Amr, "Early Islamic Inscribed Pottery Lamps from Jordan", *Levant* 18 (1986), p. 152.
40. G. Bardy, "Les Trophées de Damas: controverse judéo-chrétienne du VIIe siècle", *Patrologia Orientalis* 15 (1921), p. 222.
41. J. Johns, "Archaeology and the History of Early Islam: The First Seventy Years", *Journal of the Economic and Social History of the Orient* 46.4 (2003), pp. 411-36; A. Oddy, "The Christian Coinage of Early Muslim Syria", *ARAM* 15 (2003), pp. 185-96.
42. E. Whelan, "Forgotten Witnesses: Evidence for the Early Codification of the Qur'an", *Journal of the American Oriental Society* 118.1 (1998), pp. 1-14; W. Graham e N. Kermani, "Recitation and Aesthetic Reception", in J. McAuliffe (ed.), *The Cambridge Companion to the Qur'ān* (Cambridge, 2005), pp. 115-43, S. Blair, "Transcribing God's Word: Qur'an Codices in Context", *Journal of Qur'anic Studies* 10.1 (2008), pp. 72-97.
43. R. Hoyland, "Jacob of Edessa on Islam", in G. Reinink e A. Cornelis Klugkist (eds.), *After Bardasian: Studies on Continuity and Change in Syriac Christianity* (Leuven, 1999), pp. 158-9.
44. M. Whittow, *The Making of Orthodox Byzantium, 600-1025* (Londres, 1996), pp. 141-2.
45. R. Hoyland, "Writing the Biography of the Prophet Muhammad: Problems and Sources", *History Compass* 5.2 (2007), pp. 593-6. Ver também I. e W. Schulze, "The Standing Caliph Coins of al-Jazīra: Some Problems and Suggestions", *Numismatic Chronicle* 170 (2010), pp. 331-53; S. Heidemann, "The Evolving Representation of the Early Islamic Empire and its Religion on Coin Imagery", in A. Neuwirth, N. Sinai e M. Marx (eds.), *The Qur'ān in Context: Historical and Literary Investigations into the Qur'ānic Milieu* (Leiden, 2010), pp. 149-95.
46. B. Flood, *The Great Mosque of Damascus: Studies on the Makings of an Umayyad Visual Culture* (Leiden, 2001).

47. Johns, "Archaeology and History of Early Islam", pp. 424-5. Ver também Hoyland, *Seeing Islam*, esp. pp. 550-3, 694-5, e em geral P. Crone e M. Hinds, *God's Caliph: Religious Authority in the First Centuries of Islam* (Cambridge, 1986).
48. O. Grabar, *The Dome of the Rock* (Cambridge, MA, 2006), pp. 91-2.
49. John of Damascus [João de Damasco], *On Heresies*, trad. F. Chase, *The Fathers of the Church* (Washington, DC, 1958), 101, p. 153; Sarris, *Empires of Faith*, p. 266.
50. Por exemplo, M. Bennett, *Fighting Techniques of the Medieval World AD 500-AD 1500: Equipment, Combat Skills and Tactics* (Staplehurst, 2005).
51. P. Reynolds, *Trade in the Western Mediterranean, AD 400-700: The Ceramic Evidence* (Oxford, 1995); S. Kinsley, "Mapping Trade by Shipwrecks", in M. Mundell Mango (ed.), *Byzantine Trade, 4th-12th Centuries* (Farnham, 2009), pp. 31-6. Ver M. McCormick, *Origins of the European Economy: Communications and Commerce, AD 300-900* (Cambridge, 2001); Wickham, *Inheritance of Rome*, esp. pp. 255 ss.
52. De la Vaissière, *Sogdian Traders*, pp. 279-86.
53. Al-Ya'qūbī e al-Balādhurī citados por J. Banaji, "Islam, the Mediterranean and the Rise of Capitalism", *Historical Materialism* 15 (2007), pp. 47-74, esp. 59-60.
54. Para as estruturas livres ao longo do mundo sogdiano na época, De la Vaissière, *Marchands sogdiens*, pp. 144-76.
55. Ver F. Grenet de E. de la Vaissière, "The Last Days of Panjikent", *Silk Road Art and Archaeology* 8 (2002), pp. 155-96.
56. Ver J. Karam Skaff, *Sui-Tang China and Its Turko-Mongol Neighbours: Culture, Power, and Connections, 580-800* (Oxford, 2012).
57. D. Graff, "Strategy and Contingency in the Tang Defeat of the Eastern Turks, 629-30", in N. di Cosmo (ed.), *Warfare in Inner Asian History, 500-1800* (Leiden, 2002), pp. 33-72.
58. De la Vaissière, *Sogdian Traders*, pp. 217-20.
59. C. Mackerras, *The Uighur Empire According to the T'ang Dynastic Histories* (Canberra, 1972); T. Allsen, *Commodity and Exchange in the Mongol Empire: A Cultural History of Islamic Textiles* (Cambridge, 1997), p. 65.
60. C. Beckwith, "The Impact of Horse and Silk Trade on the Economics of T'ang China and the Uighur Empire: On the Importance of International Commerce in the Early Middle Ages", *Journal of the Economic and Social History of the Orient* 34 (1991), pp. 183-98.
61. J. Kolbas, "Khukh Ordung: A Uighur Palace Complex of the Seventh Century", *Journal of the Royal Asiatic Society* 15.3 (2005), pp. 303-27.
62. L. Albaum, *Balalyk-Tepe: k istorii material'noi kul'tury i iskusstva Tokharistana* (Tashkent, 1960); F. Starr, *Lost Enlightenment: Central Asia's Golden Age from the Arab Conquest to Tamerlane* (Princeton, 2014), p. 104.
63. A. Walmsley e K. Damgaard, "The Umayyad Congregational Mosque of Jerash in Jordan and its Relationship to Early Mosques", *Antiquity* 79 (2005), pp. 362-78; I. Roll e E. Ayalon, "The Market Street at Apollonia – Arsuf", *BASOR* 267 (1987), pp. 61-76; K. al-As'ad and Stepniowski, "The Umayyad *suq* in Palmyra", *Damazener Mitteilungen* 4 (1989), pp. 205-23; R. Hillenbrand, "Anjar and Early Islamic Urbanism", in G.-P. Brogiolo e B. Ward-Perkins (eds.), *The Idea and Ideal of the Town between Late Antiquity and the Early Middle Ages* (Leiden, 1999), pp. 59-98.
64. Hilāl al-Sābi, *Rusūm dār al-khilāfah*, in *The Rules and Regulations of the Abbasid Court*, trad. E. Salem (Beirut, 1977), pp. 21-2.
65. Ibn al-Zubayr, *Kitāb al-hadāyā wa al-tuhaf*, in *Book of Gifts and Rarities: Selections Compiled in the Fifteenth Century from an Eleventh-Century Manuscript on Gifts and Treasures*, trad. G. al-Qaddūmī (Cambridge, MA, 1996), pp. 121-2.
66. B. Lewis, *Islam: From the Prophet Muhammad to the Capture of Constantinople* (Nova York, 1987), pp. 140-1.
67. Muqaddasī, *Best Divisions for Knowledge*, p. 60.
68. Ibid., pp. 107, 117 e 263.

69. J. Bloom, *Paper before Print: The History and Impact of Paper in the Islamic World* (New Haven, 2001).
70. Muqaddasī, *Best Divisions for Knowledge*, pp. 6, 133-4 e 141.
71. *Two Arabic travel books: Accounts of China and India*, ed. e trad. T. Mackintosh-Smith e J. Montgomery (Nova York, 2014), p. 37.
72. Ibid., pp. 59 e 63.
73. J. Stargardt, "Indian Ocean Trade in the Ninth and Tenth Centuries: Demand, Distance, and Profit", *South Asian Studies* 30.1 (2014), pp. 35-55.
74. A. Northedge, "Thoughts on the Introduction of Polychrome Glazed Pottery in the Middle East", in E. Villeneuve e P. Watson (eds.), *La Céramique byzantine et proto-islamique en Syrie-Jordanie (IVe-VIIIe siècles apr. J.-C.)* (Beirut, 2001), pp. 207-14; R. Mason, *Shine Like the Sun: Lustre-Painted and Associated Pottery from the Medieval Middle East* (Toronto, 2004); M. Milwright, *An Introduction to Islamic Archaeology* (Edimburgo, 2010), pp. 48-9.
75. H. Khalileh, *Admiralty and Maritime Laws in the Mediterranean Sea (ca. 800-1050): The Kitāb Akriyat al Sufun vis-à-vis the Nomos Rhodion Nautikos* (Leiden, 2006), pp. 212-4.
76. Muqaddasī, *Best Divisions for Knowledge*, p. 347.
77. Daryaee, "Persian Gulf Trade", pp. 1-16; Banaji, "Islam, the Mediterranean and the Rise of Capitalism", pp. 61-2.
78. E. Grube, *Cobalt and Lustre: The First Centuries of Islamic Pottery* (Londres, 1994); O. Watson, *Ceramics from Islamic Lands* (Londres, 2004).
79. Du Huan, Jinxing Ji, citado por X. Liu, *The Silk Road in World History* (Oxford, 2010), p. 101.
80. *Kitāb al-Tāj (fi akhlāq al-mulūk)* in *Le Livre de la couronne: ouvrage attribute à Gahiz*, trad. C. Pellat (Paris, 1954), p. 101.
81. Sobre empréstimo de ideais sassânidas, Walker, *Qardagh*, p. 139. Sobre cenas de caça em um grupo de palácios perto de Teerã, D. Thompson, *Stucco from Chal-Tarkhan-Eshqabad near Rayy* (Warminster, 1976), pp. 9-24.
82. D. Gutas, *Greek Thought, Arabic Culture: The Graeco-Arabic Translation Movement in Baghdad and Early Abbasid Society (2nd-4th/8th-10th Centuries* (Londres, 1998); R. Hoyland, "Theonmestus of Magnesia, Hunayn ibn Ishaq and the Beginnings of Islamic Veterinary Science", in R. Hoyland e P. Kennedy (eds.), *Islamic Reflections, Arabic Musings* (Oxford, 2004), pp. 150-69; A. McCabe, *A Byzantine Encyclopedia of Horse Medicine* (Oxford, 2007), pp. 182-4.
83. V. van Bladel, "The Bactrian Background of the Barmakids", in A. Akasoy, C. Burnett e R. Yoeli-Tialim, *Islam and Tibet: Interactions along the Musk Route* (Farnham, 2011), pp. 82-3; Gutas, *Greek Thought, Arabic Culture*, p. 13.
84. Ver P. Pormann e E. Savage-Smith, *Medieval Islamic Medicine* (Edimburgo, 2007); Y. Tabbaa, "The Functional Aspects of Medieval Islamic Hospitals", in M. Boner, M. Ener e A. Singer (eds.), *Poverty and Charity in Middle Eastern Contexts* (Albany, NY, 2003), pp. 97-8.
85. Pormann e Savage-Smith, *Medieval Islamic Medicine*, p. 55.
86. E. Lev e L. Chipman, "A Fragment of a Judaeo-Arabic Manuscript of Sābūr b. Sahl's Al-Aqrābādhīn al-Saghīr Found in the Taylor-Schechter Cairo Genizah Collection", *Medieval Encounters* 13 (2007), pp. 347-62.
87. Ibn al-Haytham, *The Optics of Ibn al-Haytham, Books I-III: On Direct Vision*, trad. A. Sabra, 2 vols. (Londres, 1989).
88. W. Gohlman, *The Life of Ibn Sina: A Critical Edition and Annotated Translation* (Nova York, 1974), p. 35.
89. al-Jāhiz, *Kitāb al-Hayawān*, citado por Pormann e Savage-Smith, *Medieval Islamic Medicine*, p. 23.
90. Mahsatī, *Mahsati Ganjavi: la luna e le perle*, trad. R. Bargigli (Milão, 1999); também F. Bagherzadeh, "Mahsati Ganjavi et les potiers de Rey", in *Varia Turcica* 19 (1992), pp. 161-76.
91. Augustine [Agostinho], *The Confessions of St Augustine*, trad. F. Sheed (Nova York, 1942), p. 247.
92. al-Mas'ūdī, citado por Gutas, *Greek Thought, Arabic Culture*, p. 89.
93. Muqaddasī, *Best Divisions for Knowledge*, p. 8.

94. M. Barrucand e A. Bednorz, *Moorish Architecture in Andalusia* (Colônia, 1999), p. 40.
95. Ver, por exemplo, M. Dickens, "Patriarch Timothy II and the Metropolitan of the Turks", *Journal of the Royal Asiatic Society* 20.2 (2010), pp. 117-39.
96. Conant, *Staying Roman*, pp. 362-70.
97. Narshakhī, *The History of Bukhara: Translated from a Persian Abridgement of the Arabic Original by Narshakhī*, trad. N Frye (Cambridge, MA, 1954), pp. 48-9.
98. A. Watson, *Agricultural Innovation in the Early Islamic World* (Cambridge, 1983); T. Glick, "Hydraulic Technology in al-Andalus", in M. Morony (ed.), *Production and the Exploitation of Resources* (Aldershot, 2002), pp. 327-39.

CAPÍTULO 6 – A ROTA DAS PELES

1. W. Davis, *Readings in Ancient History: Illustrative Extracts from the Sources*, 2 vols. (Boston, 1912-3), 2, pp. 365-7.
2. Ibn Khurradādhbih, *Kitāb al-masālik wa-l-mamālik*, trad. Lunde e Stone, "Book of Roads and Kingdoms", in *Ibn Fadlan and the Land of Darkness*, pp. 99-104.
3. E. van Donzel e A. Schmidt, *Gog and Magog in Early Christian and Islamic Sources: Sallam's Quest for Alexander's Wall* (Leiden, 2010); note também F. Sezgin, *Anthropogeographie* (Frankfurt, 2010), pp. 95-7; I. Krachovskii, *Arabskaya geograpbitcheskaya literatura* (Moscou, 2004), esp. pp. 138-41.
4. A. Gow, "Gog and Magog on *Mappaemundi* and Early Printed World Maps: Orientalizing Ethnography in the Apocalyptic Tradition", *Journal of Early Modern History* 2.1 (1998), pp. 61-2.
5. Ibn Fadlān, *Book of Ahmad ibn Fadlān*, trad. Lunde e Stone, *Land of Darkness*, p. 12.
6. Ibid., pp. 23-4.
7. Ibid., p. 12; sobre Tengri, ver U. Harva, *Die Religiösen Vorstellungen der altaischen Völker* (Helsinque, 1938), pp. 140-53.
8. R. Mason, "The Religious Beliefs of the Khazars", *Ukrainian Quarterly* 51.4 (1995), pp. 383-415.
9. Note um recente argumento contrário, que separa o sufismo e o mundo nômade, J. Paul, "Islamizing Sufis in Pre-Mongol Central Asia", in de la Vaissière, *Islamisation de l'Asie Centrale*, pp. 297-317.
10. Abū Hāmid al-Gharnātī, *Tuhfat al-albāb wa-nukhbat al-i'jāb wa-Rihlah ilá Ūrubbah wa-Āsiyah*, trad. Lunde e Stone, "The Travels", in *Land of Darkness*, p. 68.
11. A. Khazanov, "The Spread of World Religions in Medieval Nomadic Societies of the Eurasian Steppes", in M. Gervers e W. Schlepp (eds.), *Nomadic Diplomacy, Destruction and Religion from the Pacific to the Adriatic* (Toronto, 1994), pp. 11-34.
12. E. Seldeslachts, "Greece, the Final Frontier? The Westward Spread of Buddhism", in A. Heirman e S. Bumbacher (eds.), *The Spread of Buddhism* (Leiden, 2007); R. Bulliet, "Naw Bahar and the Survival of Iranian Buddhism", *Iran* 14 (1976), pp. 144-5; Narshakhī, *History of Bukhara*, p. 49.
13. Constantine Porphyrogenitus [Constantino Porfirogênito], *De Administrando Imperio*, ed. G. Moravcsik, trad. R. Jenkins (Washington, DC, 1967), 37, pp. 166-70.
14. Ibn Fadlān, "Book of Ahmad ibn Fadlān", p. 22. Alguns estudiosos minimizam a importância do nomadismo pastoral nas estepes, e.g. B. Zakhoder, *Kaspiiskii svod svedenii o Vostochnoi Evrope*, 2 vols. (Moscou, 1962), 1, pp. 139-40.
15. D. Dunlop, *The History of the Jewish Khazars* (Princeton, 1954), p. 83; L. Baranov, *Tavrika v epokhu rannego srednevekov'ia (saltovo-maiatskaia kul'tura)* (Kiev, 1990), pp. 76-9.
16. A. Martinez, "Gardīzī's Two Chapters on the Turks", *Archivum Eurasiae Medii Aevi* 2 (1982), p. 155; T. Noonan, "Some Observations on the Economy of the Khazar Khaganate", in P. Golden, H. Ben-Shammai e A. Róna-Tas (eds.), *The World of the Khazars* (Leiden, 2007), pp. 214-5.
17. Baranov, *Tavrika*, pp. 72-6.
18. Al-Muqaddasī, in *Land of Darkness*, pp. 169-70.
19. Abū Hāmid, "Travels", p. 67.
20. McCormick, *Origins of the European Economy*, pp. 369-84.
21. J. Howard-Johnston, "Trading in Fur, from Classical Antiquity to the Early Middle Ages", in E. Cameron (ed.), *Leather and Fur: Aspects of Early Medieval Trade and Technology* (Londres, 1998), pp. 65-79.

22. Masʿūdī, *Kitāb al-tanbīh wa-al-ishrāf*, trad. Lunde e Stone, "The Meadows of Gold and Mines of Precious Gems", *Land of Darkness*, p. 161.
23. Muqaddasī, *Ahsanu-t-taqāsīm fī maʿrifati-l-aqālīm*, trad. Lunde e Stone, "Best Divisions for the Knowledge of the Provinces", *Land of Darkness*, p. 169.
24. Abū Hāmid, "Travels", p. 75.
25. R. Kovalev, "The Infrastructure of the Northern Part of the 'Fur Road' between the Middle Volga and the East during the Middle Ages", *Archivum Eurasiae Medii Aevi* 11 (2000-1), pp. 25-64.
26. Muqaddasī, *Best Division of Knowledge*, p. 252.
27. Ibn al-Faqīh, *Land of Darkness*, p. 113.
28. al-Muqaddasī, *Best Division of Knowledge*, p. 245.
29. Para um panorama recente, G. Mako, "The Possible Reasons for the Arab-Khazar Wars", *Archivum Eurasiae Medii Aevi* 17 (2010), pp. 45-57.
30. R.-J. Lilie, *Die byzantinische Reaktion auf die Ausbreitung der Araber. Studien zur Strukturwandlung des byzantinischen Staates im 7. und 8. Jahrhundert* (Munique, 1976), pp. 157-60; J. Howard-Johnston, "Byzantine Sources for Khazar History", in Golden, Ben-Shammai e Róna-Tas, *World of the Khazars*, pp. 163-94.
31. O casamento da filha do imperador Heráclio com o *khagan* turco no auge do confronto com os persas no início do século VII foi a única exceção, C. Zuckermann, "La Petite Augusta et le Turc: Epiphania-Eudocie sur les monnaies d'Héraclius", *Revue numismatique* 150 (1995), pp. 113-26.
32. Ibn Fadlān, "Book of Ahmad ibn Fadlān", p. 56.
33. Dunlop, *History of the Jewish Khazars*, p. 141.
34. Ver P. Golden, "The Peoples of the South Russian Steppes", in *The Cambridge History of Early Inner Asia* (Cambridge, 1990), pp. 256-84; A. Novoselʾtsev, *Khazarskoye gosudarstvo i ego rolʾ v istorii Vostochnoy Evropy i Kavkaza* (Moscou, 1990).
35. P. Golden, "Irano-Turcica: The Khazar Sacral Kingship", *Acta Orientalia* 60.2 (2007), pp. 161-94. Alguns estudiosos interpretam a mudança na natureza do papel do *khagan* como resultado de uma alteração nas crenças e práticas religiosas durante o período. Ver, por exemplo, J. Olsson, "Coup d'état, Coronation and Conversion: Some Reflections on the Adoption of Judaism by the Khazar Khaganate", *Journal of the Royal Asiatic Society* 23.4 (2013), pp. 495-526.
36. R. Kovalev, "Commerce and Caravan Routes along the Northern Silk Road (Sixth-Ninth Centuries). Part I: The Western Sector", *Archivum Eurasiae Medii Aevi* 14 (2005), pp. 55-105.
37. Masʿūdī, "Meadows of Gold", pp. 131 e 133; Noonan, "Economy of the Khazar Khaganate", p. 211.
38. Istakhrī, *Kitāb suwar al-aqālīm*, trad. Lunde e Stone, "Book of Roads and Kingdoms", in *Land of Darkness*, pp. 153-5.
39. J. Darrouzès, *Notitiae Episcopatuum Ecclesiae Constantinopolitanae* (Paris, 1981), pp. 31-2, 241-2 e 245.
40. Istakhrī, "Book of Roads and Kingdoms", pp. 154-5.
41. Mason, "The Religious Beliefs of the Khazars", p. 411.
42. C. Zuckerman, "On the Date of the Khazars' Conversion to Judaism and the Chronology of the Kings of the Rusʾ Oleg and Igor: A Study of the Anonymous Khazar Letter from the Genizah of Cairo", *Revue des Etudes Byzantines* 53 (1995), p. 245.
43. Ibid., pp. 243-4. Sobre empréstimos dos escritos de Constantino, P. Meyvaert e P. Devos, "Trois énigmes cyrillo-méthodiennes de la 'Légende Italique' résolues grâce à un document inédit", *Analecta Bollandiana* 75 (1955), pp. 433-40.
44. P. Lavrov (ed.), *Materialy po istorii vozniknoveniya drevnishei slavyanskoi pisʾmennosti* (Leningrad, 1930), p. 21; F. Butler, "The Representation of Oral Culture in the *Vita Constantini*", *Slavic and East European Review* 39.3 (1995), p. 372.
45. "The Letter of Rabbi Hasdai", in J. Rader Marcus (ed.), *The Jew in the Medieval World* (Cincinnati, 1999), pp. 227-8. Ver também N. Golb e O. Pritsak (eds.), *Khazarian Hebrew Documents of the Tenth Century* (Londres, 1982).
46. "The Letter of Joseph the King", in J. Rader Marcus (ed.), *The Jew in the Medieval World*, p. 300. Para uma discussão sobre a data e o contexto, P. Golden, "The Conversion of the Khazars to Judaism", in Golden, Ben-Shammai e Róna-Tas, *World of the Khazars*, pp. 123-62.

47. R. Kovalev, "Creating 'Khazar Identity' through Coins – the 'Special Issue' Dirhams of 837/8", in F. Curta (ed.), *East Central and Eastern Europe in the Early Middle Ages* (Ann Arbor, 2005), pp. 220-53. Sobre a mudança nas práticas funerárias, V. Petrukhin, "The Decline and Legacy of Khazaria", in P. Urbanczyk (ed.), *Europe around the Year 1000* (Varsóvia, 2001), pp. 109-22.
48. Corão, 2.285; p. 48; 3.84, p. 60.
49. Zuckerman, "On the Date of the Khazars' Conversion", p. 241. Também Golb e Pritsak, *Khazarian Hebrew Documents*, p. 130.
50. Mas'ūdī, "Meadows of Gold", p. 132; sobre elite do judaísmo, Mason, "The Religious Beliefs of the Khazars", pp. 383-415.
51. Pritsak e Golb, *Khazarian Hebrew Documents*; Mas'ūdī, "Meadows of Gold", p. 133; Istakhrī, "Book of Roads and Kingdoms", p. 154.
52. Ibn Khurradādhbih, "Book of Roads and Kingdoms", p. 110.
53. Ibid., pp. 111-2.
54. Ibid., p. 112.
55. Ibn al-Faqīh, "Book of Countries", p. 114.
56. Liutprando de Cremona, um visitante de Constantinopla no século X, pensou que o termo para *rus'* viesse do grego *rousios*, ou vermelho, em razão da cor característica de seu cabelo, *The Complete Works of Liudprand of Cremona*, trad. P. Squatriti (Washington, DC, 2007), 5.15, p. 179. Na realidade, a palavra vem dos termos escandinavos *roþrsmenn* and *roðr*, que significam "remar". S. Ekbo, "Finnish Ruotsi and Swedish Roslagen – What Sort of Connection?", *Medieval Scandinavia* 13 (2000), pp. 64-9; W. Duczko, *Viking Rus: Studies on the Presence of Scandinavians in Eastern Europe* (Leiden, 2004), pp. 22-3.
57. S. Franklin e J. Shepard, *The Emergence of Rus' 750-1200* (Londres, 1996).
58. Constantine Porphyrogenitus [Constantino Porfirogênito], *De Administrando Imperio*, 9, pp. 58-62.
59. *De Administrando Imperio*, 9, p. 60.
60. Ibn Rusta, *Kitāb al-a'lāq an-nafīsa*, trad. Lunde e Stone, "Book of Precious Gems", in *Land of Darkness*, p. 127.
61. Ibn Fadlān, "Book of Ahmad ibn Fadlān", p. 45.
62. Ibn Rusta, "Book of Precious Gems", p. 127.
63. Ibn Fadlān, "Book of Ahmad Ibn Fadlān", pp. 46-9.
64. A. Winroth, *The Conversion of Scandinavia* (New Haven, 2012), pp. 78-9.
65. M. Bogucki, "The Beginning of the Dirham Import to the Baltic Sea and the Question of the Early Emporia", in A. Bitner-Wróblewska e U. Lund-Hansen (eds.), *Worlds Apart? Contacts across the Baltic Sea in the Iron Age: Network Denmark–Poland 2005-2008* (Copenhague, 2010), pp. 351-61. Sobre a Suécia, I. Hammarberg, *Byzantine Coin Finds in Sweden* (1989); C. von Heijne, *Särpräglat. Vikingatida och tidigmedeltida myntfynd från Danmark, Skåne, Blekinge och Halland (ca. 800-1130)* (Estocolmo, 2004).
66. T. Noonan, "Why Dirhams First Reached Russia: The Role of Arab–Khazar Relations in the Development of the Earliest Islamic Trade with Eastern Europe", *Archivum Eurasiae Medii Aevi* 4 (1984), pp. 151-82, e principalmente idem, "Dirham Exports to the Baltic in the Viking Age", in K. Jonsson e B. Malmer (eds.), *Sigtuna Papers: Proceedings of the Sigtuna Symposium on Viking-Age Coinage 1-4 June 1989* (Estocolmo, 1990), pp. 251-7.

CAPÍTULO 7 – A ROTA DOS ESCRAVOS

1. Ibn Rusta, "Book of Precious Gems", pp. 126-7.
2. Ibid.
3. *De Administrando Imperio*, 9, p. 60.
4. Ibn Fadlān, "Book of Ahmad Ibn Fadlān", p. 47.
5. D. Wyatt, *Slaves and Warriors in Medieval Britain and Ireland, 800-1200* (Leiden, 2009).
6. L. Delisle (ed.), *Littérature latine et histoire du moyen âge* (Paris, 1890), p. 17.
7. Ver J. Henning, "Strong Rulers – Weak Economy? Rome, the Carolingians and the Archaeology of Slavery in the First Millennium ad", in J. Davis e L. McCormick (eds.), *The Long Morning of Medieval Europe: New Directions in Early Medieval Studies* (Aldershot, 2008), pp. 33-53; sobre Novgorod, ver

H. Birnbaum, "Medieval Novgorod: Political, Social and Cultural Life in an Old Russian Urban Community", *California Slavic Studies* (1992), 14, p. 11.

8. Adam of Bremen, *History of the Archbishops of Hamburg Bremen*, ed. e trad. F. Tschan (Nova York, 1959), 4.6, p. 190.
9. B. Hudson, *Viking Pirates and Christian Princes: Dynasty, Religion and Empire in the North Atlantic* (Oxford, 2005), p. 41; ver também S. Brink, *Vikingarnas slavar: den nordiska träldomen under yngre järnålder och äldsta medeltid* (Estocolmo, 2012).
10. T. Noonan, "Early Abbasid Mint Output", *Journal of Economic and Social History* 29 (1986), pp. 113--75; R. Kovalev, "Dirham Mint Output of Samanid Samarqand and its Connection to the Beginnings of Trade with Northern Europe (10th Century)", *Histoire & Mesure* 17.3-4 (2002), pp. 197-216; T. Noonan e R. Kovalev, "The Dirham Output and Monetary Circulation of a Secondary Samanid Mint: A Case Study of Balkh", in R. Kiernowski (ed.), *Moneta Mediævalis: Studia numizmatyczne i historyczne ofiarowane Profesorowi Stanisławowi Suchodolskiemu w 65. rocznicę urodzin* (Varsóvia, 2002), pp. 163-74.
11. R. Segal, *Islam's Black Slaves: The Other Black Diaspora* (Nova York, 2001), p. 121.
12. Ibn Hawqal, *Kitāb sūrat al-ard*, citado por D. Ayalon, "The Mamluks of the Seljuks: Islam's Military Might at the Crossroads", *Journal of the Royal Asiatic Society* 6.3 (1996), p. 312. A partir deste ponto, passo de túrquicos para turcos, a fim de distinguir entre os povos das estepes e os ancestrais da moderna Turquia.
13. W. Scheidel, "The Roman Slave Supply", in K. Bradley, P. Cartledge, D. Eltis e S. Engerman (eds.), *The Cambridge World History of Slavery*, 3 vols. (Cambridge, 2011-), 1, pp. 287-310.
14. Ver F. Caswell, *The Slave Girls of Baghdad. The Qiyan in the Early Abbasid Era* (Londres, 2011), p. 13.
15. Tacitus [Tácito], *Annals*, 15.69, p. 384.
16. Ibn Butlān, *Taqwīm al-sihha*, citado por G. Vantini, *Oriental Sources concerning Nubia* (Heidelberg, 1975), pp. 238-9.
17. Kaykāvūs ibn Iskandar ibn Qābūs, ed. e trad. R. Levy, *Nasīhat-nāma known as Qābūs-nāma*, (Londres, 1951), p. 102.
18. Ibid.
19. D. Abulafia, "Asia, Africa and the Trade of Medieval Europe", in M. Postan, E. Miller e C. Postan (eds.), *Cambridge Economic History of Europe: Trade and Industry in the Middle Ages* (2ª ed., Cambridge, 1987), p. 417. Ver também D. Mishin, "The Saqaliba Slaves in the Aghlabid State", in M. Sebök (ed.), *Annual of Medieval Studies at CEU 1996/1997* (Budapeste, 1998), pp. 236-44.
20. Ibrāhīm ibn Ya'qūb, trad. Lunde e Stone, in *Land of Darkness*, pp. 164-5. Sobre o papel de Praga como centro de escravos, D. Třeštík, "'Eine große Stadt der Slawen namens Prag': Staaten und Sklaven in Mitteleuropa im 10. Jahrhundert", in P. Sommer (ed.), *Boleslav II: der tschechische Staat um das Jahr 1000* (Praga, 2001), pp. 93-138.
21. Ibn al-Zubayr, *Book of Gifts and Rarities*, pp. 91-2. Ver A. Christys, "The Queen of the Franks Offers Gifts to the Caliph Al-Muktafi", in W. Davies e P. Fouracre (eds.), *The Languages of Gift in the Early Middle Ages* (Cambridge, 2010), pp. 140-71.
22. Ibrāhīm ibn Ya'qūb, pp. 162-3.
23. R. Naismith, "Islamic Coins from Early Medieval England", *Numismatic Chronicle* 165 (2005), pp. 193--222; idem, "The Coinage of Offa Revisited", *British Numismatic Journal* 80 (2010), pp. 76-106.
24. M. McCormick, "New Light on the 'Dark Ages': How the Slave Trade Fuelled the Carolingian Economy", *Past & Present* 177 (2002), pp. 17-54; também J. Henning, "Slavery or Freedom? The Causes of Early Medieval Europe's Economic Advancement", *Early Medieval Europe* 12.3 (2003), pp. 269-77.
25. Ibn Khurradādhbih, "Book of Roads and Kingdoms", p. 111.
26. Ibn Hawqal, *Kitāb sūrat al-ard*, trad. Lunde e Stone, "Book of the Configuration of the Earth", in *Land of Darkness*, p. 173.
27. Ibid. também Al-Muqaddasī, *Land of Darkness*, p. 170.
28. al-Jāhiz, *Kitāb al-Hayawān*, citado em C. Verlinden, *L'Esclavage dans l'Europe mediévale*, 2 vols. (Bruges, 1955-77), 1, p. 213.
29. Ibid.

30. Verlinden, *Esclavage*, 2, pp. 218-30, 731-2; W. Phillips, *Slavery from Roman Times to the Early Transatlantic Trade* (Manchester, 1985), p. 62.
31. H. Loyn e R. Percival (eds.), *The Reign of Charlemagne: Documents on Carolingian Government and Administration* (Londres, 1975), p. 129.
32. Na Alemanha, era comum fazer o mesmo, com "Servus", um cumprimento habitual.
33. Adam of Bremen, *Gesta Hammaburgensis ecclesiae pontificum*, trad. T. Reuter, *History of the Archbishops of Hamburg-Bremen* (Nova York, 2002), I.39-41.
34. *Pactum Hlotharii I*, in McCormick, "Carolingian Economy", p. 47.
35. G. Luzzato, *An Economic History of Italy from the Fall of the Roman Empire to the Sixteenth Century*, trad. P. Jones (Londres, 1961), pp. 35, 51-3; Phillips, *Slavery*, p. 63.
36. McCormick, "Carolingian Economy", pp. 48-9.
37. Hudūd al-Ālam, in *The Regions of the World: A Persian Geography 372 AH-982 AD*, trad. V. Minorsky, ed. C. Bosworth (Londres, 1970), pp. 161-2.
38. Ibn Fadlān, "Book of Ahmad Ibn Fadlān", p. 44; Ibn Khurradādhbih, "Book of Roads and Kingdoms", p. 12; Martinez, "Gardīzī's Two Chapters on the Turks", pp. 153-4.
39. *Russian Primary Chronicle*, trad. S. Cross e O. Sherbowitz-Wetzor (Cambridge, MA, 1953), p. 61.
40. *Annales Bertiniani*, ed. G. Waitz (Hanover, 1885), p. 35.
41. Masūdī, 'Meadows of Gold", pp. 145-6; Ibn Hawqal, "Book of the Configuration of the Earth", p. 175.
42. Ibn Hawqal, "Book of the Configuration of the Earth", p. 178.
43. R. Kovalev, "Mint Output in Tenth Century Bukhara: A Case Study of Dirham Production with Monetary Circulation in Northern Europe", *Russian History/ Histoire Russe* 28 (2001), pp. 250-9.
44. *Russian Primary Chronicle*, p. 86.
45. Ibid., p. 90.
46. H. Halm, *Das Reich des Mahdi. Der Aufstieg der Fatimiden (875-973)* (Munique, 1991); F. Akbar, "The Secular Roots of Religious Dissidence in Early Islam: The Case of the Qaramita of Sawad Al-Kufa", *Journal of the Institute of Muslim Minority Affairs* 12.2 (1991), pp. 376-90. Sobre a queda do califado nesse período, ver M. van Berkel, N. El Cheikh, H. Kennedy e L. Osti, *Crisis and Continuity at the Abbasid Court: Formal and Informal Politics in the Caliphate of al-Muqtadir* (Leiden, 2013).
47. Bar Hebraeus, *Ktābā d-maktbānūt zabnē*, E. Budge (ed. e trad.), *The Chronography of Gregory Abul Faraj*, 2 vols. (Oxford, 1932), I, p. 164.
48. Matthew of Edessa [Mateus de Edessa], *The Chronicle of Matthew of Edessa*, trad. A. Dostourian (Lanham, 1993), I.1, p. 19; M. Canard, "Baghdad au IVᵉ siècle de l'Hégire (Xᵉ siècle de l'ère chrétienne)", *Arabica* 9 (1962), pp. 282-3. Ver R. Bulliet, *Cotton, Climate, and Camels in Early Islamic Iran: A Moment in World History* (Nova York, 2009), pp. 79-81; R. Ellenblum, *The Collapse of the Eastern Mediterranean: Climate Change and the Decline of the East, 950-1072* (Cambridge, 2012), pp. 32-6.
49. Ellenblum, *Collapse of the Eastern Mediterranean*, pp. 41-3.
50. C. Mango, *The Homilies of Photius Patriarch of Constantino* (Cambridge, MA, 1958), pp. 88-9.
51. *Russian Primary Chronicle*, pp. 74-5.
52. Shepard, "The Viking Rus' and Byzantium", in S. Brink e N. Price (eds.), *The Viking World* (Abingdon, 2008), pp. 498-501.
53. Ver, por exemplo, A. Poppe, "The Building of the Church of St Sophia in Kiev", *Journal of Medieval History* 7.1 (1981), pp. 15-66.
54. Shepard, "Viking Rus'", p. 510.
55. T. Noonan e R. Kovalev, "Prayer, Illumination and Good Times: The Export of Byzantine Wine and Oil to the North of Russia in Pre-Mongol Times", *Byzantium and the North. Acta Fennica* 8 (1997), pp. 73-96; M. Roslund, "Brosamen vom Tisch der Reichen. Byzantinische Funde aus Lund und Sigtuna (ca. 980-1250)", in M. Müller-Wille (ed.), *Rom und Byzanz im Nordern. Mission und Glaubenswechsel im Ostseeraum während des 8-14 Jahrhunderts* (Stuttgart, 1997), 2, pp. 325-85.
56. L. Golombek, "The Draped Universe of Islam", in P. Parsons Soucek (ed.), *Content and Context of Visual*

Arts in the Islamic World: Papers from a Colloquium in Memory of Richard Ettinghausen (University Park, PA, 1988), pp. 97-114. Sobre a produção têxtil de Antioquia depois de 1098, ver T. Vorderstrasse, "Trade and Textiles from Medieval Antioch", *Al-Masāq* 22.2 (2010), pp. 151-71.

57. D. Jacoby, "Byzantine Trade with Egypt from the Mid-Tenth Century to the Fourth Crusade", *Thesaurismata* 30 (2000), p. 36.
58. V. Piacentini, "Merchant Families in the Gulf: A Mercantile and Cosmopolitan Dimension: The Written Evidence", *ARAM* 11-12 (1999-2000), pp. 145-8.
59. D. Goitein, *A Mediterranean Society: The Jewish Communities of the Arab World as Portrayed in the Documents of the Cairo Geniza*, 6 vols. (Berkeley, 1967-93), 4, p. 168; Jacoby, "Byzantine Trade with Egypt", pp. 41-3.
60. Nāsir-i Khusraw, *Safarnāma*, trad. W. Thackston, *Nāser-e Khosraw's Book of Travels* (Albany, NY, 1986), pp. 39-40.
61. Jacoby, "Byzantine Trade with Egypt", 42; S. Simonsohn, *The Jews of Sicily 383-1300* (Leiden, 1997), pp. 314-6.
62. M. Vedeler, *Silk for the Vikings* (Oxford, 2014).
63. E. Brate e E. Wessén, *Sveriges Runinskrifter: Södermanlands Runinskrifter* (Estocolmo, 1924-36), p. 154.
64. S. Jansson, *Västmanlands runinskrifter* (Estocolmo, 1964), pp. 6-9.
65. G. Isitt, "Vikings in the Persian Gulf", *Journal of the Royal Asiatic Society* 17.4 (2007), pp. 389-406.
66. P. Frankopan, "Levels of Contact between West and East: Pilgrims and Visitors to Constantinople and Jerusalem in the 9th-12th Centuries", in S. Searight e M. Wagstaff (eds.), *Travellers in the Levant: Voyagers and Visionaries* (Durham, 2001), pp. 87-108.
67. Ver J. Wortley, *Studies on the Cult of Relics in Byzantium up to 1204* (Farnham, 2009).
68. S. Blöndal, *The Varangians of Byzantium*, trad. B. Benedikz (Cambridge, 1978); J. Shepard, "The Uses of the Franks in 11th-Century Byzantium", *Anglo-Norman Studies* 15 (1992), pp. 275-305.
69. P. Frankopan, *The First Crusade: The Call from the East* (Londres, 2012), pp. 87-8.
70. H. Hoffmann, "Die Anfänge der Normannen in Süditalien", *Quellen und Forschungen aus Italienischen Archiven und Bibiliotheken* 47 (1967), pp. 95-144; G. Loud, *The Age of Robert Guiscard: Southern Italy and the Norman Conquest* (Cingapura, 2000).
71. Al-Utbī, *Kitāb-i Yamīnī*, trad. J. Reynolds, *Historical memoirs of the amír Sabaktagín, and the sultán Mahmúd of Ghazna* (Londres, 1868), p. 140. Ver em geral C. Bosworth, *The Ghaznavids, 994-1040* (Cambridge, 1963).
72. A. Shapur Shahbāzī, *Ferdowsi: A Critical Biography* (Costa Mesa, CA, 1991), esp. pp. 91-3; também G. Dabiri, "The Shahnama: Between the Samanids and the Ghaznavids", *Iranian Studies* 43.1 (2010), pp. 13-28.
73. Y. Bregel, "Turko-Mongol Influences in Central Asia", in R. Canfield (ed.), *Turko-Persia in Historical Perspective* (Cambridge, 1991), pp. 53ss.
74. Herrman, "Die älteste türkische Weltkarte", pp. 21-8.
75. Yūsuf Khāss Hājib, *Kutadgu Bilig*, trad. R. Dankoff, *Wisdom of Royal Glory (Kutadgu Bilig): A Turko-Islamic Mirror for Princes* (Chicago, 1983), p. 192.
76. Sobre a ascensão dos seljúcidas, ver C. Lange e S. Mecit (eds.), *The Seljuqs: Politics, Society and Culture* (Edimburgo, 2011).
77. Para uma discussão sobre algumas contradições nas fontes aqui, ver O. Safi, *Politics of Knowledge in Pre-Modern Islam: Negotiating Ideology and Religious Inquiry* (Chapel Hill, NC, 2006), pp. 35-6.
78. Dunlop, *History of the Jewish Khazars*, p. 260; A. Peacock, *Early Seljuq History: A New Interpretation* (Abingdon, 2010), pp. 33-4; Dickens, "Patriarch Timothy", pp. 117-39.
79. Aristakes de Lastivert, *Patmut'iwn Aristakeay Vardapeti Lastivertts'woy*, trad. R. Bedrosian, *Aristakēs Lastivertci's History* (Nova York, 1985), p. 64.
80. Para um coletânea de fontes sobre a batalha de Manzikert, ver C. Hillenbrand, *Turkish Myth and Muslim Symbol* (Edimburgo, 2007), pp. 26ss.
81. Frankopan, *First Crusade*, pp. 57-86.
82. Ibid., pp. 13-25.

83. Bernold of Constance [Bernoldo de Constança], *Die Chroniken Bertholds von Reichenau und Bernolds von Konstanz*, ed. I. Robinson (Hanover, 2003), p. 520.
84. Frankopan, *First Crusade*, pp. 1-3, 101-13.
85. Ibid., passim. Sobre o medo do Apocalipse, ver J. Rubenstein, *Armies of Heaven: The First Crusade and the Quest for Apocalypse* (Nova York, 2011).

CAPÍTULO 8 – A ROTA PARA O CÉU

1. Albert of Aachen [Alberto de Aquisgrão], *Historia Iherosolimitana*, ed. e trad. S. Edgington (Oxford, 2007), 5.45, p. 402; Frankopan, *First Crusade*, p. 173.
2. Raymond of Aguilers [Raimundo de Aguilers], *Historia Francorum qui ceperunt Jerusalem*, trad. J. Hill e L. Hill, *Le "Liber" de Raymond d'Aguilers* (Paris, 1969), 14, p. 127. Sobre expedição e as Cruzadas em geral, C. Tyerman, *God's War: A New History of the Crusades* (Londres, 2006).
3. Fulcher of Chartres [Fulquério de Chartres], *Gesta Francorum Iherusalem Peregrinantium*, trad. F. Ryan, *A History of the Expedition to Jerusalem 1095-1127* (Knoxville, 1969), I.27, p. 122. Há muito o que aprender a partir da pesquisa atual sobre a relação entre saúde mental e extrema violência em combate. Por exemplo, R. Ursano et al., "Posttraumatic Stress Disorder and Traumatic Stress: From Bench to Bedside, from War to Disaster", *Annals of the Nova York Academy of Sciences* 1208 (2010), pp. 72-81.
4. Anna Komnene [Ana Comnena], *Alexias*, trad. P. Frankopan, *Alexiad* (Londres, 2009), 13.11, pp. 383-4; sobre o retorno de Boemundo à Europa, L. Russo, "Il viaggio di Boemundo d'Altavilla in Francia", *Archivio storico italiano* 603 (2005), pp. 3-42; Frankopan, *First Crusade*, pp. 188-9.
5. R. Chazan, "'Let Not a Remnant or a Residue Escape': Millenarian Enthusiasm in the First Crusade", *Speculum* 84 (2009), pp. 289-313.
6. al-Harawī, *Kitāb al-ishārāt ilā marifat al-ziyārāt*, in A. Maalouf, *The Crusade through Arab Eyes* (Londres, 1984), p. xiii. Veja também Ibn al-Jawzī", *al-Muntazam fī tārīkh al-mulūk wa-al-umam*, in C. Hillenbrand, *The Crusades: Islamic Perspectives* (Edimburgo, 1999), p. 78. Para visão geral aqui, ver P. Cobb, *The Race for Paradise: An Islamic History of the Crusades* (Oxford, 2014).
7. Sobre relatos do sofrimento, S. Eidelberg (tr.), *The Jews and the Crusaders* (Madison, 1977). Ver M. Gabriele, "Against the Enemies of Christ: The Role of Count Emicho in the Anti-Jewish Violence of the First Crusade", in M. Frassetto (ed.), *Christian Attitudes towards the Jews in the Middle Ages: A Casebook* (Abingdon, 2007), pp. 61-82.
8. Frankopan, *First Crusade*, pp. 133-5, 167-71; J. Pryor, "The Oath of the Leaders of the Crusade to the Emperor Alexius Comnenus: Fealty, Homage", *Parergon*, New Series 2 (1984), pp. 111-41.
9. Raymond of Aguilers [Raimundo de Aguilers], *Le "Liber"*, 10, pp. 74-5.
10. Frankopan, *First Crusade*, esp. pp. 186ss.
11. Ibn al-Athīr, *al-Kāmil fī l-tarīkh*, trad. D. Richards, *The Chronicle of Ibn al-Athir for the Crusading Period from al-Kāmil fīl-tarīkh* (Aldershot, 2006), p. 13.
12. Jacoby, "Byzantine Trade with Egypt", pp. 44-5.
13. S. Goitein, *A Mediterranean Society*, 1, p. 45.
14. A. Greif, "Reputation and Coalitions in Medieval Trade: Evidence on the Maghribi Traders", *Journal of Economic History* 49.4 (1989), p. 861.
15. Ibn Khaldūn, *Dīwān al-mubtada*, trad. V. Monteil, *Discours sur l'histoire universelle (al-Muqaddima)*, (Paris, 1978), p. 522.
16. Frankopan, *First Crusade*, pp. 29-30.
17. E. Occhipinti, *Italia dei communi. Secoli XI–XIII* (2000), pp. 20-1.
18. J. Riley-Smith, *The First Crusaders, 1095-1131* (Cambridge, 1997), p. 17.
19. O Monge do Lido, *Monachi Anonymi Littorensis Historia de Translatio Sanctorum Magni Nicolai*, in *Recueil des Historiens des Croisades: Historiens Occidentaux* 5, pp. 272-5; J. Prawer, *The Crusaders' Kingdom: European Colonialism in the Middle Ages* (Londres, 2001), p. 489.
20. *Codice diplomatico della repubblica di Genova*, 3 vols. (Roma, 1859-1940), 1, p. 20.
21. B. Kedar, "Genoa's Golden Inscription in the Church of the Holy Sepulchre: A Case for the Defence", in G. Airaldi e B. Kedar (eds.), *I comuni italiani nel regno crociato di Gerusalemme*

(Gênova, 1986), pp. 317-35. Ver também M.-L. Favreau-Lilie, que defende que esse documento pode ter sido adulterado em data posterior, *Die Italiener im Heiligen Land vom ersten Kreuzzug bis zum Tode Heinrichs von Champagne (1098-1197)* (Amsterdã, 1989), p. 328.

22. Dandolo, *Chronica per extensum descripta*, *Rerum Italicarum Scriptores*, 25 vols. (Bologna, 1938-58), 12, p. 221. Ver também Monge do Lido, *Monachi Anonymi*, pp. 258-9.
23. M. Pozza e G. Ravegnani, *I Trattati con Bisanzio 992-1198* (Veneza, 1993), pp. 38-45. Para a data das concessões, que há muito tempo foram datadas da década de 1080, ver P. Frankopan, "Byzantine Trade Privileges to Venice in the Eleventh Century: The Chrysobull of 1092", *Journal of Medieval History* 30 (2004), pp.135-60.
24. Monge do Lido, *Monachi Anonymi*, pp. 258-9; Dandolo, *Chronica*, p. 221.
25. Ver também D. Queller e I. Katele, "Venice and the Conquest of the Latin Kingdom of Jerusalem", *Studi Veneziani* 21 (1986), p. 21.
26. F. Miklosich e J. Müller, *Acta et Diplomata graeca medii aevi sacra et profana*, 6 vols. (Veneza, 1860-90), 3, pp. 9-13.
27. R.-J. Lilie, *Byzantium and the Crusader States, 1096-1204*, trad. J. Morris e J. Ridings (Oxford, 1993), pp. 87-94; "Noch einmal zu den Thema 'Byzanz und die Kreuzfahrerstaaten'", *Poikila Byzantina* 4 (1984), pp. 121-74. Tratado de Devol, *Alexiad*, XII.24, pp. 385-96.
28. S. Epstein, *Genoa and the Genoese: 958-1528* (Chapel Hill, NC, 1996), pp. 40-1; D. Abulafia, "Southern Italy, Sicily and Sardinia in the Medieval Mediterranean Economy", in idem, *Commerce and Conquest in the Mediterranean* (Aldershot, 1993), 1, pp. 24-7.
29. T. Asbridge, "The Significance and Causes of the Battle of the Field of Blood", *Journal of Medieval History* 23.4 (1997), pp. 301-16.
30. Fulcher of Chartres [Fulquério de Chartres], *Gesta Francorum*, p. 238.
31. G. Tafel e G. Thomas, *Urkunden zur älteren handels und Staatsgeschichte der Republik Venedig*, 3 vols. (Viena, 1857), 1, p. 78; Queller e Katele, "Venice and the Conquest", pp. 29-30.
32. Tafel e Thomas, *Urkunden*, 1, pp. 95-8; Lilie, *Byzantium and the Crusader States*, pp. 96-100; T. Devaney, "'Like an Ember Buried in Ashes': The Byzantine–Venetian Conflict of 1119-1126", in T. Madden, J. Naus e V. Ryan (eds.), *Crusades – Medieval Worlds in Conflict* (Farnham, 2010), pp. 127-47.
33. Tafel e Thomas, *Urkunden*, 1, pp. 84-9. Ver também J. Prawer, "The Italians in the Latin Kingdom", in idem, *Crusader Institutions* (Oxford, 1980), p. 224; M. Barber, *The Crusader States* (Londres, 2012), pp. 139-42; J. Riley-Smith, "The Venetian Crusade of 1122-1124", in Airaldi e Kedar, *I Comuni Italiani*, pp. 339-50.
34. G. Bresc-Bautier, *Le Cartulaire du chapitre du Saint-Sépulcre de Jérusalem* (Paris, 1984), pp. 51-2.
35. Bernard of Clairvaux [Bernardo de Claraval], *The Letters of St Bernard of Clairvaux*, ed. e trad. B. James e B. Kienzle (Stroud, 1998), p. 391.
36. *Annali Genovesi de Caffaro e dei suoi Continuatori, 1099-1240*, 5 vols. (Gênova, 1890-1929) 1, p. 48.
37. D. Abulafia, *The Great Sea: A Human History of the Mediterranean* (Londres, 2011), p. 298. Ver também idem, "Christian Merchants in the Almohad Cities", *Journal of Medieval Iberian Studies* 2 (2010), pp. 251-7; O. Constable, *Housing the Stranger in the Mediterranean World: Lodging, Trade and Travel in Late Antiquity and the Middle Ages* (Cambridge, 2003), p. 278.
38. P. Jones, *The Italian City State: From Commune to Signoria* (Oxford, 1997). Também M. Ginatempo e L. Sandri, *L'Italia delle città: il popolamento urbano tra Medioevo e Rinascimento (secoli XIII–XVI)* (Florença, 1990).
39. Usāma b. Munqidh, *Kitāb al-itibār*, trad. P. Cobb, *The Book of Contemplation: Islam and the Crusades* (Londres, 2008), p. 153.
40. V. Lagardère, *Histoire et société en Occident musulman: analyse du Mi'yar d'al-Wansharisi* (Madri, 1995), p. 128; D. Valérian, "Ifrīqiyan Muslim Merchants in the Mediterranean at the End of the Middle Ages", *Mediterranean Historical Review* 14.2 (2008), p. 50.
41. *Gesta Francorum et aliorum Hierosolimitanorum*, ed. e trad. R. Hill (Londres, 1962), 3, p. 21.
42. Ver C. Burnett (ed.), *Adelard of Bath: An English Scientist and Arabist of the Early Twelfth Century* (Londres, 1987); L. Cochrane, *Adelard of Bath: The First English Scientist* (Londres, 1994).

43. Adelard of Bath [Adelardo de Bath], *Adelard of Bath, Conversations with his Nephew: On the Same and the Different, Questions on Natural Science and on Birds*, ed. e trad. C. Burnett (Cambridge, 1998), p. 83.
44. A. Pym, *Negotiating the Frontier: Translators and Intercultures in Hispanic History* (Manchester, 2000), p. 41.
45. T. Burman, *Reading the Qur'ān in Latin Christendom, 1140-1560* (Filadélfia, 2007).
46. P. Frankopan, "The Literary, Cultural and Political Context for the Twelfth-Century Commentary on the *Nicomachean Ethics*", in C. Barber (ed.), *Medieval Greek Commentaries on the Nicomachean Ethics* (Leiden, 2009), pp. 45-62.
47. Abulafia, *Great Sea*, p. 298.
48. A. Shalem, *Islam Christianised: Islamic Portable Objects in the Medieval Church Treasuries of the Latin West* (Frankfurt-am-Main, 1998).
49. Vorderstrasse, "Trade and Textiles from Medieval Antioch", pp. 168-71; M. Meuwese, "Antioch and the Crusaders in Western Art", in *East and West in the Medieval Mediterranean* (Leuven, 2006), pp. 337-55.
50. R. Falkner, "Taxes of the Kingdom of Jerusalem", in *Statistical Documents of the Middle Ages: Translations and Reprints from the Original Sources of European History* 3:2 (Filadélfia, 1907), pp. 19-23.
51. C. Cahen, *Makhzumiyyat: études sur l'histoire économique et financière de l'Égypte médiévale* (Leiden, 1977); Abulafia, "Africa, Asia and the Trade of Medieval Europe", pp. 402-73.
52. S. Stern, "Ramisht of Siraf: A Merchant Millionaire of the Twelfth Century", *Journal of the Royal Asiatic Society of Great Britain and Ireland* 1.2 (1967), pp. 10-4.
53. T. Madden, "Venice and Constantinople in 1171 and 1172: Enrico Dandolo's Attitudes towards Byzantium", *Mediterranean Historical Review* 8.2 (1993), pp. 166-85.
54. D. Nicol, *Byzantium and Venice: A Study in Diplomatic and Cultural Relations* (Cambridge, 1988), p. 107.
55. P. Magdalino, "Isaac II, Saladin and Venice", in J. Shepard (ed.), *The Expansion of Orthodox Europe: Byzantium, the Balkans and Russia* (Aldershot, 2007), pp. 93-106.
56. Ibn Shaddād, *Life of Saladin by Baha ad-Din* (Londres, 1897), pp. 121-2; G. Anderson, "Islamic Spaces and Diplomacy in Constantinople (Tenth to Thirteenth Centuries C.E.)", *Medieval Encounters* 15 (2009), pp. 104-5.
57. Anna Komnene, *Alexiad*, X.5, p. 277.
58. Ibn Jubayr, *Rihlat Ibn Jubayr*, trad. R. Broadhurst, *The Travels of Ibn Jubayr* (Londres, 1952), p. 315.
59. Ibid. também C. Chism, "Memory, Wonder and Desire in the Travels of Ibn Jubayr and Ibn Battuta", in N. Paul e S. Yeager (eds.), *Remembering the Crusades: Myth, Image and Identity* (Cambridge, 2012), pp. 35-6.
60. Ibn al-Athīr, *Chronicle*, pp. 289-90; Barber, *Crusader States*, p. 284.
61. Barber, *Crusader States*, pp. 296-7; Imād al-Dīn, *al-Fath al-qussī fī l-fath al-qudsī*, trad. H. Massé, *Conquête de la Syrie et de la Palestine par Saladin* (Paris, 1972), pp. 27-8.
62. Barber, *Crusader States*, pp. 305-13; T. Asbridge, *The Crusades: The War for the Holy Land* (Londres, 2010), pp. 342-64.
63. J. Riley-Smith, *The Crusades: A History* (Londres, 1987), p. 137.
64. J. Phillips, *The Crusades 1095-1197* (Londres, 2002), pp. 146-50; J. Phillips, *Holy Warriors: A Modern History of the Crusades* (Londres, 2009), pp. 136-65.
65. Geoffrey of Villehardouin, "The Conquest of Constantinople", in *Chronicles of the Crusades*, trad. M. Shaw (Londres, 1963), p. 35.
66. William of Tyre, *Chronicon*, ed. R. Huygens, 2 vols. (Turnhout, 1986), 2, p. 408; J. Phillips, *The Fourth Crusade and the Sack of Constantinople* (Londres, 2004), pp. 67-8.
67. D. Queller e T. Madden, "Some Further Arguments in Defence of the Venetians on the Fourth Crusade", *Byzantion* 62 (1992), p. 438.
68. T. Madden, "Venice, the Papacy and the Crusades before 1204", in S. Ridyard (ed.), *The Medieval Crusade* (Woodbridge, 2004), pp. 85-95.

69. D. Queller e T. Madden, *The Fourth Crusade: The Conquest of Constantinople* (Filadélfia, 1997), pp. 55ss.
70. Tafel e Thomas, *Urkunden*, 1, pp. 444-52.
71. Robert of Clari [Roberto de Clari], *La Conquête de Constantinople*, ed. P. Lauer (Paris, 1924), 72-3, pp. 71-2.
72. Niketas Khoniates, *Khronike diegesis*, ed. J. van Dieten, *Nicetae Choniatae Historia* (Nova York, 1975), pp. 568-77.
73. P. Riant, *Exuviae sacrae constantinopolitanae*, 2 vols. (Genebra, 1876), 1, pp. 104-5.
74. Khoniates, *Khronike*, p. 591. Sobre uma importante reavaliação dos danos à cidade, T. Madden, "The Fires of the Fourth Crusade in Constantinople, 1203-1204: A Damage Assessment", *Byzantinische Zeitschrift* 84/85 (1992), pp. 72-93.
75. Ver M. Angold, *The Fourth Crusade* (2003), pp. 219-67; também D. Perry, "The *Translatio Symonensis* and the Seven Thieves: Venetian Fourth Crusade *Furta Sacra* Narrative and the Looting of Constantinople", in T. Madden (ed.), *The Fourth Crusade: Event, Aftermath and Perceptions* (Aldershot, 2008), pp. 89-112.
76. R. Gallo, "La tomba di Enrico Dandolo in Santa Sofia a Constantinople", *Rivista Mensile della Città di Venezia* 6 (1927), pp. 270-83; T. Madden, *Enrico Dandolo and the Rise of Venice* (Baltimore, 2003), pp. 193-4.
77. Michael Khoniates, *Michaelis Choniatae Epistulae*, ed. F. Kolovou (Berlim, 2001), Letters 145, 165, 100; T. Shawcross, "The Lost Generation (*c*. 1204-*c*. 1222): Political Allegiance and Local Interests under the Impact of the Fourth Crusade", in J. Herrin e G. Saint-Guillain (eds.), *Identities and Allegiances in the Eastern Mediterranean after 1204* (Farnham, 2011), pp. 9-45.
78. Tafel and Thomas, *Urkunden*, 1, pp. 464-88; N. Oikonomides, "La Decomposition de l'Empire byzantin à la veille de 1204 et les origines de l'Empire de Nicée: à propos de la 'Partitio Romaniae'", in *XV Congrès international d'études byzan- tines* (Atenas, 1976), 1, pp. 3-22.
79. C. Otten-Froux, "Identities and Allegiances: The Perspective of Genoa and Pisa", in Herrin e Saint--Guillan, *Identities and Allegiances*, pp. 265ss.; também G. Jehei, "The Struggle for Hegemony in the Eastern Mediterranean: An Episode in the Relations between Venice and Genoa According to the Chronicles of Ogerio Pane", *Mediterranean Historical Review* 11.2 (1996), pp. 196-207.
80. F. Van Tricht, *The Latin Renovatio of Byzantium: The Empire of Constantinople (1204-1228)* (Leiden, 2011), esp. pp. 157ss.
81. Ver S. McMichael, "Francis and the Encounter with the Sultan [1219]", in *The Cambridge Companion to Francis of Assisi*, ed. M. Robson (Cambridge, 2012), pp. 127-42; J. Tolan, *Saint Francis and the Sultan: The Curious History of a Christian–Muslim Encounter* (Oxford, 2009).
82. Dulumeau, *History of Paradise*, pp. 71-96.
83. M. Gosman, "La Légende du Prêtre Jean et la propagande auprès des croisés devant Damiette (1228--1221)", in D. Buschinger (ed.), *La Croisade: réalités et fictions. Actes du colloque d'Amiens 18-22 mars 1987* (Göppinger, 1989), pp. 133-42; J. Valtrovà, "Beyond the Horizons of Legends: Traditional Imagery and Direct Experience in Medieval Accounts of Asia", *Numen* 57 (2010), pp. 166-7.
84. C. Beckingham, "The Achievements of Prester John", in C. Beckingham e B. Hamilton (eds.), *Prester John, the Mongols and the Ten Lost Tribes* (Aldershot, 1996), pp. 1-22; P. Jackson, *The Mongols and the West* (Londres, 2005), pp. 20-1.
85. F. Zarncke, "Der Priester Johannes II", *Abhandlungen der Königlich Sächsischen Gesellschaft der Wissenschaften, Phil.-hist. Kl.* 8 (1876), p. 9.
86. Jackson, *Mongols and the West*, pp. 48-9.

CAPÍTULO 9 – A ROTA PARA O INFERNO

1. Hetum, *Patmich Tatarats, La flor des estoires de la terre d'Orient*, in *Recueil des Historiens des Croisades: Historiens Arméniens* 1, p. x.
2. 'Ata-Malik Juvaynī, *Tarix-i Jahān-Gušā*, trad. J. Boyle, *Genghis Khan: The History of the World--Conqueror*, 2 vols. (Cambridge, MA, 1958), 1, 1, pp. 21-2.

3. Para o significado de Činggis como título, ver I. de Rachewiltz, "The Title Činggis Qan/Qayan Re-examined", in W. Hessig e K. Sangster (eds.), *Gedanke und Wirkung* (Wiesbaden, 1989), pp. 282-8; T. Allsen, "The Rise of the Mongolian Empire and Mongolian Rule in North China", in *The Cambridge History of China*, 15 vols. (Cambridge, 1978-), 6, pp. 321ss.
4. *The Secret History of the Mongols*, trad. I. de Rachewiltz, 2 vols. (Leiden, 2004), 1, p. 13.
5. Allsen, "Rise of the Mongolian Empire", pp. 321ss.; G. Németh, "Wanderungen des mongolischen Wortes *Nökür* 'Genosse'", *Acta Orientalia Academiae Scientiarum Hungaricae* 3 (1952), pp. 1-23.
6. T. Allsen, "The Yüan Dynasty and the Uighurs of Turfan in the 13th Century", in M. Rossabi (ed.), *China among Equals: The Middle Kingdom and its Neighbors, 10th-14th Centuries* (Berkeley, 1983), pp. 246-8.
7. P. Golden, "'I Will Give the People unto Thee': The Činggisid Conquests and their Aftermath in the Turkic World", *Journal of the Royal Asiatic Society* 10.1 (2000), p. 27.
8. Z. Bunyatov, *Gosudarstvo Khorezmshakhov-Anushteginidov* (Moscou, 1986), pp. 128-32; Golden, "Činggisid Conquests", p. 29.
9. Juvaynī, *History of the World Conqueror*, 16, 1, p. 107.
10. Ibn al-Athīr, in B. Spuler, *History of the Mongols* (Londres, 1972), p. 30.
11. D. Morgan, *The Mongols* (Oxford, 1986), p. 74.
12. Nasawī, *Sīrat al-sultān Jalāl al-Dīn Mangubirtī*, trad. O. Houdas, *Histoire du sultan Djelāl ed-Dīn Mankobirti prince du Khārezm*, (Paris, 1891), 16, p. 63.
13. K. Raphael, "Mongol Siege Warfare on the Banks of the Euphrates and the Question of Gunpowder (1260-1312)", *Journal of the Royal Asiatic Society*, 19.3 (2009), pp. 355-70.
14. A. Waley (tr.), *The Travels of an Alchemist: The Journey of the Taoist, Ch'angch'un, from China to the Hindukush at the Summons of Chingiz Khan, Recorded by his Disciple, Li Chih-ch'ang* (Londres, 1931), pp. 92-3.
15. Ver o trabalho pioneiro de Allsen, *Commodity and Exchange*, e G. Lane, *Early Mongol Rule in Thirteenth-Century Iran: A Persian Renaissance* (Londres, 2003).
16. Juvaynī, *History of the World Conqueror*, 27, 1, pp. 161-4.
17. J. Smith, "Demographic Considerations in Mongol Siege Warfare", *Archivum Ottomanicum* 13 (1994), pp. 329-34; idem, "Mongol Manpower and Persian Population", *Journal of Economic and Social History of the Orient* 18.3 (1975), pp. 271-99; D. Morgan, "The Mongol Armies in Persia", *Der Islam* 56.1 (2009), pp. 81-96.
18. *Novgorodskaya Pervaya Letopis' starshego i mladshego isvodov*, ed. A. Nasonov (Leningrado, 1950), p. 61.
19. Ibid., pp. 74-7.
20. E. Petrukhov, *Serapion Vladimirskii, russkii propovedenik XIII veka* (São Petersburgo, 1888), Apêndice, p. 8.
21. Embora cronistas medievais vejam um vínculo entre Tatars e Tartarus, o primeiro desses termos estava em uso nas estepes como referência a membros das tribos nômades, provavelmente como derivação do termo tungúsico "*ta-ta*", que significa arrastar ou puxar. Ver S. Akiner, *Religious Language of a Belarusian Tatar Kitab* (Wiesbaden, 2009), pp. 13-4.
22. Jackson, *Mongols and the West*, pp. 59-60; D. Sinor, "The Mongols in the West", *Journal of Asian History* 33.1 (1999), pp. 1-44.
23. C. Rodenburg (ed.), *MGH Epistulae saeculi XIII e regestis pontificum Romanorum selectae*, 3 vols. (Berlim, 1883-94), 1, p. 723; Jackson, *Mongols and the West*, pp. 65-9.
24. P. Jackson, "The Crusade against the Mongols (1241)", *Journal of Ecclesiastical History* 42 (1991), pp. 1-18.
25. H. Dörrie, "Drei Texte zur Gesichte der Ungarn und Mongolen. Die Missionreisen des fr. Julianus O.P. ins Ural-Gebiet (1234/5) und nach Rußland (1237) und der Bericht des Erzbischofs Peter über die Tataren", *Nachrichten der Akademie der Wissenschaften in Göttingen, phil.-hist. Klasse* (1956) 6, p. 179; também Jackson, *Mongols and the West*, p. 61.
26. Thomas the Archdeacon [Tomás, o Arquidiácono], *Historia Salonitanorum atque Spalatinorum pontificum*, ed. e trad. D. Krabić, M. Sokol e J. Sweeney (Budapeste, 2006), p. 302; Jackson, *Mongols and the West*, p. 65.

27. Cópias dessas duas cartas sobrevivem, C. Rodenberg (ed.), *Epistolae saeculi XII e regestis pontificum romanorum*, 3 vols. (Berlim, 1883-94), 2, p. 72; 3, p. 75.
28. Valtrovà, "Beyond the Horizons of Legends", pp. 154-85.
29. William of Rubruck, *The Mission of Friar William of Rubruck*, trad. P. Jackson, ed. D. Morgan (Londres, 1990), 28, p. 177.
30. Ibid., 2, pp. 72, 76; 13, p. 108; Jackson, *Mongols and the West*, p. 140.
31. John of Plano Carpini, *Sinica Franciscana: Itinera et relationes fratrum minorum saeculi XVII et XIV*, ed. A. van den Wyngaert, 5 vols. (Florença, 1929), 1, pp. 60, 73-5.
32. John of Plano Carpini [Giovanni da Pian del Carpine ou João de Plano Carpini], *Ystoria Mongolarum*, ed. A. van den Wyngaert (Florença, 1929), pp. 89-90.
33. "Letter of the Great Khan Güyüg to Pope Innocent IV (1246)", in I. de Rachewiltz, *Papal Envoys to the Great Khans* (Stanford, 1971), p. 214 (com diferenças).
34. C. Dawson, *Mongol Mission: Narratives and Letters of the Franciscan Missionaries in Mongolia and China in the Thirteenth and Fourteenth Centuries* (Londres, 1955), pp. 44-5.
35. P. Jackson, "World-Conquest and Local Accommodation: Threat and Blandishment in Mongol Diplomacy", in J. Woods, J. Pfeiffer, S. Quinn e E. Tucker (eds.), *History and Historiography of Post-Mongol Central Asia and the Middle East: Studies in Honor of John E. Woods* (Wiesbaden, 2006), pp. 3-22.
36. R. Thomson, "The Eastern Mediterranean in the Thirteenth Century: Identities and Allegiances. The Peripheries; Armenia", in Herrin e Saint-Gobain, *Identities and Allegiances*, pp. 202-4.
37. J.-L. van Dieten, "Das Lateinische Kaiserreich von Konstantinopel und die Verhandlungen über kirchliche Wiedervereinigung", in V. van Aalst e K. Ciggaar (eds.), *The Latin Empire: Some Contributions* (Hernen, 1990), pp. 93-125.
38. Wiliam of Rubruck [Guilherme de Rubruck], *Mission of Friar William*, 33, p. 227.
39. George Pachymeres, *Chronicon*, ed. e trad. A. Faillier, *Relations historiques*, 2 vols. (Paris, 1984), 2, pp. 108-9; J. Langdon, "Byzantium's Initial Encounter with the Chinggisids: An Introduction to the Byzantino-Mongolica", *Viator* 29 (1998), pp. 130-3.
40. Abdallāh b. Fadlallāh Wassāf, *Tarjiyat al-amsār wa-tajziyat al-asār*, in Spuler, *History of the Mongols*, pp. 120-1.
41. Allsen, *Commodity and Exchange*, pp. 28-9.
42. J. Richard, "Une Ambassade mongole à Paris en 1262", *Journal des Savants* 4 (1979), pp. 295-303; Jackson, *Mongols and the West*, p. 123.
43. N. Nobutaka, "The Rank and Status of Military Refugees in the Mamluk Army: A Reconsideration of the *Wāfidīyah*", *Mamluk Studies Review* 10.1 (2006), pp. 55-81; R. Amitai-Preiss, "The Remaking of the Military Elite of Mamluk Egypt by al-Nāsir Muhammad b. Qalāwūn", *Studia Islamica* 72 (1990), pp. 148-50.
44. P. Jackson, "The Crisis in the Holy Land in 1260", *English Historical Review* 95 (1980), pp. 481-513.
45. R. Amitai-Preiss, *Mongols and Mamluks: The Mamluk-Ilkhanid War, 1260-1281* (Cambridge, 1995).
46. Jūzjānī, *Tabakāt-i-Nāsirī*, trad. H. Raverty, *A general history of the Muhammadan dynasties of Asia, including Hindūstān, from 810 AD. to 1260 AD, and the irruption of the infidel Mughals into Islam* (Calcutá, 1881), 23.3-4, pp. 1104, 1144-5.
47. L. Lockhart, "The Relations between Edward I and Edward II of England and the Mongol Il-Khans of Persia", *Iran* 6 (1968), 23. Sobre a expedição, C. Tyerman, *England and the Crusades, 1095-1588* (Londres, 1988), pp. 124-32.
48. W. Budge, *The Monks of Kublai Khan, Emperor of China* (Londres, 1928), pp. 186-7.
49. S. Schein, "Gesta Dei per Mongolos 1300: The Genesis of a Non-Event", *English Historical Review* 94.272 (1979), pp. 805-19.
50. R. Amitai, "Whither the Ilkhanid Army? Ghazan's First Campaign into Syria (1299-1300)", in di Cosmo, *Warfare in Inner Asian History*, pp. 221-64.
51. William Blake, "Jerusalem". Lendas sobre José de Arimateia visitando as Ilhas Britânicas circularam na Inglaterra desde a Idade Média, W. Lyons, *Joseph of Arimathea: A Study in Reception History* (Oxford, 2014), pp. 72-104.

CAPÍTULO 10 – A ROTA DA MORTE E DA DESTRUIÇÃO

1. S. Karpov, "The Grain Trade in the Southern Black Sea Region: The Thirteenth to the Fifteenth Century", *Mediterranean Historical Review* 8.1 (1993), pp. 55-73.
2. A. Ehrenkreutz, "Strategic Implications of the Slave Trade between Genoa and Mamluk Egypt in the Second Half of the Thirteenth Century", in A. Udovitch (ed.), *The Islamic Middle East, 700-1900* (Princeton, 1981), pp. 335-43.
3. G. Lorenzi, *Monumenti per servire alla storia del Palazzo Ducale di Venezia. Parte I: dal 1253 al 1600* (Veneza, 1868), p. 7.
4. "Anonimo genovese", in G. Contini (ed.), *Poeti del Duecento*, 2 vols. (Milão, 1960), I, pp. 751-9.
5. V. Cilocitan, *The Mongols and the Black Sea Trade in the Thirteenth and Fourteenth Centuries* (Leiden, 2012), pp. 16, 21; S. Labib, "Egyptian Commercial Policy in the Middle Ages", in M. Cook (ed.), *Studies in the Economic History of the Middle East* (Londres, 1970), p. 74.
6. Ver D. Morgan, "Mongol or Persian: The Government of Īl-khānid Iran", *Harvard Middle Eastern and Islamic Review* 3 (1996), pp. 62-76, e principalmente Lane, *Early Mongol Rule in Thirteenth-Century Iran*.
7. G. Alef, "The Origin and Development of the Muscovite Postal System", *Jahrbücher für Geschichte Osteuropas* 15 (1967), pp. 1-15.
8. Morgan, *The Mongols*, pp. 88-90; Golden, "Činggisid Conquests", pp. 38-40; T. Allsen, *Mongol Imperialism: The Policies of the Grand Qan Möngke in China, Russia and the Islamic Lands, 1251-1259* (Berkeley, 1987), pp. 189-216.
9. Juvaynī, *History of the World Conqueror*, 3, I, p. 26.
10. Esse processo já havia tido início em meados do século XIII, como mostram relatos de missionários e enviados. G. Guzman, "European Clerical Envoys to the Mongols: Reports of Western Merchants in Eastern Europe and Central Asia, 1231-1255", *Journal of Medieval History* 22.1 (1996), pp. 57-67.
11. William of Rubruck [Guilherme de Rubruck], *Mission of Friar William*, 35, pp. 241-2.
12. J. Ryan, "Preaching Christianity along the Silk Route: Missionary Outposts in the Tartar 'Middle Kingdom' in the Fourteenth Century", *Journal of Early Modern History* 2.4 (1998), pp. 350-73. Sobre a Pérsia, R. Lopez, "Nuove luci sugli italiani in Estremo Oriente prima di Colombo", *Studi Colombiani* 3 (1952), pp. 337-98.
13. Dawson, *Mission to Asia*, pp. 224-6; de Rachewiltz, *Papal Envoys*, pp. 160-78; também J. Richard, *La Papauté et les missions d'Orient au moyen age (XIIIe-XVe siècles)* (Roma, 1977), pp. 144ss. João culpa os nestorianos pelo fato de não ter sido possível converter mais pessoas, dizendo que ele havia sido acusado de ser um espião e um mago: houve rivalidades entre cristãos na China, assim como na Pérsia e em outras partes.
14. P. Jackson, "Hülegü Khan and the Christians: The Making of a Myth", in J. Phillips e P. Edbury (eds.), *The Experience of Crusading*, 2 vols. (Cambridge, 2003), 2, pp. 196-213; S. Grupper, "The Buddhist Sanctuary-Vihara of Labnasagut and the Il-qan Hülegü: An Overview of Il-Qanid Buddhism and Related Matters", *Archivum Eurasiae Medii Aevi* 13 (2004), pp. 57-7; Foltz, *Religions of the Silk Road*, p. 122.
15. S. Hackel, "Under Pressure from the Pagans? – The Mongols and the Russian Church", in J. Breck e J. Meyendorff (eds.), *The Legacy of St Vladimir: Byzantium, Russia, America* (Crestwood, NY, 1990), pp. 47-56; C. Halperin, "Know Thy Enemy: Medieval Russian Familiarity with the Mongols of the Golden Horde", *Jahrbücher für Geschichte Osteuropas* 30 (1982), pp. 161-75.
16. D. Ostrowski, *Muscovy and the Mongols: Cross-Cultural Influences on the Steppe Frontier, 1304-1589* (Cambridge, 1998); M. Bilz-Leonardt, "Deconstructing the Myth of the Tartar Yoke", *Central Asian Survey* 27.1 (2008), pp. 35-6.
17. R. Hartwell, "Demographic, Political and Social Transformations of China, 750-1550", *Harvard Journal of Asiatic Studies* 42.2 (1982), pp. 366-9; R. von Glahn, "Revisiting the Song Monetary Revolution: A Review Essay", *International Journal of Asian Studies* 1.1 (2004), p. 159.
18. Ver, por exemplo, G. Wade, "An Early Age of Commerce in Southeast Asia, 900-1300 CE", *Journal of Southeast Asia Studies* 40.2 (2009), pp. 221-65.
19. S. Kumar, "The Ignored Elites: Turks, Mongols and a Persian Secretarial Class in the Early Delhi Sultanate", *Modern Asian Studies* 43.1 (2009), pp. 72-6.

20. P. Buell, E. Anderson e C. Perry, *A Soup for the Qan: Chinese Dietary Medicine of the Mongol Era as Seen in Hu Szu-hui's Yin-shan Cheng-yao* (Londres, 2000).
21. P. Buell, "Steppe Foodways and History", *Asian Medicine, Tradition and Modernity* 2.2 (2006), pp. 179-80, 190.
22. P. Buell, "Mongolian Empire and Turkization: The Evidence of Food and Foodways", in R. Amitai-Preiss (ed.), *The Mongol Empire and its Legacy* (Leiden, 1999), pp. 200-23.
23. Allsen, *Commodity and Exchange*, pp. 1-2, 18; J. Paviot, "England and the Mongols (*c.* 1260-1330)", *Journal of the Royal Asiatic Society* 10.3 (2000), pp. 317-8.
24. P. Freedman, "Spices and Late-Medieval European Ideas of Scarcity and Value", *Speculum* 80.4 (2005), pp. 1209-27.
25. S. Halikowski-Smith, "The Mystification of Spices in the Western Tradition", *European Review of History: Revue Européenne d'Histoire* 8.2 (2001), pp. 119-25.
26. A. Appadurai, "Introduction: Commodities and the Politics of Value", in A. Appadurai (ed.), *The Social Life of Things: Commodities in Cultural Perspective* (Cambridge, 1986), pp. 3-63.
27. Francesco Pegolotti, *Libro di divisamenti di paesi (e di misure di mercatantie)*, trad. H. Yule, *Cathay and the Way Thither*, 4 vols. (Londres, 1913-6), 3, pp. 151-5. Ver aqui também J. Aurell, "Reading Renaissance Merchants' Handbooks: Confronting Professional Ethics and Social Identity", in J. Ehmer e C. Lis (eds.), *The Idea of Work in Europe from Antiquity to Modern Times* (Farnham, 2009), pp. 75-7.
28. R. Prazniak, "Siena on the Silk Roads: Ambrozio Lorenzetti and the Mongol Global Century, 1250--1350", *Journal of World History* 21.2 (2010), pp. 179-81; M. Kupfer, "The Lost Wheel Map of Ambrogio Lorenzetti", *Art Bulletin* 78.2 (1996), pp. 286-310.
29. Ibn Baūa, *al-Rihla*, trad. H. Gibb, *The Travels of Ibn Battuta*, 4 vols. (Cambridge, 1994), 4, 22, pp. 893-4.
30. E. Endicott-West, "The Yuan Government and Society", *Cambridge History of China*, 6, pp. 599-60.
31. Allsen, *Commodity and Exchange*, pp. 31-9.
32. C. Salmon, "Les Persans à l'extrémité orientale de la route maritime (IIe AE-XVIIe siècle)", *Archipel* 68 (2004), pp. 23-58; também L. Yingsheng, "A Lingua Franca along the Silk Road: Persian Language in China between the 14th and the 16th Centuries", in R. Kauz (ed.), *Aspects of the Maritime Silk Road from the Persian Gulf to the East China Sea* (Wiesbaden, 2010), pp. 87-95.
33. F. Hirth e W. Rockhill, *Chau Ju-Kua: His Work on the Chinese and Arab Trade in the Twelfth and Thirteenth Centuries, Entitled Chu-fan-chi* (São Petersburgo, 1911), pp. 124-5, 151, 142-3.
34. Ver R. Kauz, "The Maritime Trade of Kish during the Mongol Period", in L. Komaroff (ed.), *Beyond the Legacy of Genghis Khan* (Leiden, 2006), pp. 51-67.
35. Marco Polo, *Le Devisament dou monde*, trad. A. Moule e P. Pelliot, *The Description of the World*, 2 vols. (Londres, 1938); Ibn Battūta, 22, *Travels*, 4, p. 894.
36. Sobre Marco Polo, ver J. Critchley, *Marco Polo's Book* (Aldershot, 1992), e agora veja H. Vogel, *Marco Polo Was in China: New Evidence from Currencies, Salts and Revenues* (Leiden, 2013).
37. C. Wake, "The Great Ocean-Going Ships of Southern China in the Age of Chinese Maritime Voyaging to India, Twelfth to Fifteenth Centuries", *International Journal of Maritime History* 9.2 (1997), pp. 51-81.
38. E. Schafer, "Tang", in K. Chang (ed.), *Food in Chinese Culture: Anthropological and Historical Perspective* (New Haven, 1977), pp. 85-140.
39. V. Tomalin, V. Sevakumar, M. Nair e P. Gopi, "The Thaikkal-Kadakkarapally Boat: An Archaeological Example of Medieval Ship Building in the Western Indian Ocean", *International Journal of Nautical Archaeology* 33.2 (2004), pp. 253-63.
40. R. von Glahn, *Fountain of Fortune: Money and Monetary Policy in China 1000-1700* (Berkeley, 1996), p. 48.
41. A. Watson, "Back to Gold – and Silver", *Economic History Review* 20.1 (1967), pp. 26-7; I. Blanchard, *Mining, Metallurgy and Minting in the Middle Age: Continuing Afro-European Supremacy, 1250-1450* (Stuttgart, 2001), 3, pp. 945-8.
42. T. Sargent e F. Velde, *The Big Problem of Small Change* (Princeton, 2002), p. 166; J. Deyell, "The

China Connection: Problems of Silver Supply in Medieval Bengal", in J. Richards (ed.), *Precious Metals in the Later Medieval and Early Modern World* (Durham, NC, 1983); M. Allen, "The Volume of the English Currency, 1158-1470", *Economic History Review* 54.4 (2001), pp. 606-7.
43. Isso é mostrado claramente no caso do Japão no século XIV, A. Kuroda, "The Eurasian Silver Century, 1276-1359: Commensurability and Multiplicity", *Journal of Global History* 4 (2009), pp. 245-69.
44. V. Fedorov, "Plague in Camels and its Prevention in the USSR", *Bulletin of the World Health Organisation* 23 (1960), pp. 275-81. Sobre experimentos anteriores, ver por exemplo A. Tseiss, "Infektsionnye zabolevaniia u verbliudov, neizvestnogo do sik por poriskhozdeniia", *Vestnik mikrobiologii, epidemiologii i parazitologii* 7.1 (1928), pp. 98-105.
45. Boccaccio, *Decamerone*, trad. G. McWilliam, *Decameron* (Londres, 2003), p. 51.
46. T. Ben-Ari, S. Neerinckx, K. Gage, K. Kreppel, A. Laudisoit et al., "Plague and Climate: Scales Matter", *PLoS Pathog* 7.9 (2011), pp. 1-6. Também B. Krasnov, I. Khokhlova, L. Fielden e N. Burdelova, "Effect of Air Temperature and Humidity on the Survival of Pre-Imaginal Stages of Two Flea Species (Siphonaptera: Pulicidae)", *Journal of Medical Entomology* 38 (2001), pp. 629-37; K. Gage, T. Burkot, R. Eisen e E. Hayes, "Climate and Vector-Borne Diseases", *Americal Journal of Preventive Medicine* 35 (2008), pp. 436-50.
47. N. Stenseth, N. Samia, H. Viljugrein, K. Kausrud, M. Begon et al., "Plague Dynamics are Driven by Climate Variation", *Proceedings of the National Academy of Sciences of the United States of America* 103 (2006), pp. 13.110-5.
48. Alguns estudiosos sugerem que a identificação mais antiga pode vir de túmulos num cemitério no leste do Quirguistão, datados da década de 1330, S. Berry e N. Gulade, "La Peste noire dans l'Occident chrétien et musulman, 1347-1353", *Canadian Bulletin of Medical History* 25.2 (2008), p. 466. No entanto, isso se baseia num erro de compreensão. Ver J. Norris, "East or West? The Geographic Origin of the Black Death", *Bulletin of the History of Medicine* 51 (1977), pp. 1-24.
49. Gabriele de' Mussis, *Historia de Morbo*, in *The Black Death*, trad. R. Horrox (Manchester, 2001), pp. 14-7; M. Wheelis, "Biological Warfare at the 1346 Siege of Caffa", *Emerging Infectious Diseases* 8.9 (2002), pp. 971-5.
50. M. de Piazza, *Chronica*, in Horrox, *Black Death*, pp. 35-41.
51. *Anonimalle Chronicle*, in Horrox, *Black Death*, p. 62.
52. John of Reading [João de Reading], *Chronica*, in Horrox, *Black Death*, p. 74.
53. Ibn al-Wardī, *Risālat al-naba an al-waba*, citado por B. Dols, *The Black Death in the Middle East* (Princeton, 1977), pp. 57-63.
54. M. Dods, "Ibn al-Wardi's 'Risalah al-naba' an al-waba", in D. Kouymjian (ed.), *Near Eastern Numismatics, Iconography, Epigraphy and History* (Beirute, 1974), p. 454.
55. B. Dols, *Black Death in the Middle East*, pp. 160-1.
56. Boccaccio, *Decameron*, p. 50.
57. De' Mussis, *Historia de Morbo*, p. 20; "Continuation Novimontensis", in *Monumenta Germaniae Historica, Scriptores*, 9, p. 675.
58. John Clynn, *Annalium Hibernae Chronicon*, in Horrox, *Black Death*, p. 82.
59. Louis Heylgen, *Breve Chronicon Clerici Anonymi*, in Horrox, *Black Death*, pp. 41-2.
60. Horrox, *Black Death*, pp. 44, 117-8; Dols, *Black Death in the Middle East*, p. 126.
61. Bengt Knutsson, *A Little Book for the Pestilence*, in Horrox, *Black Death*, p. 176; John of Reading, *Chronica*, pp. 133-4.
62. S. Simonsohn (ed.), *The Apostolic See and the Jews: Documents, 492-1404* (Toronto, 1988), 1, nº 373.
63. Veja aqui, no plano geral, O. Benedictow, *The Black Death, 1346-1353: The Complete History* (Woodbridge, 2004), pp. 380ss.
64. O. Benedictow, "Morbidity in Historical Plague Epidemics", *Population Studies* 41 (1987), pp. 401-31; idem, *What Disease was Plague? On the Controversy over the Microbiological Identity of Plague Epidemics of the Past* (Leiden, 2010), esp. 289ss.
65. Petrarca, *Epistolae*, in Horrox, *Black Death*, p. 248.
66. *Historia Roffensis*, in Horrox, *Black Death*, p. 70.

67. S. Pamuk, "Urban Real Wages around the Eastern Mediterranean in Comparative Perspective, 1100--2000", *Research in Economic History* 12 (2005), pp. 213-32.
68. S. Pamuk, "The Black Death and the Origins of the 'Great Divergence' across Europe, 1300-1600", *European Review of Economic History* 11 (2007), pp. 308-9; S. Epstein, *Freedom and Growth: The Rise of States and Markets in Europe, 1300-1750* (Londres, 2000), pp. 19-26. Também M. Bailey, "Demographic Decline in Late Medieval England: Some Thoughts on Recent Research", *Economic History Review* 49 (1996), pp. 1-19.
69. H. Miskimin, *The Economy of Early Renaissance Europe, 1300-1460* (Cambridge, 1975); D. Herlihy, *The Black Death and the Transformation of the West* (Cambridge, 1997).
70. D. Herlihy, "The Generation in Medieval History", *Viator* 5 (1974), pp. 347-64.
71. Sobre a retração no Egito e no Levante, A. Sabra, *Poverty and Charity in Medieval Islam: Mamluk Egypt 1250-1517* (Cambridge, 2000).
72. S. DeWitte, "Mortality Risk and Survival in the Aftermath of the Medieval Black Death", *Plos One* 9.5 (2014), pp. 1-8. Sobre melhora nas dietas, T. Stone, "The Consumption of Field Crops in Late Medieval England", in C. Woolgar, D. Serjeantson e T. Waldron (eds.), *Food in Medieval England: Diet and Nutrition* (Oxford, 2006), pp. 11-26.
73. Epstein, *Freedom and Growth*, pp. 49-68; van Bavel, "People and Land: Rural Population Developments and Property Structures in the Low Countries, c. 1300-c. 1600", *Continuity and Change* 17 (2002), pp. 9-37.
74. Pamuk, "Urban Real Wages", pp. 310-11.
75. Anna Bijns, "Unyoked is Best! Happy the Woman without a Man", in K. Wilson, *Women Writers of the Renaissance and Reformation* (Atenas, 1987), p. 382. Ver T. de Moor e J. Luiten van Zanden, "Girl Power: The European Marriage Pattern and Labour Markets in the North Sea Region in the Late Medieval and Early Modern Period", *Economic History Review* (2009), pp. 1-33.
76. J. de Vries, "The Industrial Revolution and the Industrious Revolution", *Journal of Economic History* 54.2 (1994), pp. 249-70; J. Luiten van Zanden, "The 'Revolt of the Early Modernists' and the 'First Modern Economy': An Assessment", *Economic History Review* 55 (2002), pp. 619-41.
77. E. Ashtor, "The Volume of Mediaeval Spice Trade", *Journal of European Economic History* 9 (1980), pp. 753-7; idem, "Profits from Trade with the Levant in the Fifteenth Century", *Bulletin of the School of Oriental and African Studies* 38 (1975), pp. 256-87; Freedman, "Spices and Late Medieval European Ideas", pp. 1212-5.
78. Sobre importações venezianas de pigmentos, ver L. Matthew, "'Vendecolori a Venezia': The Reconstruction of a Profession", *Burlington Magazine* 114.1196 (2002), pp. 680-6.
79. Marin Sanudo, "Laus Urbis Venetae", in A. Aricò (ed.), *La città di Venetia (De origine, situ et magistratibus Urbis Venetae) 1493-1530* (Milão, 1980), pp. 21-3; sobre mudanças no espaço interno nesse período, ver R. Good, "Double Staircases and the Vertical Distribution of Housing in Venice 1450--1600", *Architectural Research Quarterly* 39.1 (2009), pp. 73-86.
80. B. Krekic, "L'Abolition de l'esclavage à Dubrovnik (Raguse) au XVe siècle: mythe ou réalité?", *Byzantinische Forschungen* 12 (1987), pp. 309-17.
81. S. Mosher Stuard, "Dowry Increase and Increment in Wealth in Medieval Ragusa (Dubrovnik)", *Journal of Economic History* 41.4 (1981), pp. 795-811.
82. M. Abraham, *Two Medieval Merchant Guilds of South India* (Nova Délhi, 1988).
83. Ma Huan, *Ying-yai sheng-lan*, trad. J. Mills, *The Overall Survey of the Ocean's Shores* (Cambridge, 1970), p. 140.
84. T. Sen, "The Formation of Chinese Maritime Networks to Southern Asia, 1200-1450", *Journal of the Economic and Social History of the Orient*, 49.4 (2006), 427, pp. 439-40; H. Ray, *Trade and Trade Routes between India and China, c. 140 BC-AD 1500* (Kolkata, 2003), pp. 177-205.
85. H. Tsai, *The Eunuchs in the Ming Dynasty* (Nova York, 1996), p. 148; T. Ju-kang, "Cheng Ho's Voyages and the Distribution of Pepper in China", *Journal of the Royal Asiatic Society* 2 (1981), pp. 186-97.
86. W. Atwell, "Time, Money and the Weather: Ming China and the 'Great Depression' of the Mid--Fifteenth Century", *Journal of Asia Studies* 61.1 (2002), p. 86.
87. T. Brook, *The Troubled Empire: China in the Yuan and Ming Dynasties* (Cambridge, MA, 2010), pp. 107-9.

88. Ruy González de Clavijo, *Embajada a Tamorlán*, trad. G. Le Strange, *Embassy to Tamerlane 1403-1406* (Londres, 1928), II, pp. 208-9.
89. Ibid., 14, p. 270.
90. Ibid., pp. 291-2. Sobre a disseminação da visão timúrida na arte e na arquitetura, ver T. Lentz e G. Lowry, *Timur and the Princely Vision: Persian Art and Culture in the Fifteenth Century* (Los Angeles, 1989), pp. 159-232.
91. Khvānd Mīr, *Habibu's-siyar*, Tome Three, ed. e trad. W. Thackston, *The Reign of the Mongol and the Turk*, 2 vols. (Cambridge, MA, 1994), 1, p. 294; D. Roxburgh, "The 'Journal' of Ghiyath al-Din Naqqash, Timurid Envoy to Khan Balïgh, and Chinese Art and Architecture", in L. Saurma-Jeltsch e A. Eisenbeiss (eds.), *The Power of Things and the Flow of Cultural Transformations: Art and Culture between Europe and Asia* (Berlim, 2010), p. 90.
92. R. Lopez, H. Miskimin e A. Udovitch, "England to Egypt, 1350-1500: Long-Term Trends and Long-Distance Trade", in M. Cook (ed.), *Studies inthe Economic History of the Middle East from the Rise of Islam to the Present Day* (Londres, 1970), pp. 93-128. J. Day, "The Great Bullion Famine", *Past & Present* 79 (1978), pp. 3-54, J. Munro, "Bullion Flows and Monetary Contraction in Late-Medieval England and the Low Countries", in J. Richards (ed.), *Precious Metals in the Later Medieval and Early Modern Worlds* (Durham, NC, 1983), pp. 97-158.
93. R. Huang, *Taxation and Governmental Finance in Sixteenth-Century Ming China* (Cambridge, 1974), pp. 48-51.
94. T. Brook, *The Confusions of Pleasure: Commerce and Culture in Ming China* (Berkeley, 1998).
95. N. Sussman, "Debasements, Royal Revenues and Inflation in France during the Hundred Years War, 1415-1422", *Journal of Economic History* 53.1 (1993), pp. 44-70; idem, "The Late Medieval Bullion Famine Reconsidered", *Journal of Economic History* 58.1 (1998), pp. 126-54.
96. R. Wicks, "Monetary Developments in Java between the Ninth and Sixteenth Centuries: A Numismatic Perspective", *Indonesia* 42 (1986), pp. 59-65; J. Whitmore, "Vietnam and the Monetary Flow of Eastern Asia, Thirteenth to Eighteenth Centuries", in Richards, *Precious Metal*, pp. 363-93; J. Deyell, "The China Connection: Problems of Silver Supply in Medieval Bengal", in Richards, *Precious Metal*, pp. 207-27.
97. Atwell, "Time, Money and the Weather", pp. 92-6.
98. A. Vasil'ev, "Medieval Ideas of the End of the World: West and East", *Byzantion* 16 (1942-3), pp. 497-9; D. Strémooukhoff, "Moscow the Third Rome: Sources of the Doctrine", *Speculum* (1953), p. 89; "Drevnie russkie paskhalii na os'muiu tysiachu let i sotvereniia mira", *Pravoslavnyi Sobesednik* 3 (1860), pp. 333-4.
99. A. Bernáldez, *Memorías de los reyes católicos*, ed. M. Gómez-Moreno e J. Carriazo (Madri, 1962), p. 254.
100. I. Aboab, *Nomologia, o Discursos legales compuestos* (Amsterdã, 1629), p. 195; D. Altabé, *Spanish and Portuguese Jewry before and after 1492* (Brooklyn, 1983), p. 45.
101. Freedman, "Spices and Late Medieval European Ideas", pp. 1220-7.
102. V. Flint, *The Imaginative Landscape of Christopher Columbus* (Princeton, 1992), pp. 47-64.
103. C. Delaney, "Columbus's Ultimate Goal: Jerusalem", *Comparative Studies in Society and History* 48 (2006), pp. 260-2.
104. Ibid., pp. 264-5; M. Menocal, *The Arabic Role in Medieval Literary History: A Forgotten Heritage* (Filadélfia, 1987), p. 12. Sobre os textos das cartas de apresentação, S. Morison, *Journals and Other Documents on the Life and Voyages of Christopher Columbus* (Nova York, 1963), p. 30.

CAPÍTULO 11 – A ROTA DO OURO

1. O. Dunn e J. Kelley (ed. e trad.), *The Diario of Christopher Columbus' First Voyage to America, 1492--1493* (Norman, OK, 1989), p. 19.
2. Ibn al-Faqīh, in N. Levtzion e J. Hopkins (eds.), *Corpus of Early Arabic Sources for West African History* (Cambridge, 1981), p. 28.
3. R. Messier, *The Almoravids and the Meanings of Jihad* (Santa Barbara, 2010), pp. 21-34. Ver também idem, "The Almoravids: West African Gold and the Gold Currency of the Mediterranean Basin", *Journal of the Economic and Social History of the Orient* 17 (1974), pp. 31-47.

4. V. Monteil, "Routier de l'Afrique blanche et noire du Nord-Ouest: al-Bakri (cordue 1068)", *Bulletin de l'Institut Fondamental d'Afrique Noire* 30.1 (1968), p. 74; I. Wilks, "Wangara, Akan and Portuguese in the Fifteenth and Sixteenth Centuries. 1. The Matter of Bitu", *Journal of African History* 23.3 (1982), pp. 333-4.
5. N. Levtzion, "Islam in West Africa", in W. Kasinec e M. Polushin (eds.), *Expanding Empires: Cultural Interaction and Exchange in World Societies from Ancient to Early Modern Times* (Wilmington, 2002), pp. 103-14; T. Lewicki, "The Role of the Sahara and Saharians in the Relationship between North and South", in M. El Fasi (ed.), *Africa from the Seventh to Eleventh Centuries* (Londres, 1988), pp. 276-313.
6. S. Mody Cissoko, "L'Intelligentsia de Tombouctou aux 15ᵉ et 16ᵉ siècles", *Présence Africaine* 72 (1969), pp. 48-72. Esses manuscritos foram catalogados no século XVI por Muhammad al-Wangarī e formavam parte da magnífica coleção que pertenceu a seus descendentes até o dia de hoje; relatos que indicavam que os documentos haviam sido destruídos pelos tuaregues em 2012 revelaram-se equivocados.
7. Ibn Fadl Allāh al-Umarī, *Masālik al-absār fī mamālik al-amsār*, trad. Levtzion e Hopkins, *Corpus of Early Arabic Sources*, pp. 270-1. A queda no valor do ouro é amplamente observada por cronistas modernos; para uma visão mais cética, ver W. Schultz, "Mansa Musa's Gold in Mamluk Cairo: A Reappraisal of a World Civilizations Anecdote", in J. Pfeiffer e S. Quinn (eds.), *History and Historiography of Post-Mongol Central Asia and the Middle East: Studies in Honor of John E. Woods* (Wiesbaden, 2006), pp. 451-7.
8. Ibn Battūta, *Travels*, 25, 4, p. 957.
9. B. Kreutz, "Ghost Ships and Phantom Cargoes: Reconstructing Early Amalfitan Trade", *Journal of Medieval History* 20 (1994), pp. 347-57; A. Fromherz, "North Africa and the Twelfth-Century Renaissance: Christian Europe and the Almohad Islamic Empire", *Islam and Christian Muslim Relations* 20.1 (2009), pp. 43-59; D. Abulafia, "The Role of Trade in Muslim–Christian Contact during the Middle Ages", in D. Agius e R. Hitchcock (eds.), *The Arab Influence in Medieval Europe* (Reading, 1994), pp. 1-24.
10. Ver a obra pioneira de M. Horton, *Shanga: The Archaeology of a Muslim Trading Community on the Coast of East Africa* (Londres, 1996); também S. Guérin, "Forgotten Routes? Italy, Ifriqiya and the Trans-Saharan Ivory Trade", *Al-Masāq* 25.1 (2013), pp. 70-91.
11. D. Dwyer, *Fact and Legend in the Catalan Atlas of 1375* (Chicago, 1997); J. Messing, "Observations and Beliefs: The World of the Catalan Atlas", in J. Levenson (ed.), *Circa 1492: Art in the Age of Exploration* (New Haven, 1991), p. 27.
12. S. Halikowski Smith, "The Mid-Atlantic Islands: A Theatre of Early Modern Ecocide", *International Review of Social History* 65 (2010), pp. 51-77; J. Lúcio de Azevedo, *Épocas de Portugal Económico* (Lisboa, 1973), pp. 222-3.
13. F. Barata, "Portugal and the Mediterranean Trade: A Prelude to the Discovery of the 'New World'", *Al-Masāq* 17.2 (2005), pp. 205-19.
14. Carta do Rei Dinis de Portugal, 1293, J. Marques, *Descobrimentos portugueses – Documentos para a sua História*, 3 vols. (Lisboa, 1944-71), I, nº 29; sobre as rotas mediterrâneas, ver C.-E. Dufourcq, "Les Communications entre les royaumes chrétiens et les pays de l'Occident musulman dans les derniers siècles du Moyen Age", *Les Communications dans la Péninsule Ibérique au Moyen Age. Actes du Colloque* (Paris, 1981), pp. 30-1.
15. Gomes Eanes de Zurara, *Crónica da Tomada de Ceuta* (Lisboa, 1992), pp. 271-6; A. da Sousa, "Portugal", in P. Fouracre et al. (eds.), *The New Cambridge Medieval History*, 7 vols. (Cambridge, 1995-2005), 7, pp. 636-7.
16. A. Dinis (ed.), *Monumenta Henricina*, 15 vols. (Lisboa, 1960-74), 12, pp. 73-4, trad. P. Russell, *Prince Henry the Navigator: A Life* (New Haven, 2000), p. 121.
17. P. Hair, *The Founding of the Castelo de São Jorge da Mina: An Analysis of the Sources* (Madison, 1994).
18. J. Dias, "As primeiras penetrações portuguesas em África", in L. de Albequerque (ed.), *Portugal no mundo*, 6 vols. (Lisboa, 1989), I, pp. 281-9.
19. M.-T. Seabra, *Perspectivas da colonização portuguesa na costa ocidental Africana: análise organizacional de S. Jorge da Mina* (Lisboa, 2000), pp. 80-93; Z. Cohen, "Administração das ilhas de Cabo Verde e seu distrito

no segundo século de colonização (1560-1640)", in M. Santos (ed.), *História geral de Cabo Verde*, 2 vols. (1991), 2, pp. 189-224.
20. L. McAlister, *Spain and Portugal in the New World, 1492-1700* (Minneapolis, MN, 1984), pp. 60-3; J. O'Callaghan, "Castile, Portugal, and the Canary Islands: Claims and Counterclaims", *Viator* 24 (1993), pp. 287-310.
21. Gomes Eanes de Zuara, *Crónica de Guiné*, trad. C. Beazley, *The Chronicle of the Discovery and Conquest of Guinea*, 2 vols. (Londres, 1896-9), 18, 1, p. 61. Sobre Portugal nesse período, M.-J. Tavares, *Estudos de História monetária portuguesa (1383-1438)* (Lisboa, 1974); F. Barata, *Navegação, comércio e relações políticas: os portugueses no Mediterrâneo ocidental (1385-1466)* (Lisboa, 1998).
22. Gomes Eanes de Zurara, *Chronicle*, 25, 1, pp. 81-2. Para alguns comentários sobre essa complexa fonte, L. Barreto, "Gomes Eanes de Zurara e o problema da Crónica da Guiné", *Studia* 47 (1989), pp. 311-69.
23. A. Saunders, *A Social History of Black Slaves and Freemen in Portugal, 1441-1555* (Cambridge, 1982); T. Coates, *Convicts and Orphans: Forces and State-Sponsored Colonizers in the Portuguese Empire, 1550-1755* (Stanford, 2001).
24. Gomes Eanes de Zurara, *Chronicle*, 87, 2, p. 259.
25. Ibid., 18, 1, p. 62.
26. H. Hart, *Sea Road to the Indies: An Account of the Voyages and Exploits of the Portuguese Navigators, Together with the Life and Times of Dom Vasco da Gama, Capitão Mór, Viceroy of India and Count of Vidigueira* (Nova York, 1950), pp. 44-5.
27. Gomes Eanes de Zurara, *Chronicle*, 87, 2, p. 259.
28. J. Cortés López, "El tiempo africano de Cristóbal Colón", *Studia Historica* 8 (1990), pp. 313-26.
29. A. Brásio, *Monumenta Missionaria Africana*, 15 vols. (Lisboa, 1952), 1, pp. 84-5.
30. Ferdinand Columbus, *The Life of the Admiral Christopher Columbus by his Son Ferdinand*, trad. B. Keen (New Brunswick, NJ, 1992), p. 35; C. Delaney, *Columbus and the Quest for Jerusalem* (Londres, 2012), pp. 48-9.
31. C. Jane (ed. e trad.), *Select Documents Illustrating the Four Voyages of Columbus*, 2 vols. (Londres, 1930-1), 1, pp. 2-19.
32. O. Dunn e J. Kelley (eds. e trads.), *The Diario of Christopher Columbus's First Voyage to America, 1492-3* (Norman, OK, 1989), p. 67.
33. Ibid., pp. 143-5.
34. W. Phillips e C. Rahn Phillips, *Worlds of Christopher Columbus* (Cambridge, 1992), p. 185. Sobre a publicação da carta por toda a Europa, R. Hirsch, "Printed Reports on the Early Discoveries and their Reception", in M. Allen e R. Benson (eds.), *First Images of America: The Impact of the New World on the Old* (Nova York, 1974), pp. 90-1.
35. M. Zamora, "Christopher Columbus' 'Letter to the Sovereigns': Announcing the Discovery", in S. Greenblatt (ed.), *New World Encounters* (Berkeley, 1993), p. 7.
36. Delaney, *Columbus and the Quest for Jerusalem*, p. 144.
37. Bartolomé de las Casas, *Historia de las Indias*, 1.92, trad. P. Sullivan, *Indian Freedom: The Cause of Bartolomé de las Casas, 1484-1566* (Kansas City, 1995), pp. 33-4.
38. E. Vilches, "Columbus' Gift: Representations of Grace and Wealth and the Enterprise of the Indies", *Modern Language Notes* 119.2 (2004), pp. 213-4.
39. C. Sauer, *The Early Spanish Main* (Berkeley, 1966), p. 109.
40. L. Formisano (ed.), *Letters from a New World: Amerigo Vespucci's Discovery of America* (Nova York, 1992), p. 84; M. Perri, "'Ruined and Lost': Spanish Destruction of the Pearl Coast in the Early Sixteenth Century", *Environment and History* 15 (2009), pp. 132-4.
41. Dunn e Kelley, *The Diario of Christopher Columbus's First Voyage*, p. 235.
42. Ibid., pp. 285-7.
43. Ibid., pp. 235-7.
44. Bartolomé de las Casas, *Historia*, 3.29, p. 146.
45. Francisco López de Gómara, *Cortés: The Life of the Conqueror by his Secretary*, trad. L. Byrd Simpson (Berkeley, 1964), 27, p. 58.

46. Bernardino de Sahagún, *Florentine Codex: General History of the Things of New Spain. Book 12*, trad. A. Anderson e C. Dibble (Santa Fé, NM, 1975), p. 45; R. Wright (trad.), *Stolen Continents: Five Hundred Years of Conquest and Resistance in the Americas* (Nova York, 1992), p. 29.
47. S. Gillespie, *The Aztec Kings: The Construction of Rulership in Mexican History* (Tucson, AZ, 1989), pp. 173-207; C. Townsend, "Burying the White Gods: New Perspectives on the Conquest of Mexico", *American Historical Review* 108.3 (2003), pp. 659-87.
48. Uma imagem hoje na Huntington Art Gallery de Austin, Texas, mostra Cortés cumprimentando Xicoténcatl, líder dos tlaxcala, que viu uma opurtunidade de tirar partido dos recém-chegados para fortalecer a própria posição na América Central.
49. J. Ginés de Sepúlveda, *Demócrates Segundo o de las Justas causas de la Guerra contra los indios*, ed. A. Losada (Madri, 1951), pp. 35, 33. A comparação com macacos foi apagada do manuscrito usado por Losada, A. Pagden, *Natural Fall of Man: The American Indian and the Origins of Comparative Ethnology* (Cambridge, 1982), p. 231, n. 45.
50. Sahagún, *Florentine Codex*, 12, p. 49; Wright (trad.), *Stolen Continents*, pp. 37-8.
51. Sahagún, *Florentine Codex*, 12, pp. 55-6.
52. I. Rouse, *The Tainos: Rise and Decline of the People who Greeted Columbus* (New Haven, 1992); N. D. Cook, *Born to Die: Disease and New World Conquest, 1492-1650* (Cambridge, 1998).
53. R. McCaa, "Spanish and Nahuatl Views on Smallpox and Demographic Catastrophe in Mexico", *Journal of Interdisciplinary History* 25 (1995), pp. 397-431. No geral, ver A. Crosby, *The Columbian Exchange: Biological and Cultural Consequences of 1492* (Westport, CT, 2003).
54. Bernardino de Sahagún, *Historia general de las cosas de Nueva España* (Cidade do México, 1992), p. 491; López de Gómara, *Life of the Conqueror*, 141-2, pp. 285-7.
55. Cook, *Born to Die*, pp. 15-59. Também Crosby, *Columbian Exchange*, pp. 56, 58; C. Merbs, "A New World of Infectious Disease", *Yearbook of Physical Anthropology* 35.3 (1993), p. 4.
56. Fernández de Enciso, *Suma de geografía*, citado por E. Vilches, *New World Gold: Cultural Anxiety and Monetary Disorder in Early Modern Spain* (Chicago, 2010), p. 24.
57. V. von Hagen, *The Aztec: Man and Tribe* (Nova York, 1961), p. 155.
58. P. Cieza de León, *Crónica del Perú*, trad. A. Cook e N. Cook, *The Discovery and Conquest of Peru* (Durham, NC, 1998), p. 361.
59. Sobre Diego de Ordás, ver C. García, *Vida del Comendador Diego de Ordaz, Descubridor del Orinoco* (Cidade do México, 1952).
60. A. Barrera, "Empire and Knowledge: Reporting from the New World", *Colonial Latin American Review* 15.1 (2006), pp. 40-1.
61. H. Rabe, *Deutsche Geschichte 1500-1600. Das Jahrhundert der Glaubensspaltung* (Munique, 1991), pp. 149-53.
62. Carta de Pietro Pasqualigo, in J. Brewer (ed.), *Letters and Papers, Foreign and Domestic, of the Reign of Henry VIII*, 23 vols. (Londres, 1867), 1.1, pp. 116-7.
63. Sobre Ana Bolena, in *Calendar of State Papers and Manuscripts, Relating to English Affairs, Existing in the Archives and Collections of Venice, and in Other Libraries of Northern Italy*, ed. R. Brown et al., 38 vols. (Londres, 1970), 4, p. 824.
64. Francisco López de Gómara, *Historia general de las Indias*, ed. J. Gurría Lacroix (Caracas, 1979), 1, p. 7.
65. Pedro Mexía, *Historia del emperador Carlos V*, ed. J. de Mata Carrizo (Madri, 1945), p. 543. Ver também Vilches, *New World Gold*, p. 26.
66. F. Ribeiro da Silva, *Dutch and Portuguese in Western Africa: Empires, Merchants and the Atlantic System, 1580-1674* (Leiden, 2011), pp. 116-7; Coates, *Convicts and Orphans*, pp. 42-62.
67. E. Donnan (ed.), *Documents Illustrative of the History of the Slave Trade to America*, 4 vols. (Washington, DC, 1930), 1, pp. 41-2.
68. B. Davidson, *The Africa Past: Chronicles from Antiquity to Modern Times* (Boston, 1964), pp. 194-7.
69. Brásio, *Missionaria Africana*, 1, pp. 521-7.
70. A. Pagden, *Spanish Imperialism and the Political Imagination: Studies in European and Spanish-American Social and Political Theory, 1513-1830* (New Haven, 1990).

71. Carta de Manoel da Nóbrega, citado por T. Botelho, "Labour Ideologies and Labour Relations in Colonial Portuguese America, 1500-1700", *International Review of Social History* 56 (2011), p. 288.
72. M. Cortés, *Breve compendio de la sphere y el arte de navegar*, citado por Vilches, *New World Gold*, pp. 24-5.
73. R. Pieper, *Die Vermittlung einer neuen Welt: Amerika im Nachrichtennetz des Habsburgischen Imperiums, 1493-1598* (Mainz, 2000), pp. 162-210.
74. Diego de Haëdo, *Topografía e historia general de Arge*, trad. H. de Grammont, *Histoire des rois d'Alger* (Paris, 1998), 1, p. 18.
75. E. Lyon, *The Enterprise of Florida: Pedro Menéndez de Avilés and the Spanish Conquest of 1565-1568* (Gainesville, FL, 1986), pp. 9-10.
76. Jose de Acosta, *Historia natural y moral de las Indias*, in Vilches, *New World Gold*, p. 27.

CAPÍTULO 12 – A ROTA DA PRATA

1. H. Miskimin, *The Economy of Later Renaissance Europe, 1460-1600* (Cambridge, 1977), p. 32; J. Munro, "Precious Metals and the Origins of the Price Revolution Reconsidered: The Conjecture of Monetary and Real Forces in the European Inflation of the Early to Mid-16th Century", in C. Núñez (ed.), *Monetary History in Global Perspective, 1500-1808* (Seville, 1998), pp. 35-50; H. İnalcık, "The Ottoman State: Economy and Society, 1300-1600", in H. İnalcık e D. Quataert (eds.), *An Economic and Social History of the Ottoman Empire, 1300-1914* (Cambridge, 1994), pp. 58-60.
2. P. Spufford, *Money and its Use in Medieval Europe* (Cambridge, 1988), p. 377.
3. Ch'oe P'u, *Ch'oe P'u's Diary: A Record of Drifting Across the Sea*, trad. J. Meskill (Tucson, AZ, 1965), pp. 93-4.
4. Vélez de Guevara, *El diablo conjuelo*, citado por R. Pike, "Seville in the Sixteenth Century", *Hispanic American Historical Review* 41.1 (1961), p. 6.
5. Francisco de Ariño, *Sucesos de Sevilla de 1592 a 1604*, in ibid., pp. 12-3; Vilches, *New World Gold*, pp. 25-6.
6. G. de Correa, *Lendas de India*, 4 vols. (Lisboa, 1858-64), 1, p. 7; A. Baião e K. Cintra, *Ásia de João de Barros: dos feitos que os portugueses fizeram no descobrimento e conquista dos mares e terras do Oriente*, 4 vols. (Lisboa, 1988-), 1, pp. 1-2.
7. A. Velho, *Roteiro da primeira viagem de Vasco da Gama*, ed. N. Águas (Lisboa, 1987), p. 22.
8. S. Subrahmanyam, *The Career and Legend of Vasco da Gama* (Cambridge, 1997), pp. 79-163.
9. Velho, *Roteiro de Vasco da Gama*, pp. 54-5.
10. Ibid., p. 58.
11. S. Subrahmanyam, "The Birth-Pangs of Portuguese Asia: Revisiting the Fateful 'Long Decade' 1498--1509", *Journal of Global History* 2 (2007), p. 262.
12. Velho, *Roteiro de Vasco da Gama*, p. 60.
13. Ver Subramanyam, *Vasco da Gama*, pp. 162-3 e 194-5.
14. Carta do rei Manuel, citado por Subrahmanyam, *Vasco da Gama*, p. 165.
15. B. Diffie e G. Winius, *Foundations of the Portuguese Empire, 1415-1580* (Oxford, 1977), pp. 172-4; M. Newitt, *Portugal in European and World History* (2009), pp. 62-5; Delaney, *Columbus and the Quest for Jerusalem*, pp. 124-5; J. Brotton, *Trading Territories: Mapping the Early Modern World* (Londres, 1997), pp. 71-2.
16. M. Guedes, "Estreito de Magalhães", in L. Albuquerque e F. Domingues (eds.), *Dicionário de história dos descobrimentos portugueses*, 2 vols. (Lisboa, 1994), 2, pp. 640-4.
17. M. Newitt, *A History of Portuguese Overseas Expansion, 1400-1668* (Londres, 2005), pp. 54-7; A. Teixeira da Mota (ed.), *A viagem de Fernão de Magalhães e a questão das Molucas* (Lisboa, 1975).
18. R. Finlay, "Crisis and Crusade in the Mediterranean: Venice, Portugal, and the Cape Route to India (1498-1509)", *Studi Veneziani* 28 (1994), pp. 45-90.
19. Girolamo Priuli, *I Diarii di Girolamo Priuli*, trad. D. Weinstein, *Ambassador from Venice* (Minneapolis, 1960), pp. 29-30.
20. "La lettre de Guido Detti", in P. Teyssier e P. Valentin, *Voyages de Vasco da Gama: Relations des expeditions de 1497-1499 et 1502-3* (Paris, 1995), pp. 183-8.

21. "Relazione delle Indie Orientali di Vicenzo Quirini nel 1506", in E. Albèri, *Le relazioni degli Ambasciatori Veneti al Senato durante il secolo decimosesto*, 15 vols. (Florença, 1839-63), 15, pp. 3-19; Subrahmanyam, "Birth-Pangs of Portuguese Asia", p. 265.
22. P. Johnson Brummett, *Ottoman Seapower and Levantine Diplomacy in the Age of Discovery* (Albany, NY, 1994), pp. 33-6; Subrahmanyam, "Birth-Pangs of Portuguese Asia", p. 274.
23. G. Ramusio, "Navigazione verso le Indie Orientali di Tomé Lopez", in M. Milanesi (ed.), *Navigazioni e viaggi* (Turim, 1978), pp. 683-73; Subrahmanyam, *Vasco da Gama*, p. 205.
24. D. Agius, "Qalhat: A Port of Embarkation for India", in S. Leder, H. Kilpatrick, B. Martel--Thoumian e H. Schönig (eds.), *Studies in Arabic and Islam* (Leuven, 2002), p. 278.
25. C. Silva, *O fundador do "Estado português da Índia", D. Francisco de Almeida, 1457(?)-1510* (Lisboa, 1996), p. 284.
26. J. Aubin, "Un Nouveau Classique: l'anonyme du British Museum", in J. Aubin (ed.), *Le Latin et l'astrolabe: recherches sur le Portugal de la Renaissance, son expansion en Asie et les relations internationales* (Lisboa, 1996), 2, p. 553; S. Subrahmanyam, "Letters from a Sinking Sultan", in L. Thomasz (ed.), *Aquém e além da Taprobana: estudos luso-orientais à memória de Jean Aubin e Denys Lombard* (Lisboa, 2002), pp. 239-69.
27. Silva, *Fundador do "Estado português da Índia"*, pp. 387-8. Sobre os objetivos e políticas dos portugueses no Atlântico, Golfo Pérsico, oceano Índico e outras partes, ver F. Bethencourt e D. Curto, *Portuguese Oceanic Expansion, 1400-1800* (Cambridge, 2007).
28. G. Scammell, *The First Imperial Age: European Overseas Expansion, c. 1400-1715* (Londres, 1989), p. 79.
29. A. Hamdani, "An Islamic Background to the Voyages of Discovery", in S. Khadra Jayyusi (ed.), *The Legacy of Muslim Spain* (Leiden, 1992), p. 288. Sobre a importância de Malaca antes da conquista portuguesa, K. Hall, "Local and International Trade and Traders in the Straits of Melaka Region: 600--1500", *Journal of Economic and Social History of the Orient* 47.2 (2004), pp. 213-60.
30. S. Subrahmanyam, "Commerce and Conflict: Two Views of Portuguese Melaka in the 1620s", *Journal of Southeast Asian Studies* 19.1 (1988), pp. 62-9.
31. Atwell, "Time, Money and the Weather", p. 100.
32. P. de Vos, "The Science of Spices: Empiricism and Economic Botany in the Early Spanish Empire", *Journal of World History* 17.4 (2006), p. 410.
33. Umar ibn Muhammad, *Rawd al-ātir fī nuzhat al-khātir*, trad. R. Burton, *The Perfumed Garden of the Shaykh Nefzawi* (Nova York, 1964), p. 117.
34. F. Lane, "The Mediterranean Spice Trade: Further Evidence of its Revival in the Sixteenth Century", *American Historical Review* 45.3 (1940), pp. 584-5; M. Pearson, *Spices in the Indian Ocean World* (Aldershot, 1998), p. 117.
35. Lane, "Mediterranean Spice Trade", pp. 582-3.
36. S. Halikowski Smith, "'Profits Sprout Like Tropical Plants': A Fresh Look at What Went Wrong with the Eurasian Spice Trade, c. 1550-1800", *Journal of Global History* 3 (2008), pp. 390-1.
37. Carta de Alberto da Carpi, in K. Setton, *The Papacy and the Levant, 1204-1571*, 4 vols. (Filadélfia, 1976-84), 3, p. 172, n. 3.
38. P. Allen, *Opus Epistolarum Desiderii Erasmi Roterodami*, 12 vols. (Oxford, 1906-58), 9, p. 254; J. Tracy, *Emperor Charles V, Impresario of War* (Cambridge, 2002), p. 27.
39. A. Clot, *Suleiman the Magnificent: The Man, his Life, his Epoch*, trad. M. Reisz (Nova York, 1992), p. 79. Também R. Finlay, "Prophecy and Politics in Istanbul: Charles V, Sultan Suleyman and the Habsburg Embassy of 1533-1534", *Journal of Modern History* 3 (1998), pp. 249-72.
40. G. Casale, "The Ottoman Administration of the Spice Trade in the Sixteenth Century Red Sea and Persian Gulf", *Journal of the Economic and Social History of the Orient* 49.2 (2006), pp. 170-98.
41. L. Riberio, "O Primeiro Cerco de Diu", *Studia* 1 (1958), pp. 201-95; G. Casale, *The Ottoman Age of Exploration* (Oxford, 2010), pp. 56-75.
42. G. Casale, "Ottoman *Guerre de Course* and the Indian Ocean Spice Trade: The Career of Sefer Reis", *Itinerario* 32.1 (2008), pp. 66-7.

43. *Corpo diplomatico portuguez*, ed. J. da Silva Mendes Leal e J. de Freitas Moniz, 14 vols. (Lisboa, 1862-
    -1910), 9, pp. 110-1.
44. Halikowski Smith, "Eurasian Spice Trade", p. 411; J. Boyajian, *Portuguese Trade in Asia under the
    Habsburgs, 1580-1640* (Baltimore, 1993), pp. 43-4, e Tabela 3.
45. Casale, "Ottoman Administration of the Spice Trade", pp. 170-98; ver também N. Stensgaard, *The Asian
    Trade Revolution of the Seventeenth Century: The East India Companies and the Decline of Caravan
    Trade* (Chicago, 1974).
46. S. Subrahmanyam, "The Trading World of the Western Indian Ocean, 1546-1565: A Political
    Interpretation", in A. de Matos e L. Thomasz (eds.), *A carreira da Índia e as rotas dos estreitos* (Braga, 1998),
    pp. 207-29.
47. S. Pamuk, "In the Absence of Domestic Currency: Debased European Coinage in the Seventeenth-
    -Century Ottoman Empire", *Journal of Economic History* 57.2 (1997), pp. 352-3.
48. H. Crane, E. Akin e G. Necipoglu, *Sinan's Autobiographies: Five Sixteenth-Century Texts* (Leiden, 2006),
    p. 130.
49. R. McChesney, "Four Sources on Shah Abbas's Building of Isfahan", *Muqarnas* 5 (1988), pp. 103-34;
    Iskandar Munshī, "*Tārīk-e ālamārā-ye Abbāsī*, trad. R. Savory, *History of Shah Abbas the Great*, 3 vols.
    (Boulder, CO, 1978), p. 1038; S. Blake, "Shah Abbās and the Transfer of the Safavid Capital from
    Qazvin to Isfahan", in A. Newman (ed.), *Society and Culture in the Early Modern Middle East: Studies
    on Iran in the Safavid Period* (Leiden, 2003), pp. 145-64.
50. M. Dickson, "The Canons of Painting by Sādiqī Bek", in M. Dickson e S. Cary Welch (eds.), *The
    Houghton Shahnameh*, 2 vols. (Cambridge, MA, 1989), 1, p. 262.
51. A. Taylor, *Book Arts of Isfahan: Diversity and Identity in Seventeenth-Century Persia* (Malibu, 1995).
52. H. Cross, "South American Bullion Production and Export, 1550-1750", in Richards, *Precious Metals*, pp.
    402-4.
53. A. Jara, "Economia minera e historia economica hispano-americana", in *Tres ensayos sobre economia minera
    hispano-americana* (Santiago, 1966).
54. A. Attman, *American Bullion in European World Trade, 1600-1800* (Gotemburgo, 1986), pp. 6, 81; H-Sh.
    Chuan, "The Inflow of American Silver into China from the Late Ming to the Mid-Ch'ing Period",
    Journal of the Institute of Chinese Studies of the Chinese University of Hong Kong 2 (1969), pp. 61-75.
55. B. Karl, "'Galanterie di cose rare…': Filippo Sassetti's Indian Shopping List for the Medici Grand
    Duke Francesco and his Brother Cardinal Ferdinando", *Itinerario* 32.3 (2008), pp. 23-41. Para um
    relato contemporâneo da sociedade asteca, Diego Durán, *Book of the Gods and Rites and the
    Ancient Calendar*, trad. F. Horcasitas e D. Heyden (1971), pp. 273-4.
56. J. Richards, *The Mughal Empire* (Cambridge, 1993), pp. 6-8.
57. *Bābur-Nāma*, pp. 173-4. Também D. F. Ruggles, *Islamic Gardens and Landscapes* (Filadélfia, PA,
    2008), p. 70.
58. *Bābur-Nāma*, p. 359.
59. Ibn Battūta, *Travels*, 8, 2, p. 478.
60. J. Gommans, *Mughal Warfare: Indian Frontiers and High Roads to Empire, 1500-1700* (Londres,
    2002), pp. 112-3. Sobre o tamanho dos cavalos indianos, J. Tavernier, *Travels in India*, ed. V. Ball, 2 vols.
    (Londres, 1889), 2, p. 263. Sobre cavalos da Ásia Central, ver J. Masson Smith, "Mongol Society and
    Military in the Middle East: Antecedents and Adaptations", in Y. Lev (ed.), *War and Society in the
    Eastern Mediterranean, 7th-15th Centuries* (Leiden, 1997), pp. 247-64.
61. L. Jardine e J. Brotton, *Global Interests: Renaissance Art between East and West* (Londres, 2005), pp.
    146 8.
62. J. Gommans, "Warhorse and Post-Nomadic Empire in Asia, c. 1000-1800", *Journal of Global
    History* 2 (2007), pp. 1-21.
63. Ver S. Dale, *Indian Merchants and Eurasian Trade, 1600-1750* (Cambridge, 1994), pp. 41-2.
64. Citado por M. Alam, "Trade, State Policy and Regional Change: Aspects of Mughal–Uzbek
    Commercial Relations, c. 1550-1750", *Journal of the Economic and Social History of the Orient* 37.3 (1994),
    p. 221; ver também C. Singh, *Region and Empire: Punjab in the Seventeenth Century* (Nova Délhi, 1991),
    pp. 173-203.

65. J. Gommans, *Mughal Warfare: Indian Frontiers and Highroads to Empire, 1500-1700* (Londres, 2002), p. 116.
66. D. Washbrook, "India in the Early Modern World Economy: Modes of Production, Reproduction and Exchange", *Journal of Global History* 2 (2007), pp. 92-3.
67. Carta de Duarte de Sande, in *Documenta Indica*, ed. J. Wicki e J. Gomes, 18 vols. (Roma, 1948-88), 9, p. 676.
68. R. Foltz, "Cultural Contacts between Central Asia and Mughal India", in S. Levi (ed.), *India and Central Asia* (Nova Délhi, 2007), pp. 155-75.
69. M. Subtelny, "Mirak-i Sayyid Ghiyas and the Timurid Tradition of Landscape Architecture", *Studia Iranica* 24.1 (1995), pp. 19-60.
70. J. Westcoat, "Gardens of Conquest and Transformation: Lessons from the Earliest Mughal Gardens in India", *Landscape Journal* 10.2 (1991), pp. 105-14; F. Ruggles, "Humayun's Tomb and Garden: Typologies and Visual Order", in A. Petruccioli (ed.), *Gardens in the Time of the Great Muslim Empires* (Leiden, 1997), pp. 173-86. Sobre a influência da Ásia Central, ver acima principalmente M. Subtelny, "A Medieval Persian Agricultural Manual in Context: The Irshad al-Ziraa in Late Timurid and Early Safavid Khorasan", *Studia Iranica* 22.2 (1993), pp. 167-217.
71. J. Westcoat, M. Brand e N. Mir, "The Shedara Gardens of Lahore: Site Documentation and Spatial Analysis", *Pakistan Archaeology* 25 (1993), pp. 333-66.
72. M. Brand e G. Lowry (eds.), *Fatepur Sikri* (Bombay, 1987).
73. *The Shah Jahan Nama of Inayat Khan*, ed. e trad. W. Begley e Z. Desai (Délhi, 1990), pp. 70-1.
74. J. Hoil, *The Book of Chilam Balam of Chumayel*, trad. R. Roys (Washington, DC, 1967), pp. 19-20.
75. Carta de John Newbery, in J. Courtney Locke (ed.), *The First Englishmen in India* (Londres, 1930), p. 42.
76. Samuel Purchas, *Hakluytus posthumus, or, Purchas His Pilgrimes*, 20 vols. (Glasgow, 1905-7), 3, p. 93; G. Scammell, "European Exiles, Renegades and Outlaws and the Maritime Economy of Asia, c.1500-1750", *Modern Asian Studies* 26.4 (1992), pp. 641-61.
77. L. Newsom, "Disease and Immunity in the Pre-Spanish Philippines", *Social Science & Medicine* 48 (1999), pp. 1833-50; idem, "Conquest, Pestilence and Demographic Collapse in the Early Spanish Philippines", *Journal of Historical Geography* 32 (2006), pp. 3-20.
78. Antonio de Morga, in W. Schurz, *The Manila Galleon* (Nova York, 1959), pp. 69-75; ver também Brook, *Confusions of Pleasure*, pp. 205-6.
79. D. Irving, *Colonial Counterpoint: Music from Early Modern Manila* (Oxford, 2010), p. 19.
80. Sobre a crise otomana, Pamuk, "In the Absence of Domestic Currency", pp. 353-8.
81. W. Barrett, "World Bullion Flows, 1450-1800", in J. Tracy (ed.), *The Rise of Merchant Empires: Long-Distance Trade in the Early Modern Worlds, 1350-1750* (Cambridge, 1990), pp. 236-7; D. Flynn e A Giráldez, "Born with a 'Silver Spoon': The Origin of World Trade in 1571", *Journal of World History* 6.2 (1995), pp. 201-21; J. TePaske, "New World Silver, Castile, and the Philippines, 1590-1800", in Richards, *Precious Metals*, p. 439.
82. P. D'Elia, *Documenti originali concernenti Matteo Ricci e la storia delle prime relazioni tra l'Europa e la Cina (1579-1615)*, 4 vols. (Roma, 1942), I, p. 91.
83. Brook, *Confusions of Pleasure*, pp. 225-6. Sobre as atitudes chinesas em relação a antiguidades e ao passado, C. Clunas, *Superfluous Things: Material Culture and Social Status in Early Modern China* (Cambridge, 1991), pp. 91-115.
84. W. Atwell, "International Bullion Flows and the Chinese Economy *circa* 1530-1650", *Past & Present* 95 (1982), p. 86.
85. Richard Hakluyt, *The Principal Navigation, Voyages, Traffiques, & Discoveries of the English Nations*, 12 vols. (Glasgow, 1903-5), 5, p. 498.
86. C. Boxer, *The Christian Century in Japan, 1549-1650* (Berkeley, 1951), pp. 425-7. Principalmente, ver aqui R. von Glahn, "Myth and Reality of China's Seventeenth-Century Monetary Crisis", *Journal of Economic History* 56.2 (1996), pp. 429-54; D. Flynn e A Giráldez, "Arbitrage, China and World Trade in the Early Modern Period", *Journal of the Economic and Social History of the Orient* 6.2 (1995), pp. 201-21.

87. C. Clunas, *Empire of Great Brightness: Visual and Material Cultures of Ming China, 1368-1644* (Londres, 2007); Brook, *Confusions of Pleasure*.
88. *The Plum in the Golden Vase, or, Chin P'ing Mei*, trad. D. Roy, 5 vols. (Princeton, 1993-2013). Ver N. Ding, *Obscene Things: Sexual Politics in Jin Ping Mei* (Durham, NC, 2002).
89. C. Cullen, "The Science/Technology Interface in Seventeenth-Century China: Song Yingxing on *Qi* and the *Wu Xing*", *Bulletin of the School of Oriental and African Studies* 53.2 (1990), pp. 295-318.
90. W. de Bary, "Neo-Confucian Cultivation and the Seventeenth-Century Enlightenment", in de Bary (ed.), *The Unfolding of Neo-Confucianism* (Nova York, 1975), pp. 141-216.
91. O próprio Mapa Selden pode ter sido capturado desse modo, R. Batchelor, "The Selden Map Rediscovered: A Chinese Map of East Asian Shipping Routes, *c.* 1619", *Imago Mundi: The International Journal for the History of Cartography* 65.1 (2013), pp. 37-63.
92. W. Atwell, "Ming Observations of Ming Decline: Some Chinese Views on the 'Seventeenth Century Crisis' in Comparative Perspective", *Journal of the Royal Asiatic Society* 2 (1988), pp. 316-48.
93. A. Smith, *An Inquiry into the Nature and Causes of the Wealth of Nations*, 4.7, ed. R. Campbell e A. Skinner, 2 vols. (Oxford, 1976), 2, p. 626.

CAPÍTULO 13 – A ROTA PARA O NORTE DA EUROPA

1. José de Acosta, *Historia natural y moral de las Indias*, trad. E. Mangan, *Natural and Moral History of the Indies* (Durham, NC, 2002), p. 179.
2. *Regnans in excelsis*, in R. Miola (ed.), *Early Modern Catholicism: An Anthology of Primary Sources* (Oxford, 2007), pp. 486-8; ver P. Holmes, *Resistance and Compromise: The Political Thought of the Elizabethan Catholics* (Cambridge, 2009).
3. D. Loades, *The Making of the Elizabethan Navy 1540-1590: From the Solent to the Armada* (Londres, 2009).
4. C. Knighton, "A Century on: Pepys and the Elizabethan Navy", *Transactions of the Royal Historical Society* 14 (2004), pp. 143-4; R. Barker, "Fragments from the Pepysian Library", *Revista da Universidade de Coimbra* 32 (1986), pp. 161-78.
5. M. Oppenheim, *A History of the Administration of the Royal Navy, 1509-1660* (Londres, 1896), pp. 172--4; N. Williams, *The Maritime Trade of the East Anglian Ports, 1550-1590* (Oxford, 1988), pp. 220-1.
6. C. Martin e G. Parker, *The Spanish Armada* (Manchester, 1988); G. Mattingly, *The Armada* (Nova York, 2005).
7. E. Bovill, "The Madre de Dios", *Mariner's Mirror* 54 (1968), pp. 129-52; G. Scammell, "England, Portugal and the Estado da India, *c.* 1500-1635", *Modern Asian Studies* 16.2 (1982), p. 180.
8. *The Portable Hakluyt's Voyages*, ed. R. Blacker (Nova York, 1967), p. 516; J. Parker, *Books to Build an Empire* (Amsterdã, 1965), p. 131; N. Matar, *Turks, Moors, and Englishmen in the Age of Discovery* (Nova York, 1999).
9. N. Matar, *Britain and Barbary, 1589-1689* (Gainesville, FL, 2005), p. 21; *Merchant of Venice*, I.1.
10. C. Dionisotti, "Lepanto nella cultura italiana del tempo", in G. Benzoni (ed.), *Il Mediterraneo nella seconda metà del '500 alla luce di Pepanto* (Florença, 1974), pp. 127-51; I. Fenlon, "'In destructione Turcharum': The Victory of Lepanto in Sixteenth-Century Music and Letters", in E. Degrada (ed.), *Andrea Gabrieli e il suo tempo: Atti del Convengo internazionale (Venezia 16-18 settembre 1985)* (Florença, 1987), pp. 293-317; I. Fenlon, "Lepanto: The Arts of Celebration in Renaissance Venice", *Proceedings of the British Academy* 73 (1988), pp. 201-36.
11. S. Skilliter, "Three Letters from the Ottoman 'Sultana' Safiye to Queen Elizabeth I", in S. Stern (ed.), *Documents from Islamic Chanceries* (Cambridge, MA, 1965), pp. 119-57.
12. G. Maclean, *The Rise of Oriental Travel: English Visitors to the Ottoman Empire, 1580-1720* (Londres, 2004), pp. 1-47; L. Jardine, "Gloriana Rules the Waves: Or, the Advantage of Being Excommunicated (and a Woman)", *Transactions of the Royal Historical Society* 14 (2004), pp. 209-22.
13. A. Artner (ed.), *Hungaryas' Propugnaculum' of Western Christianity: Documents from the Vatican Secret Archives (ca.1214-1606)* (Budapeste, 2004), p. 112.
14. Jardine, "Gloriana Rules the Waves", p. 210.

15. S. Skilliter, *William Harborne and the Trade with Turkey 1578-1582: A Documentary Study of the First Anglo-Ottoman Relations* (Oxford, 1977), p. 69.
16. Ibid., p. 37.
17. L. Jardine, *Worldly Goods: A New History of the Renaissance* (Londres, 1996), pp. 373-6.
18. *O mercador de Veneza*, II.7; *Otelo*, I.3.
19. J. Grogan, *The Persian Empire in English Renaissance Writing, 1549-1622* (Londres, 2014).
20. A. Kapr, *Johannes Gutenberg: Persönlichkeit und Leistung* (Munique, 1987).
21. E. Shaksan Bumas, "The Cannibal Butcher Shop: Protestant Uses of Las Casas's 'Brevísima Relación' in Europe and the American Colonies", *Early American Literature* 35.2 (2000), pp. 107-36.
22. A. Hadfield, "Late Elizabethan Protestantism, Colonialism and the Fear of the Apocalypse", *Reformation* 3 (1998), pp. 311-20.
23. R. Hakluyt, "A Discourse on Western Planting, 1584", in *The Original Writings and Correspondence of the Two Richard Hakluyts*, ed. E. Taylor, 2 vols. (Londres, 1935), 2, pp. 211-326.
24. M. van Gelderen, *The Political Thought of the Dutch Revolt, 1555-1590* (Cambridge, 2002).
25. "The First Voyage of the Right Worshipfull and Valiant Knight, Sir John Hawkins", in *The Hawkins Voyages*, ed. C. Markham (Londres, 1878), p. 5. Ver também Kelsey, *Sir John Hawkins*, pp. 52-69.
26. Hakluyt, "A Discourse on Western Planting", 20, p. 315.
27. Ver J. McDermott, *Martin Frobisher: Elizabethan Privateer* (New Haven, 2001).
28. *Calendar of State Papers and Manuscripts, Venice*, 6.i, p. 240.
29. P. Bushev, *Istoriya posol'tv i diplomaticheskikh otnoshenii russkogo i iranskogo gosudarstv v 1586-1612 gg* (Moscou, 1976), pp. 37-62.
30. R. Hakluyt, *The Principal Navigations, Voyages, Traffiques and Discoveries of the English Nations*, 12 vols. (Glasgow, 1903-5), 3, pp. 15-6; R. Ferrier, "The Terms and Conditions under which English Trade Was Transacted with Safavid Persia", *Bulletin of the School of Oriental and African Studies* 49.1 (1986), pp. 50-1; K. Meshkat, "The Journey of Master Anthony Jenkinson to Persia, 1562-1563", *Journal of Early Modern History* 13 (2009), pp. 209-28.
31. S. Cabot, "Ordinances, Instructions and Aduertisements of and for the Direction of the Intended Voyage for Cathaye", 22, in Hakluyt, *Principal Navigations*, 2, p. 202.
32. Vilches, *New World Gold*, p. 27.
33. A. Romero, S. Chilbert e M. Eisenhart, "Cubagua's Pearl-Oyster Beds: The First Depletion of a Natural Resource Caused by Europeans in the American Continent", *Journal of Political Ecology* 6 (1999), pp. 57-78.
34. M. Drelichman e H.-J. Voth, "The Sustainable Debts of Philip II: A Reconstruction of Spain's Fiscal Position, 1560-1598", *Centre for Economic Policy Research*, Discussion Paper DP6611 (2007).
35. D. Fischer, *The Great Wave: Price Revolutions and the Rhythm of History* (Oxford, 1996). Também D. Flynn, "Sixteenth-Century Inflation from a Production Point of View", in E. Marcus e N. Smukler (eds.), *Inflation through the Ages: Economic, Social, Psychological, and Historical Aspects* (Nova York, 1983), pp. 157-69.
36. O. Gelderblom, *Cities of Commerce: The Institutional Foundations of International Trade in the Low Countries, 1250-1650* (Princeton, 2013).
37. J. Tracy, *A Financial Revolution in the Habsburg Netherlands: Renten and Renteniers in the County of Holland, 1515-1565* (Berkeley, 1985).
38. O. van Nimwegen, *"Deser landen crijchsvolck". Het Staatse leger en de militarie revoluties 1588-1688* (Amsterdã, 2006).
39. J. Israel, *The Dutch Republic: Its Rise, Greatness and Fall 1477-1806* (Oxford, 1995), pp. 308-12.
40. W. Fritschy, "The Efficiency of Taxation in Holland", in O. Gelderblom (ed.), *The Political Economy of the Dutch Republic* (2003), pp. 55-84.
41. C. Koot, *Empire at the Periphery: British Colonists, Anglo-Dutch Trade, and the Development of the British Atlantic, 1621-1713* (Nova York, 2011), pp. 19-22; E. Sluitter, "Dutch–Spanish Rivalry in the Caribbean Area", *Hispanic American Historical Review* 28.2 (1948), pp. 173-8.
42. Israel, *Dutch Republic*, pp. 320-1.

43. M. Echevarría Bacigalupe, "Un notable episodio en la guerra económica hispano-holandesa: El decreto Guana 1603", *Hispania: Revista española de historia* 162 (1986), pp. 57-97; J. Israel, *Empires and Entrepots: The Dutch, the Spanish Monarchy and the Jews, 1585-1713* (Londres, 1990), p. 200.
44. R. Unger, "Dutch Ship Design in the Fifteenth and Sixteenth Centuries", *Viator* 4 (1973), pp. 387-415.
45. A. Saldanha, "The Itineraries of Geography: Jan Huygen van Linschoten's Itinerario and Dutch Expeditions to the Indian Ocean, 1594-1602", *Annals of the Association of American Geographers* 101.1 (2011), pp. 149-77.
46. K. Zandvliet, *Mapping for Money: Maps, Plans and Topographic Paintings and their Role in Dutch Overseas Expansion during the 16th and 17th Centuries* (Amsterdã, 1998), pp. 37-49 e 164-89.
47. E. Beekman, *Paradijzen van Weeler. Koloniale Literatuur uit Nederlands-Indië, 1600-1950* (Amsterdã, 1988), p. 72.
48. D. Lach, *Asia in the Making of Europe*, 3 vols. (Chicago, 1977), 2, pp. 492-545.
49. O. Gelderblom, "The Organization of Long-Distance Trade in England and the Dutch Republic, 1550-1650", in Gelderblom, *Political Economy of the Dutch Republic*, pp. 223-54.
50. J.-W. Veluwenkamp, "Merchant Colonies in the Dutch Trade System (1550- 1750)", in K. Davids, J. Fritschy e P. Klein (eds.), *Kapitaal, ondernemerschap en beleid. Studies over economie en politiek in Nederland, Europe en Azië van 1500 tot heden* (Amsterdã, 1996), pp. 141-64.
51. Citado por C. Boxer, *The Dutch in Brazil 1624-1654* (Oxford, 1957), pp. 2-3.
52. Sobre Goa no início do século XVII, A. Gray e H. Bell (eds.), *The Voyage of François Pyrard of Laval to the East Indies, the Maldives, the Moluccas and Brazil*, 2 vols. (Londres, 1888), 2, pp. 2-139.
53. J. de Jong, *De waaier van het fortuin. De Nederlands in Asië de Indonesiche archipel, 1595-1950* (Zoetermeer, 1998), p. 48.
54. K. Zandvliet, *The Dutch Encounter with Asia, 1600-1950* (Amsterdã, 2002), p. 152.
55. Veja aqui a coletânea de ensaios in J. Postma (ed.), *Riches from Atlantic Commerce: Dutch Transatlantic Trade and Shipping, 1585-1817* (Leiden, 2003).
56. J. van Dam, *Gedateerd Delfts aardwek* (Amsterdã, 1991); idem, *Dutch Delftware 1620-1850* (Amsterdã, 2004).
57. A. van der Woude, "The Volume and Value of Paintings in Holland at the Time of the Dutch Republic", in J. de Vries e D. Freedberg (eds.), *Art in History, History in Art: Studies in Seventeenth--Century Dutch Culture* (Santa Monica, 1991), pp. 285-330.
58. Ver em geral S. Schama, *The Embarrassment of Riches* (Nova York, 1985); S. Slive, *Dutch Painting, 1600--1800* (New Haven, 1995).
59. T. Brook, *Vermeer's Hat: The Seventeenth Century and the Dawn of the Global World* (Londres, 2008), pp. 5-83.
60. *The Travels of Peter Mundy in Europe and Asia, 1608-1667*, ed. R. Temple, 5 vols. (Cambridge, 1907--36), pp. 70-1; J. de Vries, *The Industrious Revolution: Consumer Behavior and the Household Economy, 1650 to the Present* (Cambridge, 2008), p. 54.
61. J. Evelyn, *Diary of John Evelyn*, ed. E. de Beer, 6 vols. (Oxford, 1955), 1, pp. 39-40.
62. Ver C. van Strien, *British Travellers in Holland during the Stuart Period: Edward Browne and John Locke as Tourists in the United Provinces* (Leiden, 1993).
63. G. Scammell, "After da Gama: Europe and Asia since 1498", *Modern Asian Studies* 34.3 (2000), p. 516.
64. Pedro de Cieza de Léon, *The Incas of Pedro de Cieza de Léon*, trad. H de Onis (1959), 52, p. 171.
65. Ibid., 55, pp. 177-8.
66. S. Hill (ed.), *Bengal in 1756-7: A Selection of Public and Private Papers Dealing with the Affairs of the British in Bengal during the Reign of Siraj-uddaula*, 3 vols. (Londres, 1905), 1, pp. 3-5.
67. P. Perdue, "Empire and Nation in Comparative Perspective: Frontier Administration in Eighteenth--Century China", *Journal of Early Modern History* 5.4 (2001), p. 282; C. Tilly (ed.), *The Formation of National States in Western Europe* (Princeton, 1975), p. 15.
68. P. Hoffman, "Prices, the Military Revolution, and Western Europe's Comparative Advantage in Violence", *Economic History Review*, 64.1 (2011), pp. 49-51.

69. Ver, por exemplo, A. Hall, *Isaac Newton: Adventurer in Thought* (Cambridge, 1992), pp. 152, 164-6 e 212-6; L. Debnath, *The Legacy of Leonhard Euler: A Tricentennial Tribute* (Londres, 2010), pp. 353-8; P-L. Rose, "Galileo's Theory of Ballistics", *The British Journal for the History of Science* 4.2 (1968), pp. 156-9, e em geral S. Drake, *Galileo at work: His Scientific Biography* (Chicago, 1978).
70. T. Hobbes, *Leviathan*, ed. N. Malcolm (Oxford, 2012).
71. A. Carlos e L. Neal, "Amsterdam and Londres as Financial Centers in the Eighteenth Century", *Financial History Review* 18.1 (2011), pp. 21-7.
72. M. Bosker, E. Buringh e J. van Zanden, "From Baghdad to Londres: The Dynamics of Urban Growthand the Arab World, 800-1800", *Centrefor Economic Policy Research*, Paper 6833 (2009), pp. 1-38; W. Fritschy, "State Formation and Urbanization Trajectories: State Finance in the Ottoman Empire before 1800, as Seen from a Dutch Perspective", *Journal of Global History* 4 (2009), pp. 421-2.
73. E. Kuipers, *Migrantenstad: Immigratie en Sociale Verboudingen in 17e-Eeuws Amsterdam* (Hilversum, 2005).
74. W. Fritschy, "A 'Financial Revolution' Reconsidered: Public Finance in Holland during the Dutch Revolt, 1568-1648", *Economic History Review* 56.1 (2003), pp. 57-89; L. Neal, *The Rise of Financial Capitalism: International Capitalism in the Age of Reason* (Cambridge, 1990).
75. P. Malanima, *L'economia italiana: dalla crescita medievale alla crescita contemporanea* (Bolonha, 2002); idem, "The Long Decline of a Leading Economy: GDP in Central and Northern Italy, 1300-1913", *European Review of Economic History* 15 (2010), pp. 169-219.
76. S. Broadberry e B. Gupta, "The Early Modern Great Divergence: Wages, Prices and Economic Development in Europe and Asia, 1500-1800", *Economic History Review* 59.1 (2006), pp. 2-31; J. van Zanden, "Wages and the Standard of Living in Europe, 1500-1800", *European Review of Economic History* 3 (1999), pp. 175-97.
77. Sir Dudley Carleton, "The English Ambassador's Notes, 1612", in D. Chambers e B. Pullan (eds.), *Venice: A Documentary History, 1450-1630* (Oxford, 1992), pp. 3-4.
78. G. Bistort (ed.), *Il magistrato alle pompe nella repubblica di Venezia* (Veneza, 1912), pp. 403-5 e 378-81.
79. E. Chaney, *The Evolution of the Grand Tour: Anglo-Italian Cultural Relations since the Renaissance* (Portland, OR, 1998). Para preços de obras de arte, ver F. Etro e K. Pagani, "The Market for Paintings in Italy during the Seventeenth Century", *Journal of Economic History* 72.2 (2012), pp. 414-38.
80. Ver, por exemplo, C. Vout, "Treasure, Not Trash: The Disney Sculpture and Its Place in the History of Collecting", *Journal of the History of Collections* 24.3 (2012), pp. 309-26. Ver também V. Coltman, *Classical Sculpture and the Culture of Collecting in Britain since 1760* (Oxford, 2009).
81. C. Hanson, *The English Virtuoso: Art, Medicine and Antiquarianism in the Age of Empiricism* (Chicago, 2009).
82. Ver em geral P. Ayres, *Classical Culture and the Ideas of Rome in Eighteenth-Century England* (Cambridge, 1997).

CAPÍTULO 14 – A ROTA PARA O IMPÉRIO

1. D. Panzac, "International and Domestic Maritime Trade in the Ottoman Empire during the 18th Century", *International Journal of Middle East Studies* 24.2 (1992), pp. 189-206; M. Genç, "A Study of the Feasibility of Using Eighteenth-Century Ottoman Financial Records as an Indicator of Economic Activity", in H. İslamoğlu-İnan (ed.), *The Ottoman Empire and the World-Economy* (Cambridge, 1987), pp. 345-73.
2. Ver S. White, *The Climate of Rebellion in the Early Modern Ottoman Empire* (Cambridge, 2011).
3. T. Kuran, "The Islamic Commercial Crisis: Institutional Roots of Economic Underdevelopment in the Middle East", *Journal of Economic History* 63.2 (2003), pp. 428-31.
4. M. Kunt, *The Sultan's Servants: The Transformation of Ottoman Provincial Government, 1550-1650* (Nova York, 1983), pp. 44-56.
5. Schama, *Embarrassment of Riches*, pp. 330-5.
6. Thomas Mun, *England's Treasure by Foreign Trade* (Londres, 1664), citado por de Vries, *Industrious Revolution*, p. 44.

7. C. Parker, *The Reformation of Community: Social Welfare and Calvinist Charity in Holland, 1572-1620* (Cambridge, 1998).
8. S. Pierson, "The Movement of Chinese Ceramics: Appropriation in Global History", *Journal of World History* 23.1 (2012), pp. 9-39; S. Iwanisziw, "Intermarriage in Late-Eighteenth-Century British Literature: Currents in Assimilation and Exclusion", *Eighteenth-Century Life* 31.2 (2007), pp. 56-82; F. Dabhoiwala, *The Origins of Sex: A History of the First Sexual Revolution* (Londres, 2012).
9. W. Bradford, *History of Plymouth Plantation, 1606-1646*, ed. W. Davis (Nova York, 1909), pp. 46-7.
10. Sobre o êxodo para a América do Norte, A. Zakai, *Exile and Kingdom: History and Apocalypse in the Puritan Migration to America* (Cambridge, 1992); para debate sobre as origens do Dia de Ação de Graças, G. Hodgson, *A Great and Godly Adventure: The Pilgrims and the Myth of the First Thanksgiving* (Nova York, 2006).
11. K. Chaudhari, *The Trading World of Asia and the English East India Company* (Cambridge, 2006).
12. Gelderblom, "The Organization of Long-Distance Trade", pp. 232-4.
13. S. Groenveld, "The English Civil Wars as a Cause of the First Anglo-Dutch War, 1640-1652", *Historical Journal* 30.3 (1987), pp. 541-66. Sobre a rivalidade anglo-germânica nesse período, ver L. Jardine, *Going Dutch: How England Plundered Holland's Glory* (Londres, 2008).
14. S. Pincus, *Protestantism and Patriotism: Ideologies and the Making of English Foreign Policy, 1650-1668* (Cambridge, 1996). Também C. Wilson, *Profit and Power: A Study of England and the Dutch Wars* (Londres, 1957).
15. J. Davies, *Gentlemen and Tarpaulins: The Officers and Men of the Restoration Navy* (Oxford, 1991), p. 15.
16. J. Glete, *Navies and Nations: Warships, Navies and State Building in Europe and America, 1500-1860*, 2 vols. (Estocolmo, 1993), pp. 192-5.
17. O livro de Witsen, *Aeloude en Hedendaegsche Scheeps-bouw en Bestier*, publicado em 1671, foi a obra mais influente de seu tempo. Sobre o exemplar de Pepys, N. Smith et al., *Catalogue of the Pepys Library at Magdalene College, Cambridge*, vol. 1 (1978), p. 193. O diarista teve papel destacado na criação do Hospital de Cristo, que continua sendo uma das escolas mais importantes da Grã-Bretanha, E. Pearce, *Annals of Christ's Hospital* (Londres, 1901), pp. 99-126; sobre os novos projetos, ver B. Lavery (ed.), *Deane's Doctrine of Naval Architecture, 1670* (Londres, 1981).
18. D. Benjamin e A. Tifrea, "Learning by Dying: Combat Performance in the Age of Sail", *Journal of Economic History* 67.4 (2007), pp. 968-1000.
19. E. Lazear e S. Rosen, "Rank-Order Tournaments as Optimum Labor Contracts", *Journal of Political Economy* 89.5 (1981), pp. 841-64; ver também D. Benjamin e C. Thornberg, "Comment: Rules, Monitoring and Incentives in the Age of Sail", *Explorations in Economic History* 44.2 (2003), pp. 195-211.
20. J. Robertson, "The Caribbean Islands: British Trade, Settlement, and Colonization", in L. Breen (ed.), *Converging Worlds: Communities and Cultures in Colonial America* (Abingdon, 2012), pp. 176-217.
21. P. Stern, "Rethinking Institutional Transformation in the Making of Empire: The East India Company in Madras", *Journal of Colonialism and Colonial History* 9.2 (2008), pp. 1-15.
22. H. Bowen, *The Business of Empire: The East India Company and Imperial Britain, 1756-1833* (Cambridge, 2006).
23. H. Bingham, "Elihu Yale, Governor, Collector and Benefactor", *American Antiquarian Society. Proceedings* 47 (1937), pp. 93-144; idem, *Elihu Yale: The American Nabob of Queen Square* (Nova York, 1939).
24. J. Osterhammel, *China und die Weltgesellschaft* (1989), p. 112.
25. Ver, por exemplo, F. Perkins, *Leibniz and China: A Commerce of Light* (Cambridge, 2004).
26. Citado por S. Mentz, *The English Gentleman Merchant at Work: Madras and the City of Londres 1660--1740* (Copenhague, 2005), p. 162.
27. Procopius [Procópio], *The Wars*, 8.20, 5, pp. 264-6.
28. K. Matthews, "Britannus/Britto: Roman Ethnographies, Native Identities, Labels and Folk Devils", in A. Leslie, *Theoretical Roman Archaeology and Architecture: The Third Conference Proceedings* (1999), p. 15.

29. R. Fogel, "Economic Growth, Population Theory, and Physiology: The Bearing of Long-Term Processes on the Making of Economic Policy", *American Economic Review* 84.3 (1994), pp. 369-95; J. Mokyr, "Why Was the Industrial Revolution a European Phenomenon?", *Supreme Court Economic Review* 10 (2003), pp. 27-63.
30. J. de Vries, "Between Purchasing Power and the World of Goods: Understanding the Household Economy in Early Modern Europe", in J. Brewer e R. Porter (eds.), *Consumption and the World of Goods* (1993), pp. 85-132; idem, *The Industrious Revolution*; H.-J. Voth, "Time and Work in Eighteenth-Century Londres", *Journal of Economic History* 58 (1998), pp. 29-58.
31. N. Voigtländer e H.-J. Voth, "Why England? Demographic Factors, Structural Change and Physical Capital Accumulation during the Industrial Revolution", *Journal of Economic Growth* 11 (2006), pp. 319-61; L. Stone, "Social Mobility in England, 1500–1700", *Past & Present* 33 (1966), pp. 16-55; ver também P. Fichtner, *Protestantism and Primogeniture in Early Modern Germany* (Londres, 1989), para uma avaliação da conexão entre religião e primogenitura.
32. K. Karaman e S. Pamuk, "Ottoman State Finances in European Perspective, 1500-1914", *Journal of Economic History* 70.3 (2010), pp. 611-2.
33. G. Ames, "The Role of Religion in the Transfer and Rise of Bombay", *Historical Journal* 46.2 (2003), pp. 317-40.
34. J. Flores, "The Sea and the World of the Mutasaddi: A Profile of Port Officials from Mughal Gujarat (c.1600-1650)", *Journal of the Royal Asiatic Society* 3.21 (2011), pp. 55-71.
35. *Tūzuk-i-Jahāngīrī*, trad. W. Thackston, *The Jahangirnama: Memoirs of Jahangir, Emperor of India* (Oxford, 1999), p. 108.
36. A. Loomba, "Of Gifts, Ambassadors, and Copy-cats: Diplomacy, Exchange and Difference in Early Modern India", in B. Charry e G. Shahani (eds.), *Emissaries in Early Modern Literature and Culture: Mediation, Transmission, Traffic, 1550-1700* (Aldershot, 2009), pp. 43-5 e passim.
37. Rev. E. Terry, *A Voyage to East India* (Londres, 1655), p. 397, citado por T. Foster, *The Embassy of Sir Thomas Roe to India* (Londres, 1926), pp. 225-6, n. 1. O viajante Peter Mundy viu dois dodos ao visitar Surat, que podem também ter sido presentes de mercadores desejosos de conquistar os favores de Jahangir, *Travels of Peter Mundy*, 2, p. 318.
38. L. Blussé, *Tribuut aan China. Vier eeuwen Nederlands–Chinese betrekkingen* (Amsterdã, 1989), pp. 84-7.
39. Sobre a lista de presentes, J. Vogel (ed.), *Journaal van Ketelaar's hofreis naar den Groot Mogol te Lahore* (Haia, 1937), pp. 357-93; A. Topsfield, "Ketelaar's Embassy and the Farengi Theme in the Art of Udaipur", *Oriental Art* 30.4 (1985), pp. 350-67.
40. Para detalhes da pesagem, ver *Shah Jahan Nama*, p. 28; Jean de Thévenot, que viajou à Índia no século XVII, faz um vívido relato da cerimônia do peso, in S. Sen, *Indian Travels of Thevenot and Careri* (Nova Délhi, 1949), 26, pp. 66-7.
41. P. Mundy, *Travels*, pp. 298-300.
42. N. Manucci, *A Pepys of Mogul India, 1653-1708: Being an Abridged Edition of the "Storia do Mogor" of Niccolao Manucci* (Nova Délhi, 1991), pp. 197 e 189.
43. J. Gommans, "Mughal India and Central Asia in the Eighteenth Century: An Introduction to a Wider Perspective", *Itinerario* 15.1 (1991), pp. 51-70. Sobre pagamento de tributos, ver J. Spain, *The Pathan Borderland* (Haia, 1963), pp. 32-4; ver também C. Noelle, *State and Tribe in Nineteenth-Century Afghanistan: The Reign of Amir Dost Muhamad Khan (1826-1863)* (Londres, 1997), p. 164.
44. S. Levi, "The Ferghana Valley at the Crossroads of World History: The Rise of Khoqand 1709-1822", *Journal of Global History* 2 (2007), pp. 213-32.
45. S. Levi, "India, Russia and the Eighteenth-Century Transformation of the Central Asian Caravan Trade", *Journal of the Economic and Social History of the Orient* 42.4 (1999), pp. 519-48.
46. Ver I. McCabe, *Shah's Silk for Europe's Silver: The Eurasian Trade of the Julfa Armenians in Safavid Iran and India, 1530-1750* (Atlanta, 1999). Ver também B. Bhattacharya, "Armenian European Relationship in India, 1500-1800: No Armenian Foundation for European Empire?", *Journal of the Economic and Social History of the Orient* 48.2 (2005), pp. 277-322.

47. S. Delgoda, "'Nabob, Historian and Orientalist': Robert Orme: The Life and Career of an East India Company Servant (1728-1801)", *Journal of the Royal Asiatic Society* 2.3 (1992), pp. 363-4.
48. Citado por T. Nechtman, "A Jewel in the Crown? Indian Wealth in Domestic Britain in the Late Eighteenth Century", *Eighteenth-Century Studies* 41.1 (2007), p.73.
49. A. Bewell, *Romanticism and Colonial Disease* (Baltimore, 1999), p. 13.
50. T. Bowrey, *Geographical Account of Countries around the Bay of Bengal 1669 to 1679*, ed. R Temple (Londres 1905), pp. 80-1.
51. C. Smylitopoulos, "Rewritten and Reused: Imagining the Nabob through 'Upstart Iconography'", *Eighteenth-Century Life* 32.2 (2008), pp. 39-59.
52. P. Lawson, *The East India Company: A History* (Londres 1993), p. 120.
53. Nechtman, "Indian Wealth in Domestic Britain", p. 76.
54. E. Burke, *The Writings and Speeches of Edmund Burke*, ed. W. Todd, 9 vols. (Oxford, 2000), 5, p. 403.
55. D. Forrest, *Tea for the British: The Social and Economic History of a Famous Trade* (Londres, 1973), Tea Consumption in Britain, Apêndice II, Tabela 1, p. 284.
56. Sobre Bengala, R. Datta, *Society, Economy and the Market: Commercialization in Rural Bengal, c. 1760-1800* (Nova Délhi, 2000); R. Harvey, *Clive: The Life and Death of a British Emperor* (Londres, 1998).
57. P. Marshall, *East India Fortunes: The British in Bengal in the Eighteenth Century* (Oxford, 1976), p. 179.
58. J. McLane, *Land and Local Kingship in Eighteenth-Century Bengal* (Cambridge, 1993), pp. 194-207.
59. Ver N. Dirks, *Scandal of Empire: India and the Creation of Imperial Britain* (Cambridge, MA, 2006), pp. 15-7.
60. P. Lawson, *The East India Company: A History* (Nova York, 1993).
61. J. Fichter, *So Great a Proffit: How the East Indies Trade Transformed Anglo-American Capitalism* (Cambridge, MA, 2010), pp. 7-30.
62. Cartas de habitantes de Boston queixaram-se durante meses do "gosto de seus peixes ter se alterado", despertando temores de que o chá "pudesse ter contaminado a tal ponto a água do Porto que os peixes tivessem contraído uma doença, não muito diferente das doenças nervosas do corpo humano", *Virginia Gazette*, 5 maio 1774.
63. Citado por Dirks, *Scandal*, p. 17.

CAPÍTULO 15 – A ROTA PARA A CRISE

1. K. Marx, *Secret Diplomatic History of the Eighteenth Century*, ed. L. Hutchinson (Londres, 1969).
2. A. Kappeler, "Czarist Policy toward the Muslims of the Russian Empire", in A. Kappeler, G. Simon e G. Brunner (eds.), *Muslim Communities Reemerge: Historical Perspectives on Nationality, Politics, and Opposition in the Former Soviet Union and Yugoslavia* (Durham, NC, 1994), pp. 141--56; também D. Brower e E. Lazzerini, *Russia's Orient: Imperial Borderlands and Peoples, 1700-1917* (Bloomington, IN, 1997).
3. As melhores visões gerais sobre a expansão da Rússia são M. Khodarkovsky, *Russia's Steppe Frontier: The Making of a Colonial Empire, 1500-1800* (Bloomington, IN, 2002); J. Kusber, "'Entdecker' und 'Entdeckte': Zum Selbstverständnis von Zar und Elite im frühneuzeitlichen Moskauer Reich zwischen Europa und Asien", *Zeitschrift für Historische Forschung* 34 (2005), pp. 97-115.
4. J. Bell, *Travels from St Petersburg in Russia to Various Parts of Asia* (Glasgow, 1764), p. 29; M. Khodarkovsky, *Where Two Worlds Met: The Russian State and the Kalmyk Nomads 1600-1771* (Londres, 1992).
5. A. Kahan, "Natural Calamities and their Effect upon the Food Supply in Russia", *Jahrbücher für Geschichte Osteuropas* 16 (1968), pp. 353-77; J. Hittle, *The Service City: State and Townsmen in Russia, 1600-1800* (Cambridge, MA, 1979), pp. 3-16; P. Brown, "How Muscovy Governed: Seventeenth-Century Russian Central Administration", *Russian History* 36 (2009), pp. 467-8.
6. L. de Bourrienne, *Memoirs of Napoleon Bonaparte*, ed. R. Phipps, 4 vols. (Nova York, 1892), 1, p. 179.
7. J. Cole, *Napoleon's Egypt: Invading the Middle East* (Nova York, 2007), pp. 213-5.
8. C. de Gardane, *Mission du Général Gardane en Perse* (Paris, 1865). Sobre a França e a Pérsia nesse

período em geral, e a tentativa de usá-la como ponte para a Índia, I. Amini, *Napoléon et la Perse: les relations franco-persanes sous le Premier Empire dans le contexte des rivalités entre la France et la Russie* (Paris, 1995).

9. Ouseley para Wellesley, 30 abr. 1810, FO 60/4.
10. Ouseley para Wellesley, 30 nov. 1811, FO 60/6.
11. Sobre esse episódio, ver A. Barrett, "A Memoir of Lieutenant-Colonel Joseph d'Arcy, R.A., 1780--1848", *Iran* 43 (2005), pp. 241-7.
12. Ibid., pp. 248-53.
13. Ouseley para Castlereagh, 16 jan. 1813, FO 60/8.
14. Abul Hassan para Castlereagh, 6 jun. 1816, FO 60/11.
15. A. Postnikov, "The First Russian Voyage around the World and its Influence on the Exploration and Development of Russian America", *Terrae Incognitae* 37 (2005), pp. 60-1.
16. S. Fedorovna, *Russkaya Amerika v 'zapiskakh' K. T. Khlebnikova* (Moscou, 1985).
17. M. Gammer, "Russian Strategy in the Conquest of Chechnya and Dagestan, 1825-59", in M. Broxup (ed.), *The North Caucasus Barrier: The Russian Advance towards the Muslim World* (Nova York, 1992), pp. 47-61; Shamil, S. Kaziev, *Imam Shamil* (Moscou, 2001).
18. Para traduções dos poemas, ver M. Pushkin, *Eugene Onegin and Four Tales from Russia's Southern Frontier*, trad. R. Clark (Londres, 2005), pp. 131-40; L. Kelly, *Lermontov: Tragedy in the Caucasus* (Londres, 2003), pp. 207-8.
19. M. Orlov, *Kapituliatsiia Parizha. Politicheskie sochinenniia. Pis'ma* (Moscou, 1963), p. 47.
20. P. Chaadev, *Lettres philosophiques*, 3 vols. (Paris, 1970), pp. 48-57.
21. S. Becker, "Russia between East and West: The Intelligentsia, Russian National Identity and the Asian Borderlands", *Central Asian Survey* 10.4 (1991), pp. 51-2.
22. T. Levin, *The Hundred Thousand Fools of God: Musical Travels in Central Asia* (Bloomington, IN, 1996), pp. 13-5; O poema sinfônico de Borodin costuma ser indicado em inglês como "In the Steppes of Central Asia" [e "Nas estepes da Ásia Central", em português].
23. J. MacKenzie, *Orientalism: History, Theory and the Arts* (Manchester, 1995), pp. 154-6.
24. F. Dostoiévski, *What is Asia to Us?*, ed. e trad. M. Hauner (Londres, 1992), p. 1.
25. Broxup, *North Caucasus Barrier*, p. 47; J. Baddeley, *The Russian Conquest of the Caucasus* (Londres, 1908), pp. 152-63.
26. L. Kelly, *Diplomacy and Murder in Teheran: Alexandre Griboyedov and Imperial Russia's Mission to the Shah of Persia* (Londres, 2002). Sobre as visões de Griboyedov, ver S. Shostakovich, *Diplomaticheskaia deiatel'nost'* (Moscou, 1960).
27. "Peridskoe posol'stvo v Rossii 1828 goda", *Russkii Arkhiv* 1 (1889), pp. 209-60.
28. Citado por W. Dalrymple, *Return of a King: The Battle for Afghanistan* (Londres, 2013), pp. 50-1.
29. J. Norris, *The First Afghan War 1838-42* (Cambridge, 1967); M. Yapp, *Strategies of British India: Britain, Iran and Afghanistan 1798-1850* (Oxford, 1980), pp. 96-152; C. Allworth, *Central Asia: A Century of Russian Rule* (Nova York, 1967), pp. 12-24.
30. Palmerston para Lamb, 22 maio 1838, Beauvale Papers, MS 60466; D. Brown, *Palmerston: A Biography* (Londres, 2010), p. 216.
31. Palmerston para Lamb, 22 maio 1838, citado in D. Brown, *Palmerston: A Biography* (Londres, 2010), p. 216.
32. Palmerston para Lamb, 23 jun. 1838, in ibid., pp. 216-7.
33. S. David, *Victoria's Wars: The Rise of Empire* (Londres, 2006), pp. 15-47; A. Burnes, *Travels into Bokhara. Being an Account of a Journey from India to Cabool, Tartary and Persia*, 3 vols. (Londres, 1834). Sobre o assassinato de Burnes, Dalrymple, *Return of a King*, pp. 30-5.
34. W. Yapp, "Disturbances in Eastern Afghanistan, 1839-42", *Bulletin of the School of Oriental and African Studies* 25.1 (1962), pp. 499-523; idem, "Disturbances in Western Afghanistan, 1839-42", *Bulletin of the School of Oriental and African Studies* 26.2 (1963), pp. 288-313; Dalrymple, *Return of a King*, pp. 378-88.
35. A. Conoly para Rawlinson 1839; ver S. Brysac e K. Mayer, *Tournament of Shadows: The Great Game and the Race for Empire in Asia* (Londres, 2006).

36. "Proceedings of the Twentieth Anniversary Meeting of the Society", *Journal of the Royal Asiatic Society* 7 (1843), pp. x-xi. Sobre Stoddart, Conolly e outros como eles, P. Hopkirk, *The Great Game: On Secret Service in High Asia* (Londres, 2001).
37. H. Hopkins, *Charles Simeon of Cambridge* (Londres, 1977), p. 79.
38. J. Wolff, *Narrative of a Mission to Bokhara: In the Years 1843-1845*, 2 vols. (Londres, 1845); sobre o próprio Wolff, H. Hopkins, *Sublime Vagabond: The Life of Joseph Wolff – Missionary Extraordinary* (Worthing, 1984), pp. 286-322.
39. A. Levshin, *Opisanie Kirgiz-Kazachikh, ili Kirgiz-kaisatskikh, ord i stepei* (Almaty, 1996) 13, p. 297.
40. Burnes, *Travels into Bokhara*, II, 2, p. 381.
41. R. Shukla, *Britain, India and the Turkish Empire, 1853-1882* (Nova Délhi, 1973), p. 27.
42. O. Figes, *Crimea: The Last Crusade* (Londres, 2010), p. 52.
43. Sobre a França, ver M. Racagni, "The French Economic Interests in the Ottoman Empire", *International Journal of Middle East Studies* 11.3 (1980), pp. 339-76.
44. W. Baumgart, *The Peace of Paris 1856: Studies in War, Diplomacy and Peacemaking*, trad. A. Pottinger Saab (Oxford, 1981), pp. 113-6 e 191-4.
45. K. Marx, *The Eastern Question: A Reprint of Letters Written 1853-1856 Dealing with the Events of the Crimean War* (Londres, 1969); idem, *Dispatches for the Nova York Tribune: Selected Journalism of Karl Marx*, ed. F. Wheen e J. Ledbetter (Londres, 2007).
46. G. Ameil, I. Nathan e G.-H. Soutou, *Le Congrès de Paris (1856): un événement fondateur* (Bruxelas, 2009).
47. P. Levi, "Il monumento dell'unità Italiana", *La Lettura*, 4 abr. 1904; T. Kirk, "The Political Topography of Modern Rome, 1870-1936: Via XX Septembre to Via dell'Impero", in D. Caldwell e L. Caldwell (eds.), *Rome: Continuing Encounters between Past and Present* (Farnham, 2011), pp. 101-28.
48. Figes, *Crimea*, pp. 411-24; Baumgart, *Peace of Paris*, pp. 113-6.
49. D. Moon, *The Abolition of Serfdom in Russia, 1762-1907* (Londres, 2001), p. 54.
50. E. Brooks, "Reform in the Russian Army, 1856-1861", *Slavic Review* 43.1 (1984), pp. 63-82.
51. Sobre a servidão na Rússia, ver T. Dennison, *The Institutional Framework of Russian Serfdom* (Cambridge, 2011). Sobre a crise bancária, S. Hoch, "Bankovskii krizis, krest'ianskaya reforma i vykupnaya operatsiya v Rossii, 1857-1861", in L. Zakharova, B. Eklof e J. Bushnell (eds.), *Velikie reformy v Rossii, 1856-1874* (Moscou, 1991), pp. 95-105.
52. Nikolai Miliutin, ministro-assistente do Interior, havia alertado em 1856 que a abolição da servidão era não só uma prioridade, mas uma necessidade: haveria agitação e possivelmente uma revolução no campo se não fossem tomadas medidas, *Gosudarstvennyi arkhiv Rossiiskoi Federatsii*, 722, op. 1, d. 230, citado por L. Zakharova, "The Reign of Alexander II: A Watershed?", in *The Cambridge History of Russia*, ed. D. Lieven (Cambridge, 2006), p. 595.
53. V. Fedorov, *Istoriya Rossii XIX–nachala XX v.* (Moscou, 1998), p. 295; P. Gatrell, "The Meaning of the Great Reforms in Russian Economic History", in B. Eklof, J. Bushnell e L. Zakharovna (eds.), *Russia's Great Reforms, 1855-1881* (Bloomington, IN, 1994), p. 99.
54. N. Ignat'ev, *Missiya v' Khivu i Bukharu v' 1858 godu* (São Petersburgo, 1897), p. 2.
55. Ibid.
56. Alcock para Russell, 2 ago. 1861, FO Confidential Print 1009 (3), FO 881/1009.
57. A. Grinev, "Russian Politarism as the Main Reason for the Selling of Alaska", in K. Matsuzato (ed.), *Imperiology: From Empirical Knowledge to Discussing the Russian Empire* (Sapporo, 2007), pp. 245-58.

CAPÍTULO 16 – A ROTA DA GUERRA

1. W. Mosse, "The End of the Crimean System: England, Russia and the Neutrality of the Black Sea, 1870-1", *Historical Journal* 4.2 (1961), pp. 164-72.
2. *Spectator*, 14 nov. 1870.
3. W. Mosse, "Public Opinion and Foreign Policy: The British Public and the War-Scare of November 1870", *Historical Journal* 6.1 (1963), pp. 38-58.

4. Rumbold para Granville, 19 mar. 1871, FO 65/820, nº 28, p. 226; Mosse, "End to the Crimean System", p. 187.
5. Lord Granville, House of Lords, 8 fev. 1876, Hansard, 227, 19.
6. Rainha Vitória para Disraeli, Hughenden Papers, 23 jul. 1877; L. Knight, "The Royal Titles Act and India", *Historical Journal* 11.3 (1968), p. 493.
7. Robert Lowe, Câmara dos Comuns, 23 mar. 1876, Hansard, 228, pp. 515-6.
8. Sir William Fraser, Câmara dos Comuns, 16 mar. 1876, Hansard, 228, p. III; Benjamin Disraeli, Câmara dos Comuns, 23 mar., Hansard, 227, p. 500.
9. Knight, "Royal Titles Act", p. 494.
10. L. Morris, "British Secret Service Activity in Khorasan, 1887-1908", *Historical Journal* 27.3 (1984), pp. 662-70.
11. Disraeli para Salisbury, 1 abr. 1877, W. Monypenny e G. Buckle (eds.), *The Life of Benjamin Disraeli, Earl of Beaconsfield* (Londres, 1910-20), 6, p. 379.
12. B. Hopkins, "The Bounds of Identity: The Goldsmid Mission and Delineation of the Perso-Afghan Border in the Nineteenth Century", *Journal of Global History* 2.2 (2007), pp 233-54.
13. R. Johnson, "'Russians at the Gates of India'? Planning the Defence of India, 1885-1900", *Journal of Military History* 67.3 (2003), p. 705.
14. Ibid., pp. 714-8.
15. General Kuropatkin's Scheme for a Russian Advance Upon India, jun. 1886, CID 7D, CAB 6/1.
16. Johnson, "'Russians at the Gates of India'", pp. 734-9.
17. G. Curzon, *Russia in Central Asia in 1889 and the Anglo-Russian Question* (Londres, 1889), pp. 314-5.
18. A. Morrison, "Russian Rule in Turkestan and the Example of British India, *c.* 1860-1917", *Slavonic and East European Review* 84.4 (2006), pp. 674-6.
19. B. Penati, "Notes on the Birth of Russian Turkestan's Fiscal System: A View from the Fergana Oblast", *Journal of the Economic and Social History of the Orient* 53 (2010), pp. 739-69.
20. D. Brower, "Russian Roads to Mecca: Religious Tolerance and Muslim Pilgrimage in the Russian Empire", *Slavic Review* 55.3 (1996), pp. 569-70.
21. M. Terent'ev, *Rossiya i Angliya v Srednei Azii* (São Petersburgo, 1875), p. 361.
22. Morrison, "Russian Rule in Turkestan", pp. 666-707.
23. *Dnevnik P. A. Valueva, ministra vnutrennikh del*, ed. P. Zaionchkovskii, 2 vols. (Moscou, 1961), 2, pp. 60-1.
24. M. Sladkovskii, *History of Economic Relations between Russia and China: From Modernization to Maoism* (New Brunswick, 2008), pp. 119-29; C. Paine, *Imperial Rivals: China, Russia and their Disputed Frontier, 1858-1924* (Nova York, 1996), p. 178.
25. B. Anan'ich e S. Beliaev, "St Petersburg: Banking Center of the Russian Empire", in W. Brumfield, B. Anan'ich e Y. Petrov (eds.), *Commerce in Russian Urban Culture, 1861-1914* (Washington, DC, 2001), pp. 15-7.
26. P. Stolypin, *Rechy v Gosudarstvennoy Dume (1906-11)* (Petrogrado, 1916), p. 132.
27. E. Backhouse e J. Blood, *Annals and Memoirs of the Court of Peking* (Boston, 1913), pp. 322-31.
28. M. Mosca, *From Frontier Policy to Foreign Policy: The Question of India and the Transformation of Geopolitics in Qing China* (Stanford, CA, 2013).
29. R. Newman, "Opium Smoking in Late Imperial China: A Reconsideration", *Modern Asian Studies* 29.4 (1995), pp. 765-94.
30. J. Polachek, *The Inner Opium War* (Cambridge, MA, 1991).
31. C. Pagani, "Objects and the Press: Images of China in Nineteenth-Century Britain", in J. Codell (ed.), *Imperial Co-Histories: National Identities and the British and Colonial Press* (Madison, NJ, 2003), p. 160.
32. Memorando de Lorde Northbrook ao Gabinete, 20 maio 1885, FO 881/5207, nº 29, p. 11. Ver I. Nish, "Politics, Trade and Communications in East Asia: Thoughts on Anglo-Russian Relations, 1861--1907", *Modern Asian Studies* 21.4 (1987), pp. 667-78.

33. D. Drube, *Russo-Indian Relations, 1466-1917* (Nova York, 1970), pp. 215-6.
34. Lorde Roberts, "The North-West Frontier of India. An Address Delivered to the Officers of the Eastern Command on 17th November, 1905", *Royal United Services Institution Journal* 49.334 (1905), p. 1355.
35. Resumo do panfleto de Rittich sobre "Ferrovias na Pérsia", parte I, p. 2, Sir Charles Scott para o marquês de Salisbury, São Petersburgo, 2 maio 1900, FO 65/1599. Ver também P. Kennedy e J. Siegel, *Endgame: Britain, Russia and the Final Struggle for Central Asia* (Londres, 2002), p. 4.
36. "Memorandum by Mr. Charles Hardinge", p. 9, ao marquês de Salisbury, São Petersburgo, 2 maio 1900, FO 65/1599.
37. Secretaria do Exterior, Simla, a residente político, Golfo Pérsico, jul. 1899, FO 60/615.
38. R. Greaves, "British Policy in Persia, 1892-1903 II", *Bulletin of the School of Oriental and African Studies* 28.2 (1965), pp. 284-8.
39. Durand para Salisbury, 27 jan. 1900, FO 60/630.
40. Minuta do vice-rei sobre Seistan, 4 set. 1899, FO 60/615, p. 7. Sobre as novas redes de comunicação propostas, "Report on Preliminary Survey of the Route of a Telegraph line from Quetta to the Persian Frontier", 1899, FO 60/615.
41. R. Greaves, "Sistan in British Indian Frontier Policy", *Bulletin of the School of Oriental and African Studies* 49.1 (1986), pp. 90-1.
42. Lorde Curzon para lorde Lansdowne, 15 jun. 1901, Lansdowne Papers, citado por Greaves, "British Policy in Persia", p. 295.
43. Lorde Salisbury para lorde Lansdowne, 18 out. 1901, Lansdowne Papers, citado por Greaves, "British Policy in Persia", p. 298.
44. Lorde Ellenborough, Câmara dos Lordes, 5 maio 1903, Hansard, 121, p. 1341.
45. Lorde Lansdowne, Câmara dos Lordes, 5 maio 1903, Hansard, 121, p. 1348.
46. Greaves, "Sistan in British Indian Frontier Policy", pp. 90-102.
47. Interesses britânicos na Pérsia, 22 jan. 1902, Hansard, 101, pp. 574-628; conde de Ronaldshay, Câmara dos Comuns, 17 fev. 1908, Hansard, 184, pp. 500-1.
48. Rei Eduardo VII a Lansdowne, 20 out. 1901, citado por S. Lee, *King Edward VII*, 2 vols. (Nova York, 1935-7), 2, pp. 154-5.
49. S. Gwynn, *The Letters and Friendships of Sir Cecil Spring-Rice*, 2 vols. (Boston, 1929), 2, p. 85; M. Habibi, "France and the Anglo-Russian Accords: The Discreet Missing Link", *Iran* 41 (2003), p. 292.
50. Relatório de uma comissão nomeada para tratar da defesa militar da Índia, 24 dez. 1901, CAB 6/1; K. Neilson, *Britain and the Last Tsar: British Policy and Russia, 1894-1917* (Oxford, 1995), p. 124.
51. Stevens para Lansdowne, 12 mar. 1901, FO 248/733.
52. Morley para Minto, 12 mar. 1908, citado por S. Wolpert, *Morley and India, 1906-1910* (Berkeley, 1967), p. 80.
53. W. Robertson para DGMI, secreto, 10 nov. 1902, Robertson Papers, I/2/4, in Neilson, *Britain and the Last Tsar*, p. 124.
54. S. Cohen, "Mesopotamia in British Strategy, 1903-1914", *International Journal of Middle East Studies* 9.2 (1978), pp. 171-4.
55. Neilson, *Britain and the Last Tsar*, pp. 134-5.
56. *The Times*, 21 out. 1905.
57. H.-U. Wehler, *Deutsche Gesellschaftsgeschichte*, 5 vols. (Munique, 2008), 3, pp. 610-2.
58. C. Clark, *The Sleepwalkers: How Europe Went to War in 1914* (Londres, 2012), p. 130.
59. F. Tomaszewski, *A Great Russia: Russia and the Triple Entente, 1905 1914* (Westport, CT, 2002); M. Soroka, *Britain, Russia and the Road to the First World War: The Fateful Embassy of Count Aleksandr Benckendorff (1903-16)* (Farnham, 2011).
60. Minuta de Grey, FO 371/371/26042.
61. G. Trevelyan, *Grey of Fallodon* (Londres, 1937), p. 193.
62. Hardinge para de Salis, 29 dez. 1908, Hardinge MSS, vol. 30.
63. K. Wilson, "Imperial Interests in the British Decision for War, 1914: The Defence of India in Central Asia", *Review of International Studies* 10 (1984), pp. 190-2.

64. Nicolson para Hardinge, 18 abr. 1912, Hardinge MSS, vol. 92.
65. Grey para Nicholson, 19 mar. 1907; Memorando, Sir Edward Grey, 15 mar. 1907, FO 418/38.
66. Clark, *Sleepwalkers*, pp. 85 e 188; H. Afflerbach, *Der Dreibund. Europäische Grossmacht- und Allianzpolitik vor dem Ersten Weltkrieg* (Viena, 2002), pp. 628-32.
67. Grey para Nicolson, 18 abr. 1910, in G. Gooch e H. Temperley (eds.), *British Documents on the Origins of the War, 1898-1914*, 11 vols. (Londres, 1926-38), 6, p. 461.
68. Citado por B. de Siebert, *Entente Diplomacy and the World* (Nova York, 1921), p. 99.
69. I. Klein, "The Anglo-Russian Convention and the Problem of Central Asia, 1907-1914", *Journal of British Studies* 11.1 (1971), esp. pp. 140-3.
70. Grey para Buchanan, 18 mar. 1914, Grey MSS, FO 800/74, pp. 272-3.
71. Nicolson para Grey, 24 mar. 1909, FO 800/337, p. 312; K. Wilson, *The Policy of the Entente: Essays on the Determinants of British Foreign Policy* (Cambridge, 1985), p. 38.
72. Nicolson para Grey, 24 mar. 1909, FO 800/337, p. 312.
73. Citado por N. Ferguson, *The Pity of War* (Londres, 1998), p. 73.
74. Citado por K. Wilson, *Empire and Continent: Studies in British Foreign Policy from the 1880s to the First World War* (Londres, 1987), pp. 144-5; G. Schmidt, "Contradictory Postures and Conflicting Objectives: The July Crisis", in G. Schöllgen, *Escape into War? The Foreign Policy of Imperial Germany* (Oxford, 1990), p. 139.
75. Citado por R. MacDaniel, *The Shuster Mission and the Persian Constitutional Revolution* (Minneapolis, 1974), p. 108.
76. T. Otte, *The Foreign Office Mind: The Making of British Foreign Policy, 1965-1914* (Cambridge, 2011), p. 352.
77. Bertie para Mallet, 11 jun. 1904, respondendo a Mallet e Bertie, 2 jun. 1904, FO 800/176.
78. O plano de Schlieffen é controverso – em seu contexto e na data precisa de sua elaboração, e na sua utilização no período que antecedeu a Primeira Guerra Mundial. Ver G. Gross, "There Was a Schlieffen Plan: New Sources on the History of German Military Planning", *War in History* 15 (2008), pp. 389-431; T. Zuber, *Inventing the Schlieffen Plan* (Oxford, 2002); e idem, *The Real German War Plan* (Stroud, 2011).
79. J. Sanborn, *Imperial Apocalypse: The Great War and the Destruction of the Russian Empire* (Oxford, 2014), p. 25. Sobre o Plano 19 e suas variantes, ver também I. Rostunov, *Russki front pervoi mirovoi voiny* (Moscou, 1976), pp. 91-2.
80. Kaiser Wilhelm para Morley, 3 nov. 1907, citado por Cohen, "British Strategy in Mesopotamia", p. 176. Sobre o envolvimento do kaiser na ferrovia, ver J. Röhl, *Wilhelm II: Into the Abyss of War and Exile, 1900-1941*, trad. S. de Bellaigue e R. Bridge (Cambridge, 2014), pp. 90-5.
81. R. Zilch, *Die Reichsbank und die finanzielle Kriegsvorbereitung 1907 bis 1914* (Berlim, 1987), pp. 83-8.
82. A. Hitler, *Mein Kampf* (Londres, repr. 2007), p. 22. Ver aqui, B. Rubin e W. Schwanitz, *Nazis, Islamists, and the Making of the Modern Middle East* (New Haven, 2014), pp. 22-5.
83. D. Hoffmann, *Der Sprung ins Dunkle oder wie der I. Weltkrieg entfesselt wurde* (Leipzig, 2010), pp. 325-30; também A. Mombauer, *Helmuth von Moltke and the Origins of the First World War* (Cambridge, 2001), pp. 172-4.
84. R. Musil, "Europäertum, Krieg, Deutschtum", *Die neue Rundschau* 25 (1914), p. 1303.
85. W. Le Queux, *The Invasion of 1910* (Londres, 1906); Andrew, *Defence of the Realm*, p. 8; Ferguson, *Pity of War*, pp. 1-11.
86. "Britain Scared by Russo-German Deal", *New York Times*, 15 jan. 1911. Ver também D. Lee, "Europe's Crucial Years: The Diplomatic Background of World War 1, 1902-1914" (Hanover, NH, 1974), pp. 217-20.
87. A. Mombauer, "Helmuth von Moltke and the Origins of the First World War" (Cambridge, 2001), p. 120.
88. R. Bobroff, "Roads to Glory: Late Imperial Russia and the Turkish Straits" (Londres, 2006), pp. 52-5.
89. Grigorevich para Sazonov, 19 jan. 1914, in *Die Internationalen Beziehungen im Zeitalter des Imperialismus*,

8 vols. (Berlim, 1931-43), Series 3, 1, pp. 45-7, citado por Clark, *Sleepwalkers*, p. 485. Ver também M. Aksakal, *The Ottoman Road to War in 1914: The Ottoman Empire and the First World War* (Cambridge, 2008), pp. 42-56.
90. S. McMeekin, *The Russian Origins of the First World War* (Cambridge, MA, 2011), pp. 29 e 36-8.
91. Girs para Sazonov, 13 nov. 1913, citado por McMeekin, *Russian Origins*, pp. 30-1.
92. W. Kampen, *Studien zur deutschen Türkeipolitik in der Zeit Wilhelms II* (Kiel, 1968), pp. 39-57; M. Fuhrmann, *Der Traum vom deutschen Orient: Zwei deutsche Kolonien im Osmanischen Reich, 1851-1918* (Frankfurt-am-Main, 2006).
93. Ver J. Röhl, *The Kaiser and his Court: Wilhelm II and the Government of Germany*, trad. T. Cole (Cambridge, 1996), pp. 162-89.
94. Nicolson para Goschen, 5 maio 1914, FO 800/374.
95. Sobre a transfusão, A. Hustin, "Principe d'une nouvelle méthode de transfusion muqueuse", *Journal Médical de Bruxelles* 2 (1914), p. 436; sobre incêndios florestais, Z. Frenkel, "Zapiski o zhiznennom puti", *Voprosy istorii* 1 (2007), p. 79; sobre o futebol alemão, C. Bausenwein, *Was ist Was: Fußballbuch* (Nuremberg, 2008), p. 60; A. Meynell, "Summer in England, 1914", in *The Poems of Alice Meynell: Complete Edition* (Oxford, 1940), p. 100.
96. H. Pogge von Strandmann, "Germany and the Coming of War", in R. Evans e H. Pogge von Strandmann (eds.), *The Coming of the First World War* (Oxford, 2001), pp. 87-8.
97. T. Ashton e B. Harrison (eds.), *The History of the University of Oxford*, 8 vols. (Oxford, 1994), 8, pp. 3-4.
98. Para detalhes sobre o treinamento dos assassinos, os atentados contra a vida de Franz Ferdinand e seu assassinato, ver os documentos do tribunal relativos ao julgamento de Princip e seus cúmplices, *The Austro-Hungarian Red Book*, seção II, Apêndices 1-13, n°s 20-34 (1914-5).
99. Clark, *Sleepwalkers*, p. 562.
100. E. Grey, *Twenty-Five Years, 1892-1916* (Nova York, 1925), p. 20.
101. I. Hull, "Kaiser Wilhelm II and the 'Liebenberg Circle'", in J. Röhl e N. Sombart (eds.), *Kaiser Wilhelm II: New Interpretations* (Cambridge, 1982), pp. 193-220; H. Herwig, "Germany", in R. Hamilton e H. Herwig, *The Origins of the First World War* (Cambridge, 2003), pp. 150-87.
102. Conversa com Sazonov, relatada por V. Kokovtsov, *Out of my Past: The Memoirs of Count Kokovtsov, Russian Minister of Finance, 1904-1914*, ed. H. Fisher (Oxford, 1935), p. 348.
103. Bureau du Levant para Lecomte, 2 jul. 1908, *Archives des Ministres des Affaires Etrangères: correspondance politique et commerciale (nouvelle série) 1897-1918. Perse*, vol. 3, fólio 191.
104. Clark, *Sleepwalkers*, pp. 325-6.
105. Clerk, "Anglo-Persian Relations in Persia", 21 jul. 1914, FO 371/2076/33484.
106. Buchanan para Nicolson, 16 abr. 1914, in Gooch e Temperley, *British Documents*, 10.2, pp. 784-5.
107. Buchanan para Grey, 25 jul. 1914, in Gooch e Temperley, *British Documents*, 11, p. 94.
108. "Memorando comunicado a Sir G. Buchanan por M. Sazonof", 11 jul. 1914, in FO 371/2076; M. Paléologue, *La Russie des tsars pendant la grande guerre*, 3 vols. (Paris, 1921), 1, p. 23.
109. K. Jarausch, "The Illusion of Limited War: Bethmann Hollweg's Calculated Risk, July 1914", *Central European History* 2 (1969), p. 58; idem, *The Enigmatic Chancellor: Bethmann Hollweg and the Hubris of Imperial Germany* (Londres, 1973), p. 96.
110. J. McKay, *Pioneers for Profit: Foreign Entrepreneurship and Russian Industrialization, 1885-1913* (Chicago, 1970), pp. 28-9. Ver também D. Lieven, *Russia and the Origins of the First World War* (Londres, 1983); O. Figes, *A People's Tragedy: The Russian Revolution, 1891-1924* (Londres, 1996), esp. pp. 35-83.
111. D. Fromkin, "The Great Game in Asia", *Foreign Affairs* (1980), p. 951; G. D. Clayton, *Britain and the Eastern Question: Missolonghi to Gallipoli* (Londres, 1971), p. 139.
112. E. Vandiver, *Stand in the Trench, Achilles: Classical Receptions in British Poetry of the Great War* (Oxford, 2010), pp. 263-9.
113. H. Strachan, *The Outbreak of the First World War* (Oxford, 2004), pp. 181ss.
114. W. Churchill, *The World Crisis, 1911-1918, with New Introduction by Martin Gilbert* (Nova York, 2005), pp. 667-8; para pontos de vista a respeito da família Churchill, Hardinge para O'Beirne, 9 jul. 1908, Hardinge MSS 30.

115. E. Campion Vaughan, *Some Desperate Glory* (Edimburgo, 1982), p. 232.
116. HM Stationery Office, *Statistics of the Military Efforts of the British Empire during the Great War, 1914-1920* (Londres, 1922), p. 643.
117. Grey para Goschen, 5 nov. 1908, FO 800/61, p. 2.
118. Rupert Brooke para Jacques Raverat, 1 ago. 1914, in G. Keynes (ed.), *The Letters of Rupert Brooke* (Londres, 1968), p. 603.
119. W. Letts, "The Spires of Oxford", in *The Spires of Oxford and Other Poems* (Nova York, 1917), pp. 3-4.
120. *The Treaty of Peace between the Allied and Associated Powers and Germany* (Londres, 1919).
121. Sanborn, *Imperial Apocalypse*, p. 233.
122. H. Strachan, *Financing the First World War* (Oxford, 2004), p. 188.
123. Ibid. Ver também K. Burk, *Britain, America and the Sinews of War, 1914-1918* (Boston, 1985); M. Horn, *Britain, France and the Financing of the First World War* (Montreal, 2002), pp. 57-75.
124. Principalmente, Strachan, *Financing the First World War*; ver também Ferguson, *Pity of War*, esp. pp. 318ss., e B. Eichengreen, *Golden Fetters: The Gold Standard and the Great Depression, 1919-1939* (Oxford, 1992).

CAPÍTULO 17 – A ROTA DO OURO NEGRO

1. D. Carment, "D'Arcy, William Knox", in B. Nairn e G. Serle (eds.), *Australian Dictionary of Biography* (Melbourne, 1981), 8, pp. 207-8.
2. J. Banham e J. Harris (eds.), *William Morris and the Middle Ages* (Manchester, 1984), pp. 187-92; L. Parry, "The Tapestries of Sir Edward Burne-Jones", *Apollo* 102 (1972), pp. 324-8.
3. National Portrait Gallery, NPG 6251 (14), (15).
4. Sobre o cenário aqui ver R. Ferrier e J. Bamburg, *The History of the British Petroleum Company*, 3 vols. (Londres, 1982-2000), 1, pp. 29ss.
5. S. Cronin, "Importing Modernity: European Military Missions to Qajar Iran", *Comparative Studies in Society and History* 50.1 (2008), pp. 197-226.
6. Lansdowne para Hardinge, 18 nov. 1902, in A. Hardinge, *A Diplomatist in the East* (Londres, 1928), pp. 286-96. Ver também R. Greaves, "British Policy in Persia, 1892–1903 II", *Bulletin of the School of Oriental and African Studies* 28.2 (1965), pp. 302-3.
7. Wolff para Kitabgi, 25 de novembro de 1900, D'Arcy Concession; Kitabgi Dossier and Correspondence regarding Kitabgi's claims, BP 69454.
8. Ver em geral Th. Korres, *Hygron pyr: ena hoplo tes Vizantines nautikes taktikes* (Tessalonica, 1989); J. Haldon, "A Possible Solution to the Problem of Greek Fire", *Byzantinische Zeitschrift* 70 (1977), pp. 91-9; J. Partington, *A History of Greek Fire and Gunpowder* (Cambridge, 1960), pp. 1-41.
9. W. Loftus, "On the Geology of Portions of the Turco-Persian Frontier and of the Districts Adjoining", *Quarterly Journal of the Geological Society* 11 (1855), pp. 247-344.
10. M. Elm, *Oil, Power, and Principle: Iran's Oil Nationalization and its Aftermath* (Syracuse, 1992), p. 2.
11. Carta de Sayyid Jamêl al-Dên al-Afghênê a Mujtahid, in E. Browne, *The Persian Revolution of 1905-1909* (Londres, 1966), pp. 18-9.
12. P. Kazemzadeh, *Russia and Britain in Persia, 1864-1914: A Study in Imperialism* (New Haven, 1968), pp. 122 e 127.
13. Griffin para Rosebery, 6 dez. 1893, FO 60/576.
14. Currie Minute, 28 de outubro de 1893, FO 60/576.
15. J. de Morgan, "Notes sur les gîtes de Naphte de Kend-e-Chirin (Gouvernement de Ser-i-Paul)", *Annales des Mines* (1892), pp. 1-16; idem, *Mission scientifique en Perse*, 5 vols. (Paris, 1894-1905); B. Redwood, *Petroleum: Its Production and Use* (Nova York, 1887); J. Thomson e B. Redwood, *Handbook on Petroleum for Inspectors under the Petroleum Acts* (Londres, 1901).
16. Kitabgi para Drummond-Wolff, 25 dez. 1900, Kitabgi Dossier and Correspondence regarding Kitabgi's claims, BP 69454.
17. Gosselin para Hardinge, 12 mar. 1901, FO 248/733; Marriott menciona a carta de apresentação em seu diário, 17 abr. 1901, BP 70298.

18. Marriott Diary, pp. 16 e 25, BP 70298.
19. Hardinge para Lansdowne, 12 maio 1901, FO 60/640; Marriott Diary, BP 70298.
20. Marriott para Knox D'Arcy, 21 maio, BP 70298; Knox D'Arcy para Marriott, 23 maio, BP 70298.
21. Ferrier e Bamberg, *History of the British Petroleum Company*, pp. 33-41.
22. Ibid., Apêndice 1, pp. 640-3.
23. N. Fatemi, *Oil Diplomacy: Powder Keg in Iran* (Nova York, 1954), p. 357.
24. Hardinge para Lansdowne, 30 maio 1900, FO 60/731.
25. Marriott Diary, 23 maio 1901, BP 70298.
26. Knox D'Arcy para Lansdowne, 27 jun. 1901, FO 60/731; Greaves, "British Policy in Persia", pp. 296-8.
27. Hardinge para Lansdowne, 30 maio 1900, FO 60/731.
28. Ferrier e Bamberg, *British Petroleum*, pp. 54-9.
29. D'Arcy para Reynolds, 15 abr. 1902, BP H12/24, p. 185.
30. Letter Book, Persian Concession 1901 to 1902, BP 69403.
31. Bell para Jenkin, 13 jul., Cash Receipt Book, BP 69531.
32. A. Marder (ed.), *Fear God and Dread Nought: The Correspondence of Admiral the First Sea Lord Lord Fisher of Kilverstone*, 3 vols. (Cambridge, MA, 1952), 1, p. 185. Sobre isso e sobre a mudança britânica para petróleo antes da Primeira Guerra Mundial, ver Yergin, *The Prize*, pp. 134ss.
33. Kitabgi Dossier and Correspondence regarding Kitabgi's claims, BP 69454; Hardinge para Grey, 23 dez. 1905, FO 416/26; T. Corley, *A History of the Burmah Oil Company, 1886-1924* (Londres, 1983), pp. 95-111.
34. Ferrier e Bamberg, *British Petroleum*, pp. 86-8.
35. Ibid.
36. A. Wilson, *South West Persia: Letters and Diary of a Young Political Officer, 1907-1914* (Londres, 1941), p. 42.
37. Ibid.
38. Ibid., p. 103; Corley, *Burmah Oil Company*, pp. 128-45.
39. Fisher, *Fear God and Dread Nought*, 2, p. 404.
40. Churchill, *World Crisis*, pp. 75-6.
41. "Oil Fuel Supply for His Majesty's Navy", 19 jun. 1913, CAB 41/34.
42. Asquith para rei Jorge V, 12 jul. 1913, CAB 41/34.
43. Churchill, Câmara dos Comuns, 17 jul. 1913, Hansard, 55, 1470.
44. Slade para Churchill, 8 nov. 1913, "Anglo-Persian Oil Company. Proposed Agreement, December 1913", ADM 116/3486.
45. Citado por D. Yergin, *The Prize: The Epic Quest for Oil, Money and Power* (3ª ed., Nova York, 2009), p. 167.
46. Citado por M. Aksakal, "'Holy War Made in Germany?' Ottoman Origins of the Jihad", *War in History* 18.2 (2011), p. 196.
47. F. Moberly, *History of the Great War Based on Official Documents: The Campaign in Mesopotamia 1914--1918*, 4 vols. (Londres, 1923), 1, pp. 130-1.
48. Kitchener para HH The Sherif Abdalla, Enclosure in Cheetham to Grey, 13 dez. 1914, FO 371/1973/87396. Ver também E. Karsh e I. Karsh, "Myth in the Desert, or Not the Great Arab Revolt", *Middle Eastern Studies* 33.2 (1997), pp. 267-312.
49. J. Tomes, *Balfour and Foreign Policy: The International Thought of a Conservative Statesman* (Cambridge, 1997), p. 218.
50. Soroka, *Britain, Russia and the Road to the First World War*, pp. 201-36; Aksakal, *Ottoman Road to War*.
51. "Russian War Aims", memorando da embaixada britânica em Petrogrado para o governo russo, 12 mar. 1917, in F. Golder, *Documents of Russian History 1914-1917* (Nova York, 1927), pp. 60-2.
52. Grey para McMahon, 8 mar. 1915, FO 800/48. Sobre investimentos franceses antes da guerra, ver M. Raccagni, "The French Economic Interests in the Ottoman Empire", *International Journal of Middle*

East Studies 11.3 (198), pp. 339-76; V. Geyikdagi, "French Direct Investments in the Ottoman Empire Before World War I", *Enterprise & Society* 12.3 (2011), pp. 525-61.
53. E. Kedourie, *In the Anglo-Arab Labyrinth: The McMahon–Husayn Correspondence and its Interpretations, 1914-1939* (Abingdon, 2000), pp. 53-5.
54. Sobre a campanha, ver P. Hart, *Gallipoli* (Londres, 2011).
55. *The Times*, 7 jan. 1918.
56. *The Times*, 12 jan. 1917.
57. C. Seymour (ed.), *The Intimate Papers of Colonel House*, 4 vols. (Cambridge, MA, 1928), 3, p. 48.
58. Yergin, *The Prize*, pp. 169-72.
59. "Petroleum Situation in the British Empire and the Mesopotamia and Persian Oilfields", 1918, CAB 21/119.
60. Hankey para Balfour, 1 ago. 1918, FO 800/204.
61. Hankey para o primeiro-ministro, 1 ago. 1918, CAB 23/119; V. Rothwell, "Mesopotamia in British War Aims, 1914-1918", *The Historical Journal* 13.2 (1970), pp. 289-90.
62. Minutas do Gabinete da Guerra, 13 ago. 1918, CAB 23/42.
63. G. Jones, "The British Government and the Oil Companies 1912-24: The Search for an Oil Policy", *Historical Journal* 20.3 (1977), p. 655.
64. Petrol Control Committee, Second Report, 19 dez. 1916, Board of Trade, POWE 33/1.
65. "Reserves of Oil Fuel in U.K. and general position 1916 to 1918", minuta de M. Seymour, 1 jun. 1917, MT 25/20; Jones, "British Government and the Oil Companies", p. 657.
66. B. Hendrick, *The Life and Letters of Walter H. Page*, 2 vols. (Londres, 1930), 2, p. 288.
67. "Eastern Report, n. 5", 28 fev. 1917, CAB 24/143.
68. Balfour para Lloyd George, 16 jul. 1918, Lloyd George Papers F/3/3/18.

CAPÍTULO 18 – A ROTA DA CONCILIAÇÃO

1. Marling para o Ministério do Exterior, 24 dez. 1915, FO 371/2438/198432.
2. Hardinge para Gertrude Bell, 27 mar. 1917, Hardinge MSS 30.
3. Slade, "The Political Position in the Persian Gulf at the End of the War", 4 nov. 1916, CAB 16/36.
4. *Europäische Staats und Wirtschafts Zeitung*, 18 ago. 1916, CAB 16/36.
5. Hankey Papers, 20 dez. 1918; entrada de 4 dez. 1918, 1/6, Churchill Archives Centre, Cambridge; E. P. Fitzgerald, "France's Middle Eastern Ambitions, the Sykes–Picot Negotiations, and the Oil Fields of Mosul, 1915-1918", *Journal of Modern History* 66.4 (1994), pp. 694-725; D. Styan, *France and Iraq: Oil, Arms and French Policy-Making in the Middle East* (Londres, 2006), pp. 9-21.
6. A. Roberts, *A History of the English-Speaking Peoples since 1900* (Londres, 2006), p. 132.
7. *The Times*, 7 nov. 1917. Sobre Samuel, ver S. Huneidi, *A Broken Trust: Herbert Samuel, Zionism and the Palestinians* (Londres, 2001).
8. Lorde Balfour, Câmara dos Lordes, 21 jun. 1922, Hansard, 50, pp. 1016-7.
9. "Report by the Sub-Committee", Imperial Defence, 13 jun. 1928, CAB 24/202.
10. *Time*, 21 abr. 1941; J. Barr, *A Line in the Sand: Britain, France and the Struggle that Shaped the Middle East* (Londres, 2011), p. 163.
11. A. Arslanian, "Dunstersville's Adventures: A Reappraisal", *International Journal of Middle East Studies* 12.2 (1980), pp. 199-216; A. Simonian, "An Episode from the History of the Armenian–Azerbaijani Confrontation (January-February 1919)", *Iran & the Caucasus* 9.1 (2005), pp. 145-58.
12. Sanborn, *Imperial Apocalypse*, pp. 175-83.
13. Do secretário de Estado para o vice-rei, 5 jan. 1918, citado por L. Morris, "British Secret Missions in Turkestan, 1918-19", *Journal of Contemporary History* 12.2 (1977), pp. 363-9.
14. Ver Morris, "British Secret Missions", pp. 363-79.
15. L. Trotsky, Comitê Central, Partido Comunista da Rússia, 5 ago. 1919, in J. Meijer (ed.), *The Trotsky Papers*, 2 vols. (Haia, 1964), 1, pp. 622 e 624.
16. *Congress of the East, Baku, September 1920*, trad. B. Pearce (Londres, 1944), pp. 25-37.

17. L. Murawiec, *The Mind of Jihad* (Cambridge, 2008), pp. 210-23. Sobre o contexto, ver Ansari, "Pan-Islam and the Making of Early Indian Socialism", *Modern Asian Studies* 20 (1986), pp. 509-37.
18. Corp. Charles Kavanagh, Unpublished diary, Cheshire Regiment Museum.
19. *Pobeda oktyabr'skoi revoliutsii v Uzbekistane: sbornik dokumentov*, 2 vols. (Tashkent, 1963-72), 1, p. 571.
20. Uma cópia do cartaz aparece em D. King, *Red Star over Russia: A Visual History of the Soviet Union from 1917 to the Death of Stalin* (Londres, 2009), p. 180.
21. M. MacMillan, *Peacemakers: Six Months that Changed the World* (Londres, 2001), p. 408.
22. Tratado com sua majestade o rei Faiçal, 20 out. 1922, Command Paper 1757; protocolo de 30 de abril de 1923 e acordos subsidiários ao tratado com o rei Faiçal, Command Paper 2120. Sobre os novos cerimoniais, ver E. Podeh, "From Indifference to Obsession: The Role of National State Celebrations in Iraq, 1921-2003", *British Journal of Middle Eastern Studies* 37.2 (2010), pp. 85-6.
23. B. Busch, *Britain, India and the Arabs, 1914-1921* (Berkeley, 1971), pp. 408-10.
24. H. Katouzian, "The Campaign against the Anglo-Iranian Agreement of 1919", *British Journal of Middle Eastern Studies* 25.1 (1998), p. 10.
25. H. Katouzian, "Nationalist Trends in Iran, 1921-6", *International Journal of Middle Eastern Studies* 10.4 (1979), p. 539.
26. Citado por H. Katouzian, *Iranian History and Politics: The Dialectic of State and Society* (Londres, 2003), p. 167.
27. Curzon para Cambon, 11 mar. 1919, FO 371/3859.
28. Ver Katouzian, "The Campaign against the Anglo-Iranian Agreement", p. 17.
29. Marling para Ministério do Exterior, 28 fev. 1916, FO 371/2732. Ver também D. Wright, "Prince Abd ul-Husayn Mirza Framan-Farma: Notes from British Sources", *Iran* 38 (2000), pp. 107-14.
30. Loraine para Curzon, 31 jan. 1922, FO 371/7804.
31. M. Zirinsky, "Imperial Power and Dictatorship: Britain and the Rise of Reza Shah, 1921-1926", *International Journal of Middle East Studies* 24.4 (1992), pp. 639-63.
32. Caldwell para secretário de Estado, 5 abr. 1921, in M. Gholi Majd, *From Qajar to Pahlavi: Iran, 1919--1930* (Lanham, MA, 2008), pp. 96-7.
33. "Planning Committee, Office of Naval Operations to Benson", 7 out. 1918, in M. Simpson (ed.), *Anglo-American Naval Relations, 1917-19* (Aldershot, 1991), pp. 542-3.
34. Citado por Yergin, *The Prize*, p. 178.
35. Citado por M. Rubin, "Stumbling through the 'Open Door': The US in Persia and the Standard–Sinclair Oil Dispute, 1920-1925", *Iranian Studies* 28.3/4 (1995), p. 206.
36. Ibid., p. 210.
37. Ibid.
38. Ibid., p. 209.
39. Ibid., p. 213.
40. M. Gilbert, *Winston S. Churchill*, 8 vols. (Londres, 1966-88), 4, p. 638.
41. Ver M. Zirinsky, "Imperial Power and Dictatorship: Britain and the Rise of Reza Shah, 1921--1926", *International Journal of Middle East Studies* 24.4 (1992), p. 650; H. Mejcher, *Imperial Quest for Oil: Iraq 1910-1928* (Londres, 1976), p. 49.
42. Sobre o Egito, ver A. Maghraoui, *Liberalism without Democracy: Nationhood and Citizenship in Egypt, 1922-1936* (Durham, NC, 2006), pp. 54-5.
43. Citado por M. Fitzherbert, *The Man Who was Greenmantle: A Biography of Aubrey Herbert* (Londres, 1985), p. 219.
44. S. Pedersen, "Getting Out of Iraq – in 1932: The League of Nations and the Road to Normative Statehood", *American Historical Review* 115.4 (2010), pp. 993-1000.
45. Y. Ismael, *The Rise and Fall of the Communist Party of Iraq* (Cambridge, 2008), p. 12.
46. Sobre a declaração Purna Swaraj, M. Gandhi, *The Collected Works of Mahatma Gandhi*, 90 vols. (Nova Délhi, 1958-84), 48, p. 261.
47. Citado por Ferrier e Bamberg, *British Petroleum*, pp. 593-4.

48. "A Record of the Discussions Held at Lausanne on 23rd, 24th and 25th August, 1928", BP 71074.
49. Cadman para Teymourtache, 3 jan. 1929, BP 71074.
50. Relato de Young sobre as discussões de Lausanne, BP H16/20; ver também Ferrier e Bamberg, *British Petroleum*, pp. 601-17.
51. Minuta de Vansittart, 29 nov. 1932, FO 371/16078.
52. Hoare para o Ministério do Exterior, 29 nov. 1932, FO 371/16078.
53. Diário privado de lorde Cadman, BP 96659/002.
54. Cadman, notas, Genebra e Teerã, BP 96659.
55. G. Bell, *Gertrude Bell: Complete Letters* (Londres, 2014), p. 224.

CAPÍTULO 19 – A ROTA DO TRIGO

1. "Hitler's Mountain Home", *Homes & Gardens*, nov. 1938, pp. 193-5.
2. A. Speer, *Inside the Third Reich*, trad. R. e C. Winston (Nova York, 1970), p. 161.
3. Ibid. Sobre Kannenberg tocando acordeão, C. Schroder, *Er War mein Chef. Aus den Nachlaß der Sekretärin von Adolf Hitler* (Munique, 1985), pp. 54 e 58.
4. R. Hargreaves, *Blitzkrieg Unleashed: The German Invasion of Poland* (Londres, 2008), p. 66; H. Hegner, *Die Reichskanzlei 1933-1945: Anfang und Ende des Dritten Reiches* (Frankfurt-am-Main, 1959), pp. 334-7.
5. Speer, *Inside the Third Reich*, p. 162.
6. M. Muggeridge, *Ciano's Diary, 1939-1943* (Londres, 1947), pp. 9-10.
7. Debate na Câmara dos Comuns, 31 mar. 1939, Hansard, 345, 2415.
8. Ibid., 2416; ver G. Roberts, *The Unholy Alliance: Stalin's Pact with Hitler* (Londres, 1989); R. Moorhouse, *The Devil's Alliance: Hitler's Pact with Stalin* (Londres, 2014).
9. L. Bezymenskii, *Stalin und Hitler. Pokerspiel der Diktatoren* (Londres, 1967), pp. 186-92.
10. J. Herf, *The Jewish Enemy: Nazi Propaganda during World War II and the Holocaust* (Cambridge, MA, 2006).
11. W. Churchill, *The Second World War*, 6 vols. (Londres, 1948-53), 1, p. 328.
12. Bezymenskii, *Stalin und Hitler*, pp. 142 e 206-9.
13. T. Snyder, *Bloodlands: Europe between Hitler and Stalin* (Londres, 2010), pp. 81 e 93.
14. Citado por E. Jäckel e A. Kahn, *Hitler: Sämtliche Aufzeichnungen, 1905-1924* (Stuttgart, 1980), p. 186.
15. J. Weitz, *Hitler's Diplomat: The Life and Times of Joachim von Ribbentrop* (Nova York, 1992), p. 6.
16. S. Sebag Montefiore, *Stalin: The Court of the Red Tsar* (Londres, 2004), p. 317.
17. Hegner, *Die Reichskanzlei*, pp. 337-8 e 342-3; sobre o tratado e seu anexo secreto, *Documents on German Foreign Policy, 1918-1945*, Series D, 13 vols. (Londres, 1949-64), 7, pp. 245-7.
18. Sebag Montefiore, *Stalin*, p. 318.
19. N. Khrushchev, *Khrushchev Remembers*, trad. S. Talbott (Boston, MA, 1970), p. 128.
20. Besymenski, *Stalin und Hitler*, pp. 21-2; D. Volkogonov, *Stalin: Triumph and Tragedy* (Nova York, 1991), p. 352.
21. L. Kovalenko e V. Maniak, *33'i: Golod: Narodna kniga-memorial* (Kiev, 1991), p. 46, in Snyder, *Bloodlands*, p. 49; ver também pp. 39-58.
22. Sobre Vyshinskii e os julgamentos encenados, ver A. Vaksberg, *Stalin's Prosecutor: The Life of Andrei Vyshinsky* (Nova York, 1990), e N. Werth et al. (eds.), *The Little Black Book of Communism: Crimes, Terror, Repression* (Cambridge, MA, 1999).
23. M. Jansen e N. Petrov, *Stalin's Loyal Executioner: People's Commissar Nikolai Ezhov, 1895-1940* (Stanford, 2002), p. 69.
24. V. Rogovin, *Partiya Rasstrelianykh* (Moscou, 1997), pp. 207-19; também Bezymenskii, *Stalin und Hitler*, p. 96; Volkogonov, *Stalin*, p. 368.
25. "Speech by the Führer to the Commanders in Chief", 22 ago. 1939, in *Documents on German Foreign Policy*, Series D, 7, pp. 200-4; I. Kershaw, *Hitler, 1936-45: Nemesis* (Londres, 2001), pp. 207-8.

26. "Second speech by the Führer", 22 ago. 1939, in *Documents on German Foreign Policy, 1918-1945*, Series D, p. 205.
27. "Speech by the Führer to the Commanders in Chief", p. 204.
28. K.-J. Müller, *Das Heer und Hitler: Armee und nationalsozialistisches Regime 1933-1940* (Stuttgart, 1969), p. 411, n. 153; Müller não fornece uma referência de apoio.
29. W. Baumgart, "Zur Ansprache Hitlers vor den Führern der Wehrmacht am 22. August 1939. Eine quellenkritische Untersuchung", *Viertejahreshefte für Zeitgeschichte* 16 (1968), 146; Kershaw, *Nemesis*, p. 209.
30. G. Corni, *Hitler and the Peasants: Agrarian Policy of the Third Reich, 1930-39* (Nova York, 1990), pp. 66-115.
31. Ver, por exemplo, R.-D. Müller, "Die Konsequenzen der "Volksgemeinschaft": Ernährung, Ausbeutung und Vernichtung", in W. Michalka (ed.), *Der Zweite Weltkrieg. Analysen-Grundzüge- -Forschungsbilanz* (Weyarn, 1989), pp. 240-9.
32. A. Kay, *Exploitation, Resettlement, Mass Murder: Political and Economic Planning for German Occupation Policy in the Soviet Union, 1940-1941* (Oxford, 2006), p. 40.
33. A. Bondarenko (ed.), *God krizisa: 1938-1939: dokumenty i materialy v dvukh tomakh*, 2 vols. (Moscou, 1990), 2, pp. 157-8.
34. E. Ericson, *Feeding the German Eagle: Soviet Economic Aid to Nazi Germany, 1933-1941* (Westport, CT, 1999), pp. 41ss.
35. A. Bullock, *Hitler: A Study in Tyranny* (Londres, 1964), p. 719.
36. S. Fritz, *Ostkrieg: Hitler's War of Extermination in the East* (2011), p. 39.
37. C. Browning, *The Origins of the Final Solution: The Evolution of Nazi Jewish Policy, September 1939-March 1942* (Lincoln, NE, 2004), p. 16; Snyder, *Bloodlands*, p. 126.
38. Gabinete de Guerra, 8 set. 1939, CAB 65/1; A. Prazmowska, *Britain, Poland and the Eastern Front, 1939* (Cambridge, 1987), p. 182.
39. Delegação Britânica em Cabul ao Ministério do Exterior em Londres, Katodon 106, 24 set. 1939, citado por M. Hauner, "The Soviet Threat to Afghanistan and India, 1938-1940", *Modern Asian Studies* 15.2 (1981), p. 297.
40. Hauner, "Soviet Threat to Afghanistan and India", p. 298.
41. Relatório do Comitê dos Chefes de Estado-Maior, "The Military Implications of Hostilities with Russia in 1940", 8 mar. 1940, CAB 66/6.
42. "Appreciation of the Situation Created by the Russo-German Agreement", 6 out. 1939, CAB 84/8; ver aqui M. Hauner, *India in Axis Strategy: Germany, Japan and Indian Nationalists in the Second World War* (Stuttgart, 1981), esp. pp. 213-37.
43. Hauner, *India in Axis Strategy*, pp. 70-92.
44. M. Hauner, "Anspruch und Wirklichkeit: Deutschland also Dritte Macht in Afghanistan, 1915-39", in K. Kettenacker et al. (eds.), *Festschrift für Paul Kluge* (Munique, 1981), pp. 222-44; idem, "Afghanistan before the Great Powers, 1938-45", *International Journal of Middle East Studies* 14.4 (1982), pp. 481-2.
45. "Policy and the War Effort in the East", 6 jan. 1940, *Documents on German Foreign Policy, 1918- -1945*, Series D, 8, pp. 632-3.
46. "Memorandum of the Aussenpolitisches Amt", 18 dez. 1939, *Documents on German Foreign Policy, 1918- -1945*, Series D, 8, p. 533; Hauner, *India in Axis Strategy*, pp. 159-72.
47. M. Hauner, "One Man against the Empire: The Faqir of Ipi and the British in Central Asia on the Eve of and during the Second World War", *Journal of Contemporary History* 16.1 (1981), pp. 183-212.
48. Rubin e Schwanitz, *Nazis, Islamists*, p. 4, n. 13.
49. S. Hauser, "German Research on the Ancient Near East and its Relation to Political and Economic Interests from Kaiserreich to World War II", in W. Schwanitz (ed.), *Germany and the Middle East, 1871-1945* (Princeton, 2004), pp. 168-9; M. Ghods, *Iran in the Twentieth Century: A Political History* (Boulder, CO, 2009), pp. 106-8.
50. Rubin e Schwanitz, *Nazis, Islamists*, p. 128.
51. Citado em ibid., p. 5.
52. T. Imlay, "A Reassessment of Anglo-French Strategy during the Phony War, 1939-1940", *English Historical Review* 119.481 (2004), pp. 337-8.

53. Primeira minuta pessoal do lorde, 17 nov. 1939, ADM 205/2. Ver aqui Imlay, "Reassessment of Anglo- -French Strategy", 338, pp. 354-9.
54. Imlay, "Reassessment of Anglo-French Strategy", p. 364.
55. CAB 104/259, "Russia: Vulnerability of Oil Supplies", JIC (39) 29 revise, 21 nov. 1939; Imlay, "Reassessment of Anglo-French Strategy", pp. 363-8.
56. Sobre Guderian e sobre as recorrentes situações em que Hitler perdia a serenidade, ver K. H. Frieser, *Blitzkrieg-Legende. Der Westfeldung 1940* (Munique, 1990), pp. 240-3 e 316-22.
57. Ver M. Hauner, "Afghanistan between the Great Powers, 1938-1945", *International Journal of Middle East Studies* 14.4 (1982), p. 487; sobre a proposta de redução dos custos de frete, Ministério da Economia de Guerra, 9 jan. 1940, FO 371/24766.
58. Ericson, *Feeding the German Eagle*, pp. 109-18.
59. Fritz, *Ostkrieg*, pp. 38-41.
60. J. Förster, "Hitler's Decision in Favour of War against the Soviet Union", in H. Boog, J. Förster et al. (eds.), *Germany and the Second World War*, vol. 4: *The Attack on the Soviet Union* (Oxford, 1996), p. 22; ver também Kershaw, *Nemesis*, p. 307.
61. Corni, *Hitler and the Peasants*, pp. 126-7, 158-9 e 257-60. Ver também H. Backe, *Die Nahrungsfreiheit Europas: Großliberalismus in der Wirtschaft* (Berlim, 1938).
62. V. Gnucheva, "Materialy dlya istorii ekspeditsii nauk v XVIII i XX vekakh", *Trudy Arkhiva Akademii Nauk SSSR* 4 (Moscou, 1940), esp. pp. 97-108.
63. M. Stroganova (ed.), *Zapovedniki evropeiskoi chasti RSFSR* (Moscou, 1989); C. Kremenetski, "Human Impact on the Holocene Vegetation of the South Russian Plain", in J. Chapman e P. Dolukhanov (eds.), *Landscapes in Flux: Central and Eastern Europe in Antiquity* (Oxford, 1997), pp. 275-87.
64. H. Backe, *Die russische Getreidewirtschaft als Grundlage der Landund Volkswirtschaft Rußlands* (Berlim, 1941).
65. Bundesarchiv-Militärarchiv, RW 19/164, fo. 126, citado por Kay, *Exploitation*, pp. 211 e 50.
66. Citado por A. Hillgruber, *Hitlers Strategie: Politik und Kriegführung 1940-1941* (Frankfurt-am- -Main, 1965), p. 365.
67. "Geheime Absichtserklärungen zur künftigen Ostpolitik: Auszug aus einem Aktenvermerk von Reichsleiter M. Bormann vom 16.7.1941", in G. Uebershär e W. Wette (eds.), *Unternehmen Barbarossa: Der deutsche Überfall auf die Sowjetunion, 1941: Berichte, Anaylsen, Dokumente* (Paderborn, 1984), pp. 330-1.
68. G. Corni e H. Gies, *Brot – Butter – Kanonen. Die Ernährungswirtschaft in Deutschland unter der Diktatur Hitlers* (Berlim, 1997), p. 451; R.-D. Müller, "Das 'Unternehmen Barbarossa' als wirtschaftlicher Raubkrieg", in Uebershär e Wette, *Unternehmen Barbarossa*, p. 174.
69. Transmissões alemãs de rádio, 27 fev. 1941, Propaganda Research Section Papers, 6 dez. 1940, Abrams Papers, 3f 65; 3f 8/41.
70. *Die Tagebücher von Joseph Goebbels*, ed. E. Fröhlich, 15 vols. (Munique, 1996), 28 jun. 1941, *Teil I*, 9, p. 409; 14 jul., *Teil II*, 1, pp. 63-4.
71. Kershaw, *Nemesis*, pp. 423-4.
72. Correspondência privada de Backe, citado por G. Gerhard, "Food and Genocide: Nazi Agrarian Politics in the Occupied Territories of the Soviet Union", *Contemporary European History* 18.1 (2009), p. 56.
73. "Aktennotiz über Ergebnis der heutigen Besprechung mit den Staatssekretären über Barbarossa", in A. Kay, "Germany's Staatssekretäre, Mass Starvation and the Meeting of 2 May 1941", *Journal of Contemporary History* 41.4 (2006), pp. 685-6.
74. Kay, "Mass Starvation and the Meeting of 2 May 1941", p. 687.
75. "Wirtschaftspolitische Richtlinien für Wirtschaftsorganisation Ost, Gruppe Landwirtschaft", 23 maio 1941, in *Der Prozess gegen die Hauptkriegsverbrecher vor dem Internationalen Militärgerichtshof, Nürnberg 14 November 1945 – 1 October 1946*, 42 vols. (Nuremberg, 194-9), 36, pp. 135-7. Um relatório similar foi expedido três semanas mais tarde em 16 de junho, Kay, *Exploitation*, pp. 164-7.
76. Backe, *Die russische Getreidewirtschaft*, citado por Gerhard, "Food and Genocide", pp. 57-8; também Kay, "Mass Starvation", pp. 685-700.

77. H. Backe, "12 Gebote für das Verhalten der Deutschen im Osten und die Behandlung der Russen", in R. Rürup (ed.), *Der Krieg gegen die Sowjetunion 1941-1945: Eine Dokumentation* (Berlim, 1991), p. 46; Gerhard, "Food and Genocide", p. 59.
78. *Die Tagebücher von Joseph Goebbels*, 1 maio 1941, *Teil I*, 9, pp. 283-4.
79. Ibid., 9 jul. 1941, *Teil II*, 1, pp. 33-4.
80. Transmissões de rádio russas, 19 jun. 1941, Propaganda Research Section Papers, Abrams Papers, 3f 24/41.
81. F. Halder, *The Halder War Diary*, ed. C. Burdick e H.-A. Jacobsen (Londres, 1988), 30 mar. 1941, pp. 345-6.
82. 19 maio 1941, *Verbrechen der Wehrmacht: Dimensionen des Vernichtungskrieges 1941-1945. Ausstellungskatalog* (Hamburgo, 2002), pp. 53-5.
83. "Ausübund der Kriegsgerichtsbarkeit im Gebiet 'Barbarossa' und besondere Maßnahmen Truppe", 14 maio 1941, in H. Bucheim, M. Broszat, J.-A. Jacobsen e H. Krasunick, *Anatomie des SS-Staates*, 2 vols. (Olten, 1965), 2, pp. 215-8.
84. "Richtlinien für die Behandlung politischer Kommissare", 6 jun. 1941, in Bucheim et al., *Anatomie des SS-Staates*, pp. 225-7.

CAPÍTULO 20 – A ROTA DO GENOCÍDIO

1. C. Streit, *Keine Kameraden. Die Wehrmacht und die sowjetischen Kriegsgefangenen 1941-1945* (Stuttgart, 1978), pp. 143 e 153.
2. Citado por Kershaw, *Nemesis*, p. 359.
3. Ibid., p. 360.
4. Ibid., pp. 400 e 435.
5. W. Lower, *Nazi Empire Building and the Holocaust in Ukraine* (Chapel Hill, NC, 2007), pp. 171-7.
6. A. Hitler, *Monologe im Führer-Hauptquartier 1941-1944*, ed. W. Jochmann (Hamburgo, 1980), 17-18 set. 1941, pp. 62-3; Kershaw, *Nemesis*, p. 401.
7. Citado por Kershaw, *Nemesis*, p. 434.
8. Hitler, *Monologe*, 13 out. 1941, p. 78; Kershaw, *Nemesis*, p. 434.
9. Ericson, *Feeding the German Eagle*, pp. 125ss.
10. V. Anfilov, "... Razgovor zakonchilsia ugrozoi Stalina", *Voenno-istoricheskiy Zhurnal* 3 (1995), p. 41; L. Bezymenskii, "O 'plane' Zhukova ot 15 maia 1941 g.", *Novaya Noveishaya Istoriya* 3 (2000), p. 61. Ver E. Mawdsley, "Crossing the Rubicon: Soviet Plans for Offensive War in 1940-1941", *International History Review* 25 (2003), p. 853.
11. D. Murphy, *What Stalin Knew: The Enigma of Barbarossa* (New Haven, 2005).
12. R. Medvedev e Z. Medvedev, *The Unknown Stalin: His Life, Death and Legacy* (Londres, 2003), p. 226.
13. G. Zhukov, *Vospominaniya i rasmyshleniya*, 3 vols. (Moscou, 1995), 1, p. 258.
14. Assarasson para Estocolmo, 21 jun.1941, citado por G. Gorodetsky, *Grand Delusion: Stalin and the German Invasion of Russia* (New Haven, 1999), p. 306.
15. *Dokumenty vneshnei politiki SSSR*, 24 vols. (Moscou, 1957-), 23.2, pp. 764-5.
16. A. Tooze, *The Wages of Destruction: The Making and Breaking of the Nazi Economy* (Nova York, 2006), pp. 452-60; R. di Nardo, *Mechanized Juggernaut or Military Anachronism? Horses and the German Army of World War II* (Westport, CT, 1991), pp. 35-54.
17. Citado por Beevor, *Stalingrad* (Londres, 1998), p. 26.
18. J. Stalin, *O Velikoi Otechestvennoi voine Sovestkogo Soiuza* (Moscou, 1944), p. 11.
19. A. von Plato, A. Leh e C. Thonfeld (eds.), *Hitler's Slaves: Life Stories of Forced Labourers in Nazi-Occupied Europe* (Oxford, 2010).
20. E. Radzinsky, *Stalin* (Londres, 1996), p. 482; N. Ponomariov, citado por I. Kershaw, *Fateful Choices: Ten Decisions that Changed the World, 1940-1941* (Londres, 2007), p. 290.
21. Fritz, *Ostkrieg*, p. 191.

22. H. Trevor-Roper, *Hitler's Table Talk, 1941-1944: His Private Conversations* (Londres, 1953), p. 28.
23. W. Lower, "'On Him Rests the Weight of the Administration': Nazi Civilian Rulers and the Holocaust in Zhytomyr", in R. Brandon e W. Lower (eds.), *The Shoah in Ukraine: History, Testimony, Memorialization* (Bloomington, IN, 2008), p. 225.
24. E. Steinhart, "Policing the Boundaries of 'Germandom' in the East: SS Ethnic German Policy and Odessa's 'Volksdeutsche', 1941-1944", *Central European History* 43.1 (2010), pp. 85-116.
25. W. Hubatsch, *Hitlers Weisungen für die Kriegführung 1939-1945. Dokumente des Oberkommandos der Wehrmacht* (Munique, 1965), pp. 139-40.
26. Rubin e Schwanitz, *Nazis, Islamists*, pp. 124 e 127.
27. Ibid., p. 85; H. Lindemann, *Der Islam im Aufbruch, in Abwehr und Angriff* (Leipzig, 1941).
28. Churchill, *Second World War*, 3, p. 424.
29. A. Michie, "War in Iran: British Join Soviet Allies", *Life*, 26 jan. 1942, p. 46.
30. R. Sanghvi, *Aryamehr: The Shah of Iran: A Political Biography* (Londres, 1968), p. 59; H. Arfa, *Under Five Shahs* (Londres, 1964), p. 242.
31. Bullard para o Ministério do Exterior, 25 jun. 1941, in R. Bullard, *Letters from Teheran: A British Ambassador in World War II Persia*, ed. E. Hodgkin (Londres, 1991), p. 60.
32. Lambton para Bullard, 4 out. 1941, FO 416/99.
33. Resumo da Inteligência para 19-30 nov., 2 dez. 1941, FO 416/99.
34. "Do ministro do Irã para o ministro do Exterior", 9 jul. 1941, *Documents on German Foreign Policy, 1918--1945*, Series D, 13, pp. 103-4.
35. P. Dharm e B. Prasad (eds.), *Official History of the Indian Armed Forces in the Second World War, 1939--1945: The Campaign in Western Asia* (Calcutá, 1957), pp. 126-8.
36. Citado por J. Connell, *Wavell: Supreme Commander* (Londres, 1969), pp. 23-4.
37. R. Stewart, *Sunrise at Abadan: The British and Soviet Invasions of Iran, 1941* (Nova York, 1988), p. 59, n. 26.
38. "Economic Assistance to the Soviet Union", *Department of State Bulletin* 5 (1942), p. 109.
39. R. Sherwood, *The White House Papers of Harry L. Hopkins*, 2 vols. (Washington, DC, 1948), I, pp. 306-9.
40. Michie, "War in Iran", pp. 40-4.
41. Bullard, *Letters*, p. 80.
42. Xá Reza Pahlavi para Roosevelt, 25 ago. 1941; Roosevelt para xá Reza Pahlavi, 2 set. 1941, citado por M. Majd, *August 1941: The Anglo-Russian Occupation of Iran and Change of Shahs* (Lanham, MD, 2012), pp. 232-3; Stewart, *Abadan*, p. 85.
43. J. Buchan, *Days of God: The Revolution in Iran and its Consequences* (Londres, 2012), p. 27.
44. Adido militar, "Resumo da inteligência 27", 19 nov. 1941, FO 371 27188.
45. R. Dahl, *Going Solo* (Londres, 1986), p. 193.
46. F. Halder, *Kriegstagebuch: tägliche Aufzeichnungen des Chefs des Generalstabes des Heeres, 1939-1942*, ed. H.-A. Jacobson e A. Philippi, 3 vols. (Stuttgart, 1964), 3, 10 set. 1941, p. 220; 17 set. 1941, p. 236.
47. D. Stahel, *Kiev 1941: Hitler's Battle for Supremacy in the East* (Cambridge, 2012), pp. 133-4.
48. H. Pichler, *Truppenarzt und Zeitzeuge. Mit der 4. SS-Polizei-Division an vorderster Front* (Dresden, 2006), p. 98.
49. *Die Tagebücher von Joseph Goebbels*, 27 ago. 1941, Teil II, 1, p. 316.
50. Citado por Beevor, *Stalingrad*, pp. 56-7.
51. Fritz, *Ostkrieg*, pp. 158-9.
52. A. Hillgruber, *Staatsmänner und Diplomaten bei Hitler. Vertrauliche Aufzeichnungen 1939-1941* (Munique, 1969), p. 329.
53. W. Kemper, "Pervitin – Die Endsieg-Droge", in W. Pieper (ed.), *Nazis on Speed: Drogen im Dritten Reich* (Lohrbach, 2003), pp. 122-33.
54. R.-D. Müller, "The Failure of the Economic 'Blitzkrieg Strategy'", in H. Boog et al. (eds.), *The Attack on the Soviet Union*, vol. 4 de W. Deist et al. (eds.), *Germany and the Second World War*, 9 vols. (Oxford, 1998), pp. 1127-32; Fritz, *Ostkrieg*, p. 150.

55. M. Guglielmo, "The Contribution of Economists to Military Intelligence during World War II", *Journal of Economic History* 66.1 (2008), esp. pp. 116-20.
56. R. Overy, *War and the Economy in the Third Reich* (Oxford, 1994), pp. 264 e 278; J. Barber e M. Harrison, *The Soviet Home Front, 1941-1945: A Social and Economic History of the USSR in World War II* (Nova York, 1991), pp. 78-9.
57. A. Milward, *War, Economy and Society, 1939-45* (Berkeley, 1977), pp. 262-73; Tooze, *Wages of Destruction*, pp. 513-51.
58. Transmissões de rádios alemãs, 5 nov. 1941, Propaganda Research Section Papers, Abrams Papers, 3f 44/41.
59. "Gains of Germany (and her Allies) through the Occupation of Soviet Territory", in Coordinator of Information, *Research and Analysis Branch, East European Section Report*, 17 (mar. 1942), pp. 10-1.
60. "Reich Marshal of the Greater German Reich", 11ª reunião do Conselho Geral, 24 jun. 1941, citado por Müller, "Failure of the Economic 'Blitzkrieg Strategy'", p. 1142.
61. Halder, *Kriegstagebuch*, 8 jul. 1941, 3, p. 53.
62. C. Streit, "The German Army and the Politics of Genocide", in G. Hirschfeld (ed.), *The Policies of Genocide: Jews and Soviet Prisoners of War in Nazi Germany* (Londres, 1986), pp. 8-9.
63. J. Hürter, *Hitlers Heerführer. Die deutschen Oberbefehlshaber im Krieg gegen die Sowjetunion 1941/1942* (Munique, 2006), p. 370.
64. Streit, *Keine Kameraden*, p. 128; ver também Snyder, *Bloodlands*, pp. 179-84.
65. R. Overmans, "Die Kriegsgefangenenpolitik des Deutschen Reiches 1939 bis 1945", in J. Echternkamp (ed.), *Das Deutsche Reich und der Zweite Weltkrieg*, 10 vols. (Munique, 1979-2008), 9.2, p. 814; Browning, *Origins of the Final Solution*, p. 357; Snyder, *Bloodlands*, pp. 185-6.
66. K. Berkhoff, "The 'Russian' Prisoners of War in Nazi-Ruled Ukraine as Victims of Genocidal Massacre", *Holocaust and Genocide Studies* 15.1 (2001), pp. 1-32.
67. Röhl, *The Kaiser and his Court*, p. 210. Sobre as atitudes do kaiser em relação aos judeus, ver L. Cecil, "Wilhelm II und die Juden", in W. Mosse (ed.), *Juden im Wilhelminischen Deutschland, 1890--1914* (Tübingen, 1976), pp. 313-48.
68. Discurso de Hitler ao Reichstag, 30 jan. 1939, in *Verhandlungen des Reichstags, Stenographische Berichte 4. Wahlperiode 1939-1942* (Bad Feilnbach, 1986), p. 16.
69. Rubin e Schwanitz, *Nazis, Islamists*, p. 94.
70. H. Jansen, *Der Madagaskar-Plan: Die beabsichtigte Deportation der europäischen Juden nach Madagaskar* (Munique, 1997), esp. pp. 309-11. Sobre as teorias a respeito dos malgaxes, ver E. Jennings, "Writing Madagascar Back into the Madagascar Plan", *Holocaust and Genocide Studies* 21.2 (2007), p. 191.
71. F. Nicosia, "Für den Status-Quo: Deutschland und die Palästinafrage in der Zwischenkriegszeit", in L. Schatkowski Schilcher e C. Scharf (eds.), *Der Nahe Osten in der Zwischenkriegszeit 1919-1939. Die Interdependenz von Politik, Wirtschaft und Ideologie* (Stuttgart, 1989), p. 105.
72. D. Cesarani, *Eichmann: His Life and Crimes* (Londres, 2004), pp. 53-6.
73. Citado por D. Yisraeli, *The Palestinian Problem in German Politics, 1889-1945* (Ramat-Gan, 1974), p. 315.
74. J. Heller, *The Stern Gang: Ideology, Politics and Terror, 1940-1949* (Londres, 1995), pp. 85-7.
75. T. Jersak, "Blitzkrieg Revisited: A New Look at Nazi War and Extermination Planning", *Historical Journal* 43.2 (2000), p. 582.
76. Ver principalmente G. Aly, "'Judenumsiedlung': Überlegungen zur politischen Vorgeschichte des Holocaust", in U. Herbert (ed.), *Nationalsozialistische Vernichtungspolitik 1939--1945: neue Forschungen und Kontroversen* (Frankfurt-am-Main, 1998), pp. 67-97.
77. Streit, "The German Army and the Politics of Genocide", p. 9; Fritz, *Ostkrieg*, p. 171.
78. J.-M. Belière e L. Chabrun, *Les Policiers français sous l'Occupation, d'après les archives inédites de l'épuration* (Paris, 2001), pp. 220-4; P. Griffioen e R. Zeller, "Anti-Jewish Policy and Organization of the Deportations in France and the Netherlands, 1940-1944: A Comparative Study", *Holocaust and Genocide Studies* 20.3 (2005), p. 441.
79. L. de Jong, *Het Koninkrijk der Nederlanden in de Tweede Wereldoorlog*, 14 vols. (Haia, 1969-91), 4, pp. 99-110.

80. Sobre a conferência de Wannsee, C. Gerlach, "The Wannsee Conference, the Fate of German Jews, and Hitler's Decision in Principle to Exterminate All European Jews", *Journal of Modern History* 70 (1998), pp. 759-812; Browning, *Origins of the Final Solution*, pp. 374ss.
81. R. Coakley, "The Persian Corridor as a Route for Aid to the USSR", in M. Blumenson, K. Greenfield et al., *Command Decisions* (Washington, DC, 1960), pp. 225-53; também T. Motter, *The Persian Corridor and Aid to Russia* (Washington, DC, 1952).
82. Sobre os comboios, R. Woodman, *Arctic Convoys, 1941-1945* (Londres, 2004).
83. J. MacCurdy, "Analysis of Hitler's Speech on 26th April 1942", 10 jun. 1942, Abrams Archive, Churchill College, Cambridge.
84. E. Schwaab, *Hitler's Mind: A Plunge into Madness* (Nova York, 1992).
85. Rubin e Schwanitz, *Nazis, Islamists*, pp. 139-41. Sobre o contexto, M. Carver, *El Alamein* (Londres, 1962).
86. Sobre os EUA no Pacífico, ver H. Willmott, *The Second World War in the Far East* (Londres, 2012); ver também A. Kernan, *The Unknown Battle of Midway: The Destruction of the American Torpedo Squadrons* (New Haven, 2005).
87. Citado por Fritz, *Ostkrieg*, p. 235; sobre o contexto, pp. 231-9.
88. Ibid., pp. 261-70; Speer, *Inside the Third Reich*, p. 215.
89. Sobre a visita a Moscou em outubro de 1944, ver CAB 120/158.
90. M. Gilbert, *Churchill: A Life* (Londres, 1991), p. 796; R. Edmonds, "Churchill and Stalin", in R. Blake e R. Louis (eds.), *Churchill* (Oxford, 1996), p. 320. Também Churchill, *Second World War*, 6, pp. 227-8.
91. W. Churchill, "The Sinews of Peace", 5 mar. 1946, in J. Muller (ed.), *Churchill's 'Iron Curtain' Speech Fifty Years Later* (Londres, 1999), pp. 8-9.
92. D. Reynolds, *From World War to Cold War: Churchill, Roosevelt, and the International History of the 1940s* (Oxford, 2006), pp. 250-3.
93. M. Hastings, *All Hell Let Loose: The World at War, 1939-1945* (Londres, 2011), pp. 165-82; Beevor, *Stalingrad*, passim.
94. Ver A. Applebaum, *Iron Curtain: The Crushing of Eastern Europe, 1944-56* (Londres, 2012).

CAPÍTULO 21 – A ROTA DA GUERRA FRIA

1. A. Millspaugh, *Americans in Persia* (Washington, DC, 1946), Apêndice C; B. Kuniholm, *The Origins of the Cold War in the Near East: Great Power Conflict and Diplomacy in Iran, Turkey and Greece* (Princeton, 1980), pp. 138-43.
2. O embaixador no Irã (Dreyfus) ao secretário de Estado, 21 ago. 1941, *Foreign Relations of the United States, Diplomatic Papers 1941*, 7 vols. (Washington, DC, 1956-62), 3, p. 403.
3. Ali Dashti, escrevendo em dezembro de 1928, citado por Buchan, *Days of God*, p. 73.
4. B. Schulze-Holthus, *Frührot in Persien* (Esslingen, 1952), p. 22. Schulze-Holthus foi enviado ao Irã pela Abwehr (inteligência militar alemã) como vice-cônsul na cidade de Tabriz. Ele permaneceu acobertado em Teerã durante a guerra, buscando apoio entre as facções anti-Aliados. Ver também S. Seydi, "Intelligence and Counter-Intelligence Activities in Iran during the Second World War", *Middle Eastern Studies* 46.5 (2010), pp. 733-52.
5. Bullard, *Letters*, p. 154.
6. Ibid., p. 216.
7. Ibid., p. 187.
8. C. de Bellaigue, *Patriot of Persia: Muhammad Mossadegh and a Very British Coup* (Londres, 2012), pp. 120-3.
9. Shepherd para Furlonge, 6 maio 1951, FO 248/1514.
10. *The Observer*, 20 maio 1951, FO 248/1514.
11. Citado por de Bellaigue, *Patriot of Persia*, p. 123, n. 12.
12. Buchan, *Days of God*, p. 82.
13. L. Elwell-Sutton, *Persian Oil: A Study in Power Politics* (Londres, 1955), p. 65.
14. Ibid.

15. C. Bayly e T. Harper, *Forgotten Armies: The Fall of British Asia, 1841-1945* (Londres, 2004), pp. 182 e 120.
16. I. Chawla, "Wavell's Breakdown Plan, 1945-47: An Appraisal", *Journal of Punjabi Studies* 16.2 (2009), pp. 219-34.
17. W. Churchill, debates na Câmara dos Comuns, 6 mar. 1947, Hansard, 434, pp. 676-7.
18. Ver L. Chester, *Borders and Conflict in South Asia: The Radcliffe Boundary Commission and the Partition of the Punjab* (Manchester, 2009). Também A. von Tunzelmann, *Indian Summer: The Secret History of the End of an Empire* (Londres, 2007).
19. I. Talbot, "Safety First: The Security of Britons in India, 1946-1947", *Transactions of the RHS* 23 (2013), pp. 203-21.
20. K. Jeffrey, *MI6: The History of the Secret Intelligence Service, 1909-1949* (Londres, 2010), pp. 689-90.
21. N. Rose, *"A Senseless, Squalid War": Voices from Palestine 1890s-1948* (Londres, 2010), pp. 156-8.
22. A. Halamish, *The Exodus Affair: Holocaust Survivors and the Struggle for Palestine* (Syracuse, NY, 1998).
23. Citado por J. Glubb, *A Soldier with the Arabs* (Londres, 1957), pp. 63-6.
24. E. Karsh, *Rethinking the Middle East* (Londres, 2003), pp. 172-89.
25. F. Hadid, *Iraq's Democratic Moment* (Londres, 2012), pp. 126-36.
26. Beeley para Burrows, 1 nov. 1947, FO 371/61596/E10118.
27. Cópia de telegrama enviado, 29 jul. 1947; Busk para Burrows, 3 nov. 1947, FO 371/61596.
28. K. Kwarteng, *Ghosts of Empire: Britain's Legacies in the Modern World* (Londres, 2011), p. 50.
29. B. Uvarov e A. Waterston, "MEALU General Report of Anti-Locust Campaign, 1942-1947", 19 set. 1947, FO 371/61564.
30. N. Tumarkin, "The Great Patriotic War as Myth and Memory", *European Review* 11.4 (2003), pp. 595-7.
31. J. Stálin, "Rech na predvybornom sobranii izbiratelei Stalinskogo izbiratel'nogo okruga goroda Moskvy", in J. Stálin, *Sochineniya*, ed. R. McNeal, 3 vols. (Stanford, CA, 1967), 3, p. 2.
32. B. Pimlott (ed.), *The Second World War Diary of Hugh Dalton, 1940-45* (Londres, 1986), 23 fev. 1945, inserção marginal, p. 836, n. 1.
33. Ao que parece essas palavras foram acrescentadas por Churchill no trem, quando a caminho de Fulton, J. Ramsden, "Mr Churchill Goes to Fulton", in Muller, *Churchill's 'Iron Curtain' Speech: Fifty Years Later*, p. 42. Para o geral, P. Wright, *Iron Curtain: From Stage to Cold War* (Oxford, 2007).
34. B. Rubin, *The Great Powers in the Middle East, 1941-1947: The Road to the Cold War* (Londres, 1980), pp. 73ss.
35. "Soviet Military and Political Intentions, Spring 1949", Relatório n. 7453, 9 dez. 1948.
36. K. Blake, *The US–Soviet Confrontation in Iran 1945-62: A Case in the Annals of the Cold War* (Lanham, MD, 2009), pp. 17-8.
37. "General Patrick J. Hurley, Personal Representative of President Roosevelt, to the President", 13 maio 1943, *FRUS, Diplomatic Papers 1943: The Near East and Africa*, 4, pp. 363-70.
38. Millspaugh, *Americans in Persia*, p. 77.
39. A. Offner, *Another Such Victory: President Truman and the Cold War, 1945-53* (Stanford, 2002), p. 128.
40. "The Chargé in the Soviet Union (Kennan) to the Secretary of State", 22 fev. 1946, *FRUS 1946: Eastern Europe, the Soviet Union*, 6, pp. 696-709.
41. D. Kisatsky, "Voice of America and Iran, 1949-1953: US Liberal Developmentalism, Propaganda and the Cold War", *Intelligence and National Security* 14.3 (1999), p. 160.
42. "The Present Crisis in Iran, undated paper presented in the Department of State", *FRUS, 1950: The Near East, South Asia, and Africa*, 5, pp. 513 e 516.
43. M. Byrne, "The Road to Intervention: Factors Influencing US Policy toward Iran, 1945-53", in M. Gasiorowski e M. Byrne (eds.), *Mohammad Mosaddeq and the 1953 Coup in Iran* (Syracuse, NY, 2004), p. 201.

44. Kisatsky, "Voice of America and Iran", pp. 167, 174.
45. M. Gasiorowski, *US Foreign Policy and the Shah: Building a Client State in Iran* (Ithaca, NY, 1991), pp. 10-9.
46. Buchan, *Days of God*, pp. 30-1.
47. Citado por Yergin, *The Prize*, p. 376.
48. A. Miller, *Search for Security: Saudi Arabian Oil and American Foreign Policy, 1939-1949* (Chapel Hill, NC, 1980), p. 131.
49. E. DeGolyer, "Preliminary Report of the Technical Oil Mission to the Middle East", *Bulletin of the American Association of Petroleum Geologists* 28 (1944), pp. 919-23.
50. "Summary of Report on Near Eastern Oil", 3 fev. 1943, in Yergin, *The Prize*, p. 375.
51. Beaverbrook para Churchill, 8 fev. 1944, citado por K. Young, *Churchill and Beaverbrook: A Study in Friendship and Politics* (Londres, 1966), p. 261.
52. Memorando do Ministério do Exterior, fev. 1944, FO 371/42688.
53. Churchill para Roosevelt, 20 fev. 1944, FO 371/42688.
54. Halifax para o Ministério do Exterior, 20 fev. 1944, FO 371/42688; Z. Brzezinski, *Strategic Vision: America and the Crisis of Global Power* (Nova York, 2012), p. 14.
55. *Historical Statistics of the United States: Colonial Times to 1970* (Washington, DC, 1970); Yergin, *The Prize*, p. 391.
56. Yergin, *The Prize*, p. 429.
57. W. Louis, *The British Empire in the Middle East, 1945-51: Arab Nationalism, the United States and Postwar Imperialism* (Oxford, 1984), p. 647.
58. Yergin, *The Prize*, p. 433.
59. De Bellaigue, *Patriot of Persia*, p. 118. Ver também M. Crinson, "Abadan: Planning and Architecture under the Anglo-Iranian Oil Company", *Planning Perspectives* 12.3 (1997), pp. 341-59.
60. S. Marsh, "Anglo-American Crude Diplomacy: Multinational Oil and the Iranian Oil Crisis, 1951-1953", *Contemporary British History Journal* 21.1 (2007), p. 28; J. Bill e W. Louis, *Musaddiq, Iranian Nationalism, and Oil* (Austin, TX, 1988), pp. 329-30.
61. "The Secretary of State to the Department of State", 10 nov. 1951, *FRUS, 1952-1954: Iran, 1951-1954*, 10, p. 279.
62. Ibid.
63. R. Ramazani, *Iran's Foreign Policy, 1941-1973: A Study of Foreign Policy in Modernizing Nations* (Charlottesville, 1975), p. 190.
64. In de Bellaigue, *Patriot of Persia*, p. 150.
65. Yergin, *The Prize*, p. 437.
66. Citado por J. Bill, *The Eagle and the Lion: The Tragedy of American–Iranian Relations* (New Haven, 1988), p. 84.
67. *Correspondence between His Majesty's Government in the United Kingdom and the Persian Government and Related Documents Concerning the Oil Industry in Persia, February 1951 to September 1951* (Londres, 1951), p. 25.
68. Shinwell, Comitê de Chefes do Estado-Maior, Anexo Confidencial, 23 maio 1951, DEFE 4/43; sobre a imprensa britânica da época, de Bellaigue, *Patriot of Persia*, pp. 158-9.
69. S. Arjomand, *The Turban for the Crown: The Islamic Revolution in Iran* (Oxford, 1988), pp. 92-3.
70. *Time*, 7 jan. 1952.
71. Elm, *Oil, Power, and Principle*, p. 122.
72. M. Holland, *America and Egypt: From Roosevelt to Eisenhower* (Westport, CT, 1996), pp. 24-5.
73. H. Wilford, *America's Great Game: The CIA's Secret Arabists and the Shaping of the Modern Middle East* (Nova York, 2013), p. 73.
74. Ibid., p. 96.
75. Ibid.
76. D. Wilber, *Clandestine Services History: Overthrow of Premier Mossadeq of Iran: November 1952-August 1953* (1969), p. 7, Arquivo de Segurança Nacional.

77. Ibid., pp. 22, 34 e 33.
78. Ver S. Koch, "*Zendebad, Shah!": The Central Intelligence Agency and the Fall of Iranian Prime Minister Mohammed Mossadeq, August 1953* (1998), Arquivo de Segurança Nacional.
79. M. Gasiorowki, "The Causes of Iran's 1953 Coup: A Critique of Darioush Bayandor's Iran and the CIA", *Iranian Studies* 45.5 (2012), pp. 671-2; W. Louis, "Britain and the Overthrow of the Mosaddeq Government", in Gasiorowski e Byrne, *Mohammad Mosaddeq*, pp. 141-2.
80. Wilber, *Overthrow of Premier Mossadeq*, p. 35.
81. Ibid., p. 19.
82. Berry para o Departamento de Estado, 17 ago. 1953, Arquivo de Segurança Nacional.
83. Sobre o rádio, ver M. Roberts, "Analysis of Radio Propaganda in the 1953 Iran Coup", *Iranian Studies* 45.6 (2012), pp. 759-77; sobre a imprensa, de Bellaigue, *Patriot of Persia*, p. 232.
84. Sobre Roma, Soraya Esfandiary Bakhtiary, *Le Palais des solitudes* (Paris, 1992), pp. 165-6. Ver também, Buchan, *Days of God*, p. 70.
85. De Bellaigue, *Patriot of Persia*, pp. 253-70.
86. "Substance of Discussions of State – Joint Chiefs of Staff Meeting", 12 dez. 1951, *FRUS, 1951: The Near East and Africa*, 5, p. 435.
87. "British-American Planning Talks, Summary Record", 10-11 out. 1978, FCO 8/3216.
88. "Memorandum of Discussion at the 160th Meeting of the National Security Council, 27 August 1953", *FRUS, 1952-1954: Iran, 1951-1954*, 10, p. 773.
89. "The Ambassador in Iran (Henderson) to Department of State", 18 set. 1953, *FRUS, 1952-1954: Iran, 1951-1954*, 10, p. 799.

CAPÍTULO 22 – A ROTA DA SEDA AMERICANA
1. *The International Petroleum Cartel, the Iranian Consortium, and US National Security*, United States Congress, Senate (Washington, DC, 1974), pp. 57-8; Yergin, *The Prize*, p. 453.
2. Bill, *The Eagle and the Lion*, p. 88; "Memorandum of the discussion at the 180th meeting of the National Security Council", 14 jan. 1954, *FRUS, 1952-1954: Iran, 1951-1954*, 10, p. 898.
3. M. Gasiorowski, *US Foreign Policy and the Shah: Building a Client State in Iran* (Ithaca, NY, 1991), pp. 150-1.
4. V. Nemchenok, "'That So Fair a Thing Should Be So Frail': The Ford Foundation and the Failure of Rural Development in Iran, 1953-1964", *Middle East Journal* 63.2 (2009), pp. 261-73.
5. Ibid., p. 281; Gasiorowski, *US Foreign Policy*, pp. 53 e 94.
6. C. Schayegh, "Iran's Karaj Dam Affair: Emerging Mass Consumerism, the Politics of Promise, and the Cold War in the Third World", *Comparative Studies in Society and History* 54.3 (2012), pp. 612-43.
7. "Memorandum from the Joint Chiefs of Staff", 24 mar. 1949, *FRUS, 1949: The Near East, South Asia, and Africa*, 6, pp. 30-1.
8. "Report by the SANACC [State-Army-Navy-Air Force Co-ordinating Committee] Subcommittee for the Near and Middle East", *FRUS, 1949: The Near East, South Asia, and Africa*, 6, p. 12.
9. No geral aqui, B. Yesilbursa, *Baghdad Pact: Anglo-American Defence Policies in the Middle East, 1950-59* (Abingdon, 2005).
10. R. McMahon, *The Cold War on the Periphery: The United States, India and Pakistan* (Nova York, 1994), pp. 16-7.
11. P. Tomsen, *The Wars of Afghanistan: Messianic Terrorism, Tribal Conflicts and the Failures of the Great Powers* (Nova York, 2011), pp. 181-2.
12. R. McNamara, *Britain, Nasser and the Balance of Power in the Middle East, 1952-1967* (Londres, 2003), pp. 44-5.
13. A. Moncrieff, *Suez: Ten Years After* (Nova York, 1966), pp. 40-1; D. Kunz, *The Economic Diplomacy of the Suez Crisis* (Chapel Hill, NC, 1991), p. 68.
14. Eden para Eisenhower, 6 set. 1956, FO 800/740.
15. M. Heikal, *Nasser: The Cairo Documents* (Londres, 1972), p. 88.
16. H. Macmillan, Diary, 25 ago. 1956, in A. Horne, *Macmillan: The Official Biography* (Londres, 2008),

p. 447.
17. Citado por McNamara, *Britain, Nasser and the Balance of Power*, p. 46.
18. McNamara, *Britain, Nasser and the Balance of Power*, pp. 45 e 47.
19. "Effects of the Closing of the Suez Canal on Sino-Soviet Bloc Trade and Transportation", Office of Research and Reports, Central Intelligence Agency, 21 fev. 1957, Freedom of Information Act Electronic Reading Room, Central Intelligence Agency.
20. Kirkpatrick para Makins, 10 set. 1956, FO 800/740.
21. *Papers of Dwight David Eisenhower: The Presidency: The Middle Way* (Baltimore, 1970), 17, p. 2415.
22. Ver W. Louis e R. Owen, *Suez 1956: The Crisis and its Consequences* (Oxford, 1989); P. Hahn, *The United States, Great Britain, and Egypt, 1945-1956: Strategy and Diplomacy in the Early Cold War* (Chapel Hill, NC, 1991).
23. Eisenhower para Dulles, 12 dez. 1956, in P. Hahn, "Securing the Middle East: The Eisenhower Doctrine of 1957", *Presidential Studies Quarterly* 36.1 (2006), p. 39.
24. Citado por Yergin, *The Prize*, p. 459.
25. Hahn, "Securing the Middle East", p. 40.
26. Ver principalmente S. Yaqub, *Containing Arab Nationalism: The Eisenhower Doctrine and the Middle East* (Chapel Hill, NC, 2004).
27. R. Popp, "Accommodating to a Working Relationship: Arab Nationalism and US Cold War Policies in the Middle East", *Cold War History* 10.3 (2010), p. 410.
28. "The Communist Threat to Iraq", 17 fev. 1959, *FRUS, 1958-1960: Near East Region; Iraq; Iran; Arabian Peninsula*, 12, pp. 381-8.
29. S. Blackwell, *British Military Intervention and the Struggle for Jordan: King Hussein, Nasser and the Middle East Crisis* (Londres, 2013), p. 176; "Memorandum of Conference with President Eisenhower", 23 jul. 1958, *FRUS, 1958-1960: Near East Region; Iraq; Iran; Arabian Peninsula*, 12, p. 84.
30. "Iraq: The Dissembler", *Time*, 13 abr. 1959.
31. "Middle East: Revolt in Baghdad", *Time*, 21 jul. 1958; J. Romero, *The Iraqi Revolution of 1958: A Revolutionary Quest for Unity and Security* (Lanham, MD, 2011).
32. C. Andrew e V. Mitrokhin, *The KGB and the World: The Mitrokhin Archive II* (Londres, 2005), pp. 273-4; W. Shawcross, *The Shah's Last Ride* (Londres, 1989), p. 85.
33. OIR Report, 16 jan. 1959, citado por Popp, "Arab Nationalism and US Cold War Policies", p. 403.
34. Yaqub, *Containing Arab Nationalism*, p. 256.
35. W. Louis e R. Owen, *A Revolutionary Year: The Middle East in 1958* (Londres, 2002).
36. F. Matar, *Saddam Hussein: The Man, the Cause and his Future* (Londres, 1981), pp. 32-44.
37. "Memorandum of Discussion at the 420th Meeting of the National Security Council", 1 de out. 1959, *FRUS, 1958-1960: Near East Region; Iraq; Iran; Arabian Peninsula*, 12, p. 489, n. 6.
38. Esse incidente foi revelado durante investigações em 1975 sobre o uso de assassinato como ferramenta política pelas agências de inteligência dos EUA. O coronel, que não é identificado pelo nome, ao que parece foi executado por um pelotão de fuzilamento em Bagdá antes que o plano do lenço fosse posto em ação, *Alleged Assassination Plots Involving Foreign Leaders, Interim Report of the Select Committee to Study Governmental Operations with Respect to Intelligence Activities* (Washington, DC, 1975), p. 181, n. 1.
39. H. Rositzke, *The CIA's Secret Operations: Espionage, Counterespionage and Covert Action* (Boulder, CO, 1977), pp. 109-10.
40. A. Siddiqi, *Challenge to Apollo: The Soviet Union and the Space Race, 1945-1974* (Washington, DC, 2000); B. Chertok, *Rakety i lyudi: Fili Podlipki Tyuratam* (Moscou, 1996).
41. A. Siddiqi, *Sputnik and the Soviet Space Challenge* (Gainesville, FL, 2003), pp. 135-8.
42. G. Laird, *North American Air Defense: Past, Present and Future* (Maxwell, AL, 1975); S. Zaloga, "Most Secret Weapon: The Origins of Soviet Strategic Cruise Missiles, 1945-1960", *Journal of Slavic Military Studies* 6.2 (1993), pp. 262-73.
43. D. Kux, *The United States and Pakistan, 1947-2000: Disenchanted Allies* (Washington, DC, 2001), p.

112; N. Polmar, *Spyplane: The U-2 History Declassified* (Osceola, WI, 2001), pp. 131-48.
44. Karachi para Washington, DC, 31 out. 1958, *FRUS, 1958-60: South and Southeast Asia*, 15, p. 682.
45. Memo de conversa entre Eisenhower e Ayub, 8 dez. 1959, *FRUS, 1958-60: South and Southeast Asia*, 15, pp. 781-95.
46. R. Barrett, *The Greater Middle East and the Cold War: US Foreign Policy under Eisenhower and Kennedy* (Londres, 2007), pp. 167-8.
47. Boletim do Departamento de Estado, 21 jul. 1958.
48. Kux, *United States and Pakistan*, pp. 110-1.
49. V. Nemchenok, "In Search of Stability amid Chaos: US Policy toward Iran, 1961-63", *Cold War History* 10.3 (2010), p. 345.
50. Boletim da Central de Inteligência, 7 fev. 1961; A. Rubinstein, *Soviet Foreign Policy toward Turkey, Iran and Afghanistan: The Dynamics of Influence* (Nova York, 1982), pp. 67-8.
51. Informe do Conselho de Segurança Nacional, Declaração da Política dos EUA em relação ao Irã, 6 jul. 1960, *FRUS, 1958-1960: Near East Region; Iraq; Iran; Arabian Peninsula*, 12, pp. 680-8.
52. M. Momen, "The Babi and the Baha'i Community of Iran: A Case of 'Suspended Genocide'?", *Journal of Genocide Research* 7.2 (2005), pp. 221-42.
53. E. Abrahamian, *Iran between Two Revolutions* (Princeton, 1982), pp. 421-2.
54. J. Freivalds, "Farm Corporations in Iran: An Alternative to Traditional Agriculture", *Middle East Journal* 26.2 (1972), pp. 185-93; J. Carey e A. Carey, "Iranian Agriculture and its Development: 1952-1973", *International Journal of Middle East Studies* 7.3 (1976), pp. 359-82.
55. H. Ruhani, *Nehzat-e Imam-e Khomeini*, 2 vols. (Teheran, 1979), 1, p. 25.
56. Boletim da CIA, 5 maio 1961, citado por Nemchenok, "In Search of Stability", p. 348.
57. *Gahnamye panjah sal Shahanshahiye Pahlavi* (Paris, 1964), 24 jan. 1963.
58. Ver D. Brumberg, *Reinventing Khomeini: The Struggle for Reform in Iran* (Chicago, 2001).
59. D. Zahedi, *The Iranian Revolution: Then and Now* (Boulder, CO, 2000), p. 156.
60. "United States Support for Nation-Building" (1968); da embaixada dos EUA em Teerã ao Departamento de Estado, 4 maio 1972, ambos citados por R. Popp, "An Application of Modernization Theory during the Cold War? The Case of Pahlavi Iran", *International History Review* 30.1 (2008), pp. 86-7.
61. Polk para Mayer, 23 abr. 1965, citado por Popp, "Pahlavi Iran", p. 94.
62. Zahedi, *Iranian Revolution*, p. 155.
63. A. Danielsen, *The Evolution of OPEC* (Nova York, 1982); F. Parra, *Oil Politics: A Modern History of Petroleum* (Londres, 2004), pp. 89ss.
64. Ver principalmente M. Oren, *Six Days of War: June 1967 and the Making of the Modern Middle East* (Oxford, 2002).

CAPÍTULO 23 – A ROTA DA RIVALIDADE ENTRE AS SUPERPOTÊNCIAS

1. P. Pham, *Ending "East of Suez": The British Decision to Withdraw from Malaysia and Singapore, 1964-1968* (Oxford, 2010).
2. G. Stocking, *Middle East Oil: A Study in Political and Economic Controversy* (Nashville, TN, 1970), p. 282; H. Astarjian, *The Struggle for Kirkuk: The Rise of Hussein, Oil and the Death of Tolerance in Iraq* (Londres, 2007), p. 158.
3. "Moscow and the Persian Gulf", Intelligence Memorandum, 12 maio 1972, *FRUS, 1969-1976: Documents on Iran and Iraq, 1969-72*, E-4, p. 307.
4. *Izvestiya*, 12 jul. 1969.
5. Buchan, *Days of God*, p. 129.
6. Kwarteng, *Ghosts of Empire*, pp. 72-3.
7. Departmento de Estado para embaixada na França, conversa de Davies-Lopinot sobre o Iraque e o Golfo Pérsico, 20 abr. 1972, *FRUS, 1969-1976: Documents on Iran and Iraq, 1969-72*, E-4, p. 306.
8. G. Payton, "The Somali Coup of 1969: The Case for Soviet Complicity", *Journal of Modern African*

Studies 18.3 (1980), pp. 493-508.
9. Popp, "Arab Nationalism and US Cold War Policies", p. 408.
10. "Soviet Aid and Trade Activities in the Indian Ocean Area", relatório da CIA, S-6064 (1974); V. Goshev, *SSSR i strany Persidskogo zaliva* (Moscou, 1988).
11. US Arms Control and Disarmament Agency, *World Military Expenditure and Arms Transfers, 1968-1977* (Washington, DC, 1979), p. 156; R. Menon, *Soviet Power and the Third World* (New Haven, 1986), p. 173; sobre o Iraque, A. Fedchenko, *Irak v bor'be za nezavisimost'* (Moscou, 1970).
12. S. Mehrotra, "The Political Economy of Indo-Soviet Relations", in R. Cassen (ed.), *Soviet Interests in the Third World* (Londres, 1985), p. 224; L. Racioppi, *Soviet Policy towards South Asia since 1970* (Cambridge, 1994), pp. 63-5.
13. L. Dupree, *Afghanistan* (Princeton, 1973), pp. 525-6.
14. "The Shah of Iran: An Interview with Mohammad Reza Pahlavi", *New Atlantic*, 1 dez. 1973.
15. Ibid.
16. Boardman para Douglas-Home, Agosto de 1973, FCO 55/1116. Também O. Freedman, "Soviet Policy towards Ba'athist Iraq, 1968-1979", in R. Donaldson (ed.), *The Soviet Union in the Third World* (Boulder, CO, 1981), pp. 161-91.
17. Saddam Hussein, *On Oil Nationalisation* (Bagdá, 1973), pp. 8 e 10.
18. R. Bruce St John, *Libya: From Colony to Revolution* (Oxford, 2012), pp. 138-9.
19. Kadafi, "Address at Ṭubruq", 7 nov. 1969, in "The Libyan Revolution in the Words of its Leaders", *Middle East Journal* 24.2 (1970), p. 209.
20. Ibid., pp. 209-10; M. Ansell e M. al-Arif, *The Libyan Revolution: A Sourcebook of Legal and Historical Documents* (Stoughton, WI, 1972), p. 280; *Multinational Corporations and United States Foreign Policy*, 93rd Congressional Hearings (Washington, DC, 1975), 8, pp. 771-3, citado por Yergin, *The Prize*, p. 562.
21. F. Halliday, *Iran, Dictatorship and Development* (Harmondsworth, 1979), p. 139; Yergin, *The Prize*, p. 607.
22. P. Marr, *Modern History of Iraq* (Londres, 2004), p. 162.
23. Embaixada em Trípoli para Washington, 5 dez. 1970, citado por Yergin, *The Prize*, p. 569.
24. G. Hughes, "Britain, the Transatlantic Alliance, and the Arab–Israeli War of 1973", *Journal of Cold War Studies* 10.2 (2008), pp. 3-40.
25. "The Agranat Report: The First Partial Report", *Jerusalem Journal of International Relations* 4.1 (1979), p. 80. Ver também U. Bar-Joseph, *The Watchman Fell Asleep: The Surprise of Yom Kippur and its Sources* (Albany, NY, 2005), esp. pp. 174-83.
26. A. Rabinovich, *The Yom Kippur War: The Epic Encounter that Transformed the Middle East* (Nova York, 2004), p. 25; Andrew e Mitrokhin, *The Mitrokhin Archive II*, p. 160.
27. G. Golan, "The Soviet Union and the Yom Kippur War", in P. Kumaraswamy, *Revisiting the Yom Kippur War* (Londres, 2000), pp. 127-52; idem, "The Cold War and the Soviet Attitude towards the Arab–Israeli Conflict", in N. Ashton (ed.), *The Cold War in the Middle East: Regional Conflict and the Superpowers, 1967–73* (Londres, 2007), p. 63.
28. H. Kissinger, *Years of Upheaval* (Boston, 1982), p. 463.
29. "Address to the Nation about Policies to Deal with the Energy Shortages", 7 nov. 1973, *Public Papers of the Presidents of the United States [PPPUS]: Richard M. Nixon, 1973* (Washington, DC, 1975), pp. 916-7.
30. Ibid; Yergin, *The Prize*, pp. 599-601.
31. D. Tihansky, "Impact of the Energy Crisis on Traffic Accidents", *Transport Research* 8 (1974), pp. 481-3.
32. S. Godwin e D. Kulash, "The 55 mph Speed Limit on US Roads: Issues Involved", *Transport Reviews: A Transnational Transdisciplinary Journal* 8.3 (1988), pp. 219-35.
33. Ver, por exemplo, R. Knowles, *Energy and Form: Approach to Urban Growth* (Cambridge, MA, 1974); P. Steadman, *Energy, Environment and Building* (Cambridge, 1975).
34. D. Rand, "Battery Systems for Electric Vehicles – a State-of-the-Art Review", *Journal of Power*

Sources 4 (1979), pp. 101-43.
35. Discurso em seminário sobre energia, 21 ago. 1973, citado por E. S. Godbold, *Jimmy and Rosalynn Carter: The Georgian Years, 1924-1974* (Oxford, 2010), p. 239.
36. J. G. Moore, "The Role of Congress", in R. Larson e R. Vest, *Implementation of Solar Thermal Technology* (Cambridge, MA, 1996), pp. 69-118.
37. Presidente Nixon, "Memorandum Directing Reductions in Energy Consumption by the Federal Government", 29 jun. 1973, *PPPUS: Nixon, 1973*, p. 630.
38. Yergin, *The Prize*, pp. 579 e 607.
39. Ibid., p. 616.
40. K. Makiya, *The Monument: Art, Vulgarity, and Responsibility in Iraq* (Berkeley, 1991), pp. 20-32; R. Baudouï, "To Build a Stadium: Le Corbusier's Project for Baghdad, 1955-1973", *DC Papers, revista de crítica y teoría de la arquitectura* 1 (2008), pp. 271-80.
41. P. Stearns, *Consumerism in World History: The Global Transformation of Desire* (Londres, 2001), p. 119.
42. Sreedhar e J. Cavanagh, "US Interests in Iran: Myths and Realities", *ISDA Journal* 11.4 (1979), pp. 37-40; US Arms Control and Disarmament Agency, *World Military Expenditures and Arms Transfers 1972-82* (Washington, DC, 1984), p. 30; T. Moran, "Iranian Defense Expenditures and the Social Crisis", *International Security* 3.3 (1978), p. 180.
43. Citado por Buchan, *Days of God*, p. 162.
44. A. Alnasrawi, *The Economy of Iraq: Oil, Wars, Destruction of Development and Prospects, 1950--2010* (Westport, CT, 1994), p. 94; C. Tripp, *A History of Iraq* (Cambridge, 2000), p. 206.
45. "Secretary Kerry's Interview on Iran with NBC's David Gregory", 10 nov. 2013, Departamento de Estado dos EUA, embaixada dos Estados Unidos em Londres, site da internet.
46. "Past Arguments Don't Square with Current Iran Policy", *Washington Post*, 27 mar. 2005.
47. S. Parry-Giles, *The Rhetorical Presidency, Propaganda, and the Cold War, 1945-55* (Westport, CT, 2002), pp. 164ss.
48. Citado por Shawcross, *Shah's Last Ride*, p. 179.
49. Secretário de Estado Henry A. Kissinger para o presidente Gerald R. Ford, Memorando, 13 maio 1975, in M. Hunt (ed.), *Crises in US Foreign Policy: An International History Reader* (Nova York, 1996), p. 398.
50. J. Abdulghani, *Iran and Iraq: The Years of Crisis* (Londres, 1984), pp. 152-5.
51. R. Cottam, *Iran and the United States: A Cold War Case Study* (Pittsburgh, 1988), pp. 149-51.
52. H. Kissinger, *The White House Years* (Boston, 1979), p. 1265; idem, *Years of Upheaval*; L. Meho, *The Kurdish Question in US Foreign Policy: A Documentary Sourcebook* (Westport, CT, 2004), p. 14.
53. *Power Study of Iran, 1974-75*, Informe ao governo imperial do Irã (1975), pp. 3-24, citado por B. Mossavar-Rahmani, "Iran", in J. Katz e O. Marwah (eds.), *Nuclear Power in Developing Countries: An Analysis of Decision Making* (Lexington, MA, 1982), p. 205.
54. D. Poneman, *Nuclear Power in the Developing World* (Londres, 1982), p. 86.
55. Ibid., p. 87; J. Yaphe e C. Lutes, *Reassessing the Implications of a Nuclear-Armed Iran* (Washington, DC, 2005), p. 49.
56. B. Mossavar-Rahmani, "Iran's Nuclear Power Programme Revisited", *Energy Policy* 8.3 (1980), pp. 193-4, e idem, *Energy Policy in Iran: Domestic Choices and International Implications* (Nova York, 1981).
57. S. Jones e J. Holmes, "Regime Type, Nuclear Reversals, and Nuclear Strategy: The Ambiguous Case of Iran", in T. Yoshihara e J. Holmes (eds.), *Strategy in the Second Nuclear Age: Power, Ambition and the Ultimate Weapon* (Washington, DC, 2012), p. 219.
58. *Special Intelligence Estimate: Prospects for Further Proliferation of Nuclear Weapons* (1974), p. 38, Arquivo de Segurança Nacional.
59. K. Hamza com J. Stein, "Behind the Scenes with the Iraqi Nuclear Bomb", in M. Sifry e C. Cerf (eds.), *The Iraq War Reader: History, Documents, Opinions* (Nova York, 2003), p. 191.
60. J. Snyder, "The Road to Osirak: Baghdad's Quest for the Bomb", *Middle East Journal* 37 (1983), pp. 565-94; A. Cordesman, *Weapons of Mass Destruction in the Middle East* (Londres, 1992), pp. 95-102; D.

Albright e M. Hibbs, "Iraq's Bomb: Blueprints and Artifacts", *Bulletin of the Atomic Scientists* (1992), pp. 14-23.
61. A. Cordesman, *Iraq and the War of Sanctions: Conventional Threats and Weapons of Mass Destruction* (Westport, CT, 1999), pp. 603-6.
62. *Prospects for Further Proliferation*, pp. 20-6.
63. K. Mahmoud, *A Nuclear Weapons-Free Zone in the Middle East: Problems and Prospects* (Nova York, 1988), p. 93.
64. Wright para Parsons e Egerton, 21 nov. 1973, FO 55/1116.
65. F. Khan, *Eating Grass: The Making of the Pakistani Bomb* (Stanford, 2012), p. 279.
66. Dr. A. Khan, "Pakistan's Nuclear Programme: Capabilities and Potentials of the Kahuta Project", Discurso no Instituto de Assuntos Nacionais do Paquistão, 10 set. 1990, citado in Khan, *Making of the Pakistani Bomb*, p. 158.
67. Kux, *The United States and Pakistan*, pp. 221-4.
68. Memorando de conversa, 12 maio 1976, citado por R. Alvandi, *Nixon, Kissinger, and the Shah: The United States and Iran in the Cold War* (Oxford, 2014), p. 163.
69. G. Sick, *All Fall Down: America's Tragic Encounter with Iran* (Nova York, 1987), p. 22.
70. "Toasts of the President and the Shah at a State Dinner", 31 dez. 1977, *PPPUS: Jimmy Carter, 1977*, pp. 2220-2.
71. Mossaver-Rahmani, "Iran's Nuclear Power", p. 192.
72. Pesaran, "System of Dependent Capitalism in Pre- and Post-Revolutionary Iran", *International Journal of Middle East Studies* 14 (1982), p. 507; P. Clawson, "Iran's Economy between Crisis and Collapse", *Middle East Research and Information Project Reports* 98 (1981), pp. 11-5; K. Pollack, *Persian Puzzle: The Conflict between Iran and America* (Nova York, 2004), p. 113; também N. Keddie, *Modern Iran: Roots and Results of Revolution* (New Haven, 2003), pp. 158-62.
73. M. Heikal, *Iran: The Untold Story* (Nova York, 1982), pp. 145-6.
74. Shawcross, *Shah's Last Ride*, p. 35.
75. J. Carter, *Keeping Faith: Memoirs of a President* (Fayetteville, AR, 1995), p. 118.
76. A. Moens, "President Carter's Advisers and the Fall of the Shah", *Political Science Quarterly* 106.2 (1980), pp. 211-37.
77. D. Murray, *US Foreign Policy and Iran: American–Iranian Relations since the Islamic Revolution* (Londres, 2010), p. 20.
78. Departamento de Comércio dos EUA, *Foreign Broadcast Service*, 6 nov. 1979.
79. "Afghanistan in 1977: An External Assessment", embaixada dos EUA em Cabul para o Departamento de Estado, 30 jan. 1978.
80. Braithwaite, *Afgantsy*, pp. 78-9; S. Coll, *Ghost Wars: The Secret History of the CIA, Afghanistan, and Bin Laden, from the Soviet Intervention to September 10, 2001* (Nova York, 2004), p. 48.

CAPÍTULO 24 – A ROTA DA CATÁSTROFE
1. Andrew e Mitrokhin, *Mitrokhin Archive II*, pp. 178-80.
2. Sreedhar e Cavanagh, "US Interests in Iran", p. 140.
3. C. Andrew e O. Gordievsky, *KGB: The Inside Story of its Foreign Operations from Lenin to Gorbachev* (Londres, 1990), p. 459.
4. W. Sullivan, *Mission to Iran: The Last Ambassador* (Nova York, 1981), pp. 201-3 e 233; também Sick, *All Fall Down*, pp. 81-7; A. Moens, "President Carter's Advisors", *Political Science Quarterly* 106.2 (1991), p. 244.
5. Z. Brzezinski, *Power and Principle: Memoirs of the National Security Adviser, 1977-1981* (Londres, 1983), p. 38.
6. "Exiled Ayatollah Khomeini returns to Iran", BBC News, 1 fev. 1979.
7. Sick, *All Fall Down*, pp. 154-6; D. Farber, *Taken Hostage: The Iran Hostage Crisis and America's First Encounter with Radical Islam* (Princeton, 2005), pp. 99-100 e 111-3.
8. C. Vance, *Hard Choices: Critical Years in America's Foreign Policy* (Nova York, 1983), p. 343; B.

Glad, *An Outsider in the White House: Jimmy Carter, his Advisors, and the Making of American Foreign Policy* (Ithaca, NY, 1979), p. 173.
9. *Constitution of the Islamic Republic of Iran* (Berkeley, 1980).
10. "Presidential Approval Ratings – Historical Statistics and Trends", www.gallup.com.
11. A. Cordesman, *The Iran–Iraq War and Western Security, 1984-1987* (Londres, 1987), p. 26. Também D. Kinsella, "Conflict in Context: Arms Transfers and Third World Rivalries during the Cold War", *American Journal of Political Science* 38.3 (1994), p. 573.
12. Sreedhar e Cavanagh, "US Interests in Iran", p. 143.
13. "Comment by Sir A. D. Parsons, Her Majesty's Ambassador, Teheran, 1974- 1979", in N. Browne, *Report on British Policy on Iran, 1974-1978* (Londres, 1980), Annexe B.
14. R. Cottam, "US and Soviet Responses to Islamic Political Militancy", in N. Keddie e M. Gasiorowski (eds.), *Neither East nor West: Iran, the Soviet Union and the United States* (New Haven, 1990, p. 279; A. Rubinstein, "The Soviet Union and Iran under Khomeini", *International Affairs* 57.4 (1981), p. 599.
15. O testemunho de Turner vazou para a imprensa, "Turner Sees a Gap in Verifying Treaty: Says Iran Bases Can't Be Replaced until '84", *New York Times*, 17 abr. 1979.
16. R. Gates, *From the Shadows: The Ultimate Insider's Story of Five Presidents and How They Won the Cold War* (Nova York, 1996). Gates diz que as negociações foram delicadas, e acrescenta pouco mais; e que o almirante Turner deixou crescer o bigode para a sua visita, talvez como disfarce, pp. 122-3.
17. J. Richelson, "The Wizards of Langley: The CIA's Directorate of Science and Technology", in R. Jeffreys-Jones e C. Andrew (eds.), *Eternal Vigilance? 50 Years of the CIA* (Londres, 1997), pp. 94-5.
18. Rubinstein, "The Soviet Union and Iran under Khomeini", pp. 599 e 601.
19. Gates, *From the Shadows*, p. 132.
20. R. Braithwaite, *Afgantsy: The Russians in Afghanistan, 1979-89* (Londres, 2011), pp. 37-44.
21. "Main Outlines of the Revolutionary Tasks"; Braithwaite, *Afgantsy*, pp. 42-3; P. Dimitrakis, *The Secret War in Afghanistan: The Soviet Union, China and Anglo-American Intelligence in the Afghan War* (Londres, 2013), pp. 1-20.
22. J. Amstutz, *Afghanistan: The First Five Years of Soviet Occupation* (Washington, DC, 1986), p. 130; H. Bradsher, *Afghanistan and the Soviet Union* (Durham, NC, 1985), p. 1010.
23. N. Newell e R. Newell, *The Struggle for Afghanistan* (Ithaca, NY, 1981), p. 86.
24. N. Misdaq, *Afghanistan: Political Frailty and External Interference* (2006), p. 108.
25. A. Assifi, "The Russian Rope: Soviet Economic Motives and the Subversion of Afghanistan", *World Affairs* 145.3 (1982-3), p. 257.
26. V. Bukovsky, *Reckoning with Moscow: A Dissident in the Kremlin's Archives* (Londres, 1998), pp. 380-2.
27. Gates, *From the Shadows*, pp. 131-2.
28. Departamento de Estado dos EUA, Escritório de Segurança, *The Kidnapping and Death of Ambassador Adolph Dubs, February 14 1979* (Washington, DC, 1979).
29. D. Cordovez e S. Harrison, *Out of Afghanistan: The Inside Story of the Soviet Withdrawal* (Oxford, 1995), p. 35; D. Camp, *Boots on the Ground: The Fight to Liberate Afghanistan from Al-Qaeda and the Taliban* (Minneapolis, 2012), pp. 8-9.
30. Informes da CIA, 20 ago.; 24 ago.; 11 set.; 14 set., 20 set.; Gates, *From the Shadows*, pp. 132-3.
31. "What Are the Soviets Doing in Afghanistan?", 17 set. 1979, Arquivo de Segurança Nacional.
32. D. MacEachin, *Predicting the Soviet Invasion of Afghanistan: The Intelligence Community's Record* (Washington, DC, 2002); O. Sarin e L. Dvoretsky, *The Afghan Syndrome: The Soviet Union's Vietnam* (Novato, CA, 1993), pp. 79-84.
33. M. Brecher e J. Wilkenfeld, *A Study of Crisis* (Ann Arbor, MI, 1997), p. 357.
34. *Pravda*, 29, 30 dez. 1979.
35. Amstutz, *Afghanistan*, pp. 43-4. Os rumores eram muito fortes – e presumivelmente muito persuasivos –, e o próprio embaixador Dubs teria feito investigações com a CIA para checar se eram procedentes, Braithwaite, *Afgantsy*, pp. 78-9. Sobre intrigas difundidas localmente, R. Garthoff,

Détente and Confrontation: Soviet–American Relations from Nixon to Reagan (Washington, DC, 1985), p. 904. Também Andrew e Mitrokhin, *Mitrokhin Archive II*, pp. 393-4.
36. A. Lyakhovskii, *Tragediya i doblest' Afgana* (Moscou, 1995), p. 102.
37. Braithwaite, *Afgantsy*, pp. 78-9 e 71; Lyakhovskii, *Tragediya i doblest' Afgana*, p. 181.
38. Citado por V. Zubok, *A Failed Empire: The Soviet Union in the Cold War from Stalin to Gorbachev* (Chapel Hill, NC, 2007), p. 262; Coll, *Ghost Wars*, p. 48.
39. "Meeting of the Politburo Central Committee", 17 mar. 1979, pp. 142-9, in Dimitrakis, *Secret War*, p. 133.
40. Lyakhovskii, *Tragediya i doblest' Afgana*, pp. 109-12.
41. *Pravda*, 13 jan. 1980.
42. Braithwaite, *Afgantsy*, p. 77.
43. "The Current Digest of the Soviet Press", *American Association for the Advancement of Slavic Studies* 31 (1979), p. 4.
44. Zubok, *A Failed Empire*, p. 262.
45. Lyakhovskii, *Tragediya i doblest' Afgana*, p. 215.
46. *Pravda*, 13 jan. 1980.
47. Citado por Lyakhovskii, *Tragediya i doblest' Afgana*, p. 252.
48. Brzezinski não considera importantes essas advertências, *Power and Principle*, pp. 472-5; Vance, *Hard Choices*, pp. 372-3; Glad, *Outsider in the White House*, pp. 176-7.
49. D. Harris, *The Crisis: The President, the Prophet, and the Shah: 1979 and the Coming of Militant Islam* (Nova York, 2004), p. 193.
50. Ibid., pp. 199-200.
51. Farber, *Taken Hostage*, pp. 41-2.
52. Saunders, "Diplomacy and Pressure, de novembro de 1979 – May 1980", in W. Christopher (ed.), *American Hostages in Iran: Conduct of a Crisis* (New Haven, 1985), pp. 78-9.
53. H. Alikhani, *Sanctioning Iran: Anatomy of a Failed Policy* (Nova York, 2001), p. 67.
54. "Rivals Doubt Carter will Retain Poll Gains after Iran Crisis", *Washington Post*, 17 dez. 1979. Ver C. Emery, "The Transatlantic and Cold War Dynamics of Iran Sanctions, 1979-80", *Cold War History* 10.3 (2010), pp. 374-6.
55. "Text of Khomeini speech", 20 nov. 1979, memorando do Conselho de Segurança Nacional ao presidente Carter, citado por Emery, "Iran Sanctions", p. 374.
56. Ibid.
57. Ibid., p. 375.
58. "The Hostage Situation", memorando do director da CIA, 9 jan. 1980, citado por Emery, "Iran Sanctions", p. 380.
59. Carter, *Keeping Faith*, p. 475.
60. Ibid. Também G. Sick, "Military Operations and Constraints", in Christopher, *American Hostages in Iran*, pp. 144-72.
61. Woodrow Wilson Center, *The Origins, Conduct, and Impact of the Iran–Iraq War, 1980-1988: A Cold War International History Project Document Reader* (Washington, DC, 2004).
62. "NSC on Afghanistan", Fritz Ermath para Brzezinski, citado por Emery, "Iran Sanctions", p. 379.
63. "The State of the Union. Address Delivered Before a Joint Session of the Congress", 23 jan. 1980, p. 197.
64. M. Bowden, *Guests of the Ayatollah: The First Battle in America's War with Militant Islam* (2006), pp. 359-61.
65. J. Kyle e J. Eidson, *The Guts to Try: The Untold Story of the Iran Hostage Rescue Mission by the On-Scene Desert Commander* (Nova York, 1990); também P. Ryan, *The Iranian Rescue Mission: Why It Failed* (Annapolis, 1985).
66. S. Mackey, *The Iranians: Persia, Islam and the Soul of a Nation* (Nova York, 1996), p. 298.
67. Brzezinski para Carter, 3 jan. 1980, in H. Brands, "Saddam Hussein, the United States, and the Invasion of Iran: Was There a Green Light?", *Cold War History* 12.2 (2012), pp. 322-3; ver também O. Njølstad,

"Shifting Priorities: The Persian Gulf in US Strategic Planning in the Carter Years", *Cold War History* 4.3 (2004), pp. 30-8.
68. R. Takeyh, "The Iran–Iraq War: A Reassessment", *Middle East Journal* 64 (2010), p. 367.
69. A. Bani-Sadr, *My Turn to Speak: Iran, the Revolution and Secret Deals with the US* (Washington, DC, 1991), pp. 13, 70-1; D. Hiro, *Longest War: The Iran–Iraq Military Conflict* (Nova York, 1991), pp. 71-2; S. Fayazmanesh, *The United States and Iran: Sanctions, Wars and the Policy of Dual Containment* (Nova York, 2008), pp. 16-7.
70. Brands, "Saddam Hussein, the United States, and the Invasion of Iran", pp. 321-37.
71. K. Woods e M. Stout, "New Sources for the Study of Iraqi Intelligence during the Saddam Era", *Intelligence and National Security* 25.4 (2010), p. 558.
72. "Transcript of a Meeting between Saddam Hussein and his Commanding Officers at the Armed Forces General Command", 22 nov. 1980, citado por H. Brands e D. Palkki, "Saddam Hussein, Israel, and the Bomb: Nuclear Alarmism Justified?", *International Security* 36.1 (2011), pp. 145-6.
73. "Meeting between Saddam Hussein and High-Ranking Officials", 16 set. 1980, in K. Woods, D. Palkki e M. Stout (eds.), *The Saddam Tapes: The Inner Workings of a Tyrant's Regime* (Cambridge, 2011), p. 134.
74. Citado por Brands e Palkki, "Saddam, Israel, and the Bomb", p. 155.
75. "President Saddam Hussein Meets with Iraqi Officials to Discuss Political Issues", nov. 1979, in Woods, Palkki e Stout, *Saddam Tapes*, p. 22.
76. Citado por Brands, "Saddam Hussein, the United States, and the Invasion of Iran", p. 331. Sobre as visões paranoicas de Saddam, ver K. Woods, J. Lacey e W. Murray, "Saddam's Delusions: The View from the Inside", *Foreign Affairs* 85.3 (2006), pp. 2-27.
77. J. Parker, *Persian Dreams: Moscow and Teheran since the Fall of the Shah* (Washington, DC, 2009), pp. 6-10.
78. Brands, "Saddam Hussein, the United States, and the Invasion of Iran", p. 331.
79. O. Smolansky e B. Smolansky, *The USSR and Iraq: The Soviet Quest for Influence* (Durham, NC, 1991), pp. 230-4.
80. "Military Intelligence Report about Iran", 1 jul. 1980, citado por Brands, "Saddam Hussein, the United States, and the Invasion of Iran", p. 334. Também H. Brands, "Why Did Saddam Hussein Invade Iran? New Evidence on Motives, Complexity, and the Israel Factor", *Journal of Military History* 75 (2011), pp. 861-5; idem, "Saddam and Israel: What Do the New Iraqi Records Reveal?", *Diplomacy & Statecraft* 22.3 (2011), pp. 500-20.
81. Brands, "Saddam Hussein, the United States, and the Invasion of Iran", p. 323.
82. Sick, *All Fall Down*, pp. 313-4; J. Dumbrell, *The Carter Presidency: A Re-Evaluation* (Manchester, 2005), p. 171.
83. Brzezinski, *Power and Principle*, p. 504.
84. J.-M. Xaviere (trad.), *Sayings of the Ayatollah Khomeini: Political, Philosophical, Social and Religious: Extracts from Three Major Works by the Ayatollah* (Nova York, 1980), pp. 8-9.
85. E. Abrahamian, *Khomeinism: Essays on the Islamic Republic* (Londres, 1989), p. 51.
86. T. Parsi, *The Treacherous Alliance: The Secret Dealings of Iran, Israel and the United States* (New Haven, 2007), p. 107.
87. R. Claire, *Raid on the Sun: Inside Israel's Secret Campaign that Denied Saddam Hussein the Bomb* (Nova York, 2004).
88. Woods, Palkki e Stout, *Saddam Tapes*, p. 79.
89. "Implications of Iran's Victory over Iraq", 8 jun. 1982, Arquivo de Segurança Nacional.
90. *The Times*, 14 jul. 1982.
91. G. Shultz, *Turmoil and Triumph: Diplomacy, Power and the Victory of the American Deal* (Nova York, 1993), p. 235.
92. B. Jentleson, *Friends Like These: Reagan, Bush, and Saddam, 1982-1990* (Nova York, 1994), p. 35; J. Hiltermann, *A Poisonous Affair: America, Iraq and the Gassing of Halabja* (Cambridge, 2007), pp. 42-4.
93. "Talking Points for Amb. Rumsfeld's Meeting with Tariq Aziz and Saddam Hussein", 14 dez. 1983,

citado por B. Gibson, *Covert Relationship: American Foreign Policy, Intelligence and the Iran–Iraq War, 1980-1988* (Santa Barbara, 2010), pp. 111-2.
94. Citado por Gibson, *Covert Relationship*, p. 113.
95. H. Brands e D. Palkki, "Conspiring Bastards: Saddam Hussein's Strategic View of the United States", *Diplomatic History* 36.3 (2012), pp. 625-59.
96. "Talking Points for Ambassador Rumsfeld's Meeting with Tariq Aziz and Saddam Hussein", 4 dez. 1983, citado por Gibson, *Covert Relationship*, p. 111.
97. Gibson, *Covert Relationship*, pp. 113-8.
98. Almirante Howe para secretário de Estado, "Iraqi Use of Chemical Weapons", 1 nov. 1983, citado por Gibson, *Covert Relationship*, p. 107.
99. Citado por Z. Fredman, "Shoring up Iraq, 1983 to 1990: Washington and the Chemical Weapons Controversy", *Diplomacy & Statecraft* 23.3 (2012), p. 538.
100. O Conselho de Segurança das Nações Unidas expediu a Resolução 540 pedindo o fim das operações militares, mas não mencionou as armas químicas. De acordo com um alto funcionário das Nações Unidas, quando o secretário-geral, Javier Pérez de Cuéllar, levantou a questão de se examinar o assunto, "ele deparou com uma atmosfera de frieza; o Conselho de Segurança não queria saber de nada disso". Hiltermann, *A Poisonous Affair*, p. 58. Ver também Gibson, *Covert Relationship*, pp. 108-9.
101. Fredman, "Shoring up Iraq", p. 539.
102. "Iraqi Use of Chemical Weapons", in Gibson, *Covert Relationship*, p. 108.
103. Fredman, "Shoring Up Iraq", p. 542.
104. A. Neier, "Human Rights in the Reagan Era: Acceptance by Principle", *Annals of the American Academy of Political and Social Science* 506.1 (1989), pp. 30-41.
105. Braithwaite, *Afgantsy*, pp. 201-2, e M. Bearden e J. Risen, *Afghanistan: The Main Enemy* (Nova York, 2003), pp. 227 e 333-6.
106. Braithwaite, *Afgantsy*, p. 214; D. Gai e V. Snegirev, *Vtorozhenie* (Moscou, 1991), p. 139.
107. Braithwaite, *Afgantsy*, pp. 228-9.
108. Ibid., p. 223.
109. J. Hershberg, "The War in Afghanistan and the Iran–Contra Affair: Missing Links?", *Cold War History* 3.3 (2003), p. 27.
110. National Security Decision Directive 166, 27 mar. 1985, Arquivo de Segurança Nacional.
111. Hershberg, "The War in Afghanistan and the Iran–Contra Affair", p. 28; também H. Teicher e G. Teicher, *Twin Pillars to Desert Storm: America's Flawed Vision in the Middle East from Nixon to Bush* (Nova York, 1993), pp. 325-6.
112. Braithwaite, *Afgantsy*, p. 215.
113. Coll, *Ghost Wars*, pp. 161-2 e 71-88.
114. *Beijing Review*, 7 jan. 1980.
115. M. Malik, *Assessing China's Tactical Gains and Strategic Losses Post-September 11* (Carlisle Barracks, 2002), citado por S. Mahmud Ali, *US–China Cold War Collaboration: 1971-1989* (Abingdon, 2005), p. 177.
116. Braithwaite, *Afgantsy*, pp. 202-3.
117. Citado por Teicher e Teicher, *Twin Pillars to Desert Storm*, p. 328.
118. "Toward a Policy in Iran", in *The Tower Commission Report: The Full Text of the President's Special Review Board* (Nova York, 1987), pp. 112-5.
119. H. Brands, "Inside the Iraqi State Records: Saddam Hussein, 'Irangate' and the United States", *Journal of Strategic Studies* 34.1 (2011), p. 103.
120. H. Emadi, *Politics of the Dispossessed: Superpowers and Developments in the Middle East* (Westport, CT, 2001), p. 41.
121. Hershberg, "The War in Afghanistan and the Iran–Contra Affair", pp. 30-1.
122. Ibid., pp. 35 e 37-9.
123. M. Yousaf e M. Adkin, *The Bear Trap* (Londres, 1992), p. 150.
124. "Memorandum of Conversation, 26 May 1986", *Tower Commission Report*, pp. 311-2; Hershberg, "The War

in Afghanistan and the Iran–Contra Affair", pp. 40 e 42.
125. Citado por Hershberg, "The War in Afghanistan and the Iran–Contra Affair", p. 39.
126. S. Yetiv, *The Absence of Grand Strategy: The United States in the Persian Gulf, 1972-2005* (Baltimore, 2008), p. 57.
127. E. Hooglund, "The Policy of the Reagan Administration toward Iran", in Keddie e Gasiorowski, *Neither East nor West*, p. 190. Para outro exemplo, ver Brands, "Inside the Iraqi State Records", p. 100.
128. K. Woods, *Mother of All Battles: Saddam Hussein's Strategic Plan for the Persian Gulf War* (Annapolis, 2008), p. 50.
129. B. Souresrafil, *Khomeini and Israel* (Londres, 1988), p. 114.
130. *Report of the Congressional Committees Investigating the Iran–Contra Affair, with Supplemental, Minority, and Additional Views* (Washington, DC, 1987), p. 176.
131. For the arms sales, *Report of the Congressional Committees Investigating the Iran–Contra Affair*, passim.
132. A. Hayes, "The Boland Amendments and Foreign Affairs Deference", *Columbia Law Review* 88.7 (1988), pp. 1534-74.
133. "Address to the Nation on the Iran Arms and Contra Aid Controversy", 13 nov. 1986, *PPPUS: Ronald Reagan, 1986*, p. 1546.
134. "Address to the Nation on the Iran Arms and Contra Aid Controversy", 4 mar. 1987, *PPPUS: Ronald Reagan, 1987*, p. 209.
135. L. Walsh, *Final Report of the Independent Counsel for Iran/Contra Matters*, 4 vols. (Washington, DC, 1993).
136. G. H. W. Bush, "Grant of Executive Clemency", Proclamation 6518, 24 dez. 1992, *Federal Register* 57.251, pp. 62145-6.
137. "Cabinet Meeting regarding the Iran–Iraq War, mid-November 1986", e "Saddam Hussein Meeting with Ba'ath Officials", início de 1987, ambos citados por Brands, "Inside the Iraqi State Records", p. 105.
138. "Saddam Hussein Meeting with Ba'ath Officials", início de 1987, citado por Brands, "Inside the Iraqi State Records", pp. 112-3.
139. Ibid., p. 113.
140. *Comprehensive Report of the Special Advisor to the Director of Central Intelligence on Iraq's Weapons of Mass Destruction*, 3 vols. (2004), 1, p. 31; Brands, "Inside the Iraqi State Records", p. 113.
141. Anotações de Colin Powell da reunião 21 de janeiro de 1987, Woodrow Wilson Center, *The Origins, Conduct, and Impact of the Iran–Iraq War*.
142. Brands, "Inside the Iraqi State Records", p. 112.
143. D. Neff, "The US, Iraq, Israel and Iran: Backdrop to War", *Journal of Palestinian Studies* 20.4 (1991), p. 35.
144. Brands e Palkki, "Conspiring Bastards", p. 648.
145. Fredman, "Shoring Up Iraq", p. 548.
146. WikiLeaks, 90 BAGHDAD 4237.
147. "Excerpts from Iraqi Document on Meeting with US Envoy", *New York Times*, 23 set. 1990.

CAPÍTULO 25 – A ROTA DA TRAGÉDIA

1. Paul para o Ministério de Assuntos Exteriores e da Commonwealth, "Saddam Hussein al-Tikriti", 20 dez. 1969, FCO 17/871; "Saddam Hussein", telegrama da embaixada britânica de Bagdá ao Ministério de Assuntos Exteriores e da Commonwealth, Londres, 20 dez. 1969, FCO 17/871.
2. "Rumsfeld Mission: December 20 Meeting with Iraqi President Saddam Hussein", Arquivo de Segurança Nacional. Sobre os franceses e Saddam, C. Saint-Prot, *Saddam Hussein: un gaullisme arabe?* (Paris, 1987); ver também D. Styan, *France and Iraq: Oil, Arms and French Policy Making in the Middle East* (Londres, 2006).
3. "Saddam and his Senior Advisors Discussing Iraq's Historical Rights to Kuwait and the US Position", 15 dez. 1990, in Woods, Palkki e Stout, *Saddam Tapes*, pp. 34-5.
4. Presidente George H. W. Bush, "National Security Directive 54. Responding to Iraqi Aggression in the Gulf", 15 jan. 1991, Arquivo de Segurança Nacional.
5. G. Bush, *Speaking of Freedom: The Collected Speeches of George H. W. Bush* (Nova York, 2009), pp. 196-7.

6. J. Woodard, *The America that Reagan Built* (Westport, CT, 2006), p. 139, n. 39.
7. Presidente George H. W. Bush, "National Security Directive 54. Responding to Iraqi Aggression in the Gulf".
8. G. Bush e B. Scowcroft, *A World Transformed* (Nova York, 1998), p. 489.
9. Citado por J. Connelly, "In Northwest: Bush–Cheney Flip Flops Cost America in Blood", *Seattle Post-Intelligencer*, 29 jul. 2004. Ver também B. Montgomery, *Richard B. Cheney and the Rise of the Imperial Vice Presidency* (Westport, CT, 2009), p. 95.
10. W. Martel, *Victory in War: Foundations of Modern Strategy* (Cambridge, 2011), p. 248.
11. Presidente Bush, "Address before a Joint Session of the Congress on the State of the Union", 28 jan. 1992, *PPPUS: George Bush, 1992-1993*, p. 157.
12. Sobre o colapso da União Soviética, ver S. Plokhy, *The Last Empire: The Final Days of the Soviet Union* (Nova York, 2014); sobre a China nesse período, L. Brandt e T. Rawski (eds.), *China's Great Economic Transformation* (Cambridge, 2008).
13. Bush, "State of the Union", 28 jan. 1992, p. 157.
14. Resolução 687 da ONU (1991), cláusula 20.
15. S. Zahdi e M. Smith Fawzi, "Health of Baghdad's Children", *Lancet* 346.8988 (1995), p. 1485; C. Ronsmans et al., "Sanctions against Iraq", *Lancet* 347.8995 (1996), pp. 198-200. As cifras de mortalidade foram mais tarde ajustadas para baixo, S. Zaidi, "Child Mortality in Iraq", *Lancet* 350.9084 (1997), p. 1105.
16. *60 Minutes*, CBS, 12 maio 1996.
17. B. Lambeth, *The Unseen War: Allied Air Power and the Takedown of Saddam Hussein* (Annapolis, 2013), p. 61.
18. Para uma visão geral, ver C. Gray, "From Unity to Polarization: International Law and the Use of Force against Iraq", *European Journal of International Law* 13.1 (2002), pp. 1-19. Também A. Bernard, "Lessons from Iraq and Bosnia on the Theory and Practice of No-Fly Zones", *Journal of Strategic Studies* 27 (2004), pp. 454-8.
19. Lei de Libertação do Iraque, 31 out. 1998.
20. Presidente Clinton, "Statement on Signing the Iraq Liberation Act of 1998", 31 out. 1998, *PPPUS: William J. Clinton, 1998*, pp. 1938-9.
21. S. Aubrey, *The New Dimension of International Terrorism* (Zurique, 2004), pp. 53-6; M. Ensalaco, *Middle Eastern Terrorism: From Black September to September 11* (Filadélfia, 2008), pp. 183-6; no entanto, sobre o atentado em Dharan ver C. Shelton, "The Roots of Analytic Failure in the US Intelligence Community", *International Journal of Intelligence and CounterIntelligence* 24.4 (2011), pp. 650-1.
22. Resposta à carta de Clinton, sem data, 1999. Registros presidenciais de Clinton, Assuntos do Oriente Próximo, Caixa 2962; Pasta: Irã–EUA, Arquivo de Segurança Nacional. Sobre o despacho de Clinton, divulgado pelo ministro de Assuntos Exteriores de Omã, ver "Message to President Khatami from President Clinton", sem data, 1999, Arquivo de Segurança Nacional.
23. "Afghanistan: Taliban seeks low-level profile relations with [United States government] – at least for now", embaixada dos EUA em Islamabad, 8 out. 1996, Arquivo de Segurança Nacional.
24. "Afghanistan: Jalaluddin Haqqani's emergence as a key Taliban Commander", embaixada dos EUA em Islamabad, 7 jan. 1997, Arquivo de Segurança Nacional.
25. "Usama bin Ladin: Islamic Extremist Financier", biografia da CIA 1996, Arquivo de Segurança Nacional.
26. "Afghanistan: Taliban Agrees to Visits of Militant Training Camps, Admit Bin Ladin is Their Guest", telegrama do consulado dos EUA (Peshawar), 9 jan. 1996, Arquivo de Segurança Nacional.
27. Ibid.
28. *National Commission on Terrorist Attacks upon the United States* (Washington, DC, 2004), pp. 113-4.
29. Presidente Clinton, "Address to the Nation", 20 ago. 1998, *PPPUS: Clinton, 1998*, p. 1461. Três dias antes, o presidente apresentara seu famoso testemunho de que a declaração anterior que havia dado, "Não tive relações sexuais com esta mulher, srta. [Monica] Lewinsky", era verdadeira e que sua alegação de que "não

é um relacionamento sexual, um relacionamento sexual impróprio ou qualquer tipo de relacionamento impróprio" era correta, dependendo "de qual seja o sentido da palavra 'é'", *Appendices to the Referral to the US House of Representatives* (Washington, DC, 1998), 1, p. 510.
30. "Afghanistan: Reaction to US Strikes Follows Predictable Lines: Taliban Angry, their Opponents Support US", telegrama da embaixada dos EUA (Islamabad), 21 ago. 1998, Arquivo de Segurança Nacional.
31. "Bin Ladin's Jihad: Political Context", Departamento de Estado dos EUA, Escritório de Inteligência e Pesquisa, Avaliação de Inteligência, 28 ago. 1998, Arquivo de Segurança Nacional.
32. "Afghanistan: Taliban's Mullah Omar's 8/22 Contact with State Department", telegrama do Departamento de Estado dos EUA, 23 ago. 1998, Arquivo de Segurança Nacional.
33. "Osama bin Laden: Taliban Spokesman Seeks New Proposal for Resolving bin Laden Problem", telegrama do Departamento de Estado dos EUA, 28 nov. 1998, Arquivo de Segurança Nacional.
34. Ibid.
35. "Afghanistan: Taliban's Mullah Omar's 8/22 Contact with State Department", telegrama do Departamento de Estado dos EUA, 23 ago. 1998, Arquivo de Segurança Nacional.
36. Ibid.
37. Por exemplo, "Afghanistan: Tensions Reportedly Mount within Taliban as Ties with Saudi Arabia Deteriorate over Bin Ladin", telegrama da embaixada dos EUA (Islamabad), 28 out. 1998; "Usama bin Ladin: Coordinating our Efforts and Sharpening our Message on Bin Ladin", telegrama da Embaixada dos EUA (Islamabad), 19 out. 1998; "Usama bin Ladin: Saudi Government Reportedly Turning the Screws on the Taliban on Visas", telegrama da embaixada dos EUA (Islamabad), 22 dez. 1998, Arquivo de Segurança Nacional.
38. *Osama bin Laden: A Case Study*, Sandia Research Laboratories, 1999, Arquivo de Segurança Nacional.
39. "Afghanistan: Taleban External Ambitions", Departamento de Estado dos EUA, Escritório de Inteligência e Pesquisa, 28 out. 1998, Arquivo de Segurança Nacional.
40. A. Rashid, *Taliban: The Power of Militant Islam in Afghanistan and Beyond* (ed. rev., Londres, 2008).
41. *Osama bin Laden: A Case Study*, p. 13.
42. "Bin Ladin Determined to Strike in US", 6 ago. 2001, Arquivo de Segurança Nacional.
43. "Searching for the Taliban's Hidden Message", telegrama da embaixada dos EUA (Islamabad), 19 set. 2000, Arquivo de Segurança Nacional.
44. *The 9/11 Commission Report: Final Report of the National Commission on Terrorist Attacks upon the United States* (Nova York, 2004), p. 19.
45. Ibid., passim.
46. President George W. Bush, Address to the Nation on the Terrorist Attacks, 11 set. 2001, *PPPUS: George W. Bush, 2001*, pp. 1099-100.
47. "Arafat Horrified by Attacks, But Thousands of Palestinians Celebrate; Rest of World Outraged", Fox News, 12 set. 2001.
48. Declaração de Abdul Salam Zaeef, embaixador do Taliban no Paquistão, 12 set. 2001, Arquivo de Segurança Nacional.
49. Al-Jazira, 12 set. 2001.
50. "Action Plan as of 9/13/2001, 7:55am", Departamento de Estado dos EUA, 13 set. 2001, Arquivo de Segurança Nacional.
51. "Deputy Secretary Armitage's Meeting with Pakistani Intel Chief Mahmud: You're Either with Us or You're Not", Departamento de Estado dos EUA, 13 set. 2001, Arquivo de Segurança Nacional.
52. "Message to Taliban", telegrama do Departamento de Estado dos EUA, 7 out. 2001, Arquivo de Segurança Nacional.
53. "Memorandum for President Bush: Strategic Thoughts", Escritório do Secretário de Defesa, 30 set. 2001, Arquivo de Segurança Nacional.
54. Presidente Bush, discurso do Estado da União, 29 jan. 2002, *PPPUS: Bush, 2002*, p. 131.
55. "US Strategy in Afghanistan: Draft for Discussion", memorando do Conselho de Segurança Nacional, 16

out. 2001, Arquivo de Segurança Nacional.
56. "Information Memorandum. Origins of the Iraq Regime Change Policy", Departamento de Estado dos EUA, 23 jan. 2001, Arquivo de Segurança Nacional.
57. "Untitled", anotações de Donald Rumsfeld, 27 nov. 2001, Arquivo de Segurança Nacional.
58. Ibid.
59. "Europe: Key Views on Iraqi Threat and Next Steps", 18 dez. 2001; "Problems and Prospects of 'Justifying' War with Iraq", 29 ago. 2002. Ambos expedidos pelo Departamento de Estado dos EUA, Escritório de Inteligência e Pesquisa, Avaliação de Inteligência, Arquivo de Segurança Nacional. Lorde Goldsmith ao primeiro-ministro, "Iraq", 30 jul. 2002; "Iraq: Interpretation of Resolution 1441", Rascunho, 14 jan. 2003; "Iraq: Interpretation of Resolution 1441", Rascunho, 12 fev. 2003, Arquivo de Investigação sobre o Iraque.
60. "To Ousted Boss, Arms Watchdog Was Seen as an Obstacle in Iraq", *New York Times*, 13 out. 2013.
61. "Remarks to the United Nations Security Council", 5 fev. 2003, Arquivo de Segurança Nacional.
62. "The Status of Nuclear Weapons in Iraq", 27 jan. 2003, IAEA, Arquivo de Segurança Nacional.
63. "An Update on Inspection", 27 jan. 2003, UNMOVIC, Arquivo de Segurança Nacional.
64. Woods e Stout, "New Sources for the Study of Iraqi Intelligence", esp. pp. 548-52.
65. "Remarks to the United Nations Security Council", 5 fev. 2003; cf. "Iraqi Mobile Biological Warfare Agent Production Plants", relatório da CIA, 28 maio 2003, Arquivo de Segurança Nacional.
66. "The Future of the Iraq Project", Departamento de Estado, 20 abr. 2003, Arquivo de Segurança Nacional.
67. Ari Fleischer, coletiva de imprensa, 18 fev. 2003; Paul Wolfowitz, "Testimony before House Appropriations Subcommittee on Defense", 27 mar. 2003.
68. "US Strategy in Afghanistan: Draft for Discussion", memorando do Conselho de Segurança Nacional, 16 out. 2001, Arquivo de Segurança Nacional.
69. Grupo de Planejamento Polo Step, Compilação de Slides do Comando Central dos EUA, c. 15 ago. 2002, Arquivo de Segurança Nacional.
70. H. Fischer, "US Military Casualty Statistics: Operation New Dawn, Operation Iraqi Freedom and Operation Enduring Freedom", *Congressional Research Service*, RS22452 (Washington, DC, 2014).
71. As estimativas sobre o número de mortes de civis no Iraque e no Afeganistão entre 2001 e 2014 são normalmente situadas na faixa 170 mil–220 mil. Ver, por exemplo, www.costsofwar.org.
72. L. Bilmes, "The Financial Legacy of Iraq and Afghanistan: How Wartime Spending Decisions Will Constrain Future National Security Budgets", *Harvard Kennedy School Faculty Research Working Paper Series*, mar. 2013.
73. R. Gates, *Memoirs of a Secretary at War* (Nova York, 2014), p. 577.
74. "How is Hamid Karzai Still Standing?", *New York Times*, 20 nov. 2013.
75. "Memorandum for President Bush: Strategic Thoughts", Arquivo de Segurança Nacional.
76. "'Rapid Reaction Media Team' Concept", Departamento de Defesa dos EUA, Escritório do Secretário Assistente para Operações Especiais e Conflitos de Baixa Intensidade, 16 jan. 2003, Arquivo de Segurança Nacional.
77. M. Phillips, "Cheney Says He was Proponent for Military Action against Iran", *Wall Street Journal*, 30 ago. 2009.
78. "Kerry presses Iran to prove its nuclear program peaceful", Reuters, 19 nov. 2013.
79. "Full Text: Al-Arabiya Interview with John Kerry", 23 jan. 2014, www.alarabiya.com.
80. Presidente Obama, "Remarks by the President at AIPAC Policy Conference", 4 mar. 2012, Casa Branca.
81. D. Sanger, "Obama Order Sped Up Wave of Cyber-Attacks against Iran", *New York Times*, 1 jun. 2012; idem, *Confront and Conceal: Obama's Secret Wars and Surprising Use of American Power* (Nova York, 2012).

CONCLUSÃO: A NOVA ROTA DA SEDA

Notas

1. B. Gelb, *Caspian Oil and Gas: Production and Prospects* (2006); *BP Statistical Review of World Energy June 2006*; PennWell Publishing Company, *Oil & Gas Journal*, 19 dez. 2005; Energy Information Administration, *Caspian Sea Region: Survey of Key Oil and Gas Statistics and Forecasts*, July 2006; "National Oil & Gas Assessment", US Geological Survey (2005).
2. T. Klett, C. Schenk, R. Charpentier, M. Brownfield, J. Pitman, T. Cook e M. Tennyson, "Assessment of Undiscovered Oil and Gas Resources of the Volga-Ural Region Province, Russia and Kazakhstan", Serviço Geológico dos EUA (2010), pp. 3095-6.
3. Zelenyi Front, "Vyvoz chernozema v Pesochine: brakon'ervy zaderrzhany", Press Release (Kharkiv, 12 jun. 2011).
4. Banco Mundial, *World Price Watch* (Washington, DC, 2012).
5. O Afeganistão é responsável por 74% da produção global de ópio, que caiu depois de atingir 92% em 2007, *United Nations Office on Drugs and Crime – World Drug Report 2011* (Viena, 2011), p. 20. Ironicamente, como mostram os preços locais do ópio, quanto mais efetiva a campanha para reduzir a produção de ópio, mais sobem os preços – e com isso o cultivo e o tráfico se tornam mais lucrativos. Para alguns números recentes, ver *Afghanistan Opium Price Monitoring: Monthly Report* (Ministério Antinarcóticos, República Islâmica do Afeganistão, Cabul, e Escritório das Nações Unidas sobre Drogas e Crime, Cabul, mar. 2010).
6. "Lifestyles of the Kazakhstani leadership", telegrama diplomático dos EUA, EO 12958, 17 abr. 2008, WikiLeaks.
7. *Guardian*, 20 abr. 2015.
8. "President Ilham Aliyev – Michael (Corleone) on the Outside, Sonny on the Inside", telegrama diplomático dos EUA, 18 set. 2009, WikiLeaks EO 12958; sobre as propriedades de Aliyev em Dubai, *Washington Post*, 5 mar. 2010.
9. Citado em "HIV Created by West to Enfeeble Third World, Claims Mahmoud Ahmadinejad", *Daily Telegraph*, 18 jan. 2012.
10. Hillary Clinton, "Remarks at the New Silk Road Ministerial Meeting", Nova York, 22 set. 2011, Departamento de Estado dos EUA.
11. J. O'Neill, *Building with Better BRICS*, Global Economics Paper, n. 66, Goldman Sachs (2003); R. Sharma, *Breakout Nations: In Pursuit of the Next Economic Miracles* (Londres, 2012); J. O'Neill, *The Growth Map: Economic Opportunity in the BRICs and Beyond* (Londres, 2011).
12. Jones Lang Lasalle, *Central Asia: Emerging Markets with High Growth Potential* (February 2012).
13. www.rotana.com/erbilrotana.
14. *The World in Londres: How Londres's Residential Resale Market Attracts Capital from across the Globe*, Savills Research (2011).
15. O astro internacional camaronês Samuel Eto'o, da Internazionale da Itália, foi contratado pelo Anzhi Makhachkala em 2011, Associated Press, 23 ago. 2011. A cerimônia de abertura da Copa de Mundo de Futebol Feminino Sub-17 teve uma apresentação de dez minutos com o "premiado grupo de dança Shiv Shakit", "Grand Opening: Trinbagonian treat in store for U-17 Women's World Cup", *Trinidad Express*, 27 ago. 2010.
16. T. Kutchins, T. Sanderson e D. Gordon, *The Northern Distribution Network and the Modern Silk Road: Planning for Afghanistan's Future*, Center for Strategic and International Studies (Washington, DC, 2009).
17. I. Danchenko e C. Gaddy, "The Mystery of Vladimir Putin's Dissertation", versão editada da apresentação feita pelos autores no painel Brookings Institution Foreign Policy Program, 30 mar. 2006.
18. "Putin pledges $43 billion for infrastructure", Associated Press, 21 jun. 2013. Sobre estimativas, ver Associação Internacional "Conselho de Coordenação dos Transportes Transiberianos", "Transsib: Current Situation and New Business Perspectives in Europe–Asian Traffic", Grupo de Trabalho UNECE, 9 set. 2013.
19. Ver, por exemplo, the *Beijing Times*, 8 maio 2014.
20. "Hauling New Treasure along Silk Road", *New York Times*, 20 jul. 2013.
21. Para um relatório sobre o impacto da China nos preços do ouro no varejo, World Gold Council, *China's*

Gold Market: Progress and Prospects (2014). As vendas na China de Prada e outras companhias relacionadas subiu 40% apenas em 2011, *Annual Report, Prada Group* (2011). Ao final de 2013, a receita do Grupo Prada na Grande China era quase o dobro da receita somada da empresa na América do Norte e do Sul, *Annual Report* (2014).

22. Ver, por exemplo, o recente anúncio de um investimento de 46 bilhões de dólares para construir o Corredor Econômico China–Paquistão, Xinhua, 21 abr. 2015.
23. *Investigative Report on the US National Security Issues Posed by Chinese Telecommunications Companies Huawei and ZTE*, relatório da Câmara dos Repesentantes dos EUA, 8 out. 2012.
24. Departamento de Defesa, *Sustaining US Global Leadership: Priorities for 21st Century Defense* (Washington, DC, 2012).
25. Presidente Obama, "Remarks by the President on the Defense Strategic Review", 5 jan. 2012, Casa Branca.
26. Ministério da Defesa, *Strategic Trends Programme: Global Strategic Trends – Out to 2040* (Londres, 2010), p. 10.
27. Federação Internacional de Direitos Humanos, *Shanghai Cooperation Organisation: A Vehicle for Human Rights Violations* (Paris, 2012).
28. "Erdoğan's Shanghai Organization Remarks Lead to Confusion, Concern", *Today's Zaman*, 28 jan. 2013.
29. Hillary Clinton, "Remarks at the New Silk Road Ministerial Meeting", 22 set. 2011, Nova York.
30. Presidente Xi Jinping, "Promote People-to-People Friendship and Create a Better Future", 7 set. 2013, Xinhua.

Agradecimentos

Não há no mundo um lugar melhor para um historiador trabalhar do que Oxford. As bibliotecas e coleções são insuperáveis, e seus bibliotecários têm uma competência brilhante em rastrear material. Sou particularmente grato à Biblioteca Bodleiana, à Biblioteca do Instituto Oriental, à Biblioteca Sackler, à Biblioteca Taylor de Estudos Eslavos e do Grego Moderno e à Biblioteca do Oriente Próximo do St. Antony's College, e a todos os membros de suas equipes. Não teria conseguido escrever este livro se não tivesse contado com os impressionantes recursos da Universidade de Oxford e com o apoio e paciência dos que cuidam deles.

Passei muitas horas nos Arquivos Nacionais de Kew lendo cartas, telegramas e memorandos nos registros do Ministério do Exterior, examinando minutas das reuniões do Gabinete ou propostas do Ministério da Defesa — e tudo isso chegava às minhas mãos em quarenta minutos depois de solicitado. Sou grato pela eficiência e cortesia de todos aqueles que trabalham ali.

A Biblioteca da Universidade em Cambridge me permitiu consultar os documentos de lorde Hardinge, e o Centro de Arquivos Churchill do Churchill College, em Cambridge, gentilmente me deixou ler os diários privados de Maurice (lorde) Hankey e também me deu acesso ao notável arquivo de documentos da Seção de Pesquisa de Propaganda, reunidos por Mark Abrams. Devo agradecer ao Arquivo da British Petroleum na Universidade de Warwick e a Peter Housego, diretor do arquivo, por ter vasculhado grande número de arquivos relacionados à BP e às suas predecessoras, a Anglo-Persian Company e a Anglo-Iranian Oil Company.

Também quero agradecer ao Arquivo de Segurança Nacional da Universidade George Washington, uma coleção não governamental de documentos que deixaram de ser secretos, relativos a assuntos internacionais e, principalmente, à história dos Estados Unidos nos séculos XX e XXI. Trata-se de um tesouro de material importante como fonte sobre as décadas recentes. Poder encontrar tantos documentos num mesmo local poupou-me constantes viagens pelo Atlântico, que teriam sido frustrantes e onerosas em termos de tempo.

Devo agradecer ao reitor e aos pesquisadores do Worcester College, Oxford, que têm sido maravilhosamente afáveis e consistentes desde que vim para a faculdade como pesquisador há quase vinte anos. Tenho a sorte de trabalhar ao lado de um notável grupo de estudiosos do Centro de Pesquisas Bizantinas de Oxford, onde Mark Whittow, em particular, tem sido uma inesgotável fonte de inspiração e incentivo. Conversas e discussões com colegas e amigos em Oxford e em outras partes, e em viagens pela Grã-Bretanha, Europa, Ásia e África, ajudaram-me a aprimorar boas ideias e, às vezes, a descartar as más.

Vários colegas e amigos leram capítulos deste livro, e tenho uma dívida de gratidão com cada um deles. Paul Cartledge, Averil Cameron, Christopher Tyerman, Marek Jankowiak, Dominic Parviz Brookshaw, Lisa Jardine, Mary Laven, Seena Fazel, Colin Greenwood, Anthony McGowan e Nicholas Windsor leram trechos deste livro e fizeram comentários úteis e incisivos que me ajudaram a deixá-lo melhor do que teria ficado sem sua contribuição. Sou grato a Angela McLean por ter me dirigido à mais recente pesquisa sobre pestes e disseminação de doenças infecciosas na Ásia Central.

Nos últimos anos, os livros de história têm se inclinado a focalizar assuntos cada vez mais específicos, em períodos de tempo cada vez mais curtos; fiquei satisfeitíssimo com a disposição da Bloomsbury and Knopf de acolher um livro ambicioso, que abrange séculos, continentes e culturas. Meu editor, Michael Fishwick, foi um grande apoio desde o início, incentivando-me a ampliar meus horizontes e depois aguardando com paciência enquanto eu me dispunha a fazê-lo. Seu bom humor, olhar afiado e suporte constante estiveram sempre presentes e foram de valor inestimável. Sou grato também a Andrew Miller da Knopf por suas observações agudas, por levantar questões e propor ideias que foram ao mesmo tempo úteis e oferecidas no momento certo.

Devo agradecer a várias pessoas na Bloomsbury. Anna Simpson desempenhou o papel de mestre de cerimônias com um charme exemplar, assegurando que tudo estivesse no lugar certo e em boa ordem – desde as fontes tipográficas aos mapas, das imagens à paginação –, a fim de poder transformar um arquivo de computador num belo livro. Peter James trabalhou no manuscrito mais de uma vez e fez elegantes sugestões sobre como e onde o livro poderia ser melhorado; seu bom julgamento foi muito apreciado. Catherine Best fez um maravilhoso trabalho na revisão, apontando problemas que eu nunca teria percebido, e David Atkinson heroicamente produziu o índice. Os mapas foram feitos por Martin Lubikowski, cuja competência combinou-se com sua paciência, enquanto Phil Beresford ajudou a reunir todas as imagens. Emma Ewbank é a responsável pelo projeto da capa, que ficou simplesmente magnífico. Sou grato a Jude Drake e Helen Flood por me ajudarem a incentivar as pessoas a lerem o que escrevi.

Tenho uma dívida particular de gratidão com Catherine Clarke, que num almoço em Oxford há vários anos disse achar que eu seria capaz de juntar várias correntes numa única obra, algo que eu considerava duvidoso naquela época. Essas dúvidas ressurgiram várias vezes enquanto eu escrevia, geralmente tarde da noite; sou grato por seus conselhos, apoio e incentivo, assim como à incansável Zoe Pagnamenta, minha grande defensora em Nova York. Chloe Campbell foi meu anjo da guarda, lendo todos os capítulos do rascunho e eliminando incorreções e maus hábitos de maneira afável e diplomática.

Meus pais gostam de me lembrar que me ensinaram a andar e a falar. Foram eles que me deram meu querido mapa-múndi quando eu era um garoto, e me deixaram colocá-lo na parede junto à minha cama (embora nunca tivessem me dado permissão de usar fita adesiva, nem de colar figurinhas de Star Wars nos oceanos). Ensinaram-me a pensar por mim mesmo e a desafiar tudo o que ouvisse e lesse. Meus irmãos e eu tivemos a sorte de ser criados numa casa onde várias línguas podiam ser ouvidas à mesa na hora das refeições, e onde havia a expectativa de que acompanhássemos a conversa e déssemos nossos palpites. A lição de tentar compreender o que as outras pessoas diziam, e também de descobrir o que de fato queriam dizer, mostrou-se extremamente valiosa. Sou grato a meus irmãos e irmãs, meus melhores amigos desde o berço, por definirem padrões altos e por serem meus críticos mais rigorosos; são as únicas pessoas que conheço que acham que estudar o passado é uma coisa fácil.

Minha esposa Jessica está ao meu lado há 25 anos, inspirando-me desde que éramos aplicados estudantes universitários, quando debatíamos o sentido da vida, falávamos sobre a importância de povos tribais e dançávamos nos porões das faculdades de Cambridge. Tenho que me beliscar todos os dias para acreditar que de fato é real essa sorte que eu tenho. *O coração do mundo* não poderia ter sido escrito sem ela.

Mas este livro é dedicado aos nossos quatro filhos, que observaram, ouviram e fizeram perguntas cada vez melhores quando eu saía do meu escritório, ou voltava de minhas consultas a arquivos exóticos ou de salas com ar-condicionado para falar sobre os problemas do dia. Katarina, Flora, Francis e Luke: vocês são meu orgulho e minha alegria. Agora que o livro está pronto, finalmente posso brincar com vocês no jardim o tempo que quiserem.

Índice remissivo

11 de Setembro, ataques, 523, 545-50, 553

Ābādān, 366, 370, 392, 432, 450, 452, 514
A balada de Rigr, 142
Abbās Mīrzā, príncipe, 319
Abas I, xá, 261
Abássida, califado (ou dinastia), 113, 118, 144, 150-1, 195, 273
Abd al-Ilha, príncipe herdeiro 469
Abd al-Malik, califa, 100
Abdullāh, rei (da Jordânia), 442
Aberdeen, lorde, 324
Abivard, 42
Abraão, 96, 98, 102-3, 106, 135
Abrams, Elliott, 529
Abu Abbas, 551
Abwehr, 404-5
Academia de Medicina de São Petersburgo, 317
Ação de Graças, festa, 297
Aceh, 285
Acheson, Dean, 450-1
Acordo da Linha Vermelha, 387
Açores, 234, 274
Acre, 166-7, 173, 178, 195-6, 200, 372, 436
açúcar, 173, 234, 251, 286, 297, 301, 306
Adelardo de Bath, 171-2
Aden, 481-2, 586
Adenistra, 41
adhān, 136
Adriano I, papa, 146
Afeganistão
    apoio dos EUA a insurgentes, 522-5, 531-2
    bi-tarafi, política, 482
    cultivo de papoulas, 559
    defesa do, 403-4, 407
    e derrota da Al-Qaeda, 540-9
    e Guerra Fria 471-2, 480-4, 498-9, 505-6
    e Rede de Distribuição do Norte, 563-4
    invasão soviética, 462, 506-13, 518-9, 522-8, 531-2, 540
    invasão pelos EUA, 462-3, 552-4
Afraates, abade, 65
África do Sul, 339, 538, 561
Afrika Korps, 416
Agathias [Agátias], 77, 88
Agency (IAEA), 453, 550
Agra, 264
Akmad Sanjar, sultão, 183
Ai Khanoum, máximas délficas em, 27
AK-74, fuzis de assalto, 526
Akbar I, imperador, 265, 305
al-Afghānī, Sayyid Jamāl al-Dīn, 360
al-Askarī, Jafar, 393
Assad, presidente, 501-2
al-Balādhurī, 111
al-Bīrūnī, Abū Rayhān, 120
al-Fārābī, Abū Nasr, 120
al-Hīra, 99
al-Husaynī, Muhammad, 405, 433
al-Kāmil, sultão, 182
al-Kāshgharī, Mahmūd, 155
al-Khwārizmī, Muhammad ibn Mūsā, 120
al-Kindī, 120
al-Masūdī, 121
al-Muktafī, califa, 144
al-Mustasim, califa, 194
Al-Qaeda, 524, 542, 544-5, 547-9, 551
al-Rashīd, Hārūn, 116
al-Said, Nuri, 469
al-Wāthiq, califa, 125
alanos, 70-1
Alarico, o Godo, 69
Alasca, 317, 326, 365
Albright, Madeleine, 538

Albuquerque, Alfonso de, 257
Alemanha
    crescente animosidade em relação à, 353-4
    desenvolve mentalidade de cerco, 345-6
    e abordagem à Primeira Guerra Mundial, 313, 340-52
    e derrota na Segunda Guerra Mundial, 434-5, 443
    escassez de comida, 402, 426
    pacto com a União Soviética, 395-402, 407, 408, 418, 422, 428, 435
    peste na, 218-9
    produção agrícola, 401-2
    unificação, 340-1
Alepo, 17, 196, 323, 453
Alexander II, czar, 325-6, 328
Alexander III, czar, 332
Alexandre, o Grande, 23-8, 34, 39, 41, 49-50, 54, 189, 207, 236, 254
Alexandretta, 372
Alexandria, 25, 45, 49, 74, 91, 108, 151, 154, 165, 173, 178, 205, 213
    ascensão de, 34-5
    e comércio de especiarias, 258-60
    e desenvolvimento econômico da Europa, 220-3
Alexandria ad Caucasum, *ver* Bagram
Alexandria in Aria, *ver* Herat
Aleixo I, imperador 163-4, 167-8, 172
alfabetização, declínio da, 71
Ali (primo do profeta), 122
Aligrodo, James, 277
Aliyev, Ilham, 560-1
Allenby, general Edmund, 379
Almaty, 566
Almeida, Francisco de, 256
almíscar, 136, 204, 225
aloe, madeira de, 136, 173, 239
Alp Arslan, governante seljúcida, 158
Alsácia-Lorena, 378
Amalfi, 153-4, 165, 167, 233
Amanullah, rei (do Afeganistão), 382, 404
âmbar, 129, 138
âmbar-cinza, 214
Amery, Leopold, 422
Amin, Hafizullah, 508
amputação, como punição por roubo, 105
Amsterdã, ascensão de, 281, 287-8, 291-2
Ana Comnena, 172
Anais de São Bertin, 148

Andropov, Yuri, 510
ânforas romanas, 36
Anglo-Iranian Oil Company, 439-40, 450-2, 456, 459-60
Anglo-Persian Oil Company, 366-9, 373, 384, 386-7, 389-92, 439
Antioquia, 61, 90, 151, 162-4, 168-9, 171-3, 195-6
antissemitismo, 163, 218, 322, 397, 405, 415, 429-31
Antuérpia, ascensão de, 239, 258, 281, 283
Apolo, culto de, 26-7, 64
Aq Saray, palácio, 225
Aqaba, chefe tribal mongol, 197
Aqaba, ataque dos cruzados a, 176, 379
Aquemênida, império, 54
Aquino, Tomás de, 172
Arábia Saudita, 80, 420, 447-9, 459-60, 468, 491, 512, 520, 524, 539, 541
    e caçada a Bin Laden, 543-5
    e criação da OPEP, 476-7
    e "petróleo como arma", 486, 488
Arachosia, *ver* Kandahar
Arak, 432
aramaico, 57, 60, 75, 97, 105, 229
Araya, península de, 283
Arca da Aliança, 65
Ardashīr I, rei (da Pérsia), 54-5
arenque, 190, 283
Argélia, 477
Arguim, 235
Aristóteles, 24, 120-1, 172
armas, aperfeiçoamento na fabricação de, 288-9
armas químicas, uso pelo Iraque de, 521, 536, 550
Ársaces, governante persa, 32
Arsuf, 167
Artaxerxes, rei (da Pérsia), 384
arte budista, 79
arte cristã, halo na, 79
arte do zoroastrismo, 79
arte hindu, 79
ascetismo, 82, 106
Ashgabat, 561, 566
Ashmolean, Museu, 294
Asoka, imperador, 27, 49
Assarsson, Vilhelm, 418
assírios cristãos, 389
Astana, 563, 566, 570
astecas, 241-2, 244, 280
astronomia, 18, 27, 120
Assuã, represa de, 463

Atenas, 77, 112, 231, 248
Atil, 132, 142, 147-8, 154
Átila, o Huno, 70-1
Atlas Catalão, 233-4
Átomos pela Paz, programa, 491
Auchinleck, general Claude, 422
Augusto, imperador, 34-6, 41, 44
Auschwitz, 428
ávaros, 86, 91
Avaza, região turística, 561
aves, adoração de, 127
aves de rapina, 144
avião-espião U-2, 471
avião iraniano, derrubada de, 539
Awrangzīb, imperador, 305
Axum, reino de, 35
Ayas, 203, 210
Ayla, 108
Ayn Jālūt, batalha de, 196
Aziz, Tariq, 530, 532

Bābur, imperador, 17, 263-5, 559
Babilônia, 15, 21-2, 24, 26, 41, 57
Backe, Herbert, 409-13, 427
Bactra, 31
Badr, batalha de, 98
Badr, ofensiva de, 485, 521
Baeza, Pedro, 270
Bagdá
    assassinatos e golpe de Qasim, 470
    conquista seljúcida de, 156-7
    e comércio escravo, 141-2, 154
    expansão do setor têxtil, 211
    fundação e ascensão de, 115-6, 118-9, 125
    indiferença pelos cruzados, 162-3
    jantar de Gertrude Bell em, 393
    ocupação britânica, 377-8, 383, 388, 442
    perde autoridade, 185-7
    saque de, 193-5
    transformação arquitetônica, 488
    vikings rus' e, 137-9
    visitas de Rumsfeld a, 520-1
Bāgh-i Naqsh-i Jahān, 262
Bāgh-i Wafa, 17, 264
Bagram, 25, 508
Baha'i, fé, 473
Bahrein, 60, 378, 449, 519
Baikonur, Cosmódromo de, 471
Baker, James, 532-3

Baker, Matthew, 274
Bakhtiar, Shapur, 502
Baku, 317, 364, 380-1, 561, 563, 566
    campos de petróleo, 406, 418, 422
Balalyk-tepe, 115
Balāsāghūn, 14, 114, 155
"Balcão Norte", 461-2
Bálcãs, Guerras dos, 347, 371
Balduíno I, rei de Jerusalém, 166-7
Balduíno II, rei de Jerusalém, 168
Balfour, Arthur, 371, 376, 379
Balfour, Declaração de, 379
Balkh, 18, 55, 82, 113, 119, 130, 137, 142, 156, 189
Budas de Bamiyan, 83
Ban Chao, general, 40
Banco Russo-Chinês, 333
Bandar Abbas, 297, 338, 475
Bani-Sadr, Abolhassan, 514
Barakatullāh, Muhammad, 381
Barbaricum, 39
Barchuq, governante uigure, 186
Barmakid, família, 119
Barygaza, 39, 46
Bashgird, tribo, 127
Basílio II, imperador, 151
Basra, 41, 77, 116, 149, 260, 340, 370, 377, 382, 422, 432
bastarnas, 70
Batávia, 286
Batalha da Bretanha, 407
Batnae, 39, 41
Batumi, 339
Bayterek, torre, 563
Bāzargān, Mahdī, 502
BBC, Serviço Persa de Rádio, 423
Beckwith, coronel Charlie, 514
Becudo, Mathew, 258
beduínos ("povos do deserto"), 100
Begin, Menachem, 515
Behistun, inscrição em, 22
Beirute, 200, 223, 430, 455
beja, povo, 143
Béla IV, rei (da Hungria), 190
Belém, 84
Bélgica, 351, 355, 369, 435
Bell, Gertrude, 377, 383, 389, 393, 440
Beloozero, 137
Bengala, 265, 267, 290, 300, 308-10, 381, 441
Ben-Gurion, David, 429

Berbera, 481
Berenike, 37
Berke, líder da Horda Dourada, 197
Berlim-Bagdá, ferrovia, 345
Berlim, Muro de, 471, 537
Bernardo de Clairvaux, 169
Bertie, sir Francis, 344
Beth Lapat, *ver* Gundeshāpūr
Bethmann-Hollweg, Theobald von, 351
Bevin, Ernest, 442
Bhutto, Zulfiqar Ali, 483
Bicker, Andries, 287
Bijns, Anna, 221
Bilbais, peste em, 217
bin Laden, Osama, 404, 456, 524, 541-8
Birka, expansão de, 142
Birmânia, evacuação da, 440
Bismarck, 432
Bizâncio (Império Bizantino)
    alianças com os cazares, 130-2
    colapso do, 158-9, 181-2
    concorrência com os vikings rus', 149-50
    deterioração das relações com o Ocidente, 174-5
    e ameaça mongol, 192-4
    e ascensão dos seljúcidas, 157-8
    e cruzados, 162-4
    fase áurea do, 151
Blair, Tony, 550
Blake, almirante Robert, 299
Blake, William, 201
Blix, Hans, 551
Boccaccio, Giovanni, 215, 217
Bodrum, 44
Boemundo, 161-4, 181
bôeres, guerras, 339
bolcheviques, 376, 381-2
Bolena, Ana, 245
Bombaim, 300-1, 303, 370, 568
bombardeiros estratégicos, 471
bombas atômicas, 444
Bonifácio VIII, papa, 204
Borodin, Alexander, 318
Borodino, 419
Bósnia, anexação da, 342
Bougie, 233
Bowrey, Thomas, 307
Brackenbury, Henry, 330
Brest, 344
Brest-Litovsk, 418

bretões (o termo), 302
Brezhnev, Leonid, 508-10
British Petroleum, 367, 503
Brooke, Rupert, 353
Bruges, ascensão de, 281, 283
Brydon, dr. William, 321
Brzezinski, Zbigniew, 514, 517
Buda, 27, 51-3, 81-3, 213
budismo, 16, 49-54, 56, 257
    mongóis e o, 206
    reconciliado com o cristianismo, 81-3
budistas, 27, 54, 56, 82, 213
Bukhara, 77, 119, 122, 128, 154, 266, 321-2, 326
Bukharin, Nikolai, 400
Bukhtīshū, família, 119
Bulgária, pós-guerra, 434
Bulghārs (búlgaros) do Volga, 126, 128
Bullard, sir Reader, 421, 423, 438
Bunsen, sir Maurice de, 372
Burke, Edmund, 308
Burmah Oil Company, 365
Burne-Jones, Edward, 358
Burnes, Alexander, 321-3
Bush, George H. W., 530, 532-8
Bush, George W., 546, 548-9, 553, 555
Bushihr, 336, 338, 432, 493, 555
Bustani, José, 550
Būyida, califado, 149, 157
Buyl, Bernardo, 240

Cabo Breton, 303
Cabo Verde, ilhas, 235, 254
Cabul, 17-8, 53, 120, 263-5, 306, 321, 330, 403, 407, 462, 473, 498, 506-8, 510, 524, 540, 545, 548
Cádiz, 275
Cadman, sir John, 390-2
Caffa, 216
Caffaro, 170
Cairo, 14, 151, 154, 163, 171, 182, 217, 257, 433, 456, 470, 486
    chegada de Mansa Musa, 232-4
    e ascensão dos mamelucos, 195-7
calçados, preços de, 44
Calcutá, 300, 308
Caldwell, John, 385
Calicute, 214, 224, 251
Calvino, João, 282
Cambodja, 224, 480
Cambon, Paul, 384

camelo bactriano, 31
campi universitários, 567
Campion Vaughan, tenente Edwin, 352-3
Campo de Sangue, batalha do, 168
Campos Cataláunicos, batalha dos, 71
Canárias, ilhas, 234, 236
Candida (concubina), 61
canela, 44, 136, 165, 173, 210, 239, 250, 254, 258, 470
cânfora, 79, 136
cannabis, 307
Cantares de Salomão, 210
Canterbury, 57, 77
Cão, Diogo, 238
Caracânidas, turcos, 155-6
Caracena, 42
cardamomo, 173, 258
Carga da Brigada Ligeira, 324
Carlos V, imperador, 244-5, 247
Carlos II, rei, 303
carneiros, tamanho dos, 213
carros híbridos, 488
Cartago, 46, 70
Carter, Jimmy, 488, 496-7, 503, 510-3, 517
cartografia, 284
casamento, idade para o, 221
casas de moda, 566-7
castelos, construção de, 290
Castlereagh, lorde, 317
Catarina de Aragão, 245
Catarina de Bragança, 303
cavalos, 23, 28-9, 42, 129, 559
    e comércio indiano, 264-5, 304-6
Cavaleiros Hospitalários, 177
Cavaleiros Templários, 162, 177
Cavour, conde, 324
cazares, 130-7, 145-8, 317-8
    conversão ao judaísmo, 132-3, 135-6, 157
cazaques, 314, 320, 322
Ceilão, *ver* Sri Lanka
Cesareia, cerco de, 166-7
Ceuta, 233-4
Ceyhan, 564
Ch'oe P'u, 249
chá, 301, 306, 308-10, 560
Chaadaev, Pyotr, 318
Chaghatay, chefe tribal mongol, 197
Chamberlain, Neville, 396, 444
Chang'an, 32
Charax, *ver* Basra

Cheapside, torneio de, 209
Chechênia, 318, 323, 557
chegada de Vasco da Gama, 18, 230, 250-1, 254-6, 258-9, 271, 288
Chelmsford, lorde, 381
Chelyabinsk, instalação nuclear, 471
Cheney, Dick, 491, 493, 495, 537, 555
Chengdu, 566
Chernenko, Konstantin, 510
Cherniaev, general Mikhail, 333
Chernigov, 150, 154
Chifres de Hattin, batalha dos, 176-7
China
    árabes chegam à, 114
    conhecimento do mundo exterior, 211-2
    cooperação com a inteligência dos EUA, 502-3
    conquista mongol, 185-8, 190-1, 193-4, 197, 208-9
    conquista timúrida, 196
    crescimento econômico, 28-32, 223-5, 564-5, 567-8
    crises econômicas, 225-7, 271
    e a invasão soviética do Afeganistão, 524
    e conceito de *huaxia*, 25
    e difusão do budismo, 53
    e dependência de drogas, 308
    entrada de prata e aumento do comércio, 269-71
    fome na, 67-8
    hábitos culinários, 208-9
    impacto da mudança climática, 226-7
    inovações financeiras, 214
    lutas contra o extremismo, 557-8
    missionários cristãos na, 83-4, 121
    paga tributos aos nômades das estepes, 28-30
    período de transição, 535
    relações com Roma, 39-40
    relações dos britânicos com a, 333-4
    sistemas de estradas, 210-1
China, Banco de Desenvolvimento da, 568
Chipre, 150, 204, 217
Chirac, Jacques, 535
Chongqing, 566
Churchill, Winston, 388, 396, 406, 421, 423, 438, 441, 454
    e a conversão naval para o óleo, 361-3
    e a Primeira Guerra Mundial, 351-3
    e o mundo pós-guerra, 434-5, 444, 448-9
    conferências em tempos de guerra, 423, 447-8
Ciano, conde, 396
ciberterrorismo, 556
Cícero, 35

cidades-Estado italianas
    ascensão das, 164-72, 174-5, 200-4
    declínio das, 293-4
Cieza de León, Pedro, 244, 289
Cingapura, 440
circunavegação, 255
Cirilo, patriarca, 74-5, 133
Ciro, o Grande, 23-4, 54
Ciro, patriarca, 108
citas, 23, 29
Citópolis, 115
Clemenceau, Georges, 378
Clemente V, papa, 207
Cleópatra, rainha, 34
Clerk, George, 350
Clinton, Bill, 539, 542-3
Clinton, Hillary, 560
Clive, Robert, 308-10
Cochin, 224, 286
Coimbatore, 36
Colombo, 286, 568
Colombo, Cristóvão, 18, 137, 230, 234, 238-42, 244, 246, 250-1, 254, 263, 271, 281, 367
    e guerras religiosas, 288-9
    e libertação de Jerusalém, 228-9, 231-2
    paralelos com, 361-2, 387-8
combates submarinos, 375-6
comerciantes armênios, 267, 306, 358-9
comerciantes sogdianos, 52, 67-8, 78-9, 115, 136, 232, 306, 358-9, 564
comerciantes wangara, 232
comércio de escravos, 138-48, 154, 194-5, 203
    africano, 141-3, 235-7, 245-6
    e castração, 145-6
    e conquista das Américas, 241-2
    declínio do, 147
    eslavos, 139-40, 146
    fundição, declínio da, 72
    ghulām (soldados escravos), 155
    Inglaterra e, 277-8
    Roma e, 143
    varíola, 243, 267-8
comércio de especiarias, 144-5, 152, 172-4, 203-4, 210, 225-6, 228-9, 237-8, 262, 268, 301-2, 522
    e colônias holandesas, 286, 304
    português, 254-60
    primórdios do, 37-9, 45-6
    veneziano, 221-3, 225
Companhia da Rússia, 280

Companhia das Terras do Oriente, 280
Companhia dos Mercadores Aventureiros, 280
Companhia Holandesa das Índias Ocidentais (WIC), 285
Companhia Holandesa das Índias Orientais (VOC), 285, 297-8, 300, 306
Companhia Turca, 280
Companhias das Índias Orientais, 280, 285, 297, 300-1, 306, 308-10, 313, 438, 450
comunismo
    bandeira da foice e do martelo, 398
    e o islã, 454
    e pan-arabismo, 469
    origens do, 324
    ressurgimento, 443-4
Concessions Syndicate, 365
Concílio de Calcedônia, 75-6
Concílio de Clermont, 159
Concílio de Niceia, 73-4
Confucionismo, 53, 270
Congresso Nacional Indiano, 389
Conolly, Arthur, 322
Constantino, imperador, 44-6, 62-6, 72-3, 91, 133, 152-3
Constantinopla
    chegada dos judeus a, 228-9
    como centro cristão, 57, 75-7, 93, 153
    conhecida como Mikli-garðr, 149
    crise financeira, 164-5
    e objetivos Aliados na Primeira Guerra Mundial, 371-2
    e peregrinações, 153
    fundação de, 44-6, 61-3
    interesses italianos em, 165-8, 174-5, 203-4
    muros de defesa, 71-2
    persas ameaçam, 90-2
    peste em, 216
    planejada ocupação russa de, 346-7
    queda de, 227-8, 247-8
    recepção a embaixadores túrquicos, 86-7
    saque de, 179-82
construção naval, 274, 284, 298
contos de viajantes, 209-10
contra-corsarios, 247
Convenção Anglo-Russa, 342
Copeland, Miles, 453
coral, 39, 52, 251
Corão, 97, 103-6, 109-11, 122, 136
    ensino do, 128

influência nas estruturas sociais, 294-6
texto em selos iranianos, 517-8
traduções, 172
Córdoba, 122, 133, 136, 144, 149
Coreia do Norte, 548
Corfu, 168, 182
Corinto, 112
Cornwallis, lorde, 311
corporações, 220, 223-4
Corredor Persa, 432, 438
corridas de bigas, 45
corridas de pombos, 266
Córsega, 168
Cortés, Hernán, 242, 244
Cotte, Edouard, 361
Cox, sir Percy, 370, 376
Cracóvia, saque de, 195
Crash de Wall Street, 391
cravo, 144, 173, 222, 250, 254, 258-9, 274
Creta, 150, 182
Creusot-Loire, 503
crise dos mísseis de Cuba, 480, 486
crise financeira, século XV, 226-7, 249-50
cristãos
e comércio escravo, 146
e primórdios do islã, 101-12, 121-2
perseguições de, 56, 61, 64-6, 101-2
cristianismo
como denominador comum europeu, 201
concorrência com o judaísmo, 80, 84
concorrência com o zoroastrismo, 76-7, 80-2, 84
difusão do, 46-7, 50, 57, 60-6, 83-4
e atividade missionária, 75-7, 121-2
e busca de unidade, 72-6
e militarismo, 87-8, 92-3
línguas do, 75-6
mongóis e o, 206-7
os cazares e o, 132-3, 133-5
reconciliado com o budismo, 80-2
sectarismo, 102-4
surto de militância, 73-4
crocodilos, 209-10
Cruzadas, 170-3, 193, 195, 281, 289, 545
fracasso das, 197, 200-1, 207
Ctesifonte, 41-2, 68, 72-3, 77, 92-3, 97, 100
Cuba, massacre de aldeões, 241
Cuchana, império, 39-40, 43, 50-1, 53, 55, 60
Cuerdale (Lancashire), 145
cumanos, 189, 191

cunhagem
cazar, 135-6
cristã, 91, 110-1
de Menandro, 51
desvalorização, 126-7
e comércio de longa distância, 79, 138-9, 141-2, 144-5
e monetarização do comércio, 154
grega, 26-7
islâmica, 109-11
mongol, 214
persa, 54
romana, 37, 39-42, 64, 109
seljúcida, 158
curdos, 492, 549
Curzon, lorde, 330, 337-8, 369, 384, 388

Dahl, Roald, 424
Daladier, Edouard, 406
Dallam, Thomas, 275-6
Dalrymple, William, 553
Damasco, 17-8, 90, 107, 112, 117, 171, 175, 196, 217, 225, 258, 268, 323, 486, 515
Damietta, 182-3
Dandanakan, batalha de, 156
Dandolo, doge Enrico, 181
Daniel de Morley, 172
Dara, 42, 87, 89
Dar-es-Salaam, atentado a bomba à embaixada, 542
Dario, o Grande, 22, 54
Dario III, rei (da Pérsia), 24-5
Darré, Richard, 409
Dāwud, Muhammad, 483, 499, 505-6
DeGolyer, Everette Lee, 448
Dehua, produção de porcelana, 269
Delft, indústria de cerâmica, 287
Délhi, 226, 263, 265-6, 482, 559
Delta Force, 514, 542
Demétrio, bispo de Antioquia, 61
Deng Xiaoping, 538
desenvolvimento urbano, 560-1
Detti, Guido, 255
deuses hindus, 251
Deutsche Bank, 373
devakula (templos da divina família), 51
Dewashtich, governante de Panjikent, 113
Dhahran, atentado a bomba, 539
"diamante do xá", 319
Dias, Bartolomeu, 238

dieta, melhoras na, 208, 220, 426
Diniz, rei (de Portugal), 234
Diocleciano, imperador, 44
Diógenes, imperador romano, 157
Disraeli, Benjamin, 328-9
Diu, ataque otomano a, 260
dīwăn, escritório do, 99
Dīwăn lughāt al-turk, 155
Djenné, 232
dodôs, presente, 304
Donbass, bacia do, 558
Dost Muhammad, xá, 321
Dostoiévski, Fiodor, 319
"Doutrina Eisenhower", 467
Dreyfus, Louis G., 437
Drummond-Wolff, sir Henry, 358, 360-1
Dubrovnik (Ragusa), 166, 223
Dubs, Adolph, 507
Duisburg, 565
Duleep Singh, marajá, 332
Dulles, Allen, 468
Dulles, John Foster, 457, 461, 468, 472
Dunhuang, 28, 32, 67, 79, 126
Dunsterville, general Lionel, 380
Durand, sir Mortimer, 337
Dürer, Albrecht, 244
dutos, 564-5

ébano, 22, 274
Eden, Anthony, 463-4, 466
Edessa, 60, 65, 75-6, 90, 93, 110, 169
Eduardo I, rei, 200
Eduardo VII, rei, 339, 359
Egito
    conquista árabe, 108, 113
    conquista fatímida, 149, 151, 158
    conquista otomana, 259
    conquista persa, 91-2
    conquista por Alexandre, 24
    conquista romana, 34-5
    cruzados e, 177-83
    derrubada de Faruk, 453, 463
    e ascensão de Saladino, 174-6
    e ascensão dos mamelucos, 194-6, 200
    e pan-arabismo, 469-70
    exporta bens de luxo, 173
    exporta cereais, 34-5
    independência, 388
    interesses de Veneza no, 168-9
    pragas no, 216-8
    relações com Portugal, 255-7
    revolta antibritânica, 454
    romanos retomam o, 92-3
Eichmann, Adolf, 429, 431
Eisenhower, Dwight D., 454-5, 465-7, 472-3, 491
"eixo do mal", 549
El Alamein, batalha de, 433
El Escorial, palácio, 281
Elefanta, templos em cavernas, 83
elefantes, como presentes, 304
Elizabeth I, rainha, 273-9
Ellenborough, lorde, 320
Ellora, templos em cavernas, 83
Elmina, 286
Elphinstone, major-general, 321
Elwell-Sutton, Laurence, 440
Emesa, 90
emigrados judeus, 379, 442
Entente Cordiale, 341
Enver Pasha, 369
Erasmo, 259
Erbil, 24, 561
Ermolov, general Aleksei, 318-9
Escócia, 71, 190, 200, 302
escravos das galés, libertação de, 275
escravos israelitas, 37
Espanha
    acordos com Portugal, 254-5, 387-8, 448-9
    bloqueio dos Países Baixos, 282-3
    Companhia da, 279-80
    conquista das Américas, 237-47
    conversão forçada de judeus, 227-9
    expulsão dos muçulmanos, 227-8
    Invencível Armada, 274
    islâmica, 119, 121
    má gestão econômica, 279-81
    relações com a Inglaterra, 273-8, 297-8
    viagens de descoberta e rotas comerciais, 254-5, 271, 274-5, 288-9, 387-8
espingarda, 241
Ésquilo, 23
Estados Unidos
    aumento na dívida nacional, 552
    compartilha tecnologia nuclear, 491
    cooperação de informações com a China, 504-5
    crise dos reféns, 510-5
    Declaração de Independência, 310
    e a Guerra do Yom Kippur, 485-6

entrada na Segunda Guerra Mundial, 433-4
escândalo das armas para o Irã, 527-31
influxo de dinheiro europeu, 355-6
modelo para a invasão da União Soviética, 415-6
objetivos na Primeira Guerra Mundial, 372
redução dos limites de velocidade, 487
rivalidade comercial com a Grã-Bretanha, 384-6
suprimento de petróleo, 385-6, 448-50, 486-8, 503
Estrabão, 36
estreito de Gibraltar, 112
estupas, 51-2, 54
Etemad, dr. Akbar, 493
Etiópia, 35, 40, 94, 102
Eto'o, Samuel, 563
Ettel, Erwin, 421
Euclides, 121
Eudokia, 92
Euler, Leonhard, 291
eunucos, 144-5
Eurípides, 28
Evangelho de São João, 80
Evelyn, John, 288
Exército de Libertação do Povo, 505, 568
exército romano, 34, 68, 96
Exército Vermelho, expurgos do, 400
expectativa de vida, aumento da, 221

fabricação de papel, 116-7, 119
Faiçal I, rei (do Iraque), 383
Faiçal II, rei (do Iraque), 469
Faixa de Tian Shan, 558
Falkenhayn, general Erich von, 379
Farman-Farma, príncipe, 377, 384
Faruk, rei (do Egito), 453, 463
Fatehpur Sikri, 266
Fath Alī, xá, 319
fatímida, califado, 151, 158
fatwas, 171
"Fazenda de Antioquia", 173
fênix, 210
Fernando e Isabel (da Espanha), 238-9, 254
ferrovia Chinesa do Leste, 333
Ferrovia Internacional Yuxinou, 565
Ferrovia Transcaspiana, 335, 380
Ferrovia Transiberiana, 333
Festa do Dia de Ação de Graças, 297
Festival da Canção Eurovision, 561
Fez, 113

Filipe, rei (da Macedônia), 23
Filipe II, rei (da França), 177, 283
Filipinas, 255, 268
Firdawsī, 155
Fisher, almirante sir John, 364, 367
Fitzwilliam, Museu, 294
Fleischer, Ari, 551
Florença, 210, 217, 229, 250, 263, 293
"fogo dos medos", 360
"fogo grego", 360
fogo sagrado, extinção do, 87
Fokas, imperador, 89-91
Ford, Gerald, 493
Ford Motor Company, 348, 566
Forte Nassau, 286
Fort Ross, 317
Foster, Norman, 563
Fra Angelico, 222
França
  e o Acordo da Linha Vermelha, 384, 387-8
  Forças Armadas, 302-3
  queda da, 406-7, 416-7, 424
  objetivos da Primeira Guerra Mundial, 371-3
  relações com a Pérsia, 314-6
  relações com a Rússia, 340-4
Francisco de Assis, 182
Franks, general Tommy, 549
Franz Ferdinand, arquiduque, 313-4, 348-9, 369, 373
Fraser, sir William, 453
Fraser-Tytler, sir Kerr, 403
Frederico Barbarossa, imperador, 177
Frederico II, imperador, 195
Frente Popular para a Libertação da Palestina, 551
Frobisher, Martin, 279
Fronteira Norte-Oeste, 404
Fulton, Missouri, discurso de Churchill em, 434-5, 444
Fundação Ford, 461
Fundo Monetário Internacional, 466
Furtado, Nelly, 560
Fürth, 349
Fustāt, 108, 149, 151

Gália, 33, 69
Galileu Galilei, 291
Gama, Vasco da, 18, 230, 250-1, 254-6, 258-9, 271, 288
Gamelin, general Claude, 405
Ganjavī, Mahsatī, 120

Gansu, corredor, 28, 30, 32
Gant, ascensão de, 281-2
Gao, 232
Gardane, Comte de, 315
Gārgī Samhitā, 27
gassânidas, 88
Gates, Robert, 504-5, 553
Gaugamela, batalha de, 24
gaznévidas, 155-6
Gazprom, 564
gengibre, 144, 165, 204, 222, 254, 258-9, 268
Gengis Khan, 185-91, 193, 196, 205-6, 208, 214, 424
Gênova
    ascensão de, 151, 153-4, 164-8, 170-1, 181-2, 250
    concorrência com Veneza, 166-8, 174-5, 178-9
    declínio de, 222
    destruição da frota de Pisa, 203-4
    e comércio de ouro, 233-4
    e comércio do mar Negro, 203-4
    peste em, 216
George, Clair, 529-30
Georges-Picot, François, 372
Geórgia, 60, 64, 192, 339, 358, 488, 557
gépidas, 70
Getty, J. Paul, 449, 459
Ghazni, 119, 321
Ghous, mulá, 540-1
ghuzz, tribo, 126-7, 129, 156
glaciares, avanço de, 67
gladiadores, combates de, 33, 63
Gladstone, William Ewart, 328
Glaspie, April, 532
Glinka, Mikhail, 318
globalização, 32, 271, 297
gnosticismo, 82
Goa, 223, 284-6
godos, 70-1, 112, 121, 436
godos tervíngios, 70
Goebbels, Joseph, 410-1, 413-4, 421, 425
Goltz, general Colmar vonder, 346
Gorbachev, Mikhail, 537
Gorchakov, príncipe, 325-7
Göring, Hermann, 411, 427
Gotland, 139
Grã-Bretanha (Império Britânico)
    aproximação com a Rússia, 340-2
    ascensão do império, 300-11
    conquista romana, 34
    controle da Índia, 300-11
    dívida nacional crescente e a imigração judaica, 378-9
    intenções na Mesopotâmia, 339-40, 372-4, 377-8, 383
    modelo para a invasão da União Soviética, 415-6
    objetivos da Primeira Guerra Mundial, 371-5
    perda das colônias da América do Norte, 309-11
    política em relação ao Irã, 449-54
    relações com a Pérsia, 314-7
    relações com a Rússia, 313-7, 319-42
    retirada do leste de Suez, 479
    ver também Inglaterra
Grande Canal (chinês), 227
Grande Muralha da China, 25, 270
Grandes Viagens, 293
Granth Saheb, 265
Granville, lorde, 327-8
Grécia, pós-guerra, 434
grego, língua, 27
Gregório VIII, papa, 177
Gregório IX, papa, 190
Gregório de Nazianzo, arcebispo de Constantinopla, 74
Grey, sir Edward, 340-3, 350, 353, 372
Griboyedov, Alexander, 319
Gromyko, Andrei, 486, 510
Groningen, Universidade de, 286
Grotius, Hugo, 284
Grozny, 433
Guangzhou, 213-4, 255
Guantánamo, baía de, 553
Guderian, general Heinz, 407
Gudleif, 152
guerra árabe-israelense (1948), 442
Guerra da Crimeia, 324-6
Guerra da Coreia, 446-7, 479-80
"guerra das moedas", 110
Guerra de Independência norte-americana, 310
Guerra de Troia, pintada em urna, 79
Guerra do Yom Kippur, 486, 488, 495
Guerra dos Nove Anos, 303
Guerra dos Seis Dias, 477
Guerra dos Trinta Anos, 288
guerra e emergência da Europa, 288-93
Guerra Franco-Prussiana, 340
Guerra Irã-Iraque, 514-22, 525-8, 531-2
Guerra Russo-Japonesa, 339
guerras afegãs, 320-1, 330
Guggenheim, Museu (Abu Dhabi), 566

Guilherme II, kaiser, 349
Guilherme de Rubruck, 192-4, 206
Gujarat, 265, 304
Gulbenkian, Calouste, 373
Gundeshāpūr, 61, 77, 119
Gutenberg, Johannes, 277
Güyüg, Grande Khan, 192-3
Gytha, 153-4

Haarlem, indústria cerâmica, 287
Habbaniyah, aeródromo da RAF, 424, 443
hadīth, 106, 128
Hagia Sofia, catedral, 179-81, 261
Haifa, 166, 379-80, 392, 420, 441
Hakluyt, Richard, 278
Halder, general Franz, 402, 414, 424
Halifax, lorde, 448
halo, aparece como símbolo comum, 79
Hamurábi, rei (da Babilônia), 21
Hamza, dr. Khidir, 494
Han, dinastia, 28-31
Hangzhou, 227
Hankey, sir Maurice, 374
Haqqani, Jalaluddin, 522-3, 540
Harald Hardrada (Haraldr Sigurðarson), 153
Haraldr, runa comemorativa, 153
Hardinge, sir Arthur, 363
Hardinge, lorde (sir Charles), 336, 341, 377
Haroldo II, rei, 154
Hasdai b. Shaprūt, 133, 136
Hāshim, bisavô do profeta, 370
Hastings, batalha de, 154
Hawkins, sir John, 278
hebreus, 97, 132, 229
Hedeby, 142, 146
Helbo, rabino, 80
Helena, mãe de Constantino, 152-3
helenização da Ásia Central, 26-8
Helmand, esquema de irrigação, 472
Henderson, Loy, 467-8
hennin (chapéu), 209
Henrique III, rei, 173
Henrique VIII, rei, 13, 245
Henrique, o Navegador, 235
Heráclio, imperador, 90-3, 103-4
Herat, 17, 25, 189, 211, 225, 320, 330, 335, 462, 506, 522, 564
Heródoto, 21-2, 210
heroína, 559

Hewlett Packard, 566
Hezbolá, 519, 525
Hickey, William, 307
Hijāz, declínio do comércio, 95
Himmler, Heinrich, 415
Himyar, reino de, 80, 94, 102
hinduísmo, 16, 50, 83, 257
hindus, perseguição de, 56
Hiroshima, 444, 538
Hispaniola, 240, 278
Hitler, Adolf
    e edifícios de Viena, 345
    e invasão da França, 406-7
    e invasão da União Soviética, 409-11, 413-26, 428, 432-4
    e o mundo islâmico, 404-5
    e os judeus, 429-31
    e pacto com a União Soviética, 393-402, 409, 443
Hiyya, o Grande, rabino, 80
Hobbes, Thomas, 292
Hoepner, general Erich, 415
Holocausto, negação do, 560
Homero, 28, 121
Homes & Gardens, 395
Hong Kong, cessão de, 334
Horácio, 41
Horda Dourada, 197, 215-6
Hormuz, cidade cosmopolita, 267, 388, 513
House, Edward, 373
Houtman, Fredrik de, 284-5
Huawei, 568
Huan, imperador, 40
Hudūd al-Ālam, 147
Hülegü, chefe tribal mongol, 197, 207
Humāyūn, imperador, 265-6
hunos, 68, 70-1, 86, 112, 185
Hurley, general Patrick, 445
Husayn, Sharif, 370, 373
Hussein, rei (da Jordânia), 520
Hussein, Saddam, 456, 470, 484, 491, 494
    e apoio dos EUA, 520-5, 530-2, 544-5
    e guerra Irã-Iraque, 517-20
    invasão do Kuwait, 532-6
    remoção pelos EUA, 534-7, 548-53
Huyghen van Linschoten, Jan, 284
Huyser, general Robert, 498

Iaroslav, o Sábio, grão-príncipe (de Kiev), 153
Ibn al-Haytham, 119

Ibn Battūta, 211, 214, 233
Ibn Fadlān, 126-9, 132, 138
Ibn Jubayr, 176
Ibn Khaldūn, 165
ibn Sīnā, Abū Alī Husayn (Avicena), 18, 120
ibn Yaqūb, Ibrāhīm, 144
Iêmen, 35, 40, 43, 76, 80, 481
Ignat'ev, Nikolai, 325-6
Igreja armênia e ameaça mongol, 193-4
ilhas Molucas, 255, 259, 267, 285
īlkhānidas, 197, 207
Iluminismo, 13, 231, 288
Império Otomano
    ascensão do, 226-8, 258-60
    ataques russos ao, 314-5
    concorrência com os portugueses, 259-60
    contração e declínio, 267-9
    estagnação econômica, 294-5
    estruturas sociais, 294-6
    objetivos na Primeira Guerra Mundial, 363-71
    queda do, 347-8
    realizações culturais, 260-1
    relações com a Inglaterra, 274-7
    relações com a Alemanha, 345-7
Império Romano
    adoção do cristianismo, 60-6
    aliança persa, 69, 72
    ascensão do, 32-8
    campanhas persas, 40-2
    comércio com a Índia, 36-7
    conquista do Egito, 34-5
    declínio e queda, 43-5, 69-72, 109-12
    e escravidão, 143
    e fundação de Constantinopla, 44-6
    e seda chinesa, 38-9
    guerras persas, 86-93, 95, 105-6, 111-2, 122
    profeta Maomé e, 104-6
    relações com a China, 39-40
imprensa, invenção da, 277
incas, 241, 280, 289
Índia
    atitudes da Rússia, 332-3
    comércio de cavalos, 263-5, 304-6
    contos de viajantes, 209
    defesa da, 40-4, 407, 421
    difusão da instrução, 119
    domínio britânico da, 300-2, 303-11, 328-9, 415-6
    e a Guerra Fria, 482-3, 497-8
    e comércio chinês, 212-4, 223-4

    e comércio com os portugueses, 255-7
    e comércio romano, 36-7
    florescimento cultural, 262-8
    governantes se abstêm de bebida alcoólica, 117
    missionários cristãos na, 121-2
    movimento pela independência, 389-90
    poder nuclear, 388-9
    retirada britânica da, 440
    rituais e procissões, 208
Índias Orientais Holandesas, 285-6, 361-2
índigo (anil), 39, 165
influxo de prata e aumento no comércio, 269-70
indústria têxtil, desenvolvimento, 220
Inglaterra
    coleções de antiguidades, 293
    crescimento populacional, 292
    e comércio de escravos, 277-8
    e emigração para América, 295-7
    Forças Armadas, 324-5
    peste na, 217-9
    relações com os Países Baixos, 296-8
    relações com os otomanos, 274-8
    relações com a Pérsia, 276-50
    relações com a Espanha, 273-9, 297
    revolução marítima, 297-9
    ruptura com Roma, 244-5, 273
    viagens de descoberta, 278-50
    ver também Grã-Bretanha
Inocêncio III, papa, 179
Inocêncio IV, papa, 192
institutos Confúcio, 566
International Atomic Energy Agency, convenção de, 550
Iona, 71
Ipi, Faqīr de, 404
Irã
    crise dos reféns, 510-5, 518-9
    defesa do, 421-4, 436-8
    e apoio dos EUA, 459-61, 474-6, 491-2
    e ataques de 11 de Setembro, 546
    e "eixo do mal", 549
    e fundação da OPEP, 475-7
    e Guerra Fria, 470-1, 473-5, 482-3, 497-9
    embargo do petróleo, 511
    e minorias religiosas, 473, 517-8
    e reserva de petróleo, 449-54, 459-60, 485, 492
    e Tratado Tripartite, 437
    e exportação da revolução islâmica, 518-21
    fracassos agrícolas, 474

gastos militares, 475-6, 490-1, 503, 505
golpe apoiado pela CIA, 453-5
influência alemã no, 404-5, 421, 424
interesses pós-guerra pelo, 437-40, 444-54
poder nuclear, 491-6, 503, 554-6
reaproximação com os EUA, 525-31, 539-41
repressão crescente, 474-5, 482-3, 489-90
revolução islâmica, 495-505
suprimento de armas pelos EUA, 527-31
Irã Air, encomenda Concordes, 489
Iraque
defesa do, 422, 424
desenvolve mentalidade de cerco, 531
e apoio dos EUA, 518-22, 525, 531
e "eixo do mal", 549
e feudalismo, 389-90
e fundação da OPEP, 475-7
e Guerra Fria, 470-3, 476-7, 479-83, 497-9
e independência, 392-3, 439-40
e pan-arabismo, 469-71
e reservas de petróleo, 443, 450-4, 459-60, 472-3, 479-80, 483-5, 488-9, 519-20, 552
fundação do, 383, 388-90
fundação do partido Baath, 405
gastos militares, 491, 519-20
influência alemã no, 404-5
interesses pós-guerra no, 442-3, 448-54
invasão do Kuwait, 532-5
invasão liderada pelos EUA, 548-54
nacionalização do petróleo, 483-4
poder nuclear, 491, 493-5, 517-8, 549-51
regime de sanções, 535-6, 539
sob Qasim, 469-70
Iraqi Oil Company, 451
Irlanda, peste na, 217
Ironside, sir Edmund, 385
irrigação, 22, 43, 53, 68, 78, 122, 262, 270, 282, 337, 472
Isaac II, imperador, 175
Isfahan, 18, 261-2, 424, 483
Ismael, 98, 106
islã
ascensão do, 84-5, 94, 98-107, 291
cazares e, 132-3, 135-6
conquista muçulmana da Ásia Central, 111-4
divisão entre sunitas e xiitas, 122
divisão do mundo, 125-6
divisões internas, 110-3, 122, 149-51
e a curiosidade ocidental, 171-3

e bolchevismo, 381-2
e comunismo, 454
e crescimento dos mercados, 116-8
e difusão do saber, 117-22, 171-3
e Hitler, 405-6
e "novos russos", 332
hostilidade ibérica em relação ao, 234-5
primeiros convertidos, 99-101
primórdios do islã e tolerância religiosa, 101-7, 109, 121-2, 228-9
mongóis e, 206-7
relações protestantes com, 306-11
Ismay, lorde, 466
Israel, 57, 469-70, 476-7, 485-6, 491
e armas para o Irã, 526-8
e a Guerra Irã-Iraque, 514-8
poder nuclear, 494-5
tribos perdidas de, 135, 182-3, 322
Itália, unificação da, 324
Itamaracá, batalha de, 298
Iugoslávia, pós-guerra, 434
Ivã IV, czar, 279
Ivan I, grão-príncipe, 208
Ivanishvili, Bidzina, 566

Jabr, Sālih, 442
jade, 40, 243
Jaffa, 166
Jahāngīr, imperador, 304
jainismo, 50
Jalalabad, 17, 321, 506, 525, 541, 543
Japão, 215, 227, 240, 267, 269, 304, 440, 475, 489
Java, 37, 227, 313
jazidas de ostras, 240, 280
Jeddah, 256, 541
jejum, 109, 218
Jerash, 109, 115
Jerusalém
Colombo e a libertação de, 228-9, 231-2
como centro cristão, 57, 62-4, 76-7, 173-4
conquista árabe, 100-1, 111
conquista persa, 90
e as Cruzadas, 159-66, 194-5, 200-1
e peregrinações, 153
e saque de Roma, 69-70
interesses de Veneza em, 167-9
interesses italianos em, 165-8
ocupação britânica, 378-9

queda de, 176-8
recuperação romana de, 93, 102-3
Jesus Cristo, 35, 57, 60, 62, 64, 66, 72, 78, 168, 180, 206, 228-9, 237, 250-1
    crucifixão e antissemitismo, 84, 90, 163
    em selos iranianos, 518
    e relíquias, 152-3
    imagens de, 88
    islã e, 102, 106-7, 110-1
    natureza divina de, 74-5, 104
    referências no Talmude, 80
Jibrīl (Gabriel), anjo, 94
Jin, dinastia, 186
Jin Ping Mei ("O Lótus de Ouro"), 270
João II, rei (de Portugal), 238
João II, imperador, 168-9
João Crisóstomo, arcebispo de Constantinopla, 80
João de Damasco, 112
João de Dasen, 104
João de Montecorvino, 206-7
João de Plano Carpini, 192-3
Jodl, general Alfred, 404, 409
John, Elton, 560
Johnson, Lyndon B., 475
Johor, 257
Jones, sir Harford, 320
Jordânia, 108-9, 516
Jordanes, 70
Jorge III, rei, 316, 334
Jorge V, rei, 368
judaísmo, 50, 57, 80-1, 84, 517-8
    compatibilidade com o islã, 101-2, 104-5
    e cazares, 132-3, 135-6
Judeia, 35, 41
Judeus
    batismo forçado de, 93
    deportações e extermínios, 428-32
    e a conquista persa de Jerusalém, 90
    e ascensão do antissemitismo, 162-3, 218-9
    e difusão do cristianismo, 60
    e difusão da peste, 218
    e invasão da União Soviética, 413-4, 428
    e o primeiro islã, 101-7, 109, 121-2, 228-9
    exílio na Babilônia, 57, 60
    exílio no Egito, 57
    imigração à Bretanha, 379
    perseguição de, 56, 102-3
    saem da Espanha, 227-9
Júlio César, 34, 45

Jurjān, 137
Justino II, imperador, 86-7
Justiniano, imperador, 76, 85-6

Kadafi, Muammar, 484
Kalinin, 419
Kalmyk, tribo, 314
Kamenev, Lev, 400
Kandahar, 25, 36, 321, 330, 335, 462, 522, 540, 543, 564
Kannenberg, Arthur, 396
Karachaganak, campo de gás, 558
Karachi, 407, 462, 541
Karaj, represa, 461, 463
Karakorum, 192, 194, 206, 273
Karakum, deserto de, 69
Karzai, Hamid, 553
Kashani, aiatolá, 452, 455
Kashgar, 18, 28, 53, 55, 77, 381
Kavad, xá, 92-3
Kavanagh, cabo Charles, 382
Kavtaradze, Sergei, 439
Kennan, George, 446
Kennedy, John F., 469, 475
Kerry, John, 491, 555
KGB, 469, 485, 501
Khan, Daoud, 472
Khan, general Ayub, 472
Khan, Muqarrab, 304
Khar'kov, 400
Kharg, ilha, 320
Khāss Hājib, Yūsuf, 156
Khatami, Mohammad, 539
Kherson, 153
Khiva, 322, 326
Khokand, 306, 322
Khomeini, aiatolá, 456, 476, 480, 497-8, 502-5, 507-8, 521
    e crise dos reféns, 510-4
    e Guerra Irã-Iraque, 514-9
    e exportação da revolução islâmica, 518-9, 524
    reaproximação com os EUA, 525, 531
Khoramshahr, 445
Khost, túneis, 522
Khrushchev, Nikita, 469
Khukh Ordung, 115
Khusraw I [Cosroes], xá, 77, 88
Khusraw II, xá, 89-92
Khwārazm, 186-8
Kiev, 150, 153-4, 170, 190, 318, 419, 559

Kirdir, inscrição de, 56, 61-2, 72
Kissinger, Henry, 486, 491-2, 495-6
Kitabgi, Antoine, 358, 360-2
Kitchener, lorde, 372
Knox D'Arcy, William, 357-8, 360-5, 367, 390-1, 439, 485, 558
Kokhe, 77
Kolhapur, 36
Komondo, ilhas, 334
Korla, local de monitoração, 505
Kovno, 344
Kraftwerk Union AG, 493, 503
Kristallnacht, 428
Kublai Khan, 209
Kucha, 53
Kūfa, 108
Kuropatkin, general Alexei, 330
Kushk, 335
Kutadgu Bilig, 156
Kuwait, 378, 449, 459-60, 520
    e criação da OPEP, 475-7
    invasão pelo Iraque, 533-8
Kvaternik, Slavko, 430

La Rochelle, 234
Lacadivas, ilhas, 36
Lago Mälar, 152
Lagos, 236-7
Lahore, 265-6, 304, 389, 541
Lambton, Ann, 421
Lâmpadas, inscrições em, 109
Lansdowne, lorde, 338, 359, 363
Laos, 480
lápis-lazúli, 22, 40, 52, 222
laranjeiras do imperador Bābur, 559
las Casas, Bartolomé de, 241, 277
Lawrence, T. E., 379
Leão X, papa, 259
Le Corbusier, 489
Lei de Navegação, 298
Leibniz, Gottfried, 301
Leiden, Universidade de, 286
Lênin, Vladimir, 382, 419
Leningrado, 419-20, 427, 435
Leonardo da Vinci, 223
Lepanto, batalha de, 275
LeQueux, William, 346
Lermontov, Mikhail, 318
lettres de marque, 247

Levante, Companhia do, 280
levante húngaro, 465
Levi, Primo, 324
Levshin, Alexei, 322
Lewinsky, Monica, 542-3
Li Xian, 79
Líbia, 347, 477, 546
Lichnowsky, príncipe, 349
Liebmann, general Kurt, 401
literatura épica persa, 115
língua persa, purificação da, 405
Litvinov, Maxim, 397
Liu Dong, 269
Livro da Coroa, O, 118-9
Livro das leis dos países, O, 60
Livro dos Salmos, 262
Lloyd George, David, 374, 378
Lockerbie, atentado terrorista, 539
Lodi, dinastia, 263
Londres, 214, 221, 292, 324
longos navios vikings, 136-41
Lopez, Jennifer, 563
Loraine, sir Percy, 385
Lu Zhi, República Holandesa, 270
Lucca, 210
Lufthansa, 404
Luís IX, rei (da França), 192, 195
Lund, expansão de, 142
Luoyang, 32, 53, 273
lutas, 266
Lutero, Martinho, 276, 282
Lytton, lorde, 330
Lyubech, 154

Ma Huan, 224
Macário, bispo de Jerusalém, 64
Macassar, 286
Macau, 257, 269, 286
Machpelah, caverna de, 103
Maclean, coronel, 329
Macmillan, Harold, 464
Madagascar, 429-30
Madeira, ilha da, 234
madraça, 128, 261
Madras, 300-1, 303, 308
Madre de Deus, 274
"mãe do mundo", 17, 130
Magalhães, Fernão de, 255
Magno, Alessandro, 258

Mahdia, 154
maia, império, 267
maias cakchiquel, 243
Maikop, 433
Mainz, 144
Maiskii, Ivan, 396
Makhachkala, Anzhi, 563
Malaca, 255, 257, 259, 286
malaia, península, 214, 227, 257, 267, 440, 568
malária, 67
Malindi, 251
mamelucos, 195-7, 200-1
Manchúria, 215, 224
Mani, profeta, 56
maniqueus, perseguição aos, 56
Manila, 268, 271
maniqueísmo, 50, 115
Manners, lady Diana, 352
Mansa Musa, 232-4
Manuel I, rei (de Portugal), 250, 254
Manzikert, batalha de, 157
Mao Tsé-Tung, 538
Maomé, profeta, 85, 94-106, 109, 112, 115, 126, 128, 131, 136, 149, 157, 217-8, 370, 485, 567
    data de sua morte, 107
    e a peste, 216-8
    e a sucessão, 110, 122
    hijra, 97
    sua imagem em moedas, 111
Marco Antônio, 34
Marcial, 37
marfim, 22, 27, 36-7, 40, 75, 173, 222, 233
Margarit, Pedro, 240
Maria, mãe de Jesus, 104, 111, 153
Maria I, rainha, 273
Maria-Theresa, imperatriz, 303
marinha inglesa, conversão para óleo, 364-5, 373-6
Marriott, Alfred, 361-2
Martel, Carlos, 112
Marx, Karl, 314, 324, 443
Mascate, 256
Mashad, 17, 225
Masjed Soleymān, campos petrolíferos, 365-6, 391
Masjid-i Shāh, mesquita, 262
mastro de bandeira, o mais alto do mundo, 560
matemática, 109, 117, 119-20, 171
Maurício, imperador, 89
Maurício, ilhas, 482
Mauritânia, 234-5

Maxêncio, imperador, 62
máximas de Delfos, 27
Mazdak, 82
McFarlane, Robert, 529
Meca, 88, 101, 110, 120, 123, 136, 213, 217, 233, 251, 370, 383, 519
    a Kaaba, 98, 149, 174-6
    ascensão de, 94-8
    e comércio português, 255-7
    e a Guerra do Yom Kippur, 485-6
    haram (santuário pagão), 96
Médici, cardeal Ferdinando de, 263
Médici, grão-duque Francesco de, 263
medicina e farmacologia, 119-20
Medina (Yathrib), 94, 96, 102, 111, 136, 176, 370
medos (povo), 21
Mehmet III, sultão, 276
melões espanhóis, 213
Menandro, rei (da Báctria), 49, 51
Menéndez de Avilés, Pedro, 247
mercadores judeus, 136-7, 145, 306, 358-9
mercenários normandos, 154
Merv, 17, 53, 55, 69, 77, 119, 130, 151, 156, 189, 335, 381
Meshed, 381
Messina, 216
metanfetaminas, 426
Metódio, 133
Mexía, Pedro, 245
México, descoberta de petróleo, 390-1, 448, 488
Meynell, Alice, 349
Michelângelo, 223
Michiel, doge Vitale, 174
Midway, batalha de, 433
Milindapañhā, 50
Mill, John Stuart, 327
minério de ferro sueco, 406, 417
Ming, dinastia, 224, 226, 258, 269-70
Minsk, 154, 418
mirra, 40
mísseis balísticos, 471, 504
Mitteis, Ludwig, 349
Moctezuma, 242
Mogadíscio, 481
Mogharebi, general Ahmad, 501
Mohács, batalha de, 260
Molotov, Vyacheslav, 397-9, 402-3, 418, 423, 428
Moltke, Helmuth von, 345-6
Mombasa, 555

Möngke, grande Khan, 194
mongóis, 184-97, 291-2, 424
    chapéu cônico, 209
    conhecidos como "tártaros", 190
    e difusão da peste, 215-7
    e pinturas em miniatura, 266
    e tolerância religiosa, 206-7
    e violência, 186-8
    impacto cultural das conquistas, 208-9, 211-5
    sistema administrativo, 203-8
mongol, Império
    realizações culturais, 264-8
    monoteísmo, triunfo do, 94
Morgan, J. P., 354
Marrocos, 113, 170, 234, 276, 345
Morris, William, 358
Mossadegh, Mohammed, 439-40, 451-4, 456-7, 459, 461, 464, 476, 497, 536
Moscou, 419-21, 425-7, 434, 534-5
Moscou, Olimpíadas de, 519
Moisés, 104, 106, 135-6, 157
mosteiros budistas, doações a, 31
Mosul, 17, 65, 77, 116, 340, 378, 383-4, 445
Mozaffar od-Dīn, Shah, 336, 359
mudança climática, 67-8, 227, 295, 568-9
mulheres
    e reprodução, 212
    ética de trabalho, ascensão da, 221-2
    ingresso no mercado de trabalho, 220-2
    roupas na época da peste, 217-9
Multan, 564
Mumbai, 83, 555
Mun, Thomas, 296
Mundy, Peter, 288
Munique, Jogos Olímpicos, 511
Murad, sultão, 276
Murano, vidro de, 223
Murmansk, 279, 432
Murphy, Richard, 527
muro persa, manutenção do, 69
Museu Britânico, 294
Museu Nacional do Qatar, 566
música, gosto chinês pela, 117
Musil, Robert, 346
Mussolini, Benito, 396
Mutawakkil, Wakīl Ahmed, 543
Muziris, 38
Myos Hormos, 36
Mysore, 315

"nababos", 308, 409
nacionalismo árabe, ascensão do, 467-9, 477
Nagasaki, 444
Naim, príncipe, 462
Nairobi, atentado a bomba, 542
Najaf, 474
Naksh-i Rustām, 54-5
Na Lushan, general sogdiano, 114
Nanjing, 269
napalm, 526
Napoleão Bonaparte, 315-7, 320, 419, 463
Nápoles, 170, 244
Nāsir-i Khusraw, 151
Nasser, Gamal Abdel, 463-4, 467-70, 476-7
Natanz, instalação nuclear, 556
Nau Taforeia, 265
naufrágios, 112, 118, 214
Nazarbayev, Nursultan, 560
nazarenos, 56, 267
Nestório, patriarca, 74-5
neurianos, 70
neutralidade norueguesa, violação da, 406
Newton, Isaac, 291
Nicarágua, "Contras", 528
Niceia, 181
Niceia, credo de, 73-4
Nicks, Elihu, 302
Nicolau I, czar, 319
Nicolau II, czar, 343
Nicolson, sir Arthur, 341-3, 348
Nilo, enchentes, 22, 149
Nínive, 15, 92
Nisa, 42
Nīshāpūr, 116, 156, 187-9, 211
Nisibis, 41, 67, 104
Nixon, Richard M., 472, 486-8, 503
nökürs (guerreiros mongóis), 186
nômades das estepes, 23, 28-30, 41-2, 317-8
    adoção do cristianismo, 76-7
    ameaça à Pérsia e Roma, 68-9, 72
    concorrência com os vikings rus', 148
    crenças religiosas, 125-8
    estilo de vida e comércio, 127-31
    ver também honos ávaros
North, lorde, 309
Nova Inglaterra, assentamento na, 296-7
Novgorod, 137, 141, 150, 153-4, 189
noz-moscada, 173, 222, 254, 258, 268, 274

Obama, Barack, 491, 553, 555, 568-9
Odessa, 338, 347, 420
Offa, rei (da Mércia), 145
Ogarkov, general Nikolai, 509
Ögödei, Grande Khan, 189, 191-2
Oirates, 186, 314
olíbano, 24, 39-40, 210, 214, 258
Omar, mulá, 540, 543-5
OPEP
    fundação da, 475-7
    e elevação no preço do petróleo, 483-5, 488-9
Ophir, minas de, 240
ópio, 308, 334, 439
Ordás, Diego de, 244
Ordem da Jarreteira, 209, 359
"Ordem dos Comissários", 414
Orenburg, 339
Organização de Cooperação de Xangai, 569
Organização para a Proibição de Armas Químicas, 550
Organização para a Libertação da Palestina (OLP), 511-2
Orme, Robert, 306
Oseberg, 152
Osirak, reator nuclear, 518
OTAN, 466, 471
"ouro de tolo", 279
ouro e conquista das Américas, 243-7
    comércio português, 231-4
    correção no preço do, 33
    e recuperação da economia do século XV, 249-50
    minas na Austrália, 357-8
    valor relativo do, 269-70
Ouseley, sir Gore, 315-7
Outremer, colônias fundadas em, 162
Oxford, Universidade de, 145, 270, 294, 330, 349, 353

Pacto de Bagdá, 462-3
Pádua, 170
Page, Walter, 375
Países Baixos, 33, 221, 244, 278, 281-3, 286, 288, 292, 294, 296, 298
    ver também República Holandesa Lu Zhi
Palestina
    controle britânico, 379-80, 440-2
    e imigração de judeus, 428-31, 440-2
Palmerston, lorde, 320, 323
Palmira, 39, 115

Pals Battalions [Batalhões de Amigos], 352
Panjikent, 113, 115
papel-moeda, 214, 225
papoulas, cultivo de, 559
Paquistão, 460-2, 470-1, 482-3, 497-8, 527-8
    e caçada a Bin Laden, 546-7
    poder nuclear, 494-6, 522
Paris
    cerco de, 340
    registro secreto de judeus, 431
Parsons, sir Anthony, 498, 504
parta, língua, 54
Partitio terrarum imperii Romaniae, 181
Pasárgada, 22
Paschooski, dr., 336
Páscoa, data da, 73, 80, 228
Passagem de Alataw, 566
Passagem Noroeste, 279
Pattanam, 36
pau-brasil, 165
Paulo V, papa, 262
Pearl Harbor, 433
pechenegues, nômades, 128, 148
Pedro IV, rei (de Aragão), 233-4
Pedro, o Venerável, abade de Cluny, 172
Pegolotti, Francesco, 210-1
peixe, culto do, 127
peles, comércio de, 70, 125-39, 144, 148, 154, 204, 217, 233, 236, 333
peles de zibelina, comércio, 70, 130
Penang, 440
Pepys, Samuel, 298-9
Pequim, 194, 207, 224, 226, 301, 304, 334, 505, 509, 524, 559, 565-6, 570
Peste Negra, 215-22, 315
Perak, 257
peregrinações à Terra Santa, 152-3
pérolas, 17, 40, 52, 83, 87, 116, 118, 194, 204, 213, 225, 240-1, 250, 274, 415
Persépolis, 22, 54
Pérsia (Império Persa)
    acordo anglo-persa, 383-8
    aliança romana, 68-9, 72
    burocracia, 21-2, 77-8
    colapso, 99-101, 114
    e comércio indiano, 304-6
    e deposição dos selêucidas, 32
    e fundação de mosteiros, 206
    e independência, 392-3

expansão do império, 21-3, 41-3
gosto por presentes de seus governantes, 315-6
guerras com Roma, 86-93, 95, 105-6, 111-2, 122
Igreja cristã na, 72-7, 80-1, 89-90, 93
incursões romanas, 40-2, 63-5
mercados e bazares, 77-8
rede de estradas, 22, 24
relações com a China, 40
relações com a Inglaterra, 276-80, 314-7, 330, 335-8, 340-2
relações com a Rússia, 314-7, 319-20, 334-8
renascimento cultural, 261
reservas de petróleo, 357-9, 372-4, 377-8, 383-93
ressurgimento e adoção do zoroastrismo, 54-7, 61-2
tolerância de minorias e religiões, 22, 77-8
Perúgia, 170
Peshawar, 55, 321, 471
peste, 85, 93
   ver também Peste Negra
Petra, 39
Petraeus, general David, 553
Petrarca, 219
Piacenza, 158
Picasso, Pablo, 566
Piero della Francesca, 222-3
pigmentos, importação, 222-3
pimenta, 36, 40, 79, 144, 152, 165, 173, 182, 204, 213-4, 222, 224, 254, 274, 451
   de pântanos de crocodilos, 209-10
   oferta e procura, 258-9
pintura em miniatura, 17, 262, 266
Pincheng, 53
Pio V, papa, 274
piratas árabes, 151
pirataria, 247
Pisa, 153-4, 165-8, 170, 178, 181, 203, 233
Pitt, William, o Velho, 307
Plínio, o Jovem, 57
Plínio, o Velho, 38, 210
Plutarco, 24, 28
poesia de guerra, 352-3
Poindexter, almirante John, 529
Poitiers, 112
polianos, 132
politeísmo, declínio do, 94
Polk, William, 475-6
Polo, Marco, 204, 209-10, 214
Polônia
   e o pacto nazi-soviético, 395-9, 401-2
   e reassentamento de judeus, 429-30
   invasão da, 401-3, 407
   território pós-guerra, 434
Polotsk, 154
pólvora chinesa, 268
Pôncio Pilatos, 47
ponte Mílvia, batalha da, 62
porcelana chinesa, 116-8, 258, 269, 296, 301, 306, 308
Portão de Jade, 31, 126
Portas do Cáspio, 41
Portugal
   acordos com a Espanha, 254-5, 387-8, 448-9
   e comércio de ouro, 233-6
   e comércio escravo, 235-8, 245-6
   lucros com comércio de especiarias, 258-61
   viagens de descoberta e rotas comerciais, 250, 253-8, 271, 274-5, 288-9, 387-8
Potosí, mina, 263, 280
Potsdam, Conferência de, 434
Powell, Colin, 549-51
Powers, Gary, 471
Praga, 144, 435
prata, 214, 249-50, 262
   valor relativo da, 269-70
preço do petróleo, efeitos da instabilidade em, 512-3, 554, 550
   elevação, 448-9, 459-60, 483-9, 503
   queda, 391
presilhas de cabelo, 79
Preste João, 182-3, 190
Princip, Gavrilo, 349
prisioneiros de guerra, 427-8
prisões extrajudiciais, 554
Priuli, Girolamo, 255
Procópio, 86, 89
Projeto Manhattan, 487
Propércio, 41
prostituta, chapéu bárbaro, 38
Protocolos de Genebra, 521
Ptolomeu, 34, 121
Pul-i Charkhi, prisão, 506
Pushkin, Alexander, 318, 326
Putin, Vladimir, 564

Qābūs-nāma, 143
Qādisiyyah, batalha de, 100
Qalhāt, 256
Qana', 80

Qānūn al-Suvar, 262
Qardagh, 81
Qasim, Abdul Karim, 469-70, 476, 479
Qianlong, dinastia, 334
qibla, 98
Qing, dinastia, 301
Qitai, local de monitoração, 505
Qom, 432, 474
"Quatro Mestres", 270
Querini, Vicenzo, 256
Quetta, 321, 337, 483, 564
Quetzalcoatl, 242
quinto (imposto), 236-7
Quirguistão, "Revolução das Tulipas", 557
quirguizes, 186, 314
quraysh [coraixitas], tribo, 94-6, 98, 101, 370
Qutuz, sultão, 196
Qyzyl, complexo de cavernas, 53

Rabban Sauma, bispo de Uighutia, 197
Rabbani, mulá, 541, 545
Rabīa Balkhī, 120
Rabin, Yitzhak, 527
Radek, Karl, 400
radmichi, 132
Rafael, 223
Ragusa, 223
Raimundo de Toulouse, 164
Rajmahal, 305
Rāmisht de Sīrāf, 173-4
Ramla, 108
Rawlinson, Henry, 323
Rayy, 17, 130, 137, 151,
Razmārā, Alī, 452
Reagan, Ronald, 520, 523, 528-30
Redwood, dr. Boverton, 361
Reforma, 83, 273, 276, 278
Reichenau, general Walther von, 401, 425
Reinaldo de Châtillon, 176-7
relíquias, 82, 153, 163-4, 180-1
Renânia, antissemitismo na, 163, 219
Renascimento, 248, 405, 567
República Árabe Unida, 468
República de Weimar, 428
República Holandesa, ascensão da, 282-3, 292
Reuter, barão George de, 360-1
Rev-Ardashīr, 72
"revival da monarquia", 249
Revolução Francesa, 315

Revolução Industrial, raízes da, 222
Reynolds, George, 365, 391
Reza Khan, xá, 385, 423
Reza Pahlavi, xá, Mohammed, 473
Ribbentrop, Joachim von, 397-8, 402-3, 428
Ricardo I, rei, 177-8
Ricci, Matteo, 269
Ridley, general Clarence, 446
Rijcksen, Jan, 287
Rimbert, bispo de Brêmen, 146
rio Yarmuk, batalha do, 100
Roberts, marechal de campo, lorde, 330, 335
Rodes, 167
Rogério da Sicília, 164-5
Roma
    Altare della Patria, monumento, 324
    centro do cristianismo, 57
    e ascensão do turismo, 293-4
    e queda de Constantinopla, 227-8, 247-8
    peste em, 218
    saque de, 69-70, 436
Romênia, pós-guerra, 434
Rommel, general Erwin, 416, 433
Roosevelt, Archie, 453
Roosevelt, Franklin D., 423, 445, 447-8, 453
Roosevelt, Kermit, 453-4
Rosenberg, Alfred, 416
Rostov-on-Don, 419
Rothschild, barão Alphonse de, 364, 379
Roterdã, 288
Royal Air Force, 403, 407
Royal Dutch/Shell, 367, 373
ruibarbo, 225, 239, 306
Rumaila, campo petrolífero, 480
Rumsfeld, Donald, 520-1, 535, 548-9, 552-3
rus', *ver* vikings rus'
Rússia (Império russo)
    abolição da servidão, 325
    antevê o fim do mundo, 227-8, 230
    colapso do governo, 380-1
    comércio com a Inglaterra, 278-9
    desenvolvimento da autocracia, 208
    e a Grã-Bretanha, 313-7, 319-42
    e comércio indiano, 305-6
    e emigração de judeus, 379
    e exploração de petróleo persa, 363-4
    e "novos russos", 314, 332
    e Primeira Guerra Mundial, 313-4, 347-54
    e terrorismo checheno, 323

expansão do império, 313-20
florescimento artístico, 337
invasão dos Bálcãs, 330
invasão napoleônica, 315-7, 419
Primeira Guerra Mundial, 370-1
projetos no Império Otomano, 347-8
reformas militares, 325
relações com a Pérsia, 314-7, 319-20, 340-2
revoluções, 350-1, 375-6, 380-1, 443
sistema postal, 205
russo (língua), 205
Rustichello, 203
Ryazan, 190
Ryrikovo Gorodische, 137

Saara, deserto do, 233
Sachsenhausen, 428
Sadat, Anwar, 486
Saddharmapundarika (*Lotus Sutra*), 51
Safávida, dinastia, 261, 295
Saint-Etienne, 291
Saki (H. H. Munro), 346
Saladino (Salāh al-Dīn), 175-7
Salang, túnel e estrada, 462, 522
Salisbury, lorde, 337-8
Sallām, viagem de, 125-6
Salona, 44
Salústio, 35
Salviano, 72
Samandar, 132
Sāmānida, dinastia, 128, 155
Samarcanda, 40, 76-7, 81-2, 141-2, 273
conquista árabe, 113, 115
melhorias sob os mogóis, 263-4, 266
melhorias sob Timur, 224-5
conquista mongol, 187-8
controlada pela Rússia, 326, 335, 380
Samarra (Kuibyshev), 118, 419
Sameba, catedral (Tblisi), 566
Sanaa, 482
sândalo, 224, 258
Santa Aliança, 275
santo Agostinho, 121
são Gregório, 62
são Jerônimo, 68
são Jorge da Mina, 235
são Paulo, 73
são Tomé, 246, 251
sarampo, 243

Sassânida, dinastia, 54, 56, 61, 78, 81, 99-100, 108
Sassetti, Filippo, 263
Sátiras, de Juvenal, 37-8
Satyricon, de Petrônio, 37
Savak (polícia secreta), 475, 496-7, 501, 536
Sazonov, Sergei, 342
Schlieffen, conde Alfred von, 344-5
Schmidt, Helmut, 497
Schwarzkopf, general Norman, 536
Scowcroft, Brent, 537
Sebastopol, 347
seda
aparece em Roma, 38-9
aumento da produção na China, 269
mongóis e a, 194-5
primórdios do comércio, 30-1
sogdianos e o comércio da, 78-9, 115
Timur e a, 225-6
uigures e comércio da, 114-5
vestes chinesas em, 117
vikings rus' e a, 138-9, 150, 152
Sefer, capitão de navio, 260
Selden, mapa, 270
Selêucia, 41
Selêucia-Ctesifonte, bispado de, 72-3
Selêuco, 26-7, 32
Selīm, sultão, 261
Selimiye, mesquita (Edirne), 261
seljúcidas, 156-8, 171
selos persas, 43
Sêneca, 38
sentenças de morte, lei islâmica para, 105
Sérvia, 353
serpentes, culto de, 127
serpentes voadoras, 210
Serviço Geológico dos EUA, 558
severlianos, 132
Sevilha, 234, 244, 250
Shāhnāma, 155
Shahrbarāz, 92
Shakespeare, William, 60, 275-6
Shamil, imã, 318, 323
Shamir, Yitzhak, 430
Shāpūr I, rei (da Pérsia), 55-6, 60-1
Shāpūr II, rei (da Pérsia), 64-7
Shaw Stewart, Patrick, 352
Shen Zhou, 270
Shi Ji (registros históricos), 30
Shim'on b. Yohai, rabino, 103

Shuja, xá, 321
Shultz, George, 519, 527
Sião, 224
Sicília, 154, 161, 164-5, 216, 244, 259, 433
Sídon, 200
Siemens, 404
Siena, 210-1
Silk Road, site, 567
Sima Qian, 30
sinagogas, 80-1, 103, 136
Sinagra, 67
Sinān, 261
Sindh, conquista árabe de, 113
Sīrāf, 118
sionismo, 518
Síria
    controle pela França, 371-2, 378, 380
    e a Guerra Fria, 480-1, 497-8, 501-2
    e a queda da França, 416-7, 424
    e os ataques de 11 de Setembro, 546
    e pan-arabismo, 469-70
    gastos militares, 491
    golpe pós-guerra, 453-4
    guerra civil, 557
    repressão crescente, 489-90
sistema postal, Rússia, 205
sítio nuclear, 493-4, 555
Sistan, 55, 337
Sizabul, líder túrquico, 86
Slade, almirante Sir Edmond, 368, 378
Slagve, runa comemorativa, 152
Smith, Adam, 271
Smolensk, 154
Sófocles, 28
Sol Invictus, culto do, 63
Somália, 481-2, 541
Somme, ofensiva do, 13, 352-3
Song Yingxing, 270
Soqotra, 257
Speer, Albert, 396, 433
Spetsnaz, forças especiais, 508, 526
Split, 166
Spring-Rice, sir Cecil, 339
Sputnik, lançamento do, 471
Sri Lanka (Ceilão), 42, 77-8, 224, 286, 304, 569
Stahl, Leslie, 538
Stálin, Josef, 395-402, 409, 416-9, 422-3
    conferências na época da guerra, 433-4, 447-8
    e o mundo pós-guerra, 434-5, 438-9, 443-4, 446-7

Stalingrado, batalha de, 433, 435
Standard Oil, 386-7
Staraya Ladoga, 137
Stathmoi Parthikoi, 36
Stein, Auriel, 79
Stern, Avraham, 430
Stinger, mísseis, 523-4
St. John, Oliver, 298
Stoddart, capitão James, 322
Stolypin, Pyotr, 333
Strauss, Richard, 349
submarinos, 432
Sudão, 143, 345, 481
Suécia, peste na, 218
suevos, 70
Suez, Canal de, 256, 360, 370, 372-3, 376, 378-9, 416, 441, 443, 452, 456, 479, 481
Suez, crise de, 463-8
sufis, 127-8
Suleiman, o Magnífico, sultão, 261
Sullivan, William, 502
Sultanabad, 316
Sulu, 114
Sumatra, 214, 285
Surat, 297, 300
Susa, 22
Susiana, 72
Suzhou, 249
Sverdlovsk, 471
Sykes, sir Mark, 372
Sykes-Picot, acordo, 378

Tabriz, 206, 210-1
Tácito, 207, 210
taíno, povo, 242
Taiwan, 304
Taj Mahal, 267
Taklamakan, deserto de, 28, 31
Talas, batalha de, 114, 116
Talibã, 83, 456, 524, 540-9, 552
Talmude, 80
tâmil, literatura, 36
Tammuz, instalação nuclear, 495
Tang, dinastia, 114, 117, 273
Taq Taq, campo de petróleo, 558
Tāq-i Bustān, 79
Taraki, Nur Muhammad, 506-8
Tashkent, 55, 142, 326, 333, 335, 339, 380-2, 566
"tatar", roupas, 209

"Tatar Tonga", 186
tártaros, *ver* mongóis
taxas de juros, queda nos séculos XIV e XV, 220
Taxila, 51
Tchecoslováquia, ocupação da, 396
Tchékhov, Anton, 337
tecnologia nuclear, 491-6, 559
Teerã, 76-7, 315-6, 319-20, 388-9, 421, 423-4, 431-2, 495-6, 566
    Conferência de, 434, 448
    crise da embaixada dos EUA e dos reféns, 501-3, 510-4, 518-9
    manifestações contra os EUA, 437-9
    protestos pró-Khomeini, 473-5, 496-7
Telefunken, 404
templos budistas em cavernas, 52-3, 83
templos de fogo, zoroastrismo, 55, 62
Tengri, divindade nômade, 127, 133, 193
Tenochtitlán, 243
Teodoro, 100
Teodósio II, imperador, 71
terapeutas (*therapeutai*), seita, 49
terras raras, 559
Tertuliano, 60
Tessalônica, saque de, 175
tianma (cavalos celestiais), 29
Tian Shan, depósitos, 558
Tibete, missionários cristãos no, 121
Ticiano, 223
Tikrit, 77
Tilya Tepe, túmulos, 28
Timbuktu, 232-3
Timoshenko, marechal Semyon, 417
Timóteo, patriarca, 121, 157
Timur [Tamerlão], 225-7, 261, 263, 273
Timúrida, dinastia, 261, 266
Tinnīs, 151
Tipu, sultão, 315
Tirídates III, rei (da Armênia), 62
Tiro, 162, 169, 200
Tirpitz, 432
Titon, Maximilien, 291
Tlaxcalan, 242
Todt, organização, 404
Tóla, 152
Toledo, 172
topázio, 36, 39
Tora Bora, 524, 541
Toscanelli, Paolo, 229

Tours, 112
TOW, mísseis, 527-8
Townley, William, 349
Trácia, 68, 182, 227
Trajano, imperador, 41, 57
transfusão de sangue, primeira, 348
Tratado de al-Hudaybiya, 98
Tratado de Alcáçovas, 236
Tratado de Nanquim, 334
Tratado de Paris, 324-5, 327
Tratado de Tordesilhas, 254-5, 387-8
Tratado de Versalhes, 354, 398, 401
Tratado de Zaragoza, 387
Tratado do Gulistão, 317, 319
Trinidad e Tobago, 563
Tríplice Entente, 343
Trípoli, 162, 166
Trogir, 166, 190
Troia, 45
Trótski, Leon, 381
Truman, Harry S., 446-7, 536
Tudeh, partido, 438, 501
Tughril Beg, 157
Tula, 419
tulipas, 559
Túnis, 233, 251
Tunísia, 71
turcos, 142, 155, 159, 171, 248, 259, 267, 275, 347, 370, 373, 376, 380
Turfan, 53
Turkish Petroleum Company, 373, 381
Turner, almirante Stansfield, 504-5
Tver, 190

Ucrânia
    chernozem ("terra escura"), 559
    e invasão nazista, 396-7, 402, 410-2, 415-6, 418--20, 426-8, 431-2
    e uso da energia como arma pela Rússia, 564
    levante pró-russo, 557-9, 564
Udaipur, 304
uigur, língua, 186
uigures, 114-5, 186, 524, 557
Ukāz, 88
Umm Qasr, 481
umma, 98, 106, 123
União Europeia, 436, 569-71
União Soviética
    colapso da, 534-5

e controle britânico da Pérsia, 384
  e igualdade de gênero, 382-3
  e Guerra do Yom Kippur, 485-6
  e guerra Irã-Iraque, 515-8
  e Revolução Iraniana, 500-2, 504-5
  escassez de comida e fome, 399-400
  expurgos de Stálin, 397-8, 400
  interesses na Guerra Fria, 469-71, 483, 497-9
  invasão nazista, 409-33
  pacto com nazistas, 395-403, 407, 409, 418, 422, 428, 435
  programa de guerra biológica, 215-6
  programa especial dos EUA, 487
  ressurgimento e expansionismo, 443-4, 446-8, 450-1, 459-62
  rotas de suprimento, 431-2
Unidade Antigafanhotos do Oriente Médio (MEALU), 443
Urbano II, papa, 158-9, 162
Urbano III, papa, 177
USS *Nimitz*, 514
USS *Vincennes*, 539
Usselincx, Willem, 285
Ustinov, Dmitri, 509-10
Uthmān, 88
uzbeques, 263, 563

Vahrām, general persa, 89
Valente, imperador, 68
Valeriano, imperador, 42
Valuev, Pyotr, 333
van der Heist, Bartholomeus, 287
Vance, Cyrus, 512
vândalos, 70-1
varangiana, guarda, 153
Varennikov, general Valentin, 509
vazamento de informações, 560
Velázquez, Diego, 241
vendas de armas, 520
Venezuela, 240, 244, 280, 391, 448, 476
Veneza, 151, 153-4, 164-70, 174-5, 197, 250, 277-8
  conflito com Pisa, 166-8
  declínio de, 293-4
  e comércio de escravos, 146-7, 164-5, 203
  e comércio no mar Negro, 203-4
  e concorrência com Portugal, 255-7
  e esculturas do Hipódromo, 180-1
  e fim do Império Bizantino, 177-82

  florescimento econômico, 221-3
  peste em, 216-8, 221-3
Verdadeira Cruz, 90, 92-3, 153
  e votos dos cruzados, 162-3
Verona, 170
Vespúcio, Américo, 240
Viena, 275, 313, 345, 435
Vietnã, 37, 227, 480, 517, 554
Vietnã, Guerra do, 480
vikings rus', 137, 139, 141, 144-5, 147-9
Virgem Maria, *ver* Maria, mãe de Jesus
Virgílio (e a *Eneida*), 28, 41
vitarka mudra, 79
Vitória, rainha, 327-9, 351
Vittorio Emanuele, rei (da Itália), 324
visigodos, 69, 121
Vladimir, 190
Vladimir, governante dos rus', 150
Vladimir II Monomakh, grão-príncipe (de Kiev), 154
Vladivostok, 326, 422
Volkswagen, 415
Voz da América, 446
Vuillemin, general Joseph, 406
Vyshinskii, Andrei, 400

Waghenaer, Lucas Janszoon, 284
Wallace, William, 200
Wang Yangming, 270
Wannsee, Conferência de, 431-2
Washington, George, 311
Watergate, escândalo, 503
Wavell, general Archibald, 420-1
Wei do Norte, dinastia, 53
Weinberger, Caspar, 519, 529
Wellington, duque de, 320
Westinghouse Electric Corporation, 503
Willoughby, sir Hugh, 279
Wilson, congressista Charlie, 523
Wilson, tenente Arnold, 366
Wilson, Harold, 479
Wilson, Woodrow, 373, 386
Witsen, Nicolaes, 299
Wolff, Joseph, 322
Wolfowitz, Paul, 552
Wolin, expansão de, 142
World Trade Center, atentado a bomba, 541

Xá Jahān, imperador, 266-7, 305
xadrez, 119, 351, 471, 505

Xi Jinping, 565, 570-1
Xicoténcatl, 242
Xinjiang (Xiyu), 28-30, 46, 53, 79, 505, 524
    e "Projeto Beleza", 557
Xiongnu, 28-30, 68, 194, 567
    ver também hunos

Yale, Elihu, 301
Yalta, Conferência de, 434, 444
Yathrib, *ver* Medina
Yazdagird I [Isdigerdes], xá, 72
Yazdagird III, xá, 108
Yersinia pestis, bactéria, 215-6
Yihetuan, levante de (Rebelião Boxer), 339
Yinshan zhengyao, 208
Yngvar, o Que Viajou Longe, 152
Yorktown, rendição de, 311
Yüan, dinastia, 194, 224
Yuezhi, nômades, 28-9, 39

Zara, 166, 179
Zahir Shah, rei (do Afeganistão), 505
Zheng He, almirante, 224
Zhongdu, 186, 194
Zhukov, general Georgi, 417-8
Zinoviev, Grigorii, 400
zoroastrismo, 50, 55-7, 61-2, 65, 77, 83, 87-8, 93, 127
Zózimo, 72
ZTE, 568

**Acreditamos
nos livros**

Este livro foi composto em Adobe Garamond
Pro e impresso pela Geográfica para a Editora
Planeta do Brasil em abril de 2024